（原书第14版）

# 管理经济学

詹姆斯 R. 麦圭根（James R. McGuigan）
JRM投资公司
R. 查尔斯·莫耶（R. Charles Moyer）
（美）　路易斯维尔大学　　　　著
弗雷德里克 H.B. 哈里斯（Frederick H. deB. Harris）
维克森林大学

陈宇峰　译

*Managerial Economics*

*Applications, Strategies and Tactics (14th Edition)*

机械工业出版社
China Machine Press

## 图书在版编目（CIP）数据

管理经济学（原书第 14 版）/（美）詹姆斯 R. 麦圭根，（美）R. 查尔斯·莫耶，（美）弗雷德里克 H. B. 哈里斯著；陈宇峰译 . —北京：机械工业出版社，2018.10（2025.11 重印）
（MBA 教材精品译丛）

书名原文：Managerial Economics: Applications, Strategies and Tactics

ISBN 978-7-111-61105-9

I. 管⋯  II. ①詹⋯  ② R⋯  ③弗⋯  ④陈⋯  III. 管理经济学 – 研究生 – 教材  IV. C93-05

中国版本图书馆 CIP 数据核字（2018）第 226180 号

**北京市版权局著作权合同登记  图字：01-2017-2550 号。**

James R. McGuigan, R. Charles Moyer, Frederick H. deB. Harris. Managerial Economics: Applications, Strategies and Tactics, 14th Edition.

Copyright © 2017, 2014  by Cengage Learning.

Original edition published by Cengage Learning. CMP Press is authorized by Cengage Learning to publish and distribute exclusively this simplified Chinese edition. This edition is authorized for sale in the Chinese mainland (excluding Hong Kong SAR, Macao SAR and Taiwan). Unauthorized export of this edition is a violation of the Copyright Act. No part of this publication may be reproduced or distributed by any means, or stored in a database or retrieval system, without the prior written permission of the publisher.

All rights reserved.

本书原版由圣智学习出版公司出版。版权所有，盗印必究。本书中文简体字翻译版由圣智学习出版公司授权机械工业出版社独家出版发行。此版本仅限在中国大陆地区（不包括香港、澳门特别行政区及台湾地区）销售。未经授权的本书出口将被视为违反版权法的行为。未经出版者预先书面许可，不得以任何方式复制或发行本书的任何部分。

本书封底贴有 Cengage Learning 防伪标签，无标签者不得销售。

本书是 20 世纪 90 年代末 MBA 教学进入中国后，最早被我国一流高校采用的一本管理经济学教材，并且一直受到众多高校老师的欢迎。最新版根据当前世界经济发展趋势、管理经济学科前沿理论和企业经营管理实践，对内容做了更加符合现实的更新与调整。全书 300 多个实际案例能让读者清晰了解经济学原理在实际中的应用，非常适合于工商管理及其他相关专业本科生、研究生、MBA 学生和企业管理人员进行学习。

出版发行：机械工业出版社（北京市西城区百万庄大街 22 号  邮政编码：100037）
责任编辑：程天祥                        责任校对：殷 虹
印　　刷：北京机工印刷厂有限公司          版　次：2025 年 11 月第 1 版第 12 次印刷
开　　本：185mm×260mm  1/16            印　张：36.75
书　　号：ISBN 978-7-111-61105-9         定　价：99.00 元

客服电话：(010) 88361066  68326294

## 内容安排

《管理经济学》第 14 版做了全面的更新，提供了几十个新的图表。

我们在第 2 章和第 3 章继续扩大对微观经济基础的研究，对原油和汽油的均衡价格进行了广泛的讨论，并对长期电光源进行了边际分析。

本书和其他许多课本一样，都是围绕着需求、生产、成本和定价理论构建的，但主要的区别在于下文。我们相信，学生在学习分析工具时，首先会被深入的事实环境所激励。因此，在前 12 章的每一章中，我们首先通过展示一种新的技术在商业实践中可以实现什么，进而来告诉学生为什么一种新技术是重要的。只有这样，我们才能深入研究适用的理论。

本书的另一个突出之处就是大量扩充了第 6 章的内容，其中包括全球商务的管理、进出口贸易、汇率、目前存在的联盟和自由贸易区、贸易政策等大量新内容。第 13 章、附录 13A、第 15 章、附录 15A 中有关博弈论应用的材料要比任何其他管理经济学教科书都更为全面。 有关定价的收益管理在第 14 章中做了单独处理。第五部分包括公司治理、信息经济学、拍卖设计和组织形式选择等热门话题。第 16 章的政府管制包括封顶贸易政策、污染税收和外部性最优减少量的广泛讨论。第 17 章以通用电气公司的资本预算决定开篇，将家电制造业转移到美国。

本书至今最显著的特色还是 300 多个实例、管理挑战、探讨公司实践的"对与错"和说明实际应用各种分析概念的迷你案例。

## 学生的准备

本书是为商学院、经济学、管理、公共政策和信息科学等专业学院中的高年级本科生和一年级研究生以及在职培训项目的使用而设计的。我们假定学生们具有微观经济学基本原理的背景，没有也无妨，我们在第 2 章中提供了相关理论的详细说明。本书假定学生没有学过统计学的前导课程，所有使用的定量概念都是学生已经掌握的。本书有时会用到微分学的基本概念，在所有应用微分的地方，本书都会至少提供一种表达方法，如图形、代数或图表分析。

## 第 14 版的教学法特点

《管理经济学》第 14 版采用了大量教学辅助手段来帮助学生提高个人学习效果。本书的主要特点包括以下 10 个方面：

（1）管理挑战。每章都以一个"管理挑战"开始，它提出一个既与此章包含的课题密切相关，又是管理者可能面对的实际生活问题。教师可以利用"管理挑战"后面新增加的讨论题，在课程开始或课前准备作业时引发学生的兴趣。

（2）对与错。该内容将使学生把企业经营中的失误与成功和他们刚刚学到的东西联系起来，帮助他们学习从管理视野分析问题。

（3）大量使用实例。全书对来自实际公司运营的 300 多个现实应用和实例加以说明，这些应用和实例使各种工具和理论概念变得更为生动，从而有助于加强学生的学习。

（4）可持续性发展及环境效应。书中加入了涉及环境效应和可持续性问题的众多段落。

（5）练习。每一章都有大量的问题分析，书末附录 D 提供了部分问题的参考答案。本书其他问题的答案可在出版商网站上找到（www. cengage. com/economics/mcguigan）。

（6）案例练习。大多数章中都有迷你案例，它们把各章提出的理论概念与工具扩展到实际公司的真实状况，让学生们在 300 多个现实应用和实例中得到练习。

（7）每章术语。书中出现的新术语，都在边栏中给出定义，把术语放在首次使用的地方突出了这些新概念的重要性，也有助于学生后面的学习。

（8）国际透视。书中提供了专门设计的"国际透视"专栏，该专栏贯穿全书，它说明了管理经济学理论如何应用于日益发展的全球经济。

（9）逐点的小结。每章末尾都有一个详细的对本章重要理论的逐点小结。

（10）说明方法的多样性。重要的分析概念都用不同的方法来说明，包括图表分析、图形分析和代数分析，反映了学习过程的个性化。

## 辅助材料

采用本书的读者，可以使用一套完整的辅助材料作为本书内容的补充，包括如下内容：

### 教师手册和测试库

与本书配套的教师手册和测试库包含了章末练习和案例的参考答案。作者非常仔细地提供了一个无错误的手册供教师使用，这本手册可以在本书的网站上找到。测试库包含大量的判断、多项选择和数值问题，用户可以自由使用，也可以在本书网站及 IRCD 上以 Word 格式提供。

### MindTap

MindTap 是一个内容广泛的在线学习系统，包括电子书、贴近生活实际的课程作业、补充阅读、视频和问题讨论以及练习和应用练习。这个基于云平台将学习应用（App）集成到一个易于使用和易于访问的工具中，支持个性化的学习体验。MindTap 将学生学习工具——阅读、多媒体、活动和评估整合到一个统一的学习路径中以指导学生完成课程。

## MindTap 支持网站

当你采用本书第 14 版，你和你的学生将有机会接触到在其他任何地方都找不到的丰富的教学和学习资源。登录 www. CengageBrain. com，这个优秀的网站上有额外的教师和学生资源。

## PPT 课件

关于本书的 PPT 课件，可以在产品配套网站上找到，这个完整的程序包为教师的教学提供了很好的帮助。这些幻灯片涵盖了课程中许多重要的主题，并且它们可以由讲师定制以满足特定的课程需求。

在准备第 14 版的过程中，以下诸位给予了特别的帮助：罗伯特 F. 布鲁克（Robert F. Brooker）、克里斯汀 E. 克莱特 – 施密特（Kristen E. Collett-Schmitt）、西蒙·麦德卡夫（Simon Medcalfe）、保罗·斯托克博士（Dr. Paul Stock）、沙哈伯·达伯瑞恩（Shahab Dabirian）、詹姆斯·利蒂（James Leady）、史蒂芬·奥恩伊伍（Stephen Onyeiwu）和卡尔 W. 埃诺夫（Karl W. Einoff）。特别感谢 Tel Aviv 大学的 B. 雷米·埃里泽（B. Ramy Elitzur）关于设计管理人员激励合同的建议和维克森林大学商学院图书馆员鲍伯·赫伯特（Bob Hebert）孜孜不倦地追求参考资料。

我们还要感谢维克森林大学及路易斯维尔大学所提供的支持。感谢我们的同事在我们准备手稿期间内所提供的持续鼓励和帮助。我们希望对西南/圣智学习出版公司的员工，特别是克里斯·雷德（Chris Rader）在本书的准备和推广过程中给予我们的帮助表示谢意。我们感谢已故英国皇家学会会员、文学主编罗纳德 A. 费舍尔爵士（Ronald A. Fisher），英国皇家学会会员弗兰克·耶兹博士（Frank Yates）和伦敦朗文集团公司允许我们借用其《生物、农业和医学研究统计表》（1974 年第 6 版）中的表Ⅲ。

詹姆斯 R. 麦圭根(James R. McGuigan)

R. 查尔斯·莫耶(R. Charles Moyer)

弗雷德里克 H. B. 哈里斯(Frederick H. deB. Harris)

## 詹姆斯 R. 麦圭根

詹姆斯 R. 麦圭根拥有并经营自己的货币投资公司，此前他是韦恩州立大学工商管理学院金融和商业经济学副教授，还在匹兹堡大学和博恩特帕克大学任教。麦圭根教授在卡内基－梅隆大学获得大学本科学位，在芝加哥大学商学院获得 MBA 学位，在匹兹堡大学获得博士学位。麦圭根教授除了对经济学有兴趣之外，还与他人合著财务管理著作，他的有关期权方面的研究论文发表在 *Journal of Financial and Quantitative Analysis* 杂志上。

## R. 查尔斯·莫耶

R. 查尔斯·莫耶在霍华德大学获得经济学学士，在匹兹堡大学获得 MBA 及金融与管理经济学博士学位。莫耶教授是路易斯维尔大学商学院院长，还是维克森林大学巴布科克管理研究所名誉院长和 GMAC 金融保险讲座前主持人，原先是得州理工大学金融系主任和金融学教授。莫耶教授还执教于休斯敦大学、里海大学和新墨西哥大学，曾在克利夫兰联邦储备银行工作一年。莫耶教授曾在德国、法国和俄罗斯广泛任教。除本书外，莫耶教授还与人合著另外两本财务管理教材。他曾在多个重要杂志上发表论文，其中包括 *Financial Management*, *Journal of Financial and Quantitative Analysis*, *Journal of Finance*, *Financial Review*, *Journal of Financial Research*, *International-al Journal of Forecasting*, *Strategic Management Journal* 和 *Journal of Economics and Business* 等。莫耶教授是国王制药公司董事会、资本南方伙伴和肯塔基萌芽资本基金的成员。

## 弗雷德里克 H. B. 哈里斯

弗雷德里克 H. B. 哈里斯是维克森林大学商学院的 John B. Mckinnon 教授，他的专长是定价策略和生产能力规划。哈里斯教授在美国、欧洲及澳大利亚的商学院和经济学系讲授综合管理经济学核心课程，给文理学士、理科硕士、工商管理硕士和博士讲授选修课程。哈里斯教授获得两次全校教授年度教学奖和两次年度科研奖。其他荣誉包括：《公司》杂志 1998 年授予的杰出教师，在线《商业周刊》授予的 2000～2001 年度最受欢迎的课程，《商业周刊最佳商学院指南》第 5～9 版（1997～2004）授予的杰出教师。

哈里斯教授在多种经济学、营销学、生产运营和财务杂志上发表论文，包括 *Review of Econo-*

*mics and Statistics*，*Journal of Financial and Quantitative Analysis*，*Journal of Operations Management*，*Journal of Industrial Economics*，*Journal of Banking and Finance*，*Journal of Business Ethics* 及 *Journal of Financial Markets* 等。1988~1993 年，哈里斯教授服务于 *Journal of Industrial Economics* 编委会。他在价格发现方面的开创性研究成果常常被一些重要的学术杂志所引用，与实践者一起撰写的几篇论文发表在 *Journal of Trading* 杂志上。另外，哈里斯教授还利用收益管理的最新技术为大公司的定价、订单处理和能力规划等职能确立新的标杆，并在美国营销管理协会的 *Marketing Management* 和运筹学及管理学研究协会的 *Journal of Revenue and Pricing Management* 等杂志上发表他的发现。

# 目 录 | Preface

前言
作者简介

## 第一部分　导论

### 第1章　导论与厂商目标 …………… 2

本章预览 ………………………………… 2
管理挑战 ………………………………… 2
1.1　何为管理经济学 …………… 4
1.2　决策模型 …………………… 5
1.3　利润的作用 ………………… 7
1.4　厂商的目标 ………………… 8
1.5　所有权与控制权的分离：
　　　委托 – 代理问题 ………… 10
1.6　股东财富最大化的含义 ……… 13
小结 …………………………………… 18
练习 …………………………………… 18
案例练习 ……………………………… 19

### 第2章　基本经济概念 …………… 23

本章预览 ………………………………… 23
管理挑战 ………………………………… 23
2.1　需求与供给：概览 ………… 24
2.2　边际分析 …………………… 34
2.3　净现值概念 ………………… 38
2.4　风险的含义及衡量 ………… 41
2.5　风险与要求的收益 ………… 46
小结 …………………………………… 46
练习 …………………………………… 47
案例练习 ……………………………… 48

## 第二部分　需求与预测

### 第3章　需求分析 …………………… 52

本章预览 ………………………………… 52
管理挑战 ………………………………… 52
3.1　需求关系 …………………… 54
3.2　需求价格弹性 ……………… 58
3.3　需求的收入弹性 …………… 70
3.4　需求的交叉弹性 …………… 72
3.5　需求弹性的综合影响 ……… 74
小结 …………………………………… 75
练习 …………………………………… 75
案例练习 ……………………………… 77

### 第4章　需求估计 …………………… 80

本章预览 ………………………………… 80
管理挑战 ………………………………… 80
4.1　需求函数的统计估计 ……… 81
4.2　简单的线性回归模型 ……… 84
4.3　利用回归方程进行预测 ……… 87
4.4　多元线性回归模型 ………… 93
小结 …………………………………… 96
练习 …………………………………… 96
案例练习 ……………………………… 99

### 附录4A　应用线性回归模型的
　　　　　问题 ………………………… 101

### 第5章　企业预测与经济预测 ……… 109

本章预览 ………………………………… 109

管理挑战 ···················· 109

5.1 预测的意义 ············· 110

5.2 预测技术的选择 ········ 110

5.3 可供选择的预测技术 ··· 112

5.4 确定性趋势分析 ········ 112

5.5 平滑技术 ··············· 118

5.6 气压计法 ··············· 122

5.7 调查和民意测验技术 ··· 124

5.8 计量经济模型 ·········· 125

5.9 用投入 – 产出表进行

预测 ··················· 127

5.10 随机的时间序列分析 ······· 128

小结 ························· 131

练习 ························· 131

案例练习 ··················· 134

第6章 全球经济管理 ··········· 137

本章预览 ··················· 137

管理挑战 ··················· 137

6.1 导论 ··················· 140

6.2 进出口销售与汇率 ····· 141

6.3 外包 ··················· 144

6.4 中国贸易的繁荣 ········ 145

6.5 作为外汇的美元市场 ··· 148

6.6 汇率长期趋势的决定

因素 ··················· 150

6.7 购买力平价 ············ 154

6.8 国际贸易：管理视角 ··· 162

6.9 自由贸易区：欧盟和

NAFTA ················ 169

6.10 美国最大的贸易伙伴：

NAFTA 的作用 ········ 172

6.11 美国贸易赤字透视 ····· 176

小结 ························· 177

练习 ························· 179

案例练习 ··················· 180

附录6A 外汇风险管理 ··········· 181

第三部分 生产与成本

第7章 生产经济学 ············· 184

本章预览 ··················· 184

管理挑战 ··················· 184

7.1 生产函数 ············· 186

7.2 一种变动投入要素的生产

函数 ··················· 188

7.3 确定变动投入要素的最优使

用量 ··················· 194

7.4 多种变动投入要素的生产

函数 ··················· 196

7.5 确定投入要素的最优组合 ··· 199

7.6 固定比例的最优生产过程 ··· 201

7.7 衡量一种生产过程的效率 ··· 202

7.8 规模报酬 ··············· 203

小结 ························· 208

练习 ························· 209

案例练习 ··················· 211

附录7A 可再生与可耗尽自然资源的

生产经济学 ··················· 212

第8章 成本分析 ··············· 220

本章预览 ··················· 220

管理挑战 ··················· 220

8.1 成本的含义与衡量 ····· 222

8.2 短期成本函数 ·········· 225

8.3 长期成本函数 ·········· 228

8.4 规模经济和规模不经济 ··· 229

小结 ························· 235

练习 ················· 235

案例练习 ··············· 237

## 第 9 章 成本理论的应用 ········· 240

本章预览 ················· 240

管理挑战 ················· 240

9.1 成本函数的估计 ········· 241

9.2 盈亏平衡分析 ········· 248

小结 ··················· 255

练习 ··················· 256

案例练习 ··············· 256

# 第四部分 定价与产量决策：战略与策略

## 第 10 章 价格、产量与战略：纯粹竞争和垄断竞争 ········· 260

本章预览 ················· 260

管理挑战 ················· 260

10.1 导论 ················· 261

10.2 竞争战略 ············· 262

10.3 波特的五力战略框架 ····· 266

10.4 市场结构的连续统一体 ····· 275

10.5 纯粹竞争调价下的价格－产量策略 ················· 278

10.6 垄断竞争条件下的价格－产量决定 ················· 284

10.7 推销与促销费用 ········· 287

10.8 不对称信息条件下的竞争市场 ················· 289

10.9 逆向选择问题的解决 ····· 293

小结 ··················· 296

练习 ··················· 298

案例练习 ··············· 299

## 第 11 章 价格和产量决定：垄断与支配厂商 ············· 301

本章预览 ················· 301

管理挑战 ················· 301

11.1 垄断的定义 ············· 302

11.2 垄断者市场力量的来源 ····· 302

11.3 垄断者的价格和产量决定 ··· 306

11.4 最优加成、贡献毛利与贡献毛利百分比 ············· 309

11.5 受管制的垄断 ········· 315

11.6 管制经济的合理性 ······· 316

小结 ··················· 317

练习 ··················· 318

案例练习 ··············· 320

## 第 12 章 价格与产量的决定：寡头 ················· 323

本章预览 ················· 323

管理挑战 ················· 323

12.1 寡头市场结构 ········· 325

12.2 寡头行业中的相互依赖 ··· 329

12.3 卡特尔和其他共谋 ······· 330

12.4 价格领导 ············· 340

12.5 弯曲的需求曲线模型 ····· 342

12.6 避免价格战 ··········· 343

小结 ··················· 347

练习 ··················· 348

## 第 13 章 最佳行动策略：博弈论 ··· 350

本章预览 ················· 350

管理挑战 ················· 350

13.1 寡头对抗与博弈理论 ····· 351

13.2 分析同时博弈 ········· 356

13.3 纳什均衡战略的定义 ····· 360

13.4 避免囚徒困境 ········· 364

13.5  顺序博弈分析 ················ 372

13.6  作为一种自我实施顺序博弈的
      企业对抗 ···················· 377

13.7  可信的威胁与承诺 ··········· 380

13.8  建立可信性的机制 ··········· 381

13.9  更换保证 ···················· 382

小结 ···························· 387

练习 ···························· 388

案例练习 ························ 391

附录 13A  阻止进入与接纳博弈 ······· 393

第 14 章  定价方法与定价分析 ········ 402

本章预览 ························ 402

管理挑战 ························ 402

14.1  基于价值的事前系统分析
      定价理论框架 ··············· 403

14.2  最优差异价格水平 ··········· 407

14.3  目标细分市场中的差别
      定价 ························ 413

14.4  定价实践 ···················· 423

小结 ···························· 429

练习 ···························· 430

案例练习 ························ 431

附录 14A  收益管理的实践 ············· 433


第五部分  组织架构与管制

第 15 章  契约、治理与组织形式 ······ 444

本章预览 ························ 444

管理挑战 ························ 444

15.1  导论 ······················· 445

15.2  契约在合作博弈中的作用 ····· 445

15.3  公司治理与道德风险问题 ····· 450

15.4  委托 - 代理模型 ············· 453

15.5  选择有效的组织形式 ········· 460

15.6  前景理论推动了全线产品
      促销 ························ 464

15.7  垂直一体化 ·················· 465

小结 ···························· 469

练习 ···························· 470

案例练习 ························ 471

附录 15A  拍卖设计与信息经济学 ··· 473

第 16 章  政府管制 ················· 497

本章预览 ························ 497

管理挑战 ························ 497

16.1  对市场结构与市场行为的
      管制 ························ 498

16.2  反托拉斯管制状况及其
      实施 ························ 501

16.3  对某些企业决策的反垄断
      限制 ························ 503

16.4  命令和控制管制限制：经济
      分析 ························ 509

16.5  外部性的管制 ··············· 511

16.6  政府对企业的保护 ··········· 517

16.7  最优部署决策：许可还是
      不许可 ······················ 518

小结 ···························· 523

练习 ···························· 524

案例练习 ························ 525

第 17 章  长期投资分析 ·············· 527

本章预览 ························ 527

管理挑战 ························ 527

17.1  资本支出决策的性质 ········· 528

17.2  资本预算的基本框架 ········· 529

17.3 资本预算过程 ……………… 529

17.4 估算厂商的资本成本 ………… 534

17.5 成本 - 效益分析 ……………… 537

17.6 成本 – 效益分析的步骤 ……… 539

17.7 成本 – 效益分析的目标与
　　 约束条件 ……………… 540

17.8 效益和成本的分析与评估 …… 540

17.9 成本 – 效果分析 ……………… 542

小结 ……………………………… 543

练习 ……………………………… 544

案例练习 ………………………… 546

附录 A　货币的时间价值 …………… 550

附录 B　微分法在管理中的应用 …… 557

附录 C ……………………………… 569

附录 D　部分练习参考答案 ………… 573

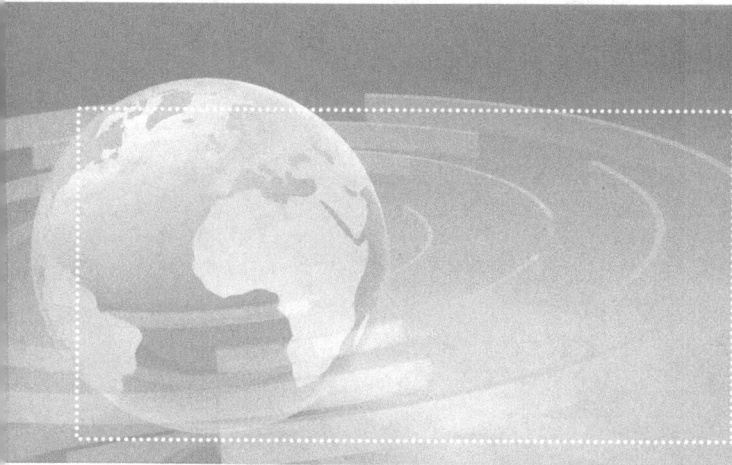

Part1 第一部分

# 导　论

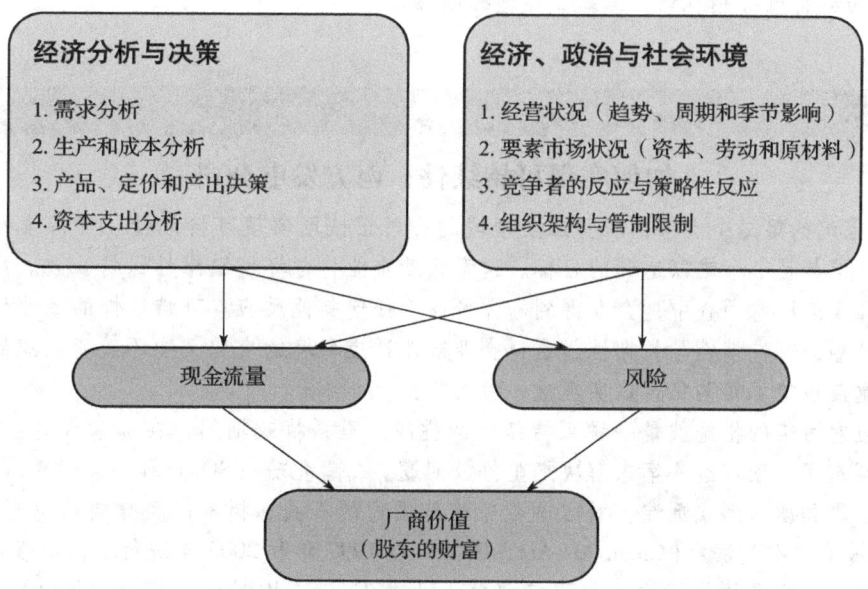

| 经济分析与决策 | 经济、政治与社会环境 |
|---|---|
| 1. 需求分析 | 1. 经营状况（趋势、周期和季节影响） |
| 2. 生产和成本分析 | 2. 要素市场状况（资本、劳动和原材料） |
| 3. 产品、定价和产出决策 | 3. 竞争者的反应与策略性反应 |
| 4. 资本支出分析 | 4. 组织架构与管制限制 |

现金流量　　　风险

厂商价值
（股东的财富）

# 导论与厂商目标

**本章预览**

管理经济学就是研究把微观经济学应用于私人和公共部门的决策者所面临的决策问题。管理经济学帮助管理者有效地分配稀缺资源、规划组织策略和执行有效的战略。在这一章，我们对经济利润的意义进行了探索，对利润在自由企业制度的资源配置方面所起的作用进行了研究。通过讨论管理决策如何影响股东财富，从而提出厂商的主要目标，即股东财富最大化。本章还讨论了公司中所有权和控制权相分离、委托－代理等问题。

**管理挑战**

## 如何实现可持续性：南方发电公司

在 21 世纪的第二个十年，所有工业领域的公司正试图实现可持续性。可持续性是一个强大的隐喻，但却是一个难以达到的目标。这意味着企业将与环境敏感性保持一致。虽然在对美国人和欧洲人的民意调查中，企业得到的评价高于任何其他反应。可持续性的商业计划也将意味着经营计划的可持续性与长期性，这样企业既能适应环境的变化又能不改变组织战略。但管理人员究竟应该追求哪些目标以实现这一目的呢？

管理应对污染的措施就是一种可持续性的挑战。里根执政期间，在加拿大总理的坚持下，美国国会颁布了一项双边法案来解决烟尘排放问题。二氧化硫（$SO_2$）和一氧化氮（$NO$）的排放以酸雨、雾和冰的形式沉淀，对方圆数千米范围内的石头、树木以及哮喘病患者构成危害。1990 年的《清洁空气法》（Clean Air Act，CAA）在 1997 年和 2003 年进行了两次修订，已知的污染者获得了可交易的排污许可权资产（tradable pollution allowances assets，TPA）。CAA 也授权建立了这些 TPA 资产的拍卖市场。美国环境保护署（The Environmental Protection Agency，EPA）的网站（www.epa.gov）显示每天市场上不含酸性的空气和雨水的出清价格，发电厂、钢铁厂等大型点源污染者，因燃烧大量的高硫煤炭产生含有 $SO_2$ 和 $NO$ 的烟尘而要支付实际的成本。这些数字将会及时放置在电子表格中，旨在使企业综合考虑寻求使经营成本最低的方法（EPA 对违反规则的罚款每吨 2000 美元总是远远超过了排放权的拍卖市场成本——近年来是 131～473 美元）。此外，每个污染者都能感到强大的激励因素在推动他们降低减少污染的合规成本。现在整个行业都行动起来，努力开发减排技术。

企业能够得到的 TPA 大约是每个企业已知发生污染水平的 80%。例如，位于北卡罗来纳州的杜克电力公司（Duke Power）的比卢溪电厂，因每天烧 400 火车皮煤炭而每年产生 82 076 吨二氧化硫酸性烟尘，结果得到 62 930 吨排污许可权（见图 1-1）。虽然这种方法使大量污染排放不受限制，但 1990 年上限交易法案的逐步实施对于它的大范围成功是非常重要的。对钢铁和电力等行业，允许有五年的时间去过渡到符合监管的排放要求。然而在 1997 年，最初的排放权被减半。杜克电力公司以每吨 131 ~ 480 美元的价格从比卢溪电厂购买了 19 146 吨许可权，之后在 2003 年建了两台 30 层的烟尘清洗器，使 NO 的排放量减少了 75%。

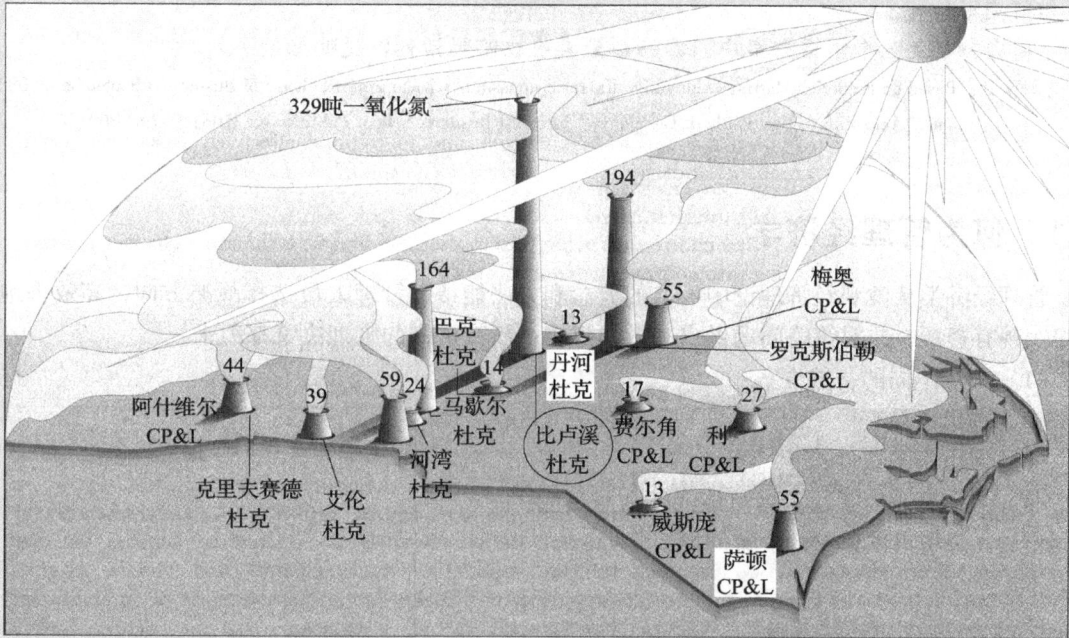

**图 1-1　烧煤电厂排放的一氧化碳（执行《清洁空气法》之前每日排放的吨数）**
资料来源：NC Division of Air Quality.

另一个主要的电力公共事业企业——南方公司（Southern Company），以最小的现金流为基础分析了三个选择方案：①购买许可权；②安装烟囱清洁装置；③采用燃料转换技术，燃烧高价低硫煤或更清洁的天然气。举一个深入研究的例子，南方公司在北佐治亚的鲍恩电厂需要花费 6.57 亿美元安装清洗器，在减去这一花费和抵消超额补贴收益后，发现成本是 4.76 亿美元；或者继续燃烧高硫煤。从附近的阿巴拉契亚山脉采购和必要的补贴以符合上限交易政策（capand-trade），市场预计耗资 2.66 亿美元。最后，切换到低硫煤而采用燃料转移（fuelswitching）技术被发现将耗资 1.76 亿美元。所有这些分析与以成本现值为基础的预测超过 25 年。第 2 章提供了一个快速入门净现值的概念。

南方公司决定转向低硫煤以贡献于环保和可持续发展。许多支持上限交易政策和积极追求使命的电力公司所在州的 15% 的电力来自可再生能源（renewable energy，RE）。在一个案例研究的最后一章，我们将分析风能和潮汐能发电的可再生能源选择。

南方公司选择减少烟尘排放的燃料转换技术有两个原因。首先，切换到低硫煤可最小化其预计现金流合规成本，但此外，燃油转换技术创建了一个战略灵活性（一个真正的选项），这本身创造了更多的股东价值。在这一章中，我们将看看使股票（股东价值）最大化的资本化价值需要。

**讨论题**

- 酸雨的基本外部性问题是什么？管理人员为应对酸雨问题应该实现什么目标？
- 《清洁空气法》对空气污染的上限交易规定是如何影响南方公司对先前受烟尘排放损害的无价公共财产资源——空气和水的分析的？
- 管理人员应该如何遵从《清洁空气法》？南方公司是否应该支付 EPA 的罚款？为什么？你会如何决定？
- 在南方公司的三个承诺方案中，哪一个最具有战略灵活性？说明原因。

资料来源：Based on Frederick Harris, Alternative Energy Symposium, Wake Forest Schools of Business（September 2008）；and "Acid Rain: The Southern Company," Harvard Business School Publishing, HBS: 9-792-060.

# 1.1 何为管理经济学

管理经济学从微观经济理论中吸取的概念和方法能帮助管理人员选择战略方向，高效率地配置组织现有资源，并对策略问题做出有效的反应。所有这样的管理决策都力求：

（1）确定不同的备选方案；

（2）选出以最有效率的方式实现目标的方案；

（3）考虑限制条件；

（4）考虑竞争对手决策者可能的行为与反应。

比如，分析以下典型的决策问题。

## 实例 | 北美本田公司和北美丰田汽车公司扩大生产能力

本田和丰田汽车公司都在力求扩大它们在北美已经很大的汽车装配业务。它们在美国制造的汽车的需求正在不断增长，特别是丰田的凯美瑞和本田的雅阁。这两款车在消费者报告中的耐用性和可靠性都很高。二手雅阁车的需求也很强，以至于开始 4 年的折旧率只有45%，而其他同类车同期的折旧率会高达65%。为了满足对凯美瑞和雅阁不断增长的需求，丰田和本田公司提出了两种可能的战略（$S_1$ 和 $S_2$）。战略 $S_1$ 包括丰田在它的印第安纳普林斯顿工厂内部扩大生产能力，本田公司在俄亥俄马里斯维尔工厂内部扩大生产能力。战略 $S_2$ 涉及购买和更新目前由通用汽车公司拥有的装配工厂。新工厂可能因降低财产税而获得巨额的公共补贴，旧工厂已经拥有大规模的

基础设施条件，比如当地供应商和免于管制的权利。

本田公司管理者的目标就是通过扩大生产能力，使预期未来利润的现值最大。此问题可概括为：

目标函数：最大的利润（$S_1$，$S_2$）现值（PV）

决策规则：如果现值（利润 $S_1$）> 现值（利润 $S_2$），选择战略 $S_1$

如果现值（利润 $S_1$）< 现值（利润 $S_2$），选择战略 $S_2$

这个简单例子说明了管理者在制定资源配置决策时，面对所有伦理的、法律的和管制的约束条件时，如何通过前瞻性动态增长战略而力求使其厂商的价值最大化。

## 1.2 决策模型

制定良好决策的能力是实现成功管理绩效的关键。所有决策都具有一些共同的内容。首先,决策者一定要建立目标。其次,决策者一定要确定问题。比如,电子产品零售商百思买(Best Buy)的 CEO 发现销售毛利一直在下降,原因可能是定价错误、劳动生产率降低或采用过时的零售理念。一旦确定了问题的原因,管理人员就可以转而研究可能的解决方案。解决方案的选择取决于对相关成本和效益的分析,以及可使一种方案优于另一方案的其他组织限制条件和社会限制条件。

在对所有的备选方案进行评估之后,决策过程的最后一步就是在提出建议之前,在假设条件发生一系列变化的情况下分析现有的最佳方案。这个至关重要的最后一步就是进行敏感性分析。管理人员在掌握了决策环境的变化对计划行动方案的限制之后,就可以进行决策的实施,还要对市场中未想到的结果或未预料到的变化仔细进行监测。

### 1.2.1 管理人员的职责

**对与错 | 土星公司**

当通用汽车公司推出其"不同类型的汽车公司"理念时,J. D. Powers 对其产品质量的评级比本田高 8%,而且客户喜欢无讨价还价的销售过程。土星公司在短短两年内追平了本田思域和丰田卡罗拉 20 万辆的销量,并在第二年达到了福特护卫者 28.5 万辆的销量。土星的经销商证明了将客户服务的人际关系作为首要任务,并拥有卓越的库存和管理信息系统非常有利可图,并迅速收获了业界最高的客户忠诚度的声誉。

然而,由于土星(Saturn)车型的基本款售价比其竞争对手日本紧凑型车低 1 200 美元,通用汽车母公司每辆车的毛利仅为 400 美元。在通常情况下,这意味着通用汽车在 30 亿美元的资本投资中只收回了大约 1 亿美元,回报率仅为区区 3%。除去通用汽车公司 11% 的资本成本,每辆土星车损失大约 1 000 美元。这些数字无法与通用公司其他部门每辆车的毛利 3 300 美元相比。因此,土星部门没有再获得现金投资,产品也没有更新,车型停滞不前。到 1997 年,销售额下降了 9%,1998 年又下降了 20%。2009 年,通用汽车宣布永久关闭土星公司。

通用汽车的管理人员还没有完成下一个土星商业模式,该模式将把年轻的无子女夫妇转移到利润更高的通用汽车部门,因为他们的生命周期需要更大的轿车、小型货车和 SUV。与别克相比,土星的中年忠实车主们更愿意在土星内部进行交易,因为他们发现没有更大的运动型车型,于是转而购买本田雅阁和丰田凯美瑞等更大的日本进口车。在几乎崩溃之后,土星推出了一款跑车、一款高效的 SUV 和一款引人注目的跑车。通用汽车最终在 2009 年放弃了这个品牌。

在自由企业制度中,管理人员要负责实现一系列的目标。他们要在问题成为危机之前解决问题,选择战略确保目前经营模式的更大成功。Research In Motion 创造了世界上最好的国际手机(黑莓),但由于客户需求演变成能够使用成千上万种应用程序的可上网的智能手机,该公司错过了市场。此外,管理者要根据组织使命创立组织结构与组织文化。另外,高层管理人员尤其要能预见新的经营方向并制定到达彼岸的延伸目标。管理人员要监测、激励和推动团队工作，协调整合营销、生产和财务职能。如果工厂经理不知道销售团队针对的特定部门实现的利润，那么他们通常会加速并向错误的客户完成订单。最后，管理者承担起激励和监督团队合作的关键责任。

## 1.2.2 团队中的道德风险

团队合作能力和激励团队的能力被广泛认为是有效管理者最重要的特质。这同样适用于海军海豹突击队、工厂工作团队、品牌管理团队或咨询团队。这是为什么呢？为什么团队合作如此重要，为什么获得好的团队合作如此困难？团队合作的本质是协同的价值创造，超越了各部分的总和。作为团队中的一员，我们每个人都可以发挥自己的力量或做出更多的贡献，并将我们的额外努力与周围人的非凡努力结合起来。就像在体育运动中一样，110% 的努力往往能帮助公司团队击败更有技巧的对手，甚至击败那些资源更丰富的对手。但是当少努力一点不会带来太多的个人牺牲，并且个人逃避自己的努力不太明显时，一个管理者如何在一个团队中实现承诺来达到 110% 的努力？这就构成了团队合作中所谓的道德风险问题。如果惩罚和制裁少之又少，那么只有道德责任感才会激发团队精神，而不是通过搭便车减少努力的程度。

考虑下面通过团队合作将产品推向市场的例子。麦克和麦尔正在合作一个产品发布。他们俩都有专门的技能，如果每个人都努力，尽他们最大的努力完成这个项目，就将达到最高产量和 100 美元的毛利。在这种情况下，每个人支付 25 美元的个人费用，每人可获得 25 美元的净利润。如果任何一方逃避并单方面减少努力，产量将会减少，毛利率下降 30%，至 70 美元。但是逃避者把他的个人成本降到 0 美元，这样一来，逃避者就能获得 35 美元的净利润，而尽职尽责的队友则只能获得 10 美元。如果双方都逃避并未能尽最大努力，则产出大大不足，毛利润降到 30 美元，每个人的收益仅为 15 美元。通过正常形式的博弈矩阵，这些结果被描述在图 1-2a 中。

| | | 麦克 | |
|---|---|---|---|
| | | 努力 | 逃避 |
| 麦尔 | 努力 | $ 25 / $ 25 | $ 10 / $ 35 |
| | 逃避 | $ 35 / $ 10 | $ 15 / $ 15 |

a）无管理人员

| | | 麦克 | |
|---|---|---|---|
| | | 努力 | 逃避 |
| 麦尔 | 努力 | $ 20 / $ 20 | $ 5 / $ 15 |
| | 逃避 | $ 15 / $ 5 | $ –5 / $ –5 |

b）存在管理人员，以10美元雇用经理为监管者，其中强加15美元罚款

图 1-2 决策过程

如果这是单次博弈，每个参与者必须同时决定，而不知道他的队友的选择，情况将会如何？博弈论的一个深刻见解是，在参与者相同且没有重复博弈的情况下，理性的玩家会忽略声誉效应，选择收益支配其他行为的行为。这意味着每个玩家将选择逃避，因为 35 美元的结果超过 25

美元，15 美元的结果超过 10 美元。简而言之，右边栏的逃避策略的结果支配了努力这一策略（回报矩阵的行也是如此）。因此，每个团队成员都倾向于叛变（通过选择逃避），无论他的队友选择什么，逃避因此被称为占优策略。因此，｛逃避，逃避｝作为一种占优策略有很大的可能性出现。

但如果他们都这么做（选择逃避），就会出现一个悲剧性的两难境地。在右下角的｛逃避，逃避｝方格中，每个玩家的回报只有 15 美元，而收益合计只有 30 美元。然而，每个参与者都意识到，如果他们找到了一种方法来吸引彼此的合作，本可以达到左上角｛努力，努力｝的结果，总收益达到 50 美元。他们个人最优的决策（受到逃避这一占优策略的影响）减少了 20 美元的利润，直到参与者们用不同的方式组织团队。因此，我们期望参与者会进化出围绕道德风险问题的机制，以获取更大的收益。这是如何实现的？

如果团队雇用一名经理作为项目主管来监督团队合作并公平地惩罚逃避者会怎么样？支付给经理 10 美元的工资，在｛努力，努力｝这一策略下会使公司的毛利减少至 40 美元，这些利润会被分给麦克和麦尔。在对角线格子中，经理现在惩罚任何逃避责任的队友 15 美元。这个单边逃避者的收益现在变成了 $(70/2) - 15 - 5 = 15$ 美元，低于团队都努力情况下的收益 $(100/2) - 25 - 5 = 20$ 美元。这是一个对称的回报博弈，所以两个人现在得出的结论是一样的，那就是，采取相互合作的团队合作并全力以赴。如果两个参与者都选择逃避，他们将获得 $(30/2) - 15 - 5 = -5$ 美元，而如果被单方面背叛，收益为 $(70/2) - 25 - 5 = 5$ 美元，因此每个人都会选择努力。的确，查看图 1-2b 中的新的支付矩阵，选择｛努力，努力｝现在已经成为占优策略。综上所述，团队中的道德风险是可以避免的。我们需要的是一个管理者作为监督者，对那些决定搭便车的队友的逃避行为进行制裁。

资本主义经济下的管理者之所以有动力监督团队合作，归根结底是因为他们的首要目标是使企业所有者获得最大的回报，即经济利润。

经济利润就是总销售收入（价格乘以销售量）与总经济成本之差。任何活动的经济成本都可视为所放弃的具有最高价值的备选机会。厂商为了吸引到劳动力、资本、知识产权、土地和原材料，必须要为这些资源支付一个价格，这个价格要足以使这些资源的所有者愿意放弃其他可选活动，把资源投入到目前的使用上。因此，经济成本总是应该视为机会成本，即把一种资源（如投资资本）从其次优使用方案上吸引过来的成本。

## 1.3　利润的作用

在自由企业制度中，经济利润对于指导千千万万相互竞争又各自独立的资源所有者制定决策起着重要的作用。利润的存在决定了将要生产与销售的产品和服务的种类与数量，也决定了对各种资源的派生需求。几种不同的利润理论都说明了这个作用。

### 1.3.1　利润的风险承担理论

经济利润的产生是要对厂商的所有者在进行投资时所承担的风险进行部分补偿。由于厂商的股东没有资格对其投资获得一个固定比率的收益，也就是说，他们只是在减去所有其他合同支付之后厂商剩余现金流量的索取者，所以他们需要以一个更高的收益率形式对这个风险加以补偿。

利润的风险承担理论是以正常利润的内容来解释的，"正常"是以不同投资方案的相对风险来界定的。一家高风险厂商（比如拉斯维加斯的酒店和赌场、生物制药公司或石油钻井队）的正常利润应该高于低风险厂商（如自来水公司）的正常利润。例如，2005年酒店/博彩业的行业平均净值收益率为12.6%，而自来水行业为9%。

### 1.3.2 利润的暂时不均衡理论

虽然所有厂商都趋于赚取一个长期均衡的（经过风险调整的）正常利润率，但在任一时点上，厂商可能只会赚取一个高于或低于这个长期正常水平的收益率。这种情况的出现是因为不同经济部门中的暂时错位（震荡）。比如，在原油价格从2007年年中的75美元翻番涨到2008年7月的146美元时，石油行业的收益率大幅度上升，可是在2008年年末收益率又大幅度下降，因为此时石油市场的状况造成了过度的供给，原油价格降到了45美元。

### 1.3.3 利润的垄断理论

在某些行业中，一家厂商能够有效地支配市场并持续赚取高于正常水平的收益率。这种支配市场的能力可能产生于规模经济（一家大厂商，如波音公司，能以低于小厂商的成本多生产一架747飞机），对必要自然资源（比如钻石）的控制，对关键专利权的控制（比如生物制药公司）或政府禁止竞争的限制（比如电报专营者）。垄断者可以赚取高于正常水平的利润的条件将在第11章中深入讨论。

### 1.3.4 利润的创新理论

利润的创新理论认为高于正常水平的利润就是对成功创新的报酬。开发出高质量产品（如保时捷）或成功地抓住独特市场机会（如微软）的厂商所得到的报酬都可能会高于正常水平的利润。的确，美国专利制度的设置就是为了确保获得高于正常水平收益的机会，从而为持续的创新提供强有力的推动力。

### 1.3.5 利润的管理效率理论

与创新理论紧密相关的是利润的管理效率理论。高于正常水平的利润是因为管理良好的厂商的特别管理技能而产生的。虽然没有一种利润理论能够说明每个行业中可见到的利润率，但这些理论也绝不是相互排斥的。利润绩效肯定是多种因素的结果，包括不同程度的风险、创新能力、管理技能、垄断力量的存在以及出现的机会。

## 1.4 厂商的目标

把简单的利润最大化作为管理人员的目标是很能说明问题的，但是这些理论都没有考虑到利润流量的时间和风险因素。把股东财富最大化作为厂商目标则克服了上述两方面的局限性。

**实例** 伯克希尔－哈撒韦公司的股东财富最大化

伯克希尔－哈撒韦公司的董事长兼CEO沃伦 E. 巴菲特曾经这样描述该公司的长期经济目标："使企业内在价值按每股计算的平均年收益率最大化。"伯克希尔－哈撒韦公司的每股账面价值从1964年他接手该公司时的19.46美元增加到2005年年底的91 485美元，年复利增长率为 21.5%。标准普尔 500 公司同期的增长率为 10.3%。

伯克希尔 – 哈撒韦的董事们都是大股东，此外至少有 4 位董事把自己家庭净值的 50% 以上投资于伯克希尔 – 哈撒韦公司，管理人员和董事拥有 47% 以上的该公司股份。结果是，巴菲特的企业总是把股东财富最大化这个目标放在一个最优先的位置上。

资料来源：Annual Report, Berkshire Hathaway, Inc. (2005)

## 股东财富最大化模型

为使厂商的价值最大化，管理人员应该使**股东财富**最大化。股东财富是用厂商普通股的市场价值来衡量的。普通股的市值等于按照股东要求的收益率进行贴现之后股权所有者的所有预期未来现金流量的现值，加上厂商制定的实物期权的价值

$$V_0 \cdot (\text{发行股票}) = \frac{\pi_1}{(1+k_e)^1} + \frac{\pi_2}{(1+k_e)^2} + \frac{\pi_3}{(1+k_e)^3}$$

$$+ \cdots \frac{\pi_\infty}{(1+k_e)^\infty} + \text{实物期权价值}$$

$$= \sum_{t=1}^{\infty} \frac{\pi_t}{(1+k_e)^t} + \text{实物期权价值} \qquad (1\text{-}1)$$

> **股东财富**（shareholder wealth）：厂商价值的衡量指标。股东财富等于厂商普通股的价值，后者又等于厂商为其所有者的利益而预期形成的所有未来现金收益的现值。

式中，$V_0$ 为一只股票的当前价值（股票价格），$\pi_t$ 代表预期未来各期（$1 \to \infty$）的经济利润，$k_e$ 等于要求的收益率。

一些不同的因素（比如利率和整个经济的商业周期）超出管理人员的掌控，会影响厂商的股价，但很多因素（如创新和成本控制）并非如此。实际期权价值代表因保持管理人员采取的经营计划的灵活性而产生的成本节约或收入扩大。例如，南方公司通过采用燃料转换技术，服从《清洁空气法》而节省了 9 000 万美元，这项技术可以燃烧不同的高硫和低硫煤炭或燃料油，因而使一种投入要素的全部成本无论何时都比另一种更便宜。

要看到式（1-1）确实考虑到未来利润的时间因素，通过把所有的未来利润按照要求的收益率 $k_e$ 进行贴现，式（1-1）表明未来得到 1 美元的价值小于立刻得到 1 美元的价值（现值的贴现方法将在第 2 章和书末附录 A 中详细说明）。式（1-1）还为评估不同水平的风险提供了一种方法，风险越大，用于贴现未来现金流量所要求的收益率 $k_e$ 越高，现值越低。总之，股东的价值是由厂商预期利润的大小、时间和风险决定的。

### 实例｜资源配置决策与股东财富：苹果电脑

苹果公司在分销其流行的 iMac 个人电脑和高技术产品 iPod 时曾考虑使用三种分销渠道。第一种就是复制戴尔公司直接面对顾客的方式，即从摩托罗拉、AMD 和英特尔等企业购买零件，然后雇用第三方制造商，按照每个顾客的订单进行准时装配以完成网上销售或电话销售。这样存货成本和资本设备成本都很低，几乎所有成本都是可变的。另一种渠道是苹果公司与像"电脑树"（Computer Tree）这样的独立电子零售商签订分销协议。最后一种是苹果公司在自己的苹果商店中零售自己的产品。如果零售连锁店要寻求显眼的地理位置和必要的售货空间的话，第三种方式就需要有巨额的资本投资，而且固定成本的比例很高。

苹果电脑公司的第 147 家零售店最近在纽约的第五大道上开业，这个地点毫无疑问地说

明了苹果公司在根据这个新的分销策略配置公司的资源。苹果公司陈列产品的玻璃管道地下空间从中央公园一直到著名的广场酒店,这是由史蒂夫·乔布斯亲自设计的。苹果公司从这个最密集的游客群和零售走廊获取的利润依赖于这样几个举措:①通过店内演示讨论会进行录制音乐和编辑家庭电影的 iMac 软件培训;②安排大量的技术专家,使顾客无须等候就可以

解决问题;③持续不断地对世界上最有价值的品牌之一进行投资。苹果公司 2005 年在苹果商店的销售额为 23.5 亿美元,经营利润为 1.51 亿美元,毛利率为 6.4%,而全公司的毛利率约为 2%。

资料来源:Based on Nick Wingfield,"How Apple's Store Strategy Beat the Odds," *Wall Street Journal*(May 17, 2006).p. B1.

## 1.5 所有权与控制权的分离:委托-代理问题

在各种选择方案易于确定、相关成本和收益易于估算的情况下,利润最大化和股东财富最大化都是很有用的概念。例如,为最优生产期安排生产能力,在既定销售方式和现有生产设施条件下制定最优库存政策,在一个新的地区市场中引进一种既有产品,选择是购买还是租赁机器,等等。但在其他情况下,比如选定方案更为困难,成本和效益不太清晰时,所有者和管理者的目标就很难一致。

### 1.5.1 目标背离与代理冲突

随着独资和直接掌握的企业发展为有限责任公司,所有者(委托人)通常要把决策职权授予专业的管理者(代理人)。因为作为管理者的代理人面临的损失要比作为委托人的所有者少得多,所以代理人常常在追求自身利益的同时寻求一种可以接受的(而非最大化的)利润水平和股东财富水平。这个问题就叫作委托-代理问题或"代理冲突"。

例如,20 世纪 90 年代,石油价格随着欧佩克卡特尔的瓦解而下降,埃克森公司的管理者实施公司产品线的多元化,包括涉足计算机软件开发,而这是埃克森公司没有多少或根本不具备专长或竞争优势的领域。管理者当时希望多元化会平稳消除与季度盈利挂钩的主管人员奖金的波动,这个希望实现了,但多元化决策最终造成了埃克森公司股票价值的持续下降。

追求个人自身利益还会使管理者把精力集中于他们自身的长期工作安全上。在某些情况下,这种行为会促使他们限制厂商承担风险的数量,因为由风险带来的不利后果会导致自己被免职。柯达就是一个很好的例子。在 21 世纪初,柯达的主管人员并不想冒险开发不成熟的数字摄影产品。当随后出现对数码相机的大量需求时,柯达才发现留给自己的传统摄影产品的市场太小了。与埃克森一样,柯达公司的股价严重缩水。

最后,当管理人员把厂商的资源从最有效率的使用上撤出,用来为他们摆阔做样时,所有者的现金流量就会被侵蚀。1988 年的雷诺兹-纳贝斯克(RJR Nabisco)就是这样的一家厂商,该公司一向以公司在佛罗里达的修养地、庞大的公司航队和飞机库而自豪,当时一位主管决定开发一种奇特口味的新产品("无烟"超级香烟)。这些行为使纳贝斯克公司的市值大幅缩水,如果资源能得到更好配置的话,损失不至于此。KKR 公司(Kohlberg Kravis Roberts & Co.)看到了公司增值的可能,在 1989 年年初发起了一次恶意收购,出价 250 亿美元兼并了纳贝斯克公司。KKR公司向普通股东提出的购买价格是每股 109 美元,大大高于收购之前 50~55 美元的价格。新的所有者迅速行动,把纳贝斯克公司的很多不良资产卖出,削减了经营费用,取消了超级香烟项目。尽管这笔交易涉及以高利息借入大量债务的杠杆作用,但明显改善的现金流量使 KKR 公司在 7

年时间内偿还了债务，比计划提前了许多。

　　一些公司为使股东和管理者的利益更为紧密地结合在一起，在基于绩效的报酬形式中扩大了管理人员的薪酬比例。例如，迪士尼公司的迈克尔·艾斯纳（Michael Eisner）在 2002 年得到的长期薪酬超过了 2 020 万美元（不包括他的薪金 750 000 美元），这是对他作为 CEO 在 10 年内把迪士尼的市值增加 10 倍（从 20 亿美元增加到 230 亿美元）的酬劳。诸如好时食品、CSX、联合碳化物和施乐等公司都要求高管和董事拥有大量的公司股票作为雇用的条件。这种约定背后的理念就是把管理者与股东的经济利益直接联系起来。总之，如何激励管理人员按照厂商股东利益去行动取决于他们的薪酬组合的结构、被免职的可能和被一些新业主收购的威胁。

## | 实例 | 代理成本与公司重组：O. M. 斯科特父子公司

　　高额代理成本的存在有时会促使厂商在财务上进行重组以实现更高的经营效率。例如，生产草坪产品的厂商 O. M. 斯科特父子公司（原先是 ITT 的一个子公司）被斯科特管理人员以一个高比例财务杠杆收购（MBO）。而对来自于这项债务融资交易的高额利息和本金以及从厂商更有效率的经营中直接获利的可能，新的业主–管理者们迅速实施了旨在提高斯科特绩效的会计控制和经营程序。通过更严密地监控存货水平，与供应商进行更有利的谈判，使每月的平均运营资本投资得以下降，从最初的 7 500 万美元降至 3 500 万美元。与此同时，对销售人员的刺激性报酬也导致收益从 1.6 亿美元提高到创纪录的 2 亿美元。

　　资料来源：对斯科特公司经验更为完整的讨论可见 Brett Duval Fromson，"Life after Debt：How LBOs Do It," Fortune(March, 13, 1989)pp. 91-92.

## 1.5.2　代理问题

　　产生所有委托–代理问题的两个常见因素就是无法观察到管理人员的工作努力程度，以及在团队生产过程中存在着随机的干扰因素。计件成衣工人的工作绩效很容易监测，但要观察推销员和制造商贸易代表的工作努力程度，不付出极高的成本是不行的。直接观察管理活动的问题更大，因为管理人员贡献的是一种可称为"创造性才能"的东西。在问题发生之前遇见问题时的创造性才能本身是观察不到的；当所有者看到时，知道它的存在，但它未被察觉时，就常常无法确定它。结果，在解释公司绩效的波动时，管理者的创造性才能常常与好坏运气无法分开，因为所有者发现很难知道何时因情况好转而奖酬管理人员，何时因不良绩效而责备他们。

　　厂商在努力减少这些代理问题的过程中会发生某些**代理成本**，它们包括如下几种。

　　（1）构建主管人员薪酬时授予限制性股票或递延股票期权，从而使管理人员的激励与股东的利益相一致。

　　大公司中所有权（股东）与控制权（管理层）的分离使得管理人员去追求如个人福利最大化等目标，这常常是与股东的长期利益不一致的。由于来自于像富达基金（Fidelity Funds）这样的大机构股东的压力，旨在强化公司治理的《萨班斯–奥克斯利法案》的法律规定以及联邦税法对主管人员薪金的严格限制，越来越多的公司力求支付给管理人员的报酬大部分以绩效奖金的形式出现。它们采取的方法包

**代理成本**（agency cost）：代理成本是指与解决股东、管理者和贷款人之间利益冲突相联系的成本。代理成本包括监测和捆绑绩效的成本，制定减少代理冲突契约的成本以及因委托–代理冲突未解决而产生的效率损失。

括：①把主管人员的奖金与适当可比的竞争对手公司的绩效联系在一起；②提高向主管人员发放奖金的绩效门槛；③取消离职费，避免向那些绩效不良导致公司被收购成自身被解雇的主管人员提供一笔意外之财。

2005 年，支付给美国 350 家最大公司 CEO 的直接报酬总额的中位数是 600 万美元。具有最高股东收益的 10 家公司在过去 5 年内支付的薪金、奖金和长期激励措施为 1 060 万美元。股东收益最低的 10 家公司的支付额中位数为 160 万美元。图 1-3 表明这 350 家公司从 CEO 的薪酬总额反映出公司的利润率状况，在 2008 ~ 2009 年全球经济危机中，纽约-泛欧证交所 63% 公司的 CEO 的薪酬下降，奖金和加薪被冻结、削减或取消的分别占 47% 和 52%。

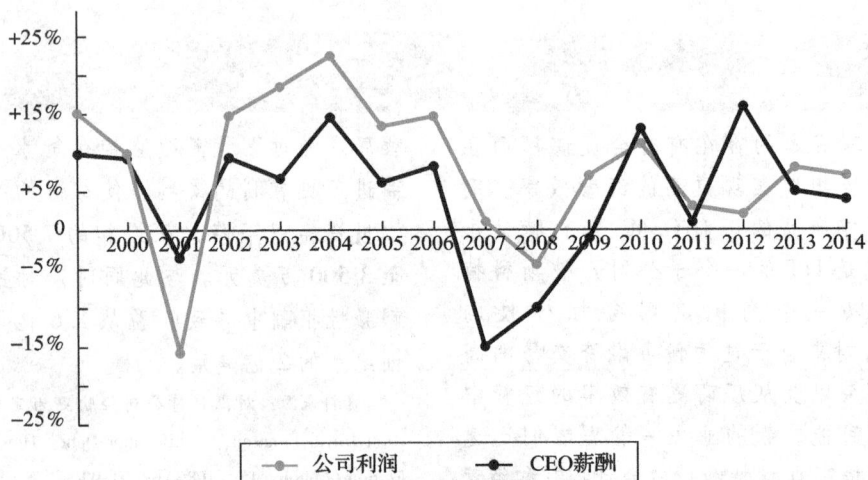

图 1-3 CEO 薪酬趋势反映公司绩效

资料来源：Mercer Human Resource Consulting and The Hay Group.

（2）由内部审计和会计监管委员会来监测管理人员的行动。此外，很多大额债权人，特别是银行，目前每月甚至每两周就要监测大额债务公司的财务比率和投资决策。这些主动行为强化了厂商的公司治理。

（3）保护股东不受管理人员的欺骗的捆绑支出和义务保险。

（4）复杂的内部审批流程限制了自由裁量权，但却阻碍了对业务机会的及时反应。

## 实例 | 主管人员的绩效报酬：通用电气公司

通用电气公司（GE）CEO 杰夫·伊梅尔特（Jeff Immelt）2006 年的薪金为 320 万美元，现金奖金为 590 万美元，转为股票期权的长期激励收入为 380 万美元，这可以作为一个基于绩效的组合报酬的代表性例子。GE 向其 30 万员工中的 45 000 人分配了股票期权，但决定如果 GE 的现金流量在五年内平均增长 10% 或更高，CEO 伊梅尔特 25 万"绩效股份"的一半可以转换为股票期权，如果 GE 股东的收益超过了按标准普尔 500 指数计算的五年累积总收益，另一半"绩效股份"才能转换为股票期权。

把主管人员的组合报酬置于相对于行业或部门标杆的已证实绩效基础之上已经成为美国著名诉讼案的内容，原因在于 2014 年 CEO 薪酬总额的中位数达到 1 610 万美元，已经增长到美国一般工人薪金 52 685 美元的 303 倍。在欧洲，相应的数字是上百万美元，大约是工人薪金中位数 42 123 美元的 36 倍。亚洲的这个倍数与欧洲差不多。因此，即使在 2010 年 AIG 和美林/美国银行出现薪酬丑闻之前，美国 CEO 得到的报酬也是很多公共政策讨论中的焦点。

资料来源：Based on http://people.forbes.com/rankings/jeffrey-r-immelt/36126；L. Mishel and A. Davis，"CEOs Make 300 Times More than Typical Workers"（June 21, 2015），Economic Policy Institute, Washington, DC.

## 1.6 股东财富最大化的含义

有些人希望管理者的利益与产权所有者的利益相一致，对他们的批评意见常常认为股东财富的最大化主要着眼于短期收益，有时还会伤害长期利润。但实际情况恰恰相反，短期的现金流量只能反映厂商股票价格的很小一部分，纽约证券交易所股票价格中只有 18% 可以由前 5 年的预期红利支出来说明，只有 35% 由前 10 年的预期红利来说明。股东财富最大化目标要求予以长期的关注。

### 对与错　礼来公司因失去百忧解的专利而经营不振

诸如葛兰素、默克、辉瑞和礼来（Eli Lilly）等制药巨头开发一种新药平均要花费 8.02 亿美元。对一种新药功效和副作用的研究和检验，进行临床试验，以及随后的生产和销售需要 12.3 年的时间。在 100 种可选分子或筛选化合物中只有 4 种能够成为可以研究的新药（IND），在 200 种 IND 种只有 5 种在动物检验中表现出足够的功效，可以进行人类试验。在 10 项人类试验中会有 6 项临床失败，向 FDA 申报的药品中最终只有一半能通过。总之，成功地发现和开发药品的整体概率只有 0.04 × 0.025 × 0.4 × 0.5 = 0.000 2，即 1% 的 2%。那些能摆到药店柜台上的极少数专利药品，尤其是销售额高达几十亿美元的知名药品，一定要创造出足够的经营利润才能收回上述所有研发失误的成本。

2000 年，礼来公司有一种治疗抑郁症的风靡一时的药品百忧解（Prozac），此药的一种重要延期专利被管制机构和美国联邦法官宣布失效。在一个月之内，礼来公司百忧解的销量的 70% 丢给了具有同样疗效的通用药。尽管礼来公司还有一些其他的知名药，但公司的股价下跌了 32%。CEO 西德尼·陶雷尔（Sidney Taurel）说，在百忧解的专利首次面对挑战时犯了一个错误，就是没有推出能成功替代百忧解的药品。当时陶雷尔迅速行动，在全公司树立了一个新的管理理念。现在，礼来公司给每一种新药都组建了一个由科学家、营销人员和管制专家组成的团队，这个团队要对从初始研究到专利失效的整个产品寿命周期负责，这种跨职能的整合团队的主要作用就是对处理未预见事件进行权变分析和情景规划。

资料来源：C. Kennedy, F. Harris, and M. Lord. "Integrating Public Policy Affairs into Pharmaceutical Marketing: Differential Pricing and the AIDS Pandemic," *Journal of Policy and Marketing*（Fall 2004），pp. 1-23；"Eli Lilly: Bloom and Blight," *The Economist*（October 26, 2002），p. 60. and "Merck Struggles with Patent Cliff", *Wall Street Journal*（May 2, 2013），p. B3.

应该承认，追求价值最大化的管理人员一定要能驾驭变化，有时是在竞争（自由购电的电厂）、技术（互联网信号压缩）、收益收藏品（音乐）和管制（香烟）方面的根本性变化，但他们还必须盯着长期可持续的企业利润。总之，谋求价值最大化的管理人员一定要预见到变化并制定权变计划。

股东财富的最大化还要在公众所掌握的有关公司未来现金流量以及可预见风险的信息中反映出动态的变化。KK 甜甜圈（Krispy Kreme）的会计丑闻导致其股票价格在一个月内从每股 41 美元直线下降到 20 美元。股票价格不仅反映了厂商先前的正的净现值投资，也反映了管理团队所开发出来的战略投资机会（"内在的实物期权"）。安进（Amgen）是一家生物技术公司，1983 年的股东价值为 4 200 万美元，尽管没有销售额，没有现金流量，没有资本资产，没有专利，贸易秘密保护得也不好，但到 1993 年安进公司的销售额超过了 14 亿美元。年现金流量为 4.08 亿美元，安进公司开发并抓住了有巨大价值的战略机会。

| 实例 | 安进公司的潜在利润率得以实现

安进公司利用先进的生物技术开发了人类的药品和诊断产品。在经历一段亏损之后的起步阶段上，安进公司的利润稳步增长，从 1989 年的 1 900 万美元增加到 1993 年的 3.55 亿美元，再到 1996 年的 6.7 亿美元。借助于销售其 Epogen 产品（一种红细胞生产刺激剂）的专利收入，安进公司的年利润在 1999 年飙升到 9 亿美元。2009 年，安进公司的价值达 600 亿美元，收入和现金流量在 21 世纪前 10 年以每年 19% 的速度持续增长。

一般地讲，甚至 30 年的现金流量也只能说明大约 85% 的股东价值。余下所反映的是战略灵活性的资本化价值，比如扩大某些盈利的经营业务，放弃其他业务，保留但推迟投资直至获得更多的信息。产权价值的这些其他来源被称为"内在的实物期权"。

我们需要说明为何 NPV 和期权价值是附加概念。设计 NPV 是为了在合同已了解并保证所有的现金流量时衡量债券的价值。结果，NPV 分析要调整时间和风险，但没有考虑某些资本预算项目中存在的灵活性的价值。这些所谓的内嵌期权提出了机会，但没有义务采取行动把一项资本投资的收益最大化或成本最小化。例如，南方公司对发电厂燃料转换技术的投资使之在投入要素便宜时燃烧料油，在投入要素更便宜时燃烧天然气。同样，丰田公司在日本和美国各建一个较小的装配厂，在通货波动造成某地工厂的成本相对于另一地工厂下降时，就可以把凯美瑞的生产移至成本低的工厂。公司一般可以在资本预算中创造出灵活性，方法是：①通过选择不同的增长路径来推动后续项目；②通过选择放弃、早期退出而不必受到惩罚；③通过选择推迟，使投资进入一个学习期，直至获得更准确的信息。产生于这些财务思考的情景规划会比较扩大、离开或等待的价值与缩减、暂停或立即投资的机会损失。这种灵活性仅从贴现的现金流量中找出扩大的 NPV。

| 实例 | 南方公司燃料转换技术的实物期权价值

96% 的公司采用了 NPV 分析，85% 的公司利用敏感性分析，以求更好地了解其资本投资。只有 66.8% 的公司运用情景规划和构成实际选择估值的权变分析，11.4% 的少数公司正规地计算其内在实物期权的价值。这为最近培训过的管理人员提供了一个机会，即引进这些资本预算的新技术来提高股东价值。南方公司发现它在燃料转换技术上的内在实物期权的价值超出了 4 500 万美元。

资料来源：Based on P. Ryan and G. Ryan, "Capital Budgeting Practices of the Fortune 1 000: How Have Things Changed?" *Journal of Business and Management*（Fall 2002）.

管理人员追求价值最大化的行为也不同于满意化行为，满意者力求"击中其目标"（比如，实现销售增长、投资收益或安全评级等目标），他们不是价值最大化的追求者。追求价值最大化的管理人员不是力求达到一个标准，比如芝加哥奥黑尔机场 97%、99% 或 99.9% 的无差错起降率，提供 9%、11% 或 12.1% 的股东权益收益率，他们要求自己做出持续不断的增量改进。任何时候，只要一种行动的边际效益超过其边际成本，追求价值最大化的管理人员就要去做。

## 1.6.1　对谋求股东价值最大化的忠告

管理人员应该集中追求股东价值最大化，必须满足三个条件，这些条件是：①完备的市场；②不存在明显的不对称信息；③已知再次签约成本。我们现在讨论缺乏上述任何一个条件都必将要求管理人员在制定决策时发挥更大的作用。

### 1. 完备的市场

要想直接影响公司的现金流量，厂商的投入、产出和副产品都必须有现货市场和期货市场。比如，有了原油和咖啡豆的期货市场，德士古和星巴克的咖啡屋就能利用更准确的现金流量预测来计划其成本，谋求价值最大化的管理人员仅仅用事先已知的 3% ~5% 的微小费用，就可以锁定其投入要素支出，避免未曾预料成本的增加，这种市场的完备性使汽油和热牛奶咖啡的成本回收价格得以降低。

## 实例　杜克电力公司的可交易排污许可证

美国的《清洁空气法》通过为可交易的空气排污许可证建立一个市场系统，从而为燃烧高硫煤炭产生的副产品二氧化硫确定了价格。中西部烧煤电厂排放的二氧化硫使得从缅因州到佐治亚州东部森林地区的降雨和薄雾的酸度提高，几乎比美国西北部地区降雨的天然酸度高出 100 倍，结果就是树木死亡、植物脱皮、哮喘病增加、建筑物和纪念碑的石材分解剥落。

为了能以最低成本减少大量的污染，1990年的《清洁空气法》授权美国环境保护署向已知的 467 家二氧化硫排污者，对上一年大约 70% 的排放量发放了可交易的排污许可证（TPA），排污的公用事业公司随后开始对排污证进行交易。能以低成本（也许它们拥有烟尘清洗器）减少排放量的公司可以把自己的排污许可证卖给那些不能以低成本减排的公司。也就是说，低成本减排者能够更廉价地削减它们的污染排放量，然后把它们不需要的排污许

证卖给高成本排污者。结果就是全美国的空气以尽可能最低的成本把清洁程度提高了 30%。

作为这个市场不断完备的结果，像杜克电力公司这样的公用事业厂商现在知道，因使用高硫煤炭经营而产生二氧化硫副产品需要在其先进流量预测中加进多少费用。TPA 能以高于每吨 100 美元的价格出售排污许可证，一家电厂的经营可能需要 15 000 吨或更多的排污许可证。是安装 4.5 亿美元的排污设备，使用成本更高的其他燃料（如低硫煤和天然气），还是按目前的市场价格支付这些由 EPA 发放的排污许可证，现在可以对此进行清晰的分析并找到成本最低的解决办法。

资料来源：Based on "Acid Rain: The Southern Company." Harvard Business School Publishing, HBS: 9-792-060; "Cornering the Market," *Wall Street Journal* (June 5, 1995). p. B1; and *Economic Report of the President*, February 2000 (Washington, DC: U. S. G. P. O, 2000). PP. 240-264.

### 2. 不存在不对称信息

有时常常会因为不对称信息使公司内部产生监管和协调问题，在买主和卖主之间产生契约问

题。直线经理与员工们可能会误解高级主管人员的意图并与顾客错误地沟通这些想法。食品之狮（Food Lion）公司的备忘录要求员工寻找 1 000 种不同方法来节约自己成本的 1%，结果引出在食品生产和储存方面不合理的偷工减料。电视台记者黛安娜·索耶（Diane Sawyer）随后秘密记录下了海产品柜台的员工用低浓度氨水喷洒不新鲜的鲑鱼，以便恢复鲜鱼颜色的情况。显然，这个行为并非食品之狮公司高管的初衷。

在顾客、员工及相关税收机构中建立良好的声誉是公司处理不对称信息问题的一种方法，管理人员必须注意这些声誉对股东价值的影响。我们将在第 10 章中讨论竞争市场中不对称信息的启示。

### 3. 已知再次签约成本

最后，管理人员要完全集中关注未来现金流量的贴现现值，不仅必须掌握销售收入和支出的估计值，还要预测关键投入要素的未来再次签约成本。专业运动队的业主非常清楚，不了解与明星运动员的再次签约成本将会怎样影响其专营权价值。同样的问题也会出现在公司关键主管身上。一个明星 CFO、CMO、COO 或 CIO 在续约时常常能够对厂商的所有者进行"要挟"。另一个例子，西屋电气公司（Westinghouse）与全美的核电厂签订了提供燃料棒的长期合同。随后，在铀的市场价格涨到原先的 4 倍时，西屋电气拒绝提供原先允诺的燃料棒，再次签约成本猛增。追求价值最大化的管理人员一定要预见并减少这些再次签约问题。

市场不完备、信息不对称或再次签约成本未知的程度如何，是管理人员一定要关注的问题。只有这样，才能实现股东财富的最大化，管理人员不能目光短浅地只注意预期未来现金流量净现值的最大化。

## 1.6.2 剩余索取者

为什么公司管理人员和董事会主要对股东本身负责？股东对于在支付了所有预期契约收益之后的厂商净现金流量有一种剩余索取权。所有其他的利益相关者（员工、顾客、债券持有人、银行、供应商、相关税收机构、工厂所在的社区等）拥有的是契约的预期收益。如果由这些契约产生的预期没有得到满足，那么任何一个利益相关者都可以利用契约法律的全部力量来取得他们应得的东西。股东也拥有契约权利，但这些权利只是给予他们获得余下部分即剩余的资格。因此，当股东业主雇用一位 CEO 和一个董事会时，他们就创造了一种信托责任，即通过配置公司的资源，力求使这个剩余索取权的净现值最大化，这就构成了股东财富最大化的目标。

不过，非常清楚的是，任何公司股票的价值都相当依赖于声誉效应。养老金计划资金不足或对环境造成污染，都会导致公司资本化价值的巨大损失，因为金融市场会（正确地）预料到这种公司给予所有者的未来现金流量将会减少，吸引新员工的劳动成本将会上升，税收机构也会减少对新厂厂址提供的税收优惠，顾客可能会抵制购买，这种公司的公共关系和法律成本肯定会上升。所有这些因素都说明追求价值最大化的管理人员一定要十分认真地满足股东利益，因为只有这样做才能符合股东的最大利益。

## 1.6.3 公共部门和非营利企业的目标<sup>⊖</sup>

私人部门厂商提出的价值最大化目标对于公共部门或非营利组织（NFP）来说并不是一个恰当的目标。这些组织追求一系列不同的目标，因为它们提供的商品和服务的性质以及它们获得资

---

⊖ 本节大量引用了 Burton A. Weisbrod 的《非营利经济》（剑桥，麻省：哈佛大学出版社，1988）。

助的方法有所不同。

NFP 组织具有三个区别于营利组织并影响其决策的特点。首先，任何人都没有权利得到 NFP 组织的利润或剩余。缺少追求利润的动力会对效率的追求产生严重影响。其次，NFP 组织可免交公司所得税。最后，对 NFP 事业的捐赠是可以抵税的，这就使 NFP 组织在争取资本时具备了某种优势。

非营利组织包括从事艺术活动的团体、博物馆、图书馆、医院、教堂、志愿者组织、合作组织、信用互助会、劳工工会、专业协会、基金会以及兄弟会组织。在这些组织中，有些是向一群客户（如医院的病人）提供服务，另一些主要向其成员提供服务（如乡村俱乐部或信用互助会），还有一些 NFP 组织提供使一般公众受益的产品，如本地交响乐团或演出公司。

公共部门（政府）机构一般提供带有明显公共产品性质的服务。与私人产品不同，**公共产品**可供多人消费，而且要排除那些不对产品付费的人进行消费，只有花费高额的成本才能做到。公共产品的例子包括国防与防洪。如果要兴建一个反弹道导弹系统或一个防洪工程，那么没有人会被排除在保护之外，即使他们拒绝提供费用。即使能够把不付费的人排除在外，导弹工程和防洪消费的不可分割性也会使再增加一个参与者的增量成本（因而使有效价格）非常低。

> **公共产品**（public goods）：可供多人同时消费而不增加或增加很少成本的产品，要排除那些不向这些产品付费的人是昂贵的或者是不可能的。

有些商品，如娱乐设施和艺术活动，同时具备私人产品和公共产品的特点。例如，音乐会和公园都可以（在限制条件下）共享，同时又具有部分的非排他性，因为它们是向整个社区提供服务，以改善其生活质量。排他成本越高，产品或服务由公共部门而不是私人部门提供的可能性就越大。肖像画家和个人健身教练提供"给钱就服务"的私人收费安排，而室内音乐迷和网球场使用者常常组成消费共享和费用共担的俱乐部；作为极端的例子，露天交响音乐会和大型公园通常必须得到一些公共资助。

## 1.6.4　非营利目标

NFP 组织提出的组织目标有若干种，它们包括：

（1）面对盈亏平衡预算的约束，谋求产出数量和质量的最大化；

（2）NFP 捐赠者所偏好的结果最大化；

（3）NFP 行政管理者的寿命最大化。

## 1.6.5　非营利组织中的效率目标

进行成本－效益分析是为了在不同使用方案中更有效率地配置公共资源和 NFP 资源。因为政府和 NFP 的支出一般要受到最高预算的限制，所以实际采用的目标可以是下列中的任何一种：

> **成本－效益分析**（cost-benefit analysis）：一种可用于公共部门和非营利组织的资源配置模型，它以贴现成本和贴现收益为基础来评估规划或投资项目。

（1）给定成本条件下的效益最大化；

（2）实现某一个固定水平效益的成本最小化；

（3）净效益（效益减去成本）的最大化。

不过，成本－效益分析只是最终决策的一个因素，它确实没有考虑到很多更为主观的因素或不太容易量化的目标，比如项目的公平程度如何。这类事情一定要在分析的后续阶段加以考虑，通常要通过政治程序。

## 小　结

- 管理人员要负责解决目前经营模式中的问题，确定相关的目标，制定愿景，为未来的经营制定战略，监测团队工作，整合生产、营销和财务职能。

- 团队合作容易受到道德风险的影响，因为在过去只有囚徒困境中逃避责任是一种主要策略。招聘经理作为团队合作的监督者，可以减轻道德风险问题，并从团队的所有成员中激发出相互合作的最大努力。

- 经济利润的定义是总收入与总经济成本之差。经济成本包括对企业所有者贡献的资本的正常收益率。经济利润的存在是为了补偿承担风险的投资者，是因为市场中可能会出现暂时的不均衡状况，是因为存在着垄断力量，是为了奖励那些具有创新性和高效率的厂商。

- 把股东财富最大化模型作为厂商的一个整体目标，灵活地说明了厂商在获取效益和发生未来成本的过程中不同水平的风险和时间的差别。股东财富就是所有者从正值 NPV 项目中得到的未来现金流量的净现值，加上内在的实物期权的价值。

- 管理人员的行为方式可能并不总是与股东财富最大化的目标相一致。与防止或至少减轻偏离所有者 - 委托人目标相关的代理成本是很高的。

- 厂商绩效的变化或许与管理人员的努力无关，再加上其创造性才能的不可观察性，就产生了难以解决的委托 - 代理问题。这两个因素使所有者 - 委托人难以知道何时因不良绩效而责罚管理者 - 代理人，何时因良好绩效而信任他们。

- 可以利用治理机制（包括由董事会任命的分委员会和大债权人实施的内部监督，由大股东、审计制度和方差分析进行内部/外部监督）来减轻限制管理者判断力的代理问题。

- 股东财富最大化意味着厂商应该具有一种前瞻的、动态的和长期的观点，应该预见并驾驭变化，能够抓住战略投资机会，在法定法律、行政法规和伦理行为标准的边界之内使所有者的预期现金流量的现值最大。

- 当厂商遇到与不完全市场、非对称信息和未知再次签约成本相关的问题时，股东财富的最大化将难以实现。如果没有这些复杂因素，管理人员就应该使剩余索取人（即股权所有者）的未来净现金流量经贴现后的现值最大。如果存在任何一种复杂因素，管理人员一定要在谋求股东财富最大化之前首先关注这些问题。

- 非营利事业的存在就是为了提供一种其主要赞助者所期望的商品或服务。

- 公共部门组织常常提供具有明显公共产品特点的服务。公共产品就是可以被多人同时消费而成本不会增加多少的产品。把那些不对产品付费的人排除在外是极其困难或者费用极高的。

- 不管公共机构和私人组织的具体目标是什么，都应该力求以最有效率（即成本最低）的方式提供产品或服务。

## 练　习

1. 南方公司遵守《清洁空气法》的方式之一就是采用燃料转换技术。你认为这个战略灵活性对于南方公司的股东是否有价值？为什么？

2. 利用所谓的委托 - 代理问题说明股东 - 委托人和经理 - 代理人之间冲突的几个方面的问题。要减少高管与股东之间的代理问题，董事会的薪酬委员会是应该对主管人员的薪金和奖金（现金薪酬）投入更多，还是应该对长期激励投入更多？为什么？每一种报酬支付在激励管理人员的过程中起到什么作用？

3. 公司利润率从 2008 年到 2009 年下降了 20%。你用什么绩效指标来确定当年主管人员的奖金？为什么？在招聘和留住最佳管理者方面会产生什么问题？

4. 在南方公司的管理挑战中，遵守《清洁空气法》的哪一种选择能创造最大的实际期权价值？这种替代方案究竟是如何省钱的？为什么？解释为什么安装一个洗涤器"燃烧"这个选项。

5. 2006 年制药行业中的厂商赚取的平均收益净值为 22%，而《价值线》（Value Line）中 1 400 多家厂商的平均收益仅为 14%，你认为哪种利润理论最能说明制药行业的绩效？

6. 在厂商的股东财富最大化模型中，以下各个事件对厂商价值的预期影响是什么？解释原因。

   a. 新的外国竞争者进入市场。

   b. 政府实施严格的控制污染要求。

   c. 原先非工会工人投票赞成组织工会。

   d. 通货膨胀率大幅度上升。

   e. 厂商取得一项重大的技术突破，降低了生产成本。

7. 2012～2015 年，空运公司使用的燃料油和柴油的价格大幅度下降。你作为联邦快递的 CEO，将面对以下建议：

   a. 降低运费以反映费用的减少。

   b. 在某些市场中增加每天的递送量。

   c. 签订长期合同，在今后两年以固定价格购买燃料油和柴油，并把运费定在收回这些成本的水平上。

   用教材中提出的决策模型来评估上述方案。

8. 以下每一项行动将如何影响股东财富？

   a. 南方公司在其最大的发电厂采用燃料转换技术。

   b. 福特汽车公司以 25 亿美元收购捷豹。

   c. 通用汽车公司提供大量回扣以刺激汽车销售。

   d. 利率上升导致股东要求的回报增加。

   e. 纳帕酒庄的法国竞争对手受到进口限制。

   f. 预期的未来通货膨胀率突然下降。

   g. 奇迹面包公司购买了一种新型的省力机器，导致 300 名工人下岗。

## 案例练习

### 设计一份管理人员激励合同

非凡电力公司（Specific Electric Co.）请你为其新上任的 CEO 制定一项按绩效付酬的激励契约。这位 CEO 可以切实努力工作，与此相关的个人机会成本是 200 000 美元，因为需要耗费个人精力，因压力导致保健成本增加。他也可以降低工作努力程度从而避免个人成本。虽然管理团队随着时间的推移能够区分运气的三种"状态"，但是董事会中的薪酬委员会（和股东们）却不能区分。一旦董事会设计了激励契约，该 CEO 就要决定他对工作付出的努力程度是高还是低，随后三种运气出现，形成表 1-1 中可观察到的某一项股东价值。

假定该公司以每天 65 美元的初始价格发行股票 1 000 万股，意味着最初的股东价值为 6.5 亿美元。由于 CEO 的工作努力程度和公司的运气是所有者和公司董事们观察不到的，所以在公司股票价格降至 50 美元、公司的价值降至 5 亿美元时，无法区分此时公司遇到的情况是 CEO 工作不努力、公司碰到中运气，还是 CEO 工作努力、公司遇到坏运气。同样，也无法区分是 CEO 工作不努力但公司碰到好运气，还是 CEO 工作努力但公司遇到中运气。

假设董事会薪酬委员会与股东的利益一致，并决定为这位 CEO 制定基于绩效的薪酬计划（一份"激励契约"），从董事会的薪酬委员会成员的角度回答以下问题。

**问题**

1. 促使 CEO 在全部时间内高度努力工作而不是工作努力程度低，对于股东的最大价值

**表 1-1**

| | 股东价值（百万美元） | | |
|---|---|---|---|
| | 好运<br>（30%） | 中运<br>（40%） | 坏运<br>（50%） |
| 努力程度高 | 1 000 | 800 | 500 |
| 努力程度低 | 800 | 500 | 300 |

是多少？

2. 如果你决定支付这个数量（问题 1）的 1% 作为现金奖，表 1-1 中哪个绩效水平（什么股价或股东价值）应该引发这笔奖金？假如决定在公司中等运气时促使 CEO 高度努力工作，方法是在公司价值升到 8 亿美元时支付奖金，你会对此激励契约计划有何批评意见？

3. 假如决定在公司好运气时促使 CEO 高度努力工作，方法是在公司价值升到 10 亿美元时支付奖金，你会对此激励契约计划有何批评意见？

4. 假如决定在公司好运气时促使 CEO 高度努力工作，方法是在公司价值降到 5 亿美元时支付奖金，你会对此激励契约计划有何批评意见？

5. 如果奖金计划必须提前公布，而且你必须在问题 2、3、4 之间选择一种方案，你会选择哪一种？为什么？换句话说，在不完全信息的情况下，董事会薪酬委员会致力于股东利益的最佳决策是什么？

6. 审计是基于抽样以一个预先确定的准确度来核实公司收支的来源和用途的过程；样本越大，其准确度越高。为了确定发奖金时的股价，你作为薪酬委员会成员，愿意向一名公司审计员（负责研究实时的支出流量和收入流量，提供有关厂商面临"运气"的全面准确的预测信息）支付多少奖金？把这个全面准确的信息相对于问题 5 中现金奖之间的最佳选择与股东价值进行比较。将两者之差定义为完美预测信息的潜在价值。

7. 设计一个基于股票期权的激励计划，以激发高度的努力。说明相对于问题 5 中最佳奖金方案的选择，100 万股、行权价格为 70 美元的股票期权将会如何提高股东价值。

8. 设计一种激励计划，通过发放限制性股票来激发人们的努力，说明以 70 美元授予 50 万限制股的计划，相对于所有先前的选择提高了股东价值。

9. 在问题 2、3 和 4 中设计最优管理激励契约的博弈树。谁做了第一选择？谁做了第二选择？随机性起什么作用？在每一次博弈中，哪一份奖金合同代表了最佳的结果？董事会的薪酬委员会应该选择哪一份奖金支付合同来最大化预期价值？这与你根据问题 7 和 8 中的或有索赔分析做出的选择相比如何？

## HYDRO 公司风电的股东价值：$RE < C$？

风力发电机和巨大的太阳能集热器正在遍布全球。在美国，今天由风能形成的电力足以向 200 万个家庭提供全部动力。风能和太阳能总共提供的电力不到全世界的 1%，但在某些地方已经占当地电能很大的比重，比如，在丹麦占到 19%，在德国占到 15%。Hydro 是一家挪威的铝公司，它建立的风力涡轮机试验项目可使整个社区的电力自给自足。在地球上海拔 80 米的任何地方都可得到 3 级风能（稳定的 22kph 微风），这就意味着全世界存在着 7 200 万兆瓦的潜在风能。只要利用这个风能的 5%（360 万兆瓦），就可以替换几千座烧煤电厂，而今天美国有 617 座烧煤电厂在运营。美国 2008 年提出的再生能源战略要求到 2020 年可再生资源要占到发电总量的 47%，近海风电要占到 19%，陆上风电要占到 13%。

所谓的"替代能源"是：①可再生的；②当地供应充裕的；③可再生能源的来源是自然补充的，包括风能、太阳能、水电、生物燃料、生物有机物、地热能、潮汐、洋流和海浪能源。核能并不是可再生的，因为它有废料处理问题。迄今为止，最成功的再生能源是水力发电厂和基于乙醇的生物燃料，各占全世界能源的 2%。诸如风能和太阳能等可再生能源的新来源通常要与每 100 万 BTU（美国热量单位）15 美元的燃料油、3 美元的天然气和 4 美元的煤炭相比较（见图 1-4）。蕴藏丰富的 1 吨高硫煤大约能发电 1 兆瓦，产生了 1 吨二氧化碳。2008 年，欧盟为减少碳排放的限量交易立法，对于二氧化碳排放增加量在煤炭购买价格 85 美元/吨的基础上加收 23 美元。能源政策的合理目标是寻找全部成本低于发电 1 兆瓦小时所需煤炭价格（23 美元 +85 美元 =）108 美元（$BE < C$）的再生能源的新来源。

人们为什么追求风能和太阳能，而不是其他替代能源？核能的建设周期长达数十年，还要有特殊的核废料处理场所。玉米酒精拉升了动物饲料的成本，提高了食物的价格。另外，玉米中的 BTU 只有甘蔗的 1/8，甘蔗在加勒比地区和巴西都是极其丰富的。遗憾的是，美国国会对蔗糖酒精征收每加仑 0.54 美元的关税。天然气要比煤炭清洁 80%，而且美国的蕴藏量非常丰富。美国是世界上最大的能源使用国，每天使用原油 2 100 万桶（mbd），其中 1 300 万桶是进口的。美国蕴藏的天然气（和煤炭）几乎占全世界已知储藏量的 30%，而已证实的原油储藏量仅占世界储藏量的 3%。

一台 0.6 兆瓦的风力涡轮机今天的成本是 120 万美元，按贴现的净现值计算，15 年内发电的价值为 440 万美元，在 100% 能力利用和连续 15mph 风速条件下，足以向 440 个西欧或美国家庭提供动力。涡轮机的机械能用一个电磁线圈发电机直接转换为潜在电能。Hydro 公司已经展示了一种无风时移峰填谷的专利技术，包括一个把水分解为氢和氧的电解器，一个储存氢的容器和把氢化学能转换回电池的燃料电池（见图 1-5）。在增加这三件设施之后，资本投资从 120 万美元提高到 270 万美元。即使这样，风能仍是非常盈利的，因为全部成本的回收期在理想的运营条件下只有 7 年。

当然，由风力决定的运营条件通常大大低于理想水平。尽管全球上有高地风的存在，但没有哪个社区希望在自家后院的风景线上看到 80 多米高的风力涡轮机。设备海拔较低会使风力

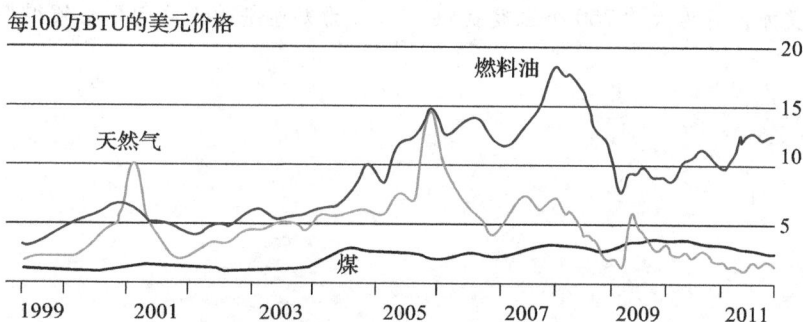

每100万BTU的美元价格

图 1-4　$RE < C$？再生能源的成本低于煤炭吗？1999~2011 年

资料来源：Thomson Datastream；U. S. Energy Information Administration.

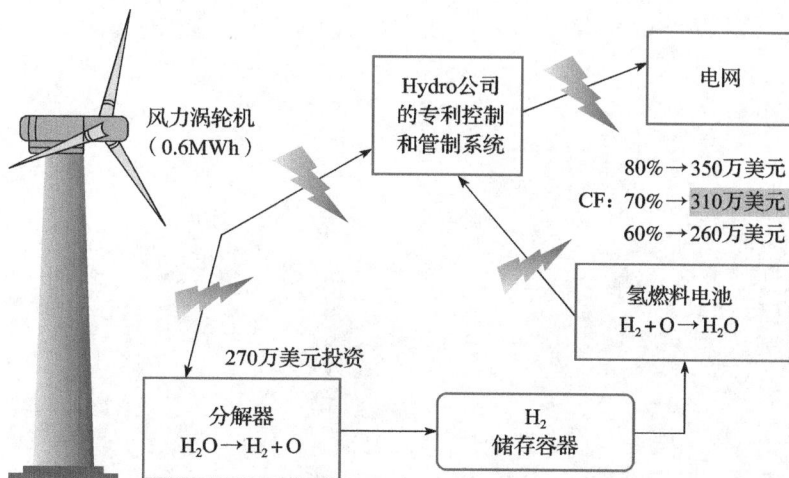

图 1-5　风力涡轮机的成本回收：从风到氢的移峰技术

减弱，从而产生的电能也较少。此外，在把一种能源转换成另一种能源时总要消耗能源。在 Hydro 把涡轮机的机械使用电解器转换为化学能，然后用氢燃料电池再转换为电能的移峰过程中，当风速失去稳定性时，从涡轮机直接输送到电网的最大能源大约为 30%。在 Utsira 进行的多种风速条件试验表明，Hydro 在挪威的试验项目的基本产量具有的最高能量转换因子（CF）是 70%，更为一般的是 60%，在其他地区一般运营条件下预期 CF 是更低的 45%。70% 的 CF 形成 310 万美元的电力。

**问题**

1. 根据 Utsira 的试验项目，Hydro 作为一个铝生产者是否应该投资于风能？

2. 大型涡轮机增加电力的比例大于成本的增加，一台 1 兆瓦涡轮机的成本是 260 万美元，其余的设备成本不变，需要的投资总额为 410 万美元，可为大约 760 个家庭提供动力。15 年的电力收入按贴现现值计算增加到 720 万美元。什么样的转换因子才能收回这种大型涡轮机的成本？

3. 如果 Utsira 项目的净现值为负，但 Hydro 公司继续到处为投资筹集资金，那么它必须对其股东有什么伦理上的义务？在欧盟，1 吨煤的碳排放许可有时会使煤炭资源成本增加 25%。讨论企业社会责任的作用以及解决可能的煤炭完全成本问题的后备计划。

4. 如果 Hydro 公司投资净现值（NPV）为负的风能项目，在什么样的情况下股东价值可能会上升？

5. 能源企业家 T. 布恩·皮肯斯（T. Boone Pickens）提议，将美国的卡车运输队改装成使用液化天然气，并利用风力替代电力生产中缺失的液化天然气。在该计划实施之前，你认为哪些基础设施问题必须得到解决？

# 基本经济概念

一些基本的微观经济概念为管理经济学中的所有分析提供了基石。最重要的四个概念就是需求与供给、边际分析、净现值以及风险的含义与衡量。我们将首先探讨供求的决定因素是如何为汽油、原油、油电混合动力汽车确定一个市场均衡价格的。当决策者力求使某些目标（比如把一只白炽灯泡换成节能荧光灯的成本节约最大化）达到最优时，边际分析就成了核心工具。净现值概念能使厂商在不同时点上发生的现金流量直接可比，为此把厂商预期利润的时间和风险与股东财富最大化的目标联系在一起。管理人员在引进新产品、扩大生产能力或进行海外外包时一定要做出很多权衡取舍，风险－收益分析对于理解这种权衡是非常重要的。

对于希望了解更多的分析细节、寻求利用更多应用工具的读者来说，附录 C 说明了边际分析和微分法之间的关系。

## 为何乘飞机每件行李收费 25 美元

2008 年 5 月，美国航空公司（American Airlines，AA）宣布立即开始对所有 AA 航班的每件行李收费 25 美元，不是对超重行李，而是第一件行李就收费！原油价格在此前 12 个月内已经翻了一番，从每桶 70 美元上升到 130 美元。喷气飞机燃油的价格上升得更快。AA 的新行李政策适用于头等舱和商务舱以外各种机票的乘客，由于前一年对三明治和快餐增加了收费，这项新的声明震惊了旅行的公众。原先只有少数大打折扣的航空公司（如人民快捷航空公司）在非常有限的航线上对食品和行李服务分开收费。因为美国航空公司和许多其他大航空公司都曾反对打折，公司把这个政策作为整体营销计划的一部分，所以 AA 陷入了两难境地。

喷气燃油附加费收回了喷气飞机燃料支出中平均变动成本的增长额，但增量变动成本（边际成本）没有收回。一种简单快捷的计算可以对此问题加以概括。如果一架 180 座的 737-800 客机一次 500 英里飞行的总可变成本涨到 36 000 美元，因为燃料成本增加了 14 000 美元，此时竞争定价的航空公司将力求用每个座位增加 78 美元的燃油附加费（14 000 美元/180）来收回成本。平均变动成本增加的 78 美元将会加到各个等级的票价上。例如，限制在 14 天之前购买，周六夜晚停留的超省机票会从 188 美元涨到 266 美元，要求 7 天之前购买但周六不用停留的 M 级机票将从 289 美元升到 367 美元，没有购买限制的全部经济舱机票从 419 美元提高到 497 美元，等等。

　　问题是，到 2008 年第 2 季度，燃油的边际成本已经上升到每一磅<sup>⊖</sup>飞行 500 英里<sup>⊖</sup>大约 1 美元。2007 年增加一位 170 磅重的旅客将使燃油成本增加 45 美元。到 2008 年 5 月，边际燃油成本高达 170 - 45 = 125 （美元）！所以，虽然仍在使用早先购买的便宜燃油，平均计算下来 78 美元的燃料附加费可以收回会计支出的增加额，但目前购买燃油所增加的费用要高得多。正是这个高于 170 美元的边际成本使管理者认识到，应该关注对增加座位销量和大幅折扣价格的决定。同样，这个每一磅飞行 500 英里形成的 1 美元边际量成了分析行李成本的关注点。按照原先的政策，第一件行李的重量只要低于 42 磅就是免费的，但是这个最高行李限量在 2008 年 5 月增加了 42 美元的边际成本。因此，在 2008 年年中，美国航空 （及其他两家大航空公司） 宣布对第一件行李收取 25 美元行李费，为的是收回 AA 平均行李 （重量是 25.4 磅） 的边际成本。

**讨论题**

■ 如果每增加 100 磅，每年就要增加 180 万美元的飞行费用，航空公司应该对超重行李做出怎样的反应 （超过 42 磅）？

■ 说明以下各项是否应该被视为每增加一个航班座位销量而增加的变动成本：行李成本、机组人员成本、机票销售佣金、机场停机成本、食物成本和因旅客体重而增加的燃料成本。

■ 如果航空燃油价格改变了它的上升趋势并开始下降，基于平均变动成本的燃油附加费会赶上并超过边际成本，考虑到美航公司每周使用 5 700 万加仑航空燃油，当每件行李的边际成本下降到 15 美元时，航空公司将如何反应？

## 2.1　需求与供给：概览

　　需求和供给同时决定了均衡市场价格（$P_{eq}$）。$P_{eq}$ 使希望的购买量 （$Q_d/t$） 等于计划的销售量 （$Q_s/t$）。这两个概念都是说明意图，即购买意图和供给意图，因此需要一个表明可能的概念，它通常不同于交易活动中的 "销售量"。需求在某种意义上更像消费者交易的潜在销量的概念，而非因完成一项实际销售活动而得到收入的应收账款概念。同样，供给更像企业经营的设想规划，而非实际的生产、分销和送货活动。此外，供给和需求明显都是单位时间内的数量 （比如，雪佛兰经销商一周的销售量，目标市场中家庭打算购买的总数量）。因此，$P_{eq}$ 是一个市场出清的均衡概念，就是使打算购买流量与计划销售流量相等的价格。

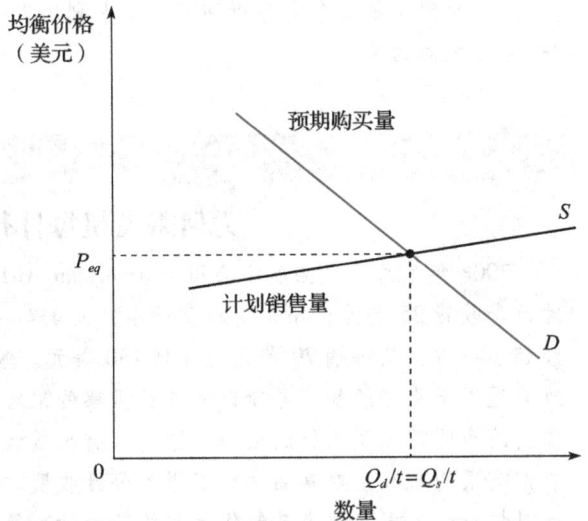

图 2-1 供给和需求决定均衡市场价格

　　图 2-1 中某一既定价格上的购买流量正好与此价格上的需求流量平衡，$P_{eq}$ 就出现了。但最终

---

⊖　1 磅 = 0.453 6 千克。
⊖　1 英里 = 1 609.344 米。

是什么决定市场中这个"价值"的标准呢？最早的答案可以从亚里士多德的"内在使用价值"概念中发现。因为钻石能够保证婚姻约定和两国间的和平协定，所以它提供了巨大的使用价值，因此应该表现出高额的市场价值。当人们在分析立方体的氧化锆钻石时，这个价值理论就出现了问题。除了钻石商人，没人能够区分人造的立方体氧化锆和真正的钻石，因此这两者的内在使用价值是相同的。可是，立方体氧化锆钻石的出售价格要比同样等级和颜色的天然钻石低出好多倍。为什么？中世纪末出现了一件事情，作为分析线索，当时的天主教僧侣们生产出手工复制的漂亮《圣经》并高价（按 2015 年价格计算是 23 500 美元）出售给其他僧侣和贵族。乔纳斯·古登堡（Johannes Gutenberg）在 1455 年就提出了一种"大批量生产的"印刷复制品，可以生产出具有完全相同的内在使用价值的《圣经》，在 2015 年它的市场价值几乎下跌了 99%，降至 270 美元，为什么？

均衡的市场价格产生于参与交易的需求者和供给者的相互作用。除了需求者预期从一种商品中得到的使用价值，供给者的变动成本也会影响人们看到的市场价格。因此，供给者为收回其变动成本而要求的最低要价在决定交换价值时所起的作用，最终与购买者愿意支付的最高出价一样重要。古登堡《圣经》和立方体氧化锆钻石都以更低的"价值"在市场中交易，并非因为它们的内在用途低于原先版本或天然钻石，只是因为这些商品买卖双方之间的讨价还价有可能使价格降到正好收回其较低的变动成本加上一个微小利润的水平上。否则的话，原有的竞争者就可能通过要求更低价格而赢得生意。

即使在生产成品差不多相同、内在使用价值几乎一样的时候，均衡市场价格仍可能有所不同。另外一种价值决定因素有助于解释其原因。市场价值取决于资源相对的稀缺性。硬木在日本很少，但在瑞典却很丰富，即使木材砍伐和锯木厂的规划成本在这两国内相同，但硬木森林在日本作为原材料仍具有在瑞典所不具备的稀缺价值。再举一个例子，点灯使用的鲸鱼油的价格在整个 19 世纪和 20 世纪初几乎保持不变，直至捕鲸的速度超过了鲸鱼自身繁衍的速度。随着鲸鱼资源的日益稀缺，如果捕鲸者不增加支出以购买更好的设备、不出远航，返航时的捕鲸量和鲸鱼油就会减少。市场中的原料越少，鲸鱼油的投入要素价格上升越快。因此，尽管生产的其他成本不变，更为稀缺的投入会造成最终产品的价格更高。同样的结果也会出现在咖啡豆或橙汁市场中，如果热带地区的气候变化或虫害造成了这些作物的预期产量下降、稀缺程度提高的话。

| 实例 | 霍霍巴豆的发现导致鲸鱼油润滑剂价格的暴跌

直到 20 世纪的最后 10 年，用于高速摩擦机械装置的著名润滑剂一直都是一种天然物体——抹香鲸油，这种润滑剂适用于具有重复性、极端温度的物体，比如航空喷气发动机风扇叶片、金属切削工具的接触表面和汽车变速的齿轮箱。20 世纪 70 年代初，美国把抹香鲸列入濒危物种并禁止捕鲸。随着鲸鱼的稀缺程度提高，鲸油润滑剂的世界市场价格趋近于每

夸脱⊖200 美元。人们一次次地研究开发用合成油替代，但没能找到替代物。最后，加利福尼亚的科学家提出用霍霍巴豆作为一种天然的环境友好的润滑剂。霍霍巴豆像野草一样遍布于美国西南部的荒漠上，转化并培育这种野豆的历史已有 150 年。

在生产量从 1986 年的 150 吨增加到 1995 年的 700 吨之后，霍霍巴豆提取物每夸脱价格

⊖　1 夸脱 = 946 毫升（美制湿量）。

为 10 美元。在实验室检测中，霍霍巴豆提取物表现出来的一些润滑特性超过了抹香鲸油（比如，温度稳定性超过了 204℃）。虽然霍霍巴豆产量的 85%～90% 用于化妆品生产，但这种丰富的高摩擦润滑剂替代物的出现导致了鲸油润滑剂价格的暴跌。抹香鲸油润滑剂的生产成本和使用价值与发现霍霍巴豆的功效之前完全一样，但这种原料投入要素的稀缺程度却下降到原来的 1/10。结果，现在每夸脱抹香鲸油润滑剂的价格不到 20 美元。

资料来源：Based on "Jojoba Producers Form a Marketing Coop," Chemical Marketing Reporter(January 8, 1995) . p. 10.

## 2.1.1　钻石 – 水悖论与边际革命

因此，市场中的均衡价格是与内在使用价值、生产成本和投入要素稀缺程度相关的。另外，大多数产品和服务都不止具有一种用途和生产方法，这些差别通常与已经消费或生产的商品的数量和频繁程度相联系。例如，每天开始使用电子邮件或登录互联网的几个小时，通常是与同事或生意伙伴保持良好沟通所必需的；继续上网就会利用谷歌等搜索引擎来获取工作任务的信息；上网的时间再长就有机会在聊天室碰到朋友；最后，一些家庭还会购买更多的上网时间满足没有想到的上网冲浪机会。从开始上网必须要做的事情到最后可有可无的网上消遣这个上网使用连续体中，每一种用途都有自己的独特价值。因此，一位用户是否会为多一个小时的上网付费取决于增加上网时间获得的具体内容。已经得到的使用效用越大，余下的使用价值越低。

**边际使用价值**（marginal use value）：多消费一单位商品而增加的价值。已经得到的使用效用越大，余下的使用价值越低。

**边际使用价值**随着消费量的增加而下降，这个理念形成了一种明确说明消费者行为的观点。提出的问题就是："为何像水这样的人类生活必需品按市场低价出售，而像装饰品钻石这样的可有可无之物却以市场高价出售？"最初的答案是：在世界上绝大多数地方生产水的费用很低，而钻石的生产却需要艰难的寻找和发现、费用昂贵的开采、大量的运输和安保成本。换言之，钻石的成本高于水，所以供应商的最低要价表明钻石具有更高的市场价值。不过，供给仅仅是阿尔弗雷德·马歇尔（Alfred Marshall）的著名说法中代表需求和供给的"一把剪刀的两个刃"中的一个。你可以用一个刃刺破一张纸，但无法把纸剪开，单单使用供给，你也无法充分说明均衡市场价格。

**边际效用**（marginal utility）：从消费最后一单位商品得到的使用价值。

钻石 – 水悖论因此可以更简洁地归结为："消费者为何对像水这样的必需品出低价，而对像钻石这样可有可无的东西出高价？"对此悖论的解释涉及把边际使用价值，即**边际效用**与总使用价值（总效用）区别开来。很明显，在某些环境和场所中，水的使用价值是巨大的。在一个沙漠绿洲中，水使人免于干渴而死。即使在一般城市中，人们每天首先饮用的几杯水也起到相同的作用，但这只是前几杯水的功能。随后人们每天使用更多的水用于饮用、冲洗、烹饪和洗澡等，它们仍具有较高的使用价值。再后来，水被用于洗衣、浇花、洗车等其他不太重要的用途。如果要让普通的美国家庭（每人每天消费 80～100 加仑<sup>⊖</sup>水）确定每天最低价值的用水是什么，答案可能真的是可有可无的用途——也许是在刷牙时流到下水道中的水。也就是说，人们转动两次水龙头（开和关）要比转动一次更不方便，在大多数发达国家中，水的边际使用价值就是使消费者免于这个不

---

　⊖　1 加仑 = 3. 785 41 立方分米（美制）。

方便。正是这个处于相关边际水平上的边际使用价值，而非所有用途的总效用，决定了一个普通消费者极其微小的支付意愿。

## 2.1.2 边际效用与增量成本同时决定均衡市场价格

马歇尔给出正确的论述：需求与供给同时决定了市场均衡价格。一方面，边际效用决定了市场需求一方的消费者对于每增加一单位消费所愿意支付的最高出价；另一方面，处于边际水平上的变动成本（一个增量成本概念，有时被称为"边际成本"）决定了生产者对于每增加一单位供给所愿意接受的最低要价。水在相关边际水平上与钻石相比，生产更廉价，用途更微小，因此水的市场均衡价格低于钻石。图 2-2 说明了这个概念：前面几杯救命水的边际使用价值完全不同于刷牙时流掉的可有可无的水的边际使用价值。

我们同时看到，生产水的边际成本在一个普通家庭整个 90 加仑消费量范围内都是很低的。与此相反，即使在一个相对很小的产量上，钻石的生产都表现出边际成本的快速上

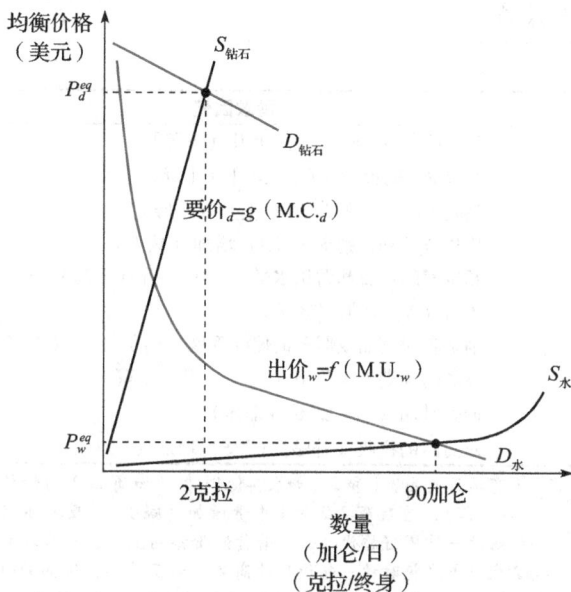

图 2-2 钻石 – 水悖论的解决

升，消费者一直把装饰钻石用在高价值用途上，甚至超出了普通家庭确定其购买发生的相关边际水平。因此，钻石交易的均衡市场价格超出了水的均衡市场价格。

## 2.1.3 个人需求曲线与市场需求曲线

我们看到，市场出清均衡价格（$P_{eq}$）使希望购买量（$Q_d/t$）等于计划销售量（$Q_s/t$），它同时既是需求者愿意支付的最高价（出价），也是出售者愿意接受的最低价（要价）。但是什么决定了希望购买量（$Q_d/t$）和计划销售量（$Q_s/t$）呢？需求表（有时也称"需求曲线"）是说明需求关系的最简单形式，它就是一张表，列出了一种商品的价格以及某些个人或集体在统一价格上对该商品的相应需求量。表 2-1 是一家必胜客餐厅中一种普通规格比萨饼的需求表。这个需求表表明，如果比萨饼的价格为 9.00 美元，顾客每晚将购买 60 个比萨饼。可以看出，价格越低，比萨饼的需求量越大，这是需求规律最明显的表现形式——如果一种商品或服务是正常物品，那么一个家庭总是在相对价格下降时购买更多的这种商品或服务。

表 2-1 简化的需求表

| 比萨饼价格 | 比萨销售量 | 比萨饼价格 | 比萨饼销售量 |
| --- | --- | --- | --- |
| 10 | 50 | 7 | 80 |
| 9 | 60 | 6 | 90 |
| 8 | 70 | 5 | 100 |

## 2.1.4 需求函数

需求表（或需求曲线）规定了在所有其他因素的影响保持不变时，价格与需求量之间的关

系。**需求函数**说明了管理者通常要考虑的所有其他因素，包括产品的设计和包装、厂商广告预算

**需求函数**（demand function）：需求量与所有的需求决定因素之间的关系。

的数额和分配、销售人员的规模、促销支出、价格变化的调整时期以及税收或补贴等。按照表2-2详细列出的内容，对于油电混合动力汽车或全电动汽车的需求函数可表示为

$$Q_D = f(P, P_S, P_C, Y, A, A_C, N, C_P, P_E, T_A, T/S\cdots) \quad (2-1)$$

表2-2 影响需求的部分因素

| 需求因素 | 预期影响 |
| --- | --- |
| 替代品[①]的价格（$P_S$）上升（下降） | 需求（$Q_D$）增加（减少） |
| 互补品[②]的价格（$P_C$）上升（下降） | 需求（$Q_D$）减少（增加） |
| 消费者收入水平[③]（$Y$）上升（下降） | 需求（$Q_D$）增加（减少） |
| 广告数量和营销支出（$A$）增加（减少） | 需求（$Q_D$）增加（减少） |
| 竞争者的广告和营销水平（$A_C$）上升（下降） | 需求（$Q_D$）减少（增加） |
| 人口（$N$）增加（减少） | 需求（$Q_D$）增加（减少） |
| 消费者对商品或服务的偏好程度（$C_P$）上升（下降） | 需求（$Q_D$）增加（减少） |
| 商品的预期未来价格（$P_E$）上升（下降） | 需求（$Q_D$）增加（减少） |
| 调整时期（$T_A$）延长（缩短） | 需求（$Q_D$）增加（减少） |
| 对商品的税收（补贴）（$T/S$）增加（减少） | 需求（$Q_D$）减少（增加） |

[①] 有两种商品，1和2，如果其他因素（如商品2的价格、其他商品价格、收入等）保持不变，商品1的价格上升（下降），导致商品2的需求量增加（减少），反之亦然，那么这两种商品就是替代品。例如，人造黄油可被视为黄油的一种良好替代品，随着黄油价格的上涨，更多人将会减少黄油的消费，并增加人造黄油的消费。

[②] 生产或消费时被一起使用的商品称为互补品，例如DVD光盘是和DVD播放机一起使用的，其他条件均同，DVD播放机的价格上升将会使DVD光盘的需求减少。换句话说，其他条件均同，如果商品1的价格下降引起商品2的需求量增加，那么这两种商品就具有互补性；同样，如果商品1的价格上升引起商品2的需求量减少，那么这两种商品就是互补品。

[③] 低档品的情况将在第3章讨论，低档品就是当收入水平提高时购买总量减少的商品。

**替代品**（substitute goods）：当密切相关的商品的价格上升时需求增加的各种不同商品。

**互补品**（complementary goods）：当密切相关的商品的价格上升时消费需求下降的商品。

式中，$Q_D$ 为商品或服务（如丰田普锐斯或雪佛兰沃蓝达）的需求量；$P$ 为商品或服务（汽车）的价格；$P_S$ 为**替代品**或服务（本田雅阁或雪佛兰美宜堡汽车）的价格；$P_C$ 为**互补品**或服务（更换电池）的价格；$Y$ 为消费者的收入；$A$ 为丰田、本田和通用汽车公司的广告和促销支出；$A_C$ 为竞争者的广告和促销支出；$N$ 为潜在目标市场的规模（人口因素）；$C_P$ 为消费者对绿色运输方式的兴趣与偏好；$P_E$ 为混合动力汽车预期未来价格的升降；$T_A$ 为购买调整时期；$T/S$ 为对混合动力汽车的税收或补贴。

需求表或需求曲线只说明了价格–数量关系。商品或服务的价格（$P$）变化仅造成沿着需求曲线的移动，而需求函数中的任何其他需求决定因素（$P_S$，$P_C$，$Y$，$A$，$A_C$，$N$，$C_P$，$P_E$ 等）的变化将导致需求曲线的位移。图2-3用图形说明了这种位移情况。最初的需求关系为直线 $DD'$，如果最初的价格为 $P_1$，需求量则为 $Q_1$，如果价格下降到 $P_2$，需求量将增加到 $Q_2$，但如果需求的其他决定因素发生变化，我们将会看到整条曲线的移动，比如对混合动力汽车实行补贴，那么新的需求曲线就会变成 $D_1D_1'$。沿着 $D_1D_1'$，需求曲线的任一价格 $P_1$ 上的需求量 $Q_3$ 都将大于补贴之前原先需求曲线 $DD'$ 上相同价格的需求量。同样，如果本田雅阁或通用美宜堡等替代品的价格下降，需求曲线将向左下方移动。沿着新的曲线 $D_2D_2'$，任一价格 $P_1$ 的需求量 $Q_4$ 都将小于 $DD'$ 或 $D_1D_1'$ 上相同价格的需求量。

总之，沿着一条需求曲线的移动常常被称为"当价格以外因素的影响保持不变时需求量的变化"，相反，整条需求曲线的位移则常常被称为"需求的变化"，它总是由某些非价格需求决定因素造成的。

### 2.1.5 进出口交易的商品

除了前面提到的需求决定因素外，对于在外国市场中交易的商品的需求还会受到诸如汇率波动等外部因素的影响。当微软在海外出售电脑软件时，更愿意得到美元支付，这是因为像微软这样的公司除了广告费以外海外支出很少，因此无法使外汇的应付账款与应收账款平衡。接受欧元、日元或澳元作为软件采购订单的支付手段就会引起外汇风险暴露，对此微软希望以更高的软件价格形式来补偿这个风险。结果，由于微软对外出口通常是用美元交易的，所以微软的交易不可避免地要与相对于其他

图 2-3 需求的移动

通货的美元价格联系在一起。随着美元价值的上升，海外买主一定要支付更多的本国货币，才能获得足够的美元，以完成对微软软件的采购订单，这就会减少进口微软产品的需求，即使拥有像美国这样大的国内市场，公司也会常常发现出口需求是其整体需求的重要决定因素。

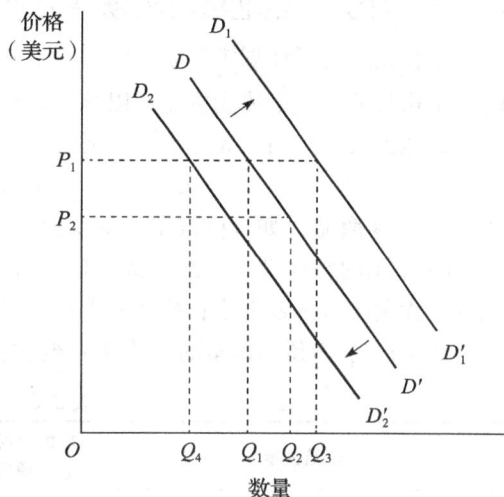

---

**| 国际视角 |  汇率对需求的影响：康明斯发动机公司**

印第安纳州哥伦布市的康明斯发动机公司（Cummins Engine Company）是为重型卡车、建筑、采矿和农业机械制造新型和更新柴油机的最大的独立制造商。沃尔沃和戴姆勒-奔驰公司是其主要竞争对手。康明斯发动机公司53%的销售额是在海外实现的。康明斯和戴姆勒-奔驰公司的大型卡车柴油发动机的售价大约分别是 40 000 美元和 35 000 欧元。在 2002 年的萧条时期中，康明斯公司经历了现金流量的大幅度下降。有一个原因是很明显的，需要运送的商品越少，使用到期的汽车发动机也就越少，也就不需要对柴油发动机进行更新。

不过，1999～2000 年，美元的价值（欧元/美元）提高了30%，从 1 美元兑 0.85 欧元上升到 1 美元兑 1.12 欧元。这就意味着 40 000 美元一台的康明斯柴油发动机，1999 年在慕尼黑的售价为 34 000 欧元，到 2000 年变成了 44 800 欧元，而 35 000 欧元的奔驰柴油发动机

在底特律原售价为 41 176 美元，到 2000 年由于美元汇率上升而降至 31 250 美元。康明斯面对两个无奈的选择，哪个都会使现金流量减少，它既可以减少毛利、保持销量，也可以保持毛利，但国内外销售量都将崩溃。该公司选择了降低毛利、保持销量的做法。直到 2005 年，美元价值下降，回到 1 美元兑 0.85 欧元的水平，康明斯的绩效才得以显著提高。在此期间，康明斯发动机的需求受到了美元暂时升值的负面影响。

2009 年，随着美元价格降到 1 美元兑 0.64 欧元，康明斯发动机公司几乎无法满足出口的需求，因为出口到欧洲的发动机价格为 25 600 欧元，而奔驰柴油发动机的价格是 32 000 欧元。同样，在克利夫兰、圣路易斯和亚特兰大，康明斯 40 000 美元的发动机面对的是 54 688 美元的奔驰替代品。对于一家与欧洲制造商竞争的美国公司来说，这是多么美好的时刻啊！

### 2.1.6 个人供给曲线与市场供给曲线

是什么决定了计划销量 $Q_s/t$？与需求表一样，供给表列出了在所有其他因素的影响保持不变时，价格与单个或集体卖主愿意以统一价格出售产品的相应数量。管理者通常需要考虑把决定供给的其他因素详细列在表2-3中，则供给函数可以表示为

$$Q_S = f(P, P_I, P_{UI}, T, EE, F, RC, P_E, T_A, T/S \cdots) \tag{2-2}$$

式中，$Q_S$ 为商品（如国内汽车）的供给量；$P$ 为汽车的价格；$P_I$ 为投入要素（如钢板）的价格；$P_{UI}$ 为未采用的替代投入要素（如玻璃纤维）的价格；$T$ 为技术改造（如机器人焊接）；$EE$ 为其他汽车卖主的进入或退出；$F$ 为因火灾、洪水等原因造成的偶然性供给中断；$RC$ 为服从政府管制的成本；$P_E$ 为预期价格的（未来）变化；$T_A$ 为调整时期；$T/S$ 为税收或补贴。

表2-3 影响供给的部分因素

| 供给因素 | 在每一种价格上的预期影响 | 供给因素 | 在每一种价格上的预期影响 |
|---|---|---|---|
| 投入要素的价格（$P_I$）上升（下降） | 供给减少（增加） | 管制成本（$RC$）增加（减少） | 供给减少（增加） |
| 未使用替代要素的价格（$P_{UI}$）上升（下降） | 供给减少（增加） | 预期未来的价格（$P_E$）上升（下降） | 供给减少（增加） |
| 技术改进（$T$） | 供给增加 | 调整的时间周期（$T_A$）延长（缩短） | 供给增加（减少） |
| 其他卖主的进入（退出）（$EE$） | 供给增加（减少） | 税收（补贴）（$T/S$） | 供给减少（增加） |
| 供给中断（$F$） | 供给减少 | | |

**供给曲线**（supply curve）：供给的其他决定因素保持不变时，价格与供给量之间的关系。

同样，商品或服务价格（$P$）的变化仅仅导致沿着既定供给曲线的移动，而函数中的其他任何一个独立变量（$P_I$，$P_{UI}$，$T$，$EE$，$F$，$RC$，$P_E$ 等）的变化都会移动整条供给曲线。与需求一样，当其他供给决定因素保持不变时，**供给曲线沿着一条线的移动叫作"供给量的变化"**，整条供给曲线的移动常常叫作"供给的变化"，后者总是由价格以外的某些供给决定因素确定的。

---

**实例** | NAFTA 与福特底特律装配工厂中降低的劳动成本

《北美自由贸易协定》（**NAFTA**）使得从墨西哥供应商（包括 Cifunsa）那里购买诸如车轴和发动机箱体等零部件成为可能。零部件到达美国后无须支付任何进口关税。由于底特律汽车装配工厂中的汽车工人联合会（UAW）的劳动力也在制造车轴零部件，所以从福特汽车公司的角度来看，可以把墨西哥劳动力视为一种未被使用的替代投入要素。NAFTA 实际上降低了福特公司替代投入要素的投入成本。

这就意味着没有几个雇主会谋求与底特律 UAW 签订员工劳动合同，而是把自己的某些生产南移，跨越墨西哥边境。需求量减少就意味着市场提供的和 UAW 装配线劳动力接受的均衡工资更低。因此，NAFTA 的间接影响就是使福特汽车公司已经使用的 UAW 劳动力的投入要素成本降低。一般情况下，更低的投入要素成本会使供给曲线向右下方移动，供给增加。

### 2.1.7 汽油的均衡市场价格

美国人在 2008 年 4～7 月被一个新的现实所惊醒：汽油价格在明显地影响着他们的驾车习惯，

也在影响美国的公共政策。1 加仑普通辛烷汽油的价格从 3.00 美元飙升到 4.10 美元（见图 2-4）。上个夏季汽油曾在每加仑 3 美元左右徘徊，美国人只是稍稍缩减了非必要驾车。

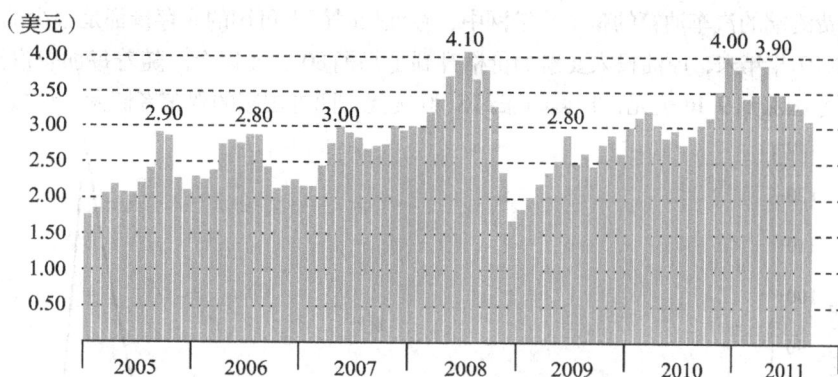

图 2-4　美国汽油的平均价格，2005～2011 年

资料来源：AAA Carolinas.

2008 年夏天，随着每加仑普通汽油达到 4.10 美元，不仅夏季驾车休假，而且城市通勤方式本身都发生了极大变化；总的来看，典型的城市两口之家的顾客对汽油的需求从每周 16 加仑缩减到 11.5 加仑。结果是美国历史上第一次出现了家庭汽油支出下降，尽管加油站的价格在上升，也就是说，2007 年第 3 季度油价 3 美元/加仑 × 每周 16 加仑 = 48 美元 > 2008 年第 3 季度油价 4.10 美元/加仑 × 每周 11.5 加仑 = 47.15 美元。

人们找出了几个可以说明汽油均衡市场价格飙升的供求决定因素。

第一，很多报道反映的事实就是，美国在 30 多年间没有兴建新的炼油厂，说明炼油能力不足或管道运输瓶颈可能是汽油价格上涨的原因。生产能力下降的确会使图 2-2 中的供给曲线向左移动，意味着均衡价格会更高。但那个夏天并没有发现炼油厂关闭或油管中断的情况。而且美国能源部发现炼油厂控制的汽油最终产品价格只有 0.36 美元/加仑，其中包括成本回收和利润，因此不能对 2007 年 7 月至 2008 年 7 月的均衡价格提高 1.10 美元负责。

第二，指责零售加油站业主欺骗驾车公众。更高的加成额也会使汽油的供给曲线向左移动，从而提高均衡市场价格。但是发现零售加成和所有的汽油营销仅仅在 4.10 美元的价格中占 0.28 美元，大大低于汽油均衡市场价格增加的 1.10 美元。

第三，联邦政府和州政府征收的汽油消费税（指定用途是道路修建和维护）。汽油消费税在全美国平均为 0.41 美元/加仑。任何新增的消费税都会使供给曲线向左移，造成更高的汽油均衡市场价格。2007 年乔治·布什总统的经济顾问委员会确实探讨过对每加仑汽油增加征税 1 美元以降低美国对外国石油的依赖，但从未实行过加税。那么，究竟是什么因素造成了汽油价格的飙升？

正如我们看到的，式（2-1）和式（2-2）中决定均衡市场价格的供求函数中的变量可以分为三类，它们影响使用价值、生产成本和资源的稀缺性。因为原油投入在最终产品汽油的价格 4.10 美元中占 2.96 美元，所以资源的稀缺性是汽油价格从 3 美元上升到 4.10 美元的可能解释。更高的原油投入要素价格使供给曲线向左移动，造成了最终产品汽油的更高价格。图 2-5 表明前三次原油投入价格猛增，另外两种因素是投机和以税收、补贴及管制等形式进行的政府干预。投入要素价格大幅上升时，导致原油投入要素市场的供应中断（即 1991 年发生在科威特的第一次海湾战争时期，1999～2001 年 OPEC 卡特尔特别有效的时期和 2004 年伊拉克战争时期）。

与此不同，原油投入要素价格在 2006～2007 年从 40 美元升至 80 美元特别反映了印度和中国在需求方面使用量的增加。印度和中国在全世界原油市场每天 8 500 万桶的产量中只占 9%，但这两个国家的增长非常迅速。需求增加 2% ~3% 就能够明显地提高原油资源的均衡价格，因为从油井采油到炼油厂，再到消费终端的汽车油箱的整个分销网中，在任何时间上可用的库存量都是很少的（8~10 天的供给量）。到 2007 年年末，原油投入要素的价格升到了每桶 80 美元以上。随着每加仑汽油在美国涨到4.10 美元，在德国涨到 9.16 美元，在英国涨到 8.80 美元，西方国家的驾车者们大大缩减了消费量。

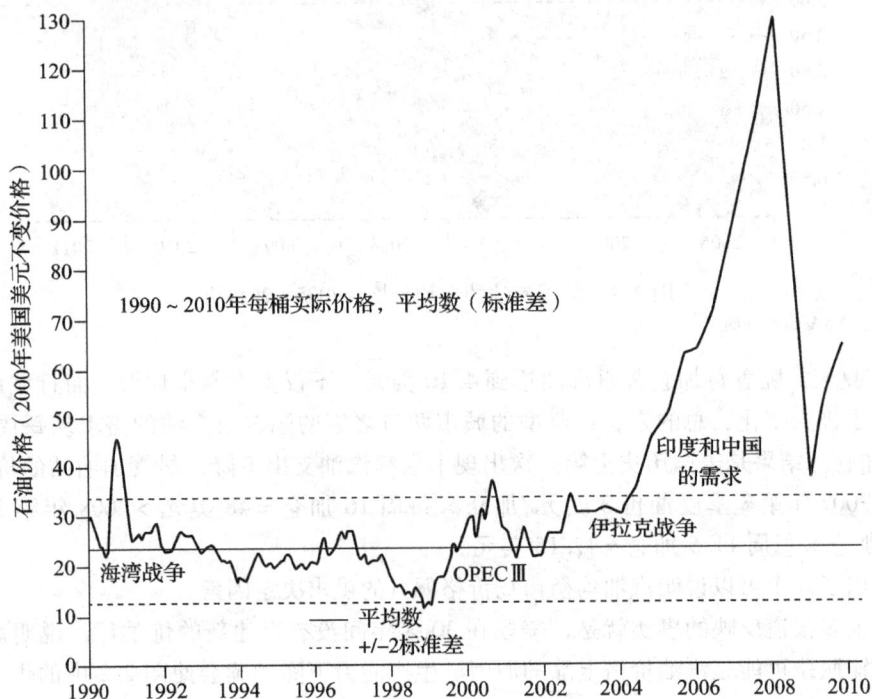

图 2-5　供应中断与发展中国家的需求造成原油价格的冲高

资料来源：Federal Reserve Bank，St. Louis，*National Economics Trends*，September 2000：FedDallas，Regional Economic Data，2006.

2007 年年末 80 美元的价格是不是在此之前原油要素市场中出现的最高价格？答案是"不"。1981 年，原油均衡价格达到了每桶 36 美元。因为全世界原油交易都以美元计算，所以按照美国消费者价格指数（CPI），1981 ~2007 年原油价格累计上升了 228.8%，36 美元 ×2.288（通货膨胀调整乘数）等于 2007 年的 82 美元，80 美元/2.288 等于 1981 年的 35 美元。因此，2007 年年末80 美元的原油价格实际上低于在 OPEC 影响高峰的 1981 年经通货膨胀调整的 36 美元。不过，在2008 年年初，原油的均衡价格继续冲高。

当原油价格升到 100 美元之上时，在原油期货市场中持有多头的大量投机者赌未来价格上涨。投机需求（供给）总会受到预期均衡市场价格明天更高（更低）的推动。那些"做多"和买进期货合约、以今天同意的价格在未来交货的人是在赌价格将要上升，而那些"卖空"并冲销合约、答应以今天同意的价格在未来交货的人是在赌价格将会下降。2008 年上半年投机交易的多头方向，加上印度和中国不断增长的需求，使原油价格继续升高，最终在 2008 年 7 月达到了 147 美元。

由于埃克森－美孚和壳牌公司力求收回其巨大的原油投入要素成本，消费者面对 4.10 美元/加仑的汽油，决定停驶他们的 SUV，加入拼车，乘坐公共汽车和火车去上班。城市公交系统乘车人次几个月内上升了 20%。其他美国人选择购买像丰田普锐斯油电混合车这样的省油汽车。数据显示，2008 年有 24 622 辆智能车－迷你车型被售出（见图 2-6）。还有一些人组织动员支持 T. 布恩·皮肯斯计划，把联合卡车车队改为使用天然气。

沙特阿拉伯担心受到诸如油电混合车和天然气卡车等可行替代品的影响，把原油产量从 1990 ~ 2006 年平均每天 850 万桶增加到 2007 年和 2008 年的每天 1 050 万桶和 1 090 万桶（见图 2-7）。在接下来的两年里，油价平均约为每桶 70 美元。安哥拉的生产能力翻了一番，达到 210 万桶/天，沙特阿拉伯增加到 1 250 万桶/天，沙特阿拉伯和科威特的两个巨型炼油设施也破土动工。

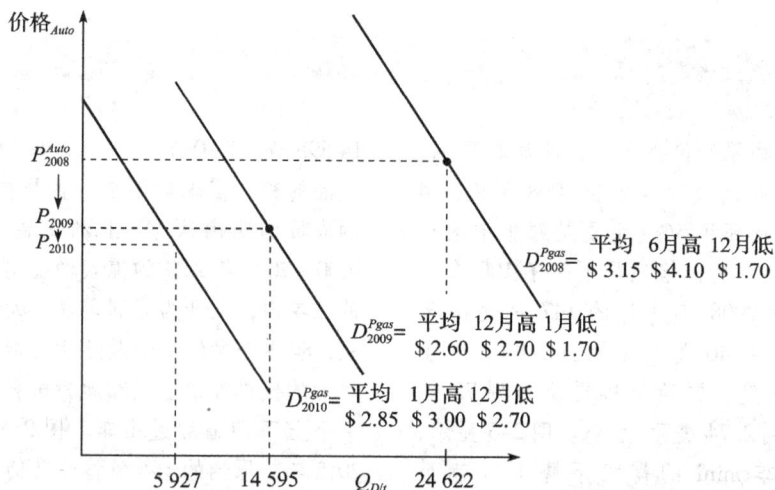

图 2-6 智能车 – 迷你车型 2008 ~ 2010 年的需求量

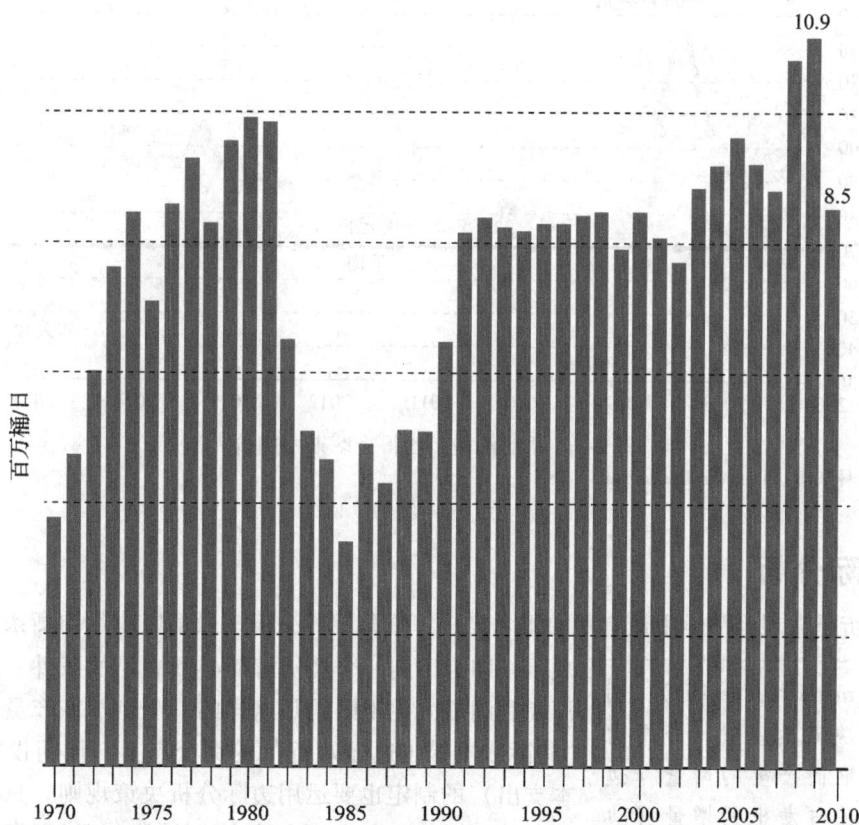

图 2-7 沙特阿拉伯的原油生产

资料来源：U. S. Energy Information Administration.

随着美国汽油需求的下降和开采、炼油能力的扩大，每桶暴跌逾 100 美元，至图 2-8 中所示的 39 美元，原油的均衡价格最终改变方向开始下降，2008 年年末原油价格因一系列因素的综合作用而逆转，其中包括供给基本条件的增加（使供给曲线向右移动），需求增长缓慢，以及原油价格在近期内将会更低（不会更高）的投机预期。结果，原油的供给（特别是高杠杆的原油期货合约）迅速增加。

|实例| 投机使埃克森－美孚和壳牌公司的原油投入要素价格坐上过山车

由于受近期内原油价格会更低的反转预期，原油的投机泡沫瞬间破灭。尽管 2008 年最后 4 个月的市场需求提高了 5%（主要是源于中国和印度），但原油的均衡价格还是下降了 100 多美元，每桶价格从 2008 年 9 月的 147 美元降至 2007 年 1 月的不到 40 美元（见图 2-8）。到了 2009 年的第 3 季度，原油价格再次升到 75 美元/桶，汽油卖到 2.74 美元/加仑。图 2-6 显示，2009 年智能汽车 mini 的需求下降 1 万辆至

14 595 辆，2010 年又降至 5 927 辆。尽管北美对原油的进口需求近年来一直是持平的，但 OPEC 的成员国明确认为，亚洲发展中国家的需求在 2000～2008 年 22% 的惊人增长仍将继续。在过去的三年内，上升的亚洲需求，大量的生产能力扩张，世界金融的繁荣及随后的崩溃，投机性购买之后的投机性销售把石油公司和汽油买主带上了一个上下翻腾的过山车。图 2-8 显示在 2014 和 2015 年，原油的均衡价格波动仍在继续。

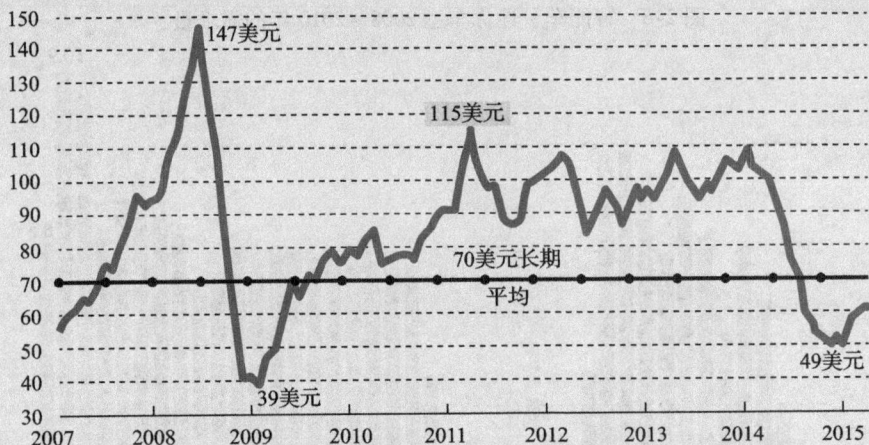

图 2-8 原油价格，西得克萨斯中间价

资料来源：Thomson Datastream.

## 2.2 边际分析

**边际分析**是微观经济学中最有用的概念之一。资源配置决策一般都以边际均衡条件的形式来表示，即为得到一个最优解而必须满足的条件。人们熟悉的厂商利润最大化规则就是这样的一个例子，产量水平要位于

**边际分析**（marginal analysis）：制定各种经济决策的基础，分析由某一特定决策而产生的增量（边际）效益，并与发生的增量（边际）成本相比较。

"边际成本等于边际效益"的那个点上。长期投资决策（资本支出）的制定也要运用边际分析决策规则。只有一个投资项目的预期收益（即厂商的边际效益）超过了资助该项目所必需的资金成本（资本的边际成本），这个项目才应该实施。

遵循这个重要的边际决策规则，就会实现股东财富的最大化。

制定资源配置决策需要对某项活动水平变化的边际（或增量）效益与这个变化的边际的增量成本进行比较。举例来说，多建造和出售一艘超级油轮所产生的边际收入效益等于假定增加的产量没有售出时的总收入与包括增加销量的总收入之差。同样，边际成本的定义是因实施某种经济活动（如多建造一艘船）所

发生的总成本的变化。因为总成本中包括机会成本，因此并非总是仅仅等于现金支出额。也许坦尼科公司（Tenneco Shipyard）的设计小组有机会作为波音公司项目的分包商而获得更高的净利润，如果是这样的话，坦尼科公司例行的船舶设计工作就应该分包给其他造船设计厂商，它们可以成为坦尼科公司信任的承包商。

一般地，如果一项经济活动水平变化的边际效益超过边际（即销量）成本，那么该活动就是可取的。如果我们把净边际收益定义为边际效益与边际成本之差，那么同样的最优化条件就是应该把该活动水平提高到净边际收益为零的那一点上。

综上所述，边际分析指导决策者确定与某个拟议行动的增加（边际）成本和增加（边际）效益。只要边际效益超过边际成本（也就是净边际效益为正值），就应该采取该行动。

像莎莉集团（Sara Lee Corporation）这样的典型厂商，它所面对的资本预算决策问题可用来说明边际分析决策规则的应用。莎莉集团可得到的潜在投资项目如下表所示（假定所有项目都具有相同风险）。

| 项目 | 要求的投资量（百万美元） | 预期收益率（%） | 累计的投资量（百万美元） |
|---|---|---|---|
| A | 25.0 | 27.0 | 25.0 |
| B | 15.0 | 24.0 | 40.0 |
| C | 40.0 | 21.0 | 80.0 |
| D | 35.0 | 18.0 | 115.0 |
| E | 12.0 | 15.0 | 127.0 |
| F | 20.0 | 14.0 | 147.0 |
| G | 18.0 | 13.0 | 165.0 |
| H | 13.0 | 11.0 | 178.0 |
| I | 7.0 | 8.0 | 185.0 |

莎莉集团估计获得资助这些投资项目所需资金的成本如下表所示。

| 资金量（百万美元） | 资本成本（%） | 筹集的累计资金（百万美元） |
|---|---|---|
| 第一个 50.0 | 10.0 | 50.0 |
| 下一个 25.0 | 10.5 | 75.0 |
| 下一个 40.0 | 11.0 | 115.0 |
| 下一个 50.0 | 12.2 | 165.0 |
| 下一个 20.0 | 14.5 | 185.0 |

上面所列项目的预期收益率可被视为莎莉集团在多实施一个投资项目时所得到的边际（或增量）收益。同样，资本成本表也可视为获取必要资金的增量成本。遵循边际分析规则就意味着：只要投资项目的预期收益率超过资助此项目所需资本资金的边际成本，莎莉集团就应该投资于该项目。

项目 A 提供 27% 的预期收益，需要支出 2 500 万美元，因为边际收益超过了资本的边际成本（莎莉集团筹集第一个 5 000 万美元资金的成本为 10.0%），所以该项目是可以接受的。

事实上，研究一下表中数字就会发现，从项目 A 到项目 C，都满足边际分析的检验，因为每个项目的边际收益都超过了资助这些项目所需资本资金的边际成本。与此相反，项目 H 和项目 I 不应实施，因为它们提供的收益分别为 11% 和 8%，而为资助这些项目所需要的 2 000 万美元资金的资本边际成本是 14.5%。

## 总量、边际量和平均量的关系

收入、成本、利润和其他经济关系可用表格、图形和代数结构来表示，让我们首先使用表格法。假设某厂商的总利润 $\pi_T$ 是生产产品数量 $Q$ 的函数，如表 2-4 中的第 1 栏和第 2 栏所示。

| 实例 | 驾驶 Mini Cooper 和雪佛兰伏特的边际分析

城市的扩张和向郊区的迁移目前造成了美国一般通勤者的单程距离增加到 33 英里。由于大多数美国城市中的房屋密度都大大低于支撑轻轨和地铁所需要的标准，所以一般家庭都必须找到经济节省的方法，每天至少能使一个工人从郊区的家中到中心商务区往返一次。像 Mini Cooper 这样的小型省油通勤车就是一种选择方案。最近有人提出的其他建设性方案还有雪佛兰的伏特（Volt）和日产的聆风（Leaf），二者都是要在 40 英里的通勤行程终点进行充电的全电动力车。从技术上讲，聆风和伏特都是长距离电动车，即 e-Rev，各自都用一个小型汽油内燃发动机来驱动发电机，但与福特的蒙迪欧 - 致胜（Fusion）和丰田的普锐斯（Prius）等混合动力车不一样，这些 e-Rev 在汽油发动机和动力传动系统之间没有机械联系。雪佛兰的伏特车利用 220 锂离子外挂电池充电可以行驶 40 英里，工作和不用的充电周期是 220 伏 8 个小时（或 110 伏 3 个小时）。当电池组降至 30% 充电状态时，汽油发动机开始启动发电机，使电池中的能量保持在 25% 的充电状态之上。

汽车工程师计算雪佛兰伏特车使用全电模式是每行驶 1 英里"燃烧"掉 0.26 千瓦时的电，所以一般通勤者 33 英里的路程需要 8.58 千瓦时的电。美国的电价在中午和晚上的高峰期和后半夜的低谷期是不同的，从华盛顿州的 0.07 美元/千瓦时到罗得岛的 0.12 美元/千瓦时。平均来看，一般夜间的电费是 0.10 美元/千瓦时，一般日间的电费是 0.13 美元/千瓦时。这就是说，每个夜晚有电动车的家庭要支付 0.86 美元，而白天在城里工作的充电费用是 1.12 美元，每天的总运营成本正好低于 2 美元。每年工作 300 天，就是每年 600 美元。与此相比，以汽油为动力的 Mini Cooper 每加仑汽油可行驶 32 英里，1 加仑汽油 3.00 美元，那么每天的行驶成本大约是 6 美元，或者每年 1 800 美元。相对于普通省油的汽油动力汽车来说，一般通勤者使用 e-Rev 车每天将节省 4 美元，1 年节省 1 200 美元。

EPA 对福特的油电混合动力致胜车在一定驾驶条件下耗油量衡量的结果是每加仑 41 英里，因此联邦抵税金额为 3 400 美元。与此相比，EPA 对雪佛兰伏特车衡量的结果是每加仑 238 英里，联邦抵税金额为 7 500 美元，可以抵消因锂离子电池组超过一般电池成本的 12 000 美元。因为雪佛兰电池组可以使用 10 年，所以电池组每年 1 200 美元的资本成本等于即使没有联邦抵税金时的 1 200 美元能源成本节省额。到目前为止，伏特车的销量一直很低，很大程度上是因为购买者（尤其是租车公司）还在观察电池是否耐用，这将决定伏特车的销售价值。

表 2-4 中的第 3 栏所示为边际利润，它代表由增加一单位产量而形成的总利润的变化（用 Δ

代表某些变量的"变化")。计算任何产量水平 $Q$ 的边际利润 $\Delta\pi(Q)$，就是取此产量水平上的总利润 $\pi_T(Q)$ 与低于此水平一个单位上的利润 $\pi_T(Q-1)$ 之差。在比较边际利润函数和总利润函数时，我们发现随着产量水平的提高，只要总利润函数在增加，边际利润值就会保持为正值。只有当总利润函数开始下降时（即在 $Q=10$ 单位上），边际利润才会变为负值。平均利润函数值 $\pi_A(Q)$ 列在表 2-4 的第 4 栏中，它是由总利润函数值 $\pi_T(Q)$ 除以产量水平 $Q$ 得到的。我们在比较边际利润函数值和平均利润函数值时看到，只要边际利润大于平均利润，即在达到 $Q=7$ 个单位之前，平均利润函数 $\pi_A(Q)$ 都是增加的。产量水平超过 7 个单位之后，边际利润小于平均利润，平均利润函数值就是下降的。

表2-4　总利润、边际利润和平均利润的关系

| (1)<br>单位时间的产量数<br>$Q$ | (2)<br>总利润 $\pi_T(Q)$<br>（美元） | (3)<br>边际利润 $\Delta\pi(Q)=\pi_T(Q)-\pi_T(Q-1)$<br>（美元/单位） | (4)<br>平均利润 $\pi_A(Q)=\pi_T(Q)/Q$<br>（美元/单位） |
|---|---|---|---|
| 0 | −200 | 0 | — |
| 1 | −150 | 50 | −150.00 |
| 2 | −25 | 125 | −12.50 |
| 3 | 200 | 225 | 66.67 |
| 4 | 475 | 275 | 118.75 |
| 5 | 775 | 300 | 155.00 |
| 6 | 1 075 | 300 | 179.17 |
| 7 | 1 325 | 250 | 189.29 |
| 8 | 1 475 | 150 | 184.38 |
| 9 | 1 500 | 25 | 166.67 |
| 10 | 1 350 | −150 | 135.00 |

研究一下表 2-4 中的总利润函数 $\pi_T(Q)$，我们看到当产量水平为 $Q=9$ 个单位时利润最大。如果给定的目标是使总利润最大，那么最优产量决策将是生产和销售 9 单位产量。如果运用本节前面讨论过的边际分析决策规则，也会得出同样的（最优）决策。把这个规则用于此问题，只要净边际收益即边际收益减去边际成本（边际利润）为正值，厂商就会扩大生产。从表 2-4 中的第 3 栏中看到，产量水平达到 $Q=9$ 时，边际利润为正值。因此，边际利润决策规则表明应该生产 9 个单位的产量——与从总利润函数得到的决策相同。

总利润、边际利润和平均利润函数与最优产量决策之间的关系也可用图形来表示。图 2-9 所示为一组连续的利润函数，与前面表 2-4 所列不联系的整数产量值（$Q$）相似。在盈亏平衡产量水平 $Q_1$ 上，总利润和平均利润都为零。边际利润函数等于总利润函数的斜率，它在 $Q_2$ 单位产量上为最大值。与此点对应的是拐点。低于拐点，总利润以递增的速度增加，因而边际利润是增加的。超过拐点，在达到 $Q_4$ 产量水平之前，总利润以递减的速度增加，结果边际利润下降。从原点 $O$ 向总利润函数上的每一点画一条直线，其斜率就是平均利润函数，当产量为 $Q_3$ 单位时，平均利润函数为最大值。平均利润肯定会在此点上与边际利润相等，这是因为 $OA$ 直线的斜率（定义为平均利润）也等于总利润函数在 $A$ 点处的斜率（定义为边际利润）。最后，在边际利润等于 0 的 $Q_4$ 单位产量上，总利润最大；产量超过 $Q_4$ 之后，总利润函数下降，结果边际利润函数为负值。

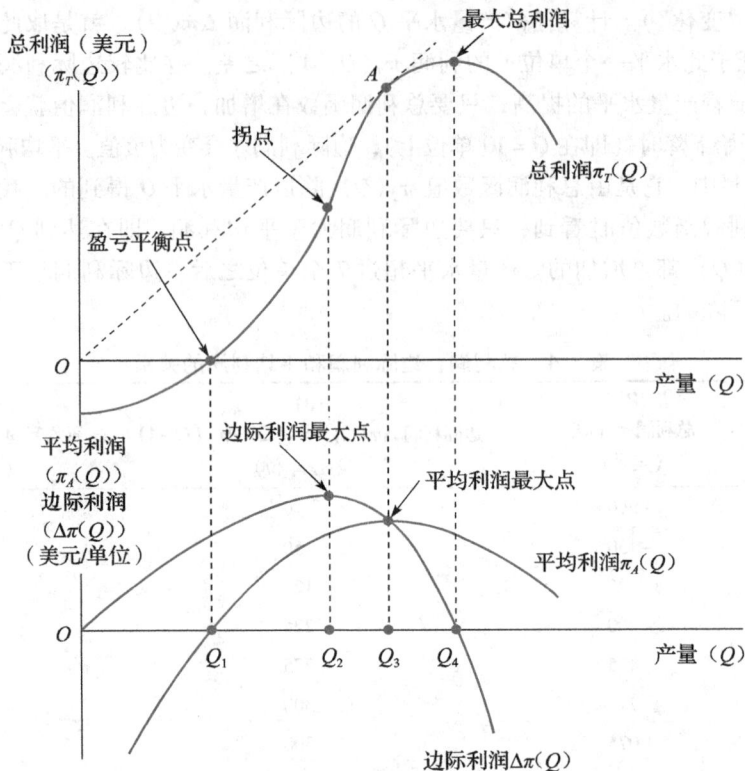

图 2-9 总利润、边际利润和平均利润函数

## 2.3 净现值概念

边际决策（如果边际效益超过边际成本，即可采取行动）规则适用于成本和效益差不多同时出现的时候，但很多经济决策需要成本即刻发生，在未来若干个时期内形成一个效益流量。在这种情况下，净现值（NPV）规则取代了边际决策规则，为长期决策者提供了恰当的指导。一项投资的 NPV 代表了该投资对厂商价值的贡献，也就是对股东财富最大化的贡献。

### 2.3.1 确定一项投资的净现值

要理解 NPV 规则，可以考虑以下情况：你负责投资 100 万美元，维持几个家庭成员的退休生活。你的财务顾问建议你用这些资金购买一块土地，它临近一个拟议新建的高速公路交叉口。一位值得信任的州公路委员会成员肯定这个交叉口一定会兴建，并确保这块土地的价值在 1 年后将增至 120 万美元。因此，你开始认为这是一个无风险的投资，计划将在 1 年后卖掉这块土地。有人要求你在今天投资 100 万美元，预期 1 年后得到 120 万美元或获利 20 万美元。你想知道这个利润是否代表对你投资的足够收益。

你觉得重要的是要看到，从今天开始 1 年以后得到 120 万美元的收益肯定不如今天的 120 万美元值钱，因为你可以今天投资 100 万美元而在来年赚取利息。因此，要比较未来得到的 1 美元和今天手中的 1 美元，必须要用未来的钱数乘上一个反映可得到不同投资机会的贴现因子（discount factor）。

你知道若是不把 100 万美元投资于土地，还可以投资于现有的 3% 收益的 1 年期美国政府债券。3% 收益代表了因投资于土地项目而放弃的收益（机会成本），3% 收益还可视为同意推迟 1

年得到现金收益的投资者的补偿。贴现因子也叫现值利息因子（*PVIF*），它等于

$$PVIF = \frac{1}{1 + i}$$

式中的 *i* 是对推迟 1 年得到一笔现金收益的补偿。未来 1 年后得到数额（$FV_1$）的**现值**（$PV_0$）等于前者乘以贴现因子，或

$$PV_0 = FV_1 \times (PVIF) \qquad (2-3)$$

在土地项目的例子中，预期 1 年后得到 120 万美元的现值等于

> **现值**（present value）：一笔未来的货币或一系列未来的支付额，用适当的贴现率估算之后在今天的价值。

$$PV_0 = 120\ 万美元 \times \left( \frac{1}{1 + 0.03} \right) = 1\ 165\ 049\ 美元$$

如果你今天投资 1 165 049 美元，在来年赚取 3% 的收益，就会在年末拥有 120 万美元。你清楚地知道会从拟议土地投资中获益（假定与美国政府债券投资一样，这个土地投资确实是无风险的），你将获益多少？

对此问题的回答就是 *NPV* 计算方法的核心。对于一位要求这类投资有 3% 收益的投资者来说，这个土地投资项目今天值 1 165 049 美元。可是你只需 100 万美元就能获得这笔投资，因此你的财富通过这项投资增加 165 049 美元（预计投资机会收益的现值 1 165 049 美元减去必要的初始投资 100 万美元）。这项投资的 *NPV* 为 165 049 美元。一般地，一项投资的 *NPV* 等于

$$NPV = 未来收益的现值 - 初始支出 \qquad (2-4)$$

这个例子可以通过假定投资收益正好在初始支出日期的 1 年以后得到而加以简化。如果土地投资的收益不是在一年而是两年以后，那么 *PVIF* 将是 $1/(1.03)^2 = 0.942\ 596$，*NPV* 将是 120 万美元 $\times (0.942\ 596) - 100$ 万美元 $= 131\ 115$ 美元。*NPV* 规则可以一般化为包括带有预期增长和作为补救或处置成本的残值或终值而在未来任何时期得到的收益。在本书附录 A 中更为详细地介绍了现值的概念，以便可以把它应用到更复杂的投资情况之中。

## 实例　更换一只灯泡节省 32.46 美元[1]

白炽灯泡在 100 多年前取代了照明很差的油灯。托马斯·爱迪生对灯泡的一些基本构成做了改进，即让电池通过无氧真空管中的碳化灯丝，减少燃烧和增加亮度。通用电气公司最初出售的是钨丝白炽灯泡。尽管如此，一个普通家庭 12% 的电费都用于灯泡的照明，而标准的白炽灯由于灯丝产生的热量而浪费了 90% 的电能。今天，新型节能灯（CFL）减少用电 75% 就可以把氩蒸汽加热，放出紫外线，紫外线激发涂在灯泡内层上的荧光粉，后者放出可见光。根据美国能源部估计，如果全美国 1.05 亿个家庭都把 10 只使用频繁的白炽灯泡换成 CFL 灯泡，那么节省下来的电力可以照亮 3 000 万个家庭。此外，节省的能源可以减少由烧煤电厂造成的温室气体（等于 800 万辆汽车排放的二氧化碳）。英国的商务、企业和制度改革部估计，英国家庭中更换 3 只最常用的灯泡所节省的电力可供英国所有的路灯使用。

由节能灯带来的能源节约肯定是巨大的。但它的成本有多高？如果买一只灯泡花 0.50 美元，那么一只 60 瓦白炽灯点 1 000 小时的成本要比 CFL 灯泡低得多，后者产生同样的 1 050 流明的光线亮度，使用寿命持续 8 000 小时，耗电 15 瓦，但成本是 4.49 美元。[2] 因此，使用寿命期成本的比较取决于采用 CFL 灯泡所增加的 3.99 美元成本能否比得上由寿命期延长带来的能源节约量。净现值法就是用来回答涉及货币（节约额）时间价值的问题的。

表 2-5 列出了两种灯泡的每只初始投资分别为 4.49 美元和 0.50 美元，CFL 灯泡平均每天 2.75 小时节省的电力是 45 千瓦时，电的代表性成本是每千瓦时 0.12 美元，美国家庭一般每年需要增加 0.50 美元更换白炽灯泡。[2] 假定按 6% 贴现率计算，连续 7 年、每年 4.96 美元的年能源节约额，加上 0.50 美元白炽灯泡更换成本的净现值，形成一个 36.45 美元的成本节约额净现值，它比 3.99 美元的 CFL 获取成本超过了 32.46 美元。欧盟已经发现这个由更换 CFL 灯泡带来的成本节约额（加上二氧化碳的减排）的净现值 32

美元是如此重要，以至于欧盟不能批准生产和进口白炽灯泡。美国将在 2012 年开始逐步停止使用白炽灯泡。美国平均每个家庭有 30 只白炽灯，其中 10 只是经常使用的，因此，这一举措具有每年节约 54.20 + 5 美元的现金流和 324.60 美元净现值的潜力。

注：1 Based on "DOE Launches Change a Light，Change the World Campaign" (October 3，2007)，www. energy. gov and www. energystar. gov.

2 增加电力的费用随地区而不同，华盛顿州为 0.09 美元/千瓦时，卡罗来纳州为 0.11 美元/千瓦时，加利福尼亚、纽约和整个新英格兰是 0.16 美元/千瓦时。

表 2-5 节能灯泡使用寿命的成本节约 （单位：美元）

| | $t=0$ | $t=1$ | $t=2$ | $t=3$ | $t=4$ | $t=5$ | $t=6$ | $t=7$ | $t=8$ （使用时期结束的价值） |
|---|---|---|---|---|---|---|---|---|---|
| 白炽灯 | -0.50 | -0.50 | -0.50 | -0.50 | -0.50 | -0.50 | -0.50 | -0.50 | 0 |
| CFL 灯 | -4.49 | 2¾小时 ×365 ×45w × 0.12 美元 =5.42 美元 | 5.42 | 5.42 | 5.42 | 5.42 | 5.42 | 5.42 | 5.42 |
| 成本差别 | -3.99 | | NPV（能源节约额 5.42 美元，8 年，贴现率 =6%）=33.66 美元 | | | | | | |
| | | | NPV（白炽灯更换成本 1.19 美元，7 年，贴现率 =6%）=2.79 美元 | | | | | | |
| | | | NPV（使用寿命期的成本节约）-成本差异 (33.66 美元 +2.79 美元) =36.45 美元 -3.99 美元 =32.46 美元 | | | | | | |

## 2.3.2 正净现值项目的来源

是什么原因造成某些项目具有正值的 NPV 而另一些项目具有负值的 NPV？当产品市场和生产要素市场并非完全竞争时，厂商就有可能赚取高于正常水平的利润（经济租金），从而形成正值的净现值项目。能获得高于正常水平利润的原因在于界定每一种产品和生产要素市场以及使之区别于完全竞争市场的种种条件。这些原因包括以下进入壁垒和其他因素。

（1）买主对现有品牌的偏好。

（2）对有利的分销系统（如排他性的汽车经销商或航空中心枢纽）的所有权和控制权。

（3）对超级产品设计或生产技术的专利控制。

（4）对超级自然资源储藏的排他性所有权。

（5）新厂商无法得到必要的生产要素（管理、劳动、设备）。

（6）以更低的成本优先占有金融资源（吸引资本的规模经济性）。

（7）大规模生产和分销的经济性，产生于：

　　①资本密集的生产过程；

　　②高额的初始起步成本。

上述因素可使厂商为内部投资找到具有正净现值的项目。如果进入壁垒很高（比如关键技术的专利），以至于阻止了任何新的竞争；或者如果竞争事业的起步期相当长，那么这个项目就可能具有一个正的净现值。不过，在评估此类项目的活力时，管理人员或分析人员一定要考虑到在新的竞争对手出现并迫使现金流量回到正常水平之前，这个可以赚取高于正常水平收益的时期。预期能够在一个投资项目的整个寿命周期内都可以赚到高于正常水平的收益通常是不现实的。

### 2.3.3　风险与 NPV 规则

前面土地投资的例子假定投资是无风险的，因此，用于计算贴现因子和净现值的收益率就是 1 年期美国政府债券可得到的无风险收益率。如果你不相信肯定兴建新的交叉道口，或者你对此地 1 年后的价值没有信心，那么怎么办呢？为了补偿这项投资预期的风险，你决定对你的投资要求一个 15% 的收益率。如果在计算贴现因子时使用 15% 这个要求的收益率，那么这块土地 120 万美元预期销售价格的现值为 1 043 478 美元（120 万美元乘上（1/1.15））。因此，这项投资的 NPV 下降到 43 478 美元。此投资预期风险的提高导致了 100 万美元投资的 NPV 从 165 049 美元大幅下降了 121 571 美元。

管理人员面对的主要难题是评估与投资相关的风险，然后把这个风险转换成反映足够风险补偿水平的贴现率。本章下一节将讨论风险的概念以及影响投资风险和一个投资项目所要求的收益率的种种因素。

## 2.4　风险的含义及衡量

风险意味着某些不利结果发生的可能，比如，实际现金流量将低于预期结果的可能性。当一系列可能的结果与一个决策相关联，决策者能对每一种可能结果赋予一个概率，那么就说风险存在。如果确切了解现金流量的结果，那么就说这个决策是无风险的。美国国库券就是无风险投资的一个好例子，美国财政部不能到期偿还这些债券或者推迟所欠利息支付的可能性几乎是完全没有的。与此相反，全美航空公司（US Airways）的债券就构成一种风险投资，因为该公司有可能一次或多次推迟利息支付，也有可能到期缺少足够的资金按票面价值偿还债券。综上所述，风险是指一个决策结果的可能变动程度，这些结果的变动越大，风险越高。

> **风险**（risk）：一种决策环境，可能的结果中存在变动，决策者可以设定这些结果出现的概率。

### 2.4.1　概率分布

**概率**的定义就是某种结果出现的相对频率或百分比可能性。概率的决定可以是客观的，也可以是主观的。客观的决定是以同类事件的过去结果为基础，而主观的决定仅仅是个人对某一既定时间将要发生的可能性的看法。对于经常重复的决策来说（比如在现有油田内开发钻井），对打一口新井能否成功可以做出比较准确的客观估计；相反，如果是全新的决策或独一无二的投资项目，就必须对其各种结果的可能性进行主观估计。企业经营中很多概率估计多少都带有部分的主观因素，但这并没有降低这种方法的有用性。

> **概率**（probability）：某一特定结果将出现的可能性，以百分比表示。

不管是采用客观方法还是主观方法，决策者都能为可能的结果建立一个概率分布。表 2-6 所列为两个样本投资的净现金流量的概率分布，对每项投资的年净现金流量（NCF）的最低估计值——投资 I 为 200 美元，投资 II 为 100 美元，代表了对投资绩效的悲观预测；中间值（300 美元和 300 美元）可视为正常的绩效水平；最高值（400 美元和 500 美元）是乐观估计。

**表2-6 两项投资年净现金流（NCF）的概率分布**

| 投资 I | | 投资 II | |
|---|---|---|---|
| 可能的 NCF（美元） | 概率 | 可能的 NCF（美元） | 概率 |
| 200 | 0.2 | 100 | 0.2 |
| 300 | 0.6 | 300 | 0.6 |
| 400 | 0.2 | 500 | 0.2 |
| | 1.0 | | 1.0 |

| 实例 | 概率分布与风险：全美航空公司的债券

有一位打算购买全美航空公司债券的投资者，他可以对此投资的 3 种可能结果赋予相应的概率，如表2-7所示。这些概率的含义可解释为：这些债券在其寿命期内不会推迟支付利息，而且到期能偿还的可能性为30%；在寿命期内推迟支付利息的可能性为65%；该债券到期不能偿还的可能性为5%。此例不可能出现其他结果。

**表2-7 投资于全美航空公司债券的可能结果**

| 结果 | 概率 |
|---|---|
| 不会推迟付息支付、债券到期偿还 | 0.30 |
| 一次或多次推迟支付利息 | 0.65 |
| 不会推迟利息支付，但债券到期没有偿还 | 0.05 |
| | 1.00 |

注：全美航空公司的年报可以在 http://investor. usair-ways. com 上找到。

## 2.4.2 期望值

根据上述信息，可以计算每一个决策方案的期望值。**期望值**的定义是可能结果的加权平均数，就是决策（如一项投资）被重复许多次后出现的平均值。

**期望值**（expected value）：可能结果的加权平均数，权重就是相关结果的概率。

用代数式表示，期望值可定义为

$$\bar{r} = \sum_{j=1}^{n} r_j p_j \qquad (2-5)$$

式中，$\bar{r}$ 为期望值；$r_j$ 为第 $j$ 种情况的结果，存在 $n$ 种可能结果；$P_j$ 为第 $j$ 种结果发生的概率。使用式（2-5）计算表2-8中投资 I 和投资 II 的期望现金流量，此例中两项投资的年净现金流量的期望值都等于300美元。

**表2-8 两项投资期望值收益的计算**

| 投资 I | | | 投资 II | | |
|---|---|---|---|---|---|
| $r_j$（美元） | $p_j$ | $r_j \times p_j$（美元） | $r_j$（美元） | $p_j$ | $r_j \times p_j$（美元） |
| 200 | 0.2 | 40 | 100 | 0.2 | 20 |
| 300 | 0.6 | 180 | 300 | 0.6 | 180 |
| 400 | 0.2 | 80 | 500 | 0.2 | 100 |
| | | 期望值 $\bar{r}_I$ = 300 美元 | | | $\bar{r}_{II}$ = 300 美元 |

**标准差**（standard deviation）：一种衡量可能结果离散或变动程度的统计指标。

## 2.4.3 标准差：风险的绝对衡量指标

**标准差**是一个统计指标，它衡量的是一个变量对其平均数的离散程度，它的定义是每个结果与平均数之差的平方经

加权平均之后的平方根

$$\sigma = \sqrt{\sum_{j=1}^{n} (r_j - \bar{r})^2 p_j} \tag{2-6}$$

式中，$\sigma$ 为标准差。

标准差可用来衡量一个决策方案的变动程度，所以它对方案中包含的风险提供了一个说明。标准差越大，可能的结果变动越大，决策方案的风险越高。标准差为零说明不存在变化，因而没有风险。

表 2-9 所列为投资 I 和投资 II 的标准差的计算过程。这些计算结果说明投资 II 比投资 I 的风险更高，因为投资 II 的预期现金流量的变动更大。

表 2-9 两项投资的标准差的计算过程

| | $j$ | $r_j$（美元） | $\bar{r}$（美元） | $r_j - \bar{r}$（美元） | $(r_j - \bar{r})^2$（美元） | $p_j$ | $(r_j - \bar{r})^2 p_j$（美元） |
|---|---|---|---|---|---|---|---|
| 投资 I | 1 | 200 | 300 | −100 | 10 000 | 0.2 | 2 000 |
| | 2 | 300 | 300 | 0 | 0 | 0.6 | 0 |
| | 3 | 400 | 300 | 100 | 10 000 | 0.2 | 2 000 |

$$\sum_{j=1}^{3} (r_j - \bar{r})^2 p_j = 4\,000 \text{ 美元}$$

$$\sigma = \sqrt{\sum_{j=1}^{n} (r_j - \bar{r})^2 p_j} = \sqrt{4\,000} = 63.25 \text{ 美元}$$

| | $j$ | $r_j$（美元） | $\bar{r}$（美元） | $r_j - \bar{r}$（美元） | $(r_j - \bar{r})^2$（美元） | $p_j$ | $(r_j - \bar{r})^2 p_j$（美元） |
|---|---|---|---|---|---|---|---|
| 投资 II | 1 | 100 | 300 | −200 | 40 000 | 0.2 | 8 000 |
| | 2 | 300 | 300 | 0 | 0 | 0.6 | 0 |
| | 3 | 500 | 300 | 200 | 40 000 | 0.2 | 8 000 |

$$\sum_{j=1}^{3} (r_j - \bar{r})^2 p_j = 16\,000 \text{ 美元}$$

$$\sigma = \sqrt{\sum_{j=1}^{n} (r_j - \bar{r})^2 p_j} = \sqrt{16\,000} = 126.49 \text{ 美元}$$

## 2.4.4 正态概率分布

大多数投资决策的可能结果要比表 2-6 得多，但在估计其影响时可假定是一个连续的概率分布，一种正态的概率分布假设常常是正确或接近正确的，同时也使分析大大简化。正态概率分布的特点表现为一条对称的钟形曲线，可以使用标准正态概率函数表（本书附录 B 中的表 B-1）来计算任何具体结果出现的概率。比如，从表 B-1 中很明显地看出实际结果应该在距离期望值正负 1 个标准差区间内的概率为 68.26% [⊖]；在 ±2 个标准差区间内的概率为 95.44%；在 ±3 个标准差区间的概率为 99.74%（见图 2-10）。所以，一个"3σ 事件"出现的可能小于 1%，相对频率为 0.002 6（即 1.0−0.997 4），一个"9σ 事件"几乎永远不会出现，因为相对频率小于 0.000 1。尽管如此，这种特殊事件还是能够发生，而且确实会发生（见"对与错"中的长期资本管理公司）。

某一特定值 $r$ 背离平均数 $\bar{r}$ 的标准差 $z$ 的计算公式为

$$z = \frac{r - \bar{r}}{\sigma} \tag{2-7}$$

---

⊖ 例如，一个数值出现在距离平均数大于 +1α 范围内的概率为 0.158 7，出现在距离平均数小于 −1α 的范围内的概率也是 0.158 7，因此，一个处于 +1α 和 −1α 之间的数值的概率为 68.26%，即 1.00−(2×0.158 7)。

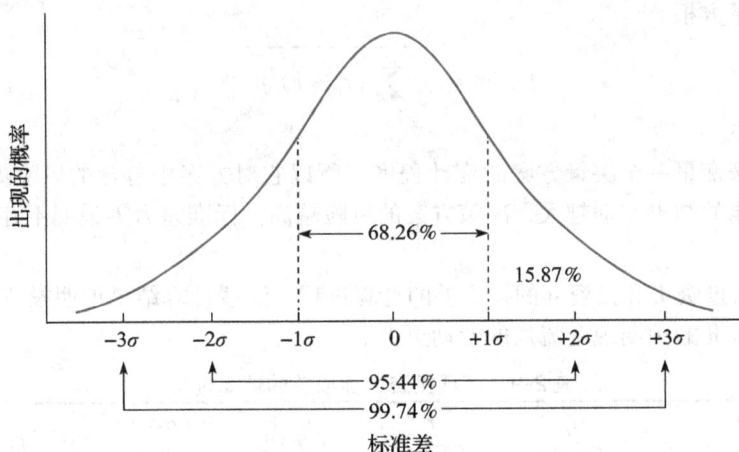

图 2-10　正态概率分布曲线下面积的样本说明

可以用附录 C 中的表 C-1 和式（2-7）来计算投资 I 的年净现金流量小于某个数值 r（比如 205 美元）的概率。首先，必须算出 205 美元背离平均数的标准差。把表 2-8 和表 2-9 中的平均数和标准差代入式（2-7），得到

$$z = \frac{205 - 300}{63.25} = -1.50$$

换言之，205 美元的年净现金流量低于平均数 1.5 个标准差。表 C-1 中 1.5 那一行给出的数值为 0.066 8 或 6.68%。因此，投资 I 的年净现金流量小于 205 美元的概率为 6.68%。反过来，该投资具有的净现金流量大于 205 美元的概率为 93.32%（1 - 0.066 8）。

## 2.4.5　变异系数：风险的相对衡量指标

**变异系数**（coefficient of variation）：标准差与期望值之比，一种衡量风险的相对指标。

如果比较的决策方案在规模上大致相等（即具有相似的结果期望值），而且要估计的结果具有对称的概率分布，那么标准差就是一个衡量风险的恰当指标。由于标准差是一个衡量变动程度的绝对指标，所以通常不适于比较不同规模的方案。在此情况下，**变异系数**提供了一种更好的风险衡量指标。

### 对与错　长期资本管理公司

长期资本管理公司（Long-Term Capital Management，LTCM）作为一种对冲基金在 1993 年 6 月到 1998 年 9 月运行，这种基金在金融衍生品市场中以套利交易战略，投资于高比率杠杆的私人资本。LTCM 的主要活动就是研究全世界的利率衍生品合同，找出非常微小的定价差异，然后以巨额资金赌这些合同随后会复归到可预期的均衡价格上，因为差价非常小，投资 1 000 美元才可能有几美分盈利，所以 LTCM 每赌一次常常需要冒几百万甚至几十亿美元的风险，才能得到一笔不菲的绝对货币收益。由于有时多达 100 次的独立赌注就涉及十几种不同的政府债券市场，所以 LTCM 表现为全球的多样化。

一般在一个月内，带有几千份双方合同头寸中的 60 个这样的复归战略将有钱可赚，而

带有相同数量双方合同的另外 40 个战略就会赔钱。利润在稳定上升，LTCM 在 1994 年 2 月大约有 10 亿美元的净资产价值（股权），在 1998 年 1 月达到了 70 亿美元。当时 LTCM 向非合伙人支付了 24 亿美元，作为一次性分配，这相当于 40% 的年复利投资回报率（ROI）。在随后不久的 1998 年 8 月，余下的 46 美元股权缩小了 45%，一个月后又缩小了 82%，剩下不到 6 亿美元。1998 年 9 月，对冲基金被 14 家华尔街银行收购，它们注入 36 亿美元来收回厂商的债务，获得了 96% 的所有权。这个基金出了什么问题？

一种可能的解释就是：对于一个风险如此之高（40% 的 ROI）的企业来说，这种情况是完全可以预料到的，因为不同类型投资的预期风险与预期收益是高度正相关的。不过，LTCM 在 1993 年 6 月到 1998 年 6 月年收益的标准差只有 11.5%，而标准普尔 500 所有股票的平均数为 10%。从这方面看，LTCM 的收益差异是很正常的。另一种可能的解释是：LTCM 在 1998 年 6 月资产负债表中的 1 290 亿美元完全被资产负债表以外的大量资产和负债所淹没。虽然数字的绝对规模是惊人的（如 1.2 万亿美元的利率互换，280 亿美元的外汇衍生品和 360 亿美元的股权衍生品），但 LTCM 资产负债表内外资产之比为 9%，与一般证券厂商（大约 12%）差不多。甚至 LTCM 的高比例财务杠杆（1 290 亿美元资产：47 亿股权 = 26:1），也是对冲基金的惯常做法。

使 LTCM 出问题的原因似乎是 1998 年 8 月俄罗斯政府债务的延期支付形成的一种真正特殊的"质量航班"行动，债券市场的普遍动荡造成利率波动的标准差升至 36%，而一般情况是 3%。LTCM 在很多利率衍生品头寸中站错了地方，在任何价格上都没有交易。虽然 LTCM 根据所谓的"$3\sigma$ 事件"（一天损失 350 万美元）对其交易头寸进行"压力检测"，但 1998 年 8 ~ 9 月的波动证明这其实是一个"$9\sigma$ 事件"（即一天损失 5.53 亿美元）。

正是由于巨额的高比例杠杆投资和遇到的 $9\sigma$ 事件，LTCM 在一个月内损失了 20 亿美元。由于全面多样化组合投资的流动性风险暴露备受责难，所以许多投资公司得出结论：鉴于 LTCM 事件的结果，杠杆比例应该大大降低。

资料来源：R. Lowenstein, When Genius Failed ( New York：Random House，2000)；remarks by Dave Modest, NBER Conference，May 1999；and "Case Study：LTCM," eRisk, (2000).

变异系数（$v$）考虑到相对的变动程度，因此更适合于比较两个规模不同的决策方案。它的定义就是标准差 $\sigma$ 与期望值 $\bar{r}$ 之比，即

$$v = \frac{\sigma}{\bar{r}} \tag{2-8}$$

## 实例 | 相对风险衡量：阿罗工具公司

阿罗工具公司（Arrow Tool Company）正在考虑两项投资：$T$ 和 $S$。$T$ 投资的预期年净现金流量为 100 000 美元，标准差为 20 000 美元；$S$ 投资的预期年净现金流量为 4 000 美元，标准差为 2 000 美元。直觉告诉我们 $T$ 投资的风险较低，因为它的相对变动程度较小。随着变异系数的增加，决策方案的相对风险也会增加。$T$ 投资和 $S$ 投资的变异系数计算如下：

$T$ 投资：

$$v = \frac{\sigma}{\bar{r}} = \frac{20\ 000\ \text{美元}}{100\ 000\ \text{美元}} = 0.2$$

$S$ 投资：

$$v = \frac{\sigma}{\bar{r}} = \frac{2\ 000\ \text{美元}}{4\ 000\ \text{美元}} = 0.5$$

$S$ 投资的现金流的变异系数（0.50）大于 $T$ 投资的现金流的变异系数（0.20），因此即使 $S$ 投资的标准差小，但在这两项投资方案中 $S$ 投资的风险更高。

## 2.5 风险与要求的收益

一项投资的风险与要求的收益之间的关系可定义为

$$要求的收益 = 无风险收益 + 风险溢价 \qquad (2\text{-}9)$$

无风险收益率是指一项不存在延期履约风险的投资所能得到的收益。对于债务证券来说，不存在延期履约风险就意味着保证支付约定的利息和本金。无风险债务证券的最好例子就是短期的政府证券，如美国的国库券。美国政府债券的买主总是可以肯定得到约定的本金和利息支付，因为美国政府总是能印出更多的货币。国库券的无风险收益等于实际利率加上预期的通货膨胀率。式（2-9）的第二项是投资者因对一项风险投资提供了资金而期望得到一笔潜在的"报酬"。这个风险溢价的产生有若干原因：借款的厂商可能延期履行其契约规定的偿还义务（延期支付风险溢价），投资者可能不能优先对破产的借款人行使权力（优先权风险溢价），投资者可能无法出售其证券（在 LTCM 案例中看到的流动风险溢价），或者债务清偿会提前出现（到期风险溢价）。最后，投资者得到的收益会大范围波动，在一个时期内超出预期，在下一个时期又低于预期。投资者通常都是风险厌恶的，也就是说，他们一般都会期望得到对其投资所承担的所有这些风险的补偿。

| 实例 | 股票、债券、农田和钻石的风险 – 收益平衡

投资者要求更高的债务证券回报率，主要基于它们的违约风险。穆迪（Moody's）、标准普尔和惠誉（Fitch）等债券评级机构对许多公司债券的违约风险进行了评估。例如，穆迪将债券违约风险从 Aaa 级到 C 级债券划分为 9个级别，其中 Aaa 级债券的违约风险预期最低。如表 2-10 所示，债券收益率随着违约风险的增加而增加，反映了风险与所需收益之间的正相关关系。

表 2-10　风险与预期回报的关系

| 债券 | 收益率（%） |
| --- | --- |
| 美国国债 | 3.5 |
| 25 年美国国债 | 5.5 |
| Aaa 级公司债券 | 6.02 |
| Aa 级公司债券 | 6.93 |
| A 级公司债券 | 7.18 |
| Baa 级公司债券 | 7.80 |

（续）

| 债券 | 收益率（%） |
| --- | --- |
| 其他投资 | |
| 钻石 | 3.0 |
| 农田 | 6.5 |
| 股票 | |
| 所有美国股票 | 10.1 |
| 小企业股票 | 12.3 |
| 新兴市场股票 | 16.0 |

资料来源：Board of Governors of the Federal Reserve System, *Federal Reserve Bulletin*.

表 2-10 还显示，钻石投资回报率为 3%，而农田回报率为 6.5%，美国股市回报率为 10%，小企业股票回报率为 12.3%，从 1970年到 2013 年，新兴市场股票的年回报率为 16%。这些复合年回报率反映了钻石（最低）、农田、美国股票、生物技术股票和新兴市场股票（最高）的回报率差异。

## 小 结

■ 需求和供给同时决定均衡市场价格。价格之外的需求（供给）决定因素会使需求（供给）曲线移动，价格的变化仅仅导致需求量（供给量）的变化，而需求（供给）不会移动。

- 需求者愿意支付的出价是由正在考虑购买的边际使用价值决定的，供给者愿意接受的要价是由正提供的商品或服务的变动成本决定的。
- 汽油的均衡价格产生波动的主要原因是由不同时间供给中断或过多造成的原油投入要素大涨大落，以及发展中国家不断增长的需求和投机。
- 价格的变化造成沿着需求曲线的移动，而需求函数中任一其他变量的变化造成整条需求曲线的移动。因此，沿着某一特定需求曲线的"需求量的变动"来自于价格的变化，相反，当人们说"需求的变化"时是指整条需求曲线的移动。
- 造成整条需求曲线移动的一些因素包括：消费者收入水平的变化、替代品和互补品价格的变化、广告宣传水平、竞争对手的广告支出、人口、消费者偏好、调整时间、税收或补贴以及价格预期等。

- 边际分析概念要求决策者确定与某一拟议行动相联系的增加（边际）的成本和增加（边际）的效益。如果边际效益超过边际成本（即净边际效益为正值），那么这个行动就应该进行。
- 一项投资的净现值等于预期未来收益（现金流量）的现值减去初始支出。
- 一项投资的净现值等于该投资对厂商价值或相应股东财富的贡献。一项投资的净现值取决于投资者（厂商）所要求的收益，而收益又是对该投资认知风险的函数。
- 风险是指一项决策方案结果的潜在变化程度，衡量风险既可以用标准差（风险的绝对衡量指标），也可以用变异系数（风险的相对衡量指标）。
- 在风险与要求的收益率之间存在一种正向关系，涉及更大风险的投资一定要提供更高的预期收益。

## 练习

1. 对于式（2-1）中的每一个需求决定因素，请给出一个例子来说明对混合油电汽车（如丰田普锐斯）的需求的影响。然后对式（2-2）中的每一个决定因素做同样的处理。在每种情况下，市场均衡价格是上升还是下降？考虑替代品，如插电式混合动力车、尼桑 Leaf 和雪佛兰 Volt，以及互补品例如汽油和锂离子笔记本电脑电池的情况。

2. 每加仑 3 美元以上的汽油价格影响了汽车租赁公司对各种车型租赁的收费。一天返还的 SUV 的租赁价格为 37 美元，一天返还的微型汽车的租赁价格为 41 美元。为什么 SUV 的租赁价格会低于微型汽车的价格？

3. 阿贾克斯公司（Ajax Corporation）可投资的项目如下所示。

| 项目① | 投资需求（百万美元） | 预期回报率（%） |
|---|---|---|
| A | 500 | 23.0 |
| B | 75 | 18.0 |
| C | 50 | 21.0 |

（续）

| 项目 | 投资需求（百万美元） | 预期回报率（%） |
|---|---|---|
| D | 125 | 16.0 |
| E | 300 | 14.0 |
| F | 150 | 13.0 |
| G | 250 | 19.0 |

①所有的项目具有相同的风险。

阿贾克斯筹集资金的边际成本如下：

| | |
|---|---|
| 第一个 2.5 亿美元 | 14.0% |
| 下一个 2.5 亿美元 | 15.5% |
| 下一个 1 亿美元 | 16.0% |
| 下一个 2.5 亿美元 | 16.5% |
| 下一个 2 亿美元 | 18.0% |
| 下一个 2 亿美元 | 21.0% |

4. ESPN 目前每年向美国国家橄榄球联盟支付 11 亿美元，为期 8 年，以获得周一晚间橄榄球比赛的独家电视转播权。如果母公司迪士尼的机会利率等于其 9% 的资本成本，那么该投资的净现值是多少？福克斯和哥伦比亚广播公司同

意支付 7.12 亿美元和 6.22 亿美元，分别用 6 年时间播放周日下午的 NFC 比赛。其价值是多少？

5. 对 MICHTEC 产品的需求是与经济状况相联系的。如果明年的经济是扩张的（高于正常的 GNP 增长），该公司预期销售额为 9 000 万美元；如果明年经济萧条（GNP 下降），预期销售额为 7 500 万美元；如果明年经济情况正常（GNP 中速增长），预期销售额为 8 500 万美元。MICHTEC 公司的经济学家估计明年经济状况为增长、正常或萧条的可能性分别为 0.2、0.5 和 0.3。

   a. 计算预期年销售额。

   b. 计算年销售额的标准差。

   c. 计划年销售额的变异系数。

6. 两个投资项目有以下预期回报（净现值）和回报标准偏差：

| 项目 | 预期回报率（美元） | 回报标准偏差（美元） |
|---|---|---|
| A | 50 000 | 40 000 |
| B | 250 000 | 125 000 |

哪一个项目的风险更高？为什么？

7. 通用航空（General Aeronautics）公司空间事业部的经理对向商业企业提供卫星发射服务的索取价格进行了估计，她最乐观的估计（预期不会超过区间 10% 的价格）是 200 万美元，最悲观的估计（比预期不会超过区间 10% 的价格更低）是 100 万美元，期望值估计为 150 万美元，并认为大致服从正态价格分布。

   a. 期望价格是多少？

   b. 发射价格的标准差是多少？

   c. 接受一个低于 120 万美元的价格的概率是多少？

## 案例练习

### 美国航空公司的收益管理

航空公司要面对高度周期性的需求。美国航空公司在 2006～2007 强势扩张期间宣布盈利，但在 2008～2009 年严重衰退期间报告了巨额亏损。需求也是天天在波动。美航对付随机需求的一种方法就是应用收益管理方法进行边际分析。收益管理或"收益量"管理（RM）是一种需求-管理、订单-预订和能力-规划的整合过程。

公司要在服务业中赢得订单而又不削价，就要为细分顾客群体创造认知价值。例如，航空公司的商务旅客愿意向那些能满足自己随时更改航班要求的航空公司支付高额的加价，其他商务旅客则要求特别的运输可靠性和准时的飞行。与此相反，大多数的休假旅客想得到最廉价的批量商品式的服务。尽管大多数航空公司只有 15%～20% 的座位是商务舱，但一趟航班其利润的 65%～75% 是由这个群体提供的。

管理的难题在于，航空公司的运力必须在乘客到达之前，通常是在全部掌握需求之前进行完美的计划与调配，而未售出的存货在飞机起飞时就会报废。医院、咨询公司、电视台和印刷业都会面临同样的问题，它们必须充分了解下列需求，掌握和安排生产能力：可能的手术、危机管理小组、电视广告或下周的印数等。

管理者要把未售出的存货降到最低，又能抓住所有最后一分钟的高利润业务，一种方法就是把生产能力拍卖给最高出价者。对自由购电的拍卖就是这样做的：电力公司对于多余供应量按 15 分钟出价，而其他公用事业公司则按小时供电。不过，航空公司的价格不能随着趋近起飞的时间而迅速调整。收益经理可以使用大型历史数据库，根据订票系统中目前的到达情况来预测细分顾客的需求，然后分析和比较两种选择方案的预期边际利润：一是再保留一个商务舱座位以等待增加"最后一分钟"的需求，二是再接受一个折扣旅客的事先预订要求。

假设在美航下周一上午 9 时达拉斯到芝加哥的航班中，170 个座位中的 63 个是为头等舱、商务舱和全额机票"保留的"，但只售出

50个，余下的107个座位被允许打折出售。起飞前三天出现了一项新的折扣预订要求，但目前打折票已满。美航是否应该重新分配座位，接受新的打折旅客？答案取决于从每个等级座位的边际利润以及对商务舱下周一出现过多需求（63个座位以上）的预订概率。

如果721美元全额机票的边际利润为500美元，155美元打折票的边际利润为100美元，除非商务舱机票售尽的概率小于0.20（说明取消和放弃预订的可能事件），那么就不应该把商务舱的飞机座位重新分配给打折旅客。因此，如果机票售完的概率为0.25，为一名可能的商务乘客保留一个座位的预期边际利润是125美元，则把这个座位以折扣价出售，确定的边际利润是100美元。公司都有一些可行但应拒绝的订单，因为为预期高利润顾客的到来而保留更多的生产能力并非"闲置能力"，而是一种等待出现并可预见的收益机会。

我们在本章中介绍了可用于解决美航座位分配决策问题的边际分析方法。第14章的附录将进一步讨论收益管理在篮球、剧院售票和酒店中的应用。

**问题**

1. 如果美航决定按惯例向同一服务等级中的顾客索取不同的价格，列出需要解决的问题。
2. 你是否认为这种收益管理方法（基于目标顾客对于更改订单的反应程度、装货的可靠性、计划安排频率等因素的支付意愿索取不同价格）在卡车运输业、门诊保健业和酒店业中更为有效，为什么？
3. 有时当享受深度打折的旅客要求的预订被拒绝，就会把生意带到其他地方；他们表示"反对"。有时这种需求者经过协商可能被"卖给"更高票价的服务，比如联航的优先等经济舱。如果联航拒绝最便宜座位的预订要求后面对的"反对"旅客不多，那么它们是否应该分配先前存在的能力，把少数座位保留给最后到达的全票旅客？

资料来源：Based on Robert, Cross, *Revenue Management*(New York：Broadway Books, 1995)；and Frederick Harris and Peter Peacock, "Hold My place please；Yield Management Improves Capacity Allocation Guesswork," *Marketing Management*(Fall 1995), PP. 34-46

**Part2** | 第二部分

# 需求与预测

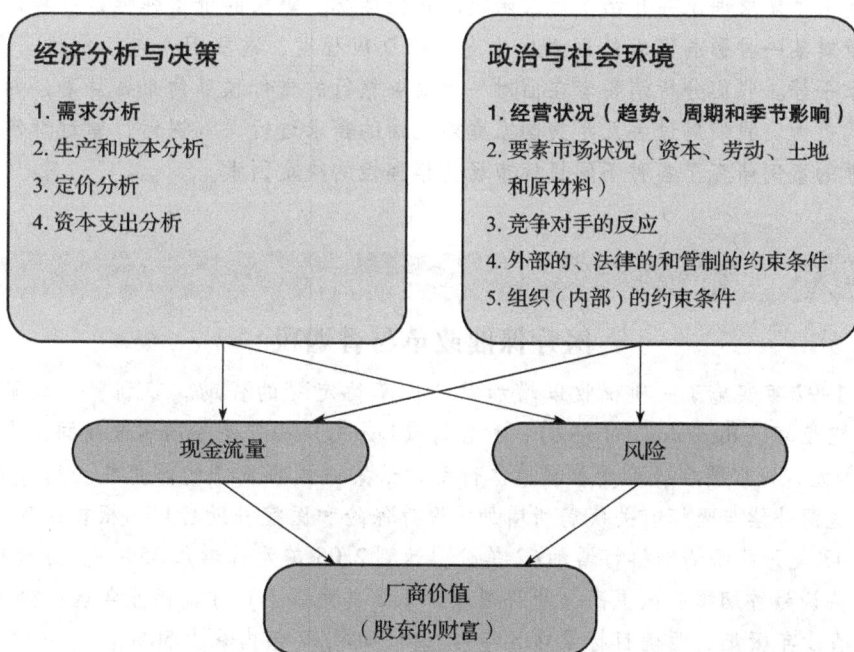

**经济分析与决策**

1. 需求分析
2. 生产和成本分析
3. 定价分析
4. 资本支出分析

**政治与社会环境**

1. 经营状况（趋势、周期和季节影响）
2. 要素市场状况（资本、劳动、土地和原材料）
3. 竞争对手的反应
4. 外部的、法律的和管制的约束条件
5. 组织（内部）的约束条件

现金流量

风险

厂商价值
（股东的财富）

# 需求分析

美国橄榄球联盟应该终止停摆并重新聘请专业裁判；NFL 所有者面临缺乏弹性的需求。

——史蒂夫·扬（Steve Young），前旧金山 49 人四分卫，1994 年超级碗冠军

## |本章预览|

需求分析服务于三个主要的管理目标：第一，为营销团队有效地管理需求提供了必要的见解；第二，帮助预测销售，为生产运营决策提供信息；第三，为财务规划预测厂商现金流量中的收入。本章提出了需求理论并介绍了需求函数的弹性性质。需求的价格弹性是一种衡量指标，衡量的是需求量对某一种影响需求的因素发生变化的反应程度，这些因素包括价格、广告、促销、包装或收入水平等。我们分析消费者在面对一次商务旅行的支付预算约束条件下，如何选择酒店和租赁汽车的行为。我们对过去几年美国家庭对汽油的需求进行深入探讨，通过雪佛兰经销商直接邮寄优惠券的案例研究了各种不同目标市场价格弹性的决定因素。

## |管理挑战|

### 医疗保健改革与香烟税

美国在 1997 年实施了一项税收以增加对"烟草协定"的资助。菲利普·莫里斯（Philip Morris）、雷诺烟草（Reynolds Tobacco）、利吉特（Liggett）和其他香烟制造商同意在 25 年内支付 3 680 亿美元，以取得在吸烟受害者集体行动诉讼案中民事责任的豁免权。州检察官此前已要求香烟制造商补偿与吸烟有关疾病所增加的医疗保险和医疗补助费用。根据这项协定，美国香烟每包 1.43 美元的平均价格将增加 62 美分，达到 2.05 美元（增加 35%）。⊖此建议的一些批评者当时坚持认为香烟税应该更高（也许要增加 1.5 美元以上）才能阻止年轻吸烟者染上这一嗜好。减少青少年吸烟的明确目标是在 5 年内减少 30%，7 年内减少 50%。

在有关"最佳"香烟税增加量的争论中，一个重要内容就是消费对于价格的变化有多敏感。衡量这种敏感性的一个恰当指标就是需求的价格弹性，其定义就是由一定百分比的价格变化所引起的需求量的百分比变化。经济学家们已经估算出成年人吸烟需求的价格弹性为 -0.4，

---

⊖ 用 0.62 美元税收增加额除以最初价格 1.43 美元和税后价格 2.05 美元的平均数可以计算出美国价格增长了 35%。

表示价格增加 10%，需求量可望下降 4%。不过对青少年来说，人们认为这个价格弹性会更高，比如 -0.6，这就表示价格增加 10%，需求量可望下降 6%。因此，根据价格弹性，价格提高 35% 应使青少年吸烟下降 21%。

因为降低 21% 大大低于使青少年吸烟减少 30% 的既定目标，所以美国国会在 1999 年决定把联邦消费税再增加 60 美分，州立法机构也参与其中，致使某些州的香烟价格在 2009 年达到 4 美元。下表所列为 2015 年 7 月美国各州的香烟消费税率。从佛罗里达到新罕布什尔，从得克萨斯到南达科他的各州都将香烟消费税增加 1.00 美元。新泽西、纽约、威斯康星、华盛顿、夏威夷、罗得岛、马萨诸塞、佛蒙特征收的州消费税都超过 2 美元，这使得这些州每包香烟的价格都在 5 美元以上。到 2014 年，青少年吸烟已经从 2008 年的 11% 下降到 6%，但青少年使用电子香烟仅在 2014 年就增长了 3 倍，从 4.5% 上升到 16%。

### 2015 年 1 月美国各州的香烟消费税率

| 州 | 税率（美分/包） | 排名 | 州 | 税率（美分/包） | 排名 |
|---|---|---|---|---|---|
| 亚拉巴马 | 68 | 37 | 内布拉斯加 | 64 | 38 |
| 阿拉斯加 | 200 | 15 | 内华达 | 180 | 34 |
| 亚利桑那 | 200 | 16 | 新罕布什尔 | 178 | 68 |
| 阿肯色 | 115 | 30 | 新泽西 | 270 | 8 |
| 加利福尼亚 | 87 | 33 | 新墨西哥 | 166 | 21 |
| 科罗拉多 | 84 | 35 | 纽约 | 435 | 1 |
| 康涅狄格 | 365 | 3 | 北卡罗来纳 | 45 | 46 |
| 特拉华 | 160 | 24 | 北达科他 | 44 | 47 |
| 佛罗里达 | 133 | 28 | 俄亥俄 | 160 | 22 |
| 佐治亚 | 37 | 48 | 俄克拉何马 | 103 | 31 |
| 夏威夷 | 320 | 5 | 俄勒冈 | 131 | 26 |
| 爱达荷 | 57 | 44 | 宾夕法尼亚 | 160 | 23 |
| 伊利诺伊 | 198 | 17 | 罗得岛 | 375 | 2 |
| 印第安纳 | 100 | 32 | 南卡罗来纳 | 57 | 43 |
| 艾奥瓦 | 136 | 27 | 南达科他 | 153 | 25 |
| 堪萨斯 | 129 | 29 | 田纳西 | 62 | 38 |
| 肯塔基 | 60 | 41 | 得克萨斯 | 141 | 26 |
| 路易斯安那 | 86 | 34 | 犹他 | 170 | 20 |
| 缅因 | 200 | 14 | 佛蒙特 | 224 | 11 |
| 马里兰 | 200 | 13 | 弗吉尼亚 | 30 | 49 |
| 马萨诸塞 | 351 | 4 | 华盛顿 | 303 | 6 |
| 密歇根 | 200 | 12 | 西弗吉尼亚 | 55 | 41 |
| 明尼苏达 | 290 | 7 | 威斯康星 | 252 | 9 |
| 密西西比 | 68 | 36 | 怀俄明 | 60 | 40 |
| 密苏里 | 17 | 50 | 哥伦比亚特区 | 250 | 10 |
| 蒙大拿 | 170 | 19 | 美国平均数 | 153 | |

资料来源：Tax Foundation.

在关于为收回保健成本需要增加多少香烟税的持续讨论中，政策制定者面临着艰难的权衡抉择。一方面，如果主要目标是形成收入以资助保健费用，那么这项税收的制定应使税收收入最大化；另一方面，如果主要目标是减少吸烟，那么更高的税收就是合理的。但无论哪种情况，了解真正的需求价格弹性都是制定这项重要的政策决策的必要条件。我们将在本章中研究如何计算和应用这种价格弹性衡量指标。

**讨论题**

1. 与现在相比，回忆你青少年时的情况，在遇到没想到的打折或提价时，你在汽油消费上的价格敏感程度是高于现在还是低于现在？为什么？

2. 对于比萨饼的消费呢？你的答案与关于汽油的答案有不同吗？为什么？

3. 青少年或成年人对电子香烟的消费是否应该受到更严格的管制？

## 3.1 需求关系

### 3.1.1 需求表的定义

需求表是说明需求关系的最简单的形式，它就是一张表，列出了一种商品或服务的价格以及某些个人或集体在统一价格上对该商品的相应需求量。表 3-1 就是汽油的需求表。它表明，如果每加仑⊖汽油的价格是 2.50 美元，美国城市家庭每周将购买 18 加仑汽油。如果价格是 3.50 美元，相关目标家庭每周将只购买 14 加仑汽油。可以看出，价格越低，需求量越高。价格和预期购买量之间的这种相反或负向关系通常被称为"需求规律"，也称为沿着一条需求曲线向下移动。

**表 3-1　美国家庭对汽油的需求**

| 价格（美元/加仑） | 购买量（加仑/周） | 价格（美元/加仑） | 购买量（加仑/周） |
|---|---|---|---|
| 4.00 | 11.5 | 2.00 | 20 |
| 3.50 | 14 | 1.50 | 22 |
| 3.00 | 16 | 1.00 | 24 |
| 2.50 | 18 | | |

资料来源：*Household Vehicles Energy Use*：*Latest and Trends*，*Energy Information Administration*，U. S. Department of Energy，Various issues.

图 3-1 中所画的需求曲线的位移是完全不同的。当第 2 章讨论过的和式（2-1）中列出的任何一种需求决定因素发生变化，需求曲线就会发生位移。例如，1999 年对高油耗 SUV 的需求曲线反映出当时的低油价，低价汽油是消费高油耗轿车和卡车的重要互补品。1999 年每加仑汽油 2.00 美元时，福特汽车公司卖出 428 000 辆探索者（Explorer），每辆 2 200 美元，单位利润 4 000 美元。到了 2007 年，每加仑汽油的价格为 3.50 美元，尽管福特公司提供大幅度折扣，价格降至 19 000 美元，几乎丧失了所有的利润，最后也只卖出 127 000 辆探索者。是什么因素出现了变化？消费者的兴趣和偏好趋向于更加"绿

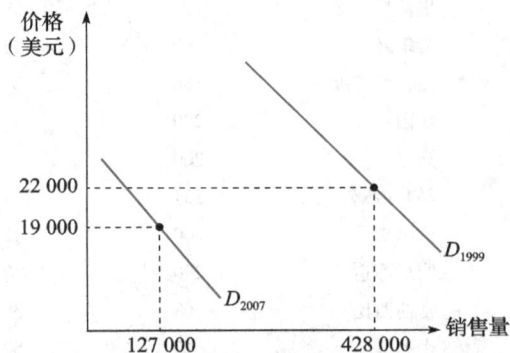

图 3-1　汽油价格翻番时福特的探索者的需求

---

⊖　1 美制加仑 = 3.785 41 立方分米。

色"、更为可持续的运输方式（像丰田的油电混合动力车普锐斯），但初期的主要区别是汽油价格上升到每加仑 3.50 美元。结果，高油耗的 SUV（如福特的探索者）的需求曲线向左下方移动。到 2008 年，随着汽油价格在美国首次上升到 4.00 美元以上，福特公司卖出的探索者还不到 30 000辆，只好从市场中撤出。

## 3.1.2 有限制的效用最大化与消费者行为

需求的概念是建立在消费者选择理论之上的，每个消费者都会面对一个有约束条件的最优化问题，目标是选择能使其满意或效用最大的商品和服务组合，约束条件是现有资金（即家庭预算）的数量。考虑一下当你出差旅行时从老板那里拿到食宿预算津贴的情况，或者与一些朋友同住共摊支出的情况，都属于这种有约束条件的最优化问题。在这种有限制的效用最大化结构中，经济学家们已经发现了价格下降造成需求量增加的两个基本原因：实际收入效应和替代效应。

### 1. 实际收入效应

当一种商品（如公寓房租赁）的价格下降时，其影响就是消费者的购买力增加，这就是价格变化的实际收入效应。例如，某人在正常的情况下会以每月 1 000 美元的价格租赁 600 平方英尺 $^{\ominus}$ 的公寓房。如果租赁价格下降到每月 800 美元，能使此人每月少花 200 美元租赁同样大小的公寓房。节省 200 美元代表实际购买力的增加，可被用来租赁更多的公寓房（也可以购买其他的收入 – 高档品）。

价格下降的实际收入效应有时很小，这是因为用在这种商品上的家庭预算很少（比如好几年才购买一次的盐罐）。但其他时候购买力的变化是很大的，比如一个年轻的家庭要把他们 40% 的可支配收入用于租公寓房。一般情况下，价格变化的实际收入效应的符号和大小与厂商营销计划中的定位及目标市场决策（即销售目标定位）关系极大。例如，由法国人和美国人组成的家庭用于食品的支出占其可支配收入的比例（22%）是一般美国人家庭（12%）的两倍。因此我们看到，在这样的家庭中，诸如小牛肉或红酒等收入 – 高档品的需求量对于价格的变化会更敏感。

### 2. 替代效应

如果一种商品（如看电影）的价格下降，那么相对于其他替代休闲活动（如餐馆就餐）来说就变得便宜了。由于价格下降，理性的消费者会通过购买更多的这种价格已经下降的商品和购买更少的替代品而使自己的满意度或效用增加，这种情况就叫作价格变化的替代效应。

假设电影票加快餐与餐馆就餐的价格分别为 20 美元和 30 美元，还假设一个家庭开始每周看一次电影，去餐馆就餐两次，每周休闲总支出为 80 美元，如果看电影的价格下降到 16.67 美元，某些家庭将会决定增加电影消费，每周看三次电影，同时把外出就餐的消费减少到每周一次，这样需要同样的总支出 80 美元。此时这个家庭看到：他们必须每周几乎放弃看两次电影才能去一次餐馆就餐，因此他们自然会减少餐馆就餐。由此我们看到：看电影对餐馆就餐的相对价格下降造成了看电影的需求量增加。

总之，由于实际收入效应和替代效应的共同作用，价格的下降总会对收入 – 高档商品或服务的需求量产生正向影响（随着购买力的增加，人们会更加偏好收入 – 高档品）。在此情况下，实际收入效应和替代效应都会促使消费者在价格下降时增加需求量。$^{\ominus}$这个需求规律几乎永远都是成立的。

---

$\ominus$ 1 平方英尺 =0.093 平方米。

$\ominus$ 对于像廉价公寓这样的收入 – 低档品（消费者在购买力提高时不愿购买更多的商品）来说，实际收入效应和替代效应作用相反，并会部分抵消对需求量的影响。不过，即使是低档品，通常仍然是价格下降时会需要更多的商品和服务。因此需求规律对于大多数低档品来说也是成立的。

## 实例 旧金山商务旅行中的消费选择

对于一次去旧金山为期两周商务旅行，你的老板给了你 1 000 美元的旅行预算，可用于房屋和租车，你可以凭收据报销。旧金山的房屋价格是每 100 平方英尺 100 美元住 10 个工作日，一辆中档汽车的租赁价格加上停车和汽油费用是每天 100 美元。你计划用 700 美元租房，其余用来在中间 3 天周末（从周五中午到周一中午）租车去优胜美地国家公园。在飞往旧金山的途中，你在航空公司的杂志上发现在你旅行的两周时间内，赫兹（Hertz）租车公司都提供每天 30 美元的打折优惠。

图 3-2 说明了赫兹租车公司的打折优惠是如何大幅扩大你的购买力的。最明显的是，你现在面对一条反映 70 美元汽车租赁打折价格的预算线（图中带星号的直线）。一个计划把全部 1 000 美元花在租车上（在汽车上睡觉）的消费专家可以在旧金山租车 14 天，而在原先的预算限制条件下只能租 10 天（实线）。实际上，由赫兹租车公司 30 美元折扣使你的购买力增加是否会引发你多租几天汽车（比如 3~5 天），从而可以驾车跨越金门大桥或在周末夜晚去纳帕谷，要取决于若干个因素。

首先，赫兹租车公司提供的"优惠 30 美元"折扣是否适用于该公司的所有车辆，还是仅仅提供给像福特福克斯这样的小型经济车型？如果是后一种情况，你可能会决定把你增加的购买力用在更大更好的酒店房间上，实际上减少租车天数，在你认定为低档品的福特福克斯上消费更少。同样，如果打折优惠只限于豪华汽车租赁，那么这个选择会大大超过你的预算。

决定赫兹租车公司的价格折扣能否形成更多需求的第二个因素是转移成本是高还是低。具体来说，你是不是安飞士（Avis）租车公司 1 号俱乐部的成员，可以赚取积分获得免费礼品？你的老板是否根据与安飞士公司的合约已经提前对你的 3 天周末计划进行了支付？也许更小的酒店房间实在不够使用，

因为你需要独立于卧室的 700 平方英尺有座位的空间，用于召开商务会议。如果是这种情况，那么你的转移成本就会过高，从而赫兹租车公司的价格打折扣无法对你的需求量产生更多的积极效应。

不过，在低水平的转换成本上，当租车的价格从 100 美元/日下降到 70 美元/日时，我们预期你会减少租房来替代租车。从理论上讲，减少租房面积增加租车天数的替代效应（比如说从原先计划的 3 天增加到 4 天）的大小取决于消费者认知的替代品紧密程度，这是转换成本的另一种说法。你在预算限制之内的可行选择显示在图 3-2 中假设的虚线预算线上，这条预算线表示更低的 70 美元相对租车价格。

第三个也是最后一个因素，由于支付能力从假设的虚线预算线（910 美元和 70 美元租车价格）增加到新的实际预算线（1 000 美

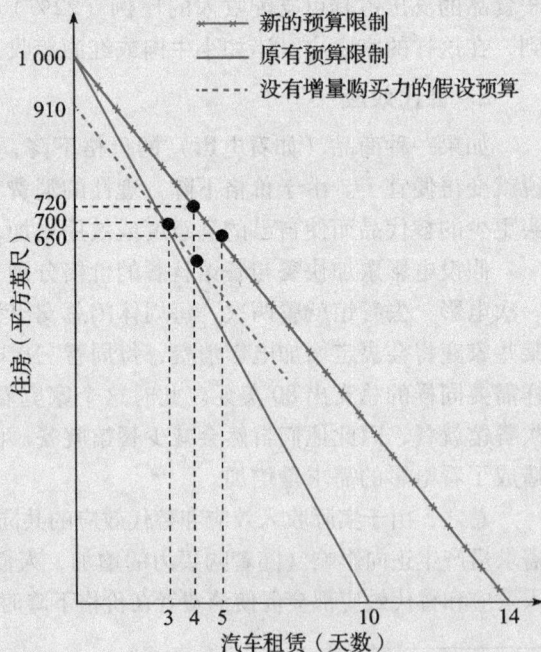

图 3-2 商务旅行中的消费选择

元和 70 美元租车价格）而形成的购买力效应

（从租车4天的选择增加或减少）的大小取决于赫兹公司选择租车价格打折的车辆的定位。它们的定位是像福特福克斯这样的低档车，还是像你现在驾驶的中型福特金牛座？还是像福特野马敞篷车这样的收入－高档品？如果福特野马敞篷车符合打折条件，那么你的租车需求量也许会从3天增加到5天。30美元打折优惠的总效应此时是+2天，这就是相对价格下降形成的正值替代效应（从3天到4天）与加强了的正值购买力效应（从4天到5天）之和。

另一方面，如果赫兹租车公司的优惠仅仅适用于你视为收入－低档品的紧凑型汽车，那么也许你会从赫兹公司租车，但实际上减少租车消费，从价格变化之前的3天减少到价格变化之后的2天，把增加的购买力用于更好的酒店，10天住宿花费860美元。在此特殊情况下30美元价格优惠的总效应将是－1天，即相对价格下降造成的正值替代效应（从3天到4天）加上由产品定位的低档品性质所造成的负值购买力效应（从4天回到2天）之和。如果赫兹租车公司力求减少未租出的紧凑小型车的过量库存，就应该把目标定在一些航空公司经济舱的顾客上，因为他们对福特福克斯汽车的认知是收入高档品。

至此我们一直分析的是短期购买的商品和服务的需求。诸如衣服、家具、汽车、家电和电脑等**耐用品**可以储存和修理，而不是定期更换。例如，一个电子壁炉可以一次一次地修理，其成本要比购买一个新的加热系统便宜得多。型号老旧、使用方便和声誉价值在影响耐用品的更新需求方面起到

**耐用品**（durable goods）：能在一个未来时期中为所有者提供效益的产品。

重要作用。另外，顾客也会有一些问题，他们的收入是否足够稳定地支付分期付款？在一个已停产型号产品的经济寿命期内能否得到充分的维修服务？因为这些预期因素会起作用，所以耐用品的需求变化更为多变，对它的分析也比对非耐用品的同样分析复杂。

## |对与错| 雪佛兰的伏特车

价格为24 000美元的丰田普锐斯油电混合车对于20多岁的青年人来说是一种很有前景的商品，但每一种商品对一些人来说都会是低档品。例如，雅皮士们对价格在28 000~38 000美元的丰田凯美瑞、本田雅阁、雪佛兰迈锐宝和宝马3系表现出一种偏爱，即使这些车并没有采用油电混合技术。雪佛兰希望用其采用插入式油电混合技术的雪佛兰伏特车以33 000美元的计划价格水平抓住这些更具环保意识的年轻专业人士，但是为伏特车提供动力的1 300锂离子电池比雪佛兰的预期贵出8 000美元。

问题在于，伏特车最初的目标市场可能没有足够的可支配收入来购买价格为41 000美元（33 000美元＋8 000美元）的伏特车。拥有更多货币支付的企业主也会拒绝雪佛兰伏特车而倾心于价格为52 000美元，具有插入式油电混合技术并在加速上超过法拉利、在硅谷企业中有出色表现的特斯拉。雪佛兰伏特的定位似乎在吸引一定规模的顾客基数方面存在问题。

资料来源：Based on Briefing: The Electrification of Motoring, *The Economist*（September5，2009），P.75

### 3. 目标顾客、转换成本和产品定位

能够显著影响顾客预期购买量的除了定价因素，还有其他营销因素，包括确定最可能的目标

顾客，建立顾客忠诚的规划和对产品进行认真的定位。扩展式（2-1），使方程中包含这些营销决策，我们有一个隐含的需求函数，如

$$Q_D = f(P; P_S, P_C, Y, A, A_C, N, C_P, P_E, T_A, T/S, 目标客户, 转换成本, 产品定位) \qquad (3\text{-}1)$$

我们依次讨论方程中的每个因素。确定目标顾客通常是利用市场调查、焦点小组和统计分析进行深入市场营销研究的内容。公司希望在设计其促销和广告宣传计划之前，了解潜在目标顾客群体细微的爱好倾向。充分"了解顾客"，为有希望的产品选定正确的目标是营销工作的首要任务。

顾客忠诚计划中的频繁买主通常就是要努力抓住的那些重复购买的顾客，这样可以节约销售费用。原因在于，向老客户销售更多商品会节省销售费用。相关的经验法则指出，吸引新客户的成本是向老顾客销售的五倍。对一个公司的固定客户来说，钱包的份额更重要，维持盈利能力比相关市场中企业份额的传统指标更高。

转换成本可以减少所考虑的替代品的数量。例如，克莱斯勒公司向"婴儿潮"一代销售几种微型面包车，方法就是向那些在一个车主忠诚度规划中登记的频繁买主提供完美定位的汽车，并利用夸张的折价交易（高于市场价值）进行促销，道奇卡拉万和普利茅斯捷龙微型面包车以19 000美元的价格赚取6 100 美元的毛利，售价为30 000 美元的克莱斯勒城乡微型面包车赚取的利润差不多为10 000 美元。在20 世纪90 年代竞争激烈的美国大众汽车市场中，这些利润都是极特别的。在"婴儿潮"一代抚育子女的高峰期，克莱斯勒的微型面包车的销售量在美国是最高的（1993 年销售了569 449 辆）。

一种产品在顾客心目中的定位是极其重要的。随着购买力的提高，如果一种商品或服务被目标家庭认为相对其偏好来说档次还不够的话，那么其销量可能会迅速下降，因此销售人员常常付出极大努力建立目标家庭期望的产品形象与顾客联系。但这个目标提出一个重大挑战，因为前景良好的产品认知对于文化和社会人口的复杂性是非常敏感的。总之，定位涉及属性，关系和设计图像来确定目标客户对相对于竞争产品或服务产品的感知。这必须做得仔细，做得好。

## 3.2　需求价格弹性

从决策的角度来看，任何厂商不仅要知道需求函数决定因素变化的方向，还要了解影响的大小。某些决定因素是在管理者的控制之下的，如价格、广告、产品质量和顾客服务，其他需求的决定因素，包括可支配收入和竞争者产品的价格等都在厂商的直接控制范围以外。尽管如此，有效的需求管理还是要求厂商能够衡量这些变量的变化对需求量影响的大小程度。

---

**其他条件均同**（ceteris paribus）：拉丁语，意思是"所有其他因素保持不变"。

---

**需求的价格弹性**（price elasticity of demand）：假设影响需求的所有其他因素保持不变，需求量变化的百分比与价格变化的百分比之比，也叫自身的价格弹性。

---

### 3.2.1　价格弹性的定义

需求量或供给量对影响需求函数和供给函数的任何一个变量的变化都会有反应，衡量反应程度的最常用的指标就是弹性。弹性一般应被视为**其他条件均同**（即所有其他情况保持不变）时，数量的百分比变化与决定因素百分比变化的比率。为此，可以把**需求的价格弹性**（即 $E_D$）定义为

$$其他条件均同, E_D = \frac{\%\Delta D}{\%\Delta P} = \frac{\Delta Q}{\Delta P} \times \frac{P\ 的基数}{Q\ 的基数} \qquad (3\text{-}2)$$

式中，$\Delta Q$ 为需求量的变化，$\Delta P$ 为价格的变化。

式（3-2）中最后一项表明价格弹性取决于需求曲线斜率的倒数 $\Delta Q/\Delta P$（即所有其他的需求决定因素保持不变，目标市场中需求对价格变化的局部敏感性）乘上需求曲线上计算 $Q$ 单位销售量的弹性时确定的价格点 $P$。由于需求规律（即价格和需求量之间的反向关系）的存在，所以自身价格弹性的符号总是为负。

当价格的百分比变化［式（3-2）中第一项的分母］超过 $Q$ 的百分比变化（分子）时，价格弹性的计算结果是一个分数，绝对值小于 1。这种需求缺乏反映的情况称为"需求弹性不足"，若存在相反情况，即

$$|\%\Delta Q| > |\%\Delta P| \rightarrow |\varepsilon_P| > 1$$

则称为"弹性充足"。因为随着价格点越高（并且基数 $Q$ 越低），所形成的弹性越来越高，最终在价格相当高时，所有的线性需求曲线都是弹性充足的。

---

### 实例　在汽油的一条需求曲线上，不同价格点的价格弹性

表 3-1 和图 3-3 是根据美国消费者支出调查数据估算出来的汽油需求，不同类型的家庭差别明显。例如，无子女的两口城市之家的需求对价格是非常敏感的，在每加仑汽油 2.50 美元低价点上的弹性是 -0.56。这就是说，利用式（3-2），如果价格提高 40%（比如从 2.00 美元涨至 3.00 美元），每周的汽油消费将下降 22%（从 20 加仑到 16 加仑）。

$$\frac{-4\ 加仑/18\ 加仑}{+1.00\ 美元/2.50\ 美元} = \frac{-22\%}{+40\%} = -0.56$$

在更高的价格上，比如说 3.00 美元，那么计算出来的弹性是 -0.75。原因在于，针对价格每提高 1 美元，即使购买量的预期持续减少量仍大约是 4 加仑，但是数量基数从 16 加仑大约下降到 12 加仑，所有 $Q$ 的百分比变化此时明显增加。同样，由再升 1 美元引起的百

分比变化将明显减少，因为 3.50 美元上的价格基数要比 2.50 美元更大。

图 3-3 表明 2008 年 1 ~ 7 月美国多个城市出现的每加仑汽油从 3.00 美元飙升到 4.10 美元的情况。尽管是驾车高峰季节，需求量从上一夏季（每加仑 3 美元）的每周 14 加仑猛降至 11.5 加仑。公共交通的需求猛增，美国多个城市中一个夏季就增加了 20%。自由的周日驾车没有了。2008 年的夏天，到海滨的三次周末驾车旅行停止了。美国人决定取消了全部的自由驾车活动。在 3.00 ~ 4.10 美元这个范围内计算出来的价格弹性是

$$\frac{-4.5\ 加仑/13.75\ 加仑}{+1.00\ 美元/3.55\ 美元} = \frac{-33\%}{+31\%}$$
$$= -1.06$$

这在美国运输史上是第一次，对汽油需求

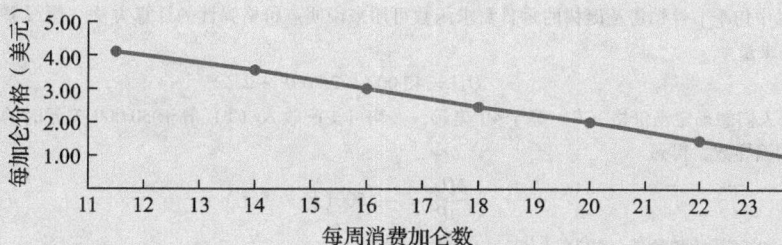

图 3-3　两人城市家庭的汽油需求

资料来源：联邦能源管理局。

的价格弹性是充足的!⊖ 上一夏季的情况是,城市家庭的每周支出从 48 美元(3 美元×16 加仑)降至 47.15 美元(4.10 美元×11.5 加仑)。由于 $|\%\Delta Q| = |-32.7\%| > |\%\Delta P| = 30.9\%$,消费者对汽油的支出以及出售汽油的总的零售收入实际上因价格上涨而下降(下降 1.8%)。

在世界各地,更高的燃油税和由此导致的更高的汽油零售价格使得驾驶活动减少的程度比美国更加严重。图 3-4 表明在欧洲和英国

---

⊖ 需求的弧度价格弹性是计算两个价格之间价格弹性的一种方法。它表示价格从 $P_1$ 到 $P_2$ 的变化对需求量的影响。以下公式用于计算这个弹性指标:

$$E_D = \frac{\dfrac{Q_2 - Q_1}{\left(\dfrac{Q_2 + Q_1}{2}\right)}}{\dfrac{P_2 - P_1}{\left(\dfrac{P_2 + P_1}{2}\right)}} = \frac{Q_2 - Q_1}{P_2 - P_1} \times \frac{P_2 + P_1}{Q_2 + Q_1} = \frac{\Delta Q}{\Delta P} \times \frac{P_2 + P_1}{Q_2 + Q_1}$$

式中,$Q_1$ 为价格变化前售出的数量;$Q_2$ 为价格变化后售出的数量;$P_1$ 为原始价格;$P_2$ 为变化后的价格。

$\dfrac{Q_2 + Q_1}{2}$ 表示要计算的价格弹性范围内的平均需求量。$\dfrac{P_2 + P_1}{2}$ 也代表这个范围内的平均价格。

因为在整条线性需求曲线上,斜率保持不变,但 $(P_2 + P_1)/(Q_2 + Q_1)$ 的值是变化的。因此,对相同的产品和需求来说,处于高价格、小数量上的价格弹性(绝对值)要比低价格、大数量上的价格弹性大。可用公式计算为达到某一具体销售水平必须索取的价格是多少。以 NBA 公司为例,在其主要竞争对手降价之前,公司每月篮球鞋销量为 10 000 双(每双 100 美元),在竞争对手降价之后,NBA 的每月销量降到了 8 000 双。NBA 公司依照过去的经验,估计在这个价格 - 数量范围内需求的价格弹性大约为 - 2.0。如果 NBA 公司希望将其销量恢复到每月 10 000 双,就要确定必须索取的价格是多少。

令 $Q_2 = 10\,000$,$Q_1 = 8\,000$,$P_1 = 100$ 美元,$E_D = -2.0$,所求的价格 $P_2$ 可以利用上式来计算

$$-2.0 = \frac{\dfrac{10\,000 - 8\,000}{(10\,000 + 8\,000)/2}}{\dfrac{P_2 - 100\ \text{美元}}{(P_2 + 100\ \text{美元})/2}}$$

$$P_2 = 89.50\ \text{美元}$$

需要把价格降到 89.50 美元才能使每月销售量恢复到 10 000 双。

使用一些基本的微分方法,需求曲线上任意价格点上的需求弹性可用下列计算

$$E_D = \frac{\partial Q_D}{\partial P} \cdot \frac{P}{Q_D}$$

式中,$\dfrac{\partial Q_D}{\partial P}$ 为需求量对价格的偏导数(需求曲线斜率的倒数);$Q_D$ 为价格 $P$ 上的需求量;$P$ 为需求曲线上的某些特定点的价格。

上式包括两个量:①自身价格变化对预期购买量的偏导影响($Q_D/t$);②(与基数一起)确定百分比变化的价格点。

12 月中旬季节性销售圣诞树的每日需求函数可用来说明点价格弹性的计算方法。假设需求可用代数式写成每日的需求量

$$Q_D = 45\,000 - 25\,00P + 2.5Y$$

如果人们想确定当价格($P$)等于 40 美元,人均可支配收入($Y$)等于 30 000 美元时的点价格弹性。对上式求 $P$ 的偏导数,得到

$$\frac{\partial Q_D}{\partial P} = -2\,500(棵／美元)$$

代入 $P$ 和 $Y$ 的相关值,得到

$$Q_D = 45\,000 - 2\,500 \times 40 + 2.5 \times 30\,000 = 20\,000$$

可得到 $E_D = -2\,500 \times \dfrac{40}{20\,000} = -5.0$

的汽油零售价格通常为 6~8 美元时，典型的两口之家燃料消耗量减少到每星期 7 加仑。当然，欧洲的城市轨道交通和其他公共交通比美国更为普遍，所以缺少基础设施的美国城市家庭的替代品更少。

因此，2008 年 7 月的峰值为 4.10 美元，提高了价格弹性（$E_D = 0.56$，价格为 2.50 美元至 1.06 美元），减少了 16 加仑汽油 32.7% 的消费量——每周只有 11.5 加仑，远远低于满罐。

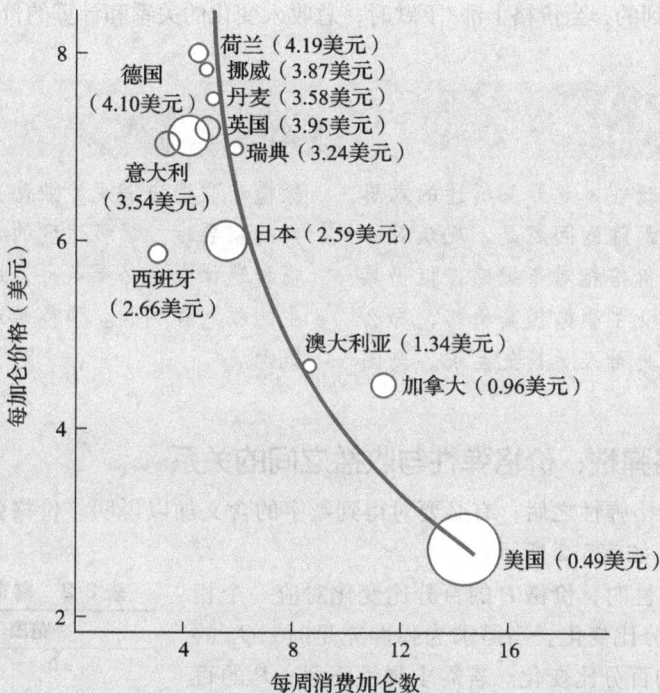

图 3-4 2010 年全球两人城市家庭汽油需求（燃油税每加仑）

注：圆的大小与人口成正比。

资料来源：Worldbank. org and C. Knittel, *Reducing Petroleum Consumption from Transportation*, *Journal of Economic Perspectives*, 26( Winter 2012).

以销售收益的总体派生率（$P \times Q(P)$）为基础，进行小幅从 $P_0$ 到 $P_1$ 的降价，使得额外的单位销售超过 $Q_0$，可以得到：

$$\Delta TR / 每单位 \Delta Q = (\Delta P \times Q_0) + (\Delta Q \times P_1) \tag{3-3}$$

然后除以 $P_1 \times Q_0$，得到以下非常有用的表达式

$$\% \Delta TR = (\Delta P / P_1) + (\Delta Q / Q_0) \tag{3-4}$$

$$\% \Delta TR = \% \Delta P + \% \Delta Q \tag{3-5}$$

这就是说，对销售收益的百分比影响就是价格变化百分比与销量变化百分比之和（带符号）。

例如，如果强生公司把邦迪创可贴的价格降低 10%，销售收益增加 24%，我们就可得出结论，销售一定增加 34%，因为采用式（3-5），得到

$$24\% = -10\% + 34\%$$

或者在我们早期的汽油需求例子中，如果汽油价格从 3 美元上涨到 4.10 美元（上涨了 30.9%），收入下降了 1.8%，我们的销售额下降了 32.7%。

也就是说，由于需求价格弹性被定义为%$\Delta Q$/%$\Delta P$，当$|E_D|$>1价格需求不是非常敏感时（如美国汽油需求价格在3美元到4.10美元之间时，其需求价格弹性1.06），那么%$\Delta Q$必须超过%$\Delta P$，否则，$|E_D|$不大于1。在这种情况下，价格上涨将导致收入小幅下降。同样，通过式（3-5）可知

$$-1.8\% = +30.9\% - 32.7\%$$

因此，需求价格弹性的绝对值越小/越大（在弹性范围之内），收入的增加/下降的幅度越大/越小。正如我们现在看到的，当价格上涨/下跌时，总收入变化的关系和计算的价格弹性并非巧合。

**实例｜　史蒂夫·扬对 NFL 比赛的需求**

因此，史蒂夫·扬在本章开头所述的意思是说，NFL球队老板面临的问题是，观众对一场精心组织的比赛的价格相对不敏感，但仍具有弹性。因此，如果业主稍微提高价格，那么收入将下降。所以，史蒂夫·扬先生说，美国

橄榄球联盟应满足专业裁判员的要求，知道裁判的重要性。量级适度的票价上涨是恢复高工资和退休金的必要条件，成本只会稍微减少业主的收入和利润。弹性是这些重大问题的关键概念。

### 3.2.2　说明价格弹性：价格弹性与收益之间的关系

计算出需求的价格弹性之后，有必要对得到数字的含义加以说明。价格弹性的取值范围是在0～$-\infty$（无穷大），如表3-2所示。

当需求为单位弹性时，价格$P$的百分比变化对应一个相同的需求量$Q_D$的百分比变化。当需求为弹性充足时，$Q_D$的百分比变化大于$P$的百分比变化。若需求弹性不足，$P$的百分比变化导致$Q_D$更小的百分比变化。图3-5中画出了完全弹性和完全无弹性这两个理论上的极端情况。AAA级1月份小麦在堪萨斯城现货市场上出售，任何一位粮食交易经纪人面对的都是完全弹性的需求，图3-5a表明了这种情况。吸毒

表 3-2　需求价格弹性的绝对值

| 范围 | 说明 |
| --- | --- |
| $E_D = 0$ | 完全无弹性 |
| $0 < |E_D| < 1$ | 弹性不足 |
| $|E_D| = 1$ | 单位弹性 |
| $1 < |E_D| < \infty$ | 弹性充足 |
| $|E_D| = \infty$ | 完全弹性 |

成瘾者对毒品的需求几乎是完全无弹性的，如图3-5b所示，不管价格是多少，他们对毒品的需求量是固定的。需求的价格弹性表明价格变化将对总收益（$TR$）＝消费者总支出有直接影响。表3-3和图3-5说明了这种联系。

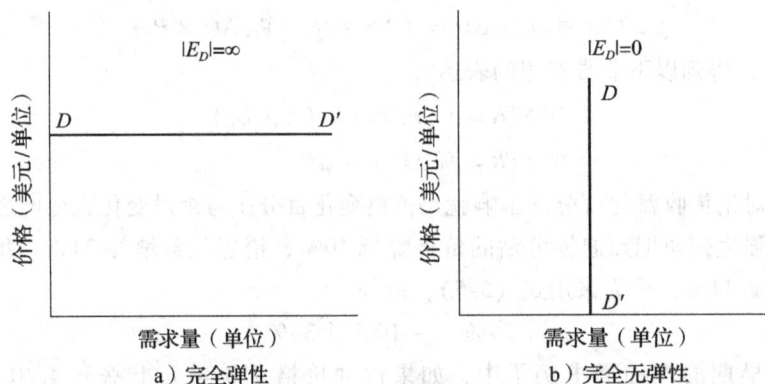

a）完全弹性　　　　　　　　　　b）完全无弹性

图 3-5　完全弹性和完全无弹性的需求曲线

表3-3 弹性和边际收益的关系

| 价格（$P$）<br>（美元/单位） | 需求量（$Q_D$）<br>（单位） | 弹性（$E_D$） | 总收益（$P \cdot Q_D$）<br>（美元） | 边际收益<br>（美元/单位） |
| --- | --- | --- | --- | --- |
| 10 | 1 | | 10 | |
| 9 | 2 | −6.33 | 18 | 8 |
| 8 | 3 | −3.40 | 24 | 6 |
| 7 | 4 | −2.14 | 28 | 4 |
| 6 | 5 | −1.44 | 30 | 2 |
| 5 | 6 | −1.00 | 30 | 0 |
| 4 | 7 | −0.69 | 28 | −2 |
| 3 | 8 | −0.46 | 24 | −4 |
| 2 | 9 | −0.29 | 18 | −6 |
| 1 | 10 | −0.15 | 10 | −8 |

当需求弹性的绝对值小于1（即弹性不足）时，价格上升（下降）将造成 $P \cdot Q_D$ 的增加（减少）。出现这种情况是因为，需求弹性不足表明价格增长一定的百分比会使销售量下降一个较小的百分比，净效应就是总支出（$P \cdot Q_D$）增加。当需求弹性不足（即 $|E_D| < 1$ 时），价格从2美元增长到3美元，将使总收益从18美元增加到24美元。

与此相反，当需求富于弹性（即 $|E_D| > 1$）时，价格上升（下降）一定的百分比不足以被销售量更大的百分比下降（增加）所抵消。价格从9美元上升到10美元使消费者的总支出从18美元降到10美元（见表3-3）。

当需求为单位弹性时，一定百分比的价格变化正好被相同百分比的需求量变化所抵消，净结果就是消费者的总支出不变。如果价格从5美元增长到6美元，总收益将保持在30美元不变，因为在新价格上需求量的下降正好抵消了价格的增长（见表3-3）。当需求的价格弹性 $|E_D|$ 等于1时，总收益函数为最大。在本例中，当价格 $P$ 等于5美元或6美元，需求量 $Q_D$ 等于6单位或5单位时，总收益都等于30美元。

如图3-6所示，当总收益最大时，边际收益为0。在任何高于 $P_2$ 的价格上，需求函数是富于弹性的。因此，价格持续增加相同百分比会造成需求量按越来越大的百分比下降，因为需求函数的弹性变得越来越充足。同样，低于 $P_2$ 的价格持续地以相同百分比下降，会使需求量以越来越小的百分比增加，因为需求函数在更低的价格上弹性越发不足。由此可见，价格 $P_2$ 是一个中心点，在此价格点上，总收益最大，边际收益等于0。

通过分析由价格变化引起的收益变化就可以把这种关系推导出来。

首先，**边际收益**的定义是由降低价格而增加一个单位销量所产生的总收益的变化。在图3-6中，将价格从 $P_1$ 降到 $P_2$，需求量从 $Q_1$ 增加到 $Q_2$，结果使最初的收益 $P_1AQ_1O$ 变成 $P_2BQ_2O$。这两个面积的差别在图3-6中用两个阴影矩形来表示。水平的阴影矩形就是原销售量 $Q_1$ 不变、价格下降（$P_2 - P_1$）造成的收益损失。垂直阴影矩形就是按新价格 $P_2$ 出售的增加销售量（$Q_2 - Q_1$）形成的收益增加。这就是说，由降低价格而多销售1单位产品所产生的总收益的变化可以写成

**边际收益**（marginal revenue）：由需求量的单位变化所引起的总收益的变化。

$$MR = \frac{\Delta TR}{\Delta Q} = \frac{P_2(Q_2 - Q_1) + (P_2 - P_1)Q_1}{(Q_2 - Q_1)} \tag{3-6}$$

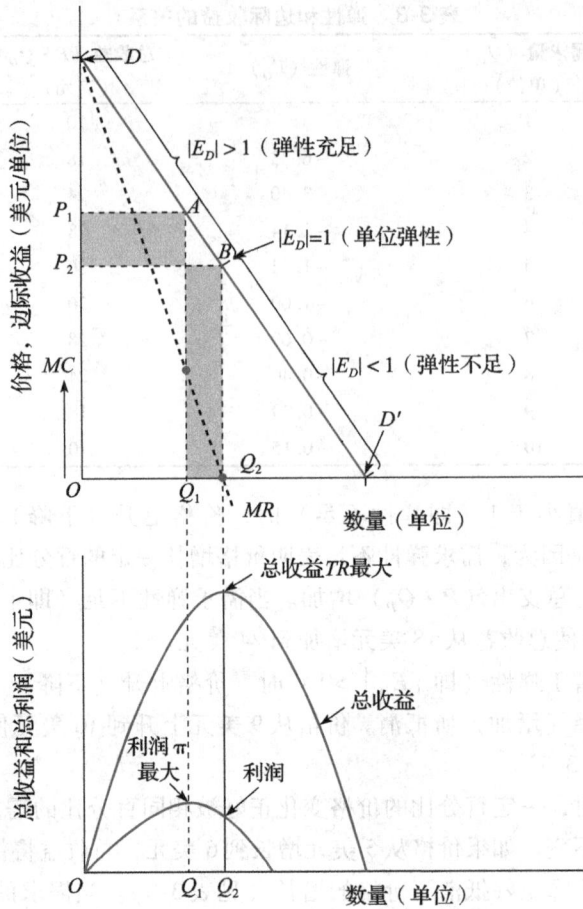

图 3-6 需求函数上的价格弹性

式中，$P_2(Q_2 - Q_1)$ 为垂直阴影矩形；$(P_1 - P_2)Q_1$ 是水平阴影矩形。整理后，我们得到

$$MR = P_2 + \frac{(P_2 - P_1)Q_1}{(Q_2 - Q_1)} = P_2\left(1 + \frac{(P_2 - P_1)Q_1}{(Q_2 - Q_1)P_2}\right)$$

$$MR = P_2\left(1 + \frac{\Delta P Q_1}{\Delta Q P_2}\right)$$

上式中的比率项就是在 $P_2$ 价格点上使用 $Q_1$ 需求量时的价格弹性的倒数。对于价格和数量的微小变化，这个数字接近于 $P_1$ 和 $P_2$ 之间的弧度价格弹性。因此，边际收益和价格弹性之间的关系可以用代数式表示如下

$$MR = P\left(1 + \frac{1}{E_D}\right) \tag{3-7}$$

例如，一件价值 34 美元的 Lee 牛仔裤，$E_D$ 为 $-1.33$，从较低价格到实现更多的单位销售额时，边际收益等于 8.50 美元：

$$MR = 34[1 + 1/(-1.33)] = 34(1 - 0.75) = 8.50(美元)$$

用这个公式可以说明当需求为单位弹性时，边际收益等于零。把 $E_D = -1$ 代入式（3-7）得到

$$MR = P\left(1 + \frac{1}{-1}\right) = P(0) = 0$$

## 实例 内容供应商迫使出版公司降价

演艺公司和出版公司按照实现销售收益的一个固定百分比向词作家、曲作家、剧作家和著作权人支付版权费，双方经常对优先价格和销售量产生分歧。在图3-6中，只要销售量小于 $Q_2$，就可以通过降低价格来增加销量，总收益就会持续增加。也就是说，在任何高于 $P_2$ 的价格水平上（边际收益为正值），只要降低价格来增加销售，总收益就会持续增加。因此词作家、曲作家、剧作家、专利持有者和著作权人经常向其许可证代理人和出版商施加压力。只要边际收益为正值（即达到单位弹性需求那一点），就会要求降低价格。而出版商却希望索取高价，减少销量。因为只要边际收益超过单位变动成本，经营利润就会增加。除非边际成本为零，否则出版商总是要求一个正值的边际收益，因此要求一个大于 $P_2$ 的价格（例如 $P_1$）。当在苹果 iTunes 上开启数字音乐销售，迫使唱片公司将价格首次下降到低于1美元时，作曲家和词作家会很高兴，而音乐制作人和唱片公司则相反。最新研究表明，这比 iTunes 目前的要价 0.99 美元低得多，低到每首音乐下载价格为 0.60～0.70 美元，使得收益最大化。

资料来源：Based on "Higher Profits for the Major Record Labels," *Knowledge Wharton* (January 20, 2010).

以佣金为报酬基础的销售人员和管理团队也存在同样的矛盾：销售人员经常运用一些巧妙的暗折扣，绕过公司确定的公开定价政策。只要把价格从 $P_1$ 降到 $P_2$，并确定 $|E_D| = 1$ 时，就能实现销售收益的最大化（从而使佣金总量最大）。

下面的例子可以说明当 $|E_D| = 1$ 时收益最大（边际收益等于0）的事实。卡斯特姆-蒂斯公司（Custom-Tees, lnc.）在汉斯市场经营一个摊位，销售一种定制 T 恤衫，其需求函数为

$$Q_D = 150 - 10P \tag{3-8}$$

式中，$P$ 为每件 T 恤衫的美元价格，$Q_D$ 为单位时间内的需求量

按照 $P$ 是 $Q_D$ 的函数的形式可以重新写出反需求函数

$$P = 15 - \frac{Q_D}{10} \tag{3-9}$$

总收益（$TR$）等于价格乘以销售量

$$TR = P \cdot Q_D = \left(15 - \frac{Q_D}{10}\right)Q_D = 15Q_D - \frac{Q_D^2}{10}$$

边际收益（$MR$）等于总收益对 $Q_D$ 的一阶导数

$$MR = \frac{d(TR)}{dQ_D} = 15 - \frac{Q_D}{5}$$

为了找到总收益最大时 $Q_D$ 的值，令边际收益等于零[⊖]

$$MR = 0$$

$$15 - \frac{Q_D}{5} = 0$$

$$Q_D^* = 75（单位）$$

---

⊖ 为了确保找到 $P$ 和 $Q_D$ 的值是总收益最大时的值，而不是总收益最小时的值，要检查 $TR$ 的二阶导数，看它是否为负值。本例中 $d^2TR/dQ_D^2 = -1/5$，所以总收益函数被最大化。

将此数值代入式 (3-9)，得到

$$P^* = 15 - \frac{75}{10} = 7.50(美元／单位)$$

因此，$Q_D^* = 75$，$P^* = 7.5$ 时，总收益最大化。检验：

$$E_D = \frac{\partial Q_D}{\partial P} \times \frac{P}{Q_D} = (-10)\frac{(7.5)}{75} = -1$$

$$|E_D| = 1$$

### 3.2.3　弹性－收益关系的重要性

弹性常常是制订营销计划的关键。一位产品线经理力图使销售收益实现最大化，就要在价格促销、广告宣传、零售陈列、交易折扣、产品包装、直接邮寄和店内奖券等营销方式之间分配营销支出预算。要知道需求对上述每一种营销做法是否有反应和有多大的反应，都取决于是否对价格、广告、包装和促销陈列等各种因素的需求弹性进行了仔细的估算。

### 实例　大众汽车入侵北美市场

如今，大众（VW）甲壳虫是一款极具时尚感的 200 马力、价值 24 000 美元的运动跑车，在同样 20 岁左右的雅皮士人群中，宝马（BMW）也在尝试出售其 3 系轿车。但并不总是如此，二战后的十年里，大众汽车公司带着它的无装饰基本型甲壳虫轿车进入美国市场时，欧洲的过量存货已经堆满了港口和通道，等待出口到像美国这样的新市场。因此大众汽车公司在一段时间内集中研究那些增加收益的需求刺激因素。在美国市场上，大众汽车公司原先没有经销商网络，最初只是在新泽西州的贝永、南卡罗来纳州的查尔斯顿和得克萨斯州的休斯敦等港口提供销售和服务。当时通用汽车公司和福特汽车公司也正在开发紧凑型车，所以大众汽车公司决定以一种似乎不合理的极低促销价 5 275 美元（按 2015 年美元计算）进入美国市场。通用和福特都认为如此便宜的汽车不能被视为真正的汽车。然而，广告与定制服务一夜之间取得了巨大的成功，大众在第一年售完 400 000 只甲壳虫。

两年后，甲壳虫的价格涨了 25%，虽然因为价格涨到 6 595 美元而失去了一些潜在顾客，但大众汽车公司继续售出的 384 000 辆汽车中，每一辆车都多卖了 1 320 美元，这就很容易抵消因未按原价 5 275 美元，造成减少 16 000 次销售所带来的收益损失。比较图 3-7 中的两个

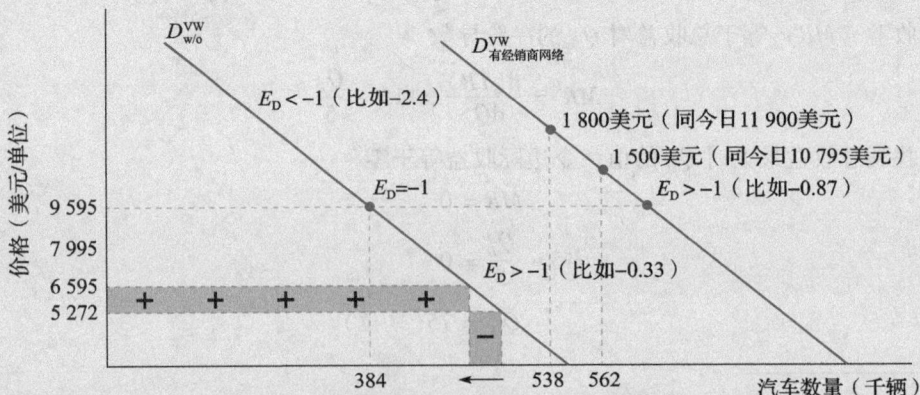

图 3-7　在需求弹性不足的范围内提高价格（实际价格，不同年份）

阴影面积：水平阴影面积代表增加的收益，垂直阴影面积代表损失的收益。需求的价格弹性位于需求弹性不足的范围内。到了第4年，大众汽车公司又将价格提高了20%，达到7 995美元，收益继续增加。

最后甲壳虫的价格为9 575美元，由所有剩余销量的价格提高而形成的增量收入，正好足以补偿因销量减少而造成的收益损失。价格为9 575美元时，价格弹性达到单位弹性价格点。随后大众汽车公司着手建立美国经销网络。这个变化将美国市场的潜在规模从384 000扩大到600 000，使大众产品的需求曲线向右移动。在相同的9 575美元价格水平上，有了经销商网络和更大的销量基数，结果使计算出来的价格弹性下降（又回到了弹性不足范围内），大众再次位于可以提价的区域之内。

1968年，大众公司按1 500美元（约合今天10 795美元）售出了562 000辆甲壳虫汽车，收益再次增加（达到8.43亿美元）。尽管作为一种新车，产品一直很便宜，但1966年的《高速公路安全法》和拉尔夫·内德发动的反对小型后置发动机汽车的运动，再加上每加仑汽油价格低至1~2美元的因素，使消费者对节能汽车失去兴趣，开始购买大量福特野马、雪佛兰卡马罗斯。1969年，甲壳虫的收益和价格最后一次提高，价格为1 800美元（今天大是11 900美元），收益是9.68亿美元（1 800美元×538 000辆销售量，今天的64亿美元）。这就是说，需求仍处于弹性不足的范围内，因为价格从1 500美元增加到1 800美元带来了更高的总收益。

上述大众公司的例子说明了一个管理观点：对于任何处于需求弹性不足范围内的产品，厂商都应力求提高价格。在此范围内降低价格，既会使生产和分销那些因降价而需求增加的产品的成本增加，也会使收益下降。最好的做法是提高价格，从下方趋近于单位弹性，从而增加收益，同时又节省生产和分销成本。事实上，谋求利润最大化的精明厂商将会一直把价格提高到弹性充足的范围内，即超过收益最大和单位弹性那一点（高于或超过图3-6中 $P_2$ 和 $Q_2$ 水平的 $B$ 点）。

一家谋求利润最大的厂商，从产量为零开始，只要总收益的增量变化（图3-6中的 $MR$）超过总变动成本中的正值变化（标为 $MC$ 的高度），就会通过降低价格来增加收益。这就是说，利润最大化产量总是出现在厂商需求弹性充足范围内的一个高于单位弹性价格点的某个价格上。

---

## 实例 | 咖啡的价格弹性估算值因价格而不同

对咖啡需求的一项研究证实了图3-6中价格水平和需求价格弹性之间的关系。研究者发现需求的价格弹性的范围是从最低价格上的 -0.16 到最高价格水平上的 -0.89。因此，咖啡饮用者在高价时对价格变化的敏感程度几乎是低价水平时的9倍。因为这些都是市场层次，而非厂商层次上的弹性估计值，厂商观察价格弹性小于1（绝对值），这与图3-7管理层的见解并不矛盾。也就是说，厂商总会一直提高价格，直至需求不再处于弹性不足区域之内。

资料来源：Cliff J, Huang, J. J Siegfried, and Farangis Zardoshty, "The Demand for Coffee in the United States, 1963—1997", *Quarterly Review of Economics and Business* 20, no. 2 (Summer 1980), PP. 36-50. Another more recent estimate of the demand elasticity for coffee can be found in Albert A. Okunade, "functional Forms and Habits Effects in the U. S. Demand for Coffee," *Applied Economics* (November 1992).

### 3.2.4 影响需求价格弹性的因素

消费者对卧室家具的市场需求价格弹性是非常充足的（-3.04），而对咖啡的市场需求价格弹性是极其缺乏的（-0.16）。如表3-4所示，不同商品和服务的价格弹性差别很大。以下研究说明了消费者对价格变化的不同反应程度的一些因素。

表 3-4　经验价格弹性

| 商品（产品/劳务） | 市场需求的价格弹性 | 商品（产品/劳务） | 市场需求的价格弹性 |
|---|---|---|---|
| 含酒精饮料（在家中消费） | | 卧具 | -3.04[1] |
| 啤酒 | -0.84[2] | 玻璃制品/瓷器 | -1.20[3] |
| 红酒 | -0.55[2] | 家用电器 | -0.64[3] |
| 烈性酒 | -0.50[2] | 国际航空运输 | |
| 衣着 | | 美国/欧洲 | -1.25[4] |
| 市场 | -1.1[1] | 加拿大/欧洲 | -0.82[4] |
| 厂商 | -4.1[3] | 室外娱乐 | -0.56[5] |
| 咖啡 | | 学校午餐 | -0.47[6] |
| 普通 | -0.16[7] | 鞋 | -0.73[3] |
| 速溶 | -0.36[7] | 豆制品 | -1.65[8] |
| 银行卡信用费 | -2.44[9] | 电话 | -0.10[10] |
| 看牙医 | | 纺织品 | |
| 成年男士 | -0.65[11] | 市场 | -1.5[1] |
| 成年女士 | -0.78[11] | 厂商 | -4.7[3] |
| 儿童 | -1.40[11] | 轮胎 | -0.60[3] |
| 食品 | | 烟草产品 | -0.46[3] |
| 市场 | -1.0[12] | 西红柿 | -2.22[13] |
| 厂商 | -3.8[12] | 医疗设备 | -1.32[14] |

[1]Richard D. Stone and D. A. Rowe, "The Durability of Consumers Durable Goods," *Econometrica* 28 (1960), pp. 407-416.

[2]Dale Heien and Greg Pompelli, "The Demand for Alcoholic Beverages: Economic and Demographic Effects", *Southern Economic Journal* (January 1989), pp. 759-769.

[3]H. S. Houthakker and Lester D. Taylor, *Consumer Demand in the United States*, 2nd ed. (Cambridge, MA: Harvard University Press, 1970).

[4]J. M. Cigliano, "Price and Income Elasticities for Airline Travel: The North Atlantic Market," *Business Economics* (September 1980), pp. 17-21.

[5]Russel L. Gum and W. E. Martin, "Problems and Solutions in Estimating the Demand for and Value of Rural Outdoor Recreation", *American Journal of Agricultural Economics* (November 1975), pp. 558-566.

[6]George A. Braley and P. E. Nelson Jr., "Effect of a Controlled Price Increase on School Lunch Participation: Pittsburgh, 1973", *American Journal of Agricultural Economics* (February 1975), pp. 90-96.

[7]Cliff J. Huang, John J. Siegfried, and Farangis Zardoshty, "The Demand for Coffee in the United States, 1963-1977", *Quarterly Review of Economics and Business* 20, no. 2 (Summer 1980), pp. 36-50.

[8]H. Knipscheer, L. Hill, and B. Dixon, "Demand Elasticities for Soybean Meal in the European Community", *American Journal of Agricultural Economics* (May 1982), pp. 249-253.

[9]J. Starvins, "Can Demand Elasticity Explain Sticky Credit Card Rates?" *New England Economic Review* (July/August 1996), pp. 43-54.

[10]D. Cracknell and M. Knott, "The Measurement of Price Elasticities—The BT Experience," *International Journal of Forecasting* 11 (1995), pp. 321-329.

[11]Willard G. Manning Jr. and Charles E. Phelps, "The Demand for Dental Care", *The Bell Journal of Economics* 10, no. 2 (Autumn 1979), pp. 503-525.

[12]M. D. "Shapiro, Measuring Market Power in U. S. Industry," NBER Working Paper, No. 2212 (1987).

[13]Daniel B. Suits, "Agriculture," in *Structure of American Industry*, 7th ed., ed. W. Adams (New York: Macmillan, 1986).

[14]Su Liu and Deborah Cholett, "Price and Income Elasticity of the Demand for Medical [Devices]: A Review of the Literature," Mathematica Policy Research, (March 24, 2006).

**| 国际透视 |** 自由贸易与需求的价格弹性：雀巢的酸奶酪

27 个欧洲共同体国家已经消除贸易壁垒，实现了商品从欧洲一国到另一国无关税的自由流动。这些市场中产品标准化程度的提高又进一步减少了贸易障碍。美国、加拿大和墨西哥三国签署了《北美自由贸易协定》。《关贸总协定》（CATT）付诸实施，使得全世界关税降低以及其他贸易壁垒减少。贸易壁垒的减少对估算需求的价格弹性有何意义？

自由贸易使任何国家的消费者和企业所能得到的替代品的数目大大增加。因此，随着自由贸易障碍的消除，那些历史上不容易在两国之间流通的商品的需求价格弹性将变得更为充足。现在雀巢的酸乳酪和蛋乳产品从英国生产地运到意大利米兰只需 17 个小时，而过去因海关检查程序和运输瓶颈却需 38 个小时。同样，美国汽车公司的机轴和发动机缸体铸件现在主要来自墨西哥，底特律的变速箱通常在日本装配。

《跨太平洋伙伴协议》（TPP）将类似的低关税关系延伸至 12 国家，从澳大利亚到马来西亚再到美国。这个全球化过程的赢家应该是消费者，他们将能以更具竞争性的价格在品种更多的产品中进行选择。输家将是那些无力以成本、质量和服务为基础在全球市场上竞争的厂商。

### 1. 替代品的可能性和认知的紧密程度

需求价格弹性最重要的决定因素是替代品的可得性和认识的紧密程度。一种商品在相关市场内替代品的数量越多，对其需求的价格弹性越充足，因为如果该商品的价格上升，顾客能够很容易地转向另一种紧密替代品。[○]对强生公司产品——邦迪创可贴需求的价格弹性很大，因为为数众多的公司在提供几乎一样的产品。替代品的紧密程度是一个相关但不同的概念。对于那些休克或不能进食的住院病人来说，静脉输液器的替代品很少，所以该产品的需求价格弹性很小。与此相反，阳光白面包（Sunbeam）拥有来自店内自制和大量品牌面包竞争者的非常紧密的替代品，所以需求的价格弹性很大。

### 2. 占消费者预算的百分比

与廉价物品的需求相比，相对高价的商品的需求价格弹性一般会更为充足，因为昂贵商品在个人支出中占有更大的比例。因此，我们会看到，对公寓住房的需求价格弹性会比儿童玩具更大。一种商品的支出占预算的百分比越大，任何既定的降价释放出来的购买力就越大，任意给定的提价所吸收的购买力也就越大。这种"收入效应"越大，收入 - 高档品的价格弹性越大。

### 3. 收入 - 高档品的定位

一种商品如何定位目标顾客，需要做很多工作，以确定与价格折扣相关联的购买的释放是造成了大规模的、中等的还是微不足道的销量增加（甚至可能销量下降）。在 2009 年的"旧车换现金"计划中，如果消费者交回一辆旧车并购买一辆更省油的车，只有部分可以享受 5000 美元的折扣。因为此计划并没能对高价值的二手车和几乎完全无价值的垃圾车进行区分，所以大多数的参与者交回旧车得到 4 000 美元，差不多使其购买力增加了 5 000 美元。其需求大量增加的新汽车是收入 - 高档品的大型房车和混合动力的 SUV，而不是能够明显提高燃料效率的中型和经济型车

---

○ 与非耐用品的需求相比，耐用品的需求价格弹性一般会更充足，这是因为在很多情形下，可以容易得到相对廉价的替代品，也就是说，对旧电视、旧汽车或旧冰箱进行修理而不是买新的。

辆。这种情况不应该值得奇怪，因为像福特的嘉年华、雪佛兰的伏特等很多省油车都被消费者视为收入 – 低档品。

### 4. 调整时间的长短

潜在的顾客要对价格下降做出反应，一定会先了解折扣情况，然后会因调整自己的时间安排，在购买期间内完成购买而产生成本。如果销售价格仅维持几分钟，需求对价格变化的反应被缩短到更短的时间之内，那么消费者的搜寻成本和调整成本都会更高。汽车行业中可预先知道的年度车型结束促销持续整个 8 月，所以它的需求弹性要比事先不通知，只持续几个小时的 "午夜疯狂" 销售活动的需求弹性大得多。

对很多产品的长期需求一般也会比短期需求更富于弹性，因为要有一定的时间才能增加有效替代品的数量。例如，汽油消费在短期内唯一可行的替代方案就是不出行或利用某种形式的公共交通。随着消费者在一定时间内更换了汽车，就会发现另一种更好的汽油替代品，就是更省燃料的汽车。

## 3.3  需求的收入弹性

在影响需求的各种变量中，目标顾客的可支配收入常常是最重要的变量之一。企业分析人员对需求的收入弹性的计算方法与需求的价格弹性相同。

### 3.3.1  收入弹性的定义

**收入弹性**（income elasticity）：假定影响需求的所有其他因素保持不变，需求量变化的百分比与收入变化的百分比之比。

需求的**收入弹性**可以表示为

$$其他条件均同，\quad E_Y = \frac{\% \Delta Q_D}{\% \Delta Y} \quad (3\text{-}10)$$

式中，$\Delta Q_D$ 为需求量的变化；$\Delta Y$ 为收入的变化。

收入的各种衡量指标都可以用于分析，常用的一个指标就是以总量、家族或人均为基础计算出来的消费者可支配收入。

---

| **实例** | **福特经销商的直接邮寄优惠券**

汽车销售成功的关键一步是开发一个包含有意购买和重复购买顾客的大型数据库，这种数据库常常用于把制造商的促销材料发送给那些被认为是最有可能对直接邮寄广告做出反应的特定地区家庭。假设福特公司决定对几个车型向某些家庭提供 4 000 美元的折扣。为了强调定位在需求分析中的作用，我们集中讨论这些直邮优惠券对福特 "金牛" 四门运动跑车的影响。假设 "金牛" 跑车目前生产量超过销售量而正在出现库存。

我们应该把 "省 4 000 美元" 的优惠券交给当地经销商数据库中的谁？一个选择是一对

在社区大学上学的新婚夫妇，他们最近在经销商那里买了一辆紧凑型福特福克斯。第二选择是一对德裔——年轻的专业人士夫妇，他们有一辆车龄为 4 年、行驶了 85 000 英里的福特金牛作为他们的通勤车，还有一辆老式的宝马。第三个选择是一对法国移民夫妇，两人都是管理咨询师，他们乘坐公共交通工具，最近试驾了一辆沃尔沃轿车。最后的选择是曾经拥有金牛车的一对退休夫妇，他们最近购买了第三辆福特大型车皇冠维克。

在选择直邮优惠券的目标顾客时，经销商的营销团队要评估转换成本、定位和可能的支付能力。尽管那对新婚夫妇喜欢福特金牛这种中型跑车，但其预期使用和支付能力并不与典型的金牛顾客相吻合。年轻的法国移民夫妇已经喜欢沃尔沃，表明他们把金牛定位为一个低档品。退休夫妇对福特汽车有很高的品牌忠诚度，但针对他们对大型车的使用和需要，具有较高的转换成本。两位德国专业人士与此不同，他们已经在汽车上花掉大量的可支配收入，可能继续把福特金牛视为理想产品。

对德裔夫妇的预测需求可能对于产品的价格变化具有最大的弹性，其转换成本也低，他们目前是在消费一种几乎相同的替代品。他们有可能在寻找新型的金牛车作为理想产品，他们花在汽车上的预算比例在上述四个潜在目标家庭之中也是最大的。

收入弹性度量为弧弹性或点弹性，与价格弹性的计算方式相同，

$$E_y = \frac{\partial Q_D}{\partial Y} \times \frac{Y}{Q_D}$$

收入弹性取决于收入相对于收入水平特定增量的变化是否是离散型变化（如几千美元或相当大的收入比例），前文中的脚注阐述了如何计算相对于点弹性的弧弹性。

### 1. 对收入弹性的解释

对于大多数商品来说，收入弹性都会是正的，也就是说，$E_y > O$。这样的物品被称为收入 - 高档品。那些计算出来的收入弹性为负的商品被称为低档品。低档品是指那些随着消费者收入的增加，绝对购买量更少的商品。微型汽车和罐头鲭鱼、干豆等食品经常被视为低档品的例子。

了解某一特定产品的需求收入弹性的大小，对于预测经济活动的销量是非常有用的。在生产高收入弹性产品（如新家具）的行业中，经济活动的重大增减将对需求产生很大的影响。了解收入弹性对于制定产品的营销战略也是有用的。例如，具有高收入弹性的产品可以作为奢侈品和时尚产品来促销，而具有低收入弹性的产品可以作为经济型产品来推广。

## 实例 | 收入弹性：经验估计

人们已经对不同种类商品或服务的需求收入弹性进行了估算，表3-5显示，常常被视为必需品（比如多种食品、住房）的收入弹性都小于1.0，而通常被看成是奢侈品的商品（如欧洲旅行）的收入弹性大于1.0。

表 3-5　经验收入弹性

| 商品（产品/劳务） | 收入弹性 |
| --- | --- |
| 欧洲旅行 | 1.91[1] |
| 苹果 | 1.32[2] |
| 牛肉 | 1.05[2] |
| 鸡肉 | 0.28[2] |
| 看牙医 | |
| 　成人男士 | 0.61[3] |
| 　成人女士 | 0.55[3] |
| 　儿童 | 0.87[3] |

（续）

| 商品（产品/劳务） | 收入弹性 |
| --- | --- |
| 住房（低收入承租者） | 0.22[4] |
| 牛奶 | 0.50[1] |
| 橘子 | 0.83[1] |
| 马铃薯 | 0.15[1] |
| 西红柿 | 0.24[1] |

[1] J. M. Cigliano, "Price and Income Elasticities for Airline Travel: The North Atlantic Market," *Business Economics* (September 1980), pp. 17-21.

[2] Daniel B. Suits, "Agriculture," In *Structure of American Industry*, 7th ed., ed. W. Adams (New York: Macmillan, 1986).

[3] Willand G. Manning Jr. and Charles E. Phelps, "The Demand for Dental Care," *Bell Journal of Economics* 10, no. 2 (Autumn 1979), pp. 503-525.

[4] Elizabeth A. Roistacher, "Short-Run Housing Responses to Changes in Income," *American Economic Review* (February 1977), pp. 381-386.

### 2. 广告弹性

广告弹性衡量的是销售量对广告支出变化的反应程度，是用销售量的百分比变化与广告支出的百分比变化之比来衡量的。

$$其他条件均同，\quad E_{adv} = \frac{\%\Delta Q_D}{\%\Delta ADV}$$

其他条件均同，广告弹性系数 $E_A$ 越大，销售量对广告预算变化的反应就越敏感。了解这个弹性指标可以帮助广告或营销经理确定与价格促销或包装支出相适应的广告支出水平。

## 3.4 需求的交叉弹性

明显影响一种产品需求的另一个因素是相关产品（替代品或互补品）的价格。

### 3.4.1 交叉弹性的定义

需求的**交叉价格弹性** $E_{cross}$，衡量的是商品 A 的需求量（$Q_{DA}$）变化对商品 B 的价格（$P_B$）变化的反应程度。

$$其他条件均同，\quad E_{cross} = \frac{\%\Delta Q_{DA}}{\%\Delta P_B} \qquad (3\text{-}11)$$

式中，$\Delta Q_{DA}$ 为商品 A 的需求量变化；$\Delta P_B$ 为商品 B 的价格变化。

### 3.4.2 对交叉弹性的解释

**交叉价格弹性**（cross price elasticity）：假定影响需求的所有其他因素保持不变，商品 A 的需求量变化百分比与商品 B 的价格变化百分比之比。

如果商品 A、B 之间的交叉价格弹性为正值（如同前面黄油/人造黄油的例子或诸如塑料包装纸和铝箔包装纸之间的关系），那么这两种商品就称为互为替代品。交叉价格弹性越大，替代关系越紧密。与此相反，负值的交叉价格弹性表明两种产品是互补品。例如，DVD 播放机的价格大幅度下降，可能会使 DVD 光盘的需求显著增加。

### 3.4.3 反托拉斯与交叉价格弹性

紧密替代品的数量可能是市场中竞争程度的一个重要决定因素。一种产品存在的紧密替代品数量越少，生产或销售这种产品的厂商所拥有的市场力量就会越大。反托拉斯案件中的一个重要问题涉及相关产品市场的恰当界定，就是用来计算市场控制的统计数字（如市场份额）。杜邦玻璃纸生产一案就与此问题有关。相关产品市场是仅仅包括玻璃纸产品呢，还是包括范围更广的弹性包装材料市场呢？

美国最高法院发现玻璃纸和其他弹性包装材料之间的需求交叉价格弹性很大，足以使杜邦公司免除垄断市场的指控。如果认为相关产品只包括玻璃纸，那么杜邦公司肯定会输掉这场官司，因为它生产了全部玻璃纸产量的 75%，唯一持有其许可证的西尔瓦尼亚公司生产余下的产量。但是当其他弹性包装材料被纳入产品市场定义之内时，杜邦公司的市场份额就下降至可以接受的 18% 水

平。界定相关产品市场和确定紧密替代品之间需求的交叉弹性的重要性常常受到法院的重视。<sup>⊖</sup>

## 实例 为什么史泰博的传真纸和钉书钉贵

只要是一种可以得到的替代品，就会对竞争厂商供给的交叉价格弹性有影响，与需求交叉价格弹性一样。在最近一项争论激烈的拟议合并案中，美国联邦贸易委员会（FTC）声称，像马克斯商店（Office Max）、欧迪办公（Office Deport）和史泰博（Staples）等办公用品大型超市，对于其他较小的办公用品零售店来说都是独立的相关市场。1996 年办公用品大型超市的销售总额为 132.2 亿美元，其中马克斯商店占 24%，史泰博占 30%。欧迪办公和史泰博拟议合并，从而形成一个拥有 76%市场份额的联合厂商。根据《谢尔曼反托拉斯法》禁止垄断的精神，这项合并计划已经多次被驳回。

不过，这两家公司坚持认为，它们的竞争者不仅包括马克斯商店，还包括所有的办公用品分销渠道，有小型纸制品专卖店、百货商场、像塔吉特（Target）这样的折扣商店、像山姆会员店（Sam'S Club）这样的仓储商店、办公用品目录供应商以及一些电脑零售商。这个办公用品大行业是分散的、易于进入（或退出）的，也是规模巨大的，1996 年销售额高达 1 850 亿美元。根据后面这个标准，拟议合并虽然涉及人们公认的行业中的最大厂商，但它们仅占 3%～5% 的市场份额。按照对相关市场的不同解释，应该允许欧迪办公与史泰博进行合并。

诸如"自己动手"（do it yourself）建材供应商中的家得宝（Home Depot）和 Lowes，宠物用品供应商中的 Petsmart，以及欧迪办公、马克斯商店和史泰博，这些大型超市是否在它们集聚的地方创造了一种新的节省时间的购物经验和需求方式呢？办公用品都属于搜寻商品，顾客能在购买之前检定质量，找到正好符合其意愿的质量-价格组合，因此品牌声誉对欧迪办公和史泰博的重复购买方式应该没有什么作用。对此案采取反托拉斯行动是否理由不足呢？成功的企业家们是否在传统的办公用品相关市场之中创造了一个新的细分市场呢？

FTC 进行了两项实验，为那些投票反对拟议合并的委员们提供了依据。在 40 个欧迪办公和史泰博相互竞争的城镇，以及只存在一家大型超市的类似其他地方采集了从曲别针到传真纸等各类办公用品的价格数据。在仅有一家大型超市的市场上，价格明显很高。显然，尽管存在众多的传统办公用品零售商的竞争性供给，但目标客户（比如负责寻找重复供应商的秘书）还是愿意付出高价在史泰博购买钉书钉。

正如沃尔玛在其他搜寻商品中所证实的那样，即使周围存在大量的小零售商，买主还是会涌向大型超市。因此，尽管市场中已经存在很多传统竞争的供给，而且以小规模进入（和退出）市场也相当容易，但是对大型超市零售商的竞争仅仅来自其他的大型超市零售商。结果，《谢尔曼法》为否定办公用品超市的拟议合并提供了依据。

但是到 2013 年，随着内部销售额的大幅增长，史泰博公司购买的马克斯商店份额下降到了 14%。

资料来源：Based on "FTC Votes to Bar Staples Bid for Rival", *Wall Street Journal*（March 11, 1997），p. A3 and "Staples/Office Max Merger", *Wall Street Journal*（September 8, 2015），p. B7.

---

<sup>⊖</sup> See, for example, *U. S. v. Alcoa*, 148 F. 2d 416, 424; *Times Picayune Publishing Co. v. U. S.* 345 U. S. 594; *Continental Can Co. v. U. S.*, 378 U. S. 441, 489. See John E. Kwoka and Lawrence J. White, *The Antitrust Revolution: Economics, Competition, and Policy*（New York: Oxford University Press, 1999）for a further discussion of some of the economic issues involved antitrust laws.

### 3.4.4 价格、收入和交叉弹性的经验说明

查普曼（Chapman）、蒂勒尔（Tyrrell）和芒特（Mount）的一项研究考察了居民、商业和工业用户使用电力能源的弹性。假设电力需求是由电价、收入水平和替代品（天然气）的价格决定的。

表 3-6 出了用电对价格、收入和替代品（天然气）价格的弹性。如表 3-6 示，电力需求的价格弹性在所有市场上都是相对充足的，其中工业市场上的价格弹性最高。研究结果与以下观察一致，电价上涨时，许多装配工厂、铸造厂和其他重工业用户都改为用天然气涡轮机自己发电。正值的交叉弹性说明电和天然气的确是替代品。

**表 3-6　电力使用的弹性**

|  | 价格弹性 | 收入弹性 | 交叉弹性（天然气） |
|---|---|---|---|
| 居民市场 | −1.3 | 0.3 | 0.15 |
| 商业市场 | −1.5 | 0.9 | 0.15 |
| 工业市场 | −1.7 | 1.1 | 0.15 |

## 3.5　需求弹性的综合影响

当两种或多种影响需求的因素同时变化时，人们常常想确定它们对需求量的综合影响。例如，假设某厂商计划在下期提高其产品价格并预期到那时消费者的可支配收入也会增加，广告支出和竞争者价格等影响需求的其他因素可望在下期保持不变。根据价格弹性的公式——式（3-1），价格上涨对需求量的影响将等于

$$\% \Delta Q_D = E_D(\% \Delta P)$$

同样，根据收入弹性的公式——式（3-11），消费者收入增加对需求量的影响将等于

$$\% \Delta Q_D = E_y(\% \Delta Y)$$

每一个这样的百分比变化（除以 100，使之成为小数形式）乘以当期的需求量（$Q_1$），就可以得到由价格和收入增加而造成的需求量的相应变化。假设价格效应和收入是独立而且可加的，那么下一期的需求量（$Q_2$）将等于当期需求量（$Q_1$）加上由价格和收入增加造成的需求量变化

$$Q_2 = Q_1 + Q_1[E_D(\% \Delta P)] + Q_1[E_y(\% \Delta Y)]$$

或
$$Q_2 = Q_1[1 + E_D(\% \Delta P) + E_y(\% \Delta Y)]$$

(3-12)

这里所说的为预测需求而对收入弹性和价格弹性加以综合运用的情况可以推广到本章前面各节提到的任何一种弹性概念。

---

| 实例 | **价格效应和收入效应：精工公司**

假设精工公司（Seiko）正在计划来年将其手表的价格提高 10%。经济预测者们预计同期个人实际可支配收入将增长 6%。依据以往的经验，需求的价格弹性估计大约为 −1.3，收入弹性估计为 2.0。假设这些弹性在价格和收入的预期变化范围内保持不变。

精工公司现在每年销售手表 200 万只。确定转年的预测需求量（假设价格效应和收入效应是独立的、可加的）。将相关数据代入式（3-12）得到

$$Q_2 = 2\,000\,000 \times [1 + (-1.3) \times 0.10$$
$$+ 2.0 \times 0.06] = 1\,980\,000（只）$$

假设广告和竞争对手价格等影响需求的其他因素保持不变，预测转年手表的需求为 198 万只。在此例中，家庭收入预期增长的正效应不足以抵消价格上涨带来的需求量的下降。

## 小 结

- 需求关系可以用表格、图形或代数函数等形式来表示。
- 需求曲线向右下方倾斜表明消费者愿意以更低的价格购买更多数量的商品或服务（需求铁律）。
- 价格降低的总效应是永远为正的替代效应与有时为正、有时为负、还可能为零的购买力（或实际收入）效应之和。
- 替代效应的大小取决于转移成本，即对替代品的认知紧密程度。购买力效应的大小取决于产品的定位和确定目标顾客，他们有可能发现该产品提供的是上乘而非低档的东西。
- 弹性是指需求（供给）量对价格或另一个相关变量变化的反应程度。因此，需求的价格弹性是指需求的其他决定因素的影响保持不变时，与价格的百分比变化相联系的需求量的百分比变化。如果某一既定百分比的价格变化引起需求量更大（更小）的百分比变化，就称这个需求的价格弹性相对充足（不足）。

- 当需求为单位弹性时，边际收益等于零，总收益最大。当需求弹性充足时，价格上升（下降）将导致总收益减少（增加）。当需求弹性不足时，价格的上升（下降）将造成总收益的增加（减少）。
- 厂商的需求处于弹性不足区域时总是应该提高价格，因为尽管销售会有增加，但更低的价格水平将造成收益减少。
- 需求的收入弹性是指需求的其他决定因素的作用保持不变时，与收入的百分比变化相联系的需求量的百分比变化。
- 需求的交叉弹性是指与商品 B 价格的百分比变化相联系的商品 A 的需求量的百分比变化。
- 对于不同的目标顾客和产品来说，价格弹性大小的差别很大，这是因为以下四个因素存在差别：①替代品的数量和认知紧密程度（也叫转换成本）；②商品支出占预算的百分比；③把产品定位于目标市场的收入－高档品；④调整时间。

## 练 习

1. 波托马克山脉公司生产某微波炉系列的成本为每个 500 美元。它去年平均月销售额约有 6 000 个。8 月份，波托马克最接近的竞争对手——斯普林城炉灶工厂（Spring City Stove Works）将一款竞争产品的价格从 600 美元降至 450 美元。斯普林城炉灶工厂降价后波托马克月销售量下降至 4 500 台。
   a. 波托马克微波炉与竞争对手斯普林城炉灶工厂之间需求的弧度交叉弹性是多少？
   b. 你认为这两家公司是非常接近的竞争对手吗？还有什么其他因素可能会影响两者的关系？
   c. 如果波托马克知道其微波炉需求弧度价

格弹性为 −3.0，那么在斯普林城炉灶工厂降价之前，波托马克必须收取什么样的价格才能卖出相同数量的微波炉呢？
2. 估计个人电脑的需求价格弹性为 −2.2，如果个人电脑的价格下降 20%，那么电脑销售量可能增加百分之几？
3. 奥尔德酸奶厂流行的 Mmmm 圣代的价格从 2.25 美元降低到 1.75 美元。因此，Mmmm 圣代日销售量从 1 500 杯增加到 1 800 杯。计算超过该价格和销售量范围的需求弧度价格弹性。
4. 你们镇上的地铁票价每张增加 50 美分到 1 美元。因此，交通管理局注意到乘客人数下降了30%。计算地铁乘车需求的价格弹性。

a. 如果交通管理局把票价降低到50美分，预期会对乘客人数有什么影响？为什么？

5. 如果一种产品的边际收益为15美元，需求的价格弹性为-1.2，那么该产品的价格是多少？

6. 在荷兰，自行车的需求函数估计为$Q = 2\,000 + 15Y - 5.5P$。式中的$Y$是收入，以千欧元为单位；$Q$是需求量，以辆为单位；$P$是每辆自行车的价格。当$P = 150$欧元，$Y = 15\,000$欧元时，试求：

a. 需求的价格弹性；

b. 需求的收入弹性。

7. 为了增加收益和利润，一家公司正在考虑价格上涨4%，广告增长11%。若需求的价格弹性为-1.5，需求的广告弹性为0.6，那么总收益是增加还是减少？

8. 停止牙病（Stopdecay）公司销售一种电动牙刷，价格为25美元，去年月均销售量为8 000支。最近，它的直接竞争者牙病斗士（Decayfighter）公司将其电动牙刷的价格从35美元降到30美元，结果，停止牙病公司的销售量每月下降了1 500支。

a. 停止牙病和牙病斗士两家公司的牙刷之间需求的弧度交叉弹性是多少？它表明这两种产品之间存在什么关系？

b. 如果停止牙病公司知道对它的牙刷需求的弧度价格弹性是-1.5，那么它必须索取什么价格才能卖出与牙病斗士降价前一样的销售量？假设牙病斗士保持其牙刷价格为30美元不变。

c. 在b中决定的价格变化前后，停止牙病公司销售电动牙刷的平均每月总收益分别是多少？

d. c的结果一定可取的吗？还应考虑什么其他因素？

9. 悉尼运输公司在澳大利亚新南威尔士经营一个城市公共汽车系统。厂商进行的经济分析表明，有两个主要因素对其服务的需求产生影响：票价水平和城市停车费。表1列出了从2005年经营中得到的信息，未来票价和每小时停车费的预测在表2中列出。

**表1 2005年悉尼运输公司的经营信息**

| 平均每天乘客人数（2005年） | 平均往返城市票价（美元） | 停车费（美元） |
| --- | --- | --- |
| 5 000 | 1.00 | 1.50 |

**表2 预测2006年和2007年的经营信息**

| 年份 | 往返票价（美元） | 平均停车费（美元） |
| --- | --- | --- |
| 2006 | 1.00 | 2.50 |
| 2007 | 1.25 | 2.50 |

悉尼的经济学家提供了以下信息，使厂商能够估算乘客量。根据过去的经验，如果往返票价定为1.00美元，那么乘坐公交车与城市停车费之间的交叉弹性系数估计为0.2。票价提高到1.25美元时，这个弹性大小预期不会改变。如果每小时的停车费定为1.50美元，那么需求的价格弹性目标估算为-1.1，不过当停车费涨到2.50美元时，估计价格弹性将会变为-1.2。利用这些信息，估算2006年和2007年平均每天的乘客量是多少。

10. 可靠飞机公司（Reliable Aircraft Company）制造小型消闲用飞机。根据过去的经验，销售量要受到飞机价格变动的影响，也要受到由消费者可支配个人收入衡量的经济状况的影响。下表为收集的有关可靠公司飞机销量、销售价格和消费者个人收入的数据。

| 年份 | 飞机销量 | 平均价格（美元） | 个人可支配收入（按2006年美元计算，10亿美元） |
| --- | --- | --- | --- |
| 2006 | 525 | 17 200 | 610 |
| 2007 | 450 | 8 000 | 610 |
| 2008 | 400 | 8 000 | 590 |

a. 利用2006年和2007年的数据估算需求的弧度价格弹性。

b. 利用 2007 年和 2008 年两年的数据估算需求的弧度收入弹性。

c. 假定这些估计值在 2009 年保持稳定不变，假定飞机价格保持 2007 年的水平不变，个人可支配收入将增加 400 亿美元，假定 b 中计算出来的弧度收入弹性是收入弹性的最佳估计值，预测可靠飞机公司 2009 年的销售量。

d. 如果飞机价格将从 2008 年的水平增加 500 美元，个人可支配收入将增加 400 亿美元，预测 2009 年的销售量。假设价格效应和收入效应是独立并可加的，假定 a 和 b 中计算出来的弧度收入弹性和价格弹性在用于市场预测的弹性估计值中是最好的。

11. 发达国家对汽油征收的联邦消费税相差很大：美国最低，每加仑 0.40 美元（或每升 0.07 英镑）；加拿大为每加仑 0.60 美元；日本和多数欧洲国家为每加仑 2 美元；英国最高，每加仑汽油为 2.83 美元或 0.5 英镑。如果向汽油征税旨在减少都市环境中因道路拥堵而造成的时间损失，汽油的税前成本大约为每升 0.40 英镑，那么为何加拿大的最优税赋要比美国高 50%？如何解释为什么邻近国家对汽车驾驶的需求价格弹性有不同的估算值？

12. 在前面的案例研究中涉及汽车需求价格弹性的理论决定因素，与不同目标顾客的转换成本差异关联最紧密的是什么？——驾驶老型福特金牛的德国夫妇的转换成本低，驾驶皇冠维克的年长夫妇的转换成本高。

13. 利用福特经销商直邮优惠券的例子说明产品定位和确定目标顾客之间的关系。哪种顾客最不可能和第二不可能在此季节购买一辆福特金牛汽车？

## 案例练习

### POLO 高尔夫 T 恤的定价

设定一家拉尔夫·劳伦专卖店，商品是 Polo 高尔夫 T 恤。一位产品经理和负责专卖店销售的总经理正在讨论给专卖店多少折扣。他们通过每个专卖店每天出售的一种颜色 Polo T 恤的决策来分析，要制定的决策是每天开始选择多低的价格才能由此价格形成全天的销售量。需求、收益和变动成本信息收集在下表中。

| 销售数量 | 统一价格（美元） | 总收益（美元） | 边际收益（美元） | 变动成本（美元） |
|---|---|---|---|---|
| 0 | 50 | 0 | 0 | 28 |
| 1 | 48 | 48 | 48 | 28 |
| 2 | 46 | 92 | 44 | 28 |
| 3 | 45 | 135 | 43 | 28 |
| 4 | 44 | 176 | 41 | 28 |
| 5 | 42 | 210 | 34 | 28 |
| 6 | 40 | 240 | 30 | 28 |

（续）

| 销售数量 | 统一价格（美元） | 总收益（美元） | 边际收益（美元） | 变动成本（美元） |
|---|---|---|---|---|
| 7 | 38.31 | 268 | 28 | 28 |
| 8 | 36.50 | 292 | 24 | 28 |
| 9 | 34.50 | 311 | 19 | 28 |
| 10 | — | | 16 | 28 |
| 11 | — | | 13 | 28 |
| 12 | — | | 10 | 28 |
| 13 | — | | 7 | 28 |
| 14 | — | | 4 | 28 |
| 15 | — | | 0 | 28 |
| 16 | — | | (1) | 28 |
| 17 | — | | (4) | 28 |
| 18 | — | | (7) | |

### 问题

1. 确定商店每天卖出第 4 件 T 恤时总收益的变化（边际收益）。要卖出 4 件而不是 3 件 T

恤必须降价多少？

2. 第4件 T 恤是否能赚取营业利润或造成经营损失？数量是多少？

3. 通过降价每天卖出 7 件而非 6 件一种颜色的 T 恤的总收益变化是多少？通过降价使得每天卖出具有突破性的 7 件 T 恤的意义是什么？

4. 把以 38.31 美元价格出售第 7 件 T 恤的边际收益 28 美元进行分解，也就是说，相对于将每天每种颜色出售 6 件的价格，1 单位销量损失多少收益？

5. 计算每天出售 10～16 件 T 恤的总收益。计算必须降价多少才能实现每一种销量。

6. 对于一个奖金以销售佣金为基础的销售员来说，他最愿意卖出多少件 T 恤？

7. 你是否建议把价格降至每天销售 15 件 T 恤的水平？为什么？负边际销售意味着什么？

8. 每天每种颜色出售的第 14 件 T 恤的利润或亏损是多少？第 12 件呢？第 10 件呢？

9. 你建议每天每种颜色出售多少件 T 恤？你建议的价格加成和加成百分比是多少？它的价格毛利和百分比毛利是多少？

## 大众 50 年销售额最大化[⊖]

在 20 世纪 60 年代中期，大众汽车在美国的甲壳虫汽车公司取得了巨大的成功。甲壳虫是一款低端定位的双门噪声后置发动机轿车（型号为 1300 型 1）。大众甲壳虫在美国每年的销售量超过 500 000 辆，甚至在 50 年后也仅有 F150 销得更好。为避免直接竞争，大众将甲壳虫的价格定为 5 275 美元（按 2015 美元计算），是福特、通用汽车（GM）和克莱斯勒所认为的美国公众会考虑的购车价格的一半，但是三巨头严重低估了人们对廉价基础交通的需求。大众汽车很快就确立了自己在这个新的微型车市场的领导者地位。到 1973 年大众甲壳虫累计销售 1 700 万辆汽车，超越福特 T 型车，成为有史以来最高的单辆生产车型。

1964 年，分析北美需求时，大众公司估计的价格弹性为 -0.334。由于无弹性需求（$Ep < |1|$）意味着价格提高会增加销售收益，汽车公司意识到如果不这样做将是愚蠢的。大众遂提价至 6 595 美元。这种价格上涨战略持续两年，到 1967 年时，$Ep = -1$，售价 9 575 美元，售出 384 000 辆。大众还推出了功能更强大的超级甲壳虫并开发了经销商网络，

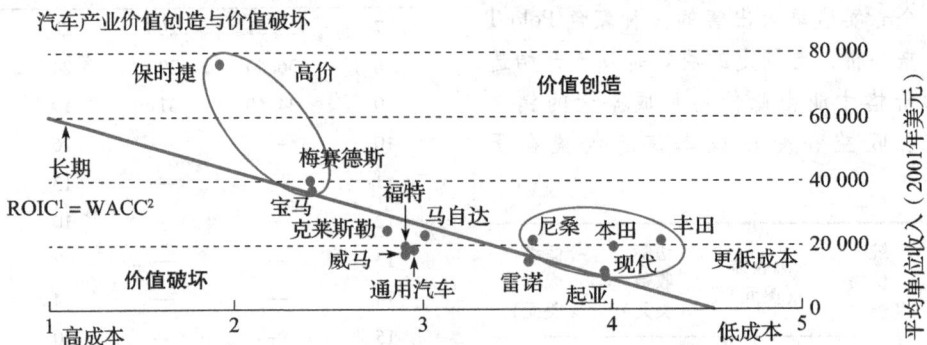

汽车产业价值创造与价值破坏

注：1. 投资资本回报
2. 加权平均资本成本

资料来源：Goldman Sachs, *Time for a Model Change*, 2001.

⊖ Based on Briefing: The Volkswagen Scandal, A Mucky Business, *The Economist* (September 26, 2015), pp. 23 25; How to Figure Penalty in VW Scandal, *Wall Street Journal* (January 9, 2016), p. A2; and VW Battles Sluggish Sales, *Wall Street Journal* (June 1, 2016), p. B3.

大大增加了消费者的支付意愿，大众甲壳虫并将预期的价格弹性降低至 -0.87。1969 年，价格和销售收入最后一次增加至 64 亿美元，在单价 11 900 美元、销量 538 000 辆的基础上。当 $E_p$ 第二次达到 1 时，超级甲壳虫的销售收入最大化。

在 2008～2015 年，销售额最大化再次成为大众汽车公司的主题。只是这一次，不是通过在无弹性的情况下提高价格来实现最大的销售额，大众汽车通过在柴油发动机设备的排放控制中安装作弊芯片来追求更高的销量。每当柴油机未被测试时，该软件就会关闭排气再循环系统。这种故意欺骗显著增加了日常驾驶的柴油燃料效率和动力，但是其排放量是美国环保局允许标准的 40 倍。580 000 辆柴油大众排放 56 000 吨二氧化氮，造成 4.5 亿美元的健康损失。大众公司是目前欧洲最大的汽车公司，在亚洲排名第二

在法国销售的汽车中，1/3 是柴油车，在德国则达到一半。随着作弊装置通过全美市场上最大的加利福尼亚州最严格的排放测试，大众全球销量快速增长，使得大众在 2015 年超过丰田成为全球最大的汽车公司。

## 问题

1. 从直觉看来，大众公司故意欺骗监管机构是否明智？

2. 谁的权利和义务受到侵犯？驾驶公众是否有权获得充分、真实的披露柴油车辆的所有方面的信息？欧洲每两个汽车客户中就有一个因为加州更严格的认证标准而受到欺骗。

3. 欺骗造成的后果是什么？大众的高管们一直在与通用汽车和福特公司并肩作战，充当股东价值的破坏者，使其投资回报率低于资本成本，直到成为行业的龙头老大为止（请参阅高盛公司的相似数据）。谁遭受到损失？股东（丑闻爆发后的第一周股东收益降低了 30%）？工人（每七名德国人中就有一名员工在汽车行业工作，现在需要考虑销售减少和失业的情况）？德国制造品牌的可靠性、可信度和工程实力（几十年中可能会无法挽回）？德国和法国、日本和中国以及加利福尼亚居民（他们的空气被污染，环境受到明显影响）？公司的财务可行性（拥有 1 640 亿美元的资产，但有 330 亿美元的现金和有价证券，同时面临 200 亿美元的环保局罚款，也许有责任诉讼以及 670 亿美元的债券，存款和贷款人可以借贷的当前债务，未来 12 个月的需求还款）？

4. 研发部门的高管们 2009 年发明掩饰排放测试软件的动机是什么？首席执行官马丁·温特科恩（Martin Winterkorn）签署了有关欺骗条约的动机是什么？为什么没有一个批评者威胁要披露此事呢？

5. 大众汽车的组织文化和设计可能会对欺骗的决定有什么贡献呢？大众汽车已经采取了什么不寻常的措施防止其公司将来会出现这种道德上的失误？

6. 泄露事件一年后，大众的营业利润仍在下降，比去年同期下降了 84%。1 100 万辆柴油车参与了欺骗行为，公司从 2015 年的收入中拿出了 180 亿美元来弥补预期修理费和法律费用。大众仍然必须与美国司法部门和解无数集体诉讼。这些数字的大小是否在表明这种情况下社会对大众汽车企业社会责任的期望遭到严重侵犯？

# 需 求 估 计

## 本章预览

第 3 章提出了需求理论，包括的概念有需求的价格弹性、收入弹性和交叉价格弹性。如果一位经理打算提高本厂一种产品的价格，就需要知道价格提高对需求量、总收益和利润的影响。在预计价格提高的范围内，相对于价格来说，需求是弹性充足、弹性不足还是单位弹性？如果消费者的收入因经济从严重衰退中复苏而有所增长，那么可以预期销售量会有怎样的增长？

政府和非营利机构也要面对类似的问题。提高公共交通费或过桥费的影响是什么？汽车通行量将会减少 5%、10% 还是 20%？提高一种销售税所增加的收入是否足以弥补预算的不足？本章将讨论并估计与需求相关的一些技术方法和问题。

## 管理挑战

### 惠特曼对巧克力 Sampler 的需求

惠特曼的 Sampler 是一款中等价位的礼品盒，它通过糖果店分销渠道销售优质的巧克力。惠特曼是一家拥有 170 年历史的公司，现属于雀巢公司，它拥有拉塞尔·斯托弗糖果、林德尔和费列罗·罗彻，其 Sampler 通常显示在 Rite-Aid 或 CVS 端盖上。目标市场是"遇到麻烦的男人"，他们希望妻子和女朋友收获意料不到的惊喜。1 磅 Sampler 的价格是四件套的歌帝梵（Godiva）巧克力价格的 20%，而且这种巧克力比杂货店的糖果棒或商店的袋装巧克力要好得多。在圣诞节和情人节，糖果货架上摆满了季节性的、私人品牌的盒装巧克力，折扣非常高。惠特曼有 9.99 美元和 11.99 美元的传统及无糖 12 盎司礼盒，这些价格全年稳定。

收集了 54 个惠特曼的营销组合双月的观察结果，包括价格、广告、促销支出和包装选择，以及两个季节性圣诞节的虚拟变量（11 月/12 月）和情人节（1 月/2 月）。你负责估计每个变量对销量的影响。最合适的回归模型是对数线性模型：

$$\log 销量 = 13.23 - 0.86\log 价格 - 0.02\log 广告 + 0.24\log 促销支出$$
$$- 0.17 包装 - 0.25N/D - 0.14J/F$$

式中，$R^2$ 为 0.54，每个变量的 $t$ 统计量如下：[一] 价格 4.30，广告 0.51，促销支出 1.52，包装 -3.82，$N/D$ -4.74，$J/F$ -1.75。总经理问你如何解释每个因素的含义以及有什么决定性建议，如果有的话，并解释原因。

之后，你会发现 0/1 包装虚拟变量（表示在 14 个双月数据中，Sampler 的颜色由传统皇家金色变为深红色）与促销支出之间相互强烈影响。考虑这种相互影响效果重新估计模型，得到：

$$\log \text{销量} = 11.65 - 0.90\log \text{价格} - 0.03\log \text{广告} + 1.37\log \text{促销支出} + 1.59 \text{包装}$$
$$- 0.24N/D - 0.14J/F - 0.13 \text{包装} \times \text{促销支出}$$

式中，$R^2$ 是 0.60，每个变量的 $t$ 统计量如下：价格 4.53，广告 0.65，促销 2.35，包装 2.26，$N/D$ -4.83，$J/F$ -2.80，包装×促销支出 -2.67。解释所有显著的变化再提出建议。

在整理完惠特曼在季节性糖果销售中的角色后，你发现 Sampler 产品的总经理通常对你的发现并不感到惊讶。她对于你的意见和推荐无动于衷，全年继续保持着 9.99 美元和 11.99 美元的价格，在圣诞节和情人节也不采取折扣。

**问题**

1. 系数为负且统计显著的圣诞节和情人节季节虚拟变量的意义是什么？

2. 现在你了解自有品牌季节性产品的竞争性供货，请解释惠特曼维持价格稳定的需求函数中季节虚拟变量的负号的意义。

3. 为什么惠特曼在一年四季品牌的盒装糖果市场中会选择稳定的价格？

4. 在圣诞节和情人节，惠特曼更愿意在其渠道合作伙伴 CVS 和 Rite-Aidat 的自有品牌糖果业务中扮演什么角色？

# 4.1 需求函数的统计估计

有效的决策最终要对经济关系做好定量性衡量。计量经济学就是对这类关系进行估计时可以使用的一组统计方法。用于衡量需求关系的主要计量经济方法包括回归分析和相关分析，以下将对简单的（两变量）线性回归模型和更复杂的多元线性回归模型和非线性模型（在附录 4A 中讨论）加以说明。

---

| **实例** | **识别变量与收集数据：舍温 – 威廉姆斯公司**

舍温 – 威廉姆斯公司（Sherwin- Williams Company）力求为其房屋外部涂料产品线建立一个需求模型。该公司的总经济师认为影响涂料销售量（$Y$，以加仑衡量单位）的最重要的变量是：

（1）促销支出（$A$）（以美元为衡量单位），包括广告支出（广播、电视和报纸）、

店内陈列与文字以及顾客折扣计划

（2）销售价格（$P$）（以美元/加仑来衡量）

（3）每个家庭的可支配收入（$M$）（以美元为衡量单位）

这位总经济师决定以该公司的 10 个销售地区（人口大致相等）为样本，收集各种变量

---

[一] $T$ 统计值等于估计得到的假设检验统计量系数除以标准误差。54 个观测值和 7 个 r.h.s. 变量，$t$ 统计值为 2.0 或更高表明在统计学上具有显著性影响。

的数据<sup>⊖</sup>，有关涂料销售量、促销支出和销售 均）可支配收入的数据从美国劳工统计局得
价格的数据从公司的营销部门获得，有关（人 到，这些数据列在表 4-1 之中。

表 4-1 舍温－威廉姆斯公司的数据

| 销售地区 | 销售量（Y）<br>（千加仑） | 促销支出（A）<br>（千美元） | 销售价格（P）<br>（美元/加仑） | 可支配收入（M）<br>（千美元） |
|---|---|---|---|---|
| 1 | 160 | 150 | 15.00 | 19.0 |
| 2 | 220 | 160 | 13.50 | 17.5 |
| 3 | 140 | 50 | 16.50 | 14.0 |
| 4 | 190 | 190 | 14.50 | 21.0 |
| 5 | 130 | 90 | 17.00 | 15.5 |
| 6 | 160 | 60 | 16.00 | 14.5 |
| 7 | 200 | 140 | 13.00 | 21.5 |
| 8 | 150 | 110 | 18.00 | 18.0 |
| 9 | 210 | 200 | 12.00 | 18.5 |
| 10 | 190 | 100 | 15.50 | 20.0 |

## 确定模型

下一步就是具体确定方程或回归关系的形式，它表明自变量与因变量之间的关系。通常要选择估计回归关系的具体函数形式，以便尽可能地描绘出真正的需求关系。通过由这种关系画成的图形表明是线性方程恰当，还是对数方程、指数方程或其他转移形式更恰当。转换过程的讨论见附录 4A。

### 1. 线性模型

舍温－威廉姆斯涂料的线性需求模型可具体列为

$$Q = \alpha + \beta_1 A + \beta_2 P + \beta_3 M + \varepsilon \tag{4-1}$$

式中，$\alpha$、$\beta_1$、$\beta_2$、$\beta_3$ 为此模型的参数，$\varepsilon$ 为误差项，它反映的事实是：观察到的需求数值将很少等于由模型预测出来的确切数值。参数值要使用后面说明的回归方法来估算。需求理论表明，价格（$P$）将对涂料的销售量（$Q$）有负影响（即其他所有变量保持不变，价格上升，需求量下降），需求理论还表明促销支出（$A$）和收入（$M$）将对涂料销售量有正影响。

参数估计值可用下列方式来解释：如果重新排列式（4-1），解出价格 $P$，由此形成的反需求函数的截距就是可索取的最高价格。每一个 $\beta$ 参数值都提供了与某一给定自变量的一个单位变化相联系的需求量变化的估计值，前提条件是所有其他的自变量保持不变。$\beta$ 参数等同于需求函数的偏导数

$$\beta_1 = \frac{\partial Q}{\partial A}, \quad \beta_2 = \frac{\partial Q}{\partial P}, \quad \beta_3 = \frac{\partial Q}{\partial M} \tag{4-2}$$

前面讲过，相对于价格的线性需求弹性的定义是

$$E_D = \frac{\partial Q}{\partial P} \cdot \frac{P}{Q} \tag{4-3}$$

把式（4-2）代入此式，得到

$$E_D = \beta_2 \cdot \frac{P}{Q} \tag{4-4}$$

---

⊖ 选择 10 个观察值的样本规模是为了使计算简单。在实际应用中（能得到数据时）会使用更大的样本。在确定用于某一既定问题的最优样本规模时，一定要权衡样本的预期准确性和成本。

式（4-3）和式（4-4）表明线性需求价格弹性取决于目标市场的价格敏感性（$\partial Q/\partial P$）还取决于确定的销售量的价格点（$P/Q$）。

### 2. 乘法指数模型

另一个普遍采用的需求关系是乘法指数模型。在舍温－威廉姆斯公司的例子中，这样的一个模型可具体列为

$$Q = \alpha A^{\beta_1} P^{\beta_2} M^{\beta_3} \tag{4-5}$$

这个模型应用普遍的原因是估计过程简单易行。例如，式（4-5）可以转换成以下一个简单的对数线性关系（加上一个误差项）

$$\log Q = \log\alpha + \beta_1 \log A + \beta_2 \log P + \beta_3 \log M + \varepsilon \tag{4-6}$$

使用任何回归软件都可以很容易地估算出参数 $\log\alpha$、$\beta_1$、$\beta_2$ 和 $\beta_3$。这种乘法指数函数形式的直观性基于以下事实：价格变化对需求量的边际影响不仅取决于价格的变化，还取决于其他所有的需求决定因素，包括营销组合中的所有因素和目标消费者的家庭收入等因素。

$$E_D = \frac{\partial Q}{\partial P} \cdot \frac{P}{Q} \tag{4-7}$$

对式（4-5）中的价格微分，结果是

$$\frac{\partial Q}{\partial P} = \beta_2 \alpha A^{\beta_1} P^{\beta_2-1} M^{\beta_3} \tag{4-8}$$

因此，利用式（4-7）

$$E_D = \beta_2 \alpha A^{\beta_1} P^{\beta_2-1} M^{\beta_3} \left(\frac{P}{Q}\right) \tag{4-9}$$

把式（4-5）中的 $Q$ 代入式（4-9），整理后得到

$$E_D = \beta_2$$

这就是说，乘法指数需求函数具有不变的价格弹性和其他弹性，这个性质与线性需求函数明显不同，在需求曲线的整个价格或收入范围内，弹性都是连续变化的。不过，舍温－威廉姆斯公司的定价分析人员会告诉我们：不管价格是提高 10%，还是下降 10%，需求量变化的百分比都是不变的，为 15%。在清货销售时，相同的答案可应用于大不相同的价格点上。如果是这种情况，那么采用一个乘法指数需求模型是恰当的。

---

**实例** **环球电信公司的线性（非指数）销售**

2002 年，像环球电信公司（Global Crossing）和世界通信（WorldCom）这样的电信网络供应商对于受到互联网预期发展推动的电信规模的增长极其乐观。与彩色电视机的普及情况非常相似，互联网在美国家庭中的渗透表现出一种传统的 S 状扩展方式，开始是早期采用者推动的指数增长（1994～1996 年），随后表现出一种长期、更为缓慢、接近线性的需求增长。尽管指数需求增长技术存在，但购买和安装光纤电缆网络还是造成了这个市场的迅速饱和，用一种线性趋势可以更好地说明这个市场

$$Q = \alpha + \beta_1 A + \beta_2 P + \beta_3 M + \beta_4 T + \varepsilon$$

式中的 $T$ 为时间（2006 = 0，2007 = 1，2008 = 2，依此类推）。这些需求预测对环球电信公司的影响将在第 5 章开篇的管理挑战中研究。

资料来源：Based on "Adoption Rate of Inter met by Consumers Is Slowing" and "Has Growth of the Net Flattened," *Wall Street Journal*（July 16, 2001），PP. B1 and B8.

## 4.2 简单的线性回归模型

本节的分析仅限于存在一个自变量和一个因变量的最简单情况，两个变量之间关系的形式是线性的。

$$Y = \alpha + \beta X + \varepsilon \tag{4-10}$$

式中，用 $X$ 表示自变量，$Y$ 表示因变量。 $\ominus$

### 4.2.1 构成简单线性回归模型的假设条件

**假设条件 1** 假定因变量 $Y$ 的值是一个随机变量，它取决于自变量 $X$ 的确定（即非随机数值）。$\ominus$

**假设条件 2** 在 $X$ 与相对 $X$ 每一个可能值的 $Y$ 的预期值之间存在着一种理论上的直线关系（见图 4-1），这条理论回归直线

$$\mathrm{E}(Y \mid X) = \alpha + \beta X \tag{4-11}$$

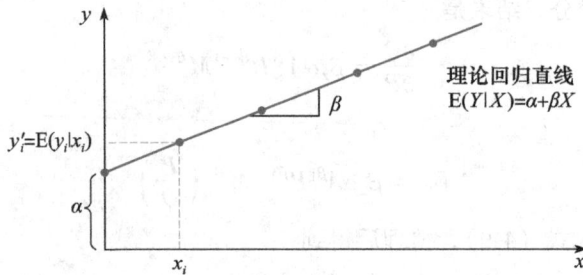

图 4-1 理论回归直线

具有的斜率为 $\beta$、截距为 $\alpha$ 和 $\beta$ 构成了其数值未知的总体参数，需要我们去估计。

**假设条件 3** 与 $X$ 的每个值相联系的是由随机变量 $Y$ 的可能构成的一个概率分布 $P(y \mid x_i)$。当确定 $X$ 等于某些数值 $x_i$ 时，观察到的 $Y$ 值可从 $P(y \mid x_i)$ 概率分布画出，但不一定位于理论回归直线上。如图 4-2 所示，$y \mid x_i$ 的某些数值比其他数值更有可能，平均数 $\mathrm{E}(y \mid x_i)$ 位于理论回归直线上。如果把 $\varepsilon_i$ 定义为观察值 $y_i$ 距离其理论值 $y'_i$ 的偏差，那么

$$
\begin{aligned}
y_i &= y'_i + \varepsilon_i \\
y_i &= \alpha + \beta x_i + \varepsilon_i
\end{aligned}
\tag{4-12}
$$

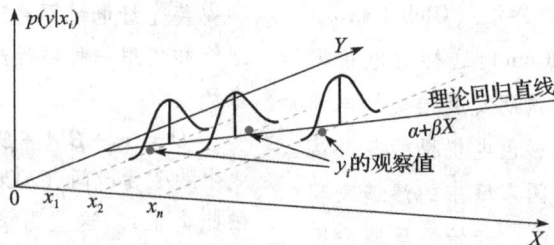

图 4-2 因变量的条件概率分布

---

$\ominus$ 大写字母 $X$ 和 $Y$ 代表随机变量的名称，下标 $x$ 和 $y$ 代表随机变量的具体数值。
$\ominus$ 右边自变量的随机数值在附录 4A 的联立方程关系中说明。

或者，一般地，线性回归关系（如图 4-3 所示）变成

$$Y = \alpha + \beta X + \varepsilon \tag{4-13}$$

式中，$\varepsilon$ 是一个平均数为零的随机扰动（或误差）项。

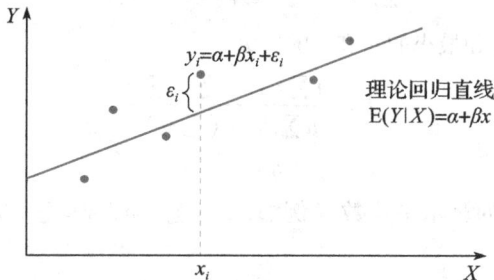

图 4-3　实际观察值对理论回归直线的偏差

假定扰动项 $(\varepsilon_i)$ 是一个独立随机变量（即 $E(\varepsilon_i \varepsilon_j) = 0$，$i \neq j$），服从正态概率分布，期望值等于零（即，$E(\varepsilon_i) = 0$）。固定的方差等于 $\sigma_\varepsilon^2$。把假设条件 1 和假设条件 3 放在一起，表明 $N(0, \sigma_\varepsilon^2)$ 扰动项预期与回归模型中的自变量不相关。

## 4.2.2　估计总体回归系数

回归模型一旦确定，就可以利用 $n$ 对样本观察值 $(x_1, y_1)$，$(x_2, y_2)$，…，$(x_n, y_n)$ 对总体回归系数 $\alpha$ 和 $\beta$ 的未知值进行估算，这个过程涉及找出一条能够最佳拟合分析人员所收集的样本观察值的样本回归直线。

$\alpha$ 和 $\beta$ 的样本估计值分别由 $a$ 和 $b$ 表示，对于 $X$ 的某一既定值来说，$Y$ 的估计值或预测值 $y$（见图 4-4）为

$$\hat{y}_i = a + bx_i \tag{4-14}$$

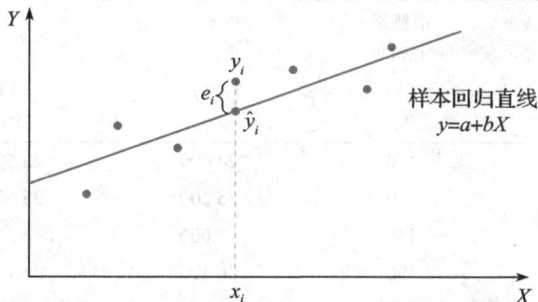

图 4-4　观察值对样本回归直线的偏差

令 $e_i$ 为观察值 $y_i$ 距离估计值 $\hat{y}_i$ 的偏差，那么

$$y_i = \hat{y}_i + e_i = a + bx_i + e_i \tag{4-15}$$

$$Y = \alpha + bX + e \tag{4-16}$$

尽管使用几种不同的方式都可以确定 $a$ 和 $b$ 的数值（就是找出能对系列观察值提供最佳拟合的回归方程），但最有名、应用最广泛的是最小二乘法。最小二乘分析的目标就是找出能使偏差 $e_i$ 的平方和最小的 $a$ 和 $b$ 值。（对误差进行平方计算。正、负误差累加，不会相互消掉。）从式（4-15），$e_i$ 的数值由下式给出

$$e_i = y_i - a - bx_i \qquad (4\text{-}17)$$

把这项平方，再把所有 $n$ 对样本观察值加在一起，就得到

$$\sum_{i=1}^{n} e_i^2 = \sum_{i=1}^{n} (y_i - a - bx_i)^2 \qquad (4\text{-}18)$$

用数分计算，能使偏差的平方和最小的 $a$ 和 $b$ 的值为

$$b = \frac{n \sum x_i y_i - \sum x_i \sum y_i}{n \sum x_i^2 - (\sum x_i)^2} \qquad (4\text{-}19)$$

$$a = \bar{y} - b\bar{x} \qquad (4\text{-}20)$$

式中，$\bar{x}$ 和 $\bar{y}$ 分别为 $X$ 和 $Y$ 的算术平均数（例如，$\bar{x} = \sum x/n$，$\bar{y} = \sum y/n$），求和过程包括所有的观察值（$i = 1, 2, \cdots, n$）。

## 实例 | 估计回归参数：舍温－威廉姆斯公司（续）

回到舍温－威廉姆斯公司的例子，假如只用促销支出预测涂料销售量。用前面表 4-1 列出的数据就可以计算回归模型。这些数据再次列示在表 4-2 的（1）—（3）栏中，并用图形显示在图 4-5 之中。

利式（4-19）计算回归直线的估计斜率为

$$b = \frac{10 \times 229\,100 - 1\,250 \times 1\,750}{10 \times 180\,100 - 1\,250 \times 1\,250}$$
$$= 0.433\,962$$

同样，用式（4-20）估算的截距为

$$a = 175 - 0.433\,962 \times 125 = 120.754\,75$$

因此，以促销支出（千美元）为基础估计涂料销售量（千加仑）的方程为

$$Y = 120.755 + 0.434X \qquad (4\text{-}21)$$

$X$ 的系数（0.434）表示 $X$ 增加 1 个单位（促销支出增加 1 000 美元），某一既定销售地区的预期销售量（$Y$）将增加 $0.434 \times 1\,000 = 434$ 加仑。

表 4-2  简单回归方程估计的工作表：舍温－威廉姆斯公司

| 销售地区 | 促销支出（千美元） | 销售量（千加仑） | | | |
|---|---|---|---|---|---|
| (1) | (2) | (3) | (4) | (5) | (6) |
| $i$ | $x_i$ | $y_i$ | $x_i y_i$ | $x_i^2$ | $y_i^2$ |
| 1 | 150 | 160 | 24 000 | 22 500 | 25 600 |
| 2 | 160 | 220 | 35 200 | 25 600 | 48 400 |
| 3 | 50 | 140 | 7 000 | 2 500 | 19 600 |
| 4 | 190 | 190 | 36 100 | 36 100 | 36 100 |
| 5 | 90 | 130 | 11 700 | 8 100 | 16 900 |
| 6 | 60 | 160 | 9 600 | 3 600 | 25 600 |
| 7 | 140 | 200 | 28 000 | 19 600 | 40 000 |
| 8 | 110 | 150 | 16 500 | 12 100 | 22 500 |
| 9 | 200 | 210 | 42 000 | 40 000 | 44 100 |
| 10 | 100 | 190 | 19 000 | 10 000 | 36 100 |
| 总计 | 1 250 | 1 750 | 229 100 | 180 100 | 314 900 |
| | $\sum x_i$ | $\sum y_i$ | $\sum x_i y_i$ | $\sum x_i^2$ | $\sum y_i^2$ |

$$\bar{x} = \sum x_i/n = 1\,250/10 = 125$$
$$\bar{y} = \sum y_i/n = 1\,750/10 = 175$$

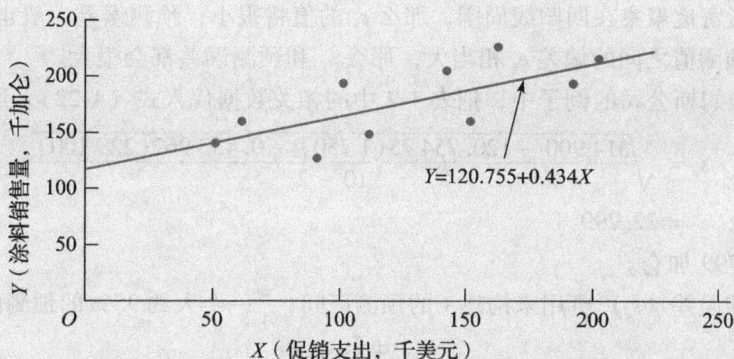

图4-5 估计回归直线：舍温－威廉姆斯公司

## 4.3 利用回归方程进行预测

回归方程可用 $X$ 的任意特定数值来预测 $Y$ 的数值，计算方法就是把 $X$ 的特定值即 $x_p$，代入样本回归方程即式（4-14）

$$\hat{y} = a + bx_p$$

式中，$\hat{y}$是因变量在概率分布 $p(Y|X)$ 情况下的假设期望值。[⊖]

假设人们想预测舍温－威廉姆斯公司在某一都市地区内促销支出等于 185 000 美元（即 $x_p = 185$）时的涂料销量，把 $x_p = 185$ 代入估计回归方程即式（4-21），产生

$$\hat{y} = 120.755 + 0.434 \times 185 = 201.045$$

或者 201 045 加仑。

使用回归模型进行预测时必须小心，特别是当自变量的数值落在模型估计的观察范围之外的时候。比如，我们不能肯定以线性回归模型为基础，用 300 000 美元促销支出来预测涂料销售量是否合理，因为 200 000 美元是最大样本值。诸如报酬递减和饱和程度的存在等因素都会造成经济变量之间的关系是非线性的。

通过计算预测误差的标准差（也叫**估计的标准差**），可以得到一个衡量回归方程估计值准确程度的指标。误差项 $e_i$ 在式（4-17）中定义为因变量的观察值与预测值之差。$e_i$ 项的标准差是以误差平方和（SSE）$\sum e_i^2$ 正常除以观察值减 2 为基础的

> **估计的标准差**（standard error of the estimate）：线性回归模型中误差项的标准误差。

$$s_e = \sqrt{\frac{\sum e_i^2}{n-2}} = \sqrt{\frac{\sum (y_i - a - bx_i)^2}{n-2}}$$

此表达式可简化为[⊖]

$$s_e = \sqrt{\frac{\sum y_i^2 - a\sum y_i - b\sum x_i y_i}{n-2}} \tag{4-22}$$

---

⊖ 正如前面假设条件 3 所说明的，误差项（$e$）的期望值为零。

⊖ 此公式应用于式（4-16）中的简单回归情况。随着在线性回归模型中增加变量，式（4-22）分母中的自由度变得越来越小：$n-3$，$n-4$，$n-5$，等等。

如果观察值紧密地聚集在回归线周围，那么 $s_e$ 的值将很小，预测误差一般也很小。相反，如果 $Y$ 的观察值与预测值之间的偏差 $e_i$ 相当大，那么 $s_e$ 和预测误差都会很大。

在舍温 – 威廉姆斯公司的例子中，把表 4-2 中的相关数据代入式（4-22），形成

$$s_e = \sqrt{\frac{314\,900 - 120.754\,75(1\,750) - 0.433\,962(229\,100)}{10 - 2}}$$

$$= 22.799$$

或标准误差为 22 799 加仑。

估计值的标准误差（$s_e$）可用来构建 $y$ 的预测区间，⊖一个大约 95% 的预测区间等于：⊜

$$\hat{y} \pm 2s_e \tag{4-23}$$

回到舍温 – 威廉姆斯公司的例子，假设我们想为促销支出等于 185 000 美元（即 $x_p = 185$）的某个涂料销售地区构建一个大约 95% 的预测区间，把 $\hat{y} = 201.045$ 和 $s_e = 22.799$ 代入式（4-23）得到

$$201.045 \pm 2 \times 22.799$$

或 50 000 ~ 200 000 美元促销支出范围的预测区间是 155.447 ~ 246.643（也就是说 155 447 ~ 246 643 加仑）。

### 4.3.1 总体回归系数的推断

对于 $n$ 规模的重复样本，$\alpha$ 和 $\beta$ 的样本估计值（即 $a$ 和 $b$）将会因样本不同而不同。除了预测，回归分析的目标之一常常是检验斜率参数 $\beta$ 是否等于某些特定数值 $\beta$。一个标准的假设就是检验 $\beta$ 是否等于 0，⊜在这样的检验中，重点是确定 $X$ 是否对 $Y$ 具有显著影响。如果 $\beta$ 为零或接近于零，那么自变量 $X$ 在预测或解释因变量 $Y$ 的数值时就没有实际作用。当 $\beta = O$ 时，$X$ 的一个单位变化导致 $Y$ 的零单位变化。因此 $X$ 对 $Y$ 没有影响。

要检验有关 $\beta$ 值的假设，必须了解统计值 $b$ 的样本分布。⑧它可显示为：$b$ 有一个 $t$ 分布，自由度为 $n-2$。⑤⑥这个分布的平均数等于真起作用的回归系数 $\beta$，标准差的估计值可按下式计算

$$S_b = \sqrt{\frac{s_e^2}{\sum x_i^2 - (\sum x_i)^2 / n}} \tag{4-24}$$

式中，$s_e$ 为式（4-22）中的误差项的标准差。

假设我们想检验原假设

$$H_0 : \beta = \beta_0$$

---

⊖ 一个准确的 5% 预测区间是样本规模（$n$）及 $x_p$ 与 $\bar{x}$ 接近程度的函数，可用下式表示

$$\hat{y} \pm t_{k/2, n-s} s_e \sqrt{1 + \frac{1}{n} + \frac{(x_p - \bar{x})^2}{\sum (x_i - \bar{x})^2}}$$

式中，$t_{k/2, n-s}$ 是本书（附录 B）统计表 B-2 中 $t$ 分布（$n-2$ 自由度）中的值。

⊜ 对于较大的 $n(n > 30)$，$t$ 分布近似于一个正态分布，95% 预测区的 $t$ 值趋近于 1.96 或近似于 2，对于大多数的应用情况来说，近似方式能提供满意的结果。

⊜ 在大多数经济研究中，截距参数 $\alpha$ 的意义不大，不会包括在进一步的分析之中。

㉃ 除了检验有关 $\beta$ 的假设以外，还可以计算 $\beta$ 的置信区间，方式与采用 $\beta$ 样本分布的式（4-23）相似。

⑤ $t$ 检验通常用于检验样本规模相对较小时（30 以下）单个回归参数的显著性。对于较大的样本，统计显著性的检验可利用标准的正态概率分布来进行，$t$ 分布趋近于极限。

⑥ 自由度是超过计算某一既定回归系数或统计值的最低必要的观察数。在一个回归模型中，自由度的数量等于观察值数量减去被估计参数（$\alpha$ 和 $\beta$）的数量。例如，在一个简单的（双变量）回归模型中，最少需要两个观察值才能计算斜率（$\alpha$）和截距（$\beta$）参数，因此，自由度的数量等于观察值的数量 $n$ 减 2。要估计 3 个参数，一定是 $n-3$，依次类推。

对比备择假设

$$H_a : \beta \neq \beta_0$$

具有 $k = 5\%$ 的显著水平，[○]我们计算统计量

$$t = \frac{b - \beta_0}{s_b} \tag{4-25}$$

决策就是拒绝原假设，条件是 $t$ 小于 $-t_{0.25,n-2}$，或者大于 $+t_{0.25,n-2}$，此处的 $t_{0.25,n-2}$ 值可以从（附录 B）表 B-2 的 $t$ 分布（带有 $n-2$ 的自由度）中得到。[○]企业应用假设检测时，最好使显著水平保持较小值（即，不大于 $1\%$ 或 $5\%$）。除非需求估计产生一个非常高的置信度，表明促销支出实际在"推动"销售量（即 $\beta \neq 0$），否则对于一个涉及几百万美元促销费用、包括广告宣传和零售展示的营销计划，人们无法证明它的合理性。

在舍温－威廉姆斯公司的例子中，假设我们希望检验（在 $k = 0.05$ 显著水平上）促销支出在涂料销量预测中是否是一个有用的变量，实际上，我们是希望通过一种统计检测来确定样本值（即 $b = 0.433\,962$）是否与零有显著差别。原假设和备择假设就是

$$H_0 : \beta = 0 (X 和 Y 之间没有关系)$$
$$H_a : \beta \neq 0 (X 和 Y 之间为线性关系)$$

因为用于计算回归方程的样本中有 10 个观察值，所以样本统计值 $b$ 将有一个自由度为 8（$= n-2$）的 $t$ 分布。我们从 $t$ 分布（附录 B 的表 B-2）中得到 $t_{0.25,8}$ 的值为 2.306，因此，如果计算出来的 $t$ 值小于 $-2.306$ 或大于 $+2.306$，决策规则就是拒绝 $H_0$，结论就是 $\beta \neq 0$；换言之，在促销支出和涂料销量之间存在着统计上的显著关系。

用式（4-24），计算 $s_b$，为

$$s_b = \sqrt{\frac{(22.799)^2}{180\,100 - (1\,250)^2/10}} = 0.147\,63$$

由式（4-25）计算出来的 $t$ 值变为

$$t = \frac{0.433\,962 - 0}{0.147\,63} = 2.939$$

因为这个数值大于 $+2.306$，我们拒绝 $H_0$。因此，根据样本数据得出的结论是：在 $5\%$ 的显著水平上，促销支出与涂料销量之间存在着一种正的线性关系。

---

## 实例 | 设计师牛仔裤与 Lee 牛仔裤是互补品还是替代品

为了增加零售销量，商人们常常发现对商品的促销、展示和分类等因素几乎与商品的正确价位一样重要。拥有 Lee 牛仔裤的 VF 公司正在考虑，是否在其产品组合中加进一种新型升级品牌的牛仔裤——全人类 7 件（7 for All Mankind）。他们希望通过需求估计能回答的第一个问题就是：一般顾客是单独购买他们的 Lee 牛仔裤，还是购买 Lee 牛仔裤时还要搭配购买设计师（designer）牛仔裤的"Guess"品牌或自己的"全人类 7 件"品牌？或者说，"全人类 7 件"是否会损害 Lee 牛仔裤的销售？简言之，这两种产品被人们视为互补品还是替代品？该公司收集了目标市场 48 个季度的销量、价格和微观经济数据。目前的变量值是 $Q_{LEE} = 50\,000$，$P_{LEE} = 20$ 美元，$P_{LEVI} = 20$ 美元，$P_{GUESS} = 35$ 美元，可支配收入（$INC$）$= 80\,000$ 美元，本地目标市场人口（$POP$）$= 100\,000$。以下为需求估计结果

$$Q_{LEE} = 133\,500 - 1\,250P_{LEE} + 450P_{LEVI}$$
$$(3.0) \qquad (-9.1) \qquad (4.3)$$
$$- 571.43P_{GUESS} - 1.25INC + 0.50POP$$
$$(-1.05) \qquad (-16.4) \qquad (4.97)$$

$$R^2 = 0.92 \quad SSE = 184\,000\,000$$

很容易看到，需求的价格弹性具有统计显著性，因为 $t$ 值 $-9.1$ 的绝对值大于 $3.55$ 的 $99\%$ 关键值。这个价格弹性的计算是 $-1\,250 \times$ 当前价格/当前销量 $= -1\,250 \times 20$ 美元/$50\,000 = -0.5$。价格弹性不足说明 Lee 牛仔裤引进了一些有效的转换成本并且建立了一种品牌形象，它能形成顾客忠诚并降低其顾客对提价的敏感性。收入弹性在 $-1.25 \times 80\,000$ 美元/$50\,000 = -2.0$ 处也具有统计显著性，说明 VF 公司不应该把它的产品放在像梅西百货和尼曼·马库斯百货这样位于城郊购物中心的高档百货商店中，而是应该通过塔吉特百货和彭尼百货销售其牛仔裤。正如人们所预期的，Levi 牛仔裤价格上的符号为正，而且具有统计显著性，表明 Lee 牛仔裤和 Levi 牛仔裤互为替代品。

那么设计师牛仔裤呢？如果两种商品在商店一起出售，VF 公司会希望对它们一起展示和促销。如果不是这样，也许"全人类 7 件"牛仔裤的销售应该通过互联网分销渠道或像纽约的 Barney's 这样的专卖店，这样才不会影响到 Lee 牛仔裤在塔吉特百货和彭尼百货的销量。营销团队还搜集了有关目标顾客市场每个季度的人口规模（$POP$）以及对其规模控制的数据。需求估计值是 $-571.43$，代表了带有历史数据的设计师牛仔裤的价格变化对 Guess 牛仔裤的影响。把这个估计系数乘上 35 美元的平均价格再除以 $50\,000$，得到一个交叉价格弹性估计值 $-0.40$。但是 $t$ 值是 $-1.05$，显示出交叉价格弹性估计值在统计上与零有显著区别，置信度只有 $65\%$。这个结果意味着 Lee 牛仔裤与设计师牛仔裤的确不是替代品，VF 公司可以停止担心一种产品会对另一种产品产生不利影响。

### 4.3.2 相关系数

衡量两个变量之间关联程度的第一个指标叫作相关系数。给定总体中的 $n$ 对观察值，$(x_1, y_1)$ $(x_2, y_2)$，…，$(x_n, y_n)$，样本相关系数可定义为

$$r = \frac{\sum (x_i - \bar{x})(y_i - \bar{y})}{\sqrt{\sum (x_i - \bar{x})^2 \sum (y_i - \bar{y})^2}}$$

把此表达式简化，计算公式为

$$r = \frac{n \sum x_i y_i - \sum x_i \sum y_i}{\sqrt{\left[ n \sum x_i^2 - (\sum x_i)^2 \right] \left[ n \sum y_i^2 - (\sum y_i)^2 \right]}} \qquad (4\text{-}26)$$

相关系数（$r$）的值在 +1 和 -1 之间，前者为两个变量完全正相关，后者为两个变量完全负相关。图 4-6a 和图 4-6b 分别显示出表现为完全正相关和完全负相关的两个变量。正相关系数表明一个变量的高数值一般会与其他变量的高数值相关联，而负相关系数恰好相反，表示一个变量的高数值一般与其他变量的低数值相关联。经济变量之间表现出完全相关关系的是极少的。图 4-6c 表明零相关在两个变量的观察值之间不存在可识别的关系。

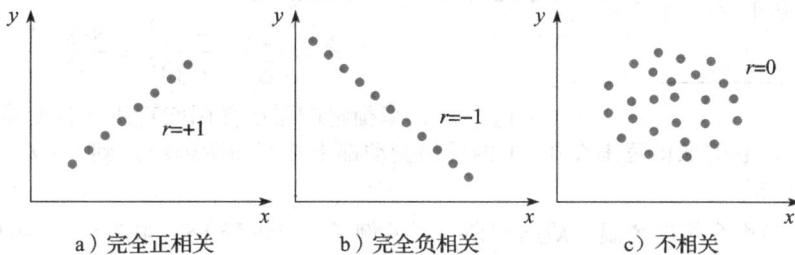

a）完全正相关  b）完全负相关  c）不相关

图 4-6  相关系数

可以用前面讨论过的舍温 - 威廉姆斯公司的例子来说明样本相关系数的计算过程。把表 4-2 中的相关数量代入式（4-26），就能得到 $r$ 的值

$$r = \frac{10 \times 229\,100 - 1\,250 \times 1\,750}{\sqrt{\left[ 10 \times 180\,100 - (1\,250)^2 \right]\left[ 10 \times 314\,900 - (1\,750)^2 \right]}} = 0.720\,59 \text{ 或 } 0.721$$

它反映出促销支出和涂料销量的样本观察值之间的相关性。

## 4.3.3  方差分析

另一个简单指标是 $r$ 平方，它衡量了评估回归模型对观察样本的整体"拟合"程度。首先研究图 4-7 中一个典型的观察值（$y_i$），假如我们想预测相对于一个等于 $x_i$ 的 $X$ 值的 $Y$ 值。此时在不考虑回归直线的情况下，如果我们使用 $Y$ 的平均值（即 $\bar{y}$）作为 $Y$ 的最佳估计值，那么将产生什么误差？图 4-9 表明，所涉及的误差标为"总偏差"，它是观察值 $y_i$ 与 $\bar{y}$ 之差。假设我们现在使用样本回归直线来估计 $Y$，给定 $X = x_i$，$Y$ 的最佳

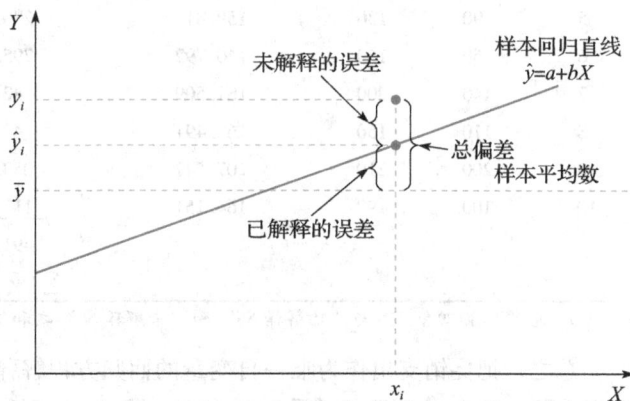

图 4-7  总偏差的分割

估计值为 $\hat{y}_i$。由于是使用回归直线来估计 $Y$，所以估计误差被减少为观察值 $y_i$ 和 $\hat{y}_i$，之差。图 4-9 中的总偏差（$y_i - \bar{y}$）被分为两部分：总偏差中未被解释的部分（$y_i - \hat{y}_i$）和总偏差中已被回归直线解释的部分（$\hat{y}_i - \bar{y}$），也就是

$$总偏差 = 未解释误差 + 已解释误差$$
$$(y_i - \bar{y}) = (y_i - \hat{y}_i) + (\hat{y}_i - \bar{y})$$

如果我们利用这个程序把样本中每个观察值的总误差进行分解，然后再对等式两边进行平方并求和，（经过一些代数简化）就得到[⊖]

$$总 SS = 未解释的 SS + 已解释的 SS$$

$$SST = \sum e_i^2 + SSR = SSE + SSR \tag{4-27}$$

$$\sum (y_i - \bar{y})^2 = \sum (y_i - \hat{y}_i)^2 + \sum (\hat{y}_i - \bar{y})^2$$

**可决系数**（coefficient of determination）：一种衡量指标，反映了因变量的总变化中已被解释的比例。

现在可以用这种平方和分析来说明一种衡量回归直线对样本观察值的拟合程度的指标，样本的**可决系数**或 r 平方（$r^2$）等于已解释 SS 与总 SS 之比

$$r^2 = \frac{\sum (\hat{y}_i - \bar{y})^2}{\sum (y_i - \bar{y})^2} = \frac{SSR}{SST} \tag{4-28}$$

这个 $r^2$ 比率衡量的是已被回归直线（自变量）解释了的因变量变动的比例。它的取值范围在 0（Y 的任何变动都未被回归所解释）到 1（Y 的所有变动都被回归所解释）之间。

表 4-3 说明前面介绍的舍温 – 威廉姆斯公司的例子中已解释 SS、未解释 SS 和总 SS 的计算方法。已解释 SS 为 4 491.506，总 SS 为 8 650.000，因此，根据式（4-28），可决系数为

$$r^2 = \frac{4\ 491.506}{8\ 650.000} = 0.519$$

**表 4-3　舍温 – 威廉姆斯公司已解释 SS、未解释 SS 和总 SS 的计算过程**

| $i$ | $x_i$ | $y_i$ | $\hat{y} = 120.754\ 75 + 0.433\ 962 x_i$ | 已解释的 SS $(\hat{y}_i - \bar{y})^2$ | 未解释的 SS $(y_i - \hat{y}_i)^2$ | 总的 SS $(y_i - \bar{y})^2$ |
|---|---|---|---|---|---|---|
| 1 | 150 | 160 | 185.849 | 117.702 | 668.171 | 225.000 |
| 2 | 160 | 220 | 190.189 | 230.696 | 888.696 | 2 025.000 |
| 3 | 50 | 140 | 142.453 | 1 059.317 | 6.017 | 1 225.000 |
| 4 | 190 | 190 | 203.208 | 795.665 | 174.451 | 225.000 |
| 5 | 90 | 130 | 159.811 | 230.696 | 888.696 | 2 025.000 |
| 6 | 60 | 160 | 146.792 | 795.665 | 174.451 | 225.000 |
| 7 | 140 | 200 | 181.509 | 42.373 | 341.917 | 625.000 |
| 8 | 110 | 150 | 168.491 | 42.373 | 341.917 | 625.000 |
| 9 | 200 | 210 | 207.547 | 1 059.317 | 6.017 | 1 225.000 |
| 10 | 100 | 190 | 164.151 | 117.702 | 668.171 | 225.000 |
| | | | | 4 491.516 | 4 158.504 | 8 650.000[①] |
| | | | | $\sum (\hat{y}_i - \bar{y})^2$ | $\sum (y_i - \hat{y}_i)^2$ | $\sum (y_i - \bar{y})^2$ |

① "总 SS" 因四舍五入与 "已解释 SS" 和 "未解释 SS" 之和稍有不同。

总之，把促销支出作为唯一自变量的回归方程解释了此样本中涂料销量大约 52% 的变化。还可以看到，这个 $r^2$ 等于相关系数的平方，即 $r^2 = 0.519 = (r)^2 = (0.720\ 59)^2$。对于多元线性回归模型来说，要用 F 检验来检验所有的回归系数都为零的假设。

$r^2$ 的组成部分可重新构建为一个 F 比率

$$F = \frac{SSR}{SSE/d.f.} \tag{4-29}$$

⊖ 统计学中一个标准惯例就是让 "SS" 代表 "平方和"（sum of square），或用 "误差平方和"（SSE, sum of squared errors）。

可用来检验估计回归方程是否解释了因变量变动中的大部分。如果计算出来的 $F$ 比率大于从表 B-3 中 $F$ 分布得到的 $F_{0.05,1,n-2}$ 的值，那么决策就是在 $k=0.5\%$ 显著水平上，拒绝 $X$ 和 $Y$ 之间没有关系（即没有解释能力）的原假设。通过 $F$ 比率得到

$$F = \frac{4\,491.506}{4\,158.5/8} = 8.641$$

从 $F$ 分布（附录 B 的表 B-3）中查到的 $F_{0.05,1,8}$ 的关键值为 5.32。因此，在 0.05 显著水平上我们拒绝了促销支出与涂料销量之间没有关系的原假设。换句话说，我们得出结论：回归模型的确解释了样本中涂料销量的大部分变化。

## 4.4  多元线性回归模型

包含两个或多个自变量的线性关系叫作多元线性回归模型。在（完全的）一般多元线性回归模型中，假设因变量 $Y$ 是 $m$ 个自变量 $X_1$，$X_2$，$\cdots$，$X_m$ 的函数，具体形式为

$$Y = \alpha + \beta_1 X_1 + \beta_2 X_2 + \cdots + \beta_m X_m + \varepsilon \tag{4-30}$$

在舍温 – 威廉姆斯公司的例子中，假设涂料销售量（$Y$）是 3 个变量的函数：促销支出（$A$）、价格（$P$）和家庭可支配收入（$M$）。

$$Q = \alpha + \beta_1 A + \beta_2 P + \beta_3 M + \varepsilon$$

### 4.4.1  电脑程序的运用

使用矩阵代数方法，可以采用那些与简单线性回归模型相似的程序来计算估计回归系数，同时可以采用不同的电脑程序完成这个过程。

这些程序的输出结果是相当标准的，都包括估计回归系数、各个系数的 $t$ 统计值、$R^2$、方差分析和整体显著性的 $F$ 检验。

### 4.4.2  估算总体回归系数

从图 4-8 的电脑输出结果可以得到下列回归方程

$$Y = 310.245 + 0.008A - 12.202P + 2.677M \tag{4-31}$$

| Dep var: SALES (Y)  N: 10 | | Multiple R: 0.889 | | Multiple R squared: 0.790 | |
|---|---|---|---|---|---|
| Adjusted multiple R squared: | | 0.684 | Standard error of estimate: 17.417 | | |
| Variable | Coefficient | Std error | Std coef | Tolerance | T | P(2 tail) |
| CONSTANT | 310.245 | 95.075 | 0.000 | | 3.263 | 0.017 |
| PROMEXP ($X_1$) | 0.008 | 0.204 | 0.013 | 0.305 442 6 | 0.038 | 0.971 |
| SELLPR ($X_2$) | -12.202 | 4.582 | -0.741 | 0.452 937 2 | -2.663 | 0.037 |
| DISPINC ($X_3$) | 2.677 | 3.160 | 0.225 | 0.496 168 6 | 0.847 | 0.429 |

| Analysis of Variance | | | | | |
|---|---|---|---|---|---|
| Source | Sum-of-squares | DF | Mean-square | F-ratio | P |
| Regression | 6 829.866 | 3 | 2 276.622 | 7.505 | 0.019 |
| Residual | 1 820.134 | 6 | 303.356 | | |

图 4-8  电脑输出结果：舍温 – 威廉姆斯公司

变量 $P$ 的系数（ $-12.202$ ）表明，所有其他条件不变，价格提高 1 美元，某一既定销售地区内的预期销售将减少 $12.202 \times 1\,000 = -12\,202$ 加仑。

### 4.4.3 利用回归模型进行预测

如同简单的线性回归模型，多元线性回归模型可以用来进行点预测或区间预测。把自变量的特定值代入估计回归方程就可进行点预测。

在舍温 - 威廉姆斯公司的例子中，假设我们要估计某一销售地区的销量，这个地区的促销支出为 185 000 美元（即 $A = 185$ ），销售价格为 15.00 美元（ $P$ ），每个家庭的可支配收入为 19 500 美元（即 $M = 19.5$ ），把这些数值代入式（4-31），得到

$$\hat{y} = 310.245 + 0.008 \times 185 - 12.202 \times 15.00 + 2.677 \times 19.5 = 180.897（千加仑）$$

在预测 $y$ 的过程中，是包括一个、两个还是全部三个自变量，取决于这个及随后样本外预测的平均预测误差（比如这里是 $185\,000 - 180\,897 = 4\,103$ ）。

图 4-8 中产量估计值的标准误差可用来构建 $y$ 的预测区间。大约 95% 的预测区间等于

$$\hat{y} \pm 2s_e$$

对于一个带有前面提到特点的销售地区（即， $A = 185$ ， $P = 15.00$ 美元， $M = 19.5$ ）来说，大约 95% 的涂料销量预测区间等于 $180.897 \pm 2 \times 17.417$ ，或从 146 063 加仑到 215 731 加仑。

### 4.4.4 总体回归系数的推断

大多数回归程序都要检验每一个自变量（ $X$ ）是否在统计上显著地说明了因变量（ $Y$ ），它检验原假设

$$H_0 : \beta_i = 0$$

对比备择假设

$$H_a : \beta_i \neq 0$$

如果变量相对的 $t$ 值小于 $-t_{0.025,6} = -2.447$ 或大于 $t_{0.025,6} = +2.447$ ，那么决策规则是拒绝 0.05 显著水平上涂料销量（ $Y$ ）与每个自变量之间没有关系的原假设。如图 4-8 所示，只有计算出来的 $P$ 变量的 $t$ 值小于 $-2.447$ ，因此，我们可以得出结论，销量价格（ $P$ ）才在解释涂料销量中具有统计显著性（在 0.05 水平上）。这个推断会决定这种涂料的营销计划应集中在价格上，而不应放在促销支出或目标家庭可支配收入的作用上。

---

| 实例 | 新汽车的估计需求

近期购买汽车的新车登记在一定时期内会按照一种可预测的方式变化，这个经济理论的推理过程可以确定包括在新车需求经验模型中的解释变量。首先，任何耐用消费品的需求都会随着目标顾客群的人口增加而上升。因此，必须要么把人口规模作为一个解释变量，要么用新车登记量除以人口数，由此形成一个人均新车需求的因变量，如表 4-4 所示。第二，很

多新车的购买需要筹集资金，所以最低现金存款要求（最低存款）和汽车筹资率（利率）在某个月内引发购买决策过程中的作用与汽车销售价格（价格）是同样重要的。第三，人们预期到可支配收入（收入）的变化会影响一个家庭更换汽车的决策。更高的家庭收入将与高档车型需求的增加相联系。像第一次海湾战争这样的地缘政治事件以及连带的石油价格

飙升都会影响对汽车的需求，因为汽油是汽车消费的主要互补品。第四，与其他时尚物品一样，引进大众喜爱的新车型会强化随后的购买决策，因此上期更高的汽车销量应该对本期汽车销量的增加有积极影响。过去销量的这些滞后影响会随着人们日益远离引发最初销售高潮的产品引进而减弱。

表 4-4 报告了经验估计的结果。这些乘法指数模型与式（4-5）和式（4-6）相似，因变量和各个自变量都是对数，因此，参数估计本身可以解释为弹性，包括需求的价格弹性、收入弹性、利率弹性以及最低存款弹性等。

**表 4-4　英国人均新车需求决定因素的 OLS 估计**

| 解释变量 | 系数 |
| --- | --- |
| 常数 | -15.217 |
|  | (-5.66)[1] |
| log 价格 | -0.341 |
|  | (-2.25)[2] |
| log 最低存款 | -0.105 |
|  | (-1.78) |
| log 利率 | -0.436 |
|  | (-5.31)[1] |
| log 收入 | -1.947 |
|  | (10.94)[1] |
| 石油危机虚拟变量 | -0.146 |
|  | (-4.45)[1] |

| 解释变量 | 系数 |
| --- | --- |
| （续） | |
| log 新汽车$_{t-1}$ | 0.404 |
|  | (3.24)[1] |
| 经调整的 $R^2$ | 0.965 |
| 杜宾-沃森 | 2.11 |
| F | 91.62 |
| N | 20 |

注：括号中为 t 统计值。假设检验为单尾检验。
① ② 统计显著性水平分别为 1% 和 5%。
资料来源：Based on *Managerial and Decision Economics*, 17（January 1996），pp. 19-23.

进行此项研究的研究人员首先发现人均新车登记的市场需求是价格弹性不足的（-0.341），表现出很多车型具有一定的定价能力。其次，最低存款弹性为 -0.105 意味着现金存款增加 20% 导致需求减少 2.1%（即 $0.2 \times (-0.105)$ = -0.021）。可以预期，购买汽车筹资率增加 50%。比如从 6% 提高到 10%，将导致汽车需求下降 22%。汽车是收入弹性充足的（1.947）商品，所以，可支配收入增加 10% 将导致汽车需求上升 19.5%。汽油短缺和排队等候购买互补品汽油的时间造成了汽车需求减少 14%。⊖最后，一个时期的延滞需求，新汽车对于目前的购买具有一个较大的积极影响，预期系数在 0 和 1 之间。⊖整体上看，此模型解释了人均新车销量时间序列变动的 96%。

## 4.4.5　方差分析

与说明简单线性回归模型类似的方法可用于评估多元线性回归模型的整体解释能力。

多元可决系数（$r^2$）是回归模型整体"拟合"程度的衡量指标。图 4-8 中多元 $R^2$ 的值为 0.790，表明这个含有 3 个变量的回归方程解释了因变量（涂料销量）中总变动的 79%。

图 4-8 计算机输出结果中的 F 比率用于检验的假设条件就是所有的自变量（$X_1$，$X_2$，…，$X_m$）一起解释了因变量（Y）变动中的大部分。一种是使用 F 值检验原假设

$$H_0 : \text{所有的} \beta_i = 0$$

对比备择假设

$$H_a : \text{至少有一个} \beta_i \neq 0$$

换句话说，我们正在检验是否至少有一个解释变量为 Y 的预测提供了信息。如果计算机输出

---

⊖　一个例外就是在回归模型中直接加进了一个 0/1 石油危机虚拟变量，不取对数，因为零的对数等于负无穷大，因此在回归过程中是一个无法界定的数值。因此，相对于 0/1 事件的需求弹性是 $e^{\beta} - 1$（此时 $e^{-0.146} - 1$ = 0.864 - 1 = -13.6）。所以，结论是 -14%。

⊖　与此相反，滞后因变量的系数大于 1（或小于 -1）将表示存在内在不稳定的指数加速的需求增长（或下降）。

结果中的 $F$ 值大于 $F$ 分布（带有 $m$ 和 $n-m-1$ 自由度）提供的数值，决策就是拒绝 $k$ 显著水平上的原假设。附录 B 中表 B-3 提供了 $F$ 值。

在舍温－威廉姆斯的例子中，假设我们想检验这 3 个自变量是否说明了收入的大部分变动（在 0.05 水平上）。如果计算出来的 $F$ 值大于 $F_{0.05,3.6}=4.76$，决策规则就是拒绝原假设（没有关系）。因为 $F=7.505$，我们拒绝原假设，而且结论是自变量对于解释涂料销量是有用的，置信度为 $(1-0.019)=98.1\%$。

## 小 结

- 如果厂商要实现其股东财富最大化的目标，那么对需求关系的经验估计就是必不可少的。厂商不对面对的需求函数进行准确的估计，就不可能做出利润最大化的价格和产量决策。

- 人们常常发现把统计方法作为进行经验需求函数估计的一种手段既有很大的价值，又相对便宜。回归分析常常用来对一种商品或服务的需求函数进行统计估计。

- 线性模型和乘法指数模型是需求研究中最常用的两种函数关系。

- 在一个线性需求模型中，每个自变量的系数都为需求量的变化提供了一个估计值，这个需求量的变化是在所有其他变量保持不变时与某个既定自变量的一个单位的变动相联系的。需求曲线上所有点上的边际影响都是不变的。一个线性需求模型相对于每个自变量的弹性（如价格弹性和收入弹性）不是不变的，而是在需求曲线的整个范围内都是变化的。

- 在一个乘法指数需求模型中，每个自变量对需求量的边际影响不是不变的，而是在需求曲线的整个范围内都是变化的。不过，一个乘法指数需求模型中相对于每个自变量的弹性是不变的，并且等于相应参数的估计值。

- 回归分析的目标就是在因变量和自变量（解释变量）之间建立一种函数关系。一旦函数关系（即回归方程）建立起来，就可以利用这个方程对因变量的数值进行预测。

- 最小二乘法用于估计回归系数。最小二乘法使样本观察值范围内因变量的观察值与估计值之差的平方和最小。

- $t$ 检验用于检验以下假设：某一具体自变量在解释因变量的变化过程中是有用的。

- $F$ 检验用于检验以下假设：回归方程中所有的自变量（$X_1$，$X_2$，$\cdots$，$X_m$）解释了因变量变化的大部分。

- 可决系数（$r^2$）衡量的是因变量的变化中已被回归方程（即全部自变量）解释的部分所占比例。

- 关联的存在并不一定是因果关系。统计检验只能确定变量之间是否存在一种关联，一种原因与后果的经济关系是否存在应由经济推理来说明。

## 练 习

1. 分析本章舍温－威廉姆斯公司的例子（见表 4-1）。建立一个回归模型，确定涂料销量（$y$）与销售价格（$x$）之间的关系。

a. 什么是估计回归方程？

b. 给出估计截距 $a$ 和斜率 $b$ 的经济解释。

c. 假设在 0.05 的显著性水平下变量之间没有关系（即 $\beta=0$）。

d. 计算可决系数。

e. 对回归进行方差分析，包括总体 $F$ 检验结果的意义（在 0.05 的显著性水平下）。

f. 根据回归模型，在销售价格为 14.50 美元时，确定涂料销售的最佳估计值的销售区域。构建一个近似 95% 的预测区间。

g. 以 14.50 美元的销售价格确定需求的价格弹性。

2. 百乐制笔公司（Pilot Pen Company）决定利用 15 个检测市场来研究其新产品的需求对不同价格的敏感程度，如下表所示。在每个市场做广告的作用是一样的。每个市场具有大约相同水平的商务活动与人口。

| 检测市场 | 索取价格（美分） | 销售量（千支） |
| --- | --- | --- |
| 1 | 50 | 20.0 |
| 2 | 50 | 21.0 |
| 3 | 55 | 19.0 |
| 4 | 55 | 19.5 |
| 5 | 60 | 20.5 |
| 6 | 60 | 19.0 |
| 7 | 65 | 16.0 |
| 8 | 65 | 15.0 |
| 9 | 70 | 14.5 |
| 10 | 70 | 15.5 |
| 11 | 80 | 13.0 |
| 12 | 80 | 14.0 |
| 13 | 90 | 11.5 |
| 14 | 90 | 11.0 |
| 15 | 40 | 17.0 |

a. 用一个线性回归模型估计该公司新笔的需求函数。

b. 对此模型进行评估，方法是计算可决系数和对价格变量的显著性进行 $t$ 检验。

c. 当价格为 50 美分时，需求的价格弹性是多少？

3. 在一项房屋需求研究中，估价员希望建立一个回归模型来估计其管辖范围内居民财产的市场价值（即销售价格）。这位估价员认为影响销售价格（以 1 000 美元为衡量单位）最重要的变量是房屋的大小（以 100 平方英尺为单位）。他随机选择了 15 幢房屋，并衡量了销售价格与房屋大小，如下表所示：

| 观察对象 $i$ | 销售价格（千美元）$Y$ | 面积大小（百平方英尺）$X_2$ |
| --- | --- | --- |
| 1 | 265.2 | 12.0 |
| 2 | 279.6 | 20.2 |

（续）

| 观察对象 $i$ | 销售价格（千美元）$Y$ | 面积大小（百平方英尺）$X_2$ |
| --- | --- | --- |
| 3 | 311.2 | 27.0 |
| 4 | 328.0 | 30.0 |
| 5 | 352.0 | 30.0 |
| 6 | 281.2 | 21.4 |
| 7 | 288.4 | 21.6 |
| 8 | 292.8 | 25.2 |
| 9 | 356.0 | 37.2 |
| 10 | 263.2 | 14.4 |
| 11 | 272.4 | 15.0 |
| 12 | 291.2 | 22.4 |
| 13 | 299.6 | 23.9 |
| 14 | 307.6 | 26.6 |
| 15 | 320.4 | 30.7 |

a. 把数据画成图形。

b. 确定估计回归直线，对估计出来的斜率 $b$ 系数给出一个经济解释。

c. 确定在估计销售价格时，房屋大小是不是一个具有统计意义的变量。

d. 计算可决系数。

e. 对结果的整体显著性进行 $F$ 检验。

f. 对 15(×100) 平方英尺面积（大小）的房屋的销售价格，确定一个大约为 95% 的预测区间。

4. Cascade 制药公司用过去 33 个季度的时间序列数据对它的一种非处方感冒药建立了如下回归方程

$$Y = -1.04 + 0.24X_1 - 0.27X_2$$

式中，$Y$ 为这种感冒药的季度销售量（千箱）；$X_1$ 为该公司每季为此要做的广告（千美元）；$X_2$ 为竞争对手对相似产品做的广告（万美元）。

有关此回归模型的其他信息包括：$s_{b1} = 0.032$，$s_{b2} = 0.070$，$R^2 = 0.64$，$s_e = 1.63$，$F$ 统计值 =31.402，杜宾－沃森（$d$）统计量 = 0.499 5。

a. 哪一个自变量（如果有的话）在解释这种感冒药的销售量上表现出了统计显著性（在 0.05 显著性水平上）？

b. 销售量的总变化中被回归方程所解释的

比例是多少？

c. 对此模型的整体解释能力进行一次 $F$ 检验（在 0.05 的显著性水平上）。

d. 在对此模型的评估过程中，你会发现其他什么统计信息是有用的（如果有的话）？

5. 通用麦片公司（General Cereals）正在使用一个回归方程来估计 Tweetie Sweeties 的需求，这是一种哨子形状、包有糖衣的儿童早餐麦片。使用的（乘法指数）需求函数如下

$$Q_D = 6\,280 P^{-2.15} A^{1.05} N^{3.70}$$

式中，$Q_D$ 为需求量（一盒 10 盎司[$\ominus$]），$P$ 为每盒价格（美元）；$A$ 为用于白天电视节目的广告支出（美元）；$N$ 为 12 岁以下人口比例。

a. 确定对 Tweetie Sweeties 需求的点价格弹性。

b. 确定需求的广告弹性。

c. 你对 $N$ 的指数做何解释？

6. 鳕鱼的需求估计如下：

$$\log Q = a + b\log P + c\log I + d\log P_m$$

式中，$Q$ 为新英格兰地区的鳕鱼销售量；$P$ 为每磅鳕鱼的价格；$I$ 为新英格兰地区个人收入的衡量指标；$P_m$ 为肉和鸡的价格指数。如果 $b = -2.174$，$c = 0.461$，$d = 1.909$

a. 确定需求的价格弹性。

b. 确定需求的收入弹性。

c. 确定需求的交叉价格弹性。

d. 你认为鳕鱼的需求有何特点？

e. 假设下一年的可支配收入预期增长 5%，其他所有因素保持不变，预测下一年鳕鱼需求量的百分比变化。

7. 对家庭家具需求函数的估计产生以下结果

$$F = 0.003\,6 Y^{1.08} R^{0.16} P^{-0.48} \qquad r^2 = 0.996$$

式中，$F$ 为每个家庭的家具支出；$Y$ 为每个家庭的可支配个人收入；$R$ 为每个家庭私人

住宅建筑价值；$P$ 为家具价格指数与消费者价格指数之比。

a. 确定家庭家具的点价格弹性和点收入弹性。

b. 你对 $R$ 作为一个变量包括在方程之中有何解释？为什么 $R$ 作为变量包含在方程中？

c. 如果你是家具制造商的供应商，是否愿意看到以实物销售量而不是以美元收益进行的分析？这种变化将如何改变对目前估计为 $-0.48$ 的价格系数的解释？

8. 再分析一下本章谈论过的舍温-威廉姆森公司的例子（见表 4-1）。假设人们有兴趣建立一个多元回归模型，涂料销售量（$Y$）是因变量，促销支出（$A$）和销售价格（$P$）是自变量。

a. 确定估计回归直线。

b. 对估计出来的斜率系数（$b_s$）给出一个经济解释。

c. 检验因变量与每个自变量之间没有关系的假设（在 0.05 的显著水平上）。

d. 确定可决系数。

e. 对回归进行方差分析，包括对结果的整体显著性（0.05 水平）的 $F$ 检验。

f. 根据回归模型，确定在一个促销支出为 80 000 美元，销售价格为 12.50 美元的销售区域内涂料销售量的最佳估计值。

g. 确定 f 给出的促销支出和销售价格数值上的点促销弹性和点价格弹性。

9. 估价员（见练习题 3）认为回归方程中使用更多的自变量可以提高模型的整体解释能力，他认为除了房屋面积大小，房间总数、房龄和房屋是否带车库，都可能是影响销售价格的重要变量。下表所示为 15 个随机选取的房屋数据。

| 观察对象 $i$ | 销售价格（千美元）$Y$ | 大小（百平方英尺）$X_1$ | 房间总数 $X_2$ | 房龄 $X_3$ | 附带车库（No =0, Yes =1）$X_4$ |
| --- | --- | --- | --- | --- | --- |
| 1 | 265.2 | 12.0 | 6 | 17 | 0 |
| 2 | 279.6 | 20.2 | 7 | 18 | 0 |

---

[$\ominus$] 1 盎司 =28.350 克。

（续）

| 观察对象 | 销售价格 | 大小 | 房间总数 | 房龄 | 附带车库 |
|---|---|---|---|---|---|
| $i$ | （千美元） $Y$ | （百平方英尺） $X_1$ | $X_2$ | $X_3$ | (No = 0, Yes = 1) $X_4$ |
| 3 | 311.2 | 27.0 | 7 | 17 | 1 |
| 4 | 328.0 | 30.0 | 8 | 18 | 1 |
| 5 | 352.0 | 30.0 | 8 | 15 | 1 |
| 6 | 281.2 | 21.4 | 8 | 20 | 1 |
| 7 | 288.4 | 21.6 | 7 | 8 | 0 |
| 8 | 292.8 | 25.2 | 7 | 15 | 1 |
| 9 | 356.0 | 37.2 | 9 | 31 | 1 |
| 10 | 263.2 | 14.4 | 7 | 8 | 0 |
| 11 | 272.4 | 15.0 | 7 | 17 | 0 |
| 12 | 291.2 | 22.4 | 6 | 9 | 0 |
| 13 | 299.6 | 23.9 | 7 | 20 | 1 |
| 14 | 307.6 | 26.6 | 6 | 23 | 1 |
| 15 | 320.4 | 30.7 | 7 | 23 | 1 |

a. 用电脑回归程序确定带有表中所示 4 个解释变量的估计回归方程。

b. 对每一个估计回归系数给出经济解释。

c. 哪一个自变量（如果有的话）在解释销售价格上具有统计显著性（在 0.05 的显著水平上）？

d. 销售价格总变动中的多大部分已被回归模型所解释？

e. 对模型的争议解释能力进行一次 $F$ 检验（在 0.05 的显著水平上）。

f. 为已经建造 15 年、面积 1 800 平方英尺、7 个房间、附带车库的房屋的销售价格构建一个大约 95% 的预测区间。

## 案例练习

### 软饮料需求估计

用经验数据、时间序列数据或横断面数据都可以对需求进行估计。莎莉集团（Sara Lee Corporation）在实验商店中收集了经验数据，以检测由 NFL 授权的卡罗来纳黑豹队的标志对冠军外套销售量的影响。需求预测通常要依赖于时间序列数据，而下表列出的是横断面数据。每年人均罐装饮料消费量与 6 罐装饮料的价格、人均纯收入以及美国 48 个临近州的平均温度有关。

| | 罐/人/年 | 6 罐装饮料价格 | 收入/人 | 平均温度（℉） |
|---|---|---|---|---|
| 亚拉巴马 | 200 | 2.19 | 13 | 66 |
| 亚利桑那 | 150 | 1.99 | 17 | 62 |
| 阿肯色 | 237 | 1.93 | 11 | 63 |
| 加利福尼亚 | 135 | 2.59 | 25 | 56 |
| 科罗拉多 | 121 | 2.29 | 19 | 52 |

（续）

| | 罐/人/年 | 6 罐装饮料价格 | 收入/人 | 平均温度（℉） |
|---|---|---|---|---|
| 康涅狄格 | 118 | 2.49 | 27 | 50 |
| 特拉华 | 217 | 1.99 | 28 | 52 |
| 佛罗里达 | 242 | 2.29 | 18 | 72 |
| 佐治亚 | 295 | 1.89 | 14 | 64 |
| 爱达荷 | 85 | 2.39 | 16 | 46 |
| 伊利诺伊 | 114 | 2.35 | 24 | 52 |
| 印第安纳 | 184 | 2.19 | 20 | 52 |
| 艾奥瓦 | 104 | 2.21 | 16 | 50 |
| 堪萨斯 | 143 | 2.17 | 17 | 56 |
| 肯塔基 | 230 | 2.05 | 13 | 56 |
| 路易斯安那 | 269 | 1.97 | 15 | 69 |
| 缅因 | 111 | 2.19 | 16 | 41 |
| 马里兰 | 217 | 2.11 | 21 | 54 |
| 马萨诸塞 | 114 | 2.29 | 22 | 47 |
| 密歇根 | 108 | 2.25 | 21 | 47 |

（续）

| | 罐/人/年 | 6罐装饮料价格 | 收入/人 | 平均温度（℉） |
|---|---|---|---|---|
| 明尼苏达 | 108 | 2.31 | 18 | 41 |
| 密西西比 | 248 | 1.98 | 10 | 65 |
| 密苏里 | 203 | 1.94 | 19 | 57 |
| 蒙大拿 | 77 | 2.31 | 19 | 44 |
| 内布拉斯加 | 97 | 2.28 | 16 | 49 |
| 内华达 | 166 | 2.19 | 24 | 48 |
| 新罕布什尔 | 177 | 2.27 | 18 | 35 |
| 新泽西 | 143 | 2.31 | 24 | 54 |
| 新墨西哥 | 157 | 2.17 | 15 | 56 |
| 纽约 | 111 | 2.43 | 25 | 48 |
| 北卡罗来纳 | 330 | 1.89 | 13 | 59 |
| 北达科他 | 63 | 2.33 | 14 | 39 |
| 俄亥俄 | 165 | 2.21 | 22 | 51 |
| 俄克拉何马 | 184 | 2.19 | 16 | 82 |
| 俄勒冈 | 68 | 2.25 | 19 | 51 |
| 宾夕法尼亚 | 121 | 2.31 | 20 | 50 |
| 罗得岛 | 138 | 2.23 | 20 | 50 |
| 南卡罗来纳 | 237 | 1.93 | 12 | 65 |
| 南达科他 | 95 | 2.34 | 13 | 45 |
| 田纳西 | 236 | 2.19 | 13 | 60 |

（续）

| | 罐/人/年 | 6罐装饮料价格 | 收入/人 | 平均温度（℉） |
|---|---|---|---|---|
| 得克萨斯 | 222 | 2.08 | 17 | 69 |
| 犹他 | 100 | 2.37 | 16 | 50 |
| 佛蒙特 | 64 | 2.36 | 16 | 44 |
| 弗吉尼亚 | 270 | 2.04 | 16 | 58 |
| 华盛顿 | 77 | 2.19 | 20 | 49 |
| 西弗吉尼亚 | 144 | 2.11 | 15 | 55 |
| 威斯康星 | 97 | 2.38 | 19 | 46 |
| 怀俄明 | 102 | 2.31 | 19 | 46 |

## 问题

1. 使用你电脑中的多元回归程序对软饮料的需求进行估计。
2. 解释系数，计算软饮料需求的价格弹性。
3. 在回归方程中省略价格因素，观察由此对收入参数估计造成的偏差影响。
4. 现在在回归方程中同时省略价格和温度，是否应该制定一个旨在把大多数的罐装饮料机重新安排在低收入地区的营销计划？为什么？

# 应用线性回归模型的问题

## 4A.1 导论

第 4 章讨论简单线性和多元线性回归模型时，对变量之间关系的性质做出了几点假设。我们如何确定在某种给定情况下假设条件是否正在被违背？对假设条件的违背如何影响模型的参数估计和预测的准确性？有什么方法（如果有的话）能克服因假设条件不适应某种情况造成的各种困难？

计量经济学对上述问题提供了一些（并非全部）答案。能使简单回归的结果无效、需要做进一步分析的一些问题包括：

（1）自相关；

（2）异方差性；

（3）设定误差与衡量误差；

（4）多重共线性；

（5）联立方程关系与识别问题；

（6）非线性。

本附录将讨论以上各个问题。

### 4A.1.1 自相关

在很多经济模型和预测问题中，经验数据都采取一种时间序列的形式，即在不同时点上对变量取一系列观测值。例如，我们可能对美国的电视及总销量感兴趣，就可以把 10～15 年美国的可支配收入作为自变量。在用时间序列数据进行研究时，会出现一种叫作**自相关**的问题。

**自相关**（autocorrelation）：一个计量经济问题，其特点就是在一个线性回归模型中误差项的连续数值存在某种显著方式。

如前所述，构成回归模型的一个假设条件（具体地说，假设 3）就是：扰动项 $e_t$ 一定会是一个独立的随机变量。换句话说，我们假定每个连续误差 $e_t$ 是与前后误差无关的，这样，回归方程才不会使扰动项的连续数值形成可预见的方式。在误差项的连续数值中存在的某种显著方式构成了自相关。扰动项的连续数值既可表现为正的自相关，也可表现为负的自相关。图 4A-1a、图 4A-1b 所示为正的或负的自相关，表示无论何时连续的干扰都跟随着具有相同符号的干扰。

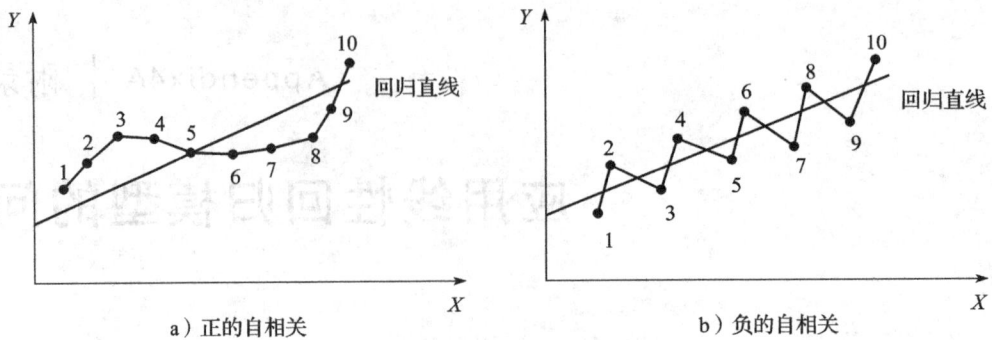

图 4A-1 自相关的类型（数字 1, 2, 3, …, 10 是指连续的时间周期）

负的自相关反映出一种类似于购买可存储消费品时过少或过多的过程。如果一个家庭本周买的早餐麦片过多，那么下一周的购买量将可能低于平均数，再下一周会再次多于平均数。

正的自相关可产生于经济变量中的周期变动和季节变动。导致正的自相关的另一原因是消费者购买方式中的自我强化趋势，时装零售就是一例。如果爱马仕围巾正在流行，连续每周的销售量数据将会比前一周进一步超过平均趋势，直至流行热度减弱，爱马仕围巾不再流行为止。如果从回归方程中省略有意义的解释变量，或者存在非线性关系，那么也会形成正的自相关或负的自相关。

在研究时间序列数据时为了保险起见，应该检验随机干扰情况（$e_t$ 值）。在一些检验自相关的统计方法中，通常采用的就是杜宾-沃森统计量，它按下列公式计算

$$d = \frac{\sum_{t=2}^{n}(e_t - e_{t-1})^2}{\sum_{t=1}^{n}e_t^2} \qquad (4A\text{-}1)$$

式中，$e_t$ 为 $t$ 期的估计误差项；$e_{t-1}$ 为 $t-1$ 期的误差项。杜宾-沃森统计量检验一阶自相关，$t$ 期内的误差是否取决于前面 $t-1$ 期内的误差。$d$ 的范围从 0 到 4，如果不存在一阶自相关，$d$ 的预期值为 2，$d$ 的数值小于 2 表明可能存在正的自相关，$d$ 的值大于 2 表明可能存在负的自相关。

自相关的存在会使回归结果出现几种不理想的后果：首先，尽管 $\alpha$ 和 $\beta$ 的估计值是无偏的，但最小二乘法程序将对这些估计值的样本方差得出错误估计（如果一个估计值的期望值预备估计的总体参数相同，那么这个估计值是无偏的。计算出来的 $a$、$b$ 值分别是 $\alpha$ 和 $\beta$ 的无偏估计值，因为 $E(a) = \alpha$，$E(b) = \beta$）。特别是，标准误差（式（4-22）中的 $s_e$）可能会过高或过低，这取决于是否具有正的或负的自相关。结果，使用 $t$ 统计值检验这些参数的假设可能产生有关个别的可预测变量（即自变量）重要性的错误结论。此外，$r^2$ 和 $F$ 检验在自相关条件下是无效的。

有几种程序可以处理自相关问题[⊖]，如果可以确定连续残差值中依赖关系的函数形式，那么就可以用一个滞后结构对最初变量进行转换以改变这种形式。有助于减少自相关的另一方法就是在回归方程中增加一个新的线性趋势或时间变量。第三个程序就是计算时间序列中每个变量（即 $Y_{t+1} - Y_t$，$X_{1,t+1} - X_{1,t}$，$X_{2,t+1} - X_{2,t}$，等等）的一阶差分，然后用这些转换过的变量计算回归方程。第四种方法是在回归方程中增加形成 $X_1^2$ 或 $X_1 X_2$ 的变量。上述程序通常都可以产生与独立误

---

⊖ 对于处理自相关程序的更详细的讨论可参见 D. Gujarati, *Basic Econometrics*（New York：McGraw-Hill, Inc, 2007）. Chapter 12.

差假设一致的满意结果。

### 4A.1.2 异方差性

在建立普通的最小二乘回归模型中，另一个假设（假设3）就是误差项具有一个不变的方差。背离这个假设就称为异方差性，只要在误差项的绝对量和一种（或多种）自变量的数量之间存在一种系统关系就表示存在异方差性。

一种形式的异方差性如图4A-2所示。假设家庭的储蓄的变化是家庭收入的函数，在此情况下可能会发现，高收入家庭储蓄的变化有可能比低收入家庭更大，因为高收入家庭会有更多的钱用于潜在的储蓄。横断面销售数据经常出现的另一例子就是大型零售商店、事业部或厂商的误差方差要超过小型组织的误差方差。

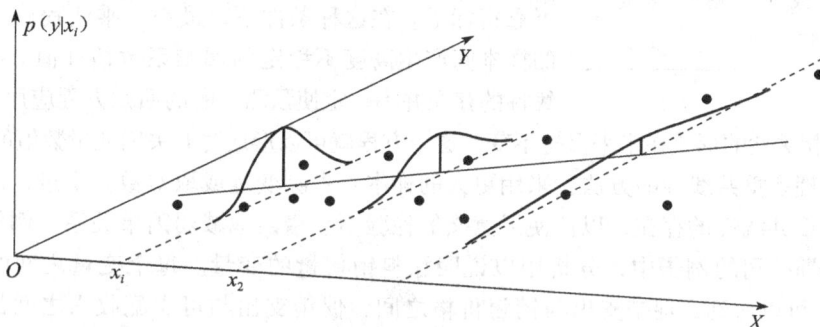

图4A-2 异方差性的说明

在很多情况下，这种形式的异方差性可以被减少或消除，方法就是把回归方程中所有的变量初一被认为会导致异方差的自变量。处理异方差性的另一种方法是对数据取对数，这种转换也会改变变量之间假设关系的形式。更高级的通用最小二乘法可以说明非同一的误差方差并保持原有的假设关系。

### 4A.1.3 设定误差与衡量误差

只要一个或多个重要的解释变量被回归方程省略，就会产生设定误差。如果被省略的变量与回归方程中包括的一个解释变量中度或高度相关，那么对受影响的回归量的估计就带有偏倚，省略变量的偏倚会导致真实回归系数的估计过高或估计过低。

总是应该确定估计参数中偏倚的方向。$X_1$（$b_1$）的错误估计参数可以写成真正参数（$\beta_1$）加上省略变量$j$的影响，它取决于$\beta_1$和相关系数$r_{ij}$

$$b_1 = \beta_1 + \beta_j r_{1,j} \tag{4A-2}$$

如果人们知道省略变量与包括在内的解释变量（$r_{1,j}$）之间相关系数的可能符号为正，如果省略变量对因变量（$\beta_j$）的假设影响为正，那么估计参数将具有正的偏倚。例如，从豪华汽车租赁的需求估计中省略家庭收入，可能对价格变量的参数形成正偏倚。与此相反，在舍温－威廉姆斯所生产涂料的需求数据中，可支配收入与价格之间的相关系数是－0.514（见图4A-3）。从图4-8的需求估计中省略"人均可支配收入"将在价格对销量的估计影响中形成一个负偏倚，尽管这种对省略变量偏倚的确定绝不能代替一个完全和设定正确的模型，但确实使建立在不完整数据基础之上的决策更加完美。

有时会得到一个近似的代理变量，并且应该代替省略变量。代理关系越接近，估计结果越好，因为代理变量总会引进一些衡量误差。因变量的衡量误差不会影响构成回归模型的假设条件的可靠性，也不会影响通过最小二乘法程序得到的参数估计值，因为这些误差已成为整体残差或未解释误差的一部分。不过，解释变量中的衡量误差在 $X$ 中因一个随机成分，可能会造成误差项形成的回归系数的最小二乘估计值（$\alpha$，$\beta$）存在偏倚。

下面讨论的联立方程估计方法是处理随机解释变量的方法之一，如果 $X$ 变量中的误差的形式可被设定的话，衡量误差也可被模型化。

### 4A.1.4 多重共线性

只要回归方程中某些或全部解释变量之间存在高度的相关性，要确定每个解释变量对因变量的各自影响就变得很困难，因为其相应回归系数的标准差（$s_b$）的偏倚变大。只要两个或多个解释变量是高度相关（或共线）的，$t$ 检验就不再是单个解释变量的统计显著性的可靠指标了。在这种条件下，最小二乘法程序一般会在不同的样本间产生高度不稳定的回归系数估计值。不过，**多重共线性**的存在并不一定使预测目的的回归方程应用无效。只要解释变量之间的相关性的形式在未来保持不变，这个方程就可以形成对有关因变量数值的可靠预测。

**多重共线性**（multicollinearity）：一种计量经济问题，表现为在一个回归方程中某些或所有解释变量之间存在高度的相关性。

在一些处理多重共线性的方法：采用更大的样本，去除变量或取对数。不过，最重要的一点就是要确定多重共线性的存在，以便使无意义的检验不会错误地减弱因果关系。例如在前面讨论舍温－威廉姆斯公司的例子中，分析用以说明涂料销售量的变量。每个变量之间的相关关系数如图 4A-3 所列。可以看到，促销支出与销售价格之间、促销支出与可支配收入之间都存在高度的相关性（用绝对值表示），表明这三个回归系数估计值的标准差可能被夸大。

| | 销量 $Y$ | 促销支出 $X_1$ | 销售价格 $X_2$ | 人均可支配收入 $X_3$ |
|---|---|---|---|---|
| 销量 $Y$ | 1.000 | | | |
| 促销支出 $X_1$ | 0.721 | 1.000 | | |
| 销售价格 $X_2$ | −0.866 | −0.739 | 1.000 | |
| 人均可支配收入 $X_3$ | 0.615 | 0.710 | −0.514 | 1.000 |

图 4A-3 相关系数：舍温－威廉姆斯公司

### 4A.1.5 联立方程关系与识别问题

很多经济关系的特点是同时存在相互作用。例如，识别联立关心是营销计划的核心内容。对某一产品线（如恒适的 "Her Way" 牌袜子）的最优广告支出取决于销售量（即恒适公司期望的销售量）。但是，销售量还明显地依赖于广告。一次特别有效的广告战可能恰好应和了顾客时尚的随机摆动，从而推动销售量大增，而这次销售量上升将会促使增加对广告的支出。销售量（即需求）与广告宣传是同时相互决定的。

在力求用单一方程模型估计联立方程关系的参数时会遇到识别问题。例如，在根据经验数据建立需求函数时，人们要面对需求函数和供给函数之间的联立关系。假如需求可写成价格（$P$）、收入（$M$）和一个随机误差 $\varepsilon_1$ 的函数

$$Q_d = \beta_1 + \beta_2 P + \beta_3 M + \varepsilon_1 \tag{4A-3}$$

供给可写成价格、投入要素成本（$I$）和一个随机误差 $\varepsilon_2$ 的函数

$$Q_s = \alpha_1 + \alpha_2 P + \alpha_3 I + \varepsilon_2 \tag{4A-4}$$

整理后，供给是

$$P = \frac{-\alpha_1}{\alpha_2} + \frac{1}{\alpha_2}(Q_s - \varepsilon_2) - \frac{\alpha_3}{\alpha_2}I \tag{4A-5}$$

因为在市场出清均衡中需求量将等于供给量（即 $Q_d = Q_s$），可以用式（4A-3）代替式（4A-5）中的 $Q_s$，得到

$$P = \frac{-\alpha_1}{\alpha_2} + \frac{1}{\alpha_2}(\beta_1 + \beta_2 P + \beta_3 M + \varepsilon_1 - \varepsilon_2) - \frac{\alpha_3}{\alpha_2}I \tag{4A-6}$$

$$P = \frac{1}{\alpha_2 - \beta_2}(-\alpha_1 + \beta_1 + \beta_3 M + \varepsilon_1 - \varepsilon_2 - \alpha_3 I) \tag{4A-7}$$

在式（4A-7）中 $P$ 的观测值十分明显地是一个随机解释变量，因为它与需求函数中的扰动项 $\varepsilon_1$ 相关。因此对式（4A-3）（需求函数）进行普通最小二乘回归就会破坏扰动项必须独立于 $X$ 的假设 3，也就是说，$E(P_i \varepsilon_i) = 0$。结果，式（4A-3）中的价格参数（$\beta_2$）会出现偏误。

　　要了解为何这里会产生问题，可回忆前面讲过的，实际观察到的价格 - 产量组合产生于某一时点上估计曲线和需求曲线的交点，图 4A-3 说明了这种情况。如果 $D_1$、$D_2$、$D_3$ 和 $D_4$ 代表 4 个不同时点上的真正的需求曲线，$S_1$、$S_2$、$S_3$ 和 $S_4$ 为相应的供给曲线，那么说 $DD'$ 表示的是真正的需求关系，并且一般弹性不足，这个结论将是十分错误的。事实上需求弹性是非常充足的，而且是移动的。在观察价格 - 产量组合的 4 个连续时期内，需求曲线和攻击曲线都是移动的。第 3 章讲过，要得到实际需求函数的一个真正估计量，必须是需求函数中所有其他变量的影响都保持不变，只允许价格和需求量改变。

　　在什么条件下可以使需求函数的经验估计值有效呢？如果供给曲线移动而需求曲线保持不变，那么观察到的价格 - 产量组合将形成真正的需求曲线，这就是图 4A-4 所表明的情况。例如，如果在计算机芯片产生的时期 1、2、3 和 4 中引入技术进步因素，那么供给曲线将从 $S_1$ 向右下方一直变动至 $S_4$，由此形成实际的需求曲线。

　　如果在分析期间内两条曲线都发生移动，要确定需求曲线就需要掌握比价格 - 产量数据更多的数据。换句话说，诸如收入和广告等可能造成需求函数移动的其他变量也必须包括在模型之中。人们还会采用其他的统计估计方法，比如两阶段最小二乘法（2SLS），把供给曲线的移动从需求曲线的移动中分离出来。[⊖]

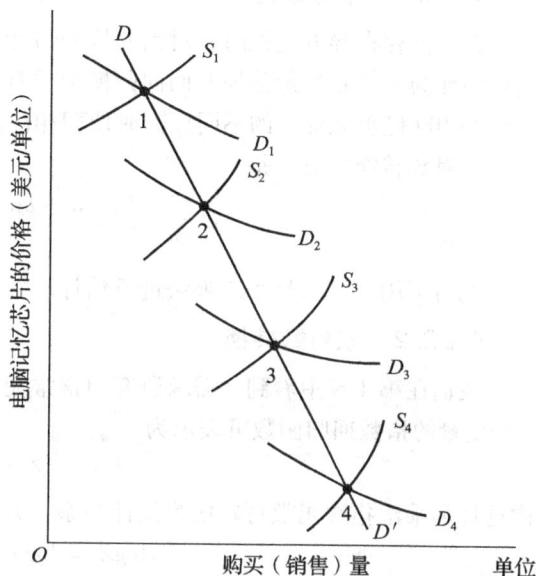

图 4A-4　供需移动时电脑记忆芯片的购买（销售）量

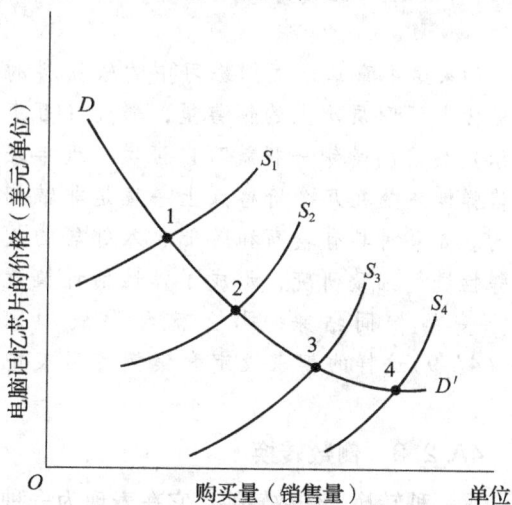

图 4A-5　需求稳定和供给移动时电脑记忆芯片的购买（销售）量

---

⊖　对于其他估计程序的讨论超出了本书的范围，可参见 Gujarti, op. Eit., Chapter 18.

## 4A.2 非线性回归模型

尽管很多经济变量之间的关系都可以用一个线性回归模型表示，但还是会出现明显需要用非线性模型才能充分刻画某种关系的情况，对此存在各种各样的模型。这里讨论的转换包括半对数转换、双对数转换、倒数转换和多项式转换。

### 4A.2.1 半对数转换

在可能存在异方差性时，对因变量的估计有时最好对一种或多种自变量取对数。例如，把厂商规模作为一个自变量的横断面回归模型常常对厂商规模取对数，因为在计算拥有1 000万美元资产和100亿美元资产的不同厂商时使用相同方程可能会出问题。

半对数转换的形式是

$$Y = a + b\log 资产 + cX + Dz \tag{4A-8}$$

此时可用标准的最小二乘法进行估计。

### 4A.2.2 双对数转换

我们在第4章中看到，需求研究中常常使用乘法指数模型（见式（4-5）和表4-4）。一个有3个变量的指数回归函数可表示为

$$Z = AV^{\beta_1}W^{\beta_2} \tag{4A-9}$$

像这样的乘法指数函数可转换为线性关系，方法是对方程两边取对数，得

$$\log Z = \log A + \beta_1 \log V + \beta_2 \log W$$

| 实例 | 不变的弹性需求：百事可乐

如果第4章章末案例练习中的软饮料的数据代表厂商层次上的销售量，那么（百事可乐）公司的营销分析就可以证实：近年来价格弹性系数在几个价格点上一直是非常相似的。如果对具有较高和较低收入邻居的收入弹性进行细致研究，形成了弹性估计值近似不变的相同结果，那么就会形成如同式（4A-9）这样的需求设定和案例练习表中的双对数估计数据。这样一种估计的结果如下

Log $Q$ = 1.050 – 3.196 Log 价格

　　　　(1.72)　　　 (–4.92)

　　　　+ 0.221 Log 收入 + 1.119 Log 温度

　　　　　　(1.19)　　　　　　(4.23)

$SSE = 0.111$　$R^2 = 0.671$

括号中的数字是 $t$ 统计量。

### 4A.2.3 倒数转换

另一种转换是倒数转换，它在表现为一种渐进行为的关系中很有用。图4A-1中呈现了两种可能情况。图4A-6a中的关系具有以下形式

$$Y = \alpha + \frac{\beta}{Z} \tag{4A-10}$$

图4A-6b中的关系具有的形式为

$$Y = \alpha - \frac{\beta}{Z} \tag{4A-11}$$

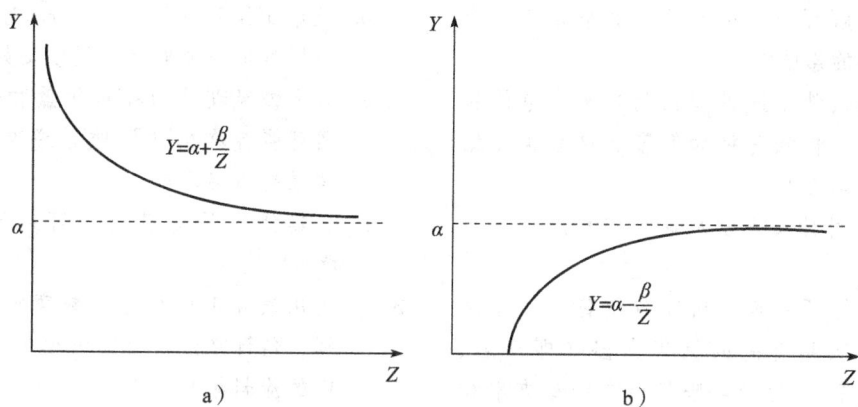

图 4A-6　倒数转换

定义转换 $X = 1/Z$，式（4A-10）和式（4A-11）形成以下相应的简单线性回归模型

$$Y = \alpha + \beta X + \varepsilon$$

和

$$Y = \alpha - \beta X + \varepsilon$$

它们的参数都可用通常的最小二乘法程序来估计。

### 4A.2.4　多项式转换

在第 8 章中将看到，一家厂商的成本－产量函数常常要求采用一种二次或三次的形式，这种关系可用一种多项式函数的方法表示。例如，一个三次（即立方）多项函数可表示为

$$Y = \alpha + \beta_1 Z + \beta_2 Z^2 + \beta_3 Z^3 \tag{4A-12}$$

设 $X_1 = Z$，$X_2 = Z^2$，$X_3 = Z^3$，式（4A-12）可转换成以下多元线性回归模型

$$Y = \alpha + \beta_1 X_1 + \beta_2 X_2 + \beta_3 X_3$$

可以使用标准的最小二乘法程序对此模型的参数进行估计。

## 小　结

- 在应用单方程线性回归模型时会出现各种方法论问题，包括自相关、异方差性、设定误差与衡量误差、多重共线性、联立方程关系和非线性等。其中很多问题都会使回归结果无效。在大多数情况下都可采用一些方法来确定并克服这些问题。

- 在确定市场出清价格和数量时，由于需求函数和供给函数之间存在着联立方程关系，分析人员在估计和说明经验需求时必须格外小心。

## 练　习

1. 假定某一家电制造商正在利用季度时间序列数据对影响其产品销量的因素进行回归分析，对于作为因变量的销售额（美元）和作为自变量的可支配的个人收入与新家庭数量之间的回归方程进行了估计。该模型的统计检验表明两个自变量的 $t$ 值较大，$r^2$ 值较高。不过，残值分析表明存在明显的自相关。

   a. 产生这个自相关的可能原因是什么？

   b. 对于单个解释变量的显著性和回归模型

的整体解释能力的结论，这个自相关会有怎样的影响？

c. 如果某人使用此模型预测未来家电的销量，这个自相关将如何影响这些预测结果的准确性？

d. 可以采用什么方法从模型中剔除这个自相关？

2. 一位产品经理一直在研究与销售一种家用清洁系列产品有关的销售支出（即广告、销售佣金等）。这位经理怀疑在销售支出和由此支出产生的销售量之间可能存在着某种递减的边际收益关系。不过，在研究了如下表所示的不同地区（所有地区的销售潜力相似）的销售支出和销售量数据之后，他无法肯定这种关系的性质。

| 地区 | 销售支出（千美元） | 销售量（10万单位） | LOG（销售支出） | LOG（销售量） |
|---|---|---|---|---|
| A | 5 | 1 | 3.699 0 | 5.000 0 |
| B | 30 | 4.25 | 4.477 1 | 5.628 4 |
| C | 25 | 4 | 4.397 9 | 5.602 1 |
| D | 10 | 2 | 4.000 0 | 5.301 0 |
| E | 55 | 5.5 | 4.740 4 | 5.740 4 |
| F | 40 | 5 | 4.602 1 | 5.699 0 |
| G | 10 | 1.75 | 4.000 0 | 5.243 0 |
| H | 45 | 5 | 4.653 2 | 5.699 0 |
| I | 20 | 3 | 4.301 0 | 5.477 1 |
| J | 60 | 5.75 | 4.778 2 | 5.759 7 |

a. 使用线性回归模型 $Y = \alpha + \beta X$
式中 $Y$ 为销售量，$X$ 为销售支出，通过最小二乘法估计 $\alpha$、$\beta$ 和 $r^2$ 统计值。

b. 使用指数函数模型 $Y = \alpha X^{\beta}$
应用双对数转换法，得到一个可以用最小二乘法进行估计的线性关系。

c. 应用最小二乘法，对 b 中的转换（线性）模型的 $\alpha$、$\beta$ 和 $r^2$ 统计值进行估计。（注意：表中已经给出计算过程所需要的 $X$、$Y$ 变量的对数。）

d. 根据 a 和 b 计算出来的 $r^2$ 统计值，哪一个模型似乎能对数据提供更好的拟合？

e. 对于该经理认为在销售量和销售支出之间可能存在的边际收益递减关系，d 的结果有何启示？

f. 用其他何种变量转换可以更好地拟合数据？

3. a. 利用表4-1中舍温－威廉姆斯公司的数据，估计乘法指数需求模型（见式4-5）中的涂料销量。

b. 对 a 的结果（即参数估计值、标准差、统计显著性）与本章提出的线性模型进行比较。

4. 下表列出了销售量（$S$）、广告（$A$）和价格（$P$）的数据：

| 观察 | 销售量（$S$） | 广告（$A$） | 价格（$P$） |
|---|---|---|---|
| 1 | 495 | 900 | 150 |
| 2 | 555 | 1 200 | 180 |
| 3 | 465 | 750 | 135 |
| 4 | 675 | 1 350 | 135 |
| 5 | 360 | 600 | 120 |
| 6 | 405 | 600 | 120 |
| 7 | 735 | 1 500 | 150 |
| 8 | 435 | 750 | 150 |
| 9 | 570 | 1 050 | 165 |
| 10 | 600 | 1 200 | 150 |

a. 估计下列需求模型：
(i) $S = \alpha + \beta_1 A + \beta_2 P$
(ii) $S = \alpha A^{\beta_1} P^{\beta_2}$

b. 确定 $\beta_1$ 和 $\beta_2$ 的估计值是否具有统计显著性（0.05 水平）。

c. 根据 $R^2$ 值和 $F$ 比率，哪个模型提供最佳拟合？

5. 估价员（见第4章练习9）关心房间面积大小（$X_1$）与房间总数量（$X_2$）之间可能存在的多重共线性，计算这两个变量之间的相关系数，并确定共线性问题的大小。

# 企业预测与经济预测

已有超过50种国内型号的汽车在美国销售，所以日本汽车产业不可能占据美国的大部分市场。

——《商业周刊》，1958

[2012年，丰田和本田在美国汽车销售中排名第二位和第四位。]

## 本章预览

预测需求或投入需求的成本通常是十分困难的，但它是所有企业管理人员关心的核心问题之一，因为一个厂商的股东价值取决于对未来现金流量各个组成部分的准确预测。厂商层次上的预测不仅取决于对价格、广告和竞争对手的反应策略，而且取决于宏观经济的增长率、利率水平、失业率、外汇市场中美元的价值及通货膨胀率。本章将讨论几种预测技术及其各自的优缺点，这些技术包括趋势分析、平滑技术、气压计指数、调查与民意测验技术及时间序列计量经济方法。

## 管理挑战

### 环球电讯公司过剩的光纤维传输能力

美国光纤网络传输高速数据和声音信号的能力曾经大大超出了电信的需求，致使美国已安装产能的97%成为闲置的"无声纤维"。如果美国所有的电信网络传输量都通过芝加哥线路的话，也只能使用该城市光纤能力的1/4。面对市场中如此过剩的产能，诸如环球电信公司（Global Crossing Inc.）等光纤网络供应商目睹了它们定价权力的崩溃。在纽约和洛杉矶两地之间输送1兆字节数据的价格在1995年高达每年12 000美元，2001年下降到3 000美元，到了2002年只有1 200美元。50多家电信网络公司因其销售收益的直线下降而寻求其债权人的破产保护。

如此严重的产能过剩状况是如何形成的？首先是信号压缩技术的革新导致了产能超过市场增长。在1995～2003年，密波地区多路技术（DWDM）把光纤电缆中一根线的传输能力从每秒钟25 000页电子邮件扩大到每秒钟2 500万页，提高了1 000倍。与此同时，像环球电讯、世界通信等电信网络供应商却对由互联网预期增长推动下的电信传输量的增长极其乐观，因而它们持续地增加铺设电缆。世界通信的一家子公司UUNet预测互联网用量每100天就会翻一番。而事实上，每年增加10倍（1 333%）的指数增长在UUNet公司1995～1996年经历的实际销量增长中只不过是个例外。

当美国商务部和联邦贸易委员会再次进行预测时，网络供应商已经购买和铺设了过多的光纤电缆。2001~2002年，美国光纤的总体能力从每秒8万亿字节增长到80万亿字节，然而在2003年，需求的年增长率却从1 333%下降到区区的40%。环球电讯公司没能预测到需求下降是个灾难。

正如我们在第4章所看到的，互联网对美国家庭的渗透遵循了一种经典的S形。开始，互联网经历了早期采用者的指数增长，最终是小数的增长。图5-1画出的就是这种S形渗透曲线。彩色电视机和互联网进入大约60%的美国家庭都用了8年（彩电是从1947~1955年，互联网的直接上网是从1993~2001年）。不过，彩电的使用后来遇到障碍，又用了30年（1955~1985年）才达到98%的渗透率。互联网的情况相差不多，早期没有采用高速宽带入网的顾客

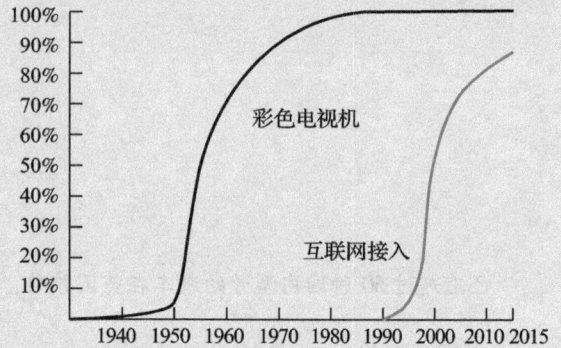

图5-1　彩电与互联网的市场渗透曲线

目前拒绝采用，结果就是需求的增长在欧洲和美国将可能依然低迷。

**讨论题**

- 预测为现有产品和服务提供了非常有用的规划，但新引进产品却有着截然不同的成功结果。
- 列举一些产品，它们在推出之后很快就随着需求的指数增加而出现销量暴增的情况。再列举一些基本上已被公众忽略的产品。
- 你是否看到已有产品和新产品之间存在一些证明经济预测有用的共同特点？

资料来源：Based on "Adoption of Internet by Consumers Is slowing", *Wall Street Journal*（July 16 2011），p. B1；"Has Growth of the New Flattened?" *Wall Street Journal*（July 16 2011），p. B8；"Behind the Fiber Glut" *Wall Street Journal*（July 26 2011），p. B1；and "Innovation Outpaced the Marketplace," *Wall Street Journal*（September 26 2002），p. B1.

## 5.1　预测的意义

准确预测未来的经营前景是管理人员最重要的职能之一。生产经理一定要进行销售预测才能规划未来适当的生产水平；财务经理不仅要估计未来的销售收益，要估计支付和资本支出，还必须预测各种信贷条件，才能以可能最低的成本满足厂商的现金需要。

公共行政官员和非营利机构的管理者也必须进行预测。例如，城市政府官员要预测一个预算期内其各个部门所需的服务水平，需要多少警察来处理社区的公共安全问题；下一年度有多少街道需要修缮，维修成本是多少？明年学校每个年级招生多少人？医院的管理者一定要预测社区的健康保健需要以及提供慈善病人护理的数量和成本。

## 5.2　预测技术的选择

用于特定情况下的预测技术取决于如下一系列因素。

### 5.2.1　预测的层级

正在进行的最高层次的经济总量预测是对国民经济的预测。通常衡量整体经济活动的指标是国内生产总值（GDP），但厂商可能对 GDP 中的某些具体组成部分的预测更感兴趣。比如，一家机床公司可能对工厂和设备的耗费要求更为关心；零售组织更关注个人可支配收入的未来水平和变化，而不是整体 GDP 的估计值。

经济预测层级中下一个层次是产业销售预测，然后是单个厂商的销售预测。一个简单的单个厂商预测可以取产业销售估计值并把它与单个厂商的预期市场份额联系起来。未来的市场份额可以在历史市场份额的基础上进行估计，还要考虑营销策略、新产品、新型号和相对价格的预期变化。

厂商内部也存在预测的层级。管理人员常常估计全公司或地区的销售额和产品线的销售量。生产经理用这些预测来规划原材料的订货量、雇工需要、运输安排和生产发货决策。另外，营销经理使用销售预测来确定销售人员的最优安排、确定销售目标和规划促销活动。销售预测也是财务经理进行厂商现金需要预测的重要内容。对经济、产业和厂商的长期预测可用于规划工厂和设备的长期资本支出，明确厂商的总体发展方向。

### 5.2.2　选择预测技术的准则

一些预测技术的开发和使用非常简单，费用也不高，最适用于短期项目，而另一些则相当复杂，开发需要大量的时间，也会非常昂贵。具体情况下所使用的技术取决于以下一系列因素：

(1) 与建立预测模型相关的成本；
(2) 将要预测的各种关系的复杂程度；
(3) 预测的时间周期（长期或短期）；
(4) 根据预测制定决策所需要的提前量；
(5) 预测模型要求的准确性。

### 5.2.3　评估预测模型的准确性

要确定一个预测模型的准确性或可靠性，就要研究观察（实际）值（$Y$）与预测值（$\hat{Y}$）之差的大小。存在衡量模型准确性的各种指标，比如上一章讨论回归分析时，把可决系数或 $R^2$ 作为衡量模型中预测值对实际数据的"拟合程度"的一种指标。另外，常常使用平均预测误差或均方根误差

$$RMSE = \sqrt{\frac{1}{n}\sum(Y_t - \hat{Y}_t)^2} \tag{5-1}$$

来评估一个预测模型的精确性（式中的 $n$ 是观察数）。$RMSE$ 的数值越小，预测模型的准确性越高。

---

**对与错｜ 克罗克斯鞋子**

2002 年，一种五颜六色、轻便耐磨的发泡鞋子出现在市场上。这种鞋子在 7 年内售出了 1 亿双。公司预测在今后 5 年内销售量会有两位数的增长，随后进行了一次成功的 IPO（首

次公开募股），筹得资金 2 亿美元。新资本用于投资扩大克罗克斯（Crocs）的生产能力。但随着 2008～2009 年全世界严重的经济衰退到来，这种鞋子退出了市场，因为没人需要更换一种几乎永不磨损、样式陈旧过时、又不能帮忙找到工作的鞋子。该公司一年之内（2007～2008）就从盈利 1.68 亿美元变为亏损 1.85 亿美元。

资料来源：Based on "Once-Trendy Crocs Could Be On Their Last Legs," *Washington POST*(July 16. 2009), p. C2.

## 5.3 可供选择的预测技术

管理经济学家可以从很广的范围内选择预测方法，这些方法一般可以分为以下几种：

（1）确定性趋势分析；

（2）平滑技术；

（3）气压计指标；

（4）调查与民意测验技术；

（5）宏观计量经济模型；

（6）随机性时间序列分析；

（7）投入产出表预测法。

---

**时间序列数据**（time-series data）：在过去不同时间点上对一个经济变量所取的系列观察值。

---

**横断面数据**（cross-sectional data）：在相同的时间点上对不同观察对象（如家庭、州或国家）所取的系列观察值。

---

**长期趋势**（secular trends）：一个时间序列经济变量的长期变化（增长或下降）。

---

**周期变动**（cyclical variations）：一个经济序列通常持续一年以上的重大扩张与收缩。

---

**季节效应**（seasonal effects）：一个时间序列在一年中的变动，通常会年复一年规则地出现。

---

## 5.4 确定性趋势分析

为了预测某个特定变量的数值而收集的数据可分为两大类：**时间序列数据**和**横断面数据**。时间序列数据的定义是一个经济变量的一系列数值。一次人口普查中从众多个人处收集到的数据就是横断面数据。不管使用哪一种类型的预测模型，都必须确定适用的是时间序列数据还是横断面数据。

### 5.4.1 时间序列的组成部分

在分析时间序列数据时，以年、月或周为单位时间，以横轴表示，因变量的数值标在纵轴上。图 5-2 的时间序列中的明显变化可分为 4 个部分。

（1）**长期趋势**。这些**长期趋势**造成了一个经济数据序列的变化（图 5-2a 中的实线）。例如，在经验需求分析中，诸如不断增长的人口规模或不断变化的消费者兴趣等因素都可能导致一个需求序列在一定时间内的增加趋势或减少趋势。

（2）**周期变动**。一个经济序列中的重大扩张和收缩通常会超过一年（图 5-2a 中的虚线）。例如，房地产行业表现出在需求收缩之后的周期性扩张。存在**周期变动**时，使用原始数据进行的回归估计将会由于存在正的自相关而被歪曲，因此必须小心地确定一个适当的滞后结构来排除自相关。

（3）**季节效应**。一年之内的季节变动在不同年份中多少趋于一致。图 5-2b 中的数据（虚线）显示出明显的**季节效**

**应**。例如，假期食品礼物零售商希柯瑞农场（Hickory Farm）每年 2/3 的销售量发生在 11 月 ~1 月。

（4）**随机波动**。最后，一个经济序列还会受到无法预见的随机因素的影响（图 5-2b 中的实线），诸如飓风、洪水、龙卷风，还有像冻结工资－价格或宣布战争等政府特别行动。

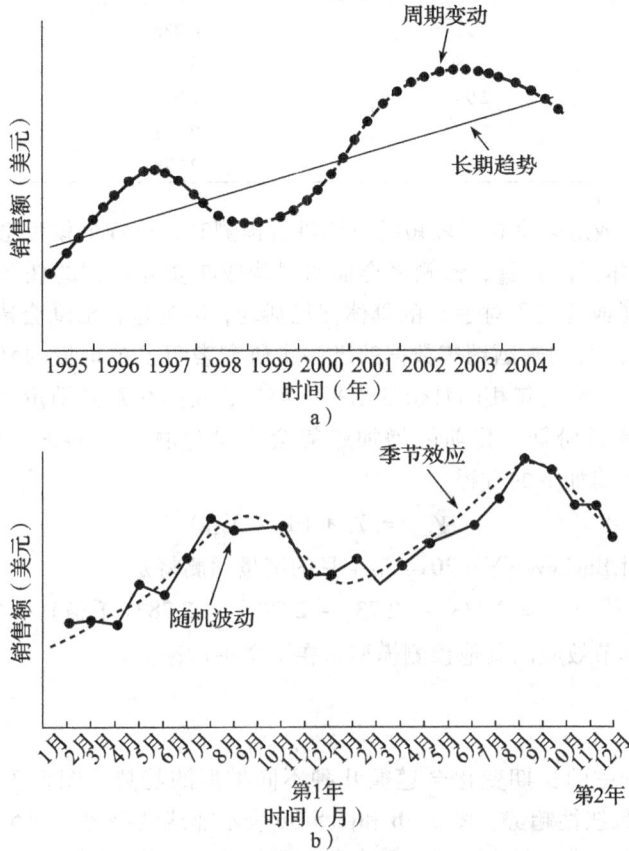

图 5-2  时间序列数据中的长期、周期、季节和随机波动

### 5.4.2  一些基本的时间序列模型

最简单的时间序列模型认为下一期变量的预测值将与该变量本期的数值一样。

$$\hat{Y}_{t+1} = Y_t \tag{5-2}$$

例如，分析表 5-1 列出的 Buckeye 啤酒酿造公司的销售数据。要预测每月的销量，此模型把 2014 年 3 月啤酒的实际销量 2 738 000 桶作为 4 月的预测值。

表 5-1  Buckeye 公司每月的啤酒销量（千桶）

| 月份 | 年份 | | |
|------|------|------|------|
|  | 2012 | 2013 | 2014 |
| 1 月 | 2 370 | 2 446 | 2 585 |
| 2 月 | 2 100 | 2 520 | 2 693 |
| 3 月 | 2 412 | 2 598 | 2 738 |
| 4 月 | 2 376 | 2 533 | |
| 5 月 | 3 074 | 3 250 | |
| 6 月 | 3 695 | 3 446 | |

（续）

| 月份 | 年份 | | |
| --- | --- | --- | --- |
| | 2012 | 2013 | 2014 |
| 7 月 | 3 550 | 3 986 | |
| 8 月 | 4 172 | 4 222 | |
| 9 月 | 3 880 | 3 798 | |
| 10 月 | 2 931 | 2 941 | |
| 11 月 | 2 377 | 2 488 | |
| 12 月 | 2 983 | 2 878 | |

当变化缓慢出现，或对未来相对较短的时期进行预测时，这样的模型会非常有用。不过，因为式（5-2）需要了解本月的销量，预测者会面对尽快收集实际数据的任务。此模型的另一个问题是没有考虑到厂商（或其竞争对手）的具体促销活动，因为这种活动会造成很大的销售偏差。

对表 5-1 中 Buckeye 公司啤酒销售数据的进一步研究表明了销售量的轻微上升趋势，即大多数月份的啤酒销量都高于前一年相同月份的水平。第二，我们注意到销量多少存在季节性，啤酒销量夏季月份高，冬季月份低。目前的增加趋势会引发啤酒销量的进一步增加，为此需要对式（5-2)稍加调整，形成如下的方程

$$\hat{Y}_{t+1} = Y_t + (Y_t - Y_{t-1}) \qquad (5\text{-}3)$$

例如，用此模型对 Buckeye 公司 2014 年 4 月的销量预测将是

$$\hat{Y}_{t+1} = 2\,738 + (2\,738 - 2\,693) = 2\,783\,(千桶)$$

加进趋势效应和季节效应的其他预测模型将在下文中讨论。

### 5.4.3　长期趋势

一个经济时间序列中的长期变化会遵循几种不同类型的趋势。图 5-3 显示了三种可能的情况。图 5-3a 所示为一种线性趋势，图 5-3b 和图 5-3c 表示非线性趋势。图 5-3b 中的经济时间序列遵循一种固定增长率的方式。很多公司的盈余都要遵循这种趋势。图 5-3c 所示是一个增长率不断下降的经济时间序列，一种新产品的销售会遵循这种方式，随着市场出现饱和，增长率将随时间下降。

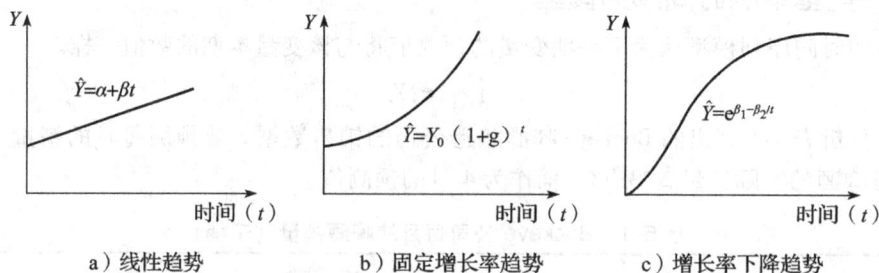

a）线性趋势　　　　　　b）固定增长率趋势　　　　　c）增长率下降趋势

图 5-3　时间按序列增长方式

#### 1. 线性趋势

线性时间趋势可用最小二乘回归分析进行估计，提供一个"最佳拟合"直线的方程（参见第 4 章对最小二乘法的深入讨论）。一般形式的线性时间趋势方程为

$$\hat{Y} = \alpha + \beta t \qquad (5\text{-}4)$$

式中，$\hat{Y}_t$ 是 $t$ 期预测或预计值；$\alpha$ 是 $y$ 的截距项；$t$ 是时间单位；$\beta$ 是对此趋势因素的估计值。

## 实例 线性趋势预测：普赖泽奶品厂

假设有人希望预测 2007 年普赖泽奶品厂（Prizer Company）每个月的冰激凌销售量，可以根据过去 4 年冰激凌的销售数据（48 个月的观察值）估计出一条最小二乘趋势线来，如图 5-4 所示。假设计算这条直线的方程是

$$\hat{Y}_t = 30\,464 + 121.3t$$

式中，$\hat{Y}_t$ 为以加仑为单位的 $t$ 月份冰激凌预测销售量。

30 464 为 $t = 0$ 时的销售量（加仑）。

$t$ 为时期（月）（这里的 2002 年 12 月 = 0，2003 年 1 月 = 1，2003 年 2 月 = 2，2003 年 3 月 = 3，…）

$t$ 的系数（121.3）表示销售量平均每月可望增长 121.3 加仑。根据这条趋势线，并且忽略任何的季节影响，预测 2007 年 8 月（$t = 56$）冰激凌的销售量将是

$$Y_{56} = 30\,464 + 121.3 \times 56 = 37\,257（加仑）$$

这个未经季节因素调整的预测值在图 5-4 中由趋势线上 2007 年 8 月的点表示。从图 5-4 中可以看到，冰激凌的销售量受到季节变化的影响。本节后面将说明如何在预测中加进这个季节的影响。

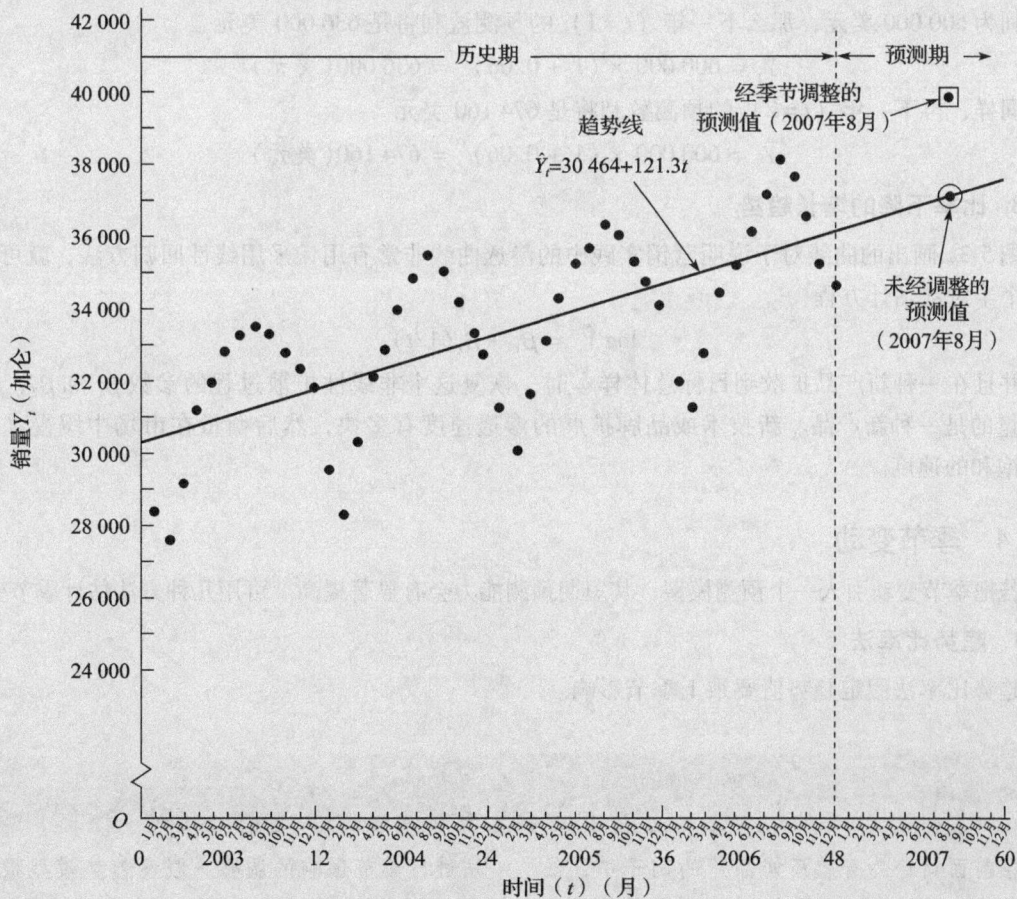

图 5-4 普赖泽奶品厂：冰激凌的月销售量

　　线性趋势预测易于采用而且费用不高，但通常过于简单，而且在许多预测环境下使用不具备灵活性。增长率不变的时间趋势是一种备选方案。

### 2. 比率不变的增长趋势

增长率不变的预测模型公式为

$$\hat{Y}_t = Y_0(1 + g)^t \tag{5-5}$$

式中，$\hat{Y}_t$ 是 $t$ 期的预测值；$Y_0$ 是时间序列的初始值（$t = 0$）；$g$ 为各期固定不变的增长率；$t$ 是时间单位。$t$ 期内的时间序列预测值（$\hat{Y}_t$）等于按 $t$ 期增长率（$g$）复利计算的序列初始值（$Y_0$）。因为式（5-5）是非线性关系，所以无法直接用通常的最小二乘法估计参数，但对方程两边取对数得到

$$\log \hat{Y}_t = \log Y_0 + \log(1 + g) \cdot t$$

或

$$\hat{Y}_t' = \alpha + \beta t \tag{5-6}$$

式（5-6）是一种线性关系，其参数可用标准的线性回归方法进行估计。

　　假设已经收集到菲茨杰拉德公司（Fitzgerald Company）过去 10 年的盈利数据，式（5-6）就是用最小二乘法对这些数据的拟合。结算该公司盈利的年增长率为 6%。如果该公司本年（$t = 0$）的盈利为 600 000 美元，那么下一年（$t = 1$）的预测盈利将是 636 000 美元

$$\hat{Y}_1 = 600\,000 \times (1 + 0.06)^1 = 636\,000(\text{美元})$$

同样，再下一年（$t = 2$）的预测盈利将是 674 160 美元

$$\hat{Y}_2 = 600\,000 \times (1 + 0.06)^2 = 674\,160(\text{美元})$$

### 3. 比率下降的增长趋势

　　图 5-3c 画出的曲线对于说明营销实践中的渗透曲线非常有用，采用线性回归方法，就可以确定一个半对数估计方程

$$\log \hat{Y}_t = \beta_1 - \beta_2(1/t)$$

并且在一种新产品扩散到目标总体样本时，恢复这个非线性扩散过程的参数 $\beta_1$ 和 $\beta_2$，$\beta_1$ 和 $\beta_2$ 衡量的是一种新产品、新技术或品牌扩展的渗透速度有多快，然后衡量在市场中缓慢（或更慢）饱和的速度。

## 5.4.4　季节变动

　　若把季节变动引入一个预测模型，其短期预测能力会有显著提高。可用几种方法估计季节变动。

### 1. 趋势比率法

趋势比率法假定趋势值要乘上季节影响。

---

**|实例|　季节性调整预测：普赖泽奶品厂（续）**

　　在前面讨论的普赖泽奶品厂的例子中，线性趋势分析（式 5-4）得出 2007 年 8 月的销售预测值为 37 257 加仑。这个估计值可按下列方法进行季节影响的调整。假设趋势模型根据过去 4 年（2003～2006 年）的情况预测了 2007 年 8 月份的销售情况，并与实际销量一起列在

表5-2之中。这些数据表明，平均来看，8月份的销量一直比趋势值高7%。因此，2007年8月份的销售预测应该向上做季节性调整，上升7.0%，达到39 865加仑。经过季节调整的预测值在图5-4中用趋势上方的点表示。不过，若此模型预计2007年2月份（$t = 50$）的销售量是36 259加仑，但类似的数据表明2月份销量平均低于趋势值10.8%，那么预测将向下调整到32 584加仑 [$36 529 \times (1 - 0.108)$]。

**表5-2　普赖泽奶品厂8月份的冰激凌销售量**

| 年份（8月） | 预测值 | 实际值 | 实际值/预测值 |
|---|---|---|---|
| 2003 | 31 434 | 33 600 | 1.068 9 |
| 2004 | 32 890 | 35 600 | 1.082 4 |
| 2005 | 34 346 | 36 400 | 1.059 8 |
| 2006 | 35 801 | 38 200 | 1.067 0 |
| 2007 | 37 257 | — | — |
| | | 合计 | =4.278 1 |

调整因子 = 4.278 1/4 = 1.069 5（即1.07）

### 2. 虚拟变量

在线性趋势分析模型中加进季节影响的另一种方法就是使用虚拟变量。虚拟变量是通常在两个数值中取一个（0或1）的变量。虚拟变量一般用于说明经济关系中某些定性因素的影响，比如，性别——男性为0，女性为1。这种方法认为要把季节影响加到趋势值中。如果一个时间序列由季度数据构成，那么以下模型可用于调整季节影响

$$\hat{Y}_t = \alpha + \beta_1 t + \beta_2 D_{1t} + \beta_3 D_{2t} + \beta_4 D_{3t} \tag{5-7}$$

式中，$D_{1t} = 1$是第1季度的观察值，否则为0；$D_{2t} = 1$是第2季度的观察值，否则为0；$D_{3t} = 1$是第3季度的观察值，否则为0；$\alpha$和$\beta$是要用最小二乘法来估计的参数。在此模型中，每年第4季度（基期）观察值的虚拟变量值（$D_{1t}, D_{2t}, D_{3t}$）将等于0。在此估计模型中，$\beta_2 D_{1t}$的值代表第1季度观察值（$D_1$）对预测值$Y_1$的影响，这是$D_{2t}$、$D_{3t}$取0值时，相对于省略部分（第4季度）的预测值而言的。

## 实例 | 虚拟变量和季节调整：维玛特公司

小型折扣连续百货商店维玛特公司（Value-Mart Company）希望根据式（5-7）预测下一年（2008年）的每季度销售额。使用过去8年（2000～2007年）的季度销售数据估计出以下模型

$$\hat{Y}_t = 22.5 + 0.25t - 4.5D_{1t}$$
$$- 3.2D_{2t} - 2.1D_{3t} \tag{5-8}$$

式中，$\hat{Y}_t$为$t$年度的预期销售额（百万美元）；22.50为$t = 0$时的季度销售额（百万美元）；$t$为时期（季度）（1999年第4季度=0；2000年第1季度=1；2000年第2季度=2，…），$t$的系数（0.250）表明平均每季度销售额可望增长25万美元。3个虚拟变量的系数（-4.50，-3.20，-2.10）分别代表第1、2、3季度因季节影响而形成的销售额变化（因系数为负，故表示减少）。根据式（5-8），2008年维玛特公司的季度销售额预测值如表5-3所示。正是根据这个预测值，维玛特公司的预定库存将被证明是2008～2009年的大灾难。

**表5-3　维玛特公司的季度销售预测（2008年）**

| 季度 | 时期（$t$） | 虚拟变量 | | | 销售额预测（百万美元）$\hat{Y}_t = 22.50 + 0.250t - 4.50D_{1t} - 3.20D_{2t} - 2.10D_{3t}$ |
|---|---|---|---|---|---|
| | | $D_{1t}$ | $D_{2t}$ | $D_{3t}$ | |
| 1 | 33 | 1 | 0 | 0 | 26.25 |
| 2 | 34 | 0 | 1 | 0 | 27.80 |
| 3 | 35 | 0 | 0 | 1 | 29.15 |
| 4 | 36 | 0 | 0 | 0 | 31.50 |

只要历史的因果因素没有显著变化，把这些趋势和季节因素加进预测模拟，应该会明显提高模型预测数据序列中短期转折点的能力。[注]

本节讨论的时间序列趋势预测模型在许多经营领域中都有实用价值。不过，这种模型并不寻求把数据序列中的变化与形成序列观察值的原因联系起来。比如，美国货币供应序列数据对于预测经济中的通货膨胀压力有时证明是很有用的，但货币供给的狭义定义已逐渐扩展到包括银行信用卡，各种银行卡会成为一个更重要的家庭购买力的衡量指标。目前基于狭义货币供给指标的通货膨胀率预测将在实际通胀之间产生一个很大的误差（见图5-5）。

## 5.5　平滑技术

平滑技术是另一种形式的时间序列预测模型，它假设在一个被预测变量的历史数值中可以发现一种重复的重要模式。平滑技术通过对过去观察值取平均数，力求消除序列数据中由随机变动而产生的扭曲

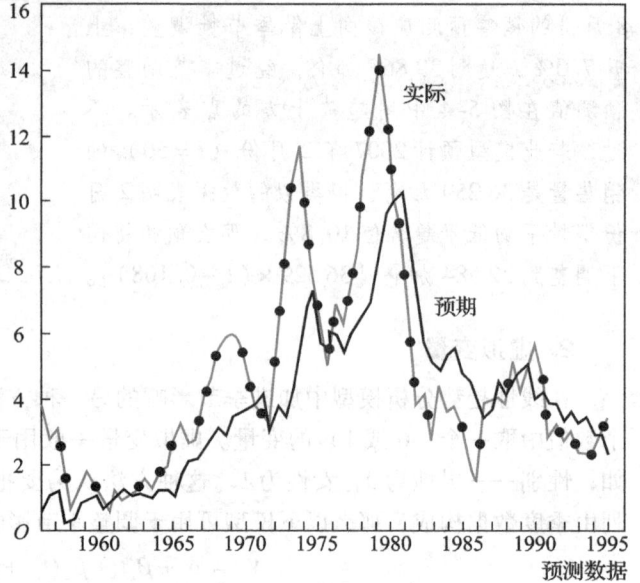

图5-5　实际通货膨胀和预期通货膨胀

注："预期"是预测后一年的通货膨胀率预测值；"实际"是该期的实际通货膨胀率。

资料来源：Federal Reserve Bank of Philsdephia, *Business Review*, May/June 1996.

失真。当一个数据序列从一个时期到下一个时期趋于缓慢变化、没有什么转折点时，平滑技术的效果最好。住房价格预测能够很好地应用平滑技术，而汽油价格预测就不行。平滑技术的开发比较便宜，运行的费用也不高。

### 5.5.1　移动平均数

移动平均数是最简单的平滑技术之一。如果一个数据序列中含有大量的随机因素，上一节讨论的趋势分析预测一般形成的预测结果会在不同时期内具有很大误差。为尽量减少这种随机性的影响，可对一系列目前的观察值加以平均而得到一个预测值，这就是移动平均法。选取一定数目的观察值，计算它们的平均值，并把这个平均值作为下一期的预测值。移动平均数一般可定义为

$$\hat{Y}_{t+1} = \frac{Y_t + Y_{t-1} + \cdots + Y_{t-N+1}}{N} \tag{5-9}$$

式中，$\hat{Y}_{t+1}$为未来一个时期$Y$的预测值；$Y_t$，$Y_{t-1}$，$Y_{t-N+1}$分别为$t$，$t-1$，$\cdots$，$t-N+1$时期$Y$的观察值；$N$为移动平均数中观察值的数目。

移动平均数中使用的观察值数目$N$越大，平滑的效果越明显，因为随着$N$的增加，每一个新观察值得到的权重（$1/N$）越小。因此，一般地，数据序列中的随机性越大，数据中转折点时间越缓慢，在预测过程中使用相对较多的过去观察值就越理想。最恰当的移动平均时期要选择使均

[注]　关于这些问题的更广泛讨论参见 F. Diebold, *Elemention of Forecasting*, 4th ed. （Cincinati：South-Western College Publishing, 2007）。

方根误差（式（5-1））最小的 $N$。

## 实例 | 移动平均数预测：沃克公司

沃克公司（Walker Corporation）研究各种平滑技术的应用以预测月销售额。该公司收集了 2006 年 12 个月的销售数据（见表 5-4 和图 5-6）。其采用的第一种技术是 3 个月移动平均数。可以采用（式 5-9）生成各种预测。时期 4 的预测可以通过求时期 1、2、3 的平均值来计算。

$$\hat{Y}_4 = \frac{Y_3 + Y_2 + Y_1}{N} = \frac{1\,925 + 1\,400 + 1\,950}{3}$$
$$= 1\,758 \tag{5-10}$$

同样地，时期 5 的预测值计算如下：

$$\hat{Y}_5 = \frac{Y_4 + Y_3 + Y_2}{N} = \frac{1\,960 + 1\,925 + 1\,400}{3}$$
$$= 1\,762 \tag{5-11}$$

注意到，如果用 $\hat{Y}_5$ 减去 $\hat{Y}_4$，结果就是预测值 $\hat{Y}_4$ 的变化量，即

$$\Delta \hat{Y}_4 = \hat{Y}_5 - \hat{Y}_4 = \frac{Y_4 + Y_3 + Y_2}{N} - \frac{Y_1 + Y_2 + Y_3}{N}$$
$$= \frac{Y_4}{N} - \frac{Y_1}{N} \tag{5-12}$$

把这个变化量加到 $\hat{Y}_4$ 上，$\hat{Y}_5$ 的一种替代表达方式如下：

$$\hat{Y}_5 = \hat{Y}_4 + \frac{Y_4}{N} - \frac{Y_1}{N} \tag{5-13}$$

一般而言，有下式：

$$\hat{Y}_{t+1} = \hat{Y}_t + \frac{Y_t}{N} - \frac{Y_{t-N}}{N} \tag{5-14}$$

上述例子表明，每一个移动平均值预测的结果，等同于过去的预测结果 $\hat{Y}_t$，加上最近的观测值的加权平均 $\frac{Y_t}{N}$，减去被舍去的过去观测值的加权平均 $\frac{Y_{t-N}}{N}$。随着 $N$ 的增加，新的观测值 $\hat{Y}_t$ 对移动平均值的影响越来越小，因此平滑效果越来越强。

如表 5-4 中所显示的，沃克公司对于 2007 年 1 月份（$t=13$）的销售预测是 2 283 000 美元，我们还注意到，以 3 个月为周期的移动平均值的均方根误差为 561 000 美元。

表 5-4 沃克公司的 3 个月移动平均销售额预测表

| $t$ | 月份 | 销售额（千美元） | | 误差 | |
| --- | --- | --- | --- | --- | --- |
| | | 实际值 $Y_t$ | 预测值 $\hat{Y}_t$ | $(Y_t - \hat{Y}_t)$ | $(Y_t - \hat{Y}_t)^2$ |
| 1 | 2006 年 1 月 | 1 950 | — | — | — |
| 2 | 2006 年 2 月 | 1 400 | — | — | — |
| 3 | 2006 年 3 月 | 1 925 | — | — | — |
| 4 | 2006 年 4 月 | 1 960 | 1 758 | 202 | 40 804 |
| 5 | 2006 年 5 月 | 2 800 | 1 762 | 1 038 | 1 077 444 |
| 6 | 2006 年 6 月 | 1 800 | 2 228 | −428 | 183 184 |
| 7 | 2006 年 7 月 | 1 600 | 2 187 | −587 | 344 569 |
| 8 | 2006 年 8 月 | 1 450 | 2 067 | −617 | 380 689 |
| 9 | 2006 年 9 月 | 2 000 | 1 617 | 383 | 146 689 |
| 10 | 2006 年 10 月 | 2 250 | 1 683 | 567 | 321 489 |
| 11 | 2006 年 11 月 | 1 950 | 1 900 | 50 | 2 500 |
| 12 | 2006 年 12 月 | 2 650 | 2 067 | 583 | 339 889 |
| 13 | 2007 年 1 月 | * | 2 283 | — | — |
| | | | | | 合计 = 2 837 257 |

$RMSE = \sqrt{2\,837\,257/9} = 561\,000$（美元）

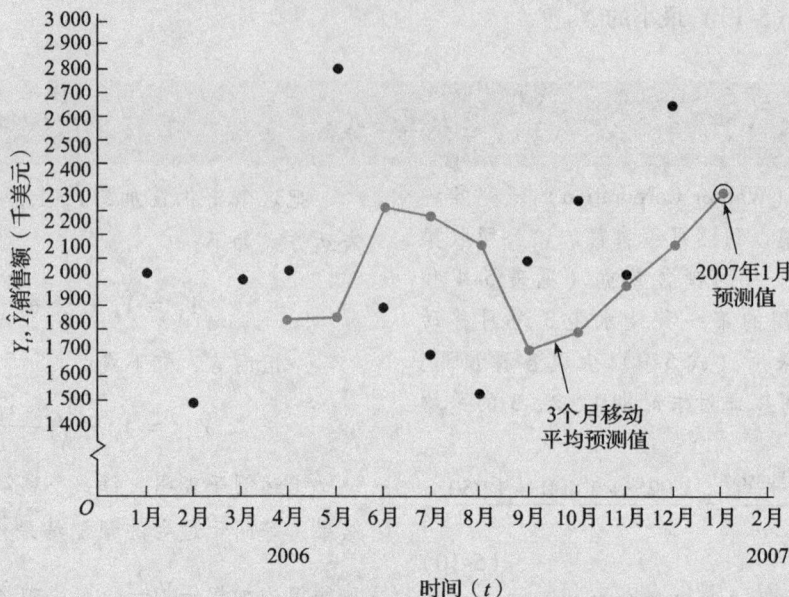

图 5-6 沃克公司的 3 个月移动平均销售额预测图

## 5.5.2 一阶指数平滑法

对用移动平均数作为平滑技术有一种批评意见，就是对准备用于预测的全部观察值一般都给予相同的权重（权重为 $1/N$），但即使通过直觉，我们也能判断出最近的观察值要比更远的观察值可能包含有更多的即刻有用的信息。指数平滑法就是为客服这一缺陷而设计的。[一]

考虑以下的预测模型

$$\hat{Y}_{t+1} = wY_t + (1 - w)\hat{Y}_t \tag{5-15}$$

这个模型给予最近观察值的权数为 $w$（$0 \sim 1$ 之间包含的某个数值），给过去预测值的权数为 $(1 - w)$，较大的 $w$ 表示对最近的观察值给予较大的权数。[二]

用式（5-15）预测 $\hat{Y}_t$，还可写成

$$\hat{Y}_t = wY_{t-1} + (1 - w)\hat{Y}_{t-1} \tag{5-16}$$

把式（5-16）代入式（5-15），得到

$$\hat{Y}_{t+1} = wY_t + w(1 - w)Y_{t-1} + (1 - w)^2 \hat{Y}_{t-1} \tag{5-17}$$

继续这个对过去预测值的替代过程，得到一般公式

$$\hat{Y}_{t+1} = wY_t + w(1 - w)Y_{t-1} + w(1 - w)^2 Y_{t-2} + w(1 - w)^3 Y_{t-3} + \cdots \tag{5-18}$$

式（5-18）表明：指数加权移动平均数的一般公式（式（5-15））就是对所有过去观察值的一种加权平均，权数是由几何级数来界定的

$$w, (1 - w)w, (1 - w)^2 w, (1 - w)^3 w, (1 - w)^4 w, (1 - w)^5 w, \cdots \tag{5-19}$$

例如，一个 2/3 的 $w$ 将产生以下权数序列

---

[一] 当数据具有长期线性趋势时，更复杂的双指数平滑模型通常要比一阶指数平滑模型得出的结果更令人满意。参见 Diebold, *op. cit*。

[二] 序列相关性越大（从一期到另一期数值的相关性），$w$ 的最优值将越大。

$$w = 0.667$$

$$(1 - w)w = 0.222$$

$$(1 - w)^2 w = 0.074$$

$$(1 - w)^3 w = 0.024$$

$$(1 - w)^4 w = 0.008\,2$$

$$(1 - w)^5 w = 0.002\,7$$

若 $w$ 的初始值高，最近的观察值就被赋予较大的权数，较早的观察值被赋予迅速下降的权数。

式（5-15）的另一种写法是

$$\hat{Y}_{t+1} = \hat{Y}_t + w(Y_t - \hat{Y}_t) \tag{5-20}$$

式（5-20）表明新的预测值等于老预测值加上 $w$ 乘上最近预测值的误差。接近 1 的 $w$ 表明对先前预测中某些误差的迅速调整过程。同样，接近 0 的 $w$ 表示一个缓慢的误差调整过程。

从式（5-15）和式（5-20）可明显看出，指数预测技术的应用非常容易，仅仅需要上一期的预测值、上一期的观察值加上加权因子的数值 $w$。最优加权因子通常由连续预测来确定，预测要使用带有不同 $w$ 值的过去数据，还要选择能使式（5-1）中的均方根误差（$RMSE$）最小的 $w$。

## 实例  指数平滑法：沃克公司（续）

再次分析前面讨论过的沃克公司。假设该公司有兴趣用一阶指数平滑技术进行销售预测，结果如表 5-5 所列。采用 0.5 的指数权重 $w$ 来说明这种方法。预测开始需要对变量做一个初始预测，这个预测可以是一个加权平均数或某种简单的预测，如式（5-2）

$$\hat{Y}_{t+1} = Y_t$$

采用后一种方法，于是在 1 月份所做的 2 月份的预测值为 1 950（000）美元（$\hat{Y}_{t+1} = 1\,950$），3 月份的预测值（用式（5-20））是

$$\hat{Y}_t = 1\,950 + 0.5 \times (1\,400 - 1\,950)$$

$$= 1\,950 - 275 = 1\,675（千美元）$$

同样，4 月份的预测值等于

$$\hat{Y}_t = 1\,675 + 0.5 \times 1\,675 = 1\,800（千美元）$$

其余的预测值都用同样方法计算。

从表 5-5 可以看到，采用一阶指数平滑技术对沃克公司 2007 年 1 月份销售额的预测结果是 2 322 000 美元。还有，这种预测方法的均方根误差（$w = 0.50$）为 491 000 美元。

**表 5-5  沃克公司：一阶指数平滑销售额预测**

| $t$ | 月份 | 销售额（千美元） | | 误差 | |
|---|---|---|---|---|---|
| | | 实际值 $Y_t$ | 预测值 $\hat{Y}_t$ | $(Y_t - \hat{Y}_t)$ | $(Y_t - \hat{Y}_t)^2$ |
| 1 | 2006 年 1 月 | 1 950 | — | — | — |
| 2 | 2006 年 2 月 | 1 400 | 1 950 | −550 | 302 500 |
| 3 | 2006 年 3 月 | 1 925 | 1 675 | 250 | 62 500 |
| 4 | 2006 年 4 月 | 1 960 | 1 800 | 160 | 25 600 |
| 5 | 2006 年 5 月 | 2 800 | 1 880 | 920 | 846 400 |
| 6 | 2006 年 6 月 | 1 800 | 2 340 | −540 | 291 600 |
| 7 | 2006 年 7 月 | 1 600 | 2 070 | −470 | 220 900 |

（续）

| t | 月份 | 销售额（千美元） | | 误差 | |
|---|---|---|---|---|---|
| | | 实际值 $Y_t$ | 预测值 $\hat{Y}_t$ | $(Y_t - \hat{Y}_t)$ | $(Y_t - \hat{Y}_t)^2$ |
| 8 | 2006 年 8 月 | 1 450 | 1 835 | −385 | 148 225 |
| 9 | 2006 年 9 月 | 2 000 | 1 642 | 358 | 128 164 |
| 10 | 2006 年 10 月 | 2 250 | 1 821 | 429 | 184 041 |
| 11 | 2006 年 11 月 | 1 950 | 2 036 | −86 | 7 396 |
| 12 | 2006 年 12 月 | 2 650 | 1 993 | 657 | 431 649 |
| 13 | 2007 年 1 月 | — | 2 322 | — | — |
| | | | | | 合计 = 2 648 975 |

$$RMSE = \sqrt{2\,648\,975/11} = 491\,000,\ \text{即 } 491\,000 \text{ 美元}$$

## 5.6　气压计法

前面讨论的时间序列预测模型假设可以预测一个经济时间序列的未来模式，方法就是从过去模式应找出一种重复反应，但很少有经济时间序列表现出相当一致的周期变动，从而使这种简单的反应预测是可靠的。比如，表 5-6 说明为何预测一个商业周期的转折点是如此之困难。尽管"二战"后美国商业周期的持续时间平均为 67 个月（从高峰到高峰），但有 3 个周期持续了 100 多个月，同时还有的周期短至 32 个月，甚至 18 个月。不过，经济学家们早就看到，如有可能把表现出紧密相关性的时间序列分离出来，而且如果这些时间序列中的一个或多个通常（以一致的方式）领先于预测者感兴趣的时间序列，那么这个领先序列就可以作为一个预测器或称气压计。

表 5-6　美国商业周期的持续时间（月）

| | | 收缩① | 扩张② | 商业周期③ | |
|---|---|---|---|---|---|
| 1945 年 10 月 | 1948 年 11 月 | 8 | 37 | 88 | 45 |
| 1949 年 10 月 | 1953 年 7 月 | 11 | 45 | 48 | 56 |
| 1954 年 5 月 | 1957 年 8 月 | 10 | 39 | 55 | 49 |
| 1958 年 4 月 | 1960 年 4 月 | 8 | 24 | 47 | 32 |
| 1961 年 2 月 | 1969 年 12 月 | 10 | 106 | 34 | 116 |
| 1970 年 11 月 | 1973 年 11 月 | 11 | 36 | 117 | 47 |
| 1975 年 3 月 | 1980 年 11 月 | 16 | 58 | 52 | 74 |
| 1980 年 7 月 | 1981 年 7 月 | 6 | 12 | 64 | 18 |
| 1982 年 11 月 | 1990 年 7 月 | 16 | 92 | 28 | 108 |
| 1991 年 3 月 | 2001 年 3 月 | 8 | 120 | 100 | 128 |
| 2001 年 11 月 | 2007 年 12 月 | 8 | 73 | 128 | 89 |
| 2009 年 7 月 | | 19 | | 92 | |
| | 平均战后周期 | 11 | 59 | 69 | 69 |

①从前一个高峰到低谷的月数。
②从低谷到下一个高峰的月数。
③从前一低谷到下一低谷的月数和从前一高峰到下一高峰的月数。
资料来源："U. S. Business Cycle Expansion and Contractions," National Bureau of Economic Research at www. nber. org.

尽管领先预测或气压计预测并不是新概念，[⊖]但现在的气压计预测法主要以美国国家经济研究局（http://www.nber.org）所做的工作为基础，这里提出的气压计预测模型主要用来确定在总体经营条件下，而不是某一具体产业或厂商条件下的未来潜在变化。

## 领先指标、滞后指标和同步指标

可以把经济指标分为领先指标、同步指标和滞后指标，依据是它们相对于商业周期高峰和低谷的时间（见图5-7）。

美国经济咨商会（Conference Board）[⊖]是纽约一家私人的非营利研究机构，它提供了11个趋于领先商业周期高峰和低谷的指标序列，4个与经济活动大致同步的指标序列和7个趋于滞后经济活动的高峰和低谷的指标序列。商会计算了每个序列以及这些领先或滞后经济活动的高峰和低谷的序列的平均值。

采用上述所列众多系列指标的理由是显而易见的，其中很多序列代表了对未来经济活动水平的一种承诺。批准建房先于房屋建造，对耐用品的订单先于实际生产。其中任何一个指标的数值取决于领先（滞后）。领先指标和滞后指标预测经济活动中未来变化的方向，但对于变化的大小说明得不多或没有说明。时间长短的变化。领先指标和滞后指标预测经济活动中未来变化的方向，但对于变化的大小说明得不多或没有说明。

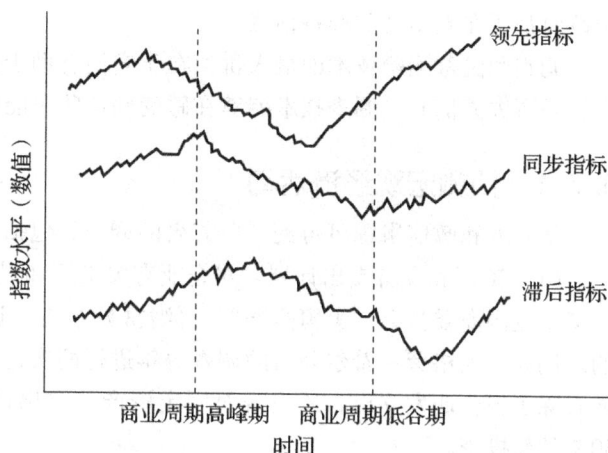

图 5-7 气压计指标

---

| 实例 | 领先指标的变化

私人和公共预测机构都对从 http://www.conference-board.org 获得的领先经济指标的指数进行持续研究。如果有些序列已经过时或开始产生错误信号，通常会被来自于商务预测中公认的最佳指标所代替。如有3个序列在近10年的衰退和复苏预测中被美国经济咨商会视为"劣等"，这个机构是由收集、分析和发布商业周期数据的大公司组成的一个著名的贸易协会。3个序列中有2个（即制造商未满足的耐用品订单和敏感原材料价格的变化）从指数中除去，由10年期财政部债券收益和3个月财政部票据收益之间的利率差所代替。

利率差是捕捉货币政策对商业周期效应的一种手段。一种长期债券产生的收益比国库券至少高1.21%意味着今后4个季度发生衰退的概率低于0.05。如果美联储紧缩信贷，致使短期利率上升，比长期利率高出0.82%，衰退的可能性就会增加到50%以上。当利率差为2.40%时，今后4个季度发生衰退的可能性将增加到90%。这个新的信贷条件指标应该是对一般认为交叉的第3个预测器（衡量全国货币供给的指标M2）进行的有效补充。

---

⊖ 安德鲁·卡内基过去习惯于通过计算匹兹堡冒烟烟囱的数目来预测商务活动水平，进而预测钢铁的需求。
⊖ 美国经济咨商会是一个由大型企业组成，负责收集、分析和发布商业周期数据的著名行业协会。

## 5.7 调查和民意测验技术

调查和民意测验是有助于进行短期预测的其他预测工具。工商企业在实际支出之前通常要对工厂和设备的扩大进行规划,消费者要在实际购买之前对汽车、休假和教育的支出进行计划,各级政府都要在支出之前准备预算。

调查和民意测验技术的最大价值在于它们有助于揭示经济中消费者的兴趣是否在变化,企业主管是否失去信心,调查技术能够在感受到这些可能的影响之前揭示出这些趋势。

### 5.7.1 预测宏观经济活动

从私人和政府来源可得到一些有名的调查,包括以下几种:

(1) 工厂和设备支出计划。对企业有关工厂和设备支出的意向调查是由麦格劳 – 希尔公司、全美工业协商委员会、美国商务部、《财富》杂志、证券交易委员会和一些个别的贸易协会进行的。例如,麦格劳 – 希尔公司的调查每年进行两次,覆盖了所有的大公司和许多中型厂商。这个调查除了报告研发支出,还报告对固定资产的支出计划。麦格劳 – 希尔公司的调查涵盖了超过50%的新投资。

美国商务部经济分析局对工厂和设备支出的调查每季度进行一次,并定期发表在《当今企业调查》(*Survey of Current Business*) 上,其样本要比麦格劳 – 希尔公司使用的更大、更全面。

全美工业协商委员会对由 1 000 家制造厂商的董事会做出的资本拨款承诺进行调查。此调查包括未来某时将要实施的资本支出计划以及对此计划已拨付资金的情况。对于向制造商大量销售产品的厂商来说,这个调查特别有用,并可帮助找出工厂和设备支出的转折点。这个调查也发表在《当今企业调查》上。

(2) 库存变动与销售预期计划。由美国商务部、麦格劳 – 希尔公司、邓白氏公司和全美采购经理人协会进行的调查,报告了企业主管人员对未来销售的预期以及它们对库存水平变化的意向。例如,全美采购经理人协会每月都进行调查,使用的采购主管人员大样本取自地区分布及产业活动范围广泛的制造厂商。

(3) 消费者支出计划。消费者购买诸如家用电器、汽车和住房等具体商品的意向是密歇根大学调查研究中心 (http://www.isr.umich.edu/sre) 和统计局报告中的内容。比如,统计局的调查旨在说明消费者支出计划的各方面内容,包括收入、流动和非流动资产持有量、未来耐用品购买的可能性和消费者的负债能力。

### 5.7.2 销售预测

民意测验和调查技术也可用于厂商内部微观层次上的销售预测。所使用的某些不同方式的民意测验包括以下两种。

(1) 销售人员民意测验。某些厂商就具体的地区和产品线的未来销售,调查该领域内本公司销售人员的预期,其想法就是离最终客户最近的员工会对未来市场状况具有最显著的洞察力。

(2) 消费者意向调查。某些厂商(特别是耐用品行业中的厂商)自己对具体的消费者购买行动进行调查。比如有一家追求与其目标市场建立"终生顾客"关系的汽车经销商,这样的经销商或家具公司可能会进行邮寄调查,估计目标家庭购买更新汽车或家具的意向。

## 5.8 计量经济模型

管理经济学可用的另一种预测工具是计量经济模型。计量经济学把理论、统计分析和为说明经济关系而建立的数学模型结合在一起。计量经济模型在其精细程度上会有差别，从非常简单到非常复杂，用于需求估计的计量经济方法已在第 4 章中详细讨论过。

### 5.8.1 计量经济预测技术的优点

计量经济方法的预测模型与时间序列趋势分析、气压计模型以及调查或民意测验技术相比，具有一些明显的优点。最显著的优点就是它们确定了管理人员能够模拟的某些独立变量（如需求模型中的价格或广告支出）。

计量经济模型的另一个优点是它们不仅预测一个经济序列中变化的方向，还会预测这种变化的大小，这种能力代表了对趋势预测模型的一种实质性改进，因为趋势预测模型没能确定转折点，而气压计模型并没有预测预期变化的大小。

### 5.8.2 单方程模型

形式最简单的计量经济模型是单方程模型，比如第 4 章中为说明舍温－威廉姆斯家用涂料的需求而建立的模型。一旦估计出需求方程的参数，就可以使用这个模型对既定地区内家用涂料的需求进行预测。

---

**实例** 单方程预测：NFL 比赛日入场券的需求

维尔基（Welki）和兹拉托波（Zlatoper）提出一个模型，说明了对美国橄榄球联盟比赛日入场券需求的主要因素。一个球队可以用这种预测模型来为具体的促销活动规划最恰当的时间，为在体育馆看台上出售的商品预测需求。估计模型采用了以下变量（下表为自变量数据）。

| | |
|---|---|
| 观众 | 比赛观众 |
| 价格 | 平均票价 |
| 收入 | 人均实际收入 |
| 相关成本 | 每场比赛停车费用 |
| 主场记录 | 比赛日之前主队在本赛季获胜的比例 |
| 客场记录 | 比赛日之前客队在本赛季获胜的比例 |
| 比赛 | 主队在正常赛季中参加比赛的次数 |
| 气温 | 比赛日的最高温度 |
| 下雨 | 虚拟变量 1 = 下雨，0 = 无雨 |
| 场地 | 虚拟变量 1 = 室内，0 = 室外 |
| 赛区竞争 | 虚拟变量 1 = 两队处于同一赛区，0 = 两队不在同一赛区 |
| 宣传竞争 | 虚拟变量 1 = 有新闻发布会的比赛，0 = 没有新闻发布会的比赛 |
| 是否周日 | 虚拟变量 1 = 比赛日不是周日，0 = 比赛日是周日 |
| 周日晚上 | 虚拟变量 1 = 比赛移到周日晚上以便 ESPN 转播；0 = 其他情况 |
| 电视转播 | 虚拟变量 1 = 当地电视不转播比赛；0 = 其他情况 |

| 自变量 | 预期符号 | 估计系数 | T统计值 | 自变量 | 预期符号 | 估计系数 | T统计值 |
|---|---|---|---|---|---|---|---|
| 截距 | ? | 98 053.00 | 11.49 | 下雨 | — | − 2 184.40 | − 1.23 |
| 价格 | — | − 642.02 | − 3.08 | 场地 | ? | − 3 171.70 | − 1.66 |
| 收入 | ? | − 1.14 | − 3.12 | 赛区竞争 | + | − 1 198.00 | − 0.70 |
| 相关成本 | — | 574.94 | 1.34 | 宣传竞争 | ? | − 1 160.00 | − 0.58 |
| 主场记录 | + | 16 535.00 | 6.38 | 是否周日 | + | 4 114.80 | 1.74 |
| 客场记录 | ? | 2 588.70 | 1.05 | 周日晚上 | + | 804.60 | 0.28 |
| 比赛 | ? | − 718.65 | − 3.64 | 电视转播 | — | − 5 261.00 | − 3.15 |
| 气温 | ? | − 66.17 | − 1.27 | | | | |

这些结果表明天气条件对比赛观众没有影响。球迷们似乎更喜欢室外比赛而不是在铀屋顶的体育馆内的比赛。宣传和赛区竞争似乎对需求没有很大影响。高票价对观众有负面影响，但需求在目前的价格水平上表现为缺乏弹性。以其获胜百分比衡量的球队水平对观众有明显的正面影响。与此类似的模型可以作为任何类型运动比赛预测需求的基础。

资料来源：Based on A. M. Welki and T. J. Zlatoper, "U.S. Professional Football: The Demand for Game-Day Attendance in 1991," *Managerial and Decision Economics*(September/October 1994), pp. 489-495.

### 5.8.3　多方程模型

尽管在许多情况下，单方程模型可以准确地说明所要研究的关系，但这些相互关系通常可能相当复杂，以至于必须用一个方程组来说明。这一点可以通过研究一个简单的国民经济模型来说明

$$C = \alpha_1 + \beta_1 Y + \varepsilon_1 \tag{5-21}$$

$$I = \alpha_2 + \beta_2 P_{t-1} + \varepsilon_2 \tag{5-22}$$

$$T = \beta_3 GDP + \varepsilon_3 \tag{5-23}$$

$$GDP = C + I + G \tag{5-24}$$

$$Y = GDP - T \tag{5-25}$$

式中，$C$ 为消费者支出；$I$ 为投资；$P_{t-1}$ 为滞后一个时期的利润；GDP 为国内生产总值；$T$ 为税收；$Y$ 为国民收入；$G$ 为政府支出。

式（5-21）、式（5-22）和式（5-23）都是行为或结构方程，而式（5-24）和式（5-25）是恒等式或定义方程。一旦估计出来方程组的参数，预测值就会形成，方法就是把自变量的已知值或估计值代入方程组并求解预测值。

**美国经济的复杂模型**

现已开发出若干个复杂的美国经济多方程计量经济模型，用于预测企业经营活动。表5-7总结了其中3个模型的有关信息及预测方法。正如所见，某些大型计量经济模型仍然主要依赖于经济分析人员的判断。

表5-7　3个美国经济计量模型的特点

| 特点 | 模型 | | |
|---|---|---|---|
| | 沃顿计量经济预测协会 | 大通计量经济协会 | 陶森－格林斯潘经济顾问公司 |
| 预测变量的大约数量 | 10 000 | 700 | 800 |
| 预测时间（季度） | 2 | 10 ~ 12 | 6 ~ 10 |
| 模型更新的频率（每年次数） | 12 | 12 | 4 |

（续）

| 特点 | 模型 | | |
|---|---|---|---|
| | 沃顿计量经济预测协会 | 大通计量经济协会 | 陶森－格林斯潘经济顾问公司 |
| 模型预测数据首次定期公布的日期 | 1963 | 1970 | 1965 |
| 预测技术 | | | |
| （a） 计量经济模型 | 60% | 70% | 45% |
| （b） 判断 | 30% | 20% | 45% |
| （c） 时间序列方法 | — | 5% | — |
| （d） 目前数据分析 | 10% | 5% | 10% |

资料来源：S. K. MeNees. "The Record of Thirteen Forecasters," *New England Economic Review*, September- October 1981, pp. 5-21; and A. Bauer et al. "Transparency, Expectations, and Forecasts," *Federal Reserve Bank & Louis Review*, September/October, 2003, pp. 1-25.

### 5.8.4 共识预测：蓝筹股预报员调查

费城联邦储备银行（利文斯顿调查）和科罗拉多阿斯彭（Aspen）的蓝筹股经济指标对美国的主要经济学家进行半年一次的调查，内容是他们对失业、通货膨胀、股票价格和经济增长的预测。定期被调查的 50 ~ 60 位经济学家来自大公司和大银行、劳工工会、政府、投资银行和大学，代表不同的部门。美国联邦和州的预算办公室及多家公司都使用利文斯顿和蓝筹股预报员调查，确定企业对未来经济增长和通货膨胀的预期。

作为一种基础广泛的共识预测，利文斯顿和蓝筹股调查数据在一定时期内比任何个人预测更稳定。再看一下图 5-5 经济学家趋向于低估通货膨胀率的升降。[⊖]图 5-8 表明利文斯顿和蓝筹股预测对于严重扩张和衰退的预测记录。我们看到，经济学家通常能准确地预测出相对温和的衰退与扩张，但没有预测出急剧的短期衰退，比如在 1974 ~ 1975 年、2001 年和 2008 ~ 2009 年发生的严重衰退。[⊖]

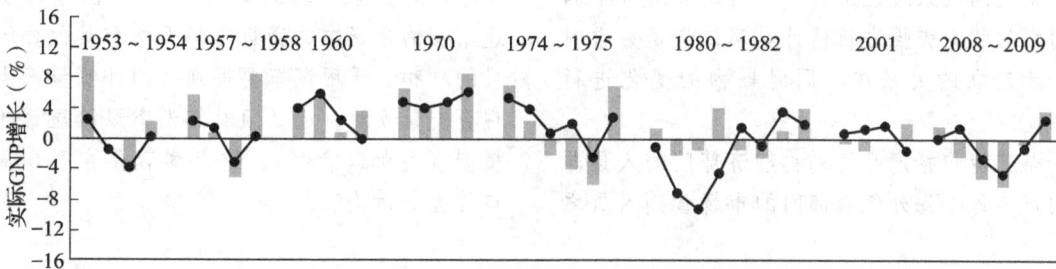

图 5-8　对 GDP 增长的利文斯顿和蓝筹股预测

注：柱体表示实际数值，圆点连线反映预测值。

## 5.9　用投入－产出表进行预测

最后分析两种利用企业数据相互依赖性的预测方法：随机性时间序列分析和投入－产出分

---

[⊖] Based on H. Taylor, "The Livingston Surveys: A History of Hopes and Fears," *Business Review*, Federal Reserve Bank of Philadelphia( May/June 1996) pp. 15-25.

[⊖] Based on K. Kliesen, "The 2001 Recession," *Federal Reserve Bank St. Louis Review* ( September/October 2003) pp. 23-38; and author up dates.

析。投入－产出分析能使预测者追踪一种产品需求的增加对其他产业的影响。汽车需求的增加将首先导致汽车业产量的增长，这种情况转而又将导致对钢铁、玻璃、塑料、轮胎和座套织物需求的增长。还有，当座套织物的需求增加时，又会发生次级影响，比如要求增加用于制造座套织物的化纤的生产。对机器新的需求也可能因为对化纤需求增加的结果而增加，这种影响方式会继续下去，投入－产出分析可使预测者对最初由汽车需求增长的结果而产生的所有行业之间的影响进行追踪。美国商务部的经济分析局提供了一套复杂的表格，详细说明了经济中不同产业之间的相互依赖关系。⊖

---

**|国际透视| 通用汽车公司海外市场的长期销售预测**

美国通用汽车公司拥有一个为其北美和海外生产服务的范围宽广的预测系统，此系统由"公司产品规划和经济部门"的人员来实施。预测过程形成了对美国汽车市场的长期、短期预测和海外市场的长期预测。下面讨论海外预测过程。

通用汽车公司要对近 60 个国家的汽车销售做出预测，这些国家的每千人汽车拥有量（汽车密度）大不相同，从 10 辆以下到 500 辆以上，用于说明汽车密度提高的主要因素是每个国家的收入水平与变化。预测过程的第一步是估计包括收入水平和汽车销量在内的关键经济变量之间的宏观经济关系。特别要对每个国家需求的收入弹性进行估计。第二步是力求对第一步建立的关系在不同时期内的变化进行监测。

第三步包括产品规划和经济部门的人员与通用汽车每个海外经营部门的市场营销人员之间的磋商。此阶段的目标就是要确定在计量经济模型所形成的预测中，各国的哪些特殊因素可能需要做出重大修订。例如，在 20 世纪 80 年代初期和中期，人们认为相对于计量经济模型的预测来说，日本政府所采取的某些自愿限制政策会使需求下降高达 50%。当这些政策障碍被排除之后，日本汽车的销售量大幅度增长，达到计量经济模型预测的水平。

最后一步提供了模型的未来不同情景，反映出在无法获得充分信息的经济环境中重大变化的影响。例如，通用汽车为中国市场的开放制定了一个情景计划，其中别克是非常成功的豪华品牌。它预测到 2010 年在中国和印度飞速增长的市场中的销量会多于所有其他外国销量的总和。通用汽车要得到从国外销量产生的现金流量预测，还必须对其汇率风险显露建立模型（并加以管理），这个内容要在第 6 章出口管理中讨论。

## 5.10 随机的时间序列分析

前面讨论的确定性时间序列分析研究如何对数据中确定性的过去趋势（比如季节效应和人口增长时间趋势）进行外推。与此不同，随机性时间序列分析力求排除确定性的时间趋势，是对持续时间数据的保留方式（即某种保留的自相关方式）中的随机过程进行建模、估计和复制。附录 4A 讨论过自相关。

考虑一个简单的带有正偏移 $\alpha$ 的一次自回归过程

---

⊖ 在美国经济分析局网站上最新的"投入－产出表"中可以找到 16 个产业群和 432 个具体产业，网址是 http://www.bea.gov。

$$y_t = \alpha + \beta y_{t-1} + \varepsilon_t \quad \overset{iid}{\varepsilon} \sim N(0, \sigma_\varepsilon^2) \tag{5-26}$$

式中假设 $\beta = 1$，$\varepsilon_t$ 是每期独立地从一个零均值、常数方差的正态概率分布（iid 是独立的和同一分布扰动）中得出的一个纯粹的白噪声扰动。如图 5-9a 所示，当 $\alpha$ 等于零时，这样的一个序列不存在复归到某一特定数值的趋势（没有"平均复归"）。相反，这样的序列是反复的，本质上是不可预测的，因此 $y_t$ 的最后一个实现值就是此序列下一个实现值的最佳预测。同样，当 $\alpha$ 为非零时，$y_t$ 的水平不存在平均复归到任一特定趋势线的趋势。每一次变动都会形成新的趋势线，如图 5-9b 所示。这就是可应用于股票价格水平预测的著名的"随机游走"模型。在高效率市场的假设条件下，诸如式（5-26）中 $y_t$ 这样的一个股票价格是"完全信息"的，也就是说，它包括预测下一期股票价格时可能有用的全部公开得到的信息。对于企业预测者来说，困难就是商品价格、汇率、利率及其他可能的宏观经济变量（如实际 GDP 和整体价格指数）也会表现出这种随机游走的性质。

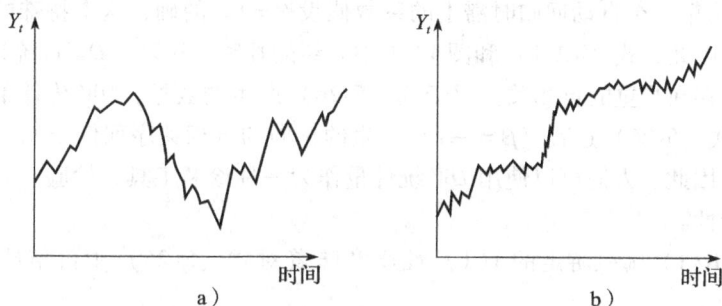

图 5-9　随机游走说明

随机游走变量对于基于普通最小二乘（OLS）回归分析的预测会产生几个问题。首先，带有正（负）偏移的两个随机游走变量几乎肯定表现出伪相关。因为每个序列都趋于上升（下降），不会向其平均数复归。对于由式（5-26）过程所形成两个变量的 OLS 估计值表明，在这两个变量之间不存在因果关系时，会存在一种显著的正向关系。例如，即使经济中的实际 GDP 和整体价格指数（GDP 价格紧缩指数）具有可能完全无关的随机震荡，且实际的增长和通货膨胀可能具有不相关的结构性决定因素（如人口增长与货币扩张），但在实际 GDP 对价格指数的简单 OLS 回归中，$t$ 值很容易会高到 12.0（即正向关系中 99% 的置信度）。对于寻找用于企业规划的领先指标的预测者来说，这种情况会形成严重的误导。假设你向上司说，因为通货膨胀加剧，所以厂商可期待下期的需求会有大幅度的实际增加，其结果是上司很有可能安排你无薪休假，甚至把你解雇。

当然，并非所有的企业时间序列都表现出这种随机游走性质。比如，一家厂商的利润率和盈余作为对竞争性进入和退出的反应，只要它们明显地高于或低于经风险调整的行业平均数，确实会出现平均复归，因此利润和盈余就不是一个随机游走。因此，最为关键的是要了解人们正在处理的数据是不是由一个随机游走过程产生的。

随机游走产生的第 2 个问题就是在若干个时期 $T$ 之后，$y_T$ 的水平是

$$y_T = y_0 + \sum_{i=0}^{T} (\alpha + \varepsilon_{T-i}) \tag{5-27}$$

$$= y_0 + T\alpha + \sum \varepsilon_t \tag{5-28}$$

即偏移参数的累积之和加上达到 $T$ 期之前的所有的白噪声误差。说明这个现象的另一种方法就

是：随机游走变量的所有变动产生了永久性效应；震荡只是持续累积，不会随着时间序列的加长而消失。因此，企业数据中的"趋势"有两个含义。某些趋势是确定性的，如游泳衣在春夏和秋冬季节的上升和下降的销售趋势。不过其他趋势是随机性的，随机性趋势是一个随机游走过程（如式（5-28））中变动的永久效应。由于这些 $\sum \varepsilon_t$ 不会消失，所以把它们也视为趋势是合适的。问题在于随着时间序列的延长，$y_t$ 的变动等于 $T\sigma_\varepsilon^2$，这就是说，股票价格或利率的变动没有限制！这就使目前我们看到的预测技术的均方根误差（RMSE）下降十分困难。例如，在股票价格变动的 OLS 回归模型中，即使是长时滞结构，所具有的 $R^2$ 也常常低至 $0.02 \sim 0.05$，并且有非常大的 RMSE。还有，这样的序列随着 $T$ 的增加会有巨大的变动。

尽管超出本书范围的很多高级技术都受到随机游走过程的影响，[一]但我们已经介绍的两种简单方法至少部分说明了上述两方面的含义。首先，所有的类似随机游走过程都具有很长的缓慢衰减的自相关函数。式（5-26）中带有偏移的一阶自动回归 AR(1) 随机游走过程称为综合的次序 I，写作 I(1)。因为第一个自动回归时滞上的系数假设 $\beta = 1$。的确，这个特殊的一次自动回归函数永远不会衰减。因此，式（4A-1）和图 4A-1 中介绍的杜宾 – 沃森（$DW$）统计量可用来发现在这样的变量中是否存在严重的自相关。对于式（5-26）产生的数据，$DW$ 统计量肯定会大大低于 2.0，即对于类似式（5-26）过程（$\beta = -1$）产生的正向的自相关序列低于 $d_L$，负向的自相关序列高于（$4 - d_L$）。因此，人们可以使用 $DW$ 统计量作为一种诊断工具，检验一种非平均复归的随机游走过程的可能性。

还有，一个 AR(1) 随机游走的 I(1) 性质意味着对式（5-26）中价格或利率系列取一阶差分

$$\Delta y_t = \alpha + (\beta - 1)y_{t-1} + \varepsilon_t \qquad (5-29)$$

这就留给我们一个确实会平均复归的过程，也就是一个向偏移参数 $\alpha$ 复归的过程，如果事实上 $\beta = 1$ 的话，要估计式（5-29）中时间序列的一阶差分，或更一般性地估计一个向量自回归的一阶差分是很简单的。

$$\Delta y_t = \alpha + (\beta - 1)y_{t-1} + \sum_{t=1}^{\infty} \Delta y_{t-1} + \varepsilon_t \qquad (5-30)$$

并且得出结论：原假设 $\beta = 1$ 是真还是假。[二]如果是真，任何带有这些性质的序列都应该差分，并按照一阶差分而不是按照水平纳入预测回归方程中。[三]如果情况如同式（5-27）、式（5-28）和式（5-29）有关因变量和解释变量所说明的，那么整个预测模型应该以一次差分来确定。在此情况下，就说这两个序列则是**协整**，并将表现出一种相互之间非伪的共同运动，它的存在对于实现低 *RMSE* 的标准预测目标来说是非常重要的。

**协整**（cointegrated）：带有共同顺序整合的随机序列，表现出一种均衡关系，使之不会永久地相互偏离。

---

[一] 对随机的时间序列分析中其他技术的一个有用的介绍是 F. Diebold, Elements of Forecasting, 4th ed.（Cincinnati：South-Western, 2007）；要了解更先进的方法，可参考 W. Enders, *Applied Econometric Time-series*, 3rd ed,（New York：John Wiley and Sons, 2009）。

[二] 这些检验可用对的（$\beta - 1$）参数的 $t$ 统计值来进行，但需要使用一组修正的迪基 – 福勒（Dickey-Fuller）关键值，参见附录 B 中表 B-7。

[三] 如果 $\beta = 1$ 被拒绝，问题中的各个系列应该再次差分，并用完全相同的方式对第二次差分进行检验。在 $\beta = 1$ 的情况下，将被纳入的是第二次差分，而不是第一次差分。如果第一次和第二次差分都不表明一个 I(1) 或 I(2) 序列，那么预测者就要使用最初数据水平进行预测。

## 小　结

- 预测就是关于某些经济时间序列未来值的预见。

- 选择一种预测技术取决于以下因素：建立预测模型的成本，被预测关系的复杂性，预测的时间长短，模型所要求的准确性以及根据预测模型制定决策所需要的前导时间。

- 用于预测的数据可以采取时间序列形式（即对一个变量在过去一定时期内的一系列观察），也可以是横断面形式（就是对个人、厂商、地区、社区或其他观察对象的样本在单一时点上所做的观察）。

- 确定性趋势预测模型的基础是把过去的数值外推到未来。时间序列预测模型可以对数据中的季节、长期和周期趋势进行调整。随机的时间序列预测模型研究重要数据中的随机形成过程。

- 当一个数据序列具有很高的随机性时，采用诸如移动平均数和指数平滑法等平滑技术可以提高预测的准确性。

- 趋势分析模型和平滑技术都不能确定一个经济数据序列在方向上的未来重大变化。

- 使用领先、滞后和同步指标的气压计技术旨在预测一个数据序列的方向变化，但不适于预测变化的大小。

- 调查和民意测验技术在预测诸如企业资本支出和消费者主要支出计划等变量时，在为厂商进行具体产品或地区的销售预测时通常都是有用的。

- 计量经济方法力求解释一个经济数据系列中变化的原因，并使用这种定量的解释模型对未来进行预测。计量经济模型是最有用的企业预测工具之一，但它们的开发与维护通常是昂贵的。其净效益在于脱离样本的预测环境中成功地降低均方根预测误差。

- 商业数据中的趋势要么是确定性的，要么是随机性的。诸如股票价格等随机游走变量引起的随机趋势要求认真地诊断和特别的处理方法。

## 练　习

1. 普赖泽公司的预测部门研究出一个预测其空气垫雪车销量的模型。该模型认为，销售量 $S$ 随着个人可支配收入 $Y$ 和 15 ~ 40 岁人口数量 $Z$ 变化，且随着价格 $P$ 反向变动。基于过去的数据，该模型的最佳预测为

$$S = k \frac{YZ}{P}$$

根据历史数据，这里 $k$ 可以取 100。

a. 如果 $Y = 11\,000$，$Z = 1\,200$，$P = 20\,000$，那么预测的销量 $S$ 是多少？

b. 如果 $P$ 降低到 17 500，$S$ 会发生什么变化？

c. 你会怎样得到 $k$ 的值？

d. 该模型潜在的缺点有哪些？

2. a. 弗雷德五金和霍比豪斯公司预期其销售额在今后 3 年内每年按 8% 固定增长，目前的销售额是 100 000 美元，预测今后 3 年每年的销售额。

b. 如果 2003 年的销售额是 60 000 美元，到 2007 年增长到 100 000 美元（4 年期间），实际的年复利增长率是多少？

c. 采用固定增长率预测模型的风险是什么？

3. 大都会医院（Metropolitan Hospital）估计其平均每月床位的需要是 $N = 1\,000 + 9X$
式中，$X$ 为时期（月），2002 年 1 月为 0；$N$ 为每月床位需要量。

假设在可预见的未来，此地区不会增加新的医院，使用过去 5 年的数据，估计出每月的季节调整因子如下表所示：

| 月份 | 调整因子（%） |
| --- | --- |
| 1 月 | +5 |
| 4 月 | -15 |
| 7 月 | +4 |
| 11 月 | -5 |
| 12 月 | -25 |

a. 预测大都会医院 2007 年 1 月、4 月、7 月、11 月和 12 月的床位需求量。

b. 如果下表为 6 月份床位需求量的实际值和预测值记录,那么你会建议在做未来 6 月份预测中使用怎样的季节调整因子?

| 年份 | 预测值 | 实际值 |
|---|---|---|
| 2007 | 1 045 | 1 096 |
| 2006 | 937 | 993 |
| 2005 | 829 | 897 |
| 2004 | 721 | 751 |
| 2003 | 613 | 628 |
| 2002 | 505 | 560 |

4. 斯托尔汽车公司(Stowe Automotive)正在考虑来自 "Indula" 的一个项目:建造一个制造该国用汽车零件的工厂。在确定最终决策时,斯托尔公司的经济学家们一直在努力工作,为 Indula 建立了一个基本的计量经济模型,帮助该公司预测未来的经济活动水平。由于汽车零件行业的周期性质,在斯托尔公司的决策过程中,对未来经济活动的预测是非常重要的。

Indula 所有厂商的公司利润 ($P_{t-1}$) 大约为 1 000 亿美元。该国的 GDP 由消费 $C$、投资 $I$ 和政府支出 $G$ 构成,预计 Indula 的联邦、州和地方政府下一年的支出将在 2 000

亿美元之内。根据对 Indula 最近经济活动的分析,假定消费支出为 1 000 亿美元加上 80% 的国民收入。国民收入等于 GDP 减去税收 $T$,估计税收为 GDP 的 30%。最后,历史上公司投资等于 300 亿美元加上上一年的公司利润 ($P_{t-1}$) 的 90%。

a. 为 Indula 这个国家构建一个 5 方程的计量经济模型,包括一个消费方程、一个投资方程、一个税收收入方程、一个代表 GDP 恒等式的方程和一个国民收入方程。

b. 假设所有的随机扰动因素平均为零,求解这个方程组,得到下一年 $C$、$I$、$T$、GDP 和 $Y$ 的预测值。(提示:最容易的方法是从求解投资方程开始,然后再适当地代入其他方程之中。)

5. 某厂商的需求情况如下表所示。

a. 根据 5 年的移动平均数、3 年的移动平均数和指数平滑法($w = 0.9$ 和 $w = 0.3$)进行预测,把结果填入表中。注意:指数平滑预测开始时假设 $\hat{Y}_{t+1} = Y_t$。

b. 使用 2005 ~ 2009 年的预测值,根据 RMSE 准则比较每种预测方法的准确性。

c. 你对 2010 年预测使用了哪一种方法?为什么?

| 年份 | 实际需求 | 5 年移动平均数 | 3 年移动平均 | 指数平滑($w = 0.9$) | 指数平滑($w = 0.3$) |
|---|---|---|---|---|---|
| 2000 | 800 | XXXXX | XXXXX | XXXXX | XXXXX |
| 2001 | 925 | XXXXX | XXXXX | — | — |
| 2002 | 900 | XXXXX | XXXXX | — | — |
| 2003 | 1 025 | XXXXX | — | — | — |
| 2004 | 1 150 | XXXXX | — | — | — |
| 2005 | 1 160 | — | — | — | — |
| 2006 | 1 200 | — | — | — | — |
| 2007 | 1 150 | — | — | — | — |
| 2008 | 1 270 | — | — | — | — |
| 2009 | 1 290 | — | — | — | — |
| 2010 | ① | — | — | — | — |

①要预测的未知未来值。

6. Mapco 公司的经济研究部门估计了其线式割草机的需求函数为

$$Q_D = 18\,000 + 0.4N - 350P_M + 90P_S$$

式中，$N$ 为主要销售区域中新建房屋的数量；$P_M$ 为该产品的价格；$P_S$ 为其竞争对手割草机的价格。

　　在 2010 年，该公司主要销售区域新建房屋的数量为 15 000，公司计划的产品销售价格为 50 美元，竞争产品的价格预计为 55 美元。

a. 在这些条件下，2010 年的预测销量为多少？

b. 如果竞争对手将其产品价格下调至 50 美元，这对 Mapco 公司的销量有何影响？

c. 如果新建房屋的数量下降 30%，将对 Mapco 公司的销量造成什么影响？（忽略其竞争对手产品的价格影响）

7. 克维斯特公司（Questor Corporation）过去 10 年经历了如下表所示的销售方式：

| 年份 | 销售额（美元） | 年份 | 销售额（美元） |
|---|---|---|---|
| 1997 | 121 | 2003 | 215 |
| 1998 | 130 | 2004 | 208 |
| 1999 | 145 | 2005 | 235 |
| 2000 | 160 | 2006 | 262 |
| 2001 | 155 | 2007 | ① |
| 2002 | 179 | | |

　　①要预测的未知未来值。

a. 计算这些销售数据的趋势线方程（与式 (5-4)）类似，预测下一年的销售额（对于时间变量，让 1997 = 0，1998 = 1）。此方程对 2007 年销售额预测的结果怎样？

b. 使用一个带有 $w = 0.9$ 的一阶指数平滑模型预测 2007 年的销售额。

8. 贝尔温室（Bell Greenhouses）公司估计其花盆土每月的需求函数为 $N = 400 + 4X$

式中，$N$ 为每月花盆土的需求量（袋）；$X$ 为用月份表示的时期（2006 年 3 月 = 0）。

　　假设在可预见的未来中，这个趋势因素可望保持稳定。下表所列为每个月的季节调整因子，它们是用过去 5 年的实际销售数据估算出来的。

| 月份 | 调整因子 | 月份 | 调整因子 |
|---|---|---|---|
| 3 月 | +2% | 8 月 | +10% |
| 6 月 | +15% | 12 月 | -12% |

a. 预测贝尔温室公司 2007 年 3 月、6 月、8 月和 12 月花盆土的需求量。

b. 如果表中所列为过去 5 年中每年 4 月对贝尔温室公司花盆土销售量的预测值和实际值，确定用于 2005 年 4 月预测的季节调整因子。

| 年份 | 预测值 | 实际值 |
|---|---|---|
| 2007 | 500 | 515 |
| 2006 | 452 | 438 |
| 2005 | 404 | 420 |
| 2004 | 356 | 380 |
| 2003 | 308 | 320 |

9. 折扣百货连锁店 Savings-Mart 销售庭院与草坪家具，销售是季节性的，春夏两季销量高，秋冬两季销量低。该公司建立的每季销售额预测模型如下：

$$\hat{Y}_t = 8.25 + 0.125t - 2.75D_{1t} + 0.25D_{2t} + 3.50D_{3t}$$

式中，$\hat{Y}_t$ 为季度 $t$ 的预测销售额（百万美元）；8.25 为 $t = 0$ 期的季度销售额（百万美元）；$t$ 为时间（季度），2002 年第 4 季度 = 0，2003 年第 1 季度 = 1，2003 年第 2 季度 = 2，……

$D_{1t} = \{1$ 是第 1 季度观察值，否则为 $0\}$

$D_{2t} = \{1$ 是第 2 季度观察值，否则为 $0\}$

$D_{3t} = \{1$ 是第 3 季度观察值，否则为 $0\}$

预测该公司 2010 年每季度庭院与草坪家具的销售额。

10. 用前两年（全部商品的）消费者价格指数（CPI）的每月序列数据，对今后三年每一年的 CPI 进行预测。对今后 36 个月预测的准确性是高于还是低于对今后 12 个月的预测准确性？为什么？将你的答案与美国穆迪在线的模型结果进行比较，网址：www.economy.com。

## 案例练习

### 游船到达阿拉斯加

夏季把温暖的天气、庞大的动物（熊）和旅游者带到了阿拉斯加的海岸城镇。位于内陆航道终点的斯凯奎（Skagway）每天都吸引了大量的游船，几千名自由旅客在上午 10 点至下午 5 点之间登岸进城，体验阿拉斯加风光。一些游客乘蒸汽火车进山，其他人在城里漫游，把钱花在画廊、餐馆和礼品店中。斯凯奎商会正在研究决定下面的访客到达方式统计表中哪一种运输方式应该在下一季旅游促销宣传中放在最优先的位置上。

#### 斯凯奎的访客到达方式统计表

| 年份 | 汽船 | 渡船 | 公路 | 航空 |
| --- | --- | --- | --- | --- |
| 1983 | 48 066 | 25 288 | 72 384 | 3 500 |
| 1984 | 54 907 | 25 196 | 79 215 | 3 750 |
| 1985 | 77 623 | 31 522 | 89 542 | 4 000 |
| 1986 | 100 695 | 30 981 | 91 908 | 4 250 |
| 1987 | 119 279 | 30 905 | 70 993 | 4 953 |
| 1988 | 115 505 | 31 481 | 74 614 | 5 957 |
| 1989 | 112 692 | 29 997 | 63 789 | 7 233 |
| 1990 | 136 512 | 33 234 | 63 237 | 4 799 |
| 1991 | 141 284 | 33 630 | 64 610 | 4 853 |
| 1992 | 145 973 | 37 216 | 79 946 | 7 947 |
| 1993 | 192 549 | 33 650 | 80 709 | 10 092 |
| 1994 | 204 387 | 34 270 | 81 172 | 10 000 |
| 1995 | 256 788 | 33 961 | 87 977 | 17 000 |
| 1996 | 299 651 | 35 760 | 86 536 | 20 721 |
| 1997 | 438 305 | 27 659 | 91 849 | 11 466 |
| 1998 | 494 961 | 31 324 | 100 784 | 20 679 |
| 1999 | 525 507 | 31 467 | 92 291 | 15 963 |

资料来源：*The Skagway News*，November 16, 1999.

**问题**

1. 在同一张图上画出不同时间各种运输方式到达人数的原始数据，哪一种方式增长最快？哪一种最慢？

2. 在同一张图上画出不同时间各种运输方式到达人数的对数形式，此时哪一种方式增长最快？

3. 要比较两个不同制度的序列时，对数特别有用，因为 10% 的增长看起来总是一样的，不管起始水平是多少。涉及绝对水平时，原始数据更恰当，但当增长率是重要因素时，对数刻度会更好。

4. 现在建立一个代表各种运输方式到达人数增长状况的指数，方法是用每一栏中的第一个数字（最小的）去除以其余的数字，再画出每种运输方式对时间的指数。哪一个是增长最快的？

5. 在建立不同时间旅游者乘游船到达数据模型的过程中，非线性（也许是乘法指数）模型是否优于一个不同时间游船到达数据的线性模型？对于不同时间旅游者乘渡船到达的情况会如何？

6. 对不同时间乘游船到达旅游者数量的双对数（对数线性）时间趋势模型进行估计。估计不同时间游船到达数量的线性时间趋势模型。计算游船到达数量的预期值和实际值之间的均方根误差。双对数时间趋势模型的均方根误差是否大于线性时间趋势模型的均方根误差？

### 木材价格预测

**问题**

要预估单一家庭房屋建筑的成本，必须准确预测的一个最重要的变量就是南方松木的价格。利用下表中的数据预测 2 年和 4 年后的木材价格。

#### 木材价格指数

| | | | （续） |
| --- | --- | --- | --- |
| 2015 | 325 | 2005 | 387 |
| 2014 | 383 | 2004 | 404 |
| 2013 | 384 | 2003 | 311 |
| 2012 | 322 | 2002 | 304 |
| 2011 | 272 | 2001 | 318 |
| 2010 | 284 | 2000 | 329 |
| 2009 | 222 | 1999 | 408 |
| 2008 | 252 | 1998 | 354 |
| 2007 | 284 | 1997 | 423 |
| 2006 | 327 | 1996 | 407 |

### 全球金融危机的预测

全球金融危机（GFC）的原因和后果是多方面的，目前仍保持热议。其中一个催化剂显然是 2007～2008 年美国房地产市场的崩溃。2004～2007 年，房地产资产泡沫正在形成，在此期间，美联储通过过度刺激经济发挥了作用。后来，美联储在 2007 年年末和 2008 年年初收紧了信贷条件，尽管银行家圆桌会议报告称，贷款需求已大幅下降。国会通过立法鼓励那些没有偿还抵押贷款的人拥有住房。次级抵押贷款甚至发放给没有收入、没有工作、没有资产的借款人（所谓的忍者贷款）。中等收入的借款人为他们负担不起的更大的房子申请抵押贷款，进一步推动了房地产泡沫。银行监管机构则另辟蹊径，使得抵押贷款经纪人为银行批准的这些交易赚取了丰厚的佣金。

最终，GFC 演变为资本市场的巨大失败，引发了所谓的"大收缩"。美国国内生产总值（GDP）下降的幅度达到了自 1929 年大萧条时期 20% 跌幅以来的最大值。在乔治 W. 布什（George W. Bush）总统任期的最后一个季度（2008 年第四季度），实际 GDP 惊人地下降了 9%。商业信心和私人投资在 2007 年崩溃了 37%，而消费下降了 2%。累计而言，四年的潜在产出增长值 1.7 万亿美元被蒸发，直到 2011 年第四季度，美国 GDP 才从 2007 年第四季度以来首次回升至 13.3 万亿美元。这场大灾难的起因是什么？是缺乏公司治理，还是缺乏商业诚信？

从某种意义上说，资产信用问题是全球金融危机的根源，即将优质和次级抵押贷款（次级抵押贷款包含太少的首付和太多的违约风险）结合在一起的抵押贷款支持证券被打包并作为高评级的 A 级债券出售。更糟糕的是，债券买家剥离了底部的部分，重新打包这些风险最高的抵押贷款，并将它们作为 A 级证券在全球范围内出售。一些人认为，这构成了一种欺诈性的转让，至少，此类交易违反了市场信用，而银行和经纪公司的高管最终要为此负责。

市场信用始终是根据市场参与者对公平、有序市场的期望来定义的。例如，在股票市场，Aitken 和 Harris（2011）认为市场参与者期望监管机构禁止市场操纵、内幕交易与经纪自营商既是委托人又是代理人造成了利益冲突。同样地，在债券市场，市场参与者期望部分披露、严重的利益冲突、一些故意操纵和虚假陈述等现象能被禁止。内部人士经常打电话，披露未经审计的财务信息，这些信息并不公开，目的是为了加强他们在协商债券价格上的谈判地位。但这些关于债券减值的谈判，是在经验丰富的专业人士之间进行的，这些专业人士在重复购买双边协议中具有强大的声誉效应。

股票和债券市场之间的反差很大。在股票市场上，在高度监管的交易所交易中，能够获得或不能够公开披露信息的零售买家和卖家，会与不知名的老练交易员会面。这些场内交易由结算所支持，以减轻交易双方的风险。已公布的价格可由经纪代理立即执行，其职责避免了严重的利益冲突。而且，交易价格在信息上是有效的，部分原因是市场操纵导致的价格错位被监测、发现并经常被阻止。因此，在股市中的公平和有效，反映了股市参与者更高的诚信预期。

债券市场的情况则恰恰相反，而这正是次贷问题出现的地方。经验丰富的抵押贷款支持证券买家知道，卖家所包装的混合证券的违约率要高于他们的 A 评级所代表的违约率。一般来说，只有不到 1% 的优质抵押贷款借款人拖欠还款。从历史上看，次级抵押贷款违约率只有 4%。

2007～2009 年，全美房价下跌了 27%，普通房屋的价值仅为 2007 年房价的 73%，而优质抵押贷款的违约率为 3.5%，次级抵押贷款的违约率为 13%。对于一个典型的 2007 年相当于房屋价值 80% 的抵押贷款来说，放弃价值低于抵押贷款的房子，让银行进行止赎，比继续支付且寄希望于住房市场好转的成本更低。

更多的止赎导致了更多的抵押房屋拍卖，更多的抵押房屋拍卖导致了一些州，如加利福尼亚和佛罗里达的一些城市，如菲尼克斯和拉斯维加斯的房价下跌了45%。因此，随着GFC的深化和违约率的恶化，所有参与抵押贷款支持证券的人都知道对欺骗性传递的混合证券的价值进行更大的折扣。2007年11月抵押贷款支持证券7%的减幅在2008年11月达到45%。尽管如此，承认混合证券的价值的降低并没有减缓与住房资产相关的家庭财富的减少。而负财富效应对消费者和商业信心都造成了巨大的损失。典型的家庭不愿购买耐用消费品，甚至连烤面包机都不愿购买，经济在某种程度上以自由落体的方式急剧下滑。

## 问题

1. 更强的公司治理和更大的商业诚信能带来什么改变吗？这种与实际情况相反的假设的答案通常是不确定的，但是我们可以讨论在此情况下结果可能会发生的变化。假设有更多的监管人员拒绝批准欺诈性的、错误评级的债券转让，结果可能会有哪些不一样？

2. 假设公司层面官员的更多监控阻止了代理抵押贷款经纪人提交明显是欺诈性的抵押贷款申请，结果会发生哪些不同？

3. 假设高级风险经理们曾问过，当他们的违约率被严重低估的时候，谁将是需要站出来购买抵押贷款支持证券的交易方。所有的市场，尤其是金融市场，都通过足够的价格调整来达到目的。但假设要求银行的高管们直接回答，这种欺骗性传递的证券需要进行多大程度的价格减记。在这种情形下，是否至少有一些事情是可以避免的？

# 全球经济管理

　　今天的商业计划将会包括在全球几大洲上的国际供应链、海外制造和目标营销。美国、德国、日本、韩国的很多公司都参与外商直接投资和通过海外子公司来生产制造。其他公司把经营业务外包给低工资、高质量的合同制造伙伴，比如中国、墨西哥、葡萄牙、巴西、印度尼西亚和加勒比海等地区。还有一些公司向外国厂商购买零部件、供应件或组装件。几乎所有的公司都面临进口产品的竞争和生产出口产品销往海外。的确，出口市场正日益成为许多美国制造商销售增长的主要来源。美国是世界上最大的进出口贸易国，其 GDP 的30%来自于进出口贸易。中国和德国分别占据世界贸易份额的第二位和第三位。对这些国际购销活动的认真分析和准确预测，将为许多公司的生产能力规划、生产安排和定价、促销、分销计划提供关键的信息。

　　在本章，我们将展示经理人如何在 3～5 年的业务规划中加入汇率周期分析。我们研究国际商品和服务贸易加上国际资本流动如何决定汇率的长期趋势。购买力平价提供了另一种评估外汇（FX）趋势的方法，并在商务情景规划中加入来自净出口销售的现金流。然后我们探讨世界经济中贸易的原因和方式，对诸如欧盟、NAFTA、中国和印度等地区贸易集团和新兴经济体给予特别关注。本章最后将对美国贸易赤字问题进行展望。全章的关注点集中于国际贸易和政策的管理方式。

## 外汇汇率在评估国外商业机会中的作用

　　美国的国内生产总值（GDP）在 2015 年是 17.7 万亿美元。要了解这个数字，可以从三个角度来分析：①中国、日本和德国等其他大型经济体的比较规模；②美国 GDP 中不同组成部分的相对规模；③1 万亿的绝对规模。

　　1 万亿这个数字（1 000 000 000 000）是美国联邦储备委员会的储备金（1 800 亿美元）的5.5 倍，是一所典型文科学院年度预算（3.33 亿美元）的 3 000 倍。因此，17.7 万亿美元的确是一个非常大的数字。

　　美国的 17.7 万亿美元 GDP 如何划分为不同的组成部分（$C + I + G + NX$）将有助于我们对

出口管理的分析思考。消费（*C*）至今是美国 GDP 的最大组成部分，在 17.7 万亿美元中大约占 12 万亿美元。其他组成部分如下所示：

$$GDP = (\ C\ +\ I\ +\ G\ ) + NX$$
$$2015\ 年 (12.1 + 2.9 + 3.2) + (-0.5)$$
$$(出口 - 进口)$$
$$(2.3 - 2.8)$$
$$= 18.2 \qquad + (-0.5)$$
$$= 17.7 (万亿美元)$$

GDP 中各部分所占比例（消费 68%、投资 16%、政府 18%、出口 13% 和进口 16%）不同于中国和印度这类快速发展的新兴经济体，它们投资占 GDP 的比重更高（分别为 42% 和 35%），也不同于德国、韩国和荷兰等出口导向型经济体，它们的出口占 GDP 的比重分别为 32%、45% 和 65%。但是，美国的进口加出口占 GDP 的 29%，这的确使很多美国人有了工作，这一事实对于摆脱 2008～2009 年的严重经济衰退至关重要。近些年（2012～2015）美国的出口增长对 GDP 增长的贡献占到了 30%。

2015 年中期，使用 CNY8.34/USD 名义外汇汇率得出中国的 GDP 为 10.9 万亿美元，在全球排到第二位。日本、德国、英国、法国和巴西是接下去的五大经济体，GDP 分别为 4.8 万亿、3.9 万亿、3.1 万亿、2.9 万亿和 2.4 万亿美元。

将美国 GDP17.7 万亿美元除以美国人口 3.25 亿，得到美国的人均收入为 54 462 美元，然而中国的人均收入为 7 786 美元（10.9 万亿美元/14 亿人口）。然而，国际货币基金组织指出，如果中国的产出是以美国现行的生活成本来估计的话，虽然价格和利润率仍比美国低，但中国已经是 18 万亿美元的经济体了。

公司越来越关注下一次的海外扩张机会。在国际扩张的情景规划中，潜在市场的大小对外商进入决策至关重要。中国已经是 20 年来全球最快的主要增长经济体。中国 2010 年的名义 GDP 为 5.9 万亿美元，超过了日本的 5.4 万亿美元。但是经济学家仍然在争论，是否 4 万亿美元的中国在几年前就已经超过了 5 万亿美元的日本，成为世界第二大经济体？究竟为什么这是一个问题？

外汇汇率是关键。2008 年时，人民币和日元的名义外汇汇率分别为 CNY6.82/USD 和 JPY94/USD。但是日本的生活成本比中国的生活成本高很多。与日本相比，1 美元在中国可以购买到更多的商品和服务。因此，中国的 4 万亿美元 GDP 可能代表了比日本 5 万亿美元 GDP 更多的商业活动和外国企业更多的机会。

下表列出了 2014 年世界前 15 大经济体的 GDP 经生活成本调整后的排名。该表展示了低生活成本国家如印度、俄罗斯和墨西哥分别从第 9、10、15 名上升到第 3、7、10 名，以及高生活成本国家如澳大利亚和瑞士分别从第 12、20 名下降到第 19、65 名。正如我们前面提到的，生活成本增加是衡量中国商业活动的一大重要因素。如果把中国现今的生活成本调整为美国的 60%，那么表中上两行显示中国 2014 年 10.2 万亿美元 GDP 经生活成本调整后将为 17.3 万亿美元，仅次于美国的 17.4 万亿美元。在本章当我们讲到购买力平价汇率概念的时候，将阐述这些 GDP 成本调整的动态版本。

如今，百胜餐饮集团继续庆祝他们在日本广受欢迎的肯德基炸鸡店，但也在努力整改他们在中国不太成功的必胜客店。必胜客的菜单和价格定位太高档。其中国子公司受到企业管理者

| 经生活成本调整后的 GDP | | | | | | |
|---|---|---|---|---|---|---|
| | 2014 年名义 GDP | 占美国生活成本的百分比 | 生活成本调整因子 | 经生活成本调整后的 GDP | 调整后的排名 | 调整后的 GDP |
| 1 | 美国 17.419 | 100% | 1 | 17.419 | 1 美国 | 17.419 |
| 2 | 中国 10.381 | 60%71% in '12 | 1.67 | 17.302 | 2 中国 | 17.302 |
| 3 | 日本 4.616 | 100%149% in '12 | 1.00 | 4.616 | 3 印度 | 6.209 |
| 4 | 德国 3.86 | 100% | 1.00 | 3.860 | 4 日本 | 4.616 |
| 5 | 英国 2.945 | 120% | 0.83 | 2.454 | 5 德国 | 3.861 |
| 6 | 法国 2.846 | 115% | 0.87 | 2.475 | 6 巴西 | 3.361 |
| 7 | 巴西 2.353 | 70% | 1.43 | 3.361 | 7 俄罗斯 | 3.716 |
| 8 | 意大利 2.147 | 107% | 0.93 | 2.007 | 8 法国 | 2.475 |
| 9 | 印度 2.049 | 33% | 3.03 | 6.209 | 9 英国 | 2.454 |
| 10 | 俄罗斯 1.858 | 50% | 2.00 | 3.716 | 10 墨西哥 | 2.008 |
| 11 | 加拿大 1.789 | 127% | 0.79 | 1.409 | 11 意大利 | 2.007 |
| 12 | 澳大利亚 1.444 | 140% | 0.71 | 1.031 | 12 韩国 | 1.771 |
| 13 | 韩国 1.416 | 80% | 1.25 | 1.770 | 13 西班牙 | 1.562 |
| 14 | 西班牙 1.406 | 90% | 1.11 | 1.562 | 14 加拿大 | 1.409 |
| 15 | 墨西哥 1.285 | 64% | 1.56 | 2.008 | 19 澳大利亚 | 1.031 |
| 20 | 瑞士 0.712 | 174% | 0.57 | 0.409 | 65 瑞士 | 0.409 |

重视是因为中国的潜在商业机会比日本多。近日，百胜360亿美元价值的股票在一天内惊人地损失了19%，原因是与之前销售量以10%增加的预测相比，中国子公司的销售量是大幅下跌的。但事实上是，这种令人失望的收益报告将不会有如此糟糕的股东价值，因为像通用公司汽车一样，百胜餐饮集团去年在中国的餐饮销量仍比美国多。

如下图所示，自从中国在2002年加入世界贸易组织（WTO），美国向中国的出口迅猛增加。不仅仅是因为中国人口是美国的三倍之多，更重要的是，随着中国新兴中产阶级开始购买所有餐厅的食物、微波炉、大屏幕电视以及一个典型美国家庭的其他消费品，中国潜在的巨大商机是相当惊人的。

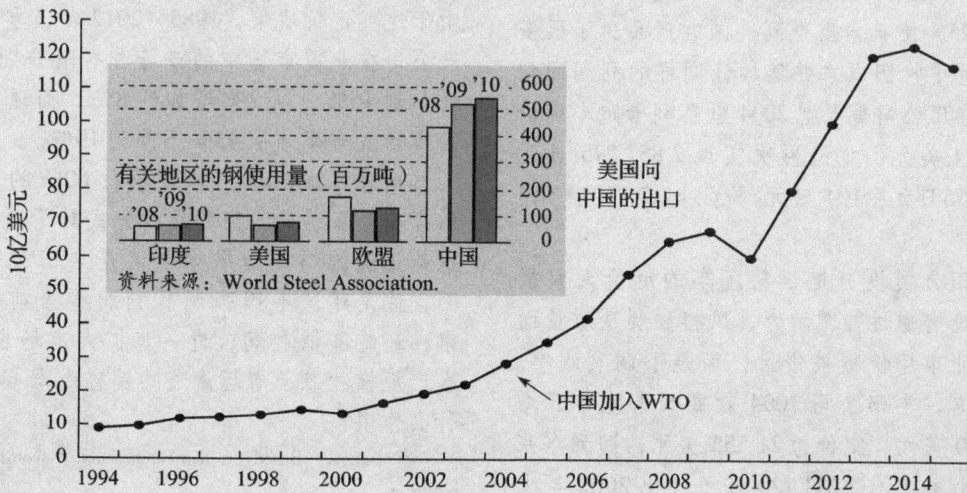

## 讨论题

■ 为什么出口部门对于美国和其他发达国家来说十分重要？试从多个角度回答。

- 在 2009 年，当烤面包机坏了时，美国家庭没有购买新的。在美国主要贸易伙伴中，哪些经济体目前处在低迷状态？你认为这种情况会持续多久？
- 什么样的美国出口公司有可能会受到强劲美元的伤害？

资料来源：Based on "Officials Take Blame for China Missteps," *Wall Street Journal*, October 9, 2015, p. B6.

## 6.1　导论

在全球范围内，贸易壁垒的减少和对外进口市场的开放，加剧了曾经主导国内产业的制造商们的竞争压力。过去由英国和美国大型工厂生产的网球鞋和服饰鞋料，现在都来自韩国、中国和意大利。过去由福特、通用汽车和麦格纳（Magna）等美国零部件供应商控制的汽车和汽车零件，现在大量地出现在日本、墨西哥和中国。此外，丰田公司在北美拥有 15 家装配和零件工厂，在南美有 4 家，欧洲有 6 家，印度和巴基斯坦有 4 家，全亚洲有 28 家。在零售业，麦当劳遍及全球 100 多个国家，沃尔玛的海外销售额为 1 350 亿美元，可口可乐、家乐氏、通用汽车和吉利的国际销量超过了在美国销量。波音和通用电气是美国两家最大的出口商，其他重要的出口商还包括电影、软件、重型机械、会计和咨询服务，以及如百胜餐饮等特许零售商。

### 对与错｜丰田公司的出口市场定价

2002 年 2 月，1 美元兑换 135 日元。一辆在日本制造的广受欢迎的丰田跑车赛利卡（Celica GT-S Coupe）运到美国，经销商以 21 165 美元的价格出售，意味着每卖出 1 辆汽车可实现的收益接近 300 万日元（即 2 857 275 日元）。两年之后的 2004 年，1 美元只能兑换 104 日元。美元贬值 25% 使日本出口到美国的产品少了很多盈利。为了收回成本并继续让同样的利润回到日本，丰田公司需要把 2004 款赛利卡跑车定价为 27 474 美元，才能再次实现 2 857 275 日元（2 857 275 日元÷104 日元/美元＝27 474 美元）的收益。

丰田公司没有把这款汽车的定价大大提高，也没有通过强调动力、风格和制造质量而努力阻止市场份额被侵蚀，而是下调利润率。具体而言，丰田公司 2004 款赛利卡跑车只增加了 390 美元，定价为 21 555 美元，回到东京总部的收益只有 2 241 720 日元（比 2002 年少

了 615 555 日元）。丰田的最低涨价方法降低了利润，但保住了赛利卡的国外市场占有率。

不同的公司面对由货币波动带来的挑战，会以不同的方式做出反应。通用公司和福特公司通常是保持利润水平、牺牲市场份额；而丰田公司一般会削减利润，提高市场份额。正是由于这些定价决策，1985～2012 年，丰田和日产公司在北美市场中的市场占有率分别从 5% 增加到 16%，从 2% 增加到 8%，而通用公司的市场占有率却从 45% 下降到 19%。

这种方式对于出口占收益 60% 的丰田公司可能是正确的，而相反的方式对于通用公司也是正确的吗？如果你今天是丰田公司的顾问，你是建议丰田强调高利润和当前的利润率，还是降低利润，进一步扩大市场占有率？生产规模和基于市场渗透的销售成本节约起到什么作用？

资料来源：Based on *Ward's Automotive World*, various issues.

同样，把大量零部件和组件外包给外国公司已经成为美国制造商的一种标准供应链管理方式。每隔 3 天，就会有 300 座的新型长途波音 787 客机的机翼从日本运到华盛顿州埃弗雷特，在

临近西雅图的波音公司进行最后的装配。对于微型货车，克莱斯勒公司可能会决定在墨西哥铸造发动机缸体，从中国台湾获得电子部件，在德国完成轴承生产，在加拿大完成最终装配。如今美国制造的木质家具中来自加拿大、墨西哥和远东的外国零件等于总附加值的 38%。因此当加拿大产量的 32%，墨西哥或马来西亚产量的 25% 作为进口商品流入美国时，很多最终产品流中包含了美国公司事先装配的零件。这在很大程度上解释了为什么美国公司利润的 1/3 来自于海外业务。管理全球经济真正需要全世界的商业活动。

## 6.2 进出口销售与汇率

正如前例所示，进出口销售和利润对于回来变化非常敏感。1980~2010 年间，外汇（FX）汇率的波动程度是利率的 4 倍多，是通货膨胀的 10 倍多。图 6-1 显示，20 世纪 80 年代的 £/$ 汇率和 90 年代的 £/$ 汇率和 21 世纪的 €/$ 汇率的波动特别大。分析和预测这种外汇汇率的巨大波动（有时称为外汇风险）对现金流的影响为波音、微软、IBM 以及中国化工集团、丰田和大众等公司的营销、生产和财务计划提供了重要信息。

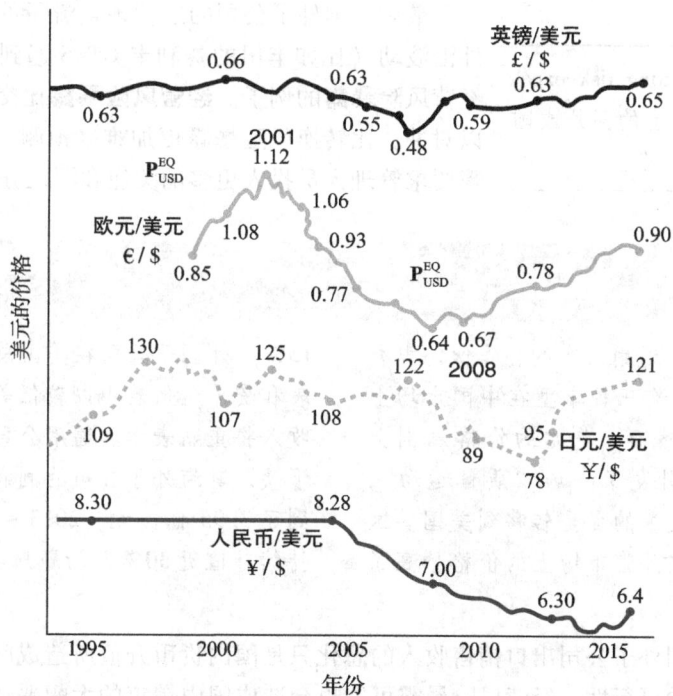

图 6-1　外汇（FX）汇率：美元对若干主要货币的价值

## 外汇风险

外汇风险暴露有三种类型：交易风险暴露、转换风险暴露和经营风险暴露。

当一份固定价格购买协议或销售合同（一笔具体交易）承诺公司使用一种外币进行未来支付或接受未来应收账款时，就会产生**交易风险暴露**。在执行合同与实际支付或接受

**交易风险暴露**（transaction risk exposure）：由支付或收到国外货币的合同承诺而产生的现金流量的变化。

支付的期间，公司就有交易风险暴露。诸如外汇期货合约、掉期合约和期权合约等多种金融衍生品，就是协助公司财务主管构建金融对冲，用一个已知的、事先固定的（或许5%）、温和的成本来消除这些交易风险暴露。附录6A说明了这些金融对冲的机制。

**转换风险暴露**（translation risk exposure）：对外国资产或债务的本国货币值进行会计调整。

其次，当一家公司的外国资产（或者负债）受到持续汇率趋势的影响时，就会产生**转换风险暴露**。因此，国内的会计账户必须调整。当美元对欧元的汇率从2001年的1.12 €/$降至2008年的0.64 €/$时（见图6-1），大众汽车公司的一家价值1亿美元的美国装配工厂就需要在该公司的德国资产负债表上记下这个变化。这笔4800万欧元的转换风险显露为，[（€1.12 − €0.64）／$]×1亿美元，很容易用资产负债表对冲来抵消。资产负债表对冲将把大众公司在其美国工厂中以欧元价值计算的资产损失数量，与它在美国的负债欧元成本的相同减少数量进行匹配（比如说，向美国工人承诺的养老金计划中的1亿美元成本从1.12亿欧元下降到6400万欧元），其意图是使大众美国分公司的净资产状况保持不变。一般情况下，非财务经济经常忽略由汇率风险造成的外国子公司对资产负债表的这种调整，除非母公司陷入财务困境，以至于外国资产减记威胁到商业贷款所保证的重要抵押品。

**经营风险暴露**（operating risk exposure）：由货币波动产生的国外或国内销售的现金流量的变化。

最后，国外子公司的经营现金流量的大幅度变化会导致外汇波动（比如丰田的赛利卡GT-S遇到的情况）就是外汇经营风险暴露的例子。**经营风险暴露**比交易风险暴露更加难以对冲，比转换风险暴露更加难以预测。因此，经营风险暴露要求管理人员投入更多的关注和深入分析。

## 实例 通用子公司遭受货币损失

2011～2012年，通用汽车的合作伙伴吉利汽车（Greely Auto）有三种车型在中国市场上的销量排名前三。然而，美元的价格急剧上涨，同时欧债危机引发了一场"质量运动"，外国投资者纷纷将大量的资金转移到美国。这些金融流动把美元在外汇市场上的价格抬高了15%。外国子公司在美国总部母公司的收入报表和资产负债表中以较低美元价值计价的海外收入将重新表示。通用公司报道称，由于汇率下跌，其海外子公司的利润从5.5亿美元下降到了3.95亿美元。2013～2015年，随着美元持续升值近30%，问题只会更加严重。

一种情况是，国外子公司出口销售收入的恶化只是国内货币升值所造成问题的一个方面。此外，根据全球竞争的可行性，经营风险暴露可能也会造成国内销售的大幅恶化。当本国货币变得更加有价值（升值）时，竞争性进口产品按本国市场中的货币计算将变得更加便宜。位于印第安纳哥伦布的康明斯发动机公司的出口和国内贸易很好地说明了上述关系。

## 国际透视 康明斯发动机出口和国内销量的下滑

美国制造商康明斯发动机公司（Cummins Engine Co.）是全世界卡车更新柴油发动机的主要生产者。与所有的耐用设备制造商一样，康明斯公司的销售收益具有高周期性，在经济衰退时会直线下降。如果家庭购买的家用电器、服装和家具不多，把库存商品从仓库送到商店货架所需要的卡车运输就会减少。运输需求少意味着卡车运输里程少，运输里程少则又意味着对更新柴油发动机的需求减慢。例如，在 2008～2009 年美国经济衰退中，康明斯公司的美元销售额下降了 29%，经营利润从 9.6% 下降到 4.5%，现金流量下降了 49%，从每股 5.54 美元降至 2.85 美元。随着美国经济在 2009 年年底和 2010 年的改善，康明斯公司的销量和现金流量迅速增加（见图 6-2）。这个时期呈现出康明斯公司销量和盈利方式的正常周期。但 1999～2001 年并非如此，当时康明斯公司的销量下降了 15%，利润从 9.4% 降至 4.3%，现金流量从每股 2.58 美元下跌到 0.82 美元。美国在此期间并不存在衰退，那么是什么因素造成了康明斯发动机公司销量、利润和现金流量的提前下跌呢？

占有 70% 市场份额的康明斯发动机公司在美国国内与名列第二的卡特彼勒（20%）

和底特律发动机（Detroit Diesel，10%）相竞争。但它有 59% 的更新柴油发动机在出口市场中销售，主要与梅赛德斯 - 奔驰公司的柴油发动机相竞争。一台康明斯发动机在慕尼黑或鹿特丹出售的欧元价格（以及还要收回其成本加上微小利润）对于康明斯公司的现金流量是非常重要的，因为涉及钢材投入要素成本和同美国机器工人联合会议定的工资。一台 44 750 美元、835 立方英寸的康明斯 N 系列柴油发动机，1999 年和 2004 年在全欧洲售价大约为 38 000 欧元。在这些年份中，欧元与美元之间的汇率大约为 0.85（即 1 美元等于 0.85 欧元）。但在中间一个时期，美元对欧元大幅升值。到 2001 年，美元的价值几乎上涨了 27%，从 0.85 美元升至 1.12 欧元（见图 6-2）。

美元在 1999～2001 年的大幅升值对康明斯公司的出口销售的影响是灾难性的。一家德国卡车公司 Lufthansa Airfreight 在 2001 年美元

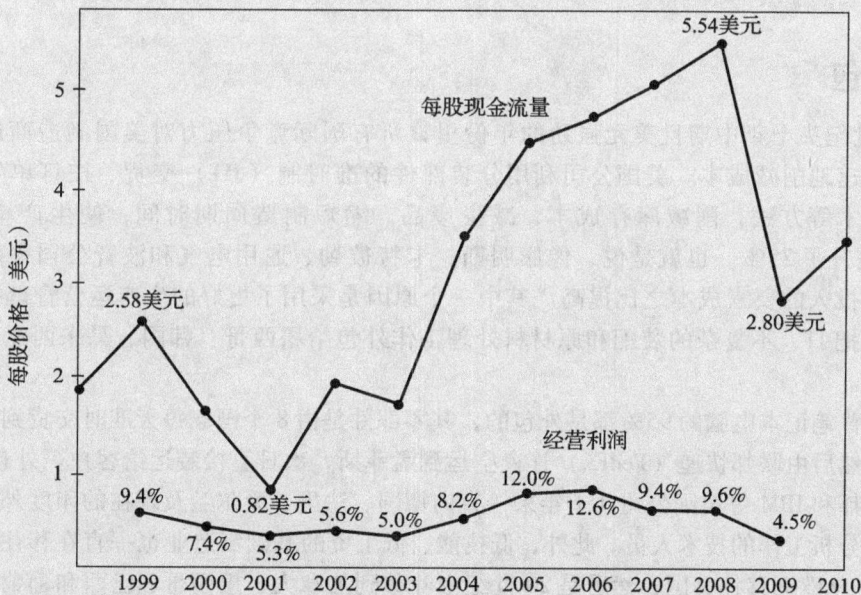

图 6-2　康明斯发动机公司的现金流量与经营利润

资料来源：Based on *Value Line Investment Survey*, *Ratings and Reports*, October 23, 2009.

⊖ 汇率百分比变动的计算方法：一个时期与下一时期的汇率之差除以该时期的平均汇率。采用这种重点程序的原因在于：当 EUR/USD 汇率在 2001～2004 年回复到非常接近其原先的水平时（即图 6-2 中 1999 年和 2004 年的 €0.85／$），中点计算形成向下调整 -27%，等于 1999～2001 年上升 +27% 的相反数。

处于高峰期时购买了一台 44 750 美元×1.12 欧元/美元 = 50 120 欧元的康明斯柴油发动机。发动机的性能没有改变，提供的服务也没有改变，服务保证也没有变，从美国出口到德国的柴油发动机只是变得更加昂贵了，仅仅因为那些欧洲买主的欧元货币相对于大幅升值的美元来说变得更不值钱了。康明斯公司出口产品价格的这种大幅度提高使得替代品（比如 40 000 欧元的梅赛德斯-奔驰柴油发动机）对于德国买主来说比汇率变化之前更具吸引力了。

2001 年，梅赛德斯-奔驰公司看到一个巨大机会，即在康明斯公司的美国本土销售自己的更新柴油发动机。一台进口的由梅赛德斯-奔驰公司制造的发动机（1999 年在波士顿、克利夫兰和芝加哥卖 40 000 欧元/0.85 = 47 059 美元，在 2004 年也是如此）在 2001 年美元处于高峰时期只卖 35 714 美元（40 000 欧元/1.12），就可以收回成本并获得微利。毫无疑问，梅赛德斯-奔驰柴油发动机那一年在全美国都卖得很好。康明斯发动机公司不得不向国内大多数客户协商让价，幅度超出正常情况，造成利润缩水。因此，由于美元大幅升值 27%，不仅康明斯的出口销量锐减，国内销量（和利润）也下降。由于汇率波动造成的经营风险暴露需要管理层的密切关注，因为它们的规模不能确定，时间不可预见，要比交易风险更难以规避。

另一方面，2001~2008 年（见图 6-1）期间持续贬值的美元给予美国制造商的贸易商品（如汽车、VCR、飞机和柴油发动机）一个极大优势。在 0.64 欧元/美元时，康明斯发动机在德国卖 28 640 欧元，而梅赛德斯-奔驰发动机在美国卖 62 344 美元。在 2010~2012 年期间，美元兑欧元随后增大到 0.80 欧元/美元，美国出口大幅下降，进口大幅增加，美国贸易赤字（出口减去进口）从 3 500 亿美元激增至 6 200 亿美元。

## 6.3 外包

在 21 世纪头十年中期且美元强劲的年份里，所有国际竞争压力对美国制造商造成的持续影响就是快速地削减成本。美国公司利用分装部件的准时制（JIT）交货、按订单生产和其他精简制造技术等方法，削减库存成本，减少废品，缩短制造周期时间，使生产率在 2001~2005 年间提升了 25%。也就是说，像康明斯、卡特彼勒、通用电气和波音公司等厂商中，生产的商品和投入的要素成本之比提高。其中一个原因是采用了更好的生产运营管理技术，另一个原因就是把 IT、不复杂的装配和原材料处理工作外包给墨西哥、韩国、马来西亚以及现在的印度等国家。

一台惠普笔记本电脑的 95% 都是外包的，其零部件是由 8 个国家每天准时交货到上海一家工厂中装配，然后由联邦快递（FedEx）连夜空运到孟菲斯，次日直接装运给客户。外包并不新鲜。像默克、杜邦和 IBM 等美国公司几十年来一直向德国、法国、爱尔兰及现在的印度外包，为了利用从事研发分析工作的技术人员。此外，低技能、低工资的基础制造业也一直在移往海外，首先是 19 世纪末从欧洲移往美国，然后是 20 世纪中叶移到加拿大、墨西哥、巴西和葡萄牙，近期移到马来西亚、泰国、印度、越南，现在移到中国。比如耐克生产鞋类的工厂在美国有 273 家，在国外却有 467 家。

形成外包的一个原因是运输成本，从上海到纽约一个满载 6 000 件成衣的 40 英尺集装箱，穿过巴拿马运河远航 30 天的运输成本只需 8 000 美元（每件成衣 1.35 美元，经过长滩港，然后装上美国卡车的 20 天联合运输服务的成本仅为 10 000 美元（每件成衣 1.70 美元）。由于空运的价值/重量比较高，惠普笔记本电脑由波音 747 货机从上海运输到田纳西孟菲斯的联邦快递货运中心的成本是 50 000 美元，每台笔记本电脑的成本大约是 2 美元。

所有类型货物的海洋运输仅使产品的送货成本增加 3% ~ 4%，比如 T 恤从中国运到欧洲的价格只要 2.5 美分。

但是，外包的确会增加一些成本。全部的海外成本包括谨慎选择供应商的成本、保护知识产权的成本以及外派管理人员的额外补贴。翰威特（Hewitt Associate LLC）公司估计，把一个主管级别的美国雇员调到北京或上海，相对于美国的工作岗位来说，需要增加 190 000 美元的额外补贴和 60 000 美元的住房补贴。据估计，在印度每小时 5 美元的呼叫中心工作或在中国每小时 2 美元的工厂工作，需要一个每小时 12 美元收回外包所增加的外派成本。一个关键问题就是，美国国内工厂的工人能否以每小时 14 ~ 17 美元的价格工作。平均来说，答案是否定的；美国制造业2015 年生产工人的劳工总成本是每小时 35 美元。因此，除非两级工资协议同意较低的起薪，否则美国公司通过外包来降低制造成本将继续存在。

但是，外包给外国合同制造商提升的进口竞争力和出口工作一样多。例如，在汽车制造业中，销售时机和创新能力比下一批三速变速箱的装配成本更重要。如果丰田、诺基亚和高级微设备公司（AMD）分别根据两年、六个月和三周的时间表推出重大的产品创新，且这些周期已经成为客户接受的关键因素，那么通用、摩托罗拉和英特尔别无选择，必须要有具备上述能力的员工和生产过程。如果那些人员是印度的软件工程师、墨西哥的铸造厂工人和中国的装配工人，那么美国工人的最好希望是向那些亚洲和欧洲的发展中经济体出售国际收割机公司的拖拉机、通用电气公司的家用电器、波音飞机、思科的网络服务器，以及那些低工资经济体在发展阶段所需的管理咨询、金融、会计和法律服务。

由于在 2003 ~ 2009 年美元对欧元的持续疲软（见图 6-1），美国出口商经历了一次转折并从欧洲销售量大增中获利。IBM 报告 2003 ~ 2004 年销售增长了 11%，其中的 7% 源于通货波动。同样，高露洁公司报告在欧洲的销售量增长了 20%，微软报告在欧洲、中东和非洲的销售量增长了12%，前者的 2/3 和后者的 9/10 都源于较弱的美元而产生的更低的国内价格。但在 2008 ~ 2015年间美元已经升值了 35%（见图 6-1）。

## 6.4　中国贸易的繁荣

一个令人震惊的故事发生在中华人民共和国的黄河、长江和珠江之畔以及上海、广州、大连和珠海等港口城市。30 年前，尽管中国拥有受过较高水平教育的劳动力和十几亿的巨大人口，但是在世界贸易中只占微不足道的比例。中国已经被公认为全球增长最快的国家，在千禧年的第一个十年（2000 ~ 2010 年）中国经济年均增长了 10% ~ 15%，之后年均也有 7% ~ 9%的增长率。

近年来，中国贡献了 42% 的全球 GDP 增长。2012 年中国钢铁产量达到 6.27 亿吨，而美国、日本、印度和德国的产量分别为 1.81、1.07、0.68 和 0.43 亿吨。2007 ~ 2009 年，由于全球金融危机的影响，世界的消费者经济突然减缓，但是中国国内消费者的零售销售量却增长了 17%。

中国在 1995 ~ 2011 年每年的 GDP 增长都超过了 9%，而且在最近十年，中国占世界贸易的份额增加了 10 倍以上。中国的进出口贸易已经增长到了 4 万亿美元，相当于中国经济 7.3 万亿美元的 54%。中国与美国的贸易份额（进口加出口）从 2003 年占所有美国贸易的 14% 上升到 2012 年的 27.2%，仅略低于美国最大贸易伙伴——墨西哥的 27.3% 和加拿大的 34%。中国经济真实增长的寿命和两位数的增长幅度是前所未有的。

　　中国最大的贸易伙伴是日本、中国台湾、美国、韩国和中国香港。主要的出口产品种类是向香港出境的服装，向美国出口的电脑和智能手机、玩具、家具、鞋和服装，向日本出口的纺织品，向德国出口的电信设备。事实上，美国的80%的鞋类进口和60%的家具进口是来自中国。但在700亿美元的美国家具消费额中，这些进口仅为150亿美元，绝大多数仍消费在美国或其他地方生产的家具上。在很多情况下，中国工厂都是在装配零部件，而生产设施是由中华人民共和国的中国国际信托公司与中国台湾地区、日本、欧洲和美国的跨国公司合资建立的。

　　一个很好的例子是惠普笔记本电脑是由惠普供应链中的一个台湾合作伙伴即广大电脑在上海组装的。磁盘驱动器部件来自日本，内存芯片来自德国，液晶显示器来自韩国，微处理器来自美国，图形处理器来自中国台湾地区，惠普确认装配订单交易后，这些零部件就会在夜晚空运到中国大陆。所有这些项目都是中国进口的贸易统计数字。当笔记本电脑通过联邦运输机运送到国外（第二天到达客户的家门口）时，总交货价格计入中国出口以及美国进口。

　　在苹果 iPad 的类似运营中，据估计价格275美元的最终产品中，在中国的附加值只有6美元。[一]韩国厂商三星和 LG 提供的显示屏和内存芯片贡献了20美元附加值。苹果公司的工程（设计）、产品设计、软件和营销贡献110美元附加值和82美元的利润。同样，尽管苹果公司拥有在所有阶段生产的所有组件，但是在美国交付时，整个275美元的外贸统计数据仍计入中国出口和美国进口。

　　由于装配流水线作业的工资率为每小时2美元，所以中国迅速成为世界上最大的电视机、电脑、玩具、自行车、钢铁和木质家具的生产者。在过去的十年中，美国跨国企业雇了100万英国工人（增长8%），100万加拿大工人（增长6%），904 300名墨西哥工人（增长17%），505 300名巴西工人（增长47%），943 900名中国工人（增长262%）和453 300名印度工人（增长642%）。[二]中国的进口流量反映了为维持这种惊人增长的商品和服务，包括来自美国的电子机械和飞机，来自韩国的钢铁，来自日本的汽车和化学品，来自澳大利亚的橡胶、铁矿石、船舶和水泥。

　　从与福特汽车公司的汽车零部件合资企业到与麦道公司的飞机建设项目，外国公司过去在中国实行共同投资时表现得小心谨慎。[三]2000年和2001年的两个事件开始了一个不同的故事。中国在2001年加入了世界贸易组织，同意放弃对外国投资的某些限制，遵守保护专利和版权的世贸组织标准。此前一年，美国国会通过把永久性最惠国待遇（取消大量的美国关税）扩展到中国而正常化了贸易关系。

　　作为一个直接结果，中国自此之后开始了与美国和其他外国直接投资伙伴的57 000个投资项目。中国汽车零部件产量从3 150亿元人民币增长到9 600亿元人民币，其中大约35%是出口到福特汽车公司和其他贸易伙伴。从整体来看，2008～2011年中国出口增长了47%，进口增长了60%。只有美国进口了更多的商品。

---

　　㊀ "Trade Statistics: iPadded," *The Economist* (January 21, 2012), p. 84.
　　㊁ "U. S. Firms Eager to Add Foreign Jobs," *Wall Street Journal* (November 22, 2011), p. B1.
　　㊂ See James McGregor, One Billion Customers: *Lessons from the Front Lines of Doing Business in China* (New York: Wall Street Journal Books, 2005).

## 今日中国

对中国的对比研究不同于研究历史上其他快速增长的国家。由于 GDP 每十年翻一番，而人口增长不足 1%（每年约 1 000 万），所以中国东部沿海省份的生活水平提高得非常迅速。是什么因素推动了中国的发展，使这种几乎是前所未有的壮观经济增长成为现实？

如果中国只是跨国企业在装配制成品中寻求节约成本的一个出口平台，那么用 WTO 作为答案就足够了，上一节对惠普公司在上海装配笔记本电脑的讨论也可以说明，但把中国视为像韩国一样的出口机器就错了。在过去的十年中，净出口仅占中国实际 GDP 增长的 10%。[一]但是博思艾伦咨询公司（Booz Allen）最近的一项调查发现，中国比加拿大、欧洲、拉美和印度更依赖于产品开发和采购。[二]此外，诸如中国化工集团公司等一些中国大型国有企业都在像私人企业一样实行全球化，并与其他企业竞争。[三]2008 年中国的一些国有企业，如中国石油、国家电网公司和中国移动，成功竞标获得了菲律宾海外公用事业的经营权，获得了巴基斯坦移动公司在巴基斯坦的业务。近年来，出口占中国 6% ~ 10% 的 GDP 增长率不到 1%，但在消费和投资之间仍是平分的。

如果你行驶在东部沿海地区的上海西南方高速公路上，去杭州 150 公里的路旁都是用砖盖的独栋别墅。相同的房型本身就表现出一种重复的方式。拥有 3 英亩土地的农民把 1 英亩土地租给雄心勃勃的小工厂主，工厂主用半英亩土地来盖住宅，另一半留给工厂。农民用另外半英亩建住宅，也许第三座豪宅和小工厂都建在这两英亩半的土地上。剩下的少量土地用作花园。隔壁农民的土地使用格局也是如此。三层的房屋都以砖和混凝土作为建筑材料，建筑劳务非常便宜。驶出高速公路的任何出口，在每个方向都可以看到这种三英亩土地的景象。这些密集排列的豪宅中有时是一片十英亩的工厂建筑群或带有办公楼、商店和学校的新城镇开发区。

上海地区显然是中国最为发达的。中国的几个东部沿海省份与内陆省份相比，总是从贸易扩大中获益。面对台湾海峡的厦门经济特区和面对香港的广州市具有相似的地理、文化和政府授权支持的经济优势。然而，上海市毗邻江苏省，靠近浙江省会杭州，具有特殊优势。人们一到上海或杭州，就可以发现大量的计划社区，其生活水平相当于华盛顿特区附近的 Reston 和亚利桑那凤凰城附近的 Sun City 等远郊"新城镇"。尽管上海地区还有很多方面与美国情况差不多，但在中国西部还有很多农业省份仍没有达到现代生活水平。

上海和杭州分别位于长江三角洲的北部和南部。杭州是浙江省会城市，地理位于上海下方，在 13 世纪和 14 世纪上半叶是世界上最大的城市。南宋王朝从 1127 年把这个城市作为首都，直到 1276 年蒙古入侵。杭州通过竣工于隋代的中国大运河与位于中国东北部、相距 1 260 公里的北京相连。如今杭州是一个蓬勃发展的绿色大都市，拥有 400 万城市居民，其轻工业规模和亚特兰大一样。它是中国第十八大城市，比上海（1 900 万）、北京（1 200 万）、广州（1 000 万）、深圳（900 万）小得多。

大规模的基础设施投资是上海—杭州走廊地区留给人们的另一个深刻印象。在过去五年

〇 "Rebalancing the World Economy：China," *The Economist*（August 1，2009），pp. 6566.
〇 Based on Booz Allen Offshoring Business Network Survey, *Forbes*（September 3，2007），p. 56.
〇 "Special Report：China s Business Landscape," *The McKinsey Quarterly* 2008，no. 3，pp. 1 6.

里，车站、机场、桥梁和隧道的建设似乎一直不断。党中央制定的核心规划决策把基础设施的建设放在优先地位。比如，从市中心到杭州机场的大道两边都是惠普、索尼和西门子等高科技公司。

## 6.5 作为外汇的美元市场

为了更好地理解许多发展中国家所谓的"管理浮动汇率"，我们首先解释自由浮动汇率国家中外汇汇率的决定因素。货币市场中的需求、供给和市场均衡的前提基于如下事实：制造商（如康明斯发动机公司）的很多支出发生在美国国内的制造地上。所以美国制造商一般要求出口采购订单以美元支付。这个应收账款政策要求购买康明斯柴油机的海外买主同时在外汇市场和柴油机市场上进行交易。

为了购买一台康明斯柴油机，慕尼黑的顾客（或其金融中介）将提供欧元，并需求美元以确保按美元计价的采购订单所要求的货币，还要支付康明斯运输部期待的付款汇票。这种对美元的额外需求和欧元的同时增加供给会推动美元价格高于其本来的水平。因此，作为外汇的美元的均衡价格就会上升（如图 6-3 所示纵轴上标为欧元/美元）。一般情况下，出口销售中任何非预期增长都会导致本国货币（这里是美元）的升值。

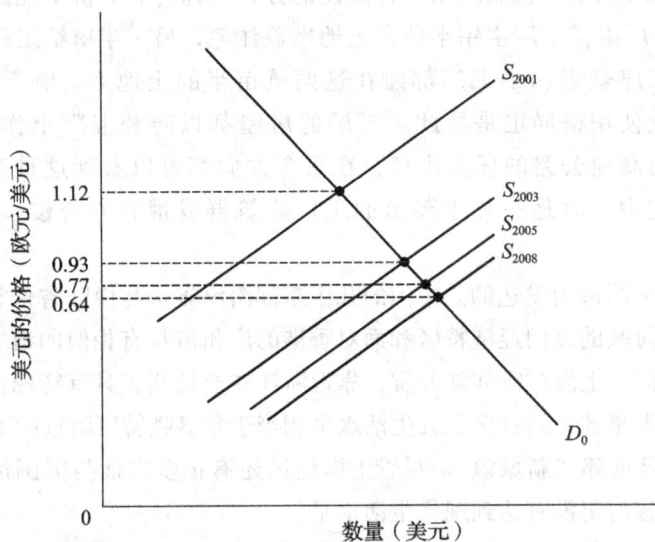

图 6-3 作为外汇的美元市场（2001～2008 年的美元贬值）

同样，出口销售中的非预期下降将导致本国货币的贬值。例如，2001～2005 年，波音公司和欧洲空中客车公司的竞争导致了波音飞机出口销量猛降，造成同期美元对欧元的暴跌（见图 6-1）。但这种下降的美元外汇趋势帮助康明斯公司和波音公司稳定了其在国内外市场中的销售和现金流量。由于美元相对欧元贬值，所以美国从梅赛德斯－奔驰和空中客车进口的美元成本变得更加昂贵，而康明斯公司和波音公司销售代表以欧元计价的美国出口变得更加便宜。这种针对贸易流量不平衡由灵活汇率做出的自动纠正调整就是采用浮动汇率政策的主要依据之一。

## 6.5.1 进出口流量与货币的交易需求

为了更深入地研究这些影响，需要探讨和追踪当美国人购买进口宝马汽车时的货币流动。经销商手中都会有一些汽车库存，但假设婴儿潮出生的很多人出乎意料地希望通过购买宝马运动敞篷跑车来重新感受青春。正如康明斯发动机公司偏爱接受美元支付一样，宝马公司也希望接受欧元支付。因此，宝马公司的采购订单一定要伴随着欧元的现金支付。要如何完成呢？首先，夏洛特当地的宝马经销商会向美国银行（BOA）申请电汇。BOA 借记经销商的美元账户，然后授权从 BOA 的欧元现金余额中支付，并把同一数额电汇转给德国银行慕尼黑分行，存入宝马的账户中。进口买家和外国卖家都用本国货币做生意，完成一辆漂亮新车的交易。美国国际收支的商品贸易账户将会显示，增加了一项按宝马汽车采购价格计价的进口交易额。

如果 BOA 未能预期到这笔进口交易和欧元电汇需求，那么 BOA 的外汇组合此时就会失衡。必须恢复欧元余额才能支持未来预期的进出口交易。因此 BOA 要（电子化地）进入银行间的外汇市场并对欧元提出需求。尽管美国银行当时可以用其外汇组合中供给过剩的任何一种货币来支付，但它通常还是以美元支付。特别是在没有其他未预期到的进口或出口流量（也没有未预期到的资本流动）出现时，BOA 将以美元支付。因此，美国人对德国进口商品的未预期需求会同时提高对欧元的需求（因为相同交易的反面）和增加外汇市场上美元的供给。

## 6.5.2 美元的均衡价格

特别是在美元作为外汇的市场中（见图6-3），供给曲线向右移动。市场供给的这个移动代表 BOA 和许多其他相关银行通过卖出美元获得其他外币来支持进口交易，图6-3 中 $y$ 轴上的均衡价格就是以外币数量表示的美元价格，例如，1 美元的英镑数，1 美元的人民币数，1 美元的日元数，或 1 美元的欧元数。随着从 $S_{2001}$ 到 $S_{2008}$ 美元供给的增加，美元均衡价格持续下降，从 1.12 欧元降到 0.93 欧元，再从 0.77 欧元降到 0.64 欧元。

例如，随着空中客车的美国进口在 2002～2005 年的增加，在外汇市场上的美元供给必须增加。因此，前三年（1999～2001 年）美元大幅升值的速度放缓，并且开始贬值（见图6-1）。另外，美国消费者和公司需要获得欧元来购买法德的进口商品。美国的金融中介机构在美元作为外汇的市场中提供美元，以获取其美国本地顾客（达美航空、联合航空、大陆航空）为达成这些外国进口交易所要求的外国货币。

## 6.5.3 投机需求、政府转移支付和协调干预

2001～2008 年的美元贬值反映出交易需求之外的几个因素。外汇汇率还取决于投机需求、政府的转移支付和中央银行的干预。投机需求波动剧烈。转移支付既可以涉及债务偿还（债务国从流通中拿出货币偿还债权国而减少一种货币的供给），也可以涉及外国援助（增加一种货币的供给）。政府干预可以通过几家中央银行协调进行或非协调进行，可以封存进行或非封存进行。**封存性干预**涉及在相关政府债券市场中进行抵消交易。例如，美联储可以在

**封存性干预**（sterilized intervention）：中央银行在外汇市场中的交易伴随着政府债券市场相同的抵消交易，为的是改变短期利率而不影响汇率。

外汇市场上出售美元，但随后通过向日本或中国投资者出售相同美元量的国库券以获得美元，使得国际交换中美元供给基本保持不变。

在决定一种货币均衡价值的过程中，这些因素的适当权重是多少？第一种重要观点是在5笔外汇交易中只有1笔支持进口或出口贸易流动，另外4笔支持国际资本流动。在2015年，外汇现货市场中日均外汇交易额4.8万亿美元，其中86%涉及美元。世界日均出口额仅为600亿美元，所以平均每天的外汇流动美元量超出了外贸流动美元量，二者比值为80:1。因此每日外汇汇率波动并不反映进出口贸易流动，而是反映国际资本流动，其中大部分是投机性和转移性的。因此是外汇汇率的异常波动。

因此，由于交易量庞大，任何一家中央银行单独干预外汇市场几乎不可能影响一种货币的均衡价值。以日本银行为例，日本中央银行在2015年6月的外汇官方储备（按现有汇率计算）等于1.3万亿美元。相比之下，中国有近4万亿美元，欧洲中央银行有813亿美元，而美联储只有180亿美元的外汇储备。

假设美联储为了提高其出口部门的竞争力而决定努力让美元贬值，把全部的180亿美元储备用于投资，那么美联储的干预很容易在一天内就被国际货币市场中4万亿美元流动资本的巨大能量所粉碎。即使是拥有4万亿美元储备的中国人民银行，在它将储备耗尽之前也只有一天的影响力。的确，所有中央银行的全部官方储备只有约8万亿美元，仅相当于两天的外汇交易量。

因此，需要若干个拥有大量储备的大型中央银行的协调干预才能真正永久性地影响一种货币的价值。例如，所谓的G8发达国家中央银行的全部储备为2.5万亿美元。该集团若协同合作将有能力影响外汇汇率。但是G8国家很少将它们的货币利率相互校准——最后一次是在1986年。

### 6.5.4　短期汇率波动

长期季度或年度外汇汇率趋势的交易需求决定因素完全不同于每天波动的外汇汇率的决定因素。每周、每天甚至每小时的短期汇率波动是由国际资本市场的套利活动和投机需求决定的。有时当前的事件引发投机者不再支持对一种货币的需求和持有（多头头寸），有时出现相反情况（空头头寸）。从行为上看，每个投机者都试图猜测其他人将如何行动，通常随后会发生以不稳定投机者的预期为基础的羊群出逃行为。

**套利**（arbitrage）：为直接获利而贱买贵卖。

**投机**（speculation）：先贱买随后贵卖谋求延时利润（或亏损）。

**套利**就是廉价购买房地产、大宗商品、股票、债券、贷款，甚至电视机、iPod和拖鞋，随后以更高的价格出售的行为。套利活动是由套利均衡条件的暂时错位引发的，比如，相等的90天政府债券的实际收益率（已按违约风险进行调整）。当套利均衡条件不成立时，存在套利获利机会，套利活动就会迅速出现，而且数量规模庞大，直到相关的套利均衡条件重新出现为止。同样，在每天5万亿美元庞大的国际货币流量（在数小时甚至几分钟内）会迅速关闭外汇交易套利中的获利机会。如果可以同时安排购买价格、出售价格和交割条件，那么这种交易就是一种纯套利。如果第二次交易被推迟，我们常常称之为**投机**。

## 6.6　汇率长期趋势的决定因素

外汇汇率的长期趋势是完全不同的。汇率波动会引起企业销售波动和构成经营风险暴露的利润波动，而了解造成汇率波动的各种因素是有效管理出口业务的关键。由于如今的国内企业几乎普遍受到有效且密集的进口竞争，所以上述情况对于大量的国内企业来说同样存在。逐季或逐年的外汇汇率趋势取决于三个因素：实际增长率、实际利率和预期成本通胀率。下面对这些决定因素依次进行讨论。

## 6.6.1  实际增长率的作用

正如我们所看到的，图 6-1 中汇率逐年波动的一个主要决定因素是贸易流动的净方向。非预期进口增加将会降低本币价值，而非预期的出口增加会提高本币价值。这种贸易流动失衡的诱因可能是商业周期或生产率。在一个经济扩张期内，国内消费（包括进口消费）增加，导致一国贸易伙伴的出口增加；而在国内经济紧缩时，进口消费减少，导致贸易伙伴的出口下降。

在 2002～2006 年，按实际价格计算（即经过通货膨胀调整），美国国内生产总值（GDP）分别增长了 1.8%、2.5%、3.6%、3.1% 和 2.7%（见表 6-1）。美国经济经历了一次加速增长。与此同时，欧元区的实际国内生产总值却表现出增长乏力，分别为 1%、0.8%、1.9%、1.8%，最后是 3.2%。尽管加拿大的增长率与美国不相上下，但是墨西哥和日本的增长率低于美国（见表 6-1）。在美国五大出口贸易伙伴中，只有中国的增长率快于美国（9.1%、10%、10.1%、11.3% 和 12.7%）。这种增长趋势导致美国对诸如汽车、纺织品、家具和消费电子产品的进口增加，同时造成诸如电脑软件、个人电脑、谷物、电影、飞机、专业服务、医疗设备、柴油发电机等美国产品向中国以外所有地区的出口下降。

**表 6-1  长期汇率趋势的交易决定因素**

| | 美国 | | | 德国/欧元区 | | | 日本 | | | 中国 ⊖ | | |
|---|---|---|---|---|---|---|---|---|---|---|---|---|
| | 实际 GDP | 实际 r | PPI | 实际 GDP | 实际 r | PPI | 实际 GDP | 实际 r | PPI | 实际 GDP | 实际 r | PPI |
| 2000 | 4.1 | 3.1 | 3.8 | 4.0 | 2.3 | 7.1 | 2.8 | 0.9 | -0.2 | 8.4 | 2.9 | 2.4 |
| 2001 | 1.1 | 0.9 | 1.9 | 1.9 | 1.9 | 2.0 | 0.2 | 0.8 | -0.7 | 8.3 | 2.7 | 2.8 |
| 2002 | 1.8 | 0.1 | -1.3 | 1.0 | 1.0 | -0.1 | 0.3 | 1.0 | -0.9 | 9.1 | 3.5 | 1.3 |
| 2003 | 2.5 | -1.1 | 3.2 | 0.8 | 0.3 | 1.4 | 1.5 | 0.34 | -0.5 | 10.0 | 1.5 | 3.1 |
| 2004 | 3.6 | -1.1 | 3.6 | 1.9 | 0.03 | 2.3 | 2.7 | 0.03 | 1.4 | 10.1 | -0.7 | 7.5 |
| 2005 | 3.1 | 0.1 | 4.9 | 1.8 | 0.0 | 4.1 | 1.9 | 0.33 | 2.0 | 11.3 | 1.5 | 4.6 |
| 2006 | 2.9 | 3.0 | 3.2 | 3.2 | 0.9 | 3.6 | 2.0 | 0.0 | -0.9 | 12.7 | -1.8 | 3.6 |
| 2007 | 1.9 | 3.4 | 2.7 | 2.8 | 1.2 | 3.4 | 2.2 | 0.6 | -0.7 | 14.2 | -1.5 | 3.4 |
| 2008 | 0.0 | -0.8 | 2.2 | 0.3 | 1.3 | 2.3 | -1.2 | -0.7 | -0.9 | 9.6 | -3.1 | 4.9 |
| 2009 | -2.6 | 0.9 | -2.5 | -4.1 | 0.9 | -3.7 | -6.3 | 1.7 | -4.3 | 9.2 | 3.5 | -3.3 |
| 2010 | 2.9 | -1.3 | 1.7 | 1.7 | -0.8 | 2.5 | 4.0 | 0.9 | -0.9 | 10.3 | 0.0 | 4.6 |
| 2011 | 1.8 | -2.7 | 5.5 | 2.0 | -1.5 | 5.6 | -2.4 | 0.5 | -0.2 | 9.1 | -1.1 | 4.3 |
| 2012 | 2.1 | -1.1 | 0.5 | 0.9 | -1.4 | 2.7 | 0.8 | 0.1 | -1.5 | 7.8 | 1.7 | 6.0 |
| 2013 | 1.5 | -0.9 | 0.6 | 0.3 | -1.2 | 0.9 | 1.0 | -0.25 | 0.0 | 7.7 | 2.4 | 2.0 |
| 2014 | 2.4 | -1.3 | 0.0 | 2.3 | -0.7 | 0.5 | 1.5 | -2.6 | 2.2 | 7.3 | 2.8 | -1.9 |
| 2015 | 2.8 | 0.0 | -0.7 | 0.4 | -0.6 | 0.2 | 2.4 | -2.1 | -3.6 | 6.9 | 3.0 | -4.9 |

注：实际 GDP 是指用 GDP 通货收缩因子对价格变化调整之后的国内生产总值的增长率。实际 r 是指政府债券的短期利率减去消费者价格的年变动百分比。PPI 是指生产者价格的年变化百分比。

资料来源：Federal Reserve Bank of St. Louis, *International Economic Trends*, August 2015.

---

⊖ 中国数据与官方发布不一致，请以中国官方为准。——编者注

随着美国净出口（下降的出口减去上升的进口）在 2002～2007 年的下降，美元贬值，所以在此期间外国买主只需获取更少的美元就能完成与诸如微软、IBM、ADM、波音、麦肯锡和康明斯发动机等美国公司的购买交易。如图 6-4 所示，在美元作为外汇的市场中，美国净出口下降使美元需求减少，$D_{2001}$ 向左下方移动到 $D_{2002}$、$D_{2005}$ 和 $D_{2008}$。与此同时，美国人增加对进口商品的购买使美元供给增加。也就是说，在美元作为外汇的市场中，$S_{2001}$ 向右下方移动到 $S_{2005}$ 和 $S_{2009}$。这种移动导致了 2001～2008 年美元的贬值。总之，美国出口减少和进口增加导致了美元对欧元的价格下降，1 美元从 2001 年等于 1.12 欧元下降到 2008 年等于 0.64 欧元，从 2002 年等于 125 日元下降到 2009 年等于 94 日元。图 6-1 的最右边显示出这个时期€/＄和￥/＄的崩溃。

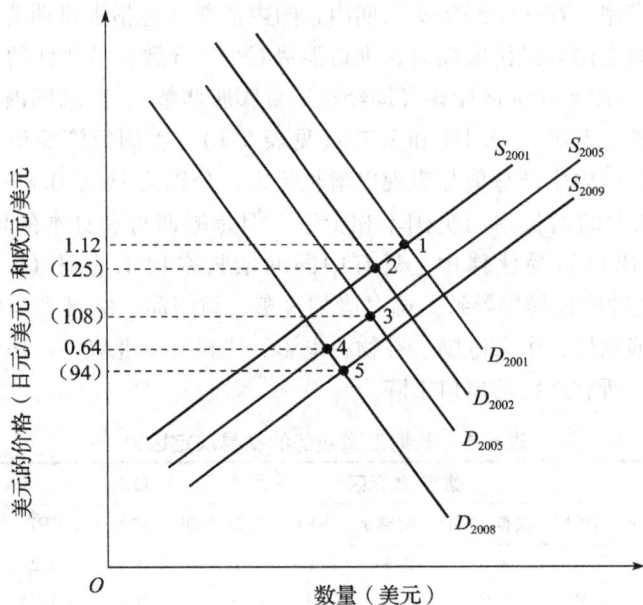

图 6-4 作为外汇的美元市场（2001～2009 年美元对日元和 2001～2008 年美元对欧元的贬值）

## 6.6.2 实际利率的作用

决定汇率长期趋势的第二个因素是经通胀调整后的可比利率。经济中的实际利率越高，对该经济提供的金融资产的需求越大。如果日本、德国或瑞士的投资者可以从美国国库券中（以相同的风险）获得比欧洲货币或日本政府票据更高的收益，那么外国资本所有者将迅速行动，重新平衡其资产组合，加入更多的美国资产。由于拍卖新国库券的纽约联邦储备银行，承销新发行杜邦债券的摩根大通银行，在二级（转售）市场上销售国库券、财政部债券和杜邦公司债券的美林公司以及纽约证券交易所结算部都要求用美元支付，所以希望得到美国金融资产的外国投资者必须首先获得美元才能完成其交易。因此，美国较高的实际利率（相对于欧洲、日本和英国的利率）意味着国际资本流入美国，美元需求增加和美元升值。

---

| 实例 | 欧洲经济放缓减少了杜邦公司的出口

"搞你的邻居"曾在 1500～1750 年的重商主义时期成为贸易政策的一种大众呼声，当时的惩罚关税和其他形式的保护主义把城市和省份的经济隔离开来。但在今天，绝大多数国家

不是力求自力更生，而是认识到相互依存、鼓励进出口活动、根据比较优势进行专业化的结果会更好。在更为自由的贸易环境中，经济不断增长的邻居是最好的邻居。

欧洲经济的放缓减少了美国制造商和美国跨国公司的出口销售。当时不仅康明斯发动机（28%），还有太阳计算机系统（36%）和杜邦（39%），甚至箭牌口香糖（41%）和麦当劳（37%）都意识到相比在美国本土，它们在欧洲的收益占到很大比例。在所有的标准普尔500美国公司中，销售收益中的20%来自欧洲的销售，并且是非常容易受到外国商业周期影响的。例如，在欧洲大萧条的2002～2003和2008～2009年期间，杜邦公司从美国销往欧洲的化学品每年下降20%。

在2001～2008年美元价值累计持续衰减了55%，造成中国和日本出口竞争力严重脱轨，以及中央银行以美元计价的资产负债表的大量贬值。尤其是在2009年，中国（1.6万亿美元——此系美国方面统计数据，编者注）和日本（5500亿美元）持有美国官方储备超20亿美元。因此，在2008～2009年这两个国家和亚洲其他一些发展中国家的中央银行定期购买大量美国国债，试图提振美元价值。自那时起，在2008～2015年间，美元持续升值了35%。

资料来源：By accepting U. S. T-bill promissory notes and T-bonds in exchange for official dollar reserves, the Chinese, Japanese, and Singaporean central banks effectively reduce the supply of U. S. dollars in circulation. Reduced supply of USDs implies a higher equilibrium price in the market for USDs as foreign exchange.

引发这些国际资本流动的实际原因是当投资于海外的资本被偿还，支付的利息从外国货币转换成投资者的本国货币时，投资者期望赚取外国利息的国内价值。名义利率减去外国消费者通胀率大致等于这个偿债后回报率（见表6-1中标有"实际 $r$"的各栏）。例如在1999年中期，美国三个月和六个月的国库券收益平均为5.3%，预期通货膨胀率为2.2%，所以经通货膨胀调整后的收益为3.1%。一年以后的2000年中期，美国的实际利率仍然保持在3.1%（即6.5% - 3.4%）。在欧元区，该时期内的短期利率也从3.0%上涨到4.4%，但预期通货膨胀率也同样地上浮，从1999年中期的1.1%增至2000年中期的2.1%。结果是整个欧洲的短期实际利率从1.9%上升至2.3%。

由于1999年存在有利于投资美国资产的120个基点 $[(0.031 - 0.019) \times 100]$，1998年为150个基点，1997年为190个基点，所以外国资本大量流向美国国库券和其他短期货币金融工具。例如，1996～2000年，诸如英国石油公司、英国电信、巴斯夫、拜耳和瑞银华宝等欧洲公司和投资基金对美国的外商直接投资（FDI）为6500亿美元。这4年的数字超过了过去50年欧洲在美国的全部FDI的一半。图6-4中美元需求的增加反映了这个巨大的国际资本流动，导致了图6-1所示的1999～2001年的美元大幅升值。

然而，2001年"9·11"事件之后，在2002年美国3个季度的衰退之中，美国的实际利率下降到0.1%，这是40年来的最低水平，随后在2003年继续下降到 -1.07%，2004年下降到 -1.11%。可以预见的是，基于这种实际利率因素，当时的美元相对于欧元处于崩溃状态（见图6-1）。2008～2009年，美国的实际利率再次为负（见表6-1），美元跌至最低水平，每美元仅可兑0.64欧元（见图6-1）。

### 6.6.3 预期通货膨胀的作用

通货膨胀预期是决定汇率长期趋势的第三个重要因素。假设你正在签订一项长期合同，要在今后3~5年内更换一个卡车车队配备的柴油发动机。在最近原材料成本一直很低，成本节约使生产率明显提高，工会谈判的压力可能减轻的情况下，你是否倾向于跟康明斯发动机公司进行谈判？如果与上述情况完全相反，投入要素成本的大幅度通胀趋势很有可能通过谈判使未来几年内德国柴油发动机价格下降，那么你是否会接触像梅赛德斯－奔驰公司这样的替代供应商？

通过研究生产者价格指数，可以比较不同经济体的成本通胀情况。2003～2008年，美国生产者价格的百分比变化分别为3.2%、3.6%、4.9%、3.7%、2.7%和2.2%（如表6-1所示）。而欧元区内生产者价格提高的不多，分别为1.4%、2.3%、4.1%、2.0%、2.0%和2.3%。显然，不可能从康明斯公司得到更换柴油发动机长期固定价格合同中的较低价格，因为该公司所在国家遇到了更高水平的成本推动型通货膨胀。因此，像康明斯柴油发动机这样的美国贸易商品的出口销量将会下降。<sup>⊖</sup>

在图6-4中，美元需求曲线$D_{2002}$、$D_{2005}$和$D_{2008}$都向下移动，美元进一步贬值。事实上，相对购买力平价（PPP）假设（下一节讨论）认为，对诸如柴油发动机这类商品的套利行为会使€/ $汇率向上调整，直到足以全面反映通胀差异。也就是说，按照PPP理论，2003年美国和欧洲成本通胀之间存在的有利于欧洲的1.8%（3.2% － 1.4%）的生产者价格指数差异，应该使美元贬值约1.8%。自此之后五年的情况都是如此，直到2008年这两个通货膨胀率才大致相等。

## 6.7 购买力平价

当商品或服务在市场之间的移动没有明显的运输成本、法律限制或文化障碍时，那么每种商品或服务的价格在不同的国际市场中应该是相同的。这个结论就是一价法则（law of one price）。如果不同的市场代表不同的国家，那么一价法则认为，把一种货币恰当地转换成另一种货币后，每个国家中的价格将是相同的。或者可以说，两种货币之间的汇率将等于两个国家之间的价格指数之比。在国际贸易和国际金融中，这种关系被称为购买力平价的绝对形式。

绝对购买力平价（absolute purchasing power parity）表明，如果一地的核心价格上升高于另一地（例如，造成诸如汽车、飞机和iPod等贸易商品的美国价格翻了一番），最终将导致美国货币贬值50%。例如，美国价格上升持续一段时间后，人们购买一本书需要花200美元，而在通胀前只需花100美元，如果日本出版商继续印刷并以10 000日元的不变价格销售同一本（英文）书，那么此书将在日本生产并出口到美国，促使美元贬值。为什么会这样呢？美国人进口此书需要日元才能完成购买，所以支付这项进口交易的美元供给将会持续增加，直到反映美元价格的汇率从¥10 000/ $100 = ¥100/ $1一路下降到¥10 000/ $200 = ¥50/ $。此时在这两个经济体中，为获得此书的两种价格通过新汇率的调整会再次相等。简而言之，全球供应链中的商品套利者不会让美国和亚洲的交货价格之间长期存在差异。

### 实例 勃肯鞋贱卖

采用购买力平价来衡量一种交易商品，勃肯鞋（Birkenstock）提供了一个良好实例。

2008年8月，勃肯鞋在罗马卖57欧元，在巴黎卖60欧元。同样，使用名义汇率 £0.6/ $

---

⊖ 最终，如果美国和德国之间的生产者成本通胀差异持续存在，美国和德国之间专门从事资本设备交易的进出口公司将加入对美国产品需求激增的行列，在美国廉价购买替换柴油，然后在德国转售，并从中获利。这种商品套利活动，一定程度上限制了这种差异的持续时间，我们将在下一节讨论此问题。

计算，伦敦和纽约的价格几乎是等同的 40 英镑和 70 美元。差别小到无法收回运费和形成套利利润。如果不是这种情况，有胆量的套利者就会在一个地方贱买，在另一个地方打折出售，导致价格的收敛。勃肯鞋在全世界多个地方授权给经销商，让这些经销商以各种不同的价格点出售。作为欧盟制造的商品，禁止从低价欧洲国家平行进口并在欧盟其他国家立即出售的套利行为。然而，在欧盟以外的地区，比如禁止从中国香港购买价格为 58 美元的勃肯鞋库存，然后在售价为 98 美元的悉尼转售，这是个持续的斗争。尽管如此，PPP 预计这种套利活动将在中国香港和澳大利亚之间出现直到两地价格接近相等。

## 6.7.1  PPP 为比较经济增长提供了一个更好的尺度

购买力平价有助于经理人回答外国商机真实大小的难题。中国经济相对于日本来说已经变得很大，直到最近成为世界第二大经济体。要把 470 万亿日元的日本经济与美国经济相联系，一个简单的方法就是除以名义汇率，即 JPY78/USD。所以，2011 年的日本经济等于一个 6 万亿美元的经济体。但是，CNY/USD 外汇汇率不能为中国 GDP 提供可比的尺度，因为美元在中国的购买量比日本多。如同我们在管理挑战（Managerial Challenge）中看到的一样，解决这个问题的一个办法是把每个经济体都按生活成本的美元估计进行调整。

一个更复杂的动态替代方法是由购买力平价（PPP）表示的外汇（FX）比率。绝对购买力平价假设：对于凉鞋、轮胎、个人电脑、摩托车、iPod、iPad 和 iPhone 等贸易商品在足够的调整时间内，将有税后价格

$$价格_{A地货币} = 价格_{B地货币} \times 按 PPP 表示的 FX_{A/B}$$

例如，按照一个由 PPP 表示的 FX 比率，式（6-1）表示苹果的 iPod 在美国和英国应该以等同的税后价格出售。所以 2012 年时，一台带有 120G 内存的银色经典苹果 iPod 在美国亚马逊卖 225 美元，在英国亚马逊卖 164 英镑，表明一个 PPP 表示的 FX 比率是 \$1.37/£ 。

$$\$225US = £ 164 \times 按 PPP 表示的 FX_{\$/£}$$

$$\$225US = £ 164 \times \$1.37/£$$

还有，\$1.37/£ 不是一个基于市场的 FX 比率（也就是说，2012 年英镑在纽约交易时是 1.60 美元）。苹果的 iPod 也不是一个完全交易商品。与其他品牌产品制造商一样，苹果公司也尽最大努力对各国市场进行细分。此外，外国客户偏好（例如，日本的原料鳗鱼）和外国零售竞争（例如，在巴黎市中心的 Les Halles 的麦当劳快餐）可能不是典型的。尽管如此，根据中美贸易的购买力平价所暗含的汇率计算，国际货币基金组织（IMF）计算出中国的隐含 PPP 汇率为 4.12 元人民币兑美元，或等价地为 0.239 美元兑人民币。⊖换句话说，按 PPP 的标准，官方"有管理的浮动"交换比率（CNY6.34/USD 或者 USD0.158/CNY）低估了 38% 调整后的生活成本。

表 6-2 显示了 PPP 对各种其他经济体估计规模的调整。在中国、韩国、墨西哥、土耳其和波兰等生活成本（COL）较低的国家，PPP 的调整提高了 GDP 估计。在日本、德国和英国等生活成本较高的国家，PPP 的调整降低了 GDP 估计。例如，按照美国的现行价格，澳大利亚经济中的商业活动不是 1.5 万亿美元，而是仅为 0.9 万亿美元。

---

⊖  International Monetary Fund, *World Economic Outlook Database*(July 2012) .

表 6-2 经 PPP 调整的各国 2011 年 GDP

| | 名义 GDP<br>（万亿美元） | 与美国生活<br>成本的比较(%) | PPP 调整的 GDP<br>（万亿美元） |
|---|---|---|---|
| 美国 | 15.1 | 100 | 15.1 |
| 中国 | 7.3 | 71 | 11.3 |
| 日本 | 5.9 | 149 | 4.4 |
| 德国 | 3.6 | 107 | 3.1 |
| 英国 | 2.4 | 132 | 2.2 |
| 澳大利亚 | 1.5 | 157 | 0.9 |
| 韩国 | 1.1 | 80 | 1.5 |
| 墨西哥 | 1.1 | 64 | 1.6 |
| 土耳其 | 0.8 | 56 | 1.1 |
| 波兰 | 0.5 | 59 | 0.8 |

中国在 2008～2009 年的大紧缩期是如何快速增长的？后果又如何？一个原因是中国在 2008 年末和 2009 年初实行了世界上最大的财政刺激（占 GDP 的 13%），而且大大放宽了信贷条件。○另一个原因是中国的经济处于发达经济生活水平的起点上，因为预期有半数的人口位于东部沿海省份。这种情况可能不是很明显，但事实是中国有 13.4 亿潜在顾客。也许中国有多达 1.7 亿人（相当于美国人口的一半）成了"中产阶级"，他们的年收入经过 PPP 调整后超过了 2 万美元。这些中国家庭追求国内或进口产品的消费，比 10 年前多了 10 倍。从总量上看，中国人的消费目前占 GDP 的 55%，而大多数其他亚洲国家是 70%～80%，北美和西欧是 70%。随着这个差距的缩小，适合中国市场的西方产品的销售机会将是巨大的。

## 对与错 中国的美国零售大卖场

虽然美国零售业在海外的成功经营是显而易见的，但在其他方面则有一些失败。日本的生活空间极小，但中国不断增长的中产阶级与美国人有更为相似的建筑面积，在沿高速公路的两层半高的郊区砖房内用来放置家具、电器和家用设备。然而，经过 5 年亏损后，家得宝（Home Depot）、百思买（Best Buy）和美泰（Mattel）都于 2011～2012 年关闭了它们在中国失败的零售业务。

失败原因是有启发性的。家得宝误认为中国郊区居民想做周末家庭改进项目。但在中国，虽然一个熟练工匠的工资率有所上升，但仍然只有 2 美元/小时，低于墨西哥的 5 美元/小时，更是远低于美国的 29 美元/小时。所以，当 DIY（do-it-yourself）行业的中国潜在顾客需要进行

家庭改造时，他们似乎没有理由不雇用石匠和木匠，因此不需要他们自己来完成这些任务。

同样，百思买将常规的意式胶囊咖啡机、电视和环绕立体声音响设备运往其在中国的九家大卖场后，发现顾客希望在洗衣机和窗式空调上有更多的选择（包括颜色和负载大小），这和北美顾客是不同的。所有零售都是本地的。外国买家可能希望效仿北美和欧洲的生活方式，但是他们又希望产品变得能够适应自己的发展阶段和文化。

这在印度是尤其正确的，城市人口只有少部分达到了中产阶级的收入水平，更加贫穷的印度农村人与欧美地区有着巨大的文化差异。结果是在 2010～2011 年，相对于传统的三轮机动车和摩托车，即使是很小的通勤汽车（如

○ "Rebalancing the World Economy: China," *The Economist* (August 1, 2009), pp. 65-66.

塔塔汽车公司，塔塔钢铁集团印度联合公司部门）也没有表现得很好。

资料来源：Based on "Home Depot：Chinese Prefer 'Do-It-For-Me'"（September 15，2012），p. B1.

## 6.7.2　相对购买力平价

形式不太严格的一价法则被称为**相对购买力平价**。相对 PPP 假设认为，与两国间汇率处于均衡时期相比，两国间通胀率差别的变化将被大小相同但方向相反的未来现货汇率的变化所抵消。

**相对购买力平价**（relative purchasing power parity）：不同通货膨胀率和汇率长期趋势之间的关系。

准确的相对购买力平价关系为

$$\text{相对 PPP：} \left( \frac{S_1}{S_0} \right) = \left( \frac{1 + \pi_h}{1 + \pi_f} \right) \tag{6-1}$$

式中，$S_1$ 是时期 1 的预期未来现货汇率；$S_0$ 为本期现货汇率；$\pi_h$ 是预期本国（美国）的通货膨胀率；$\pi_f$ 为预期的外国通货膨胀率。

如果美国的价格预期来年增长 2%，欧洲的价格预期同一时间增长 3%，并且本期的现货汇率（$S_0$）为 \$1.30/€，那么相对购买力平价意味着 1 年后预期的现货汇率（$S_1$）将是更高的欧洲通胀率预期会导致欧元未来现货价值相对于美元下降约 1%。[⊖]

$$S_1 / \ \$1.30 = (1 + 0.02)/(1 + 0.03)$$

$$S_1 = \ \$1.30(0.990\,291) = \ \$1.287\,4$$

图 6-5 中的虚线表明构成欧元与美元之间的购买力平价，说明了 1999～2015 年美国和德国的累积通货膨胀。在此期间，欧洲的消费者价格指数从 90.1 上升到 118.2（增长了 27.9%），而美国的消费者价格指数从 164.3 上升到 233.7（增长了 34.7%）。因此，如图 6-5 所示，1999～2003 年的美元大大高于其购买力平价水平，随后美元价值发生明显下降，例如，在 2001～2009 年，对比欧元的美元价值损失了 55%（见图 6-1 和图 6-5）。

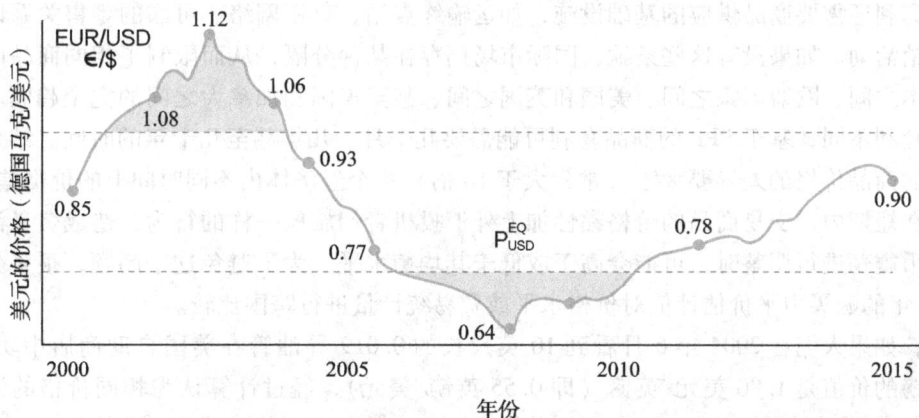

图 6-5　购买力平价（德国马克/美元，1999～2015 年）

---

⊖　关于国际金融中其他几种平价的讨论，可参见 R. C. Moyer，J. McGuigan，R. Rao，and W. Kretlow，*Contemporary Financial Management*，14th ed.（Cincinnati：Cengage/South-Western，2017），Chapter 22.

### 6.7.3 购买力平价的限制条件

购买力平价的计算对分析的起点非常敏感。2000 年，¥/＄的汇率平均为¥107/＄，而 2002 年美元的平均价值降至¥130/＄（见图 6-1）。2002～2009 年，美国的通胀为 22%，日本的通缩为 2%。相对购买力平价以 2000 年为起点意味着是用¥86/＄的 PPP 来预测 2009 年的汇率（非常接近于实际值¥89/＄），而以 2002 年为起点意味着 2009 年预测汇率为¥110/＄。很明显，这个差别并非无足轻重，PPP 假设条件的很多应用都取决于分析人员选择从哪一年开始。图 6-5 通过显示由 PPP 表示的一个较宽范围的汇率来说明这种限制条件。

此外，跨文化的偏好差异（如美国人对橄榄球的偏好）可能会限制这种调整。不同的贸易政策也可能导致违反 PPP 所依赖的一价法则。如果欧洲比美国拥有更高的农业补贴和贸易壁垒，这些政策分歧可能会限制贸易流量，进而影响以 PPP 为假设条件的汇率调整。

没有人会根据对购买力平价假设条件的预测而对一种货币进行套利交易。货币套利是由非预期事件引发的，这些事件会产生暂时的、仅能持续几小时或几天的获利机会。另一方面，针对通货膨胀差异并用 PPP 预测的商品和服务的套利动机贸易流动是一个需要几个季度甚至几年的长期过程。海外销售占有相当比例的公司必须掌握汇率的这种长期趋势。比如，1993～2003 年，美元明显高于购买力平价水平，意识到这一点应该已经影响到了 21 世纪康明斯发动机公司的生产和定价政策。随后的 2004～2009 年，由于美元长达 10 年的贬值，康明斯发动机公司的销量和现金流增长了三倍。管理者经常用 PPP 汇率来评估一种外币当前是强劲还是疲软，并将这些知识应用于 3～5 年的经营计划中。

### 6.7.4 PPP 的恰当运用：概览

适应汇率趋势的国际商务环境不允许微调，但允许生产量、主动定价、目标市场和分段分销渠道的更优化的中期规划，所有这些都可能提供利润优势。一些公司将这些考虑作为其商业计划的重点并在国际市场中繁荣发展，其他人就不太成功。

商品套利还需要商品供应的基础设施，如运输终点站、分销网络、可靠的零售关系以及有效的跨国促销活动。如果没有这些条款，国际市场仍存在某种分隔，从而限制了相同商品的价格在美国和日本之间、欧盟国家之间、美国和英国之间、甚至美国和加拿大之间的完全趋同。与金融市场中的套利不同，基于 PPP 的商品套利可能需要几个月、几年甚至几十年的时间。结果，不同国家之间的商品价格的差异要大于（常常大于 10 倍）一个经济体内不同时间上的价格差异。<sup>⊖</sup>

因此在短期内，交易商品的价格黏性加上外汇投机者们旅鼠一样的行为，造成名义汇率在对需求或货币震荡进行调整时，可能会高于或低于其均衡水平。为了避免这个问题，很多分析师都使用前 15 年的购买力平价估计值对价格水平或贸易统计量进行跨国比较。

例如，如果人们在 2004 年 6 月看到 10 英尺长的 0.019 导油管在美国自助商店中卖 3.36 美元，而英镑的价值是 1.80 美元/英镑（即 0.55 英镑/美元），经过计算认为相同价格的油管应该在英国卖 1.84 英镑（即 3.36 美元×0.55 英镑/美元），就很有可能被误导。即使英国人支付 2.10 英镑，也可能得不到这个明显的套利利润（2.10 英镑－1.84 英镑）×1.80 美元/英镑＝0.47 美元/10 英尺。因此，每当汇率过高或过低就赶着去组织分销和出口美国导油管到英国销售是没有

⊖ C. Engel and J. H. Rogers, "How Wide Is the Border?" *American Economic Review* 86(1996), pp. 1 112-1 125; and "Goods Prices and Exchange Rates," *Journal of Economic Literature* 35(1997), pp. 1 243-1 272.

意义的。人们应该用 3.36 美元的美国价格乘以 1990～2004 年英镑的购买力平价 0.63 英镑/美元（见图 6-1）。这说明导油管在英国商店中卖到 2.12 英镑，相对于美国来说将不是价格过高。根据围绕 PPP 条件的信心范围，人们可以认为 2.12 英镑±10%（1.91～2.33 英镑）的英国价格符合不存在套利机会时的导油管价格。

### 对与错 | 通用、丰田汽车公司以及赛利卡 GT-S 小轿车

正如在本章开始所见，丰田汽车公司在国内货币坚挺时一般通过削减日元利润来保持销量。与此相反，通用汽车公司在美元坚挺时经常提高出口价格以保持其海外子公司的美元收入价值。例如，1980～1984 年，当美元上升47% 时，通用汽车公司把欧宝（Opel）价格提高了 48%。在欧洲，外国货币销售交易产生的收益下降几乎完全被相关价格上升所抵消。当然，由此意味着欧宝在法兰克福、慕尼黑和科隆的价格上升高达 95%（48% + 47%）。通用汽车公司的欧宝事业部发现，很难向潜在的德国顾客解释为什么在如此短的时间内售价翻了一番。

为什么通用和丰田采用截然不同的定价和加成政策？人们可能认为丰田是追求更大的销售量来实现规模经济，或者随累计产量的增加，利用学习曲线来降低单位成本。例如，日产在田纳西州的工厂成为美国效率最高的装配线，工人的生产率几乎比通用公司的一般工厂高出 35%。另外，日本全面质量管理让组装工厂实现了更多的成本节约，因为更多的汽车通过了质量检验而无须返工。最后，丰田、本田和日产肯定都是出口驱动型公司。日产创造了60% 的海外销售量（单单在美国就占 45%）。

与此相反，通用汽车公司的国内销售量为72%，出口销售量为 12%，16% 的销售量来自海外生产事业部，比如在欧洲生产的欧宝和在澳大利亚生产的霍顿。结果，通用并不把营销和生产计划的重点放在出口销售或海外销售上。每一家公司都应该不断分析其进口市场的竞争状况。所有的日本汽车公司通过削减出口利润来抵消几乎一半的不利汇率波动（涉及日元升值）并获得市场份额增长，这对通用汽车很不利。通用汽车从 20 世纪 80 年代的高达45% 的市场占有率缩小到 19%，而当时占有19% 市场份额并且仍在增长的丰田汽车公司在2009 年成为世界上最大的汽车公司。到了2011 年，市场占有率分别为：通用 19%、福特 17%、丰田 15%、本田 11%、克莱斯勒（现在是菲亚特的一个部门）9%、日产 8%。

资料来源：Based on "General Motors and the Price of the Dollar," Harvard Business School Publishing, 1987.

### 实例 | 购买力平价的巨无霸指数

在全世界 120 个国家中销售的"巨无霸"汉堡几乎是完全相同的，因为只有麦当劳的母公司才能定义正宗的"巨无霸"汉堡，但各个国家麦当劳快餐店的经理在定价上有完全决定权。当一个汉堡在亚特兰大卖 4.79 美元，在伦敦郊区卖 3.59 英镑时，PPP 巨无霸指数（即 4.79 美元/3.59 英镑）正好等于实际汇率（2015 年为 $1.50/€），这两种货币都没有被高估。然而，一家开设在巴黎环城公路外的郊区的麦当劳的巨无霸汉堡售价为 4.55 欧元，PPP巨无霸指数意味着 $1.28/€，欧元被高估了22%（即 4.79 美元/（$1.28/€）= 3.74 欧元，4.55 欧元/3.74 欧元=1.22）。

巨无霸关系并不是相对 PPP 假设的一个完美应用，有以下几个原因：①因为欧盟 17% 的增值税超过了美国 6%～10% 的销售税；②因

为伦敦、巴黎、罗马和法兰克福的土地租金和公用事业费超过了亚特兰大；③因为欧洲的快餐业竞争程度相对较低。尽管有这些限制，但 2015 年上半年欧元对美元的持续贬值，从

$1.28/€ 到 $1.12/€，表明"汉堡经济学"的优点所在。

资料来源：Based on "The Big Mac Index" *The Economist*(January 24，2015)，p. 66.

### 6.7.5 贸易加权的汇率指数

图 6-6 表明 1985～2015 年美元对美国最大贸易伙伴货币的价值。这个贸易加权汇率有时叫作有效汇率（EER），它计算了美元对 19 种货币的加权平均值，权数是由美国与各贸易伙伴之间的进口加出口贸易量决定的。因此美国的 EER 的定义是

$$EER_t^\$ = \sum_i FX_{it}^\$ w_{it} \tag{6-2}$$

式中，$w_{it}$ 是 $t$ 期内进入 $i$ 国的进出口贸易总量的相对比例。

指数，1981年3月为100，阴影区表示美国经济衰退

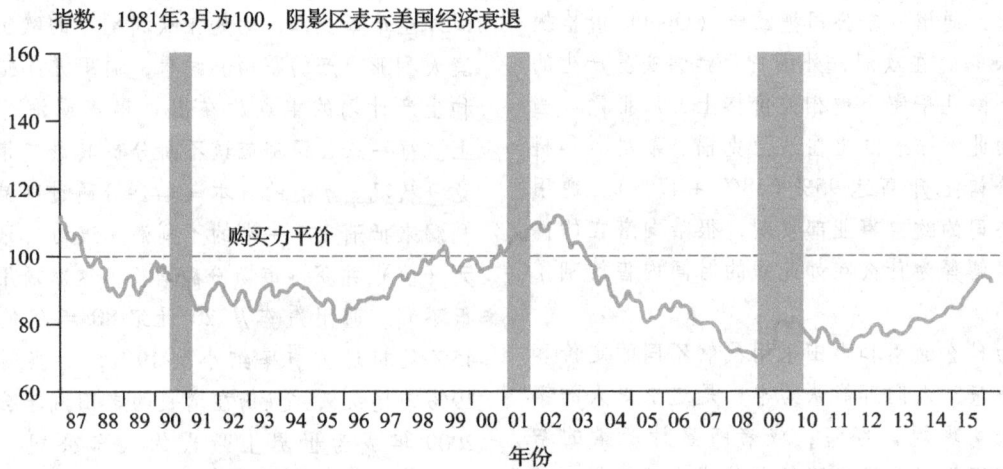

图 6-6　贸易加权的有效汇率指数（1987～2015 年）（美元）

资料来源：*National Economic Trends*，Federal Reserve Bank of St. Louis，quarterly.

1995～2001 年，贸易加权的美元大幅升值。决定汇率长期趋势的所有三个因素都在起作用。相对于几个最大的贸易伙伴，美国的实际增长率在此期间下降。相对于同一贸易伙伴，美国国库券的实际利率较高并且还在上升。最后，美国生产者价格指数的成本通货膨胀相对于美国最大贸易伙伴来说处于第二次世界大战后的低点上。因此，资本流入美国，美国出口贸易大增。

正如我们看到在 20 世纪 80 年代日本和欧洲竞争者的情况，出口贸易在 20 世纪 90 年代和 2005～2008 年为很多美国公司提供了增长动力。图 6-7a 说明了从 20 世纪 70 年代到 21 世纪初，美国出口占 GDP 的份额从 5% 增加到 18%。到 1997 年，美国实际 GDP 增加的 1/3 源于出口。1994～1997 年，出口对 GDP 增长的贡献翻了一番。1998～2002 年，美国出口部门不景气（见图 6-7b），主要原因是美元的价值升到了购买力平价之上（见图 6-5）。然而，在美元最近的峰值上，比如 1998 年中期的 134 日元，2000 年中期的 2.30 马克，2001 年的 1.12 欧元，美元的价值仍然大大低于它在 1985 年 238 日元和 2.94 马克的投机峰值。这个历史回顾证明是有用的，因为 2001～2004 年美元只贬值了 34%，就重新启动了美国的出口部门。图 6-7b 表明除了 2009 年全球经济衰退高潮之外，2004～2011 年美国出口已经稳定增长，超过了 GDP 的 14%，占美国实际 GDP 增长的大部分。自 2012 年以来，美元升值阻碍了美国出口，2015 年美国出口下降，现在占

GDP 的 13%。

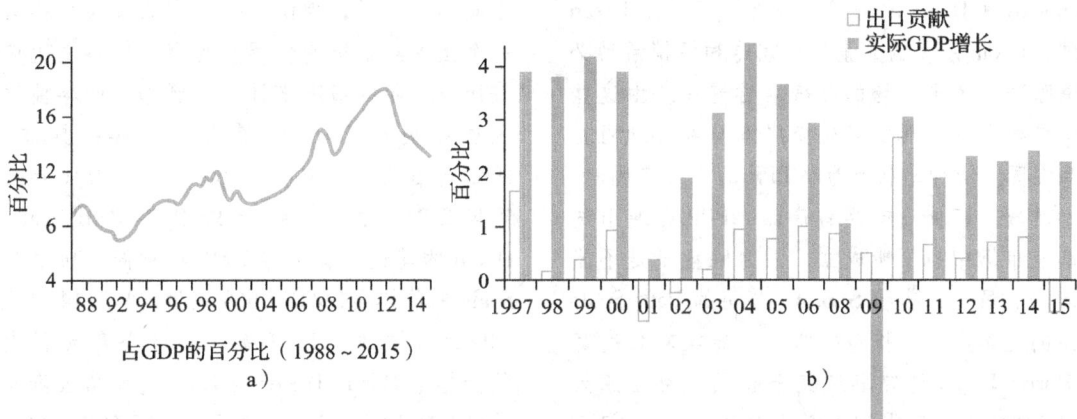

图 6-7 美国经济中出口部门的增长

资料来源：U. S. Department of Commerce, Bureau of Economic Analysis.

## 实例 | 脏盘子是移动的吗？Dixan、Joy、Dawn 和斯卡拉 S. p. A. 公司生产的通用 Patti Scala 洗碟皂液

有时购买力平价（PPP）不能说明相同产品以不同货币出售的情况，因为消费或生产中的某些互补要素是不能移动的。非常特殊的土地就是一种不能移动的要素；脏盘子是另一种。2001 年 7 月，在美元两年升值 35% 之后，达到 1 美元兑换 2 275 里拉和 1.18 欧元，Tuscan 的村民们发现自己在向美国游客提供大量的不同规格的 primi piatti（初洗剂）。结果在很多意大利人的水池中都堆满了脏盘子。

同其他地方一样，意大利的脏盘子最终需要 patti scala（洗碟皂液）来清洗，法国斯卡拉 S. p. A. 公司通过 Tuscany 的杂货店提供柠檬香味的通用 Patti Scala 产品。价格为 1 900 里拉的

通用 Patti Scala 直接与 Dixan 相竞争，后者是一种卖 2 600 里拉的著名品牌洗碟皂液，两种产品都是用普通的 750 毫升塑料容器。乍一看这个意大利价格，使人感到奇怪的地方就是在 2001 年 7 月，1 900 里拉和 2 600 里拉分别等于 0.84 美元和 1.14 美元，大大低于美国商店中相同洗碟皂液的价格（例如，Harris Teeter 卖的 750 毫升通用洗碟皂液的价格是 1.80 美元，大致相同规格的 Joy、Palmolive 和 Dawn 分别卖 1.99 美元、2.49 美元和 2.79 美元，见表 6-3）。这些差别是否表明由于意大利低价 Dixan 进口的入侵，Joy、Palmolive 和 Dawn 应该预料到其美国市场份额将受到明显的侵蚀？

表 6-3 洗碟皂液产品在美国和意大利的竞争

| 品牌产品 | 2001 年 6 月份的价格 | 单位量（ml） |
|---|---|---|
| Joy | 1.99 美元 | 740 |
| Palmolive | 2.49 美元 | 739 |
| Palmolive | 2.49 美元 | 739 |
| Dixan（2001 年，6 月） | 1.14 美元（2 600 里拉）+30% 运费 = 1.45 美元 | 750 |
| Dixan（1999 年，6 月） | 1.56 美元（2 600 里拉）+30% 运费 = 2.03 美元 | 750 |
| 非品牌产品 | | |
| Harris Teeter 洗碟皂液 | 1.80 美元 | 828 |
| Patti Scala（2001 年，6 月） | 0.84（1 900 里拉）+30% 运费 = 1.09 美元 | 750 |
| Patti Scala（1999 年，6 月） | 1.15（1 900 里拉）+30% 运费 = 1.48 美元 | 750 |

答案是否定的，原因有三：首先，Joy、Palmolive 和 Dawn 的美国消费者并不知道 Dixan 品牌，Dixan 所做的大量广告宣传和促销活动必将消除进入美国市场的品牌名称壁垒。由这些品牌名称构成的消费者转换成本会部分地阻止商品在国际间的套利行为和 PPP 的充分实现。

其次，即使没有品牌产品，PPP 在通用洗碟皂液市场中也不能成立，因为脏盘子是不能移动的。虽然斯卡拉 S. p. A. 公司的 Patti Scala 产品的化学成分、柠檬香味和手感柔软程度都与 Harris Teeter 洗碟皂液完全相同，且在意大利以 1 900 里拉可得到更多的 Patti Scala，但人们必须把运输成本纳入这些价格比较之中。在美国 Patti Scala 的送货成本将是 1 900/2 275 里拉 = 0.84 美元，或许再加上 30% 的运输成本，即 1.09 美元。还有，人们可能会问，通用洗碟皂液产品为何会在不同的国家出现从 1.09 美元到 1.80 美元这么大的区别？

答案在于要认识到购买力平价是一种对于长期价格动态变化的假设，汇率常常高于/低于其均衡水平，因此一个国家的零售价格与另一个国家经汇率变化调整的零售价格之比应该按照若干年的情况来计算。例如，两年前意大利里拉要比 2001 年夏天更坚挺；具体说，1999 年 6 月美元只换 1 665 里拉，2001 年 6 月可换 2 248 里拉。由于 1999 年 Patti Scala 和 Dixan 的建议零售价与 2001 年相同，所以 Patti Scala 的价格 （1 900/1 665 里拉 =） 1.14 美元 + 30% 运输成本 = 1.47 美元。这个意大利的单位价格与 Harris Teeter 的 1.80 美元单位价格非常接近。还有，Dixan 的价格 （2 600/1 665 里拉 =） 1.56 美元 + 30% 运输成本 = 2.03 美元，几乎与品牌洗碟皂液 Joy 的 1.99 美元价格完全相同。

结论是，成功的品牌宣传活动，互补品的不移动性以及暂时的汇率过高/过低都有可能造成以不同货币出售的相同产品的最终产品价格之间的巨大差别。

## 6.8 国际贸易：管理视角

### 6.8.1 世界贸易份额与地区贸易集团

图 6-8 表明过去 20 年来进出美国的进出口贸易流量已增长到 GDP 的 32%。2015 年的总和是 29%。美国出口现在占 GDP 的 13%，是价值为 2 万亿美元的商品和服务，其中 55% 出口到新兴经济市场。一些国家的经济更是出口推动的。德国出口近 1.5 万亿美元，占 GDP 的 28%。英国出口占 GDP 的 27%，墨西哥出口占 GDP 的 35%，韩国出口占 GDP 的 43%。两个转运经济体新加坡和荷兰的出口占 GDP 的比重超过 100%！

中国是世界上最大的出口国和第二大进口国，在世界 34.5 万亿美元的贸易中占有 12.1% 的份额。美国是最大的进口国和第二大出口国 （占世界贸易的 11%），占全部出口的 8.4%，全部进口的 12.3%。2015 年在世界贸易中保持最大份额的接下来的 12 个国家是德国 （7%）、日本 （4%）、荷兰 （4%）、法国 （3%）、韩国 （3%）、英国 （3%）、比利时 （2.5%）、意大利 （2.5%）、俄罗斯 （2.5%） 和加拿大 （2.5%）。总而言之，世界贸易组织 （WTO） 包括 139 个成员方，它们同意共享贸易统计数据，协调贸易自由化政策 （即开放市场），并按照 WTO 规则和程序解决其贸易争端。

今天，澳大利亚、美国和加拿大实行的一些最低关税等于进口的 3% ~ 4%。巴西、韩国和印度实行的一些最高关税等于进口的 13% ~ 14%。幸运的是，像欧盟和《北美自由贸易协定》（NAFTA） 这样的区域贸易集团在消除贸易壁垒、降低多边关税谈判、促进自由贸易作为国家间和平竞争机制等方面取得了巨大成功。

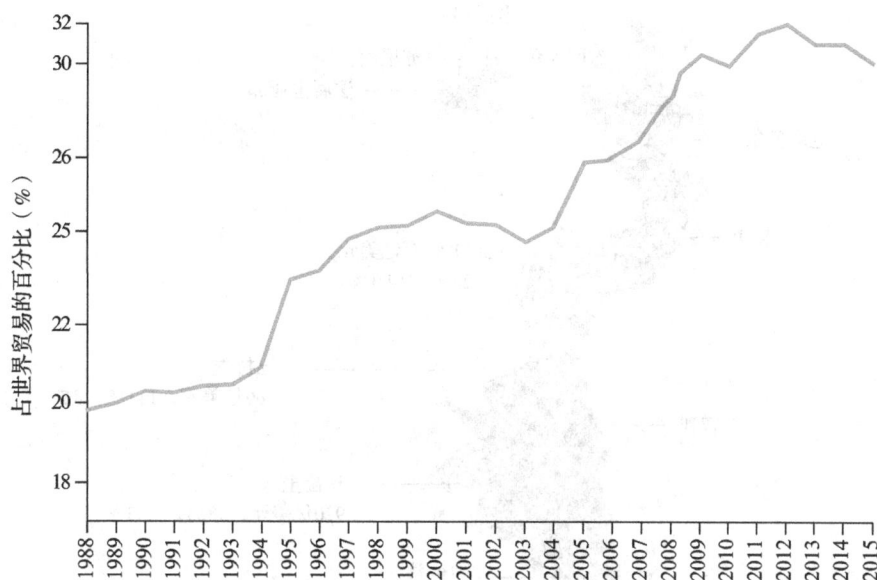

图 6-8　美国进出口占 GDP 的百分比

资料来源：U. S. Department of Commerce，Bureau of Economic Analysis.

整个世界经济中出现了 6 个这样的地区贸易集团。在南美洲，阿根廷、巴西、巴拉圭和乌拉圭组成了一个贸易集团（南方共同市场，MERCOSUR，见图 6-9），进出口商品贸易在 1996 ~ 2006 年翻了一番，目前接近 6 000 亿美元，其中的 80% 是在成员国之间进行的。安第斯集团（秘鲁、哥伦比亚、玻利维亚和厄瓜多尔）建立了另一个贸易集团，二者都力求比照由加拿大、美国和墨西哥组成的 NAFTA。巴西（1.8 万亿美元）、加拿大（1.6 万亿美元）和墨西哥（1.4 万亿美元）的经济规模差不多，大约是美国经济的 1/10。巴西和阿根廷有大规模的工业基础，受到 14% ~16% 进口关税的保护，而巴拉圭、玻利维亚和危地马拉有基于商品的经济，实行 6% ~8% 的进口关税，墨西哥把进口关税从 5 年前的 14% 下调到了 8%。

巴西和美国之间的贸易争端出现在向美国出口的巴西钢铁、糖、冷冻橙汁和酒精上。2009 年，巴西实现了石油自给，通过集约型的蔗糖酒精产业每年提供 50 亿加仑的酒精。尽管美国是世界上最大的酒精生产国，产量是 65 亿加仑，但仍通过对巴西酒精实施保护性（幼稚性产业）关税，以保护南佛罗里达蔗糖，从而有效地阻止了竞争。这种关税是 100 年前针对 20 世纪上半叶发生的毁灭性飓风所施加的。当合理性不复存在时，所谓的 “日不落法” 会阻止这种立法的继续。

在其他地方，降低关税的优惠贸易协定，以及区域贸易区块内的资本和劳动移民障碍已经取得了巨大成功。2011 年，欧盟 27 国占世界贸易的 39%（相当于 8.5 万亿美元），远超过北美洲出口的 13% 和进口的 16%。亚洲占世界出口的 30% 和进口的 32%，与世界其他地区发生贸易逆差，其中大多数是国外零部件的最终组装。世界上商品和服务出口增长最快的地区是美国南部和中部地区，分别增长了 32% 和 34%。独立国家联合体（俄罗斯及其邻国）是增长速度最快的进口国，增速为 28%。

## 6.8.2　比较优势和自由贸易

在 EU、NAFTA、MERCOSUR 和 APEC（the Asian-Pacific Economic Cooperation） 等地区贸易集团中，每个成员都可以通过符合比较优势的专业化和参与自由贸易来促进自己的经济增长。直观

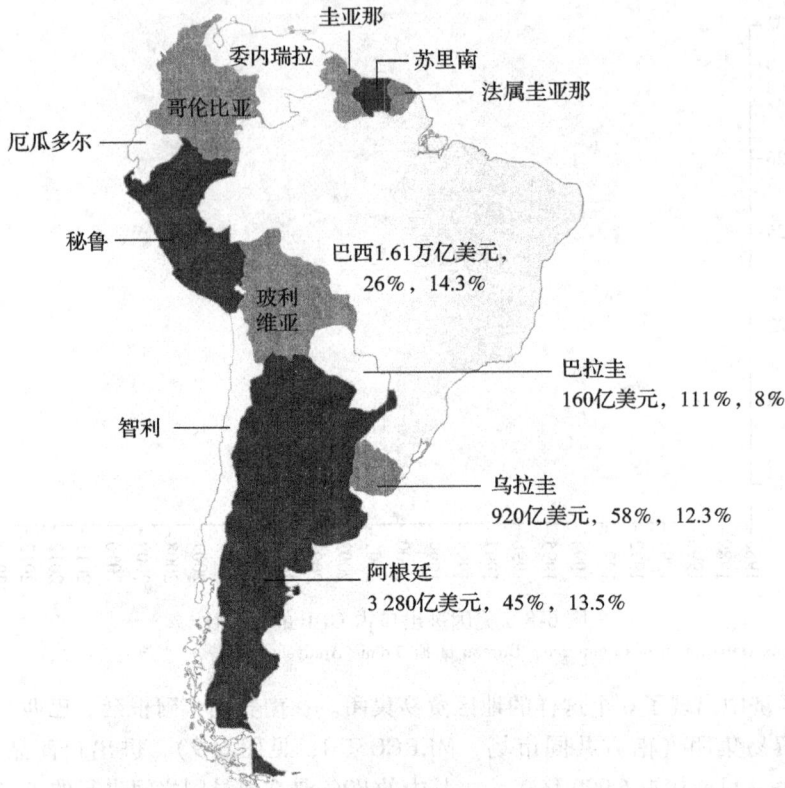

图 6-9　南方共同市场国家的 GDP，商品出口占 GDP 百分比和平均进口关税
资料来源：World Trade Organization.

地看，像西班牙、墨西哥、波多黎各、中国和泰国这样的低工资国家在制造劳动密集型商品（如服装）和提供劳动密集型服务（如缝纫、彩票销售等）上享有成本优势。假设这样的一个经济体在汽车装配等资本密集型制造业中也享有成本优势，国际微观经济学的一种权威观点认为，在这种环境中，低成本经济体不应该这两种商品都生产，而应该专门生产相对成本更低的产品，同时从成本较高的贸易伙伴那里购买另一种产品。让我们看一看这个双边贸易中的**比较优势规律**是如何得出这个看似奇怪的结论的。

**比较优势规律**（law of comparative advantage）：一种主张自由贸易和为降低相对成本进行专业化的原则。

**绝对成本优势**（absolute cost advantage）：对两个地区、两家公司或两个经济的名义成本的比较。

**实际贸易条件**（real terms of trade）：对不同经济的相对生产成本比较。

考虑美国和日本之间在汽车化油器和电脑存储芯片上的双边贸易情况。假设化油器的生产成本在日本是 10 000 日元，在美国是 120 美元。当汇率为 ¥100/ $ 时，日本收回成本的价格 100 美元低于美国收回成本的价格 120 美元。再假设存储芯片的成本在日本为 8 000 日元，在美国为 300 美元。日本产品的价格（即 80 美元）低于美国产品的价格。可以说日本在这两种产品的生产制造上都享有一种**绝对成本优势**。不过，日本生产化油器的费用相当于美国的 83%（即 100 美元/120 美元），而生产存储芯片的费用只有美国的 27%（即 80 美元/300 美元）。可以说日本在存储芯片生产上具有比较优势，应该专门生产这种产品。

用实际贸易条件可以最清楚地说明按照比较优势进行

专业化生产，随后进行贸易的好处。**实际贸易条件**确定了一个经济相对于另一个经济，在生产某一种产品时所需要的劳动力、原材料和其他资源的数量。在日本，制造存储芯片所牺牲的资源能制造 0.8 个化油器（见表 6-4），而在美国制造一个存储芯片需要牺牲 2.5 个化油器。这就是说，日本存储芯片的相对成本（按必须放弃的化油器生产来计算）还不到美国生产存储芯片的相对成本的 1/3。与此相反，美国化油器生产所需要的资源仅与 0.4 个美国存储芯片相联系，而日本化油器生产需要牺牲 1.25 个日本存储芯片。美国化油器的相对成本大大低于日本。换句话说，日本人在使用资源制造存储芯片上特别有效率，而美国使用相同资源生产化油器特别有效率。各国都有一种比较优势：日本生产存储芯片，美国生产汽车化油器。

表 6-4 实际贸易条件和比较优势

| | 绝对成本，美国 | 绝对成本，日本 |
| --- | --- | --- |
| 汽车化油器 | 120 美元 | 10 000 日元 |
| 电脑存储芯片 | 300 美元 | 8 000 日元 |
| | **相对成本，美国** | **相对成本，日本** |
| 汽车化油器 | 120 美元/300 美元 = 0.4 个芯片 | 10 000 日元/8 000 日元 = 1.25 个芯片 |
| 电脑存储芯片 | 300 美元/120 美元 = 2.5 个化油器 | 8 000/10 000 = 0.8 个化油器 |
| | **贸易利得，美国** | **贸易利得，日本** |
| 最初产品 | 1.0 个化油器 + 1.0 个芯片 | 1.0 个化油器 + 1.0 个芯片 |
| 专业化之后： | | |
| 生产的化油器 | (1.0 + 2.5) 个化油器 | 0 |
| 生产的存储芯片 | 0 | (1.0 + 1.25) 个芯片 |
| 贸易 | +1.0 个芯片 | +1.5 个化油器 |
| | −1.5 个化油器 | −1.0 个芯片 |
| 产品净数量 | 2.0 个化油器 + 1.0 个芯片 | 1.5 个化油器 + 1.25 个芯片 |

如果各国经济都按照比较优势进行专业化生产，然后通过贸易使消费多样化，那么将如何评价生产的全部产品呢？假设美国和日本开始对每种产品各生产一个单位，劳动力是不能流动的，目前不存在规模经济，两种化油器和两种存储芯片的质量是相同的。如果日本停止化油器生产并专门生产存储芯片，把存储芯片的产量增加到了 2.25 个（见表 6-4）。同样，如果美国停止存储芯片生产并专门生产化油器，把化油器的产量增加到 3.5 个。在此情况下，美国可以用 1.5 个化油器换 1 个存储芯片，双方最后的结果将有明显改善。美国将在交易 2.0 个化油器加上进口的 1 个存储芯片后，享有余下的国内生产量。日本在交易 1.25 个存储芯片加上 1.5 个化油器之后，享有余下的国内生产量。如表 6-4 所示，每个经济都将替代它最初生产的全部产品，同时各自享用数量都增加的两种产品。也就是说，从贸易中明显获益。

### 6.8.3 进口控制与保护性关税

某些国家和地区反对自由贸易政策，力求限制购买外国进口商品，为的是扩大其国（地区）内产业的生产，方法是利用保护性关税，人为地提高外国替代商品的价格。图 6-10 表明中国香港地区、美国和澳大利亚拥有一些最低的保护性关税，而韩国、巴西和印度拥有一些最高的保护性关税。为了进一步限制进口，一些国家还采取直接进口控制，比如对某一具体种类的外国进口商品确定最高许可配额。20世纪90年代美国国会为了保护美国制造业的工作职位，对日本汽车制造商采取所谓的自愿进口限制（VIR）。作为回应，丰田和本田在全美国兴建装配工厂，用被通用、福特和克莱斯勒汽车公司解雇的工人去制造凯美瑞和雅阁。相同的美国政策如今被用于中国纺织品制造业。

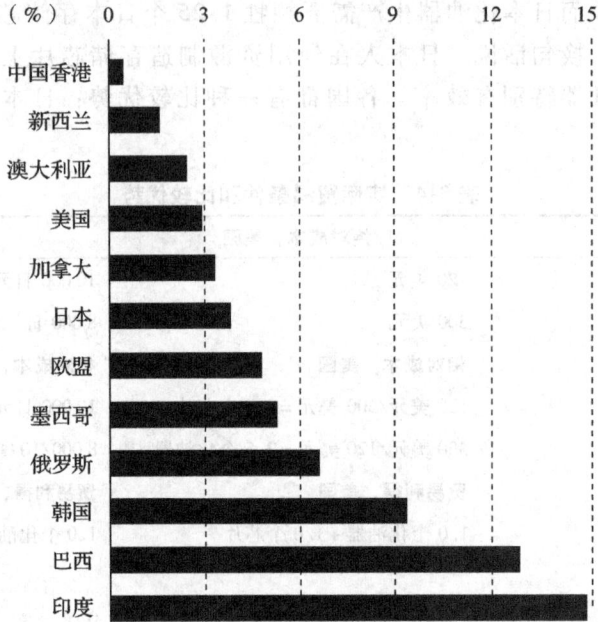

图6-10　2014年贸易加权的关税

资料来源：World Trade Organization，*World Tariff Profiles*，2014，pp. 67.

国民收入一般会因这种进口限制而降低。原因之一就是经历出口增长的贸易伙伴（如日本和中国），更低的收入导致日本和中国家庭减少对别克Lesabres或Cadillacs，以及来自VF的7 for Mankind的时尚牛仔裤商品的进口消费。第二个原因是进口控制不可避免地会导致在外汇市场中对一国货币的需求减少。例如，当某些美国家庭被禁止购买（本来可以购买的）日本制造的丰田汽车和本田汽车时，这些家庭在购买进口商品时就不需要日元。这会导致美元对日元的更高汇率，这反过来影响美国的出口部门，使进口控制措施的贸易不平衡加剧。

简而言之，自由贸易和开放市场提供了国民收入提高的前景。世界银行估计，拥有开放经济的发展中国家的年增长率是4.5%，而那些拥有进口控制和保护性关税的国家每年的增长率只有0.7%。对富国的比较结果也证实自由贸易（2.3%）优于非自由贸易（0.7%）。20世纪90年代，这个差距进一步扩大。那些进出口贸易占GDP百分比排在前50名的发展中国家，人均GDP增长了5%，排在后50名的国家人均GDP实际上缩减了1%。⊖ 显然，全球化与贸易提高了繁荣程度，即使是欠发达国家也是如此。

单边自由贸易（进口配额或关税）的存在有几个有效理由：①保护幼稚产业，直到它们达到

---

⊖　"Globalization，Growth and Poverty，" *World Bank Report*（December 2001）.

最小效率规模；②用对等关税抵消提供给外国竞争者的政府补贴；③对那些以低于其国内成本的价格出售的外国商品实行反倾销制裁。智利的鲑鱼、阿根廷的蜂蜜以及巴西的冷冻橘汁浓缩液和板坯钢近年来都在面临美国的反倾销关税。巴西人特别声明其出口价格试图抵消美国给予其农业部门的 300 亿美元巨额农场补贴。美国的确在每个全职农民身上花了 20 000 美元来补贴农产品（排在瑞士 27 000 美元和日本 23 000 美元之后，为第三名）。

作为多哈回合贸易谈判的一部分，WTO 开始着手分析这些对农业补贴和工业关税的申诉和反诉。例如，WTO 于 2011 年裁定波音公司和空中客车公司在 1984～2001 年期间，都对其飞机贷款和研发项目收取过不当的政府补贴，解决了欧盟和美国之间的争端。然而，尽管巴西蔗糖的能源效率是爱达荷州玉米的三倍以上，但美国仍然使用严格的进口关税保护着以玉米为原料的国内乙醇工厂，有效阻止了巴西乙醇进口。

WTO 还评估了 2010 年欧盟、日本、美国和其他 70 个国家及地区的关于信息技术协议（ITA）的争端，它们同意降低 1.5 万亿美元高科技产品（如平板电脑屏幕、扫描打印机等）的关税。惠普和佳能联合起来要求美国和日本政府提出一个 WTO 案例，试图禁止电视转换器箱的欧盟保护性关税。WTO 已做出裁决，并已成功取消了对宝马、葛兰素制药和法国奶酪的反补贴税有威胁的欧洲关税。

## 6.8.4　战略贸易政策的案例

虽然自 1750 年以来自由贸易的逻辑一直在学术争论中占据主导地位，而且 20 世纪还见证了对许多进口控制和关税的废除，但少数例外情况仍值得关注。WTO 对于相互贸易自由化政策具有非常有效的谈判先例。不过当贸易伙伴顽固地拒绝放松进口控制或开放其国内市场时，单方面降低关税是没有意义的。例如，美国发现为使日本向美国移动电话和电脑芯片开放市场的谈判获得成功，必须威胁对日本消费电子产品征收关税。这种威胁性讨价还价和协商相互减少贸易壁垒的做法就是"战略贸易政策"概念的例证。

1999 年春天，欧盟对以美国为基地、来自中美洲的 Dole 和 Chiquita 香蕉采取持续的进口控制，导致美国对欧洲价值 1.8 亿美元的产品实施 WTO 的制裁关税，产品从 LV 的塑料手袋、英国的开司米毛衣到法国的 Roquefort 奶酪和鹅肝酱。英法在加勒比地区的前殖民地圣卢西亚享有大约 1.5 亿美元的香蕉农场利益，就是欧盟为限制美国香蕉进口到欧洲而制定配额的结果。但是欧盟消费者因水果价格更高而造成的成本估计为 20 亿美元。尽管这是一个明显倾向一方的成本–收益分析，但仍然需要美国实行战略贸易政策，致使欧盟放宽它的香蕉进口控制。

| 实例 | **布什总统 2002 年的钢铁关税和奥巴马总统 2009 年的轮胎关税：是合理的制裁，还是伪善的保护主义**

尽管钢的重量很沉，运输成本很高，但它来源于全球的工厂。巴西和韩国的钢板每吨 350 美元，可用 1 吨 70 美元的运输成本运到美国，销售价格仍比美国大型综合热轧钢厂（比如伯利恒（Bethlehem）和共和钢铁（Republic Steel）公司，见表 6-5）每吨 475 美元的成本低 55 美元。结果，美国 17 家这样的综合钢铁生产者（它们雇用 160 000 名联合钢铁工人工

会（USW）的工人在高炉中冶炼铁矿石）中有 15 家的经营面临债权人的破产保护。

**表 6-5　钢板成本（美元/吨）**

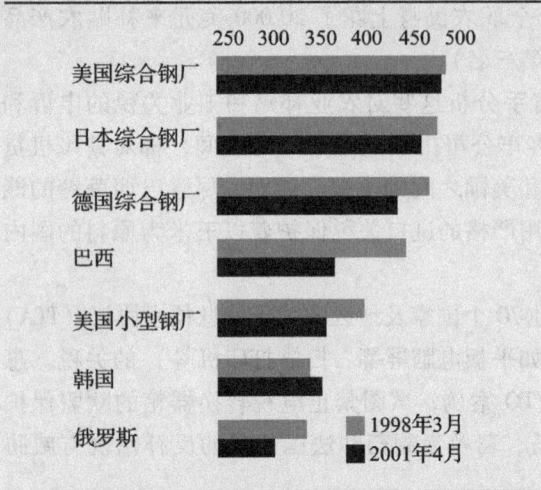

| | 250 | 300 | 350 | 400 | 450 | 500 |
|---|---|---|---|---|---|---|
| 美国综合钢厂 | | | | | | |
| 日本综合钢厂 | | | | | | |
| 德国综合钢厂 | | | | | | |
| 巴西 | | | | | | |
| 美国小型钢厂 | | | | | | |
| 韩国 | | | | | | |
| 俄罗斯 | | | | | | |

■ 1998年3月　■ 2001年4月

资料来源：*World Steel Dynamics*，2002.

只有 AK 钢铁公司、美国钢铁公司、纽卡尔（Nucor）钢铁公司以及其他小型钢铁生产者才是盈利的。纽卡尔钢铁公司只雇用了综合钢铁厂工人的 1/3，使用不太昂贵的电弧炉。另外，由于纽卡尔钢铁公司是以废钢而不是以铁矿石为原料，所以其主要投入要素成本与最终的钢板和中板价格高度相关，这是一种高度有效的**内部对冲**。例如，当中板价格从 300 美元下降到 200 美元时，纽卡尔钢铁公司的废钢投入也一直在下降。

---

**内部对冲**（internal hedge）：一种用以抵销因外国收入波动而引起的外国汇率风险的外国应付款项。

---

不过，USW 是一个很强的政治游说者，美国国际贸易委员会听证加上 WTO 反倾销规定以及争议解决程序为福特总统和小布什总统提供了工具，考虑实施进口关税制裁来保护国内钢铁产业。2002 年 3 月，布什决定对巴西进口钢实行配额并在 3 年内对其他一些国家的中板和钢板征收 30% 的关税。奥巴马总统以信贷、土地和能源补贴为由，在 2009 年对来自中国的轻卡和轿车轮胎实施了 35% 的惩罚性关税，在 2012 年对风力涡轮机的关税为 26%。2015 年，欧盟对中国的不锈钢征收相同比例的反倾销税。可以预见，这种贸易限制将使美国的商业建筑和汽车替换零部件的成本增加。例如，休斯敦的 Precision 技术公司估计这将使钻探行业高压钢管 5 700 万美元年销售额的成本提高 300 万美元。

---

**实例　英特尔芯片扩大在日本的市场准入**

20 世纪 80 年代中期，日本半导体生产者在用于个人电脑的动态随机存储芯片（DRAM）的世界市场中占有很大份额。通过高度进取性的定价与几近封闭的本国市场相结合，日本半导体业者实现了巨大的规模经济性，单位成本大大低于美国。当个人电脑的零售价格在 1986 年锐减时，像英特尔这样的美国和欧洲制造商停止了基本存储芯片的生产。

同年在 WTO 的一项国际贸易倾销投诉中，证明了很多日本芯片在美欧销售的价格低于成本。当时美国商务部对日本芯片、笔记本电脑和电视机实施惩罚性关税。日本为避免更高的关税，同意开放其国内市场并确定外国存储芯片在日本的销售可达到 20% 的目标。英特尔、西门子和其他生产者得以扩展，日本的生产者夏普和东芝削减生产。当芯片准入协议在 1995 年到期时，日本、美国和德国的半导体制造商建立了合资企业，共同设计和联合制造下一代闪存芯片。在此事件中，战略贸易政策开放了市场并扩大了所有参与国的国民收入。

资料来源：Based on "America Chips Away at Japan," *The Economist*（March 27，1993）；and "Foreign Chip Sales Up in Japan," *Financial Times*（December 16，1994）.

### 6.8.5 递增的报酬

战略贸易政策的最后一个推动力产生在国内生产者遭遇报酬递增的市场之中。假设波音公司和空中客车发现，飞机制造中的学习曲线效应能使市场份额超过 30% 后再提高一个百分点，让可变成本降低 1%。一家拥有小型宽体客机（比如波音 737）世界产量 40%（或 50%）市场份额的厂商，其可变成本比较小竞争者成本小 10%（或 20%）。这种情况在工业经济部门中确实很少见，它们表明生产中的报酬递减会被更高产量上的学习曲线优势所大大抵消。不过在这种情况下，美国、欧洲、日本和目前的中国都持续实施产业政策，利用对研究与开发的公共补贴，快速启动主导公司的率先发展。

### 6.8.6 网络外部性

信息经济学要比工业经济具有更多的报酬递增现象。在信息经济范围内，更高市场份额上的成本下降通常与安装网络或采用技术标准的外部性相关联。随着安装 Windows 软件的基数的扩大，微软发现使新的顾客采用其产品的难度越来越小。电脑用户发现，如果他们的同事和顾客采用相同的操作系统，那么交换文件和说明新应用会更容易。结果，Windows 软件占有的市场份额越大，让一位边际买主采用产品的营销成本实际在下降。苹果的操作系统也存在同样的情况。安装基数越大，独立程序商编写的用于 iPad 和 iPhone 的软件越多；可用的软件或应用程序越多，苹果成功地销售下一台笔记本电脑或手机的可变成本越低。

## 6.9 自由贸易区：欧盟和 NAFTA

自由贸易与符合比较优势的、业已提高的专业化水平，使相对低工资的西班牙人和葡萄牙人为宝马和蓝宝（Blaupunkt）的收音机装配高附加值的德国零部件。匈牙利工厂为装配校车的波兰工厂生产零部件。同样，国界上贸易壁垒的降低缩短了欧盟内的运输时间。英国运河港口现在可以在 15 分钟内卸完货，而不是以前的 1.5 小时。来自英格兰伯明翰雀巢子公司的酸奶奶酪现在用 11 个小时就可穿过欧洲，运抵意大利米兰的目标顾客手中，而不是以前的 38 小时。对食品、啤酒、红酒和汽车等商品征收的欧洲内部关税的减少使生活成本明显下降。尽管员工支付的社会保险税仍有很大差别，从法国和意大利征收盈余的 22% 到德国的 14%，英国只有 6%，但差别曾经很大的增值税在绝大多数成员国中都已协商统一为 17%。

泛欧营销计划很少存在。西班牙人认为包装宠物食品是奢侈品并且通过药房购买酸奶。西班牙家庭的电视收视高峰（20% 的收视率）出现在下午 2~4 点，只有 8% 的西班牙家庭是在晚上 6~8 点打开电视机，而此时有高达 22% 的英国观众在看电视。米兰人会因多花钱购买一台索尼电视而吹嘘，而慕尼黑买主会花几天时间寻找有 5% 折扣的时装和家电。总之，欧盟自贸区的细分市场具有不同特点。

研究一下 2004~2007 年欧盟增加了 12 个新成员后其标准商品的价格差别是最能说明问题的。由表 6-6 中可见，在 1992 年最初共同体市场中，可口可乐和亨氏番茄酱在丹麦和西班牙的价格几乎是比利时和英国的两倍。在 12 年后的 2004 年，像可口可乐和牛奶等食品在挪威要比匈牙利或捷克贵 100%。家电和电子产品很容易在一地买入，在另一地卖出。因此，洗衣机和便捷式电视机的差价不到 20%。同样，欧洲可高度移动的大众高尔夫汽车和 Levi 牛仔裤的价格标准差是最低的，而家庭保险和玻璃装软饮料的价格标准差是最高的。

表6-6 欧洲价格差异

| 国家之间最大的平均差异 | | 高 | 低 |
|---|---|---|---|
| 1992 | 可口可乐 (1.5L) | Ecu0.69（比利时） | Ecu1.45（丹麦） |
| | 亨氏番茄酱 | Ecu0.86（英国） | Ecu1.92（西班牙） |
| | 洗衣机 | Ecu407（英国） | Ecu565（意大利） |
| | 便携式电视机 | DM434（德国） | DM560（意大利） |
| | VCR（录像机） | DM1383（德国） | DM1873（西班牙） |
| 1998 | 巨无霸汉堡包 | Ecu1.75（西班牙） | Ecu2.10（比利时） |
| | 福特蒙迪欧 | DM32000（西班牙） | DM48000（德国） |
| 2004 | 光盘 | 13.50（法国） | 21.80（爱尔兰） |
| | 帮宝适 | 6.75（匈牙利） | 21.00（丹麦） |
| | 巨无霸快餐 | 2.80（爱沙尼亚） | 8.80（挪威） |
| | 可口可乐 | 0.65（立陶宛） | 2.50（法国） |
| | 电影票 | 4.00（立陶宛） | 15.00（英国） |
| | 牛奶（1G） | 2.20（捷克） | 4.86（挪威） |
| **全欧标准差，欧洲11国价格指数，税前** | | | |
| | 家庭保险 | 51% | |
| | 瓶装可口可乐 | 29% | |
| | 本地电话服务 | 25% | |
| | 酸奶酪 | 20% | |
| | 汽油 | 14% | |
| | Levi501 牛仔裤 | 10% | |
| | 大众高尔夫轿车 | 5% | |

资料来源：*Financial Times*，*The Economist*，various issues.

## 6.9.1 最优货币区

1999 年，11 种欧洲货币被单一货币——欧元所代替，但 E-12 最初成员之一的英国决定选择不加入这个联盟，跟随其后的是瑞典和丹麦。如今，在范围更大的 E-27 **自由贸易区**中，10 个新的东欧成员被邀请加入现在的 E-17 欧元货币联盟。这是为什么？

**自由贸易区**（free trade area）：一些国家同意减少关税和其他贸易壁垒。

**风险价值**（value at risk）：一项交易因汇率风险而升值或贬值的名义价值。

一种单一货币应该在多大范围内作为一个自由贸易区的官方货币单位，取决于一系列复杂的经济、社会和政治因素的综合影响。单一货币的好处是避免区域间贸易的汇率风险和相关的对冲成本，再加上大大降低的外汇兑换成本。由于无须承担欧洲货币的风险，像 Hoechst AG 这样的德国制药公司会在期货合约回收成本上每年节省 600 多万欧元。对冲的成本平均为**风险价值**的 5%，每年的世界贸易总值等于 36 万亿美元，所以全世界的对冲成本肯定在 1.8 万亿美元以上。此外，仅就外汇兑换活动来说，欧洲过去每 200 名全职员工就需要有一个人做此项工作，现在完全用不着了。

一个最优货币区的边界范围取决于 3 个因素：区域间贸易的规模、劳动力的流动性和拟议货币联盟中各国间宏观经济震荡的相关性。我们现在详解每个因素。

### 6.9.2　区域间贸易

欧盟的每一个国家与其他欧盟成员国的贸易都比与其他国家的贸易多。比利时、荷兰和爱尔兰的贸易构成其 GDP 的绝大部分。意大利、德国和法国的贸易占它们全部贸易量的 55% ~60%。西班牙占 70%。爱尔兰、葡萄牙和比荷卢接近 80%。即使英国，与欧盟地区贸易集团伙伴之间的贸易也多于与世界其他国家的贸易总和。在这一点上，英国应该加入货币联盟。

### 6.9.3　劳动力流动性

由于货币政策受到对抗通货膨胀的可信程度的限制，财政政策受到货币联盟成员们有效债务/GDP 指导的限制，只有劳动力流动性可以迅速调整，以稳定由成员国市场条件造成的失业波动。例如，如果意大利经济衰退，德国和法国经济高涨，爱尔兰和葡萄牙加上东欧增长缓慢，那么一种不包含自主财政的共同货币政策会要求劳动力更快地从 EU 边缘地区移到西欧。尽管这种移动在美国很容易出现，因为一个家庭可以发现另一个州的学校、住房和语言与他们离开的那个州非常相似，但这种事情在欧洲就做不到。美国的重新安居成本是 25 000 美元，而欧洲估计是 75 000 美元。

另外，从 EU 的一个地方到另一个地方，文化差异是巨大的。虽然欧洲的专业人士都在外国首都接受过培训，也承认几百年来生活习性和文化实践的多样性，但劳动阶层的欧洲人还是更具有文化上的偏见。因此，即使那些主动跨越国界和文化边界寻求改变工作的人也不会完全接受作为"外来工人"的经历。EU 自由贸易区向东欧地区的扩展，使得对宏观经济震荡做出良好反应的货币联盟所需的劳动力流动问题更加复杂。"英国优先"的政治运动表达了这种关注。

### 6.9.4　相关的宏观经济震荡

欧洲国家在工会力量、工薪税、最低工资、解雇限制和失业保险等方面都不相同。欧洲很多独立的劳动力市场造成共同的宏观经济震荡，引发自然失业差别的扩大，从爱尔兰的 4% 到西班牙的 20%。最富庶的米兰、慕尼黑和莱茵兰地区与贫穷的希腊、南意大利、葡萄牙和东欧地区相比，其人均产出相差 100%。波兰的富裕程度大约是 EU-17 的一半。制造业劳动力的薪酬差别明显，从法国的 34 欧元/小时（41% 工资税），德国的 31 欧元/小时（34% 工资税），到西班牙的 21 欧元/小时（35% 工资税）和英国的 24 欧元/小时（24% 工资税），再到葡萄牙、匈牙利、捷克共和国和波兰的 8 欧元/小时（30% 工资税）。劳动力市场工资率的上述差异不仅说明劳动力的不可流动性，也说明了宏观经济力量的差异会形成不相关的震荡。从这一点上说，英国选择退出欧元区是正确的。

---

**实例　参照欧洲，NAFTA 的单一货币是什么**

墨西哥的比索、加拿大的加元和美国的美元是否应该被 NAFTA 的某种单一货币所替代？加拿大贸易的 79% 和墨西哥贸易的 88% 都与美国有关，出口加上进口占加拿大 GDP 的 70%，占墨西哥的 58%。尽管如此，一种万能的货币政策和很少的自主财政可能不会像适用于 E-27 那样适用于美国。虽然加拿大的宏观经济震荡和反应与美国高度相关，但墨西哥是一个石油出口国，比起美国来，墨西哥的商业周期与委内瑞拉更相似。出于同样的原因，英国选择退出共同货币，墨西哥也应如此。还有，美国和墨西哥之间的移民和劳动力流动问题也反映出与欧洲相似的情况。

## 6.10 美国最大的贸易伙伴：NAFTA 的作用

目前美国最大的贸易伙伴是墨西哥和加拿大，美国出口商品在两国的份额（分别是 15% 和 14%）几乎是世界经济中其他任何地方份额的两倍（见图 6-11）。美国出口到加拿大的商品包括了从商品（如微软的软件，克莱斯勒自动化微型旅行汽车工厂组装汽车用的变速器、化油器和车轴）到专业服务（如麦肯锡公司提供的战略管理咨询）等各种物品。中国向美国提供了 19.7% 的进口商品，尤其是计算机及其配件、电信设备、玩具和游戏机、服装、家具、钢铁、鞋，购买了 7.6% 的美国出口产品，特别是电子机械、动力涡轮机、民用飞机和废金属。加拿大只是稍微少一点，堪称是美国进口商品的第二大来源国（15%），名列前茅的是自然资源（石油、天然气和木材）和最终制成品（如克莱斯勒面包车）。墨西哥提供 12.4% 的美国进口商品，向美国提供了大量的汽车零件、钢材和石油。在 NAFTA 通过之后，墨西哥关税从 40% 降到 16%，出口到美国的商品占全部出口商品的比例从 67% 增加到 88%。

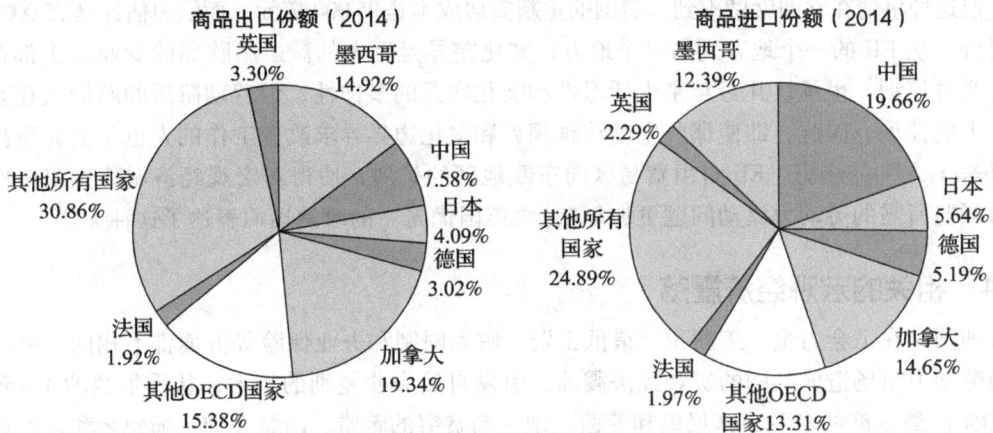

图 6-11　美国最大的贸易伙伴

资料来源：Federal Reserve Bank of St. Louis, *National Economic Trends* (July 2015).

NAFTA 还为像通用汽车和沃尔玛这样的美国公司降低了在墨西哥销售商品的非关税贸易壁垒。沃尔玛目前在墨西哥经营 520 家零售店。美国拥有的制造和加工工厂在墨西哥以 3 美元/小时长期雇用半熟练劳动力。这个贸易活动是德国制造公司在葡萄牙、匈牙利和捷克共和国以 8 美元/小时，在波兰和巴西以 6 美元/小时进行劳动密集型组装业务的写照。例如，由于进口零件没有关税，所以 NAFTA 降低了墨西哥的生产成本，使重型设备装配厂 Freightliner 的每辆卡车成本降低了 2 500 美元，有充足的理由在墨西哥开办第二家美墨联营厂。

**美墨联营厂**（maquiladora）：位于墨西哥的由外国所有的装配工厂，它进口并装配无关税的零部件然后出口，允许所有者仅仅对"附加值"支付关税。

NAFTA 的 150 万新墨西哥工作已经导致工资率开始上升，在 21 世纪初从 1.60 美元/小时上升到 3.22 美元/小时。结果某些装配线、呼叫中心和数据处理工作现在已经分别移到马来西亚和越南等工资更低的地区，在那里的制造劳动成本每小时不到 2 美元。如前所述，美国和加拿大的制造劳动成本分别为 34 美元/小时和 35 美元/小时。中国熟练的制造业劳动成本如今接近 12 美元/小时。

| 实例 | 墨西哥家用熨斗制造商成了底特律发动机缸体的重要供应商：Cifunsa SA

NAFTA 于 1994 年通过后，已经使墨西哥成为全世界汽车零件业的一个主要外包地区。由于像变速器和配电线路等汽车配件能够免税进入美国，再加上日益扩大的非工会技术工人，已使通用、福特、克莱斯勒和大众公司，以及像 San Luis 公司和 Grupo Industrial Saltillo SA 这样的墨西哥工厂在 1994~2000 年对汽车工厂和设备进行了 180 亿美元的投资。

Cifunsa SA 是 Grupo 的一个子公司，第二次世界大战后迅速成为家用电器（特别是手持熨斗）金属铸件的专业制造商。今天，Cifunsa 把它的铝钢铸造经验转到发动机缸体的生产上。的确，Cifunsa 作为北美汽车公司发动机缸体的供应商已经占据支配地位。其他墨西哥金属铸造厂商在提供卡车和 SUV 的车轴及螺旋弹簧方面发挥着很大作用。很多美国装配的轿车和卡车上都安装着来自墨西哥的风挡。与美国零件供应商相比，尽管一些进出口贸易是受到墨西哥低工资的推动，但另外的因素是欧美汽车公司希望降低它们对有工会组织工厂的依赖。2009 年通用德尔菲子公司的罢工几乎持续了 6 个星期。

资料来源：Based on "Mexico Is Becoming Auto-Making Hot Spot," *Wall Street Journal* (June 23, 1998); and "Mexico Becomes a Leader in Car Parts," *Wall Street Journal* (March 30, 1999), p. A21.

诸如丰田汽车、本田汽车、索尼电子产品、佳能复印机和富士胶卷等日本商品占美国进口总量的 6%，日本吸收了 4% 的美国出口，主要是飞机、化学品、电脑、木材、玉米和煤。德国是美国的第五大贸易伙伴，占到 4%。德国主要向美国出口汽车和零件（如梅赛德斯-奔驰的柴油发动机）、专用机器和化学品；德国从美国进口飞机、电脑汽车及零件（如康明斯发动机）和科学仪器。

除了中国，金砖四国经济体中的巴西、俄罗斯和印度各自占了美国进出口贸易的 2%~2.5%，约是德国占比的一半。尤其是印度，出口商品中有 11% 出口到美国，18% 出口到欧洲，其出口总额占到 GDP 的 13.7%，其中大部分是专业和准专业服务。相比之下，中国出口商品中有 18% 出口到美国，另外的 18% 出口到欧洲，出口总额占 GDP 的 27%，其中大部分是商品。

## 6.10.1 欧盟和 NAFTA 的比较

在 EU 和 NAFTA 这两个地区贸易集团之间，欧盟占有更大的世界贸易份额（2014 年为 36%，NAFTA 占 25%）。不过要记住，欧盟的很多贸易都是与这个地区贸易集团内部的其他西欧国家进行的。表 6-7 表明美加贸易也是这种关系，但美国与墨西哥的关系并非如此。在 NAFTA 之前的20 年间，墨西哥只购买了美国出口商品的 4.4%。与 NAFTA 相关的贸易壁垒消除之后，墨西哥的购买量大幅度增长，只是在 1998~2003 年，墨西哥才成了美国出口商品的第二大购买国（2014 年占有份额 14.9%）。

表 6-7　美国商品出口的目的地

| 1970~1975 年 | | 1998~2003 年 | | 2014 年 | |
|---|---|---|---|---|---|
| 国家/地区 | 份额（%） | 国家/地区 | 份额（%） | 国家/地区 | 份额（%） |
| 加拿大 | 21.4 | 加拿大 | 24.0 | 加拿大 | 19.4 |
| 日本 | 10.2 | 墨西哥 | 13.5 | 墨西哥 | 14.9 |
| 德国 | 5.4 | 日本 | 9.4 | 中国 | 7.6 |

（续）

| 1970~1975 年 | | 1998~2003 年 | | 2014 年 | |
|---|---|---|---|---|---|
| 国家/地区 | 份额(%) | 国家/地区 | 份额(%) | 国家/地区 | 份额(%) |
| 英国 | 4.9 | 英国 | 5.2 | 日本 | 4.1 |
| 墨西哥 | 4.4 | 德国 | 3.9 | 英国 | 3.3 |
| 瑞士 | 3.9 | 韩国 | 3.8 | 德国 | 3.0 |
| 法国 | 3.1 | 中国台湾 | 3.2 | 韩国 | 2.8 |
| 意大利 | 2.9 | 瑞士 | 2.9 | 巴西 | 2.5 |
| 巴西 | 2.7 | 法国 | 2.8 | 瑞士 | 2.4 |
| 比利时 – 卢森堡 | 2.3 | 中国 | 2.4 | 新加坡 | 2.2 |

资料来源：Federal Reserve Bank of St. Louis, U. S. Department of Commerce.

EU 和 NAFTA 之间的另一个显著差别就是社会保险计划给欧洲制造业竞争力带来了沉重负担。法国、瑞典、意大利和捷克的社会保险使工资成本增加了 20% 以上，而日本、韩国、加拿大和美国是 5%~10%。在德国，5 周的带薪假期现已经成为一种标准，德国人把 GDP 的 8.4% 用于支付退休金。相比之下，美国只有 2 周的带薪假期，只把 GDP 的 5% 用于支付退休金。

选择脱离欧盟的社会计划已使英国经济与美国的总劳动成本相匹配。因此，虽然在英国、美国和德国制造部门工作的小时工资非常接近（每小时各自为 22 美元、23 美元和 26 美元），但休假和离职的劳动成本在德国每小时增加了 9 美元，在美国和英国每小时仅增加了 3 美元。如果把退休金、社会保障和医疗保险包括在内，德国 2015 年的劳动总成本升至 45 美元/小时，而美国是 36 美元/小时，英国是 32 美元/小时。此外，一些欧洲劳动法（尤其是法国）使裁员和休假变得困难。因此，在欧洲几乎没有超出小规模独资经营形式的创业企业，也没有企业工业部门占主导地位的发展景象。

所有这一切说明，围绕一家公司的国家制度安排对于公司最终的竞争成功，是与企业计划、管理决策的质量，以及对负责员工的承诺等因素同等重要的。源于自由贸易和市场开放的更大的竞争压力，凸显出这种低效率的制度安排的劣势。全球供应链上的管理人员不会与这些提高成本的管制进行抗争，而是把其经营活动移往别处。

### 6.10.2　灰色市场、假冒与平行进口

在欧洲共同市场建立前后，对相同产品索取的价格在整个欧洲存在很大差别（见表 6-6）。1998 年，在德国购买一辆福特蒙迪欧要比在西班牙多付 50%。欧共体（EC）为了降低整个消费价格水平，提高整个联盟的竞争力，常常采用鼓励价格竞争的政策。那些在西班牙购买百得（Black and Decker）电动工具并在德国出售，在荷兰购买川崎（Kawasaki）摩托车并在英国出售的商品套利者的行为受到鼓励。大众汽车公司因拒绝向北意大利大众经销商提供产品而被罚款 1 500 万欧元，后者把大量的汽车卖给那些穿越阿尔卑斯山去观看维也纳歌剧的慕尼黑周末旅行者（在意大利可享受廉价的德国汽车价格）。欧共体消除了产品销售和后市场服务之间的合同联系；任何有政府认证的修理店都能购买零件，完成大众、尼康或索尼的维修和服务。当然，问题在于这种灰色市场会导致造假商品的销售和低于标准的服务随着品牌商品销售和授权服务而出现。

美国在 1 820 亿美元的电影产业和 900 亿美元的电脑软件产业中作为世界上最大的出口国，如果主要贸易伙伴对国际版权和商标保护的侵犯者不进行有力惩罚，美国威胁会对其进行报复。日本已经同意禁止违反制造商授权分销协议的微软软件销售。不过，与此同时，日本的最高法院也同意灰色市场**平行进口**斯坦威钢琴和某些有版权的音乐。

> **平行进口**（parallel imports）：在一个国家购买一种外国出口产品，在另一个国家作为一种未经授权的进口产品再销售。

---

## |实例| 欧盟对一些平行进口的禁令让欧洲人高兴，但美国和日本的制造商很失望

制造商们经常试图在不同的特许经营区域对同一品牌的产品保持不同的价格，比如 Levi 牛仔裤、耐克鞋、微软 Windows 或索尼 DVD。欧洲法院（ECJ）裁定，一款奥地利出口的 Silhouette 太阳镜的版权和商标被一个奥地利经销商侵犯了，因其在保加利亚以较低的折扣购买了太阳镜，并以低于国内市场授权经销商的价格将产品重新进口到奥地利。对许多贸易公司来说，在世界各地廉价地购买他们能买到的任何一种商品，然后再以折扣价将其运回高价值市场，这是一件司空见惯的事情。政策问题是，消费者能否有效地区分折扣产品和假冒产品，以及制造商的品牌声誉是否因此受到损害。

欧盟此前的裁决允许这种平行进口，即外国出口产品在一个欧盟国家被购买，然后在另一个欧盟国家转售。例如，英国零售商特易购（Tesco）在海外购买 Levi 牛仔裤和耐克鞋，并在英国以折扣价出售，因为在这里 Levi 和耐克授权的分销渠道具有更高的价位。同样，美国默克制药公司在德国生产的药品以大幅度折扣价在西班牙出售，被德国折扣零售商运回德国也未被禁止（Merk v. Primecrown and Beecham v. Europharm，1995）。Silhouette 一案中的新东西在于 Silhouette 本身就是一家欧盟制造商。ECJ 决定把知识产权延伸到欧洲的品牌产品（如 Silhouette 太阳镜），但不包括外国的品牌产品。在保加利亚购买奥地利制造的一种产品，按低于奥地利授权零售价的价格在奥地利转售已被禁止。所以，欧洲的平行进口已经多少受到 Silhouette 规则的限制。

资料来源：Based on "Set- Back for Parallel Imports," *BBC World Service* (July 16, 1998); "Parallel Imports," *Financial Times* (May 20, 1996); "Music Market Indicators," *The Economist* (May 15, 1999); D. Wilkinson, "Breaking the Chain: Parallel Imports and the Missing Link," *European Intellectual Property Review* (1997); and "Prozac's Maker Confronts China over Knockoffs," *Wall Street Journal* (March 25, 1998), p. B9.

---

## |对与错| 福特汽车公司与埃克赛德蓄电池：国家管理人员是否要保留

由于有关平行进口的出口市场政策的改变，像福特汽车、宝洁和埃克赛德蓄电池（Exide Batteries）等公司要全力解决的问题是按照产品线还是按照国别来组织全世界的生产运营。也就是说，是应该由汰渍（Tide）洗衣粉、帮宝适（Pampers）尿布或佳洁士（Crest）牙膏等全球经营单位来控制生产和营销决策，还是应该由位于西班牙、德国和中国等国家的管理人员负责投入要素合同、制造标准、装配地点和最重要的定价与促销？

福特汽车公司声称通过开发全球生产线节省了 50 亿美元，方法就是消除了交叉重叠的工厂，对供应商进行了标准化，对零部件实行了数量折扣，把新产品更快地推向市场。节省

金钱靠的是一个在全世界范围内整合的设计团队和一个集中的制造职权。不过，福特欧洲的市场占有率却从13%下降到8.8%，原因是市场定位不准确和定价不灵活造成了与当地市场条件的脱节。

埃克赛德蓄电池公司采用相同的路径，围绕它的汽车、工业和网络通信蓄电池来组织全球经营业务。主要工厂的安排是分散的，远到中国、巴西和德国，因为来源广泛的装配零件通常会使成本减少十多倍，使交货时间从3个

月缩短至5周。不过，埃克赛德公司也发现一些地区销售团队的业绩持续超过全球销售团队，因此北美工业蓄电池的经营再次成为一个具有定价和促销职权的独立事业部。结果是，北美埃克赛德和福特底特律总部之间的关系营销为埃克赛德公司的一个重要新账户做了担保。

资料来源："Place vs. Product: It's Tough to Choose a Management Model," *Wall Street Journal* ( June 21, 2001 ), p. A1; and "The World as a Single Machine," *The Economist* (June 20, 1998), pp. 3 18.

然而，禁止平行进口的政策对价格的影响是巨大的。21世纪初，澳大利亚通过大力起诉音乐CD灰色市场中的销售商，对知识产权认真地进行保护，因此在悉尼或墨尔本，廉价的仿制品和假冒替代品很少，结果是受欢迎的音乐CD在澳大利亚要比在其他远东地区多卖6.33美元。因此，英国和中国为某些产品选择了相反的政策。同样，英国通过平行进口在英国没有零售权的商品，得到了几乎10%的药品和30%以上的红酒、白酒和啤酒。

## 6.11　美国贸易赤字透视

图6-12表明美国的国际贸易赤字在2006~2009年缩减了一半，从 -7 580 亿美元（其中2 520亿美元与中国有关）降到 -3360 亿美元（占美国2009年GDP的3%）。美国应当如此。随着美元在2001~2008年贬值高达43%，美国出口大增，进口变得相当昂贵。此外，2007~2008年是美国80年来最严重的经济衰退。

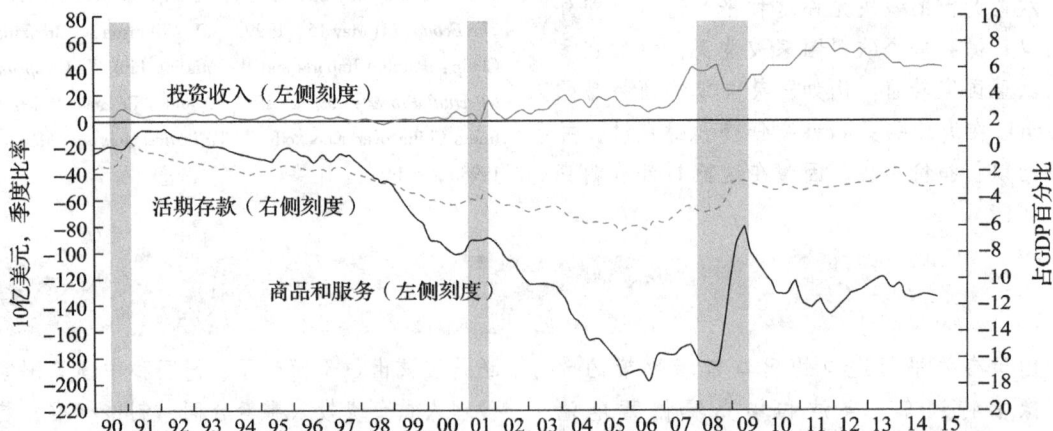

图6-12　美国贸易余额（出口 - 进口）占GDP的百分比

资料来源：Federal Reserve Bank of St. Louis, *National Economic Trends*, various issues.

国际贸易流量只是一国与世界其他国家国际收支中的一个组成部分。持续存在的美国贸易赤字被大量资本流入所抵消，其中包括资产销售（比如英国石油公司用550亿美元购买美国石油公司）和美国财政部向外国贷款人（特别是日本和中国）发行的长期和短期国债。图6-14显示出

美国在过去的 25 年只有一次形成贸易盈余。而服务贸易盈余（比如麦肯锡公司出口的管理咨询和 Halliburton 公司出口的石油油田开发服务）通常被大量的商品贸易赤字所超过。近些年，贸易赤字累计占到 GDP 的 4%。美国人的海外投资收入抵消贸易赤字的 1/4 后，使国际收支经常账户等于 GDP 的 3%。

造成美国持续贸易赤字的原因有几个。首先，原油价格最近飞涨了好几倍。例如，2008 年 7 月进口原油价格达到每桶 147 美元，是正常价格的 3 倍。结果，美国在 2008 年的几个月内每天要从 OPEC 国家进口大约 20 亿美元原油。仅原油进口本身就占到 GDP 的 5%。第二，某些商品和福特汽车公司这样的资本设备的美国制造商越来越多地把零部件的生产外包给低工资的加勒比地区、墨西哥和中国的合伙人及子公司。虽然这些中间产品是在美国厂商的外国子公司中生产的，但是当它们回到美国进行最后装配时，是作为进口商品出现在贸易统计中。

同样，当苹果公司在其全球供应链上购买组件，并将它们全部运送到上海进行 iPad 的最后装配时，这些组件都被视为原产国的出口和中国的进口。此外，虽然中国的劳动力和投入只贡献了 6 美元的批发价值，但当批发价格为 275 美元的 iPad 装配完毕并空运到美国时，是作为美国的进口和中国的出口计入贸易统计中（见图 6-13）。

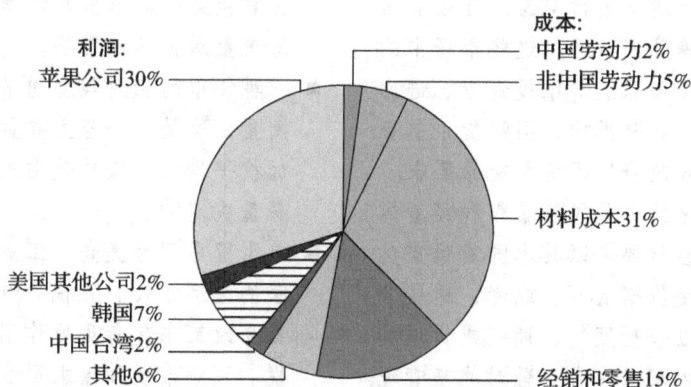

图 6-13　苹果 iPad 价值增值分布，2010

资料来源：Personal Computing Industry Centre.

由于美元在 2001～2008 年贬值了 55%，而且大大低于购买力平价，美国出口肯定会恢复上升。一个例子就是康明斯发动机公司，其销售量在 2006～2008 年间增长了 26%。当把全美制造业的其他出口强劲的公司加在一起，商品贸易赤字只有 4 640 亿美元（其中 2 700 亿美元与中国有关），加上服务业贸易的 1 280 亿美元贸易盈余，使得 2009 年的贸易赤字大大缩减到 3 360 亿美元（只占美国 GDP 的 3%）。自那以后，随着美国经济缓慢复苏，进口再次膨胀，2015 年贸易赤字又回到 6 200 亿美元。同时在过去十年间，巴西和中国的劳动力补偿成本翻了一番。如今美国制造业与韩国和中国激烈竞争，并且仍比欧洲制造业便宜 20%～25%。

## 小　结

- 出口销售对于汇率的变化是敏感的。当制造商的国内（或本国）货币坚挺（疲软）时，以进口国的外国货币计算的出口商品变得更

加昂贵（便宜）。

- 向低工资制造业工厂外包是长达一个世纪的现象。外包除了出口低技能工作外，通常会

进口创新并且在检验和设计方面掌握高技能的分析能力。集装箱化的远洋运输虽然便宜，但外包成本要包括在选择卖主、质量控制、知识产权保险和外派管理人员薪酬等方面所增加的成本。

- 名义汇率会把 2014 年 10.4 万亿美元的中国经济低估，调整生活成本的衡量结果将是 17.3 万亿美元。

- 中国通过改革和开放，加上多国公司的外包以及国内零售部门的兴旺繁荣，十多年来取得了每年 6%～15% 的增长。在全球金融危机之后，随着主要贸易伙伴向其迅速发展的中产阶级的出口，中国成了全球经济增长的发动机。

- 主要货币在外汇市场上进行交易，存在着美元、英镑和欧元等外汇市场。这些市场中的需求与供给反映了全球经济中投资者、进出口经销商、公司、金融机构、国际货币基金组织、中央银行和政府的投资与交易需求。

- 由于汇率波动带来的交易风险暴露和经营风险暴露，各公司经常要求以其本国货币支付并提出最佳的固定价格限额。或者，这些公司也可以通过建立包括期货、期权或货币掉期合同等形式的内部对冲或金融对冲来管理自身的汇率波动风险。

- 内部对冲可能是解决转换风险的资产负债表对冲，也可能是经营性对冲，即用相同外国货币计算的预期支出对应预期外国收入。金融对冲通常用于解决交易风险暴露，方法是在金融衍生品的合同中建立头寸，以抵消货币波动中的现金流量损失，这样的对冲成本大约是风险价值的 5%。

- 外国买主（或者金融中介）通常必须获得欧元来实现从梅赛德斯－奔驰公司的采购，获得美元完成从通用汽车公司的采购，或者日元实现从丰田公司的采购。国际销售交易中每个买主通常提供自己本国的货币。因此美国人增加对日本汽车的进口一般会导致外汇市场中日元需求的增加和美元供给的增加，即美元贬值。

- 汇率的长期趋势决定于交易需求、政府转移支付和中央银行或 IMF 的干预。

- 三种交易需求因素是：（经通胀调整的）实际增长率、（经通胀调整的）实际利率和预期的成本通货膨胀。相对于另一个经济来说，一个经济的预期成本通胀越低，实际增长率越低，实际利率越高，出口越多，需要的进口越少，对此经济中金融工具的需求越高。所有这三种决定因素都意味着本国货币需求的增加或供给的减少，即货币升值。

- 消费价格通货膨胀准确地反映出所有这三种交易需求因素对外国资产持有者偿还后收益的综合影响。因此消费者通货膨胀的预计变化直接影响国家贸易流动，它很容易超过贸易流量对汇率的影响。

- 一种货币的相对强度通常用有效汇率指数来衡量，这是一个与主要贸易伙伴相比的汇率加权平均数，权数是由进口贸易量加出口贸易量决定的。

- 自由贸易同时提高了工业化国家和发展中国家的经济增长。关税和进口配额有时在战略贸易政策中起着重要作用，迫使多边降低关税、开放市场和谋求增加收益。

- 在特殊环境下实行贸易限制（配额和关税）的理由可以是保护幼稚产业，用抵消性关税抵消政府补贴，或对按低于其国内成本的价格出售的外国进口商品实施反倾销制裁。

- 投资性需求特别对汇率的短期变动有影响。因为全世界外汇交易的总量是每天 4 万亿美元，其短期波动可能是相当剧烈的。

- 国际资本流动和贸易商品的跨国流动会对套利机会做出反应。在满足平价条件时，套利贸易就会停止。这种情况就是相对购买力平价。

- 相对购买力平价（PPP）假设，一个经济中的消费价格翻一番将导致货币价值减半的贸易流量。根据长期的粗略计算，汇率确实表现出与各个经济中的差别通货膨胀有关。在评价汇率的长期趋势时，PPP 起着有用的基准作用。

- 欧盟（EU）和北美自由贸易协定（NAF-TA）是为开放市场进行自由贸易而组织起来的几个大型贸易集团中的两个。欧盟是世界产出的最大生产者，在极不相同的经济之间减少了贸易壁垒并按照比较优势进行专业化。欧盟各国间的营销活动一定要满足存在显著区别的消费者群体。

- 一国是否应该加入（一个）货币联盟取决于：①地区内部贸易的规模；②劳动力的流动性；③宏观经济震荡的相关性。由于其中两个原因，英国选择退出欧元货币联盟。

- 美国是世界上最大的单一出口国和进口国。

美国最大的贸易伙伴是加拿大，其次是墨西哥、中国、日本和德国。美国占世界出口贸易的份额（9%）近年来有所增长，德国和中国也是如此。

- 美国的贸易流量经常有赤字（即进口超过出口），美国最后一次贸易盈余出现在 1981～1982 年的衰退期间。美国的贸易赤字余额通常是由流入美国的国际资本来补偿的。国际收支账户反映出这个会计恒等式。

- 2015 年美国的贸易赤字是 5 310 亿美元，由进口到美国的商品比出口多 7 390 亿美元造成的。服务业创造了 1 920 亿美元的贸易盈余。近些年来，这些贸易赤字大约是美国 18 万亿美元 GDP 的 3%。

## 练习

1. 如果美元贬值 20%，对美国制造商的出口和国内销售有何影响？请解释。

2. 如果美元大幅升值，对哥伦比亚州和印第安纳州康明斯发动机这样的公司，可以提前采取什么样的措施来降低汇率波动对公司盈利能力的影响？

3. 一次未预料到的美元升值发生以后，对于类似美国康明斯发动机这样的公司，你将建议如何去对付其坚挺的国内货币？

4. 外汇市场中，在中央银行进行的交易需求、投机需求和自主交易之间有何区别？上述因素中哪个决定了汇率的长期趋势？为什么？

5. 相对于主要贸易伙伴来说，美国的成本通货膨胀率提高将可能使美元的价值上升还是下降？为什么？

6. 如果交易商品的国内价格在中国十多年来上升了 40%，与此同时在美国上升了 25%，那么人民币/美元的汇率将会发生什么变化？为什么？

7. 如果波音公司的飞机价格上涨 20%，同时日元/美元汇率下降 15%，那么日本航空公司购买波音 747 飞机的有效价格是多少？如果日元贬值，竞争对手价格不变，那么波音公司的利润率可能上升还是下降？为什么？

8. 德国的单位劳动成本趋近于 45 美元/小时，而英国的单位劳动成本只有 32 美元/小时。为什么在欧盟自由贸易区的两个成员国之间持续存在这么大的差距？

9. 如果西班牙和葡萄牙的单位劳动成本上升，但是德国的单位劳动成本下降，其他生产者价格保持不变，这些因素本身对出口贸易有什么影响？为什么？

10. 哪三个因素决定了两个独立的财政和货币当局是否应该组成货币联盟？用北美自由贸易区举例说明每一个因素。

11. 酸奶酪或 Prada 手提包在欧盟这样的自由贸易区内是否存在更宽的价格差异？为什么？

12. 如果在过去的 10 年内美国的核心价格通货膨胀的年复利增长率为 2%，日本为 0.06%，如果这两种货币在 10 年前的 2005 年以 ¥109/$ 的比率进行平价交换，那么什么样的汇率才能代表今天的 PPP？

## 案例练习

### 预计美元和欧元价值的长期趋势

分析表 6-1 中的有关通货膨胀率、利息率和增长率预测的数据,确定美元的可能近期趋势变动。分析上述各个因素将如何影响欧元对美元的汇率。

**分析对 NAFTA 的辩论**

正方:

1. 墨西哥、加拿大和美国之间的贸易变为原来的 3 倍,达到 1 万亿美元。
2. 向墨西哥出口的食品每年增加 8%。
3. 墨西哥增加了它的进口和对外直接投资。
4. 美国制造业通过使用加拿大和墨西哥的零部件而更具成本竞争力。

反方:

1. 美国的 10 万个工作岗位移出国界。
2. 仍在外包给墨西哥的产业中就业的美国工人不得不接受工资削减。
3. 美国对墨西哥、加拿大的贸易赤字持续存在。

# 外汇风险管理

公司为了减少由货币波动造成的现金流量和净资产的可能宽幅震荡，既可以建立内部对冲，也可使用金融衍生品创造金融对冲。内部对冲可以是经营性对冲，也可以是资产负债表对冲。通过经营性对冲来降低经营现金流量风险暴露的方法就是用预期的外国销售收入对应以相同货币计算的预计外国经营支出。像雀巢和联合利华这样的公司，有如此之多的国外经营业务和全球品牌（雀巢的 Cruch、Carnation、Perrier、奇巧巧克力、立顿茶、多芬香皂、Wishbone、Bird's Eye、Obsession），致使其经营性对冲环境需要更多的风险管理。

## 实例 宝马公司对南卡 I-85 州际公司旁边业务的内部对冲

宝马（BMW）公司的北美子公司现在接受用美元支付的采购订单，并使用相同的美元支付来抵消宝马公司的营销和工厂支出。宝马公司在南卡罗来纳州的斯帕坦堡兴建一座工厂，组装它有名的 Z4 运动跑车。这家位于东海岸 I-85 州际公路旁边的巨大工厂每年有几千万美元的劳动力和当地原材料支出。这种用美元应付账款抵消支出流量就是宝马公司用美元应收账款对冲经营风险暴露的一种方法。如果康明斯发动机公司利用一家德国轴承工厂提供的内部对冲，也可以完成相同的目的。

相反，资产负债表对冲主要解决转换风险暴露问题，方法就是使不同国家的资产和负债与其相应的货币相对应。只有不到 25% 的美国、亚洲和英国公司认为转换风险很重要。

一家制造商或服务公司进行金融对冲可减少交易风险暴露，方法是在金融衍生品合同中设立头寸，以抵消由货币波动带来的现金流量损失。93% 以上的美国、亚洲和英国公司都利用期货合同来管理交易风险暴露。高盛公司估计，对 1 亿美元风险暴露进行金融对冲的成本大约是 520 万美元，大约为风险价值的 5%。在 2000 年美元对欧元快速升值时，可口可乐公司对它的欧元净现金流量风险暴露设立了一个补偿性对冲。固特异公司（Goodyear）却认为这个对冲成本过高，最终只从其欧洲业务中赚取 6 800 万美元，而不是拥有完全对冲头寸时可赚到的 9 200 万美元（9 700 万美元毛利 - 500 万美元对冲成本）。

## 国际透视　丰田和本田购买美国的汽车装配厂

丰田和本田汽车公司为了免除其汽车和卡车的美国关税，改进其最受欢迎车型的送货时间和可靠性，各自在北美购买了很多装配工厂。当一家制造商的本国货币坚挺时，对海外工厂和设备的对外直接投资就会特别有吸引力。1985~1993 年，日元价值从 1 美元换 238 日元直线上升到 1 美元换 94 日元（见图 6-1），此时本田和丰田用坚挺的日元购买了美国制造商的生产能力。一个 10 亿美元的美国装配厂在 1993

年的资产负债表中只值 940 亿日元，但在 10 年前的资产负债表中会是 2 380 亿日元的现金（或在资产负债表上加上 2 380 亿日元的债务）。这些减少的债务在获取新的固定资产时提供了一种资产负债表对冲的机会，即用在美国销售一辆凯美瑞或一辆雅阁的销售收入来抵消 1980~1995 年越来越低的日元收入。尽管如此，美国装配工厂显然是对美国保护主义贸易政策的明确反应，而不是由资产负债表对冲所推动形成的。

一家公司在外汇期货或期权市场上设立一个卖空的头寸，就可以用其出口销售收入对冲本国货币现金流量。例如，假设康明斯发动机公司持有与其德国经销商在 9 月签订的销售合同，要求价值 500 万欧元的柴油发动机在未来的 2012 年 12 月交货。康明斯发动机公司此时面对出口销售收入价值下降的风险暴露。因此，为了消除这个汇率风险，2012 年 9 月康明斯在外汇衍生品市场中卖出一欧元期货合同而形成一个对冲。康明斯公司的交易被称为一种回收性对冲，这是因为康明斯公司预期（从其德国经销商那里得到的）欧元应收账款正好等于其空头期货头寸的数量。这就是说，它的合同销售收入"收回"了它作为欧元期货合同卖主应负的责任。

除了设立内部对冲或卖空期货头寸来实现完美的金融对冲以外，康明斯发动机和宝马公司还可以签订货币互换合同，交换出口销售中预期未来的美元和欧元现金数量。康明斯公司将用在德国预期欧元销售收入与在北美汽车销售得到的预期美元收入按事先确定的数量进行交换。不过这些要求以其国内（本国）货币支付的交换合同会使宝马和康明斯增加一些交易费用。因此，对于一笔用欧元支付采购订单的出口交易来说，宝马公司一般将提供其最优的固定价格。由于同样的原因，在只用美元支付的采购订单中，一般可以得到康明斯发动机公司的最优固定价格。

## 实例　康明斯发动机公司的卖空

如果康明斯发动机公司在 2009 年按预先指定的某种远期价格（比如说，$1.50/€）卖出期货合同，在 2010 年的期货结算日提供 500 万欧元的发动机，那么在美元升值和由外国销售得到的欧元收入对美元价值下降的情况下，康明斯发动机公司将会赚到钱。例如，2010 年 1 欧元换 1.30 美元，康明斯公司有权获得 $1.50/€ 的欧洲货币，它在 2010 年可按 $1.30/€

买到。因此，康明斯公司"取消"其远期交易，就能够从期货市场结算过程中获益 $0.20/€ × 500 万欧元 = 1 000 000 美元。这个现金流量正好足以弥补每欧元降 0.20 美元对 2010 年从其德国经销商那里得到的 500 万欧元销售收入造成的价值损失。正如所希望的，这个回收性对冲的两个现金流量正好相互抵消——完美的对冲规避了外汇汇率风险。

# 生产与成本

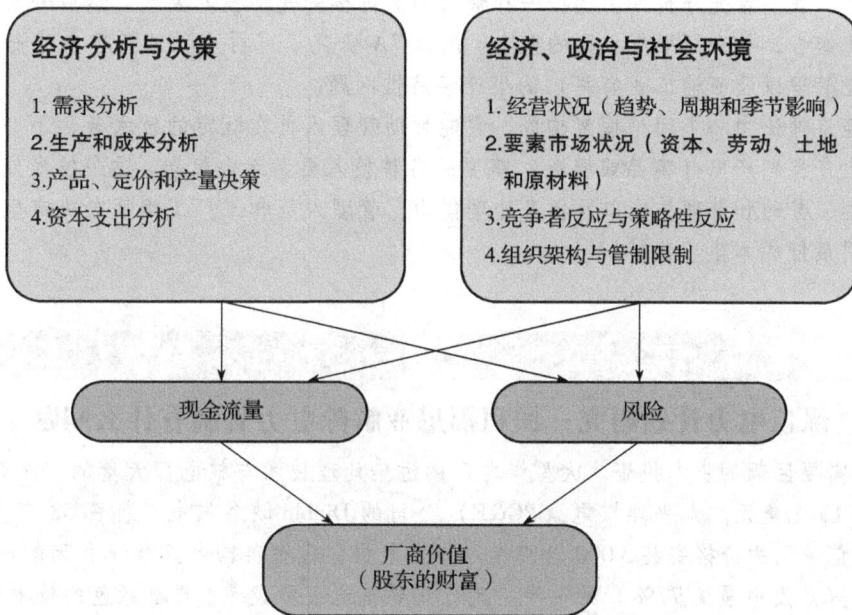

**经济分析与决策**

1. 需求分析
2. 生产和成本分析
3. 产品、定价和产量决策
4. 资本支出分析

**经济、政治与社会环境**

1. 经营状况（趋势、周期和季节影响）
2. 要素市场状况（资本、劳动、土地和原材料）
3. 竞争者反应与策略性反应
4. 组织架构与管制限制

现金流量

风险

厂商价值
（股东的财富）

# 生产经济学

　　管理人员要制定有关生产运营、营销、财务和人事方面的资源分配决策。虽然这些决策是相互关联的，但对其分别讨论是有益的。生产决策要确定用于生产某一预期产出量的投入要素（如土地、劳动、原料和加工材料、工厂、机器、设备和管理才能等）的种类和数量。生产经理的目标就是使某一既定产出量的成本最低，或者在其他条件不变的情况下，使某一既定投入要素预算的产出量最大。我们首先分析如何选择一种带有固定价格的变动投入要素，然后分析具有多种投入要素的最优组合，并介绍规模报酬的概念。附录7A研究了可再生和可耗尽自然资源（特别是与木材和渔业管理以及石油工业有关）的生产经济性问题。

　　生产的经济理论由一个理论框架构成，它能帮助管理人员在既定的技术条件下，决定如何最有效率地把生产预期产出（商品或服务）需要的各种投入要素组合起来。这个技术包括现有的生产过程、设备、劳动和管理技能以及信息处理能力。管理人员和工厂工程师在决定生产运营计划时常常要采用最低成本生产分析。

### 绿色电力计划研究：加利福尼亚解除电力管制有什么问题

　　发电厂需要巨额的资本投资。大型煤电厂的污染处理技术与核电厂大量的安全装置几乎需要增加投资10亿美元。太平洋煤电（PG&E）公司的Diablo峡谷核电厂耗资58亿美元。英国计划以200亿美元的价格安装5 000台海岸风力发电机，代替英国今天烧煤和天然气得到的58千兆瓦电力（总发电量的77%）的一半。为什么要花这么多钱寻求更加绿色的技术呢？

　　一个主要原因就是：欧盟在2005年推出了二氧化碳排放交易计划（ETS）以应对全球变暖的不利影响，根据此计划，每吨煤可获得14欧元（20美元）的污染减排补贴。追求绿色电力的第二个原因是：瑞典、芬兰、丹麦、挪威和荷兰在1991年，以及爱尔兰、法国、英国的哥伦比亚和美国科罗拉多州的博尔德最近都规定，对每兆瓦小时电力征收5美元的碳税。博尔德对传统发电资源的碳税估计居民人均每年为21美元，商业场所平均为94美元，工业地点平均为9 600美元。

另外，绿色电力技术的变动成本要比小规模天然气和燃料油发电厂低很多。煤本身的运营成本只有 25 美元/兆瓦时，而天然气和燃料油发电厂是 35 美元/兆瓦时，烧柴油发电厂是 65 美元/兆瓦时（见下图）。核电和风电的运营成本甚至更低，只有 4 美元/兆瓦时。是投资于固定成本高但变动成本更低、更稳定的电厂，还是投资于要求更高的变动成本，但固定成本更低的电厂，这两者之间的权衡在加利福尼亚电力管制解除危机中成为人们的关注点。

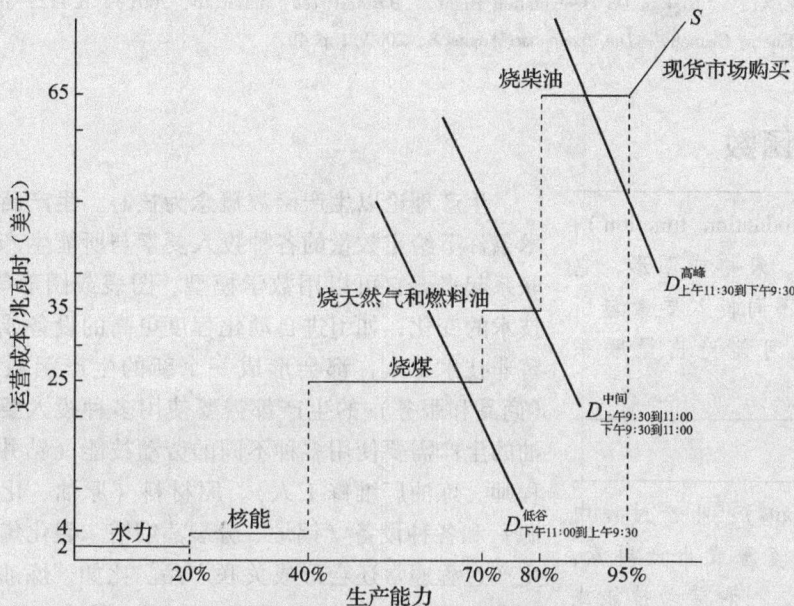

用不同能源发电的税前变动成本

加利福尼亚通过立法实现了发电和输电的分离，允许大型零售商和工业用户从远距离供应商，如从水力发电丰富的华盛顿州那里购电。结果，加利福尼亚的两家电厂——PG&E 和南加州爱迪生（Southern Cal Edison）公司，缩减了发电厂扩建计划，并开始通过在现货批发市场购买 25% 的电力来满足高峰需求。不过出现了一个问题，因为高峰时段的批发价格是由小规模的、烧柴油的独立发电厂决定的，所以它们为满足最后 5% 的高峰需求而点火发电（见上图）。结果是加州的平均批发电价从 20 世纪 90 年代的 25~50 美元/兆瓦时猛涨到 21 世纪初的 200 美元/兆瓦时。当加利福尼亚州公共事业委员会限制 Edison 和 PG&E 向其零售客户转嫁高达 110亿美元的批发成本时，这些公司在短期内只能轮流停电和限电。

一种可能的长期解决方案是向电力用户收取一个动态价格，因为全天中电力的可变成本是沿着图中的供应曲线上升和下降的。法国一直对电力采取这种差别定价。第二种方法是在工厂和商业区中安排极小规模的柴油发电机或烧天然气的微型涡轮发电机来发电。微型涡轮发电机的运营成本是 70~120 美元/兆瓦时，远高于公用电厂，但必须收回的资本成本小于传统发电厂的 1/1 000。例如，拉昆塔汽车旅店（La Quinta Motels）在它的一个达拉斯分店中使用一台微型涡轮发电机，一年内节省了 2 万美元。本章我们将研究一个两难问题，即是否用更高成本的可变投入要素代替涉及大量资本投资的固定投入要素。

**讨论题**

■ 在以煤和天然气为发电燃料的问题中需要做出什么权衡？

- 混合动力汽车可以大幅增加对电力的需求，从而推动价格沿着供给曲线上涨。这是否使得美国发展使用天然气卡车的可能性越来越小？请解释。
- 如果要求你支付的黄昏电价是早晨电价的 3 倍，你是否会很早起床，在工作或上学之前洗衣服？

资料来源：Based on "The Lessons Learned" and "Think Small," *Wall Street Journal*（September 17，2001），pp. R4，R13，R15，and R17；"Are Californians Starved for Energy?" *Wall Street Journal*（September 16，2002），p. A1；"How to Do Deregulation Right," *BusinessWeek*（March 26，2001），p. 112；and "The Looming Energy Crunch," *The Economist*（August 8，2009），p. 49.

# 7.1 生产函数

**生产函数**（production function）：一种数学模型、表格或图形，它把一定数量的不同投入要素与所能生产的最大可能产出量联系起来。

**投入要素**（inputs）：生产过程中所使用的一种资源或生产要素，如一种原材料、一种劳动技能或一台设备。

**柯布－道格拉斯生产函数**（Cobb-Douglas production function）：一种特定形式的、表现为乘法指数函数的数学模型，用于表示投入要素与产出量之间的关系。

生产理论以生产函数概念为核心。**生产函数**把在一定技术条件下给定数量的各种投入要素与所能生产的最大产出量联系起来。它可以用数学模型、图表或图形等形式来表示。技术的变化，如引进自动化程度更高的设备或用技术工人代替非技术工人，都会形成一个新的生产函数。大多数产品（商品和服务）的生产都需要使用多种**投入要素**。比如，汽油的生产需要使用多种不同的劳动技能（钻井工人、化学工程师、炼油厂维修工人）、原材料（原油、化学添加剂、热源）和各种设备（锅炉、分裂蒸馏塔、裂化焦炭塔）。另外，生产过程通常还会形成关联产品。比如，炼油生产的结果包括航空燃料、丙烷、丁烷、汽油、煤油、润滑油、焦油和沥青。

如果用 $L$ 和 $K$ 分别代表用于生产数量为 $Q$ 的产出的两种投入要素（劳动 $L$ 和资本 $K$）的数量，那么生产函数可用以下数学模型形式来表示

$$Q = \alpha L^{\beta_1} K^{\beta_2} \qquad (7\text{-}1)$$

式中的 $\alpha$、$\beta_1$ 和 $\beta_2$ 都是常数。这个特殊的乘法指数模型被称为**柯布－道格拉斯生产函数**，本章后面将对其进行详细研究。生产函数还可以用图表（或表格）的形式来表示，下面用采矿公司的例子来说明。

**实例** | 生产函数一例：深溪采矿公司

深溪采矿公司（Deep Creek Mining Company）使用资本（采矿设备）和劳动（工人）开采铀矿石。该公司有不同规模的采矿设备，用制动马力（BHP）来衡量。在某一给定时期内，开采矿石的数量（$Q$）只是安排操作一定规格设备（$K$）和工人（$L$）人数的函数。

表 7-1 中的数据表明当各种数量的工人被安排操作设备时所生产的矿石数量（以吨来衡量）。

深溪采矿公司两种投入要素和一种产出的生产函数也可以用一个三维生产表面图来表示，图 7-1 中与每一种投入要素组合相联系的方柱的高度表示所生产矿石的数量。

表 7-1　总产量表——深溪采矿公司

| | 资本投入要素 K（BHP，制动马力） | | | | | | | |
| | 250 | 500 | 750 | 1 000 | 1 250 | 1 500 | 1 750 | 2 000 |
|---|---|---|---|---|---|---|---|---|
| | 1 | 1 | 3 | 6 | 10 | 16 | 16 | 16 | 13 |
| | 2 | 2 | 6 | 16 | 24 | 29 | 29 | 44 | 44 |
| | 3 | 4 | 16 | 29 | 44 | 55 | 55 | 55 | 50 |
| | 4 | 6 | 29 | 44 | 55 | 58 | 60 | 60 | 55 |
| 劳动投入要素 L | 5 | 16 | 43 | 55 | 60 | 61 | 62 | 62 | 60 |
| （工人的数量） | 6 | 29 | 55 | 60 | 62 | 63 | 63 | 63 | 62 |
| | 7 | 44 | 58 | 62 | 63 | 64 | 64 | 64 | 64 |
| | 8 | 50 | 60 | 62 | 63 | 64 | 65 | 65 | 65 |
| | 9 | 55 | 59 | 61 | 63 | 64 | 65 | 66 | 66 |
| | 10 | 52 | 56 | 59 | 62 | 64 | 65 | 66 | 67 |

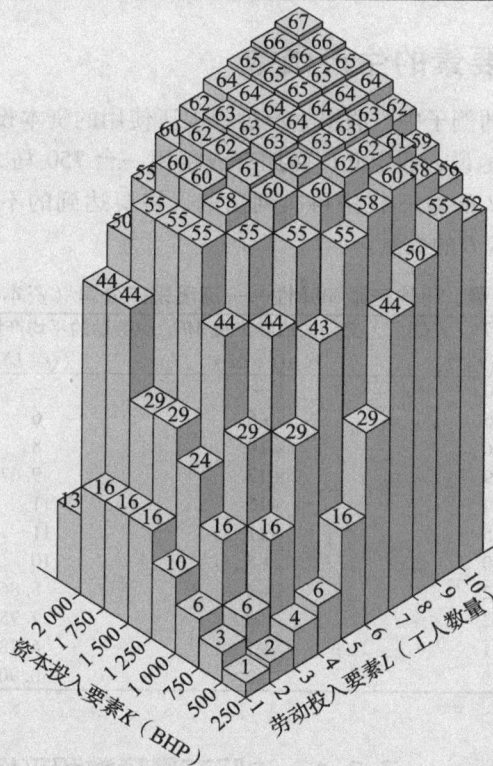

图 7-1　生产函数——深溪采矿公司

## 固定和变动投入要素

在决定如何把各种投入要素（L 和 K）组合起来生产预期产量时，通常把投入要素分为固定投入要素或变动投入要素。固定投入要素的定义是生产过程中所需要的一种投入要素，它在生产过程中的使用量在一个既定时期内不管产出量多少都是不变的。不管生产过程的产量水平是高还是低，固定投入要素的成本一定会发生。变动投入要素的定义是生产过程中的使用量会发生变化的投入要素，其变化取决于生产的预期数量。

**短期**（short run）：生产过程所使用的一种（或多种）资源为固定或不能改变的时期。

**短期**与一种（或多种）投入要素固定不变的时期相对应。因此，厂商要增加产量就必须使用更多的变动投入要素与既定数量的固定投入要素相结合。例如，对于一个具有固定规模和生产能力的汽车装配厂来说，厂商只有雇用更多的劳动，比如增加工作班次，才能增加产量。

**长期**（long run）：生产过程中所使用的全部资源都可以改变的时期。

然而，随着相关时期（计划期）的延长，更多的固定投入要素就成了变动投入要素。在一个大约 6 个月的计划期内，大多数厂商都能获得或增建工厂生产能力和订购更多的制造设备。在更长的计划期内，最终会达到一点，所有的投入要素都是变动的，这个时期就叫**长期**。

由于某种投入要素在短期内是固定的，所以厂商所能得到的投入要素组合仅仅是全部可能的投入要素组合的一部分。但在长期中，厂商可以得到所有可能的投入要素组合。

## 7.2    一种变动投入要素的生产函数

在上一节深溪采矿公司的例子中，假定生产过程中所使用的资本投入要素 $K$ 的数量（采矿设备的规模）是固定的。具体地说，假定此厂商拥有或租用一台 750 马力的采矿设备。正如表 7-1 中 750 马力一栏所列和表 7-2 的 $Q$ 一栏中再次列出的，将要达到的不同产出量取决于操作这台 750 马力设备的劳动投入要素 $L$ 的数量。

表 7-2    总产量、边际产量、平均产量和弹性——深溪采矿公司（资本投入要素，BHP = 750）

| 劳动投入要素 $L$ （工人的数量） | 总产量 $TP_L( = Q)$ （矿石吨数） | 劳动的边际产量 $MP_L$ （$\Delta Q \div \Delta L$） | 劳动的平均产量 $AP_L$ （$Q \div L$） | 生产弹性 $E_L$ （$MP_L \div AP_L$） |
|---|---|---|---|---|
| 0 | 0 | — | — | — |
| 1 | 6 | +6 | 6 | 1.0 |
| 2 | 16 | +10 | 8 | 1.25 |
| 3 | 29 | +13 | 9.67 | 1.34 |
| 4 | 44 | +15 | 11 | 1.36 |
| 5 | 55 | +11 | 11 | 1.0 |
| 6 | 60 | +5 | 10 | 0.50 |
| 7 | 62 | +2 | 8.86 | 0.23 |
| 8 | 62 | 0 | 7.75 | 0.0 |
| 9 | 61 | −1 | 6.78 | −0.15 |
| 10 | 59 | −2 | 5.90 | −0.34 |

**边际产量**（marginal product）：生产过程中多使用 1 个单位的某种投入要素（其他所有的投入要素保持不变）所能得到的总产量的增量变化。

### 7.2.1    边际产量函数和平均产量函数

一旦给定（用表格、图形或数学公式等形式表示的）总产量函数，就可以导出边际产量函数和平均产量函数。**边际产量**的定义是在 $K$ 保持不变的条件下，多使用 1 单位变动投入要素 $\Delta L$ 所能生产的总产量的增量变化 $\Delta Q$。对于自变量不连续变化和连续变化的边际产量分别定义为[⊖]

---

⊖    严格说来，$\Delta Q/\Delta L$ 的值表示增量产品，而不是边际产品。为了简单起见，我们继续在本书中使用"边际"一词，尽管这个比率和类似比率是按增量计算的。

$$MP_L = \frac{\Delta Q}{\Delta L} \text{ 或 } \frac{\partial Q}{\partial L} \tag{7-2}$$

采矿例子中劳动的边际产量列在表 7-2 的第 3 栏，在图 7-2 中为 $MP_L$。

**平均产量**的定义就是总产量与生产此产量所使用的变动投入要素的数量之比。劳动的平均产量为

$$AP_L = \frac{Q}{L} \tag{7-3}$$

> **平均产量**（average product）：总产量与生产此产量所使用的变动投入要素数量之比。

深溪采矿公司例子中的劳动平均产量列在表 7-2 的第 4 栏，在图 7-2 中为 $AP_L$。

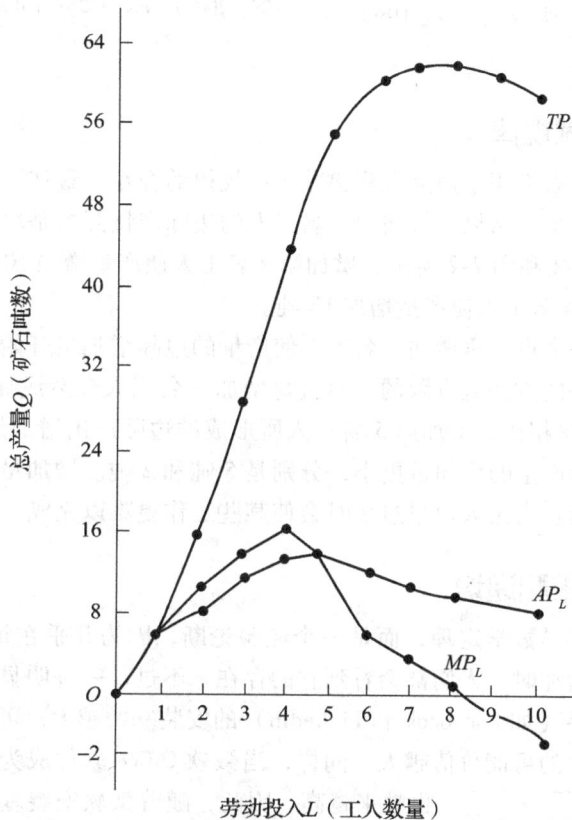

图 7-2 深溪采矿公司劳动的总产量、边际产量和平均产量

---

**|对与错|** **波音公司装配厂中的工厂瓶颈**

波音公司在华盛顿州 Everett 装配厂中装配宽体客机（747、767 和 777），这是世界上最大的建筑物，面积有 430 万平方英尺。15 台有轨车整天都在向 5 条装配线直接运送零件，高架起重机穿梭于 31 英里长的网络轨道上。这个生产过程中的变动投入要素是几百万个零部件和几千名有技术的装配工人。

由于波音的生产量从 244 架飞机猛增到 560 架，该装配厂实行三班生产，三班工人分别为 6 000 人、4 000 人和 1 500 人，并且进入工厂的零部件翻了一番。但造成的拥挤效应影响了该装配厂。尽管飞机机身的最终装配仍然需

要 21 个工作日，但需要加班才能保持这个滚动计划，主要原因是零件的丢失、缺陷和返工。车间地板上时而出现堆积的多余零件，时而因座位和电子装置的短缺而导致生产延误。结果，在制品库存猛增，工作顺序被打乱。到了第三年，加班费用几乎超出预算 10 亿美元，工厂的生产运营处于"毫无希望的混乱"之中。

为了解决这个问题，波音公司在 1999 年打破了它传统的零件跟踪系统，采用了精益生产技术。它削减了零件订单规模，把最终装配线上的瓶颈——分装业务外包出去。到了 2001 年，更少数量的零件会连续准时地送达自动工作单元，按照要求平稳地完成 527 架飞机的装配过程。

资料来源："Boeing's Secret," *BusinessWeek* ( May 20, 2002), pp. 113-115; "Gaining Altitude," *Barron's* ( April 29, 2002), pp. 21-25; and Everett plant tours.

### 7.2.2　边际报酬递减规律

刚刚讨论的生产函数表说明了边际报酬递减生产规律的存在。最初，安排更多的工人会提高使用设备的劳动专业化水平。结果，每增加一名工人的边际产量开始是增加的，总产量以递增的速度增加。因此，如表 7-2 和图 7-2 所示，增加第 2 名工人使产量增加 10 吨；增加第 3 名工人使产量增加 13 吨；增加第 4 名工人使产量增加 15 吨。

然而，最终会达到一个点，再增加一名工人使产量的边际增加量开始下降。产量出现下降是因为提高劳动专业化水平的方法是有限的，而且每增加一名工人会造成拥挤效应。因此，与第 4 名工人 15 吨的边际增加量相比，增加第 5 名工人所形成的边际产出增加量是 11 吨。同样，再增加第 6 名和第 7 名工人所产生的增加量更小，分别是 5 吨和 2 吨。增加足够的工人之后，劳动的边际产量为零，甚至为负。当工人数量过多时会使某些工作更难以完成。

### 7.2.3　网络效应的报酬递增

边际报酬递减规律不是数学定理，而是一个经验论断，因为几乎在每一种经济生产过程中，在变动投入要素的数量增加时，人们都会看到它的存在。不过，一种明显的例外情况随着**网络效应**而出现。一种网络产品（如 Facebook 和 LinkedIn）的安装基数越大，可兼容的网络关联产品的数量越多，由此对新客户的可能价值越大。同样，当微软 Office 软件成为行业标准时，其回报率也越来越高。因此，随着微软安装基数的增加，独立软件程序开发商（ISV）开发能够增加微软客户价值的互补软件，为获得新客户而进行的促销和其他销售工作就会越有成效。苹果的 iPhone 手机已经从 ISV 的成千上万个应用程序中有过同样的经历。

**网络效应**（network effects）：边际报酬递减规律的一种例外，出现在一种网络产品的安装基数使获得新顾客的努力更富成效的时候。

---

| 实例 | 报酬递增：索尼的蓝光产品和微软的 Windows 系统

有时，力求采用一种对自己产品有利的行业标准，可以确保报酬递增和边际成本下降。索尼公司的高清蓝光数字音像产品标准需要进行促销和推销方面的工作，使用这种产品的用户范围越大，上述工作努力就越有成效。蓝光 DVD 播放机越多，电视网络和采用此技术制

作节目及电影的独立制作商就越多。用户看到的蓝光节目和电影增多，使索尼公司在 2006 ~ 2007 年更容易也更便宜地向更多的顾客出售蓝光播放机，开始的定价是 800 美元，后来降到 497 美元。2008 年 2 月，华纳兄弟公司撤销了对东芝公司竞争性高清 DVD 标准的支持，结果使索尼公司及其伙伴松下电气公司把 240 美元的家庭高清市场收归己有，蓝光播放机获得 388 美元的收益。到了 2009 年，时代华纳也采用蓝光作为其独家 DVD 格式，进一步增强了索尼技术的递增报酬。

微软公司获得递增报酬的原因相同：采用

微软 Windows 系统的人越多，独立软件程序开发商就会开发更多的与 Windows 兼容的应用软件，因此提高了微软产品的附加值。正如索尼公司在其蓝光播放机营销方面的递增报酬会引起一种取代东芝和三星竞争技术的颠覆性技术一样，网景公司（Netscape）曾经控制过互联网搜索引擎市场，但随后被实行捆绑免费 IE（Internet Explorer）的微软 Windows 系统所取代。由于销售行为和支出的报酬递增，IE 在互联网浏览器市场中的占有率随后增长到 92%。

资料来源：Based on "Toshiba Exits HD DVD Business," *Wall Street Journal* (February 19, 2008).

一条制造商产品线的成本现在通常不仅包括标准生产与装配的劳动和原材料的直接成本，还包括营销与分销活动的成本，原因在于：与服务厂商一样，当今许多制造商的竞争不仅限于产品送货时间和维修保障，还包括顾客咨询系统、改变订单的反应程度、送货可靠性、技术更新等方面。厂商要有资格并实际赢得一份客户订单，常常需要超出实际生产的质量特点和支持性服务。比如，福特汽车公司希望其所有的制造供应商持续改进生产过程，以达到 ISO9000 制造质量标准。沃尔玛则要求它的时装供应商按沃尔玛配销中心的发货计划准时交货。迪士尼世界的礼品店所选择的制造商都能按照短期通知改变生产计划，从而能比传统的按订单制造商品的米老鼠咖啡杯制造商具有更强的订单变化反应能力。

这种基于网络的关系如图 7-3 所示。市场份额从 0 到 30% 时，每增加一个百分点所需要的销售行为对下一个潜在用户采用产品的概率具有报酬递减的影响（销售渗透曲线的斜率下降）。因此，在此范围内增加市场份额变得越来越昂贵。但当一种基于网络的产品和其用户数量达到 30% ~ 40% 的市场份额，随后再达到 40% ~ 50% 的市场份额时就会越来越便宜。

在超过 30% 的拐点后，用户份额每增加一个百分点都导致另一用户采用产品的概率增加，因此寻求增加一单位销售量所需要的营销费用下降（销售渗透曲线中间部分的斜率是增加的）。因此，再提高市场份额百分点就会更便宜，而不是更昂贵。当市场份额最终超过 80% ~ 90% 之后，寻求最后用户又变成费用递增，因为此时的销售行为再次面对报酬递减。

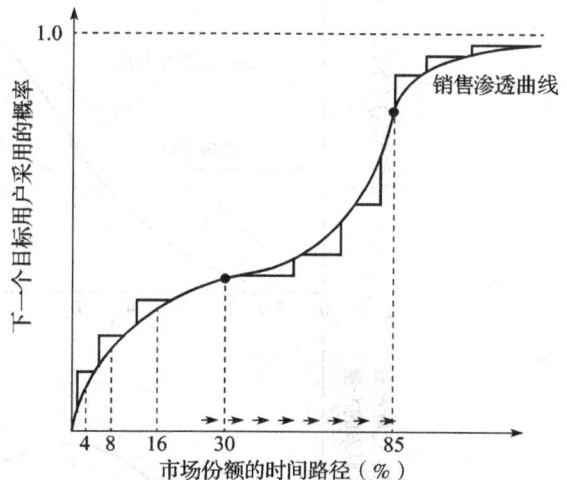

图 7-3 存在网络效应的递增报酬

## 7.2.4 在报酬递增条件下提供信息服务

传统经济中的公司生产物品，新经济中的公司生产信息，比较一下两者的生产经济学能说明很多问题。物品卖出后，卖主就停止了对该物品的占有；而信息卖出后，卖主还能再次销售。物品必须通过昂贵的制造过程才能复制出来，而复制信息的增量成本几乎为零。物品存在于某一地点，而信息可以同时在多个地点存在。物品的生产与营销最终要面对报酬递减，而信息的营销（与可能的生产）却面对报酬递增。也就是说，使用某个信息的人越多，（在给定营销成本的条件下）其他人获得此信息的可能性越大，或者说，实现再次销售的成本越低。物品通常涉及生产的规模经济性。信息经常可由小公司以较低的成本生产出来，部分是因为网络效应。信息产品的经营重点是需求方的想法，而且几乎没有分销成本。要使下一个顾客接受信息产品，可采取顾客价值更高的"良性循环"行动，间接成本更低，下一个顾客的价格和成本也更低。第 11 章还要讨论报酬递增，它是主导厂商市场力量的一种来源，如今索尼和微软通过流体视频和谷歌搜索来获得。

## 7.2.5　总产量、边际产量和平均产量的关系

图 7-4 画出了一个只有一种变动投入要素的总增加值或总产量（$TP$）生产函数，用来说明 $TP$、$AP$ 和 $MP$ 等概念之间的关系。在标有"报酬递增"的第一个区间内，$TP$ 函数以递增速率增加。由于边际增加值或边际产量（$MP$）曲线衡量的是 $TP$ 曲线的斜率（$MP = \partial Q/\partial L$），所以 $MP$ 曲线在 $L_1$ 之前一直是递增的。在标有"报酬递减"的区间内，$TP$ 函数以递减速率增加，所以 $MP$ 曲线在 $L_3$ 之前是递减的。在标有"报酬为负"的区间内，$TP$ 函数是递减的，所以 $MP$ 曲线继续递减，在超过 $L_3$ 后成为负值。拐点在 $L_1$ 上出现。接下来，如果从原点 $O$ 向 $TP$ 曲线上的任

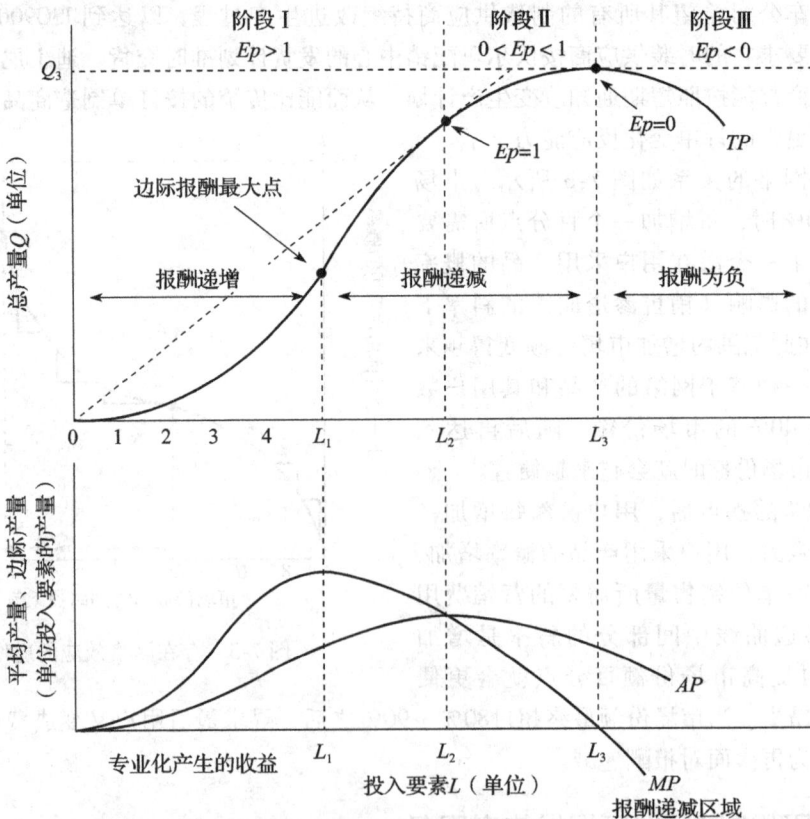

图 7-4　总产量、平均产量和边际产量曲线之间的关系

何一点画直线，那么这条直线的斜率 $Q/L$ 衡量的是平均增加值或平均产量（$AP$）。因此，我们看到 $AP$ 曲线在平均产量和边际产量相等的点上达到最大值[⊖]。

考虑类比的例子：一个棒球运动员一个赛季内的平均击球数是 0.250，或者一个大学生的平均成绩是 3.0。如果该运动员在一个极好的夜场比赛中击球（他的边际成绩），结果四击四中（1.0000），或者该学生在本学期获得 4.0，那么两者的赛季平均成绩或 GPA 就会被拉高。与此相反，如果他一次也未击中，或者该学生每一项考试都失败了，这个极差的边际成绩就会把两者的平均成绩拉低。但是如果他四击一中，或者学生在本学期获得 3.0，这个边际成绩将对两者的平均成本没有影响（边际成绩等于平均成绩）。因此，$MP$ 曲线将总是在 $AP$ 曲线的最大值上与其相交。我们将在第 8 章中看到，出于同样的原因，一个厂商的边际成本曲线总是在平均成本曲线的最低点上与其相交。

## 实例　马里布（Malibu）装配线上的 3 个生产阶段

在分析生产函数时，经济学家们依据 $TP$、$AP$ 和 $MP$ 函数之间的关系，确定了生产的 3 个不同阶段。阶段 Ⅰ 界定为 $L$ 的平均产量（$AP$）递增区间，它从原点（$O$）到 $L_2$ 之前（在马里布装配线的 44 号工作站上也许从 0~3 个汽车装配线工人加一个替补，见图 7-5），代表了从专业化获得净效益的区间。因为在这个工作站有多个任务，专业化允许第二个有经验的工人贡献 40 美元/小时的附加值，第三个贡献 50 美元/小时的附加值。阶段 Ⅱ 对应的是从 $L$ 的平均产量最大点（$L_2$）到边际产量（$MP$）下降为零（$L_3$）的区间。在 44 号工作站，阶段 Ⅱ 意味着雇用替代人员或各种学徒。要注意阶段 Ⅱ 的终点对应于 $TP$ 曲线上的最大产量点。阶段 Ⅲ 包括 $L$ 大于 $L_3$ 的所有数值（即 $L_3$ 的右边），超过 $L_3$，对应 $L$ 的总产量下降，或边际产量为负的区间。阶段 Ⅲ 的装配线工人可以指"跑腿的勤杂工"，由他们补充快用完的零件或给工作人员提供饮料和糖果。给定准时制操作时，这些雇员一度是重要的；如今他们带来的拥挤效应挤掉了增加工人所形成的任何产出量。

要确定劳动投入要素 $L$ 的最优数量，首先要看到，即使变动投入要素是免费的，理性的生产者也不希望生产过程进入阶段 Ⅲ。同样的道理，若从专业化得到的好处使单位工人平均产量从每小时 38.33 美元增加到 38.75 美元（即阶段 Ⅰ 中的 $AP$ 递增），那么任何管理人员都不应该停止增加工人。因此，每个人应该始终超过收益递减的那一点。另外，只要 25 美元/小时进入水平的增量成本小于边际价值增加，公司就应该增加学徒工。比如在一家工人属于联合汽车工会的装配厂内，如果劳动成本较高，那么生产过程所雇用的劳动数量可能刚刚进入阶段 Ⅱ。如果在一个非工会化的工厂中，劳动成本较低，劳动的雇用量可能会大大超过阶段 Ⅱ 的起点，从而包括生产率相对较低的工人，比如第二个跑腿的勤杂工。然而在图 7-5 中，只有在投入要素成本得到补贴的情况下（如政府资助的就业培训项目将第二个跑腿勤杂工的净工资从 25 美元/小时减少到 10 美元/小时）才会发生。

---

⊖　还可以发现，在 $L_2$ 上，边际产量 $MP$ 等于平均产量 $AP$，这是因为边际产量 $MP$ 等于 $TP$ 曲线的斜率（$MP = \partial Q / \partial L$），而且在 $L_2$ 上平均产量 $AP$ 也等于 $TP$ 曲线的斜率。

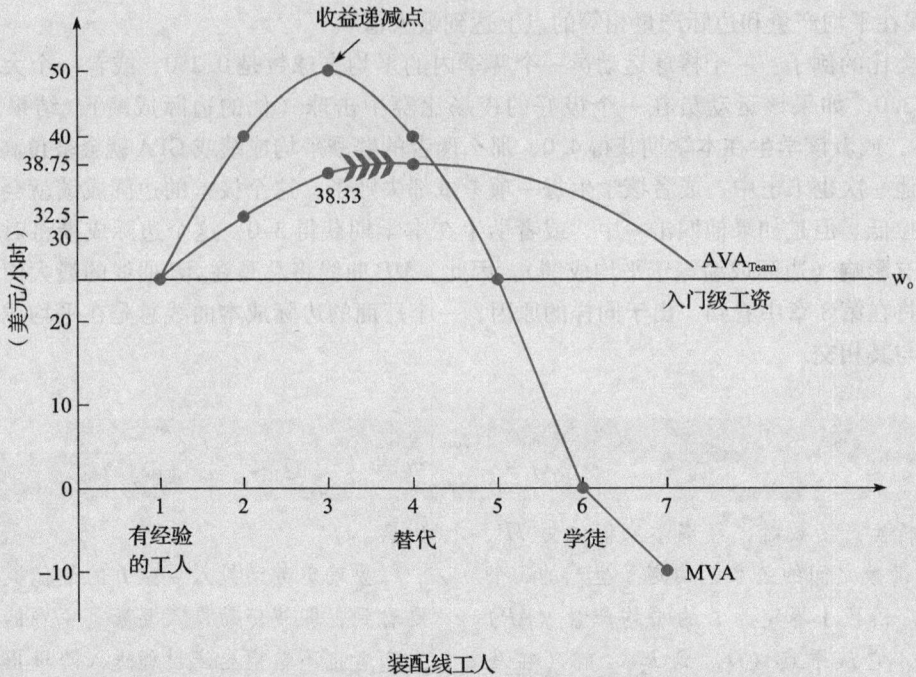

图 7-5　44 号工作站上装配线团队的边际增加值和平均增加值

这些观点也适用于物资运输。为了保证已被疏浚的淤泥不会流回港口和航道，美军的工程师会向水泥桩制造商在生产过程中实际使用的每一立方码[⊖]淤泥支付费用。如果水泥和沙子混合物中的泥浆过多，烧窑中就会形成更多的不能使用的爆裂水泥桩。但由于投入要素的价格为负，制造商使用淤泥过多就会进入阶段Ⅲ的生产过程。这种例外情况证明了一种变动投入要素最优生产的一般原则，正值的投入要素价格一定会避免在阶段Ⅲ内进行投入要素的选择。

## 7.3　确定变动投入要素的最优使用量

当生产者面对一种短期内固定的投入要素（$K$）时，一定要确定生产过程中所使用的变动投入要素（$L$）的最优数量。这个决策需要分析产品的价格和劳动的成本。因此，我们的分析从定义边际产量收益和边际要素成本开始。

### 7.3.1　边际收益产品

**边际收益产品**（marginal revenue product，$\mathrm{MRP}_L$）：增加一个单位的变动生产要素给总收益带来的增加量，也叫边际增加值。

**边际收益产品**的定义是增加一个单位的变动投入要素给总收益带来的增加量，或

$$MRP_L = \frac{\Delta TR}{\Delta L} \tag{7-4}$$

式中，$\Delta TR$ 是与变动投入要素的给定变化（$\Delta L$）相联系的总

---

⊖　1 立方码（$yd^3$）= 0.764 555 立方米。

收益变化，$MRP_L$ 等于 $L$ 的边际产量（$MP_L$）乘以因产量增加而得到的边际收益（$MR_Q$）

$$MRP_L = MP_L \cdot MR_Q \tag{7-5}$$

再分析上节深溪采矿公司的例子（见表7-2），$K$(资本)固定为750BHP（制动马力）。假定该厂商能以每吨10美元的价格把它生产的所有矿石卖掉，比如在一个完全竞争市场中，该厂商将有一个等于市场通行均衡价格的不变边际收益。劳动的边际产量收益（$MRP_L$）可以用式(7-5)计算，并在表7-3 中列出。[○]

**表7-3　边际产量收益和边际要素成本——深溪采矿公司**

| 劳动投入要素<br>$L$<br>（工人数量） | 总产量<br>$Q = (TP_L)$<br>（矿石吨数） | 劳动的边际产量 $MP_L$<br>（吨/工人） | 总收益<br>$TR = P \cdot Q$<br>（美元） | 边际收益<br>$MR_Q = \dfrac{\Delta TR}{\Delta Q}$<br>（美元/吨） | 边际产量收益<br>$MRP_L = MP_L \cdot MR_Q$<br>（美元/工人） | 边际要素成本<br>$MFC_L$<br>（美元/工人） |
|---|---|---|---|---|---|---|
| 0 | 0 | — | 0 | — | — | — |
| 1 | 6 | 6 | 60 | 10 | 60 | 50 |
| 2 | 16 | 10 | 160 | 10 | 100 | 50 |
| 3 | 29 | 13 | 290 | 10 | 130 | 50 |
| 4 | 44 | 15 | 440 | 10 | 150 | 50 |
| 5 | 55 | 11 | 550 | 10 | 110 | 50 |
| 6 * | 60 | 5 | 600 | 10 | 50 | 50 |
| 7 | 62 | 2 | 620 | 10 | 20 | 50 |
| 8 | 62 | 0 | 620 | 10 | 0 | 50 |

实际中有时候这个该概念也叫**边际增加值**，即为增加产量而多使用一单位变动投入要素所形成的潜在销售收益的增加量。例如在欧洲，从原材料到最终产品分销的每个生产层次上都按每个生产阶段的边际增加值征税，而不是按照商品的最终零售值征税。

> **边际增加值**（marginal value added）：在生产或服务阶段收入的增加。

## 7.3.2　边际要素成本

**边际要素成本**的定义是增加一个单位变动投入要素给总成本带来的增加量，或

$$MFC_L = \frac{\Delta TC}{\Delta L} \tag{7-6}$$

式中，$\Delta TC$ 是与变动投入要素的给定变化（$\Delta L$）相联系的成本变化。

> **边际要素成本**（marginal factor cost）：增加一个单位变动投入要素给总成本带来的增加量。

在采矿例子中，假设该厂商向每个工人每班支付50美元（$C_L$），可按其需要的数量雇用劳动力（$L$）。换句话说，假设劳动力市场是完全竞争的。在此条件下，边际要素成本（$MFC_L$）等于 $C_L$，或每个工人50美元。不管此矿的经营水平怎样，边际要素成本都是不变的（见表7-3 最后一栏）。

## 7.3.3　最优投入要素水平

给定边际产量收益和边际要素成本，就可以计算生产过程中所使用的变动要素的最优数量。

---

○　第三个阶段的投入水平（$MP_L < 0$）已被排除在考虑之外。

回顾第 2 章中讨论过的边际分析，只要一种经济活动的边际收益超过边际成本，此活动就应该扩大。对于短期生产决策来说，变动投入要素的最优水平出现时

$$MRP_L = MFC_L \qquad (7-7)$$

在表 7-3 中可以看到，最优投入要素是 $L = 6$ 名工人（用星标 6 表示），因为在这一点上，$MRP_L = MFC_L = 50$ 美元。少于 6 名工人，$MRP_L > MFC_L$，在生产过程中增加更多的劳动力（工人）所增加的收益将多于增加的成本。超过 6 名工人就会出现相反的情况——成本的增加大于收益的增加。

## 7.4 多种变动投入要素的生产函数

利用深溪采矿公司的例子，现在假定资本（用设备的最大制动马力来衡量）和劳动（用工人的人数来衡量）均为采矿过程中的变动投入要素，厂商可以选择前面表 7-1 中所列任何一种资本－劳动组合来完成生产过程。

### 7.4.1 生产的等产量线

一个具有两种变动投入要素的生产技术可以用一组两维的**生产等产量线**来表示。生产等产量线既是一条几何曲线，也是一个代数函数，表示生产一个既定水平的产出量可使用的两种投入要素的所有不同组合。在

**生产等产量线**（production isoquant）：一种代数函数或几何曲线，表示可用于生产某一既定水平产量的两种投入要素的所有不同组合。

深溪公司的例子中，生产等产量线表明为生产任何一个预期产量水平（矿石吨数）而对工人人数和采矿设备不同规模进行组合的所有可选方法。图 7-6 画出了采矿例子中若干条生产等产量线。例如，可以使用 3 种不同的资本－劳动组合中的任何一种来生产 6 吨矿石：1 个工人和 750 马力的设备，2 个工人和 500 马力的设备，或 4 个工人和 250 马力的设备。同样，从图 7-6 中可以看到，62 吨产量可以使用 5 种不同的资本－劳动组合中的任何一种来生产。

虽然每一条等产量线都表明两种投入要素的数量是如何彼此替代的，但这些选择通常因两个原因受到限制：首先，图 7-6 中的某些投入要素组合对其中某一种投入要素的使用量过多。深溪公司在选择一种变动投入要素时，工人多于 8 个就会导致负值的边际报酬（见图 7-2），与此相同，在使用 750 马力机器时，第 8 个工人出现所造成的拥挤效应实际上将使产量下降。同样，超过 1 500 马力的机器与区区 5 个工人相结合，将会导致资本设备产生负值的边际报酬。由于所有这些无效率的资本－劳动组合增加了对投入要素的要求（并由此增加了成本），却没有

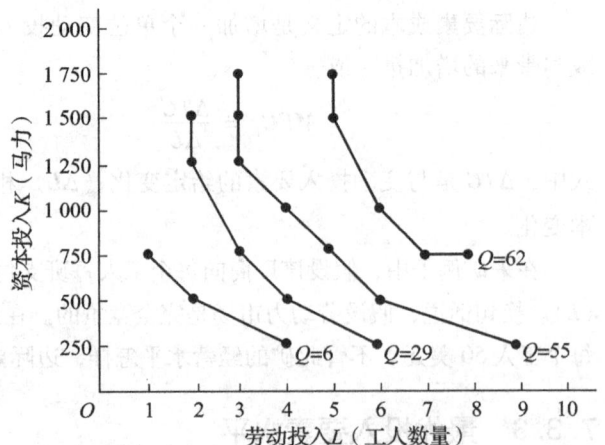

图 7-6 生产的等产量线——深溪采矿公司

增加产量，因此在对投入要素进行替代选择时，这些组合应该不予考虑。

## 实例　炼油厂究竟是什么

炼油厂实质上就是巨大的化学工厂，从把各种等级的原油在巨大的容器中加热开始，然后把沸腾后的蒸馏物输送到分馏的蒸馏塔中，在那里随着蒸馏物的冷却变成各种液体（见图7-7）。原油本身含有几百种碳氢化合物，蒸馏物的种类繁多，从丙烷到各种润滑剂和润滑油，在蒸馏塔顶部的蒸馏物成为丙烷，在靠近蒸馏塔底部的蒸馏物在450℃时冷却为液体，形成润滑剂和润滑油。借助于独立转化器中的催化裂化过程，航空汽油、柴油和某些汽油在250℃时液化成形。在蒸馏塔的最高层，经过重整装置之后，石油蒸馏出汽油。煤油、丁烷和聚乙烯（塑料的基本原料）也被蒸馏出来。

炼油是一种传统的变动比例生产过程。打破碳氢化合物长链的化学裂变过程可以使用不同压力、不同加热程度和不同质量的原油（昂贵的轻质原油或含硫磺的重质原油）。通过对投入要素组合的优化，可以从42加仑的原油中提取大约20加仑的汽油和10加仑的柴油与取暖油。需要的多数设备都有10层楼高，费用昂贵。一家大型炼油厂的固定成本投资总额为20亿美元。这个成本只占到最终产品汽油价格的22%，而原油本身要占最终产品价格的54%。炼油厂的毛利只有每加仑几美分，与汽油零售中薄利的情况非常相似。石油勘探和开发的盈利比炼油高，因为部分利润要补偿所涉及的巨大资本投资的风险。

| 汽油各生产阶段占最终产品价格的百分比 | |
| --- | --- |
| 原油的勘探、开发和开采 | 54% |
| 联邦政府和州政府的消费税 | 16% |
| 炼油 | 22% |
| 分销和零售 | 8% |

第二，投入要素替代选择方案也受到生产技术的限制，通常包含不可分的机器。虽然可以找到更小和更大的采矿设备，但图7-6的 Y 轴上每一种制动马力的机器并不是都能得到的。采矿经营的工程技术常常要求我们从 3 种或 4 种可能的固定比例的生产过程中选择，这些生产过程包括一种特定规模的采矿钻机和特定规模的操纵设备的劳动力。

### 7.4.2　边际技术替代率

等产量线除了表明可以使用位于其上的任意一种投入要素组合所能生产的产出量以外，还表明了在生产既定产量时一种投入要素可以被另一种投入要素替代的比率。假定我们分析图7-8中标有"$Q=29$"的等产量线上从 A 点移动到 B 点的含义。在 A 点上，3 个工人和750马力的机器被用来生产29吨的产出量，而在 B 点上，4 个工人和500马力的机器被用来生产相同数量的产量。第一种投入要素组合是资本密集的，比如克莱斯勒公司高度机器人化的安大略微型货车工厂；第二种组合中劳动更为密集，比如保时捷的手工汽车装配。从要素组合 A 到要素组合 B 的移动过程中，就是多用 1 个单位劳动来代替250单位的资本。当生产既定产量时，资本被劳动所替代的比率等于250/1，或者说 1 单位劳动替代250 单位资本。生产过程中一种投入要素可被另一种投入要素替代而总产量保持不变，这个替代比率就叫**边际技术替代率**。

**边际技术替代率**（marginal technical substitution，MRTS）：在生产某一既定产量时，一种投入要素可被另一种投入要素替代的比率。

一桶原油（42加仑）生产的产品

| 加仑 | |
|---|---|
| 7.6 | □ 其他产品 |
| 1.7 | □ 液化石油气（LPG） |
| 1.1 | □ 重质燃油 |
| 4 | ■ 航空燃油 |
| 10 | ■ 柴油和取暖油 |
| 19.6 | ■ 汽油 |

炼油厂主要生产过程

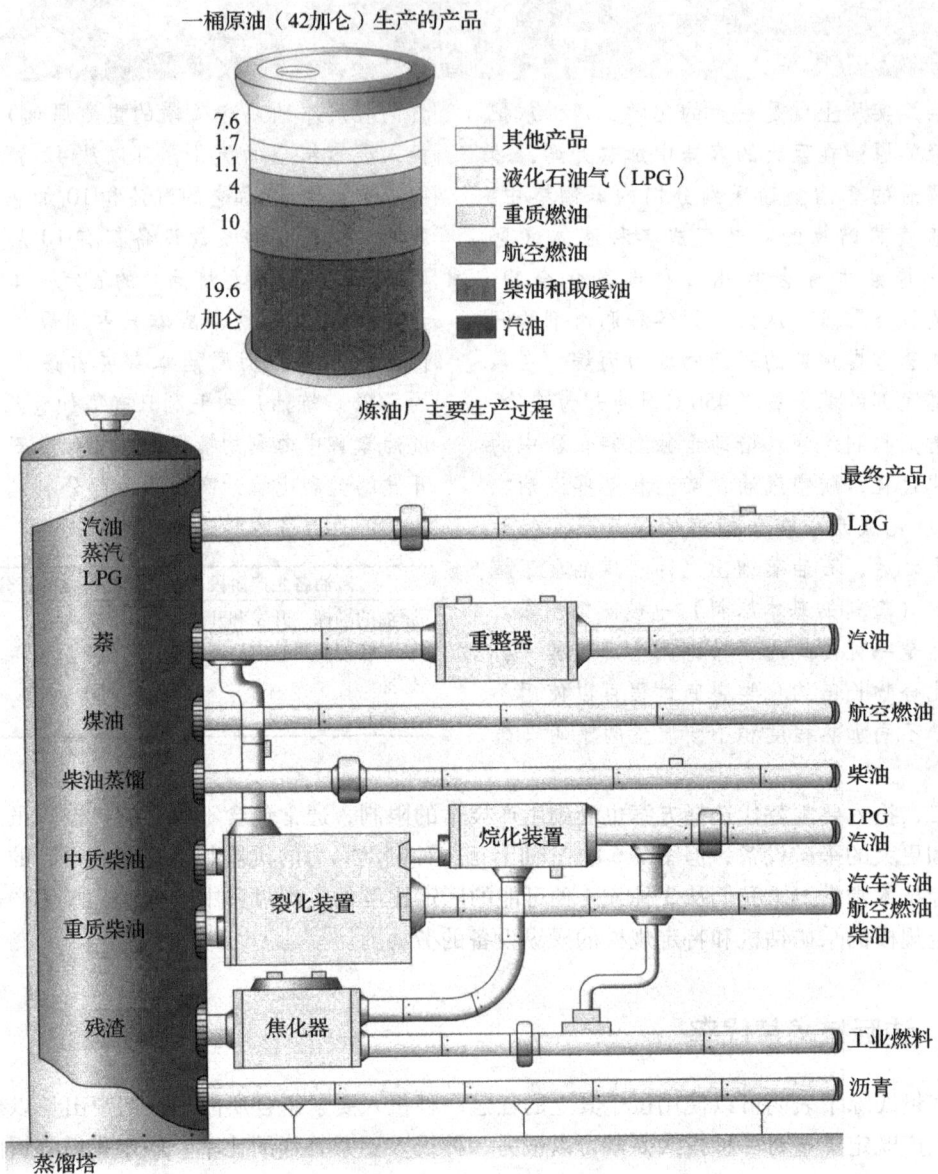

图 7-7　原油通过蒸馏/裂化/重整过程制作不同的燃料

资料来源：Based on "Working Knowledge：Oil Refineries," *Scientific American*（June 2006），pp. 88-89.

　　MRTS 是由把 $K$ 和 $L$ 联系起来的曲线（即等产量线）的斜率决定的。图 7-8 中等产量线上 $AB$ 部分的斜率等于 $AC$ 与 $CB$ 之比。用代数式表示，$AC = K_1 - K_2$，$CB = L_1 - L_2$；因此，斜率等于 $(K_1 - K_2) \div (L_1 - L_2)$。因为斜率为负而且人们希望用一个正数来表示替代比率，所以在斜率上加上一个负号

$$\text{MRTS} = -\frac{K_1 - K_2}{L_1 - L_2} = \frac{\Delta K}{\Delta L} \tag{7-8}$$

　　在深溪采矿公司的例子中，$\Delta L = 3 - 4 = -1$，$\Delta K = 750 - 500 = 250$。将这些数值带入式（7-8），得到

$$\text{MRTS} = -\frac{250}{-1} = 250$$

因此，在 $Q = 29$ 等产量线上的 $A$、$B$ 投入要素组合之间，250 马力设备替代 1 个工人。

可以看出，利用边际产量的定义（式（7-2））可以说明 MRTS 等于 $L$ 和 $K$ 的边际产量之比。由边际产量的定义得出 $\Delta L = \Delta Q / MP_L$ 和 $\Delta K = \Delta Q / MP_K$，将这些等式代入式（7-8）（并去掉负号），得到

$$\text{MRTS} = \frac{\Delta Q / MP_K}{\Delta Q / MP_L}$$

$$\text{MRTS} = \frac{MP_L}{MP_K} \qquad (7\text{-}9)$$

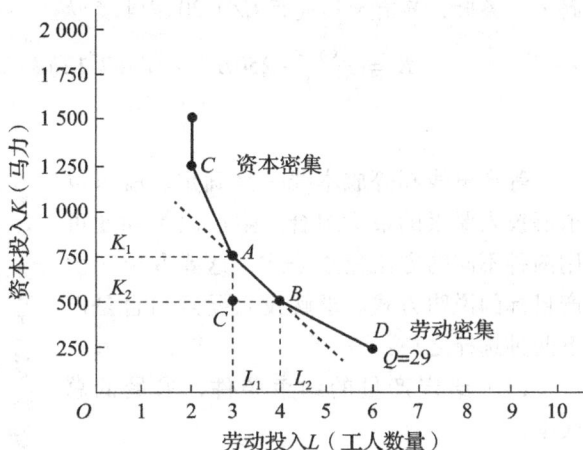

图 7-8　生产的等产量曲线——深溪采矿公司

## 7.5　确定投入要素的最优组合

正如上节所说，一个既定水平的产量可由两种投入要素的多重可能组合中的任何一种来生产。厂商需要确定哪一种要素组合能使生产预期产量的总成本最低。

### 7.5.1　等成本线

每一种可能投入要素组合的总成本都是这些投入要素市场价格的函数。假设投入要素是在一个完全竞争市场中，以完全弹性的方式提供，那么不管购买多少数量的投入要素，每种投入要素的单位价格将是不变的。设 $C_L$ 和 $C_K$ 分别为投入要素 $L$ 和 $K$ 的单位价格，则任一既定投入要素组合的总成本（$C$）就是

$$C = C_L L + C_K K \qquad (7\text{-}10)$$

| 实例 | 等成本线的确定：深溪采矿公司（续）

在前面讨论的深溪采矿公司的例子中，假设单位时间内每个工人的成本是 50 美元（$C_L$），采矿设备可按每制动马力 0.20 美元（$C_K$）的价格来租用。使用 $L$ 个工人和 $K$ 马力的设备生产既定产量的单位时间总成本为

$$C = 50L + 0.20K \qquad (7\text{-}11)$$

从这个关系可以看到，单位时间内使用 5 个工人和 750 马力的设备开采出 55 吨矿石的成本就是 $50 \times 5 + 0.20 \times 750 = 400$ 美元。然而，这并不是成本为 400 美元的工人和设备的唯一组合。任何一个能满足以下等式的投入要素组合的成本都是 400 美元

$$400 \text{ 美元} = 50L + 0.20K$$

解出这个方程中的 $K$，得到

$$K = \frac{400 \text{ 美元}}{0.20} - \frac{50}{0.20}L$$

$$= 2\,000 \text{ 美元} - 250L$$

因此，$L = 1$ 和 $K = 1\,750$，$L = 2$ 和 $K = 1\,500$，$L = 3$ 和 $K = 1\,250$，这 3 种组合（加上许多其他组合）的成本都是 400 美元。

400 美元的投入要素组合可用图 7-9 中标有 "$C = 400$ 美元" 的等成本线来表示。每一种可能的总成本 $C$ 都存在一条等成本线。解出式（7-11）中的 $K$，就得到图 7-8 中每一条等

成本线的方程。可以看到，从一条等成本线移到另一条时，只有y轴截距C/0.20发生变动。

$$K = \frac{C}{0.20} - 250L \qquad (7\text{-}12)$$

换句话说，所有等成本线都是平行的，每条等成本线的斜率都是-250。

等产量线和等成本线一旦确定，就可以求解投入要素的最优组合。生产决策问题可用两种不同的方法建立公式，这要取决于生产目标的说明方式。求解投入要素组合是以下两种选择之一：

（1）给定产量的约束条件，求最低总成本；

（2）给定总成本的约束条件，求最大产量。

选择（1）"有约束条件的成本最小化"是选择（2）"有约束条件的产量最大化"的对偶问题。

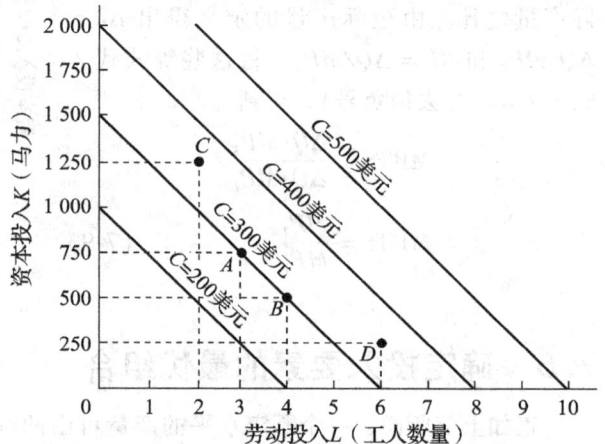

图7-9　等成本线——深溪采矿公司

## 7.5.2　产量约束条件下的成本最小化

我们先分析的问题是：一名生产主管希望按一些订单生产的最小产量是$Q^{(2)}$。如图7-10所示，这个约束条件要求这个解位于一个可行区域内，这个区域所包含的投入要素组合要么位于$Q^{(2)}$等产量线上，要么位于右上方具有更大产量值（阴影区域）的等产量线上。通过在此区域内找出位于最低等成本线上的投入要素组合，就可以使生产所要求产量的总成本最低。$C^{(2)}$等成本线上的投入要素组合D满足这个条件。组合E和F点也位于$Q^{(2)}$等产量线上，但因位于$C^{(3)}$等成本线上，所以总成本更高。因此，使用$L_1$单位的投入要素L和$K_1$单位的投入要素K，将得到一个（有约束条件的）最小成本解，即$C^{(2)}$美元。

在最优投入要素组合上，既定等产量线的斜率必定等于最低等成本线$C^{(2)}$的斜率。上节表明，等产量线的斜率等于dK/dL，而且

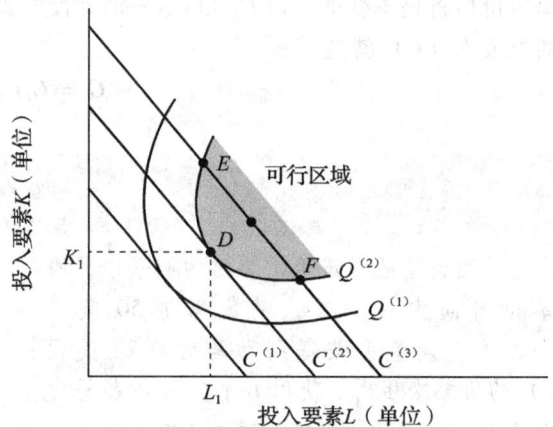

图7-10　产量约束条件下的成本最低化

$$-\frac{dK}{dL} = MRTS = \frac{MP_L}{MP_K} \qquad (7\text{-}13)$$

对等成本方程（式（7-12））求导，等成本线的斜率为

$$\frac{dK}{dL} = -\frac{C_L}{C_K} \qquad (7\text{-}14)$$

式（7-14）乘以 $-1$，并使结果等于式（7-13），得到

$$-\frac{dK}{dL} = -\left(-\frac{C_L}{C_K}\right) = \frac{MP_L}{MP_K}$$

这样，为使一种投入要素组合成为在一种产量约束条件下成本最低化问题的最优解，必须满足以下条件，即"等边际准则"

$$\frac{MP_L}{MP_K} = \frac{C_L}{C_K}$$

或

$$\frac{MP_L}{C_L} = \frac{MP_K}{C_K} \tag{7-15}$$

式（7-15）表明一种要素 1 美元投入成本的边际产量必须等于另一种要素 1 美元投入成本的边际产量。

从图 7-11 中可以看到，面对由 $Q^{(2)}$ 成本约束界定的可行区域，最大产量的最优投入要素组合（$L_1$、$K_1$）与满足等边际准则的最优投入要素组合完全相同。

## 7.6　固定比例的最优生产过程

上节分析了在变动比例生产中可分的投入要素的最低成本组合，其中一种投入要素被另一种投入要素所连续替代。然而，深溪采矿公司的生产选择涉及不可分的资本设备，比如一部小型或大型采矿钻机和数量事先确定的操纵

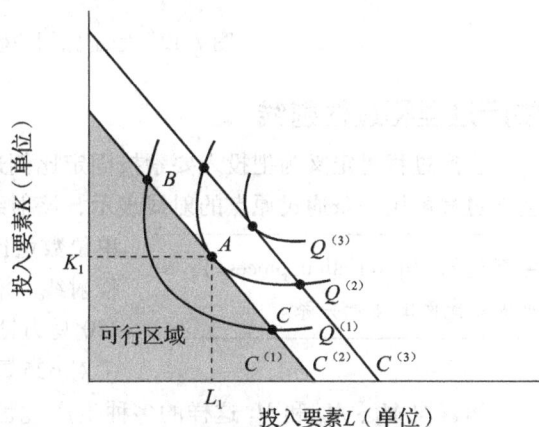

图 7-11　成本约束条件下的产量最大化

所选设备的工人。同样，汽车装配厂中的挡泥板自动冲压机也一定是以固定比例与劳动力和钢板材料共同使用的。一部印刷机运转 5 小时可能需要 3 小时的准备、维修和清理工作来支持。第二台印刷机的运转将需要再增加 3 个小时的维修工作，印刷机运转 24 小时将需要第三班维修工人。虽然增加所有的投入要素可以达到更高的产量，但每一种生产过程都是以固定而非变动比例变化的。

虽然微积分在这些情况下不适用，但线性规划方法可用于确定成本最低的生产过程。深溪采矿公司的例子说明如何用图形法找出这样的一个解。

**|实例|　成本最小化：深溪采矿公司（续）**

假设人们想找到至少生产 29 吨矿石的成本最小的劳动投入和资本设备组合。假定等成本线由式（7-11）界定并用本节前面的图 7-8 来表示。图 7-12 把这个采矿问题的若干条等产量线和等成本线放在一起。图中阴影区域表示可行的投入要素组合的集合，即至少能生产 $Q = 29$ 吨产量的劳动和资本的生产过程。生产过程 $M_2$ 和 $M_3$ 生产 29 吨矿石的成本最低，为 300 美元。$M_1$ 表明需要更高的成本，为 350 美元。

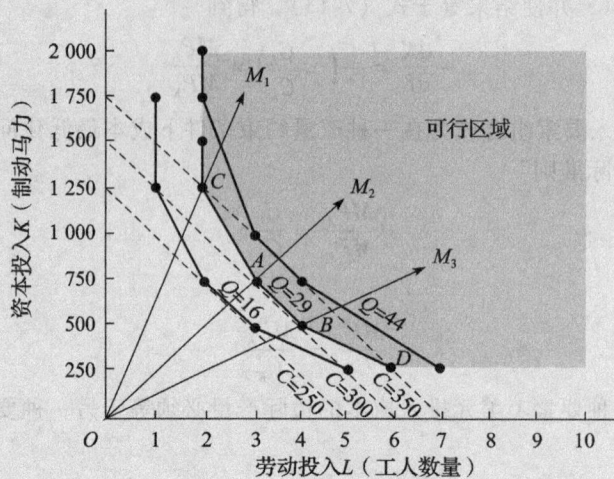

图 7-12　固定比例的生产决策——深溪采矿公司

## 生产过程和过程射线

**生产过程**可定义为把投入要素按固定比例进行组合而获得产量的过程。根据这个定义，一种生产过程可用一条通过原点的射线表示，该射线的斜率等于生产 1 单位产量所需要的相关资源的

---

**生产过程**（production process）：一种固定比例的生产关系。

---

单位数量比率。图 7-12 中画出了深溪采矿公司的 3 条生产过程射线。沿着过程射线 $M_1$，投入要素是按 2 个工人对 1 台 1 250 马力钻机的比例进行组合的。故射线 $M_1$ 的斜率为 1 名矿工对 625 马力。

运营像 $M_1$、$M_2$ 和 $M_3$ 这样的多种生产过程，能使厂商具备一种灵活性，来对付不常见的订单、资源可得性的中断或组合资源的限制等情况。然而并非所有固定比例的生产过程都具有相同的效率。如果厂商能提供明显的成本节约优势的话，它们会更愿意专门采用一种或两种生产过程。1 号矿采用生产过程 $M_1$ 生产了 29 吨矿石，使用 2 个工人和 1 台 1 250 马力的钻机，总成本是 $50 \times 2 + 0.20 \times 1\,250 = 350$ 美元，或每吨成本为 350 美元/29 = 12.07 美元。2 号矿采用劳动更为密集的过程（$M_2$），使用 3 个工人和 1 台更小的 750 马力钻机，发生的总成本更低，为 300 美元。2 号矿是深溪公司的经营标杆，因为这个 $M_2$ 生产过程是以最小成本（300 美元/29 = 10.34 美元）生产 29 吨矿石的。

## 7.7　衡量一种生产过程的效率

采用生产过程 $M_1$ 的 1 号矿被称为配置无效，因为它选择了错误的投入要素组合；此矿对其

---

**配置效率**（allocative efficiency）：在给定预期产量水平的条件下，生产要达到最低成本投入要素组合或生产过程，配置效率是一种衡量其接近程度的指标。

---

投入要素预算分配得不正确。它的 1 250 马力机器相对于所雇工人的数量和预期产量来说过大。生产 29 吨矿石的 350 美元总成本相对于 300 美元的最低成本标杆，生产过程 $M_1$ 仅仅表现出 300 美元/350 美元 = 85.7% 的**配置效率**。

一种生产运营除了存在投入要素组合不正确的配置无效以外，还会表现出技术上的无效。比如，在图 7-12 中由生产

等产量线表示的产业工程技术说明，生产过程 $M_3$ 也能够生产 29 吨矿石。"$C=300$ 美元"等成本线与可行区域的边界（即"$Q=29$"等产量线）相切，不仅切在 3 名工人和 1 台 750 马力钻机（$M_2$）的组合上，也切在 4 名工人和 1 台 500 马力钻机（$M_3$）的组合上。原则上讲，这两种生产过程都以 300 美元的最低总成本生产预期的 29 吨矿石，因而满足式（7-15）中的条件。

但是，假定 3 号矿已无法达到多于 27 吨的产量。虽然它已经采取了成本最低的生产过程 B，但 3 号矿此时仍将具有技术无效的特征。具体说，3 号矿仅仅表现出 27 吨/29 吨 = 93% 的技术效率。尽管 3 号矿采用了最低成本生产过程，但 93% 的**技术效率**也许是不够的。一些工厂常常会做得更好，所拥有的多种生产过程能满足其 98% 或 99% 的生产目标。

**技术效率**（technical efficiency）：在投入生产要素组合或生产过程既定的条件下，生产要达到可能最高的产量水平，技术效率是一种衡量其接近程度的指标。

---

**实例** | 通用汽车公司的 A 级供应商达到 99.998% 的技术效率

技术无效的工厂必须进行的连续质量改进活动常常使先进标准提高。比如，准时制（just-in-time）供货系统强调高度可靠性的必要，这样才能实现近乎无缺陷的准时生产。通用汽车（GM）公司装配工厂的一个 A 级供货商已经把次品零件的比例降到百万分之五（即 1% 的 0.002），并同意对造成 GM 装配线延误的任何送货延误或次品零件支付每分钟 4 000 美元的"反向延误费"。这个数字代表每小时 24 万美元，其中包括装配线旁 2 000 名制造员工每小时 8 万美元的直接成本，为补上未生产的 70 辆车而使用 1.5 倍加班工人的 12 万美元费用，还有 2.6 万美元的延误运输成本和 1.4 万美元的公用事业费。GM 的零件供应商面对如此巨大的赔偿成本，一定要不断地监测，在问题出现之前前瞻性地解决生产问题，才能确保接近 100% 的技术效率。

---

**整体生产效率**的定义是产品的技术、配置和规模效率（scale efficiency）之积。如果一家具有 100% 规模效率的工厂具有 93% 的技术效率和 85.7% 的配置效率，那么其整体生产效率是 $1.00 \times 0.93 \times 0.857 = 0.797$，或 79.7%。如果你是一名生产经理，就会决定图 7-12 中 1 号矿此时应该采用哪种最低成本的生产过程。因为 $M_2$ 和 $M_3$ 生产 29 吨矿石都具有配置效率，但 $M_3$ 存在技术无效问题，使之不能实现其最大的可能产量，故生产过程 $M_2$ 将是优先选择的。

**整体生产效率**（overall production efficiency）：一种衡量技术效率和配置效率的指标。

## 7.8 规模报酬

生产规模的扩大是由所有投入要素同时成比例地增加构成的。由所有投入要素按既定比例增加所引起的产出量的比例增加被定义为实物的**规模报酬**。假设在深溪采矿公司的例子中，人们感兴趣的是：当生产规模从某一既定劳动-资本组合（4 个工人和 500 马力设备）按照 1.50 系数增加时，对生产的矿石吨数（产量）的影响是什么。生产规模按 1.50 系数增加将形成的劳动-资本组合为

**规模报酬**（return to scale）：由生产过程使用的所有投入要素按一个既定比例增长所造成的产量的成比例增长。

$4 \times 1.5 = 6$ 个工人和 $500 \times 1.5 = 750$ 马力机器。从表 7-1 中看到,包含 4 个工人和 500 马力机器的劳动－资本组合形成 29 吨产量,而 6 个工人和 750 马力机器组合形成 60 吨产量。产量增加的比率是 $60/29 = 2.07$。因此,投入要素使用量按 1.50 系数增加的结果使产出量增加的系数大于 1.5(具体为 2.07)。这个情况形成了规模报酬递增。

---

### 实例 | BB&T 商业银行的技术效率和配置效率

银行合并活动的浪潮持续不断,驱动原因就是合并使运营效率有可能大大提高。把美国的借贷公司、借贷机构、各种存款机构和一般商业银行加在一起,只占最有效率的标杆银行非延期贷款(所谓的"当期状况贷款"或"良好贷款")的 63%。与此相反,以天然气为燃料的发电厂都具有 93% 的整体效率。商业银行的这个问题(及改进机会)是两方面的:首先,一些银行采取的业务过程是无效率的,比如允许借款人选择一名高级贷款经理评估和批准贷款申请,而不是由银行安排两名匿名贷款经理。此时用技术效率衡量被观察银行的产量,用它除以具有相同业务过程的标杆银行的最大可能产量。银行的贷款价值越小,违约的技术效率越低。美国代表性商业银行的技术效率只有 78%。最好的标杆做法表明一家银行可能需要模仿其他银行的借款人甄别或贷款监测的过程。

当两家银行确实在努力采用相同的最低成本业务过程,但是其中一家比另一家银行形成更多的当期状况贷款时,就可以确定这类机构的总投入要素成本。配置效率测量了对于给定的产出贷款价值,最低总投入要素成本与另一较高总投入要素成本的比率。线性规划研究的结果表明,美国商业银行的配置效率平均只有81%,意味着距离最低成本过程相差 19%。

当提高配置效率和技术效率的努力获得成功后,所谓的非利息经营支出(例如人头数)与净利息加收费的所谓"银行(低)效率比率"通常会明显下降。因此,资本化价值通常会上升,致使像 BB&T(Branch Banking and Trust)银行收购匹兹堡国民银行支付的合并溢价,超过了目标收购银行合并前价值的 20% ~ 30%。

资料来源:Based on D. Wheelock and P. Wilson,"Evaluating the Efficiency of Commercial Banks," *St. Louis Federal Reserve Review*(July/August 1995),pp. 39 52;and A. Kleit and D. Terrell,"Measuring Potential Efficiency Gains from Deregulation of Electricity Generation," *Review of Economics and Statistics*(August 2001),pp. 523550.

## 7.8.1  规模报酬的测量

生产规模的扩大可用两维的等产量线图表示,如图 7-13 所示。生产规模按系数 $\lambda = 2$ 增加,从 10 单位投入要素 $L$ 和 100 单位投入要素 $K$ 的组合到 20 单位投入要素 $L$ 和 200 单位投入要素 $K$ 的组合,结果使产出量从 $Q^{(1)}$ 增加到 $Q^{(2)}$。在生产要素增加和产量增加之间存在 3 种可能的关系:

(1) 规模报酬递增:产量的增加大于 $\lambda$,即 $Q^{(2)} > \lambda Q^{(1)}$。

(2) 规模报酬递减:产量的增加小于 $\lambda$,即 $Q^{(2)} < \lambda Q^{(1)}$。

(3) 规模报酬不变:产量的增加正好等于 $\lambda$,即 $Q^{(2)} = \lambda Q^{(1)}$。

图 7-13 画出了 3 种不同的生产函数,表现出 3 种不同的规模报酬。图 7-13a 表示规模报酬递增,投入要素 $L$ 增加 1 倍,从 10 单位增至 20 单位,投入要素 $K$ 也增加 1 倍,从 100 单位增至 200 单位,结果造成产出量大于 1 倍(即从 100 增加到 250)。图 7-13b 表示规模报酬递减,两种投入

要素 $L$ 和 $K$ 同样增加 1 倍，形成的产出量小于 1 倍（即从 10 000 增加到 15 000）。最后，图 7-13c 表示规模报酬不变，投入要素 $L$ 和 $K$ 同样增加 1 倍，结果形成的产出量正好翻了一番（即从 1 000 加到 2 000）。

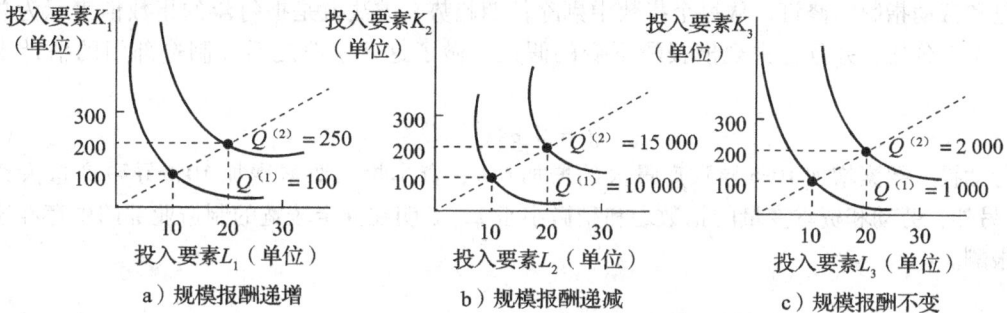

图 7-13  用生产的等产量线表示规模报酬递增、递减和不变

## 7.8.2  递增和递减的规模报酬

很多工厂层面的生产函数都表现出规模报酬开始递增然后递减的特点。人们已经提出了一些工业工程方面的论据来证实生产函数的这个差异性。首先出现规模报酬递增的一个主要原因就是使用资本和劳动过程中的专业化机会。在完成种类有限的工作时，更有效率的设备可以替代效率不高的通用设备。同样，工人在完成少数相关任务时要比一个技能不高的多面手工人效率更高。因此规模报酬递减通常源于随着生产规模扩大，管理人员面对的协调和调控问题越来越复杂。例如，管理者在越来越宽的控制幅度下传送和接收现状报告的能力可能是有限的。

## 7.8.3  柯布－道格拉斯生产函数

一种更为简单的情况就是柯布－道格拉斯生产函数，其规模报酬是由以下公式中的参数之和 $(\beta_1 + \beta_2)$ 决定的：

$$Q = \alpha L^{\beta_1} K^{\beta_2} \tag{7-16}$$

根据 $\beta_1 + \beta_2$ 是否小于、等于或大于 1，柯布－道格拉斯生产函数将分别表现为报酬递减、不变或递增。

乘法指数的柯布－道格拉斯生产函数可按一种线性回归关系进行估计，方法是对式（7-16）取对数

$$\log Q = \log \alpha + \beta_1 \log L + \beta_2 \log K \tag{7-17}$$

因此，一旦估计出来柯布－道格拉斯模型的参数，就可以利用劳动变量的指数（$\beta_1$）与资本变量的指数（$\beta_2$）之和来检验规模报酬递增、不变或递减是否存在。

## 7.8.4  柯布－道格拉斯生产函数在制造业中的经验研究

柯布和道格拉斯在最初研究中提出了一种形如式（7-16）的生产函数，来拟合制造部门的产量 $Q$、劳动 $L$ 和资本 $K$ 的指数。$Q$ 是制造业实物量的指数；$L$ 是拿工资者（即不包括拿薪金的员工、职员和参加劳动的业主）被雇用平均数的指数；$K$ 是工厂、建筑物、工具和机械设备（转化为不变购买力美元）价值的指数。若把生产函数指数之和限定为 1（规模报酬不变），就得到以

下函数：

$$Q = 1.01L^{0.75}K^{0.25} \tag{7-18}$$

柯布和道格拉斯在以后的研究中做了一些修正，多少改动了他们的研究成果。这些修正包括对产量和劳动指数的修订，从每个指数中剔除长期趋势，方法就是把每年的指数值表示为总趋势值的一个百分比，并且舍去规模报酬不变的假设。做了这些修改之后，制造部门的估计生产函数是

$$Q = 0.84L^{0.63}K^{0.30} \tag{7-19}$$

劳动投入要素增加10%导致产量大约增加6%，资本投入要素增加10%导致产量大约增加3%。另外，劳动和资本变量的指数之和稍微小于1，表明在界定较宽的制造业部门中存在递减的规模报酬。

### 7.8.5 美国制造业横截面分析

横截面数据还被用来对美国18个制造行业的柯布-道格拉斯生产函数进行估计。约翰·莫罗尼（John Moroney）使用位于各州工厂的总量数据估计出以下含有3个变量的模型

$$Q = \alpha L_p^{\beta_1}L_n^{\beta_2}KL^{\beta_3} \tag{7-20}$$

式中，$Q$ 是生产工厂的增加值；$L_p$ 是生产工人的工作小时，$L_n$ 是非生产工人的工作年限；[一]$K$ 是可折旧、会耗损资产的账面价值。[二]表7-4列出了几个行业的研究结果。指数之和（$\beta_1 + \beta_2 + \beta_3$）的范围从石油行业较低的0.947到家居行业较高的1.109。统计检验表明，18个行业中13个行业的指数之和与1.0没有很大差别，这一点支持了绝大多数制造业表现出规模报酬不变的假设。

表7-4 若干行业的生产弹性

| 行业 | 资本弹性[①] $\beta_1$ | 生产工人弹性 $\beta_2$ | 非生产工人弹性 $\beta_3$ | 弹性之和 $\beta_1 + \beta_2 + \beta_3$ |
|---|---|---|---|---|
| 食品与饮料 | 0.555 | 0.439 | 0.076 | 1.070[①] |
| | (0.121) | (0.128) | (0.037) | (0.021) |
| 纺织 | 0.121 | 0.549 | 0.335 | 1.004 |
| | (0.173) | (0.216) | (0.086) | (0.024) |
| 家具 | 0.205 | 0.802 | 0.103 | 1.109[①] |
| | (0.153) | (0.186) | (0.079) | (0.051) |
| 石油 | 0.308 | 0.546 | 0.093 | 0.947 |
| | (0.112) | (0.222) | (0.168) | (0.045) |
| 石料、黏土等 | 0.632 | 0.032 | 0.366 | 1.029 |
| | (0.105) | (0.224) | (0.201) | (0.045) |
| 初级金属 | 0.371 | 0.077 | 0.509 | 0.958 |
| | (0.103) | (0.188) | (0.164) | (0.035) |

注：每个弹性系数下面括号中的数字是标准误差。
　　① 在0.50水平上（单尾检验）明显大于1.0。

资料来源：John R. Moroney, "Cobb-Douglas Production Functions and Returns to Scale in U. S. Manufacturing Industry," *Western Economic Journal* 6, no. 1 (December 1967), Table 1, p. 46.

---

[一] 非生产工人是管理人员和其他员工。
[二] 资产的账面价值是这些资产在公司资产负债表上的历史价值。账面价值可能与当前重置价值有很大的不同，因此可能夸大或低估了公司所使用的资本的实际数额。

## 实例｜点球成金：职业棒球大联盟的生产函数

诸如棒球大联盟这样的团队运动与其他组织一样，都是力求通过使用队员的各种技术提供一种产品（球队胜利）。在通过转会、自由代理人市场和小联盟／大学获得队员的过程中，业主要面对各种投入组合的权衡问题。例如，棒球队业主一定要决定是否为交换一名熟练的盗垒者而与一名投手签订自由转会协议。这些决策都可以在棒球生产函数范围内制定，但要面对各种约束条件（如预算限制和罚款、有关招聘转会的联盟规则等）。迈克尔·刘易斯（Michael Lewis）2004 年出版的《点球成金》（Moneyball）声称美国棒球大联盟的最大球队并非在实施最有效率的球员生产组合，然后说明奥克兰竞技队如何发现了这种生产的低效率，随后只利用一个最低的薪金预算就打败了它的对手。

为了对构成球队成功的因素进行量化，使用 26 个大联盟棒球队的数据建立一个柯布 - 道格拉斯生产函数。以球队的取胜次数作为产量（Q），模型中包括 5 种不同种类的投入（$X_1$、$X_2$、$X_3$ 等）。

（1）击球。这个因素包括两个不同的次级技术——击球频率，用球队的击球平均数来衡量；击球力量，用球队的本垒打来衡量。长打率占了跑垒得分的 2 倍或 3 倍贡献，它证明对预测获胜甚至更为有效。《点球成金》说明走垒的作用被忽略，并支持上垒率而不是长打率。走垒在 1999 年和 2001 年美国大联盟中占第 1 位，在 2000 年、2002 年和 2004 年是第 2 位或第 3 位。

（2）跑垒。一种衡量速度的指标，是球队的盗垒总数。奥克兰队的里基·亨德森（Ricky Henderson）在一个赛季中创纪录地盗垒 130 次。

（3）防守。这个因素也包括两种次级技能——抓住队员能实现的机会，由防守率来衡量；抓住许多队员不能实现的困难机会，由接受的总机会数来衡量。因为这两个变量是互相高度相关的（即多重共线性），所以要对每一个变量分别进行回归。

（4）投球。投球因素最明显的衡量指标就是球队的投手责任得分率（ERA）。然而，ERA 不仅取决于投球技能，也取决于球队的防守技术。一个更好的衡量纯粹投球技术的指标就是投球队员三击不中与走垒之比。

（5）教练。当教练的业绩不能令人满意时，球队常常更换教练，因此教练被视为一个重要因素。然而，一名经理（教练）的能力是很难衡量的。在这项研究中使用了两种不同的衡量指标——教练执教生涯中的输赢比例和在大联盟的执教年限。要对每个变量分别进行回归。

最后，使用一个虚拟变量（NL = 0，AL = 1）来控制联盟球队之间的差别，如设定的击球规则。

4 种回归结果列在表 7-5 中，从这些结果中可以得出如下结论：

（1）击球平均数对球队胜利的贡献几乎是投球的 6 倍。这个结果一般与习惯认识相矛盾，人们都认为是投球和防守赢得冠军。

（2）本垒打对球队成功的贡献大约是盗垒的两倍。

（3）教练的技能在任何一个回归方程中都不显著。

（4）防守技术在任何一个回归方程中都不显著。

（5）最后，在每个方程中，有统计意义的变量之和是在 2.588 ~ 2.709。因为这些数值都大大高于 1.0，因此所研究的棒球生产函数全部表现为规模报酬递增。更好的击球、上垒和跑垒技能的贡献高于比赛获胜比例的增加值。由于获胜与出勤之间的联系，具有这些特点的球员也会产生更高的收益，特别是那些争夺地区和联盟冠军的球队。

表 7-5　棒球生产函数的经验估计

| 变量 | 方程 1 | 方程 2 | 方程 3 | 方程 4 |
|---|---|---|---|---|
| 常数 | 0.017 | 0.018 | 0.010 | 0.008 |
| 虚拟变量 | −0.002 | −0.003 | 0.004 | 0.003 |
| 击球率 | 2.017[1] | 1.986[1] | 1.969[1] | 1.927[1] |
| 本垒打 | 0.229[1] | 0.299[1] | 0.208[1] | 0.215[1] |
| 盗垒 | 0.119[1] | 0.120[1] | 0.110[1] | 0.112[1] |
| 三击不中/走垒 | 0.343[1] | 0.355[1] | 0.324[1] | 0.334[1] |
| 总防守率 | 1.235 | 1.200 | | |
| 防守百分比 | | | 5.62 | 5.96 |
| 教练赢/输比率 | | −0.003 | | −0.004 |
| 教练执教年限 | −0.004 | | −0.002 | |
| $\overline{R}^2$（可决系数） | 0.789 | 0.790 | 0.773 | 0.774 |

① 在 0.05 水平上具有统计显著性。

资料来源：Based on Charles E. Zech，"An Empirical Estimation of a Production Function：The Case of Major League Baseball," *The American Economist* 25，no. 2（Fall 1981），pp. 19-23；Michael Lewis，*Moneyball*（New York：Norton，2004）；John Haks and Ray Sauer，An Economic Evaluation of the Moneyball Hypothesis，" *Journal of Economic Perspectives*（Summer 2006），pp. 173-185；and "The Real Most Valuable Players," *Wall Street Journal Online*（2007）.

## 小　结

- 生产函数可以是一个表、一张图或一个数学模型，它把不同数量的投入要素与所能生产的最大产量联系起来。

- 对于只有一种变动投入要素的生产函数来说，边际产量的定义就是在生产过程中对使用一单位变动投入要素所能生产的总产量的增量变化。

- 对于只有一种变动投入要素的生产函数来说，平均产量的定义就是总产量与生产这个产量所使用的变动投入要素的数量之比。

- 边际报酬递减规律认为，所有其他的生产要素保持不变，生产过程中变动要素的使用量不断增加，超过了某一点之后就会导致总产量的边际增加值递减。网络效应会形成报酬递增，特别是涉及信息经济商品和行业标准的时候。

- 在短期内，一种生产要素固定不变，最优产量水平（和变动投入要素的最优使用量）出现在边际产量收益等于边际要素成本的地方。边际产量收益的定义为增加 1 单位变动投入要素使总收益增加的量。边际要素成本的定义为增加 1 单位变动投入要素使总成本增加的量。

- 生产的等产量线可以是一条几何曲线，也可以是一个代数函数，代表可以用来生产某一既定水平产出量的各种投入要素的所有组合。

- 边际技术替代率就是生产过程中总产量保持不变时，一种投入要素可以被另一种投入要素代替的比率，它等于两种投入要素的边际产量之比。

- 在长期来看，所有的投入要素都是变动的，面对产量约束的成本最低（或面对成本约束的产量最高）要求生产过程的运行处于这样一点上：每一种要素的单位货币成本所得到的边际产量都相等。

- 一个生产过程技术效率的高低程度就是在给定相同的投入要素条件下，实际看到的产出量与该生产过程的可能最大潜在产量之比。

- 一个生产过程具有的配置效率高低程度就是用最低成本生产既定产量的总成本与生产该产量的实际总成本之比。
- 实物的规模报酬定义为：由所有投入要素按某一既定比例增加所造成的生产过程中产量

的比例增加。

- 柯布－道格拉斯生产函数被大量应用于经验研究，它是一种乘法指数函数，产量是每种投入要素的（非线性）递增函数，指数参数之和表明规模报酬的性质。

## 练 习

1. 在本章深溪采矿公司的例子（见表 7-1）中，再次假设劳动力是可变投入要素，资本是固定投入要素。具体说，假设该厂商有一台 500BHP 的设备。

a. 完成下表。

| 劳动投入要素 L（工人数量） | 总产量 $TP_L$（= Q） | 边际产量 $MP_L$ | 平均产量 $AP_L$ |
|---|---|---|---|
| 1 | — | — | — |
| 2 | — | — | — |
| 3 | — | — | — |
| 4 | — | — | — |
| 5 | — | — | — |
| 6 | — | — | — |
| 7 | — | — | — |
| 8 | — | — | — |
| 9 | — | — | — |
| 10 | — | — | — |

b. 画出（i）总产量函数，（ii）边际产量函数，（iii）平均产量函数。

c. 确定 3 个生产阶段的边界。

2. 根据你对不同生产函数之间关系的了解，完成下表：

| 可变投入要素 L | 总产量 $TP_L$（= Q） | 平均产量 $AP_L$ | 边际产量 $MP_L$ |
|---|---|---|---|
| 0 | 0 | — | — |
| 1 | — | — | 8 |
| 2 | 28 | — | — |
| 3 | — | 18 | — |
| 4 | — | — | 26 |
| 5 | — | 20 | — |
| 6 | 108 | — | — |
| 7 | — | — | −10 |

3. 一条捕捞船的每周捕鱼量是安排在这条船上作业的船员人数的函数。根据过去的数据可形成以下的生产表：

| 船员规模（人数） | 每周捕鱼量（百磅） |
|---|---|
| 2 | 3 |
| 3 | 6 |
| 4 | 11 |
| 5 | 19 |
| 6 | 24 |
| 7 | 28 |
| 8 | 31 |
| 9 | 33 |
| 10 | 34 |
| 11 | 34 |
| 12 | 33 |

a. 在船员规模的什么范围内存在规模递增、规模不变、规模递减、报酬为负的情况？

b. 如果船主对最大捕鱼量感兴趣，那么应该使用多大的船员规模？

c. 如果船主对每人的平均捕鱼量最大感兴趣，那么应该使用多大的船员规模？

4. 再分析练习 3。假设船主能以 75 美元/百磅鱼的价格将捕捞的鱼全部售出，并能以每周 150 美元雇到任意数量的船员。假定船主对最大利润感兴趣，确定最优的船员规模。

5. 分析以下短期生产函数（L = 可变投入要素，Q = 产量）

$$Q = 6L^2 - 0.4L^3$$

a. 确定边际产量函数（$MP_L$）。

b. 确定平均产量函数（$AP_L$）。

c. 找出能使 Q 最大化的 L 值。

d. 找出边际产量函数取最大值时的 L 值。

e. 找出平均产量函数取最大值时的 $L$ 值。

6. 考虑以下短期生产函数（$L$ = 可变投入要素，$Q$ = 产量）

$$Q = 10L - 0.5L^2$$

假设产品可按 10 美元/单位售出，厂商能按其需要以 20 美元/单位获得可变投入要素（$L$）。

a. 确定边际收益产品函数。

b. 确定边际要素成本函数。

c. 给定目标为利润最大化，确定 $L$ 的最优值。

7. 假定某一厂商的生产函数由下列关系给出：

$$Q = 2.5\sqrt{LK}(i.e., Q = 2.5L^{0.5}K^{0.5})$$

式中，$Q$ 为产量；$L$ 为劳动投入要素；$K$ 为资本投入要素。

a. 如果劳动投入要素增加 10%（假定资本投入要素保持不变），确定产量增加的百分比。

b. 如果资本投入要素增加 25%（假定劳动投入要素保持不变），确定产量增加的百分比。

c. 如果劳动和资本两种要素投入都增加 20%，确定产量增加的百分比。

8. 基于表 7-4 给出的生产函数参数估计：

a. 哪个行业表现出规模报酬递减（不考虑统计显著性问题）？

b. 哪个行业最接近规模报酬不变？

c. 在哪个行业，资本百分比增加会导致产出的最大百分比增加？

d. 在哪个行业，生产工人百分比增加会导致产出的最大百分比增加？

9. 考虑特定城市的公交汽车运输系统，柯布-道格拉斯生产函数表示如下：

$$Q = \alpha L^{\beta_1} F^{\beta_2} K^{\beta_3}$$

式中，$L$ 是按工人小时数计算的劳动投入；$F$ 是按加仑计算的燃料投入；$K$ 是按公共汽车数量计算的资本投入；$Q$ 是按公共汽车百万英里里程数测量的产出。

假设该模型的参数（$\alpha$，$\beta_1$，$\beta_2$，$\beta_3$）是用过去 25 年的年度数据进行估计的。得到如下结果：

$$\alpha = 0.0012 \quad \beta_1 = 0.45$$
$$\beta_2 = 0.20 \quad \beta_3 = 0.30$$

a. 确定（i）劳动投入，（ii）燃料投入和（iii）资本投入的生产弹性。

b. 假设其他投入保持不变，明年的劳动力投入（工人小时数）增加了 2%。确定产出的近似百分比变化。

c. 假设其他投入保持不变，明年的资本投入（公共汽车数量）减少了 3%（当某些旧公交车被取消服务）。确定产出的近似百分比。

d. 该公交汽车运输系统是什么类型的规模报酬（不考虑统计显著性问题）？

e. 讨论在使用时间序列数据估计模型参数时可能遇到的一些方法上和测量上的问题。

10. 柯布-道格拉斯生产函数的扩展——可以证明柯布-道格拉斯生产函数（式（7-16））是更大的一类生产函数的特例，这类生产函数具有以下数学形式：

$$Q = \gamma[\partial K^{-\rho} + (1-\partial)L^{-\rho}]^{-v/\rho}$$

式中，$\gamma$ 是说明由给定投入要素数量所形成产量的一个效率参数；$\partial$ 是一个分布函数（$0 \leq \partial \leq 1$），它表示要素收入在资本和劳动之间的分割；$\rho$ 是一个替代参数，衡量生产过程中资本对劳动（或劳动对资本）的替代性；$v$ 是一个规模参数（$v > 0$），它表明规模报酬的种类（递增、递减或不变）。[提示：分别以 $\lambda$ 或 $K^* = (\lambda)K$ 和 $L^* = (\lambda)L$ 为因子，增加资本 $K$ 和劳动 $L$，并说明产量也会以 $\lambda$ 或 $Q^* = (\lambda)Q$ 为因子增加。]

11. 罗伯照明公司目前雇用 100 名非技术工人、80 名工厂技师、30 名有技术的机械师和 40 名有技术的电气师。罗伯认为最后一名非技术劳动工人的边际产量是每周生产 400 盏灯，最后一名工厂技师的边际产量是每周 550 盏灯，最后一名熟练的机械师的边际产量共 550 盏灯，最后一名熟练的电气师的边际产量是每周 600 盏灯。非技术工人每周赚 400 美元，工厂技师每周赚 500 美元，机械师每周赚 700 美元，电气师每周赚 750 美元。

罗伯是否在使用工人的最低成本组合来生产其目标产量？如果不是，你能提出什么建议帮助此公司？

## 案例练习

### 威尔逊公司的生产函数

威尔逊公司（Wilson Company）的经济学家们要为这家化肥厂建立一个生产函数，他们收集了 15 家不同工厂生产化肥的数据（见下表）。

**问题**

1. 对柯布–道格拉斯生产函数 $Q = \alpha L^{\beta_1} K^{\beta_2}$ 进行估计。式中，$Q$ 为产量；$L$ 为劳动投入要素；$K$ 为资本投入要素；$\alpha$、$\beta_1$ 和 $\beta_2$ 是待估计的参数。

2. 检验资本和劳动的参数是否具有统计显著性。

3. 确定产量变动中已被回归方程"解释"的百分比。

4. 确定劳动和资本的估计参数并对每一个数值给出一个经济解释。

5. 确定这个生产函数是表现为规模报酬递增、递减还是不变（不考虑统计显著性问题）。

| 工厂 | 产量（千吨） | 资本（千美元） | 劳动（千人小时） |
|---|---|---|---|
| 1 | 605.3 | 18 891 | 700.2 |
| 2 | 566.1 | 19 201 | 651.8 |
| 3 | 647.1 | 20 655 | 822.9 |
| 4 | 523.7 | 15 082 | 650.3 |
| 5 | 712.3 | 20 300 | 859.0 |
| 6 | 487.5 | 16 079 | 613.0 |
| 7 | 761.6 | 24 194 | 851.3 |
| 8 | 442.5 | 11 504 | 655.4 |
| 9 | 821.1 | 25 970 | 900.6 |
| 10 | 397.8 | 10 127 | 550.4 |
| 11 | 896.7 | 25 622 | 842.2 |
| 12 | 359.3 | 12 477 | 540.5 |
| 13 | 979.1 | 24 002 | 949.4 |
| 14 | 331.7 | 8 042 | 575.7 |
| 15 | 1 064.9 | 23 972 | 925.8 |

# 可再生与可耗尽自然资源的生产经济学

自然资源投入要素对于发达经济和发展中经济的好多产业能否成功影响巨大。用于房屋建筑的木材，转变为电力的煤炭和天然气，转变为汽油的石油都是说明公司的利润率与自然资源投入要素密切相关的例子。自然资源通常分为两类：可再生资源与可耗尽资源。诸如清洁空气、洁净水、牧场、森林和渔场等可再生资源常常是公共财产并表现出外部性问题，对它们的分析与管理不同于通常不能移动因而私有化的可耗尽资源，比如海床、煤田、地下的原油和天然气储备等。因此，公共管制全面参与制定可再生资源的决策。例如，流动的蓝鳍金枪鱼海洋渔场遭到过度捕捞，致使其捕捞量在以惊人的速度下降（见图 7A-1）。几次双边贸易协商和联合国都已关注这个问题并提出了管制解决办法。

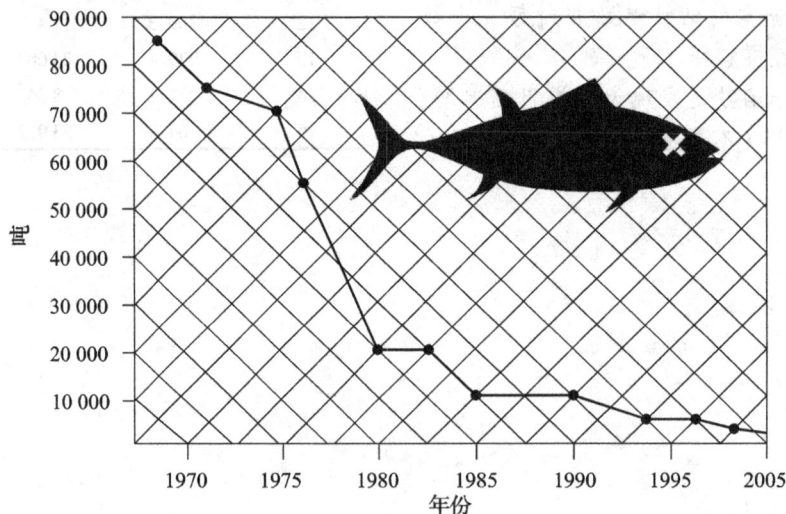

图 7A-1 蓝鳍金枪鱼的捕获总量因捕捞增加而下降，证明了这种鱼的存量在锐减
资料来源：From Hemispheres, United. com in-flight Magazine, October 2009, p. 24. Reprinted by permission of Ink Publishing.

## 7A. 1 可再生资源<sup>⊖</sup>

从根本上讲，所有的可再生资源作为资本资产都要用一种动态的存量 - 流量模型进行分析，

---

⊖ 本节以加德纳·布朗（Gardner Brown）的出色调查为依据，"Renewable Resource Management and Use with and without Markets," *Journal of Economic Literature* 38（December 2000），pp. 875-914.

时间（获取时间和消亡时间）在此模型中起着明显作用。可再生资源的最优决策问题就是何时生产（即何时采牡蛎、何时捕鱼、何时砍树），何时让资源再增长一年，随后产生更大的收获量。在以下公式中，获取资源的流量 $h$ 是由收获努力 $E$ 和剩余资源的存量（资本存量）$S$ 决定的，比如渔业的人口规模和未砍伐森林木材的累积量

$$h = f(E, S) \tag{7A-1}$$

此处假定收获努力的正值边际报酬递减（$\partial f/\partial E) > 0$，$\partial^2 f/\partial^2 E < 0$。留在渔场、森林或养蚝场中的存量越大，意味着付出既定收获努力得到的流量越高（$\partial f/\partial S) > 0$，因此单位产量的收获成本越低。

所以能使可再生资源增加的一种方法就是减少收获。更一般地讲，一种资源单位存量的净增长率 $\Delta S/\Delta t$，就是计划收获流量 $h$ 与生物增长函数 $g(S)$ 之差。

$$\frac{\Delta S}{\Delta t} = -h + g(S) \tag{7A-2}$$

正如同假定相对于收获努力的报酬递减是非常自然的一样，产地、空间和食物的有限性也会随着一个物种的增长形成报酬递减，也就是说，$\partial^2 g/\partial^2 S < 0$。后面这个增长函数最终递减的斜率 $\Delta S/\Delta t$ 衡量的是，由等待一单位时间 $\Delta t$ 而不是立即收获资源所增加的捕鱼量或木材量。这种自然的非线性法则也反映在一个物种的加速消亡上（见图 7A-1 中蓝鳍金枪鱼数量的急剧下降），或者反映在相似的木材砍伐中木材的累积量上。

由等待收获并且随后出售更多资源所得到的潜在收益，用木材或捕鱼存量价值的百分比增长率 $\dfrac{\frac{P\Delta S}{\Delta t}}{PS}$ 来表示，它与资源所有者的经通胀和风险调整的贴现率 $r$ 存在着重要关系。这个贴现率就是等待的机会成本；换句话说，它是所有者的资金投资于具有相同风险的另一个项目可以赚取的利息。在式（7A-3）和图 7A-2 的下半部分，我们用收获的投资收益率（ROI）来表示这个百分比。具体说，当资源存量的增长百分比大于所有者的贴现率时（比如在图7A-2 中的 A 点上），所有者应该收获更多（沿着 ROI 向下方的 D 点移动，沿着图 7A-2 上半部分的产量向上方的 $h_{w/o}^*$ 移动）。当资源存量的增长百分比小于贴现率时，收获量应该下降，比如位于图 7A-2 中的 B 点上。在 $h_{w/o}^*$ 和 D 点上的最优资本存量相等。

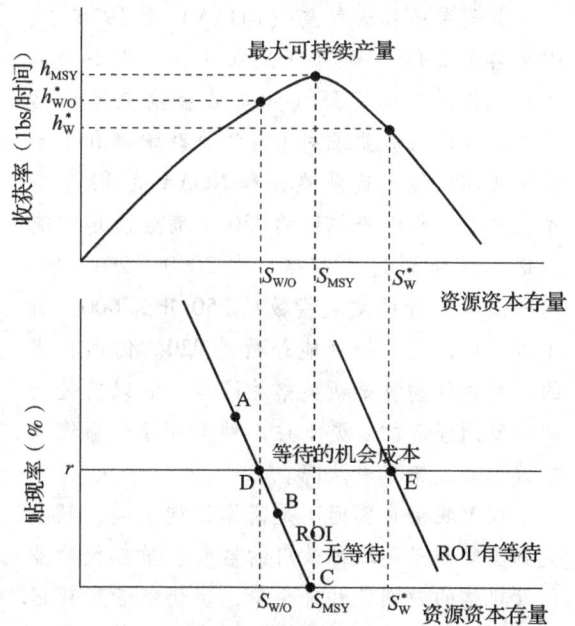

图 7A-2　可再生资源的增长，最大可持续产量和最优资本存量

$$\left[ \text{ROI} = \frac{P\Delta S/t}{PS} = \frac{\Delta S/\Delta t}{S} \right] = r \tag{7A-3}$$

一般地，正值的贴现率（反映了一个有等待成本的不可否认的事实）表明最优资本存量（物种的群体规模）小于可持续的最大收获量。尤其是最优群体规模总是小于可持续最大收获量，有

时也称为**可持续最高产量**（位于图 7A-2 上部的高峰上）。原因是产生最大收获量 $h_{MSY}$ 的资本存量 $S_{MSY}$ 推动收获的 ROI 为零（位于 C 点上）。任何正值的贴现率都将超过 C 点上的 ROI，因而表明资源所有者应该减少木材或渔场的存量。例如，图 7A-2 说明，使 ROI 与 $r$ 相等的 $S_{w/o}$ 小于 $S_{MSY}$。

---

**可持续最高产量**（maximum sustainable yield，MSY）：由作为一种永久资产的资源存量能够生产的最大生产收获量。

---

不过要重点强调的是：$S$ 的增长率，即 $g(S)$，可能不是一个常数，而是 $S$ 本身的一个正函数。由于一个渔场因其整体规模扩大而使生物恢复得更快，所以收获的 ROI 相较于其他情况将变得更高。换句话说，代表没有规模扩大带来的额外增加量的生物过程的 $ROI_{w/o}$ 此时将向右移至 $ROI_w$。结果最优资本存量增加到 $S_w^*$。 尽管最优收获量决策是复杂的，但在深入了解美国海洋和大气管理局（NOAA）环境经济学家所做的分析后，已经让几种濒危物种（如新英格兰扇贝、大西洋蓝鳍金枪鱼和比目鱼以及太平洋鳕鱼）在 $S_w^*$ 处恢复到了充分健康水平。这种环境成功对于整个美国的许多沿海经济体是重要的，因为商业和休闲渔业每年的产值有 1 830 亿美元，会雇用 150 万人。

---

| **实例** | 切萨皮克湾牡蛎养殖海域的恢复

美国海洋和大气局（NOAA）在 1976 年、1996 年和 2006 年颁布了渔业法规，八个地区监管机构对鱼类资源（如蓝鳍金枪鱼等）枯竭的所有近海渔业采用了科学收获配额和十年恢复程序。经过商业渔民和 NOAA 的 30 年合作，美国联邦政府监控的 230 个商业渔场中有 86% 不再受到过度捕捞。在 2000 ~ 2012 年，美国渔业可持续发展指数从 350 升到 600，翻了近一倍，最大的可能分数是 920。仍然枯竭的鱼类种群物种是新英格兰鳕鱼，它以前是马萨诸塞州经济的主要支柱，神圣的鳕鱼雕像立在波士顿，笼罩着法院。

作为底栖鱼类而不是离岸迁徙鱼类，鳕鱼受到国家而不是联邦政府的监管。虽然州渔业监管机构的效率低和资金少，但仍然管理得很好。以切萨皮克湾牡蛎收获决策为例来说明，幼虫阶段的牡蛎在正确条件下生长和繁殖很快，但需要附着在贝壳或壳状物体的表面上。一种很好的贝壳替代物就是牡蛎包装厂形成的副产品空贝壳。遗憾的是，牡蛎的过度捕获已经破坏了用空贝壳恢复牡蛎养殖海域的私人积极性。因为深水养殖区域是公共财产，任何一个牡蛎捕获者都不能享用由空贝壳恢复深水海域带来的收益。相反，每个捕获者都积极地获取日益下降的最大产量，直到公共资源枯竭。这就是所谓的"公地悲剧"。

为了防止因牡蛎过度捕获和养殖海域恢复不足而毁灭牡蛎养殖业，弗吉尼亚和马里兰对牡蛎的捕获规模和方法进行了管制，而且这两个州都为用空贝壳恢复养殖海域提供公共补贴。缅因州捕龙虾的渔民接受类似的捕捞管制和维持限额，通过一个资源组成的协会（一个经济俱乐部）来共同管理并分享自然资源。

像木材管理和野生动物管理等其他情况，幼苗培育和成长都可以通过不同方式的恢复得到增强。通过砍伐大树老树和定期移走灌木来降低森林密度，使生长不好的树木、幼苗得以更好的生长。这种情况也适用于大型狩猎动物种群。因此，最优收获量实际上可以因更具有前瞻性的木材管理和狩猎管理而增加。

资料来源："Fish Stocks: Plenty More Fish in the Sea," *The Economist*，（May 26，2012），p. 78.

---

 请注意，如图 7A-2 所示最佳采收率 $h_w^*$ 比没有这种效应下的最佳采收率 $h_{w/o}^*$ 低。这一结果与某种感觉一致，即我们等待以后的收获将会从中获得更大的收获（这取决于可再生种群的生物再生特点）。

## 7A.2 可耗尽自然资源

像煤炭、原油、天然气和钻石等一些自然资源是在亿万年间形成的。这些资源虽然在地质意义上是数量有限和固定的，但更密集的勘探和开发常常在现有资源耗尽前可能找到更多的资源。尽管如此，低硫煤、轻原油和高质量天然气的供给最终还是会枯竭，人们通常不等这种情况发生，就会发现一种更新的自然资源和人造替代品。正如第 2 章所指出的，人们把霍霍巴油作为抹香鲸润滑剂的一种良好的天然替代品，用于喷气机引擎等高速摩擦机械上。同样，人造钻石在很多工业应用上替代了天然钻石。如今，定向钻井 3 公里，然后从石油钻井平台走弧线多达 10 公里（见图 7A-3）以及水力压裂技术从岩层 10 千米深处释放天然气，这些技术导致了石油和天然气行业的蓬勃发展。这种发展始于 2008 年 7 月的原油价格飙升到每桶 147 美元（同样参见图 7A-3）。

西得克萨斯中质原油，以2011年物价折算的每桶价格

资料来源：*The Economist*,Thomson Reuters.

a）

海洋水平钻井平台（深度和延伸，英里）

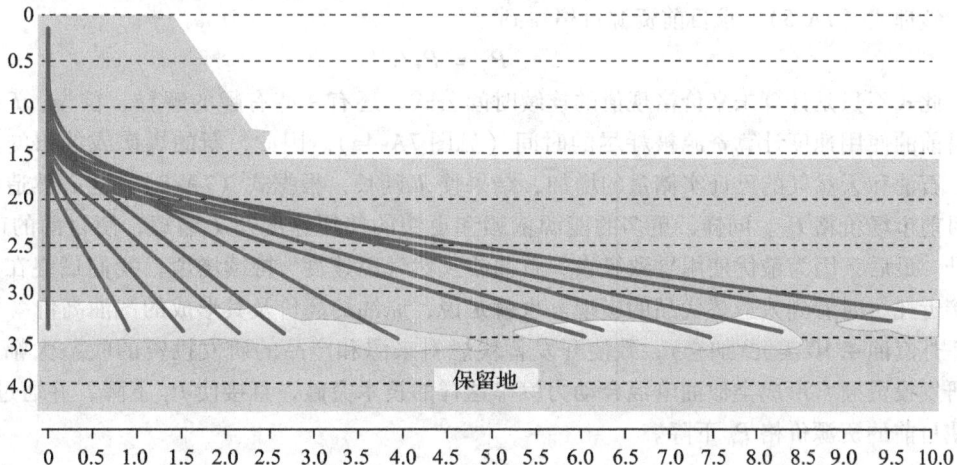

资料来源：Schlumberger.

b）

图 7A-3　1970～2015 年石油价格和水平钻井平台

对可耗尽自然资源的分析在以下两方面不同于可再生资源：第一，式（7A-2）中可再生资源的净增长率对于可耗尽资源会减少到简单的 $-h$，因为资源存量本身的增长率是零。第二，一种可再生资源的最优资本存量在其价格改变时并不会变化。这一点在式（7A-3）中很容易看到，等待投资收益率的分子和分母中的价格 $P$ 相互消除。这就是说，与资本存量大小无关的任何价格变化对于可再生自然资源的有效收获量或最优资本存量没有影响。与此不同，可耗尽资源正好相反。

因为自然资源本身没有办法再生，所以保持煤炭、原油或天然气数量不变或今天不开采的唯一原因就是，资源所有者认为价格在不远的将来会上涨。因此价格变化和对价格变化的预期是可耗尽资源决策的关键。

分析这种资源的获取问题，先把 $T(P_T)$ 时期的预期价格定义为

$$P_T = P_0(1 + r)^T \tag{7A-4}$$

式中，$r$ 是实际利率（更准确地说是资源获取决策中经通胀和风险调整的贴现率）。把每个单位时期 $t$ 分成 $n$ 个子时期，这个预期价格的复利增长形式可以写为[一]

$$P_T = P_0 \left[ \lim_{n \to \infty} \left( 1 + \frac{r}{n} \right)^{nT} \right] = P_0 e^{rT} \tag{7A-5}$$

与前面一样，我们用相对于资源价格百分比增长率的等待机会成本（实际利率 $r$）来表示这种"现在获取还是等待"决策[二]：

$$\frac{\Delta P_T / \Delta T}{P_T} = \frac{r P_0 e^{rT}}{P_T} \tag{7A-6}$$

利用式（7A-5），得到

$$\frac{\Delta P_T / \Delta T}{P_T} = r \tag{7A-7}$$

式（7A-7）说明，只要预期价格的增加率（比如说 8%）超过利率（比如说 4%），就应该把煤炭、石油和天然气留在地下，以后再开采。如果利率上升，超过了这个可耗尽资源价格的百分比增长率，该资源就应该现在开采并出售。

整理式（7A-5），求目前资源价格得到

$$P_0 = P_T / e^{rT} \tag{7A-8}$$

此式不只是计算未来价格现值的连续时间公式，还有一些有趣的解释。首先，$T$ 可以解释为按目前的使用速度计算资源被耗尽的时间（见图 7A-4a）。因此，新的煤矿或油田的发现导致煤炭、石油和天然气的已证实储量的增加，结果使 $T$ 延长，根据式（7A-8），这必然造成一个更低的目前市场价格 $P_0$。同样，更多的能源依赖和更快的使用速度使 $T$ 缩短，使目前的市场价格 $P_0$ 上升。最后，因为最优使用导致煤炭、石油或天然气以速度 $r$ 持续增值，我们最终在这些自然资源接近耗尽时看到人造替代品的出现。也就是说，原油的高价及其形成的汽油高价（比如说 2008年 7 月汽油 4.10 美元/加仑），致使开发替代燃料来源和产品的研发投资的收益大幅上升。大量的研发投资通常形成类似油电混合动力汽车这样的技术突破，直接使 $P_T$ 下降，并通过式（7A-8）也使目前的资源价格 $P_0$ 下降。

---

[一]　数字 e 是 2.7183…，自然对数的底。

[二]　此表达式是基于计算结果 $\frac{de^{rT}}{dT} = re^{rT}$。

2015年1月，10亿桶储量

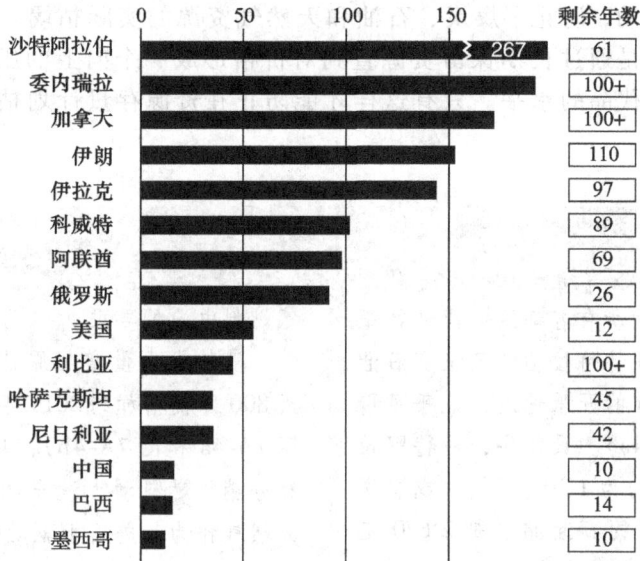

| | 剩余年数 |
|---|---|
| 沙特阿拉伯 | 61 |
| 委内瑞拉 | 100+ |
| 加拿大 | 100+ |
| 伊朗 | 110 |
| 伊拉克 | 97 |
| 科威特 | 89 |
| 阿联酋 | 69 |
| 俄罗斯 | 26 |
| 美国 | 12 |
| 利比亚 | 100+ |
| 哈萨克斯坦 | 45 |
| 尼日利亚 | 42 |
| 中国 | 10 |
| 巴西 | 14 |
| 墨西哥 | 10 |

a）

2002年12月，10亿桶储量

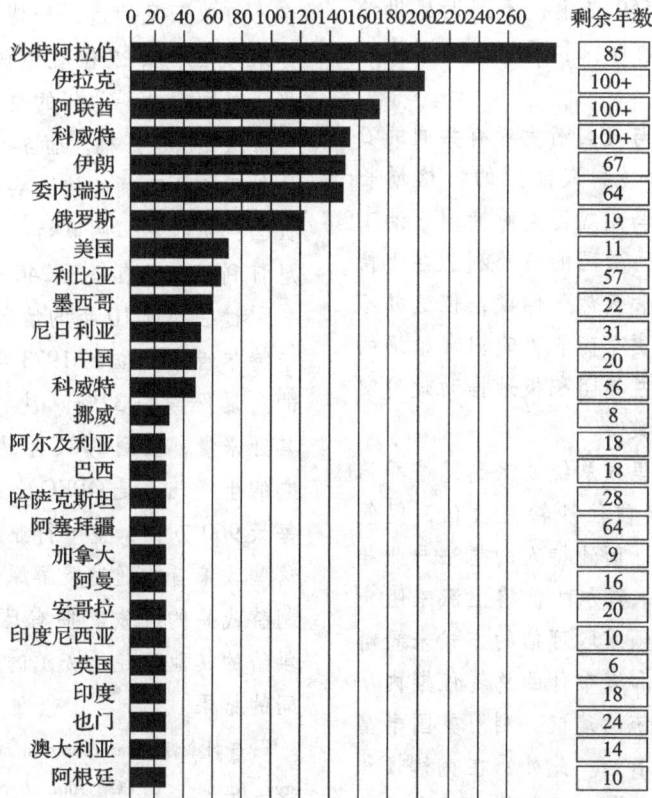

| | 剩余年数 |
|---|---|
| 沙特阿拉伯 | 85 |
| 伊拉克 | 100+ |
| 阿联酋 | 100+ |
| 科威特 | 100+ |
| 伊朗 | 67 |
| 委内瑞拉 | 64 |
| 俄罗斯 | 19 |
| 美国 | 11 |
| 利比亚 | 57 |
| 墨西哥 | 22 |
| 尼日利亚 | 31 |
| 中国 | 20 |
| 科威特 | 56 |
| 挪威 | 8 |
| 阿尔及利亚 | 18 |
| 巴西 | 18 |
| 哈萨克斯坦 | 28 |
| 阿塞拜疆 | 64 |
| 加拿大 | 9 |
| 阿曼 | 16 |
| 安哥拉 | 20 |
| 印度尼西亚 | 10 |
| 英国 | 6 |
| 印度 | 18 |
| 也门 | 24 |
| 澳大利亚 | 14 |
| 阿根廷 | 10 |

b）

图 7A-4 已证实石油储备耗尽年数（按当时开采速度计算）

资料来源：*The Economist*, June 29, 2002, p. 102；*BP Statistical Review of World Energy*, 2002, U. S. Energy Information Administration；*The Economist*, January 21, 2012, p. 6.

因此，可耗尽资源的高价格最终是不可避免的。不过，好消息是这种高价格常常会启动寻找发现替代品的行动，防止了煤炭、石油和天然气资源的实际枯竭。一个可耗尽资源的精明所有者的把戏就是通过长期保留资源直到对价格形成一个向上的压力，使价格正好低于引起发明和采用替代品的水平。只有这样才能防止在资源存量计划枯竭时间之前过早出现价格的崩溃。

## 实例 | 沙特阿拉伯石油部长在玩一个等待博弈

地球上任何资源的所有者都没有比沙特王室拥有更多的资源。沙特阿拉伯的已证实石油储量极其富饶，按目前的开采速度，几乎可再持续 61 年（见图 7A-4a）。具体讲，沙特阿拉伯每天开采的石油大约为 1 200 万桶，或者说每年 40 亿桶，已证实的石油储量是 2 670 亿桶，大约是整个全球供给量的 16%。与此相比，美国每天开采约 1 250 万桶，已证实储量是沙特的 1/5，只有 550 亿桶，不到世界供给量的 3%。没有后续的勘探和开发，美国的石油将在 12 年内耗尽。

因此沙特阿拉伯与美国消费者有共同的石油目标：都希望原油（和汽油）的价格增长率一直低于俄克拉何马州或得克萨斯州石油工人所希望的价格水平。美国的石油利益在于持续勘探开发新的原油和天然气储藏，但这并不能改变其可耗尽资源更早而非更晚出现枯竭的事实。因此，石油利益集团积极地推动政府实行迅速提高价格的政策。

结果，罗纳德·里根总统委派副总统乔治 H. W. 布什在 1986 年前往沙特阿拉伯，促使沙特人提高原油价格。而沙特人的想法与此相反：通过抑制 OPEC 卡特尔的价格上涨来阻止替代品。美国官员必须采取可信的方式来缓解沙特人的焦虑。里根和老布什的总统任期内从未按照吉米·卡特总统的建议，利用美国丰富的页岩油储藏来开发石油。此外，在克林顿和乔治 W. 布什的总统任期内，也从未采取过一项全国能源政策，来支持用氢燃料电池代替汽车内燃机或支持全部使用电能的汽车。结果，美国加氢泵站的基础设施不足，满足不了汽车氢燃料电池的要求。

沙特人大量增加原油产量，从 2004 年每天 800 万桶增加到 2015 年的 1 200 万桶（比较图 7A-4a 和图 7A-4b），现在使用汽油比生产和分销氢燃料动力汽车的全部成本便宜一半。天然气作为北美用于驱动重型卡车的丰富替代燃料，如今面临着同样的政策问题。事实上，美国人拥有的天然气比沙特人拥有的原油更多。可以预见的是，沙特人又在投资大量新的开采项目、管道和航运码头，以降低原油价格。美国北达科他州的页岩油储量现在扩展到了每天 1 200 万桶。世界上第二大储量是伊朗的每天 400 万桶，接下去的五位都是 OPEC 成员国：伊拉克、阿联酋、科威特、委内瑞拉和尼日利亚，只有每天 240～270 万桶。

过去和近 10 年的情况都是如此。在 OPEC 卡特尔组织成立的 1973 年，沙特阿拉伯最初的产量份额是 32%。沙特阿拉伯持续地增加其开采量，直到 1981 年达到原油价格高峰时，它的生产几乎是 OPEC 全部产量的 47%，达到每天 960 万桶，整个行业是 2 000 万桶。同样，这些政策旨在通过缓解原油价格上涨速度来限制替代品的开发。拥有已证实储量达到 61 年供给的其他可耗尽资源的所有者都希望实现相同的结果。

资料来源：Based on estimates from the International Energy Agency; OPEC, *Annual Statistical Bulletin* (2002-2015); and "Why the U. S. Is Still Hooked on Oil Imports," *Wall Street Journal* (March 18, 2003), p. A1, "OPEC Nations Spar over Output," *Wall Street Journal* (June 8, 2011), p. A6.

## 练 习

1. 图 7A-3 显示了美国的原油开采年增长率在 2002～2012 年基本持平。然而沙特阿拉伯的原油产量增加了 33%。解释 2008 年中期原油价格飙升的原因。

2. 美国利率的历史低点对于得克萨斯油田所有者的最优开采速率有什么影响？说明为什么直觉会支持你的答案。

3. 说明一个渔场的可持续最高产量的概念。对于一种可再生自然资源来说，它是不是最有效率的收获量？是否要求可持续产量保持生物多样性？

# 成本分析

经济成本是指把一种资源从它的次优使用方案（机会成本概念）中吸引过来的成本。管理者寻求使资源得到最有效率的使用以便实现价值最大化，就必须同时关注短期和长期机会成本。在资本资源可得的条件下，短期的成本－产量关系有助于管理者计划确定利润最大的产量水平。长期的成本－产量关系涉及吸引更多的资本来扩大或缩小工厂和经营规模。实现最低有效规模常常是一个成功经营战略的关键。

## 精简的通用汽车公司会是有效竞争吗

2009 年，丰田汽车以 1 556 174 辆汽车销售量成了北美的销量冠军。福特排第二，售出了 1 445 742 辆汽车。雪佛兰跌至第三。1 344 829 辆 Chevy、259 779 辆 GMC、178 300 辆 Pontiacs、109 092 辆 Cadillac、102 306 辆 Buick 和 72 660 辆 Saturn 仍然使通用汽车（GM）成为全球最大的汽车公司，但其销量也高不了多少。通用的产品大都是陈旧的，劳动率高，相较于铁锈地带（Rust Belt），投资资本对硅谷（Silicon Valley）更感兴趣。此外，高盛（Goldman Sachs）估计，通用汽车公司正在破坏股东价值，而且比任何其他汽车公司严重。在相似的价格点上，与大众、日产、本田和丰田相比，通用汽车只得到了比风险调整资本成本更低的投资者回报率。

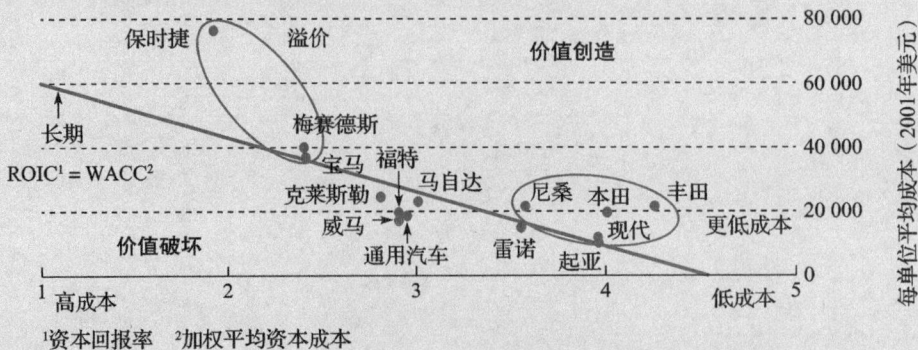

当其他企业进行高效低成本的外国竞争（如纺织品和家具）时，通用汽车公司必须很快能找到巨大的节约成本方式。2008年第四季度大紧缩进一步深化，GDP下降了9%。汽车是第一个耐用消费品下降的行业。仅仅一年，北美轻型汽车销量从1 500万下降到1 000万辆，下降了1/3，损失几乎等于前10年的总销售收益。

从历史上看，美国三大汽车制造商可能基于规模经济来提供一个成本优势。大规模的数百万美元的汽车组装设备（如车身冲压机）形成了这种规模优势。冲压机使用液压力量将金属板压成所需的形状，如挡板、底盘、车身和后备厢。由于年度风格改变需要这样的机器，又因为它不能从一个模型改组到另一个，磨损耗尽这样一台昂贵的设备是达到最低单位成本的唯一途径。否则，大量工厂资产的账面价值面临减值并且每年费用要转嫁给客户。磨损耗尽一台车身冲压机必须在正常运行的装配线上，每年生产和销售至少250 000单位产品，每月20 000单位，每天1 000单位，并且每天两班运行16小时。在20世纪六七十年代销售的通用和福特汽车，在长期生产运行中达到了最小有效规模率，从而进一步提供了学习曲线成本优势。

到了2014年，北美汽车市场又分割为8家公司，份额从5%到17%不等。即使售出了1 500万辆汽车，仅13款（如F系列、Silverado、Ram皮卡）在一个月内售出了20 000辆以上。美国展厅的其他165款车型未能实现最小有效规模。

三大汽车制造商的另一个问题是劳动力价格和附加福利。2007年，工作于工会工厂且经验丰富的美国汽车工人（UAW）的福利已经达到了77美元/小时。在田纳西州、俄亥俄州和密西西比州的外资工厂中工作的工人，丰田、现代和大众的工资分别是55美元/小时、45美元/小时和38美元/小时。由于成本较高且消费者发现许多车型与品牌溢价不符，通用、福特和克莱斯勒都是价值破坏者，高盛将其定义为投资资本回报远低于资本成本的公司。

2010年福特汽车的北美销量已经回升了20%，重新设计车型的雪佛兰汽车份额上涨到20.4%，而丰田的份额下降到17%。雪佛兰科鲁兹、福特嘉年华、菲亚特500等小型节能汽车席卷市场。非常成功的福特混合动力车与一流的丰田普锐斯竞争激烈。最重要的是，所有这些车型都是盈利的。

从政府救助的破产中恢复过来后，通用汽车赢得了集体谈判权利，雇用"二线"的员工，只需支付他们美国汽车工人一半的工资。劳动力价格的这种调和，使得通用的工资及福利下降到56美元/小时，和丰田几乎相等。因此，即使是通用、福特皮卡和一些受欢迎的大型轿车也成为赚钱机器。此外，别克和凯迪拉克的海外销售量暴涨，尤其是在中国。截至2011年，通用汽车公布全公司恢复盈利能力，并开始偿还政府债务。

## 讨论题

■ 鉴于成功地扭转了局面，你认为联邦政府对通用汽车公司的救助是否合理？

■ 克莱斯勒-菲亚特的整合并购以及中国市场销量的现象级增长，说明美国三大汽车制造商已经恢复了两种类型的成本优势。它们可能是什么？

■ 与波音-空客补贴的贸易争论进行对比，你认为通用汽车公司通过中国合作伙伴（吉利）对中国进行出口销售，会受制于反补贴税或其他关税吗？请解释原因。

资料来源：Based on "A Survey of the Car Industry：Driving Change," *The Economist*(September 4, 2004), pp. 21-22；"U. S. Car Business in Major Shift," *Wall Street Journal*(January 5, 2011), pp. B1-B2； "Car Making in America," *The Economist*(September 24, 2011), pp. 75-76；G. Maxton and J. Wormald, *Time for a Model Change*, New York：Cambridge University Press, 2004, p. 249.

## 8.1  成本的含义与衡量

成本按其最基本的形式就是在资源进行交换或转换时所发生的牺牲。失去的机会与经济成本之间的这种联系在任何情况下都会存在，但是衡量成本的恰当方式取决于使用成本信息的目的。

### 8.1.1  会计成本与经济成本

会计师一向主要从财务报告的目的来确定高度稳定的、可预见的成本。因此，他们通过一定的资金历史支出对成本进行界定与衡量。对商品或服务支付（以美元表示）的价格就是对会计成本的一种衡量指标；同样，支付给债券持有者或借贷机构的利息也可用来衡量借款人资金的会计成本。

与此不同，经济学家们主要从决策目的来衡量成本。目标就是确定与各种行动方案相关联的资源的现在成本和未来成本。这个目标需要考虑一种资源用于某一既定行动方案时所放弃（或牺牲）的机会。虽然一种产品的会计成本和经济成本都包括像劳动力、原材料、供应品、租金、利息和公用事业费用等显性成本，但是经济学家还要加上由所有者 – 管理者投资于企业的时间和资本的**机会成本**。所有者时间的机会成本是用所有者可以得到的最具吸引力的薪金来衡量的，而所有者为此要把自己的才能、技术和经验用于管理其他人所有的相似（但是次优水平）的经营活动。同样，资本的机会成本是用所有者选择在具有相似风险程度的次优投资方案中使用资本所能得到的利润或收益来衡量的。

**机会成本**（opportunity costs）：一种资源被用于次优使用方案时的价值。

经济利润的定义是总收益与总经济成本（隐性机会成本和显性成本）之差

$$经济利润 = 总收益 - 显性成本 - 隐性成本 \qquad (8\text{-}1)$$

当人们看到资源的最优和次优使用随着时间推移而变化时，那么初期得到一种资源的资金的历史支出（以会计成本为基础），肯定不是衡量今天决策问题中机会成本的恰当指标。例如，可以分析以下三种情况，它们说明了经济成本和会计成本之间的明显区别。

### 8.1.2  会计成本和经济成本的三个对比

#### 1. 衡量折旧成本

一种产品或服务的生产通常需要使用许可证、工厂和设备。在使用这些**资本资产**时，会减少其服务寿命，资产被耗损或变得过时。折旧就是资产价值的损失。如果菲利浦斯工具公司（Philips Tool Company）有一台当期市场价值为 8 000 美元的机器，使用 1 年以后，预期还有 6 800 美元的价值，那么使用这台机器 1 年的机会成本为 8 000 – 6 800 = 1 200 美元。假定在这 1 年内生产的产出量为 2 000 单位，那么折旧成本就是 1 200 ÷ 2 000 = 0.60 美元/单位。

**资本资产**（capital assets）：根据使用、时间和陈旧进行折旧的耐用投入要素。（经济学家对折旧成本的衡量指标）

遗憾的是，要确定一项资本资产准确的服务寿命及其市场价值<sup>⊖</sup>的未来变化，即使是有可能的，通常也是困难的。有些资产是独有的（专利），其他一些资产也不是在流动性转销市场中交易的（工厂），还有一些资产的过时是很难预见的（电脑）。会计师们为克服这些与经济折旧成

---

⊖ 部分消耗资产的未来成本的概念被称为资产的重置成本，而不是资产的历史获取成本。

本相关的衡量问题，采用了一定的程序，把一项资产的获取成本分摊到每一个会计期，然后再分摊到该期生产的每一单位产出量上。这种分摊通常要用某种规定方法来完成，即向服务寿命内的每一年分配一部分历史成本。如果菲利浦斯公司用 10 000 购买机器，其预期寿命为 10 年而且没有残值，使用直线折旧法（10 000÷10＝1 000 美元）就能计算出该资产每年的折旧成本。假设某一年生产的产出量为 2 000 单位，那么 1 000÷2 000＝0.50 美元就是菲利浦斯公司分摊到每一单位产品上的成本。从此例可以看出，如果此机器的市场价值在 1 年后实际降为 6 800 美元，那么计算出来的会计折旧成本就不等于实际发生的经济折旧成本。

## 实例 | 本特利服装店的机会成本

罗伯特·本特利（Robert Bentley）拥有并经营本特利服装店。表 8-1 中的（a）部分所示为该企业的一张传统利润表。此商店的抵押已经支付，因此利润表中没有显示利息支出。商店建筑也已折旧完毕，所以也没有显示折旧费。从会计角度和内部收益服务的观点来看，本特利公司赚取了 190 000 美元（税前）的正值会计利润。

**表 8-1　本特利服装店的利润率**

（单位：美元）

| （a）会计利润表 | | |
| --- | --- | --- |
| 净销售额 | | 650 000 |
| 减：销货成本 | | 250 000 |
| 毛利 | | 400 000 |
| 减：支出 | | |
| 员工薪酬[①] | 150 000 | |
| 广告 | 30 000 | |
| 水电及维修 | 20 000 | |
| 杂项 | 10 000 | |
| 合计 | | 210 000 |
| 税前净利润 | | 190 000 |
| （b）经济利润表 | | |
| 总收益 | | 650 000 |
| 减：外显成本 | | |
| 销货成本 | 250 000 | |
| 员工薪酬[①] | 150 000 | |
| 广告 | 30 000 | |

| （续） | | |
| --- | --- | --- |
| 水电及维修 | 20 000 | |
| 杂项 | 10 000 | |
| 合计 | | 460 000 |
| 税前会计利润 | | 190 000 |
| 减：内含成本 | | |
| 薪金（经理） | 130 000 | |
| 建筑物租金 | 88 000 | |
| 合计 | | 218 000 |
| 税前经济利润 | | （28 000） |

① 员工薪酬不包括给罗伯特·本特利的薪金。

不过，还应从经济角度来分析该商店的利润率。正如本章前面所指出的，隐性成本包括企业家投资于该厂商的时间和资本的机会成本。假设本特利可以到一家大型百货商店或连锁专卖店任服装部经理，每年得到 130 000 美元的薪酬。还假设他可以把商店建筑物租给另一个商人，每年（净）得 88 000 美元。在这些条件下，如表 8-1 中的（b）所示，本特利服装店赚的是一个负值经济利润（税前为 −28 000 美元）。通过把他的商店租给另一个商人，并到另一家商店当经理，宾利可以比目前经营这个服装店多赚 28 000 美元。因此，不包括机会成本的会计利润并非总能真实地表现一个企业的经济利润（或亏损）。

### 2. 存货估价

如果原材料在用于生产过程之前的一个时期内作为库存被储存起来，而且这些原材料的市场价值已不同于原先的购买价格，那么会计成本和经济成本就会出现差别。会计成本等于实际的获取成本，而经济成本等于当期的重置成本。正如下例所表明的，使用这种获取成本会导致不正确的生产决策。

## 实例 西城管道供热公司的库存估价

西城管道供热公司（Westside Plumbing and Heating Company）可以签订一项 100 000 美元的合同，给一座新建筑物安装管道。经过计算，完成此合同的劳动和设备成本为 60 000 美元。此公司有完成此任务的原材料库存。这些原材料的初始成本为 50 000 美元；但因价格已经下降，现在购买这些原材料只需 37 500 美元。原材料价格预计在近期内不会提高，因此持有这些库存原材料也不会有收益。问题就是：西城公司是否应该接受此项合同？表 8-2

所列为用两种衡量原材料成本的方法对此合同进行的分析。假定原材料按获取成本计价，该厂商就不应该接受此合同，因为会明显产生 10 000 美元的亏损。但用重置成本作为原材料的价值，就应该接受此合同，因为结果是 2 500 美元的利润。

要确定哪一种方法正确，需要研究西城公司在会计期末的利润表。如果不接受合同，那么厂商在会计期末的库存成本必须减少 12 500 美元（=50 000 − 37 500 美元），才能反映出这些未使用存货的市场价值已经下降的情况。因此，该厂商将发生 12 500 美元的亏损。如果接受合同，那么公司将通过此合同赚取 2 500 美元的利润，但在完成合同过程中使用的原材料仍会发生 12 500 美元的亏损。这样此厂商将发生的净损失只有 10 000 美元。由此可见，接受合同导致的整体亏损要小于拒绝此项合同的亏损。对于决策目的而言，重置成本是衡量库存原材料成本的恰当指标，西城管道供热公司应该接受此合同。

**表 8-2　存货估价方法对衡量利润的作用**
**——西城管道供热公司**

（单位：美元）

| | 获取成本 | 重置成本 |
|---|---|---|
| 合同价值 | 100 000 | 100 000 |
| 成本 | | |
| 　劳动、设备等 | 60 000 | 60 000 |
| 　原材料 | 50 000 | 37 500 |
| | 110 000 | 97 500 |
| 利润（或亏损） | (10 000) | 2 500 |

### 3. 未使用设备的沉没成本

邓巴制造公司（Dunbar Manufacturing Company）最近关闭了一条产品线，留下 50 000 平方英尺的闲置仓储面积。该公司是根据一个长期（10 年）租赁协议以每年 100 万美元（即每平方英尺 5 美元）从所有者那里租赁的整个仓库（200 000 平方英尺）。附近一家公司正在扩展业务，打算以每年 125 000 美元（即每平方英尺 2.50 美元）租赁这个闲置的 50 000 平方英尺的面积。假定不会有人出更高的价格来租赁这个仓库，邓巴公司是否应该同意出租这个闲置面积？

人们会认为邓巴公司应该拒绝这个报价，因为每平方英尺收取的 2.50 美元租金（收益）小于每平方英尺 5 美元的租赁支付（成本）。然而，这样的推理将导致一种错误决策。租赁支付（每平方英尺 5 美元）代表一种沉没成本，不管其他公司是否租赁这个闲置的仓库面积，这笔沉没成本都是必须支付的。如表 8-3 所示，出租多

**沉没成本**（sunk cost）：在一个决策问题中不管选择哪种行动方案都会发生的成本。

余仓库面积使仓储的净成本从 1 000 000 美元减少到 875 000 美元，使邓巴公司每年节省 125 000 美元。相关的比较应在增量收益（125 000 美元）和增量成本（此例为 0 美元）之间进行。因此，沉没成本（此例中就是每平方英尺 5 美元的租赁支付）不应作为相关成本，因为不管所选择的行

动方案是什么，这样的成本都是不可避免的。

表 8-3 仓库租赁决策——邓巴制造公司 （单位：美元）

| | 决策 | |
|---|---|---|
| | 不出租 | 出租 |
| 总租赁支出 | 1 000 000 | 1 000 000 |
| 减：出租闲置面积得到的租金 | — | 125 000 |
| 邓巴制造公司的仓储净成本 | 1 000 000 | 875 000 |

#### 4. 结论

（1）成本可按不同方法来衡量，取决于使用成本数字的目的是什么。

（2）适用于财务报告的成本，并非总适用于决策目的。经济决策中的相关成本就是资源的机会成本，而不是获得资源所需资金的历史支出。

（3）不管选择什么行动方案都要发生的沉没成本在制定经营决策时不应考虑。

## 8.2 短期成本函数

经济学家们除了要衡量生产某一既定产出量的成本，还要考虑产出量在可能的数值范围内可变时的成本的性态。成本和产出量之间的关系用**成本函数**表示，它可以是一个表、一张图或一个数学关系式，说明生产不同产出量可达到的最低成本。

第 7 章中有关生产过程中所使用投入要素的讨论，对固定投入要素和可变投入要素做了区分。固定投入要素的定义是生产过程所需要的，但在一定时期内不管生产的产量水平是多少，生产过程中的使用数量都是不变的投入要素。与短期问题相关的情况是，生产过程有一种或多种投入要素是固定的。与长期问题相关的情况是，所有的投入要素都是可变的，即生产过程中可使用的某种资源的数量不存在限制。改变所有投入要素所需要的时间可长至 7 年（如造船业），而其他情况下的长期只有几周（如 7-11 便利店）。

生产某一既定产量的总成本等于生产过程中所使用的每一种投入要素的成本之和。在讨论短期成本函数时，把成本分成固定成本和可变成本是很有用的。**固定成本**代表生产过程中所有保持不变的投入要素的成本。**可变成本**包括生产过程中所有可变投入要素的成本。

**成本函数**（cost function）：一种数学模型、表格或图形，说明生产不同数量产出量的成本（如总成本、平均成本或边际成本）。

**固定成本**（fixed costs）：在短期生产过程中保持不变的投入要素的成本。

**可变成本**（variable costs）：生产过程中可变投入要素的成本。

| 实例 | **短期成本函数：深溪采矿公司**

为了说明短期成本的性质以及如何从厂商的生产函数中导出短期成本函数，再分析一下第 7 章讨论过的深溪采矿公司的例子。假定生产矿石需要两种投入要素，资本和劳动。开采矿石使用的不同规模资本设备用制动马力等级 $K$ 来衡量。每一台设备都可由不同数量的劳动

力 L 来开动。表 8-4 再次列出一定时期内用某种资本 - 劳动投入要素组合可以生产的产量（铁矿石）吨数。还假定每期使用采矿设备的租赁成本为 0.20 美元/马力，每期雇用一个工人（劳动）的成本为 50 美元。由此形成下列任何一种既定的劳动 L 和资本 K 组合的总成本方式（式（7-21））：

$$C = 50L + 0.20K$$

假定深溪公司签订一项租赁协议，同意下一年租赁一台 750 制动马力的采矿设备（资本）。在随后的时间内（短期），公司在采矿过程中可以使用的资本数量固定为 750 制动马力。因此，不管生产的矿石数量是多少，每期发生的固定成本都是 0.20 × 750 = 150 美元。该厂商必须以表 8-4 第 4 栏所列的资本 - 劳动

组合中的某一种来完成生产过程。在给定 750 制动马力资本设备的投入要素组合中，通过使用更多（更少）的劳动，产量就可以增加（减少）。因此劳动是生产过程中唯一可变的投入要素。

表 8-5 所列为深溪公司的短期成本函数。从表 8-4 中得到各种可能的产量水平 Q 与相应的 L 和 K 的资本 - 劳动投入要素组合。短期可变成本 VC 等于 50 美元乘以采矿过程中使用的工人数量（L）。短期固定成本 FC 等于 750 马力设备的租赁成本（150 美元）。短期总成本是固定成本和可变成本之和。

$$TTC = TFC + TVC \qquad (8-5)$$

根据表 8-5 给出的数据，在图 8-1 中画出了 3 条曲线。可以看到，TTC 曲线与 TVC 曲线具有相同的形状，就是 TFC 向上移动 150 美元。

**表 8-4 生产函数——深溪采矿公司**

| | | 资本投入要素 K（制动马力） | | | | | | | |
|---|---|---|---|---|---|---|---|---|---|
| | | 250 | 500 | 750 | 1 000 | 1 250 | 1 500 | 1 750 | 2 000 |
| | 1 | 1 | 3 | 6 | 10 | 16 | 16 | 16 | 13 |
| | 2 | 2 | 6 | 16 | 24 | 29 | 29 | 44 | 44 |
| | 3 | 4 | 16 | 29 | 44 | 55 | 55 | 55 | 50 |
| | 4 | 6 | 29 | 44 | 55 | 58 | 60 | 60 | 55 |
| 劳动投入要素 L | 5 | 16 | 43 | 55 | 60 | 61 | 62 | 62 | 60 |
| （工人的数量） | 6 | 29 | 55 | 60 | 62 | 63 | 63 | 63 | 62 |
| | 7 | 44 | 58 | 62 | 63 | 64 | 64 | 64 | 64 |
| | 8 | 50 | 60 | 62 | 63 | 64 | 65 | 65 | 65 |
| | 9 | 55 | 59 | 61 | 63 | 64 | 65 | 66 | 66 |
| | 10 | 52 | 56 | 59 | 62 | 64 | 65 | 66 | 67 |

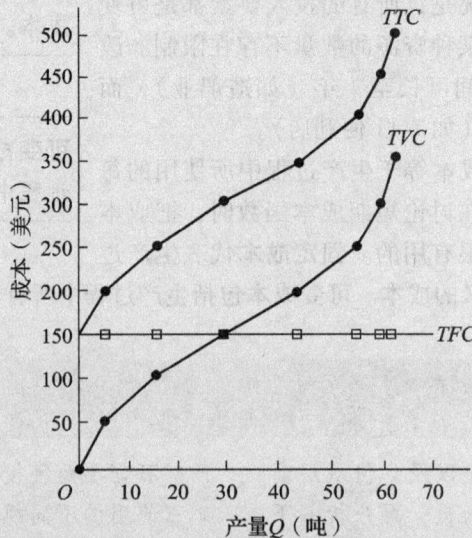

图 8-1 短期的可变成本、固定成本和总成本函数——深溪采矿公司

**表 8-5　短期成本函数——深溪采矿公司**

| 产量 | 变动成本 | | 固定成本 | | 总成本 | 平均固定成本 | 平均变动成本 | 平均总成本 | 边际成本 |
|---|---|---|---|---|---|---|---|---|---|
| $Q$ | 劳动投入要素 $L$ | $TVC=50$ 美元 $\cdot$ $L$ （美元） | 资本投入要素 $K$ | $TFC=150$ 美元 | $TTC=$ $TFC+TVC$ （美元） | $AFC=\dfrac{TFC}{Q}$ （美元） | $AVC=\dfrac{TVC}{Q}$ （美元） | $ATC=\dfrac{TTC}{Q}$ （美元） | $MC=\dfrac{\Delta TTC}{\Delta Q}$ （美元） |
| 0 | 0 | 0 | 750 | 150 | 150 | — | — | — | |
| 6 | 1 | 50 | 750 | 150 | 200 | 25.00 | 8.33 | 33.33 | 50/6 = 8.33 |
| 16 | 2 | 100 | 750 | 150 | 250 | 9.38 | 6.25 | 15.63 | 50/10 = 5.00 |
| 29 | 3 | 150 | 750 | 150 | 300 | 5.17 | 5.17 | 10.34 | 50/13 = 3.85 |
| 44 | 4 | 200 | 750 | 150 | 350 | 3.41 | 4.55 | 7.95 | 50/15 = 3.33 |
| 55 | 5 | 250 | 750 | 150 | 400 | 2.73 | 4.55 | 7.27 | 50/11 = 4.55 |
| 60 | 6 | 300 | 750 | 150 | 450 | 2.50 | 5.00 | 7.50 | 50/5 = 10.00 |
| 62 | 7 | 350 | 750 | 150 | 500 | 2.42 | 5.65 | 8.06 | 50/2 = 25.00 |

## 平均成本函数和边际成本函数

总成本函数一旦确定，即可推导出平均成本函数和边际成本函数。平均固定成本 $AFC$、平均可变成本 $AVC$ 和平均总成本 $ATC$ 等于相应的固定成本、可变成本和总成本除以生产的数量：

$$AFC = \frac{FC}{Q} \qquad (8\text{-}2)$$

$$AVC = \frac{VC}{Q} \qquad (8\text{-}3)$$

$$ATC = \frac{TTC}{Q} \qquad (8\text{-}4)$$

还有，

$$ATC = AFC + AVC \qquad (8\text{-}6)$$

**边际成本**的定义是增加 1 单位产量而形成的总成本的增加量，按下列公式计算

$$MC = \frac{\Delta TTC}{\Delta Q} = \frac{\Delta TVC}{\Delta Q} \qquad (8\text{-}7)$$

或者在一个连续的 $TTC$ 或 $TVC$ 函数情况下

$$MC = \frac{\mathrm{d}(TTC)}{\mathrm{d}Q} \qquad (8\text{-}8)$$

$$= \frac{\mathrm{d}(TVC)}{\mathrm{d}Q} \qquad (8\text{-}9)$$

**边际成本**（marginal cost）：由增加一个单位的产量所引起总成本的增加量。

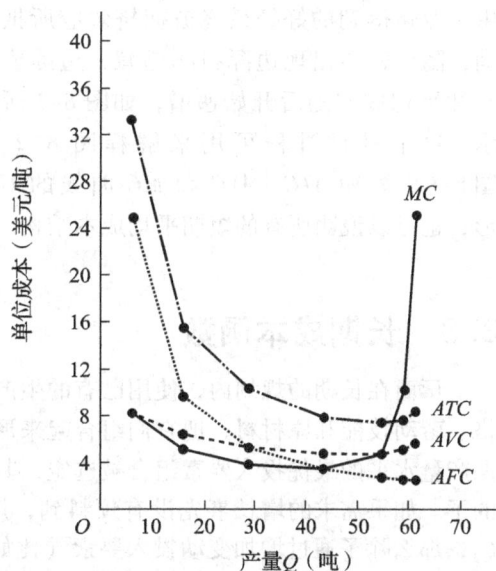

图 8-2　短期的平均成本和边际成本函数——深溪采矿公司

表 8-5 计算出来的深溪公司的平均成本和边际成本画在了图 8-2 中。除了连续下降的 $AFC$ 曲线以外，所有其他的平均成本曲线和边际成本曲线均为 U 形。你能从第 7 章中得到答案吗？由使用可变投入要素所获得的专业化，随后将不可避免地产生报酬递减。

分析另一个例子，它以代数函数的形式表示成本信息。假设曼彻斯特公司（Manchester Company）的固定成本等于 100 美元，该公司的可变成本由下列关系式给出（$Q$ 为产量）

$$TVC = 60Q - 3Q^2 + 0.10Q^3 \qquad (8\text{-}10)$$

给出这个信息，就可通过式（8-2）导出总成本函数：

$$TTC = 100 + 60Q - 3Q^2 + 0.10Q^3$$

下面，通过式（8-3）、式（8-4）和式（8-5）可分别得到以下成本函数：

$$AFC = \frac{100}{Q}$$

$$AVC = 60 - 3Q + 0.10Q^2$$

$$ATC = \frac{100}{Q} + 60 - 3Q + 0.10Q^2$$

最后，曼彻斯特公司的边际成本函数还可以通过求可变成本函数（式（8-10））对 $Q$ 的微分，得到

$$MC = \frac{d(TVC)}{dQ} = 60 - 6Q + 0.30Q^2$$

图 8-2 中的平均总成本曲线等于平均固定成本曲线和平均可变成本曲线的垂直高度之和，开始时下降，在超过某一既定产量水平之后开始上升。平均总成本曲线在 $Q = 55$ 产量水平上达到最小值。正如第 7 章所讨论的，使用变动投入要素的专业化开始会导致报酬递增和平均成本、边际成本的下降，但由专业化得到的好处最终被拥挤效应所抵消，随后就会出现边际报酬递减，边际成本和平均成本随后开始递增，如图 8-2 所示。这个推理过程可用来解释图 8-2、图 8-3 中短期 $ATC$、$AVC$ 和 $MC$ 曲线的 U 形，也可以说明所有的短期平均成本结构。

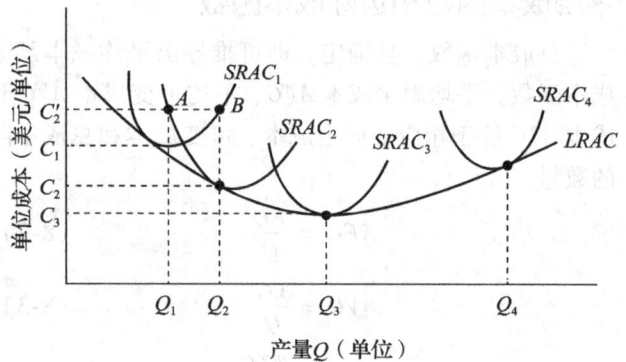

图 8-3　长期和短期平均成本函数

## 8.3　长期成本函数

厂商在长期的规划内，使用已有的生产方法和技术，可以选择工厂的规模、设备的种类和规格、劳动技能和原材料，把它们组合起来形成生产预期产量的最低成本。一旦以最低成本生产预期产量水平的最优投入要素组合被选定，其中某些投入要素（工厂和设备）在短期内就成为固定的了。如果需求的增长事先没有预料到，厂商希望生产的产量不是计划的 $Q_1$，而是图 8-3 中的 $Q_2$，那么除了通过增加变动投入要素（比如加班劳动）和促使供应商的快速送货来满足其生产目标外，没有其他选择。当然，这种安排费用高昂，短期平均成本将暂时从 $A$ 点上升到 $C_2'$ 的 $B$ 点。

如果这种需求持续存在，对工厂和设备进行更大的固定投入要素投资就有了保证。随后，单位成本可以从 $C_2'$ 减少到 $C_2$。与更大的固定投入要素相联系的是另一个短期平均成本函数 $SRATC_2$。图 8-3 画出了几个这样的短期成本函数（$SRATC_3$ 和 $SRATC_4$）。长期平均成本函数是由所有这样的短期曲线的下边界或外包络线组成的。以低于 $LRATC$ 曲线所表示的平均成本来生产每种产量水平 $Q$ 的其他投入要素组合是不存在的。

### 最优生产能力的使用：三个概念

要评估厂商使用生产能力的状况，假设它一直使用工厂规模"1"生产 $Q_1$ 单位的产量，具有

短期平均成本曲线 $SRATC_1$。因此生产 $Q_1$ 产量的平均成本为 $C_1$，$Q_1$ 就是由 $SRATC_1$ 代表的工厂规模的最优产出量。**既定工厂规模的最优产出量**是生产能力使用的一个短期概念。

　　假设此厂商现在希望把产量扩大到 $Q_2$。生产这个更高产量的平均成本是多少？如前所见，在短期内平均成本将为 $C'_2$，不过在长期内，厂商有可能兴建一座规模为 "2" 的工厂，具有短期平均成本 $SRATC_2$。对于这个更大规模的工厂来说，生产 $Q_2$ 产量的平均成本只能是 $C_2$，这是因为厂商在长期内有了更多的选择，所以生产任一既定产量的平均总成本通常都可以降低。$SRATC_2$ 代表某一**既定产出量的最优工厂规模**。

　　如果需求随后消失，即使像丰田这样的公司也会陷于生产能力过剩的境地，尽管 A 点上的单位成本更高，厂商也会希望减少到原先的 $Q_1$ 水平。这正是 2009 年汽油价格飙升至每加仑 4.10 美元后发生的事情，当时丰田公司在美国的销量平均下降了 1/3，某些车型（如丰田坦途）减少了 61%。有段时间，将存储库和配送中心的停车场装满库存是合理的，但最终还是有必要大幅削减产量率，即使在非常大的工厂也要在 A 点生产。

　　然而，如果随着商业周期的恢复，厂商能够实施一项营销计划，依旧出售更多的产品，那么就会实现更有效率的资源配置。只有当最优产量增加到 $Q_3$，该厂商将兴建由 $SRATC_3$ 代表的最低成本的**最优工厂规模**，成本继续下降的可能性才会消失。最优生产能力使用的概念适用于长期，还要给定工厂的技术水平。在图 8-3 中，由于生产能力使用不足而处于 A 点的短期平均总成本，或者因生产能力使用过度而处于 B 点的短期总成本，都高于长期中最低的平均总成本（$LRATC$），主要原因就是此时生产经理能够在长期内改变工厂和设备的规模，使生产能力与其产量要求相匹配。

**既定工厂规模的最优产出量**（optimal output for a given plant size）：能使某一既定工厂规模的平均总成本最低的产出量。

**既定产出量的最优工厂规模**（optimal plant size for a given output rate）：能使某一既定产出量的平均总成本最低的工厂规模。

**最优工厂规模**（optimal plant size）：能够实现最低长期平均总成本的工厂规模。

---

**┃实例┃　发电厂开工不足时每度电的平均成本**

　　电力行业在管制者的压力下，向其顾客开放了可任意购电的分销系统。俄亥俄州的工厂可以从密歇根、纽约或弗吉尼亚的电力公司中选择购买合同用电。有了新的竞争，电价从 0.11 美元下降到 0.095 美元。高成本的电力公司发现自己将被逐出市场。随着高效率的电厂越建越多，顾客用于民用电的每月支出将减少 18～30 美元。

---

## 8.4　规模经济和规模不经济

　　在较低的经营规模范围内，随着产量的增加，假定长期平均总成本函数 $LRATC$ 是下降的，而且在较高的规模范围内假定其保持不变或是上升。下降的长期平均总成本反映出三个层次上的**内部规模经济**：产品层次、多产品工厂层次和厂商的经营层次。

**内部规模经济**（internal economies of scale）：随着一种产品、一个工厂或一家厂商产量的增加，长期平均成本下降的情况。

### 产品层次的内部规模经济

造成成本下降的某些不同来源与一种产品（比如个人电脑）每日的更大生产量有关。专用设备在完成有限的运营活动时更有效率，可以替代效率不太高的通用设备。同样地，生产过程可以分解为一系列较小的工作，可以安排最称职的工人来完成这些工作。工人们此时能够通过高度重复地完成分配的工作而获利更多。

**学习曲线效应**（learning curve effect）：由更大的累积产量而形成的单位成本下降。

**数量折扣**（volume discount）：因采购订单增加而产生的可变成本的下降。

在制造业中，常常可以看到一种叫作**学习曲线效应**的相关现象，即再生产 1 个单位产出量所需的劳动投入要素的数量会随着累积产量的增加而下降（例如，波音公司 787 飞机的长期生产过程与多年订单）。学习曲线原则首先被应用于飞机制造、造船和家电制造上。很容易区分学习曲线效应和购买投入要素的**数量折扣**（所谓的外部规模经济）与内部规模经济的两个原因为：首先，投入要素的数量折扣和学习曲线小于平均可变成本，而内部规模经济小于平均固定成本。其次，无论生产率多少，每个时期的数量折扣和学习曲线取决于产量的累积量。因此，它们可能与经营规模的变化完全没有关系；厂商只是在同一时间大量购入投入要素，因为它们预期了一个很长的生产运行时间，或许因为它们合并了在相同零部件平台上生产的各种产品线。例如，戴姆勒 - 克莱斯勒买了一台通用变速器，用于梅赛德斯 C 级和克莱斯勒 300。

学习曲线关系通常由一个固定百分比来表示，这个百分比就是产量每扩大 1 倍，单位产量的投入要素（或成本）减少的比例。例如，在一个生产过程中，劳动投入要素和成本遵循一条 80% 的学习曲线。假设生产第 1 件产品需要的劳动成本为 1 000 美元，根据学习曲线关系，第 2 件产品的单位成本为 $1\ 000 \times 0.80 = 800$ 美元，第 4 件产品的单位成本为 $800 \times 0.80 = 640$ 美元，第 8 件产品的单位成本为 $640 \times 0.80 = 512$ 美元，第 16 件产品的单位成本为 $512 \times 0.80 = 409.60$ 美元，依次类推。

图 8-4 中的这种学习曲线关系可以用代数式表示如下

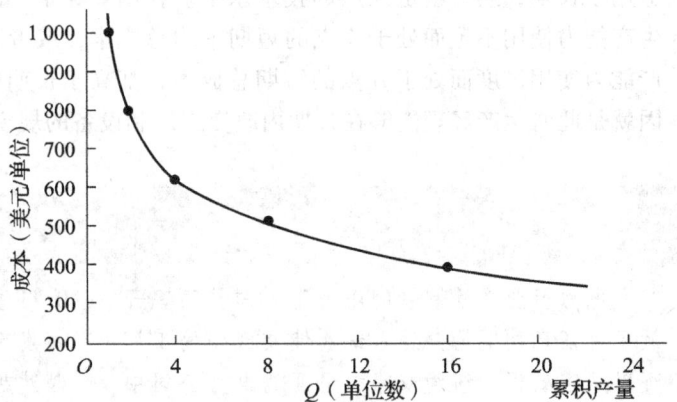

图 8-4　学习曲线：算术刻度

$$C = aQ^b \tag{8-11}$$

式中，$C$ 为第 $Q$ 个单位产量的投入要素成本；$Q$ 为连续的生产量；$a$ 为第 1 个单位产量的理论（或实际）的投入要素成本；$b$ 是单位产量投入要素成本的降低比率。因为学习曲线是向下倾斜的，所以 $b$ 的值通常为负。对式（8-11）两边取对数，得到

$$logC = loga + blogQ \tag{8-12}$$

要预测不同累积产量上的成本，此时可用回归分析来估计参数 $b$ 和 $loga$。

| 实例 | 大批量定制与学习曲线

大批量定制旨在至少使与充分满足顾客订单相联系的某些生产过程得以标准化。Lee Jean 公司的顾客可以自己选择后袋的缝制方式，打电话确定事先水洗的次数，然后 Lee Jean 公司再用长期生产的零件储备实际完成顾客的产品订单。这种经营管理决策有利于学习曲线效应，该效应来自于工人和主管对工作任务的熟悉程度提高，工作方法和工作流程的改进，随着工作重复次数的增多对技术工人需求的减少等。如果随着工人对生产过程越来越熟悉，出现的废品和浪费越来越少，单位产量的原材料成本也会形成学习曲线效应。

资料来源：关于大规模定制的一项优秀调查可参考 M. Agrawal, T. V. Kumaresh, and G. A. Mercer, "The False Promise of Mass Customization," *McKinsey Quarterly* (November 3, 2001). See also "A Long March," *The Economist*, (July 14, 2001), pp. 63-65.

## 8.4.1 学习百分比

学习百分比的定义是产量翻番时一种投入要素（或其相应成本）减少的比例，它可按下列公式估算：

$$L = \frac{C_2}{C_1} \times 100\% \tag{8-13}$$

式中，$C_1$ 为 $Q_1$ 单位产量的投入要素（或成本）；$C_2$ 为 $Q_2 = 2Q_1$ 单位产量的成本。

| 实例 | 学习百分比：艾默生公司

艾默生公司制造商务飞机的降落操纵杆。为了说明学习百分比的计算过程，假定该公司第 $Q_1 = 50$ 单位产量的劳动成本为 $C_1 = 659.98$ 美元，第 $2Q_1 = 100$ 单位产量的劳动成本为 $C_2 = 540.84$ 美元，把这些数据代入式 (8-13)，得到

$$L = \frac{540.84 \text{ 美元}}{659.98 \text{ 美元}} \times 100\%$$
$$= 81.9\%$$

这样，在降落操纵杆的生产中，劳动成本的学习百分比大约为 82%——表明产量每翻一番，劳动成本大约下降 18%。

### 1. 工厂层次的内部规模经济

工厂层次的规模经济来源包括资本投资、间接费用、对维修零件和人员的必要储备等因素。对于资本投资来说，资本成本增加的比例一般会小于工厂生产能力增加的比例，这在加工类行业格外明显。例如，石油管道运营，如果一种管道的半径是另一种管道的两倍，建造前者的资本投资也许是后者的两倍，而生产能力是后者的四倍（即 $\pi(2r)^2 = 4\pi r^2$，后者是 $\pi r^2$）。同样地，在下个例子中我们描述了一个 12 英寸的硅晶片，成本比标准的 8 英寸硅晶片高出 45%，但是产出的芯片产量可增加 140%，从而降低了单位成本。

半导体行业生产薄薄的硅晶片，然后在超级洁净的"晶圆 fab"工厂中蚀刻上只有 1/1 000 人类头发粗细的电子线路。这样的中间产品再切割成 PC、平板电脑和 PDA 中的薄薄的存储芯片。一张 12 英寸的晶圆切成的存储芯片足以存储 5 000 套《大英百科全书》。最近，标准的 8 英寸宽的晶圆需要花费 5 500 美元在一个 14 亿美元的晶圆工厂中生产出来。新的巨型晶圆差不多有 12 英寸宽，需要花费

8 000 美元在 20 亿美元的晶圆工厂中生产，但是表面积大了 125%，每个晶圆能形成 575 个芯片，而标准的 8 英寸晶圆只能形成 240 个芯片。换句话说，成本增加了 45%，巨型晶圆要比标准晶圆多生产 140% 以上的芯片。结果，一个芯片的单位成本从 23 美元下降到 14 美元。

资料来源：Based on "Chips on Monster Wafers," *Business Week*(November 4, 2002), pp. 112-126.

工厂层次规模经济的另一个来源是间接费用成本，它包括管理成本（如管理人员薪金、与监管要求关联的文件档案等）。在较大的工厂或生产设施中，间接费用成本可被分摊到更大的产量上，从而使单位平均成本下降。

加利福尼亚的私人营利性垃圾收集者已经显示出废物场地的规模经济性。解决一个废物场地的环境安全问题需要对环境影响研究、划定场地、监测有毒物质的泄漏与排放，以及科学的追踪研究等进行大量投资。为把这些间接费用成本分摊到更大的产出量中去，致使橘子县的公司远到圣迭戈的北部郊区（距加利福尼亚海岸几乎有 1 小时路程）寻找废物场地。橘子县的卡车在途中经过好几个城市的废物场地，但这些中途场地索取的废物倾倒费更高。显然，拉 1 吨废物的可变运输成本证明低于在较小场地上倾倒每吨废物的较高启动成本和环境监测成本。根据州的法律，所有这些城市都使索取的倾倒费能收回全部的分摊成本，所以长期平均总成本的降低为大规模的橘子县场地提供了一种明显的价格优势。

### 2. 厂商层次的内部规模经济

除了产品层次和工厂层次的规模经济，其他的规模经济与多工厂厂商的整体规模有关。造成厂商层次规模经济的一个可能来源是分销。例如，多工厂经营可使大厂商保有分散在不同地区的工厂。与只有一家（大）工厂的情况相比，在不同地区分布多家工厂经营的送货成本通常会更低。

形成厂商规模经济的另一个可能原因是资本资金的筹集。因为发行成本的增长比例低于证券（股票或债券）发行规模扩大的比例，所以大公司融资时平均 1 美元资金的发行成本会更低。类似的规模经济还存在于营销和促销之中。这些规模经济可以表现为以下形式：①寻求广告媒体空间和时间上的数量折扣；②大公司能把每期固定的广告成本分摊到更大产量上。

## 8.4.2　规模不经济

长期平均总成本在产量更高时上升就构成了**规模不经济**。与单个生产工厂相联系的规模不经济的主要原因是运输成本。工厂规模不经济的另一个可能原因是，为了长期生产一种产品，其运营缺乏灵活性，通常以对过去目标市场需求的预测为基础。

厂商层次的规模不经济来自经营规模扩大给管理人员带来的协调和控制问题。这些问题经常是因决策延误或失误和管理积极性减弱或被干扰而产生。

> **规模不经济**（diseconomies of scale）：随着产量水平的增加，长期平均成本上升。

---

**｜实例｜　灵活性与运营效率：福特汽车公司的平岩工厂**

福特汽车公司花了大约 2 亿美元在密歇根的平岩（Flat Rock）兴建了一座大工厂，生产发动机箱体铸件。此厂在 5 条超高速装配线上以每天 8 000 个或每年 200 万个发动机箱体的速度专门生产 V8 箱体。然而福特公司主管决定关闭平岩工厂，把生产移到克利夫兰的一家老箱体工厂中去。福特公司的克利夫兰工厂有 10 条更小和更慢的生产线，在这两家工厂中，克利夫兰工厂明显效率更低。但福特公司主管认为，让克利夫兰工厂较小的生产线生产大受欢迎的新型高效六缸和四缸发动机，生产成本会更低。

当福特公司设计平岩工厂时，它可以依赖长期生产 V8 发动机，也许能为当时最受欢迎的福特野马车型提供 100 万台发动机。但随后产品线的变化成了关键的经营策略。到了 1998 年，福特最畅销的 Explorer（383 852 辆）、土星（357 162 辆）和 Escort（283 898 辆）都说明了汽车市场的细分情况。只有 F 系列的皮卡（746 111 辆）能保证平岩工厂的巨大规模，但即使是最受欢迎的车型也只需使用平岩工厂 200 万发动机容量的 1/3。正如福特公司铸造事业部的生铁业务经理乔治·布思（George Booth）所解释的："兴建平岩工厂是为了以极大产量生产少数零部件，但该工厂却证明了在转而生产新型的和不同规模的发动机箱体时非常不灵活。有时你真的能够使规模过大。"

资料来源：*The Economist*（January 11, 2001），p. 58；*AI*（February 1998）；and *Wall Street Journal*（September 16, 1981, and February 12, 2007）.

---

**｜国际透视｜　日本公司怎样解决规模问题**

很多经营成功的美国大公司，比如通用电气、惠普、Sara Lee 集团和强生等都力求用经营活动的分权管理来解决规模过度问题。这些公司都建立了独立的经营单位，各负盈亏，从而给予管理人员更多的灵活性和决策的自主权。

与美国大公司相似的日本大公司通常也是几百家单个公司的集合体。例如，松下电气工业公司是由 161 个合并单位组成。另一个例子是日立公司，它由 660 家公司构成，其中 27 家公司的股份是公开交易的。一位研究日本管理的专家詹姆斯·阿贝格伦（James Abegglen）曾经这样评论："随着新东西不断出现……它会变成一个子公司，所以'大象'不会去滚动和压制它。如果一切情况良好，它自己就会变成一家成功的公司。如果不好，它就会被拉回。"

资料来源："Is Your Company Too Big?" *Business Week*（March 17, 1989），pp. 84-94.

### 8.4.3 规模经济和规模不经济的整体效应

对于像纺织、家具制造等一些行业来说，一旦规模经济消失，厂商的长期平均总成本会在一个很宽的产量范围内保持不变。在此情况下，很多工厂规模都一致地保持最低成本生产，如图8-5所示。在其他行业（如发动机箱体铸造）中，长期平均总成本在大规模产量水平时上升。规模经济和规模不经济的可能存在会使某一典型制造厂商假设的长期平均成本函数为U形，中间有一个平坦的区域。在达到某种**最小效率规模**之前，

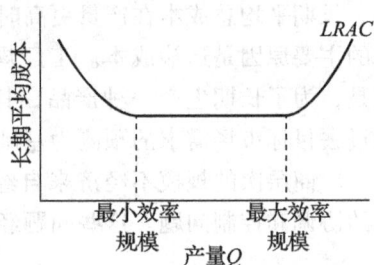

**最小效率规模**（minimum efficient scale，MES）：达到单位成本最低的最小规模。

也就是达到最低长期平均总成本的最小规模之前，存在着规模经济。在大多数行业中，厂商规模的扩大都可能超出MES，而不会出现规模不经济的情况。在这个扩展的中等规模范围内，单位产品的平均成本是相对不变的。但是，规模的扩大若超出最大的效率规模，最终会导致不灵活、管理缺乏协调和长期平均总成本上升等问题。

图 8-5 长期平均成本函数和规模经济

---

**[实例]** 大量使用铝材的汽车降低了福特公司的最小效率规模

几十年来，汽车装配线中最大的固定成本一直是3 000万美元的车身冲压设备。这种巨大的资本设备把薄钢板压成车盖、车身与风挡，把厚钢板压成底盘和门柱。由于一台车身冲压机的物理工作寿命为60万辆，所以它一直是规模经济的显著来源。2014年，只有销量名列前茅的福特F系列（753 851辆）、雪佛兰Silverado（529 755辆）和Ram皮卡（439 789辆）拥有足够的销售量使一台车身冲压设备在这个车型年份中得到充分折旧。八大车型（丰田凯美瑞和卡罗拉，本田雅阁、CRV和思域，日产Altima，福特福克斯和Escape）每年销量超过300 000辆，因此需要多年时间才能磨损耗尽一台车身冲压设备。

丰田、雪佛兰、本田和福特应该每隔2~3年就改变车身形状与结构部件以保持其车型的"新潮"，还是应该在更长的时间内放弃车型更新以便使其车身冲压设备得以充分折旧？前一个决策必然要丢弃仍然具有很长物理工作寿命的车身冲压设备，用更高的汽车单位成本收回资本设备投资。

实现效率规模，使冲压设备报废的一种常用方法就是把产品出口到有限的国内市场以外，在不同的国家以不同的名字销售相同的车型（如福特福克斯/嘉年华，大众高尔夫/宝来/Vento）。另一种方法就是汽车公司的跨洲合并（戴姆勒-克莱斯勒-三菱，福特-沃尔沃-马自达，通用-欧宝-五十铃-铃木，雷诺-日产），使国内车型进入外国市场。

第三种方法就是采用铝质车身结构或更多地使用热塑零部件来避免这种经典的规模经济。福特公司正在设计的铝质车身结构汽车（或已经投放市场的奥迪A2汽车），其重量不到今天传统的钢和钢板结构汽车的一半。除了油耗里程明显增加与二氧化碳排放显著减少外，大量采用铝材的汽车将彻底改变汽车装配的规模经济。铝质车身结构和热塑零部件是根据所需强度被浇铸、铸造和挤压成不同的厚度，完全不需要车身冲压机。

虽然铝车身结构的汽车的成本要比一般的钢和钢板结构汽车平均高出10%以上，但是铝材汽车装配过程的最小效率规模只有50 000

辆汽车。如图 8-6 所示，诸如福特野马（82 635 辆）、雪佛兰卡迈罗（86 297 辆）、大众帕萨特（96 649 辆）等利用这种新式铝结构生产技术可以实现 A 点上最小效率规模。原先使用钢和

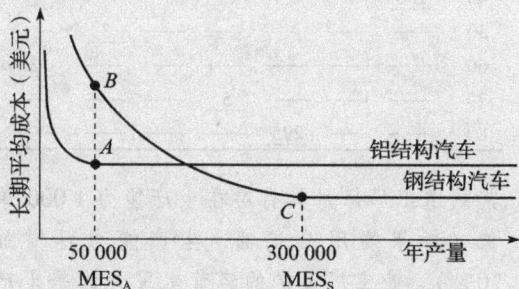

图 8-6　汽车生产的最小效率规模

钢板结构的汽车若在这个降低规模上生产，形成的单位成本将位于 B 点，与图 8-6 中的 C 点相比，是生产 300 000 辆汽车成本（比如本田思域（325 981 辆））的两倍多。不管设计多么受欢迎，如此之大的成本差别也是难以克服的。但利基汽车通过采用热塑和铝质零部件，就能保持成本竞争力。

资料来源：Based on "Aluminum Cars," *The Economist*（April 15，2000），p. 89；*Consumer Reports*（April 1997），p. 26；"The Global Gambles of GM," *The Economist*（June 24，2000），p. 67；"Daimler-Chrysler Merger," *Wall Street Journal*（May 8，1998），p. A10；and "Pick-Ups Rule," *USA Today*，January 6，2015，p. B1.

## 小　结

- 成本的定义是进行资源交换或资源转换时所发生的牺牲。
- 衡量成本要使用不同的方法，取决于使用信息的目的。就财务报告的目的而言，资金的历史支出通常是适当的成本衡量指标。对于决策目的来说，用放弃或牺牲的机会来衡量成本通常是恰当的。
- 成本函数是一张表格、一个图形或一种数学关系，说明生产不同数量产出量所能达到的最低成本（如总成本、平均成本和边际成本）。
- 短期总成本等于固定成本与可变成本之和。
- 边际成本的定义是由增加一个单位的产出量而引起的可变成本的增加量。
- 经济理论中的短期可变成本和边际成本函数假定为 U 形，随着产出量的增加先上升后下降。短期单位成本下降归因于资本和劳动的使用过程中由专业化带来的好处。短期单位成本上升归因于生产中的报酬递减。
- 生产能力的使用涉及文中三个不同的生产概念：给定工厂规模的最优生产率，给定生产

率的最优工厂规模以及实现最小有效规模的最优工厂规模。
- 人们常常看到理论上的长期平均成本函数为 L 形，原因在于通常存在规模经济和规模不经济。形成规模经济的主要原因是在更高产量上分摊大量固定成本，而规模不经济的主要原因是大规模组织中的协调和缺乏灵活性问题。
- 购买投入要素时的数量折旧和学习曲线效应都产生于更大的累积产出量，可与规模效应相区别，后者取决于单位时期的工厂产出量。学习曲线优势常常产生于能够进行长期生产的小规模工厂之中。
- 在投入要素和学习曲线成本优势中的数量折扣降低了平均可变成本，而规模经济降低了平均固定成本。
- 产出量的扩大足以把长期平均总成本降到可能最低的水平时就达到了最小效率规模。更小的产出量表明更小的工厂规模可以降低单位成本，如果厂商的经营计划能够支持最小效率规模的生产，更高的产出量水平也是可能的。

## 练　习

1. 美国航空公司在匹兹堡国际机场拥有一块　　土地，这块土地最初花费了 37.5 万美元。

美国航空公司正在考虑建一个新的训练中心。如果在分析中使用原始成本，那么建议建造新训练中心的提议是可以接受的，但如果土地成本高于85万美元，那么该提议将不符合航空公司的项目验收标准。一位开发商最近向美国航空公司出价250万美元购买土地。该航空公司是否应该在这块土地上建立培训中心？

2. 霍华德·鲍温（Howard Bowen）是一个大型棉花农场的农场主，他所拥有的土地和机械的目前市场价值为400万美元，但欠当地银行300万美元。去年他售出价值500万美元的棉花。他的可变经营成本为450万美元；尽管去年机器的实际价值下降了6万美元，会计折旧仍有4万美元。鲍温支付给自己的薪金为5万美元，这笔钱并未被视为可变经营成本的一部分。银行贷款利息为40万美元。如果鲍温为另一农场主或当地制造商工作，其年收入约为3万美元。鲍温若把他的农场卖掉，用所得资金进行投资，每年可获利10%（不考虑税收因素）。

a. 计算鲍温的会计利润。

b. 计算鲍温的经济利润。

3. 玛丽·格雷厄姆（Mary Graham）在皮德蒙（Piedmont）地产公司当了15年的房地产经纪人，年收入约为10万美元。她正在考虑成立自己的房地产中介机构，并预计能在第一年产生200万美元的收益，员工工资预计共为150万美元，营业费用（即租金、办公用品费、公共事业服务费）预计总额为2.5万美元。开始这项业务之前，玛丽必须向银行借款50万美元，利率是15%。设备需花费5万美元。一年后，尽管用于税收的折旧费只有5 000美元，但该设备只值3万美元。

a. 确定该企业的税前会计利润。

b. 确定该企业的税前经济利润。

c. 该企业成本中哪些是显性的，哪些是隐性的？

4. 根据你对各种成本函数关系的了解，完成下面的表格。

| Q | TTC | TFC | TVC | ATC | AFC | AVC | MC |
|---|-----|-----|-----|-----|-----|-----|-----|
| 0 | 125 | | | | | | |
| 10 | | | | | | | 5 |
| 20 | | | | 10.50 | | | |
| 30 | | | 110 | | | | |
| 40 | 255 | | | | | | |
| 50 | | | | | | 3 | |
| 60 | | | | | | | 3 |
| 70 | | | | | 5 | | |
| 80 | | | 295 | | | | |

5. 某制造工厂每月具有潜在生产能力1 000单位（如果雇用分包商，生产能力可增加10%）。此工厂正常的经营水平大约是生产能力的80%。在此水平以上经营会使单位可变成本大大增加，因为需要向技术工人支付更高的加班工资。产量水平达到生产能力的80%时，单位可变成本为100美元。若产量超过生产能力的80%，达到90%，此时增加产量的可变成本将增加10%。当产量高于生产能力的90%，达到100%时，增加产量而增加的单位可变成本要比产量超过80%生产能力时增加25%。产出量高出生产能力的100%，达到110%时，由于雇用大量的分包商，所以增加量的单位可变成本是要比产量水平达到80%生产能力时高50%。在80%生产能力水平上，工厂的单位固定成本为50美元。总固定成本在目前分析的生产范围内预期不会改变。根据上面的信息，完成下表。

| Q | TTC | TFC | TVC | ATC | AFC | AVC | MC |
|---|-----|-----|-----|-----|-----|-----|-----|
| 500 | | | | | | | |
| 600 | | | | | | | |
| 700 | | | | | | | |
| 800 | | | | | | | |
| 900 | | | | | | | |
| 1000 | | | | | | | |
| 1100 | | | | | | | |

6. 布莱尔（Blair）公司有3个装配工厂，位于加利福尼亚、佐治亚和新泽西。该公司最近又从一家外部厂商处购买了一条重要的零件装配线，该零件是最终产品的一部

分。布莱尔公司已经决定在公司内制造这种零件，现在必须要考虑是租赁一个位于中心地区的生产设施（比如在密苏里制造所有的零件），还是租赁 3 个分散的生产设施，每一个都靠近一个装配工厂，只生产临近装配工厂所需要的零件。如果位于中心地区的一个生产设施每年的生产能力为 18 000 件，那么固定成本每年将为 90 万美元，单位可变成本为 250 美元。如果 3 个分配生产设施的生产能力分别为每年 8 000件、6 000 件和 4 000 件，固定成本将分别为 47.5 万美元、42.5 万美元和 40 万美元，单位可变成本只有 225 美元，主要原因是运输成本降低了。3 个装配工厂目前的产量分别为 6 000 件、4 500 件和 3 000 件。

a. 假设 3 个装配工厂保持目前的产量，管理人员应该选择哪一个方案？

b. 如果最终产品的需求要求增加生产能力，那么哪一个方案更有吸引力？

c. 在决策之前还有哪些信息是有用的？

7. 厨房帮手（Kitchen Helper）公司决定生产并出售食品搅拌器，正在考虑 3 种不同的生产设施（"工厂"）。工厂 A 是劳动密集型生产设施，使用相对较少的专业化资本设备。工厂 B 为半自动生产设施，使用的劳动力比工厂 A 少，但资本设备成本也较高。工厂 C 是完全自动化设施，使用高成本、高技术资本设备，使用的劳动力比工厂 B 还少。有关这 3 个工厂的经营成本和生产能力的信息如下表所示。

a. 确定每个工厂在年产量为 25 000，50 000，75 000，…，350 000 时的平均总成本数据表。对于超出某一既定工厂生产能力的产量水平，假定会兴建同类型的多

家工厂。例如，要用工厂 A 生产 200 000单位产量，就会兴建 3 个这样的工厂。

（金额单位：美元）

| | 工厂种类 | | |
|---|---|---|---|
| | A | B | C |
| 单位可变成本 | | | |
| 原材料 | 3.50 | 3.25 | 3.00 |
| 劳动力 | 4.50 | 3.25 | 2.00 |
| 间接费用 | 1.00 | 1.50 | 2.00 |
| 合计 | 9.00 | 8.00 | 7.00 |
| 年固定成本 | | | |
| 折旧 | 60 000 | 100 000 | 200 000 |
| 资本 | 30 000 | 50 000 | 100 000 |
| 间接费用 | 60 000 | 100 000 | 150 000 |
| 合计 | 150 000 | 250 000 | 450 000 |
| 年生产能力 | 75 000 | 150 000 | 350 000 |

b. 根据 a 计算出来的成本数据表，确定搅拌器生产的长期平均总成本数据表。

8. ARA 铁路公司在铁路沿线拥有一块土地，最初花了 10 万美元。ARA 正在考虑在这块土地上兴建一个新的维修设施，并已决定：如果在分析中采用土地的最初成本，这个兴建新设施的提议就可以接受；如果土地成本在 50 万美元以上，此提议就不符合铁路项目的接受原则。一位投资者最近对此土地出价 100 万美元。ARA 是否应该在这块土地上兴建维修设施？

9. 艾默生公司是一家飞机着陆装置设备制造商，正在努力建立一个学习曲线模型来帮助预测连续增加 1 单位产品的劳动成本。该厂商从过去的数据知道第 25、第 75 和第 125 单位产品的劳动成本分别为 800 美元、600 美元和 500 美元。利用这些劳动成本的学习曲线方程 $\log C = 3.307\,55 - 0.287\,24 \log Q$，计算第 200 单位产品的估计成本。艾默生公司的学习百分比是多少？

## 案例练习

### 庭院家具的成本分析

休闲产品（LP）公司制造草坪和庭院家具。大多数产品卖给自助五金商店（比如劳氏家居）、零售五金商店和百货连锁店（比如Ace Hardware 和彭尼百货），再由它们以其相

应品牌分销这些产品，LP 不参与直接的零售业务。去年该厂商的销售额为 35 万美元。

LP 的一个事业部制造（铝和乙烯）折叠椅。这种椅子销售的季节性很强，80% 的销售量集中在 1~6 月。生产通常集中在 9~5 月，在 6~8 月的减产期内，大约 75% 的小时工（非技术工人和半技术工人）被解雇（或带薪休假），余下的劳动力包括拿薪金的工厂管理人员（直线经理和工长）、维修工人和文职人员，他们在销售淡季内被保留下来。比如，维修人员要在夏日淡季中完成机器大修。

LP 公司计划在来年生产并销售 50 万把这种椅子，计划销售价格为 7.15 美元/把，单位成本估算如下表所示

| | |
|---|---|
| 直接人工 | 2.25 美元 |
| 原材料 | 2.30 |
| 工厂间接费用① | 1.15 |
| 管理和销售费用 | 0.80 |
| 合计 | 6.50 美元 |

①这些成本要根据计划年产量（500 000 把椅子）分摊到每一单位产量上。

在单位成本上加上 10% 的加成额（0.65 美元）就得到该厂商的销售价格 7.15 美元（加上运费）。

LP 公司 5 月收到来自东南百货公司的咨询，关于这种折叠椅的购买意向并要求在 8 月份送货。东南公司表明，若单价不超过 5.50 美元（加上运费）就会下一个 3 万把椅子的订单。这些椅子可以在淡季用该厂商现有的设备和劳动力进行生产，完成这个订单也不必向工人支付加班工资，手上也拥有完成此订单的足够原材料（也可按现行市价购买）。

LP 公司的管理人员正在考虑是否接受这个订单。该厂商的总会计师认为不应该接受此订单，因为每把椅子的价格低于总成本，对厂商的利润没有丝毫贡献。该厂商的总经济师声称，只要增量收益超过增量成本就应该接受这个订单。

下面的成本会计定义可对制定这个决策有帮助：

直接人工——把原材料转换成最终产品时发生的劳动成本。

原材料——进入最终产品并成为最终产品一部分的各种材料。

工厂间接费用——与产品相联系的直接人工和原材料以外的所有成本，包括支付给那些不直接制造产品但其服务与生产过程有关的员工（如直线经理、维修人员和门卫）的工资和薪金，取暖、照明、动力、供应、折旧、税收以及生产过程中所使用资产的保险等。

推销和分销成本——销售产品时发生的成本（如广告和推销员的薪酬），储存产品和把产品运给顾客的费用（在此例中，顾客支付所有的运输成本）。

管理成本——上面没有列出的项目，包括总经理和主管人员的成本、研究、开发、工程成本以及杂项支出。

**问题**

1. 计算 LP 接受东南公司订单后每把椅子的增量成本或边际成本。
2. 在计算上一题的增量成本时，你做了什么假设？还有什么其他信息对计算有帮助？
3. 根据你对上两题的回答，LP 公司是否应该接受东南公司的订单？
4. 还有什么其他因素可能使 LP 公司拒绝接受这个订单？

<br>

## 亚马逊 Kindle 的利润率⊖

亚马逊的平板电脑 Kindle Fire 零售价为 199 美元，利润微薄。但该产品正在试图改变我们的读书方式。因此，它的定位是渗透到一个革命性的新目标市场，那些不喜欢拿课本、

---

⊖ "Slim Profit for Amazon Kindle," *Wall Street Journal* ( November 18, 2011 ), p. B4.

小说、报纸或杂志的二十几岁年轻人。

该产品的硬件组件、软件许可证和其他费用列支如下：显示屏 35 美元，触摸屏 25 美元，劳动力工资 11 美元，电池 12 美元，处理器芯片 18 美元，Kindle 的广告成本 7 美元，DRAM 内存芯片 5 美元，软件许可证 37 美元，8GB 内存模块 8 美元，工厂经理年薪 12 美元，其他材料 34 美元，研发支出 12 美元，联邦快递费 14 美元。

**问题**

1. 将所列成本分为可变成本和固定成本，并计算边际利润率，定义为净销售价格减去作为净销售价格一部分的可变成本。
2. 你预计 Kindle 平板电脑的边际利润率会超过三星、RIM 和诺基亚手机的边际利润率的 13% ~ 17% 吗？请解释原因。
3. 苹果的 iPad 呢？为什么它的利润会更高？说出具体理由。

# 成本理论的应用

本章研究的是在估计实际厂商生产过程的成本函数时所形成的一些方法。在短期内，必须了解厂商的成本函数，才能决定是否接受一笔额外的、也许低于"全部成本"的订单，是否安排工人加班，是否暂停经营但不关闭工厂。在长期内，对成本函数关系的了解将决定厂商进行的资本投资、采取的生产技术、要进入的市场以及要推出的新产品。本章第一节研究对短期和长期成本函数进行经验估计的各种方法。第二节探讨盈亏平衡和贡献分析，它或许是成本理论中唯一最有用的应用，有助于研究厂商经营的利润率。

### 电脑化与信息技术如何使雪佛龙、铁姆肯和默克公司的成本降低

人们在处理保险索赔、兑换息票和筛选工作简历时，电脑化和机器人技术提高了人均产出量，从而降低了单位劳动成本。对于原先要用纸质文件形式完成例行性工作和耗费时间的重复性人力工作来说，个人电脑节省了多倍的时间和人力。不过并非每一个企业都在使用大量的个人电脑。那么在范围广泛的其他行业中，电脑化和信息技术是如何提高生产率和降低成本的呢？

关键一点似乎是电脑和信息技术（IT）系统提高了分析和研发（R&D）能力。雪佛龙公司过去要打 10~12 口探井（每口 200 万~400 万美元）才能找到石油，如今只打 5 口井就可以发现石油。成本节约的原因就是雪佛龙采用了一种三维图形新技术，能够显示出潜在油田中油气的可能储藏状况。新的快速并行处理器能够运行计算密度更高的 3D 仿真模型。雪佛龙公司现在只需输入地震数据，就能够随着已知油田的采油来建立模型，模拟油气储藏的移位和流动。这个模型还能更准确地确定第 2 口井的位置。结果，尽管几乎没有剩余的黄金地段可供勘探和开发，但全行业的整个生产成本仍下降了 16%。

美国的铁姆肯（Timken）公司是一家价值 40 亿美元的滚珠轴承制造商，它也使用了数字3D 模型来重建其生产过程，小批量地生产高利润产品。铁姆肯公司在北卡罗来纳的最新生产设施是一个所谓的灵活制造系统（flexible manufacturing system，FMS），从接受订单、有限定制

设计、生产计划安排到实际工厂本身都实现了信息技术和网络化。联网的机床能够根据 4 小时之内提供的准确规格按订单生产 (build to order, BTO); 而采用 IT 之前, 要么堆积大量的半成品库存, 要么让顾客等待 6 ~ 8 周。日本的日产汽车公司最近估计, 在一辆汽车的最终价格中有 3 600 美元是与库存费用相联系的, 这可以通过 BTO 系统避免。将汽车行业作为一个整体来看, BTO 系统可使每年高达 800 亿美元的库存成本节省多达 500 亿美元。

药品的 R&D 已经从电脑化中获益。制药行业的基础研究通常要从疾病机理的生物化学模型或生物基因模型开始。过去, 人们一旦清楚地掌握了霍奇金淋巴瘤病或胰腺癌的机理, 默克或辉瑞公司的研究人员就要对已知的活性化合物一个一个地进行耗时的化学试验。只有在对那些既有疗效又没有什么副作用的有希望的化合物进行人体试验之后, 成功的治疗药品才能形成。引进一种新药的全部时间通常要长达十几年, 需要 15 亿美元的投资。

如今基础研究过程的第一阶段仍与过去差不多, 但把化学物质滴化到培养皿中的第二阶段没有了。取而代之的是用由微处理器自动控制的机器立即进行几千次的反应并记录下结果。研究人员随后用可能性最高的反应物进行更有把握的最终人体试验。发现新药的整个时间缩短了 2/3 以上, 所有的相关成本明显下降。

**讨论题**

说出一家企业, 你认为它因电脑化而使成本下降。是可变成本降低了吗? 有没有涉及固定成本增加? 是否清晰地表明平均总成本在下降? 请给出解释。

资料来源: Based on "The Innovators: The Rocket under the High-Tech Boom," *Wall Street Journal* (March 30, 1999); "Mass Customization," *The Economist* (July 14, 2001), pp. 64-67; and "The Flexible Factory," *Business Week* (May 5, 2003), pp. 90-101.

## 9.1 成本函数的估计

厂商要制定最优的定价决策和生产决策, 必须了解其短期成本函数的形状和特点。成本函数是说明生产不同产出量的总成本、平均成本或边际成本的表格、图形或数学关系。厂商要决定是接受还是拒绝一笔按某个特定价格提供的订单, 就必须准确地确定这个订单所涉及的可变成本和直接固定成本。因此厂商估计短期成本函数的能力至关重要。长期成本函数与较长的规划期相联系, 生产过程中的所有投入要素都是可变的, 而且对生产过程中所使用的投入要素的数量不存在任何限制。因此, 包括像公司总部设施成本这种间接固定成本在内的所有成本都是可以避免的, 因而与成本估计有关系。

### 9.1.1 成本的界定与衡量中的问题

回顾前面所讲的, 经济成本是由放弃机会的价值表示的, 而会计成本是由实际发生的支出衡量的。例如, 有些公司在把自己的产出 (煤炭、铀、原油和天然气) 运给下游的炼油和加工生产时, 都是按照以同期世界价格 (即按其机会成本) 计算的支出记录产出量的成本, 而其他公司是按照其付现支出计算这些相同的资源。如果所研究公司的开采成本较低 (如肯塔基的煤或波斯湾的石油), 那么这两种成本核算方法将出现差异。因为煤、石油或天然气的市场均衡价格总是由目前最昂贵的边际生产者 (比如, 强制开采的露天矿或北海道的石油平台) 的相对较高成本决定。

其他几个成本衡量问题是由折旧产生的。折旧在理论上可分为两个部分: 时间折旧表示与时间流逝相联系的资产价值下降，使用折旧代表与使用相联系的价值下降。例如，在沙漠中暂时停留的不被需要的飞机只受时间折旧。要注意这种时间折旧与资产实际运营的产出量是完全无关的。由于只有使用折旧随产出量变化，所以在确定成本－产量关系的状态时，只有使用折旧是相关因素。不过，有关折旧的会计数据很少分为单独的使用折旧成本。一项资产的价值在其寿命期内的会计折旧通常是由税收管制决定的。

在衡量可变成本（即随产量变化的成本）时也会产生类似的问题。某些公司只计算直接会计成本，包括原材料、供应品、直接劳动成本以及可以通过拒绝订单而避免的任何直接固定成本。直接成本不包括诸如资本成本和一定要分摊的所有固定成本（所谓的间接固定成本）。对于是否接受某个拟议租赁航班、一种特殊生产期或一份顾客打算改变的订单等批量决策来说，所需要的估计值是直接固定成本。不过，对于像提供一种定制设计这类问题，允许定制设计的 IT 系统的间接会计成本包括在成本数据之中是恰当的。

最后的会计成本问题是，资本资产的价值（及其相关的折旧成本）常常以历史成本而非重置成本来说明的。在价格水平迅速提高的时期，这种做法一般会低估真正的经济折旧成本。类似地，在时而快速、时而缓慢过时的行业中（例如计算机芯片），应用于历史成本的折旧计划往往会错报存货的资产价值损失。在为一家资本密集型厂商（如达美航空公司和英特尔公司）说明成本－产量关系时需要记住这些限制。

### 9.1.2 对其他变量的控制

成本既是厂商产出量的函数，也是诸如产出组合、生产周期长短、员工的缺勤和流动、生产方法、投入要素成本和管理效率的函数。

一定要对上述其他影响加以控制才能独立确定成本－产量关系，方法如下：

（1）收缩或降低成本数据。如果分析时期内的工资率或原材料价格发生显著变化，可以对其成本数据进行通货收缩调整，以反映要素价格的变化。假设可以得到或建立恰当的价格指数，不同时点上发生的成本就可以重新表示为经过通胀调整的实际成本。[一]

（2）使用多元回归分析。假定某厂商认为，由于采用工人的创新建议，成本应该随时间推移而逐渐下降。在成本方程中加进这种影响的一种方法将是把时间趋势 $t$ 作为一个增加的解释变量。

（3）范围经济。解决范围经济的其他可能控制变量包括产品线的数量、顾客细分市场的数量以及分销渠道的数量。

### 9.1.3 经验的成本－产量关系形式

经济理论中假设的短期总成本函数（SRTC）是一条 S 形曲线，可用一个三次关系来表示：

$$SRTC = a + bQ + cQ^2 + dQ^3 \tag{9-1}$$

由此关系可以导出人们所熟悉的 U 形边际成本函数和平均成本函数。相应的边际成本函数为

$$MC = \frac{\mathrm{d}(SRTC)}{\mathrm{d}Q} = b + 2cQ + 3dQ^2 \tag{9-2}$$

平均总成本函数为

$$ATC = \frac{SRTC}{Q} = \frac{a}{Q} + b + cQ + dQ^2 \tag{9-3}$$

---

[一] 在这种方法中有两个假设：当价格变化时，在不同投入之间不可替代且产出水平的变化对投入的价格没有影响。对于只包含维护人员、工厂工程师和材料供应的自动化工厂，这些假设非常符合生产过程的现实。

三次的总成本函数及其相应的边际成本函数和平均成本函数如图9-1a所示。如果回归分析的结果表明三次项（$Q^3$）不具备统计显著性，那么短期总成本可用图9-1b中的二次关系来表示：

$$SRTC = a + bQ + cQ^2 \qquad (9\text{-}4)$$

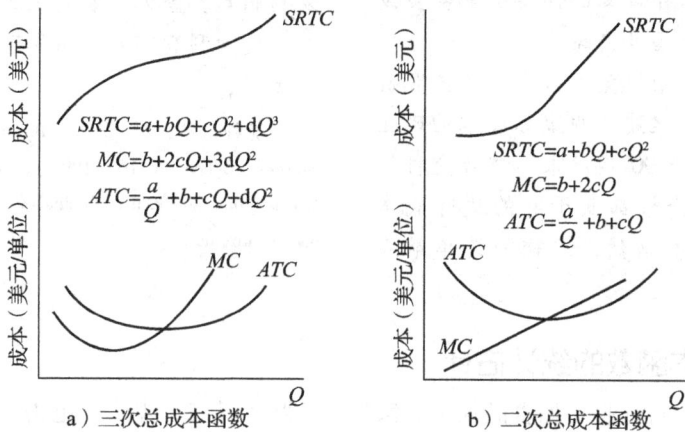

图9-1　多项式成本 – 产量关系

在这个二次情况下，总成本在整个典型的产出水平经营范围内都以递增的速度增长。相应的边际成本函数和平均成本函数为

$$MC = \frac{\mathrm{d}(SRTC)}{\mathrm{d}Q} = b + 2cQ \qquad (9\text{-}5)$$

$$ATC = \frac{SRTC}{Q} = \frac{a}{Q} + b + cQ \qquad (9\text{-}6)$$

从式（9-5）可以看到，这个二次的总成本关系意味着边际成本随产量水平的增加而线性增加。边际成本上升（$c>0$）是很多制造业的特点，因为最终反映了报酬递减。另一方面，某些信息服务公司（如IBM的全球服务）或基于网络的软件公司（如微软）可能有时会面临报酬递增和边际成本下降的情况（$c<0$）。

## 对与错 | 波音：宽体客机的边际成本上升

波音公司和空中客车公司提供了全世界需要的全部宽体喷气飞机。波音747、767和777一般要占到世界市场份额的70%，而空客在1994～1995年收到了大部分新订单，产量翻番，特别是小型飞机从每年的126架增加到232架。某些分析家认为波音公司应该放弃更多的宽体喷气客机订单。为什么？

一个原因就是：直到最近，波音要增加订单，仍然必须要重新绘制和复制几千张工程图，这些图纸将确定200 000名员工怎样装配具体客户的飞机。波音的飞机装配不是在共同平台上进行大批量定制生产，而是根据每一张1.5亿美元宽体客机的订单，按照新图纸装配飞机。由于设计者和车间工人对新指令和新图纸感到无法招架，所以最终必然使增量的可变成本上升。

由于20世纪90年代中期波音公司的追加订单几乎达到1 000架，所以波音公司每年的商用喷气机产量从180架激增到560架。在波音宽体机最终装配工厂中，产量从每月15架增加到21架（即增加了40%）。波音公司要增加生产量，就要消除装配瓶颈，形成平行生产过程，这就要求增雇装配工人并大量加班。波音还通过外包更多的零部件装配来增加生产量。消除装配瓶颈和外包零部件装配都会使波音公司的可变成本大幅度提高。

因为来自空客的激烈竞争压力，宽体客机的价格并没有提高，但波音的边际成本的确在上升。结果在20世纪90年代末，波音交付的每一架宽体客机的价格都低于它的边际成本（即经营利润为负）。当然，这样的订单最终必然会被拒绝。2000年，波音果真降低生产量，恢复到每月生产15架宽体客机，以便恢复利润率。今天，装备更好的747-400飞机赚取的经营利润高达4 500万美元，高于它的可变成本。

资料来源：Based on "Boeing's Trouble," *Wall Street Journal* (December 16, 1998), p. A23; and an Everett, Washington, site visit to Boeing's final assembly plant for wide-bodied aircraft.

### 9.1.4 短期成本函数的统计估计

人们对于众多不同行业（如食品加工、家具、铁路、煤气、煤炭、电力、针织、钢铁和水泥等）中厂商的短期成本函数都进行了估计。

| 实例 | 多产品食品加工的短期成本函数

约翰斯顿（Johnston）在对英国一家食品加工厂商的研究中，为该厂商的14种不同产品各建立了一个成本函数和一个整体成本函数，得到了有关各种产品的实际生产量和每种产品的直接总成本（分为原材料、人工、包装和运输4类）9个月的周数据。间接成本（如薪金，间接工人、工厂费用和实验支出）在整个研究期内完全保持不变，并被排除在分析之外。约翰斯顿从政府那里得到了各种产品的各类直接成本的价格指数，并用来对所有4类投入要素成本进行通缩调整，形成各种产品经通缩调整的每周直接成本。对于每一种产品来说，产出量是以实物生产（数量）衡量的。对于整个厂商而言，则是建立一个总产量指数，方法是用销售价格对每种产品数量加权，再把每一期生产的所有产品加在一起。

对于14种不同产品和整个厂商来说，线性成本函数都提供了一种直接成本和产量之间极好的拟合关系。因此，约翰斯顿得出结论：直接总成本是产出量的线性函数，边际成本在观察到的产量范围内是不变的。

资料来源：See Jack Johnston, *Statistical Cost Analysis* (New York: McGraw-Hill, 1960).

### 9.1.5 长期成本函数的统计估计

长期成本函数既可以对一家工厂的多个时期进行估计（时间序列数据），也可以对按照不同产量经营的多家工厂进行估计（横截面数据）。使用横截面数据就是假定每家厂商都在使用其固定的工厂和设备以及可变投入要素，达到最低的 LRAC 生产，即第8章研究过的在 SRAC 曲线的包络线上的工厂规模。使用时间序列数据就是假定投入要素价格、生产技术和提供销售的产品保持不变。因此，这两种方法都要求大胆的假设，但在估计长期成本函数时采用横截面数据更为普遍。

### 9.1.6 最优经营规模的确定

一家公司力求形成的经营规模取决于规模经济的范围和市场的大小。有些厂商能在很小的规模上以最低的单位成本来经营。假设有一位出售皮衣的有营业执照的街头行商，他每多卖一件皮衣就形成了皮衣的可变成本，用几分钟回答潜在顾客的问题就是直接劳动工作，还有与存放皮衣和推着皮衣走街串巷的手推车或其他车辆相联系的少量分摊成本。然而，99%的运营成本就是多卖一件皮衣所增加的可变成本。长期平均成本将大致在一件皮衣的批发成本水平上完全保持不变。结果，街头行商小规模经营的效率与大规模经营完全一样。

与此不同，水力发电厂的各种可变成本很少。几乎所有的成本都是固定成本，包括购买将被淹没的土地、建筑大坝、购买巨型发电设备。唯一需要的可变投入要素就是润滑剂和少量的维修工人。因此，水力发电厂所具有的长期平均总成本会持续下降，因为随着向越来越多的家庭供电，公司可以把它的巨额固定成本分摊到增加的销量上。同样，输电线路（高压电网和临近线路）也是一种固定成本高和可变成本低的经营活动。因此，如图9-2所示，在电力行业中，大规模经营所形成的单位成本要比小规模经营低。

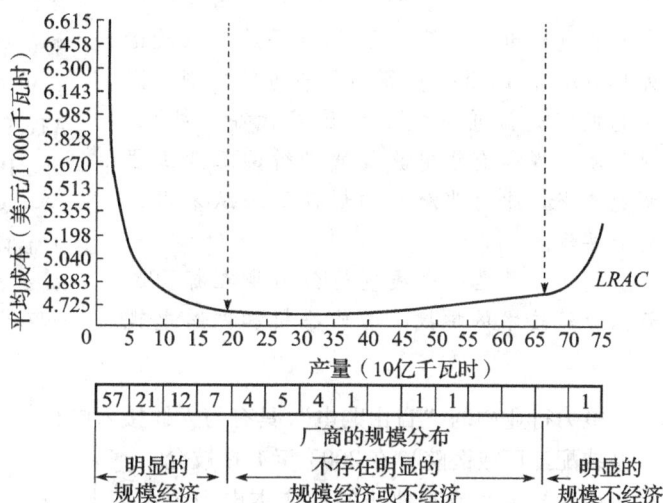

图9-2 美国电力公司的平均成本函数

## 实例 | 长期成本函数：发电

克里斯滕森（Christensen）和格林（Greene）在对美国电力公司的一项横截面数据的研究中，使用了一个对数模型来检测规模经济和规模不经济的存在。图9-2所示为使用114家厂商数据得出的长期平均成本函数（LRAC），图下方的横条表明处于每个规模区间内的厂商数。研究发现低于198亿千瓦时（图中左边箭头）的厂商存在明显的规模经济，在此范围内的97家厂商占总产量

的48.7%；处于198亿~671亿千瓦时（图中右边箭头）之间的厂商，不存在明显的规模经济，这个范围内的16家厂商占总产量的44.6%；高于671亿千瓦时的厂商（一家厂商，占总产量的6.7%）发现了规模不经济。

资料来源：Based on L. R. Christensen and W. H. Greene, "Economies of Scale in U. S. Electric Power Generation," *Journal of Political Economy* 84, no. 4（August 1976）.

## 实例 | 卫星电视行业和传统有线电视行业的规模经济：迪什网络和时代华纳

卫星电视和有线电视的经营都具有与电力行业相似的成本特点。一旦铺设了线路，多为一户家庭提供服务的增量成本是很低的。这类行业中规模经济的范围只能保证一家卫星电视

公司或一家有线电视公司供应商有权经营。实际上，市政当局历史上一直与这类公用事业公司签订排他性服务合同。其合理性在于由一家厂商向整个市场提供服务，其成本要比由几家

厂商分割市场低得多，因为后者无法实现所有可以实现的规模经济。

不过要记住，任何生产设施的最优经营规模都要受到市场大小的限制，即使一个成本不断下降的生产设施也是如此。卫星电视和有线电视市场总是受到 DVD 播放机以及诸如 NetFlix 和 Redbox 电影租赁服务的限制，因为它们都是廉价方便的娱乐替代品。结果，对卫星电视和有线电视经营进行的工业工程研究指出，此行业潜在的规模经济从未得到充分实现。

此外，卫星和有线电视公司现在都面临新的无线技术的挑战。智能手机和网络电视已经对曾经属于排他性许可经营的卫星和有线电视公司市场大举渗透，结果使这些经营活动的平均单位成本因销量下降从 B 点增加到 A 点（见图 9-3）。因此，实现盈亏平衡所要求的价格必然会上升。这自然形成循环影响；收回成本的价格越高，卫星和有线电视公司丢给无线业务的顾客越多。2015 年，AT&T 公司以一个便宜的价格收购了卫星公司 DIRECTV。

资料来源：See W. Emmons and R. Prager, "The Effects of Market Structure in the U. S. Cable Television Industry," *Rand Journal of Economics* 28, no. 4（Winter 1997），pp. 732-750.

电力行业中的"自由购电"具有与无线接入电视信号类似的影响。当工商业的电力买主（如大型装配工厂或医院）在 2003 年 1 月被允许自由地与本州或其他州的低成本电力公司签约时，本地电力公司就要承受"搁浅成本"。也就是说，兴建大坝、电厂和输电线路的巨额初始固定成本将被浪费，因为销量下降，本地顾客选择了其他地区的供应者。如果涉及的成本主要是可变成本，那么本地电力公司只需简单地削减成本，在更小规模上获利经营。然而遗憾的是，由于绝大多数成本都是固定的和不可避免的，所以单位成本随着服务顾客数量的下降而不可避免地上升，在图 9-3 中表现为从 B 点移动到 A 点。

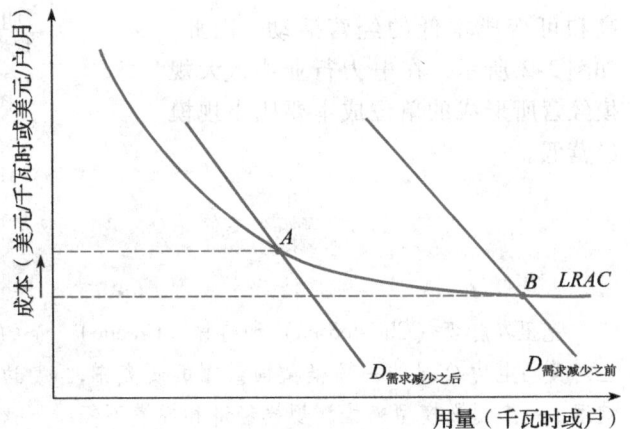

图 9-3　卫星电视信号和电力因"自由购电"而搁浅的固定成本

## 9.1.7　规模经济与范围经济

只要不同产品的生产能够共享投入要素，就会出现**范围经济**。例如，在民航业中，一架飞机同时运送旅客和货物的成本要低于用两架飞机分别运送旅客和货物的成本。同样，商业银行同时经营基于信用卡的无担保消费贷款和有财产担保的抵押贷款，与单独提供这两种金融服务相比，能以更低的成本提供每一种服务。这种成本节约与每天的飞行小时量，或处理、批准和良好信誉的贷款无关，进而与航空公司和商业银行的经营规模无关，因此它们区别于规模经济。

**范围经济**（economies of scope）：只要由一个工厂或一家厂商一起生产两种（或多种）产品的成本低于由不同工厂或厂商分别单独生产这些产品的成本就会存在的经济性。

### 9.1.8 工程成本法

**工程成本法**作为一种估计长期成本函数的备选方法，无须使用会计成本数据。它使用生产数据，力求确定生产不同产出量水平所需要的劳动力、资本设备和原材料的最低成本组合。在研究规模经济时，工程成本法与统计方法比较有以下一些优点。首先，采用工程成本法通常能更容易地使诸如投入要素价格、产品组合和生产效率等因素保持不变，使人们分离出产量变化对成本的影响。其次，采用工程成本法可避免使用会计数据时遇到的一些成本分摊和折旧问题。

> **工程成本法**（engineering cost techniques）：一种估计成本函数的方法，它仅仅采用工业工程信息来确定生产不同产量水平所需要的劳动、资本设备和原材料的最低成本组合。

---

**|实例|** **银行业中的范围经济**

一些经验研究力求对银行业（包括商业银行、储蓄信贷协议和信用联合会）的规模经济和范围经济进行估计。金融机构生产经济性的可能来源包括如下几种：

- 专业化劳动——存储机构越大，就能雇用到更专业的劳动力（如电脑程序员、现金经理、投资专家和信贷经理等）来提供服务。如果这些人员的专长能使单位劳动处理数据量更多的存贷账户，那么与小型机构相比，大型机构中的单位劳动成本就会更低。

- 电脑和电信技术——一旦大量的初始或固定成本发生之后，就可使用电脑和电子资金转换系统处理更多的交易活动，而每次交易活动所增加的成本不多。把固定成本分摊到更高数量的交易活动上可使大型厂商实现更低的平均总成本。

- 商业信贷信息——信贷信息一旦收集上来，就可以在定制向机构客户提供贷款

决策时再次使用，而且通常不增加什么成本。例如在商业范围内，为决定租赁贷款而收集的信贷信息还可用于决定商业贷款。因此，提供各类信用服务的大型金融机构可在信息收集方面实现范围经济。也就是说，商业房地产贷款和运营资本贷款的成本加起来要低于两种贷款分别交易时的总成本。

从银行的对数成本函数研究中可得出如下结论：

- 一些证据表明消费者分期信用贷款和抵押贷款之间存在着范围经济。

- 只在相对较低的产量水平上（存款低于1亿美元）明显存在着整体的（即与厂商有关的）规模经济。大型银行存在一种 L 形长期平均成本曲线，即在较低的产量水平上，平均总成本迅速下降，随后趋于平坦并变成一条水平线。在此方面，银行业的 LRAC 完全反映出典型制造业 LRAC 的形状。

---

### 9.1.9 适存法

在不掌握任何成本数据的情况下确定是否存在规模经济或规模不经济也是可能的。**适存法**根据规模对一个行业内的厂商进行分类，然后计算一定时间内每一类规模的厂商所占行业产量的份额。⊖如果某一类规模厂商的份额在一定时间内下降，那么就认为这类规模厂商的效率相对较低，

---

⊖ G. J. Stigler, *The Organization of Industry*（Homewood，IL：Richard D. Irwin 1968），Chapter 7. 要了解应用适存法的其他例子，可参见 H. E. Ted Frech and Paul B. Ginsburg，"Optimal Scale in Medical Practice：A Survivor Analysis," *Journal of Business*（January 1974），pp. 23-26.

并具有较高的平均成本。相反，份额不断提升就表明这类规模的厂商效率相对较高，并具有较低的平均成本。这种方法的合理性在于竞争将趋于淘汰那些在规模上效率相对较低的厂商，只允许那些在规模上具有较低平均成本的厂商生存下来。

**适存法**（survivor technique）：一种根据一定时间内不同规模厂商所占行业产量的份额来估计成本函数的方法。所占行业产量的份额不断增加（下降）的厂商规模被认定为效率相对较高（较低）并具有较低（较高）的平均成本。

运用平炉法或转炉法的钢锭生产中已经采用适存法研究长期成本函数。基于 20 多年的公司数据（即用什么能力存活下来）分析，诺贝尔奖得主斯蒂格勒（Stigler）为钢锭生产建立了一个雪橇状的长期平均成本函数，如图 9-4 所示。根据极低和极高产量水平上下降的百分比，斯蒂格勒的结论是：这两类规模都是相对低效率的，中间一类的规模（行业生产能力的 2.5% ~ 27.5%）代表最优规模的范围，因为这类规模的生产能力份额在增长或保持不变。斯蒂格勒还把适存法应用于汽车行业，并发现了一条 L 形平均成本曲线，表明没有证据说明在高产量水平上存在规模不经济。

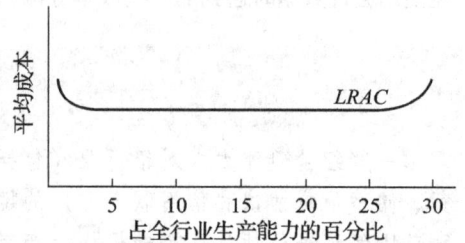

图 9-4 钢锭生产的长期平均成本

### 9.1.10 一点注意

最后要注意一点：单位产量的平均总成本（ATC）的概念（即所谓的单位成本）在我们目前的规模经济讨论中是很重要的，但在管理决策中几乎没有什么用处。的确，以 ATC 为基础制定产量或价格决策是绝对错误的。平均可变成本和边际成本决定了最优停产点、最优产量水平和最优价格决策。英国电话公司的管理者就曾因为这个错误而被解雇，他们把总部费用和其他公司管理费加到一项新增业务的定价决策之中。因此，在决策问题分析中习惯上都避免使用单位成本，仅仅在说明、争论和规划与规模、范围经济和不经济相关的问题时才保留单位成本。

## 9.2 盈亏平衡分析

厂商内部发生的长期规划活动都以预期产量水平为基础。对厂商不同预期产量水平上的销量、总成本和经济利润之间的相互关系的研究叫作**盈亏平衡分析**。

**盈亏平衡分析**（break-even analysis）：计算一个能覆盖直接和间接固定成本的产出水平的分析方法。

盈亏平衡分析的基础是微观经济理论中的收益 – 产量函数和成本 – 产量函数。这些函数一起显示在图 9-5 中。总收益等于销售的产量乘以单位价格。假定厂商只有通过降价才能增加销量的话，总收益曲线 TR 将是凹的（倒 U 形），如图 9-5 所示。

任何产量水平上的总收益和总成本之差都代表将要获得的总利润。在图 9-5 中，任何产量水平上的总利润 TP 都是由总收益曲线（TR）和总成本曲线（TC）之间的垂直距离决定的。只要总收益等于总成本，盈亏平衡状况（零利润）就会出现。产量水平低于 $Q_1$ 时，将出现亏损，因为 $TR < TC$；产量在 $Q_1$ 和 $Q_3$ 之间时，将获得利润，因为 $TR > TC$；产量水平高于 $Q_3$ 时，再次出现亏损，因为 $TR < TC$。总利润在 $Q_1 \sim Q_3$ 内达到最大；在 $Q_2$ 产量水平上，TR 曲线和 TC 曲线之间的垂直距离最大。

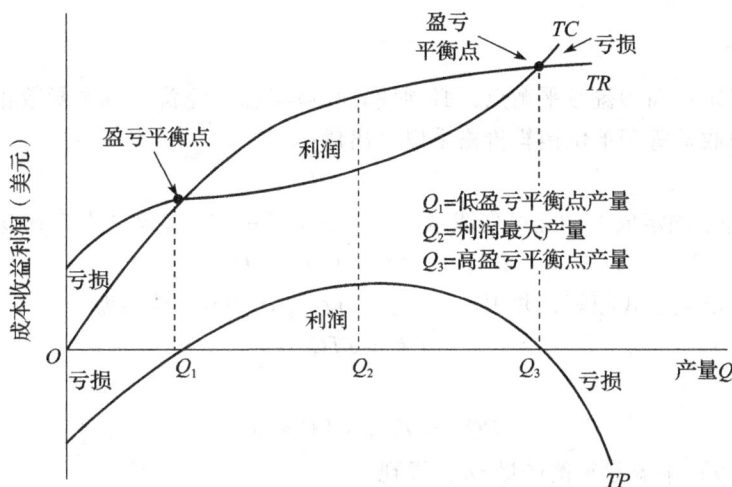

图 9-5　通用的盈亏平衡分析

---

**实例** | **波音 777 超过了盈亏平衡销量**

在项目成立之初，由于新飞机不可预见的开发成本的上升，波音和空客都在持续反复地计算其盈亏平衡销售量。空客的新型双层珍宝机 A380 的开发成本为 117 亿美元，需要以无折扣价格卖出 259 架才能盈亏平衡。预付订单只有 160 架飞机，远低于盈亏平衡数量。虽然空客近年来比波音售出总量更多的飞机，但波音还是在宽体喷气机子市场中控制了 70% 的市场份额。例如，波音公司的长距离喷气机 777 到 2006 年已经得到 155 架的订单，而空客的竞争机型 A340 的订单只有 15 架，距离盈亏平衡还非常遥远。

资料来源："Testing Times," *The Economist*（April 1, 2006), p. 56.

---

我们现在讨论盈亏平衡问题求解的图形法和代数法。

### 9.2.1　图形法

不变的单位销售价格和单位可变成本所形成的线性 $TR$ 和 $TC$ 函数画在图 9-6 中，这是一张基本的线性盈亏平衡图。总成本的计算方法是厂商的固定成本与可变成本之和，固定成本 $F$ 与产量水平无关，可变成本按一固定比率（单位产量的 $VC$）增加。经营利润等于总收益（$TR$）与总（经营）成本（$TC$）之差。

盈亏平衡点出现在图 9-6 中的 $Q_b$ 点，总收益函数和总成本函数在此相交。

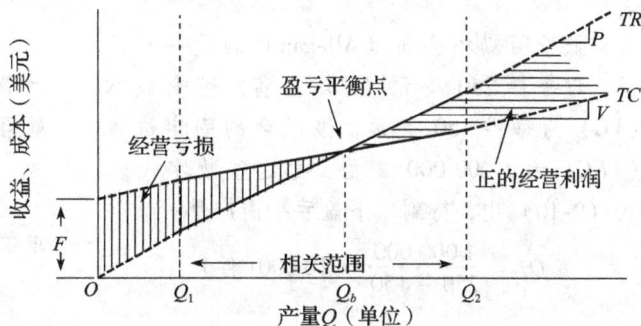

图 9-6　线性盈亏平衡分析图

如果厂商的产量水平低于这个盈亏平衡点（即如果 $TR < TC$），就会出现经营亏损。如果厂商的产量水平高于此盈亏平衡点（即如果 $TR > TC$），就可实现经营利润。

### 9.2.2 代数法

要用代数法确定厂商的盈亏平衡点，必须使总收益与总（经营）成本函数相等，解方程求出盈亏平衡产量。总收益等于单位销售价格乘以产出量：

$$TR = P \times Q \tag{9-7}$$

总（经营）成本等于固定成本加上可变成本，可变成本是单位可变成本与产出量的乘积：

$$TTC = TFC + (VC \times Q) \tag{9-8}$$

使总收益和总成本的表达式相等，并用盈亏平衡产量 $Q_b$ 代替 $Q$，结果为

$$TR = TTC$$

或

$$PQ_b = TFC + VC \times Q_b \tag{9-9}$$

最后，解出式（9-9）中盈亏平衡产量 $Q_b$，得到[⊖]

$$PQ_b - VCQ_b = TFC$$

$$(P - VC)Q_b = TFC$$

$$Q_b = \frac{TFC}{(P - VC)} \tag{9-10}$$

---

**贡献毛利**（contribution margin）：价格与单位可变成本之差。

---

单位销售价格与单位可变成本之差（$P - VC$）被称为**贡献毛利**。它衡量的是每一单位产量对收回固定成本和经营利润做出多少贡献。因此，盈亏平衡产量等于固定成本除以贡献毛利。

因为厂商的盈亏平衡产量取决于一系列变量，特别是单位价格、单位可变（经营）成本和固定成本，所以厂商希望分析任何一种（或多种）变量的变化对盈亏平衡产量的影响。例如，可能希望考虑以下因素：

（1）改变售价；

（2）用固定成本替代可变成本。

---

| 实例 | 盈亏平衡分析：阿勒根公司

假设阿勒根公司（Allegan）制造一种产品，以每件 250 美元（$P$）出售，可变成本（$VC$）为每件 150 美元。该厂商的固定成本（$TFC$）为 1 000 000 美元。把这些数字代入式（9-10）中，得到以下盈亏平衡产量：

$$Q_b = \frac{1\,000\,000}{250 - 150} = 10\,000（件）$$

现在假设阿勒根公司把单位售价从 250 美元增至 275 美元。把这个数字代入式（9-10），就得到一个新的盈亏平衡产量：

$$Q'_b = \frac{1\,000\,000}{275 - 150} = 8\,000（件）$$

单位价格的提高降低了盈亏平衡产量。

阿勒根公司的管理人员可能不是提高单位

---

⊖ 盈亏平衡分析也可以用美元销量而不是产量单位来进行。盈亏平衡分析的美元销量 $S_b$ 可通过下式计算

$$S_b = \frac{TFC}{1 - VC/P}$$

式中，$VC/P$ 是可变成本比（按每美元销售的可变成本计算）。

售价，而是决定在公司经营的某些方面用固定成本代替可变成本。例如，当劳动工资率不断提高时，很多厂商都力求通过自动化来降低经营成本，实际上自动化就是用固定成本的资本设备代替可变成本的劳动。假设阿勒根公司决定通过另外花费 100 000 美元租赁设备，使单位劳动的成本降低 25 美元。在这种条件下，厂商新水平的固定成本 $TFC'$ 将是 1 000 000 + 100 000 = 1 100 000 美元。可变成本 $VC'$ 将为

150 - 25 = 125 美元。把 $P' = 250$ 美元/件，$VC' = 125$ 美元/件，$TFC' = 1\ 100\ 000$ 美元代入式 (9-10)，形成一个新的盈亏平衡产量：

$$Q_b' = \frac{1\ 100\ 000}{250 - 125} = 8\ 800 (件)$$

相反，这种经营活动中成本固定性的增加使盈亏平衡产量降低。究其原因，是通过抵消减少可变成本，从而大大提高了贡献毛利。

---

**实例　通用汽车公司的固定成本和生产能力**

通用汽车公司（GM）处于一个年销 1 700 万辆汽车的产业中，它在 2002 年 3 月承认，它需要每年减少 100 万辆汽车生产能力，才能与当时的 500 万辆汽车销售量相匹配。这是该公司 100 年的历史上第二次大规模地削减其生产能力（1988 年是第一次）。作为这项缩减规模决策的一部分，通用汽车公司计划关闭它在美国的 10 条汽车装配线。

GM 过去曾在以下两种方案中选择：①生产所有它能生产的汽车然后使用成本高昂的减价销售来吸引买主；②减少产量，使工厂运营低于生产能力，方法是减慢装配线的速度，或者取消整班的生产。新的战略要求公司 100% 地使用美国的汽车生产能力，每周开工 5 天，

每天两班。如果汽车需求超过这个生产能力水平，将采用三班运营来增加生产。福特汽车公司有时也遵循这个战略。

事实上，GM 和福特都是在以下两者之间进行权衡：在整个商业周期中降低固定成本，在需求高涨期（可能）不得不支出较高的变动成本（比如，采用成本更高的加班和三班生产）。结果，GM 的盈亏平衡点产量明显下降。

资料来源：Jacob M. Schlesinger, "GM to Reduce Capacity to Match Its Scale," *Wall Street Journal*, (April 25, 1988), p. 2; Lawrence Ingrassia and Joseph B. White, "GM Plans to Close 21 More Factories, Cut 74 000 Jobs, Slash Capital Spending," *Wall Street Journal*, (December 19, 1991), p. A3; and "A Duo of Dunces." *The Economist* (March 9, 2002), p. 63.

---

### 9.2.3　盈亏平衡分析的某些局限性

盈亏平衡分析存在一些局限性，产生于构建模型和形成相关数据时所做的假设。

#### 1. 多种产品

盈亏平衡模型假定厂商生产和销售的要么是一种单一产品，要么是不同产品的一种固定组合。在很多情况下，产品组合是随时间变化的，因此在不同产品之间分摊固定成本时就可能出现问题。

#### 2. 不确定性

盈亏平衡分析的另一个假设就是每一种产量水平上的固定成本、销售价格和单位可变成本都

是已知的。实际上，这些参数都存在不确定性。因此，盈亏平衡分析的结果是否有用，要取决于对未来售价和可变成本估计值的准确性。

### 3. 计划期的不一致

最后，盈亏平衡分析通常都是按一年或少于一年的计划期来进行的，但从某些成本得到的效益可能要到下一期才能实现。例如，在某一具体时期内发生的研究与开发成本可能在几年之内都不会形成新产品。厂商要使盈亏平衡分析成为一种可依赖的决策工具，经营成本一定要与研究计划期内所形成的收益相匹配。

## 9.2.4　盈亏平衡分析与贡献分析

盈亏平衡分析假定，除了定义狭窄的增加销售量的增量可变成本（$VC$）外，所有的成本都是可避免的。要问的问题是：是否有足够的销量，其贡献毛利（$P-VC$）能收回所有这些相关成

**贡献分析**（contribution analysis）：对增加的经营利润与一个决策的直接固定成本相比较。

本？如果答案肯定，就能使厂商赚取净利润。在制定进入或退出决策时通常会提出这些问题，因为厂商能够完全避免在决定保留或退出某项经营时的所有成本。与此不同，**贡献分析**应用于以下问题：是否进行一次广告宣传，是否引进一种新产品，工厂是否暂时停业或关闭一个事业部？区分这些贡献分析问题的因素就是：很多固定成本是不可避免的，因此与决策是不相关的（间接固定成本）；而其他固定成本是由于决策结果所新投入的（直接固定成本），因此可以通过拒绝建议而避免。

贡献分析一般总是要问：从广告宣传、新产品或拟议出售的工厂或事业部中是否能产生足够的收益来收回直接固定成本加上可变成本？也就是说，贡献分析要计算：由广告宣传、新产品、工厂和事业部带来的增加销售量（$\Delta Q$）是否形成足够的经营总利润来抵消固定成本的计划增加量？换言之，用于收回固定成本的总贡献增加量是否大于由决策可避免的直接固定成本的增加量？

$$(P-VC)\Delta Q > \Delta\,总固定成本 > \Delta\,总间接固定成本 + \Delta\,总直接固定成本 \qquad (9-11)$$
$$> 0 + \Delta\,总直接固定成本$$

举个例子，使用贡献分析来支持或反对一项新的贸易促进措施。假设为使阿勒根公司的产品获得更好的货架位置，支付给零售伙伴100万美元。如果市场研究估计得出，这种贸易促进的效果是能够额外销售9 000件，这少于保持总贡献不变的数量，额外销量带来的贡献变化将比直接固定成本增加少100万美元。应用式（9-11）得到，

$$(250-150)\times 9\,000 < 1\,000\,000\ 美元$$

因此，这个贸易促进计划应该被拒绝。

这样的决策不是盈亏平衡决策，因为它不考虑（抽象掉）间接固定成本，根据定义，间接固定成本是不能通过拒绝广告宣传、拒绝引进新产品建议或暂时关闭工厂而避免的。例如，公司总部设施成本和其他的公司管理费就是间接固定成本，是无法通过任何决策来避免的。所以，公司管理费在制定这些决策时就不是一种相关成本，因此在为支持这类决策而进行的贡献分析中，公司管理费是不予考虑的。

与此相反，在上例中用来决定如何或者是否率先进入某项新的经营活动而进行的盈亏平衡

分析中，公司管理费是明显存在的。企业认证、许可证或特许专营费是这种公司管理费的良好例子。本章末尾有关租用航线经营决策的案例练习说明了区别于盈亏平衡分析的贡献分析的应用。

**| 实例 | 塔可钟公司用广告促进销售量**

塔可钟（Taco Bell）公司计划在几周内实施一次广告宣传战，播放带有可爱小狗形象的商业广告，时长为 15 秒，共放 25 次。广告代理商提出的成本是每次 750 000 美元，力求在网络电视的黄金时段内播放给 1.76 亿个家庭。塔可钟公司要决定是否购买这个广告，只需要了解两件事：①需求分析认为由此广告宣传形成的销售增加量；②按货币额计算的贡献毛利。假设估计在 48 个州 90 天内每天到塔可钟就餐的增加量为 2 100 次，

这样总量就是 9 072 000 次。如果每次实际就餐的平均价格为 7.99 美元，可变成本为 5.00 美元，那么塔可钟公司是否应该进行这次广告宣传？答案是肯定的，因为利用式（9-12）得到，

$(7.99 - 5.00) \times 9\,072\,000 > 0 + (25 \times 750\,000)$
$27\,125\,280$ 美元 $> 18\,750\,000$ 美元

我们看到，如果塔可钟公司授权进行广告宣传的话，其经营利润将增加 840 万美元，对收回固定成本和利润做出进一步的贡献。

## 9.2.5 贡献分析的局限性

### 经营成本的构成

一些固定成本随着产量的增加以一种阶梯方式增加，它们是半变动的。例如，飞机发动机的非计划维修被安排在发动机使用 10 小时以后进行。因此，如果批量生产决策需要这样使用机器的话，那么这些直接固定成本必须被视为不可避免的。否则，就像其他直接固定成本一样，只有达到触发产量水平时，非计划维修支出才发生（因此是不可避免的）。

## 9.2.6 经营杠杆

经营杠杆涉及使用更多的具有固定成本的资产，以换取更低的可变成本和更高的利润率。厂商运用经营杠杆是希望赚取更高的收益。厂商的**经营杠杆率**（DOL）定义为按照由销售量（产出量）的某一既定百分比变化所引起的息税前利润（EBIT）的百分比变化来计算：

**经营杠杆**（operating leverage）：使用包括固定成本（如折旧）的资产以谋求增加预期收益。

$$Q 的 DOL = \frac{EBIT 的百分比变化}{销售量的百分比变化}$$

这个关系可以重写为

$$Q 的 DOL = \frac{\frac{\Delta EBIT}{EBIT}}{\frac{\Delta 销售量}{销售量}} \tag{9-12}$$

**经营杠杆率**（degree of operating leverage, DOL）：由销售量或产出量的某一既定百分比变化所引起的厂商息税前利润（EBIT）的百分比变化。

式中，$\Delta EBIT$ 和 $\Delta$ 销售量分别为厂商的 EBIT 和销售量的变化。

在前面对阿勒根公司盈亏平衡分析的讨论中，确定盈亏平衡模型的参数为 $P = 250$ 美元/件，$VC = 150$ 美元/件，$TFC = 1\,000\,000$ 美元。把这些数值和相应的产量值（$Q$）代入式（9-14）中，形成如表 9-1 所列的 $DOL$ 值。例如，产量为 12 000 件时 $DOL$ 为 6.00，表明从 12 000 件这个基本产量开始，产量每增加 1%，$EBIT$ 将增加 6.00%。

可以看到，当厂商的经营接近盈亏平衡点（此时 $Q = Q_b = 10\,000$ 件）时，阿勒根公司的 $DOL$ 最大（绝对值）。还可看到，低于盈亏平衡点水平时，厂商的 $DOL$ 为负值。负值的 $DOL$ 表示产量增加 1% 使经营亏损减少的百分比。例如，产量水平为 6 000 件时，$DOL$ 为 $-1.50$，它表示从这个基本产量开始，产量每增加 1%，厂商的经营亏损将减少 1.5%。

$DOL$ 是对厂商经营利润在商业周期内变化的反映。如果厂商在其经营中使用大量的设备，一般就会拥有相对较高的固定经营成本和相对较低的可变经营成本。这样的成本结构形成一个高 $DOL$，如果销售量高，就会形成高额的经营利润（正值的 $EBIT$）；如果销售量低，就会形成高额的经营亏损（负值的 $EBIT$）。

表 9-1 阿勒根公司不同产量水平上的 $DOL$

| 产量（$Q$） | 经营杠杆率（$DOL$） |
|---|---|
| 0 | 0 |
| 2 000 | $-0.25$ |
| 4 000 | $-0.67$ |
| 6 000 | $-1.50$ |
| 8 000 | $-4.00$ |
| 10 000 | （未确定的）盈亏平衡产量水平 |
| 12 000 | $+6.00$ |
| 14 000 | $+3.50$ |
| 16 000 | $+2.67$ |
| 18 000 | $+2.25$ |
| 20 000 | $+2.00$ |

因为在各种销售量水平上厂商的 $DOL$ 是不同的，所以必须说明衡量经营杠杆的销售量点 $Q$。$DOL$ 与需求弹性的概念类似，因为它把一个变量（$EBIT$）的百分比变化与另一个变量（销售量）的百分比变化联系起来。从式（9-12）中可以更容易地计算厂商 $DOL$ 的另一个公式为

$$Q \text{ 的 } DOL = \frac{销售额 - 可变成本}{EBIT} \tag{9-13}$$

用 $P \times Q$ 代替销售额，用 $VC \times Q$ 代替可变成本，$EBIT$ 等于总收益减去总（经营）成本，或 $(P \times Q) - TFC - (VC \times Q)$，把这些数值代入式（9-13）中，得到

$$Q \text{ 的 } DOL = \frac{(P \times Q) - (VC \times Q)}{(P \times Q) - TFC - (VC \times Q)}$$

或

$$Q \text{ 的 } DOL = \frac{(P - VC) \times Q}{(P - VC) \times Q - TFC} \tag{9-14}$$

## 9.2.7 内在经营风险

**内在经营风险**是指厂商 $EBIT$ 的内在变化性。它是若干因素的函数，其中之一就是厂商的

**内在经营风险**（inherent business risk）：公司营业收入的内在变化或不确定性（利息和税项前的收入）。

$DOL$。$DOL$ 是一个衡量厂商 $EBIT$ 对销售量变动敏感程度的指标。厂商的 $DOL$ 越高，由销售量的某一既定变动所引起的 $EBIT$ 的变化就越大。因此，所有其他因素不变，厂商的 $DOL$ 越高，经营风险的程度就越高。

　　其他因素也会影响厂商的经营风险，包括销售量的变化程度和不确定性。拥有大量固定成本和稳定销量的厂商将有较高的 DOL，但也会有稳定的 EBIT，因此经营风险低。公用事业和管道运输公司就是具有这种经营特点的例子。相反，拥有不稳定销量的厂商（如流行玩具制造商孩之宝（Hasbro）公司）将在高固定成本存在时有很高的内在经营风险。

　　可能会影响厂商经营风险的另一个因素就是有关销售价格和可变成本的不确定性。如果销售价格和可变成本在未来时间内面临相当大的变动，那么具有较低 DOL 的厂商仍有高经营风险。牲畜饲养场说明了这种 DOL 低但经营风险高的特点，谷物成本和牛肉的售价在不同时间内波动很大。

　　总而言之，厂商的 DOL 仅仅是决定厂商内在经营风险的若干因素之一。

## 小　结

- 在对厂商的短期和长期成本函数的性态进行估计时，主要的方法论问题是：①经济学家与会计师在定义和衡量成本的方式上有差别；②说明影响成本的其他变量（除产量水平以外）。

- 对短期成本 – 产量关系的诸多统计研究都认为，总成本随产量而线性（或二次）增加，这意味着在可观察的产量范围内边际成本是不变的（或上升的）。

- 对长期成本 – 产量关系的诸多统计研究都表明长期成本函数为 L 形。规模经济（平均成本下降）出现在低产量水平上。随后在很大的产量范围内，长期平均成本保持相对不变。只有少数案例观察到规模不经济，也许是因为没有什么厂商能在导致过度规模的成本条件下生存下来。

- 工程成本法是估计长期成本函数的另一种统计方法。这种方法运用生产设施和生产技术方面的知识来确定生产各种产量水平所要求的劳动、资本设备和原材料的最低成本组合。

- 适存法是确定一个行业中厂商最优规模的方法，通过按照厂商规模对其分类，然后计算一定时期内各类规模厂商在行业产量中占有的份额。行业产量份额在一定时间内不断增加的那一类规模厂商被认为效率更高，并具有更低的平均总成本。

- 盈亏平衡分析用于研究厂商在不同产量水平上的收益、成本和息税前利润（EBIT）之间的关系。分析人员通常根据线性的成本 – 产量关系和收益 – 产量关系构建一个盈亏平衡图，确定在一个有限的产量范围内厂商的经营特点。

- 盈亏平衡点的定义就是经营的总收益等于总成本时的产量水平。在线性盈亏平衡模型中，用固定成本除以价格与单位变动成本之差（贡献毛利）就可找到盈亏平衡点。

- 贡献分析用于研究某些固定成本（间接固定成本）不能被某一决策所避免，而其他直接固定成本可被某一决策所避免。在制定广告宣传、引进新产品、关门停业或精简规模决策时常常要进行贡献分析。

- 经济杠杆出现于厂商使用具有固定经营成本的资产的时候。经营杠杆率（DOL）衡量的是由销售量（或产量单位）1% 变化所引起的厂商的 EBIT 的百分比变化。随着厂商的固定经营成本的上升，其 DOL 也会提高。

- 内在经营风险是指厂商的 EBIT 变动程度。它是若干因素的函数，包括厂商的 DOL 和销售量的变动程度。所有其他条件不变，厂商的 DOL 越高，其内在经营风险越大。

## 练 习

1. 对美国西北地区 6 个州 86 家储贷协会的一项研究形成以下成本函数

$$C = 2.38 - 0.006\ 153Q$$
$$\quad\ (2.84)\quad\ \ (2.37)$$
$$\qquad + 0.000\ 005\ 359Q^2 + 19.2X_1$$
$$\qquad\ \ \ (2.63)\qquad\quad (2.69)$$

式中，$C$ 为平均经营支出比，用一个百分数表示，定义为总经营支出（百万美元）除以总资产（百万美元）乘以 100%；$Q$ 为产出量，用总资产来衡量（百万美元）；$X_1$ 为分支机构数量与总资产（百万美元）之比。

注：每个系数下面括号中的数字为相应的 $t$ 统计量。

a. 哪些变量在解释平均经营支出比的变动中具有统计显著性？

b. 统计结果表明存在哪一种成本–产量关系（如线性、二次或三次）？

c. 根据这些结果，对于西北地区储贷协会存在规模经济或规模不经济的问题可以得出什么结论？

2. 再看第 1 题：

a. 如果分支机构的作用（$X_1$）保持不变，确定能使平均经营支出比最低的总资产水平是多少？

b. 对于 a 确定的总资产水平，如果有 1 个分支机构，确定这个储贷协会的平均经营支出比；如果有 10 个分支机构，回答相同的问题。

3. 对 1946 ~ 1947 年间 56 家英国公司的发电成本进行研究，得出如下长期成本函数：[一]

$$AVC = 1.24 + 0.003\ 3Q + 0.000\ 002\ 9Q^2$$

$$\qquad\qquad - 0.000\ 046QZ - 0.026Z$$
$$\qquad\qquad + 0.000\ 18Z^2$$

式中，$AVC$ 是平均可变成本（比如，发电的劳动力成本）以每千瓦时为计量单位（当时英国货币单位的 1 便士等于 2 美分）；$Q$ 是产量，以每年百万千瓦时计量；$Z$ 表示工厂规模，以千千瓦计量。

a. 确定发电的长期平均可变成本函数；

b. 确定发电的长期边际成本函数；

c. 保持发电厂规模 150 000 千瓦不变，确定发电的短期平均可变成本函数和边际成本函数；

d. 对于发电规模等于 150 000 千瓦的厂商，确定其最小短期平均可变成本处的产出水平；

e. 在由 d 获得的产出水平上，确定短期平均可变成本和边际成本。

4. 假定所有其他因素保持不变，确定以下因素将如何影响厂商的盈亏平衡点：

a. 厂商发现一定要降低单位价格，因为外国竞争在加剧；

b. 厂商的直接人工成本因新的劳动合同而增加；

c. 美国职业安全和健康管理局（OSHA）要求厂商在工厂内安装新的通风设备（假定这个行动对工人生产率无影响）。

5. 麦基（McKee）公司的年固定成本为 1 200 万美元，其可变成本率为 0.60。

a. 确定该公司盈亏平衡点销售额。

b. 确定赚取 300 万美元目标利润所要求的销售额。

## 案例练习

### 成 本 函 数

下表所列成本–产量数据是对美国威斯康星公立高中经营的规模经济研究的一部分。[二]

---

[一] Johnston, *Statistical Cost Analysis*, Chapter 4, *op. cit.*

[二] John Riew, "Economies of Scale in High School Operation," *Review of Economics and Statistics* 48, no. 3（August 1966）, pp. 280287.

| 平均每日学生出勤数 (A) | (A) 栏的中间值 (B) | 每个学生的支出 (美元) (C) | 样本中的学校数 (D) |
|---|---|---|---|
| 143~200 | 171 | 531.9 | 6 |
| 201~300 | 250 | 480.8 | 12 |
| 301~400 | 350 | 446.3 | 19 |
| 401~500 | 450 | 426.9 | 17 |
| 501~600 | 550 | 442.6 | 14 |
| 601~700 | 650 | 413.1 | 13 |
| 701~900 | 800 | 374.3 | 9 |
| 901~1 100 | 1 000 | 433.2 | 6 |
| 1 101~1 600 | 1 350 | 407.3 | 6 |
| 1 001~2 400 | 2 000 | 405.6 | 7 |

### 问题

1. 把 B、C 两栏的数据画在一张产量（注册人数）-成本图上，并描出一条准确拟合上述数据的平滑曲线。

2. 根据第 1 题中的散点图，在注册人数与每个学生的支出之间似乎存在什么样的数学关系？换言之，每个学生的支出是否表现为

$$C = 10.31 - 0.402Q + 0.000\,12Q^2 + 0.107X_1 + 0.985X_2 + 15.62X_3 + 0.613X_4 - 0.102X_5$$
$$\quad(6.4)^* \qquad (5.2)^* \qquad\quad (8.2)^* \qquad (0.15) \qquad (1.3) \qquad (3.2)^* \qquad (0.93)$$

$$r^2 = 0.557^*$$

　　注：括号中的数字为每个相关系数（b）的 t 分数。星号（*）表示结果在 0.01 水平上具有统计显著性。

3. 这些统计结果表示存在何种成本 - 产量关系（线性、二次、三次）？

4. 在解释每个学生支出的变动时，（除注册人数之外）哪些变量似乎是最重要的？

5. 假设其他变量（$X_1 \sim X_5$）的影响保持不变，确定每个学生的平均业务支出最低时的注册人数水平（Q）。（提示：找出能使 $\partial C / \partial Q$

（i）不变（与注册人数无关）；（ii）随着注册人数的增加而遵循一种线性关系；（iii）随注册人数的增加而遵循某种非线性 U 形（可能是二次的）关系？

作为这项研究的一部分，形成以下成本函数：

$$C = f(Q, X_1, X_2, X_3, X_4, X_5)$$

式中，C 为平均每日出勤的每个学生的支出（以美元为单位）；Q 为注册人数（平均每日出勤的学生数）；$X_1$ 为教师平均薪金；$X_2$ 为提供的学分（"课程"）数；$X_3$ 为每位教师的授课平均数；$X_4$ 为 1957~1960 年注册人数的变化；$X_5$ 为 1950 年以后兴建教室的百分比。变量 $X_1$、$X_2$ 和 $X_3$ 分别是教师资格、课程范围和教学专业化程度的衡量指标。变量 $X_4$ 衡量的是对学校服务需求的变化，它会造成成本的某些延迟调整。变量 $X_5$ 用来反映由学校财产的不同寿命而造成的维修和运营成本上的差别。对 109 所相关高中的统计数据形成以下回归方程

函数最低的 Q 值）

6. 再假设其他变量的影响保持不变，用 $\partial C / \partial Q$ 函数来确定一个有 500 名学生的学校，因增加 1 名学生而出现的每个学生支出的减少量。

7. 再假设其他变量保持不变，若注册学生人数从 500 增至 1 000，每个学生支出的节约额将是多少？

8. 根据这项研究的结果，对于公立高中学校经营中存在的规模经济或不经济问题可以得出什么结论？

### 包机经营决策

　　定期航空产品分析中对具体厂商的需求是根据顾客种类细分的，也是高度不确定的，因此，预订座位可能不会实现收益和销售。航空公司对此高度竞争的动态环境的反应就是追踪按照事先公布票价的预订机票，再根据不同的

细分市场重新安排动力和航班，因为商务旅客、休假者和会议团预订航班时的价格可能高于或低于计划起飞前几天、甚至前几周的预期水平。这种把营销、运营和财务结合在一起的系统管理过程叫收益管理或产量管理，这个问

题将会在第 14 章中讨论。

与此相反，包机业务简单得多，因为容量需求是事先知道的，所有确认的预订座位都能实现收益。我们分析包机的三个决策：（i）进入/退出的盈亏平衡决策；（ii）用经营/停业决策确定拟议包机是飞还是不飞；（iii）产量决策，如果航空公司决定包机飞行，要用产量决策确定多卖多少座位。

假设以下是一次 10 小时往返飞行的成本，适用于从巴尔的摩到拉斯维加斯（及转日回程）的 5 小时非定期包机的时间与费用，机型为 120 座的波音 737-800，7 年机龄。列在下面的一些成本已被加总在一起，从座位层次决策上升到航班层次上，其他一些成本已被分摊，从进入/退出或保持所有权的公司层次决策下降至航班层次。还有一些成本随着航班飞与不飞的航班层次决策本身而变化。你的工作就是分析每一种成本并确定"成本的性态"，即每一种成本随着哪个决策而变化。

（单位：美元）

| | |
|---|---|
| 燃料和起降费 | 5 200 |
| 每季度的飞机维修费：FAA 认证 | 1 000 |
| 每飞行 10 个小时非计划性的发动机维护 | 1 200 |
| 飞机在第 7 年的按比例时间折旧 | 7 200 |
| 每个往返航班给驾驶员的飞行报酬 | 4 200 |
| 长期存放飞机的租赁费 | 6 600 |
| 飞机发动机运行的每年租赁费 | 7 100 |
| 总部人员的基本薪金 | 2 000 |
| 每个出发地按座位购买和准时提供的食品服务 | 2 400 |
| 两次飞行到达机场时地面人员处理行李费 | 450 |

**问题**

1. 在一次已订出 80% 座位的包机飞行中，决定飞机上多个人的可变成本是多少？

2. 在制定进入/退出决策时，如果预计竞争压力使价格降至 300 美元，作为赶往此市场之前经营计划的一部分，此公司应该预测的盈亏平衡销售量是多少？

3. 对于本月多次包机飞行中的某一次，确定包机服务的间接固定成本。

4. 如果要试图确定一次非定期包机飞行是飞还是不飞，飞行的直接固定成本和可变成本是多少？

5. 包机合同是可以协商的，包机承运者收到的很多合同都不同意 300 美元的价格或只卖出 80% 的座位。此航空公司是否应该接受某一个团体的包机飞行建议，即保证以 250 美元卖出 90 个座位？为什么？

6. 每个座位 250 美元、90 个座位的包机飞行的总贡献是多少？

7. 如果航空公司拒绝 9 个座位，留在行业内但暂时停飞，那么两天的净损失是多少？如果它决定经营并接受拟议包机飞行，那么净收入损失是多少？

8. 一个独立团体愿意加入同一飞机、相同出发地、每个座位 250 美元、90 个座位的包机飞行，但希望仅对 10 个座位每个支付 50 美元，那么这个独立团体细分层次决策的贡献是多少？

9. 你是否应该接受这笔业务？如果两个包机团体都放在 737 飞机上，你预期会有什么问题？

# 定价与产量决策：战略与策略

在前面几章中，我们提出了在分析厂商需求、生产和成本关系时有用的理论和建模方法。本书的这一部分将研究利润最大化的价格－产量决策，特别是它们与厂商在竞争市场中进行战略选择相关时（第10章）的决策，包括不对称信息条件下所谓的柠檬市场和充分信息交换的理想情况等情形。第11章和第12章分析支配厂商垄断和寡头市场中的价格和产量决策问题。第13章为分析竞争市场反应策略提供了一个博弈论框架。

第四部分的最后一章，即第14章，研究基于价值的差别定价理论和实践；附录14A提出了在商业管理中发展最为迅速之一的收益管理概念。网上附录E介绍了包括为多产品公司定价、联合生产定价和转移定价在内的专业定价问题。

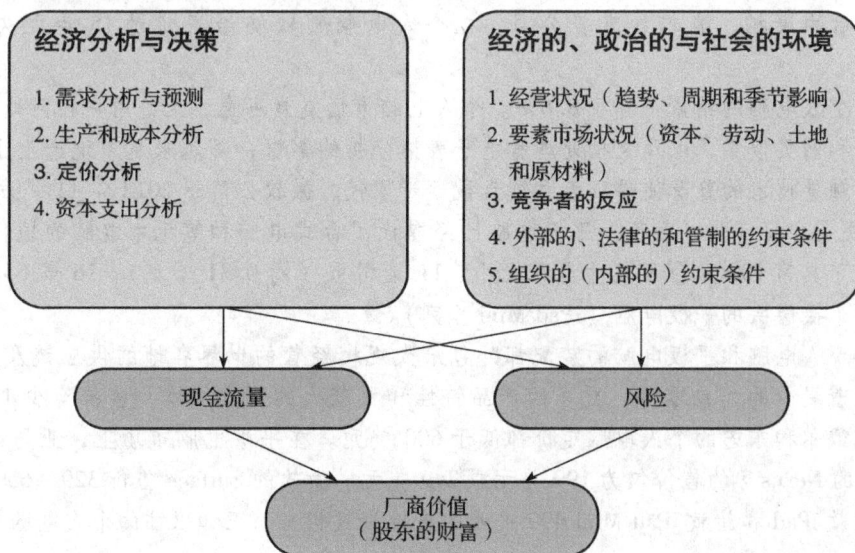

| 经济分析与决策 | 经济的、政治的与社会的环境 |
|---|---|
| 1. 需求分析与预测 | 1. 经营状况（趋势、周期和季节影响） |
| 2. 生产和成本分析 | 2. 要素市场状况（资本、劳动、土地和原材料） |
| **3. 定价分析** | **3. 竞争者的反应** |
| 4. 资本支出分析 | 4. 外部的、法律的和管制的约束条件 |
| | 5. 组织的（内部的）约束条件 |

现金流量　　　　风险

厂商价值
（股东的财富）

# 价格、产量与战略：纯粹竞争和垄断竞争

## 本章预览

　　谋求股东财富最大化的经理人要寻找一种能使厂商未来利润流量的现值最大的定价和产量策略。财富最大化的战略制定取决于生产力水平、成本水平、需求特点及可能存在的短期和长期竞争。我们在本章将介绍竞争战略分析，讨论迈克尔·波特的五力战略框架，然后通过对家庭承包行业和速食麦片广告支出的详细分析来区分纯粹竞争和垄断竞争，还要讨论在"柠檬市场"中卖主持有不对称信息的含义、买主对支付全价时的合理犹豫以及逆向选择所造成的问题。

## 管理挑战

### 苹果电脑在平板世界的重生

　　1983 年，苹果公司在其发布的麦金塔什机（Macintosh）上引入了图形用户界面（GUI），这一新产品象征着个人电脑的革命。GUI 迅速遭到了微软公司的反向工程和模仿，微软的 Windows 操作系统在 1997 年占据了 92% 的市场份额。运行 Windows 系统和配备英特尔处理器的 IBM 以及随后的康柏、戴尔和惠普公司，在个人电脑领域统治了超过 15 年之久（1997 ~ 2012）。

　　但最近个人电脑的销量下降了 8.6%。个人电脑市场岌岌可危，无论用户在何处都会发现，自己的通信和网页搜索，以及文档处理和电子表格分析的需求，都越来越多地产生于移动环境中。此外，触屏技术的普及使得鼠标和键盘被逐步取代。微软公司于 2012 年 11 月发布的 Windows8 系统更是印证了这一改变。平板电脑已经取代了台式电脑和笔记本电脑的地位。苹果公司最近卖出了其第 100 万台 8 英寸屏幕大小、11 盎司重（约 0.31 千克）、16 或 64GB 存储空间、配备两个摄像头的平板电脑（iPad Mini 系列）。

　　如今，个人电脑和平板电脑的装配都外包给大规模经营的世界各地的供应链及合作伙伴。苹果电脑有着更少的外包零件、更多的产品特性和更庞大的研发成本，售价至少 1 100 美元。然而惠普、戴尔和东芝的个人电脑定价都低于 600 美元。在平板电脑市场上，亚马逊的 Kindle Fire 和谷歌的 Nexus 7 的售价仅为 199 美元或 249 美元。微软的 Surface 售价 329 ~ 659 美元，与苹果的基础款 iPad 和新款 iPad Mini 499 美元的售价旗鼓相当。正如以往的个人电脑市场一样，

平板的市场也迅速发展，竞争激烈。苹果公司最初仅通过独立的零售商店销售其产品，但为了更好地定位于目标消费人群，苹果公司已经建立了几十家自己所有的苹果商店。

苹果拥有的（封闭）操作系统架构牺牲了网络效应。相比之下，谷歌的为移动设备服务的安卓操作系统和微软的 Windows 操作系统吸引了大量的第三方独立软件供应商，他们贡献了众多应用程序。由于与安装英特尔的机器不兼容，苹果产品的销量停滞不前。

苹果的个人电脑仅在教育、图形设计和出版领域起到领袖作用。由于 55% 的个人电脑和操作系统的用户是企业，33% 是家庭，7% 是政府，教育方面只占 5%，所以苹果在美国个人电脑市场的份额在 20 世纪 90 年代末期从 10% 急剧下降到 3%。1999 年，苹果公司在史蒂夫·乔布斯（Steve Jobs）的带领下生产出光鲜耀眼的 iMac 电脑、iPod 数字音乐播放器以及各种科技相结合的 iPad 和后来众所周知的 iPhone 手机。

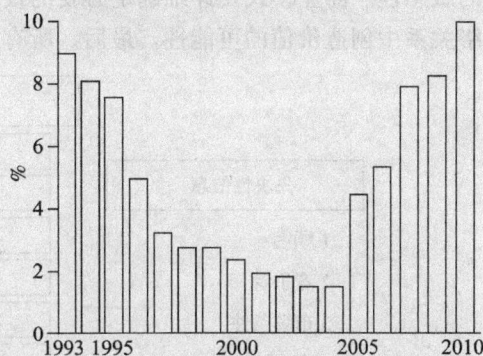

苹果产品在 PC 出货量中所占份额

这一次，苹果公司已经为其每一代新的复兴产品一步一步地准备了更强大的生产能力。iPod 和 iPad 的竞争优势是基础过程而非产品本身，它们依靠的是 iTunes 音乐商店、与迪士尼公司的伙伴关系以及唱片公司所积累的能力。几乎是一夜之间，苹果公司在 90 亿美元的数字音乐行业中占据了 73% 的份额，并且占据了 56% 的数字电影份额。沃尔玛凭借其全球最大的 DVD 销售地位和通过自己提供下载音乐和电影的 Vudu Web 网络，在与苹果公司数字电影市场的肉搏战中占据了 26% 的份额。微软的 Surface 平板电脑预测将在 2016 年占据 20% 的份额。

**讨论题**

■ 苹果的 iPad 销售额现在已经超过苹果个人电脑。考虑到平板的灵活和便携，相比于个人电脑，你愿意在什么地方只拥有一个平板电脑？

■ 对 iMac 和 iPad 索取什么价格一直是苹果公司管理层面的一个核心问题。他们应该考虑到哪些方面？

■ 基于什么考虑，有些人愿意购买 799 美元的 iPad Pro 而不是售价 649 美元的定位类似的微软 Surface Pro3 呢？

## 10.1 导论

为了保持竞争力，当今很多公司都要持续改进战略规划的过程及内容。竞争战略分析提供了一个理论框架，用于提前思考对厂商商业模式的威胁、商业机会以及未来对厂商资源、能力与**核心专长**的重新配置。

**核心专长**（core competencies）：基于技术的经验或知识，企业可据此集中其战略。

图 10-1 展示了一个商业模式的组成部分，内容包括厂商的先决性知识和战略决策。所有成功的商业模式都从确定目标市场（企业希望从事和保持的业务领域）开始。物质资产、人力资源和知识产权（比如专利和许可证）有时候会限制厂商，商业模式也会制约创业型管理者寻找发现新机会的才能。其次，所有成功的商业模式都以顾客对认知价

值的预期为基础进行价值定位，然后确定价值链的哪个环节形成厂商计划创造的最终产品。商业模式必须明确如何以及何时要实现收益，并分析总毛利和净毛利对厂商成本结构中各种可能变化的敏感性。商业模式要详细确定必要的投资，还要评估在与互补性经营、合资和联盟相联系的网络关系中创造价值的可能性。最后，所有成功的商业模式都要确定一个竞争战略。

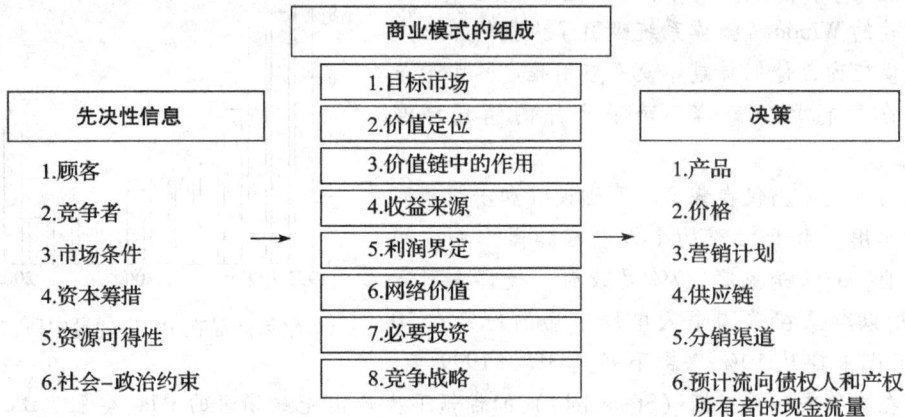

**商业模式的组成**

| 先决性信息 | 商业模式的组成 | 决策 |
|---|---|---|
| 1.顾客 | 1.目标市场 | 1.产品 |
| 2.竞争者 | 2.价值定位 | 2.价格 |
| 3.市场条件 | 3.价值链中的作用 | 3.营销计划 |
| 4.资本筹措 | 4.收益来源 | 4.供应链 |
| 5.资源可得性 | 5.利润界定 | 5.分销渠道 |
| 6.社会-政治约束 | 6.网络价值 | 6.预计流向债权人和产权所有者的现金流量 |
| | 7.必要投资 | |
| | 8.竞争战略 | |

图 10-1 战略过程

资料来源：Adapted from H. Chesbrough, *Open Innovation* (Cambridge, MA: Harvard University Press, 2003). Reprinted by permission.

## 10.2 竞争战略

竞争战略的本质分为三个方面：基于资源的能力、经营过程和适应性创新。首先，竞争战略要分析厂商怎样用不同的方法获取诸如专利或分销渠道等关键资源。网上书店亚马逊开始通过把仓储和送书服务外包，努力成为网上销售的首席实施代理人；也就是说，书商亚马逊获得了足够的寻求 CD、办公用品和玩具的常规顾客，以至于像玩具反斗城这样的公司都把亚马逊作为互联网销售渠道。其次，竞争战略设计的经营过程是难以模仿的，并且能为目标顾客创造独特的价值。美国西南航空公司的高频率、点对点的合理运营流程已被证明是拥有航空枢纽的大公司难以模仿的，其结果就是该公司 2005 年的市值相当于所有美国大航空公司的市值总和。

| 对与错 | 施乐公司

施乐公司发明了化学纸复印机后，在随后 20 年实现了引人注目的 15% 的复利增长率。当其最初的专利到期时，施乐公司已经准备好退出普通纸复印机以巩固其技术优势，但这家公司最终没能使专利延期。施乐公司的目标市场是大公司和政府机构，看重的是高质量、大规模的租赁设备，各种功能和服务全面的维修合同，即使是供应材料和使用费都非常昂贵。

日本的竞争对手佳能公司和理光公司在产品性能上无法与施乐竞争，但看到了小企业中存在的巨大市场潜力，小企业对每台复印机的支付能力是一个主要的价值定位问题。佳能和理光选择把安装和服务外包给更具竞争力的独立经销网络，小规模复印机本身按照非常低的初始成本出售，而把自己安装的更新墨盒作为盈利的主要来源。

与后来苹果公司的做法一样，施乐公司也坚持封闭性的软件架构，所有的复印机零件都在内部制造，而不是通过合作伙伴来降低成本，形成更大的设备安装基数。佳能和理光却采取相反的战略：公开软件架构，通过与其他公司战略合作来实现网络效应并推动成本的下降。

佳能和理光的竞争战略使得它们在这个原本由施乐公司统治了 15 年的复印机市场中双双发展为 20 亿美元的大厂商。

资料来源：Based on Chesbrough, op. cit. ; and on C. Bartlett and S. Ghoshal, *Transnational Management* ( Boston, MA：Irwin-McGraw-Hill, 1995），Case 4 1.

与此类似的是，戴尔和康柏这两家公司在其发展历史的净收入重要节点 1998 年，净销售额都是 120 亿美元，净收入都约为 10 亿美元，但康柏的商业模式需要 60 亿美元的经营净资产（即存货加工厂设备净值和运营成本）来赚取 10 亿美元，而戴尔只需要 20 亿美元。戴尔是如何只用康柏公司 1/3 的工厂设备、存货和运营资本就创造出同样数量的净收入呢？答案就是它创造了一种直面顾客的销售过程。戴尔根据顾客订单从外部承包商准时购进零部件进行装配生产，在 48 小时之内就从销售中收回现金。这种创造价值的经营过程形成了戴尔 50% 的投资收益率（10 亿美元/20 亿美元）。⊖

最后，竞争战略为厂商提供了一张通过变革来保持其盈利能力的路线图。随着产业的兴起、发展以及向其他产品领域的转变，比如从拍立得到数码相机，从计算器到电子工作表，从移动电话到智能电话。厂商一定要预测到这些变化，规划如何才能保持自己在产业中的位置，如何最终把业务转向一个新的产业。IBM 公司曾是大型计算机的主要租赁公司，它经历过两次自我转变，第一次是在 20 世纪 80 年代成为个人电脑的制造商，第二次是在 90 年代和 21 世纪前 10 年成为了一个"智能星球"的系统解决方案提供商。与其相比，诸如施乐或柯达等厂商却被困在过时的竞争战略上。

## 10.2.1　通用类战略⊖

管理人员思考战略的重点首先是**产业分析**，即确定在哪个产业中的经营更有吸引力。迈克尔·波特的五力模型（将在后文讨论）说明了这个分析方法。不过，企业战略人员随后很快就要进行竞争者分析，以便更多地了解厂商怎样才能在相关厂商群体中保持其相对的盈利能力。为回答这些问题所做的努力也被称为"战略定位"。最后，战略人员还要努力找到某一特定厂商所具有的核心专长，它是基于资源的各种能力的结果，为的是在相关市场中确定相对于其竞争对手的**可持续竞争优势**。

**产业分析**（industry analysis）：对一系列竞争者或经营业务的优势和劣势进行评估。

**可持续竞争优势**（sustainable competitive advantages）：一家公司的生产过程或产品具有难以模仿的特点。

## 10.2.2　产品差异化战略

存在三种通用战略可供厂商使用。厂商可以制定产品差异化战略、最低供货成本战略或信息

---

⊖　投资资本收益的定义是净收入 – 净经营资产（即工厂和设备净值 + 存货 + 净应收账款）
⊖　本节部分内容依据 C. De Kluyver and J. Pearce, *Strategy*：*A View from the Top*（Upper SaddleRiver, NJ：Prentice-Hall, 2003）。

**产品差异化战略**（product differentiation strategy）：企业经营层面上的战略，依赖于影响顾客认知价值的产品或过程差异。

技术战略。**产品差异化战略**通常涉及在产品功能、品牌名称或产品认同方面的竞争。可口可乐至今仍是全世界认知最广的品牌。吉列、宝洁的帮宝适、雀巢、雀巢咖啡和家乐氏都几乎占有其各自 50% 的市场份额。所有这些品牌产品能在全世界范围内溢价销售，就是因为与其成功品牌相联系的产品形象和代表的生活方式。

---

**实例** 罗林斯运动产品告别斜勾标志（耐克）

与年销售额 140 亿美元的知名品牌耐克相竞争的罗林斯公司（Rawlings）的销售额只有 2 亿美元，但它的棒球手套还是非常赚钱的。关键是 50% 以上的美国棒球大联盟的运动员，比如洛杉矶天使队的 Albert Pujols 和纽约扬基队的 Derek Jeter，都在使用罗林斯手套。这些超级明星得到 20 000 美元就授权罗林斯把他们的照片印在少年棒球联合会的手套上。一个接着一个的运动员都在谈论罗林斯的产品，使之年复一年地成为罗林斯的回头客。罗林斯非常关注反馈信息，仅用几周时间就能使新产品的带子加长、手指部分加固以满足球星对产品的认同。对消费市场中的各种独特需求做出迅速的反应是任何产品差异化战略的必备内容。

资料来源：Based on I ve Got It, *Wall Street Journal*（April 1，2002），p. A1.

---

## 10.2.3 基于成本的战略

**基于成本的战略**（cost-based strategy）：依赖于低成本经营、营销和分销的企业经营层次上的战略，具有难以模仿的特点。

望像 IBM 在 1999 年那样退出市场。时发现自己的市场占有率是 5.3%。司的个人电脑业务。

竞争范围决策对于**基于成本的战略**是极其关键的。例如，西南航空公司采取一种集中成本战略，它必须将其经营计划限制在集中的点对点、中距离和直达航线上。

不同的是，戴尔电脑公司的成本领先战略使其能够提供范围宽广的个人电脑产品线，而制定的价格使其竞争对手希捷威（Gateway）无法跟上戴尔降低成本的步伐，到 2009 年，而在 1999 年高峰它曾达到 10.6%。之后不久，捷威出售了公

---

**实例** 于细小处获得大增长：西南航空公司

西南航空公司为目标客户在机票销售、旅客登机、飞机转场、机组人员安排、飞行频率、飞机维护和燃油套利等方面设计的运营流程大大减少了自身在这个价格敏感市场中的运营成本。任何不符合这个基于成本的战略的工作都必须从经营计划中拿掉。西南航空公司清晰地完成了目标。2001 年 9 月 11 日世贸中心受到攻击后，整个航空业陷入低谷。只有西南

航空公司的盈亏平衡点低，仍能赚钱，其 64% 的载客率（座位销量/座位能力）收回全部成本。美航、联航、达美和全美等航空公司的经营都低于其盈亏平衡点水平的 75%~84%。

西南航空公司为降低劳动成本做了很多工作，它的劳动成本占销售额的 36%，而联航、美航和全美的劳动成本占销售额高达 48%。在单位收益顾客英里成本（rpm）上，联航是

0.12 美元，捷蓝航空公司是 0.05 美元，西南航空为 0.07 美元，其中 7 美分的差距不仅反映了劳动成本的差别，更反映出了难以模仿的流程差别。博思艾伦咨询公司（Booz, Allen, Hamilton）发现，提供全面服务和低成本承运

商之间运营成本的差异中有 15% 是劳动成本。成本差距的最大来源是机场办票、旅客登机、机票预订、机组人员安排和飞机维护方面的运营过程差别，这些流程成就了西南航空公司著名的 15 分钟飞机转场。

## 10.2.4　信息技术战略

最后，厂商可以通过采取**信息技术战略**在相关市场竞争中寻求自己的可持续竞争优势。除了能协助找回被盗车辆之外，卫星 GPS 可以帮助好事达保险公司（Allstate Insurance）确认一份家庭保险单上的某些汽车并没有用于上班工作。与

> **信息技术战略**（information technology strategy）：依靠信息技术能力的经营层次战略。

此同时，其他不太昂贵的汽车却面临通勤的驾驶风险。这个信息可以使好事达公司降低某些保险费率并从竞争对手那里获取更多的顾客。南方公司（Southland Corporation）的 6 000 家 7-11 便利店遍布日本全国，它的电子商务战略为我们提供了一个生动的案例。

---

**| 实例 |　日本 7-11 商店午餐的电子商务**

日本的办公室一族工作时间很长，通常从早上 8 点到办公室，一直工作到深夜。在长时间的工作日中，大多数人都会选择在中午时分走到街上吃午餐。饭盒、饭团和三明治都是常见的食品，但具有时尚意识的日本人希望别人能看到自己吃的是什么。这种情况给南方公司的 7-11 便利店带来极好的机会。南方公司是日本最大的零售商，其利润是第二大零售商迅销（Fast Retailing）服装零售店的两倍。

7-11 日本商店利用它独有的卫星通信网络一天三次收集来自 8 500 个地区的销售信息，与其他零售商一样，收集的数据被用于改进产品的包装和货架陈列。但 7-11 商店做的还要更多，其建立的系统能在 20 分钟内分析整个数据流入量。具体来说，7-11 日本商店根据早上卖什么和昨晚卖什么来预测具体应该为市区午餐高峰准备什么。由于顾客的

偏好变化越来越快，三明治的产品流行周期也在不断缩短，有时会从 7 周减少到 10 天。每天，7-11 商店对每个商品和每家商店的需求进行新的预测。

当然，如果食品的准备需要提前几周时间的生产－存储过程，那么如此之短的需求预测将是没有用的。不过，利用电子商务工具可以对供应链管理进行严密的监控和连续的改进。送货卡车带有条形码阅读器，可以即时向总部的数据库传输信息。某家商店上午 10 点钟之前对某一三明治下了订单，供应链就会在 7 分钟之内向所有投入要素供应商发出相关信息，并在下午 4 点之前把产品送到，所有这些超出其他竞争性杂货店和面条快餐店的竞争优势已经给 7-11 商店的店内品牌带来持续的溢价。

资料来源：Based on Over the Counter Commerce, *The Economist*（May 26, 2001），pp. 77 78.

---

结论是，如果一家公司形成了它基于资源的能力、经营程序以及适应新创新，就能够获得一种可持续的竞争优势，那么该公司的战略就能带来更高的利润。选择基于成本的战略还是差

异化战略或是信息技术战略，能给企业的竞争优势提供最大的支持，在很大程度上取决于厂商的战略重点。基于信息技术的战略对于广大目标市场的启动非常有效。7-11 商店除了在午餐产品销售上使用信息技术之外，还通过允许卖家在网上购物、在 7-11 柜台支付的方式将顾客"推进"它们的商店。7-11 商店是一家便利店，还是一家类似亚马逊的网上代理商，还是一家仓储和分销公司？在某种程度上来说，7-11 商店符合所有上述角色。与西南航空公司的成本集中战略不同，7-11 日本商店拥有更广阔的信息技术战略，在几个相关市场中都表现出一种竞争优势。

以上三种战略（差异化、成本节约或信息技术）运用于某一公司的效果最佳取决于该公司选址的竞争范畴，即公司决定投资的产品、生产线和市场分割数量，地理位置的个数，水平和垂直一体化的商业运作。比如有一次，美国最赚钱的服装零售商盖璞（GAP）公司通过开设一系列新的服装零售店面来扩展自己的竞争范围。不幸的是，老海军（Old Navy）公司的特价卡其裤、牛仔裤和毛衣立刻开始蚕食盖璞定位中端市场产品的销量。即使是赶时髦的青少年也很难找到理由，在盖璞的 T 恤售价 16.5 美元而类似款式的 T 恤在老海军店内只卖 12.5 美元时选择前者。公司的资源配置能力、相比较对手的商业机会和对自己客户的深度了解都决定了其优先的竞争范畴。

**相关市场**（relevant market）：属于同一战略竞争者集团的一组厂商。

**集中的市场**（concentrated market）：四家最大厂商占销售量绝大部分的相关市场。

**分割的市场**（fragmented market）：厂商所占据市场份额都很小的相关市场。

**整合**（consolidated）：相关市场中厂商的数量因兼并、合并、收购或其他事件而减少。

### 10.2.5　相关市场概念

**相关市场**就是在一种买卖关系中相互作用的一组厂商。相关市场通常同时具有空间特点和产品特点。例如，大额优惠利率的商业贷款市场包括全美所有地区的大银行和大公司，而袋装水泥市场仅限于工厂周围 250 英里的范围。相关市场之内的市场结构差别巨大。早餐麦片的四大生产商控制了全美产量的 86%，这是一个**集中的市场**。相反，砖瓦和混凝土的市场是**分割的市场**，最大的私家厂商仅占全美总产量的 8%。最近，女袜行业中四家最大厂商占美国总产量的份额有所**整合**，从 32% 增加到 58%。市场结构的这些差别和一定时间内市场结构的变化，对于这些相关市场中价格水平的确定、价格稳定性和持续利润率都有重要影响。

## 10.3　波特的五力战略框架

迈克尔·波特⊖提出了一种理论框架，用以识别相关市场中五种竞争力量对利润率的威胁。图 10-2 展示了波特提出的五种力量：替代威胁、进入威胁、买主能力、卖主能力和竞争强度。如今人们经常会加上第六种力量，即突破性技术的威胁，比如唱片行业中数字音乐的共享技术、音像租赁业的网上电视技术。

---

⊖　Michael Porter, *Competitive Strategy*(Cambridge, MA：The Free Press, 1998). See also Cynthia Porter and Michael Porter, eds., *Strategy：Seeking and Securing Competitive Advantage*(Cambridge, MA：Harvard Business School Publishing, 1992).

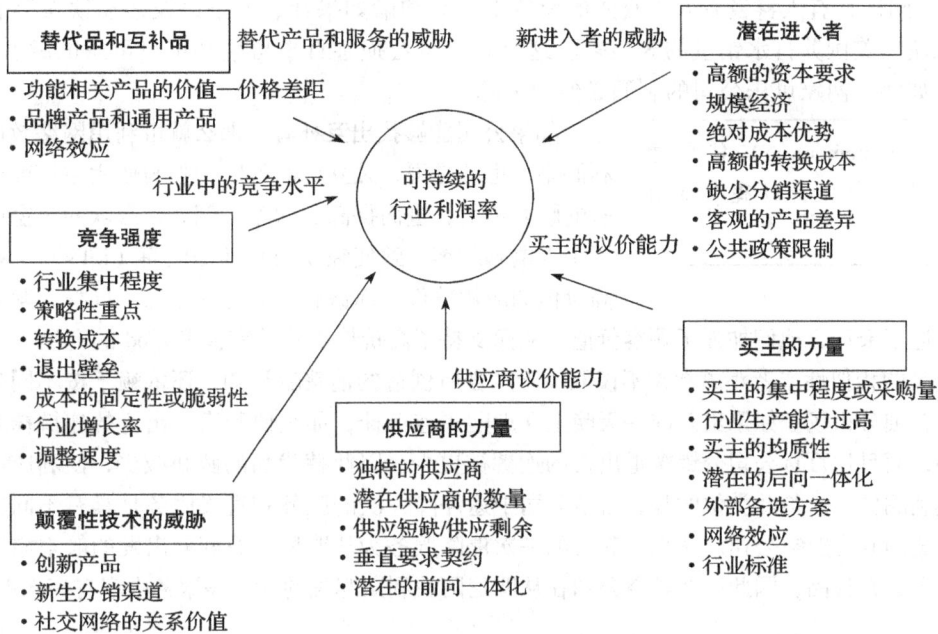

图 10-2 五力模型战略

资料来源：Adapted from M. Porter, *Competitive Strategy*(New York, NA: The Free Press, 1998); and J. Bain, *Industrial Organization*(New York, NY: John Wiley, 1959).

## 实例 | 富士与柯达的对与错

总部位于美国纽约州罗切斯特市的伊士曼柯达公司，曾经是相机和胶片行业的统治者。柯达公司成立于 1888 年，1976 年在北美胶片市场和相机市场分别占据了 90% 和 85% 的份额。与此类似的是，富士胶片公司曾是日本相机和胶片行业的统治者。但是数码摄影和配备摄像头的智能手机改变了这一切。两家公司的唱片都被这种颠覆性的技术所淘汰。柯达公司拒绝接受这种不可避免的改变，在关闭其业务时只有 2.2 亿美元的股权价值，而富士却改头换面，市值于 2016 年达到了 2 万亿日元（178

亿美元）。这其中巨大的差异是怎么产生的呢？

相比于数码相机时代的昂首前进，柯达选择了停步不前：占据其 70% 利润的是传统胶片行业，与数码摄影相关的服务利润仅占 5%。富士却将它的抗氧化化合物转移到化妆品的使用中，并在光学薄膜液晶显示器（LCD）平板屏幕上投入巨资。此外，为复印机行业生产电子元器件成为富士另一个有利可图的产品线。尽管柯达坐拥 1 100 项非常有价值的专利，却未能适应颠覆性技术而最终破产。

## 10.3.1 替代品的威胁

首先，原有厂商的利润率是由替代品的威胁度而决定的。产品是如同 AAA，即 1 月小麦、两卧室公寓和办公用品一样的通用商品，还是如同吉列刀片、可口可乐和金宝汤那样的名牌产品呢？品牌忠诚度越大，需求的价格反映越小，原有厂商的持续盈利能力就越高。还有，相关市场之外替代产品的差距越大，需求的价格反映越小，最有加成的毛利就越大。随着视频会议设备的改进，商务航空旅行的毛利将会下降。现在一套视频会议的投影和音像系统的租赁费每月只有

279 美元。同样，有人喜爱有人不喜爱的瓶装水产品和诸如果汁、冰茶以及运动饮料等非碳酸饮料的增长超出美国苏打水销量的 8 倍多。这个趋势将会损害百事可乐和可口可乐的顾客忠诚度。如果事实如此，两家可乐公司的利润必然会下降。

> **互补者**（complementors）能使重点厂商的价值定位得以强化的独立厂商。

如果公司能够找出**互补者**，那么就可利用网络效应来提高利润率。也就是说，独立厂商可以加强与使用主厂商产品相关联的顾客价值，进而提高利润率。例如，微软的视窗已经锁定了个人电脑顾客，致使独立的软件提供商（ISPs）为视窗编写高价值的应用软件，而微软对此分文不收。同样，苹果公司的 iPod 也喜迎了 ISPs，他们加强了顾客价值，从而支持了高价格水平并完善了 iPod 的定位。

替代品的相似性或者距离常常不仅取决于广告所创造的消费者认知，还依赖于按不同分销渠道划分的顾客细分市场。如果出差前一天晚上 9 点购买连裤袜，那么便利店里出售的连裤袜就没有什么替代品，而且比百货公司分销渠道出售的连裤袜更少。因此替代品的威胁减少，便利店中连裤袜的可持续利润更高。与此类似的是，航空公司中途停降一次的服务和直飞服务是具有不同功能的不同产品。美国联合航空公司从芝加哥起飞的一次停降服务为从明尼阿波利斯出发的航空旅客提供了一种距离上的替代品，因此西北航空公司在从明尼阿波利斯起飞的无经停服务中享有高水平的利润。

### 10.3.2　进入的威胁

决定一个行业或一条产品线的可能利润率的第二种因素是潜在进入者的威胁。进入壁垒越高，原有厂商的盈利就越多。进入壁垒可产生于几个因素。第一是高额的资本成本。软饮料行业中的装瓶和分销业务必须要投资 5 000 万美元。虽然一项附带安全担保的良好商业计划总能吸引到可贷款金，但无保障的贷款很难资助到那么大的项目。拥有必要资本的潜在进入者不多，这就意味着进入威胁不大，原有的厂商利润率较高。

第二，规模经济和绝对成本优势可以提供另一个进入壁垒。绝对成本优势随着降低公司成本的独有 IT 技术而产生（如 7-11 日本商店）。在传统的有线电视行业中，在整个社区内铺设线路的巨额基础设施成本阻止了大量进入者。率先行动者通过把固定成本分摊给众多的客户而拥有巨大的规模经济性。当然，卫星电视的无线技术将很快降低这个壁垒，那时电视节目的大量供应者将具有相似的单位成本。这个新的进入威胁意味着有线电视行业利润率的下降。

第三，如果顾客具有品牌忠诚度，那么使顾客转向新进入者的产品的成本将形成一个强大的进入壁垒。麦片行业年复一年积累的百万广告维持着"托尼虎"牌（Tony the Tiger）麦片对顾客的吸引力，而不做广告的麦片无人知晓。再举一个例子，当酒店向经常性旅客提供优惠时，就提高了顾客的转移成本。向促销对象承诺房间也会增加进入壁垒，因此新进入者要在这些市场构成有效的进入威胁需要有更高的成本。

**｜实例｜　网络浏览器相关市场：微软的 IE 网络浏览器**

再次出现的反托拉斯政策问题之一便是对电脑软件相关市场的界定。1996 年，网景公司（Netscape）开发的先驱性产品"导航者"（Navigator）已经在互联网浏览器市场中占据了 82% 的份额。然而 1996～1999 年，微软的 IE 浏览器迅速蚕食了网景的市场。微软通过把 IE 与其被广泛使用的 Windows 操作系统捆绑在一起，作为软件包销售给需要使用个人电脑（PC）的用户。微软对单独 Windows 软件的报价比有 IE 的 Windows 软件的价格还要高，并以取消 Windows 软件许可证来威胁康博和捷威这样的 PC 组装厂商，除非它们装上 IE，并在桌面上显示出 IE 图标。因为绝大多数 PC 客户确实希望预装 Windows 系统，所以 IE 迅速打进了浏览器市场。到 2000 年年初，有关估计显示 IE 的市场份额已经高达 59%。

如果这些产品的相关市场是整体的 PC 操作系统（OS），那么微软不过是将新的网络浏览器和媒体播放器技术融入已占据主导地位的 Windows OS 产品中。这个情况类似于防止汽车被盗的汽车点火装置与转向系统之间的互锁。另一方面，如果互联网浏览器（或者更新的媒体播放器）像汽车上的音响设备一样是一个独立的相关市场，那么就不能说微软采取了反竞争的做法（比如拒绝交易），从而把它对 PC 操作系统的支配地位扩展到这个新的软件市场之中。

微软 Windows 98 销售量的惊人增长却不属于这种情况。在原先分割的 OS 软件行业中，微软赢得了近乎垄断的 85% 市场份额，表明这是一种超级产品，一个伟大的商业模式和管理方案。但是如果允许微软凭借一些策略将其市场影响力扩展到一个新的业务领域（如果在原先业务中不存在占据支配地位的市场份额，那么这些策略将是无效和自我挫败的），那么这正是反托拉斯法意图防止的。美国 20 个州的首席检察官和欧洲的反垄断当局继续提出这个理由。欧盟坚持要求要有带（和不带）媒体播放器的多个版本，并在 2004 年 3 月向微软罚款 6.24 亿美元，上诉在 2009 年终止，微软支付了税款加上利息。

资料来源：Based on U. S. Sues Microsoft over PC Browser and Personal Technology, *Wall Street Journal* (October 21 and 30, 1997); Microsoft s Browser: A Bundle of Trouble, *The Economist* (October 25, 1997); and *U. S. News and World Report*, Business and Technology (December 15, 1997).

掌管分销渠道是另一种潜在的壁垒，它对原有厂商的利润率有影响。杂货店的货架空间是有限的，所有的空间都摆满了商品，因此新进入者必须提供大量的交易措施（比如免费展示架或陈列补贴）才能使杂货连锁店换掉一个目前的供应商。卫星电视行业出现了一个相关的进入壁垒，Direct TV 和 EchoStar 基本上控制了所有能向整个美国的观众传输节目的卫星频道。美国政府管制机构也能批准或阻止掌握这些分销渠道。例如，美国的食品药品管理局（FDA）批准处方药用于治疗而不是其他用途。FDA 还可以批准或拒绝《罕见药物法》的例外情况。在公共政策压力提供保障时，该法案给予厂商类似专利的排他性销售权。Biogen 公司销量最大的产品 Avonex（一种多发硬化症病人的每周注射剂）就是根据《罕见药物法》而得到许可证的例外情况。其他有类似情况的厂商被拒绝批准，这样的进入壁垒可以证明是不可逾越的。

## 实例 | 欧迪办公/史泰博的潜在进入

价值 60 亿美元的欧迪办公（Office Depot）公司和 40 亿美元的史泰博（Staples）公司拟议合并，其合计销售额占办公用品超市行业 130 亿美元总量的 76%。从另一方面看，它们的潜在竞争者不仅包括办公室麦克斯（OfficeMax）公司，还包括所有的小型纸制品专卖店、百货商店、像凯马特（Kmart）这样的折扣商店、像山姆会员店（Sam's Club）这样的仓储式公司、办公用品目录商店和一些电脑零售商。这个范围广大的办公用品行业是分散的，易于进入且规模巨大（1 850 亿美元）。按照后一个标准计算，史泰博和欧迪办公的共同市场份额仅仅占 6%。

在只有一家办公用品超市的城镇内，欧迪

办公、办公室麦克斯和史泰博的利润都很高。由此说明小规模办公用品供应商对于进入超市市场没有什么威胁，小规模厂商极易进入（和退出），限制了原有从专业零售商（如文具店）的加成和利润，但不会对超市的销售产生大的影响。仓储和分销商的高额资本要求和规模经济明显构成了办公用品超市市场中的进入壁垒。

资料来源：Based on FTC Rejects Staples Settlement Offer, *Wall Street Journal*（April 7, 1997），p. A3；and J. Baker, Econometric Analysis in FTC v. Staples, *Journal of Public Policy and Marketing* 18, no. 1（Spring 1999），pp. 11 21.

相关产品线中事先存在的竞争者也会提供一种明显的进入壁垒。请看下面的例子。

**实例 礼来公司对阿斯利康公司的潜在进入威胁**

2000 年，阿斯利康（AstraZeneca）的抗癌药 Nolvadex 成为降低目前健康妇女患乳腺癌风险的第一批准药物。礼来公司销售一种经过 FDA 长期批准的治疗骨质疏松症的药品 Evista。初步的检验证明 Evista 在预防乳腺癌中可能有治疗作用。礼来公司迅速公布了一项关于 Evista 的研究，在 10 575 名具有乳腺癌高风险因素的妇女中，3 年内的发病率降低了 55%。阿斯利康公司起诉礼来公司并要求其停止或明显减缓营销工作，但如果 FDA 拒绝使用 Evista 治疗乳腺癌，那么真正的进入壁垒才会出现。而事实上，没有这样的拒绝，阿斯利康公司的 Nolvadex 将面对一个强有力的直接竞争者，来自临近相关市场中先前存在的供应商。

资料来源：Zeneca Sues Eli Lilly Over Promotion of Evista for Preventing Breast Cancer, *Wall Street Journal*（February 26, 1999），p. B6

最后，产品差异也会构成进入壁垒。客观的产品差异会招致反向工程，违反知识产权和海外模仿，即使像柯达数字相机这样的专利技术也难以幸免。相比之下，基于顾客对生活方式形象和定位认知的主观产品差异（如百事可乐）就能够形成进入壁垒，使原有厂商在竞争攻击下更好地生存。总之，这些进入壁垒越高，潜在进入者的威胁越小，可持续的行业利润就越高。

**实例 客观与认知的产品差异：施乐公司**

施乐公司因其著名的干纸复印机专利而免于竞争，在 20 世纪整个 60 年代和 70 年代初享有绝对垄断地位并有 15% 的年复合增长率。在此期间，它设在加利福尼亚帕洛阿尔托的研究实验室推出了一个又一个创新设计。有一年是图形用户界面，后被苹果公司作为一种用户友好型个人电脑特征而引进市场。施乐公司的科学家和工程师们还开发出 Ethernet——第一个链接计算机和打印机的区域网络。然而施乐公司没能对这些成功的研发产品进行商业化。结果，日本的打印机公司如佳能和理光等对施乐公司的产品进行反向工程，模仿其生产过程，最终开发出更好、更便宜的复印件。

## 10.3.3 买主和供应商的力量

原有厂商的利润率部分取决于买主和供应商的议价能力。买主可能是高度集中的，如购买大量飞机发动机的波音公司；或者是极度分散的，如作为批发杂货公司客户的餐馆。如果行业生产能力大约等于或超过需求，集中的买主就能强迫压价，使原有厂商的利润率降低。与此相反，分散的买主就没有什么议价能力，除非是持续存在生产能力过剩和存货积压的情况。

独一无二的供应商也许会降低行业的利润率。可口可乐公司与独立的罐装厂签订排他性特许经营协议，其他供应商都不能提供浓缩原液的秘密配方。因此罐装厂的获利能力很低。与此相反，可口可乐自己的供应商却很多；许多潜在的蔗糖和香料供应商都想获得可口可乐的订单，而且这些原液的投入要素又不是唯一的商品。这些因素提高了浓缩原液制造商的可能利润率，因为供应商缺少议价能力。

供应品短缺、产品缺货和拖欠订单的生产环境会改变价值链中买主和供应商的相对力量。供应商对付大型多种零售商（如玩具反斗城）防止后者占有所有净价值的少数手段之一，就是拒绝保证对受欢迎产品的 3 倍订单的即时送货。对批发价格大打折扣将永远得不到 100% 的可靠送货。

最后，在买主和供应商拥有更多的外部设备备选方案并能够有力地威胁对行业实行垂直一体化的时候，它们将会具有更强的议价能力并使厂商的利润率下降。HMO 之所以能够与初级护理师协商极低的费用，就是因为它在外部有如此之多的选择。那些能够控制行业标准制定的买主也能够与制造商协商使定价和利润率大大下降，因为此时制造商可能处于被网络效应俘获的情况下。公司因其产品规格成为行业标准而处于有利地位，它们常常会面对营销支出和报酬递增的情况。

## 10. 3. 4　竞争强度策略

在全球经济中，很少有公司能够在利基市场之外建立并维持支配地位。对产品的反向工程、广告形象的模仿以及低成本的海外生产，都意味着通用汽车公司不能摆脱福特公司的竞争，可口可乐也不能真正打败百事可乐。与此相反，这些公司要在这种环境下保持盈利水平，就必须避免激烈的竞争，对关系密切的竞争者做出主动的、更多的合作性反应。一个行业的竞争强度取决于这几个因素：行业的集中程度、竞争的策略重点、转移成本、存在的退出壁垒、行业增长率，以及在典型的成本结构中固定成本与总成本之比（称为**成本的固定性**）。

> **成本的固定性**（cost fixity）：由固定成本与总成本纸币构成的衡量指标，它与总利润相关。

究竟是什么企业和产品在相关市场上为潜在客户提供紧密的替代品决定了行业集中度。行业集中度的一个衡量指标就是该行业中 4 家或者 8 家最大厂商的市场份额之和。市场份额越大，竞争者的数量越小，每家厂商之间的相互依赖就越强，竞争强度越弱小。速食麦片行业的竞争强度高于饮料行业，部分原因是因为家乐氏（37%）、通用磨坊食品公司（25%）、宝氏（Post）（15%）和桂格燕麦公司（Quaker Oats）（8%）总共占有市场的 85%。当两家厂商享有行业产量的 60% ~ 90%（如百事可乐与可口可乐）时，如果厂商进行契约型共谋，明显的相互依赖就会导致竞争程度的下降。同样，由于 Titleist 和 Spalding 两家公司控制了高尔夫球市场，其竞争强度就低于分散的高尔夫球市场。

持续性盈利能力的提高依赖于非价格竞争，而不是价格竞争。航空公司如果能避免价格战并把竞争重点放在对乘客的服务质量上（如提高运送乘客的可靠性、更改预订的反应和航班安排的便利等），它们就会盈利更多。对于美国大城市之间的主干线路，航空公司提供同样的运输，其服务质量和起飞频率基本相同，结果机票大战频繁发生，因而导致主干线路的利润率低下。与此相反，可口可乐和百事可乐之间的长期竞争并未降低可乐业的集中程度。不存在"获利份额的折扣"和对价格竞争策略的日益不重视，一般会使集中性业务的利润率很高。航空公司力求控制获取份额的折扣，方法是引进"经常乘客"计划，增加乘客改变航空公司的转换成本。这个降低竞争强度的思路在一定时间内效果很好，但商务乘客全部加入这个竞争性高频率飞行计划之后就不行了。

## 实例 冷饮店的价格竞争：百事可乐公司

软饮料是通过几种分销渠道以不同的价格销售的。分销渠道包括独立的饮料转销商、售货机公司和向超市、便利店和自动售货机提货的公司所有的灌装厂，它们分别占有所有软饮料销售的31%、12%、11%。商店销售渠道的货架是满的，灌装厂在存储服务、主要货架空间的零售商回扣以及售货位置上进行竞争，力图扩大自己的品牌。可口可乐和百事可乐在商店销售中占有相同的市场份额，它们拥有的灌装厂力求避免面对面的价格竞争，因为这种竞争只会使双方的利润下降，它们采取一种由公司发起的可预测的隔周一次折扣销售方案。在独立的饮料转售商业已采取持续性"获得份额和折扣"竞争方法后，可口可乐公司和百事可乐公司就会常常设法购买专营权，并且用公司自己所有的灌装厂来替代它们。售货机经营是利润很高的业务，百事可乐和可口可乐直接从公司的灌装厂增加售货机服务。现在售货机渠道几乎没有出现过价格竞争，部分原因就是独立转售商必须从本地具有排他性专营权的灌装厂购买饮料。

不过，冷饮店业务的价格竞争正在愈演愈烈。随着越来越多的家庭在外就餐，冷饮店渠道占总销量的比例达到37%。可口可乐长期以来一直控制着饮料店业务。2000年，在餐馆和饮料店中，可口可乐占据市场份额的59%，百事可乐占23%。最近百事可乐公司宣布要大力提高冷饮店的销售量，如果必要，会采取折扣定价手段。这种发展威胁到软饮料行业中这一重要销售渠道持续存在的利润率。

资料来源：Based on "Cola Wars Continue", Harvard Business School Case Publishing (1994)；Pepsi Hopes to Tap Coke's Fountain Sales, *USA Today* (November 6, 1997), p. 3B；and Antitrust Suit Focuses on Bottlers, Pricing and Sales Practices, *Wall Street Journal* (January 20, 1999), p. B7

价格与非价格竞争有时只是反映出类似商品市场中应有的产品差异化程度不够（比如销售水泥），但价格竞争的发生也部分地取决于该行业通行的成本结构。当固定成本占总成本的百分比较高时，毛利一般会比较高。如果是这样的话，厂商就会拼命争夺增加的顾客。因为每增加1单位销量，就代表为回收固定成本所做的明显贡献。因此，若所有的其他条件不变，固定成本越高，获取市场份额的折扣一般也会有所增加。例如，航空公司行业的利润反映出飞机租约和终端设施的巨额固定成本常常高达80%。下面是一家航空公司的**盈亏平衡销量变化分析**，该公司力求通过减价10%来增加他们的总贡献。

**盈亏平衡销量变化分析**（breakpoint sales change analysis）：在给定总毛利的情况下，为收回价格折扣需要销售量增加多大百分比的计算过程。

$$(P_0 - MC)Q_0 < (0.9 P_0 - MC)Q_1 < (0.9 P_0 - MC)(Q_0 + \Delta Q) \qquad (10\text{-}1)$$

这里的收益减去变动成本（$MC \times Q$）为总贡献。如果采取的折扣成功地提高了总贡献，那么销量的变化 $\Delta Q$ 必须足以抵消单位销量收益的10%的下降。整理式（10-1），并用 $P_0$ 去除，得到

$$\frac{(P_0 - MC)Q_0}{P_0} < \left[ \frac{(P_0 - MC)}{P_0} - 0.1 \frac{P_0}{P_0} \right](Q_0 + \Delta Q)$$

$$(PCM)Q_0 < (PCM - 0.1)(Q_0 + \Delta Q)$$

式中，PCM 是价格－成本毛利，常常叫作贡献毛利，即

$$\frac{PCM}{(PCM - 0.1)} < \frac{(Q_0 + \Delta Q)}{Q_0}$$

$$\frac{PCM}{(PCM - 0.1)} < 1 + \frac{\Delta Q}{Q_0} \qquad (10\text{-}2)$$

利用式（10-2）可知，80% 的价格－成本毛利意味着，销量只要增长 15%，就是保证降价 10% 所要求的全部内容。我们得到结论的过程是

$$\frac{0.8}{[0.8 - 0.1]} < 1 + \frac{\Delta Q}{Q_0}$$

$$1.14 < 1 + \frac{\Delta Q}{Q_0}$$

$$1.14 < 1 + 0.15$$

相反，在平装书出版中，12% 的价格－成本毛利意味着销售量必须增加 500% 以上才能保证降价 10%，即 0.12/0.02 < 1 + 5.0⁺。因为一个通过降价 10% 使销售量增长 15% 的营销计划要比通过降价 10% 使销售量增长 500% 的计划更为可行，所以民航业要比平装书出版业更有可能注重价格竞争。

## 实例 | 恒适公司限制折扣时的贡献毛利

一等全棉白色 T 恤和紧身衣长期都是恒适（Hanes）公司的支柱产品。该公司向其他完成修整、染色、装饰或定制缝合等增值业务的公司推销这些"毛坯"原料，这仅仅发生在价值链上的初始阶段。以 1.25 美元的批发价格，0.85 美元的直接销货成本，恒适紧身衣 0.40 美元的毛利，一定要收回固定成本和分销与推销费用才能赚取利润。由于销售单位产品的佣金 0.15 美元是一种销售费用，所以贡献毛利（CM）为 0.25 美元，贡献毛利率（PCM）为 0.25 美元/1.25 美元 = 20%。

由于需求的价格弹性非常充足，价格折扣低到 15% 就能使销量翻番。不过，由于贡献毛利率很低，只有 20%，所以由折扣引发的销量增加量要比人们想象的低很多。利用式（10-2）进行的盈亏平衡变化分析证明，销量翻一番也会低于把总贡献恢复到降价之前水平要求的销售增量变化

$$PCM/(PCM - \%\Delta P) = 0.20/(0.20 - 0.15)$$

$$= 4.0 = 1 + 3.0^+$$

这里的解释是：销售量一定要增加 300%（1 + 300% ΔQ）才能使总贡献率回到原有水平。也就是说，价格的下降的贡献一定要多余 4 倍的销售量，才能提高总贡献（经营利润）。表 10-1 现实的数据说明了这个结论。

表 10-1 恒适公司在降价 15% 时保持经营利润所要求的销量

| | 给定数据 | 降价 15% | 销量翻番 | 三倍销量 | 四倍销量 |
|---|---|---|---|---|---|
| 价格 | 1.25 | 1.062 5 | 2.125 | 3.187 5 | 4.25 |
| DCGS（仅 VC） | -0.85 | -0.85 | -1.75 | -2.55 | -3.40 |
| 佣金 | -0.15 | -0.15 | -0.30 | -0.45 | -0.60 |
| CM | 0.25 | 0.062 5 | 0.125 | 0.187 5 | 0.25 |

---

**退出壁垒**（barriers to exit）：由不可重置性资产或对企业经营终止的契约限制而产生的经济损失。

---

在竞争激烈的寡头市场中，**退出壁垒**会提高竞争强度。如果专门生产特定产品的偏远工厂（如炼铝厂）是不可重置的，竞争策略就会更具攻击性，因为如果利润消失，则没有哪个竞争者能完全收回其沉没成本。除了资本设备，不可重置性资产可以包括专用产品的展示架（莱格斯）、由不可重置性资产或对企业专用的产品陈列室（伊莎艾伦）、证明难以分割的无形资产（未获专利的贸易秘密和基础研究）和用于转销的包装等。与此不同，卡车运输公司拥有非常容易重置的资产，即卡车和仓库。比如，一家卡车运输公司攻击其竞争对手，遭到猛烈的报复，随后破产，必须清算其资产，所有者会希望得到保留在其卡车和仓库中的经济工作寿命的几乎全部价值。因此卡车运输行业中的竞争策略在威胁竞争对手时不那么有效，因而竞争对抗强度较低，利润率较高。

行业需求的增长也会影响竞争强度。当老顾客的销量增长，同时新顾客也出现在市场上时，竞争厂商常常满足于保持市场份额，实现高利润。当需求增长下降时，很多行业中的竞争策略会更加有效，尤其在生产能力计划未能预期到这种下降的时候。当住房需求变缓时，家具公司将会大幅度打折降价。航空旅行的需求在海湾战争之后意外地下降，使航空公司的价格和利润明显下降。波特模型预期稳定的软饮料需求将导致百事可乐和可口可乐两家公司更为激烈的竞争和更低的利润率。最近，可口可乐在其飞速发展的国际事业部中采取多种主动措施，力求减少在美国与百事可乐激烈竞争的可能性。

---

| 实例 | 全美航空公司的竞争强度

全美航空公司的夏洛特枢纽机场是一个非常集中的终点航空设施，全美航空公司92%以上的航班都在那里。因此，全美的市场份额可与微软Windows在操作系统领域中占统治地位相提并论。然而，飞机租约和设施的高额间接固定成本意味着高利润，这样就使航空公司拼命地通过机票打折来吸引顾客。相反，Windows价格打折的情况即使有的话，也是很少的。还有，航空公司的退出壁垒高，而电脑软件的退出壁垒很低，因为研究与开发的巨额沉没成本构成了难以再出售的大量专利性贸易秘密。最后，航空公司的行业需求增长速度低而电脑软件却非常高。结果，在从夏洛特起飞的一次经停的航班中，全美航空公司遭到激烈的价格竞争，但微软Windows没有竞争。

频繁的价格竞争、很高的退出壁垒和稳定的增长都意味着民航业中存在极高的竞争强度以及使全美航空公司的利润下降的竞争压力。微软的操作系统软件业正好相反，视窗软件很少打折而且保持极高的利润。简言之，航空公司的行业特点是，即使一个占支配地位的厂商，其绩效结果几乎也是竞争性的，而在电脑操作系统中的支配厂商却面对不太强的竞争。

资料来源：Based on Flying to Charlotte Is Easy, *Wall Street Journal*（June 14, 1995）, p. S1.

---

最后，竞争的行动和反应的调整速度也起作用。前面讲过，如果原有厂商对那些打了就跑的进入者采取的策略进攻反应缓慢，那么利润率就会被压至所谓的可竞争市场中盈亏平衡水平上。与此相反，如果原有厂商反应很快，表现出快速的调整，那么利润率通常更可持续。

### 10.3.5　市场份额的神话

综上所述，能在很多商务活动中盈利的关键就是设计一种战略，减少替代品的威胁，削弱买主和卖主的力量，降低进入威胁，然后厂商还必须采取各种策略，引起竞争对手的战术回应，从而使其有效的经营战略带来的潜在利润不致被侵蚀掉。这就常常意味着要放弃为获取市场份额而实行的折扣策略和使行业陷入价格战的其他进攻型策略。一旦买主越来越习惯于竞争者之间的跳水打折方式，或可预测时间内的清仓销售方式，反映真正顾客价值的溢价是很难赢回的。航空公司和百货公司零售商都痛苦地深知这种策略上的错误。

更为一般的情况是，旨在攫取市场份额的价格折扣和过度促销很少能形成长期利润率，而且常常会导致市值的下降。软饮料装瓶厂七喜在 20 世纪 70 年代末主要通过打折使市场份额增加了一两倍，但利润下降，该公司最终被吉百利史威士（Cadbury Schweppes）公司所收购。鸿业公司（Hon Industry）在办公用设备市场中的投资收益率是世楷家具（Steelcase）公司的两倍，尽管鸿业公司的规模只有世楷公司的 1/3。如果波音公司允许更多的宽体喷气机订单转向有政府补贴的空中客车，而不是使自己的装配业务因低价引发订单猛增几百架，它的盈利会更多。

在一种新产品或新技术开始向某个相关市场渗透之后，市场份额本身决不应成为终点，不断增加的市场份额是实现规模经济和基于学习曲线的成本优势的手段。但由任何成本带来的市场份额增加几乎总是意味着利润的缩减，而不是相反。

## 10.4　市场结构的连续统一体

单个厂商与整个相关市场之间的关系被称为行业的市场结构，它取决于以下因素：

（1）行业内厂商的数量和相对规模；

（2）行业内厂商所出售产品的相似性，即产品差异化程度；

（3）单个厂商独立制定决策，而非互相依赖或共谋的程度；

（4）进入和退出条件。

我们通常会区分四种具体的市场结构：纯粹竞争、垄断、垄断竞争和寡头。我们依次讨论它们。

纯粹竞争　　　　　　　垄断　　　　　　　垄断竞争　　　　　寡头

### 10.4.1　纯粹竞争

**纯粹竞争**行业的模型具有以下特点。

（1）存在大量的买主和卖主，各自都只购买或出售行业总产量中的很小一部分，致使单个买主或卖主的活动都不能对市场价格产生可见的影响。

（2）每家厂商生产的都是一种均质产品，即不存在产品差异，如有执照的出租车服务或 AAA 级的 1 月份小麦。

（3）所有的厂商都具备所有相关市场的完全信息，各自的行动是完全独立的，比如一个大城市中提供标准化两室公寓的 117 家房屋建筑商。

**纯粹竞争**：（pure competition）：一种市场结构，其特点是一种均质（无差异）产品存在大量的买主和卖主，进入和退出产业没有或几乎没有成本，所有的市场参与者都可自由获得信息，产业中的厂商之间不存在共谋。

（4）自由地进入和退出市场，即进出壁垒很低。

纯粹竞争行业中的单个厂商本质上是一个价格接受者，因为每个生产者的产品都几乎是其他生产者产品的完全替代品，纯粹竞争条件下的单个厂商只能按市场通行价格提供其全部的产出量。结果，单个厂商的需求曲线在市场价格水平上趋近于完全弹性，价格如果提高就什么也卖不出去，因为所有的买主都将理性地转向其他卖主。如果厂商以稍低于长期市场价格的水平销售产品，将会赔钱。

例如，图 10-3 表明在地区性住宅建筑的纯粹竞争条件下行业需求曲线和厂商需求曲线的性质，$DD'$ 代表地区性住宅的全行业或市场需求曲线，$S'S$ 是市场供给曲线。市场价格为 175 000 美元时，行业内所有厂商的地区性住宅总需求量为 $Q_{DI}$。直线 $dd'$ 代表单个厂商面对的需求曲线。单个厂商按市场价格 175 000 美元销售其全部产量 $Q_{DF}$。根据定义，需求量 $Q_{DF}$ 仅占全行业总需求量中的一小部分。

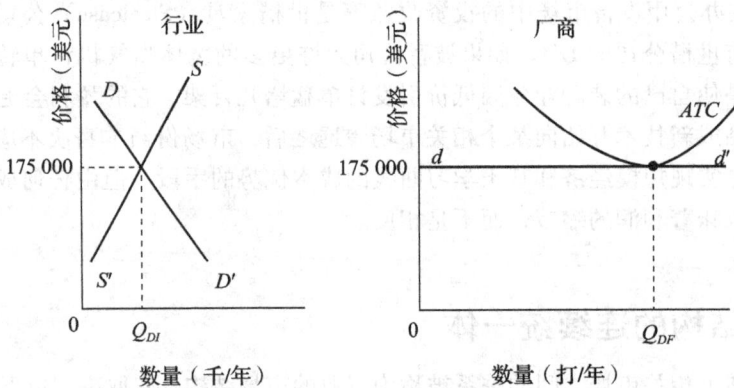

图 10-3　地区性住宅建筑行业中的纯粹竞争

为何会陷入这样的行业？即单位销量的收益（图 10-3 中的 175 000 美元）正好全部收回分摊的单位成本 175 000 美元。原因在于：当需求的增加与价格的提高足以产生超额利润时（地区性住宅经营的几个月，石油钻井的几天，堪萨斯城 AAA 级玉米生意的几小时或国库券再销市场的几分钟），这种"发丝利润"（形容利润微薄）的销售是获取偶然性横财的入场券。要注意这种横财的时间与大小是不可预测的，否则相应的房地产开发土地、油井租赁和粮仓的价值就会上升，预期的超额利润会再次减少为盈亏平衡条件之上的发丝利润。还要记住的是，在竞争性均衡中，企业的业主——经理得到的薪金或其他收益与其从次优活动中得到的一样多。总之，这并非那种通常出现的投资资本可获得 40% 风险资本收益和企业家报酬的经营环境，而是良好的管理技能和成本控制也许能提供 12% 收益的情况。更重要的是，这种发丝利润偶尔也会被打断，如果一套地区性住宅的获利高达 25 000 美元、1 桶原油 20 美元、1 蒲式耳玉米 1.50 美元、短期交易 100 万美元国债获利 5 000 美元的话。

### 可竞争市场

可竞争市场是纯粹竞争市场的一种极端情况，在这种市场结构中，盈亏平衡的绩效通常只有少数厂商，也许只有一家厂商获得。原因就是自由地和无成本地进入和退出，结果，仅仅是"打了就跑"的进入威胁就足以使价格下降，直至利润为零，收回全部成本的水平。这种市场中的原有厂商要比对市场施加竞争压力、打了就跑的厂商反应更慢。一个例子就是证券市场，由套头交易资金的金融套利引发巨额的下注（或许有几百亿美元），脱离轨道的任何政府证券或票据价格最终将回归到它的均衡水平上。同样，航空公司看起来也是一个可竞争市场，飞机最终似乎是移动的资产，但降落跑道不是，在这些市场中原有者对于打了就跑的进入者反应迅速并极具攻击性。

## 10.4.2　垄断

垄断模型是市场结构统一体中与纯粹竞争相对的另一极，其特点如下。

（1）只有一家厂商（在一个特定的市场区域内）生产某些特定的产品，比如一家排他性的有线电视特许专营公司。

（2）垄断者的产品与其他任何产品之间的需求交叉弹性很小，也就是说，没有紧密的替代品。

（3）因为该厂商在其相关市场内是一个垄断者，所以不存在与其他竞争者之间的相互依赖。

（4）存在相当高的进入壁垒，排除了由其他厂商进入行业而造成的竞争。这些壁垒可能包括以下因素。

①原有厂商的绝对成本优势，来自于获取投入要素的经济性或专利保护的生产技术。

②产品差异化优势，来自于消费者对已有产品的忠诚。

③规模经济，它使潜在的进入厂商难以筹资兴建一个具有效率规模的工厂或形成足够的销量，以实现该工厂的最低单位成本。

④超出潜在进入者财务资源的巨额资本要求。

⑤对潜在竞争者的合法排斥，如同公用事业、具有专利和排他性许可证协议的公司的情况。

⑥潜在竞争者得不到贸易秘密。

根据定义，单个垄断厂商的需求曲线与行业需求曲线是相同的，因为厂商就是整个相关市场。在第 11 章中将看到，厂商需求曲线与行业需求曲线的同一性使垄断者的决策，与第 12 章将讨论的紧密寡头集团中少数紧密竞争者所采取的复杂对抗策略相比，是非常简单的事情。

## 10.4.3　垄断竞争

E. H. 张伯伦（E. H. Chamberlin）和琼·罗宾逊（Joan Robinson）首创**垄断竞争**一词，用以说明同时具有竞争市场特点（如众多的厂商）和垄断市场特点（如产品差异化）的行业。垄断竞争市场结构的特点如下。

> **垄断竞争**（monopolistic competition）：一种与纯粹竞争非常相似的市场结构，主要区别是存在差异化产品。

（1）少数的支配厂商和大量的边缘竞争厂商。

（2）支配厂商销售的产品存在某些方式的差异，包括真实的、认知的或仅仅是想象的差异。

（3）单个厂商的独立决策。

（4）就整个市场来说，进入和退出较为容易，但对领先品牌的有效进入存在很高的壁垒。

直到现在，垄断竞争最重要的显著特点还是每家厂商的产出都在某些方面与其他各厂商的产出存在差异。也就是说，各个厂商产品之间的需求交叉弹性大大低于纯粹竞争市场，比如地区性住宅建筑商、油田开采者、AAA 级 1 月份小麦提供者或国库券经销商等。产品的差异化可以建立在独有特点（迪士尼世界）、商标（耐克的标志）、交易品牌（黑莓手机）、包装（L' eggs 牌的袜子）、质量（Coach 手提包）、设计（苹果的 iPod）、颜色和款式（Swatch 手表）或销售条件（D&B）的基础之上。这些条件还可能包括信用条款、卖主的地点、销售人员的态度、售后服务以及保证条款等。

由于每家厂商都生产某种差异化产品，所以难以界定一条垄断竞争的行业需求曲线。因此，人们通常得到的是一个产品连续体中的某些产品，而不是界定明确的行业。一般来说，要识别落在相同行业内的差异化产品群是很容易的，如淡啤酒、剃须后使用的科隆香水或一般香水等。

### 10.4.4  寡头

**寡头**市场结构说明一个市场中存在少数几个密切相关的厂商。厂商数量非常少，以至于行业

---

**寡头**（oligopoly）：一种市场结构，厂商的数量很少，以至于任何一家厂商的行动都可能对产业中其他厂商的绩效产生明显的影响。

---

内的每家厂商在价格、产出量、产品款式或质量、销售条款等方面采取行动都会对该行业内其他厂商的销售产生可见的影响。换句话说，区分寡头的就是行业内厂商之间存在明显的相互依赖性。寡头厂商生产的产品或服务可能是均质的，比如航空旅行、40英尺I形钢、铝和水泥等；也可能是差异化的，比如软饮料、豪华汽车和游艇等。

虽然产品差异化的程度是形成寡头厂商需求曲线的一个重要因素，但是行业中厂商相互依赖的程度意义更大。主要是因为这种相互依赖使得定义一条单个厂商的需求曲线非常复杂。一家厂商的价格和产出量之间的关系不仅取决于消费者偏好、产品替代性和广告水平，而且还取决于其他竞争者对此厂商价格变化的反应。对竞争反应预期的全面讨论放在第12章。

## 10.5  纯粹竞争调价下的价格-产量策略

正如第2章所讨论的，纯粹竞争行业中的单个厂商完全是一个价格接受者。因为每一个生产者的产品都是每个其他生产者产品的完全替代品，这种情况就形成了人们所熟悉的纯粹竞争厂商的水平或完全弹性的需求曲线。虽然很少见过满足纯粹竞争所有条件的例子，但是证券交易和日用品市场接近这些条件。例如，单个的小麦农场主或国库券经销商除了接受小麦或国库券的通行市场价格以外别无其他选择。在纯粹竞争条件下，厂商必须按照市场价格（$p_1$ 或 $p_2$）出售产品，如图10-4所示，其需求曲线由位于市场价格上的水平线（$D_1$ 或 $D_2$）来表示。

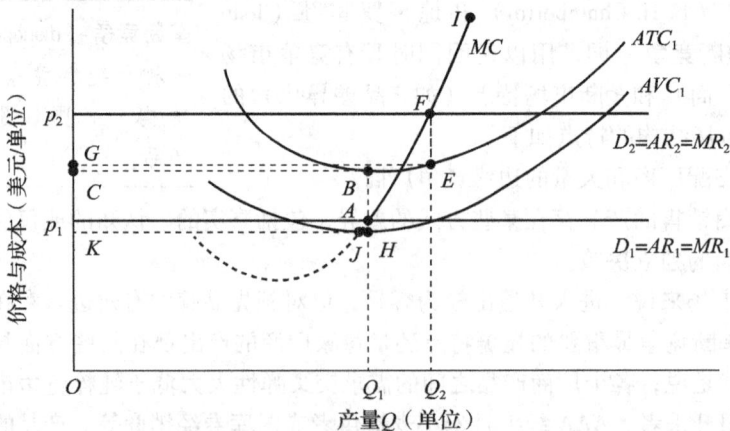

图10-4  纯粹竞争中的厂商：短期

### 10.5.1  短期

纯粹竞争行业中的厂商在短期内既可能短暂盈利（超过资本和企业家劳动的正常收益），也可能暂时经营亏损。在纯粹竞争情况下，边际收益 $MR$ 等于价格 $P$，因为每增加1个单位销量都

会使总收益增加 1 单位价格（在所有的产出量水平上价格保持不变）。例如，如果

$$P = 8 \text{ 美元／单位}$$

那么

$$\text{总收益} = TR = P \cdot Q = 8Q$$

边际收益的定义是由增加 1 单位销量所带来的总收益的变化，或者是总收益对 $Q$ 求导

$$MR = \frac{\mathrm{d}TR}{\mathrm{d}Q} = 8 \text{ 美元／单位}$$

而且边际收益等于价格。

追求利润最大化的厂商将在边际收益等于边际成本的产量水平进行生产。超过这一点，多生产和销售 1 单位产量将使总成本的增加量多于总收益的增加量（$MC > MR$），因此总利润（$TR - TC$）将下降。在达到 $MC = MR$ 这一点之前，多生产和销售 1 单位产量，总收益的增加量大于总成本的增加量（$MC > MR$），因而多生产和销售 1 单位产量的总利润增加。在边际收益 $MR$ 等于边际成本 $MC$ 这一点上，生产等同于总利润函数的最大化[一]。

图 10-4 中单个厂商的供给函数等于 $MC$ 曲线上从 $J$ 点到 $I$ 点的部分。在低于 $J$ 点的任何一个价格水平上，厂商都会停止营业，因为厂商连它的平均变动成本也不能收回，即 $P < AVC$。暂时的停止营业将使亏损仅限于固定成本。

在图 10-4 中，如果价格 $P = p_1$，厂商将要生产的产量水平为 $Q_1$，此时 $MC = MR$（利润最大或亏损最小）。在此情况下厂商将出现亏损，单位亏损等于平均总成本月 $ATC$ 与平均收益或价格之差，在图 10-4 由 $BA$ 的高度表示。厂商在产量为 $Q_1$、价格为 $p_1$ 时发生的总亏损等于矩形 $p_1CBA$，在理论上可以把它视为单位亏损（$BA$）乘以生产和销售的数量（$Q_1$）。

价格为 $p_1$ 时亏损最小，这是因为平均变动成本 $AVC$ 已被收回，剩下的贡献可收回部分固定成本（单位产量的 $AH$ 乘以 $Q_1$ 单位）。如果厂商不生产，它蒙受的损失等于全部固定成本（在 $Q_1$ 产量时的 $CBHK$）。因此，我们可以得出结论：只要能收回生产的变动成本（即从关门还是运营决策的角度上来讲可避免的成本，$P > AVC$）短期内厂商将在 $MR = MC$ 的产量水平上进行生产和销售。[二]

---

**| 实例 |  索尼公司：每销售一台平板电视就损失 126 美元[三]**

平板显示器的大部分成本来源于液晶面板。2011 年，全球范围内以 1.15 亿美元出售了 2.2 亿台平板电视。虽然大规模生产的规模经济和电子输入组件的批量折扣已经使 LCD

---

[一] 可证明如下：

$$\pi = TR - TC$$

$$\frac{\mathrm{d}\pi}{\mathrm{d}Q} = \frac{\mathrm{d}TR}{\mathrm{d}Q} - \frac{\mathrm{d}TC}{\mathrm{d}Q} = MR - MC = 0$$

或 $MR = MC$ 时利润最大。

取 $\pi$ 对 $Q$ 的二阶导数，或 $\frac{\mathrm{d}^2\pi}{\mathrm{d}Q^2}$，可检验是否为利润最大。如果它小于 0，那么 $\pi$ 就是最大值。

[二] 可变成本在会计上被严格定义为在确定公司业务计划中最小单位销售产生的可避免成本。此外，一些其他成本是批量成本（如工厂第三班次的效用）或可追溯到操作决定的直接固定成本（如用于抵消机器磨损的非计划维护）可以由决策避免问题。因此，这些成本可以通过决定关闭生产而改变（避免），因此应当包括在必须超过的 $AVC$ 中以便决定是否运营。

[三] Based on Television-Making：Cracking Up，*The Economist*（January 21，2012），p. 72.

（液晶显示屏）的成本从过去十年的 2 400 美元降至如今的 500 美元，但是其售价下降得更快。2001 年，大型液晶面板的平均售价超过 4 000 美元。到 2011 年，这个价格已经跌至 600 美元以下（见图 10-5）。索尼公司发现，它的平板电视现在无法覆盖液晶面板的全部成本，而是每个售出的电视机损失 126 美元

（500 – 374 美元）。然而，韩国三星、日本夏普、松下和索尼建造的液晶工厂的间接固定成本部分由运营覆盖。如果将之关闭，亏损在短期内会更大。

资料来源：New York Times（December 12，2008），CNN Money（September 9，2010），The Economist（January 21，2012），p. 47.

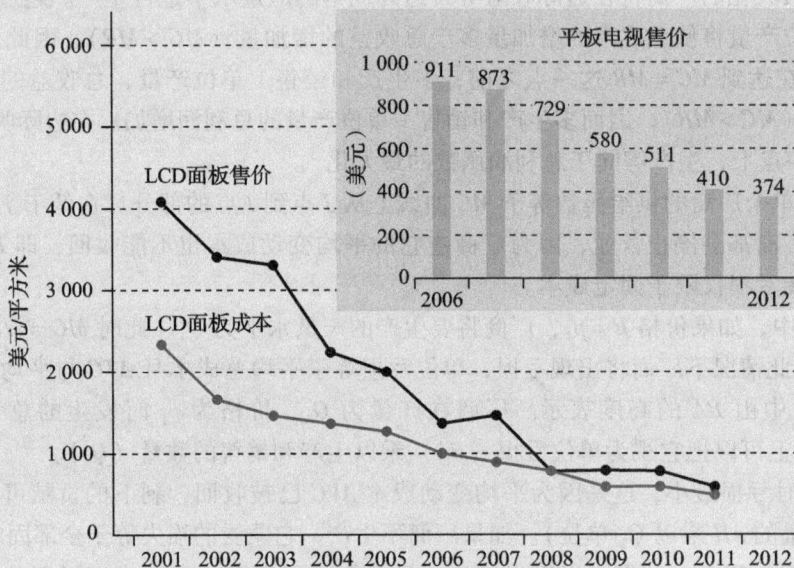

图 10-5　LCD 屏的价格和长期平均总成本

如果价格是 $p_2$，厂商将生产 $Q_2$ 单位产量，单位产量的利润为 EF，矩形 $FEGp_2$ 代表总利润。因此，人们常常把边际成本曲线上高于最低 AVC 的部分当作竞争厂商的供给曲线。行业供给曲线就是这些厂商供给曲线的水平相加。

## 10.5.2　纯粹竞争条件下的利润最大化（短期）：Adobe 公司

假设 Adobe 公司面对以下总收益和总成本函数：

$$总收益：TR = 8Q$$

$$总成本：TC = Q^2 + 4Q + 2$$

边际收益和边际成本定义为总收益和总成本的一阶导数，或

$$边际收益：MR = \frac{dTR}{dQ} = 8 \text{ 美元／单位}$$

$$边际成本：MC = \frac{dTC}{dQ} = 2Q + 4$$

总利润等于总收益减去总成本：

$$总利润(\pi) = TR - TC = 8Q - (Q^2 + 4Q + 2) = -Q^2 + 4Q - 2$$

为使利润最大化，求 π 对产量的导数，使之等于 0，并求出利润最大化水平 Q。（有必要检验

一下二阶导数，从而肯定求出的结果是一个最大值，而不是一个最小值！）<sup>⊖</sup>

$$\frac{d\pi}{dQ} = -2Q + 4 = 0$$

$$Q^* = 2 \text{ 单位}$$

因为 $MR = 8$ 美元/单位，而且 $MC = 2Q + 4 = 2 \times 2 + 4 = 8$ 美元/单位，所以仅令 $MC = MR$，总利润即为最大。

---

## 实例｜汽油价格上升创纪录，原油投入要素成本见高峰

整个 2006 年、2007 年和 2008 年年初，美国的汽油价格飙升到 4 美元/加仑。为什么会这样？零售层次上的竞争压力限制了加油站剥夺顾客。全美国的消费税平均只有 0.40 美元，而且 20 年来基本不变。在海湾飓风卡特里娜和丽塔过后，人们部分地怪罪炼油和输油瓶颈。但汽油价格上升的主要原因是原油投入要素价格的投机性提高。

图 10-6a 表明，近 30 年来原油价格迅速上升的情况有 6 次，早期每次都源于中东的军事

冲突或卡特尔限产造成的供应中断。在 1973年和 1999~2000 年，OPEC Ⅰ 和 OPEC Ⅱ 石油卡特尔成功地迫使成员国减少了限产额，从而限制了供给，推高了原油的市场价格。在1978、1980 和 1990 年，三次军事冲突明显地限制了波斯湾原油的供给。不过在 2004~2008年，起作用的不是供给，而是需求因素。印度、中国和美国的需求在 2004~2008 年的增长推动了稀缺投入要素价格的上升，高于图 10-6b 中上升的边际成本曲线。

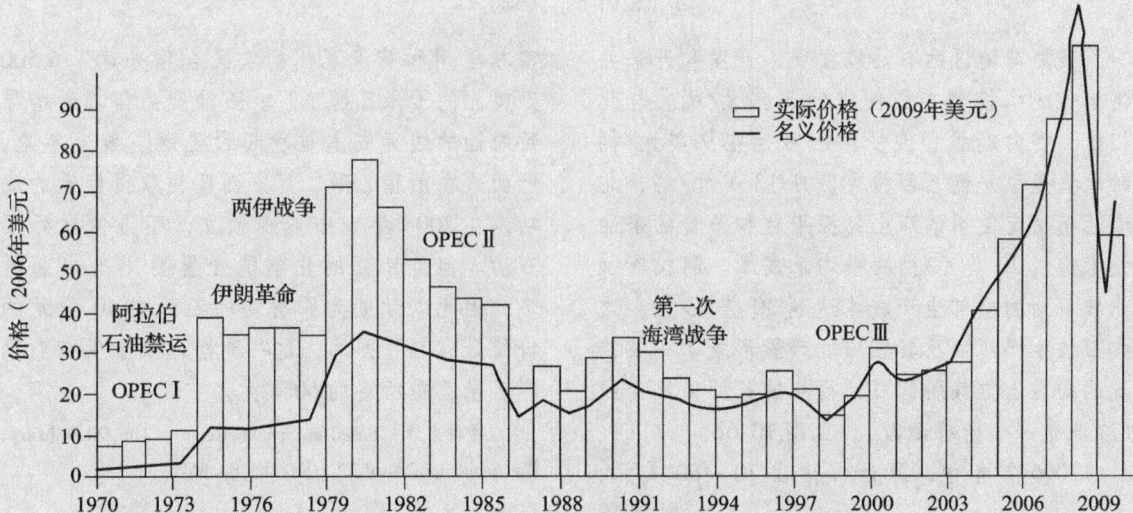

a）原油的价格、名义价格和经通胀调整的价格

图 10-6　原油的价格与成本

---

⊖　利润最大化的检验如下：

$$\frac{d^2\pi}{dQ^2} = -2$$

因为二阶导数为负，所以我们知道求出的是利润函数的最大值。

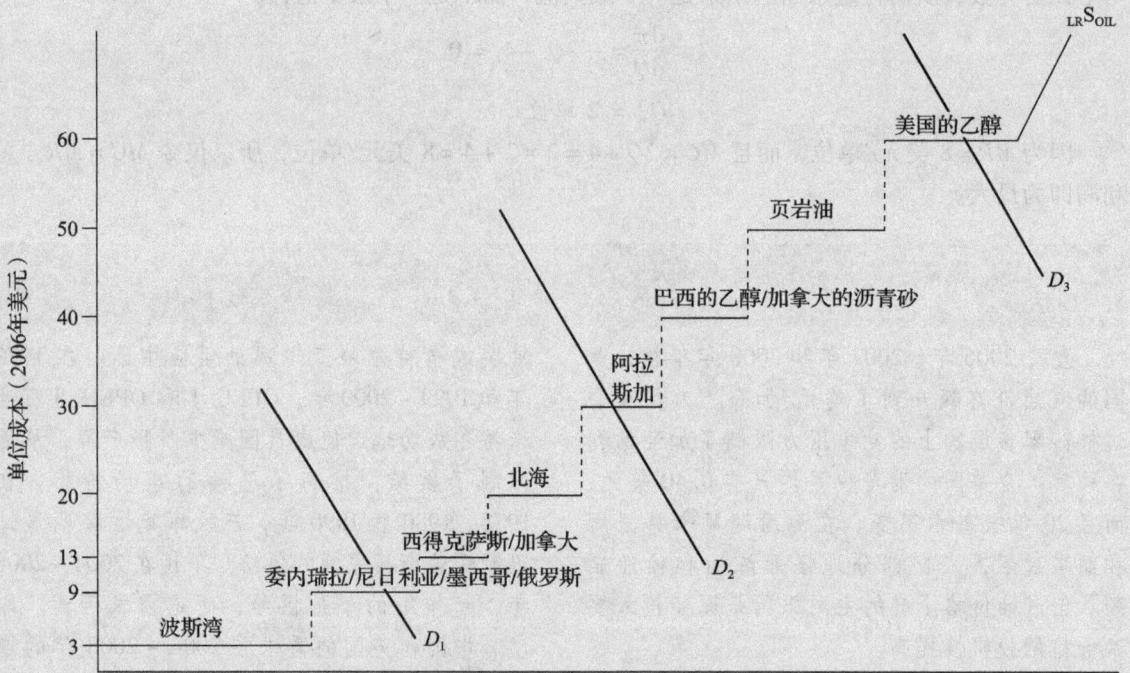

b）不断上升的原油的边际成本和紧密替代品

图 10-6 （续）

波斯湾地区的石油被发现、开发和开采并将单位成本控制在最便宜的 3 美元/桶。与此相比，委内瑞拉和俄罗斯的石油在 9 美元/桶时才能盈亏平衡，西得克萨斯 13 美元/桶，北海油田必定使用的海上钻探平台和昂贵的采油技术造成 20 美元/桶的平均总成本。阿拉斯加北坡石油的全部生产成本达到 30 美元/桶。这些石油生产厂商及其相应的产量形成了一条传统的向右上方倾斜的石油行业的长期供给曲线（在此是一个阶梯函数），见图 10-6b。

2006 年年中，原油价格在 70 ~ 80 美元，密苏里州和艾奥瓦州的农民合作兴建了 6 500 万美元的玉米乙醇工厂。石油产品需求激增导致原油的边际成本首次超过乙醇。数十年来，巴西人在蔗糖乙醇工厂方面已经取得巨大的成功，在 2008 年宣布能源独立，不再依靠外国石油。但是甘蔗的化学能含量要比玉米高得多，因此以甘蔗为原材料的乙醇在 40 美元的价位是有利可图的，这一价格远低于供应商推广玉米乙醇所定的 60 美元。

资料来源：Based on Special Report：The Oil Industry, *The Economist*（April 22，2006），pp. 5573.

### 10.5.3 长期

在长期内，所有的投入要素都是自由变动的，因此在固定成本和变动成本之间不存在概念差别。在纯粹竞争市场的长期条件下，平均成本将趋向于正好等于价格，所有的超额利润都会被消除（见图 10-7 中 $p_1 = AC_1$ 的 $A$ 点）。如果高于 $p_1$ 的某个价格超过平均成本（比如产生短暂利润的 $p_1'$），那么更多的厂商将会进入，该行业的供给将会增加（在图 10-7 中沿着需求曲线 $D_{MKT}^2$，向 $\sum_{SR} S$ 的右边平行移动），市场价格将再次被下压向均衡状态的零利润水平 $p_1$ 上。

另外，随着更多的厂商竞价得到生产要素（比如有技能的劳动力或原油这样的自然资源），这些要素的成本将趋于上升。此时整个的 $MC_1$ 和 $AC_1$ 的成本结构将上升，以反映更高的投入要素成本沿着一条向右上方倾斜的投入要素供给曲线上升，如同图 10-7b 中原油的供给曲线一样。更高的投入要素成本导致厂商的成本结构向上升至 $AC_2$（见图 10-7）并对超额利润形成双重压挤，这种情况叫作**外部的规模不经济**。外部的规模不经济不同于内部的规模经济和内部的规模不经济，后者反映了若投入要素价格不变，由产出量增加引起的单位成本的变化，而前者反映的是行业为适应市场需求增加而扩大所引起的投入要素出价上升。

**外部的规模不经济**（external diseconomy of scale）：反映投入要素价格提高的单位成本增加。

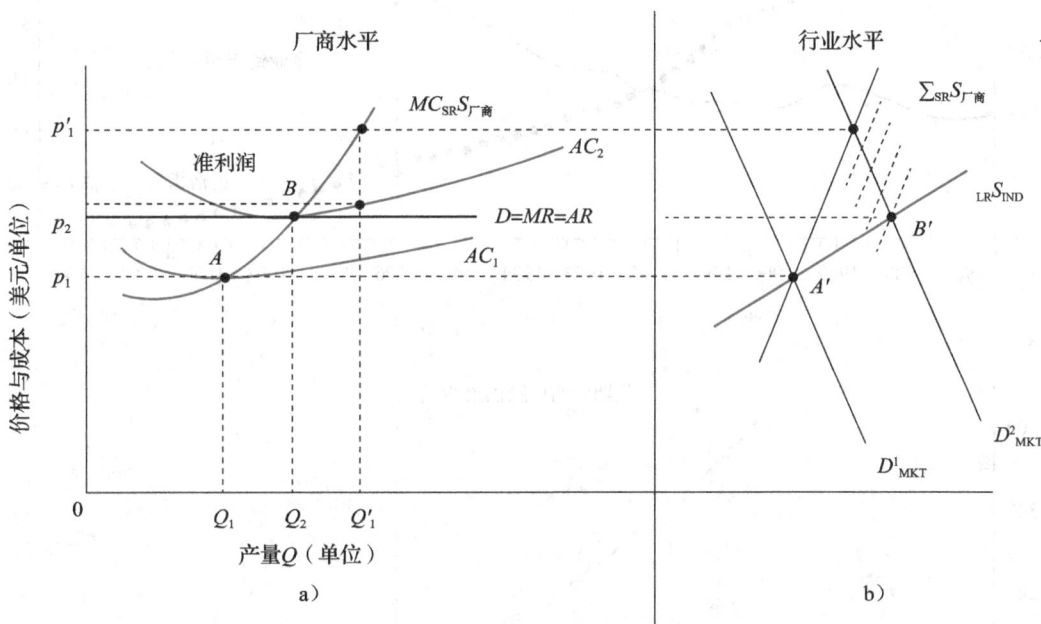

图 10-7 纯粹竞争条件下的长期均衡（成本递增行业）

---

**实例** 房产泡沫造成铜价上升 400%

全美国的房屋价格在 2006～2008 年上升到无法支撑的高度。部分原因是抵押贷款利率低于"二战"后美国市场的任何时期，由此形成了需求拉动型出价压力，另一个原因是商品高价形成的成本推动型要价压力。一套 2 100 平方英尺的房屋需要 440 磅铜制水管、护板和线路，而在 2003～2007 年，铜价上涨了 400%。2012 年秋季，在飓风桑迪（Sandy）过后不久，木材价格也出现了同样的反应。

如果假定投入要素价格不变，图 10-7 中的长期供给曲线 $_{LR}S_{IND}$ 将是水平的，即所谓的成本不变行业，比如木材砍伐。但随着图 10-6b 中原油投入要素价格的不断上升，下游最终产品汽油的长期供给曲线 $_{LR}S_{IND}$ 就会向右上升，构成一个成本递增行业，如图 10-7 所示。长期供给曲线向右下方倾斜是非常可能的，20 世纪 80 年代计算器行业和 90 年代个人电脑行业都出现了成本递减的情况。因为随着个人电脑市场的扩大，电脑芯片投入要素变得越来越便宜，如图 10-8 所示。

最终的结果就是：在长期均衡中，所有的纯粹竞争厂商都趋于具有相同的成本，价格将等于平均总成本（即平均总成本曲线 $AC$ 将与水平的价格直线 $p_2$ 相切）。因此可以说，在纯粹竞争的长期利润最大化产量水平上，均衡将在 $P = MR = MC = AC$ 那一点上实现。在长期均衡中，每个竞争厂商都在其效率最高（即单位成本最低）的产量水平上生产，并且正好盈亏平衡。

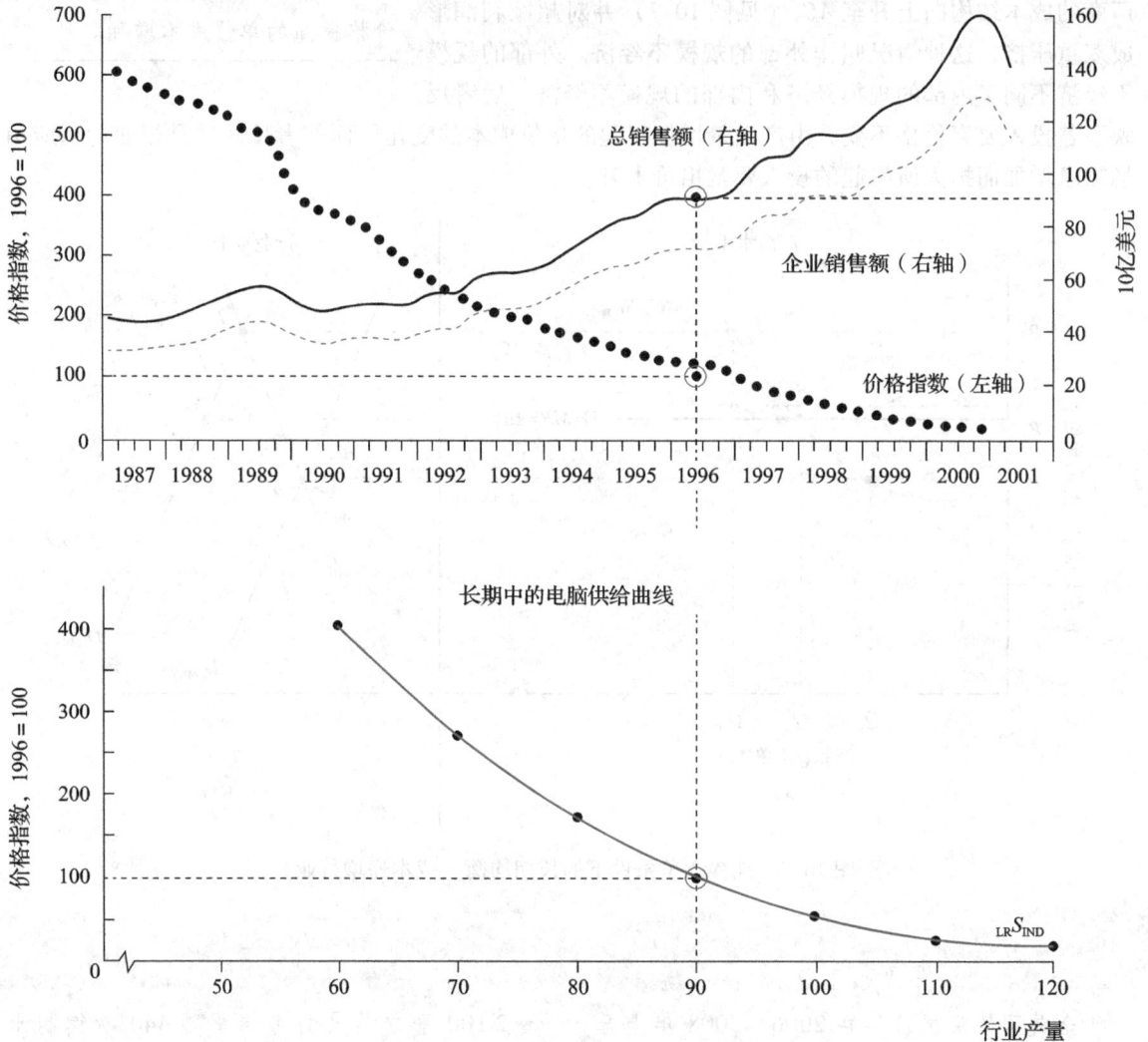

图 10-8　电脑价格指数和美国个人电脑最终销售额

资料来源：St. Louis Federal Reserve Bank, *National Economic Trends* (May 2001).

## 10.6　垄断竞争条件下的价格 – 产量决定

　　垄断竞争是一种存在相对较多厂商的市场结构，每家厂商销售的产品都以某种方式与其竞争者的产品存在差异，而且要进入领先厂商集团就要面对明显的壁垒。

　　产品差异可能基于具体产品的特性、商标、包装、质量认知、独特的产品设计或与销售有关的条件，如卖主的地点、保证和信用条款等。由于存在大量的紧密替代品，任何一家厂商的需求曲线都会具有负斜率，而且极富弹性。由于顾客具有因实际或认知的产品差异而形成的产品忠诚度，垄断竞争厂商拥有一些有限的价格自主权（与纯粹竞争厂商不同）。当厂商的生产量和索取的价格处于边际收益等于边际成本水平时，就会再次出现利润的最大化（或亏损的最小化）。

## 对与错｜　亚马逊的动态竞争

在服装和其他买主希望"触摸"到的搜寻商品行业中，网上零售起步很慢，但在书籍这种经验商品中却发展良好。亚马逊的库存不到 1 000 种畅销书，但显示和提供查阅的畅销书目却有 250 万种。利用世界上最大的图书批发商英格拉姆（Ingram）图书集团，亚马逊能在 1～3 天运送出大部分顾客的选书，销售额每半年翻一番。但尽管如此，亚马逊的市场占有率还是下降的。

亚马逊面临的一个困难是：互联网零售业是进出壁垒很低的一项传统经营产业。只要亚马逊的展示、订货、运送以及付款经营系统稳定，如果存在利润，就会看到大的进入行动。例如，巴诺（Barnes & Noble）公司已与美国在线（AOL）签订了排他性合同，把电子图书销售介绍给 AOL 的 850 万用户。鲍德斯（Borders）公司随后很快宣布要进入电子零售业的计划。南北战争、喷气式飞机、历史、汽车等众多专业书商都已涌进互联网搜索引擎。甚至亚马逊的批发供应商英格拉姆图书集团也参与了竞争，只需支付 2 500 美元，英格拉姆就能为新的图书零售商建立相应的网站服务。

亚马逊的反应是向顾客提供定制通告和图书讨论服务，为保有专业兴趣的读者增加价值。信息革命已使对原有顾客的关系营销成为保证重复购买的核心因素。尽管如此，快速、简单、廉价、大公开的进入机会将可能侵蚀电子图书零售业的利润。有了互联网搜索引擎，不完全的消费者信息、有限时间的购物比较和零售商所依赖的品牌忠诚都不见了，零售业的传统微利很快变得更少或不复存在。网上零售业的绩效可能像地区性住宅建筑市场（即纯粹竞争）一样越来越好。今天网上零售业对时间、才能和投资的竞争收益率只有 5%。

资料来源：Based on "Web Browsing", *The Economist* (March 29, 1997), p.71; "In Search of the Perfect Market: A Survey of Electronic Commerce", *The Economist* (May 10, 1997); "The Net: A Market Too Perfect for Profits", *Business Week* (May 11, 1998), p.20; "Comparison Shopping Is the Web's Virtue—Unless You're a Seller", *Wall Street Journal* (July 23, 1998), p.A1; and *Value Line*, *Ratings and Reports*, various issues.

### 10.6.1　短期

正如纯粹竞争的情况一样，一家垄断竞争厂商在短期内可能形成利润，也可能形成不了利润。比如图 10-9 中 $D'D'$ 需求曲线，边际收益等于 $MR'$。此厂商将其价格定于 $MR' = MC$ 的水平上，结果价格为 $P_3$，产量为 $Q_3$。此厂商的每单位产出量将赚取 $EC$ 美元的利润。但是，垄断竞争行业中较低的进入壁垒将不允许这些短期利润长期存在。随着新厂商进入该行业，行业供给将增加，导致均衡价格下降，这一点表现为任何单个厂商面对的需求曲线都会向下移动。

### 10.6.2　长期

由于加入和退出竞争相对自由，所以平均成本和厂商的需求函数将被推向一个切点，比如图 10-9 中的 $A$ 点，在此价格 $P_1$、产量 $Q_1$ 水平上，边际成本等于边际收益，因此诸如出售香水或啤酒的厂商都是在其最优产量水平上生产。任何低于或高于 $P_1$ 的价格都会导致厂商亏损，因为平均成本将超过价格。

因为在垄断竞争者生产的产量水平上，平均成本仍在下降（图 10-9 中 $A$ 点和 $B$ 点之间），所以垄断竞争厂商的生产存在"过剩的"生产能力。当然，此观点忽略了这种闲置能力可能是产品差异化的一种来源。闲置生产能力意味着像新加坡航空公司那样具有很高的客运可靠性和改变订单的反应能力，这对注重商业旅行的人来说是非常重要的，并且相对于竞争对手来说能保证获得一个溢价。

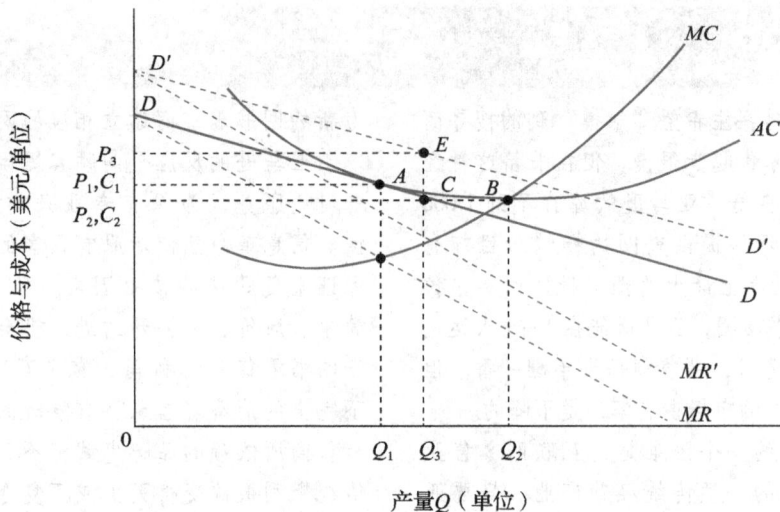

图 10-9　垄断竞争的长期均衡

---

## |实例| 长期的价格和产量决定：达美乐比萨

北卡罗来纳州教堂山地区的达美乐比萨（Domino's Pizza）可以很好地说明垄断竞争的情况。比萨的需求估计为

$$P = 10 - 0.004Q$$

式中，$Q$ 是每周比萨的购买数量。公司的长期平均成本函数估计为

$$LRAC = 8 - 0.006Q + 0.000\,002Q^2$$

达美乐的管理者想知道利润最大化的价格和产量水平以及在此价格和产量水平上的预期总利润水平。

首先，计算总收益（$TR$）为：

$$TR = P \cdot Q = 10Q - 0.004Q^2$$

接下来计算边际收益（$MR$），取 $TR$ 的一阶导数

$$MR = \frac{dTR}{dQ} = 10 - 0.008Q$$

用 $LRAC$ 乘以 $Q$ 计算出总成本（$TC$）

$$TC = LRAC \cdot Q = 8Q - 0.006Q^2 + 0.000\,002Q^3$$

取 $TC$ 的一阶导数，计算边际成本（$MC$）

$$MC = \frac{dTC}{dQ}$$
$$= 8 - 0.12Q + 0.000\,006Q^2$$

下面使 $MR = MC$

$$10 - 0.008Q = 8 - 0.012Q + 0.000\,006Q^2$$
$$0.000\,006Q^2 - 0.004Q - 2 = 0$$

利用二次方程公式解出 $Q$，$Q^*$ 等于 $1\,000$[⊖]。

这个数量上的价格等于

$$P^* = 10 - 0.004 \times 1\,000 = 10 - 4 = 6 \text{ 美元}$$

总利润等于 $TR$ 与 $TC$ 之差，或

$$\pi = TR - TC$$
$$= 10Q - 0.04Q^* - [8Q - 0.006Q^2 - 0.000\,002Q^3] = 10 \times 1\,000 - 0.004 \times 1\,000^2$$
$$- [8 \times 1\,000 - 0.006 \times 1\,000^2 + 0.000\,002 \times 1\,000^3]$$
$$= 2\,000 \text{（美元）}$$

在这个价格和产量水平上，$MR$ 和 $MC$ 都

---

⊖　二次方程 $aQ^2 + bQ + c = 0$ 的解是：
$$Q = \frac{-b \pm \sqrt{b^2 - 4ac}}{2a} = \frac{-(-0.004) \pm \sqrt{(-0.004)^2 - 4 \times 0.000\,006 \times (1-2)}}{2(0.000\,006)}$$
$$= 1\,000 \text{ 或 } -333.33$$
只有正值的解是可行的。

等于 2 美元。

达美乐公司期望获得 2 000 美元的利润，

这个事实说明厂商可以预见到竞争加剧会导致价格下降，最终将消除这个利润额。⊖

## 10.7　推销与促销费用

厂商除了改变其产品的价格和质量特点外，还会在寻求利润的过程中改变广告支出和其他促销费用的数量。这种促销活动形成两种不同的效益。首先，由于单个厂商和行业的广告活动的结果，对整个产品群体的需求会向右上方移动。一个行业中厂商的数量越多，由任何一家厂商所做的广告宣传的总体需求 – 增长效应就会越分散。

其次，更普遍的广告宣传动因是希望以牺牲其他提供相同产品厂商的利益为代价，来改变某一特定厂商的需求函数。像菲利普·莫里斯（Philip Morris）和通用磨坊公司这样的寡头厂商，以及啤酒业中的安海斯 – 布希（Anheuser-Busch）、康胜啤酒（Miller-Coors）和摩尔森啤酒（Molson）和麦片行业中的家乐氏、通用磨坊公司以及宝氏（Post）这样的垄断竞争行业中的厂商都会采用这个战略。

### 10.7.1　确定推销和促销支出的最优水平

为了说明广告支出的作用和确定厂商的最优推销费用，可以分析价格和产品特点都已确定的所有的零售商都按制造商建议的零售价格出售产品的情况。

最优广告支出的确定是谋求最大利润厂商所遵循的边际决策规则的一个直接应用。把 $MR$ 定义为增加 1 个单位产量（及销售量）所得到的总收益的变化。对于价格固定的情况来说，$MR$ 正好等于价格 $P$。把 $MC$ 定义为多生产和分销（但不包括广告）1 单位产量所带来的总成本的变化。增加 1 单位产量而形成的边际利润或贡献毛利是（根据第 9 章）

$$贡献毛利(PCM) = P - MC \tag{10-3}$$

与多销售 1 单位产量相联系的广告边际成本（$MCA$）定义为厂商支出的变化（$\Delta Ak$），其中 $k$ 是广告信息的单位成本，即

$$MCA = \frac{\Delta Ak}{\Delta Q} \tag{10-4}$$

广告支出的最优水平就是边际利润贡献（$PCM$）等于广告的边际成本时的广告水平，或

$$PMC = MCA \tag{10-5}$$

只要厂商多出售 1 单位产量所得到的贡献毛利大于发生的 $MCA$，那么广告支出就是应该的。如果 $PCM$ 小于 $MCA$，就不应当再进行广告支出，而且广告支出水平应该降低，直至 $PCM = MCA$。这个边际分析也适用于售后服务和产品更换保证等其他类型的非价格竞争。

| 实例 | 最优广告：Parkway Ford 公司

Parkway Ford 销售各种型号福特汽车的边际利润贡献平均为 1 美元，该公司估计要增加每天的销量，每辆汽车必须增加 550 美元促销费用，那么这项促销费用是否应该支出呢？

---

⊖　$TC$ 函数包括"正常"水平的利润，因此，这 2 000 美元表示高于正常利润水平的经济租金。

因为 $PCM > MCA$（即 1 000 美元 > 550 美元），所以如果公司多支出 550 美元促销费用，经营利润将增加 450 美元。公司应继续增加促销支出（对于增加每日销量的作用可能越来越小），直到广告的边际成本等于预期贡献毛利（边际利润）那一点为止。

如果公司此时发现 $MCA$ 大于 $PCM$，就应削减促销支出，直到贡献毛利上升，再次达到 $PCM = MCA$ 为止。

## 10.7.2 最优广告密度

我们可以比较不同厂商旨在增加需求而花在促销、优惠券、直接邮寄和媒体广告上的最优支出。例如，可以比较由啤酒广告成本使销量增加带来的总贡献和由麦片广告成本带来的总贡献。广告宣传常常通过 5 种媒体（网络电视、地方电视、广播、报纸和杂志）来进行。电视广告的"接收"以每分钟广告信息的观众数（以千人计算）来衡量；接收情况与广告信息的成本（$k$）直接相关。管理者应把广告预算充分用于符合下列条件的广告宣传上。

$$k < (P - MC)(\Delta Q/\Delta A) \tag{10-6}$$

式中，$(P - MC)$ 是贡献毛利；$(\Delta Q/\Delta A)$ 是由广告带来的需求增加量（需求的外移）。[⊖]

| 实例 | 福特和宝洁把广告代理商的报酬与销售量挂钩

从历史上看，广告客户在网络电视（或其他媒体）上每一次多买 30 秒的插播广告，不管广告增加量是多少，广告代理商都会赚取更多的收入。最近，福特和宝洁这两家世界上最大的广告主，宣布对所有广告代理商的支付都要以绩效为基础。这个刺激报酬计划包括设计广告宣传活动的固定费用，加上一个由广告增加销量为基础的激励报酬。这个想法就是鼓励代理商力求使数据库营销、互联网和事件赞助商的广告生产率 $\Delta Q/\Delta A$ 大大超过边际媒体购买。

对式（10-6）加以扩展，就可以确定 1 美元销售额的最优广告支出或广告密度的两个决定因素，$Ak/PQ$ 是由毛利润 $(P - MC)/P$ 和需求的广告弹性 $E_a$ 决定的。

$$\frac{Ak}{PQ} = \frac{(P - MC)}{P} \cdot \frac{A}{Q}(\Delta Q/\Delta A) \tag{10-7}$$

$$\frac{Ak}{PQ} = \frac{(P - MC)}{P} E_a \tag{10-8}$$

这两个因素都很重要。家乐氏公司具有较高的毛利率（接近 70%）和有效的广告宣传，所以它将每 1 美元销售收入的 30% 花在麦片广告上。相反，珠宝业具有 92% 的毛利率，是所有毛利为四位数的行业中最高的。但塞尔（Zales）公司的广告只是简单地插在报纸周末版上，所以并未引发很多的珠宝销量。珠宝的广告弹性很小，因此像塞尔这样的公司用于广告的支出还不到销售收入的 10%。金宝汤公司拥有强大的品牌，需求的广告弹性相对较高，但是罐装产品的毛利很低（小于 5%），所以金宝汤公司的广告支出只是家乐氏广告支出的 1/10——仅占销售收入的 3%。

---

⊖ 有时，在成功的广告宣传之后，产品销售的价格会发生变化，这样一来，式（10-6）中销售增量的适当估计值为新的边际贡献。

| 实例 | 家乐氏和通用磨坊公司的最优广告密度

速食麦片行业将其销售收入的 55% 花费在营销和促销上，仅广告宣传就占 30%。这种资源配置决策反映出来的部分事实就是，麦片需求对于成功的广告宣传是十分敏感的，如家乐氏的"托尼虎"或通用磨坊的"小麦冠军早餐"。此外，速食麦片的毛利也是毛利为四位数的行业中最高的。家乐氏的 Raisin Bran 售价为 4.49 美元，其直接固定成本加变动制造成本为 1.63 美元。计算出来的毛利率为 (4.49 - 1.63)/4.49 = 70%。Frosted Flakes 的毛利为 72%，Fruit Loops 的毛利为 68%，这些毛利反映出通过多年的广告投资而建立起来的品牌忠诚。在高度集中的速食麦片行业中，桂格燕麦 (8%)、宝氏 (15%)、通用磨坊 (25%) 和家乐氏 (37%) 控制了 85% 的市场。

广告和零售展示至今一直是麦片行业主要的竞争形式。与可口可乐和百事可乐一样，占有支配地位的速食麦片公司早就得出结论：价格折扣就是相互毁灭，最终是无效的。因此各公司都独立地决定避免价格折扣，力求赢得市场份额。不过，1996 年 6 月，整个行业普遍降价 20%，部分原因是对私有标识麦片（如家乐氏的 Raisin Bran）增长的反应，后者已经抢占了近 10% 的市场。某些领先品牌产品的毛利从 70% 降至 50%，卖价的其余部分包括配料 (15%)、包装 (10%)、工资 (10%) 以及分销 (15%)。

资料来源：Based on Cereals, *Winston- Salem Journal* (March 8, 1995), p. A1; and Denial in Battle Creek, *Forbes*(October 7, 1996), pp. 44 46.

## 10.7.3 广告的净价值

虽然广告宣传能够提高进入壁垒，保持支配厂商的市场力量，但信息经济学认为，通过向消费者提供信息，广告可以降低消费者支付的价格。如果没有价格广告，人们发现价格信息的成本就会很高而且花费时间。例如，贝纳姆（Benham）[⊖] 发现，允许做眼镜广告的各州中的眼镜价格，要比禁止此类广告的州的眼镜价格低得多。另外，因为广告能够创造品牌（既为优质品牌，也为劣质品牌）的知名度，所以错误宣传其产品的广告商在产生重复业务时将不会成功。

## 10.8 不对称信息条件下的竞争市场

在 T 恤衫、原油、汽车租赁和外卖比萨等竞争市场中，无论是买主还是卖主，都会全面充分地了解这些标准产品的性能和售后服务。对于人所共知其可靠质量的一种产品来说，均衡价格刚刚收回供应商的生产成本。如果供应商索取高价，那么竞争产品的进入将很快把供应商的销量夺走；如果供应商索取低价，就无法留在行业中继续经营。这就是本章前面所谈到的：在存在理想信息条件的竞争市场中，你将得到你应得的东西。这样的市场完全不同于不对称信息条件下的竞争市场，后者有时被称为**柠檬市场**。柠檬市场中存在不对称信息的突出例子就是二手汽车市场，在此市

**柠檬市场**（lemons market）：不对称信息条件下的交换造成低质量产品或服务去除高质量产品或服务。

---

⊖ Lee Benham, The Effect of Advertising on the Price of Eyeglasses, *Journal of Law and Economics*（October 1972）, pp. 337-352.

场中通常只有卖主知道机械修理的真正质量或其他性能。在不对称信息条件下出售的其他商品还包括房屋涂料、邮寄电脑零件和普通感冒药等。

在柠檬市场中，买主会对所有不能证实的卖主声明的可信度打折扣，后者只能按照买主愿意支付的低价格出售低质量产品。高质量产品从市场中消失说明了逆向选择的概念，也就是说，低质量产品被选上，高质量产品被逆向排除。要解决由逆向选择产生的市场销售问题，需要可信的承诺机制，比如产品保证书、品牌声誉、附属担保品以及为可靠的重复购买交易支付的溢价等。

### 10.8.1 不完全信息与不对称信息

区分不对称信息和不完全信息可帮助我们深入了解竞争性交易中的这些复杂因素。**不完全信息**与不确定性相关联，而不确定性是普遍存在的。实际上所有的交易，不管是商品、金融产品还是劳动服务，都是在不确定性条件下进行的。一方面，决策者常常因随机干扰对其行动的结果产生影响而面对不确定性，这种不确定性通常会导致保险市场的存在。另一方面，决策者有时无法确定收益，甚至无法确定面对的选择种类，这种情况对收益、选择和其他因素一般会形成有意识的不完全契约。

**不完全信息**（incomplete information）：对收益、选择和其他因素的不确定性的了解。

**不对称信息**（asymmetric information）：不平等、不相同的了解信息。

与此相反，**不对称信息**条件下的交易是指买主或卖主占有对方无法证实或对方并不掌握的信息。例如，相对于买主来说，电脑零件的邮购供应商和二手汽车的个人卖主常常占有一种信息优势地位。卖主知道机器的性能、不足和最可能的故障率，但对于买主来说，这些都是难以通过阅读杂志广告或踢踢轮胎就能掌握的事情。一般实行的 90 天保证并不能改变这种信息的不对称。买卖双方都面临不确定性，他们对此可能选择保险，但一方要比另一方掌握更多或更好的信息。

### 10.8.2 搜寻商品与经验商品

在服务、零售和很多制造行业中，买主一般要在市场中寻找并确定低价格的供应商。这种寻找有时是通过征询近期买主的建议、查找商品目录和广告或通过参观展厅和销售场所来实现的。在挑选供应商的过程中，多数顾客还会非常关心产品和服务质量的诸多方面，包括产品设计、耐用程度、形象、与规格要求是否一致、订单的延迟、送货的可靠性、改变订单的反应程度和售后服务等。如同寻找最低价格一样，顾客常常花费很多时间和精力在市场中寻找理想的质量组合。零售商和服务提供者了解这种情况后，常常以不同价格提供多种质量组合，来激发对这些**搜寻商品**的购买。例如，在售卖服装、运动商品、家具的商店和连锁酒店中都可以得到多种不同的价格 – 质量备选商品。

**搜寻商品**（search goods）：通过市场调查可以发现其质量的产品和服务。

**经验商品**（experience goods）：在购买时无法发现其质量的产品和服务。

与此不同，某些商品和服务所具有的重要质量特点，我们无法在购买地点观察到。比如二手汽车和其他的转售机器，治疗普通感冒的非处方药，房屋涂料和邮购电脑零件，这些物品的质量只有通过使用这些物品的经验来发现。因此这类商品和服务被称作**经验商品**，以区别于搜寻商品。

竞争市场交易中经验商品的问题，归根到底就是不对称信息的不可证实性。卖主知道如何看出高质量商品与低质量商品之间的区别（比如，二手汽车市场中的"柠檬"和"奶油松饼"），但是不能可信地将这些信息传递给买主，至少在陌生人之间的偶然相遇中不存在这种可能。欺诈性卖主会声称产品具有并不存在的高质量，买方了解到这种情况，就会理性地对所有这样的信息可信度打折扣。由于产品质量信息的私人性质和影响，没有对汽车的可靠性、普通感冒药的功效、房屋涂料的耐久性或电脑零件的功能进行亲身体验，卖主的声明和遗漏是绝不能被证实的。

所有这些因素并非意味着经验商品的买者没有解决办法，也不是说卖主在如何推销其商品问题上没有独创性。对声誉的保证和投资提供了种种机制，使房屋涂料和电脑零件的卖主能够可信地承诺提供高质量产品。必不可少的一点就是：缺少这种联结或抵押机制，经验商品的买主将合乎理性地不相信卖主的声明。结果，真正高质量的经验商品的诚实卖主将会发现，他们的高成本、高价格的商品没有什么市场。在许多经验商品市场中，都是"劣币驱逐良币"。

## 10.8.3　逆向选择与臭名厂商

假设顾客看到存在着有关经验商品的质量无法证实的私有信息，那么任何用欺诈性高价格销售低质量产品的情况几乎会立即传遍整个市场。这种极端的声誉效应足以恢复高质量/高价格经验商品的交易吗？或者说，臭名厂商还能继续在不同地方欺骗顾客吗？答案取决于本章前面讨论过的进出市场的条件，而不是你可能期望的情况。

图 10-10 画出了一家臭名厂商的成本结构和利润。如果此厂商得到的是低价格 $P_1$，经营活动在 $Q_1$ 产量上实现竞争均衡，在此处，价格刚好收回 $Q_1$ 单位低质量产品的边际成本和平均总成本（$SAC_{低质量}$）。另一种情况是，若厂商得到的是高价格 $P_h$，此厂商既可以竞争性地提供 $Q_1$ 单位的高质量经验商品，然后恰好再次实现 $SAC_{高质量}$ 高成本上的盈亏平衡，也可以在 $Q_2$ 处提供一种低质量的经验商品，并继续形成 $SAC_{低质量}$ 的低成本。在第一种情况下，需要随着价格上升，沿着 $MC_{低质量}$ 曲线扩大产量并形成利润。也就是说，增加的产量（$Q_2 - Q_1$）赚取的增量利润等于与 $P_k$ 与 $MC_{低质量}$ 之差，即 ABC 阴影面积（用粗体 $E$ 标出）。此外，最

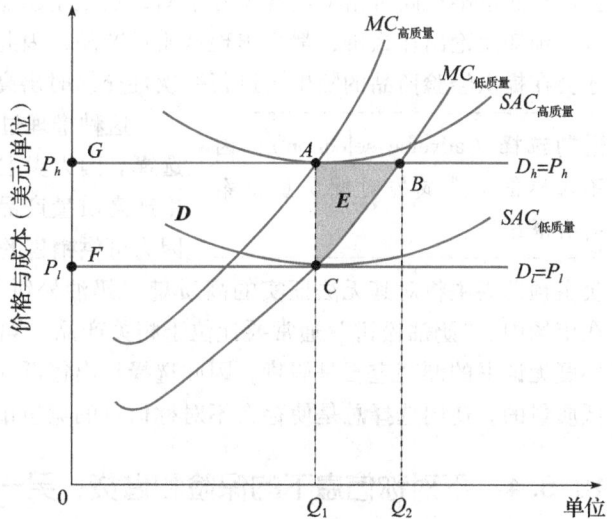

图 10-10　竞争市场中出现的低质量经验商品

初的产量 $Q_1$ 赚的欺诈租金为 GACF 面积（用粗体 $D$ 标出）。尽管供应商直接看到自己的成本，因此发现可以得到 $D + E$，但经验商品买主的问题是：就销售地点的信息来讲，在 $MC_{低质量}$ 上 A 点处的高价格交易是无法区分的。两类商品都要价 $P_h$，但只有卖主能看到产量是 $Q_1$ 还是 $Q_2$。

当然，供应商在这两种选项之间并不是无差异的。高质量商品交易从经营中提供的现金流量正好足以收回资本成本，在 A 点达到盈亏平衡，而欺诈性交易（在 B 点处以高价格出售的低质量产品）至少在一个时期内提供一个净利润。表 10-2 把经验商品买主和潜在欺诈厂商之间的相互作用列出一个收益矩阵。卖主既可以生产低质量产品；也可以生产高质量产品；买主既可以出低价，也可以出高价。以行表示的参与者（卖主）的收益标在每个单元格的对角线之下，以列表示的参与者（买主）的收益标在每个单元格的对角线之上。买主宁愿支付高质量产品的高成本（左

---

㊀　工厂设施的最低成本产量和与高质量相联系的成本结构可以向右或向左移动，但为简化起见，假设 SAC 只是从 C 点垂直增加到 A 点。

上单元格），也不愿少花钱，仅仅为低质量产品支付低成本（右下单元格）。不过，当卖主变卦不再提供买主已经支付高价格的高质量产品时（左下单元格），买主的情况就会变坏。买主还会看到，如果得到的比付出的更多（右上单元格）将使卖主产生损失，卖主将宁愿在右下单元格用低价格/低质量的交易实现盈亏平衡。

**表 10-2　经验商品的收益矩阵**

| | | 买主 | | |
| --- | --- | --- | --- | --- |
| | | 出高价 | | 出低价 |
| **卖主** | **高质量** | 盈亏平衡 / 情况更好 | | 亏损（$-D$）/ 情况最好 |
| | **低质量** | 利润（$D+E$）/ 情况最差 | | 盈亏平衡 / 情况更差 |

注：以列表示的参与者的收益在对角线之上，以行表示的参与者的收益在对角线之下。

　　在这个经营博弈中，各方参与者都力求预知对方的行为并相应做出反应。如果知道卖主宁愿获得利润也不在高价格上实现盈亏平衡，卖主宁愿盈亏平衡，也不愿在低价格上亏损，那么买主就会预知无论出什么价，都会出现低质量产品，因此买主只出低价。只有那些希望重复被骗的人才会在提供经验商品的陌生人进行一次性交易时出高价。

**逆向选择**（adverse selection）：因不对称信息造成的对低质量方案的有限选择。

这种推理过程促使经验商品市场中的理性卖主进行**逆向选择**。因为卖主可以预期到买主只出低价，所以卖者绝不会生产高质量产品。也就是说，经验商品市场将是不完整的，因为可供销售的不是所有质量的产品。由于二手汽车的单个卖主预期买主将对其无法证实的高质量"奶油松饼"大打折扣，所以只把低质量的"柠檬"放在市场中。"奶油松饼"通常要让位于相关产品。同样，度假胜地的珠宝商们预料到外地买主会怀疑无证书的漂亮宝石是假货，因此选择只出售低质量的宝石。没有品牌的邮购电脑零件必定是低质量的。逆向选择总是使存在不对称信息的竞争市场成为不完整市场。劣币再次驱逐良币。

## 10.8.4　不对称信息下的保险和借贷：另一个柠檬市场

　　只要不对称信息明显存在，与上面相同的逆向选择推理过程就可以应用于经验产品以外的市场。我们分析一个银行信贷员与一个新的商业借款者之间，或一家保险公司与一辆新汽车的保险客户之间的交易。在通过申请和面谈程序、通过不同的数据库和信用资料的评估之后，出借人和保险人还要努力掌握有关申请人的信用或驾驶历史的私人原始信息。尽管如此，正如一个经验商品的流动卖主发表声明的情况一样，如何证实其声明成了问题。申请人会极力省略那些将会导致拒绝贷款或拒绝保险的事实（例如先前的经营失败或未报告的事故），而出借人了解这一点，就会只提供利率更高的贷款，承保人只提供费率更高的保险单。

　　问题在于，高利率贷款和价格昂贵的保险单通常会影响申请人集体的构成，导致逆向选择的结果。某些诚实可靠、意图良好的借款人和风险低的保险申请人被排除在申请人集体之外，因为他们担心没有能力按承诺及时偿还本金和利息以及保险费，而那些从未打算偿还（或小心驾驶）、存在更多问题且并不尽量避免拖欠或事故的申请人，并不会被高利率所阻拦。不对称信息和更高的利率所逆向选择排除的，正好是出借人和汽车保险公司希望吸引到自己的贷款组合和保险风险对象中的借款者和驾驶者。认识到这个问题，出借人和保险人会提供一种限制性的和不完全的贷款和保险契约。信用配给会排除大批潜在的借款人，政府授权对未买保险的驾驶者给予保护，都反映出由商业借贷和汽车保险市场中的不对称信息所造成的逆向选择问题。

## 10.9　逆向选择问题的解决

在理论和实践中有两种方法解决高质量经验商品的交易、向新借款人的商业贷款或向新居民提供汽车保险等问题。第一种方法涉及管制机构，比如联邦贸易委员会、食品及药品管理局和消费者商品安全委员会。这些机构会努力制定限额（比如对"红线"贫民社区的最低贷款，最低的汽车责任保险内容），它们还可以规定限制条件（如未经检验药物的销售），执行产品安全标准（如儿童睡衣的易燃性），用广告法监测广告的真实性等。我们在第 16 章中会用更大的篇幅讨论管制问题。

### 10.9.1　互相依赖：抵押机制支持非对称信息交易

第二种方法与第一种方法相差很大，涉及双方相互信赖的自动实施的私人解决机制。这种**依赖关系**常常包含某种抵押品（如声誉资产、委付账户或履约保证）的交换。一般情况下，必须要有**抵押或约束机制**才能促成没有管制的不对称信息交易。要使解决逆向选择问题的第二种方法获得成功，必须使买主相信，欺骗的成本对于卖主来说，要比提供履约产品质量的成本更高。只有在此情况下，顾客才会向卖主支付在高质量产品上增加的预期成本。

> **依赖关系**（reliance relationships）：长期的互利协议，常常是非正式的。
>
> **抵押或约束机制**（hostage or bonding mechanisms）：一种建立诚信的程序，方法就是把有价值的财产与不履行协议联系起来。

运用抵押机制支持不对称信息交易的一个简单例子就产品（比如汽车轮胎）的保证书。轮胎是一种经验商品，防止漏气能力和胎面耐磨寿命是在购物地点无法证实的产品质量，买主只有通过行驶几千英里和随机遇到多次道路风险才能直接确定。但是，如果一份轮胎磨损更换保证书和轮胎漏气保证书使没有提供高质量轮胎的卖主的情况明显变坏，那么买主就可以信赖制造商的产品声明。结果，买主将愿意对这无法证实的高质量产品支付较高的价格。

抵押机制既可以自动实施，也可以由第三方执行。与保证书一样，卖主对售后服务和产品更换保证的陈述，归根到底是一份将由法院执行的契约安排。不过，其他抵押机制不需要第三方执行。假设杜邦的工业化学品事业部向潜在的新顾客提供几个感到满意的现有客户的姓名和地址，这种提供参考的做法不仅有助于潜在买主判断销售产品和劳务的质量，而且还提供了一种不可撤回的抵押。一旦新顾客有能力接触经常性客户，揭发产品缺陷或虚假，卖主就会更积极地向新老买主提供高质量的产品。把所有的供应商和顾客在一个实时信息系统中联系在一起，就是这种提供参考信息的熟悉做法的一种自然扩展。全面质量运动（TQM）的 1SO 9000 标准建议公司所坚持的正是这种与供应商的其他顾客的信息联系。

---

| 实例 | 可信的产品更换声明：Dooney & Bourke(D&B)

女士手包市场在品牌名称、价格和质量上的选择范围很宽。皮革产品具有搜寻商品的一些特征：人们可以通过触摸材料来评价质地的好坏或粗糙程度、制革过程的平整性、皮革的

柔软性及其他特性。人们可以从这些方面寻找所愿意支付的质量。不过，要在购买地点确定与经年使用有关的褪色程度或成分显露及缝制质量会更为困难。结果，手包购买在某些方面就是一种经验商品交易。因此，人们想知道各种各样的价格和质量如何得到证实。

D&B 公司解决此问题的方法就是提供一种近乎荒谬的更换保证。与 Revo 太阳镜一样，D&B 答应顾客终生更换任何手包。因为各州的首席律师将帮助顾客执行这一承诺，所以这个承诺是可信的。更换保证提供了一种支持高价格－高质量商品交易的抵押品。特别是顾客能够很容易地确定，D&B 的获益靠的是生产质量极高的手包，并在首次交易中提供给顾客，而不是依靠无休止的产品更换。

## 10.9.2 作为抵押品的品牌声誉

一种支持不对称信息交易的营销机制就是品牌声誉，诸如索尼的特丽珑（Sony Trinitron）数字电视机、苹果的麦金塔什（Macintosh）电脑、非凡农场（Pepperidge Farm）的快餐和丰田的雷克萨斯（Lexus）汽车。品牌声誉需要在很长的时期内进行大量的投资，而且品牌是一种资本资产，只要品牌声誉存在，它就会因顾客的重复购买而提供未来的净现金流量。通过提供质量低于品牌声誉承诺的商品来欺骗消费者，将会毁坏品牌名称的资本化市场价值。买主预料到追求价值最大化的管理者将不会故意地毁坏品牌资本，所以品牌提供了一种抵押品，它向买主保证，卖主将不会谎称经验商品的质量。

品牌资本最终提供这样一种抵押品，是由于提供欺骗性产品质量而造成对品牌的歪曲影响，无法与畅销品牌资产分开。成功的品牌可以被扩展，用于销售其他产品：雀巢最初的知名巧克力品牌可以被延伸到谷类糖果的销售上，奥利奥饼干品牌也可以延伸到冰激凌的销售上。不过德州仪器公司（TI）个人电脑产品的失败，说明现在的品牌不能轻易地扩展到其他消费电子产品上了。所有的潜在买主都必须考虑到，牺牲品牌价值但节约生产费用的行为，与简单地增加支出来生产高质量产品但保持品牌价值不变相比，卖主在前一种情况下是否会更糟。诸如非凡农场这样的品牌资产会给出一种答案，而 Joe's Garage 会给出另一种答案。

---

### 实例 休厄尔——凯迪拉克的终生顾客

美国大多数赚钱的豪华汽车经销业务都是由卡尔·休厄尔（Carl Sewell）在达拉斯和得克萨斯经营的。休厄尔先生几十年前就认识到，其经商成功的关键因素就是与经常性顾客建立重复购买的交易关系。许多潜在买主在新车市场中以最低价格购买汽车，有时会比在互联网上浏览更方便。由于选择方案很多，公布价格的信息量很大，对重复购买希望不大的生意，许多经销商也要在每部车上花费数百美元的销售成本。

卡尔·休厄尔并没有决定花费同样大量的支出来吸引"终生顾客"，而是先做了一个看似愚蠢的声明：对于在得克萨斯州之内任何地方发生汽车故障的休厄尔－凯迪拉克的顾客，他将提供休厄尔－凯迪拉克的紧急救援服务。为了降低这种服务要求的费用，休厄尔制定了一个范围广泛的以经销商为基础的详细维修计划，并在服务部门设置了第一个全面质量管理（TQM）规划。

由于这些政策引进了新的基于过程的竞争

优势，所以使其他经销商难以模仿。虽然这些过程创新的成本很高，但他每次实现承诺的信誉效应使休厄尔-凯迪拉克的品牌和质量形象传遍了北得克萨斯。周围城市的客户很快驱车上门，争取与卡尔·休厄尔做成这笔高利润的生意。更重要的是，这些相同的顾客一次又一次地回来购买，而经销业务增加的销售成本却很小。

资料来源：See Carl Sewell and Paul B. Brown, *Customers for Life*(New York: Simon & Schuster, 1992).

如果品牌资产可以与其声誉（或坏名声）分开出售的话，那么这种抵押机制将不再支持经验商品的交易。可以按让与人的希望重置的资产，从这个依赖性契约的意义上看并不是抵押品。给人们的启示是：在正常竞争市场中，易于进出起到了确保损益平衡价格正好足以收回成本的作用，但在信息不对称的经验商品市场中，可能会有不令人满意的结果。

## 10.9.3　不可重置资产的溢价⊖

前面讲过，如果卖主得到的价格恰好能收回高质量商品的成本，那么经验商品的卖主更乐于通过提供低质量产品、欺骗顾客而获利。现在假定买主向可靠的卖主支付一个高质量产品成本之上的连续溢价。在图 10-11 中的 $P_{hh}$ 上，非臭名厂商生产数最为 $Q_1'$ 的高质量产品，赚取一个连续的利润流量（$IJAG + JKA$），标为（$T + U$）这笔永续年金现在（按现值计算）会超过臭名厂商从 $Q_2'$ 生产得到的仅有一次的欺骗租金（$D + T$）再加上增量利润（$E + U + V$），即

$$(T + U)/d > [(D + T) + (E + U + V)]/(1 + d) \tag{10-9}$$

这里 $d$ 是一个适当的贴现率（即厂商资本的加权平均成本，比如 12%）。根据式（10-9），更低的贴现率或上升速度更快的边际成本（即由产量扩大得到更低的增量利润，图 10-11 中的阴影面积 $V$）降低了欺骗行为的可能性。如果可靠地提供高质量产品所赚得的长期净利润确实超过了由欺骗得到的一次性利润，那么卖主将分别以 $P_1$ 和 $P_2$ 提供低质量和高质量两种产品，某些买主将在不同市场中进行购买。

然而，仅靠短暂的利润并不能摆脱逆向选择。因为利润会吸引其他厂商进入竞争市场，溢价将被销蚀，臭名厂商的行为将再次出现。这里缺少的是一种从溢价中消除租金的机制。如果卖主把高质量溢价投资于厂商专用的资产，诸如 L'eggs 的零售展示或伊桑艾伦（Ethan Allen）的展示厅内景，那么新进入者将遇到一个比原先更高的进入壁垒，这种壁垒使潜在进入者认识到潜在净利润更低，因此是一种进入阻碍。这样，L'eggs 和伊桑艾伦超过生产

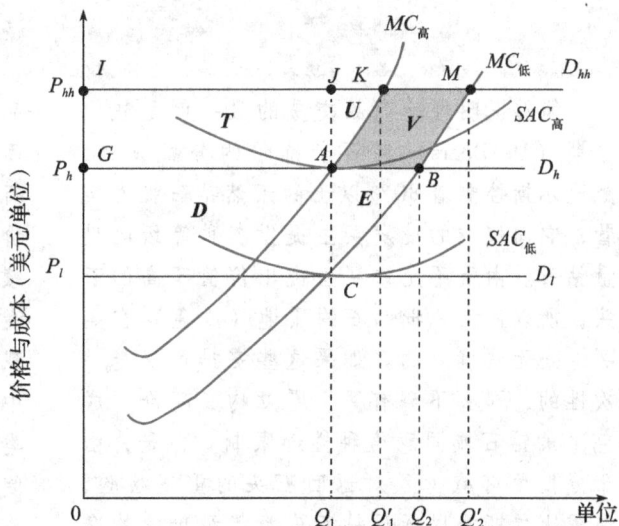

图 10-11　高质量经验商品赚取溢价

---

⊖　See B. Klein and K. Leffler, The Role of Market Forces in Assuring Contractual Performance, *Journal of Political Economy* 89, no. 4(1981), pp. 615 641.

成本的经营利润就可以持久存在，而且高质量/高价格的经验商品可以在市场中存在下去。

　　为了避免这种进入，消除租金的投资在一般零售区对于下一位承租人一定不能是易于重置的，资本设备（比如公司的喷气飞机）对于下一个制造商也不能是易于重置的。如果出现这种情况，那么每当高质量产品的价格上升超过成本时，就会发生"打了就跑"式的进入。新的进入者会在很短时间内进入，然后在利润消失时再在转售市场中把其资产卖掉。这时，竞争均衡将再次引发经验商品市场中的逆向选择。因此，消除高质量产品经营利润的投资必定是对非重置资产中的沉没成本的投资。

**非重置资产**（non-redeployable assets）：次优使用的价值接近为零的资产。

**资产专用性**（asset specificity）：资产的首次最优使用和次优使用的价值之差。

**非重置资产**就是在次优使用方案中清算价值低的资产。当资产取决于某种厂商专用的投入要素（如 L' eggs 或伊桑艾伦的品牌名称）时，通常就会出现这种资产。没有品牌名称就没有厂商使用专为 L' eggs 的原包装设计的蛋形零售架或伊桑艾伦的浪漫展示厅等。许多这样的非重置资产在它首次最优使用时具有很高的价值。在首次最优使用的价值和清算价值之间的差额就是一种衡量**资产专用性**的指标。高度专用性的资产构成最佳的抵押品，使顾客相信这个不对称信息交易不是骗人的。

　　综上所述，不对称信息使经验商品的竞争市场明显地区别于搜寻商品的竞争市场。高质量经验商品的长期均衡要求收益超过单位总成本。这些利润都是由经验商品的可靠卖主对高度专用资产的投资形成的。具有可重置资产的潜在臭名厂商只能吸引那些寻找低价格/低质量经验商品的顾客。在经验商品市场中，当声誉起到作用或其他抵押机制构成卖主的可信性时，你的所得等于你的付出。

---

### 实例　戴比尔斯高效率的天然钻石分类

　　能够说明经验商品交易的另一例是戴比尔斯（De Beers）钻石卡特尔的分批预订，戴比尔斯控制着80%以上的天然钻石批发经营，它向核准的批发买主提供各种等级的批量钻石。由于不允许买主挑出价值不高的石头，所以任何一批钻石的质地（成色）在购买地是无法确定的。如果这些安排仅仅是一次性的，那么不会有买主愿意购买高价"成色"的钻石或同意这种挑选限制。但是，由于分批预订减少了对返回石头的重复检验，使戴比尔斯能以低于钻石分类等级价值的净成本持续地提供"成色"钻石，因此，买主才有理由从戴比尔斯购买这种高质的经验商品。如果某个竞争者不同意这个挑选限制，而且出低价，那么钻石商人们将会在自己进行钻石分类的附加成本与戴比尔斯的钻石溢价之间进行仔细的权衡，并且很可能决定继续与戴比尔斯做生意。了解到这一点，几乎没有哪个竞争者进入天然钻石批发经营，向戴比尔斯提出挑战，尽管天然钻石批发经营中的加成和利润都很高。戴比尔斯把钻石分类中节约的成本分给买主的良好声誉，就是使买主们一次次回来交易的抵押品。

资料来源：Based on R. Kenney and B. Klein, The Economics of Block Booking, *Journal of Law and Economics* 26 (1983), pp. 497-540.

---

### 小　结

- 竞争战略包括分析厂商基于资源的能力、设计，能获得持续竞争优势的经营程序和制定创新的路线图。

- 各种战略思维包括产业分析、竞争者分析、战略定位以及确定从基于资源的能力产生出的核心专长。

- 可持续的竞争优势产生于产品差异化战略（产品能力、品牌和认可）、集中的成本或成本领先战略以及信息技术战略。
- 竞争战略的选择应与厂商战略重心的宽窄相一致。
- 成功的竞争战略包括重新发现和重新构建能力及经营模式的连续过程。
- 相关市场就是在一种买卖关系中相互作用的一组经济实体。相关市场常常兼具地区特点和产品特点。
- 企业战略的五力模型把替代品威胁、进入威胁、买主力量、供应商力量和竞争强度作为某一特定行业中持续性维持现有利润率的决定因素。
- 替代品的威胁取决于替代品的数量和紧密程度，是由产品开发、广告宣传、品牌声望和事先存在的竞争者的市场细分战略决定的。消费中的互补品可以是网络效应的主要来源，可以提升持续性盈利能力。
- 进入威胁是由阻止潜在进入的壁垒高度决定的，壁垒包括资本要求、规模经济、绝对成本优势、转换成本、分销渠道的进入、贸易秘密和其他难以模仿的产品差异等。
- 买主和供应商的讨价还价力量取决于其数量、规模分布、行业能力与行业需求之间的关系、投入要素的独特性、前向和后向一体化的可能性、买主制定一种行业标准的影响能力以及议价各方具有外部选择的程度。
- 竞争强度取决于相关市场中卖主的数量和规模分布、价格和非价格竞争的相对频率、转换成本、固定成本占总成本的比例、退出壁垒、行业需求的增长率以及原有企业的调整速度等因素。
- 一种商品或服务的需求可定义为在特定时间内消费者按所有可能的价格愿意而且能够购买的这种商品或服务的不同数量。一种商品或服务的供给可定义为卖主在特定时间内按所有可能的价格愿意而且能够给购买者制造

这种商品或服务的数量。

- 一般地，谋求利润最大化的厂商将希望在边际成本等于边际收益的产量水平上经营。
- 在纯粹竞争市场结构中，只要价格大于平均变动成本，厂商就会在短期内经营。
- 在纯粹竞争市场结构中，发展的趋势就是长期均衡状况：厂商只能赚取正常利润，价格等于边际成本和平均总成本，而且平均成本最低。
- 在一个垄断竞争行业中，大的厂商出售差异化产品。实际上，在垄断竞争模型范围内能进行恰当分析的市场结构不多，大多数实际的市场结构更近似于纯粹竞争市场模型或寡头市场模型。
- 如果广告支出达到由增加 1 单位产量得到的边际利润贡献等于广告的边际成本的那一点，那么从利润最大化的观点来看，此时的广告支出为最优。广告密度（单位销售额的广告支出）的最优水平随产品和行业而不同，它是由增加销售的边际利润贡献和需求的广告弹性决定的。
- 不完全信息条件下的交易和不对称信息条件下的交易有所不同。不完全信息是指实际上所有的交易普遍存在不确定性，不完全信息推动了保险市场的形成。与此不同，不对称信息是指一方占有对方不能独立证实的私有信息。
- 经验商品市场中的不对称信息造成了逆向选择，结果在销售地点上无法区分的低质量产品把高价格/高质量产品驱逐出市场。这种柠檬市场中的买主拒绝支付足以收回高质量成本的高价格，因为在竞争条件下预期供应商将会欺诈，然后或许以其他产品或公司的名称继续与不怀疑的顾客进行交易。
- 为避免逆向选择并促使高质量经验商品的出现，要么采取强制和花钱的管制，要么通过某种契约机制在买主和卖主之间形成自我实施的信赖关系。担保书、独立的鉴定证明、带有高残值的租赁、抵押品、不能取消的货币返还保证、权变的支付和品牌名称，都向

买主提供了卖主不会假报产品质量的保证。抵押机制保证了不对称信息条件下的交易。

- 避免逆向选择的另一种方法是，买主向那些拒绝欺诈性地以高价格销售低质量商品的厂商支付溢价和进行重复购买交易。这些利润是由可信赖卖主对非重置性的、高度专用化资产投入而获取的。拥有可重置资产的臭名厂商只能继续吸引那些寻找低价格/低质量产品的消费者。在不对称信息条件下，你的所得至多等于你的付出，不会更多。

## 练 习

1. 可乐行业中，可乐原液的主要制造商百事可乐与可口可乐以及灌装厂的利润率是不同的。按销售额的百分比计算，百事可乐与可口可乐享有 81% 的经营利润，而灌装厂只有 15% 的经营利润。运用波特的五力分析说明一种经营活动与其他经营活动相比为何盈利如此之高。

2. 电视频道的经营利润高低不一，MTV 和 Nickelodeon 高达 45% ~ 55%，而 NBC 和 ABC 只有 12% ~ 8%。对每一种网络电视频道进行波特的五力分析，相对于其他主要网络，为何 MTV 的利润如此之高？

3. 产钢成本的大幅下降缘于从兴建一座传统的转炉炼钢厂变为采用新的微型钢厂技术，只需要废金属、一个电炉和 300 名工人，而不是铁矿石原料、巨大的鼓风炉、轧钢厂，再加热炉和几千名工人。波特的五力分析框架认为这种新技术将会对潜在的行业利润率有何影响？为什么？

4. 乙醇再次被视为解决石油产品短缺问题的办法之一。乙醇是用汽油和从玉米或甘蔗中提纯的酒精的混合物制造的。你认为这个计划将会对玉米、大豆和小麦的价格有何影响？

5. 既然纯粹竞争行业中仅存在微薄的均衡利润，且有侵蚀准利润的进入者，为何还要投资？假定产量不是特别大，那么为什么？

6. 假定某纯粹竞争行业中的一家厂商具有以下的总成本表。

   a. 计算并列出该厂商的边际成本和平均成本。

   b. 如果市场通行价格为 17 美元/单位，将会生产和出售多少单位的产品？单位利润是多少？总利润是多少？

   c. 在此价格上，此行业是否处于长期均衡状态？

   | 产量（单位） | 总成本（美元） |
   | --- | --- |
   | 10 | 110 |
   | 15 | 150 |
   | 20 | 180 |
   | 25 | 225 |
   | 30 | 300 |
   | 35 | 385 |
   | 40 | 480 |

7. 罗尔斯福特编织有公司（Royersford Knitting Mills，Ltd.）出售一系列的女式编织内衣，该厂商现在一年大约卖出 20 000 件内衣，每件平均价格 10 美元。固定成本为 60 000 美元，总变动成本等于 120 000 美元。生产部门估计产量增加 10% 将不会影响固定成本，但平均变动成本会降低 40 美分。营销部门建议为增加销量、总收益和利润而降低价格 5%。需求的弧度弹性估计为 −2。

   a. 评估此项降价建议对总收益、总成本和总利润的影响。

   b. 假定产量增加 10% 而平均变动成本保持不变，评估此降价建议对总利润的影响。

8. 海报架公司（Poster Bed）认为最好将其行业归类为垄断竞争，对其遮阳架的需求分析得出以下估计需求函数

$$P = 1760 - 12Q$$

成本分析部门估计这种产品的总成本函数为

$$TC = \frac{1}{3}Q^3 - 15Q^2 + 5Q + 24\,000$$

a. 计算为使短期利润最大，应该生产的产出量水平

b. 应该索取的价格是多少？

c. 计算这个价格 – 产量水平上的总利润。

d. 计算利润最大化产量产水平上需求的点价格弹性。

e. 该厂商生产这种产品的固定成本是多少？

f. 固定成本增加 5 美元对于索取的价格、生产的产出以及产生的利润有何影响？

9. 乔丹公司（Jordan Enterprises）估计对其空中快车（Air Express）型篮球鞋的贡献毛利 $(p\text{-}MC)/P$ 为 40%，根据市场调查和过去的经验，乔丹公司估计 Air Express 型篮球鞋的销售额与广告/促销支出之间的关系如下表所示。

a. 如果该公司目前的广告支出为 100 万美元，那么广告支出每增加 1 美元的边际收益是多少？

b. 你向乔丹公司管理人员建议的广告水平应是多少？

（单位：美元）

| 广告/促销支出 | 销售收益 |
| --- | --- |
| 500 000 | 4 000 000 |
| 600 000 | 4 500 000 |
| 700 000 | 4 900 000 |
| 800 000 | 5 200 000 |
| 900 000 | 5 450 000 |
| 1 000 000 | 5 600 000 |

10. 以下哪一种商品或服务可能会遇到逆向选择问题：职业巡回赛中的高尔夫球短衫、得到蒂芙尼（Tiffany）认证的宝石、毕业礼品旅行包、邮寄汽车零件。为什么？

11. 如果臭名厂商的行为（即通过提供低质量产品而欺骗以高价格购买经验商品的买主）被整个市场所了解仅仅滞后 3 个时期，高质量交易的利润保持不变，利率轻微上升，那么顾客同意向其经验产品提供高价的可能性更大还是更小？

## 案例练习

### 网飞公司和红箱子公司角逐电影租赁<sup>⊖</sup>

网飞公司（Netflix）用一日邮 DVD 服务对电影租赁经营进行了革命，1 个月交费 17. 99 美元即可无限租赁电影（一次三部），结果获得了 1 200 万个用户，收益达到 15 亿美元。不过，在这个 55 亿美元的传统电影租赁经营中，音像租赁巨头百视达（Blockbuster）也决定开始邮寄送货和在线 DVD 租赁业务。百视达把价格降到 14. 99 美元，吸引了 200 万用户。网飞用一次一部电影的打折服务，月费 9. 99 美元来回应，致使此业务的净利润完全消失。

像维亚康姆集团（Viacom）和时代华纳（Time Warner）这样的电影制造商也通过宽带网络向客户提供观影服务。在两个月的剧院版本发布后，它们每次播放要求付费 20 ~ 25 美元。这笔费用是有线电视公司租用二次电影或经典电影的成本的 5 倍，是在网飞或红箱子（Redbox）租赁一晚费用的 10 倍。以这样高的价格，它们赚取了 70% 的利润，但家庭娱乐的 –16. 0 价格弹性表明半价促销的数量增加了八倍。宽带电影和蓝光是消费者对视频需求中仅有的两个不断增长的部分（见图 10-12）。运用波特的五力模型回答以下问题：

1. 什么破坏性技术威胁到实体和邮寄电影租赁业务？

2. 要进入杂货店分销渠道，利用红箱子的 22 000 台售卖机是很容易的，这表明电影租

---

⊖ Movies to Go, *The Economist*（July 9，2005），p. 57；and Blockbuster Plots a Remake, *Wall Street Journal*（February 24，2010），p. B1, and Hollywood：The Price Is Wrong, *Wall Street Journal*（February 9，2011），p. C14；and Net-flix Ages Gracefully, *Wall Street Journal*（Ocotober 15，2013），p. C10.

货业的进入威胁是大还是小？为什么麦当劳可能是比杂货店更好的分销渠道？

3. 按需视频租赁业务是否作为规模经济成为亚马逊进入的障碍？

4. 网飞和红箱子的供应商是谁？它们是否能够在价值链中充分利用其价值？为什么？

5. 什么因素决定一个行业中的竞争强度？电影租赁业的竞争强度是高还是低？为什么？

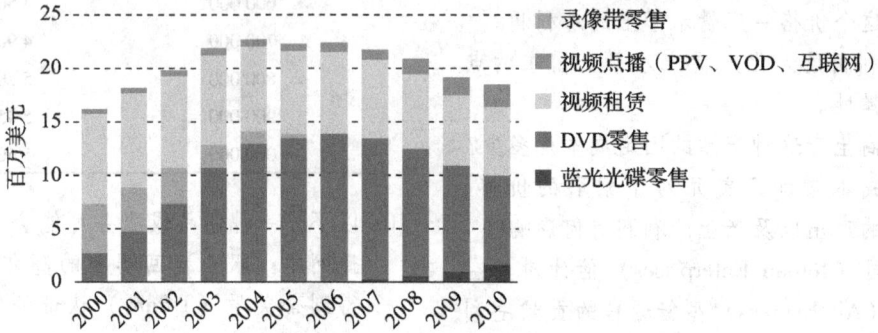

图 10-12 顾客在视频服务上的消费

资料来源：IHS Screen Digest, *Wall Street Journal*（February 9, 2011, p. B14）.

### 拯救索尼音乐○

探讨一下互联网上对版权音乐唱片的文件共享给 Vivendi Universal、索尼音乐、百代唱片（EMI）和美国在线 – 时代华纳音乐已造成的危机，这几家公司曾经总共向全球音乐行业提供了 70% 的产品。在 2014 年，数字音乐的网上付费下载和订阅以及由在线广告支持的免费下载的 70 亿美元的收入，首次超过了传统音乐 CD 行业 68 亿美元的收入。

**问题**

1. 在波特的五力行业分析中，如何分析互联网企业 Napster（纳普斯特）和 Kazaa（站点卡扎）？

2. 对索尼音乐来说，为何互联网是一种破坏性技术？新的数字文件传输技术是否在索尼音乐熟悉的专辑交易方面起到了作用？或者新技术是否有助于乔布斯布局苹果 iTunes 音乐商店轻松访问 99% 音乐的愿景？iTunes 音乐商店的哪些方面使得人们更希望只是一个一个地盗版数字音乐文件？

3. 索尼音乐应该采取什么竞争战略对付这个危机？针对基于资源的能力、商业机会和包括来自流媒体服务的艺术家的版税在内的未来革新路线图进行讨论。索尼获得 7% 的实体 CD 销售和 10% 的音乐下载，其中的 10%～20% 通常与艺术家共享。

4. 你给索尼音乐制定的竞争战略是一种产品差异化战略、低成本战略还是信息技术战略？你的战略的重点是什么？

---

○ 资料来源：Based on Artists Press for Their Share, *Wall Street Journal*（July 21, 2014）, p. B4 and Music Downloads Continue a Decline, *Wall Street Journal*（April 15, 2015）, p. B2.

# 价格和产量决定：垄断与支配厂商

**│本 章 预 览│** 🌐

　　本章分析在垄断或接近垄断的市场中经营的厂商如何制定产量和最优价格决策。在这种市场中，支配厂商不必接受既定的市场价格，这些厂商把它们的价格–成本加成置于其他因素之上，比如不同价格水平上的预计需求、目标顾客的价格弹性等。在本章中，我们要确定一家厂商支配市场的原因，分析这种厂商的贡献毛利和毛利的组成部分。我们引入电子表格、图形和代数方法来计算利润最大化的价格和产量决策。此外，还要探讨电力、天然气分销与输送以及广播通信等受管制行业的这类决策。由于解除管制一直存在争议，所以任何政策的改变都应与微观经济原理相一致是非常重要的。

**│管 理 挑 战│** 🌐

### 占支配地位的微处理器公司英特尔适应下一个发展趋势

　　英特尔公司凭借持续改进、速度更快、能力更强的芯片设计和集中向 3 000 亿美元的个人电脑（PC）行业提供产品的商业计划，在微处理器的高端市场中占据着支配地位。英特尔在 1986 年被日本竞争者逐出了动态随机存储（DRAM）芯片的经营后，通过对自己的重新投资成为 PC 微处理器的主要供应商。英特尔在笔记本电脑微处理器芯片市场中占有 90% 的市场份额。此外，对于控制从微处理器到显示器、调制解调器和图形用户界面的数据流的芯片组，英特尔卖出的数量占 90%。由于其市场支配地位形成了生产的巨大规模经济和营销支出的报酬递增，英特尔打走了较小的竞争对手，结果就是高加成和高利润。比如，英特尔的微处理器赚取的净利润率有时为 25%。

　　由于知识产权是英特尔公司最重要的资产，所以它通过与其客户签订严谨的保密协议来保护其独有的芯片设计与制造的商业秘密。一些英特尔芯片的买主发现，如果英特尔得不到客户的新技术，就会保留那些把芯片完全装配成新产品所必要的相关技术规范的重要信息。鹰图（Intergraph）是一家为媒体应用设备建造高端工作站的公司，最近声称英特尔收回了有关某些英特尔芯片中存在微妙缺陷的信息，直到鹰图公司同意向芯片供应商出售其图形用户界面技术的许可证。

英特尔的高端芯片旨在运行微软 PC 的复杂软件。2007 年，2.6 亿单位的零件安装到有 21 亿基数的 PC 上。数字电话、手持电脑、音像游戏机和数字电视机顶控制盒的市场会比 PC 市场更大，这些产品需要更便宜、处理信息更快的闪存芯片。三星和 AMD 公司是这个新型芯片细分市场的领导者。前英特尔总裁安迪·格罗夫（Andy Grove）说，英特尔一定要准备出售 40 美元以下的低端芯片产品，尽管英特尔的芯片以前曾经卖到 80 ~ 200 美元。

**讨论题**

- 一家厂商的市场份额要有多大，才能在一个相关市场中占有支配地位？
- 列出一家厂商得以支配某些市场的理由。
- 对于股东来说，经营利润率和净现金流量有什么差异？
- 举出一些你认为可赚取高于正常水平利润的厂商，分析原因。

资料来源：Based on Intel s Surge, Wall Street Journal (July 20, 2005), p. B1; Intel Outside, The Economist (May 27, 2006), pp. 59 63; and Apple Inc., Harvard Business School Case Publishing (2008).

## 11.1 垄断的定义

垄断可定义为一种存在强大进入壁垒的市场结构，一家厂商生产一种高度差异化的产品。因为垄断者的产品没有紧密的替代品，所以垄断者面对的需求曲线通常反映整个相关市场的需求。正如纯粹竞争市场结构（如堪萨斯城的 AAA 级 1 月小麦）很稀少一样，纯粹垄断市场也很罕见。

| 实例 | 服装设计业和体育业巨头：奥斯卡·德拉伦塔和 ESPN

奥斯卡·德拉伦塔（Oscar de la Renta）完成了世界上最著名的服装设计的一部分。由于它的独特地位，其设计产品加上奥斯卡·德拉伦塔的独有标签，一直受到魅力四射的公众人物和富有时尚意识女性的追捧。冒牌服装厂商是无法为这类客户生产相应产品的。这些服装通常在诸如位于二楼的 Neiman-Marcus 精品店专门销售给著名时装设计师。进入这个精品通道的壁垒是极高的。产品风格因设计师而异，但竞争策略的焦点是客户服务和售后关系，而不是折价促销。因此，其在 3 000 美元的衣服上，利润率可能高达（63%）1 900 美元。

排他性导致其他行业的主导企业享有对价格的市场操控力量。《周一足球夜》（*Monday Night Football*）是一个受欢迎的节目，如果这周之前有任何替代品，粉丝必然很少。拥有专属广播权的 ESPN 从有线电视台获得高昂的广告费和每位用户 5 美元的收费。

资料来源：The Wonderful World of ESPN, *The Economist* (March 30, 2013), p. 70.

## 11.2 垄断者市场力量的来源

垄断者或近似垄断的支配厂商所享有的市场力量有几个来源。第一，厂商可能拥有阻止其他厂商生产同样产品的专利或版权，例如法玛西亚（Pharmacia）拥有生产"落健"（Rogaine）产品的专利，这种产品是供脱发男士使用的毛发催生剂。

第二，厂商可能会控制关键的资源。戴比尔斯联合矿业有限公司（De Beers Consolidated

Mines，Ltd.）拥有或控制着南非绝大部分的钻石生产，而且经常与其他主要钻石生产国签订排他性营销协议。对原材料的控制使戴比尔斯能在近 3/4 个世纪中保持切割钻石的世界高价。

垄断力量的第三个来源是政府授权的特许专营。美国的大多数城市都选择一家厂商向社区提供有线电视服务。当像 FCC 这样的政府机构采用一种有利于某一公司的产业标准时，就会出现相同类型的垄断力量。

垄断力量会因为在一个较宽的产量范围内存在明显的规模经济而在自然垄断中出现。第一家进入的厂商将享有不断下降的长期平均成本。在此情况下，产品或服务只由一家供应商提供才能够比由一批小规模竞争者生产更便宜。这些所谓的自然垄断者通常要受到政府机构的严密管制以限制其作为垄断者的利润。

## 网络效应的递增报酬

网络经营的递增报酬可以是垄断市场力量的一个来源。当微软力求为其视窗图形用户界面（GUI）的采用达到一个关键水平时，追求下一个采用者所需要的营销和促销支出实际上就开始下降。

营销和促销通常都会面对报酬递减的情况，如图 11-1 所示。当市场份额从 0 增加到 30% 时，再增加 1 个百分点所需要的营销努力，对下一个潜在用户采用产品的概率具有递减的影响（可以看到其**销售渗透曲线**的斜率下降）。因此在这个范围内，增加市场份额会变得越来越昂贵。但当一种网络产品的其他用户数量达到 30% 的市场份额时，再增加 50 个百分点左右的市场份额就变得更便宜。也就是说，超过 30% 这个拐点后，Windows 用户的市场份额每增加 1 个百分点，都会导致另一个用户采用产品的概率提高，因此实现另一单位销量所要求的营销支出下降（图 11-1 中销售渗透曲线中间部分的斜率是增加的）。在市场份额超过 85% 后，报酬递减再次出现。

与其他用户兼容的这种网络效应增加了潜在用户的价值。当越来越多的独立软件商（ISV）为一种操作系统（如 Windows）编写应用软件，通过使市场的接受率超过 30% 从而有效地成为一种行业标准时，就会发生同样的事情。销售渗透曲线的拐点使微软有可能实现对操作系统市场 85% 的垄断控制。不管原先存在什么样的顾客关系，一旦微软达到 30% 的市场份额，产品营销的递增报酬就会造成一种取代其他竞争者的网络效应。微软的市场份额一度增加到 92%。网景的网络搜索引擎也经历过被微软的 IE 浏览器取代的情况，因为微软通过对 IE 和 Windows 的捆绑销售达到了 30% 以上的渗透率。实际上，它免费提供搜索引擎就是为了进入销售渗透曲线中间的报酬递增区域。

**销售渗透曲线**（sales penetration curve）：一种把目前市场份额与下一目标客户的采用概率联系起来的 S 形曲线，反映了递增报酬的存在。

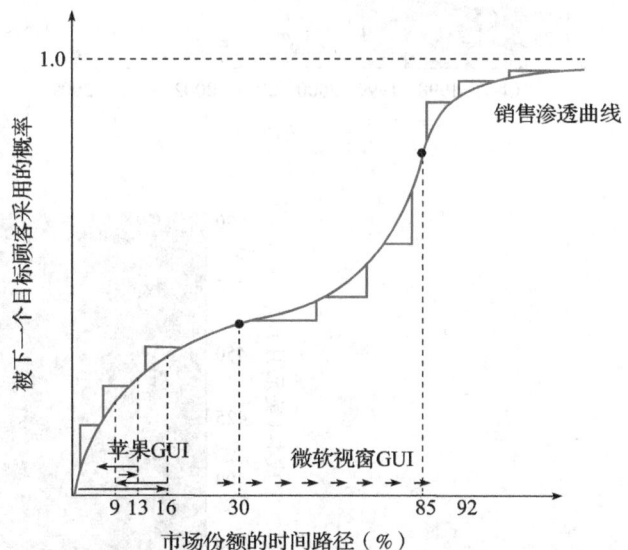

图 11-1 一种技术的采用如何导致报酬递增

即使网络效应会形成报酬递增，但很少形成垄断，原因有以下三点。第一，创新性新产品的更高价格会抵消由竞争者报酬递增所产生的成本节约。这一直是苹果公司对付微软控制戴尔和惠普个人电脑采用其操作系统的方法。苹果的毛利在 2005～2008 年超过了 32%，而戴尔和惠普分别只有 18% 和 25%。在智能手机市场也存在类似的情况，在 2011 年，顾客要为一台苹果手机花费 421 美元，与此同时，诺基亚和三星的智能手机大概只要 250 美元。

第二，网络效应一般会出现在以技术为基础并且经历投入要素价格下降的行业之中。图 11-2 显示了 1997～2009 年，电脑硅芯片每兆赫成本从 2.00 美元降至 0.25 美元，硬盘存储器每兆赫成本从 0.40 美元降至 0.03 美元，一条 Tl 高速数据传送线路的每月成本从 475 美元降至 300 美元。同一时期内，康宁（Corning）光纤电缆对于安装使用其产品的任何人来说基本上是免费的。简言之，随着这些投入要素供应商不断增加对日益扩大的电脑设备和电信产品市场的服务，他们见证了新的生产率，源于学习曲线和创新设计的突破都在推动其成本下降。因为闪存芯片和电信设备市场趋向于高度竞争，诸如 AMD 和康宁这样的投入要素供应商的成本节约一直惠及最终产品的生产者，包括苹果、装配电脑的戴尔、数字电话制造商诺基亚以及路由器制造商思科等。结果，所有投入要素普遍的低成本在很大程度上抵消了微软和谷歌等公司由促销费用报酬递增所形成的优势。

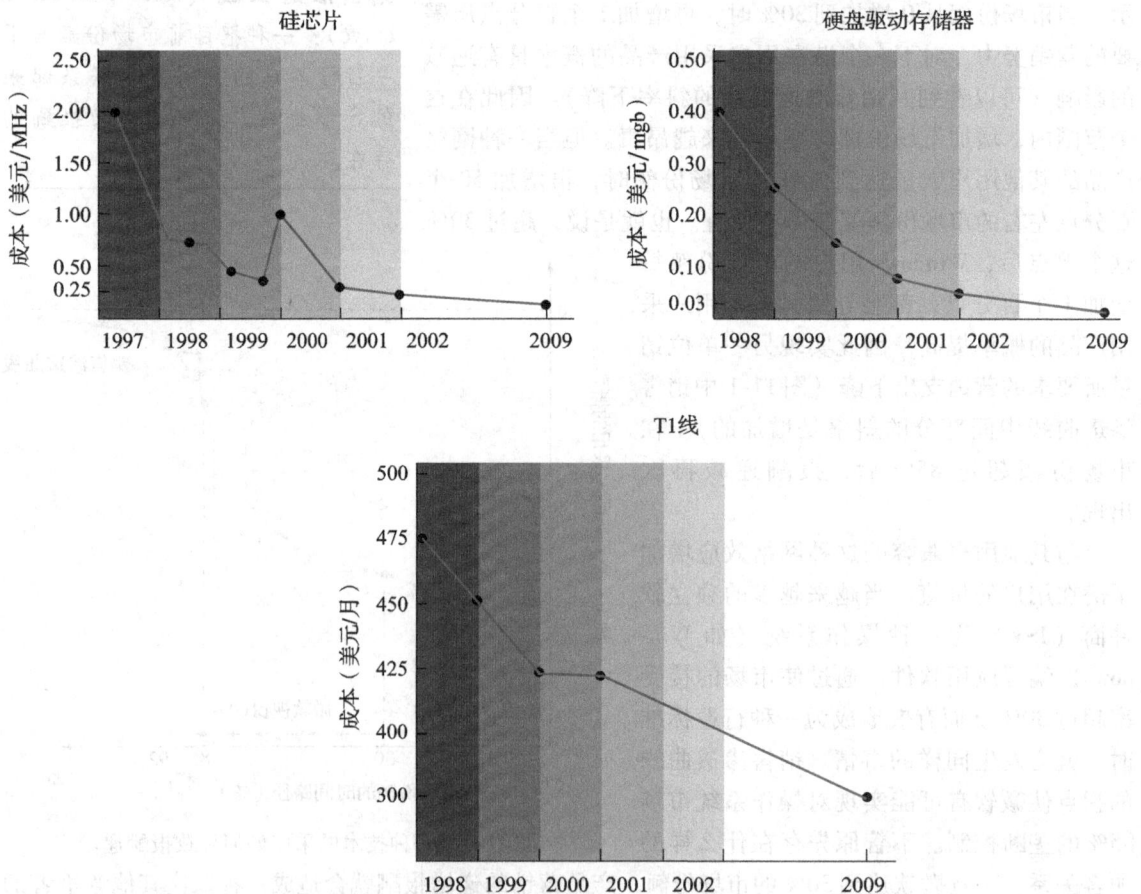

图 11-2　电脑和电信行业中零件成本下降导致产品价格下降

资料来源：A Spoonful of Poison，*Wired*（March 2002），p. 57；and price quotes.

第三，技术产品（如电脑软件、药品和电信网络等）的主要价值是建立在它们的知识产权之上，它们的收益来源依赖于政府许可证和产品标的更新。与汽车或钢铁不同，研发成本一旦收回，增加软件拷贝、增加药品剂量或增加无线系统用户的边际成本接近于零，此后每销售 1 单位产品都接近于纯利润。那些已经发生了前期固定成本但尚未成功地达到报酬递增拐点的竞争对手厂商，会理所当然地花费巨额支出，通过政治程序和法律手段来寻求补偿这些租金。

例如，1997～2002 年微软陷入指控它限制竞争对手的长期诉讼时，网景和太阳微系统公司获得了成功。美国法院发布命令，限制微软的 Windows 安装协议，禁止微软拒绝与安装网景这种竞争性网络浏览器软件的 Windows 许可证持有者打交道。还有，基因技术（Genentech）公司的首次商业成功是发布一种治疗多发性硬化症的药品，它通过使用 FDA 的一项特殊规定，避免了对先灵葆雅（Schering-Plough）公司专利权的直接挑战。

厂商怎样才能达到图 11-1 中的拐点，实现报酬递增呢？在一个有限的使用期内免费试用是一种方法。还有就是出让技术，如果能与其他产生收益的产品捆绑在一起的话。微软就曾提供免费使用 IE，而且并未被指责为掠夺性定价（IE 的变动成本是 0.004 美元，差不多为零）。还有就是进行集中的合并和收购，这种战略促使 IBM 收购了一系列的小软件公司，像莲花公司。甲骨文恶意收购仁科公司（People Soft）。诸如太阳微系统这样的公司还向独立软件商提供 JAVA 和 Linux 编程补贴，后者的应用软件将作为太阳微系统基于 JAVA 的 OS 的互补品而提供网络效应。最后，拥有一种被采用为行业标准的产品就可以导致报酬递增。索尼公司通过蓝光 HDTV 标准实现了这种网络效应。

---

**| 实例 |  微软做对了什么？苹果做错了什么？**

在苹果电脑的大部分历史中，它在美国个人电脑市场中的份额都在 7%～10% 徘徊。苹果电脑也曾在它的早期历史中实现两次翻番，达到两位数的市场占有率（1986 年的 16% 和 1993 年的 13%），但从未接近过拐点（图 11-1 中的 30%）。因此，苹果电脑公司力图在某些个人电脑子市场（如桌面印刷系统、杂志、媒体广告和娱乐行业）中成为一种行业标准，以追求报酬递增。

另外，尽管苹果公司 20 多年来一直利用违反专利应用和贸易秘密的诉讼，拼命地保护其图形用户界面（GUI）编码，但最终在 1998～1999 年改变了这种做法，与微软和 IBM 达成了许可和联盟协议。但是与其他操作系统的兼容性易于实现，要求独立的软件商（ISV）广泛采用 Mac 程序编码很难。因此，要实现对其产品的大规模采用，就要促使 ISV 们开始为 Mac 编写应用软件，所以苹果电脑修订了对其 GUI 实施严密控制的公司政策。苹果

的 GUI 编码在技术上明显优于上一代的 Windows 产品，但是，技术上先进的产品输给了首先实现报酬递增的产品，即在非苹果个人电脑上运行的微软 Windows GUI。

新的开放架构策略在智能手机上为苹果提供了极佳的服务体验，其中的增值主要通过 ISV 提供的应用软件，苹果对此很少或没有付出成本。据说 iPhone 5 和 6 提供了超过 50 万的应用程序。因此，与竞争对手的智能手机相比，iPhone 的市场份额从 9% 增长到 23%，而且相比竞争对手的智能手机，如来自谷歌的 Android，来自诺基亚的 Lumina，来自 RIM 的 Blackberry 或来自三星的 Galaxy，苹果的售价却高出了 200 美元。

资料来源：Based on Netscape to Woo Microsoft s Customers, *Reuters*（October 1, 1998）; W. Brian Arthur, Increasing Returns and the New World of Business, *Harvard Business Review*（July August 1996）; *Apple Inc.*, Harvard Business School Case Publishing（2008）; Targets Shift in Phone Wars, *Wall Street Journal*,（October 10, 2011）, p. B1.

---

| 对与错 | 奔迈公司的方向错误

掌中宝（Palm Pilot）曾经是在手持电脑中占据支配地位的产品，它说明了在一个加大促销支出能使收益增长的技术经营中，即使是一个行业领导者，其地位也是多么的脆弱。尽管奔迈（Palm）公司曾经占有80%的手持电脑操作系统市场，尽管它在2000年达到高峰，生产了60%的手持电脑硬件，但还是把市场份额输给了竞争对手。奔迈公司的增长是如此之快（逐年销售量增长165%），以至于忽略了对投入要素供应的管理问题，忘记了预测需求。它在2001年不合时宜地宣布其m500产品要升级，

但该产品却因供应链瓶颈而延误，可是顾客却停止了购买老型产品。Handspring、索尼、惠普和微软的袖珍以及大受欢迎的黑莓（Blackberry）届时都在降低价格并提供更新的产品特性。几乎在一夜之间，过剩的PalmIV和PalmV产品存货堆满了货架，而对苹果iPod和诺基亚手持产品的询问却急剧增加。顾客们在等待新型产品，奔迈公司不得不减记3亿美元的存货损失，股票价格从25美元降到了2美元。

*资料来源*：Based on How Palm Tumbled, *Wall Street Journal*(September 7, 2001), p. A1.

## 11.3　垄断者的价格和产量决定

### 11.3.1　电子表格分析法

---

| 实例 | 高尔夫球衫的利润和收益最大化

表11-1列出了一家拉尔夫劳伦（Ralph Lauren）专卖店高尔夫球衫每日销售的需求预测，对于每一种款式和颜色的衬衫，第2栏显示的统一价格预期引发的每日销售量列于第1栏中。第3栏是总收收益，第4栏是边际收益，即由降低价格多卖出1件衬衫所增加的收益。例如，每日销售量若从5件增加到6件，需要把统一价格从42美元降至40美元。因此第6件衬衫的边际收益的计算过程是（6×40美元＝240美元）-（5×42美元＝210美元），即MR＝30美元。

通常支付给销售人员的报酬是薪金加上基于他们每日总销售收益的销售佣金。这样的员工会希望专卖店的价格一直下降，直到总销售收益停止上升；也就是说，只要边际收益为正，直至达到以25.79美元的价格卖出14件。衬衫销量少的话，总收益将会下降，使得销售团队以佣金为基础的盈余减少。但商店经理和

拉尔夫劳伦母公司却另有其他动力。这些决策者关心的是第14件衬衫带来了24美元的经营亏损。在网站或专卖店中多一件衬衫的生产、分销和销售可能会发生的成本列在第5栏中。当第4栏中的边际收益（每日第14件上的4美元）降到低于第5栏中的变动成本（28美元）时，单位经营亏损就跟着发生了。第13件、12件、11件等也是如此。

一直到专卖店提高价格，增加的边际收益回到28美元，经营亏损才会消失。在这个价格（38.31美元）和产量（7件）上，总收益（268美元）和总变动成本（28美元×7）的差额达到最大，即每日72美元。商店经理要实现的目标是谋求经营利润的最大化，并设法使销售人员达到这个目标，因为销售人员更愿意在25.79美元价格点获得361美元的最大销售收益，但每日会发生经营亏损39美元。

表 11-1　拉尔夫劳伦高尔夫球衫（每种颜色，每家商店，每日）　（单位：美元）

| 销售量 | 统一价格 | 总收益 | 边际收益 | 变动成本 | 单位经营利润 | 累积利润 |
|---|---|---|---|---|---|---|
| 0 | 50.00 | 0.00 | 0.00 | 28.00 | 0.00 | 0.00 |
| 1 | 48.00 | 48.00 | 48.00 | 28.00 | 20.00 | 20.00 |
| 2 | 46.00 | 92.00 | 44.00 | 28.00 | 16.00 | 36.00 |
| 3 | 45.00 | 135.00 | 43.00 | 28.00 | 15.00 | 51.00 |
| 4 | 44.00 | 176.00 | 41.00 | 28.00 | 13.00 | 64.00 |
| 5 | 42.00 | 210.00 | 34.00 | 28.00 | 6.00 | 70.00 |
| 6 | 40.00 | 240.00 | 30.00 | 28.00 | 2.00 | 72.00 |
| 7 | 38.31 | 268.17 | 28.00 | 28.00 | 0.00 | 72.00 |
| 8 | 36.50 | 292.00 | 24.00 | 28.00 | (4.00) | 68.00 |
| 9 | 34.50 | 311.00 | 19.00 | 28.00 | (9.00) | 59.00 |
| 10 | 32.70 | 327.00 | 16.00 | 28.00 | (12.00) | 47.00 |
| 11 | 30.91 | 340.00 | 13.00 | 28.00 | (15.00) | 32.00 |
| 12 | 29.17 | 350.00 | 10.00 | 28.00 | (18.00) | 14.00 |
| 13 | 27.46 | 357.00 | 7.00 | 28.00 | (21.00) | (15.00) |
| 14 | 25.79 | 361.00 | 4.00 | 28.00 | (24.00) | (39.00) |
| 15 | 24.07 | 361.00 | 0.00 | 28.00 | (28.00) | (67.00) |
| 16 | 22.50 | 360.00 | (1.00) | 28.00 | (29.00) | (96.00) |
| 17 | 20.82 | 354.00 | (4.00) | 28.00 | (32.00) | (128.00) |
| 18 | 19.28 | 349.00 | (7.00) | 28.00 | (35.00) | (163.00) |

| 实例 | K. P. McLahe Polo 衫的边际收益

单价 155 美元的 K. P. McLahe Polo 衫，其手工刺绣外包给越南制衣工人的成本是 3 美元/件。可变成本的其他部分是纺织布（7 美元）、纽扣（3 美元）、旅行袋（6 美元）和合同工（11 美元/件）。30 美元的总可变成本涨价了 116%，批发价格为 65 美元。此后，零售合作伙伴再次将衬衫涨价，售价为 90 美元，在纽约第五大道的男士精品店和世界各地的国际机场商店以 M. R. S. P.（制造商推荐售价）155 美元销售。

## 11.3.2　图形分析法

图 11-3 说明了谋求利润最大化的垄断者的价格 – 产量决策。正如在纯粹竞争中一样，在 $MC = MR$ 的价格和产量组合上利润最大，与此相对应的价格为 $P_1$、产量为 $Q_1$ 的总利润等于单位利润 $BC$ 乘以 $Q_1$ 单位的产量。对于一条负斜率的需求曲线来说，$MR$ 函数与需求函数不同。事实上，对于任何一条负斜率的线性需求曲线，边际收益函数在 $P$ 轴上总是具有与需求函数相同的截距，其斜率是需求曲线斜率的两倍。例如，如果需求函数具有以下形式

$$P = a - bQ$$

那么

$$总收益 = TR = P \cdot Q = aQ - bQ^2$$

而且

$$MR = \frac{dTR}{dQ} = a - 2bQ$$

需求函数的斜率为 $-b$，$MR$ 函数的斜率为 $-2b$。

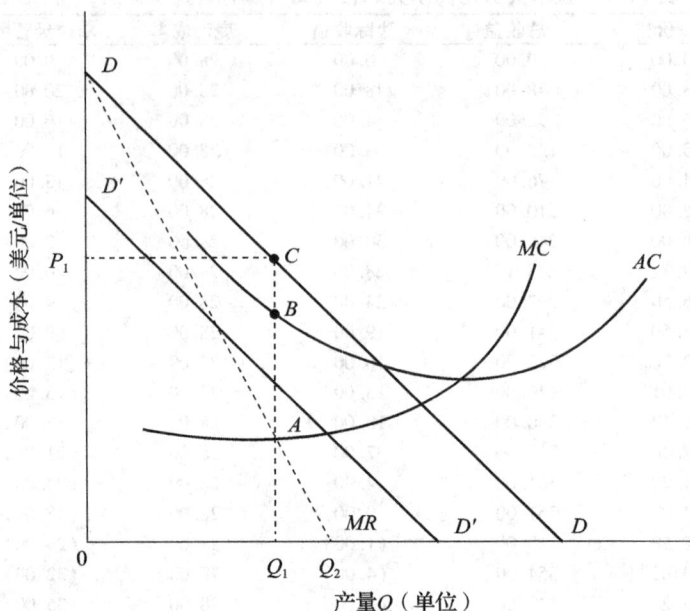

图 11-3　纯粹垄断厂商的价格和产量决定

## 11.3.3　代数分析法

|实例| 一家主题公园餐馆的利润最大化

假设在一个独家经营的主题公园餐馆中，其管理人员面临着下午餐需求函数：

$$Q = 400 - 20P$$

和短期总变动成本函数：

$$TC = 5Q + \frac{Q^2}{50}$$

为使利润最大化，该厂商要在 $MC = MR$ 的产量水平上生产和销售，并索取相应的统一价格

$$MC = \frac{dTC}{dQ} = 5 + \frac{Q}{25}$$

要确定 $MR$，用 $Q$ 表示需求函数：

$$P = \frac{-Q}{20} + 20$$

然后乘以 $Q$ 求出 $TR$：

$$TR = P \cdot Q = -\frac{Q^2}{20} + 20Q$$

$$MR = \frac{dTR}{dQ}$$

$$= -\frac{Q}{10} + 20$$

将 $Q^*$ 代回需求方程，就可以解除 $P^*$：

$$P^* = -\frac{107}{20} + 20$$

$$= 14.65 (美元／单位)$$

因此，这个谋求最大利润的垄断者将提供 107 份午餐，每份午餐索取的价格为 14.65 美元。由此形成的利润为

$$\pi^* = TR - TC$$

$$= (P^* Q^*) - \left(5Q^* + \frac{Q^{*2}}{50}\right)$$

$$= 14.65 \times 107 - 5 \times 107 + \frac{107^2}{50}$$

$$= 803.57 (美元)$$

### 11.3.4 价格弹性的重要性

第 3 章讲过，边际收益（$MR$）就是由多出售 1 单位产品而产生的总收益的增量变化，它可以用价格（$P$）和需求价格弹性（$E_D$）来表示，或

$$MR = P\left(1 + \frac{1}{E_D}\right) \tag{11-1}$$

令 $MR = MC$（如图 11-3 所示），得到由价格和价格弹性表示的利润最大化关系，或者

$$MC = P\left(1 + \frac{1}{E_D}\right) \tag{11-2}$$

因此，非竞争价格将大于边际成本。例如，如果价格弹性 $E_D = -2.0$，那么价格将等于

$$MC = P\left(1 + \frac{1}{-2}\right)$$

$$MC = 0.5P$$

$$P = 2MC$$

从式（11-2）可以看出，垄断者绝不会在需求曲线上需求价格弹性不足（$|E_D| < 1$）的范围内进行经营。如果价格弹性的绝对值小于 1（$|E_D| < 1$），那么价格弹性的倒数（$1/E_D$）将小于 $-1$，边际收益 $\left[p\left(1 + \frac{1}{E_D}\right)\right]$ 将为负值。在图 11-3 中，产出量弹性不足范围就是超过 $Q_2$ 水平的产量。负的边际收益意味着（通过价格上升）减少产量可以增加总收益。但是我们知道，减少产量也必定使总成本减少，由此导致利润增加。因此只要需求的价格弹性处于弹性不足范围内，厂商将继续提高价格（并降低产量）。所以对垄断者而言，使利润最大化的价格——产量组合必定出现在（$|E_D| \geqslant 1$）的地方。

---

**|实例|  垄断者的价格弹性和价格水平**

假设一个垄断者具有以下总成本函数：

$$TC = 10 + 5Q$$

边际成本（$MC$）函数为

$$MC = dTC/dQ = 5$$

估计需求的价格弹性为 $-2.0$。令 $MC = MR$（其中 $MR$ 用式（11-1）表示），就得到这个谋

求最大利润的垄断者的下列定价规则：

$$MC = 5 \text{ 美元} = P(1 + 1/-2.0) = MR$$

$$P = 5/(0.5) = 10 (\text{美元／单位})$$

但如果需求的价格弹性更大，比如 $E_D = -4.0$，那么谋求最大利润的垄断者将定价于

$$P = 5 \text{ 美元}/(0.75) = 6.67 (\text{美元／单位})$$

---

式（11-2）还说明需求弹性越充足（表示存在更好的替代品），任何一家既定厂商可以索取的价格（相对于边际成本）就会越低。下面的例子可以说明这个关系。

## 11.4  最优加成、贡献毛利与贡献毛利百分比

有时将最优价格、价格弹性和边际成本之间的关系表示为一个加成百分比或贡献毛利百分比是有用而且方便的。用式（11-2）求解最优价格就得到

$$P = \frac{E_D}{(E_D + 1)}MC = (1 + 加成\%)MC \qquad (11\text{-}3)$$

式中，$MC$ 前面的乘数项就是 1.0 加上加成百分比$^\ominus$。例如，$E_d = -3$ 的情况就是 $MC$ 乘上 1.5 = $-3/(-3+1)$，即 50% 的加成。利润最大化的最优价格在收回边际成本之后，在 $MC$ 上又加上另一个 50%。如果 $MC = 6$ 美元，那么此产品将卖 $1.5 \times 6$ 美元 = 9 美元，利润最大化的加成是 3 美元或比边际成本多 50%。

价格与边际成本之差（即加成的货币绝对量）常被称为贡献毛利，因为增量的变动成本业已收回，这些增加的货币可以用来收回固定成本和赚取利润。它们被表示为总价格的一个百分比。标准组件，最终装配工人以最佳价格支付的费用，交付服务到最终客户的运费，软件许可证的特许权使用费以及每次销售的销售费用（如优惠券）都是可变成本的例证。$^\ominus$ 在前面的例子中，超过 6 美元边际成本的 3 美元加成额代表了对固定成本和利润 33% 的贡献，也就是对 9 美元产品 33% 的贡献毛利。利用式 11.3 和 $E_d = -3$

$$\frac{(P - MC)}{P} = \frac{1.5MC - 1.0MC}{1.5MC}$$

贡献毛利 % = 0.5/1.5 = 33%

综上所述，弹性为 -3.0 意味着利润最大化的加成为 50%，50% 的加成表示 33% 的贡献毛利。因此，价格弹性信息为营销计划提供了启示。将贡献毛利百分比（33%）和增量的变动成本信息合起来就表示货币加成与要宣布的产品价格。

由此我们知道，如果其他条件不变，垄断者产品的需求函数弹性越充足，索取的价格就会越低。在极端情况下，比如纯粹竞争条件下厂商具有完全弹性（水平）的需求曲线，此时需求的价格弹性趋近于负无穷，因此，1 除以价格弹性趋近于零，式（11-1）中的边际收益就会等于价格。这样，式（11-2）中的利润最大化规则就成了"令价格等于边际成本"，而且式（11-3）中的利润最大化加成是零（即边际成本乘数正好等于 1.0）。当然，这个结果就是第 10 章中讨论纯粹竞争条件下价格决定时提出的同一个价格 - 成本解。

| 实例 | 香奈儿 5 号、奥里马斯克和惠特曼试剂的加成与贡献毛利

在典型的香水店里都可买到 3 种商品：香奈儿 5 号（Channel No.5）、惠特曼试剂（Whitman's Sampler）以及采用私有标识（商店品牌）的芳香剂奥里马斯克（Ole Musk）。香奈儿拥有一般顾客的品牌忠诚，价格弹性为 -1.1；惠特曼虽然有十分紧密的替代品，但其名声显赫且有人们熟悉的包装，价格弹性为 -1.68；最后，对于通用型芳香剂奥里马斯克来说，消费者认为存在许多紧密的替代品，故其价格弹性为 -1.2。

表 11-2 列出这 3 种商品的最优价格、加成和贡献毛利。利用式（11-3），香奈儿 5 号 $MC$ 前面的乘数为 $-1.1/(-1.1+1) = 11.0$，因此最优加成为 1 000%（即，药品和瓶子的增量变动成本的 10 倍）。因为香奈儿 5 号的最优价格为 $11.0MC$，所以它的贡献毛利百分比

---

$\ominus$ 可把符号 $MC$ 理解为会计中对变动成本的狭义定义，即经营计划中随着最小的总量变化的经营成本。术语"边际成本"通常也用于经济学中，指在已经生产和销售较便宜的单元时，每单位最后或下一个较高的操作成本。

$\ominus$ 携带装配厂的笔记本电脑或苹果手机并计划从上海飞往孟菲斯的联邦快递中心的波音 747 不会成为一个可变成本，因为戴尔或苹果在销售过程中不会产生每次 5 万美元的机场费用。

为 $10 \cdot 0MC/11 \cdot 0MC$：91%。惠特曼试剂的乘数为 $-1.86/(-1.86+1)=2.16$，因此最优加成 116%，贡献毛利百分比为 $1.16MC/2.16MC=54\%$。相反，奥里马斯克的价格弹性最大，拥有的乘数为 $-1.2/(-1.2+1)=1.09$，加成为 9%，贡献毛利百分比为 $0.09MC/1.09MC=8\%$。

表 11-2  最优价格、加成和利润

| | $E_D$ | 价格 | 贡献毛利 | 加成（%） | 贡献毛利（%） |
|---|---|---|---|---|---|
| 香奈儿 5 号 | $-1.1$ | $11.00MC$ | $10.00MC$ | 1 000 | 91 |
| 惠特曼试剂 | $-1.86$ | $2.16MC$ | $1.16MC$ | 116 | 54 |
| 奥里马斯克 | $-12.0$ | $1.09MC$ | $0.09MC$ | 9 | 8 |

因此问题就是，一个非竞争厂商如何制定战略来保持较高的贡献毛利，像香奈儿 5 号的 91%，而不是奥里马斯克仅有的 8%。关键的思路在图 11-4 的战略地图中显示出来，我们以美国佛蒙特一家绿色乳品生产者——自然视野农场（NVF）的酸乳为例来说明。一切有效的企业规划都从对目标顾客的**价值定位**开始。随着美国大众的环境意识日益增强，自然视野农场找到了受到更好教育的年轻的酸乳买主群体。

**价值定位**（value proposition）：对目标市场中顾客认知价值的来源和价值驱动者的说明。

与一般的自然和有机成分相比，他们更看重具有更长货架周期的更高质量成分的价值。自然视野农场的酸乳没有防腐剂，但可以保鲜 50 天，而不是 20 天。超出顾客对新鲜和口味预期的高质量成分与这个增加的功能，保证了厂商能获得一个更高的溢价。自然视野农场还发现，为了从这些顾客价值驱动者中创造财务价值，就必须提高单位销量增长率和资产利用率，方法就是从天然食品商店移至全食（Whole Foods）商店和其他专卖超市。运用强有力的运营管理程序和有效的营销沟通来处理分销渠道问题已经证明是保持高利润的关键。

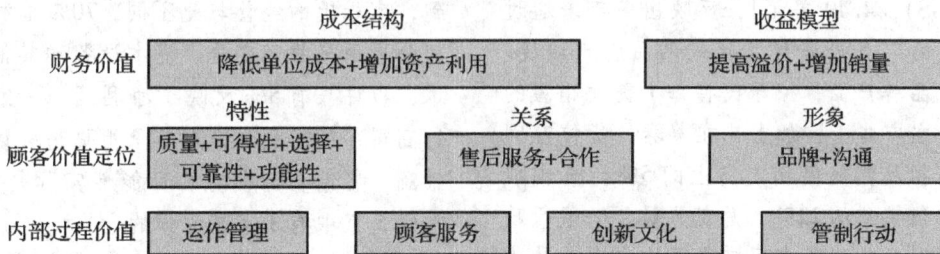

图 11-4  自然视野农场的酸乳：战略地图中的价值创造

资料来源：Based on "Strategy Map," *Harvard Business Review*（February 2004）.

## 11.4.1  毛利

制造经营中常常使用**毛利**（gross profit margin，或只称 gross margin）一词来说明减去直接固定成本和变动制造成本之后的利润。例如，在地毯厂中，每条产品线的毛利就是该工厂的批发收益减去包括这种地毯在内的产品生产的投入要素成本与机器安装成本之和。制造商的利润表把变动制造成本加上直接固定制造成本叫作"销货的直接成本"（DCGS）。因此，毛利就是收益减去直接销货

**毛利**（gross profit margin）：收益减去变动成本加上直接固定成本之和，在制造业中也叫作销货直接成本。

成本。<sup>⊖</sup>

### 11.4.2 毛利的组成部分

不同行业或同一行业内的不同厂商的毛利会因为多种原因而不同。第一，某行业与其他行业相比其资本更为密集。拥有大规模装配工厂的飞机制造商的资本密集程度要比软件制造商高得多，波音宽体飞机机身的毛利率为72%，并不是因为它们更能盈利，而是因为航空公司的固定成本很高，与大规模装配工厂的资本投资相关联。这样，毛利百分比中的第一个组成部分就是单位销售额的资本成本。

第二，毛利的差别反映出广告、促销和推销成本的差别。速食麦片行业中的领导品牌产品具70%的毛利率，但花在广告和促销上的是价格 – 成本差异的一半（单位销售额的35%）。汽车行业也在广告上花了几亿美元，但只是单位销售额的9%。毛利百分比的第二个组成部分就是单位销售额的广告和推销支出。

第三，某些企业中不同的间接费用造成了毛利的差别。制药行业的毛利较高，主要原因是为寻找新药而对研发投入的巨额支出。其他制药厂商随后要经营新药产品线，就会发生专利费和许可证成本，由此提高它们的间接费用成本和价格。如果某些厂商的总部人员薪金和其他一般管理费用比其他公司高，那么间接费用成本也会有所不同。

第四，在说明了资本成本、推销支出和间接费用的差别之后，剩下的毛利差别就确实反映出不同的盈利能力。

---

**实例 | 家乐氏公司毛利的构成**

第10章讲过，家乐氏公司产品 Raisin Bran 的毛利率为70% [（4.49美元价格 – 1.63美元 DCGS）/4.49美元]，反映出多年来通过大量连续的广告投资建立起来的品牌忠诚度。对于领先品牌产品，家乐氏将每1美元销售的30%花费在广告上，加上花在奖券、货位空间补贴、回扣及其他促销支出上的5%。资本成本约占单位销售的22%，总部人员、一般行政管理、研发及其他所有间接费用的支出总共为8%，剩下大约5%的净毛利率。

成功餐馆经营的利润几乎是便利店食品销售的2倍（60%和32%），这个差别中的大部分（可能为25%）反映在净利润上。可以看到，家乐氏的经营与此不同，70%毛利率的大部分要用来收回广告、资本设备和其他固定成本，也许只有5%反映了净利润。一家成功餐馆高得多的净利润是对其承担更高失误风险的报酬。餐馆长期成功的可能性实际是很低的，常常5家中有3家是亏损的。

资料来源：Based on Cereals, *Winston- Salem Journal* (March 8, 1995), p. A1; and Denial in Battle Creek, *Forbes* (October 7, 1996), pp. 44 46.

---

### 11.4.3 垄断者和生产能力投资

由于垄断者不会面对激烈的竞争，因此通常会形成过多的生产能力，或者没有形成足够的生产能力。一个希望限制新竞争者进入本行业的垄断者，很可能会安装过多的生产能力，以充斥市

---

⊖ 毛利的定义可应用于零售厂商，但不能应用与服务厂商，因为会计师并不界定它的直接销货成本。服务业中通行的定义是单位利润的贡献毛利，并由基于活动的会计方法（ABC）确定对于一个产品线或账户来说，什么成本是变动的。

场的产品供给和更低的价格来威胁，以减少进入的吸引力。

即使在电力公司这样受管制的垄断厂商中，仍有大量的事实表明，管制常常会刺激厂商在发电能力上投资过多或投资不足。由于公用事业受到管制，所以它们有机会用其资产赚取一个"公平"的收益率。如果可以得到的收益大于（或小于）厂商真正的资本成本，就会促使这些公司对新工厂和新设备投资过多（或投资不足）。

### 11.4.4　限制定价

厂商通过使边际收益等于边际成本来使其短期利润最大，由此产生的最优产量 $Q_1$ 和最优价格 $P_1$ 不一定会使其长期利润（或股东财富）最大。支配厂商保持高价并赚取垄断利润就会鼓励潜在竞争者投入研发或广告资源，以求获得一份这样的利润。垄断厂商有可能并不索取一个使短期利润最大化的价格，而是决定采取限制定价，即索取一个低价，如图 11-5 中的 $P_L$ 旨在阻止潜在竞争对手进入该行业。厂商采取限制定价战略，也就是放弃一部分短期垄断利润以维持它在长期中的垄断地位。图 11-5 中的限制定价低于潜在竞争者平均总成本曲线（$AC_{PC}$）的最低点。恰当的限制价格是诸多不同因素的函数$^{\ominus}$。

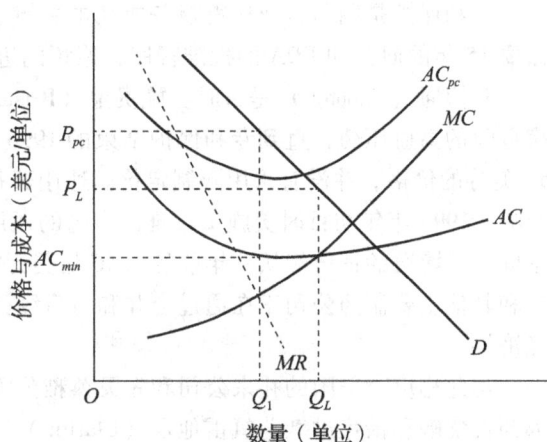

图 11-5　限制定价策略

图 11-6 说明了两种不同的定价战略对支配厂商利润流量的影响。厂商索取（较高的）短期利润最大化价格（图 11-6a）与索取限制价格（图 11-6b）相比，利润可能以更快的速度下降。

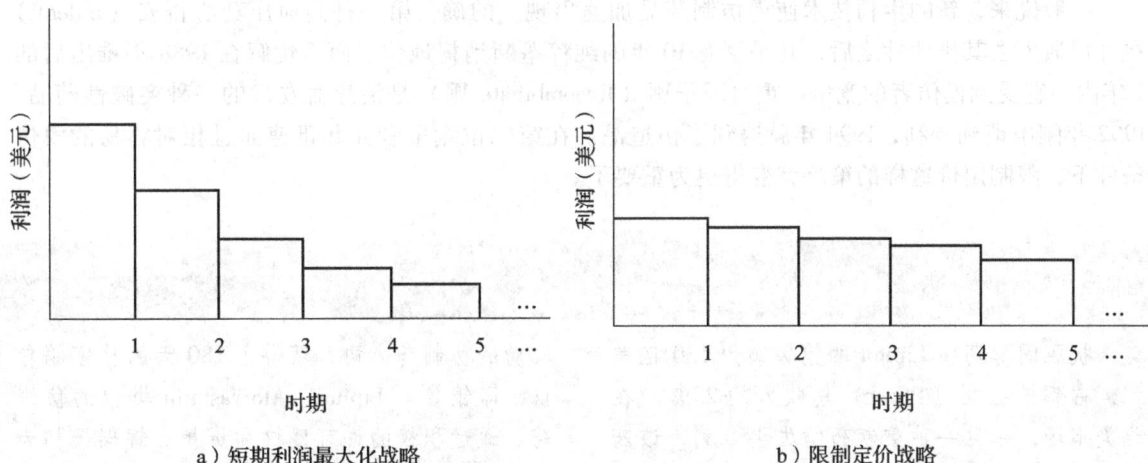

a）短期利润最大化战略　　　　　　　　　　b）限制定价战略

图 11-6　定价战略对专利期满后利润流量的影响

---

　　$\ominus$　限制定价模型说明了潜在竞争者作为一种控制现有厂商工具的重要性。有关限制定价的更多讨论见 D. Carlton and J. Perloff, *Modern Industrial Organization*, 3rd ed.（New York：HarperCollins, 1999），Chapter 10, for an expanded discussion of the limit-pricing concept.

如果采用限制定价战略而形成的利润流量的现值超过了与 $MR = MC$ 短期利润最大化规则相联系的利润流现值，那么厂商就应实行限制定价。贴现率越高，这种决策的可能性越大。在计算贴现的现值时，选择一个高贴现率将使近期利润占有更高的权重，使未来远期发生利润的权重相对较低。当厂商的长期定价政策以及利润面临高度的风险或不确定性时，采用高贴现率是合理的。风险越高，适当的贴现率越高。

## 11.4.5　用限制定价阻止通用药品的销售⊖

专利保护是制药行业获得财务成功的关键。一般专利药的产生要经过 250 种化合物的实验，需要 15 年的研究和 FDA 的批准程序，累积的进入总成本平均为 3.5 亿美元。

开博通（Capoten）是百时美施贵宝（Bristol-Myers Squibb，BMS）公司生产的用于降低心脏病危险的高血压药，直到专利保护结束的 1996 年 2 月之前，百时美施贵宝始终保持每粒开博通 57 美分的价格，并没有采用限制定价。通用药每粒卖 3 美分所产生的竞争迅速扩大并带来灾难性影响。1996 年年初百时美施贵宝推出自己的通用产品，继续抢夺名牌产品的销售。到 1996 年第 4 季度，开博通的销售额从一年前的 1.46 亿美元降至 2 500 万美元。为了恢复利润率，百时美施贵宝和其他主要制药公司正在通过合并和对后续药品提高疗效或降低副作用来利用研发工作的规模经济性。

与此相反，美国的礼来公司和先灵葆雅公司选择了限制定价，并用广告宣传其主导产品抗抑郁药百忧解和治疗过敏药氯雷他定（Claritin），这两种药在 2001 年和 2003 年先后失去专利保护。先灵葆雅公司选择不同的（限制）定价战略的原因之一就是，氯雷他定并没有改进的后续药品，FDA 已把它从唯一的处方药降级为柜台交易药，结果就是，如果继续追求短期利润最大化的话，预计公司每月从每个病人身上赚得的 100 美元收益将下降到 9 美元。由于先灵葆雅公司的毛利率为 79%，所以销售额为 27 亿美元、经营利润为 21 亿美元的氯雷他定要面临巨亏。在此情况下，较低的利润和市场份额的慢速下降会在较长时期内形成更高的利润率。

一般说来，新的生物技术使得仿制药品加速出现。的确，第一种高血压药心得安（Inderal）在开博通失去其排他性之后，几乎享有 10 年的纯粹垄断销售地位。而百忧解在 1988 年推出后的 4 年内一直受到模仿者的竞争。重组因子Ⅷ（Recombinate Ⅷ）是治疗血友病的一种突破性药品，1992 年刚申请到专利，1994 年就遇到了仿造品。在第二位竞争者如此迅速而且相对容易的模仿条件下，限制定价这样的策略就变得更为重要了。

|对与错| 辉瑞公司持续售卖非专利药物 Lipitor

抗胆固醇药物 Lipitor 的销售额为 130 亿美元，占辉瑞公司（Pfizer）总收入的 25%。在北美市场，一旦一种重磅药物失去专利，该药物的非品牌通用形式通常将在一年内占据 85% 的市场。Ranbaxy 是一个来自印度的非常成功的仿制药公司，获得了 180 天的独家销售权，即销售与 Lipitor、Atorvastatin 类似的仿制药。通过积极的许可授权和折扣，辉瑞最初为 Lipitor 保持了 33% 的市场份额。首先，辉瑞公司达成了 50 项医疗保险计划，同意其继续按

⊖ Based on "Too Clever by Half", *The Economist* (September 20, 1997), p. 68; Time s Up, *Wall Street Journal* (August 12, 1997), p. A1; Industry Merger Wave Heads to Europe, *Wall Street Journal* (November 12, 1999), p. A15; and Wearing Off: Schering-Plough Faces a Future without Claritin, *Wall Street Journal* (March 22, 2002), p. A1.

照每日剂量 3.36 美元的低价格购买 Lipitor，而不是以 2.89 美元的价格购买通用替代品 Atorvastatin。其次，相比于许多仿制药的典型价格 10 美元，辉瑞向 75 万的注册直邮客户收取了 Lipitor 每月 4 美元的费用。四年后，辉瑞的 Lipitor 和 Atorvastatin 联合市场份额下降到 18%。这意味着，相对于常规情况，辉瑞在 3

年内避免了自身市场被严重侵蚀。

资料来源：Drugmakers：Cliffhanger，*The Economist*（December 3，2011），p.76；Goodbye Lipitor，*Wall Street Journal*（May 10，2012），p. B1；Helping Lipitor Live Longer，*Wall Street Journal*（November 21，2011），p. B1；and Pfizer Presses On，*Wall Street Journal*（March 31，2013），p. B1.

## 11.5 受管制的垄断

美国一些重要行业的经营都属于受管制的垄断。广义地讲，美国经济中受管制的垄断部门包括**公用事业**，如电力公司、天然气公司和通信公司。虽然过去许多运输行业（航空、卡车运输和铁路）也受到严格管制，但在过去的 10~25 年，对这些行业的管制基本上已被解除。

> **公用事业**（public utilities）：受到一个或多个政府机构严格管制的一组厂商，大多数为电力、天然气和通信企业。管制机构控制着企业的进入、制定价格、制定产品质量标准，还会影响这些企业可能赚到的总利润。

### 11.5.1 电力公司

消费者得到的电力是由一个包括三个不同阶段的生产过程形成的。首先，在发电厂发电；其次是输送阶段，电以高压形式从生产地输送到使用地；最后是配送阶段，电力被配送给每个用户。整个过程可以作为一家厂商经营的不同部分，也可以是生产厂商以批发价格把电卖给第二家企业，由后者完成配送功能。在后一种情况下，配送厂商常常是当地城市政府中的一个部门或一个消费者合作组织。

投资者所有的电力公司在几个层次上受到管制。完成全部三个阶段生产的一体化厂商通常要受到州公共事业委员会的管制，这些委员会确定向最终消费者索取的费率。厂商一般通过地方政府机构授予的特许专营权才拥有向各个地区提供服务的排他权。拥有特许专营权的结果就是，电力公司拥有界定明确的市场，它们在这个市场中是唯一的产品提供者。而联邦能源管制委员会（FERC）有权确定跨州线路的电价和电力批发销售价格。某些州正在继续部分或整体解除对此行业电力生产和输送的管制。与解除电力管制相关的加利福尼亚危机对于在零售（配送）层次上完全解除管制后的理想情形提出了质疑。⊖

### 11.5.2 天然气公司

受高度管制的天然气行业也是一个包括三阶段的生产过程。第一阶段是油气田内的天然气生产，通过管道把天然气输送到消费地区是第二阶段，配送给最终用户构成了第三阶段。历史上都是由 FERC 确定天然气的井口价格。对天然气井口价格的管制现已完全停止。FERC 现在监管天然气在州与州之间的运输，方法就是批准管道路线和控制管道公司向配送厂商索取的批发价格。

---

⊖ See M. Maloney，R. McCormick，and R. Sauer，*Consumer Choice，Consumer Value：An Analysis of Retail Competition in America's Electric Utility Industry*（Washington，DC：Citizens for a Sound Economy，1996）；Electric Utility Deregulation Sparks Controversy，*Harvard Business Review*（May/June 1996）；and A. Faruqui and K. Eakin，eds.，*Pricing in Competitive Electricity Markets*（Boston：Kluwer，2000）.

配送功能可以由私人企业或市政府代理机构来完成。不管是哪种情况，向最终用户索取的价格也要受到管制控制。

---

**| 对与错 |　新墨西哥公用服务公司**

新墨西哥公用服务公司（PNM）为新墨西哥州的大多数居民提供电力服务（发电和配送）和天然气分销服务，其垄断地位受到新墨西哥州公用服务委员会的管制，还受到联邦能源管制委员会不太严格的管制。这些委员会决定向各类顾客收取的费率，从而允许它获得一个对资本投资的"公平收益"。

PNM 在 20 世纪 90 年代的经验表明了收益率管制问题的复杂性。PNM 在 1992 年的普通股权收益率为 4.99%，1995 年为 8.0%，1997～1999 年为 7.5%。根据《价值线》，这一行业的股权平均收益率为 11%～12%。即使管制委员授权 PNM 按 12.5% 的普通股权收益率水平索取费率，但 PNM 的收益还是特别低。为什么这家公用事业服务的垄断供给商（和许多其他公用事业公司）一直不能赚取它被授权的收益呢？

由于阳光地区的繁荣和该地区的工业增长，PNM 经历了对其服务需求的高增长。面对需求的迅速增长和传统燃料天然气成本的提高，PNM 的管理人员研究出一系列方案，包括从附近的电厂购电，在接近新墨西哥煤炭资源丰富的地方兴建大型烧煤电厂以及核电厂等。由于把利用多种燃料来源作为对付天然气价格上涨的手段存在优越性，所以 PNM 最终决定与其他地区性公用事业公司一起，在新墨西哥西北部的四角地区兴建几座大型烧煤电厂，增建自己的烧煤电厂，还决定与其他公用事业公司一起兴建名为 Palo Verde 的拥有 5 组设备的核电厂。

PNM 面对的第一个问题是负载的增加并没有如期实现。随后新墨西哥州要求正在兴建的烧煤电厂安装洗涤除尘器这一昂贵的控制污染设备，从而使其建筑成本大幅度提高。最后，Palo Verde 核能项目陷入成本超支、工期延迟和昂贵的安全改进措施等种种麻烦。当工程项目完工时，PNM 发现自己的生产能力几乎超出高峰需求的 80%（20% 的储备更为正常）。

公用事业面对的管制过程并不能确保公司赚取到它被授权的收益。结果，新墨西哥州管制委员会不允许 PNM 收回其过剩生产能力的成本。即使没有管制，PNM 也可能无法完全收回这个过剩生产能力的成本。

---

## 11.6　管制经济的合理性

正如上节所说明的，受管制行业提供的服务对于经济的运行至关重要。那么，对某些行业实施经济管制的合理性是什么？

**自然垄断**（natural monopoly）：在可以实现最高经济效率的行业，行业中的厂商生产、分销和运输该行业生产的全部商品或服务。自然垄断厂商生产的典型特点就是在整个产量范围内都存在规模报酬递增。

### 自然垄断的理由

在受管制部门中经营的厂商通常是**自然垄断**，即因生产过程具有明显的规模经济特点而通常只存在一家供应商。换言之，随着所有投入要素以某一既定比例增加，单位产量的平均总成本将会下降，因此长期的单位产量成本在整个相关的产量范围内都是下降的。图 11-7 说明了厂商在长期稳定均衡中的这种情况。

假设图 11-7 中的 *DD* 曲线代表对产量的市场需求曲线，社会最优产量水平将是 $Q^*$，在该产量水平上，价格将大大低于单位产量的平均总成本 $AC^*$，但等于短期和长期的边际成本。一个生产者能够实现的规模经济是在竞争状态下厂商无法得到的。从社会角度来看，表现形式就是竞争厂商的单位成本月 $AC_C$ 高于垄断厂商的单位成本 $AC_M$，后者是前者的 6 倍。人们通常认为图 11-7 中的生产关系将导致仅存在一家供应商。竞争厂商将发现，它们的成本将随着产量的增加而下降。结果，只要 *MR* 超过 *LRMC*，就会有降价的积极性，从而增加销量，分摊固定成本。在此期间，价格将低于平均成本，导致生产厂商的亏损。实力弱的厂商无法维持这个亏损，将逐渐退出这个行业，直到只剩下一个生产者。因此，是竞争的力量造成了自然垄断的出现。

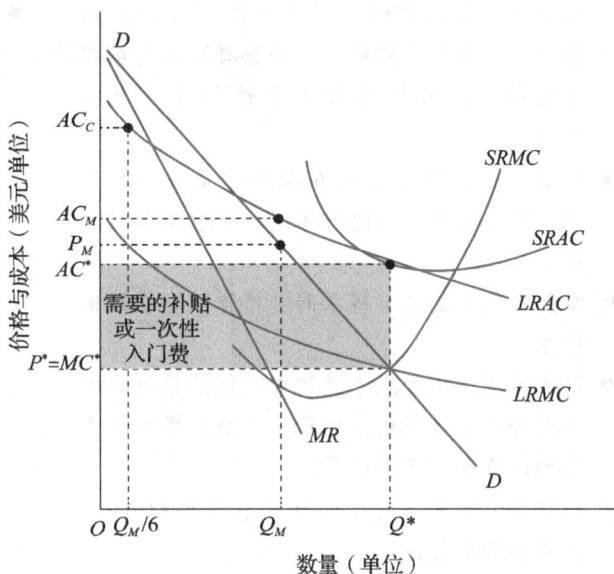

图 11-7　自然垄断厂商的价格－产量决定

如果在没有管制的情况下存在垄断地位，那么垄断者将通过使产量达到边际收益与边际成本相等的水平，如 $Q_M$，从而实现最大利润，形成更高的价格 $P_M$ 和更低的产量。因此需要通过管制来干预厂商行为，以实现最有效率的生产组织效益。这就是基于自然垄断的存在对管制的最简单的解释。

图 11-7 说明了真正的自然垄断所产生的一个问题。假设管制机构成功地为产量确定了社会最优价格为 $P^*$。如成本曲线所示，这个价格将使生产厂商蒙受亏损，因为这个价格将低于平均总成本 $AC^*$，但这个结果显然是不能持续存在的。在此情况下，管制机构通常将价格定在平均成本上，以保证收益足以收回全部成本。不过，最有效率地实现收益的方法是索取一个等于 *LRMC*（$P^*$）的单位价格，并收取图 11-7 中阴影赤字面积作为一次性入门费，这或许要在顾客中间平均分摊。另一种方案是，利用每日不同时间的计量，按照顾客用电情况来决定一次性入门费，比如在下午 4～8 时用电高峰期内收取较高的入门费。

## 小　结

- 垄断是一种市场结构，在存在明显进入壁垒的市场中，只有一家厂商生产一种差异化产品。
- 在一个纯粹垄断市场结构中，与存在更多竞争的市场结构相比，厂商的产量水平一般较低，索取的价格较高。这个结论假定不存在明显的规模经济，因为它可使垄断者比一群小厂商效率更高。
- 垄断力的主要来源包括专利和版权、对关键

资源的控制、政府授权的"特许专营"、规模经济和可兼容互补产品用户网络中的报酬递增。
- 网络效应产生的递增报酬要受到竞争者之间投入要素成本降低、引进革新产品和游说活动的限制。
- 如果垄断者的目标是短期利润最大化，那么其将在 *MR* = *MC* 的产量水平上进行生产。

■ 谋求利润最大的垄断者索取的价格将处于需求函数上需求弹性充足（或单位弹性）的部分上。其他条件均同，垄断者面对的需求弹性越大，其价格相对于边际成本就会越低。

■ 贡献毛利的定义是收益减去增量的变动成本，或收益减去边际成本（只出售 1 单位产品时）。

■ 贡献毛利和加成与需求的价格弹性存在反向关系。

■ 财务价值产生于成本结构中更低的单位成本和更好的资产使用，也产生于效益模型中更高的溢价和更多的销量。

■ 顾客价值定位产生于目标顾客市场的性质、关系和形象价值。

■ 内部过程价值产生于经营管理过程、顾客服务、革新和管理行动。

■ 毛利的定义是收益减去销售产品和提供服务的直接成本，除赚取利润外，还要收回资本成本、销售成本及间接费用。

■ 限制定价是为阻止竞争者进入一个行业而采用的一种战略，其产品价格定得低于短期利润最大化的水平。

■ 公用事业主要存在于电力、天然气管道及通信等行业，厂商在经营准入、价格、服务质量和总利润方面都受到严格的管制。

■ 对公用事业进行管制的理由很多。自然垄断的观点适用于产品特点为规模报酬递增的情况。由一家大厂商提供商品或服务的成本，在理论上低于一群竞争性小厂商。此时管制者要制定费率来防止垄断价格，合理地允许受管制厂商赚取等于其资本成本的投资收益。

■ 基于成本理由和需求理由，公用事业实行价格歧视在经济上常常是可取的。

■ 峰值负载定价旨在为客户在需求更大的时期为其使用的服务收取更高的费用。长途电话服务通常也在高峰负荷基础上定价。

## 练习

1. 信息资源公司（Information Resources, Inc.，IRI）收集了 3 200 个扫描定价柜台上有关消费者包装产品的数据，还对 70 000 个家庭进行了小组座谈调查。IRI 的记录表明百货商店品牌的连裤袜销售毛利率为 43%，贡献毛利率为 29%，商店存货每年周转 14 次。

   a. 什么费用可以解释 43% 和 29% 之间的差距？

   b. 如果降价 10%，那么销售量需要多大的百分比变化才能使总贡献增加？

   c. 比较表 11-2 中的产品，为何惠特曼销售的贡献毛利应该为 54%，而销售百货商店品牌的连裤袜为 29%？

2. 阿贾克斯洁具（Ajax Cleaning Products）是一家中规中矩的公司，它所在的行业由一家大厂商——瓷砖王（Tile King）公司占据支配地位。阿贾克斯生产一种多头管道墙刷，它与瓷砖王公司生产的一种型号相似。阿贾克斯公司为了避免价格战的可能性，决定索取与瓷砖王公司产品相同的价格。瓷砖王的定价是 20 000 美元。阿贾克斯公司的短期成本曲线如下

$$TC = 800\,000 - 5\,000Q + 100Q^2$$

   a. 计算阿贾克斯的边际成本曲线。

   b. 给定阿贾克斯的定价战略，阿贾克斯的边际收益函数是什么？

   c. 计算阿贾克斯公司的利润最大化产量水平。

   d. 计算阿贾克斯公司的总利润。

3. 拉明斯灯具公司（Lumins Lamp Company）是老式油灯的生产者，估计其产品的需求函数为

$$Q = 120\,000 - 10\,000P$$

   式中，$Q$ 为每年的需求量，$P$ 为每盏灯的价

格。该厂商的固定成本为 12 000 美元，每盏灯的变动成本为 1.50 美元。

a. 写出用 $Q$ 表示的总收益（$TR$）函数方程

b. 确定边际收益函数。

c. 写出用 $Q$ 表示的总成本（$TC$）函数方程

d. 确定边际收益函数。

e. 写出用 $Q$ 表示的总利润（$\pi$）函数方程。在什么产量（$Q$）水平上总利润最大？将索取什么价格？在此产量水平上总利润是多少？

f. 用在 b 和 d 中确定的边际收益函数与边际成本函数，使之相等来求解 $Q$，并检查 e 的答案。

g. 此问题采用了何种市场定价行为模型？

4. 独特创造（Unique Creations）公司在欧姆表的生产和销售上占有垄断地位。它面对的成本函数估计如下（单位：美元）

$$TC = 100\,000 + 20Q$$

a. 独特创造公司的边际成本是多少？

b. 如果该公司需求的价格弹性是 $-1.5$，它应该索取的价格是多少？

c. 在 b 计算出来的价格上，边际收益是多少？

d. 如果一个竞争者开发出欧姆表的替代品，价格弹性增加到 $-3.0$，该公司应索取的价格是多少？

5. 埃克索迪克金属公司（Exotic Metals, Inc.）是一家主要的铍生产制造商，铍用于多种电子产品之中。估计其产品的需求表如下。

| 价格（美元/磅） | 数量（磅/时间） |
| --- | --- |
| 25 | 0 |
| 18 | 1 000 |
| 16 | 2 000 |
| 14 | 3 000 |
| 12 | 4 000 |
| 10 | 5 000 |
| 8 | 6 000 |
| 6 | 7 000 |
| 4 | 8 000 |
| 2 | 9 000 |

生产铍的固定成本为每一期 14 000 美元，

此厂商的变动成本如下所示。

| 产量（磅/期） | 变动成本（美元/磅） |
| --- | --- |
| 0 | 0 |
| 1 000 | 10.00 |
| 2 000 | 8.50 |
| 3 000 | 7.33 |
| 4 000 | 6.25 |
| 5 000 | 5.40 |
| 6 000 | 5.00 |
| 7 000 | 5.14 |
| 8 000 | 5.88 |
| 9 000 | 7.00 |

a. 为埃克索迪克金属公司确定总收益和边际收益。

b. 确定埃克索迪克金属公司的平均成本和边际成本表。

c. 埃克索迪克金属公司生产和销售铍的利润最大化价格和产量水平是多少？

d. 在由 c 确定的解上，埃克索迪克金属公司的利润是多少？

e. 假设联邦政府宣布将把大量的战争储备铍出售给愿意按每磅 6 美元购买的任何人，这种情况会如何影响 c 确定的解？在此条件下，埃克索迪克金属公司的利润（或亏损）是多少？

6. 万多特化学公司（Wyandotte Chemical Company）向汽车行业出售各种化工产品。公司目前以 15 美元/加仑的平均价格每年出售 30 000 加仑多羟基化合物，生产多羟基化合物的固定成本是每年 90 000 美元，总变动成本等于 180 000 美元。运营研究部估计产量增加 15% 将不会影响固定成本，但会使每加仑产品的变动成本减少 60%。营销部估计多羟基化合物的需求弹性为 $-2.0$。

a. 万多特化学公司必须把多羟基化合物的价格降低多少才能使销售量增加 15%？

b. 评估这个降价对总收益、总成本和总利润的影响。

7. 网球产品公司（Tennis products Inc.）生产三种型号的高质网球拍，下表中包括这三种型号球拍的销量、成本和利润率信息。

| 型号 | 平均销量<br>（只/月） | 现价（美元） | 总收益<br>（美元） | 单位变动成本<br>（美元） | 单位贡献毛利<br>（美元） | 贡献毛利[①]<br>（美元） |
|---|---|---|---|---|---|---|
| A | 15 000 | 30 | 450 000 | 15.00 | 15 | 225 000 |
| B | 5 000 | 35 | 175 000 | 18.00 | 17 | 85 000 |
| C | 10 000 | 45 | 450 000 | 20.00 | 25 | 250 000 |
| 合计 |  |  | 1 075 000 |  |  | 560 000 |

①对固定成本和利润有贡献。

此公司正在考虑把 A 型号产品的价格降到 27 美元来增加销量。根据过去改变价格的结果，网球产品公司的首席经济师估计需求的弧度弹性为 -2.5，并且估计 A、B 两种型号产品之间的弧度交叉弹性为大约 0.2。在预期销量变化的范围内，单位变动成本不会变化。

a. 评估降价对 A 型号产品的总收益和贡献毛利的影响。根据这个分析，此厂商是否应降低 A 型号产品的价格？

b. 评估降价对整个网球拍产品线的总收益和贡献毛利的影响。根据这个分析，此厂商是否应降低 A 型号产品的价格？

8. 西南公共服务公司（Public Service Company of the Southwest）受一个选举产生的州公用事业委员会的管制，该厂商的总资产为 500 000 美元。估计对其服务的需求函数为

$$P = 250 - 0.15Q$$

该厂商面对以下总成本函数

$$TC = 25\,000 + 10Q$$

（总成本函数不包括厂商的资本成本。）

a. 在不受管制的环境中，该厂商的索价是多少？生产量将是多少？总利润以及此资产基础上的收益率是多少？

b. 该厂商提出每单位产品索价 100 美元。如果采用这个价格，总利润和此厂商资产赚取的收益率将是多少？

c. 州公用事业委员会要求此厂商索取的价格将使资产收益不超过 10%，此厂商应索价多少？资产收益将是多少？赚取的利润水平将是多少？

9. 敖德萨独立电话公司（Odessa Independent Phone Company，OIPC）目前正参与一个为本地区的顾客制定费率的案例。OIPC 的总资产为 2 000 万美元。得克萨斯公用事业委员会已经决定 11% 的资产收益是公平的。OIPC 估计其年需求函数如下

$$P = 3\,514 - 0.08Q$$

其总成本函数（不包括资本成本）为

$$TC = 2\,300\,000 + 130Q$$

a. OIPC 建议每年向每个顾客收费 250 美元。如果这个费率被批准，OIPC 将获得多少资产收益？

b. 如果委员会想把资产收益限制为 11%，那么 OIPC 可索取什么费率？

c. 这个练习说明了公用事业管制中的什么问题？

## 案例练习

### 制药公司的差别定价：HIV/AIDS 危机[⊖]

HIV/AIDS 危机一直被称为自 14 世纪黑死病以来最严重的流行病。第一例 HIV/AIDS 是在 1981 年由美国疾病控制中心发现的。随后的 30 年里，6 000 万人被感染，2 500 万人死亡。大多数 HIV/AIDS 报告出现在发展中国家，95% 的 HIV 携带者今天生活在那里。除了社会福利和人道主义关怀，作为全球化和在一些发展中国家国际商机增长最快的结果，防治 AIDS 现在已经成为与每个人密切相关的事情。因为制药行业主要依靠政府当局来批准偿付方

⊖ E. Berndt, Pharmaceuticals in U. S. Health Care: Determinants of Quality and Price, and M. Kremer, Pharmaceuticals and the Developing World, *Journal of Economic Perspectives* (Fall 2002), pp. 45-90.

式，保护其垄断专利权，防止进口未经授权的、无许可证的仿制药品，所以 AIDS 药品如何定价成了一个公众问题。

尽管还没有人开发出治疗 HIV 的药物，但一些公司已经有了抑制病毒复制能力或入侵细胞能力的专利药。在更有效的药品发明之前，目前人们一旦感染 HIV，最好的方法就是部分和暂时地抑制病毒，推迟感染的发展。抑制 HIV 的药品叫作抗逆转录病毒剂，第一种是由韦尔康（Burroughs Wellcome）公司（现在的葛兰素史克公司）在 1987 年推出的，名叫 Retrovir（它的通用名称是齐多夫定（zidovudine）或 AZT）。从那以后，几家大型制药公司（比如雅培、百时美施贵宝、默克和罗氏）和较小的生物技术公司（如阿杰朗制药公司、吉利德科学公司、三角制药公司和 Trimeris 公司）已经开发出若干种新的抗逆转录病毒剂。主要由于这些药品的作用，美国与 AIDS 相关的疾病（比如机会性感染）的增长率在 1992～1995 年明显减缓，而且在 1996 年实际上出现了首次的下降。

即使在抗逆转录病毒剂药品开发初期，HIV/AIDS 药品的定价就是一个饱受争议的问题。核心问题就是 HIV/AIDS 病例大多都出现在联合国界定的"富国"（如美国）之外。北美登记的 HIV/AIDS 病人大约有 140 万例，2008 年因 AIDS 死亡的不到 25 000 人，但在撒哈拉以南的非洲，却几乎有 2 200 万病例，190 多万人死亡。同样，2008 年美国成年人感染率估计稍低于 0.5%，而在撒哈拉以南的非洲超过了 5%；那里人均 GDP 常常不到 1 000 美元，而美国是 30 000 美元。总的问题就是，很多新的 AIDS 药品，特别是那些对付 HIV 抗药性提高的新药品，价格越来越昂贵。Trimeris 和罗氏在 2003

年年初推出了恩夫韦地（Fuzeon），一年用药的批发价格为 20 245 欧元，至少是现有 HIV/AIDS 药品价格的 3 倍。

上述定价决策反映了这种昂贵的、研发密集的经营模式有悖于范围扩大的全球性公司社会责任的财务现实。一种跨越全球市场的国家特别定价政策已经造成在美国最高市场价格和最穷国家中索取价格之间的 10 倍价差。

葛兰素史克和罗氏公司的管理团队在这个承担高度责任的环境中面对很多严峻的企业伦理问题。这样的 10 倍价差是否会持续存在？人们将如何处理由此产生的平行进口的问题，即在世界其他地方以更低的价格购买的出口药品再次未经授权的进口问题？发展中国家取消知识产权是否会威胁到国内的知识产权保护？高价市场中的公共事务反应行动是否会迫使药品打折？如果这样的话，药品发明和开发所需要的巨额研发投资如何才能收回？面对这种公共关系的公司是否会遭遇到其公司品牌股票将受到根本影响的灾难？大型制药公司在公共健康危机中的社会责任是什么？葛兰素史克（或罗氏）公司是应该独立行动，还是采取与其他大型制药公司竞争对手的合作战略？

**问题**

1. 对专利药品的垄断是否有保障？什么样的进入壁垒能防止国外（比如加拿大）低价出售的药品再次进口到美国？

2. 药品的贡献毛利百分比要比速食麦片超出 55%～70%。确定药品利润更高的三个原因。

3. 对于大型制药公司在美国、西欧、日本以及欠发达国家实行差别定价的问题，提出一种解决方法。

### 作为入侵威慑的限制定价策略：Ace 抑制剂[⊖]

《哈奇－瓦克斯曼法案》（The Hatch-Waxman Act）规定，在"专利无效或者批准正在

申请的药物不会侵犯专利"的情况下，第一个向美国食品药品管理局（FDA）递交简化新药

---

⊖　Based on S. Tenn and B. Wendling, Entry Threats and Pricing in the Generic Drug Industry, *Review of Economics and Statistics*（May 2014），96(2)，pp. 214-228.

申请的申请者将拥有 180 天的市场独占期。在这 180 天结束时，仿制药公司面临的竞争不仅来自品牌卖家，而且来自增多的仿制药公司。一些药品制造商之后选择进一步降低已经很低的价格，以阻止额外的市场进入者。在较小的药品市场，这种战略性进入威慑使平均价格下降 18%。然后，新增进入者的数量下降到 2.7 家公司，相对于在没有限价的情况下发生的进入数，下降了 57%。制造商利润下降，但远远低于没有首先采取行动限制价格时的利润。相比之下，在较大的药品市场，很少有先行者在 180 天独占期结束时降低价格，进入公司平均 5.8 家。如果先行者使用价格威慑的降价策略，利润显然更高。

## 问题

1. 了解几个已经取消专利权的重磅大药品市场。你观察到了许多不受保护的卖家，如私人标签药店吗？

2. 头脑风暴一番已经取消专利的小型药物市场，出现了新的不受保护的非标准产品品牌吗？在这种情况下，还有什么其他方法来建立客户忠诚度？

3. 你认为该法案是否能将一个特许经营权（首创专利的公司）转移为另一个特许经营权（180 天的独占期结束后的首个仿制药公司）？为什么？

# 价格与产量的决定：寡头

**本章预览**

前面两章分析了在有大量卖主（即纯粹竞争和垄断竞争）或根本没有其他卖主（即垄断）的市场中竞争的厂商的价格和产量决策。在纯粹竞争中，厂商决定自己的价格和产量决策，与其他厂商的决策无关，因为没有一家厂商的规模大到足以影响市场价格。同样，垄断厂商也不必考虑竞争对手厂商的定价行动，因为它没有竞争者。与此相反，本章研究的是处于寡头市场结构中的厂商的价格与产量决策。这种市场结构存在少数的竞争者，各厂商的决策都可能引起一家（或多家）竞争对手的反应。各寡头厂商要实现股东财富的最大化，就必须在自身的决策中考虑这些竞争反应。下一章介绍博弈理论分析就是为了帮助厂商预测竞争对手如何做出反应。

**管理挑战**

## 谷歌的安卓和苹果的 iPhone 在智能手机市场取代诺基亚[一]

诺基亚已把自己从一个出售各种产品（从胶靴、电线电缆、卫生纸到电视）的庞大的芬兰工业巨头转变成一个业务相当集中的技术性公司。当瑞典电信设备巨人爱立信在 20 世纪 80 年代建立了遍及斯堪的纳维亚的蜂窝电话网时，诺基亚提供的是无线但笨重的电话。诺基亚把这种情况视为一个战略机会，所以在 90 年代放弃了其他业务，把注意力集中在数字电话的巨大市场潜力上。

诺基亚从 1985 年 22% 的市场占有率（占摩托罗拉 45% 市场份额的一半）发展到 1998 年的市场领袖地位。到 2008 年，全世界 790 亿美元手机销售额中的 39% 属于诺基亚，而摩托罗拉只有 14%。其他的大供应商还有三星（14%）、索爱（9%）和 LG(7%)。16 亿部手机使用量超过了座机电话的拥有量。由于巨大的规模经济和时髦的品牌产品，诺基亚手机的毛利润为

[一] Based on Nokia: A Finnish Tale, *The Economist*(October 14, 2000), pp. 83 85; Special Report: Mobile Telephones, *The Economist*(May 1, 2004), pp. 71 76; After Legal Victory Apple, Patently Rules in Mobile Devices, *Wall Street Journal*(August 27, 2012), p. C8; Inside Nokia s Struggle, *Wall Street Journal*(May 31, 2012), p. B4; Nokia s Closing Window, *Wall Street Journal*(November 7, 2012), p. C16; Apple Victory Shifts Power Balance, *Wall Street Journal*(August 27, 2012), p. B1; Microsoft and Google: Dominant Players, *Wall Street Journal*(February 11, 2014) p. B1; and Apple Gets 92% of Smartphone Profit, *Wall Street Journal*(July 13, 2015), p. B5.

23%，远远超出摩托罗拉微不足道的3%，但几个原因表明诺基亚的毛利润可能不会持续存在。

第一，高速全球无线网络已经改写了电信领域。3G和4G技术允许大量更强大的无线网络产品进行连接，例如苹果、三星和戴尔的手持平板电脑，来自索尼爱立信的游戏机，以及最重要的作为口袋式视听终端的智能手机，例如苹果手机和从摩托罗拉到三星的安卓产品。这两款新的智能手机产品已经占据了全球手机市场（见右图显示的市场份额），产品开发周期缩短到六个月，而新千年开始时为两年。

诺基亚的欧洲伙伴深陷债务，要为3G的技术转让支付1 250亿美元，还要在网络设备上再花1亿美元。诺基亚、NEC和松下首次提供了带有内嵌数码相机的革新型蜂窝电话。但3G技术使更强大的无线网络产品进入手机市场：戴尔的手机电脑、苹果的iPhone和黑莓的袖珍视听终端以及索爱的游戏控制器。

第二，诺基亚最大的威胁是，智能手机的价值必须通过由第三方独立软件商（ISV）开发的应用App来实现。ISV希望自己分享的毛利润与诺基亚一样可观。这些ISV供应商的影响力在只有声音的移动电话业务中是完全不存在的，但几百个触摸屏应用软件造就了现在智能手机的成功。当苹果的iPhone在2012年赢得了对三星Galaxy手机的重要专利纠纷和谷歌收购摩托罗拉移动时，ISV对苹果ios和谷歌Android操作系统的应用开发不断加速。因此，诺基亚意识到急需一个操作系统的合作伙伴来吸引ISV。

第三，欧洲的无线手机市场已近饱和，产品渗透率已达到82%。虽然中国的智能手机需求正在直线上升，但当地的供应商控制了这些市场中的分销业务，价格大战随时可见。在北美，诺基亚曾经尝试结盟，以阻止其全球市场份额从

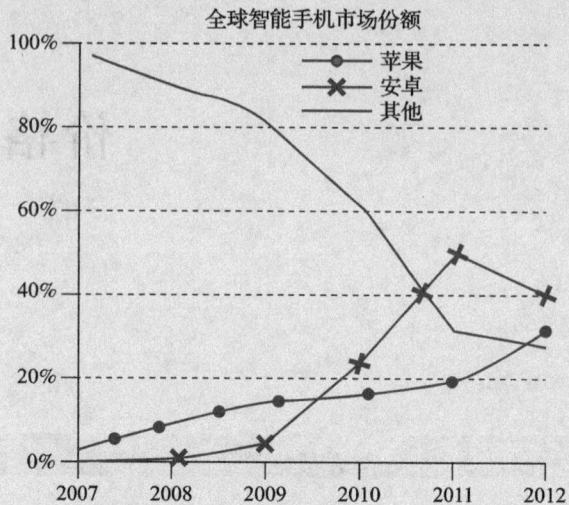

全球智能手机市场份额

资料来源：*The Wall Street Journal*, company websites.

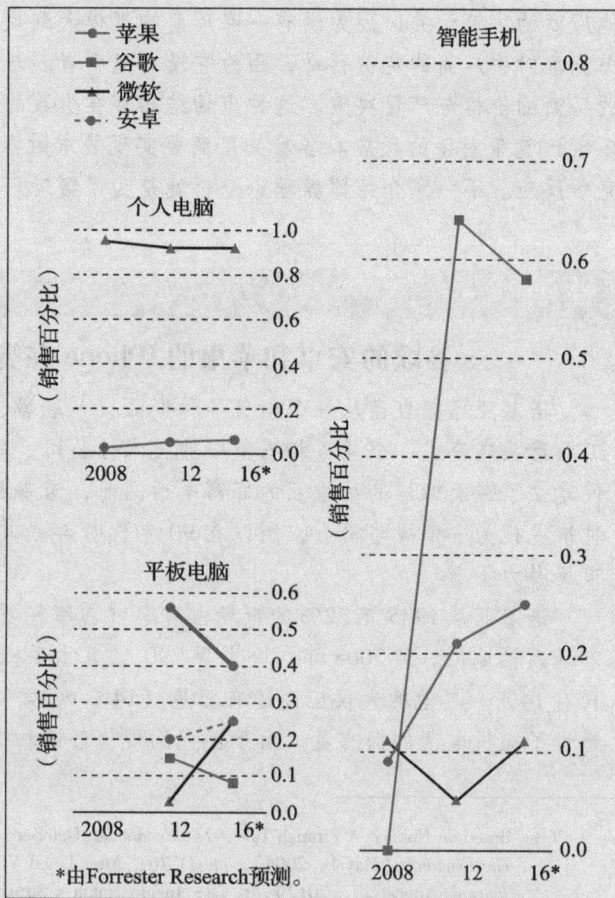

*由Forrester Research预测。

资料来源：Based on Wall Street Journal（October 22, 2012）.

2007 年的 50% 下降到 2010 年的 38%，而到 2012 年只有 4%。摩托罗拉的安卓手机却在同一时间从 4% 上涨到 23%。三星的 Galaxy 系列安卓手机也一直相当成功，并获得全球销售额的 16%。苹果 iPhone 目前占有 21% 的全球市场份额，而诺基亚的 Lumia 和黑莓智能手机只有 7% 和 4%。

**讨论题**

■ 诺基亚的 Lumia 系列智能手机在边际成本 241 美元时售价 450 美元，苹果的 iPhone 5s 在边际成本 459 美元时售价 649 美元。对此你是否感到惊讶？为什么？

■ 诺基亚是应该继续作为一家顶尖的手机供应商，还是应该集中力量在低端相机手机市场的预期增长上？特别是在中国和拉美市场中，中国移动和中国联通拥有 3.34 亿个用户，美洲电信公司（América Móvil）在墨西哥有 1.17 亿个用户，相比之下，沃达丰（Vodaphone）在英国有 1.99 亿个用户，西班牙电信公司（Telefonica）在西班牙有 1.26 亿个用户，法国电信和荷兰电信在德国和法国各自拥有 9 800 万个用户，AT&T 在北美有 6 400 万个用户。

■ 你是否赞同诺基亚在 2014 年将智能手机业务售卖给微软的行为？

## 12.1 寡头市场结构

寡头的特点是由相对少数的厂商提供一种相似的产品或服务。产品或服务可以是品牌产品，如软饮料、麦片和运动鞋；或是非品牌产品，如原油、铝和水泥。寡头的主要特点就是厂商的数目很少，足以导致行业中任何一家厂商有关价格、产量、产品类型或质量、新产品引进和销售条件的行动都会对其他厂商的销售产生显而易见的影响。正是厂商之间这种明显存在的相互依赖使各厂商都知道，任何一项新的行动，如削减价格或发动一场大规模的促销战，都可能激起竞争对手的反击。

因此，在所有寡头市场中，对竞争对手反应的预期成了厂商层次分析的关键。如果预期对手厂商如同航空公司那样做出同样的提价和降价行动，那么用一条市场份额需求曲线就可以充分说明对一家厂商（如美国西南航空公司，占 20% 的市场需求）定价行动的销售反应，见图 12-1a 和图 12-1b。如果其他市场中的对手厂商同样提价和降价的行动缓慢，那么寡头厂商就能通过降价来获取市场份额，也会因加价反应而丧失市场份额。在诸如 I 型钢材市场中，竞争对手对等降价，但不提价，结果纽科钢铁公司（Nucor Steel）的定价在通行均衡价格之上时，面对的需求价格弹性要比在此价格之下时的市场份额需求弹性充足得多。这种不对称的竞争对手反应预期形成了寡头厂商弯折的需求曲线，如图 12-1c 所示，本章后面对它进行讨论。

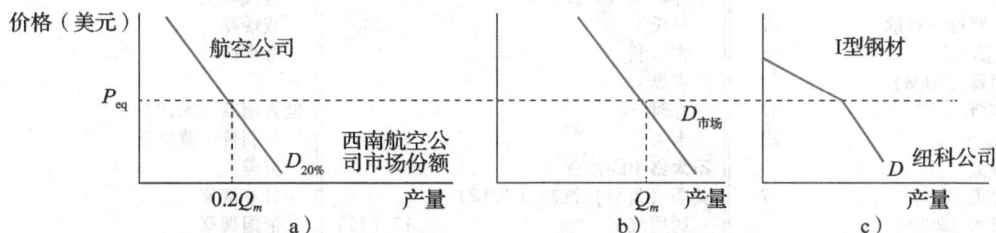

图 12-1　竞争反应预期决定厂商的需求

### 美国的寡头：相对的市场份额

美国的很多行业都可以划归为寡头市场结构，这种市场结构涉及很宽的行业范围。一种极端情况就是市场中存在着占据支配地位的厂商，比如剃须刀、手持计算器、游戏机、啤酒、运动鞋、微处理器和电子书等，其中吉列（80%）、德州仪器（TI 占 78%）、任天堂（Nintendo，

65%）、安海斯 – 布希（55%）、耐克（43%）、英特尔（81%）、亚马逊（Amazon）的市场占有率都比下一位最大的竞争者高出好几倍（见表 12-1）。

**表 12-1　美国寡头行业中最高的市场占有率**　　　　　　　　　　　　　　　　（%）

| 支配厂商（%） | | 宽体飞机（2014） | | 卡车（2011） | |
|---|---|---|---|---|---|
| **剃须刀和刀片（2011）** | | 波音 | 53 | 福莱纳 | 30 |
| 吉列 | 79 | 空中客车 | 47 | 王国 | 17 |
| 舒适 | 18 | **三寡头厂商** | | 马克 | 13 |
| 比克 | 3 | **智能手机（2015）** | | 彼得比尔特 | 12 |
| **手持计算机（2009）** | | 苹果 | 55 | 肯沃斯 | 11 |
| 德州仪器 | 78 | 三星 | 29 | 沃尔沃卡车 | 10 |
| 卡西欧 | 14 | 联想 | 4 | | |
| **游戏机（2008）** | | LG | 3 | **世界范围内个人电脑（2013）** | |
| 任天堂 | 65 | **服务器（2014）** | | 惠普 | 17 |
| 索尼 | 20 | 惠普 | 37 | 联想 | 16 |
| 微软 | 18 | IBM | 26 | 戴尔 | 11 |
| **运动鞋（2008）** | | 戴尔 | 18 | 苹果 | 10 |
| 耐克 | 43 | 思科 | 5 | 东芝 | 9 |
| 阿迪达斯 | 15 | **汽车租赁（2012）** | | | |
| 锐步 | 10 | Enterprise | 39 | **轮胎（2012）** | |
| **微芯片（2009）** | | 赫兹 | 32 | 固特异 | 16 |
| 英特尔 | 81 | 安飞士/巴吉 | 28 | 米其林 | 12 |
| AMD | 19 | **音乐唱片（2011）** | | 普利司通 | 8 |
| **手机操作系统（2015）** | | 环球/宝丽金 | 30 | 横滨 | 8 |
| 谷歌 – 安卓 | 84 | 索尼 | 29 | 锦湖 | 8 |
| 苹果 IOS | 12 | 时代华纳 | 19 | | |
| 微软 windows | 4 | EMI | 9 | **通讯设备（2009）** | |
| **双寡头市场** | | **美国无线（2012）** | | 爱立信 | 23 |
| **美国啤酒业（2015）** | | 威瑞森无线 | 34 | 诺基亚/西门子 | 18 |
| 百威英博 | 45 | AT&T | 28 | 阿尔卡特 – 朗讯 | 14 |
| 米勒啤酒 | 25 | SprintNextel | 15 | 华为 | 13 |
| 喜力 | 8 | T-Mobile | 13 | 思科 | 12 |
| 莫德罗 | 7 | **软饮料（2010）** | | 摩托罗拉 | 9 |
| **饼干（2008）** | | 可口可乐 | 37 | **药品（2008）** | |
| **纳贝斯克（卡夫）** | 45 | 百事可乐 | 30 | 辉瑞与惠氏 | 26 |
| 奇宝（家乐氏） | 22 | 七喜 | 21 | 葛兰素史克 | 16 |
| 辣椒庄园 | 7 | **麦片（2012）** | | 诺华公司 | 15 |
| **听筒设备（2014）** | | 家乐氏 | 34 | 默克/先灵葆雅 | 15 |
| 诺基亚 | 21 | 通用磨坊 | 31 | **宽带（2013）** | |
| 三星 | 20 | 宝氏 | 14 | 康卡斯特 | 23 |
| 苹果 | 9 | **世界糖果（2012）** | | AT&T | 18 |
| 摩托罗拉 – 谷歌 | 7 | 马氏 | 28 | 时代华纳 | 13 |
| RIM（黑莓） | 3 | 吉百利 | 19 | 威瑞森 | 10 |
| **电器用具（2008）** | | 雀巢 | 15 | 考克斯 | 6 |
| 西尔斯 | 32 | 好时 | 9 | | |
| 劳氏 | 20 | 卡夫 | 9 | **世界烟草（2010）** | |
| 家得宝 | 9 | **不太集中的行业** | | 菲利普·莫里斯 | 16 |
| 百思买 | 7 | **美国（世界）汽车（2012）** | | 英美 | 13 |
| **生物技术（2008）** | | 通用汽车 | 17（15） | 日本烟草 | 11 |
| 安进 | 21 | 福特 | 15（10） | 帝国烟草 | 10 |
| 罗氏 | 20 | 丰田 | 15（15） | | |
| 强生 | 8 | 菲亚特/克莱斯勒 | 12（8） | **激光打印机（2011）** | |
| **电池（2005）** | | 本田 | 11（6） | 惠普 | 16 |
| 金霸王 | 43 | 雷诺/日产 | 8（13） | 佳能 | 15 |
| 劲量 | 33 | 现代/起亚 | 8（13） | 三星 | 15 |
| 雷特威 | 11 | 大众 | 5（16） | 施乐 | 10 |
| | | | | 理光 | 6 |

资料来源：Industry Surveys, *Net Advantage Database*, Standard & Poor's; and *Market Share Report*, Gale Research annual issues.

在饼干、手机、电器、生物技术、电池和宽体飞机市场中，不是一家而是两家厂商占支配地位（见表 12-2）。在快餐食品市场中，纳贝斯克（Nabisco）的 45% 和奇宝（Keebler）22% 的市场占有率都远远超出 Peperidge Farm 的 7%。同样，诺基亚和三星称霸了听筒设备市场。西尔斯（Sears）和劳氏（Lowe's Home Improvement）控制了家用电器市场，安进（Amgen）和罗氏（Roche）控制了生物技术市场。金霸王（Duracell）和劲量（Energizer）控制了电池市场。波音（Boeing）和空中客车（Airbus）控制了宽体客机市场。这些双寡头支配厂商通常相互研究对方的复杂战术行动与可能的反应。其他情况就是由三家厂商小心谨慎地规划其战术行动及反应：智能手机（谷歌/摩托罗拉 23%、苹果 21%、三星 16%）；茶（立顿 37%，亚利桑那 26%，雀巢 16%）；汽车租赁（Enterprise 39%，Hertz Dollar Thrifty 32%，Avis Budget 28%）；音乐唱片（环球/宝丽金 30%，索尼 29%，华纳 19%）；美国无线（威瑞森 34%，AT%T 32%，Sprint Nextel 19%）；麦片（家乐氏 34%，通用磨坊 31%，宝氏 14%）以及糖果口香糖（玛氏 28%，吉百利 19%，雀巢 15%）。

**表 12-2　一定时间内航空公司、麦片和宽体客机的市场份额分布**　　　　　（%）

| 航空 | | | | | | 麦片 | | | 宽体客机 | | |
|---|---|---|---|---|---|---|---|---|---|---|---|
| 1992 | | 2005 | | 2015 | | 1993 | | 2011 | | 1998 | | 2011 | | 2014 | |

| 航空 | | | | | | | | | | 麦片 | | | | | | 宽体客机 | | | |
|---|---|---|---|---|---|---|---|---|---|---|---|---|---|
| 美航 | 21 | 美航 | 19 | 西南/穿越 | 36 | 家乐氏 | 35 | 家乐氏 | 30 | 波音 | 70 | 空中客车 | 51 | 波音 | 47 |
| 联航 | 20 | 联航 | 17 | 美航/全美 | 27 | 通用磨坊 | 25 | 通用磨坊 | 30 | 空中客车 | 30 | 波音 | 49 | 空中客车 | 53 |
| 达美 | 15 | 达美 | 15 | 达美/西北 | 23 | 宝氏/纳贝斯克 | 18 | 宝氏/纳贝斯克 | 13 | | | | | | |
| 西北 | 14 | 西北 | 11 | 国航/大陆 | 14 | 桂格 | 8 | 私有品牌 | 11 | | | | | | |
| 大陆 | 11 | 大陆 | 9 | | | 私有品牌 | 6 | 拉斯顿 | 7 | | | | | | |
| 全美 | 9 | 全美 | 7 | | | 拉斯顿 | 5 | 桂格 | 6 | | | | | | |

资料来源：*Wall Street Journal*（December 21，2001），p. A8；（December 27，1996），p. A3；（October 16，1998），p. B4；（July 14，2011），p. B1；and（May 13，2015），p. B1.

---

**实例｜谷歌的 Chrome 浏览器取代曾经的霸主微软 IE 浏览器**[一]

微软的 IE 浏览器利用 Windows 系统的迅速扩张，在 20 世纪 90 年代取代网景的浏览器，成为浏览器市场的霸主。最终，IE 享有 93% 的市场份额，网景浏览器的后代 Safari 减少到仅占 5%。在 2004 年推出的火狐浏览器（Mozilla Firefox）在 2008 年拿到了 28% 的市场份额，份额最大时是 2010 年（32%）并在 2012 年时占 25%。最近，来自谷歌的一个更快速的浏览器 Google Chrome 经过两年的发展，在 2012 年吸引了 26% 的市场份额。结果，在当年几乎完全被微软 IE 垄断的浏览器市场，其市场份额已经下降到 40%（见图 12-2）。

网上购物的快速送货服务已经和 Google Chrome 浏览器合作。其子公司将独立，但火狐浏览器是由谷歌投资的。它们的新航运和交付业务使谷歌与 eBay 展开了直接的竞争。这只是九个谷歌云计算相关项目的一个。如此多的全套搜索项目是否能够很好地协同是一个亟待证明的大问题：安卓手机系统、航空搜索、谷歌地图、提供餐厅信息的 Zagat、Chrome 浏览器，谷歌＋社交网络、广告产品、YouTube 视频网站、摩托罗拉移动手机。

---

[一] Based on HP Sees Room for Growth in Printer Market，*Wall Street Journal*（December 2，2011），p. B7；Browser Wars：The Sequel，*Bloomberg Business Week*（March 8，2010），pp. 74-75.

表 12-1 中的市场份额分布很少是静止不变的，与此相反，市场份额分布的动态变化通常会提供重要信息。在 1999~2001 年的麦片市场中，通用磨坊引进的新产品持续从家乐氏公司那里夺得市场份额，但宝氏却是大输家，输给了私有品牌的折扣麦片（比如家乐氏的 Raisin Bran）。在宽体客机市场中，波音公司把一些市场份额让给了空中客车，并且降低它的最终生产装配速度，以此来消除瓶颈，使其盈利更多。

在 1992~2005 年的 14 年中，主要航空公司的排序基本未变，但每个有枢纽机场的航空公司占有的市场份额都下降了 2~3 个百分点，丢给了点对点航线的打折航空公司，即西南公司和美西公司（见表 12-2 中的数据）。到 2015 年，西南航空和穿越航空合并成为最大的航空公司，市场份额达到了 36%。尽管没有哪家航空公司控制了全美国的市场份额，但仍有一些航空公司在不同航空港中占据支配地位。比如，全美航空公司在达拉斯占有 79% 的份额，达美航空公司在明尼阿波利斯占 84% 的市场份额，而全美航空公司占有夏洛特 89% 的市场份额。

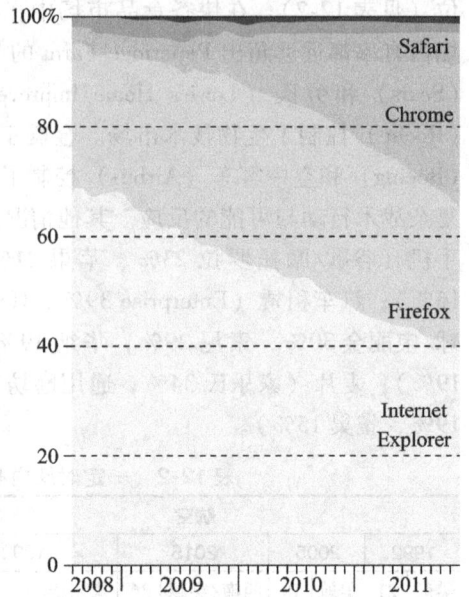

图 12-2　浏览器市场份额

资料来源：Based on Matthew Lynley, Forrester：Microsoft s Windows 8 Gambit Won't Move the Needle Much, *Wall Street Journal*（October 22, 2012）.

## 实例 | 汽车租赁和零售汽油厂商的联合：Enterprise 租车公司与埃克森－美孚

在汽车租赁和零售汽油企业中都出现了联合。单个汽车租赁公司的市场份额在过去的十几年间一直是非常稳定的，但安飞士汽车出租公司（Avis）收购了巴吉公司（Budget），结果达到 30% 的市场占有率，而赫兹公司（Hertz）的市场份额为 29%。随后 Enterprise 公司与 National 和阿拉莫（Alamo）公司合并，几乎与安飞士和赫兹公司势均力敌

（27%）。三大汽车租赁公司在 2000 年占有相关市场的 69%，而到了 2008 年，它们的市场占有率达到 86%（见图 12-3）。最近，赫兹公司接管了 Dollar Thrifty。在汽油零售业中也出现了大规模的联合，一家又一家的公司都在寻找更大的伙伴并与之合并。勘探与开发中的规模经济和多余加油站的关闭推动了这个发展趋势。

表 12-1 最后列出的一些行业的特点是市场份额分配不太集中，但在领导厂商之间存在很强的相互影响，这一点在各厂商的经营规划中表现突出。美国汽车和卡车市场中的销量分散在 6~8 家公司之中。在受互联网计算处理创新技术深刻影响的 3 个行业（即贸易图书出版、笔记本电脑和宽带）中，竞争的力量已经把市场份额分散到 5~6 家厂商之中。无线运营商和制药商也是如此，由于控制市场所需要的巨额资金存在无法收回的可能，造成厂商的市场份额更加分散。

汽车租赁（市场份额）

| | 2000 | | 2012 | |
|---|---|---|---|---|
| 赫兹 | 29% | Enterprise/National/Alamo | 28% | |
| 安飞士 | 20% | 赫兹/Dollar/thrifty | 32% | |
| National/Alamo | 20% | 安飞士/巴吉 | 39% | |
| 巴吉 | 10% | | | |
| Enterprise | 8% | | | |
| Dollar | 7% | | | |
| Thifty | 4% | | | |

零售汽油（市场份额）

| | 1992 | | 2010 | |
|---|---|---|---|---|
| 壳牌 | 9% | 埃克森–美孚 | 16% | |
| 雪佛龙 | 8% | 英国石油/阿莫科/阿科 | 15% | |
| 得士古 | 8% | 雪佛龙/德士古 | 15% | |
| 埃克森 | 8% | 大陆石油/菲利普斯 | 13% | |
| 阿莫科 | 7% | 希戈 | 11% | |
| 美孚 | 7% | 壳牌 | 9% | |
| 英国石油 | 6% | | | |
| 希戈 | 5% | | 2015 | |
| 马拉松石油 | 5% | 埃克森–美孚 | 18% | |
| 太阳石油 | 4% | 英国石油/阿莫科 | 16% | |
| 菲利普斯 | 4% | 雪佛龙/德士古 | 14% | |
| | | 壳牌/英国天然气集团 | 12% | |
| | | 大陆石油/菲利普斯 | 11% | |
| | | 希戈 | 10% | |

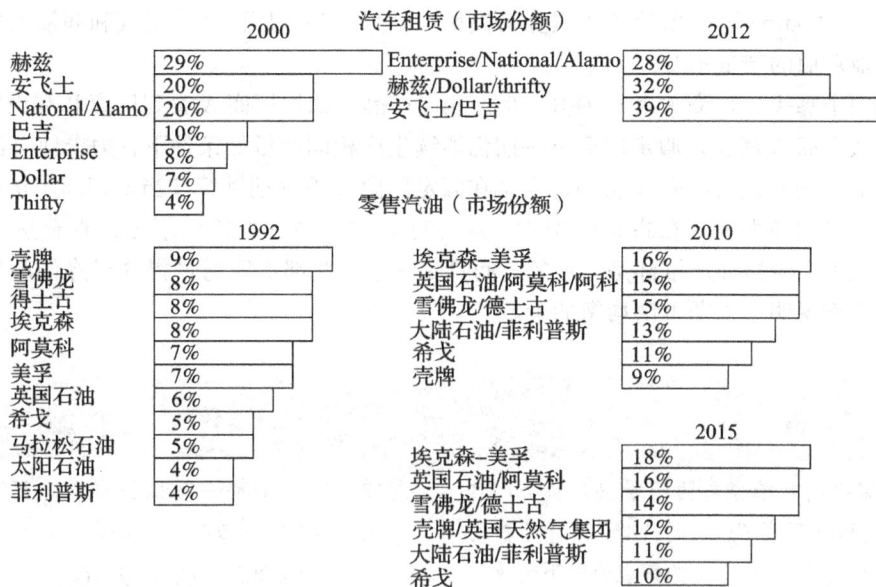

图 12-3　汽车租赁与汽油行业中竞争者的相对规模

资料来源：*Wall Street Journal*（December 21，2001），p. A8，B6；（November 1，2005），p. A2；（April 27，2015），p. B7，Various websites.

## 12.2　寡头行业中的相互依赖

　　寡头行业中相互依赖的性质可用一个航空公司定价的例子来说明。

### 实例｜ 航空公司的定价，匹斯堡市场

　　看一下匹兹堡和达拉斯两地之间的航线情况：人们可以乘坐几家航空公司的航班在这条航线上飞行，但只有美国航空公司和全美航空公司提供这两个城市之间的直达服务。开始时这两家航空公司对一张二等舱往返机票都索价1 054美元。美航随后推出打折机票，只有640美元，减少了414美元。这样一来全美航空公司就面临一项决策：是仍然保持目前的1 054美元，还是与美航一样，确定新票价为640美元，或者是低于美航的640美元？美航在匹兹堡-达拉斯市场中的需求函数（和收益）取决于全美航空公司对其机票降价的反应。全美航空公司索取高价（如目前的1 054美元）的决策将使美航的市场份额增加，因为很多旅客将选择美航的低价服务。全美航空公司采取与美航新票价相同的决策将造成美航在匹兹堡——达拉斯航线上保持其现有的市场份额。但是，降低票价实际上能否提高美航的收益和利润，要取决于需求的价格弹性和全额票与打折票的销售组合。最后，如果全美航空公司的价格低于美航640美元的新票价，将会导致美航的市场份额降低，美航也可能进一步降价。

### 古诺模型

　　研究寡头厂商之间相互依赖问题的一种标准方法就是忽略它的存在，也就是说，一个厂商假定其竞争对手行动时好像它根本不存在。由于表12-1所列寡头行业的范围很广，需要采用几个简化的模型来说明寡头厂商有关价格、产量的竞争行为和其他市场条件。法国经济学家奥古斯汀·

古诺（Augustin Cournot）提出的"古诺寡头模型"认为，各家厂商在决定其利润最大化产量水平时，假定其他厂商的产量不变。

比如，两个寡头（厂商A和厂商B）生产相同产品。如果厂商A看到厂商B在当期生产单位的产量，那么厂商A就会在假定厂商下一期仍继续生产相同产量的条件下，力求使自己的利润最大。厂商B的行为方式与厂商A相同，也是在假定厂商A下一期继续按当期相同产量进行生产的条件下谋求自己的最大利润在古诺模型中，这种行为方式要一直持续下去，直至达到长期均衡点。在这一点上，价格和产量都是稳定的，而且哪一家厂商都不能通过提高或降低产量来增加自己的利润。下例说明了长期古诺均衡的确定。

### 实例 古诺寡头的解决方案：西门子与阿尔卡特－朗讯

假设两家欧洲电子公司西门子（厂商 $S$）和阿尔卡特－朗讯（厂商 $T$）共同持有一项用于机场雷达系统零件的专利，此零件的需求为以下函数

$$P = 1\,000 - Q_S - Q_T \qquad (12\text{-}1)$$

式中的 $Q_S$ 和 $Q_T$ 为两家厂商的销售量，$P$ 为（市场）销售价格。两家厂商制造和销售此零件的总成本函数分别为

$$TC_S = 70\,000 + 5Q_S + 0.25Q_S^2 \qquad (12\text{-}2)$$

$$TC_T = 110\,000 + 5Q_T + 0.15Q_T^2 \qquad (12\text{-}3)$$

假设两家厂商独立行动，各自都谋求销量这种零件的总利润最大。

西门子公司的总利润等于

$$\begin{aligned}
\pi_s &= PQ_S - TC_S \\
&= (1\,000 - Q_S - Q_T)Q_S \\
&\quad - (70\,000 + 5Q_S + 0.15Q_S^2) \\
&= -70\,000 - 995Q_S \\
&\quad - Q_T Q_S - 1.15Q_S^2 \qquad (12\text{-}4)
\end{aligned}$$

可以看出，西门子公司的总利润取决于阿尔卡特－朗讯公司生产和销售的数量（$Q_T$）。取式 12-4 对 $Q_S$ 的偏导，得到

$$\frac{\partial \pi_S}{\partial Q_S} = 995 - Q_T - 2.50Q_S \qquad (12\text{-}5)$$

同样，阿尔卡特－朗讯公司的总利润等于

$$\begin{aligned}
\pi_T &= PQ_T - TC_T \\
&= (1\,000 - Q_S - Q_T)Q_T \\
&\quad - (110\,000 + 5Q_T + 0.15Q_T^2) \\
&= -110\,000 - 995Q_T \\
&\quad - Q_S Q_T - 1.15Q_T^2 \qquad (12\text{-}6)
\end{aligned}$$

还可以看到，阿尔卡特－朗讯公司的总利润是西门子公司产量水平（$Q_s$）的函数。求出式（12-5）对 $Q_s$ 的偏导，得到

$$\frac{\partial \pi_T}{\partial Q_T} = 995 - Q_S - 2.30Q_T \qquad (12\text{-}7)$$

让式（12-5）和式（12-7）等于零，得到

$$2.50Q_S + Q_T = 995 \qquad (12\text{-}8)$$

$$Q_S + 2.30Q_T = 995 \qquad (12\text{-}9)$$

同时求解式（12-8）和式（12-9），得到两家厂商的最优产量水平：$Q_T^* = 272.32$ 单位，$Q_S^* = 314.21$ 单位。把这些数值代入式（12-1），计算最优（均衡）销售价格 $P^* = 413.47$ 美元/单位。把 $Q_T^*$ 和 $Q_S^*$ 代入式（12-4）和式（12-6），可以得到两家厂商的相应利润，分别为 $\pi_s^* = 22\,695.00$ 美元，$\pi_T^* = 3\,536.17$ 美元。

## 12.3 卡特尔和其他共谋

寡头厂商有时会通过正式或非正式地达成合作或共谋决策而降低因相互影响带来的内在风险。寡头厂商之间的共谋协议叫作**卡特尔**。一般情况下，在美国和欧洲，共谋协议是非法的，不过，也存在一些重要的例外。比如，在美国很多地方，经过联邦政府的批准，各种农产品（如牛

奶、柑橘）的价格与配额是由生产者合作社确定的。飞行跨大西洋航线的航空公司组成国际航空运输协会（IATA），共同制定这些航行的统一价格。远洋海运运费也是由各主要跨洋航线的几百次共谋性"会议"决定的。

另外，非法的共谋协议也不断出现。例如，水泥和铺路公司以及纸盒制造商常常因固定价格而被起诉。2008 年的一个案例中，韩国电子巨头 LG 支付了 4 亿美元的罚款（数量第二大的反垄断罚款），其共谋者日本夏普被罚款 1.29 亿美元，三星电子有限公司、台湾地区中华显示器公司和友达光电公司密谋固定笔记本电脑、手机和电视机的 LED 显示器从 2001 年到 2006 年的批发价格。[一]6 个被告人控制了 80% 的液晶显示器市场。两名高管被判处有期徒刑三年，罚款总额是有史以来美国的反托拉斯法案数额最大的。谷物加工巨头 ADM（Archer Daniels Midland）公司在 1996 年因在赖氨酸市场的五家厂商中建立一个明显的生产限额和定价系统而被控有罪。赖氨酸是一种加速微生物生长的氨基食品添加剂。ADM 支付了 1 亿美元的反托拉斯罚款，其主管人员被判入狱。[二]罗氏和巴斯夫这两家瑞士和德国的药品、化学、芳香剂和维生素的工业巨头分别同意向美国司法部支付 5 亿美元和 2.25 亿美元的罚款，原因是它们在维生素供应中领导了一次固定价格的共谋行动。1999 年这次反垄断判决使罗氏公司的利润率下降了 30%。[三]由维生素固定价格共谋产生的罚款全世界高达 16 亿美元。严厉的惩罚表明一个行业因卡特尔行为而造成的低效率可以是多么严重，明智的企业不会对禁止固定价格的做法熟视无睹。

**卡特尔**（cartels）：寡头行业中厂商之间正式或非正式的协议，能够影响价格、行业的总产量、市场份额和利润分配。

**实例　远洋运输会议如何影响运费**

自 1916 年《运输法》实施以来，公司一直受到美国反托拉斯法的豁免。跨洋航线的运费是由 10~50 个竞争者组成的一个"运输会议"共同确定的。美国农业部和联邦贸易委员会（FTC）在 1993 年和 1995 年的两项研究发现，当远洋运输公司违反会议协议，作为独立承运人进行协商时，费率会降低 18% 或 19%。尽管如此，"运输会议"通过与其大客户订立排他性业务合同仍然保持其市场力量。"运输会议"的巨大能力能比独立承运人提供更为频繁的运输日程和更高的可靠性。在交换排他性合同中，"运输会议"利用快速清偿损失程序可以对有争议的货物理赔提供有吸引力的条款。2000 年，美国国会举行有关这个反托拉斯豁免权及拟议消除豁免的听证会，但立法没有通过。

资料来源：Based on Making Waves, *Wall Street Journal*(October 7, 1997), p. A1; J. Yong, Excluding Capacity-Constrained Entrants through Exclusive Dealing: Theory and Applications to Ocean Shipping, *Journal of Industrial Economics* 46, no. 2 (June 1996), pp. 115-129; and Shipmates, *Wall Street Journal*(February 20, 2003), p. A1.

## 12.3.1　影响共谋成功可能性的因素

寡头厂商成功地参与共谋的能力取决于以下一些因素。

（1）**卖主的数量与规模分布**。参与共谋的寡头厂商数量越少，有效的共谋活动通常就会越容

[一]　LCD-Makers Plead Guilty to Price Fixing, *Wall Street Journal*(July 7, 2008), p. B1; Seoul Fines Six LCD Manufacturers in Price Fixing Case, *Wall Street Journal*, (October 31, 2011), p. B5; Firm Fined $500 million for Price Fixing, *Wall Street Journal*(September 21, 2012), p. B2.
[二]　In ADM Saga, Executives Now on Trial, *Wall Street Journal*(July 9, 1998), p. B10.
[三]　Scandal Costs Roche, *Wall Street Journal*(May 25, 1999), p. A20.

易。20 世纪 90 年代戴比尔斯在瑞士和南非的钻石卡特尔之所以有效，部分原因是俄罗斯在 1995 年同意把它的全部批发供给量的 95% 通过戴比尔斯出售。而在当时仅戴比尔斯中心销售组织与俄罗斯拥有的钻石就占世界供给量的 75% 以上。

（2）**差异化产品**。特点相同的产品被称为均质的产品，而价格就成了唯一的区分标准。如果产品是有差异的（或有差别的），合作就会更困难，因为竞争会围绕广泛的产品特点而展开，诸如耐用程度、流行时间、保证条款和售后服务政策等。

（3）**成本的结构**。竞争厂商之间的成本函数越不相同，厂商就定价和产量决策进行共谋就会越困难。另外，在固定成本占总成本大部分的行业中，成功共谋的难度较大。固定成本所占百分比越高，表明收回这些固定成本的贡献毛利更高。正如第 10 章式（10-2）所表明的，更高的毛利意味着盈亏平衡销售量更低，使折扣更具有吸引力，限制折扣也更为困难。因此，在要求高度资本密集生产过程的行业（如炼油、炼钢和航空业）中，共谋高价的失败时常发生。

---

**| 实例 |　DRMA 芯片制造厂商因建立全球卡特尔而支付巨额罚金**

全球四大制造用于消费电子产品随机存储记忆芯片的厂商，因 1999～2002 年的固定价格协议而被处以巨额罚款和几个主管人员的监禁。违法的共谋在 6 个月时间内把芯片价格提高了 400%，从每 100 兆 1 美元升至 4 美元，然后努力把价格保持在 3 美元水平上。DRAM 芯片是通用性的，供应商之间易于替代。结果，旨在限制产量的卡特尔协议必定使价格保持在竞争水平之上。生产了绝大部分这种芯片的三星和海力士（Hynix）两家韩国厂商分别支付了 3 亿美元和 1.85 亿美元的罚款，德国的英飞凌（Infineon）科技公司支付了 1.6 亿美元的罚款，四位主管人员被监禁了几个月，个人支付罚款 250 000 美元。爱达荷州鲍尔斯的美光（Micron）科技公司因与此案的起诉人和原告（戴尔和惠普）进行合作才被免于起诉。

资料来源：Based on Samsung to Pay, *Wall Street Journal*（October 14，2005），p. A3；and Hynix Pleads Guilty, *Wall Street Journal*（April 22，2004），p. B6.

---

（4）**订货的规模和频率**。成功的寡头合作还要依赖于一定时间内顾客订单的规模分布。当订货量小、频率高，而且接收有规律（如购买汽车）时，有效的共谋更有可能。当订货量大、接收频率不高而且时间间隔不规则（如飞机发动机的采购）时，厂商就定价和产量决策进行共谋就会更困难。因此，普惠（Pratt & Whitney）、劳斯莱斯（Rolls-Royce）和通用电气公司从未就喷气发动机的价格进行过合谋。

（5）**报复的威胁**。如果一家寡头厂商认为其他卡特尔成员会发现降价，然后进行报复，就不太可能向某些顾客提供秘密的价格妥协。卫生纸制造商的共谋协议就是通过对诸如学校和医院这样的机构客户的公开竞标来运作的，密封报价可以有效防止共谋行动。

（6）**外部产量的比例**。大多数卡特尔都埋下了自我毁灭的种子，价格和利润的增加会吸引新的竞争者的进入。卡特尔以外供应量的增加意味着对卡特尔成员产量施加更大的限制，以便维持一个既定的市场价格。1999 年的某个时刻，戴比尔斯为了稳定价格，不得不购买 39.6 亿美元的钻石作为库存（整个市场只有 80 亿美元），因为加拿大、澳大利亚和俄罗斯（戴比尔斯卡特尔以外）的很多钻石涌进了市场。⊖

---

⊖　Based on De Beers to Abandon Monopoly, *Wall Street Journal*（July 13，2000），p. A20；and Atlantic Ocean Shipping Cartel Makes Concessions, *Wall Street Journal*（February 7，1997），p. A2.

最后，由于卡特尔以外的钻石总供应量达到了 37%，戴比尔斯在 2000 年宣布其维持了 65 年的卡特尔结束。当墨西哥、委内瑞拉和挪威的石油大量进入市场后，也终结了欧佩克 I 卡特尔。当今远洋运输价格的破产也是因为决定运费的"运输会议"现在对 850 亿美元北大西洋市场的控制不到 70%，对 2 620 亿美元跨太平洋市场的控制不到 50%。外部供应商降低了卡特尔成员为把价格稳定在其竞争水平之上的成功共谋的可能性。

## 12.3.2 卡特尔的利润最大化和限制产量的分配

根据合法的卡特尔和秘密的共谋协议，厂商会力求把价格和利润提高到没有共谋的水平之上。一个包括 E、F 两家厂商的卡特尔的利润最大化结果显示在图 12-4 中。行业需求曲线 D、边际收益曲线 MR 和边际成本曲线 $\sum MC$ 都画在 c) 图上。行业的边际成本曲线是通过把 a)、b) 图中每个厂商相同产量水平上的边际成本曲线水平相加得到的，即 $\sum MC = MC_E + MC_F$。通过把行业总产量（和相应的价格）定在行业的边际收益等于行业的边际成本的交点上就可以使整个行业的利润最大化（产量为 $Q_{总}^*$，单位价格为 $P^*$）。

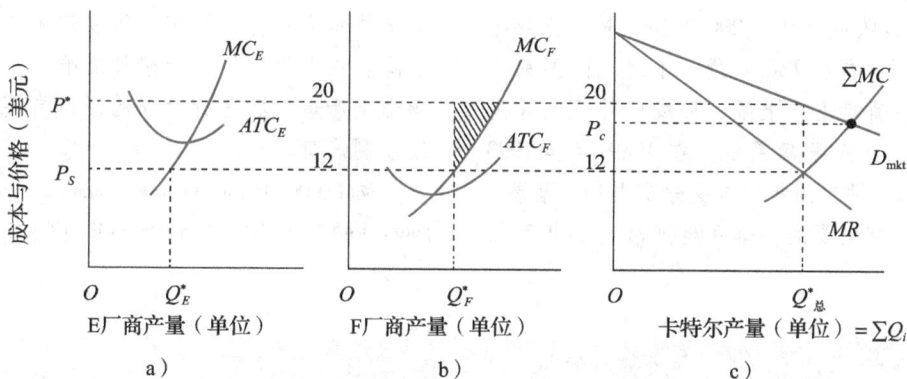

图 12-4 两厂商卡特尔的价格—产量决定

如果卡特尔使其总利润最大，则应把各家厂商的市场份额（或配额）定在所有厂商的边际成本都相同，而且行业（总和）的 $MC = MR$ 的水平上。厂商 E 的最优产量就是生产配额 $Q_E^*$ 单位，厂商 F 的生产配额为 $Q_F^*$ 单位。如果在厂商 E 的生产水平上，它的边际成本超过了厂商 F，那么通过把产量从厂商 E 移到厂商 F，直到边际成本相等，就可以使卡特尔的利润增加。

卡特尔定价协议难以达成，其核心问题就是对这些产量份额或配额的监督。要发现违反配额和有效地实施惩罚性措施几乎是不可能的，因此大多数卡特尔都是不稳定的，比如纸箱制造商之间的价格固定协议。这些共谋协议大约 1 季度形成一次，但几周之内就会破裂。长期存在的石油输出国组织（欧佩克）和戴比尔斯钻石卡特尔是个例外。让我们回到图 12-4 中分析一下原因。

假设你是厂商 F，面对一个卡特尔确定的原油价格 $P^*$，每桶 20 美元。在分配给你的配额 $Q_F/Q_{总}$ 水平上，你的边际成本为每桶 12 美元。沙特阿美石油公司（Aramco）曾用管道把从生产油井到运输终端的所有产量集中在一起，现在则代之以数目庞大的独立运输终端，其原油存在相对的差异性。你能否接受给你的配额？这样做是否符合你的最高利益？此答案取决于你超出配额的额外销售是否会被发现，你所增加的产量是否会增加总供给，足以对卡特尔价格形成下降的压力。如果这两个问题的答案都是否定的，那么由于你每多销售 1 桶原油，就有 40% 的毛利（8 美元）等着你，所以一个谋求利润最大化的人肯定会增加产量，以获取图 12-4 中以阴影面积代表的增量利润。

当然，问题是其他卡特尔成员也会以同样的方式来思考。如果每个人都把卡特尔价格视为既定，并独立地谋求利润最大，那么卡特尔的供给就会增加到 $\Sigma MC$，黑市价格一定会下降到竞争水平 $P_C$，也许正好是市场出清价格 17 美元。理想配额 $Q_F$ 和 $Q_E$ 的实施是每个卡特尔组织的弱点。在欧佩克中，沙特阿拉伯在消化吸收其他欧佩克成员国违反配额的影响，从而在稳定卡特尔方面起着重要作用。

---

| 实例 | 两难中瓦解

哥伦比亚和巴西最大的咖啡生产者与非洲和中美洲的几个小生产者常常在原则上同意把市场中的咖啡豆减少几百万吨，力求提高暴跌的批发价格。巴西的生产者可能提出在原计划的 1 800 万袋收成中减少 200 万袋，哥伦比亚生产者也会同意减少 130 万袋。不过，两国都反对采用一个确定生产上限、形成监管机制并惩罚违约者的正式限额系统。在 1989 年和 1993 年，国际咖啡协定因拒绝接受分配限额而崩溃。

如果所有主要的咖啡豆生产者能够相互依赖，在天气极好的年份中大幅度缩减产量，那将获得更高的利润率。然而，总是有一些卡特尔成员为使自身利益最大化而以低于官方同意的价格向世界市场中提供过多的产量。由于其他卡特尔成员都这样想，所以均衡市场价格即下降。在世界市场的价格被影响，表明其他的咖啡生产者正在违背协议时，只有傻瓜才会继续限制产量。

资料来源：Brazil, Colombia Form Cartel for Coffee Exports, *Wall Street Journal* (September 8, 1991), p. B12.

---

| 国际视角 | OPEC 卡特尔

石油输出国组织（OPEC）是在 1960 年由五个同为沙特阿美石油公司（ARAMCO）宗主国的海湾国家建立的，沙特阿美石油公司是由勘探和开发中东油田的国际石油公司在 1947 年建立的一个合资企业。沙特阿美石油公司制定原油的价格，并向逐步购买沙特阿美石油公司资产的宗主国支付石油开采权使用费。由于欧佩克成员国在 1973 ~ 1974 年控制了世界石油产量的 80%，决定限制生产以便使原油的价格从每桶 3 美元升到 12 美元，提高了 400%。欧佩克 I 卡特尔诞生了。在这个固定价格的卡特尔中，最有影响力的成员是沙特阿拉伯，因为它拥有大规模的生产能力，几乎占欧佩克初期总产量的一半，在欧佩克今天的产量中仍占到 36%。

20 世纪 80 年代初，石油价格处于 32 ~ 41 美元（相当于 2016 年的 96 美元），偷偷降价的情况很普遍。比如，尼日利亚秘密降价的方法是降低在该国采油的石油公司的所得税。其他的欧佩克成员国对于购买石油实行实物交换，并扩大购买石油的支付条件，从而减少了对资助购买石油所需资金的利息支付。在此期间（通常称为 OPEC II），沙特阿拉伯作为一个"活跃的生产者"定期地稳定不断下降的油价，它在 1980 年把生产量降至每天 200 万桶（bpd），当时它的授权配额是 435 万桶，而它的生产能力是 1 000 万桶。欧佩克 II 实际上在 1985 年 10 月终止，当时沙特阿拉伯改变了它的政策，开始增加产量，最高达到每天 600 万桶。原油的均衡市场价格下降，甚至低至每桶 12 美元（相当于 2016 年的 27 美元）。

欧佩克现在控制的全世界石油产量不到

40%，只是它们曾经达到的一半。在 20 世纪整个 90 年代，像阿拉斯加普拉德霍湾等非传统产油地区、俄罗斯和北海都扩大了原油生产量，尽管这些地方的开采成本要比中东地区 1 桶 3 美元的勘探、打井和采油成本高出 5 倍。特别在西半球，委内瑞拉公开挑战沙特阿拉伯作为一个"活跃生产者"和价格领袖的作用。俄罗斯每天生产 927 万桶原油，也对世界其他地区发出同样的挑战。

由于原油生产在全世界到处开花，所以在 1998 年和 1999 年年初原油价格下跌至 9.96 美元（见图 12-5）。为了稳定市场，欧佩克成员国在 1999 年 3 月（和 2000 年 9 月再次）同意实施

一个生产配额系统。沙特阿拉伯同意每天减产 5 850 桶，等于它在 1999 年 2 月日均 880 万桶的 7%。占有 12% 份额的伊朗同意减产 264 000 桶，也等于它 360 万桶产量的 7%。委内瑞拉接受每天减产 125 000 桶，等于它的 340 万桶产量减少 4%。原油价格几乎马上做出反应，从每桶 10 美元涨到 33 美元，在 15 个月内上升了 3 倍多（见图 12-5）。欧佩克Ⅲ卡特尔的确在起作用，它通过有效地限制产量来提高价格。

资料来源：Why the Saudis Won't Back Down Soon, *Wall Street Journal*（April 8, 1986）；and J. Griffin and W. Xiong, The Incentive to Cheat: An Empirical Analysis of OPEC, *Journal of Law and Economics* 60, no. 2(1997).

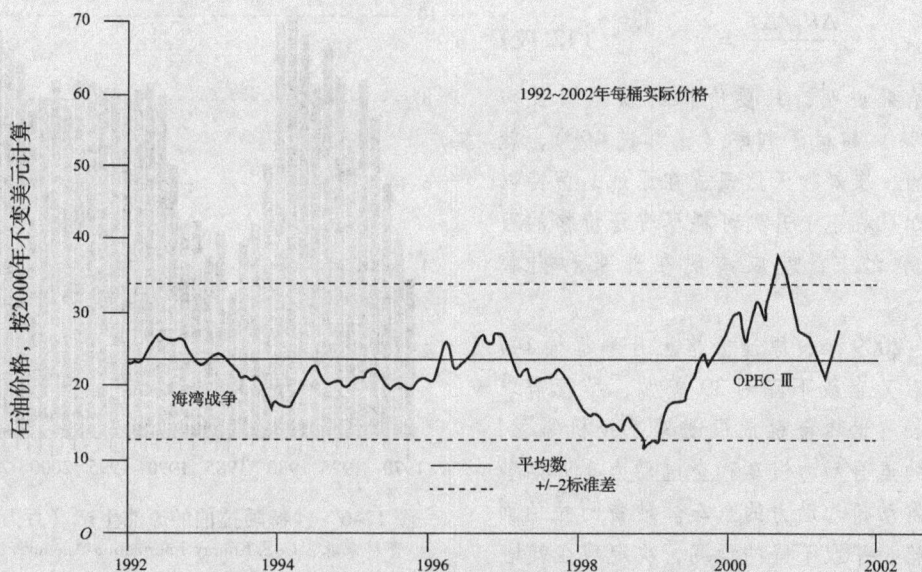

图 12-5 欧佩克Ⅲ的生产配额如何影响原油价格

资料来源：Federal Reserve Bank, St. Louis, *National Economic Trends*.

---

**案例** **可耗尽资源：沙特阿拉伯的等待博弈**

原油、煤炭、天然气和矿石等资源都是经过千万年才形成的。尽管从地质意义上讲这些资源的数量是有限和固定的，但更密集的勘探与开发通常能够找到更多的资源。如果限制捕获量和采伐量使之不致枯竭的话，像渔场和林地这样的可再生资源本身是可以补充的。但能使一种可耗尽资源的所有者不再开采其原油、

煤炭和天然气的唯一原因就是，他认为资源的价格未来很快就要上涨。因此，价格变化和价格变化的预期是可耗尽资源决策的关键。

把时期 $T(P_T)$ 内未来价值的预期价格设定为

$$P_T = P_0(1 + r)^T \qquad (12-10)$$

式中的 $r$ 是实际利率（更准确地说是经过通货

膨胀和风险调整的利率）。把每个时间单位分为 $n$ 个子时期，取 $n$ 无穷大时的极限，这个价格预期值的复利增长为

$$P_T = P_0 \left[ \lim_{n \to \infty} \left( 1 + \frac{r}{n} \right)^{nT} \right] = P_0 e^{rT}$$

$$(12\text{-}11)$$

式中的 e 是 2.718 3……，自然对数的底。我们现在就是根据相对于资源价格增长百分比的等待机会成本（实际利率 $r$）来表示"我们收获还是等待"的决策

$$\frac{\Delta P_T / \Delta T}{P_T} = \frac{r P_0 e^{rT}}{P_T}$$

利用式（12-11），此式变成

$$\frac{\Delta P_T / \Delta T}{P_T} = r \qquad (12\text{-}12)$$

这个结果说明，只要价格的预期增长率（比如说 8%）超过了利率（比如说 4%），就应该把原油、煤炭和天然气放在原地，留待以后开采。如果利率上升到可耗尽资源价格的百分比增长率之上，就应该现在开采和出售资源。

2008～2009 年，原油价格上升到每桶 147 美元，随后又直线下降到 39 美元，尽管需求在继续增长。世界金融危机粉碎了投机需求，更为节能的混合动力汽车和全电动力车开始替代以汽油发动机为动力的汽车。沙特阿拉伯面对原油价格持平或下降的预测，决定现在就增

加生产量和开采量！沙特 2002 年的生产量是每天 800 万桶，到 2009 年几乎增加到每天 1 100 万桶（见图 12-6）。虽然欧佩克只控制了 36% 的世界石油生产（见图 12-7），沙特阿拉伯在世界定价中保有核心位置。结果造成汽油一直比电动汽车的能源便宜得多，只是氢燃料动力汽车全部成本的 80%。还有，这个扩大生产能力政策的目的就是，通过减缓原油价格的增长率来阻止替代燃料的开发。拥有 67 年可证实储量供给的任何其他可耗尽资源的所有者都会做相同的事情。

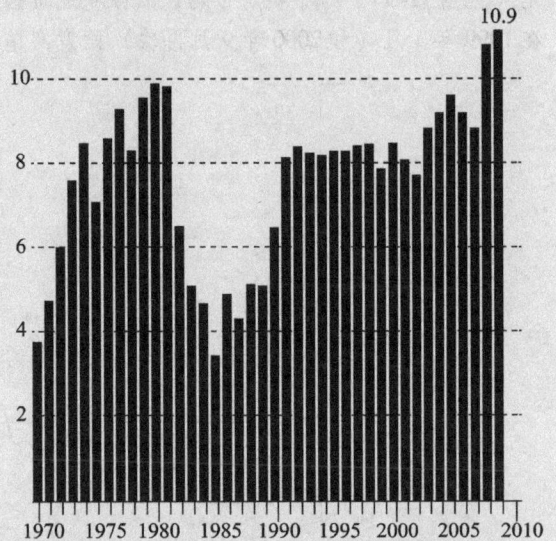

图 12-6　沙特阿拉伯的原油生产（百万桶/日）
资料来源：U. S. Energy Information Agency.

沙特的开采策略已被证明是成功的。原油价格从 2008 年 7 月最高的 147 美元每桶在一年内下降到平均 75 美元。2012 年，原油均价为每桶 85 美元，而汽油的单价跌至 3 美元以下。此外，达科塔的页岩油在美国国内产量增加了一倍。2013～2015 年美国汽油单价跌至每加仑 2 美元并持续保持低位。

沙特阿拉伯拥有已知但未开采的原油储量 2 670 亿桶，以目前的生产速度，预期可持续开采 61 年（见图 12-7）。相比之下，美国只有 550 亿桶，只剩下 11 年的储备。因此，沙特阿拉伯更希望阻止其他燃料的出现，比如巴西的蔗糖酒精、美国的玉米酒精以及加拿大从大量的沥青砂中提炼燃料。从这个意义上讲，美国得克萨斯州和俄克拉何马州的石油利益常常与沙特阿拉伯相左，前者希望在自己的储备消耗完毕之前，尽快推出旨在提高石油价格的政策，而后者希望把价格保持在某个水平之下，以免引发用全电力汽车或氢燃料电池替代汽油发动机，因为沙特阿拉伯和其他 OPEC 国家的石油储备将会持续一个世纪。

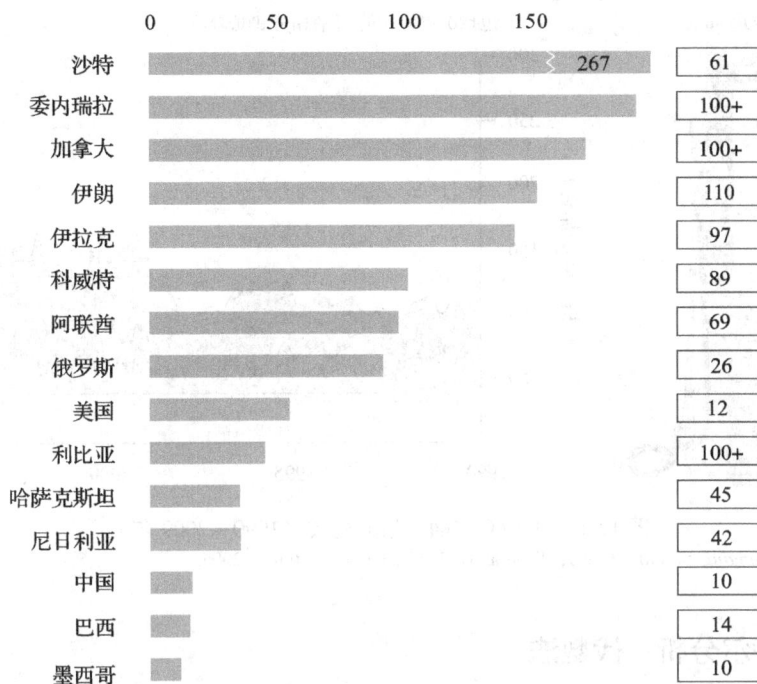

图 12-7　已证实石油储量

资料来源：BP Statistical Review of World Energy，2012.

---

## 实例｜是什么推动汽油成本达到每加仑 3 美元

　　近年来，OPEC Ⅲ 卡特尔的影响被伊拉克战争和中国、印度石油消费未曾预见的增长所掩盖。原油在 2006 年和 2009 年卖到了每桶 70~80 美元，汽油价格飙升到 1 加仑 3 美元以上，那么这个高于 3 美元的汽油零售价格的构成成本是什么？

　　一种解释可能是，美国州和联邦政府的消费税或州和地方政府的销售税上升了，但 10 年来它们差不多一直保持在每加仑 0.50~0.60 美元（见图 12-8）。另一解释可能是，零售加油站业主在搜刮顾客，但完全竞争是零售汽油市场的特点，因此零售利润低而且多年一直保持不变，为 0.15~0.20 美元。在输油管道破裂时，分销的瓶颈有时会造成地区性价格上升，但总的来讲，汽油价格中只有 0.07 美元属于分销成本。炼油能力的不足是另一种解释，3.00 美元中的 0.80 美元属于炼油成本，近年来有一定程度的上升。

　　至今为止，反映在汽油价格中最大的构成成本就是原油（见图 12-8）。1 加仑 3 美元中的整整一半（1.54 美元）属于原油本身的成本。正是这个组成部分在大幅度上升。从 2004 年的每桶 35 美元增加到 2005 年和 2009 年的 70~80 美元。

　　资料来源：Based on Oil Nations Move Closer to a New Round of Cuts, *Wall Street Journal*（March 12, 1999），p. A3；Crude Cuts：Will Oil Nations Stick or Stray？*Wall Street Journal*（March 26, 1999），p. A19；The Next Oil Shock, *The Economist*（March 6, 1999），p. 72；Standstill Britain, *The Economist*（September 16, 2000），p. 64；and At OPEC Some Say There's Enough Oil, *Wall Street Journal*（September 12, 2000），p. A2.

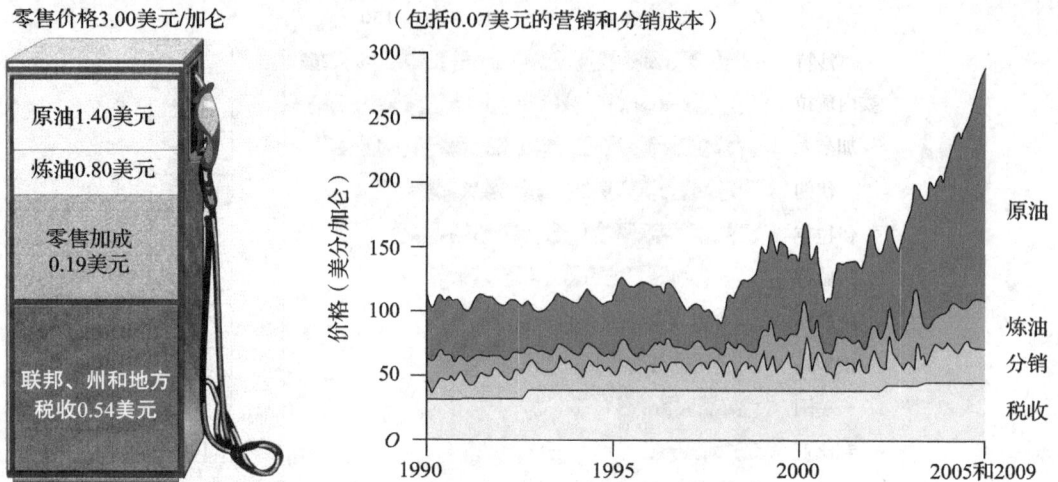

零售价格3.00美元/加仑

原油1.40美元

炼油0.80美元

零售加成
0.19美元

联邦、州和地方
税收0.54美元

（包括0.07美元的营销和分销成本）

原油

炼油

分销

税收

图12-8    ①加仑汽油价格的构成（1990～2009年）

资料来源：*Changing Gasoline Prices*，Federal Trade Commission，June，2005.

### 12.3.3    卡特尔分析：代数法

给定需求函数和成本函数，就可以用代数法确定两个厂商卡特尔的利润最大化价格和产量水平。此处仍以上一节讨论的西门子公司（厂商 $S$）和朗讯公司（厂商 $T$）为例。需求函数由式（12-1）给出，两厂商的成本函数由式（12-2）和式（12-3）给定。假设西门子和朗讯决定建立一个卡特尔，按照垄断厂商的行为方式，通过生产和销售这种零件谋求总利润最大。

行业总利润（$\pi_\&$）等于西门子和朗讯两家厂商的利润之和，由下式给定

$$\pi_\& = \pi_S + \pi_T = PQ_S - TC_S + PQ_T - TC_T \tag{12-13}$$

把式（12-1）、（12-2）和（12-3）代入上式，得到

$$\begin{aligned}
\pi_\& &= (1\,000 - Q_S + Q_T)Q_S - (70\,000 + 5Q_S + Q_S^2) + (1\,000 - Q_S - Q_T)Q_T \\
&\quad - (110\,000 + 5Q_T + 0.15Q_T^2) \\
&= 1\,000Q_S - Q_S^2 - Q_SQ_T - 70\,000 - 5Q_S - 0.25Q_S^2 + 1\,000Q_T - Q_SQ_T - Q_T^2 - 110\,000 \\
&\quad - 5Q_T - 0.15Q_T^2 \\
&= -180\,000 + 995Q_S - 1.25Q_S^2 + 995Q_T - 1.15Q_T^2 - 2Q_SQ_T
\end{aligned} \tag{12-14}$$

为使 $\pi_\&$ 最大，求式（12-14）对 $Q_S$ 和 $Q_T$ 的偏导数

$$\frac{\partial \pi_\&}{\partial Q_S} = 995 - 2.50Q_S - 2Q_T$$

$$\frac{\partial \pi_\&}{\partial Q_T} = 995 - 2.30Q_T - 2Q_S$$

使上面两式等于零，得到

$$2.50Q_S + 2Q_T - 995 = 0 \tag{12-15}$$

$$2Q_S + 2.3Q_T - 995 = 0 \tag{12-16}$$

联立式（12-15）和式（12-16）求解，得到最优产量值：$Q_S^* = 170.57$ 单位，$Q_T^* = 284.39$ 单位。

把这些数值代入式（12-13）和式（12-14），就得到该卡特尔的最优销售价格和总利润，$P^* =$

545.14 美元/单位，$\pi_{总}^* = 46\,291.43$ 美元。两家厂商在最优产量上的边际成本等于

$$MC_S^* = \frac{\mathrm{d}(TC_S)}{\mathrm{d}Q_S} = 5 + 0.5Q_S = 5 + 0.5 \times 170.57 = 90.29(\text{美元})$$

$$MC_T^* = \frac{\mathrm{d}(TC_T)}{\mathrm{d}Q_T} = 5 + 0.3Q_T = 5 + 0.3 \times 284.29 = 90.29(\text{美元})$$

正如图 12-2 的图解法所示，此卡特尔中各厂商的最优产量（或市场份额）出现在两家厂商的边际成本相等的水平上。

表 12-3 总结了西门子和朗讯实例的结果：①两家公司独立行动，都谋求自己公司利润的最大化（古诺均衡）；②它们组成一个卡特尔谋求行业总利润最大。从这个比较可以得出几点结论：首先，厂商存在共谋时，行业的总产量（$Q_总^*$）更低，销售价格（$P^*$）更高。其次，行业总利润（$\pi_总^*$）在厂商联合确定价格和产量时比独立行动时更高。最后，这种情况并非在所有共谋协议中都存在，有时一家厂商（即西门子）的利润在卡特尔情况下比它独立行动时还低。因此，朗讯公司要让西门子公司参加这个卡特尔，就可能不得不同意把通过卡特尔增加的利润的一大部分拿出来与西门子公司共享。

**表 12-3　西门子和朗讯关于定价、产量和利润的比较**

| 最优值 | (1) 无共谋：两家厂商独立行动，谋求自身利润最大化 | (2) 共谋：两家厂商建立卡特尔，谋求行业总利润最大化 |
|---|---|---|
| $Q_S^*$（西门子的产量） | 272.31 单位 | 170.57 单位 |
| $Q_T^*$（朗讯的产量） | 314.21 单位 | 284.29 单位 |
| $Q_总^* = Q_S^* + Q_T^*$（行业总产量） | 586.53 单位 | 454.86 单位 |
| $P^*$（销售价格） | 413.47 美元/单位 | 545.14 美元/单位 |
| $\pi_S^*$（西门子的利润） | 22 695.00 美元 | 14 858.15 美元 |
| $\pi_T^*$（朗讯的利润） | 3 536.17 美元 | 31 433.28 美元 |
| $\pi_总^* = \pi_S^* + \pi_T^*$（行业总利润） | 26 231.17 美元 | 46 291.43 美元 |

## 实例　棒球大联盟的收入共享

美国棒球大联盟（MLB）是棒球职业运动队业主组成的一个卡特尔组织，自 1993 年美国最高法院公布决定以来一直不受反垄断法律的制约。MLB 限制球队进入，批准所有权转移，对实习运动员在专业棒球队前 6 年的选拔和雇用进行管制。1975 年，圣路易斯红雀队（Cardinals）的柯特·弗勒德（Curt Flood）成功地挑战了大联盟棒球队第 6 年之后限制劳工的做法（"保留条款"），随后，MLB 通过一种集体议价协议授予运动员自由代理地位。只要合同续签，有经验的运动员此时就可以向最高出价者提供服务。

结果是联盟球员的薪金暴涨，明星运动员集中在最大的市场（纽约和洛杉矶）中，这里的业主拥有更高的票房收入、更高的特许优惠销售和提供更高报酬的更多电视转播合同。即使一般运动员也能从棒球队保留条款中获利。大联盟运动员的平均薪金按经通胀因素调整后的美元计算，从 1972 年的 160 000 美元增长到 1992 年的 1 015 000 美元，并且在 2012 年上涨到 1 579 000 美元。因为业主把全队收益的 58% 花在薪金上，另外的 13% 花在后备系统和小联盟后备队上，所以 MLB 卡特尔的介入恢复了竞争平衡。MLB 实施一种收入共享

制度。最富的运动队要拿出总收入的 34% 补贴球迷较少的运动队的薪金，球迷少的原因是市场较小（明尼阿波利斯）或场上比赛不太成功（巴尔的摩）。到 2010 年，补贴总量已超过 4.4 亿美元。

资料来源：Based on "Let the Market Rule", *Wall Street Journal*(November 10, 1998), p. A22; Just Not Cricket, *The Economist*(May 31, 2003), p. 34; and Gerald Scully, *The Market Structure of Sports*(Chicago: Chicago University Press, 1995).

## 12.4　价格领导

某些寡头行业中决定价格 - 产量的另一个模型是**价格领导**。很多行业都表现出一种模式：通常由一家或少数几家厂商制定价格，其他厂商一般都会跟

**价格领导**（price leadership）：很多寡头行业都采取的一种定价战略，通常由一家厂商宣布所有的新价格变化，通过明的或暗的协议，该行业中的其他厂商通常都会跟随行业领导者的定价行动。

随，其间通常会有几天的时间延滞。例如，以基本的钢铁产品为例，一周内通行的价格常常就是从一个生产者到另一个生产者的统一价格。

只有在由领导厂商发起的价格变动被其他厂商采纳的可能性很高，而且没有持反对或不同意见的厂商时，有效的价格领导才会产生。行业中厂商的数量越少（即厂商之间决策结果的相互影响越大），价格领导就越可能有效。在不同行业、不同时间可以观察到的两种主要的价格领导方式就是气压计式价格领导和支配式价格领导。

### 12.4.1　气压计式价格领导

在气压计式价格领导中，一家厂商宣布价格变动，并希望被其他厂商所接受。这个领导者不必是行业中的最大厂商。实际上这个领导者也是不断变化的。但领导者一定要正确地解释正在改变的需求和成本条件，以便使提出的价格变动被全行业所接受。气压计式价格领导的实质不过就是率先对市场条件变化做出一种反应，而其他厂商发现跟随这个价格符合自己的最大利益。这些条件可能包括伴随行业内库存量的增加（或短缺）而形成的成本增加（或下降）和销售疲软（或过旺）。

---

| 实例 | 气压计价式价格领导：美国航空公司和大陆航空公司

美国航空公司在从美航枢纽机场出发的多条直达航线上占有很重要的比例。让我们考虑一下，如果美航宣布不再提供提前 3 天的购票会发生什么。要得到一张打折 20% 的经济舱机票（比如从达拉斯到纽约 1 629 美元，从达拉斯到迈阿密 1 684 美元）改为原先的要求提前 7 日购票。其他更便宜的提前 7 天或 14 天的周六过夜机票没有受到影响，因为这些票价主要针对消闲旅客。

美国航空公司希望它的主要竞争对手大陆、达美、联合、全美和西北等航空公司都抓

住这次机会，跟随它提高票价并增加利润，但只有大陆航空公司是这样做的。与此相反，西北航空公司也趁机在美航的主要直达航线上推出了 198 美元的深度打折往返机票。几天之后，美航在与西北竞争的航线上取消了它的价格变动，但在它拥有支配性枢纽机场的（如达拉斯 - 沃思）的航线上保留了价格变动。另外，美航同时宣布在联航芝加哥枢纽机场的 10 条直达航线上，在达美航空亚特兰大枢纽机场的 10 条直达航线上，在全美航空匹兹堡

枢纽机场的 10 条直达航线上，在西北航空明尼阿波利斯枢纽机场的 10 条直达航线上推出 1 周的 198 美元机票，只有大陆航空公司休斯敦

枢纽机场得以幸免。

资料来源：Based on Airfare Skirmish Shows Why Deals Come and Go, *Wall Street Journal*(March 19，2002)，p. B1.

## 12.4.2 支配厂商式价格领导

在支配厂商式价格领导中，相对于其他竞争厂商来说，一家厂商因其规模较大、顾客忠诚或成本结构较低等原因而把自己确定为领导者。随后，这个领导者就如同在它的细分市场的垄断者那样行动。是什么原因在推动跟随厂商接受已确定的价格呢？有时可能是害怕低成本的支配厂商实施激烈报复，也为了阻止小厂商把价格降到市场通行价格以下。在其他情况下，跟随价格领导厂商的做法仅被视为一种追求便利的行为。

支配厂商模型的价格－产量结果如图 12-9 所示。$D_T$ 表示产品的市场总需求，$MC_L$ 代表支配（领导者）厂商的边际成本曲线，$\sum MC_F$ 是跟随厂商边际成本曲线的水平相加，各家跟随厂商的成本都会高于 $MC_L$。在以下分析中，假设支配厂商制定价格，并知道跟随厂商将要以此价格按其所愿出售产品，然后由支配厂商提供市场需求的剩余部分。

如果跟随厂商能以支配厂商确定的价格 $P_L$ 按其所愿销售其产品，就会面对一条水平的需求曲线和完全竞争的市场条件。跟随厂

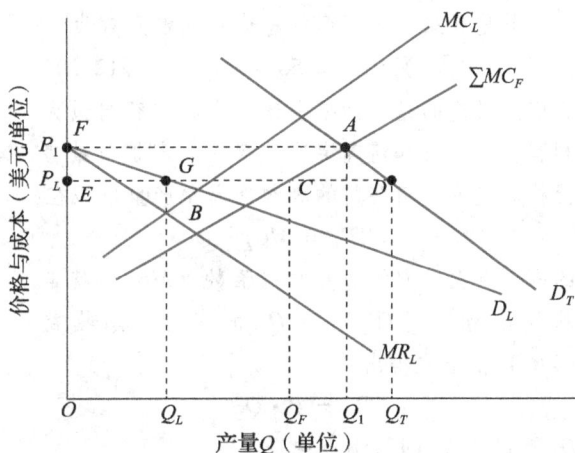

图 12-9 支配厂商的价格—产量决定

商把支配厂商的价格 $P_L$ 视为他们的边际收益，并通过在其边际成本等于已确定价格的产量水平上生产使利润最大。因此，$\sum MC_F$ 曲线就表示将由跟随厂商以不同价格提供的总产量。支配厂商的剩余需求 $D_L$ 曲线也可以通过从每种价格上的市场总需求 $D_T$ 中减去跟随厂商提供的数量 $\sum MC_F$ 而得到。例如，在价格上，$D_L$ 曲线上的 $G$ 点可以通过从 $ED$ 减去 $EC$ 而得到。$D_L$ 曲线上的其他各点都可用相同方法得到。在价格 $P_1$ 上，跟随厂商提供的数量 $Q_1$ 等于市场总需求量（$A$ 点），因此支配厂商的剩余需求量为零（$F$ 点）。支配厂商的边际收益曲线 $MR_L$ 此时可以通过它的剩余需求曲线 $D_L$ 得到。

支配厂商通过把价格和产量定在边际成本等于边际收益的水平上使其利润最大。如图 12-9 所示，在 $B$ 点上 $MR_L = MC_L$，因此支配厂商应以单价 $P_L$ 出售 $Q_L$ 单位产品。在 $P_L$ 价格上，总需求为 $Q_T$ 单位，跟随厂商提供 $Q_T - Q_L = Q_F$ 单位的产量。

以下实例说明了上述概念的应用。

---

**实例｜价格领导：埃洛泰柯**

埃罗泰柯（Aerotek）公司与其他 6 家小公司生产一种小型飞机使用的电子零件。埃罗泰

柯公司（L）是一个价格领导者，其他（跟随者）厂商（F）都按照与埃罗泰柯公司相同的

价格出售产品。埃罗泰柯公司允许其他厂商以既定价格按其所愿出售零件，而由自己提供剩余需求。此零件的总需求可由下列函数表示

$$P = 10\,000 - 10Q_T \qquad (12\text{-}17)$$

式中

$$Q_T = Q_L + Q_F \qquad (12\text{-}18)$$

也就是说，总产量（$Q_T$）是领导者（$Q_L$）与跟随者（$Q_F$）之和。埃罗泰柯公司的边际成本函数为

$$MC_L = 100 + 3Q_L \qquad (12\text{-}19)$$

其他6家生产厂商的总边际成本函数为

$$\sum MC_F = 50 + 2Q_F \qquad (12\text{-}20)$$

我们感兴趣的是，如果上述厂商希望获得最大利润，那么将如何确定这种零件的产量与销售价格。埃罗泰柯公司的利润最大化产量应该在

$$MR_L = MC_L$$

的那一点上。它的边际收益函数（$MR_L$）就是总收益函数（$TR_L$）对 $Q_L$ 的求导。总收益（$TR_L$）由下式给出

$$TR_L = P \cdot Q_L$$

$Q_L$ 可以从式（12-18）中得到

$$Q_L = Q_T - Q_F$$

式（12-17）可以求出 $Q_T$

$$Q_T = 1\,000 - 0.10P \qquad (12\text{-}21)$$

我们看到，为了找出 $Q_F$，埃罗泰柯公司让跟随厂商以既定价格（$P$）出售它们希望出售的（零件）产量，因此，跟随厂商面对的是一条水平需求曲线。因此

$$MR_F = P \qquad (12\text{-}22)$$

跟随厂商要使利润最大，就要在

$$MR_F = \sum MC_F \qquad (12\text{-}23)$$

的产量上经营。把式（12-22）和式（12-20）代入式（12-23），就得到

$$P = 50 + 2Q_F \qquad (12\text{-}24)$$

求出这个方程中的 $Q_F$，得到

$$Q_F = 0.50P - 25 \qquad (12\text{-}25)$$

把式（12-21）中的 $Q_T$ 和式（12-25）中的 $Q_F$ 代入式（12-18），就得到

$$Q_L = (1\,000 - 0.10P) - (0.50P - 25)$$
$$= 1\,025 - 0.60P \qquad (12\text{-}26)$$

求出这个方程中的 $P$，得到

$$P = 1\,708.333\,3 - 1.666\,7Q_L \qquad (12\text{-}27)$$

代入 $P$ 的表达式，界定总收益，得到

$$TR_L = (1\,708.333\,3 - 1.666\,7Q_L)Q_L$$
$$= 1\,708.333\,3Q_L - 1.666\,7Q_L^2 \qquad (12\text{-}28)$$

对 $Q_L$ 求导，得到埃罗泰柯公司的边际收益函数

$$MR_L = \frac{\mathrm{d}(TR_L)}{\mathrm{d}Q_L}$$
$$= 1\,708.333\,3 - 3.333\,4Q_L \qquad (12\text{-}29)$$

让式（12-29）中的 $MR_L$ 和式（12-19）中的 $MC_L$ 相等，得到以下最优条件

$$1\,708.333\,3 - 3.333\,4Q_L^* = 100 + 3Q_L^* \qquad (12\text{-}30)$$

解除此式中的 $Q_L^*$，得到

$$Q_L^* = 253.945（单位）$$

或者说，埃罗泰柯公司生产这个零件的最优产量为253.945单位。把这个 $Q_L$ 值代入式（12-27），得到

$$P^* = 1\,708.333\,3 - 1.666\,7 \times 253.945$$
$$= 1\,285.083（美元）$$

或者说，最优销售价格为1 285.08美元。把这个 $P$ 代入式（12-25），就可找到跟随厂商的最优产量

$$Q_F^* = 0.50 \times 1\,285.083 - 25$$
$$= 617.542（单位）$$

或者说最优产量为617.542单位。

## 12.5　弯曲的需求曲线模型

　　有时一个寡头厂商削减其价格，竞争者很快就会感觉到自己的销量在下降，并且被迫对应降价。相反，如果一家厂商提高其价格，竞争者通过保持其原价不变而迅速赢得消费者，因此缺乏

或没有动力对应提价。在此情况下，单个寡头厂商将面对一条价格提高比价格下降更富弹性的需
求曲线。如果一家寡头厂商提高其价格而其
他公司并不随之提价，那么价格的提高将导
致自身市场份额的下降，这种情况如
图 12-10 所示。需求曲线上的 $KD'$ 部分就是
市场份额需求曲线，在此范围内所有的竞争
对手都会对应调价，而且此厂商的市场份额
保持不变，比如为 21%。但若价格提高到 $P$
之上，竞争对手不进行对应调价，那么此厂
商面对的这部分需求曲线会更富弹性。价格
增加，其市场份额下降，也许降至 15%。

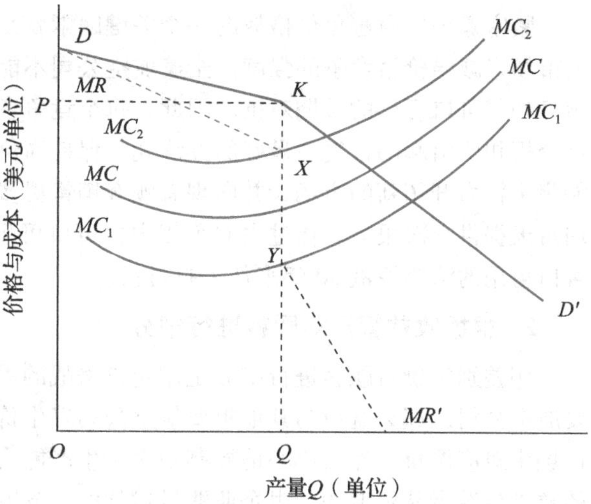

图 12-10 弯曲的需求曲线模型

因此，寡头厂商的需求曲线就是 $DKD'$，
市场通行价格为 $P$，产量为 $Q$。由于需求曲
线在 $K$ 处弯折，所以边际收益曲线是断开
的，因而边际收益曲线要用两条直线来表
示，即 $MRX$ 和 $YMR'$。如果边际成本曲线 $MC$ 穿过边际收益曲线上的缺口 $XY$，那么最盈利的选择
就是保持目前的价格－产量政策。对于那些认为自己面对一个固定的单位价格的厂商来说，即使
成本可能在一个很大的范围内变化（如 $MC_2$ 和 $MC_1$），厂商利润最大化的价格和产量水平也会保
持不变。此模型说明了在某些寡头行业中为何能看到存在着稳定的价格，但弯折的需求曲线模型
是不完整的，因为没有说明为什么会选中目前的通行价格水平，而不是其他价格水平。

## 12.6 避免价格战

了解如何避免价格战已经成为紧密型寡头集团中许多高利润经营活动的关键成功因素。第 10
章曾讨论过盈亏平衡销售量变化分析，利润越高，就会有更多的公司利用价格折扣来增加销量。
因为增加 1 单位销量所增加的成本不多，高利润促使厂商用价格折扣来获取市场份额。因此，制
定一项经营计划或采取一种战略，降低替代品、进入者、买主和供给商的力量，由此形成高利
润，但这并不是成功的保证。寡头厂商要持续地盈利，还必须避免在高利润经营中的打折策略。

速食麦片、啤酒、电影、香烟、电子书、DVD、数字音乐和游戏行业最近都经历过传统的价
格战。在某些案例中，价格战的催化剂就是私有标识产品迅速增加的市场份额，而这些产品原先
一直是相当品牌化的。在 20 世纪 90 年代，诸如"基本"牌等一般性香烟从知名品牌香烟（如万
宝路、金边臣、云丝顿、Merit 和沙龙等）手中攫取了大量的市场份额。雷诺兹公司推出一种中
等价格的"战斗牌"多尔，大力促销使市场份额迅速增加。菲利普·莫里斯（现在的亚尔特拉）
最终丢掉了大量的市场份额，以至于其价格比万宝路 1.92 美元的市场价格还低 20%（0.40 美
元）。同样，一家小型麦片制造商拉尔斯顿（Ralston）一开始向许多杂货连锁店和塔吉特百货提
供私有标识的麦片产品（如克罗格的 Raisin Bran），以低于市场名牌（如家乐氏的 Raisin Bran）
30% 的价格销售。第四大麦片制造商桂格燕麦公司占有 7% 的市场份额，也开始在塔吉特百货和
沃尔玛分销渠道中以"物有所值"的 3.50 美元一大包的方式销售像 Cap'n crunch and Life 这样的
品牌麦片。这些私有标识商店品牌产品的市场份额迅速增长，有时每年高达 30%。这些情景都是
价格战。

### 1. 扩大市场

紧密寡头厂商避免价格战的一个关键因素就是要认识到定价竞争的一贯性质，并力求通过扩大市场来减弱价格竞争的强度。全美航空公司不能指望摆脱美国航空公司的竞争，百事可乐也要预见到与可口可乐的长期对抗。因此，每个竞争者都必须预料到由旨在吸引其他公司常规顾客的过分折扣所引起的报复。最好的办法就是保持高价并期望你的对手也这样做。这样，各家公司就能集中精力开拓新的市场，并向现有顾客销售更多的产品。经典可乐现在向可乐的大量饮用者平均每天提供 6 次服务。在过去的 5 年内，可口可乐向世界各国引进了十几种新的软饮料，结果，可口可乐的浓缩原液 80 年来从未打过折。

### 2. 根据收益管理对顾客进行细分

用差别定价对顾客进行细分是避免价格战的另一种方法。如果低成本的新进入者攻击某一重要航空公司，那么避免与其他重要航空公司发生价格战的一种有效反应就是在某一目标顾客细分市场中对应调价，然后小心地控制把多少生产能力用于该细分市场的销售量。在把那些价格敏感的差别旅游者从定期的、由企业账号付款的商务顾客中区分出来的过程中，诸如要求提前 7 天购票和周六晚上过夜等"区隔"限制证明都是很重要的。原有航空公司能够在这些严格的机票种类中"满足竞争"，同时为那些愿意为商务舱和经济舱的可靠、方便和预订变更花钱的人保持足够的服务能力。最重要的是，现有竞争者能对不受影响的航班、细分市场和航线保持高价。我们在第 4 章中讨论过收益管理方法如何帮助实现这些目标。

---

| 实例 | 通用磨坊与波斯特的价格战

在速食麦片行业中引发一场价格战的降价就是 20% 的折扣（平均价格 4.80 美元的一整箱速食麦片有 1 美元的折扣）。麦片价格战是由宝氏麦片公司发起的，它在行业中拥有 13% 的市场份额，位居第三。宝氏在认真分析了这个战术之后做出决定，如果家乐氏和通用磨坊减少广告，那么维持常规顾客并争取价格敏感的新顾客效果会更好。宝氏相信它这样做是对全行业大幅降价的反应。

通用磨坊 25% 的市场份额正在缓慢地受到侵蚀，而家乐氏 35% 的市场份额面临着迅速下降。美国速食麦片行业中每一个市场份额百分点就是 8 万美元的销售额。家乐氏和通用磨坊匆忙决定要夺回被侵蚀的市场份额，所以迅速决定对宝氏的降价采取对应行动。像通用磨坊的 Wheaties 和家乐氏的 Fros Flakes 这样的大箱品牌产品的价格从 4.8 美元降到 3.88 美元。正如宝氏公司预想的那样，每家大公司对此都削减了广告宣传，所以像"宝氏 Raisin

Bran"和"宝氏 GrapeNuts"这样的麦片至少在短期内可以迅速赢得市场份额，直至家乐氏对宝氏 2/3 的名牌产品的降价做出回应时都是如此。两年后，在所有重要的杂货店分销渠道中，麦片价格才开始恢复到价格战之前的水平。

家乐氏在麦片行业拥有最强的品牌，在 15 种销量最大的麦片中占有 12 种。针对宝氏的降价，家乐氏并不是对应宝氏的降价，而是在每一箱家乐氏的 Raisin Bran 中加进 3 勺（不是两勺）葡萄干。在宝氏和通用磨坊降价之后的前两个月中，家乐氏失去了 3 个百分点的市场份额（从 35% 到 32%），宝氏赢得了 4 个百分点（从 16% 到 20%）。对于家乐氏来说，1 个百分点的市场份额就是 8 000 万美元的销售额和 55% 的毛利率（根据受影响品牌的平均值），所以家乐氏损失的销售总额为 1.32 亿美元（ -3 × 8 000 万美元 × 0.55）。为了拿回这 1.32 亿美元的年经营利润，家乐氏对其 2/3 品牌产品降价 19%，花费的资金在 3.05 亿美元以上（－0.19×24 亿销售额×0.66）。市场份额在 1999 年继续下降到 29%，家乐氏公司的市值也下降了 70 亿美元。很多观察家都困惑不解，在产品宣传或产品开发上花的 3.05 亿

美元（或一半）能否取得更高的效益。

资料来源：Based on Denial in Battle Creek, *Forbes* (October 7, 1996); Cereal Thriller, *The Economist* (June 15, 1996); and P. Cummins, Cereal Firms in Cost-Price Squeeze, *Reuters News Service* (May 15, 1996).

### 3. 参考价格和框架效应

除了把目标顾客细分为价格敏感性不同的子市场，产品线的扩展也能减少为获取市场份额而实行的价格折扣，方法就是提供参考价格和框架效应，促进以无打折价格销售中间范围的产品。但品牌产品的消费者一般会记住他们在货架前决定是否按当日报价购买商品时看到的最后价格。但品牌产品会引发更长久的参考定价。对重要品牌商品（如汰渍洗衣粉）的打折一般会在消费者心中刻下一个新的低价，预期随后会持续存在几个月，甚至一年。因此，面对私有标识产品的打折竞争，人们实际上可能去做的就是以高于传统产品的价格点推出一种超级产品。普通品牌的忠实顾客将记住这些高参考价。

由于从中间范围商品（如克莱斯勒的"城乡"车）改为廉价商品（如道奇面包车）过程中的机会损失（比如尽管节省了 5 美元），对消费者的影响一般比从升级为超级商品得到的认知满足（5 美元以上的成本），分量更重，所以在由超级产品提供的框架效应存在时，销售像克莱斯勒的城乡车这样的中间范围商品会更好。在 21 世纪，克莱斯勒的城乡车以相对不大的折扣贡献了克莱斯勒 28% 的销售量。

**|对与错|　柯达和万豪集团的"好—更好—最好"策略18**

万豪集团（Marriott）和柯达公司对于所在行业中残酷价格竞争的反应都是向其相应的目标顾客提供升级的、高质量的中低档产品。丽嘉酒店（Ritz-Carlton）、万怡酒店（Courtyards）和 Fairfield Inns 都在母公司万豪旗下作为分支连锁饭店经营，但提供差别很大的服务。

准确的市场区分定位是此策略避免残酷价格战的关键。酒店住宿的时长、靠近中心商务区的距离，以及房间类型（没有与卧室分隔的区域）都是万豪的客户基础。

在 20 世纪 90 年代末，柯达公司也采用了类似的策略。"欢乐时光"胶卷与后面推出的一次性柯达相机定位在每天捕捉各种各样的事件和千姿百态的人物及风景上。消费者在便利店分销渠道可以很容易地购买到这种廉价胶

卷，这些顾客随后会把这些快照大量地"丢失"在文件柜、抽屉和旧鞋盒里。尽管这些快照通常不用来记录有意义的事件，但都重现了事件发生时人们的经历。

但"柯达时刻"追求的是完全不同的价值驱动力。柯达的"皇家金"提供了在不同的光照条件下极好的图像解析度。"金胶卷"虽然慢一点，但也能留下精细的纪念：人们惊讶、舒畅的表情，完成挑战性任务时的自豪等。柯达的市场调查发现，它的很多顾客愿意支付高价为个人的情感留下纪念（比如，在波涛中快速行驶的一艘游艇上，在兄长们的簇拥下一位女士显示出胜利的表情）。大量的广告宣传和事件营销进一步确立了这种产品形象。

同样，万豪酒店在获得顾客溢价上没有困难，因为在中心商业区和传统酒店里，酒店房

间的价格都很贵。在那里，顾客的预约或面谈都可以进行。当然，需要长时间旅行和往返几十个贸易会议的、需要长期住店的客户会更愿意把往返郊区的时间成本节省下来，而更需要在市中心或机场附近的方便快捷。

资料来源：Based on Film-War Spoils：A Buck a Roll？ *Wall Street Journal*（November 11，1998），p. B1；Eastman Kodak Company：Funtime Film，Harvard Business School Publishing（1998）；and Kodak Is Rolling Out Digital Photo Processing，*Wall Street Journal*（February 9，1999），p. A4.

### 4. 创新的重要角色

避免或至少减低价格战影响的另一种方法就是通过创新实现差异化。一种高价品牌可以强调打折者所不具备的明显的产品创新。索尼的 Mavica 是易于使用的傻瓜数字相机，可以把影像记录在微型驱动器或磁盘上，从相机取出磁盘插入个人电脑即可编辑、储存和打印。尽管数码相机的竞争者柯达和卡西欧都在改进图像分辨率，使复杂昂贵的、使用柯达耗材的打印硬件设备更趋合理，但索尼简化了程序，增加了顾客价值。结果，相对于竞争对手，Mavica 还是赚取了一个溢价。

图 12-11 分析了一个拥有极端品牌忠诚的寡头市场，这个品牌忠诚是以产品创新、避免顾客风险和有效的品牌名称广告为基础的。家乐氏的 Raisin Bran 面对一条反函数的需求曲线：11 美元 – $Q^d$ = 价格，它包括拥有最高支付意愿的消费者。使此部分的 $MR$（11 美元 – $2Q^d$）等于 1 美元的边际成本，家乐氏的 Raisin Bran 在 $Q^* = 5$（000），每盒价格（11 美元 – 5 美元）= 6 美元的水平上获得最大的经营利润。宝氏的 Raisin Bran 不具备已有的品牌忠诚，所以必须在 6 美元以下销售，因此面对一条不同的反函数需求曲线，可以写成（6 美元 – $Q^d$）= 价格（即图 12-11 中从 6 美元沿着向右下方移动的直线部分）。6 美元 – $Q^d$ 等于更高的边际成本，每盒 2 美元，就形成宝氏的利润最大化产量 2（000）和利润最大化价格每盒 4 美元（6

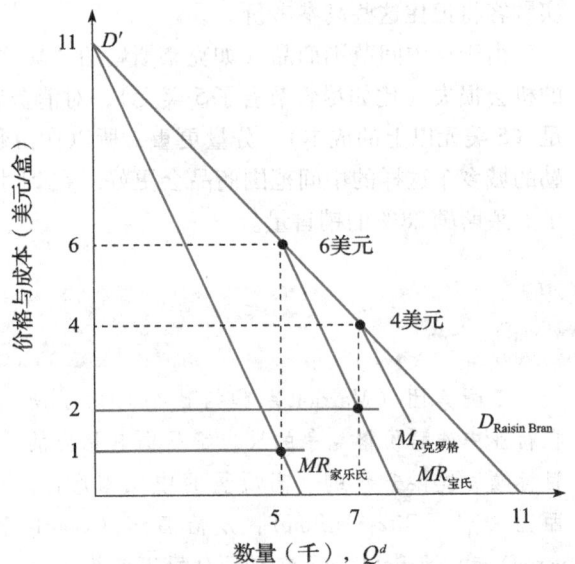

图 12-11 拥有极端品牌忠诚的细分寡头

美元 – 2 美元）。家乐氏和宝氏的市场份额 5/11 = 45% 和 2/11 = 19% 分别接近于它们在速食麦片市场中 Raisin Bran 产品的实际市场份额。其他厂商的品牌忠诚度更低，比如克罗格的 Raisin Bran，它将提供 Raisin Bran 需求曲线上更靠近右下方的剩余部分的市场需求。

**|实例|** 因特林克手术钢材公司和吉列公司的正确策略

20 世纪 90 年代，因特林克（Interlink）以 10 美分一支的价格向数千家医院出售一种替换皮下注射器。每更换一次输液管，就要把一个新的皮下注射器扎入病人的静脉。一家日本外科手术钢材公司的一种相同产品以每支 3 美分的价格进入市场。因特林克迅速推出一种只需扎入一次的替换装置，也就是说，任何一种新的生理盐水和药物滴液导管都能直接挂到因特林克的注射装置上，无须移动和替换。这个新的程序降低了病人感染的风险和护理人员接触病人血液带来的内在风险。因特林克再次控制了市场，价格也稳定在比以前更高的水平上。

与此类似，吉列公司也对卡特罗（Quattro）公司引进的一种四刃新产品 Schick-Wilkinson Sword 做出回应。卡特罗公司曾经在男士剃须产品市场中从吉列公司的 83% 市场份额中夺走 3%。吉列公司没有继续它的折扣、

奖券等促销等做法，而是推出了自己的创新产品——Match3Power，一款装电池的震动剃须刀。M3Power 通过促使软须脱离毛囊而提高了剃须的紧密性和产品寿命。新产品的成本要比它所替代的产品 Match3Turbo 贵 2/3，更新的托架价格高出 20%。

资料来源：Based on How to Fight a Price War, Harvard Business Review(March April 2000)，pp. 107 116；How to Escape a Price War, *Fortune*(June 13, 1994)，pp. 82 90; and Gillette to Launch, *Wall Street Journal*（January 16, 2004），p. A8.

### 5. 通过增加广告投入应对降价

在一个小型寡头对抗集团中，避免价格战的最好方法就是不首先挑起价格战。如果其他厂商确实发起了价格战，最好的反应常常就是对应竞争，然后通过增加服务或广告宣传来强调营销组合中的非价格因素。当菲利普·莫里斯把超级香烟万宝路的价格削减 20% 时，雷诺并没有进一步降低价格，只是对应降低超级品牌产品云丝顿和沙龙的价格并扩大广告宣传。在价格战之前每包烟 2 美元的高价时，大量吸烟者放弃吸烟的成本是每周 35 美元。对于万宝路来说，由于贡献毛利为 82%，所以降价 20% 必定使销售增加 32%[0.82/(0.82 − 0.20) = 1.32]，从而使短期利润增加。结果万宝路的市场份额上升了 17%。

避免价格战的最后一个关键因素来自于从博弈理论分析获得的策略观点。通过有效地监视竞争者来确定对手的收益，有助于预测出竞争者对自己降价的反应。在其他条件不变的情况下，合作性高价的结果可能出自相互的利益。对定价"博弈"详细结构的初步了解可以作为改善竞争环境、增加盈利水平的第一步。下一章将介绍博弈理论方法，它们能对有效的策略性决策提供有用的管理见解。

## 小　结

- 寡头行业结构的特点是厂商的数量相对较少，厂商的行动之间存在着可识别的相互依赖性。各厂商都知道自己的行动有可能引发竞争对手的反击。

- 在古诺寡头模型中，各厂商在确定其利润最大化产量水平时，都假定其他厂商的产量保持不变。

- 卡特尔就是寡头厂商之间为合作或共谋确定产量、价格和利润时达成的一种正式或非正式的协议。如果卡特尔成员能够实施协议并防止欺骗的话，它们就可以像垄断者那样行

动并使行业的利润最大。

- 一些因素会影响寡头厂商成功地进行某种形式的正式（或非正式）合作的能力，这些因素包括卖主的数量和规模分布、产品的差异性、成本结构、订单的规模与频率、保密和报复以及卡特尔之外行业产量的百分比。

- 价格领导是寡头行业中的一种定价战略，一家厂商通过明显或内定的协议来确定价格，其他厂商都趋于跟随决定。

- 在弯折的需求曲线模型中，假定一个寡头厂

商的销量在下降，而不得不对应降价；反过来，如果一家寡头厂商提高其价格，竞争者将通过保持其原价不变而迅速赢得顾客，因此不会或采取很少的行动对应提价。这样，单个寡头厂商的需求曲线在价格提高时要比价格下降时弹性更充足，因而可能导致寡头厂商保持稳定的价格。

- 寡头厂商为避免价格战，可以增大市场、延伸产品线、扩展新地区、细分顾客和使用差别定价以及通过创新留住盈利的顾客。

## 练习

1. 假设公司 C 和 D 生产和销售两种相同的产品，对此产品的需求曲线是如下所示的函数

$$P = 600 - Q_C - Q_D$$

这里 $Q_C$ 和 $Q_D$ 分别是两家公司的销售量，$P$ 是销售价格。两家公司的成本函数是

$$TC_C = 2\,500 + 100Q_C$$

$$TC_D = 2\,000 + 125Q_D$$

假设厂商按照古诺模型行动（即各个厂商假设其他厂商的产量不变）

a. 确定各厂商的长期均衡产量和价格。

b. 确定 C、D 两家厂商和整个行业在 a 确定的均衡结果上的利润。

2. 假设公司 A 和 B 生产和销售两种相同的产品，对此产品的需求曲线是如下所示的函数

$$P = 200 - Q_A - Q_B$$

这里 $Q_A$ 和 $Q_B$ 分别是两家公司的销售量，$P$ 是销售价格。两家公司的成本函数是

$$TC_A = 1\,500 + 55Q_A + Q_A^2$$

$$TC_B = 1\,200 + 20Q_B + 2Q_B^2$$

假设厂商按照古诺模型行动（即个厂商假设其他厂商的产量不变）

a. 确定各厂商的长期均衡产量和价格。

b. 确定 C、D 两家厂商和整个行业在 a 确定的均衡结果上的利润。

3. 重新考虑第 2 题。假设厂商成立一个卡特尔，像垄断者那样行动并谋求行业总利润（厂商 A 与厂商 B 的利润之和）最大。

a. 确定各厂商的最优产量和销售价格。

b. 确定 A、B 厂商和整个行业在 a 确定的均衡结果上的利润。

c. 说明在 a 确定的均衡结果上，两个厂商的边际成本是相等的。

4. 比较第 2 题和第 3 题中的最优结果，说明：

a. 与独立行动时相比，两家厂商成立卡特尔会使行业利润最大化时的最优销售价格高（低）多少？

b. 行业总产量高（低）多少？

c. 行业总利润高（低）多少？

5. 阿奇曼公司（Alchem）（L）是聚合胶市场中的价格领导者，所有其他 10 家制造商（追随厂商 F）销售聚合胶的价格与阿奇曼相同。阿奇曼公司允许其他公司按既定的销售价格进行销售，并且自己提供剩余的市场需求。聚合胶的总需求由以下函数（$Q_T = Q_L + Q_F$）给出

$$P = 20\,000 - 4Q_T$$

阿奇曼公司制造和销售聚合胶的边际成本函数为

$$MC_L = 5\,000 + 5Q_L$$

其他聚合胶厂商的总边际成本函数为

$$\sum MC_F = 2\,000 + 4Q_F$$

a. 为使利润最大，阿奇曼公司应该生产多少聚合胶，应该索价多少？

b. 在 a 中由阿奇曼公司定价条件下，对聚合胶的市场总需求是多少？总需求中由追随厂商提供的数量是多少？

6. Chillman 汽车公司认为自己面对以下两部分需求曲线

$$P = \begin{cases} 150 - 0.5Q & 0 \leq Q \leq 50 \text{ 时} \\ 200 - 1.5Q & Q > 50 \text{ 时} \end{cases}$$

a. 分别用文字和图形说明这种细分的市场需求函数为什么会存在，这种关系所表

示的是哪种行业结构？

b. 计算 Chillman 汽车公司的边际收益函数，把这个函数加在 a 题答案的图中。

c. Chillman 汽车公司的总成本函数为

$$TC_1 = 500 + 15Q + 0.5Q^2$$

计算边际成本函数，Chillman 公司的利润最大化价格和产量组合是什么？

d. 如果总成本增加到 $TC_2 = 500 + 45Q + 0.5Q^2$，Chillman 公司利润最大化的价格－产量组合是什么？

e. 如果其尔曼公司的总成本函数变为

$$TC_3 = 500 + 15Q + 1.0Q^2$$

或 $TC_4 = 500 + 5Q + 0.25Q^2$

你预期市场通行的价格－产量结果是什么？如果你知道行业中的所有厂商都目睹了其成本函数的同样变化，你是否会改变你的结论？

7. 图书馆研究项目。在这一章可以观察到寡头之间的共谋可以利用信息的共享来促进。结果就是，在竞争对手的垄断企业之间共享价格信息被美国的反托拉斯法禁止。你可以看到美国最高法院是如何解读反托拉斯法的，它是以美国诉美国石膏公司等案件的处置方式为案例来解释的。这个案件的信息可以在 www.stolaf.edu/people/becker/antitrust/summaries/438us422.htm 上查阅。价格信息共享的方式是什么？为什么法院认为这些行为违反了反托拉斯法？

# 最佳行动策略：博弈论

## 本章预览

　　企业和产品市场中的潜在进入者与少数对手进行竞争，要有行之有效的策略来制定最佳行动决策，而有效的策略又需要预知对手的反应及对反应的行动。非合作同时博弈和顺序博弈正是为此目的而设计的，包括阻止进入和接纳进入博弈、竞标博弈、制造商－分销商博弈、产品开发或研发博弈以及定价和促销博弈。

　　所有的非合作博弈都禁止竞争对手之间的转移支付和捆绑契约，而依靠自我强化的依赖关系来维持战略均衡。例如，公布定价博弈中的各家航空公司必须根据对其对手的最佳反应，来决定坚持通过机票打折来获取市场份额是否符合自己的最高利益。在某些情况下，相互打折证明是一种保护背信打折者的占优战略（如西南航空和穿越航空）；但在其他情况下，相互的容忍会导致更高的利润（如家乐氏和通用磨坊）。

　　如果可信的威胁与承诺影响到最终博弈的结果，那么行动的顺序在这类博弈中就能起作用。我们在本章中研究率先行动者和最后行动者的优势、非重置性资产、可信的惩罚安排、抵押机制、相同价格保证以及不完全信息在企业战略和策略中所起的作用。

## 管理挑战

### 低成本折扣商的大规模进入威慑：西南航空／穿越航空

　　自从解除对美国航空业的管制以来，诸如联航、美航、全美和达美等传统承运商都面对着低成本竞争者的步步紧逼。开始是西南航空，随后是人民捷运、穿越航空、捷蓝航空和精神航空这些公司在尚无服务和服务不足的城市中设立了点对点业务，因此以非常低的价格创建了盈利的经营模式。例如，从圣安东尼奥到洛杉矶，西南航空公司的最后直达单程服务收费 300 美元就可以盈利，而美航要价 520 美元。从圣安东尼奥到费城，西南航空公司收回成本的票价是280 美元，而美航是 495 美元。

　　毫无疑问，低成本折扣商的关注点一直就是对成本节约的执着追求。点对点的服务简化了承运商的经营，转场时间只有 15 分钟的西南航空公司每天每架飞机要飞行 10.3 个小时，超出行业平均水平 46%。西南航空公司通过把运力使用率提高 46%，使每个座位的间接固定成本

（包括利息、间接费用和飞机的时间折旧）下降了 31%（1 − 1/1.46 = 1 − 0.69 = 0.31）。西南航空公司通过撤去头等舱和走道，使波音 737 的座位从 90 个增加到 119 个，座位能力提高了 33%，由此使每个座位的直接固定成本（包括飞行机组人员、燃料和维修费用）下降了 25%（1 − 1/1.33 = 1 − 0.75 = 0.25）。

此外，低成本发起人一直保持雇用大量的非工会员工，使劳动成本大大低于行业平均水平。结果，传统承运商一次次回到机械师和飞行机组人员工会，寻求工资和薪金的妥协让步。2005 年，单位座位英里（ASM）的总成本相差很大，达美公司高达 11.62 美分，全美航空是 10.89 美分，而西南航空是 7.70 美分，捷蓝航空是 6.74 美分。传统的航空公司随后经历了合并（联合大陆航空公司、美国航空公司、美国西部），以及联合航空、达美航空、美国航空公司和美国航空公司的破产，以重新谈判劳动力成本。如今，西南航空的成本优势有所缩小，7 个主要竞争对手的成本是 9.2 美分，西南航空为 6.0 美分。

上述情况涉及的两个著名博弈理论问题就是，折扣商的最优生产能力选择和传统航空公司为阻止或接纳其进入而制定的最优定价。西南航空在任何一个新城市的进入战略就是提供一种统一低价、没有不必要服务的普通座位，加上高频率的飞行计划。西南航空通过分解所有的服务，采取迅速的转场时间，延长机组工作班次，把头等舱座位和过道空间全部用于增加经济舱座位。西南航空的低运营成本使其票价低于市场价的 30%。西南航空的典型目标顾客是制造商的贸易代表，他们常常被临时通知出差旅行，但很少由公司的支出账户报销全部费用。

西南航空公司的进入实质上创造了一个新的细分市场，这个市场以前并未出现价格异常昂贵、飞行计划不频繁的传统承运商的服务。这些支付意愿低的新顾客常常会迅速预定西南航空运力的绝大部分，几乎没给其他航空旅行者留下一个座位。结果，西南航空公司的进入可能不会侵蚀高价格的原有航空公司，而是在整个市场中以更低的价格创造了一种所谓的增加空间和负荷因素的"西南效应"。这种价格更低的策略最终把所有承运商的利润率拉了下来。西南航空/穿越航空开始稳步成为美国最大的航空公司。并且在达拉斯的立法限制放松的情况下，西南航空在与达拉斯当地众多的州际非顶级航空公司的竞争中增长迅速。在这种竞争环境下，成为赢家或输家取决于更好的战略管理决策。

例如，原有的航空公司必须决定是与西南航空公司一样立即提供深度打折机票，还是通过保持高价机票而接纳西南航空公司进入该行业。西南航空公司也必须决定是以大运力，还是以小运力进入市场。在本章中，我们将看到企业如何应用博弈理论进行分析推理来制定这样的决策。

**讨论题**

■ 西南航空公司没有提供的哪个服务特点可能是你愿意支付的？

■ 对于一个按照法官时间要求旅行的出庭辩护律师和一个旅行费用全部报销的企业中层主管来说，上述答案会有什么不同？

■ 由于航空公司经历了各种破产合并，减少了西南航空公司的竞争对手，这说明战略是更重要还是更不重要了？

# 13.1 寡头对抗与博弈理论

今天，大多数的寡头竞争都发生在存在少数厂商竞争的产品子市场中。分析一下游戏市场中微软的 Xbox、索尼的 PlayStation 和任天堂的 Wii 游戏主机；止痛药市场中的拜耳公司的阿司匹林、Bufferin、Excedrin；可乐市场中的可口可乐和百事可乐；主题公园中的"六旗"和迪士尼；提供去佛罗里达航空旅行的达美、全美和美航等航空公司。销售通用药品的较小竞争者经常在次要市场中出现。这些寡头厂商出名的原因是某些品牌名称或阻止有效进入的其他壁垒以及它们独有的相互依赖性。

前面讲过，在一个纯粹的竞争产业中，如地区性住宅小区的房地产开发，每个竞争者都能完全独立地行动。每个人都把价格视为"既定"的，即由外部公开市场决定，因为任何扩大或限制自身供给的决策都不会对极其巨大的产业供给形成明显的影响。即使一家房地产开发商要在一个社区内购买很多的小区业务，但因为进入壁垒如此之低，致使只要价格高于成本，肯定就会吸引到足够多的新竞争者，直至恢复接受竞争价格的均衡。

与此相反，寡头市场中的每家厂商必须密切注意其对手的行动和反应，比实际事件提前几步，至少先于竞争一步正确地预测出厂商的进入与退出、产品的开发、定价和促销常常是企业成功的关键。尽管做了最大的努力，但有时还是让竞争对手占了先机，此时迅速采取适应行动要优于反应行动。在所有选择中最好的就是事先行为，事先行为需要对竞争对手的初始行动和竞争性反应进行准确和可靠的预见。

---

**博弈论**（game theory）：研究参与者在一中存在利益冲突或合作机会的情况下制定相互影响决策的理论。

---

**博弈论**的管理目的就是提供对竞争者行为的预见。不管是计划发起的战略行动，还是实施的防卫性战略，每个寡头厂商都必须设法事先准确地预见到竞争对手的行动、反应和对反应行动的反应，然后再相应地选择最优战略。现代博弈理论正是为此目的而产生的。

---

| 实例 | 任天堂的 Wii U 游戏主机

从 1974 年的任天堂娱乐系统开始，马里奥和塞尔达这两款游戏在游戏主机市场上保持了多年的领先优势，2008~2011 年的全球销量为 6 700 万部。但在 2012 年，任天堂的 Wii 销量降至 500 万台，而索尼的 PlayStation PS3 和微软的 Xbox 360 分别售出了 850 万台和 1 320 万台。

流媒体技术已经扰乱了这个行业，因为游戏玩家现在不再需要游戏主机了。他们可以通过手持通信设备和娱乐设备访问云端，而这些设备似乎与游戏没有什么联系。用触摸屏、高密度图形、多人游戏能力和社交网络来升级任天堂游戏机 Wii U 的做法并没有跟上时代的步伐。

任天堂专注于休闲游戏玩家，而不是更专注于 PlayStation PS 3 或 Xbox 360 平台上更加痴迷的游戏迷。任天堂现在必须阻止潮流，利用流媒体技术使其产品便于智能手机和平板电脑的线上访问。预见到其主要竞争对手对此的反应将是任天堂夺回领先地位的关键。

## 13.1.1 博弈论分析的框架概念

---

**战略博弈**（strategy game）：一种决策环境，在两个或多个参与者之间存在有意识的相互依赖行为。

---

**战略博弈**的一般定义是指有目的的个人或有共同目标的等级团体（如部落、运动队或谋求价值最大化的公司）参与有意识的相互依赖的选择行为。为此，战略博弈历来就是人类相互作用的一部分。对战略博弈的一些最早的正规分析包括罗马参议院中的策略性投票，腓尼基商人的讨价还价以及

中国古代兵家孙子的军事谋略。

比如，我们分析个人财产的私有产权是如何发展为电视节目《生存者》中的解决办法的。表13-1是战略博弈的一种规范形式，其中的狩猎者 – 采集者部落必须决定是从事农业活动并保卫公共财产，还是继续打猎并掠夺可能的目标。历史记录是私有财产保卫者（农人）将胜出，让我们来看看为什么。

表 13-1    《生存者》中个人财产的私有化：防卫 – 抢夺博弈

| | | 兰德尔 | | |
|---|---|---|---|---|
| | | 防卫 | | 抢夺 |
| 卡恩 | 防卫 | 更好 | 第一 | 最坏 / 第四 |
| | 抢夺 | 更坏 | 第二 | 最好 / 第三 |

注：列参与人的收益位于对角线之上，行参与人位于对角线之下。兰德尔从第一到第四排列结果，卡恩从最好到最坏排列结果。

两个竞争参与者（兰德尔和卡恩）争夺资源的手段是选择两种行动：抢夺与防卫。前者有时会带来无防备的意外横财，但也会使自己的财产易遭攻击；后者要为巩固和增加自己的农业劳动成果的防卫斗争腾出时间。卡恩对除强力防卫以外的任何抢夺都具有一种策略优势。不过，研究一下表13-1中的收益矩阵会发现，不论卡恩决定采取什么行动，名叫兰德尔的农人选择防卫的情况总是会更好。具体分析，西北单元格（对角线之上）的结果被兰德尔放在第一位，而东北单元格（仍是对角线之上）排在第四位。同样，西南单元格（对角线之上）被兰德尔排在第二位，而把东南单元格排在第三位。因此，不管卡恩决定采取什么行动，兰德尔防卫自己的统一财产要比抢夺的情况更好。

防卫是兰德尔的**占优战略**，因为由防卫得到的结果超过了任何备选战略的结果，而与对手的行为无关。卡恩了解到这个事实或通过试错过程发现这种情况之后，就会预计其对手兰德尔将继续防卫。根据这个前提条件，卡恩此时重新考虑自己的选择决策，发现自己也要选择防卫。因此 ｛防卫，防卫｝作为一种战略均衡而出现，博弈说明了私有财产安排是如何以及为何发展起来的。

**占优战略**（dominant strategy）：能使决策者不依赖于其他参与者的行动，是实现福利最大化的一种行动规则。

## 13.1.2    博弈的组成

上面的例子给出了所有战略博弈的基本组成部分，包括：参与者、行为、信息集、收益、行动顺序、利益的主要结果、战略和均衡战略。让我们用一个服务质量竞争博弈来说明各个组成部分。假设有两个复印机修理商，理光（Ricoh Now）和夏普（Sharp ER），两家公司必须选择是否从位于相距100英里的两个不同城市的相应地区总部向六七个地区提供快速反应的复印机维修服务（见图13-1）。在6个或7个地区内提供快速反应的维修服务就是行动，必须在下周的行业交易会上同时宣布，决策产生的收益在表13-2中列出。这个收益矩阵就是**博弈的标准形式**，它是表示同时行动（而非顺序行动）博弈的一种适当方式。

**博弈的标准形式**（normal form of the game）：同时行动博弈中收益的表达方式。

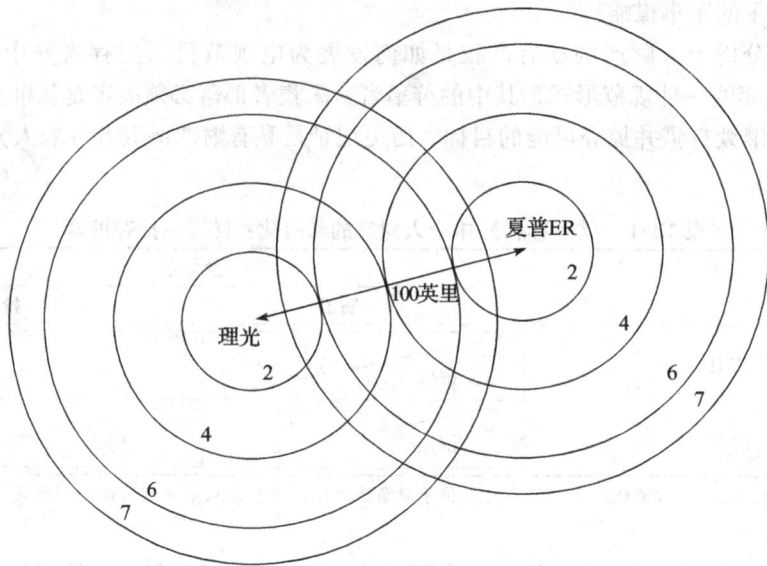

图 13-1　快速反应的复印机维修和服务

表 13-2　服务地区是 6 个还是 7 个

| | 夏普 | | | |
|---|---|---|---|---|
| | 6 个地区 | | 7 个地区 | |
| 理光　6 个地区 | 40 美元 | 70 美元 | 35 美元 | 55 美元 |
| 理光　7 个地区 | 30 美元 | 60 美元 | 45 美元 | 45 美元 |

注：收益为利润。夏普的收益标在对角线以上，理光的收益标在左下角。

　　夏普公司发现，在距离更远的第 7 个地区提供快速反应服务的费用很高，减到 6 个地区就可以把每周每个客户的成本降低 15 美元。当理光也减到 6 个地区时，夏普的利润从 55 美元增至 70 美元；当理光不减时，夏普的利润从 45 美元增至 60 美元。如果理光继续向全部 7 个地区提供服务的话，夏普在剩下的 6 个地区内提高服务效果，就使竞争对手理光降低索要的价格，并使其利润从开始的 45 美元降至只有 30 美元。如果理光自己也减到 6 个地区，就可以把它的亏损限制为只有 5 美元（从 45 美元到现在的 40 美元，大于 30 美元）。两个参与者都知道的共同信息集包括对所有情形下的收益。

　　理光应该采用什么战略？首先，运用占优战略概念就会很清楚：夏普将停止对第 7 个地区的服务。不管理光如何做，夏普减少到 6 个地区就会使境况更好。对夏普来说，7 个地区是劣势战略（明显不优于 6 个地区）。理光所希望的不是这样，因为它最成功的经营需要与夏普在 7 个地区内展开面对面的竞争。尽管如此，可预见的现实不同，而且理光一定要预料到其对手要减少到 6 个地区的行为，才能着手重新研究其余的选择。理光在剔除了第 2 栏中夏普的劣势战略之后，现在就有了一个明确的优先战略，即只在自己的 6 个地区内提供快速反应维修服务。因此，{6 个地区，6 个地区} 就是均衡战略组合。也就是说，理光通过把占优战略均衡的概念应用于对其竞争对手行为的预测上，就可以反过来分析自己的最优行为。因此 {6 个地区，6 个地区} 被称为**反复占优战略均衡**。

在同时博弈中剔除被占优战略以及后来出现的"反过来分析其余选择"的概念最早见于约翰·冯·诺依曼（John von Neumann）和奥斯卡·摩根斯顿（Oskar Morgenstern）的《博弈论与经济行为》。冯·诺依曼和摩根斯顿把他们的分析主要限定为合作博弈，参与者在这种博弈中可以建立联盟，安排补充支付，并达成约束性协议。约翰·纳什（John Nash）、莱因哈德·泽尔腾（Reinhard Selten）和约翰·海萨尼（John Harsanyi）因把战略均衡概念扩展到非合作博弈、顺序博弈和不完全信息博弈而获得了 1994 年的诺贝尔经济学奖。西尔维亚·纳瑟（Sylvia Nasar）所写的《美丽心灵》（*A Beautiful Mind*）一书赞美了约翰·纳什的一生，随后由罗素·克劳（Russell Crowe）搬上银幕。

**反复占优战略**（iterated dominant strategy）：根据可预见的其他参与者的占优战略行为使自身利益最大化的行动规则。

**|实例| 诺贝尔奖授予三位博弈论科学家**

纳什、泽尔腾和海萨尼因其在顺序博弈均衡战略方面的研究而赢得了 1994 年诺贝尔奖。顺序博弈涉及的范围从下棋、打扑克到中央银行的干预活动、阻止进入的限制定价、研究与开发的竞争以及无线电电磁波段的拍卖。在这些博弈中经常出现多种均衡的情况。另一个启示就是行动的顺序能够影响战略决策。率先开始一项以前没有的产品开发通常可以阻止竞争者有威胁的进入。在其他环境中，如同动态技术转向新方向一样，在最终博弈中做出最后的反应能取得一种战略优势。对这些战略和其他通往最盈利战略的复杂路径的区分就是博弈理论中均衡战略的运用。

## 13.1.3 合作博弈与非合作博弈

在一个**合作博弈**中，参与者可以建立联盟，进行补充支付，就有关各自的价格、利润或变动成本等私人信息相互沟通，这就限制了合作博弈理论在商务活动中的应用性。合作博弈中补充支付的一个例子就是，当某一销售代表违反了另一方的地区排他性要求时，制造商可能要强加一个修订的补偿安排。或者在前面理光与夏普公司的例子中，支付和约束第三方可实施协议，假设两家公司一起安排一个补充支付，以确保 {6 个地区，6 个地区} 的战略均衡。你肯定会怀疑，这种发生在面对面竞争者之间旨在交换价格信息或安排补充支付的大多数合作博弈协议，在本质上都是违反美国和西欧的反托拉斯法的。正是由于这些原因，企业战略家们直到非合作战略均衡概念形成之前，对博弈论很少予以关注。

**合作博弈**（cooperative game）：允许建立联盟、达成补充支付和约束第三方可实施协议的博弈结构。

**非合作博弈**（noncooperative game）：禁止共谋、补充支付和由第三方实施的约束性协议的博弈结构。

相反，**非合作博弈**主要强调自动实施的依赖关系，说明战略均衡并预测竞争对手的反应。我们在第 10 章中已经

⊖ 另外两本关于现代博弈的著作为：A. Dixit and S. Skeath, *Games of Strategy* (New York：Norton, 2006)；and Eric Rasmussen, *Games and Information*, 3rd ed. (Cambridge, MA：Basil Blackwell, 2008).
⊖ 例如，在美国石膏公司（978）、航空交通出版公司（1992）等被诉案中，反托拉斯观点都表示禁止在竞争者之间交换事前宣布的价格清单。

见识到在拥有高价经验商品（如二手汽车）的买者与拥有不可重置性资产（如 CarMax 广告宣传）的卖主之间的相互依赖。其他例子包括计算机公司，它们要按照一个共同标准建立操作系统，这样就可以通过 PC 平台进行沟通。还有相互竞争的航空公司，它们一天天地宣布高价票，尽管具有迅速而短暂的吸引力，但会因背叛者的打折而失败。显然，这些非合作博弈在很多重要方面都与合作博弈不同，更适用于商业战略。

### 13.1.4 其他类型的博弈

战略博弈也可按照有关参与者的数量、参与者利益的相容性以及博弈中重复行为的次数来分类。我们把这些博弈作为单时期（"一次性"）博弈来进行分析。在"防卫者—抢夺者"和"6 个地区还是 7 个地区"例子中，参与者之间的持续对抗与战略环境有很大关系。我们再把注意力转向所谓的重复博弈及其与众不同、多少有些矛盾的启示上。在一个双人博弈中，每个参与者都力求从其他参与者那里得到尽可能多的东西，而不管采用什么方法：合作、讨价还价还是可采取的威胁。n 人博弈的分析更加困难，因为部分参与者可以形成联盟，把结果强加给其他参与者。联盟可以是任何规模的，随着博弈的进程，联盟可以被打破或者重新形成。参议制的政府是 n 人博弈的古典例子。尽管联盟的可能性极大地丰富了可用博弈论分析的环境种类，但联盟又给分析这种博弈所需的理论增加了复杂性。

---

**双人零和博弈**（two-person zero-sum game）：一方参与者的净利得必等于另一方的净损失的博弈。

---

在一个**双人零和博弈**中，参与者具有完全相反的利益，一方之所得就是另一方之所失，反之亦然。"防卫者—抢夺者"可以作为一个直观例子。尽管一些室内游戏和军事应用可以用零和博弈来分析，但绝大多数实际生活的利益冲突情况都与此类博弈不符。相反，在一个双人非零和博弈中，两个参与者的得或失依赖于各自选择采取的行动。"6 个地区还是 7 个地区"就是一个非零和博弈，把竞争限制在 6 个地区就把相互作用形成的总利润提高到 110 美元而不是 90 美元。在所有这样的博弈中至少有一种结果是共同偏好的，结果，参与者能够通过某种形式的合作来增加它们的收益。也许最有名的、具有通用结构的非零和博弈就是"囚徒困境"。现实世界中的很多情况，如百事可乐和可口可乐的双寡头定价、一辆二手汽车的销售交易、制造商 – 分销商博弈中与渠道伙伴的讨价还价等，都可用"囚徒困境"来表示。

## 13.2 分析同时博弈

### 13.2.1 囚徒困境

在"囚徒困境"中，两个疑犯被控共同犯罪。不过，为了证实其犯罪，需要两个疑犯中的一人坦白或两人都坦白。二人被分开，相互之间不能传递信息，这样就构成一种非合作博弈。如果两疑犯都不坦白，那么检控人将无法证实其犯罪，每个疑犯将只被判（1 年）短期监禁。如果一个疑犯坦白（即改变事实证据），另一个疑犯不坦白，那么坦白者将被判缓刑，不坦白者将被判15 年长期监禁。如果两疑犯都坦白，那么每人被判 6 年中期监禁。在这些条件下，每个疑犯必须决定是否坦白。这种利益冲突的情况可用表 13-3 中的博弈矩阵来表示。

表 13-3 "囚徒困境"的收益矩阵

| | | 疑犯 2 | |
| --- | --- | --- | --- |
| | | 不坦白 | 坦白 |
| 疑犯 1 | 不坦白 | 每人判 1 年监禁 | 疑犯 2 判缓刑<br>疑犯 1 判 15 年 |
| | 坦白 | 疑犯 2 判 15 年<br>疑犯 1 判缓刑 | 每人判 6 年监禁 |

这个博弈可用参与者在最坏情况下产生的最低安全水平概念来分析。当最坏情况出现时，**最大最小战略**就要选择最高的收益。对疑犯 2（列参与者）来说，在疑犯 1 坦白时（下面一行），选择"不坦白"产生的最低收益是 15 年监禁；针对疑犯 1 坦白，选择"坦白"产生的最低收益是 6 年监

**最大最小战略**（maxmin strategy）：能使绝对损失最小化的一种行动选择准则。

禁。因此，谋求最高的安全水平将促使疑犯 2 选择第二种备选行动——坦白，以避免不坦白产生更坏结果的可能性。同样的推理对疑犯 1 也是成立的，他也将选择坦白其犯罪的行动方案。这样，选择方案"坦白"是其他战略"不坦白"的占优战略，{坦白，坦白}构成了一种支配战略/均衡战略组合，形成了参与者可预见的解决方案。⊖

在所有的囚徒困境博弈中，如果两疑犯都决定选择第一个方案（不坦白），那么两人都将明显得到一个更好的收益（即时间更短的监禁）。但在谋求其可预见收益最大化（或更为确地讲，谋求其最高的安全水平）的过程中，第一种方案并不是这两个疑犯的理性选择。参与者当然可以事先达成一致保持其清白，但在没有强有力的制裁迫使疑犯双方坚持此协议的情况下，每个疑犯都会通过坦白自己的罪行而出卖对方。不管是谁率先违背协议，都可能把被判监禁 6 年减为缓刑。

寡头行业中厂商之间的定价和产量决策具有相似性。假设有两家游船公司"嘉年华会"和"皇家加勒比"，经营从迈阿密出发的加勒比三日游业务。如果每家公司都独立行动谋求自身利润的最大化，那么长期的（古诺均衡）利润最大化价格为每人 300 美元。如果两家公司联合行动谋求行业总利润的最大化，那么利润最大化价格就是 450 美元，假定这两种价格是分析中唯一的价格。

两家公司必须在不了解对手决策时决定自己的行动，这就是**同时博弈**的本质。尽管**顺序博弈**推理过程对于许多企业战略的成功实施至关重要，但有些决策还是必须与对手同时制定。比如无声拍卖中的出价、时装会的发布日期、满足报纸最后期限的促销广告以及由航空公司或游船业提倡的在电子清算中心张贴价格公告等。

**同时博弈**（simultaneous game）：参与者一定要同时选择其行动的博弈。

**顺序博弈**（sequential game）：存在明确行动顺序的博弈。

每家游船公司的收益列在表 13-4 之中，每个单元格中对角线以下的数字为"皇家加勒比"的收益，对角线以上的数字为"嘉年华会"的收益。每家公司都不愿意选择（共同）盈利更多的 450 美元价格，因为如果有一家公司采取违约行动，打折到 300 美元，那么索取 450 美元的公司所获利润将大大低于竞争对手。这个博弈具有一个典型的囚徒困境的结果。正如我们所见，在

---

⊖ 如果决策者重点追求最大利得或期望净利得，而不是谋求最小的绝对损失，那么最大最小战略通常将形成与占优战略均衡不一致的行动。重点追求机会损失最小化的相关战略有时被称为最小最大后悔战略。

此情况下，通过宣布高价而单方面合作的人就是傻瓜。例如，"嘉年华会"单方违约的收益
（375 000 美元）超过了因相互合作索取高价而得到的收益（275 000 美元），它本身也超过了双方
违约索取低价格带来的收益（185 000 美元），这个收益最终又超过单方合作得到的收益（60 000
美元）。因此，"嘉年华会"的占优战略就是违约。

**表 13-4　使用占优战略的游船定价**　　　　　　　　　　　　　（收益单位：千美元）

| | | "嘉年华会"公司 | |
| --- | --- | --- | --- |
| | | 450 美元 | 300 美元 |
| "皇家加勒比"公司 | 450 美元 | 350 ╲ 275 | 50 ╲ 375 |
| | 350 美元 | 320 ╲ 60 | 175 ╲ 185 |

注：以列表示的参与者的收益（千美元）标在对角线以上，以行表示的参与者的收益标在对角线以下。

而"皇家加勒比"就没有这样的占优战略。不过，由于皇家加勒比能够预测出嘉年华会的行
为，通过剔除嘉年华会的被占优战略（450 美元），皇家加勒比就可以反复实施一种自己偏好的
战略。因此，皇家加勒比的行为也是完全可以预测的，重复的占优战略均衡证明是 ｛300 美元，
300 美元｝，或 ｛违约，违约｝，恰好与囚徒困境一样。皇家加勒比和嘉年华会两家公司面对的囚
徒困境是一种非合作的正和（positive-sum）协调博弈。下一节将研究如何通过改变这种博弈的结
构而避免囚徒困境。

## 13.2.2　占优战略与纳什均衡的定义

可以看出，占优战略不一定能使两家游船公司达到一个重复的占优战略均衡，原因就是占优
战略不要求其他任何人的特定最优或次优的反应行为。它被定义为参与者 $i$ 的一种行动，不管其
他参与者怎样做，都肯定是一种最优行动 $a_i$。参与者 $i$ 的收益 $\Pi_i\{a_i^*, a_{-i}\}$ 超过了参与者 $i$ 从其
他任何行动 $\Pi_i\{a_i, a_{-i}\}$ 得到的收益[⊖]

$$\Pi_i\{a_i^*, a_{-i}\} > \Pi_i\{a_i, a_{-i}\} \tag{13-1}$$

因此，一个占优战略足以预见到竞争行为，因而确定任何一个双人一次同时博弈中的战略均衡。
一旦嘉年华会的占优战略（即违约并降价到 300 美元）得到确认，皇家加勒比的行为（即也违
约）是易于预见的，我们在"6 地区或 7 地区"和"抢夺者—防卫者"例子中都可看到这个
结果。

在缺乏占优战略的情况下，一定程度的竞争者直接的同时博弈将提出一个很有趣的问题，尤
其是在他们的博弈回报能产生正的收益或者双赢的情况下。如果没有占优战略可靠地预计对手的
行为，战术家们历来很难为决策者提供可靠的建议。但是在商业环境中，建立一个双赢的非合作
协议（没有旁支付或暗中勾结，可能违反反垄断法）的前景，为探索可能的解决方案提供了一个
强有力的理由。考虑两个职业橄榄球联盟（NFL 和 USFL）的情况，它们需要选择是否在秋季或
春季的好天气中进行户外比赛，或者选择全年都进行比赛（即室内橄榄球）。考虑表 13-5 中列出
的所有运营成本和收益情况，很明显 USFL 的三种可能选择都不是满足公式（13-1）中的占优策
略。详细地说，就是在 NFL 的三种方案下，对于 USFL 来说都没有最佳选项。如果 NFL 选择在秋
季进行（第一行的情景），USFL 选择在秋季与 NFL 直接竞争的收益是 20 亿美元，不如在选择春

---

⊖　带 * 号的行动是一种最大化的选择，在此它是由利润最大化而产生的行动。

季开展联赛，吸引更多的职业棒球球迷竞争。在后一种情况下，USFL 在表中对应的选择显示的收益达到了 40 亿美元。

表 13-5　一个赛季内所有情况下的纳什均衡　　　　　　（单位：美元）

| | | USFL | | |
|---|---|---|---|---|
| | | 秋季开赛 | 全年室内比赛 | 春季开赛 |
| NFL | 秋季开赛 | 4B ╲ 2B | 5B ╲ 1B | 6B ╲ 4B |
| | 全年室内比赛 | 3B ╲ 0 | 4B ╲ 2B | 3B ╲ 0 |
| | 春季开赛 | 5B ╲ 4B | 3B ╲ 2B | 3B ╲ 0 |

但考虑 NFL 的其他选择时，USFL 选择在春季开赛并非是最好的选项。具体来说，如果 NFL 选择全年的室内比赛或者春季开赛，USFL 的收益都是 0。最后，即使 USFL 选择表格中间栏的室内橄榄球，也不是最佳选项，除非 NFL 配合地选择全年比赛。事实证明，NFL 的占优战略是选择秋季或者春季开赛，而不是进行室内比赛，但这一信息 USFL 也能掌握。然而，就如 USFL 没有占优战略一样，NFL 秋季开赛和春季开赛的选项都不能成为最后的占优战略。

一些战术家在这种不确定的情形下会首先考虑安全问题，即分析最坏的情况来避免收益最低的行为。如果你预期对手为了伤害其他竞争对手而放弃自身的增长时，你可能会倾向于采取上述行为。决策者将考虑最大最小化的策略，即选择一种策略，能最大化对手能强加于你的最小收益。在橄榄球比赛中，最大最小策略意味着 USFL 将会通过选择室内比赛的方式来避免表中第一和第三列中可能面对的 0 收益情况。虽然这种选项下 USFL 的收益也可能不高，但这种做法的目的是排除收益最低（为 0）的可能性。因此，在 USFL 不考虑 NFL 收益的情况下，进行室内比赛是 USFL 最大最小策略的选择，最终的最大收益结果是：NFL 秋季开赛收益 50 亿美元，USFL 选择室内比赛收益 10 亿美元。

此外，如果 USFL 的战术家认为 NFL 的占优战略不是选择全年的比赛，此时 USFL 的最大最小策略就只需要避免第三列中收益为 0 的情况。USFL 的选项就减少到第一列的最小收益 20 亿美元和第二列的最小收益 10 亿美元。考虑到可能的运营成本，后一种选项可能会导致财务困境。因此，USFL 的最大最小策略先排除了第三列的选项，然后进一步避免第二列较小的收益，最终选择在秋季开赛。总而言之，NFL 的选择和 USFL 的最大最小策略导致最终的均衡是 ｛NFL 秋季开赛，USFL 秋季开赛｝，两个联盟将会面对直接的竞争。⊖

其他的策略当然也有可能。比如，USFL 的战术家想要忽略可能的负面风险，寻找最大可能的收益并使用最大最大策略，最终选择了春季开赛。春季开赛可能给 USFL 带来 40 亿美元的收益。因此，随决策者的风险偏好不同，USFL 可能有三种不同的选择：在最大最小策略下选择进行室内比赛；更复杂的考虑对手的占优战略和使用最大最小策略选择秋季开赛；此外，还有在最大最大策略下选择春季开赛。这就是为什么军事战略家们在玩零和博弈（这是理所应当的，因为此时双方的动机都是为了伤害对手）时总是如此沉迷于揣测对方的心理活动。

一名杰出而古怪的年轻数学家沉迷于研究这种令人不安而且令人不满意的状态。约翰·纳什

---

⊖ 第 3 章用于解决棒球赛季选择的经典方法是最小最大遗憾策略：研究如何最小化可能的损失。如果 NFL 和 US-FL 都选择这种策略，那么 ｛秋季开赛，秋季开赛｝ 的结果将会再次出现。

意识到，做出最好选择的机会取决于如何精准地解决这类非主流战略的同时博弈，尤其是这种博弈存在潜在的双赢（非零和）结果。从之前的方法中，纳什指出了相互矛盾的预测的多样性，并从一个不同的想法开始。他建议，战术决策者应该进入竞争对手的头脑，并对一个称为"最佳反应"（BRR）的概念进行评估。然后，战术家根据最新推断的对手的 BRR 来检验自己的选择。正是这一互相最佳反应的均衡状态为纳什赢得了首个因博弈论而颁发的诺贝尔奖。

## 13.3 纳什均衡战略的定义

纳什均衡是两个或多个预期对手做出最佳反应的决策者在博弈中选择的一系列行动。也就是说，纳什均衡是一个鞍点，两个或两个以上的决策者同时对他们的目标进行了优化，而每个人都假设了精明的对手做出了最佳反应。纳什均衡策略是式（13-1）中的一种额外情况，你能看出它们的区别么？

纳什均衡 $a_i^*$ 的选择代表了对参与者 $i$ 来说，在竞争对手都做出最佳反应的情况下，一个比其他行为均衡点 $a_i$ 都要更高的回报（不独立于其他博弈者，相反地，其他博弈者的选择很关键）。对于参与者 $i$ 的竞争对手来说也是如此。因此简单来说，纳什均衡就是一系列互相最佳反应的结果。更正式地说，纳什均衡战略就是参与者 $i$ 的一种行动，它是在由条件的最优行动 $a_i^*$，即在给定竞争对手的最佳反应下，参与者 $i$ 的收益 $\Pi_i\{a_i^*, a_{-i}^*\}$ 超过了在给定竞争对手的最佳反应时参与者 $i$ 从任何其他行动所形成的收益 $\Pi_i\{a_i, a_{-i}^*\}$。

$$\Pi_i\{a_i^*, a_{-i}^*\} > \Pi_i\{a_i, a_{-i}^*\} \tag{13-2}$$

方程式（13-2）的条件比方程式（13-1）的条件更容易满足。只需要一些智慧和对细节的关注，纳什均衡就能在非占优策略的正和博弈中实现。这是因为纳什均衡对竞争对手的行为限制更大，因此对于决策者行为的限制要更少一些。相比起为了使自己的选择最优需要考虑对手可能选择的无数种选择，这些选择可能是被一些奇怪的、不被认可的目标所激发，或者被一些随机因素干扰，还有可能是对手的战术失误等情况。进行纳什均衡时，我只需在假设对手做出最佳反应的条件下做出使自己受益最大化的选择。当然这也意味着，我的选择对于对手们来说也是最佳反应。

为了加深对这个互相最佳反应的理解，让我们陈述三个永远满足纳什均衡的条件。我们将再次使用表 13-5 中橄榄球联赛的例子。第一个条件，这个博弈的任何一个起点都从一个潜在的改善的条件开始。在随后的讨论中，我们将把这个参与者称为先行者。不过，不要被误导，你应该经常提醒自己，纳什均衡概念适用于所有类型的博弈，包括同时博弈。假设由于历史原因导致了 USFL 作为一个借款能力弱小的新竞争者，通过市场调研决定组织全能的室内比赛。USFL 发现自己面对的是位于表中第一行的 NFL，NFL 长期以来一直选择在秋季比赛。现在，给定这个起始点（并记住任何其他起始点也会这么做），USFL 会问自己三个问题中的第一个。是否有任何改善自己回报的选项。两种可能的选项立即出现，让我们依次分析。如果 USFL 考虑春季开赛，其收益将翻两番，达到 40 亿美元。在这一点上，条件二就开始了。USFL 必须努力站在 NFL 的角度考虑并问自己，如果我选择春季开赛，那么 NFL 最好的回应是什么呢？在这种情况下，答案是显而易见的，NFL 更愿意选择秋季开赛，因为在可能的两种反应下，60 亿美元大于 30 亿美元。因此，秋季开赛是 NFL 最好的回应。于是，USFL 反应的第三个条件出现了。首先，先行者 USFL 会问自己，如果 NFL 继续选择秋季开赛，我的最佳反应是什么？答案也是显而易见的，由于 NFL 已经达到了自身的最大收益，将开赛时间改到春季并不能使自己的收益得到提高，因此 NFL 已经对 USFL 的选择做出了最佳反应。与第二个条件下相配合的第三个条件保障了纳什均衡所要求的互相做出最佳反应。

从同样的起点出发，USFL 已经通过将自己在表中第一行中间的选项移动到第一列左侧的选项中，把自己的预期收益从 10 亿美元提高到 20 亿美元。这个行动满足条件一，提高了 USFL 的收益（虽然这不是最高的收益）。然后，USFL 必须确定 NFL 的最佳反应。此时，USFL 将比赛移到秋季的举动将使 NFL 意识到，50 亿美元的收益（而不是现在的 40 亿美元收益）是可以通过将自己的开赛时间移到春季实现的。他们到底是否会这么做是一个更深层次的问题，需要考虑到转换成本、基础设施和其他固定成本等。但是如果这额外的 10 亿美元的年收益是一个长期的预期，那么是否这么做的答案是肯定的。其次，USFL 必须反问自身是否愿意放弃左下角对应在秋季开赛的 40 亿美元收益，而选择减少一半收益（选择室内棒球可以获得 20 亿美元收益）或者一无所有（与 NFL 的春季开赛直接竞争收益为 0）。答案显而易见，｛NFL 选择春季开赛，USFL 选择秋季开赛｝是另一互相最佳反应的纳什均衡。

从其他的起始点出发也能得出同样的结论，在这个橄榄球博弈模型中有两个纳什均衡点：左下角和右上角。例如，在左上角，两个联盟直接在秋季竞争，USFL 将行动移动到右上角能够得到显著的收益提升（之前已经分析过），NFL 移动到左下角也如我们分析的一样能够得到显著的收益提升。因此，我们假设左上角的 ｛秋季开赛，秋季开赛｝ 并不是一个稳定的均衡点。也许 NFL 将会考虑移到春季开赛来获得额外 10 亿美元的收益。NFL 会评估 USFL 的最佳反应是希望留在第一列继续选择秋季开赛，因为对于 USFL 来说，左下角 40 亿美元的收益比选择室内比赛多出 20 亿美元，而且远高于 0 收益的春季开赛。最后，NFL 将反问自己是否希望春季开赛。同样地，答案将会确定，｛NFL 选择春季开赛，USFL 选择秋季开赛｝ 是第二个最佳反应的均衡点。

从表中间对应的 ｛室内比赛，室内比赛｝ 的起点开始推导，NFL 将会看到自己选择在表中往上移动的行动会使收益从 40 亿美元提高到 50 亿美元，然后进入我们之前讨论过的 USFL 是向左还是向右移动的选择。最终，我们都会达到两个纳什均衡点：｛NFL 选择春季开赛，USFL 选择秋季开赛｝ 和 ｛NFL 选择秋季开赛，USFL 选择春季开赛｝。确实，从表中任何一个有单方面的起始点开始，我们最终都会推出这两个纳什均衡点。非占优策略的正和博弈通常会推导出多个纳什均衡点。

为了进一步探究多重纳什均衡点稳定的本质，选择其中一个纳什均衡点作为起点的推导也是有启发意义的。我们从右上角的均衡点开始考虑。USFL 和 NFL 都不能单方面地提高它们的收益。考虑到双方最佳反应的属性，这是一个明确的事实。但这并不意味着两个博弈者永远固定在 ｛NFL 选择秋季开赛，USFL 选择春季开赛｝ 的均衡点。实际上，在多个纳什均衡点之间的来回推导是很有可能的，让我们看看这是怎么来的。

在 USFL 经历了多个赛季 40 亿美元的收益之后（是 NFL 收益的 2/3），USFL 可能选择秋季开赛并对它的对手说：欢迎来到 50 亿美元的均衡点而非 60 亿美元。把你的报酬减少 10 亿并没有花费我任何的成本。在那之后，我们能够预期到 NFL 选择了在 40 亿美元或者 50 亿美元的收益中选择左上角的 40 亿美元，此时 USFL 只能获得之前 40 亿美元收益的一半。NFL 这么做是希望 USFL（在一段时间后）重新选择右上角的纳什均衡点。

重点是，纳什均衡下的互相最佳反应相对于非纳什均衡点是相对稳定的，但并不是神圣不可侵犯的。约翰·纳什只是预测我们应该更多地预期从满足相互最佳反应的行动下找到均衡点。让我们把纳什均衡的概念与之前提过的占优战略区分开来。一个满足式（13-1）的占优战略是指不管对手如何行动，对我而言都是更好的选择（确保更高的收益）。思考一下这个问题。竞争对手可以是一个行为奇怪人，一个任人摆布的人，一个随机选择的人，一个相对或绝对收益最大化的人，一个仁慈或有报复心理的人，但对于占优战略来说，这些都没关系！无论对手的选择动机和效率如何，一个占优战略都能保证我的收益最优而不管对手的行为如何。这种普遍绝对的说法很难让人满意。然而，出于这个原因，主导战略对人的行为有极强的预测性。如果一个占优战略被提供给参与者A，而他的回报、心理目标和倾向都被确认时，很难想象参与者A的行为会和预测的不一样。

请注意，式（13-2）中的纳什均衡的参数有多少是相同的，有多少是不同的。在这种情况下，这个不等式并不适用于所有可能的竞争对手，而只适用于行为满足最佳反应的聪明对手。纳什不等式因此更难被满足，因为其对竞争对手的要求更多。纳什的观点是，尽管缺少占优战略，但是与竞争对手的均衡却是稳定的。那么这两个均衡概念之间的关系是什么呢？

事实证明，任何占优战略都意味着纳什均衡。例如，考虑图13-3中的渠道管理问题。GE的分销商在单次博弈中选择不提供全部安装时的收益会普遍更好。据推测，这可以降低运营成本，并提高分销商的利润，而不依赖于通用电气是选择全盘产品还是最低规格产品。GE预期到其分销商会在表格底层进行选择。GE只能通过选择提供最低规格产品来避免得到最坏的收益。正如我们之前研究的囚徒困境一样，这里选择占优战略带来了灾难性的后果，尽管左上角的 {更好/最好} 均衡点是一个更优的选择，GE与其分销商最终选择了右下角低效率 {更坏/更好} 的均衡状态。

我们应该再次使用与纳什均衡相关联的三个关键词：预期、假设、相互，并且铭记纳什均衡是可以从任何起始点推导而来的。让我们从右上角开始，GE考虑从提供最低规格产品转而提供全盘产品，这样能够预期到收益的提升。接着，GE从其分销商的角度考虑，并假设自己将提供全盘产品，那么分销商的最佳反应是什么。GE马上意识到其对手的最佳反应很明显是低转售价格。

预期到从左上角的 {更好/最好} 收益转移到左下角的 {最好/最坏} 收益矩阵中，GE本能的反应是返回到提供最低规格产品是否能够得到更高的收益。GE确实应该这么做，并且一旦来到右下角的均衡点，博弈双方都不希望离开，因为双方都无法通过单方面离开这个纳什均衡点得到收益的改善。每个博弈者都有一个最佳反应来保持现状。也就是说，GE与其分销商通过使用占优战略而达到了互相提高最佳反应的纳什均衡点。如其他情况一样，占优战略均衡点 {更坏/更好} 同时也是一个纳什均衡点。这是有道理的，因为任何能够满足所有可能的竞争对手反应的占优战略的行为，都必须是针对任何特定的竞争反应的最优战略，包括最佳反应。

## 混合纳什均衡战略

多重纳什均衡的存在削弱了占优战略的可预测性。为研究此问题，我们现在转到百事可乐与可口可乐之间的一次同时价格宣布博弈上。两家厂商每月必须选择是否在其杂货零售店分销渠道中保持原价或提供打折。表13-5列出每家商店每周的收益。在左上单元格中我们看到，如果可口可乐单方违约打折，那么可口可乐的收益从13 000美元增至16 000美元，而百事可乐的收益下降25%，从12 000美元降至9 000美元。同样，百事可乐也可以通过单方打折使经营利润从12 000美元增至14 000美元，增加16%，而可口可乐的利润将从13 000美元降至10 500美元。表13-6不包括占优战略。百事可乐希望在可口可乐保持高价格时提供打折（14 000美元＞12 000美元）；

同样也很清楚，百事可乐希望在可口可乐打折时保持高价（9 000 美元 > 6 300 美元）。可口可乐也会表现出同样的权变模糊。

表 13-6  不存在占优战略的软饮料"违约打折"

| | | 可口可乐 | |
|---|---|---|---|
| | | 保持高价 | 提供打折 |
| 可口可乐 | 保持高价 | 12 000 美元 ╲ 13 000 美元 | 9 000 美元 ╲ 16 000 美元 |
| 百事可乐 | 提供打折 | 14 000 美元 ╲ 10 500 美元 | 6 300 美元 ╲ 8 000 美元 |

注：Column-player payoffs（in thousands）are above the diagonal. Row-plyer payoffs are below the diagonal.

约翰·纳什提出的**最佳反应**的概念，为在这个"违约打折"博弈中预测对手行为提供了基础。如果一种行动是对竞争对手行动的最佳回应，而竞争对手的行动转而就是对最初行动者的最佳反应，双方就达成了一种**纳什均衡战略**。

在违约打折博弈中，两个纯粹的纳什均衡就是保持$\{保持_p^*, 打折_c^*\}$和$\{打折_p^*, 保持_c^*\}$，其中的下标分别指百事可乐和可口可乐。前面讲过，行动顺序在此博弈中并不重要。我们可以很容易地反转这些战略伙伴，并且先列出可口可乐而不是百事可乐。竞争对手实际上已经准确地认识到这一点，因为在 1992 年的 42 周内，它们都在全美国杂货商店的店头商品上进行轮番打折。

**最佳反应**（best-reply response）：一种从可行选择中谋求自身利益最大化的行动。

**纳什均衡战略**（Nash equilibrium strategy）：一种非占优战略博弈的均衡概念。

那么，百事可乐应该宣布什么价格呢？记住，每个厂商在宣布其价格之前，都不知道它的竞争对手是如何宣布自己的决定的。如果百事可乐认为可口可乐在一半时间内打折，一半时间内保持价格不变，那么百事可乐保持价格的期望值为 10 500 美元（即 0.5 × 12 000 美元 + 0.5 × 9 000 美元），而百事可乐提供打折的期望值是低的（只有 10 150 美元）。这个结果似乎表明百事可乐会偏好于保持高价格，但是，如果可口可乐预计到百事可乐保持高价，就可以单方违约而赚取 16 000 美元，而百事可乐此时只能得到 9 000 美元。百事可乐怎样才能避免这种因对方摊牌而最终获得 9 000 美元的结果，而不是更有可能获得 14 000 美元的违约结果呢？

答案取决于百事可乐的随机定价过程，百事可乐必须算出什么样的自动定价反应将使保持高价和提供打折两者对于可口可乐来说是无差异的，进而愿意随机宣布自己的价格。也就是说，百事可乐提供打折的概率有多大，可能会使可口可乐从保持高价和提供打折两种行动中得到的期望收益相等。有趣的是，因为收益是不对称的，理想的概率不是 0.5。让我们看一下这个解是什么，用 $P$ 和（$1 - P$）分别代表百事可乐保持高价和提供打折的概率，我们计算

$$p \times 13\,000 \text{ 美元} + (1-p) \times 10\,500 \text{ 美元} = p \times 16\,000 \text{ 美元} + (1-p) \times 8\,000 \text{ 美元} \quad (13\text{-}3)$$

式中对可口可乐收益的安排对应于表 13-6 的各列数据，解出的概率 $p = 0.454$ 和（$1 - p$）= 0.546 能使可口可乐认为保持价格与提供打折是无差异的，因此百事可乐对于单方打折也是不太可能的。

要看到与这个纳什均衡解相联系的对照形象的反射性：可口可乐面对一种可比较的收益结构和对百事可乐的战略两难境地，因此会希望知道保持高价和提供打折各具有什么样的概率才能使百事可乐认为这两种选择是无差异的。与上面的计算相同

$$p' \times 12\,000\ \text{美元} + (1 - p') \times 9\,000\ \text{美元} = p' \times 14\,000\ \text{美元} + (1 - p) \times 6\,300\ \text{美元}$$

$$(13\text{-}4)$$

上式中，对百事可乐收益的安排对应于表13-6的各行数据。我们得到 $p' = 0.574$ 和 $(1 - p') = 0.426$。如果百事可乐的随机选择是对可口可乐的一种最佳反应，而且如果可口可乐此时不能做得更好，那么这种违约打折博弈必定具有第三个纳什均衡战略，即 {百事可乐保持高价 $p = 0.454$，可口可乐保持高价 $p' = 0.574$}，这一组战略被称为**混合纳什均衡战略**。百事可乐用概率 0.454 作为保持高价的权重，用概率 0.546 作为打折的权重，将使可口可乐每一种公布价格战略

**混合纳什均衡战略**（mixed Nash equilibrium strategy）：一种包括随机行为的战略均衡概念。

形成 11 634 美元的期望值。同样，可口可乐用概率 0.574 作为保持高价的权重，用概率 0.426 作为打折的权重，将使百事可乐每一种公布价格战略形成 10 720 美元的期望值。注意，这些是相对于所有其他混合策略的最大期望值。

这个博弈的战略均衡解中包括两个纯粹的和一个混合的纳什战略：{保持高价$_p^*$，提供打折$_c^*$}，{提供打折$_p^*$，保持高价$_c^*$} 和 {保持高价$_p^*$ = 0.454，提供打折$_c^*$ = 0.574}。实施这个混合纳什战略的一种方法就是用一个计算机程序随机确定一个不公平的均匀投掷硬币过程，不过原则上这三种纳什均衡战略没有哪一种会优于另外两种。在一次行动的"违约打折"博弈中，表13-5中所有四个单元格的情况仍然会出现。右下单元格的结果 {6 300 美元，8 000 美元}，左上单元格的结果 {12 000 美元，13 000 美元} 以及与两种纯粹纳什战略相对应的两个非对称结果有时也全都会出现。

在不允许事先沟通、没有补充支付和约束性协议的非合作性同时博弈中，参与者完全无法避免这种可能战略均衡的多样性。因此实际上在"违约打折"博弈中，这三种纳什战略中任何一种的一次行动都可能出现好的或坏的结果。当然，{12 000 美元，13 000 美元} 是所有结果中最好的。我们将在下节中分析如何通过引进重复行动、不完全信息和可信性机制把这种同时博弈转换成一种顺序博弈来追求这种双赢的结果。作为耶鲁大学教授和有大量读者的《策略思维》（*Thinking Strategically*）一书的作者巴里·奈尔伯夫（Barry Nalebuff）称此为"不断改变的竞争性质"，并把它与违背反托拉斯法的"共谋"区别开来[⊖]。

## 13.4  避免囚徒困境

### 13.4.1  重复行动博弈中的多阶段惩罚和奖酬计划

我们在本节中放松对博弈的一次行动、完全和完美信息的假设，再次分析表13-6中带有囚徒困境收益结构的百事可乐与可口可乐的例子。如果百事可乐与可口可乐有一方单方违约不保持高价的话，两者的情况都会变得更糟。每家软饮料灌装厂都愿意获得12 000 美元的收益，但避免单方违约缺陷的唯一方法就是自己违约！占优战略促使双方参与者在一次行动博弈中对其12 盒饮料打折。不过，百事可乐和可口可乐肯定知道它们正在参与一种持续的竞争过程，并非一次性（即单一行动）博弈。几周之后，它们将在全国的杂货店和便利店中，在这种定价博弈的未来再次行动中相遇。因此，存在一种可能的是策略性合作，而非独断的削价。

⊖ See A. Dixit and B. Nalebuff, *Thinking Strategically* (New York: Norton, 1993); and Businessman s Dilemma, *Forbes* (October 11, 1993), p. 107.

假设可口可乐在开始此博弈过程时宣布将在时期 1 内保持高价，其意图就是连续实行高价直至百事可乐违约，并且随后再也不会宣布保持高价，这就是所谓的**冷酷触发战略**。百事可乐脱离合作性高价的任何行动以及可口可乐的惩罚都是立即的而且是无止境的。不管是游船公司、航空公司，还是软饮料公司，多期的惩罚安排都是在囚徒困境博弈中导致合作的关键。在此情况下，百事可乐要拿以每期利率进行贴现的年金机会损失（12 000 美元 – 8 000 美元）与从违约行动得到的一次性获益（17 000 美元 – 12 000 美元）相比较

$$4\,000\ 美元/r > 5\,000\ 美元，如果\ r < 0.8 \qquad (13\text{-}5)$$

结果很清楚：以任何低于 80% 的贴现率计算，百事可乐从共同合作保持高价得到的未来获益超过了由违约得到的一次性获益。因此在一次性博弈中，违约占优战略就不再有吸引力。这个计算与结论反映出一种通用性的**无名氏定理**，它认为对于任何收益结构来说，总会存在一种贴现率，低到足以在一个无限重复的囚徒困境博弈中形成合作。所以，一个冷酷触发战略可以在一个无限重复的囚徒困境博弈中形成合作[⊖]。

**冷酷触发战略**（grim trigger strategy）：一种包括无限长期惩罚计划的战略。

**无名氏定理**（folk theorem）：在重复囚徒困境中有关合作的一个结论。

**颤抖手触发战略**（trembling hand trigger strategy）：一种免除随机错误和沟通不当的惩罚机制。

表 13-7 软饮料的重复性囚徒困境 （单位：美元）

| | | 可口可乐 | | | |
|---|---|---|---|---|---|
| | | 保持高价 | | 提供打折 | |
| 百事可乐 | 保持高价 | | 12 000 | | 17 000 |
| | | 12 000 | | 6 000 | |
| | 提供打折 | | 6 000 | | 8 000 |
| | | 17 000 | | 8 000 | |

不过，因为公司不会永远存在，所以无名氏定理提出一个明显的问题："对于较短的时期，比如 20 周，情况会怎样？" 20 期很容易计算，此时 $r$ 必定低于 79%。但如果是 20 周、10 周、2 周怎么办？假设现在从第 2 周开始，我们知道下一周（即第 3 周）就要脱离这个"合作"结构，所以保持高价的剩余动力仅仅是 4 000 美元/(1 + r)，而违约的动力是 5 000 美元。现在情况突变，按任意贴现率计算，各个参与者违约的结果会更好，这个结果也具有通用性。一个有限重复囚徒困境博弈的最后一次行动与一次行动的囚徒困境博弈具有相同的推动力。因此，在一个有限重复行动的囚徒困境的非最终博弈期间，参与双方都没有积极性保持其合作的声誉。

## 13.4.2 拆散问题与连锁店悖论

在任何有限重复的囚徒困境博弈中，合作的前景都不好，因为一个 2 期博弈的事实通过后向归纳过程对于一个 3 期博弈来说也必然是真实的。如果你在 2 期博弈中知道违约是合算的，那么

---

⊖ 当然，冷酷触发战略的一个明显缺点就是，无论哪一个参与者在推理上产生微小错误或沟通不当，都无法形成合作的结果。泽尔腾的**颤抖手触发战略**允许对方在实施对违约的触发惩罚之前有一个失误的延缓期。当然，一个了解这种战略的老谋深算的对手会利用其竞争对手，方法就是多次犯时期 1 的违约"错误"，因为它是可以逃脱处罚的。

在 3 期博弈中你必定知道确定的违约只不过是 1 期以后的事情，因此，你应该现在违约。如果 3 期博弈是如此，那么一个 4 期博弈、5 期博弈，甚至 20 期博弈也是如此。莱因哈德·泽尔腾就原有连锁店面对竞争对手重复进入威胁的情况，研究了这种有限重复囚徒困境的**拆散问题**。[○] 在一个与我们研究过的囚徒困境类似的情况下，原有厂商有一个接纳新进入者的占优战略。人们会直观认为，面对连锁店重复多次的竞争，原有厂商通过斗争阻止进入的声誉就会得到收益，这种直观在极端情况下绝对是正确的。在**无限重复博弈**中，起作用的是无名氏定理。不过在次数不多的重复过程中，即便可能面对像麦当劳或沃尔玛这样大量的连锁店，合作均衡也会得到拆散解决。

**拆散问题**（unraveling problem）：无限长度博弈中的合作失败。

**无限重复博弈**（infinitely repeated games）：可以永远持续的博弈。

**最终博弈推理**（endgame reasoning）：对一个顺序博弈中最终决策的分析。

莱因哈德·泽尔腾发明了**最终博弈推理**的概念，用来说明这种悖论的结果，并强调声誉效应的顺序性质。最终博弈推理总是包括对一个有序顺序行动中最后一个行动的前瞻，确定其决策将控制最终博弈结果的参与者，然后预计该参与者的最佳反应。在图 13-2 中有一家原有的连锁店（I），它要针对一个潜在进入者（PE）的进入或不进入决策做出接纳还是斗争的反应。接纳的结果会使原有连锁店的利润减少 20 000 美元（100 000 美元 – 80 000 美元），并导致未来的进入；但是通过斗争阻止目前的进入会在未来可能的进入环境中形成一个强硬者的声誉，这样造成现在的实际损失（– 10 000 美元）。显示的博弈树是参与双方开始一个 20 家连锁店竞争中最后三轮的情况。对最终博弈的前瞻可明显看到，原有厂商将在最后所知的子市场中采取接纳行动。在决策 C 上，接纳的 100 000 美元超过了斗争的 60 000 美元，在决策节点 B 上，接纳的 80 000 美元超过了斗争的 – 10 000 美元。更重要的是，由于其强硬声誉随后并没有获得未来收益，因为它是真正的最终博弈。因为潜在进入者也知道它是最终博弈，所以进入将肯定在最后的子市场中发生。

现在回头看原先的子市场（即第 19 家商店），原有厂商认识到其竞争对手随后进入第 20 个子市场是肯定的，因此，获得一个强化的斗争声誉的任何努力在第 19 子市场都是没有用的，所以，接纳就是从节点 B 到最终博弈的适当子博弈中的最佳反应。因为进入者也可以预见到这个决策，所以进入发生在节点 A 上的第 19 子市场中。因此第 19 子市场中的事实在第 18 子市场也是事实，在第 17 个子市场也是，一直逆推后退到博弈的起点。

这种后向归纳推理过程导致了连锁店悖论。我们可以计算在子市场 1 中，若以一个合理的贴现率计算，原有厂商能从未来的阻止进入中得到足够净现值的利润，由此证明此刻采取斗争行动而不是接纳行动的合理性。然而，原有厂商现在采取斗争行动的可信性要受到未来接纳行动预见性的影响。因为在达到最终博弈的整个过程中，选择接纳作为最佳反应的预见性意味着，现在采取斗争阻止进入的声誉效应得到拆散解决。因此在 20 个子市场/20 期的博弈中，每一个子市场或每一期都会出现接纳行动，正如前面分析过的 2 个子市场/2 期博弈的情况一样。

---

○ See J. Harsanyi and R. Selten, *A General Theory of Equilibrium Selection in Games* (Cambridge, MA: MIT Press, 1988); or for a less technical treatment, E. Rasmussen, *Games and Information*, 2nd ed. (Cambridge, MA: Blackwell, 1994), Chapter 5.

接纳 (80, 10)*

斗争 (-10, -10)

接纳 (100, 0)

斗争 (60, 0)

接纳 N.A.

斗争 N.A.

接纳 N.A.

斗争 N.A.

进入

不进入

进入

不进入

接纳 (80, 10)*

斗争 (-10, -10)

进入

不进入

接纳 (100, 0)

斗争 (60, 0)

I F

I G

I H

I I

PE D

PE E

I B

I C

PE A

第18家商店　　　　　第19家商店　　　　　第20家商店

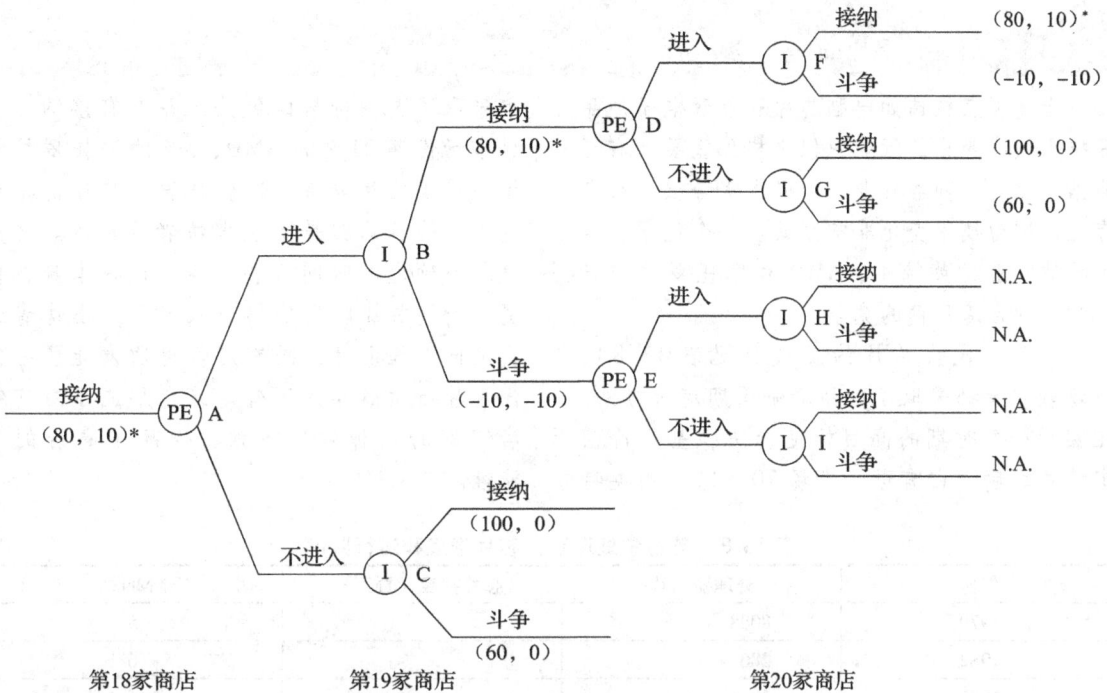

图 13-2　连锁店悖论

注：所列出的是原有厂商、潜在进入者。收入的单位为千美元。N. A 意为"不适用"。

直觉还会告诉我们情况不是如此，特别是当一长串的潜在进入者在等待排队的时候，因此出现**连锁店悖论**一词。正如所见，改变连锁店决策问题的其他某些特点就可以推翻这种与直观不一致的结果。

> **连锁店悖论**（chain store paradox）：对面对进入威胁的原有厂商，总算采取接纳行动的预测。

## 13.4.3　重复性囚徒困境中的相互自制与合作

绕开连锁店悖论推理过程的一种方法就是引进一种博弈的不确定结果。如果原有厂商不能肯定超过 20 个子市场的未来冲突是否会出现，那么第 19 期中采取斗争阻止进入的声誉效应就会重现。博弈将继续的正值概率（仍要按足够低的贴现率计算）足以在第 20 期中恢复通过斗争阻止进入的阻慑效应。如果在第 20 期采取斗争阻止进入是合理的，那么原有厂商愿意在第 19、第 18 直至第 1 期就采取斗争阻止进入。如果原有厂商愿意在第 1 期采取斗争阻止进入，那么就可能不必这样做，因为其他厂商将不会进入。同样，在诸如软饮料（表 13-7）重复性囚徒困境这样的有限重复定价博弈中的同样启示就是，只要最终博弈是不确定的，那么竞争对手将通过保持高价而合作。对于剩下的一个时期，此时可以把式（13-5）写成

$$4\,000\ 美元 + 4\,000\ 美元 \times \frac{1}{(1+r)} \times p > 5\,000\ 美元 \tag{13-6}$$

式中，$p$ 为博弈继续到下一期的概率。对于 $r=0.1$ 来说，低到 0.28 的概率足以引发保持高价的合作和表 13-7 左上单元格中的结果 $\{12\,000\ 美元，12\,000\ 美元\}$。因此，并不要求无限重复来形成囚徒困境中的合作，一个不确定的结果就足够了。

| 实例 |  连锁店悖论的解决：英特尔、NEC 和 AMD 半导体定价

上述观点在诸如电脑芯片和消费电子产品等技术快速变化的行业中似乎格外重要，有可能结束原有厂商经营业务的成本劣势很少长久存在，因为技术变化非常频繁。一个例子就是半导体行业，英特尔、AMD 和摩托罗拉与日本和中国台湾厂商的竞争。

随着一代代芯片的发展（见表13-8），市场领导者都采取了产品寿命周期定价方法。在实行一个时期的高目标定价法和基于价值定价法之后，占有世界市场 70% 以上的英特尔采取了限制价格的做法，并没有接纳占世界市场份额 21% 的 AMD、5% 的摩托罗拉和无数更小的竞争者。这就是说，芯片价格迅速下降的目的就是阻止模仿者的进入。之后随着不确定的时间推移，整个过程本身在重复。新的芯片以高价格引入市场，模仿者进行反向工程设计，限制定价再次发生。一代代芯片持续博弈的不确定终点形成了对连锁店悖论的一种解决方法，提高了高价的可能性。

表 13-8  英特尔处理器：芯片密度和运行频率

| 年份 | 处理器名称 | 芯片密度（百万） | MHz |
|------|-----------|----------------|------|
| 1979 | 8088 | | 5 |
| 1982 | 286 | | 6 |
| 1985 | 386 | | 16 |
| 1989 | 486 | | 25 |
| 1993 | 奔腾 | 3 | 60 |
| 1995 | 奔腾 Pro | | 150 |
| 1997 | 奔腾 II | | 233 |
| 1999 | 奔腾 III | 125 | 333 |
| 2002 | 奔腾 IV | | 550 |
| 2004 | 赛扬 M | | 1 200 |
| 2005 | 奔腾 M | | 1 600 |
| 2006 | 醋睿 2 双核 | 410 | 2 130 |
| 2008 | Core i3 | | 2 660 |
| 2010 | Core i5 | | 3 200 |
| 2012 | Core i7 | 1 300 | 3 600 |
| 2015 | Core i7-6700K | 1 400 | 4 000 |

资料来源：Based on *Investor s Business Daily*（January 13, 1998），p. A8；and Turning 50：Moore s Law Shows age, *Wall Street Journal*（April 18, 2015）. p. A2.

### 13.4.4  计算机发展竞赛中的获胜战略：以牙还牙

为何积极地追求其自身目标的人们在长期相互交往中最终常常与竞争对手合作[⊖]，罗伯特·埃克罗德（Robet Axelrol）对这一现象提出的解释引起了人们的兴趣。他通过电脑模拟，用 151 种战略相互竞争 1 000 次，来研究重复性囚徒困境中的最优战略问题。他发现那些在电脑竞赛中

---

[⊖]  Robert Axelrod, *The Evolution of Cooperation*（New York：Basic Books, 1984）. See also "Evolutionary Eonomics," *Forbes*（October 11, 1993），p. 110；and Jill Neimark, Tit for Tat：A Game of Survival, *Success*（May 1987），p. 62.

获得最高分的战略有几个共同特点：第一，获胜战略明确简单，以避免引发潜在合作者犯错误；第二，获胜战略促使单方谋求合作，它们绝不会首先背信食言，只能是相反情况，即首先表示善意。第三，正如我们所预期的，所有的获胜战略都是发人深省的——它们对某些惩罚规则做出可信的承诺。有趣的是，表现宽容的有限期限惩罚方案胜过了最大惩罚的冷酷触发战略。原因似乎是通过采用获胜战略能够从错误认知、错误沟通和战略错误中恢复过来；报复行为不必变成自身永存的。

### 13.4.5 贝叶斯声誉效应

第二种避免囚犯两难的巧妙方法需要加进有关竞争对手类型的贝叶斯声誉效应，以诺贝尔奖获得者约翰·海萨尼的研究结果为基础。它涉及根据过去事件对各种竞争行动的可能性进行估算。如果已知市场中存在某些并非总是使其收益最大化的缺乏理性的"疯子"，那么一个完全理智的原有厂商也可以采取看起来疯癫的行动。原有厂商的意图就是追求一种与"疯子"没有区别的不良声誉[⊖]。例子是一家原有的汽车制造商进行掠夺定价，也就是说，使其产品的价格低于变动成本，即使这种战略造成的经营亏损以后的超额利润也收不回来。日本汽车制造商常常被指控在海外汽车市场，特别是在欧洲和美国市场中"倾销"

什么类型的实际战略最符合上述获胜标准呢？使人吃惊的是，"以牙还牙"战略赢得了比赛！重复上一轮对手的行动是最简单的也是很有启发性的，但也是与你自身发起的合作相一致的。"以牙还牙"是宽容的，这一点也许最为重要。在实施一个时期的惩罚之后，只要对手/合作者采取合作，就会改变为合作。

例如，对表 13-8 中嘉年华会和皇家加勒比两家游览公司的竞争进行管理的一种可能方式就是遵循"以牙还牙"（TFT）的决策规则。皇家加勒比有一个 300 美元的占优战略，它把"特等舱"（不是面积小、设备不齐的客舱）作为一种行业标准来推销，然后在第 1 期选择 450 美元的定价战略，借此传递出来的信号是一个**显著聚集点**。随后，皇家加勒比公司在下一期将按照嘉年华会上一期选择的战略而选择相同的定价战略。例如，如果嘉年华会公司在当期索取 450 美元，那么随后皇家加勒比公司在下一期同样这样做；

**显著聚焦点**（conspicuous focal point）：吸引相互合作的结果。

如果嘉年华会公司违约并在当期索取 300 美元，那么皇家加勒比公司也会在下一期索取相同的 300 美元进行报复。通过重复行动，参与者会掌握这种正在被其竞争对手采用的"以牙还牙"的决策规则。

---

**|实例|** **布朗和威廉公司的掠夺者名声**

美国最高法院最近解释了这些问题，进而制定了一个标准来判断美国厂商的掠夺定价行为。在布鲁克集团公司诉布朗和威廉姆斯烟草公司一案 ［113U. S. 2578（1993）］ 中，法院认为低于成本的一般香烟定价不能证明是怀有一种不可取的、打算垄断市场的掠夺意图，因为布朗和威廉姆斯公司在此之后没有机会赚取超额利润并补偿所谓的掠夺行为造成的损失。同

---

⊖ 有关这种战略背后的不对称信息集体均衡，参见 R. Gibbons, An Introduction to Applicable Game Theory, *Journal of Economic Perspectives* 11, no. 1（Winter 1997），pp. 140 147；and Rasmussen, op. cit., pp. 352 356.

样，当柯达公司对其"傻瓜"照相机定价 11.95 美元，而直接制造成本为 28 美元时，它面对以后每台相机收回经营亏损 16.05 美元的渺茫前景。然而，作为在退出"傻瓜"照相机子市场之前迅速出清存货的一种努力，这个定价策略是合理的。

法院在这种情况下是否足够深入地看到通过不良声誉效应而阻止有效进入的长期影响是一个反托拉斯的热点争论问题。在有关竞争对手类型的不完全信息条件下，使价格掠夺性地低于成本，而收回损失又不大可能、类似"疯子"的行为可以阻止竞争对手的进入。让人们认

为一家厂商会使价格大大低于成本的不良声誉效应在新进入者的成本较高，原有厂商的品牌忠诚度较弱，潜在进入者数量很多时会更有价值。

美国航空公司阻止了折扣商 Vanguard、Sunjet 和西太平洋公司继续留在达拉斯－沃斯堡航空枢纽机场之中。2001 年 5 月，对美航进行掠夺定价的指控被驳回，理由是没有证据表明美航把价格降至其平均成本之下。保持在收回平均成本范围内的精明竞争策略是合法的，因为反托拉斯法的存在就是为了保护竞争（鼓励给消费者更低的价格），而非保护个别的竞争者。

### 13.4.6 对应出价保证

嘉年华会公司应该如何对皇家加勒比公司的"以牙还牙"决策规则做出反应？让我们对这个有限惩罚安排和对应出价保证做个类比分析。在表 13-9 中，皇家加勒比所采取的对应出价保证大大降低了嘉年华会在皇家加勒比宣布 450 美元价格时打折降到 300 美元的积极性。在标有 300 美元的第 2 栏中可以看到，嘉年华会的 300 美元折扣价格不再会形成第 1 行中 375 000 美元的收益，而是仅仅实现了因皇家加勒比采取对应出价政策而产生的 185 000 美元的收益。此时产生的这个 185 000 美元收益与两家公司都打折到 300 美元时相同。由于皇家加勒比的顾客将会进行监测，强化皇家加勒比的对应出价保证，方法是只要嘉年华会打折到 300 美元，皇家加勒比就会要求 150 美元的回扣（450 美元 – 300 美元）。所以嘉年华会不能希望通过打折而赢得大量的皇家加勒比顾客份额。

表 13-9　带有对应价格的游览船定价　　　　　　　　　　（单位：千美元）

| | | "嘉年华会" 定价政策 | | |
| --- | --- | --- | --- | --- |
| | | 450 | 300 | 对应行动 |
| "皇家加勒比" 定价政策 | 450 | 350 \ 275 | 150 \ 375 | 350 \ 275 |
| | 300 | 320 \ 160 | 175 \ 185 | 175 \ 185 |
| | 对应行动 | 350 \ 275 | 175 \ 185 | 350 \ 275 |

注：以列表示的参与者的收益标在对角线以上，单位为千美元。

为了让皇家加勒比处于相同境地，嘉年华会也可能在皇家加勒比力求对嘉年华会的市场份额进行偷偷攻击时宣布采取对应出价保证作为保护手段。与前面一样，假设皇家加勒比首先采取行动宣布 450 美元的价格，那么两家游览公司都将保持 450 美元价格，通过实现在左上角和右下角单元格中的收益 {350 000 美元，275 000 美元} 就可以有效地进行"对应行动，对应行动"并避免囚徒困境的两难境地。与双倍价差保证一样，对应价格保证提高了预期价格水平，并由此提高了一个竞争激烈的寡头市场的利润率。

现在把这个结果与"以牙还牙"相比情况会如何？假设博弈中没有"对应行动"选择方案。

尽管如此，嘉年华会也应该把皇家加勒比的 TFT（以牙还牙）决策规则视为一种延迟的对应价格保证。这就是说，有一个时期的延迟，皇家加勒比打算对嘉年华会采取的任何价格折扣都会采取对应出价，而且随后只要嘉年华会恢复高价格，皇家加勒比也会对应地返回到高价格（仍有一个时期延迟）。这种收益路径是确定的。嘉年华会对错误和误导不会有任何的歉意，这就防止了皇家加勒比在一个期间内的惩罚安排。因此，嘉年华会只需对这个时期单方打折的利润（375 000 美元 – 275 000 美元）与下一期惩罚产生的贴现机会损失（275 000 美元 – 160 000 美元）进行比较

$$\text{若 } r < 0.15 \quad 100\,000 \text{ 美元} < 115\,000 \text{ 美元}/(1 + r) \tag{13-7}$$

只要贴现率低于 15%，两家公司的这条特定游览路线的连续性就是肯定的，嘉年华会就不应该打折，从而违反行业领导者 450 美元的定价政策。

当然，如果连续性的概率（$p$）降到 1.0 以下，像"以牙还牙"这样的有限时间惩罚安排立刻变得更加无效。例如，把下一期惩罚的未来机会损失乘上低于连续确定性的 10% 的结果

$$100\,000 \text{ 美元} < 115\,000 \text{ 美元} \times (1 - 0.1)/(1 + r) = 103\,500 \text{ 美元}/(1 + r)$$

$$100\,000 \text{ 美元} < 103\,500 \text{ 美元}/(1 + r), \text{若 } r > 0.035 \tag{13-8}$$

这意味着嘉年华会将会违约打折，目的是在利率高于 3.5% 的任何时间内获得市场份额。[⊖]因此，对于预期会一再相互遭遇相互竞争的寡头厂商（如百事可乐与可口可乐、联航与美航、安海斯 – 布希与美乐以及嘉年华会与皇家加勒比）来说，"以牙还牙"是一种更有效的协调手段。

因为 ｛450 美元，450 美元｝行动使皇家加勒比比反复占优战略均衡 ｛300 美元，300 美元｝多产生 9 000 美元，所以皇家加勒比很可能发起合作，随后进行"以牙还牙"。对于理性、清醒和信息灵通的竞争者来说，显著聚集点的沟通和多时期的惩罚安排能在重复性囚徒困境中形成有条件的合作。也许为此原因，美国法院禁止航空公司通过其中央订票系统相互协调信息的信号指示。

**价格信号指示**（price signaling）：对价格变化计划的沟通，这是反托拉斯法所禁止的。

---

**实例｜一种惩罚安排的信号指示：西北航空公司**

美西航空公司（现在是全美航空公司的一部分）宣布对由西北航空公司占主导地位的繁忙的明尼阿波利斯—洛杉矶航线提前 21 天购买的机票降价 50 美元。西北航空公司并没有把它从明尼阿波利斯枢纽机场起飞的 308 美元票价降低，以与美西航空公司的 258 美元相对应，而是采取一项多时期惩罚安排。以此信号指示作为回应，具体就是，西北航空公司从纽约到美西枢纽机场凤凰城的繁忙航线上提前

21 天的购票价格降低 40 美元（从 208 美元降到 168 美元）。这个报复性票价被标在航空交通发布电脑系统中，只能在之后两天得到，随后还可更改。5 天以后，美西航空公司取消了从明尼阿波利斯到洛杉矶航线中的 50 美元促销活动。

反托拉斯法将公司共谋固定价格的做法目为非法。对于一个多期惩罚安排中的内容做出**价格信号指示**，以便引发保持高价的合作被视

---

⊖　为说明 $p$ 和 $r$ 之间的相互影响，式（13-8）也可以写成

$$100\,000 \text{ 美元} < 115\,000 \text{ 美元} \times (0.9)/(1 + r) = 115\,000 \text{ 美元}/(1 + R)$$

式中的 $R$ 为有效的利率和实际的利率非常相似。若 $r = 10\%$，$p = 0.9$，$p/(1 + r) = 0.9/1.1 = 0.82$，因此有效的利率为 22%：$1/(1 + 0.22) = 0.82$。随着 $p$ 越来越小，有效的和实际的利率会发生指数背离。例如，对于一个 10% 的实际利率，$p = 0.55$，$p/(1 + r) = 0.55/1.1 = 0.5$，因此有效的利率是 100%：$1/(1 + 1.0) = 0.5$。

为一种对《罗宾逊－帕特曼法》条款的违背行为。西北航空公司把它的行动辩解为"与独立的自利行为相一致的竞争行动和反应"。不过，第三巡回上诉法庭很明确地裁定：对有限持续惩罚安排进行信号指示并不是合法的。美国诉航空交通出版公司等［92-52854（1992）］

一案明确禁止有可能帮助实现价格协调的事先公布价格变化的做法。

　　资料来源：Based on Fare Game, *Wall Street Journal* (June 28, 1990), p. A1; Fare Warning, *Wall Street Journal* (October 9, 1990), p. B1; and Why Northwest Gives Competition a Bad Name, *BusinessWeek* (March 16, 1998), p. 34.

## 13.5　顺序博弈分析

### 13.5.1　作为协调手段的行业标准

　　强制性的行业标准或管制约束通常是把同时行动的囚徒困境结构变成一种顺序－行动博弈的方法。用于互联网的 Java 程序设计语言、移动电话的数字信号规范 CDMA、高清电视的蓝光规范或蜂窝电话、混合器和动力工具的无线充电都是用于此目的的行业标准例子。⊖通过限制相互反应的灵活性，竞争者通常可以谋求避免一个同时行动囚徒困境中的 ｛背叛，背叛｝ 占优战略的收益结果，并且在顺序博弈中实现盈利更多的结果。

　　分析一下图 13-3 表明的企业向企业销售电子设备的情况。通用电气公司打算制造和分销一种高规格的（"金盘"）隐藏式卤素照明设备，附带全部安装和售后服务。不过遗憾的是，GE 的分销商在不提供全部安装时收益会更高。在此情况下，GE 制造仅满足最低规格要求的设备情况会更好。由于分销商拥有占优战略，两家公司赚取的收益为 ｛更坏，更好｝，并发现它们处于囚徒困境的境地。它们都会优先选择左上角单元格 ｛更好，最好｝，但此时各方都很容易被对方所背叛，给它们带来最坏的结果。

　　让我们再次将纳什均衡和占优战略的概念区分开来。一个占优战略的行动满足了式（13-1）中的条件，并且它能保证比其他的行动更好（获得更高的收益）。思考一下这个问题。竞争对手可以是一个行为奇怪人，一个任人摆布的人，一个随机选择的人，一个相对或绝对收益最大化的人，一个仁慈或有报复心理的人，但对于占优战略来说这些都没关系！无论对手的选择动机和效率如何，一个占优战略都能保证我的收益最优而不管对手的行为为何。这种普遍绝对的说法很难让人满意。然而，出于这个原因，主导战略对于人的行为有极强的预测性。如果一个占优战略被提供给参与者 A，而他的回报和心理目标和倾向都被确认时，很难想象参与者 A 的行为会和预测的不一样。

　　请再次注意，式（13-2）中的纳什均衡的参数中有多少是相同的，有多少是不同的。在这种情况下，这个不等式并不适用于所有可能的竞争对手，而只适用于行为满足最佳回应反应的聪明对手。纳什不等式因此更难被满足，因为其对竞争对手的要求更多。纳什的观点是，尽管缺少占优战略，但是与竞争对手的均衡却是稳定的。那么这两个均衡概念之间的关系是什么呢？

　　事实证明，任何占优战略都意味着纳什均衡。例如，考虑图 13-3 中的渠道管理问题。GE 的分销商（排名玩家）在一次性博弈中选择不提供全部安装时的收益普遍更高。据推测，这可以降低运营成本，并提高分销商的利润，而不依赖于通用电气是选择金盘产品还是最低规格产品。GE

---

　　⊖　See Adapt or Die, *The Economist* (March 7, 2009), pp. 20-21.

预期到其分销商会在表格底层进行选择。GE 只能通过选择提供最低规格产品来避免得到最坏的收益。正如我们之前研究的囚徒困境一样，这里选择占优战略带来了灾难性的后果，尽管左上角｛更好/最好｝的均衡点是一个更优的选择，GE 与其分销商最终选择了右下角低效率｛更坏/更好｝的均衡状态。

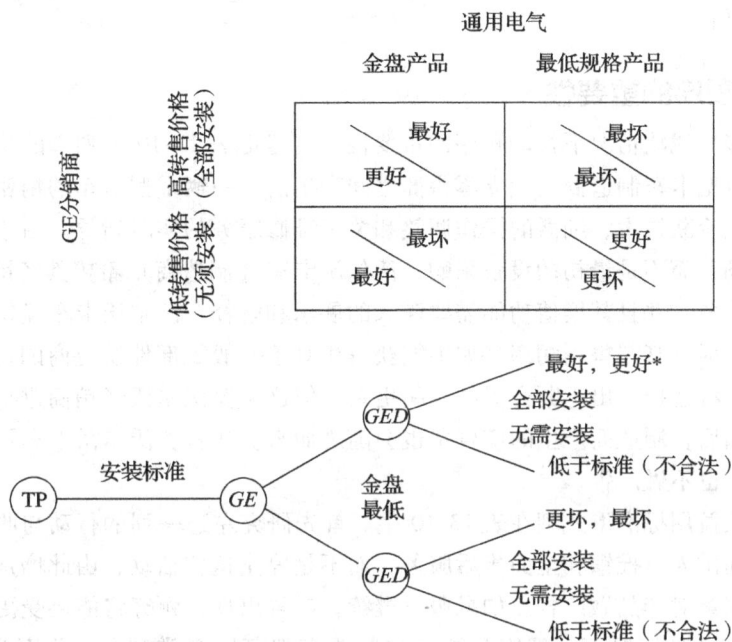

通用电气

|  | 金盘产品 | 最低规格产品 |
|---|---|---|
| 高转售价格（全部安装） | 最好 / 更好 | 最坏 / 最坏 |
| 低转售价格（无须安装） | 最坏 / 最好 | 更坏 / 更坏 |

（GE分销商）

图 13-3 电气行业的标准使 GE 分销商避免囚徒困境
注：所列收益顺序为通用电气及其分销商。

TP —安装标准— GE

- 金盘：GED → 最好，更好*（全部安装 / 无需安装 / 低于标准（不合法））
- 最低：GED → 更坏，最坏（全部安装 / 无需安装 / 低于标准（不合法））

我们应该再次使用与纳什均衡相关联的三个关键词：预期、假设、本能，并且铭记纳什均衡是可以从任何起始点推导而来的。让我们从右上角开始，GE 考虑从提供最低规格产品转而提供金盘产品能够预期到收益的提升。接着，GE 将从其分销商的角度考虑，并假设自己将提供金盘产品，那么分销商的最佳反应是什么？GE 马上意识到其对手的最佳反应很明显是选择低转售价格。预期到从左上角的｛更好/最好｝收益转移到左下角的｛最好/最坏｝收益矩阵中。GE 本能的反应是返回到提供最低规格产品是否能够得到更高的收益。GE 确实应该这么做，并且一旦来到右下角的均衡点中，博弈双方都不希望离开，因为双方都无法通过单方面离开这个纳什均衡点得到收益的改善。也就是说，每个博弈者都有一个最佳反应来保持现状。也就是说，GE 与其分销商通过使用占优战略而达到了互相提高最佳反应的纳什均衡点。如其他情况一样，占优战略均衡点｛更坏/更好｝同时也是一个纳什均衡点。这是有道理的，因为任何能够满足所有可能的竞争对手反应的占优战略的行为，都必须是针对任何特定的竞争反应的最优战略，包括最佳反应。

要摆脱右下角的双输均衡点并达到左上角的双赢均衡点，走出囚徒困境，需要 GE 和分销商之间达成可靠的协议，表达自己真的想要离开底部占优战略均衡的决心。比如，GE 可以先发制人，获得承受人实验的一个当地的工业标准：需要全部安装 220 码 GE 建筑规范要求的产品。或者 GE 分销商可以通过大量广告来建立自己安装全部产品的好名声。这将保障它们对 GE 做出承诺时的信誉，因为违约将无法收回它们的广告成本。

　　通过引进第三方（TP）因素（比如在规定安装标准时或在鼓励采用要求全部安装的本地建筑标准的承受人实验时），通用电气公司及其分销商就可以避免因徒困境的境地。如果通用电气的分销商此时提供少于全部安装的服务，就是在进行一种非法（低于"标准"）的销售，所以通用电气公司可以预期分销商会全部安装，因此着手制造高规格的产品，此时的收益结果将随之提高为｛更好，最好｝。

## 13.5.2　博弈顺序的重要性

　　为了说明在多种战略情况下行动顺序的重要性，请考虑表 13-10 中列举的另一个渠道管理博弈案例，这是在重型卡车制造商与独立零售商之间产生的。一辆重型卡车的精密技术需要对细节的关注，包括车载诊断技术、细微的操作调整和关于维修服务的实时指导。由于大部分的盈利能力都是在售后市场，而不是最初的设备采购，沃尔沃卡车（制造商）希望其经销商能够提供沃尔沃的专有部件和服务，并且其增值功能需要深入的展示和解释。沃尔沃卡车经销商可能希望停止部分此类活动，以提高其零售利润率。如果能获得相对于一般零部件供应商的价格溢价，沃尔沃卡车，列博弈者，将选择推出不断升级的产品更新。但这需要沃尔沃经销商进行广泛的销售，并提供售后服务。随后，制造商产生的广告费也会随之而来。或者，沃尔沃卡车可以选择不更新产品，不增加价格，也不做广告。

　　这个模型的收益用标准形式列在表 13-10 中。首先研究左边一列的行动与收益。制造商希望零售分销商继续提供人员推销和全面售后服务，而不是停止这些活动，由此增加其零售毛利。作为回报，制造商同意对产品做广告。如果服务继续，广告出现，顾客将能接受更高的制造商建议价格（MSRP）。在这种情况下，零售分销商和制造商都可以多赚利润，分别为 180 000 美元和 300 000 美元。但是如果零售推销工作和某些售后服务停止，MSRP 提高（见表 13-10 的左上单元格），那么销售量明显下降，零售分销商只得到利润 120 000 美元，制造商每天得到的利润只有 280 000 美元。独立的零售分销商会以多种微小的、不引人注意的方式提供更少的服务，特别是在它们怀疑制造商对此产品的广告宣传不足，致使其用于其他产品上的时间和精力更有价值的时候。销售量最终会下降，但获得更高利润可能完全符合零售分销商的最大利益。这个结果列在表 13-10 的右上单元格中。如果零售商停止推销工作，也没有来自制造商的广告宣传，那么双方发生的费用会减少，零售商获得利润 130 000 美元，制造商的利润只有 150 000 美元。另一方面，如果制造商不做广告，但零售商继续服务（即右下单元格），那么制造商的利润猛增到 380 000 美元，但零售商却因固定费用更高而只得到 60 000 美元。

表 13-10　同时行动的制造商/分销商 I

| | | 卡车制造商 | |
|---|---|---|---|
| | | 提高价格，做广告 | 不提高价格，不做广告 |
| 零售分销商 | 增加利润（停止服务） | 280 000 美元<br>120 000 美元 | 150 000 美元<br>130 000 美元 |
| | 继续服务 | 300 000 美元<br>180 000 美元 | 380 000 美元<br>60 000 美元 |

　　你若是这种情况下的零售经销商或分销商，将会怎样做？你是否会通过减少推销费用和售后服务来谋求增加毛利？要记住你的最佳收益出现时，制造商预期你会继续全面地推动推销工作和售后服务，因此应选择做广告并通过宣布更高的价格来提高顾客的预期。制造商的最佳收益出现

在你作为零售商提供大量费用的经销商服务和制造商减少广告支出的时候。要注意表 13-10 并不包含纯粹的纳什均衡战略！因此你将如何协调这种时有时无的关系？◯如果我们在博弈结构中引进微小但关键的变化（一种行动顺序），那么在这种协调博弈中，对竞争对手行为出现的预见性将提高多少？

### 13.5.3 顺序协调博弈

假设图 13-4 中的制造商（$M$）必须首先承诺对一种产品进行更新，保证更高的定价，而且此决策是易于观察和不可逆转的。随后零售分销商（$R$）必须决定是继续还是停止人员推销和售后服务工作，最后制造商将因此而决定是否继续与零售商合作做广告。这就是说，在决策中引进一个前后顺序就有可能预测到参与双方的最优战略行为，解决同时博弈中的协调问题。

顺序博弈结构可由图 13-4 中的**博弈树**或决策树来表示。
决策的顺序是从左到右读，每个圆圈代表一个决策节点。在
第一个决策节点 $M$ 上，参与者 $M$ 可采取的可能行动标为更新
或不更新。继续和停止表示在第二个决策结 $R1$ 或 $R2$ 上参与

**博弈树**（game tree）：顺序博弈的示意图。

者 $R$ 的可能行动。做广告和不做广告表示从 $M1$ 到 $M4$ 的决策节点上制造商的可能行动。与各个可能行动顺序相联系的零售商和制造商的收益列在右边最后两栏之中。值得注意的是，其中的一些收益与表 13-9 中的结果是一样的，而有些则是全新的。

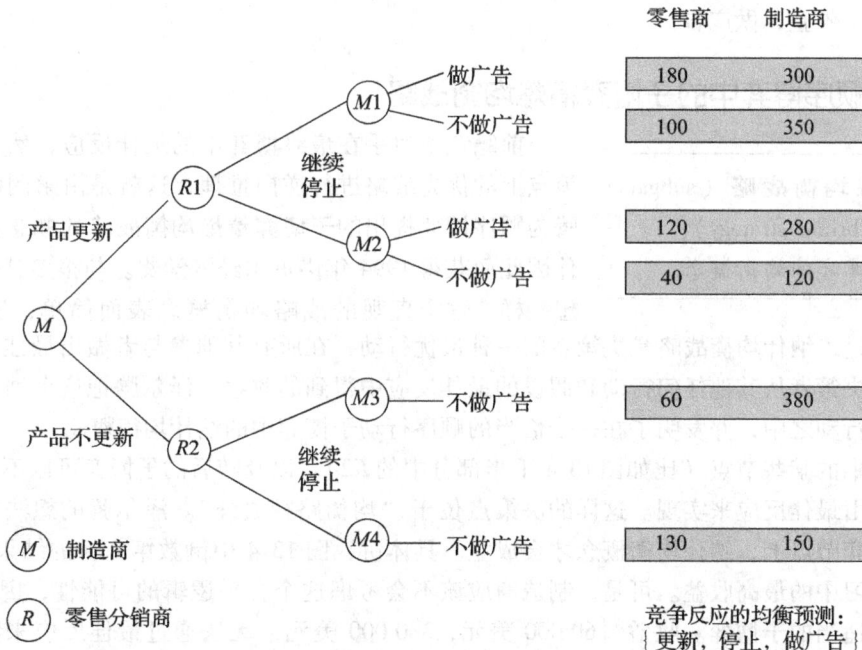

图 13-4 顺序协调博弈：制造商/分销商Ⅱ（单位：千美元）

制造商能够前瞻并预测到产品的更新将使零售分销商的停止全面零售推销产生优势。出于自身利益，制造商会承诺更新产品，提高 MSPR 价格，随后做广告。这就是说，制造商可以前瞻并

---

◯ 我们此时假定两个实体合并为一个垂直一体化厂商是不可行的。在第 15 章中会看到，这些协调问题可以通过制造商和分销商之间的垂直要求的私人自愿契约来解决。然而，在这里，我们有意避免使用契约执行方法来研究自我执行协议。

分析什么样的随后选择符合零售分销商的最高利益（即最佳反应），然后逆向推理找出什么行动符合自己（制造商）的利益。图 13-4 中的每一方都能前瞻并逆向推理，利用最佳反应这个概念来预测竞争对手的行为。而在同时行动类型的博弈中，这种顺序的推理过程是不存在的。

最终博弈推理过程在一个有序的顺序行动中总是包含对最后一次行动的前瞻，确定其决策将控制最终博弈结果的参与者，然后预计该参与者的最佳反应。在本例中，知道制造商控制了节点 M1 的结果，知道制造商不做广告的情况会更好，收益为 350 000 美元，这就使零售分销商不考虑结果为第 1 行中 180 000 美元的可能性。这个可能结果并不与确实控制了最终博弈的制造商的最佳反应相一致。因此，这个分支应该从博弈树中除去（"剪枝"）。零售分销商应该假定，如果产品被更新，零售商继续大量的推销工作，那么制造商将不会参与合作广告。因此 {100 000 美元，350 000 美元} 就是可以预料的、在节点 M1 上决定继续行动的结果。不过，你的分析远未完成。

最终博弈推理的这些结论允许你采用**逆向归纳**，重新思

---

**逆向归纳**（backwards induction）：按相反的时间顺序从后面的结果往之前决策的推理过程。

---

考在节点 R1 上是继续还是停止。如果制造商对此的最佳反应是做广告（M 的收益是 280 000 美元，而不是 120 000 美元，你是 120 000 美元），那么显然在前面节点 R1 上的自利行为就会停止。能够为超出 R1 的子博弈提供一个最佳回答均衡的战略组合此时就是 {停止，做广告}，这表明分销商和制造商的收益分别为 {120 000 美元，280 000 美元}。总之，为顺序协调博弈制造商 - 分销商 II 提供一个纳什均衡的战略组合此时就是 {更新，停止，做广告}。

## 13.5.4 顺序博弈中的子博弈精炼均衡战略

---

**子博弈精炼均衡战略**（subgame perfect equilibrium strategy）：一个非合作顺序博弈的均衡概念。

---

前瞻竞争对手在最终博弈中的最佳反应，然后对前面决策点上的优先战略进行逆向推理，这就是由莱因哈德·泽尔腾为顺序博弈提出的**子博弈精炼均衡战略**的概念，约翰·纳什因此而获得 1994 年诺贝尔经济学奖。与很多其他开创性思想一样，这个直观的战略均衡概念表面简单，实际深奥难懂。前面讲过，纳什均衡战略是决策者的一种最优行动，在所有其他参与者做出最佳反应时，其收益超过了决策者从其他任何行动和假设的最佳反应中得到的收益。泽尔腾把这个纳什均衡概念应用于顺序行动之中，并发明了在一个恰当的顺序行动子博弈中的纳什均衡概念。

博弈树中的某些节点（比如图 13-4 下半部分中的 R2）。以及随后的子博弈可以不予考虑，因为它们无法由最佳反应来实现。这样的决策点位于"均衡路径之外"。泽尔腾的想法是，只有在适当的子博弈节点上，纳什均衡概念才会成立。具体讲，图 13-4 中倒数第 2 行的结果 380 000 美元是整个练习中的最高收益。可是，制造商应该不会考虑这个合乎逻辑的可能性，因为 M3 及以下行动不是适当的子博弈。收益 {60 000 美元，380 000 美元} 无法通过最佳反应来实现。零售商知道制造商绝不会对一个没有更新的产品合作做广告，所以他在 R2 上会反对"继续"，赞同最佳反应"停止"，以便获得 130 000 美元，而不是 60 000 美元。子博弈精炼均衡战略需要分析与 R1 和 M2 上的行动和最佳反应相联系的结果，R1 和 M2 是图 13-4 中唯一适当的子博弈节点。⊖此

---

⊖ 如果节点 R1 上的零售分销商做出错误沟通或战略失误，读者就会对 M1 的相关性有疑问。这个考虑是有根据的，因为在企业实际对抗中确实会发生错误或沟通不当。的确，对子博弈精炼均衡战略的精确说明允许这种错误的存在，这可以说明此博弈中制造商的均衡战略不一定是 {更新和做广告，若零售商停止}，而是 {更新和不做广告，若零售商出现战略错误并停止}。

时再次证明了｛更新，停止，做广告｝是制造商—分销商 II 的子博弈精炼均衡战略。

在可能存在多个最终博弈时，要确定恰当的子博弈和不恰当的子博弈是很复杂的。为了说明这种情况，可分析一下本章后面练习 6 中 3 种方式的比较性广告斗争。由于成功的程度不同，3 家厂商用比较性广告相互捉对攻击，这种顺序竞争过程要持续到只剩 1 家厂商为止。可进行 2 轮完整的广告攻击和近 20 个最终博弈来分析该问题的子博弈精炼均衡。

## 13.6 作为一种自我实施顺序博弈的企业对抗

重要的是强调子博弈精炼均衡概念是自我实施的，它预见到稳定的竞争反应，不是因为有效的监测和第三方实施，而是因为各方背离均衡战略组合要比实施战略组合的情况更坏。最终，正是这个最佳反应的概念确定了一个承诺是不是可信的。可信性会在两方面起作用，可信的承诺也能变成可信的威胁。让我们看看为什么。

一家著名的生产治疗溃疡药的药品制造商现在销售一种唯一有效而又没有明显副作用的溃疡药，因此获利 100 000 美元。这家已经存在的厂商（我们称之为"原有厂商"）面对一家想进入该行业的小公司（我们称之为"潜在厂商"）的挑战。潜在厂商发现了一种新的治疗过程，也有治疗胃溃疡的可能。潜在厂商必须决定是进入这个垄断市场还是留在外边，把商业秘密用许可证方式卖给几家感兴趣的买主中的任何一家。原有厂商必须决定是保持现在的高价格，还是索取中等价格，抑或对价格实行大幅折扣。收益情况列在图 13-5 中。如果潜在厂商进入，原有厂商不索取中等价格，也不打折到更低的价位，那么所有溃疡药的生意都会转向新进入者，原有厂商将一无所获。相反，如果新厂商进入，原厂商打折，那么原厂商的产品稍具成本优势，将多赚取 10 000 美元的收益（即图 13-5 第 3 行中的 50 000 美元和 40 000 美元）。原有厂商索取中等价格形成 35 000 美元的收益，潜在厂商的收益为 50 000 美元。

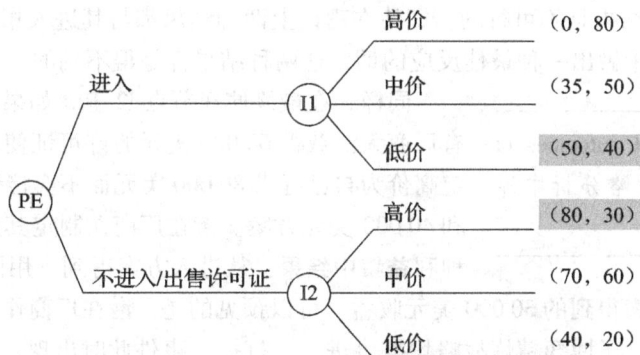

图 13-5 阻止进入 I：原有厂商对进入威胁的定价反应（单位：千美元）
注：所列结果的顺序为原有厂商、潜在厂商 PE。

原有厂商为防止自己的利润从自己作为垄断者时的 100 000 美元减少到新厂商进入后的 50 000 美元，自己本身就可能是购买潜在厂商商业秘密的首要候选人，不过现实可能是因反垄断限制而面对占支配地位的原有厂商与新进入者不能合并的情况。从图 13-5 中的节点 I2 看到，另一家已有药品制造商将会花钱购买该商业秘密的许可证，由此带来所有的后续技术转让问题以及营销挑战，与潜在厂商自身希望通过进入而赚钱没有什么相关性。当潜在厂商出售其商业秘密许可证时，潜在厂商在中等价格条件下得到的收益为第二高位（60 000 美元）。潜在厂商不进入、出售许可证，而原有厂商采取折扣价格时，潜在厂商的赚钱最少（即 20 000 美元）。

威瑞森公司前任董事长雷·史密斯（Ray Smith）在他的整个组织中运用了博弈理论的技术、实践和教训。在"战争博弈"中，威瑞森公司的管理者团队假扮主要竞争者的角色，探求能够打败威瑞森公司经营计划的策略。其他团队用大型博弈树详细列出了未来可能出现的各种情况，威瑞森公司能描绘出它们未来的行动和措施，还在新技术开发（如数字音像传输）对竞争的影响出现之前加以揭示说明。传统的规划模型把管理者限制在只有通过敏感性分析才能确定重要性的假设上。但顺序博弈分析在不断地提醒管理人员是在形成博弈，而不单单是参与博弈。这就意味着要反转

行动顺序，方法是建议在某些环境中事先行动（如与 Nynex 的合并），但在其他环境中强调"快速次动"最佳反应的价值（比如是跟随而非领导朗讯科技的基础研究与产品开发）。

另外，威瑞森公司已经学会确认对公司不利的最终博弈和在相关经营活动中重建竞争性对抗的结构。威瑞森公司最近通过在法庭上获得批准电话公司拥有在其电话线上传输的内容而重新界定了电话行业中地方网络战略博弈的范围。威瑞森公司的管理者现在正努力分析包括企业名录、数字电影和图像生产在内的新的更大规模的博弈活动。

资料来源：Based on Business as a War Game: Report from the Battlefront, *Fortune* (September 30, 1996), pp. 190 193.

## 率先行动者优势与快速次动者优势

目前很明显，"谁在何时能做什么"是任何顺序战略博弈的本质。行动顺序决定了谁发起行动，谁做出回答，这一点决定了最终博弈中的最佳反应，因此决定了战略均衡。如果潜在厂商进入，原有厂商非常愿意以低价格作为反应，因为 50 000 美元远远超过从高价格或中价格方案得到的结果 0 或 35 000 美元。这个对原有厂商最佳反应的分析可以使潜在厂商预见到自己拥有 80 000 美元和 50 000 美元的结果是不可行的。即使在理论上两种结果都与其进入相联系，但如果原有厂商在此适当的子博弈中做出一种最佳反应的话，这两种结果都是得不到的。

**利益集中结果**（focal outcomes of interest）：一种均衡战略分析中涉及的收益。

同样，在最终博弈节点 I2 上，如果潜在厂商不进入，原有厂商无法获得 60 000 美元的许可证使用费收益，因为它将定高价为自己寻求 80 000 美元而不会接受更低的 70 000 美元和 40 000 美元方案。潜在厂商在制定其进入决策时仅存在两**种利益集中结果**：从进入方案得到、用阴影表示的 40 000 美元收益和从不进入方案得到的 30 000 美元收益。可以预见的是，潜在厂商作为一个谋求价值最大化的厂商会决定进入，子博弈精炼战略均衡 {进入，打折} 事件此时出现。要注意，如果参与者双方采用下面节点上 {70 000 美元，60 000 美元} 的结果，情况会更好，但潜在厂商无法预见到：如果潜在厂商不进入并出售许可证，原有厂商会以中等价格而不是高价格做出反应。

不过，为了说明行为顺序的极端重要性，让我们把事情搞复杂一些。从原有厂商的观点来看，结果 {50 000 美元，40 000 美元} 并不完全令人满意。给定其次动者的时间顺序，原有厂商所做的与预期的一样。但原有厂商会想知道，率先发起活动是否对其优势起作用。但是，有关这个问题的通用规则并不存在；有时它起作用，有时它不起作用。每种顺序博弈的情况按此方式都是独一无二的。

为分析此问题，我们在图 13-6 中把行动顺序倒过来，形成阻止进入 II。现在潜在进入者控制了最终博弈，原有厂商必须事先宣布不可逆转的定价政策。说它们是不可逆转的，并不是让它们

这样做，而是说这种情况在下一节会更多。原有厂商在分析了 3 个最终博弈节点之后，认识到潜在厂商在事先承诺高价时将选择进入，在事先承诺中等价格时不进入，或者在事先承诺折扣价格时进入。原有厂商知道这些结果后，宣布实行中等定价政策，标有星号的战略均衡｛中等价格，不进入｝就是结果。潜在进入者的行为不仅改变了，而且原有厂商的收益从 50 000 美元增至 70 000美元，在此情况下，先行者优势证明是名副其实的。

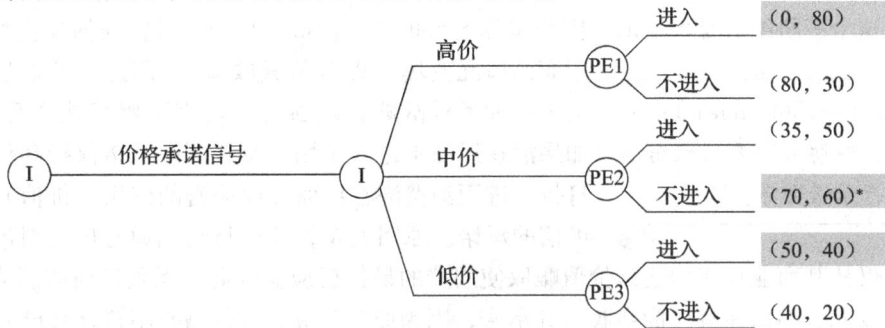

图 13-6　阻止进入 Ⅱ：对原有厂商价格承诺的反应（单位：千美元）

注：所列结果的顺序为原有厂商 Ⅰ、潜在厂商 PE。

## ┃实例┃　是技术领先还是快速行动：IBM

在开发新的计算技术过程中，是追求先动者优势还是参与一种快速模仿方式（即"快速次动战略"），这是一个比想象更加困难的选择。当作为一种进入壁垒的沉没成本投资不存在时，"打了就跑"的进入通常被证明是有效的。苹果电脑公司把施乐公司发明的图形用户界面（GUI）加以商业化，其具有开创性但不成功的牛顿机为平板市场开辟了道路。微软向最初控制互联网浏览器市场的网景公司发起"快速次动"和非常成功的挑战，太阳微系统开发了由 IBM 首创的减少指令集计算系统（RISC）等都是这种情况。即使在消费易耗品方面，Dunkin' Dounts' Coolatta 也是对星巴克一种最赚钱产品 Frappuccino 的快速模仿。

IBM 公司通过限制对基础研究的预先投资，集中力量开发产品，结果从一个技术领先者变成一个为高利润医院顾客服务的"一流"的系统问题解决者。一个例子就是电脑图像与声音识别装置的结合，使医院的放射医生和外科医生可以把 X 光影像和文本放在医疗中心整个地区网络的任何一台个人电脑上。医生们一边观察个人电脑提供的图像，一边相互交谈，IBM 的硬件和软件把他们的诊断结果和专家意见形成一种数字化文本。

另一方面，IBM 的微电子事业部最近加强了公司在材料科学方面长期的基础研发，力求在硅芯片上形成突破。IBM 的工程师们发现了如何制造铜线路，并且防止铜原子散布在硅的表面。铜是导电性能更好的材料，因此与铝相比，可用来放置更细小的电路。刻在每一平方厘米硅片上的电路越多，电脑芯片的功能越强，成本越低。IBM 铜—硅线路专利可使任意给定大小芯片的计算能力增加 40%。

由此可见，有些情况下率先行动有优势，另一些情况下可能快速次动更有优势。也有后来者居上的情况存在。每个实际博弈场景不一样，必须具体分析每一种行动的优点。

资料来源：Based on Einstein and Eraser-Heads, *Wall Street Journal* (October 6, 1997), p. 1.

## 13.7 可信的威胁与承诺

在多阶段博弈中，所有的威胁和承诺的可信性最终都来自威胁者或承诺者是否能成功地确定和采取子博弈精炼战略。在阻止进入 I（见图 13-5）中，原有厂商声称若潜在厂商进入就要对溃疡药打折，这个威胁绝对是可信的，因为实际上打折是一种最佳反应。其他任何反应都会使原有

---

**可信的威胁**（credible threat）：一种条件战略，威胁者不履行承诺的情况要比履行承诺更坏。

---

厂商的情况变坏（即降低其收益）。因此，**可信的威胁**可定义为一种条件战略，威胁者若食言不履行就会受损。同样，如果潜在厂商不进入市场，原有厂商承诺保持高价格（即不打折，进而浪费潜在厂商商业秘密的使用费价值）就是一种可信的承诺。原因就是，这个行动是原有厂商对潜在厂商不进入市场、仅从其商业秘密的连续价值赚取使用费的最佳反应。因此，无须任何监测或第三方实施，人们可以充分相信原有厂商会履行其承诺，因为原有厂商不这样做是不符合其最大利益的。

在图 13-5 中，如果潜在厂商希望从原有厂商那里得到中等水平定价的承诺，以换取比 60 000 美元更多的一部分使用费，潜在厂商就需要使用一种有约束力的、第三方实施的契约协议，因为履行这样一种承诺完全不符合原有厂商最佳反应的利益。

你现在会明白，为何有目的的个人行为和集体的共同目标对于博弈理论的推理是如此重要。要预测高度相互影响的参与者的选择，必须知道是什么因素使它们起作用，它们寻求的真正目标是什么，以及不同行动的什么结果符合此目标。这种情况有时会比听起来更困难。例如，以绩效为基础的刺激措施和兼并威胁常常把管理目标与股东价值非常紧密地联系起来，然而，是什么在激励一个紧密团结的家族经营企业有时是难以彻底理解的。还有，不断传递的企业战略信号也常常是纷乱的或被接收者所误解。因此，为确保可信威胁与可信承诺的有效沟通，需要一些指导方针，这种情况可由阻止进入博弈来说明。

正如前面所见，原有厂商发现向先动者地位的转变具有很大的优势。通过承诺保持中等价格而不打折，在潜在厂商留在外面不进入时，原有厂商的利润从 50 000 美元增至 70 000 美元。不过，此时必须再次研究的问题是，"潜在厂商为何会相信原有厂商将保持中等价格？"从图 13-5 中原来的博弈树可以清楚看到：一旦潜在厂商把它的商业秘密通过许可证给予另一家能力不强的潜在进入者（让我们称这些新厂商为"低能者"），原有厂商把价格提高到它曾经享有的高水平，实际情况确实会变得更好。可以看到，原有厂商此时会从高价格选择中得到 80 000 美元收益，而不是从中等价格得到的 70 000 美元收益。这样，原有厂商承诺保持中等价格就不是一个可信的承诺，因为原有厂商信守承诺的结果不如忽略承诺。

---

**可信的承诺**（credible commitment）：一种使承诺者违约要比履约更坏的承诺。

---

人们可能会倾向于这样的反应：潜在厂商同样可以违背承诺不进入这个溃疡药的经营业务。今天为获得使用费收益而进行商业秘密许可证交易不必排除潜在厂商明天的可能进入。的确，这种使用费协议中很少包括非竞争条款，不过，这里的差别就是潜在厂商通过不进入而使收益最大！如果原有厂商保持中等价格，潜在厂商不进入的承诺符合其自身的最大利益，不进入是一个最佳反应，因此它是一个**可信的承诺**。

## 13.8 建立可信性的机制[一]

潜在厂商作为第二个行动者，控制着最终博弈，因而发现自己处于一个坚持要求原有厂商做出必要保证的地位上。在建立可信性的不同机制中，原有厂商可以建立一种约定或契约性转移支付，如果原有厂商提高价格，这个转移支付就会丧失。某些被称为最高转售价格维持协议的契约在零售商及其供应商之间确实是存在的。另一种可能的可信性机制就是，原有厂商大量投资于它的中等价格战略，以便形成一种采取中等价格的声誉。这种**非重置性声誉资产**的损失将阻止它违背保持中等价格的承诺。第三，原有厂商可以中止或打断重新定价过程，方法是用期货合同事先出售它的溃疡药。期货销售合同形成可信的承诺是因为法院一般不支持因任何原因不履行远期合约或期货合同。第四，原有厂商可与潜在厂商建立团队或一种联盟关系，从而大大减少违背其承诺的代价，潜在厂商也许会采取相同行动。第五，原有厂商可以改变博弈的结构，要求自己和潜在厂商都只"采取小步骤"行动。下一节将分析把租赁作为一种寻求这种小步骤可信性机制的方法。

> **非重置性声誉资产**（non-redeploy-able reputational asset）：一种声誉，如果被出售或转让许可证，就会失去其价值。

最后，原有厂商对此情况做出的大多数实际反应就是安排一种不可逆转和不能变更的抵押机制，以此给予可能的未来顾客一种中等价格保证。这些价格保证有时被称为"最惠国"条款，如果顾客在下一年或前一年发现原有厂商的低价交易，这种价格保证将给予双倍的赔付。只要潜在厂商在出售其商业秘密转让许可证之前至少发现一次中等价格的交易，它就可以安心地确信原有厂商此时已经提供了一种不会提高价格的可信承诺，如果原有厂商提高价格，牺牲与其重复购买顾客的未来交易，如果不履行赔付承诺，那么由此形成的双倍赔付肯定会使原有厂商意识到最终履行其中等价格的承诺要比不履行更好。另外要注意这些协议都是完全自我实施的，不需要依靠第三方就可以预见对手的行为。

---

### 实例 | 双倍价差保证：百思买公司

百思买（Best Buy）公司有时会向优先顾客对一种 DVD 播放机的不同购买价格提供两倍的差价返还，条件是这些顾客在购买后 3 个月内在本地区任何地方发现同样型号的 DVD 播放机的售价更低。这种返款保证将由法院来实施。正如百事可乐与可口可乐的同时行动定价博弈一样，在像 HHgregg 和 Sound Warehouse 等竞争者保持高价时，百思买将通过打折（甚至可能是大幅度折扣）而获得好处。但对这种双倍差价的低价格保证，百思买因返款而造成的损失要比从竞争者那里抢走生意而可能增加的预期获益更大。实际上，百思买是给了竞争对手一个抵押品，来保证它维持高价格的承诺。

在图 13-7 中，百思买公司通过事先宣布双倍价差保证而提供了一个打算保持高价的约定，Sound Warehouse 此时必须根据百思买的返款计划来决定是打折还是保持高价。与所有的商品抵押机制一样，对抵押品提供者来说，抵押品的价值要比接受人的使用价值更大。这就是说，Sound Warehouse 能够通过对其价格打折而引发百思买的双倍返还支付。伤害竞争者是

---

⊖ Based on A. Dixit and B. Nalebuff, *The Art of Strategy* (New York：Norton, 2006), especially Chapters 5 and 6.

一种合理的次级目标，但它只能是第二位的。通过与竞争者的合法合作以谋求自己的最高收益是首要目标。因为百思买对 Sound Warehouse 打折的反应将是同样降低价格，所以 Sound Warehouse 以这样的方式使用抵押品将不会得到更多的市场份额。的确，对于抵押品的接受人来说，这样的决策将导致图 13-7 右上角标有"更坏"的收益结果。

如果 Sound Waehouse 知道百思买控制着最终博弈，而且在宣布返款计划之后同样对价格打折符合百思买的最大利益，就会发现自己最好的选择是保持高价。因为百思买通过保持高价也会使情况更好，所以结果形成的收益是｛最好*，更好｝。因此，通过引进一种价格保证，限制了自己在高价格上利用对手弱点的能力，百思买在方案为"更坏"（即比较图 13-7 中阴影框和无阴影框中的收益）时取得第一最佳的结果。如果竞争者保持高价，那么形成自己保持高价可信承诺的**抵押机制**将常常引发竞争者实行高价格，因此，从双方公司角度来看，双倍差额的低价格保证是明显可取的。当然，消费者权益保护人士是不会喜欢的，但抱怨双重价格的保证很少会吸引对消费者原因的同情者。

资料来源：Price- match guarentees prevent rather than provoke price wars, *The Economist*（February 14, 2015），p. 68.

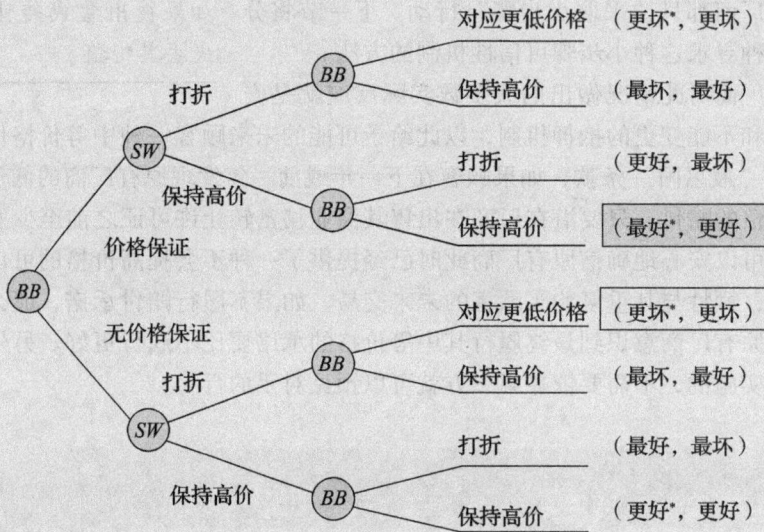

图 13-7 双倍价差价格保证

注：所列收益顺序为百思买公司（*BB*），Sound Warehouse 公司（*SW*）。

## 13.9　更换保证

**抵押机制**（hostage mechanism）：为了建立威胁或承诺的可信度，交换的资产比抵押品要更有价值。

正如第 10 章中所讨论的，如果对诸如二手汽车和电脑零件这样的经验商品无法在购买地点独立地证实卖主所声称的质量，那么所有的买主都将理性地对其价格打折扣。更换保证书或产品功能保修证是抵押机制的另一些好例子。在此情况下，抵押机制建立了卖主的可信性，即卖主承诺对所销售的产品提供高质量的零部件。如果卖主违背了他的承诺，第三方（通常为法院）将对卖主实施货币判决，这比开始就把低质量投入提高到高质量投入的增量成本更大。因此，在卖主以相同（或稍高一点的）价格提供一种更换保证书或保修证时，就是在向买主肯定提供一种更高质量的产品。这种保证书或保修证就是一种可信的承诺机制（即第三方实施的承诺，它使承诺者不履行诺言的后果更坏）。

究竟可信的更换保证书是什么呢？D&B 手袋、雷沃太阳镜和凯迪拉克的终生保修或更换声明提供了可信的承诺。为什么？关键是重复性的顾客生意。因为向原有的或回头顾客增加销量的费用比吸引新顾客的费用少得多，所以这些公司中的终生顾客关系提供了一种抵押机制。D&B、雷沃和凯迪拉克等公司所提供的通常不可思议的更换或服务保证是由品牌名称、独特的分销渠道或其他非重置性资产支持的，它们可信的原因就是卖主对重复购买或回头生意的依赖性。实际上，休厄尔·凯迪拉克说过："只有我赢得了你的重复生意，我的沉没成本投资才能收回（根据定义，沉没成本是指不能按照接近其历史成本的任何价格进行清算的成本）。"

### 实例　不可信的承诺：伯林顿工业公司

因不存在可信的承诺而出问题的企业战略传统例子包括卡特尔中的产量限额"承诺"和衰落行业中购买剩余设备之后不再竞争的"承诺"。伯林顿工业（Burlington Industry）公司在海外销售其旧织布机时碰到很多问题，这些老设备通常是合并时得到的，然后以残值清算处理。尽管在设备购买合同中有非竞争条款，但外国买主在修复了这些老设备之后又运回美国用于生产。伯林顿工业公司现在开始销毁老设备，而且不仅是拆除，特别是在衰落的产品线中，它希望追求一种"最后卖冰人"的利基战略，想法就是保持高利润，方法是成为最后一家在自身所在地向游览船业主出售冰块或向婚礼策划师出售冰雕的公司。为此目的，IBM 尽量收购 Amdahl Millennium 和日立 Skyline 大型电脑，并在废料场对事物加以粉碎。

## 13.9.1　抵押品保证了承诺的可信性

第 10 章讲到一种在重复性囚徒困境博弈中通过使用可信的承诺寻求合作的非合作顺序博弈机制。出售低质量经验产品（如个人电脑零件）但谋求高价格的潜在臭名厂商在表 10-2 中被确认为拥有完全重置性资产的厂商；也就是说，对于那些在临时地点之外推销无品牌产品和没有公司声誉的厂商，人们有理由预期它们会遵循生产低质量产品的占优战略。可以分析一下图 13-8 中的 eNow 零件公司，此公司不会打算与任何客户进行一次以上的交易，它可能甚至不打算长期通过现有的邮政信箱或电邮地址做生意。因此，没有哪个客户会向这些厂商支付高价格。

另一方面，我们认为，如果厂商索取高价，但也表现出拥有能证实的沉没成本投资（要从这个价格中支付租金），那么这样的厂商是更好的赌注。对不可转让的公司标识（例如苹果电脑和 CarMax）的声誉广告或对非重置性资产，比如具体产品的陈列室（Ethan Allen）和独特的零售展示（L' eggs）

eNOW配件公司
回收更新笔记本电脑硬盘

| 在此划勾 | 或在此划勾 |
|---|---|
| ☐ 高质量耐用品 | ☐ 标准 90天保证 |
| 159.00美元 | 89.00美元 |

*此硬盘有终生更换保证

笔记本电脑型号（名称，编号）

邮寄到：Box K
The Docks
Bayonne,N.J.
所有邮寄订单必须附有现金或汇票

图 13-8　一例不可信的终生保证

的投资，都代表一种给予买主的抵押品。因为如果提供抵押品的卖主没有提供已承诺的高质量产品，它的情况将会更坏，买主即使不能在购买地点证实产品的质量，也可以依赖这些可信的承诺。虽然可信的承诺是非契约性质的，但它们建立的依赖关系与可实施契约一样是可预见的。

最后，可信性产生于涉及捆绑契约（第三方实施）的合作博弈机制，这些契约包括专营协议、有条件转让债券和偿还保证等。这些契约机制也会提供支持双赢交易的抵押品，尽管占优战略会导致参与者违约。这种机制的可信性的关键与非合作博弈中的相同。首先，根据它的保证义务，提出承诺者履行其承诺的情况比不履行是否更好？其次，保证条件或约定能否因任何原因而撤销，还是仅仅因为提出承诺者不能控制的原因而撤销？如果对这两个问题的答案都是肯定的，那么这些契约性承诺就是可信的，与最佳反应是一致的。如果不是，那么它们就是不可信的，是不应该依赖的。

### 13.9.2 耐用品垄断者的可信承诺

买主对购买一种资本设备，如一架公司喷气机、一套大型电脑或一个经营许可证的支付部分取决于卖主如何解决一些可信承诺的问题。如果一台设备的工作寿命扩展到几个市场期，那么新型设备的早期购买者就会担心购买之后出现的过时报废风险、新技术不确定的可靠性和价格下降的风险。制造商如何说明早期购买者的这3个认知风险将决定新的资本设备的采用比率程度和支付价格。

### 13.9.3 有计划的报废

思科公司最新的数据服务器可以向用户（比如直销者）提供一种信息技术，但在思科引进更新型号的产品时，直销者的机器设备可能会陈旧过时，这个竞争优势就会大受影响。此外，那些认为最新的服务器设备优点不明显的潜在买主，将有可能在后来因思科产品的降价而受益。第一个购买者了解到这种可能性之后，就会犹豫不决，拖后采用，对新技术的支付也会少于他们不了解这种情况的时候。为了克服这种伴随每一代新设备都会持续出现的问题，思科必须可信地承诺保持高价格，承诺一个可控的、有计划地使技术陈旧过时的速度，以便使早期购买者有时间收回其投资成本。

---

| 实例 | 宝马 Mini Cooper 的转售价值

在美国出售的所有汽车中，宝马的 Mini Cooper 在5年后的转售价格占购买价格的比例是最高的（11 800 美元占 20 000 美元的 59%）。美国汽车5年后的价值平均仅占其购买价格的35%。陆上大快艇福特远征（Ford Expedition）转售价值最低，只有19%。在所有汽车制造商中，丰田公司产品3年后转售价值是最高的，达52%，而通用汽车公司只有43%。

资料来源：Based on U. S. Auto-Makers Fail to Improve Resale Value, *Wall Street Journal*（November 18, 2008），p. D3.

---

在一个技术发展缓慢的行业中，一家支配厂商可以对更新设备的发展阶段做出契约性承诺，拖挂卡车有时就是这样出售的。某些汽车型号（Mini coopers、凯美瑞和雅阁）车身风格每年都有一定程度的有限变化，由此反映出的想法是一样的。但在数据服务器产业中，思科公司无法承担

这样的限制，就是因为技术变化太快。

那么还有其他解决方案吗？不能期望耐用设备的买主愿意承担在新型号产品出现之后很快就损失大量资本的风险，但像思科这样的公司也不能故步自封，延迟对产品的未来升级换代。一种方法就是以越来越高的价格连续地对产品升级换代，卡尔·夏皮罗（Carl Shapiro）和哈尔·瓦里安（Hal Varian）称之为**版本管理**，<sup>⊖</sup>微软对其视窗操作系统就采取了这种形式的更新战略。实际上是告诉买主不要犹豫，不要等待价格下降，下一个型号将会更昂贵。当然，竞争的压力不会使技术形态的发生从持有专利的垄断者转到第二位快速模仿者。

> **版本管理**（versioning）：一种新产品上市战略，鼓励消费者以更高的价格尽早采用新产品。

另外，即使市场中没有出现竞争产品，思科的操作系统不是在现场消费的，也不会磨损。与其他任何耐用品垄断者一样，潜在的早期采用者都认为思科是与自己竞争。同样，微软 Windows 7 的最大竞争对手是 Windows XP，因为 Windows XP 的最佳替代品就是 Windows 2000。另一种方法是完全必要的。一种是要求买主采取小步骤行动，在某个时间租赁一个市场期的设备。在前面建立可信承诺一章中，这就是我们确定的机制之一。虽然这种方法不能减缓（而且实际上可能还会加快）引进新产品的步伐，但买主承担较小的事先资本风险，因此更容易地被激励以更高的价格更频繁地采用新型号和更新其资本设备。

IBM 多年来就是使用这种方法，只提供大型计算机的租赁业务。同样，戴尔电脑的广告是："有多少公司能让你的电脑在陈旧过时后返老还童？"每月花 99 美元可租赁它们的个人电脑，还有机会在两年后更新一台新的升级电脑。宝马汽车的租赁提供了一辆接一辆的计划维修和租赁期间的计划外修理。所以租赁降低了陈旧过时和维修的风险。但是，早期采用者如何对付随后价格下降的风险？租赁怎样解决这个风险？

### 13.9.4　购买之后的折扣风险

要了解租赁的策略优势，需要在制定有计划的过时报废和价格折扣决策时对制造商的不对称信息进行认真的分析。因为制造商要比最终用户更了解营销计划，能够估计技术发展的步伐和设备陈旧过时的风险，所以人们会认为卖主在承担价格提高和有计划的过时损耗风险时，租赁条件会更有利。也就是说，"在一个资本设备租赁的竞争市场（如公司喷气机租赁市场）中，人们可以预期卖主会提供带有残值的封闭租赁，反映了他们对一架使用两年的公司喷气机的价值的估计。

这个固定残值就是实际建立的制造商承诺的可信性，制造商承诺在租赁期内不打折或不引进将会造成目前飞机机型过时的新机型。如果出租人违背了这个承诺，在租赁结束时返还的资产价值将低于制造商—出租人同意拿回的残值。实际上，制造商给了承租人一个抵押品。通过同意按事前确定的数量收回资本设备并在转售市场上进行处置，制造商–出租人就是在可信地承诺采取有限度的提价和速度有限的计划过时损耗。

例如，城市管理当局同样可以通过出售出租汽车准运证或移动电话授权书，把它们作为一种可延续的许可证，来可信地限制城市运输和通信基础设施的供给。如果城市管理当局打算坚持买断、交易，那么出租车和移动电话业主会担心该市场随后很快就会被增加的出租车和移动电话公

---

⊖　See C. Shapiro and H. Varian, Versioning: The Smart Way to Sell Information, *Harvard Business Review* (November December 1998), pp. 106 118.

司所淹没。结果，为争夺此运营权的出价会大幅度下降。

授予一种经营活动的许可证是一种许可证持有人需要再次出售的产权。每个公司都有偶然事件发生，许可证持有人无法保证他们能永远经营下去。许可证是耐用的资本资产，对其转售价值的关心程度与对大型电脑或喷气机价格的关心是一样的。因此城市管理当局可以利用对所有经营许可证的延续租赁筹集更多的资金。市、州政府发放的经营许可证出现的问题也会出现在由商业秘密和专利形成的许可证上。虽然可延续的许可权和租赁在建立公开销售得不到的可信承诺上提供了策略优势，但是租赁将不比购买便宜。由可信性机制（如更高的残值）强加给卖主的成本将被加价到租赁中。关键的是，对一个出租人并具有不对称信息的制造商来说，某些可信承诺造成的成本增加量要低于实现统一销售所要求的价格减少量。

## |实例| 电影院数字放映机的租赁：Hughes-JVC 公司

2009 年，美国家庭在电影院入场券的花费（98.7 亿美元）首次超过了在 DVD 上的花费。数字摄像机和放映机和这息息相关。乔治·卢卡斯的电影《星球大战前传》完全使用数字摄像机拍摄。如 General Cinema 和 AMC 这样的电视公司更愿意使用数字电影代替直径长达 5 英尺的 60 磅赛璐珞电影拷贝。用高速安全数据网下载的压缩信号数字电影能使电影院在放映时间的安排上更具灵活性。此外，声音和放映质量在多次放映后也不会下降。电影制作公司也喜欢新技术，因为一部赛璐珞电影在全国放映需要 4 000 个拷贝，成本大约为 800 万美元（每个拷贝 2 000 美元），还必须用大型卡车运往全国各地的电影院。

这项新技术快速普及最大的障碍是在多家影院放映的每台投影仪的更换成本为 7 万美元。

由于美国电影业的建设严重过剩（据估计，影院数量超过了 1 万），General Cinema、AMC 公司以及其他一些影院都不愿意在每 10 个影院里投入 75% 的额外资金，这是可以理解的。

Hughes-JVC 公司是生产放映机的制造商，计划向电影院出租放映机。利用数字分销而非实体分销，放映机的租赁费与实际放映挂钩，这就使过剩市场中的电影院能尽早地采用这项新技术。

资料来源：Based on Curtains for Celluloid, The Economist (March 27, 1999), p. 81; Moving Images into the Future, *The Economist* (December 6, 2008), pp. 8 10; Cinema Surpasses DVD Sales, *Wall Street Journal* (January 4, 2010), p. B10; Movie Theatres Secure Financing for Digital Upgrades, *Wall Street Journal*, (February 25, 2010), p. B4; and Is Digital the End for Small Cinemas, *Wall Street Journal* (April 15, 2014), p. B1.

## |实例| NetJets 公司对利尔喷气式飞机、湾流飞机和雷克萨斯的部分所有权计划

FlexJets 公司能够根据 4 小时之前的通知，保证提供利尔喷气式飞机和挑战者商务飞机的飞行服务，每年的成本只有 175 000 美元。NetJets 公司是沃伦·巴菲特的伯克希尔－哈撒韦公司的一个分支机构，它提供"世界上最大最完美的湾流 450 飞机航队"的部分股权，并对你的资产提供"有保证的可得性、有保证的

成本和有保证的清算过程"。NetJets 公司期望在明年安排 500 000 次以上的飞行。一架 Citation 七人喷气机要承诺预付 620 000 美元的租赁费，每月的费用 7 909 美元，加上每个飞行小时 1 675 美元，用总费用的 1/16 收回运营成本。这些契约安排本质上都是经营性租赁。

有一点要说明，部分所有权租赁安排在保

护早期采用者对付转售价格的不稳定性时所起的关键作用，表现在 4 400 万美元一架的湾流 VI 型顶级商务喷气机在 2002 年年底按两年机龄的二手飞机转售，只卖 1 800 万美元，更为正常的转售价格为 2 500 万 ~ 2 800 万美元。与此类似，2003 年新型豪华汽车的销售交易仅仅一年就把使用两年的雷克萨斯 LS430 和萨伯 9 ~ 5 的转售价格拉下了 23.4%，从 53 500 美元降至 41 000 美元，而两年车型的汽车在一年前只下降 14.7%。还有，尽管某些人（出租人或承租人）一定要承担这种重新定价的风险，但带有固定残值的封闭式租赁向制造商和早期采用者都提供了一种可信的承诺，即在设备需要更新之前，卖主将不会以折扣价格让产品充斥市场。因此，在豪华汽车的细分市场中，这种带有固定残值的封闭式租赁在全美汽车行业交易中增长了 29%。

资料来源：Prices on Private Planes Dive, Wall Street Journal (September 5, 2002), p. B2; and The Bargain Jaguar, *Wall Street Journal* (March 20, 2003), p. D1.

### 13.9.5 租赁价格反映了预期风险

当然，制造商无法控制的技术发展和竞争对手打折的风险仍然存在。出租人和承租人可信地承诺了某些事情，并把其他事情留给了上天。所有剩下的风险将按租赁残值来定价，结果在设备的寿命期内，租赁将不会比购买更便宜。换句话说，买主选择一份包含大量修理和更换保证的合同，就是对卖主一出租人（比如宝马）施加了承担产品缺陷的风险，然后对这个风险进行充分定价，形成对一辆宝马 3 系列或 Mini Cooper 的更高租赁支付额。

尽管如此，制造商还是需要以某种方式可信地承诺，自己在买主持有期内保持高要价和一个有限速度的计划过时损耗。只有这样，早期采用者才会支付更高的价格，这是制造商在一个升级产品寿命周期的早期成熟阶段希望索取的价格。**带有固定残值的封闭式租赁**提供了这种可信的承诺，因为它所表明和证实的正好是制造商对未来价值真正是多少的最佳估计值，因此这样的租赁抬高了早期采用者对耐用设备所愿支付的购买价格。

> **带有固定残值的封闭式租赁**（closed-end leases with fixed residual values）：一种可信的承诺机制，限制提价的深度和计划过时损耗的速度。

---

## 小 结

- 采取事前行动的寡头需要对竞争对手的发起行动及反应进行准确的预测，博弈理论的管理目标就是要预先掌握这种竞争对手的行为。在博弈理论分析中，各方都要分析其竞争对手的最优决策战略，然后选择自己的最佳对应战略。

- 企业战略博弈可分为同时行动博弈或顺序行动博弈、一次博弈或重复博弈、零和博弈或非零和博弈、双人博弈或 $n$ 人博弈以及合作博弈或非合作博弈。

- 合作博弈允许信息联盟、转移支付协议以及第三方实施的合同，而非合作博弈禁止这些条件。

- 同时行动博弈有时产生于定价和促销对抗之中，但企业战略的本质是顺序推理过程。占优战略均衡要求的行动至少使一个决策者的收益最大，不管其他参与者选择什么行动。

- 纳什均衡可由三个条件所确定：预期的改善条件、假设条件下分析对手的最佳反应和本能地评估互相的最佳反应

- 纳什均衡的稳定性源自互相的最佳反应。大部分情况下纳什均衡不是唯一的，存在多个纯粹的纳什均衡点。

同时博弈的纳什均衡确定了纯粹战略和混合战略。混合战略为人们在多个纳什均衡战略之间的随机行动提供了一种最优规则。

- 在重复性囚徒困境中可实现相互合作，采用的方法包括不确定的最终博弈时间安排，采用一种行业标准，诸如以牙还牙或冷酷触发战略，建立可信承诺和可信威胁的战略抵押或约定机制等。

- 如果战略是明确的、可撤回的、单方启动合作行动的、宽容而不坚持错误的话，在一个非合作性博弈中实现合作的可能性更大。"以牙还牙"战略具有以上特点。

- 对付"以牙还牙"战略一定要用单方违约所增加的利润与下一期有限时间的确定惩罚造成的贴现机会损失相比较。随着连续回答的概率下降，与采取对应价格政策相比，"以牙还牙"成了避免囚徒困境的一种不太有效的协调手段。

- 在对制造商与分销商、阻止进入与接纳进入、服务竞争、研发竞赛以及产品开发等行动之间进行协调的顺序博弈中，行动顺序关系重大，因为竞争对手在实现最终博弈之前必须要预测最佳反应和对反应的反应。

- 最终博弈推理过程要对一个顺序行动中的最后行动进行前瞻，确定哪个参与者的决策会控制最终博弈的已有结果，然后预测这些参与者的偏好行动。

- 运用子博弈精炼均衡战略可前瞻分析最终博弈的结果，然后向后推理到前面的最佳反应。

可信的威胁与可信的承诺是最终博弈推理过程的关键，因此可信性机制是子博弈精炼均衡战略的关键。

- 在企业经营对抗中，率先行动者或快速次动者都会形成优势。前者能够做出可信的威胁或可信的事前承诺，因此抢先获取某种结果；后者做出应答，能够决定最终博弈的最佳反应。哪一个更具优势取决于策略和战略环境的具体情况。

- 可信的威胁是一种条件战略，威胁者忽略威胁的情况要比实施威胁更坏。可信的承诺是一种义务，承诺方违背承诺的情况要比履行承诺更坏。

- 建立可信性的机制包括建立一项约定或契约性转移支付，投资于一种非重置性声誉资产，阻止或打断反应过程，达成利润分享的联盟，采取小步骤行动或安排一种不可逆转和不能取消的抵押机制等。

- 带有预定残值的封闭性租赁是一种耐用品制造商建立可信承诺的机制，它向新型号产品的早期采用者承诺不会在销售之后大幅打折。

## 练 习

1. 假设日立和东芝是生产用于一系列品牌个人电脑的一种微处理器的仅有的两家日本公司（即寡头），假定对此芯片的总需求是固定的，两家厂商索价相同，将赚750万美元的利润。如果两家厂商采取扩大的促销宣传，每季度则各赚取500万美元的利润。在这种战略组合条件下，市场份额与总销量将与采取有限促销宣传时相同，但促销成本会更高，因此利润将下降。如果有一家厂商进行有限促销宣传，另一家扩大促销宣传，那么采取扩大促销宣传的厂商将增加其市场份额，赚取900万美元的利润，而选择有限促销宣传的厂商只赚400万美元的利润。

   a. 为此决策问题建立一个收益矩阵。

   b. 如果没有一个有约束力的、可实施的协议，确定日立公司的支配性广告战略和最低收益。

   c. 确定东芝的支配广告战略及其最低收益。

   d. 说明为何只要此博弈在多期决策中进行，厂商就不会选择其占优战略。

2. 考虑如下收益矩阵

（单位：美元）

| | | 参与者 B 的战略 | |
|---|---|---|---|
| | | 1 | 2 |
| 参与者 A 的战略 | 1 | 1 000 / 2 000 | -2 000 / -1 000 |
| | 2 | -1 000 / -2 000 | 2 000 / 1 000 |

a. 参与者 A 是否有一个占优战略？为什么？

b. 参与者 B 是否有一个占优战略？为什么？

3. 假设两家采矿公司澳大利亚矿业公司（AMC）和南美采矿公司（SAMI）控制了一种用于制造某种电子元件的稀有材料的唯一来源。两家公司同意建立一个卡特尔来制定这种材料的（利润最大化）价格。各公司必须决定是遵守协议（即不向顾客秘密降价），还是不遵守协议（即向顾客提供秘密降价）。如果双方都遵守协议，AMC 将赚取 3 000 万美元的年利润，SAMI 将赚取 2 000 万美元的年利润。如果 AMC 不遵守协议，SAMI 遵守协议，那么 AMC 赚 4 000 万美元，SAMI 赚 500 万美元。如果 SAMI 不遵守协议，AMC 遵守协议，那么 AMC 赚 1 000 万美元，SAM 赚 3 000 万美元。如果两家公司都不遵守协议，那么 AMC 赚 1 500 万美元，SAMI 赚 1 000万美元。

a. 对此决策问题建立一个收益矩阵。

b. 如果没有一个有约束力的、可实施的协议，确定 AMC 公司的占优战略。

c. 确定 SAMI 公司的占优战略。

d. 如果两家厂商能够达成一个有约束力的与可实施的协议，确定各厂商应该选择的战略。

4. 两家保险公司（ZZ&S 和 AA&D）经营员工福利计划业务，在其专业范围内以每小时 200 美元的价格竞价争取更多的业务。除非开价减少 50 美元，潜在的顾客拒绝放弃其目前的供应商，把福利管理合同转给新厂商。如果 AA&D 公司决定这样做，那么你所在的厂商 ZZ&S 公司必须决定是同样降价，然后由客户在两家公司之间随机选择，还是进一步降价 100 美元。不过，过去的经验表明降价不会到此为止。客户肯定会在两家厂商之间来回选择当时最好的出价，造成价格螺旋式下降。因此问题就是，"你将走多远？"最重要的是，此博弈存在一个停止规则：当价格低于你的 40 美元成本时，增加业务是不盈利的，必须拒绝。AA&D 具有更高的成本，每小时 66 美元。

另外，你的决策需要用博弈树或决策树表示的可预计未来事件的结果来做分析。做一个这样的分析。为了简化，假定所有的降价增量一定是 50 美元，客户利用掷硬币方法在相同报价中迅速选择（用大写字母 N 代表自然状态），假定一个报价与对方报价相同，就不能再降低。还假定市场中存在很多潜在客户。现在轮到你在 Z1 决策节点上，价格为每小时 150 美元。你应该如何去做？以同样价格对应还是进一步降价？

5. 如果对方厂商享有成本优势（比如 AA&D 为 35 美元），那么练习 4 中的分析和战略均衡结果有何不同？在这个带有不对称成本的竞价博弈中，行动的顺序（即谁首先降价）是否起作用？

6. 分析 3 家公司双双进行营销竞争的连续结果，它们的促销行动具有不同的成功率。每次促销行动都包括贬低目标公司的比较性广告宣传。拥有最高顾客忠诚度的公司（称为"最高"）在攻击其他两家公司（"最高"和"较高"）时享有 100% 的成功率；顾客忠诚度最低的公司（称为"最低"）在贬低其他两家厂商时成功率为 30%；称为"较高"的公司享有 80% 的成功率。厂商各自以任一顺序发起向其他厂商的广告攻击。"最低"首先行动，攻击"最高"或"较高"，"较高"第二个攻击，"最高"第三个攻击。如果在第一轮竞争中有一个以上的竞争对手得以生存，那么行动的顺序自身重复进行："最低"、"较高"和"最高"。任何参与者都不能跳过自己的顺序，也就是说，"最低"发起博弈的 3 个行动如下：攻击"较高"，攻击"最高"或不采取行动，轮到下一个。

画出博弈树形图，并用子博弈精炼均衡分析确定战略均衡。顾客忠诚度最低的最弱厂商应该如何发起行动？如果"较高"受到攻击并生存的话，它的最佳反应将是什么？如果"最低"什么也不做，情况如何？如果轮到"最高"，它将如何去做？

7. IBM 系统解决方案提供了一种信息技术系统，为何此系统的初期采用者愿意支付其所需服务器和其他必要硬件的封闭性租赁多于直接购买。

8. 经常迟到的人通常不怎么戴表，其他人对此情况的反应一般是根据这些人的迟缓调整自己的节奏，方法包括在计划安排时间过后 10 分钟开会，晚 10 分钟参加午餐，等等。分析以下协调博弈并解释原因。

| | | 哈里 | |
| --- | --- | --- | --- |
| | | 准时 | 迟到 |
| 汤姆 | 准时 | 100 / 100 | 70 / 50 |
| | 迟到 | 50 / 70 | 95 / 95 |

9. 耐克与阿迪达斯在力求决定针对其他公司实施大规模还是小规模挑战性广告时面对以下的协调问题。各厂商应该如何应对？

（单位：万美元）

| | | 耐克 | |
| --- | --- | --- | --- |
| | | 小规模广告 | 大规模广告 |
| 阿迪达斯 | 小规模广告 | 1 200 / 1 000 | 600 / 400 |
| | 大规模广告 | 400 / 500 | 900 / 800 |

10. 在图 13-2 连锁店悖论中，说明最后一个（第 20 个）子市场时，在博弈树形图下半部分，结果标为 N. A.（不可应用），为什么？顺序博弈中什么具体的均衡概念取消了这些结果的应用性？提示：你为何从节点 E 向前说明博弈树，而不是从节点 D 向

前说明博弈树？

11. 我们在本章研究非占优战略的职业橄榄球联赛的博弈中学习了机会损失的概念。为了决定在哪个季节与 NFL 竞争，USFL 考虑每一个 NFL 可能的行动，分析自己在不同情况下如果没有做出最优选择会有多大的机会损失。相关的计算显示在对应章节部分的收益矩阵中。最小最大后悔战略给USFL 避免最大的机会损失提供了一种思路。最大最小战略避免了最大的绝对损失，最小最大后悔战略避免了相对于最优选择的最大潜在损失。在此博弈中，USFL的最小最大后悔战略是什么？采用这个战略与采用纳什均衡进行行橄榄球赛的季节选择相比如何？纳什均衡对应的最佳反应和避免最大后悔之间的关系是什么？

12. 假设你已经宣布你将"对付竞争"作为对一家潜在进入者进入威胁的回应，这个进入者已经在你的目标市场中做了市场研究并在提供更低的价格。如果市场中的技术发展非常迅速，以致证明这是一次性的同时行动博弈，那么将会出现什么不同情况？

13. 分析以下顺序博弈，建议柯达公司是否应该引进产品"图画 CD"？（单位：百万美元）

| 引进新产品 | 广告竞争 | 定价策略 | 柯达 | 索尼 |
| --- | --- | --- | --- | --- |
| | | 高 | 380 | 620 |
| | 增加广告（柯达） | 中 | 610 | 590 |
| 引进（索尼） | | 低 | 560 | 540 |
| | 维持广告（柯达） | 高 | 710 | 550 |
| | | 中 | 620 | 610 |
| | | 低 | 570 | 540 |
| 不引进（索尼） | 增加广告 | | 400 | 720 |
| | 维持广告 | | 580 | 600 |

柯达

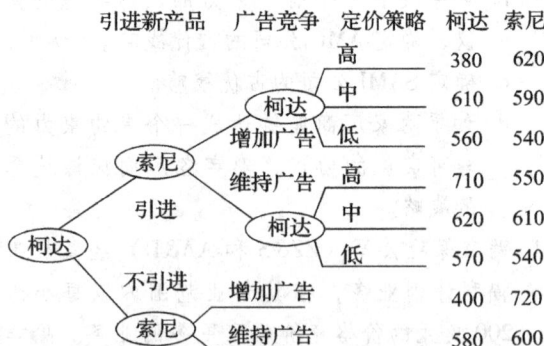

14. 计算一辆出租车运营一班 8 小时的成本，准运证的成本为 125 000 美元，借款利率 10%，假定一年 365 天都按两班运营，加上 25 000 美元的汽车折旧，一年折旧 50%，加上每天每班 22 美元的汽油和维修

费。你是否会为此出租车的准运证支付 60 美元/班？为什么？

15. 一名数学研究生向她的朋友解释如何才能接近一群帅气的很有吸引力的小伙子，他们领来了著名的演员明星拉塞尔·克劳。她的朋友应该如何做？忽略拉塞尔·克劳，还是关注拉塞尔·克劳？解释构成你的答案的均衡推理过程。

| | | 学生 1 | | |
|---|---|---|---|---|
| | | 忽略 拉塞尔·克劳 | | 关注 拉塞尔·克劳 |
| 学生 2 | 忽略 拉塞尔·克劳 | 今晚无约会（较坏） / 今晚无约会（较坏） | | 与拉塞尔·克劳约会（最好） / 与其他小伙子约会（较好） |
| | 关注 拉塞尔·克劳 | 与其他小伙子约会（较好） / 与拉塞尔·克劳约会（最好） | | 永远无约会（最坏） / 永远无约会（最坏） |

注：最好的收益——与拉塞尔·克劳约会，较好的收益——与其他小伙子约会，较坏——今晚无约会，最坏——与这些小伙子一直都没有约会

## 案例练习

### 国际视角：超巨型飞机的两难困境

波音公司和空中客车公司以一天一架的速度制造几种不同规格的宽体商用飞机。顾客要先交一笔押金，多少取决于飞机的不同装备，一架 767 要付 0.84 亿~1.27 亿美元的 1/3，一架 777 要付 1.34 亿~1.85 亿美元的 1/3，一架 747 要付 1.65 亿~2 亿美元的 1/3。第二个 1/3 要在飞机最后装配和上漆后交付，最后一个 1/3 在交货时支付。最后装配需要 15~25 天，整个生产计划长达 11 个月，当然，若修改设计，还要在每个项目结束之前增加数月。最大的波音飞机（747-400）可载 432 个乘客，与此相比，最大的空客飞机（A380）载客 550 人。

早在 1993 年，波音与空客就开始讨论共同开发可能有 1 000 个座位的超大型商务运输机（VLCT）。如果各厂商独立进行，那么相对于大量的研发成本来说，VLCT 的市场过小，肯定会形成巨额亏损。如果只有一家进行开发，那么都会得到超额利润。分析这个同时行动的非合作产品开发博弈并预计波音和空客将如何去做以及为什么。

事实上，这两个竞争对手都决定建立一个战略联盟，选择开发一种超巨型飞机或不开发并保持一种宽体机型。分析波音公司的决定，它生产和出售一架 747 的贡献毛利为 4 500 万美元，经营净利润约为 1 500 万美元。

| 波音/空客 | 建立战略联盟并共同开发VLCT | | 建立战略联盟但不同意开发VLCT |
|---|---|---|---|
| 建立战略联盟 并共同开发VLCT | 降低开发风险 / 减少宽体客机业务 | | 损失联盟成本 / 违约风险最大 可能存在净利润 |
| 建立战略联盟 但不同意开发VLCT | 违约风险最大， 可能存在净利润 / 损失联盟成本 但保持宽体客机业务 | | 损失联盟成本 / 生产一架宽体客机持续 获得1 500万美元的净利润 |

**问题**

1. 根据前面的收益情况，为什么空中客车公司继续开发 A380 超级珍宝机，即使它的开发成本为 107 亿美元，需要生产 250 架才能在 2010 年达到盈亏平衡。

2. 2004~2006 年，波音生产的飞机少于空客（见图 13-9）。如果波音发现自己拥有 60% 市场份额的盈利比 45% 市场份额还要少，那么对空客—波音之间的策略竞争可能会有什么影响？

3. 欧盟宣称波音公司得到华盛顿州给予的 32 亿美元免税以支持波音的梦幻 787 项目。美国宣称空中客车公司得到 60 亿美元不必偿还的贷款，作为对空客 A380 超级珍宝机的研究、开发和试飞补助。这些补贴安排现在支持了空客和波音近 35% 的销售。在世贸组织中的这些指控和反指控，关系到两家厂商在把它们的第一架 787 或 A380 推向市场时是否涉嫌"倾销"。为了避免被指控为实行掠夺性定价，必须通过早期渗透价格来收回的是什么类型的成本？

4. 到 2010 年，空客计划交付 93 架 A380s 客机。但是，由于安装电气装置的延迟，空客只交付了 10 架飞机。延迟增加了 60 亿美元的总开发成本。这意味着，盈亏平衡生产点现在已经从 250 架上升到 300 多架。该公司在过去两年里生产了 45 架飞机。根据波音 747 的生产经验表明，空客 380 可能仍会取得相当大的成功么？

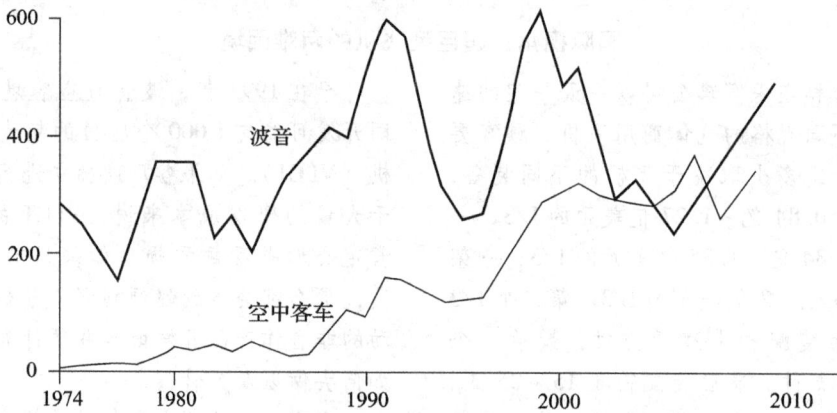

图 13-9　宽体飞机的年交货量

资料来源：*Wall Street Journal*（October 14，2003），p. A2；and *The Economist*（August 15，2009），p. 11.

# 阻止进入与接纳博弈

本附录研究原有厂商面对迫近的进入威胁时所产生的策略问题。我们要分析是接纳还是力求阻止潜在的进入者，在此过程中要采用什么样的生产能力计划、什么样的限制定价或沉没成本投资策略。最后分析可竞争市场依赖进入和退出壁垒的特点。

## 13A.1 作为可信威胁的过剩生产能力

一种可以明显地影响随后竞争的可信威胁或可信承诺就是对非重置性过剩生产能力的投资。对过剩生产能力进行不可逆转的投资就是在可信地承诺：高价格的原有厂商会向那些价格敏感的新顾客提供服务，这些新顾客可能是由潜在的进入者的折扣吸引到市场中来的。如果这些顾客和其他常规顾客都渴望优先与原有厂商做生意，那么过剩生产能力投资就能明显地加强原有厂商以降价对付进入威胁的阻碍作用。

如果低价格进入者出现在市场上，为何过剩生产能力能够加强原有厂商的降价威胁呢？原有厂商能否以此防止新进入者获取很大的市场份额？原有厂商能否否定新进入者采取低价格的独特声誉？原有厂商能否比进入威胁出现之前盈利更多？对所有这些问题的回答都是否定的。能使任何行动或沟通成为可信的唯一原因就是，忽略威胁是否比实施威胁使得威胁者的情况变得更坏。在图 13A-1 中，竞争厂商投资于过剩的生产能力，从工厂 1 扩大到工厂 2，在 $A$ 点处以 180 美元单位成本生产不变的产量 $Q_1$，与在点 $B$ 处用大约 120 美元的单位成本销售更大的产量 $Q_2$ 相比，情况更糟。一家必须要降低价格才能进行威胁的非竞争厂商因此会增加销量，也从 $Q_1$ 移到 $Q_2$，不考虑这个威胁，将使处于 $A$ 点上具有更高单位成本的原有厂商情况变坏，因为此时工厂 1 已被工厂 2 所代替。

## 13A.2 利用非重置性资产的事先承诺

要说明建立过剩生产能力的策略分析，可以考虑一家已有医院的医疗能力决策，该医院面对一家产科和整形外科专业诊所的进入威胁。该医院正在兴建一座新的外科配楼，医院的经营经理可以兴建新设施来满足按照目前高价格预测出来的未来需求，也可以在扩建计划中加进相当大的过剩能力。假设用于产科和整形手术的产房和手术室对于一般性手术或其他专业用途来说是非重置性的。过剩能力一旦形成，就会作为一种非重置性过剩能力，形成医院的一种事先承诺：要在这个价格敏感的新业务上与可能被吸引进此市场的低价格外科诊所进行竞争。

图 13A-2 的决策树画出了此博弈的结构。此医院要选择是否具备过剩能力，门诊诊所随后要

选择是否进入，然后面对由医院控制定价的最终博弈。如果医院建成了过剩能力，面对进入更有可能降价，所以诊所此时不进入会更好。如果医院不建立过剩能力，就会更有可能通过保持高价而接纳进入者，所以诊所此时进入会更好。因此，医院通过在各个适当的子博弈和最终博弈上前瞻预测医院和诊所的最佳反应，医院的可能选择就会缩小为图 13A-2 中的两个阴影战略上：{有过剩能力，不进入，用限制定价阻止进入} 和 {无过剩能力，进入，用中等价格接纳进入}。

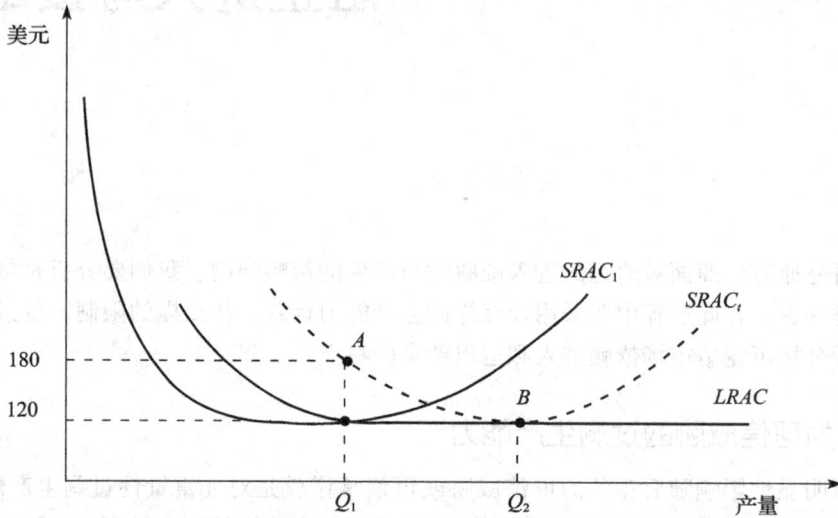

图 13A-1　过剩生产能力加强了阻止进入的可信性

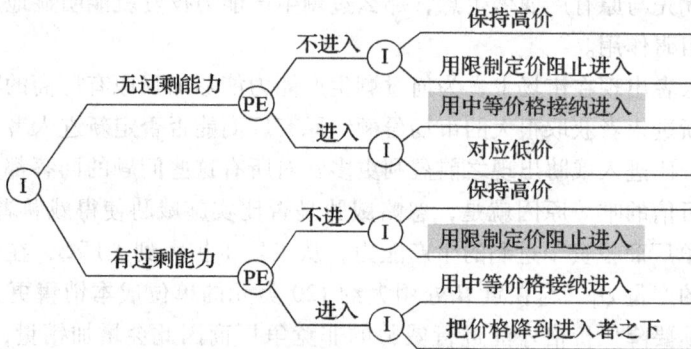

图 13A-2　过剩生产能力的事先承诺博弈

注：I 为已有医院，PE 为潜在进入诊所。

　　显然，医院的经营通常不止一种选择。处于博弈树最高一行上采用高价格、无过剩能力和无竞争的盈利非常高的优先整形外科经营不再是一种利益集中结果。进入威胁会要求原有医院此时通过事先承诺建立一定的过剩能力来使剩余利润最大化。那么在此情况下，诊所将考虑实行"打了就跑"的进入方式，但在另一个目前或预计能力不足的社区中，可能会决定不留在外面，而是要进入相同的市场。

　　一般情况下，原有厂商是选择使用过剩能力作为事先承诺来阻止潜在进人者（如图 13A-2 博弈树的下半部分），还是通过保持其较小的能力和降低价格而实际上宁愿接纳进人者（见博弈树的上半部分），这是一个由多种因素决定的复杂问题。如前所见，答案部分取决于原有厂商能否具备一种先行者优势。若不具备，原有厂商在阻止进入 I 中采取打折；若具备，原有厂商在阻止

进入 Ⅱ 中采取中等价格和接纳进入。

这个阻止/接纳决策还取决于进入后的竞争是发生在差异化产品卖主的价格上（它们各自拥有一定的控制价格的市场力量），还是发生在均质产品卖主的数量上（它们都没有控制价格的市场力量）。最后，阻止或接纳决策还取决于不同细分市场中的新老顾客如何对具有过剩能力的原有厂商和生产能力有限的低价格进入者进行分类选择。

---

**实例** | 世界汽车市场中的过剩生产力：三星与现代

2008～2009 年金融危机期间，美国、欧洲和日本的汽车销售量下降。为何在这样的经营环境下还要增加过剩的生产能力？

规模经济看起来与此无关。甚至现代公司都已经达到了最低效率规模（见表 13A-1）。还有，通用—欧宝—菲亚特—萨博—大宇和福特—捷豹—沃尔沃—路虎—马自达全球战略联盟集中力量为汽车家族设计共同平台，从而使几百万美元的车身冲压机械和装配工厂能够在这周生产欧宝雅特轿车，下周生产菲亚特赛飞利七座车。多达十几种的不同汽车共享同一平台和装配线，因此即使不有名的汽车也不难实现最低效率规模。

生产能力扩大的第二种解释强调，很多新的生产能力的地点都出现在亚洲，特别是韩国和泰国。2000～2010 年新车销售增长量的 2/3 都出现在属于发展中国家中国和印度。韩国三星集团刚刚投资 50 亿美元建成一座年产 50 万辆汽车、配备机器人的新工厂，尽管韩国的生产量（600 万辆）已经大大超过了国内消费（150 万辆）加上出口销量（350 万辆）。可以预见，韩国国内的汽车零售价格会暴跌，因为

隐约出现的过剩生产能力会迫使利润降到不再能吸引新的汽车工业投资的水平上。

但这也可能一直是假设而已，现代和起亚等原有制造商希望阻止进一步的进入，自己才能更容易地进入亚洲增长市场，因为潜在进入者不会怀疑原有厂商通过事先承诺足够的生产能力来威胁。大力削价是一种保护市场份额的方法。如果这种策略性行动起作用，潜在进入者不进入，那么原有厂商一定不会实施威胁。

**表 13A-1 2011 年世界汽车和轻量卡车销量（前 15 名）（％）**

| 大众集团 | 13.2 | 雷诺 | 4.0 |
|---|---|---|---|
| 通用汽车 | 11.1 | 铃木 | 3.8 |
| 丰田 | 11.0 | 菲亚特克-莱斯勒 | 3.7 |
| 现代集团 | 9.9 | 宝马 | 2.8 |
| 尼桑 | 5.8 | 戴姆勒 | 2.3 |
| 标志集团 | 5.1 | 马自达 | 1.8 |
| 本田 | 4.6 | 三菱 | 1.7 |
| 福特 | 4.3 | | |

资料来源：Based on Ward's Automotive *Yearbook*, Car Making in Asia: Politics of Scale, *The Economist* (June 24, 2000), pp. 68-69; and In Asia, GM Pins Hopes on a Delicate Web, *Wall Street Journal* (October 23, 2001), p. A23.

## 13A.3 顾客选择规则

如果进入者仅仅吸引了对价格敏感的新顾客，这是一种情况；如果新进入者把原有厂商支付意愿高的常规顾客夺走，就是另一种情况。毫无疑问，前一种情况通常更能导致接纳进入者，而后一种情况常常导致阻止进入。

也许最简单的顾客分类方式是根据顾客对原有厂商的极端**品牌忠诚**。在此情况下，顾客即使面对更高的价格，也会拒绝新进入者提供的服务，而是在原有厂商拒绝服务时延迟

**品牌忠诚**（brand loyalty）：一种有利于原有厂商的顾客分类规则。

**效率分配**（efficient rationing）：一种顾客分类规则，由支付意愿高的顾客吸收低价格进入者的生产能力。

**反响强度分配**（inverse intensity rationing）：一种顾客分类规则，确保由支付意愿低的顾客吸收低价格进入者的生产能力。

**随机分配**（random rationing）：一种反映随机性购买行为的顾客分类规则。

订货或重新安排计划。来自模仿者的竞争压力通常会侵蚀这种市场力量，但微软的 Windows 软件和大受欢迎的本地餐馆这些例子说明，产品和服务的品牌偏好证实了这种顾客分类方式。另一极端是生产能力的**效率分配**，顾客以实现消费者剩余最大化的方式分配新进入打折者的固定价格的生产能力。这种顾客分类方式意味着那些具有最高支付意愿的顾客将付出精力、时间和不便，为寻求最低价格的生产能力而寻找、排队和提前订货。当然，明显的条件就是这些顾客也可能具有最高的时间机会成本。

第三种方法就是**反向强度分配**，这是在细分市场中由新的低价格生产能力造成很小威胁的顾客分类方式。在这种情况下，支付意愿低的顾客迅速地吸收了低价格进入者的所有生产能力。从顾客愿意支付进入者的低价格开始，在理论上沿着需求曲线上升，直至新进入者缺货为止。在此情况下，如果折扣者的生产能力一直相对较小的话，原有厂商的需求基本上不受影响。最后是低价格生产能力的**随机分配**。根据随机分配方式，所有的顾客都愿意支付低价格（即原有厂商的常规顾客和被进入者的折扣吸引到市场之中的新顾客），都有相同的机会来寻求低价格生产能力。例如，如果在原有厂商最初的高价格上，有 70 名顾客出现在市场中，作为对打折的反应，又有 30 名顾客出现，100 个从 40 单位低价格生产能力寻求得到服务的潜在顾客的概率为 40/1 000 = 0.4；反过来，得不到服务的概率为（1 − 0.4）= 0.6，即顾客需更高价格生产能力的概率。因此，在随机分配条件下，原有厂商的预期需求会因新进入者进入而从 70 下降到 42(70 × 0.6)。

在预测是阻止还是接纳进入者行为的过程中，由于决策时间和上述顾客分类规则的核心性质，博弈理论分析必定常常与产业研究相联系，才能确定多种可能的结果。否则，这些模型中原有厂商的理性经营决策就可能存在各种各样的方案，从相对被动地完全占有过剩生产能力，到大胆的原有厂商偶然提前行动，把价格降到成本以下，而且也看不到以后收回损失的前景。出于预见竞争对手行为的目的，博弈理论知识的这种状况有时会带来极大的困境。因此，我们反复强调进行足够的现场调查的重要性，因为这样才能发现具体产业或厂商的特点。

在网上附录 D 中，我们探讨了美国航空与人民捷运航空、联合航空与捷蓝航空之间的入境威慑与调整博弈。详细的成本、价格和实现的收入数据，使我们能够区分连续博弈理论的几种定价和乘客量的选择带来的影响。这一分析为客户分类规则的重要性提供了支持，解释了为什么人民捷运航空遇到很少的阻力，实际上最初它很适应中大西洋沿岸城市的企业。后来，由于飞机拥有更大载客量，人民捷运航空在东南部城市航线上遭遇了美国航空公司的有效威慑，并被迫退出。

### 13A.3.1 沉没成本在决策中的作用

无论理论还是实践，阻止进入和接纳进入的顺序博弈都说明了原有厂商会做出多种多样的战略行为，作为对进入或潜在进入的反应，其中包括刚刚讨论过的过剩生产能力的事先承诺以及可信的价格折扣威胁。不过，还包括价格歧视和生产能力分配计划。这类收益管理或收益管理系统可向原有厂商提供一种有效的方法来阻止新进入的打折者。第 14 章将讨论收益管理。

最后，阻止进入和接纳战略还可以通过对非重置性资产的广告宣传或其他促销投资反映出来。第 13 章提到，有些例子是对公司标识（如 CarMax）的声誉投资，或者对麦当劳这样的独立零售商的投资。这种投资都事先承诺原有厂商会全力保护市场份额和现金流量以便收回这些非重置性投资的成本。

对专用资产的非重置性投资在很多行业都是一个现实，人们都说这些固定资产支出是"沉没"的。工业机械设备常常专门用于目前用途，有时甚至专门用于某一特定供应商。莎莉集团几十年来都是从唯一一家原料供应商 MacField Industries 购买编织尼龙纤维生产高质丝袜。上游的尼龙生产设备和下游的织袜设备只能作为互补品用于生产这家供应商的编织纤维投入要素。同样，由微软程序员发现的很多商业秘密知识不容易打包、分开重置并卖给其他厂商。非重置性资产常见的市场将利用沉没成本条件来阻止进入。

### 13A.3.2 完全可竞争市场

**可竞争市场**是新厂商能够根据短期信息进入和退出，而不会因沉没成本发生亏损的战略产业集团。JetTaxi 公司提供了一个实例。即使只有少数厂商（像伯克希尔-哈撒韦的奈杰特公司）控制了这样的市场，价格也很少上升到盈亏平衡水平之上，因为频繁的进入者持续采用"打了就跑"的策略。只要价格上升，竞争性厂商就会跳进市场，刮走利润；随后一旦利润消失，它们就迅速逃离市场。这种"打了就跑"的进入/退出方式保证了它与收回成本的竞争性均衡没有什么不同。

> **可竞争市场**（contestable market）：一个特别的公开进入和易于退出的行业，原有厂商的反应缓慢。

在完全的可竞争市场情境下，原有厂商要比其常规顾客更缓慢地对进入威胁做出反应，常规顾客追求的是当时最廉价的供应商。与此相反，正如图 13A-2 所示，事先行动的原有厂商投资于过剩的生产能力和非重置性资产以便阻止进入。这种情况看起来与沉没成本的推理过程相似，而且的确如此。确认了企业战略的顺序性质和可信威胁与可信承诺的作用，就会形成对管理经济决策中沉没成本作用的恢复。

事实上，正是因为厂商对于其沉没成本投资的无能为力，准确地说，因为沉没成本是不可逆转、无法撤销的，因此也是不能收回的，所以涉及使用这些非重置资产的某一特定威胁性行动计划才是可信的。拥有沉没成本投资的参与者已无退路，不存在更好的退出方案，只能发出可信的威胁，做出可信的承诺，保持为重复性顾客服务的业务直至设备过时报废或耗损。另外，最佳回答的推理过程是可信性的关键，而可信性又是子博弈精炼均衡战略的关键。

---

**实例 | 自行车头盔的可竞争市场：Bell Sports**

Bell Sports 公司从一个摩托车头盔制造商起家，附带经营自行车头盔和附件。今天，Bell Sports 销售的自行车头盔接近 1 亿美元，85% 在美国销售。美国 27 个州实行了管制，要求年轻的骑车者必须佩戴自行车头盔。自行车头盔在欧洲已成了一种时尚表现，所以潜在的增长更高。价格范围从 30 美元的彩色硬壳设计到 140 美元的最轻型号头盔。

Bell Sports 这种快速增长的利基经营遇到的麻烦就是因为没有沉没成本投资，所以必然会吸引众多的新进入竞争者。自行车头盔制造容易，销售也很快，塑料定型机和发泡过程就是生产所需的一切。这些技术很容易从其他行业转移过来，更重要的是，还可以把技术重新安排在其他退出的用途上。这种产品在自行车商店和凯玛特、沃尔玛等折扣商店中卖得很好而且无需大量的销售人员、销售地点的服务活动和区分卖主的售后服务，以便使卖主差化。结果，自行车头盔市场就成了可竞争市场的一个经典案例。Bell Sports 不断地面对来自其他利基制造商（如 Ciro、Aurora 和 Troxel Cycling 公司等）"打了就跑"的进入竞争。

可竞争市场理论认为，由于没有进入或退出障碍，顾客改换制造商的成本低，所以 Bell Sports 在此经营中赚取的利润绝不会比竞争市场的利润更多。只要价格上升到成本以上，竞争者很快就会进入，顾客改变其品牌

忠诚，所以 Bell Sports 就必须降低价格。结果是毛利很低（平均为 8%），而且逐年的波动高达 50%。Bell Sports 唯一的解决方案就是在新设计上要比"打了就跑"的进入者更快，或是投入足够的营销资本，建立一种非重置性品牌资产，如同它们在摩托车经营中所建立的"Bell 头盔"一样。直到现在，阻止进入仍证明是不可行的，所以对进入的接纳必定会持续。

资料来源：Bell Sports, *Forbes*（February 13, 1995），pp. 67 68.

### 13A.3.3　边缘政策与消耗战

有时策略利益的问题并不是阻止或接纳其他厂商的进入，而是厂商自己在一个明显衰退的经营中应该坚持多久的问题。在争取获得排他性许可证（如主办奥林匹克运动会）、界定一种行业标准（如数字 HDTV）、得到 FDA 对一种新药的批准或者利用广告宣传使易变的顾客建立产品忠诚度的竞争过程中，多家竞争者的持续放血会限制盈利，直到一些人认输并退出竞争。因此，这种进入/退出博弈有时叫作"消耗战"。

图 13A-3 的左边显示出代表一场"消耗战"的多期顺序博弈的第一个时期。每期的开始都需要支付 1 000 万美元"赌金"才能参与此博弈。在决定是"跟注"还是"放弃"时，任何竞争者都不知道对手的决策，就如同进行拍卖时报价被密封，然后同时打开一样。如果有一家厂商认输并退出，那么它不用支付赌金，其他厂商的 1 000 万美元赌金立即被留下来的厂商所收回。

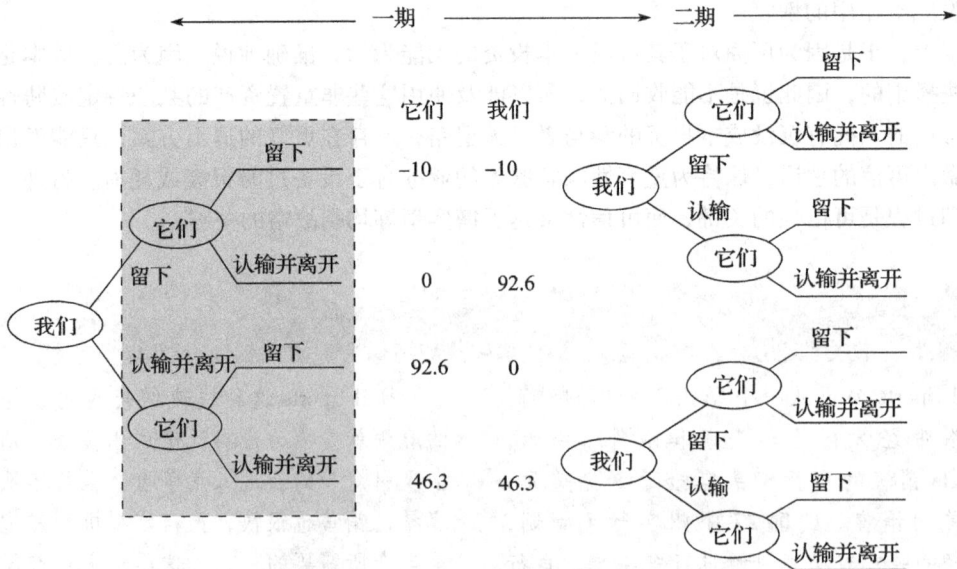

图 13A-3　HDTV 行业标准的消耗战

注：上面的阴影方框是指对"我们"和"它们"每期制定决策的无知，在宣布自己的选择时不知道对手的选择，所有收益的单位是百万美元。

市场收益出现在这一时期末，如果一家厂商认输，等于 1 亿美元；如果都认输，为 5 000 万美元。市场奖金每个时期都会出现，直到博弈结束。如果在任何一期的开始，竞争对手（"它们"）离开并认输，1 亿美元市场奖金归"我们"，等待得到的收益为 1 亿美元/(1 + r)，即在利率为 8% 时，(1 亿美元/1.08) − 1 000 万美元 + 1 000 万美元 = 9 260 万美元。如果"我们"认输，"它们"留下，9 260 万美元就是它们的收益。如果两家厂商都认输，它们就会立即合并，市场奖金按 50—50 比例分割，也没有其他成本。如果"它们"表现坚韧，坚持竞争，"我们"也是如此，两厂商各损失 1 000 万美元，也就是说，没有人在该时期赢得奖金。此时各自要着手决定是否再花 1 000 万美元的赌金，参加下一时期的竞争。问题就是："我们应该坚持竞争多久？"

分析 3 个时期的博弈。如果"我们"现在离开，"它们"留下时，收益为零；"它们"退出时收益为 5 000 万美元。设为我们的对手将立即认输的一个典型概率，那么我们自己立即认输的期望收益正好是[⊖]

$$5 000 \text{ 万美元 } p + 0(1 − p) \geqslant 0 \tag{13A-1}$$

如果我们在第二个时期开始离开，我们的预期收益将等于

$$1 \text{ 亿美元 } p + 0.5 \text{ 亿美元 } q − 0.1 \text{ 亿美元 } \geqslant 0 \tag{13A-2}$$

式中，$q$ 是我们的竞争对手在第二个时期开始时认输的概率，$(1 − p − q)$ 是"它们"直到第三个时期一直留下的概率，即表现坚韧者绝不认输。如果我们留到最后，预期收益为

$$2 \text{ 亿美元 } p + 1 \text{ 亿美元 } q − 0.2 \text{ 亿美元 } \geqslant 0 \tag{13A-3}$$

让式（13A-1）等于式（13A-2），式（13A-2）等于式（13A-3），然后同时求解，得到的 $p$ 和 $q$ 的数值将使"我们"在人数与坚持两者之间是无差异的。整理并简化后得到

$$5 000 \text{ 万美元 } p + 5 000 \text{ 万美元 } q = 1 000 \text{ 万美元 } \tag{13A-4}$$

$$−1 \text{ 亿美元 } p − 0.5 \text{ 亿美 } q = −0.1 \text{ 亿美 } \tag{13A-5}$$

也就是说，$p = 0$，$q = 0.2$，$(1 − p − q) = 0.8$。

| 实例 | **电路城公司被推向边缘**

消费电子产品的竞争通常是十分激烈的，零售商们在提供一波又一波的价格促销（一家降价 10%，另一家降价 20%，30%，……），拼命地从竞争对手那里争夺生意。电路城（Circuit City）公司在 2004 年的销售额为 44 亿美元，其中 35% 的收益来自消费电子产品，24% 来自音响产品和娱乐软件，41% 来自视频、视频游戏和视频游戏设备。百思买集团 2004 年的销售额是 116 亿美元，37% 来自消费电子产品，19% 来自娱乐软件，6% 来自家用电器，38% 来自家用办公设备。

百思买和电路城两家公司的确进行了一场消耗战。DVD 播放机在 1997 年推出时的最初价格是 840 美元，到 1998 年打折降到 571 美元，1999 年降到 467 美元，2000 年降到 345 美元，到 2001 年降到成本价。同样，蓝光播放机在 2006 年推出时的价格是 800 美元，到 2007 年打折到 497 美元，2008 年降到 388 美元，2009 年降到 322 美元，然后到 221 美元的成本水平。电路城公司被迫宣布破产并退出市场。

资料来源：Based on Prices No Longer Red Hot, *Wall Street Journal* (December 23, 2009), p. D9.

---

⊖ 在以下的讨论中，我们为简化分析而忽略贴现过程，因此 9 260 万美元的收益变成 1 亿美元。

换言之，"我们"对于认输或表现坚韧是无差异的，在前两个时期每期都支付 1 000 万美元，坚持留下直至最终博弈，唯一的条件就是"它们"将在第二个时期离开的可能性不低于 20%，"它们"坚持留下到最终博弈的可能性不大于 80%。"我们"决定是留下还是离开的方法就是对实现情况和实际竞争对手进行评估，然后根据我们对实际情况的主观概率估计来比较这个 20% 和 80% 概率分割点。

### 13A.3.4 边缘政策与消耗战

注意，$p = 0$ 意味着双方都不会立即认输，$q = 0.2$ 表明对手采用一种中间立场战略，它在第二个时期开始认输之前要测试竞争状况。这个"中间立场"的正值概率是一种滑坡效应的反映。你一旦进入一场消耗战并投入自己第一笔 1 000 万美元的"赌金"（因为表现坚韧的贝叶斯概率小于 0.8），将和你一起踏上**滑坡效应**的中间立场的概率就不

---

**滑坡效应**（slippery slope）：由消耗战造成的相互损失越来越坏的趋势。

---

是零。与此不同，我们在式（13A-4）和式（13A-5）的同时求解中看到此博弈中间立场的均衡概率是 0.2。这就是说，对于此消耗战中假定的参数，一个顺序的相互损失的概率是 0.8，形成一个死循环，直到不太深的口袋被掏空。

因此，这些所谓的"边缘政策"博弈即使对于占有明显优势地位的参与者也会带来基本不可控的严重结果。如果你错误地估计了竞争对手口袋的深度，在 80% 的时间内你将表现坚韧并步入一个滑坡效应，直至财务崩溃——是你自己的财务崩溃。

$n$ 个时期博弈中的最佳反应是什么？此时为简化分析，仍不考虑对未来现金流量的贴现。如果我们表现坚韧直至对手离开，如果对手在 $t$ 时期离开，我们就会在 $n - t$ 时期得到 1 亿美元市场奖金，并且在 $t$ 时期支付 1 000 万美元。因为如果我们现在离开，收益将为零（即 5 000 万美元 $p = 0$），所有其他方案的预期值都不会比这个更坏，否则我们只能现在离开。综合考虑这些事实

$$(n - t)1 \text{ 亿美元} - t0.1 \text{ 亿美元} > 0 \tag{13A-6}$$

$$0.91n > t \tag{13A-7}$$

这里的 0.91 是 1 亿美元奖金与 1 000 万美元周期成本加上 1 亿美元奖金之和的比率。

我们应该如何解释式（13A-7）？如果"我们"相信竞争对手将在 91% 或低于 91% 的整个时期内留下，我们自己也应该留下。如果我们认为"它们"在全部时间的 91% 以上（或经贴现为 90.25%）留下，我们应该立即认输，并且节省我们的 1 000 万美元赌金，用于投资其他地方的另一竞争。对于这个三期案例来说，如果"我们"认为竞争对手留下的时间小于 $0.9025 \times 3 = 2.71$ 年，我们就应该表现坚韧并留下直至最后。

很明显，这些计算也适用于处于对称位置的"它们"，所以消耗战迅速变成一场虚张声势的信号传递。上述分析在这种进入/退出博弈中提供的最有用的观点就是，每个参与者都应该根据所有可得到的证据评估对手退出离开的概率，还应该根据奖金与奖金和固定成本之和的比率制定决策。与玩连续顺子听牌的情况非常相似，你一旦持牌而不是弃牌，奖金越大则你表现强硬并让对手来"虚张声势"的周期成本越低。

---

## 小 结

- 原有厂商会力求阻止潜在进入者的进入，方法是利用过剩生产能力事先承诺或可信地威
  胁进行广告宣传活动和价格折扣。

- 原有厂商是阻止还是接纳潜在进入者一般取

决于率先行动者优势是否存在，取决于价格和数量竞争的结构，取决于当低价格生产能力不存在时顾客如何对不同厂商进行分类。

■ 顾客的分类方式包括：所有的顾客都同样可能得到低价格生产能力的随机分配过程；具有最高（然后是次高）支付意愿的顾客得到低价格生产能力直至分配完毕的效率分配过程；没有一个常规顾客寻求低价格生产能力的极端品牌忠诚；以及具有最低（然后是次低）支付意愿的顾客获得低价格生产能力直至分配完毕的反向强度分配过程。对于反向强度分配来说，顾客的分类表明了一种细分市场，并且最有可能导致对进入的接纳。

■ 在消耗战中，是表现坚韧并为一个市场价格坚持竞争，还是承认失败并离开市场，取决于奖金与奖金加上竞争的周期成本之和的比例。

## 练 习

1. 唐都康乐（Dunkin' Donuts）和麦当劳的麦咖啡（MacCafé）进入了由星巴克 5 439 家分店开创的精品咖啡业务，价格低了 20%（浓缩咖啡为 99 美分，而星巴克为 1.45 美元），订货更简单（大杯摩卡 Swirl Latte 2.69 美元，而星巴克的超大杯摩卡 Caffé 3.35 美元），等待时间不到 1 分钟，而星巴克需要 3~5 分钟。星巴克的星冰乐是不是成了一种买不起的奢侈品？在唐都康乐和麦当劳分别占 17% 和 15%、星巴克占 6% 的快餐店咖啡生意中，浓缩咖啡和加味咖啡是否正在成为主流产品？你所在的城市正在发生哪种情况？随着麦咖啡进入星巴克的市场，"顾客可能采用什么样的分类规则？是否有理由认为，面对唐都康乐的 4 100 家分店和麦当劳几百家麦咖啡分店的发展，星巴克将采取一种不同的战略来回应？为什么？

2. 索尼公司的游戏机 PS2 在 1997~2003 年以 1.23 亿台的销量控制了游戏机市场。今天，任天堂的 Wii 占有 62% 的市场。实现如此惊人增长的同时，价格从推出时的 400 美元持续下降至 250 美元。索尼的 PS3 在价格为 1 000 美元时的市场占有率是 20%，随后为 600 美元，现在是 399 美元，在一个更大规模的游戏机细分市场中与微软的 Xbox 相竞争，后者以 700 美元的价格占有 18% 的市场份额。Xbox 和 PS3 开始都试图通过外加手控制器等外设附件进行面对面的竞争。现在随着 Xbox 360 宣布从 760 美元打折到 400 美元再到 343 美元，已经引爆了边缘政策定价。哪一家企业有可能先退出竞争？

# 定价方法与定价分析

## 本章预览

　　本章建立在第 10～14 章的价格产出决定模型之上，并在此基础上引入更加复杂的定价问题。本章前两节探讨基于价值的定价理论框架。然后研究细分市场上差别定价的特征，即向不同目标市场消费者收取不同价格。差别定价通常通过捆绑定价、优惠券定价、两部收费（入门费与使用费）实现。接着我们讨论贯穿产品生命周期的定价概念，包括目标定价、透析定价、组织成长定价、限制定价和利基定价。随后我们总结了有关网络销售的产品和服务定价。最后，在附录 14A 中，我们解释在航空、时尚服装、咨询公司以及棒球中收益管理的应用。总之，本章涉及的定价实践以及附录为实际应用定价方法谋求股东财富最大化的管理人员提供了一个广阔的视野。

## 管理挑战

### 雪佛兰沃蓝达的定价 <sup>⊖</sup>

　　"城市蔓生"与"逃离到乡村"如今已经导致平均通勤距离蹿升到单程 33 公里。交通堵塞导致通勤者每年耗费 4 亿加仑汽油，约合 115 亿美元，以及 34 小时/年在交通延迟上。与此同时，大多数美国城市的居住密度远低于建造轻轨或者地铁线的要求，当地居民必须找到最经济的方式使得工作者往返工作单位与郊区的家。

　　大多数节油通勤车，例如 Mini Cooper、Chevy Volt、Nissan Leaf 和 ChevyCruze 都是在近段时间出现的。Volt 和 Leaf 是 e-REVs，即增程式电动车，在每 50 公里通勤距离末时进行充电。每辆车搭载一个小型汽油驱动的外部内燃机来实现发电机的运转，但是并不像混合动力汽车。例如 Ford Fusion 和 Toyota Prius，这些增程式电动车在汽油发动机与动力传动系统之间并无关联。与此相反，Volt 内嵌 220 块锂电池，可以提供 110 伏特 8 小时或者 220 伏特 3 小时的电量。当电池电量低于 30% 时，69 码的汽油发动机推动发电机运转，保证电池电量。

---

⊖ "American Idle：On the road," Wall street Journal (February 2, 2011), p. D1；" Chevy Volt：GM's 230 MPG Moon Shot," U. S. News and World Report (January 7, 2010)；" A new Segmentation for Electric Vehicles," McKinsey &Co., November 2009；" With Electric Cars, GM Targets Tesla," Wall Street Journal (January 12, 2015), p. B2；and" Chevy Volt Reintroduced," Wall Street Journal (January 21, 2016), p. B7.

汽车工程师们计算得出，Volt 采用全电模式运行需要 0.26KWh 的电量。因此，按照平均通勤距离 33 公里计算，需要 8.58KWh 的电量。美国电价采取峰谷电收费方式，各个州收费方式又不同，从华盛顿州的 0.07 美元到罗得岛州的 0.12 美元。普遍来说，具有代表性的夜间电价是 0.10 美元，日间电价是 0.13 美元。这就意味着每个夜间充电的 Volt 将会花费 0.86 美元，相对应地，日间在城区上班时充电将花费 1.12 美元，总花费 2 美元。以一年 300 个工作日计算，Vlot 的运行成本需 600 美元一年。

相比之下，汽油驱动的 Mini Cooper 需要 32 英里/加仑的汽油，以汽油价格 2.24 美元/加仑计算，Mini 的运行成本是 4.5 美元一天或者 1 350 美元一年。因此，普通的通勤者采用增程式电动车比 Mini 和 Cruze 等节油型汽油驱动通勤车节省 2.7 美元一天或者 810 美元一年。这 810 美元的成本结余意味着，相对于汽油驱动型竞争对手而言，使用 Volt 带来的价值。

由于通过 EPA 认证规定的 101 英里/加仑油耗，Vlot 获得 7 500 美元的税收优惠，较传统电池而言汽车自带锂电池预计能使用 10 年并且多花费 12 000 美元。一辆使用 5 年的 Volt 净折算价值是 4 500 美元。正向与负向的现金流再加上税收优惠进行相减就是 Volt 汽车的盈余。因此，第一个五年节省下来的汽油费是 Volt 高于其他传统通勤车的额外价格的基础。Mini 和 Cruze 的官方指导价是 25 550 美元。五年 810 美元/年的成本节省以及 3.5% 的融资成本，购置 Volt 的成本节省的现值是 3 657 美元。因此 Volt 的定价应该比 Mini 和 Cruze 高 3 657 美元。因此 Volt 的定价就是 25 550 美元 + 3 657 美元 = 29 207 美元。

关于 Chevy Volt 更多的信息，见本章末的案例练习。

**讨论题**

■ 2015 年 Chevy Volt 的销售量太低的原因是，在定价为 41 000 美元时，相对于其他车型，对消费者来说成本节省太少。

■ 汽油价格为多少时，可以让 Volt 价值 33 500 美元 + 7 500 美元（税收优惠）= 41 000 美元？你认为 Volt 成本结构的哪一部分超过了估计的目标成本，能推动 Volt 定价在 29 207 美元的使用价值基础上上涨 4 300 美元？

■ 随着电池技术的突破，以及每个电池板长期投入成本降低数千美元，Chevrolet 重新推出了 2016 款 50 英里范围的 Volt 以及 7 500 美元税收优惠前 33 975 美元的定价。这次的询价有效吗？

■ 电动车市场怎样发展才会导致通用汽车最近发售一款售价 75 000 美元的更高动力的全电动 Caddilac ELR 以及 Chevy Bolt 200 英里范围、售价 34 500 美元的全电动汽车？

# 14.1 基于价值的事前系统分析定价理论框架

过去，定价决策常常被认为是一种事后行为。公司要么按照惯例采用成本加成的方法，要么采取特殊方式以应对竞争对手的打折促销。如今，为一个要价系统分析顾客价值基础，然后仔细筛选接受的订单与拒绝的订单，已经成为许多企业的关键成功因素。

定价决策必须是系统性的、分析透彻的，必须建立在严格的现实基础上，而不是凭借特殊的感觉。在男士须后水行业中，原有厂商曾经遭受来自新进入竞争对手以低于领先品牌（Skin Bracer、Old Spice 和 Aqua Velva）40% 的价格竞争。原有厂商增加了广告投入但维持原价不变，最后惊讶地发现在杂货铺销售渠道中市场份额降低了 50%。厂商只是在事件发生以后才进行了系统性分析，详细的需求评估发现，消费者在杂货铺分销渠道具有价格弹性但广告缺乏弹性。

事前定价还必须在策略上是灵活的，与公司的运营战略是内在一致的。一个高成本、全服务、拥有枢纽机场的航空公司不可能大幅度削减价格，即使这样做意味着在高细分市场能提升10%～20%的市场占有率。取而代之的是，该厂商必须预期到低成本竞争对手也会做出反应，甚至随之而来的会是降价到该厂商成本之下。即使在高利润市场存在额外增加销售的可能性，但是在事先已知这些可能的反应之后，通过折扣的方式去抢占市场份额就会对厂商显得毫无吸引力。

最重要的是定价应该以价值为基础，并且价值应该与消费者共享。分配、运营过程、消费者关系以及市场信息交流都能带来感知价值，并且形成购物欲望。公司应该做的就是以价格为基础的进行成本核算，而不是以成本为基础进行定价。也就是说，公司应该细分消费群体，采取广泛的消费者价值分析，然后研发那些企业选择进入的并且在每个产品线成本允许持续盈利的产品。丰田汽车将这些成本开支范围称为目标成本，供设计团队、采购员、供应链经理使用。此时，各个厂商的销售和运营能力是维持盈利的关键。

成本不是不相关的。的确，有效定价管理的关键就是要精确了解基于什么活动的成本与来自哪一类细分顾客的哪一种订单相联系。了解这些成本才能使拥有最优差异价格的厂商确定哪些订单应该拒绝接受。"每个企业都有应该拒绝的订单"，这种观点是被称为产量管理或者收益管理的一系列新定价方法的核心。在收益管理方法中，成本成为基于价值的定价和产品开发战略的结果。

---

**使用价值**（value-in-use）：顾客赋予一种产品或服务的功能、成本节约和关系的价值与获取、维护和处置此产品或服务的寿命周期成本之差。

制定价格的合适的概念框架是目标消费者的使用价值。**使用价值**就是使用你的产品或服务而产生的相对于拥有类似功能属性、关系、品牌价值的次优竞争者的成本节约。更快地通过一条收费公路或直飞一个遥远的城市可以节约律师或会计师220美元/小时的时间价值。一则带有记录点击率的谷歌广告能节省杂志广告或电视商务活动的广告支出。一个易于使用的佳能数字照相一体化系统不仅能节约时间和金钱，还能减少在影像捕捉、照片编辑、洗印、分销和存储上的不便。这些价值通常被用来跟产品采集、培训、维护、升级和处置的生命周期相比较。

---

## 对与错 | 胜牌（Zerex）公司的防腐防冻液

百适通（Prestone）和胜牌（Zerex）都出售领先的防腐冷却液，其产品的特性就成了溢价的保证。在明显的价格压力下，只要采用一般冷却液的竞争价格能收回成本，胜牌公司通常就是简单地与竞争对手一样打折。但是一项全面的使用价值分析表明：这种基于成本的反应定价使胜牌公司大约1/3的持续利润没有实现。

基于成本的定价一直被世界上最著名的管理咨询师彼得·德鲁克称为"企业的五种致命错误"之一。基于成本的定价虽然容易，但存在根本性的错误。消费者没有义务去承担你的成本；如果你建立过度的成本结构，消费者就会选择离开而购买替代品。极端地说，如果将注意力过多地集中在成本上，那么就会因此失去更多的钱。

基于成本的定价主要犯了以下三个错误。①基于成本的定价主要集中在交易而非消费者关系上。顾客份额是盈利的关键，因为根据经验法则来说，卖更多的产品给常规顾客只需付出吸引顾客远离竞争对手 1/5 的成本。②基于成本的定价关注短期而非长期的支出流。然而，终身消费者价值是盈利的另一个关键，因为所有减少的销售支出都需要通过重复实现。③基于成本的定价主要受零和博弈中的成本回收激发，而非赢得在正和博弈中作为价值伙伴的顾客，来强调你提供的新的价值来源。最后，我们想创造一个共享价值环境的原因是，消费者有揭示新价值资源的动力。假设一个健康的保险消费者赚取已知或未知预防药的回扣。

一般认为基于成本的定价包括平均成本（有时被称为单位成本）。每个企业都需要优秀的会计师去保障不仅仅单位成本还有可变成本，他们需要精确的可变成本来获取精确的成本价格利润，然后根据精确的成本价格利润做出最优要素分配决定。但是这并不意味着价格应该建立在成本回收上。取而代之的是，你必须优先确定在你的价值假设中包含的价格机会。

表 14-1 列出了使用价值的各种有形来源和心理来源，包括产品规格、使用方便、交货可靠性、工作频率、修改订单的反应、客户忠诚计划和订单处理中的感情等因素。成本节约的许多来源都具备差异化的功能点，但其他来源都是以关系为基础的。此外，营销沟通通过广告、个人推售以及事件营销来寻求定位和推广产品。病毒营销在目标客户群中发现趋势的确定者，并力求把产品交给这些人，希望其他人跟随他们的领导。因为消费者渴望避免心理落差，符合一种特定生活方式或群体认同的产品通常能够产生大大超过有形成本节约的认知价值。可口可乐和星巴克各自提供了一种生活方式的关联与认同，即如果不通过这种方式，就必须在衣着、旅行、汽车和娱乐等方面花费支出，才能实现相似的效果。

表 14-1　基于价值定价法的理论框架

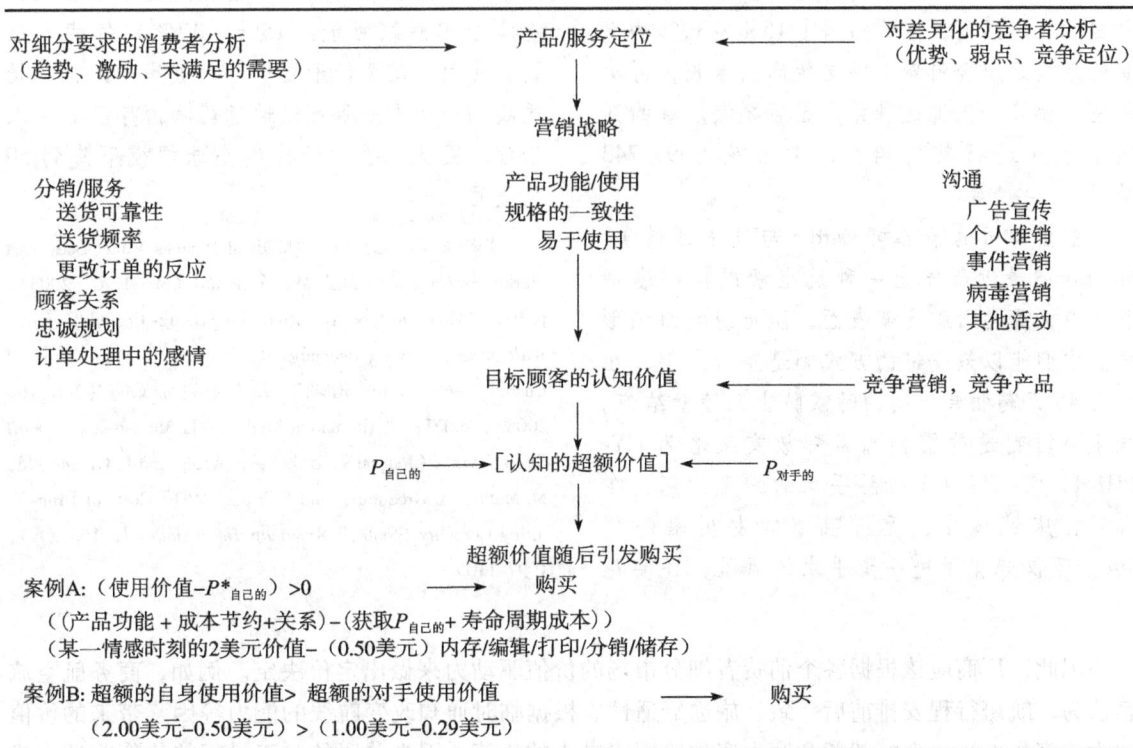

对细分要求的消费者分析　　　　　　　产品/服务定位　　　　　　对差异化的竞争者分析
（趋势、激励、未满足的需要）　　　　　　　　　　　　　　　　（优势、弱点、竞争定位）

营销战略

分销/服务　　　　　　　产品功能/使用　　　　　　沟通
　送货可靠性　　　　　　规格的一致性　　　　　　广告宣传
　送货频率　　　　　　　易于使用　　　　　　　　个人推销
　更改订单的反应　　　　　　　　　　　　　　　事件营销
顾客关系　　　　　　　　　　　　　　　　　　　病毒营销
忠诚规划　　　　　　　　　　　　　　　　　　　其他活动
订单处理中的感情

目标顾客的认知价值　←───　竞争营销，竞争产品

$P_{自己的}$ →　[认知的超额价值]　←　$P_{对手的}$

超额价值随后引发购买

案例A：（使用价值$-P^*_{自己的}$）>0　　→　购买
　　（（产品功能 + 成本节约+关系）-（获取$P_{自己的}$+ 寿命周期成本））
　　（某一情感时刻的2美元价值-（0.50美元）内存/编辑/打印/分销/储存）

案例B：超额的自身使用价值> 超额的对手使用价值　　→　购买
　　（2.00美元-0.50美元）>（1.00美元-0.29美元）

重要的是，最低的价格很少会引发购买行为。与此相反，引发顾客购买行为的是：①通过功能属性、成本节约以及超过产品生命周期成本的关系而认知到的超额使用价值；②超额使用价值比其他竞争对手都要高。从表14-1可以看出，0.5美元并不是数字照片打印的最低价格，但是如果使用尼康数字照相系统的顾客超额价值（2.00美元–0.5美元）超过了价值更低的0.29美元产品的超额价值（可能是1.00美元–0.29美元），那么尼康的产品就会带来购买量。

---

| 实例 | 有涂层的冠脉支架减少了随后的手术成本

在美国每年要进行130万例心脏手术，平均花费48 399美元；其中有448 000例是动脉搭桥（开胸）手术，平均花费99 743美元。这个1 040亿美元的心脏手术是一个相当大的市场。在相对简单的无创性手术程序中，把一个探头沿着大腿植入股动脉，然后向上径直进入阻塞的冠状动脉，使之膨胀来清除阻塞。要用80%的时间把一个类似圆珠笔弹簧、用盘卷细丝做成的价值800美元的医疗装置（心脏支架）插入冠状动脉中并使之张开。心脏支架从20世纪90年代中期被引进市场，到2006年全世界已经增长到60亿美元，与此同时美国年销售超过100万个支架，几乎与海外销售总量相当。然而，这些病例中15%~30%的患者的疤痕组织会沿着心脏支架周围生长，再次阻塞心血管。出现这种并发症后要做后续的开胸手术并进行其他治疗，必须花费99 743美元。

强生公司的子公司Cordis与波士顿科学、Medtronic最近研发出一种抗生素或抑制癌细胞药物，涂在心脏支架表面，阻止疤痕组织形成。它们能以最先进的方式制造空心支架，在术后45天药物起作用的时候防止血管壁结疤。强生公司制造的雷帕霉素释放支架名为CY-PHER，实际解决了心脏手术的常见问题，在各种临床试验中，重新阻塞的发生率降到3%。不仅避免了进一步手术的风险，还使花

99 743美元做开胸手术的可能性降低了12%~27%，使病人的预期医疗费用至少节省0.12 * 99 743美元=11 969美元。

医院及主治外科医生对一昼夜心脏手术平均收费9 700美元，加上放置一个没有涂层的金属支架（要求病人单独支付1 165美元）的总费用是10 865美元。病人支付最简单的涂层支架只需不到2 000美元，总费用为11 700美元，这样做产生的节约的最低使用价值为11 969美元。

高级复杂的药物释放CYPHER涂层支架定价4 150美元，病人要支付总费用13 850美元，市场出现不太接受的情况。对于存在最低疤痕组织阻塞可能（15%~17%）的病人来说，使用价值要低于要价。心脏病学家也开始质疑一些病人是否可以通过药物治疗而非手术治疗。因此，手术治疗的全球规模下降到50亿美元。

资料来源：Based on "Medical Devices Maker Sees Vast Market for Cardiac Stent," Miami-Herald (March 16, 2003), p. B1. "How Doctors Are Rethinking Drug-Coated Stents," *Wall Street Journal* (December 9, 2006), p. A1; "Use of Coated Stents on the Rise," *Wall Street Journal* (July 16, 2008), p. D2; "Alternative Medicine Is Mainstream," *Wall Street Journal* (Journal 9, 2009), p. A13; and P. Groeneveld, M. Matta, A. Greenhut, and F. Yang, "The Costs of Drug-Eluting Coronary Stents," *American Heart Journal*, 155 (6), 1097-1105.

---

因此，厂商应该根据各个消费者细分市场的价值驱动力来做出定价决定。例如，商务航空旅客认为，航班行程安排前后一致、旅途舒适性、根据临时通知改变航线的能力等因素带来的价值要大于密集航班、良好就餐和宽大座位等因素带来的价值。因为首要的基于过程的价值驱动力难

以模仿，所以持续的高价往往跟经营过程相关，而非航班、饮食与座位的产品或服务特性。因为商务旅客仅仅占据总承载量的 27%，却带来了 80% 的利润，所以传统航空公司的关键成功因素之一就是，通过中心流程和航线计划来维持这些关于直达航班的难以模仿的程序。

总的来说，定价决策应该是事前的和系统分析的，并不是事后的和暂时的。最重要的是，定价应该是基于价值的而不是基于成本的。使用价值的概念框架很自然地会导致差异化定价环境。在此环境中，按照目标顾客细分市场来定制大批量生产的产品或服务。

## 14.2　最优差异价格水平

制定最优差异价格的第一步就是通过市场细分来估计需求。比如说周四早上 11 点钟从达拉斯飞往洛杉矶的两种不同类型的消费者（商务和非商务航班旅客），与非商务旅客相比，能报销账单的商务旅客往往制定缺乏灵活性的旅行计划、预订座位较晚，因此面临更少的相近替代选择。因此相对于非商务旅客而言，商务旅客的平均收益曲线和边际收益曲线更加缺乏弹性，如图 14-1 所示。

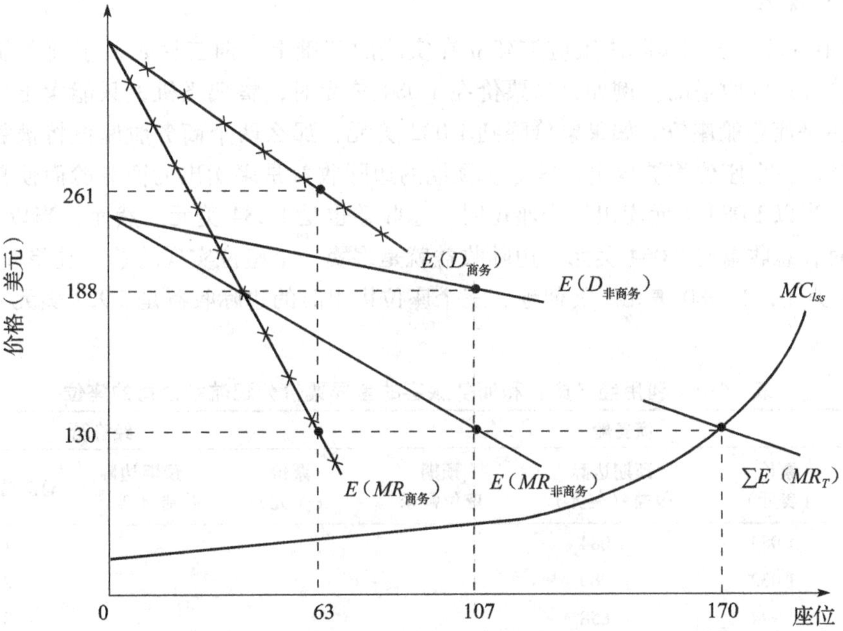

图 14-1　周四上午 11 点从达拉斯到洛杉矶航班的最优差异定价和生产能力分配（提前 45 天）

### 14.2.1　图表法

航空能力计划部门事先将从不同细分市场中所有预期的边际收益 $E(MR)$ 相加，通过使加总的边际收益 $[\sum E(MR)]$ 等于最后售出座位的边际成本 $MC_{lss}$ ⊖来确定最优的总生产能力。图 14-1 中显示的结果是容纳 170 个座位的飞机应该被安排在周三上午 11 点钟起飞。

可以把最优差异定价决定视为在细分市场中这 170 个座位运载能力该被如何分配。因为在边际水平上，除非在各个细分市场上最后一位消费者带来的边际收益与最后售出座位的边际成本

⊖　要记住在确定总需求时，对于不能共享的竞争性产品（如飞机座位和小块糖果等）来说，要对单个的需求（和 $MR$）水平相加，而非竞争性产品（如户外雕塑、网球场和国防等）是垂直相加的。

（$MC_{lss}$）相同，不然厂商就会放弃收益。座位能力的最优分配结果是由细分市场层次上的 $MR$ 互相相等决定的：

$$MR_{bus} = (MC_{lss}) = MR_{nonbus} \qquad (14\text{-}1)$$

这就是图 14-1 中的 $MR = 130$ 美元。下面来分析一种上述条件不成立的情况。假设商务舱售出的第 62 个座位能获得 160 美元的边际收益，而非商务舱售出的第 108 个座位能获得 120 美元的边际收益。很明显，如果成本不变，那么多售出一个商务舱座位而少售出一个非商务舱座位就可以多获得 40 美元收益，同时使两种机票的边际收益相等，即 $MR = 130$ 美元。[⊖]

多少价格能实现 63 个商务座、107 个非商务座的分配方式？答案看似简单。如果厂商按这两种机票等级分别提供 63 个商务座和 107 个非商务座的话，那么最优差异价格就是市场出清的价格。在图 14-1 中，答案就是 261 美元和 188 美元，附带一些有效的壁垒或"隔离杠杆"，防止机票从低价向高价的转售。当然，难题就是如何有效预测下周四早上 11 点航班的需求来了解多少价格能达到这种效果。

### 14.2.2　代数法

表 14-2 中的数据表明实际决策应该建立在实践的基础上。前三栏是关于商务舱旅客的座位需求量、票价和边际收益的。例如，当票价在 1 084 美元时，整架飞机上只能卖出一个座位，而且这个座位还是商务舱座位。如果票价降到 1 032 美元，那么两个商务舱座位将被售出。当票价是 974 美元时，三个座位将被售出，等等。预期的边际收益是多卖出的商务舱而使总收益增加的部分。例如，当以 1 084 美元卖出一个座位时，总收益也是 1 084 美元。然而，当以 1 032 美元卖出两个座位时，总收益是 2 064 美元。边际收益就是多卖一个座位实现的总收益差额，即 2 064 美元减去 1 084 美元，为 980 美元。类似地，三个座位售出时的边际收益是 2 922 美元 – 2 064 美元，为 858 美元。

表 14-2　利用经济旅客和商务旅客的差异票价分配航空公司的座位

| | 商务舱 | | | 经济舱 | | | |
| --- | --- | --- | --- | --- | --- | --- | --- |
| 预期座位需求 | 票价（美元） | 预期边际收益（美元） | 预期座位需求 | 票价（美元） | 预期边际收益（美元） | 总座位数 | 边际成本（美元） |
| 1 | 1 084 | 1 084 | | | | 1 | 87 |
| 2 | 1 032 | 980 | | | | 2 | 87 |
| 3 | 974 | 858 | | | | 3 | 87 |
| 4 | 907 | 705 | | | | 4 | 87 |
| 5 | 835 | 550 | | | | 5 | 87 |
| 10 | 613 | 390 | | | | 10 | 87 |
| | | | 1 | 342 | 342 | | 87 |
| | | | 2 | 331 | 320 | | 95 |
| | | | 3 | 319 | 294 | | 95 |
| | | | 4 | 311 | 288 | | 95 |
| 20 | 456 | 280 | 5 | 305 | 280 | 25 | 95 |

---

⊖　要注意并没有使每个细分市场中的 $MR$ 等于 $MC$，而是使所有细分市场的总和 $MR$ 等于 $MC$。由于让每个 $MR$ 都等于最后售出 1 单位商品的 $MC$（即 130 美元），因此才互相相等。

（续）

| 预期座位需求 | 商务舱 | | | 经济舱 | | | |
| --- | --- | --- | --- | --- | --- | --- | --- |
| | 票价（美元） | 预期边际收益（美元） | 预期座位需求 | 票价（美元） | 预期边际收益（美元） | 总座位数 | 边际成本（美元） |
| | | | 10 | 280 | 256 | | 95 |
| | | | 20 | 260 | 240 | | 95 |
| 30 | 381 | 230 | 30 | 250 | 230 | 60 | 100 |
| | | | 40 | 240 | 210 | | 100 |
| | | | 50 | 231 | 194 | | 100 |
| 40 | 331 | 180 | 60 | 222 | 180 | 100 | 112 |
| | | | 70 | 214 | 162 | | 112 |
| 50 | 295 | 150 | 80 | 206 | 150 | 130 | 112 |
| | | | 90 | 198 | 140 | | 120 |
| 60 | 268 | 133 | 100 | 192 | 133 | 160 | 125 |
| 63 | 261 | 130 | 107 | 188 | 130 | 170 | 130 |
| | | | 110 | 186 | 128 | | 140 |
| 70 | 252 | 122 | 120 | 181 | 122 | 190 | 155 |
| | | | 130 | 176 | 115 | | 170 |
| 80 | 235 | 110 | 140 | 173 | 110 | 220 | 190 |

　　表 14-2 也能说明经济舱乘客的相关信息。可以看到，第一个经济舱售价 342 美元，第二个是 331 美元，以此类推。最后两栏表明售出的总座位数和边际成本，边际成本就是在两类旅客中每增加一名旅客而增加的成本。

　　我们从这个简单的二元机票预订例子中可以看到，当每个座位售价 130 美元时，边际收益等于上升的边际成本（边际成本的增加是与航班乘务员和消耗燃料的增加同步增加的，前者是为增加的旅客提供服务，后者是因高负荷因素使空气动力状况恶化）。当边际成本 $MC = 130$ 美元时，最优票价可以由两个细分市场中的边际收益等于预期售出最后一个座位（本例中的第 170 个）的边际成本得出。商务和经济旅客的边际收益等于 130 美元，分别为 63 个和 107 个座位，261 美元和 188 美元为各自的最优定价。

## 14.2.3　多产品定价决策

　　图 14-2 阐释了 5 种产品的类似定价决策，$D_1$ 代表产品 1 的需求，$D_2$ 代表产品 2 的需求，以此类推。当企业生产和销售 5 种产品的数量达到所有市场的边际收益相等并且等于边际成本时，企业利润最大化。直线 EMR 代表相等的边际收益，即该企业在其他产品线中的边际收益机会。因为假定为了盈利而进入新产品市场，所以这 5 种产品索取的价格从 $P_1$ 到 $P_5$ 按降序排列，需求弹性从 $D_1$ 到 $D_5$ 逐渐增加。EMR 线的高度是由厂商的边际成本曲线 MC 与能够盈利的最后一个产品市场中的边际收益曲线（在 $Q_5$ 上为 $MR_5$）的交点决定的。

　　在边际市场 $D_5$ 的均衡条件下，P、MR、MC 实际上是相等的。这种情况说明了一件广为人知的事：几乎所有的厂商都在生产带来很少或者没有增量经营利润的产品，这些产品处于被放弃或者被替代的边缘，因为他们贡献的利润接近于零。

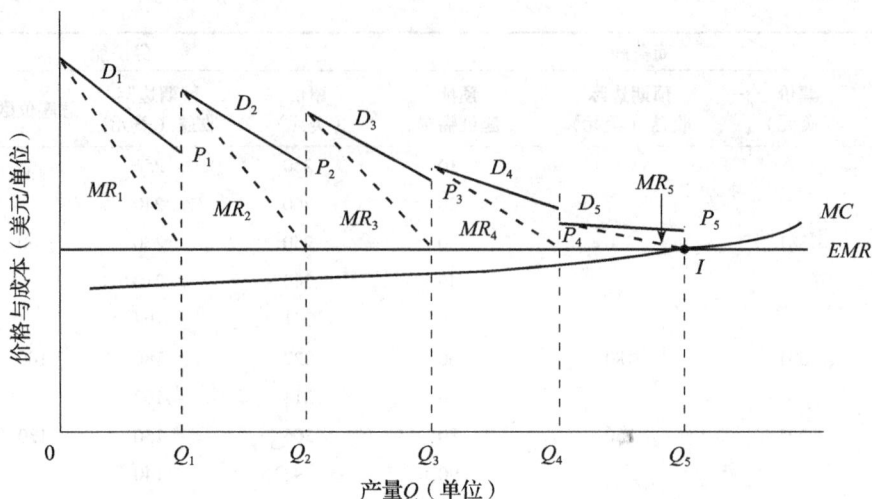

图 14-2    多产品定价

| 实例 |    超市定价

超市为这种多产品定价模型提供了一个假设。超市的主要资源约束是货架空间，可以分配给各种不同种类的商品（如肉制品、奶制品、罐头食品、速冻食品和农产品）。一般来说，像面包、牛奶、肥皂这样的常用物品的加成都低于如进口食品和熟制品这样的非常用物品。为了增加产品整体的利润，许多超市通过把现有的货架空间重新分配，来增加利润更高的产品种类，例如熟食、自制面包、鲜鱼和鲜花部门等。⊖

### 14.2.4　差别定价与需求价格弹性

在前面所述的所有例子中，各个市场中的最优价格和需求价格弹性之间存在着相反的关系。前面曾经提到过如果追求利润最大化，那么各个子市场的边际收益必须相等。第 3 章中所述的边际收益 $MR$ 和价格 $P$ 之间的关系如下所示：

$$MR = P\left(1 + \frac{1}{E_D}\right) \tag{14-2}$$

式中，$E_D$ 为需求价格弹性。如果 $P_1$、$P_2$、$E_1$ 和 $E_2$ 分别代表两个子市场中的价格和价格弹性，要使两个市场的边际收益相等，就要使

$$MR_1 = P_1\left(1 + \frac{1}{E_1}\right) \text{和} \ MR_2 = P_2\left(1 + \frac{1}{E_2}\right) \tag{14-3}$$

因此

$$P_1\left(1 + \frac{1}{E_1}\right) = P_2\left(1 + \frac{1}{E_2}\right)$$

---

⊖　在各个产品种类内分配货架空间还涉及对毛利的考虑，特别在制定有关私有标识和全国品牌罐装产品、预包装的和新鲜肉食等产品的储存决策时。

$$\frac{P_1}{P_2} = \frac{\left(1 + \dfrac{1}{E_2}\right)}{\left(1 + \dfrac{1}{E_1}\right)} \tag{14-4}$$

或许捷蓝航空公司已经得出两类细分市场消费者的需求价格弹性（从纽约到洛杉矶的自由舱和周六过夜的超省票），需求的价格弹性分别为 $-1.25$ 和 $-2.50$。如果人们想要实现这条航线的利润最大化，就要确定蓝捷航空公司的相对价格 $(P_1/P_2)$，将 $E_1 = -1.25$，$E_2 = -2.50$ 代入式（14-4），可以得出

$$\frac{P_1}{P_2} = \frac{\left(1 + \dfrac{1}{-2.50}\right)}{\left(1 + \dfrac{1}{-1.25}\right)} = 3.0$$

或

$$P_1 = 3.0P_2$$

因此，一个自由舱座位的价格 $P_1$ 应该是一张超省座位票价格 $P_2$ 的 3.0 倍。

价格弹性是关键，紧密替代品的数量越多，需求价格弹性就越高，因此最优加成和价格 – 成本毛利就越低。在电力定价中，工业消费者如工厂和医院就可以通过公共竞争领域购买电力。工业消费者有如此多的紧密替代品选择，以至于它们每度电的价格比居民或小型商业用户电力价格的一半还低。这就再次说明，其他条件不变，价格弹性越大，最优价格就越低。表 14-3 列出了会系统性影响价格弹性的其他因素。

**表 14-3　价格敏感度来源**

| | |
|---|---|
| 支出效应（expenditure effect） | 当需求支出占总可支配支出更大比例时，价格敏感性更高 |
| 共享成本（shared cost） | 有第三方支出时，价格敏感性更低 |
| 转换成本（switching cost） | 转换供给商需要更高成本时，价格敏感就越低，除非你自己提前打折 |
| 感知风险（perceived risk） | 当机会损失会面临更高成本时，价格敏感性越低 |
| 最终利益效应（end benefit） | 商品价格占最终利益总成本的比例越小，消费者对价格的敏感度越低 |
| 参考价格（reference price） | 商品的价格相对于消费者的期待越高，价格敏感度越高 |
| 感知公平（perceived fairness） | 当价格被认为是偶然性的，价格敏感度越高 |
| 框架效应（framing effect） | 当某种决策能避免损失而不是维护收益时，价格敏感度越高 |

在所有的顾客细分市场中实行差别定价而不是采取统一价格所形成的利润率的提高可以通过下述案例说明。

**实例｜台湾仪器公司的差别定价**

台湾仪器公司（TIC）在中国台湾制造电脑存储芯片，运给日本（市场 1）和美国（市场 2）的电脑制造商。两个市场对此芯片的需求函数如下

$$日本：P_1 = 12 - Q_1 \tag{14-5}$$

$$美国：P_2 = 8 - Q_2 \tag{14-6}$$

式中，$Q_1$ 和 $Q_2$ 为两个市场中相应的销售量（百万件），$P_1$ 和 $P_2$ 为相应价格（美元/件）。TIC 生产这些芯片的总成本函数（百万美元）为

$$C = 5 + 2(Q_1 + Q_2) \tag{14-7}$$

**情况 Ⅰ：差别价格**

TIC 在两个市场上的总利润等于

$$\pi = P_1Q_1 + P_2Q_2 - C \tag{14-8}$$

$$= (12 - Q_1)Q_1 + (8 - Q_2)Q_2$$
$$- [5 + 2(Q_1 + Q_2)]$$
$$= 10Q_1 - Q_1^2 + 6Q_2 - Q_2^2 - 5 \quad (14\text{-}9)$$

为使 $Q_1$ 和 $Q_2$ 的利润最大，先求出式（14-9）对 $Q_1$ 和 $Q_2$ 的偏导数，让它们等于零，再解出 $Q_1^*$ 和 $Q_2^*$

$$\frac{\partial \pi}{\partial Q_1} = 10 - 2Q_1 = 0 \quad Q_1^* = 5（百万件）$$

$$\frac{\partial \pi}{\partial Q_2} = 6 - 2Q_2 = 0 \quad Q_2^* = 3（百万件）$$

把 $Q_1^*$ 和 $Q_2^*$ 代入适当的需求方程和利润方程，得到

$$P_1^* = 7（美元／件）;$$
$$P_2^* = 5（美元／件）;$$
$$\pi^* = 29（百万美元）$$

图 14-3a 用图形说明了这个最优解。

求 $Q_1$ 和 $Q_2$ 的最大利润 $\pi$，等同于使 $MR_1 = MR_2$。可以证明，取 $TR$ 函数对 $Q_1$ 和 $Q_2$ 的偏导数就是 $MR_1$ 和 $MR_2$

$$TR = P_1 * Q_1 + P_2 * Q_2$$
$$= (12 - Q_1)Q_1 + (8 - Q_2)Q_2$$
$$= 12Q_1 - Q_1^2 + 8Q_2 - Q_2^2$$
$$(14\text{-}10)$$

代入已解出来的值，$Q_1^* = 5$ 和 $Q_2^* = 3$

$$MR_1 = \frac{\partial TR}{\partial Q_1} = 12 - 2Q_1$$

$$MR_1^* = 12 - 2 \times 5 = 2（美元／件）$$

$$MR_2 = \frac{\partial TR}{\partial Q_2} = 8 - 2Q_2$$

$$MR_2^* = 8 - 2 \times 3 = 2（美元／件）$$

它们都等于总边际成本，即式（14-7）对 $(Q_1 + Q_2)$ 的导数。

日本和美国两个市场在最优解上的各自弹性为

$$E_1 = \frac{dQ_1}{dP_1} \cdot \frac{P_1}{Q_1} = -1 \times \frac{7}{5} = -1.40$$

$$E_2 = \frac{dQ_2}{dP_2} \cdot \frac{P_2}{Q_2} = -1 \times \frac{5}{3} = -1.67$$

因此我们看到，与捷蓝航空公司的例子一样，当日本（市场1）的需求弹性（绝对值）小于美国（市场2）时，日本的价格要高于美国的价格。

**情况Ⅱ：统一价格**

假定不允许 TIC 采取差别价格。

要确定 TIC 不在两个市场中采取价格歧视时的利润，需要解出两个需求方程中的 $Q_1$ 和 $Q_2$，并把它们加在一起，得出一个总需求方程

$$Q_1 = 12 - P_1$$
$$Q_2 = 8 - P_2$$
$$Q_T = Q_1 + Q_2$$
$$= 12 - P_1 + 8 - P_2$$

因为价格歧视不再可能，$P_1$ 必定等于 $P_2$，而且

$$Q_T = 20 - 2P$$

或

$$P = 10 - \frac{Q_T}{2}$$

此时的总利润为

$$\pi = PQ_T - C$$
$$= 10Q_T - \frac{Q_T^2}{2} - 5 - 2Q_T = 8Q_T - \frac{Q_T^2}{2} - 5$$
$$(14\text{-}11)$$

要找出利润最大时的 $Q_T$，求式（14-11）对 $Q_T$ 的微分，使之等于零，并解出 $Q_T^*$

$$\frac{d\pi}{dQ_T} = 8 - Q_T = 0$$

$$Q_T^* = 8（百万件）$$

把 $Q_T^*$ 代入适当方程就得到

$$P^* = 10 - \frac{Q_T}{2} = 6 \ （美元／件）$$

$$\pi^* = 8Q_T - \frac{Q_T^2}{2} - 5 = 27 \ （百万美元）$$

$$Q_1^* = 12 - 6 = 6 \ （百万件）$$

$$Q_2^* = 8 - 6 = 2 \ （百万件）$$

$$MR_1^* = 12 - 2 \times 6 = 0 \ （美元／件）$$

$$MR_2^* = 8 - 2 \times 2 = 4 \ （美元／件）$$

图 14-3b 用图形说明了这个最优解。表 14-3 对这两种情况进行了总结。可以看到，TIC 采用差别定价的利润（2 900 万美元）要高于不采用差别定价的利润（2 700 万美元）。

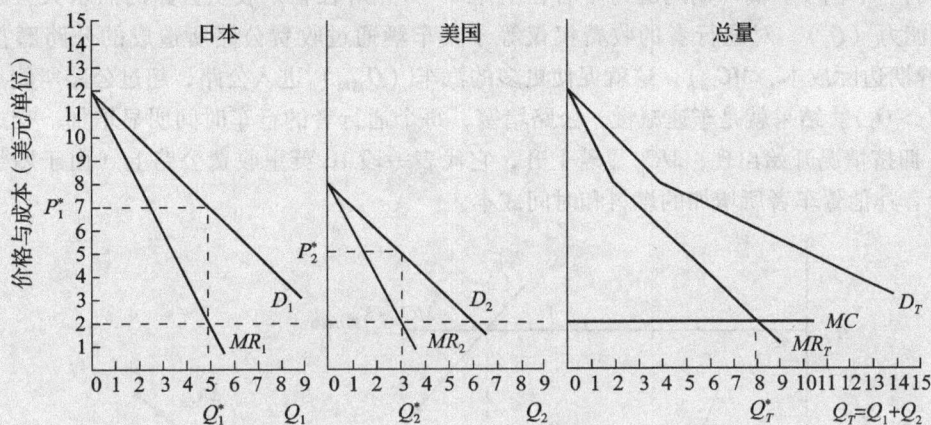

a）情况 Ⅰ：差别定价

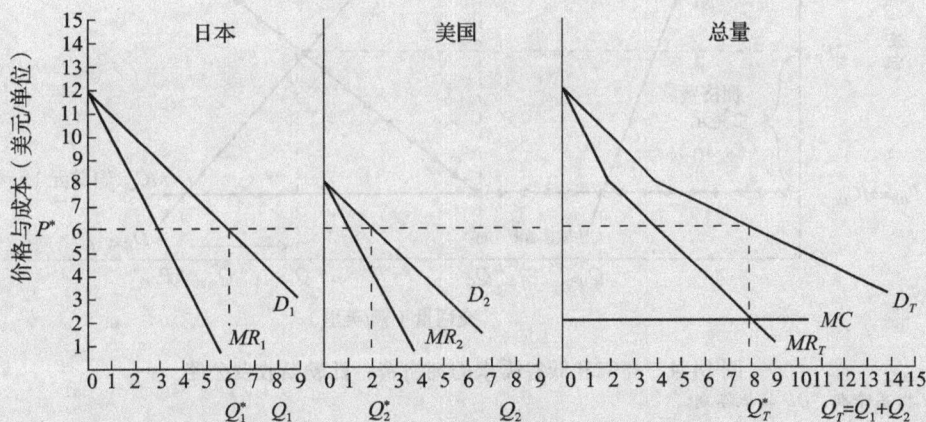

b）情况 Ⅱ：统一定价

图 14-3 存储芯片的需求和成本函数：台湾仪器公司

**表 14-4 台湾仪器公司：价格歧视的作用**

| | 情况 I：差别定价 | | 情况 II：统一定价 | |
| --- | --- | --- | --- | --- |
| 市场 | 1（日本） | 2（美国） | 1（日本） | 2（美国） |
| 价格 $P^*$（美元/件） | 7 | 5 | 6 | 6 |
| 数量 $Q^*$（百万件） | 5 | 3 | 6 | 2 |
| 边际收益 $MR^*$（美元/件） | 2 | 2 | 0 | 4 |
| 利润 $\pi^*$（百万美元） | 29 | | 27 | |

## 14.3 目标细分市场中的差别定价

在为各个细分市场确认不同的价值驱动力以及制定最优差异价格时，厂商必须利用各种"栅栏"防止细分市场之间出现转售情况。防止转售的两种最常见的直接细分方法包括跨期定价：一天几次或一周几天的跨时定价及根据送货地点的差别定价。

如图 14-4 所示，公路、桥梁和地铁系统在需求高峰期所采取的基于拥挤程度的定价方法就是跨时定价的一个例子。高峰期间的驾车者在上午 6~9 点对杜勒斯收费公路的需求大大超过了公路的承载能力（$Q_c$）。对通行者的收费仅仅等于其车辆通过收费公路所造成的公路磨损与负荷（即非高峰期边际成本，$MC_{op}$），这就促使更多的汽车（$Q_{高峰}$）进入公路，超过公路所能承载的数量（即 $Q_p > Q_c$）。结果就是车速减慢，公路堵塞，每个通行者的行车时间明显增加。交通量超过 $Q_c$ 之后，拥挤情况开始出现，$MC_p$ 显著上升，它代表一段 10 英里收费公路上（由于增加一辆汽车）使所有其他驾车者所增加的燃料和时间成本。

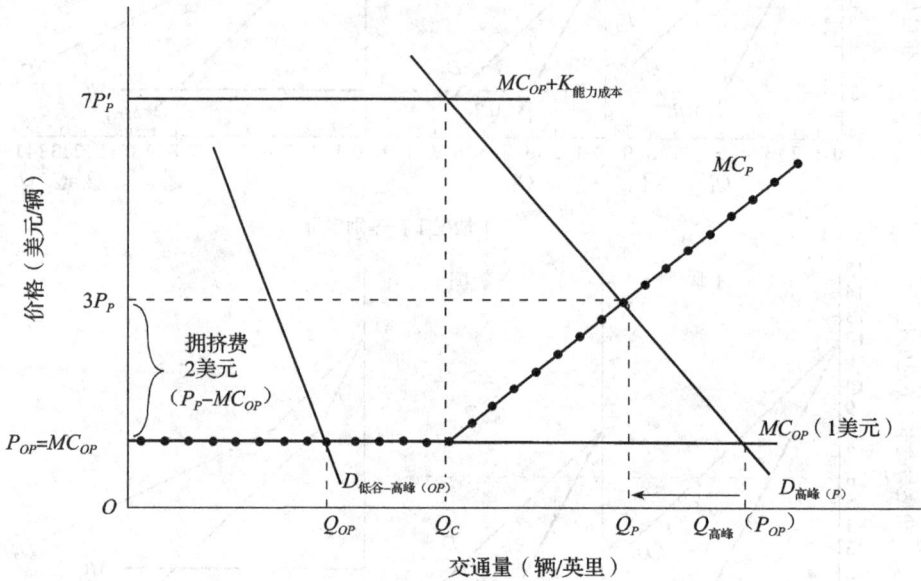

图 14-4　高峰和低谷需求的拥挤费：杜勒斯收费公路

注：$P$ 指高峰期，$OP$ 指低谷期。

**拥挤定价**（congestion pricing）：一种反映真正边际成本的收费，这个边际成本是由超过生产能力的需求造成的。

收取拥挤费（比如 $P_p - MC_{op} = 2$ 美元）的好处就是促使有选择自由的高峰期通行者改在其他时间通过或采取其他的交通方式。如果收费公路当局确定的 3 美元高峰期价格正好足以收回这个 $Q_p$，均衡的差别价格 $P_p$ 和 $P_{op}$ 就会出现。这种**拥挤定价**就反映了稀缺交通系统能力在高峰期的真正资源成本。

与公路的高峰低谷定价一样，差别定价的其他好多例子都是在不同时间对相同的生产能力索取不同的价格。因此，这样的顾客并不是在争夺相同的生产能力。旧金山的停车计时器可以在上午 10 点到下午 2 点之间提高价格。可口可乐新的冷饮机可以根据每天预测的高温和每天的不同时段改变价格。电影院的日场（5 美元）和夜场（9 美元）需求者也并非争夺相同的影院座位。第一轮放映的电影和随后的电影录像制品，书籍的精装版与后来的平装版，旅游点和游船经营的季节折扣以及酒店的周末折扣都代表了根据购买时间对不同的目标顾客种类的有效细分。

## 14.3.1　用"篱笆"直接细分市场

通过向定制一种产品的目标细分顾客出售各种不同版本的产品，或按照送货地点改变价格，就可以实现直接细分，并非与相同生产能力者竞争目标消费层。在赫兹和安飞士汽车出租公司的城郊出租点，柜台租车的顾客拥有灵活的时间，他们是基于使用方便来租车，因此他们的需求要比机场商务旅客的需求具有更大的价格弹性。一项最近的研究发现，在住宅区租车点中等轿车的工作日租费是43美元，而机场租车点平均为69美元。因为从机场到住宅区的来回的士费用将会远超26美元的价差，安飞士和赫兹顾客群被租车地点有效细分。

以地点为基础来细分市场的另一个例子就是时装，法国的雅式（Arche）或拉夫劳伦公司在州际公路旁的折扣店中出售的时装要比在市郊或度假胜地的店面更便宜。批发商店的买主绝不会与这些公司在新潮专卖店中发现的顾客重叠。因此，地理细分是有效的。批发商店的买主还会购买不太昂贵和不太耐久的商品（比如高尔夫衬衫中重量较轻的化纤布制品），所以拉夫劳伦公司实行差别定价不仅清理了存货，而且不存在任何影响全价销售的风险。这样，总销量的扩大证实了这种由新地点创造的新的细分市场。

---

## |实例| 洛杉矶、圣地亚哥、休斯敦、明尼阿波利斯、丹佛和杜勒斯收费公路的拥挤费

在2009年，大多数美国人因高峰期道路拥挤，每年花费超过34个小时在交通堵塞上。洛杉矶的驾车者要花63个小时，等同于无薪工作一周半。1995～2005年，城市交通量增加了20%，但城市道路只增加了2%。美国联邦政府的汽油消费税为每加仑18.4美分（指定用于维护和修建联邦高速公路），自20世纪90年代初以来一直没有增加过。但是答案难道仅仅是简单地增加高速公路吗？南加州、新泽西、休斯敦和华盛顿哥伦比亚特区的社会团体认为不行。

全美国的一些公共和私人收费公路已经采取了在高峰期向通勤者收取拥挤费的办法，因为他们的汽车使其他驾车者增加了时间损失和燃料耗费。为在加利福尼亚橘县形成一段10英里长的真正高速公路，每天24 000个驾车者每次通行都要支付3.30美元的高峰期拥挤费。收费亭本身会造成延误，但已经被安装在汽车仪表盘上信用卡大小的传感器所替代，当车辆通过时上方的无线接收器会自动收费。在2016年之前所有的汽车和卡车都会安装这种车载装置（OBU），它们会成为车辆的通信枢纽，根据内置的全球定位系统（GPS）装置提供的路况信息，指示便宜加油站和紧急服务站的方向。

在图14-4中，因车辆增加而使高峰期道路拥挤程度提高的成本，使收费从低谷收费的1美元提高到高峰期的3美元。高承载车道（HOT）通常留给公共汽车或作为拼车行驶的多座车道（HOV）。在低谷时花0.25美元即可进入，但在交通高峰时每次通行要花8美元。圣地亚哥对每6分钟衡量一次的交通量采取实时动态定价，并开放利用率不高的HOV道路，结果使道路的总通行能力增加了64%。在伦敦市内街道驾驶，电子计费在上午7点和下午6点之间为每天8英镑，一般通勤者的拥挤费支出迅速增加。亚特兰大的HOT在高峰时段收费1英里0.9美元，而低峰时段0.1美元。但是收取拥挤费的效果也是很显著的，伦敦指定拥挤区内的交通量下降了30%。时间就是金钱，所以面对临近"免费公路"每小时25～40英里的通勤速度，洛杉矶、圣地亚哥、休斯敦、明尼阿波利斯、丹佛和华盛顿哥伦比亚特区的很多高峰期驾车者都选择了每小时65英里的差别定价收费公路。

---

哈尔·瓦里安（Hal Varian）和卡尔·夏皮罗（Carl Shaprio）认为，这样的"版本变换"

是出售软件等信息经济产品的一种极好的方法。[一]一个声音识别软件包作为一般用途的 Voice ProPad 卖 79 美元，作为 Office Talk 卖 795 美元，作为 Voice Ortho（用于外科手术室的一种特殊用途的医用录音重放装置）卖 7 995 美元。所有这三种版本都来自于相同的源码，但更全面的版本对特定目标顾客产生的价值要多出 100 倍。与此不同，当亚马逊以不同的价格向点击量不同的顾客出售相同的书籍或 DVD 时，对相同产品的差别定价程度通常会导致负面的顾客反应。可口可乐也发现，在软饮料售卖机实行差别时间定价时存在相同的阻力。结果，很多卖主会采用两步收费、优惠券和捆绑销售等间接细分方法。通过间接细分，顾客以不同的价格从一系列可供选择的方案中去选择支付（一般的连锁酒店如万豪等选择价格的方法）。

**实例  电力的动态定价**

根据英国、澳大利亚和新西兰的经验，原则上讲，如果要求高峰顾客支付能够反映边际成本的价格，那么解除电力管制是可行的。一天内成本变动的 40% 来源于为满足最后 5% 的高峰需求而发生的特殊输电线路费用和启动老旧低效电厂的费用。例如，在 7 月份下午 4 点开动一台干衣机，将使太平洋煤气和电力公司的批发成本达到 0.22 美元/kWh，在 7 月份上午 10 点大约是 0.08 美元/kWh，4 月份是 0.02 美元/kWh。低收入和中等收入家庭对上升电价的需求弹性会相当大。如果加利福尼亚电表显示的价格在下午 6 ~ 9 点高峰期间上升，那么智能家电就会关掉这台干洗机。

## 14.3.2  最优两步收费

两步收费包括为得到设施或服务而支付的一次性入门费和为消费每 1 单位而支付的单位使用费。娱乐公园、夜总会、高尔夫和网球俱乐部、复印机租赁公司、移动电话公司、网吧和汽车租赁公司常常采用这种定价方法。它们的单位销量收益是两个因素的非线性函数：提供设施、电话、电脑或租赁汽车，与使用量无关的一次性月费或日费，随使用量改变的每小时、每分钟或每英里的使用费用。单位使用费的大小至少应该收回边际成本，从而使高强度需求者通过更高的总使用费"支付大头费用"。租赁一台复印机的价格与一个能够有效地衡量使用强度的计数器连接在一起，就形成不同细分顾客不一样的月租费，再加上每印一次的廉价增量成本。

确定的入门费和索取的使用费是高还是低，各公司并不相同。AT&T 无线公司和吉列公司实际上是放弃了它们的蜂窝电话和剃刀，但对通话和刀片索取高价。与此相反，iPod 是高价的前沿产品，而随后的 iTunes 却很便宜。同样，大多数的高尔夫和网球俱乐部收取高额的会员费和年费，但随后采用低廉的使用费（如每小时 5 美元或初学者 25 美元）。[二]我们将看到，确定的最优使用费高出边际成本多少取决于细分顾客需求的差别程度。

让我们探讨一下如何分析最优的两步收费。分析图 14-5 画出的情况，不同的细分顾客对租赁汽车的需求弹性分别为相对充足（$D_1$）和相对不足（$D_2$）。前者可能是年轻夫妇租赁汽车去度假（$D_1$）；后者可能是制造商的贸易代表要租车去推销产品（$D_2$）。难点就是确定一个统一的日租费

---

⊖ C. Shapiro and H. Varian，"Versioning，"*Havard Business Review*（November/December 1998），PP，106-114.

⊖ 当 Pebble Beach 高尔夫球场和 Wimbledon 网球俱乐部对一场高尔夫或两局网球的初学费要价 350 美元时，这个使用费反映的是基于拥挤的定价，而不是最优的两步收费。

（一次性入门费）和能使利润最大及保证两种细分顾客留在市场内的单位里程（1 英里）收费（使用费）。一种方案就是使单位里程价格等于其边际成本（$MC$）= $OA$，由此形成各细分顾客的使用量分别为 $Q_1$ 和 $Q_2$，同时，按价格敏感的度假者的支付额（即斜线面积 $AEF$）确定向两种细分顾客收取的最高日租费。

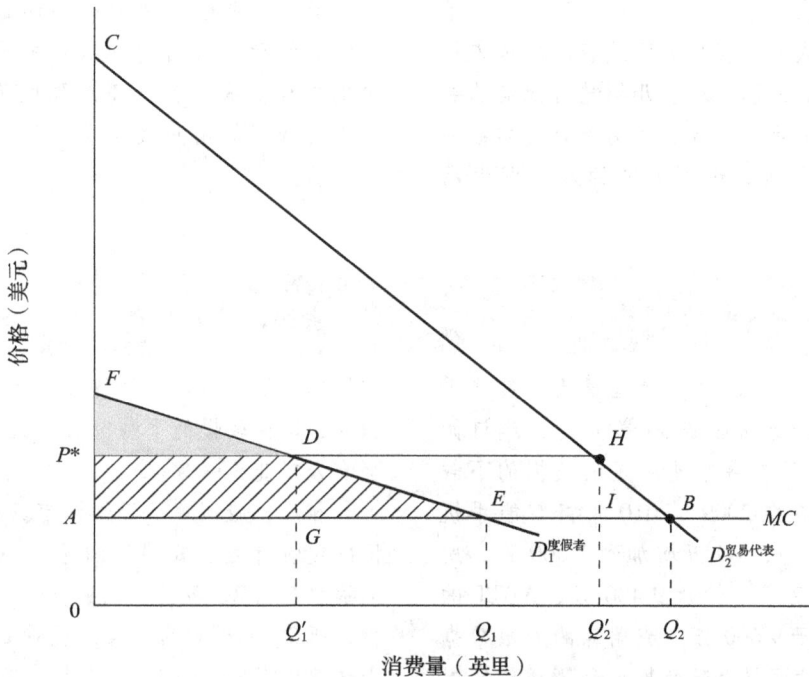

图 14-5　汽车租赁的最优两步收费

　　不过，也许还有另一种更好的方案。假设汽车租赁公司把单位里程收费提高到 $P^*$，使日租费减少到图 14-5 中的阴影面积 $P \times DF$，两种细分顾客的里程数量都会下降（分别为 $Q_1'$ 和 $Q_2'$），$P \times DEA$ 将是由于两类顾客日租费降低而形成的收益净损失。但是，由里程费增加的净收益（一种细分顾客的 $P \times DGA$，另一种细分顾客的 $P \times HIA$）将超过损失的入门费。特别是，汽车租赁公司的利润将增加，多少就是 $DHIE$ 面积与 $DEG$ 面积之差。这个结果对于其他最优两步收费也是通用的。

　　因此，除了索取正值的一次入门费以外，一个实行价格歧视的垄断者还会采取使用费高于其边际成本的两步收费。目标细分顾客的需求价格弹性越相似，使用费就应该越接近边际成本。细分顾客的需求越不相同，使用费高于 $MC$ 的幅度就越大。

## 对与错　迪士尼乐园的两部定价

　　对最优两部收费的初始研究是由位于加利福尼亚和佛罗里达的迪士尼主题公园委托进行的。位于奥兰多的迪士尼乐园以最优入场费加上交通工具使用费为收费方式。具体是，顾客先在公园门口支付统一的一次性入门费，在进入主题公园后还要为参加游玩活动购买套票。多年来这个制度运行良好，因为首次来玩的游客面对所有的表演和场馆，可以选择在公园不同的地方参与不同的游玩活动。每次游玩收取的使用费足以限制人们连续或反复地参与像

"太空山"这样的人们喜爱的游玩活动。

但是前不久，重复游客的需求成为主题公园盈利经营活动的关键。目标顾客是带着两个小孩的夫妇，他们可能是第三次或者第四次到迪士尼度假。由于某些魅力和游玩活动吸引了家庭回头客，人们在喜爱游玩或表演的地方排起了长队。调查表明，游客开始觉得他们购买的入门票使他们玩不了什么，鉴于公园内部令人失望的拥挤情况，进入公园的入门费太高

了。这些对两部收费的负面认知促使迪士尼用一种根据魔力王国、未来世界和迪士尼影城的预计使用情况制定的差别入门费来代替以往的收费制度。

最近，环球影城主题公园通过向受欢迎的游玩活动发放有时间戳记的通行证进行减少拥挤程度的实验，还对那些为更短等待时间支付费用的用户提供优先游玩的做法进行了实验。

---

| 对与错 | 威瑞森无线公司的无限数据

威瑞森超越 AT&T 成为美国最大的智能手机运营商。凭借每月收费 39 美元的无线订阅以及 30 美元的固定费来使用无限数据的下载和上传，威瑞森在 2009~2010 年将智能手机用户基数翻倍，从 800 万增加到 1 600 万，所有类别的无线用户总计达 9 400 万，AT&T 的用户规模略大于 9 600 万。威瑞森的无限数据计划与 AT&T 的两层有限数据计划形成鲜明对比。但到 2011 年年中，从数据的重度使用者中，零边际价格产生了对带宽容量有巨大超额需求的数据用户。Netflix 的三部流媒体高清电影只需要 50 亿字节的数据。

AT&T 宣布计划放慢那些数据用量超过 3GB 的用户的连接速度，但这造成了一个巨大的反弹。普通的智能手机用户从 YouTube 下载

流媒体电视、游戏和短视频，偶尔访问大型数据库，即使较慢的下载节省了大量资金，也不会有人对此感兴趣。

相反，威瑞森已经细分市场让客户选择不同的定价计划。威瑞森的基本 30 美元订阅包只提供每月 2G 数据，只能发送 1 000 封电子邮件，听 20 个小时的广播，观看 2 小时的视频，上传 20 张 Facebook 的照片，并在网上冲浪。威瑞森的客户有 95% 属于这个范围，但一些客户需要更多的传输和接收能力。重度使用者的费用超出基本订阅费的，费用将是每月 5GB 50 美元。超收 10 美元每月每 GB 数据之外的限制也适用于此计划。威瑞森公司决定，基于收费和用户付费的差分两部定价解决方案比限制服务质量要好得多。

## 14.3.3 优惠券

优惠券是另外一种间接细分市场的定价机制，能使顾客选择消费水平和支付的总价格。2003 年美国用于带有回扣和赠券的直接邮寄营销的费用为 490 亿美元，首次超过了用于报纸广告（450 亿美元）和电视广告（430 亿美元）的支出。采用这种直接营销方式要借助于以消费者支出方式为基础的成功预测才有可能。很多公司不仅掌握财产税和公用产品使用记录，还掌握了收银机和信用卡数据。例如，这些数据来源使罗氏家居公司能以高于 80% 的准确性预测出某一家庭在哪个月会购买煤气烤炉。

这种激光一样的目标定位准确性促进了差别定价。假设家乐氏的赠券可使一盒麦片的价格减少 25 美分，马库斯百货公司的优惠券使时装价格减少 40%，罗氏家居的一台昂贵的煤气烤炉提供 50 美元的价格折扣，如果一些细分顾客认真地兑现了这些优惠，而其他细分顾客忽略了这些

优惠，那么上述公司就会利用这些直接邮寄促销方法对市场进行细分。那些持续兑现优惠券和要求折扣的价格敏感顾客将得到一个较低的净价格，这种情况与式（14-4）相一致。

---

**｜对与错｜ 挽回对价格敏感的顾客**

皮尔斯博瑞（Pillsbury）衡量了那些通过兑换优惠券来购买蛋糕粉的顾客的需求价格弹性，发现这个弹性是 -0.43，而不兑换优惠券的顾客的需求价格弹性是 -0.21。与此相似，普瑞纳（Purina）也对购买其猫粮的顾客的需求价格弹性进行了衡量，其中优惠券兑换者是 -1.13，非兑换者是 -0.49。在 Ore-ida 使用优惠券购物的家庭具有 -1.33 的价格弹性，而不使用优惠券的家庭具有 -1.97 的价格弹性。显然，在上述所有例子中，优惠券都是一种细分市场的方法，并且可以向对价格更为敏感的细分市场顾客提供折扣。

---

## 14.3.4 捆绑定价

捆绑定价是另一种高效的定价机制，卖主用来获取对不同目标细分顾客实行差别定价的利润。你是否想过，为何时代华纳有限公司提供"电影时光"（Showtime）时把播放大受欢迎的首轮电影的频道只与历史频道捆绑在一起。一种看法认为，出现这种搭售是因为时代华纳的另一些顾客是历史迷，他们也想知道为何历史频道会搭售他们基本不看的电影。这就是说，卖主捆绑具有负相关需求的产品，出售的经营利润总是大于分开出售同样成本的产品的经营利润。原因是什么？

假设有两组顾客，他们对两个有线频道节目的**保留价格**如下：每个频道向一个家庭播放一个节目的变动使用费为 1 美元。电影爱好者收看首轮电影将支付 9 美元，收看历史纪录类节目支付 2 美元。历史迷收看历史频道将支付 8 美元，收看电影时光支付 3 美元。如果把这两个频道作为单独产品

> **保留价格**（reservation prices）：顾客为把一种商品或服务留给自己使用而愿意支付的最高价格。

为两组细分顾客制定统一定价，那么时代华纳公司可以实现 15 美元的经营总利润，"电影时光"最多实现 8 美元（9 美元 -1 美元），历史频道最多实现 7 美元（8 美元 -1 美元）。⊖不过，这两种顾客都会对捆绑在一起的这两个频道支付 11 美元，而不是什么都不要。如果时代华纳公司能把这两个频道作为一个捆绑组合来提供，那么销售收益就是 22 美元减去 4 美元使用费，即 18 美元的经营总利润，大于前面计算出来的 15 美元。

只要一个顾客愿意对 A 产品支付更多，而另一个顾客对 A 产品的要求低于 B 产品，假定所有的保留价格都超过变动成本，那么被限制向两类顾客索取统一价格的卖主把这两种产品捆绑在一起的结果总是会更好。这种需求负相关的情况很多。比如一天 595 美元的加勒比全景胜地旅游活动中，维京果岛的 Bitter End 或 St. Bart 的法式酒店的游客会对丰盛的午餐估价 75 美元，对住一晚上神奇小屋估价 350 美元，但对所有的水上活动和设施不愿花费很多。而另一些游客认为每天的水上活动值 70 美元，对于美餐或小屋就不愿意支付如此的高价。与此相似，享受伊丽莎白·雅

---

⊖ 在此例中，向两种细分顾客单独出售两种产品并不合算，因为要求的价格会更低。具体讲，向两种细分顾客单独定价时，"电影时光"必须以 3 美元的低价出售，这样赚取的经营利润为 6 美元 -2 美元 =4 美元，历史频道也要按 2 美元的低价出售，赚取的经营利润为 4 美元 -2 美元 =2 美元。因此，按统一价格向所有顾客出售所有产品的 6 美元总利润将大大低于向其单个目标市场出售各种产品得到的 15 美元潜在利润。如果两个细分市场中不对称需求的差别并非如此之大，这个结果将会相反，只要所有的保留价格大于变动成本。

顿公司（ElizabethArden）提供 225 美元的全套半日温泉洗浴，有的顾客就不愿意再花 50 美元享受以下 5 种服务中的一项：面部美容、泥浆浴、按摩、美甲和修脚。只要捆绑组合中不同部分的变动成本低于顾客对各部分的支付意愿，在目标顾客对不同服务项目的需求呈负相关时，把所有这些服务项目捆绑在一起总能提高利润率。

现在假设变动成本更高，比如 3 美元。若电影爱好者对历史频道估价 2 美元，那么出售历史频道就不能再赚钱。纯粹的捆绑定价包括这种不盈利的销售，产生同样的 22 美元收益，但由于此时的总变动成本是 12 美元，故形成的利润只有 10 美元。如果继续向电影爱好者出售历史频道，但分开出售每种产品，"电影时光"的价格为 9 美元，历史频道的价格为 8 美元，前者形成的利润是 6 美元（9 美元 – 3 美元），后者产生的利润是 5 美元（8 美元 – 3 美元），经营总利润为 11 美元。由此可见，纯粹捆绑定价的吸引力将不如分开定价，因为有的捆绑销售是不赚钱的。

很容易理解为什么在不同顾客的需求呈正相关时不实行捆绑定价。图 14-6 显示出前例的顾客对这两种产品愿意支付的一条保留价格"预算线"。<sup>⊖</sup> 轴截距是对两种产品愿意支付总额的限制，即 $P_m + P_h = 11$ 美元。由于"电影时光"的保留价格标在纵轴上，历史频道的保留价格标在横轴上，所以每个顾客的保留价格组合位于以下直线上

$$P_m = 11 \text{ 美元 } - 1P_h \tag{14-12}$$

式（14-12）中的 –1 表示电影爱好者与历史爱好者的保留价格（需求）之间是完全负相关的。假定时代华纳公司还有第三种顾客，其保留价格与电影爱好者的保留价格呈正相关，即第三种顾客对"电影时光"估价 8 美元，对历史频道估价 5 美元。第三种顾客的保留价格在电影爱好者的保留价格高的时候高，在电影爱好者的保留价格低的时候低。这种正相关的需求位于图 14-6 中预算线的上方，因为式（14-12）左边的支付意愿总额不再是 11 美元，而是现在的 13 美元，如点 3 所示。

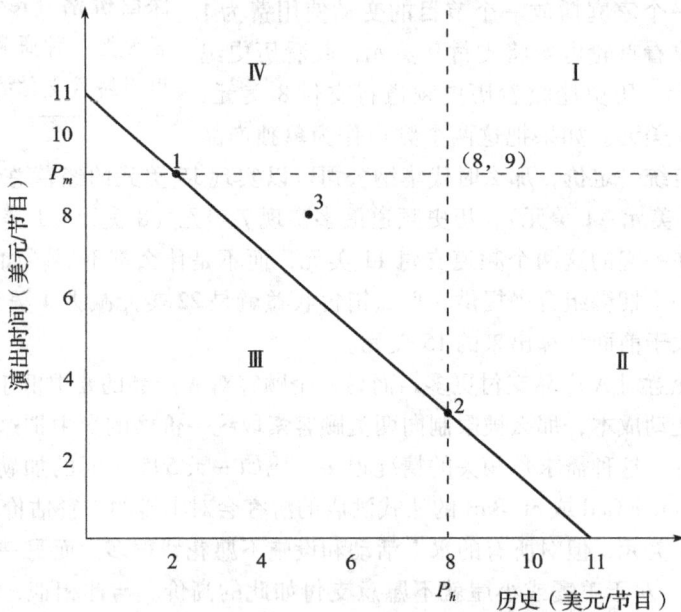

图 14-6　保留价格的三种消费者划分

---

⊖　这个预算线类似于家庭制定消费决策时的预算线，除了这种情况，正是厂商受到了顾客对这两种产品所愿意支付的最大支出的限制。

由于三种顾客中有两种顾客的需求是正相关的，所以时代华纳公司可以向所有的这三类顾客按 11 美元出售捆绑在一起的"电影时光"－历史频道并赚取 15 美元 [3×（11 美元 –6 美元）]。不过，还有一种更好的选择方案。混合捆绑既分开出售两种产品，又捆绑出售两种产品，捆绑价格低于两种产品分开出售时的价格之和。在我们的三类顾客的例子中，时代华纳可以按 9 美元出售"电影时光"，按 8 美元出售历史频道，同时以 13 美元的打包价格提供捆绑在一起的"电影时光"－历史频道。第三种顾客将选择这个捆绑产品，而另外两种顾客只购买一种产品。这种混合捆绑定价方式的收益总量为 30 美元，但只需要 4 个单位的使用费，因此赚取的利润为 18 美元。一般情况下，纯粹捆绑定价形成的利润要少于存在正相关需求时的**混合捆绑定价**。这就是为何雅顿美容沙龙公司按 225 美元或每项 50 美元提供美容服务的原因。

> **混合捆绑定价**（mixed bundling）：同时分开和一起出售多种产品，捆绑价格低于每种产品价格之和。

图 14-6 可用来说明纯粹捆绑定价对卖主的吸引力。如果所有的顾客都具有完全负相关的需求，如前所见，其保留价格位于 11 美元预算线上。如果顾客具有正相关的需求，其保留价格将一致地位于这个保留预算线的上方或下方。对于分开出售的产品定价 $P_m =9$ 美元和 $P_h =8$ 美元，保留价格在第 I 象限的顾客将总是购买两种产品，而不会只购买分开出售产品中的一种（第 II 价格之和象限和第 IV 象限），而处于第 III 象限的顾客绝不会购买单独出售的任何一种产品。不过，我们知道，保留价格位于保留预算线上方的顾客将会购买捆绑的产品组合，保留价格位于保留预算线下方的顾客将不会购买。因此，最理想的情况是，第三类顾客将购买捆绑产品，第一类顾客将只购买"电影时光"，第二类顾客将只购买历史频道。只有混合捆绑定价才能实现这个结果。

总结一下，两步收费、优惠定价和捆绑定价都是促使顾客间接细分的定价机制。当细分顾客的需求价格弹性接近一致时，两步收费要比统一价格能更有效地获取高利润。当目标细分顾客的需求价格弹性极为不同时，优惠定价的作用最为突出。当目标细分顾客的需求在多种产品之间呈负相关时，捆绑定价能够获得更多的利润。

---

## 实例｜麦当劳推出混合捆绑定价的"超值套餐"

随着最近 20 年来美国 70% 的家庭成为双职工家庭，每个家庭每周都要有几次在外就餐，因此快餐消费直线上升。啤酒、比萨、软饮料、汉堡和油炸品在很多时间成本较高的家庭中都成了标准晚餐。不过，由于人们对健康的日益关注，并非每个想要汉堡的人都想要油炸食品。其他一些消费者想要油炸食物但不想要汉堡，而是更喜欢低脂肪的鸡肉三明治。麦当劳公司在回应这些顾客差异性时做得最好，方法就是推出把鸡肉三明治和油炸食物、中份软饮料捆绑在一起的"超值套餐"。

2006 年麦当劳一些最受欢迎的菜单商品价格如下所示。

（单位：美元）

| 菜单商品 | 单买价格 | 捆绑价格 | 单买时的总价格 |
|---|---|---|---|
| 大份法国炸品 | 1.39 | | |
| 中份软饮料 | 1.09 | | |
| 麦吉尔鸡肉三明治 | 2.69 | 4.29 | 5.17 |
| 鸡肉麦金块 | 2.79 | 4.29 | 5.27 |
| 麦当劳鸡肉三明治 | 1.00 | 3.39 | 3.48 |
| 美味大汉堡 | 1.59 | 3.49 | 4.07 |
| 双层奶酪汉堡 | 1.00 | 3.39 | 3.48 |
| 巨无霸 | 2.19 | 3.79 | 4.67 |
| 足三两牛肉汉堡 | 2.19 | 3.79 | 4.67 |

只要研究一下最后两栏数字就会看到，一些购买"超值套餐"的顾客（麦当劳鸡肉三明治和双层奶酪汉堡）得到的折扣非常少。

### 14.3.5 价格歧视

**价格歧视**（price discrimination）：在相同时期内以不同价格向不同买主出售来自同一分销渠道的相同商品或服务。

**价格歧视**可定义为在相同时期内以不同价格向不同买主出售来自相同分销渠道的相同商品或服务。

价格歧视的例子包括：

- 医生、牙医、医院、律师和报税员提供相同的服务，但向住在富人区的客户的收费多于住在穷人区的客户；

- 戴尔公司最轻的笔记本电脑以 2 307 美元卖给小企业客户，以 2 228 美元卖给健康医疗公司，以 2 072 美元卖给州和地方政府；

- 厂商以差别极大的价格，按两种不同的标识出售完全相同的商品（如 Hotpoint 和肯摩尔（Kenmore）的家电设备、米其林和西尔斯的子午线轮胎）；

- 运动队以折扣价格赞助"家庭之夜"和"妇女之夜"比赛，其他观众支付全价；

- 酒店、餐馆和其他企业都向老年人提供折扣；

- 航空公司根据提前多长时间预订机票或周六夜晚是否停留对某航班的经济舱座位进行差别定价；

- 韩国电视机制造商以比日本更低的价格在美国向顾客直销产品。

对厂商零售顾客的差别定价大多数都是完全合法的。差别定价能够提高利润，因为与支付统一低价的顾客所产生的超额价值价格歧视相比，差别定价把顾客的一些超额价值（从购买商品得到的满足）从买主转移给卖主。

如果一位咖啡爱好者愿意对大杯新煮的爪哇咖啡支付 4.00 美元，对（要求）加一些浓咖啡的同样一杯爪哇咖啡愿意支付 5.00 美元，唐恩都乐咖啡店对前者要价 1.95 美元，星巴克对后者要价 3.50 美元，那么这个消费者在唐恩都乐咖啡店得到的超额价值是 2.05 美元，到星巴克就会降到 1.50 美元。即使这位顾客不加浓咖啡，星巴克也必定提供了某些其他东西的价值，因为顾客的支付意愿从 4.00 美元上升到 5.00 美元。如果此顾客坚持光顾星巴克，我们就应该假定，是从星巴克得到的生活方式和集体认同感吸引了顾客。

当全国和 GMAC 汽车保险根据驾车地区偷盗和碰撞的风险减少而降低保费费率时，这并不是价格歧视。汽车中的 GPS 跟踪装置证实了损失保护服务是不同的。

---

**| 实例 |** 基于电子商务点击流量的价格歧视：Personify 公司和虚拟葡萄园公司

Personify 公司是一家互联网服务公司，它开发的软件能使互联网企业根据买主的点击流量对买主分类。虚拟葡萄园、CDNow 和亚马逊等公司都在使用这个软件，根据点击流量路径对相同的红酒、CD 和书籍索取不同的价格。我们看一下这是如何在虚拟葡萄园公司起作用的。

制造餐桌红酒的增量变动成本加上直接固定成本至少包括 8 美元的以下投入：0.50 美元的瓶子，0.30 美元的软木塞，0.20 美元的标，因木桶经年使用的老化费用每瓶 2 美元，加上来自不同地方的葡萄 5 ~ 50 美元不等。如果生产和存放一箱 20 瓶酒的成本是 220 美元，如果有 5 个顾客买一瓶酒将付 24 美元，而另外 15 个顾客付 10 美元一瓶，那么对所有这 20 个顾客索取统一价格将导致 20 美元的损失〔（10

美元 ×20）=200 美元 – 220 美元 = – 20 美元]。在 10 美元的统一价格上，所有的 20 个顾客都会购买，但虚拟葡萄园公司将停止生产此酒。同样，价格为 24 美元时，只有 5 个顾客会购买，虚拟葡萄园公司仍会停止生产此酒，因为此时的损失更大 ［（24 美元 ×5）= 120 美元 –220 美元 = – 100 美元］。

但假设要求这 5 个顾客每瓶支付 20 美元，要求另外 15 个顾客支付 9 美元，虽然每组顾客的支付额都低于他们的支付意愿，也低于他们建议的统一价格 10 美元，但酒厂此时会盈利（（5×20 美元）+（15×9 美元））=235 美

元 –220 美元 =15 美元。虚拟葡萄园公司也许可以对此市场进行细分并防止转售，在零售分销渠道索价 20 美元，对红酒厂的有限数量要价 9 美元。或者它们还可以按照访问其网址的顾客点击流量采取价格歧视。要求首次点击的新顾客对此新产品支付 20 美元，要求在频繁买主计划中在线更新其成员资格的回头客以及最后一次订货是一箱酒的顾客对此新产品支付 9 美元。

资料来源：Based on "I Got It Cheaper Than You," Forbes（November 2, 199 8），pp. 83-84；and "The Art and science of Pricing Wine," CNet（July 3, 2003）.

在完全价格歧视（有时叫作一级价格歧视）的限定条件下，卖主要发现每个人对购买每一单位商品所愿意支付的最高价格。一个实行完全价格歧视的垄断厂商此时要向每一个购买者索取这个最高的保留价格，才能获得高于成本回收价格的消费者整个认知超额价值。不过，因为这种定价方法所要求的信息成本极高，所以完全价格歧视几乎从未发生过。正如我们在研究两步收费、优惠定价和捆绑定价时所看到的，厂商通常实行价格歧视是为了让间接细分的顾客群体根据使用强度、兑现优惠券行为或对商品包装的选择来确定自己的价格，比如迪士尼乐园的入门费（所谓的二级价格歧视）。最后，力求实行价格歧视的厂商会先按照购买时间或购买地点直接细分顾客类型，然后对每个类型的顾客索取一个统一价格（所谓的三级价格歧视）。

## 14.4 定价实践

本章至此一直在讨论寻求短期利润最大化的厂商，但在定价这个领域内，认为厂商的决策具有长期寿命周期的观点将大有裨益。

### 14.4.1 产品生命周期框架⊖

在**生命周期定价**的初期阶段中，营销、生产和财务经理要确定顾客将赋予产品什么价值，厂商如何管理供应链以便协调一致地提供产品特性，包括筹资成本在内的成本将是多少。如果基于价值的价格能够收回这个长期的全部成本，那么产品就成为一个原型样品，随后要对每一种拟议产品或服务着手进行营销调研，通常要对若干分销渠道中不同价格水平上的需求进行研究。营销调研将确定一个跨职能的产品经理或总经理了解的目标价格，并要求这个目标价格在产品生命周期内处于平均水平，从而使新产品提供足够的收益来收回全部的分摊成本。

**生命周期定价**（life cycle pricing）：在整个产品寿命周期中采用不同的定价方法。

---

⊖ 对于产品生命周期的基于价值定价的概念、框架的更多延伸，详见 T. Nagle, J. Hogan, and J. Zale, *The Strategy and Tactics of Pricing*, 5th ed.（Upper Saddle River, NJ: Prentice Hall, 2011），Chapter 7.

一种产品或服务（通常以目标价格水平）推出之后，营销计划常常会授权进行打折促销。在生命周期的这个阶段上，厂商感兴趣的是对市场的渗透，这样做就需要优惠券、免费样品、知名度广告宣传和零售货架的摆放补贴等，因此渗透定价是产品生命周期早期阶段的特点。在此阶段，制造商的净价会降到厂商的目标价格以下，如图14-7所示。

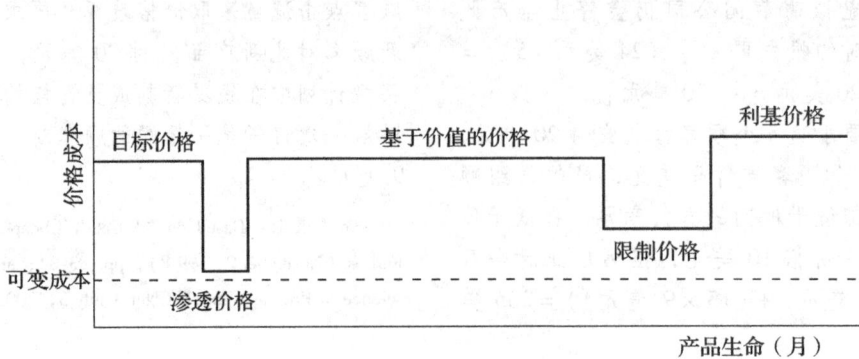

图 14-7　产品生命周期

当厂商推出一种新产品之后，对此产品的定价是一个极其困难而又至关重要的决策，特别当此产品是一种具有较长使用寿命的耐用品的时候。对新产品定价的困难源于不能肯定掌握需求水平。如果最初定价太低，某些潜在顾客将能以低于其支付医院的价格购买到此产品，损失的利润将永远消失。当厂商开始生产新产品的能力有限时，要格外重视这个问题。

**撇脂定价**（price skimming）：一种新产品定价战略，开始对产品定高价，随着高价上的需求被满足之后再降低价格。

在此环境下，很多厂商采取一种**撇脂定价**战略，或者沿着需求曲线向下定价。最初的价格定在一个高水平上，但厂商的意图完全是使以后的价格下降。当产品首先被引入市场时，一些时尚敏感或技术敏感的早期使用者将会支付厂商制定的高价格。一旦这个需求来源耗尽之后，就要降低价格，吸引新的顾客群体。像撇脂定价和 Palm Tero 这样的平板电视和手提电脑就是上述现象的突出实例。正如之前讨论过的，对工业设备（比如大型计算机和公司喷气客机）实行撇脂定价的制造商需要可信性机制来向早期全价购买的顾客保证以后的折扣将受到限制。

在产品或服务寿命周期的成熟阶段，自然的增长源于把经营重点放在产品差异化和建立产品品牌的承诺上。营销团队的创造性工作将在产品的精益求精和订货管理过程中增加价值，措施包括品牌名称的广告宣传、产品升级或提高对常规顾客改变订单的灵活性等。成熟阶段中的每一项决策都会受到一种愿望的推动，即实现由竞争条件和潜在进入威胁所允许的最高的基于价值的定价。尽管此时这种定价方法会被必须保卫市场份额的短期策略所压倒，但产品生命周期仍然是定价经理们常常反复使用的一种规划框架。

在产品或服务生命周期的成熟阶段后期，产品经理可能为了阻止进入而制定限制价格，使之大大低于基于价值的定价水平。限制定价似乎与利润最大化不一致，但事实上是由长期盈利目标推动的。

由于竞争对手在不断地想出成本更低的方法来模仿领先产品，所以限制定价有时只能获得暂时的成功。如果进入威胁发展成一个真正的新进入者，那么很多原有厂商此时会决定接纳它，方法就是在某一特定的高价格－高利润的利基市场中提高价格。这种定价实践常常叫作利基定价。结论是，由于新厂商进入大批量市场而造成的市场份额下降是不可避免的，所以原有厂商会移向高端市场，如同在产品生命周期开始阶段所做的，在高端细分市场中以高价出售其经验和专长。

---

**| 实例 |　专利保护的损失限制了百忧解的价格：礼来公司**

当品牌药品到了 20 年专利保护期末时，如果不大幅度削减价格，销量就会直线下降。某些原专利药品在通用替代药品引进后的第一年，就失去了高达 85% 的销量。葛兰素公司销路最好的溃疡减缓药 Zantac 在失去专利保护后的头半年，销量锐减了 51%。到了当年底，10 种竞争药品摆上了货架。Zovinax 是一种治疗疱疹的药，在成本只有 Zovinax 价格 20% 的通用药在市场上出现后的头 6 个月中，它的销量丧失了 39%。施贵宝销

售的 Capoten，每粒 57 美分，在 3 美分一粒的替代通用药引进的那一年，销量下降了 83%。

根据制药行业中这些灾难性经验，礼来公司把治疗抑郁症的百忧解的价格限制为变动成本加直接固定成本，为的是阻止或至少减缓模仿者对抑郁剂药品市场的疯狂进攻。我们在之前曾谈过，相对于短期利润的最大化，这种限制定价战略能够阻止进入，进而提高股东长期现金流量的贴现现值。

---

## 14.4.2　全成本定价 vs. 增量贡献分析

一些不太合适的定价方法被广泛采用，全部成本定价和目标投资收益定价就是两个例子。**全部成本定价**在定价时不仅要求考虑某一特定产品线的直接固定成本，比如特许转让费、维修和广告费等，甚至还要在变动成本上加上日常管理费和资本筹措的间接固定成本，形成一个最终价格。间接成本可用一系列方法在厂商的若干产品中进行分摊，一种典型的方法就是估算总的间接成本，假定厂商在一种标准的产量水平上经营（比如生产能力的 70% ~ 80%），然后根据产量分摊间接成本。

> **全部成本定价**（full-cost pricing）：
> 一种不仅包括变动成本和直接固定成本，还包括日常管理费和其他间接固定成本的定价方法。

---

**| 实例 |　辉瑞的利基定价**

辉瑞公司的 1 号 LDL 降胆固醇药立普妥（Lipitor）的销售额几乎达到 100 亿美元，它的专利期限还有 1 年。络活喜（Novasc）是辉瑞的第二个旗舰产品，销售额为 43.4 亿美元。对辉瑞不利的是，这种主要的高血压药的专利在 2007 年到期。辉瑞公司估计，在 3 000 万患有高血压和高胆固醇两种病的美国人中，有 300 万人在接受两种疾病的治疗。这些病人就是一种综合药丸 Caduet（Novasc + Lipitor）的潜在用

户，由于这种药丸对通用药品的竞争产生冲击，所以应该保持对络活喜的定价能力。这种综合药品的获利潜力相对于为限制进入络活喜独占市场而必须实行的 85% 折扣来说是极其可观的。利基定价的适用性总是有限的，辉瑞公司必定预期竞争对手将会拼命粉碎这种相对于一种通用药丸加高价立普妥的一种高价药丸的诉求。

资料来源：Based on "Drug Makers' Combo," *Wall Street Journal*,（January 29, 2004），P. B1.

电信是一个竞争激烈的行业。英国电话（BT）公司曾经发现，它为投资银行 J. P. 摩根提供安全的长途微波商务通信而出价 1 300 万美元，结果比竞争对手 Sprint 公司的每年 900 万美元出价高出 400 万美元。BT 的主管人员做了事后研究才明白，为什么 Sprint 公司会低价抢走这笔大生意，BT 在美国的子公司的副总裁一直力求从这个项目上收回子公司总部全年的日常管理费。不用说，BT 是因为采用全部成本方法出价 1 300 万美元才丢掉了 J. P. 摩根的生意，而 Sprint 公司对完全相同的一件事情只出价 900 万美元。全部成本定价经常会面临这种被竞争对手低价抢走生意的风险。

---

**目标投资收益定价**（target return-on-investment pricing）：一种定价方法，通常把目标利润（定义为预期的投资利润率×运营总资产）分摊给每一单位产量而形成一个销售价格。

---

**增量贡献分析**（incremental contribution analysis）：一种增量管理决策，它要分析经营利润（收益－变动成本－直接固定成本）的变化，以便收回间接固定成本。

---

实行**目标投资收益定价**首先要选择一种可接受的投资利润率。投资利润率的定义通常是扣除利息和折旧之前的盈余除以运营总资产，然后把这个收益分摊给计划期内的预期生产量。全部成本和目标收益定价的提倡者认为，重要的是在厂商生产的各种产品中间分摊所有的固定成本，每种产品都应该承担其公平比例的固定成本。

不过，对每种产品的看法应根据它对收回企业计划的固定成本的增量贡献。**增量贡献分析**提供了一个更好的基本分析，即一种产品的制造和销售是应该扩大、保持不变，还是为了某些更盈利的方案而终止。每家厂商都应该有一个有效的控制系统，总经理赖以连续监测厂商全部产品线的整体贡献。他此时要能够确保基于价值的价格对每种产品的变动成本和厂商的总固定成本做出贡献。这种目标定价在启动一个产品线和以后制定退出决策时尤为重要（见图 14-7）。

大陆航空公司有时只能卖出它全部座位的 50%，大约低于行业平均水平 15%。该公司的航班减少 5% 就会使其负担因素大幅度增加，同时利润也会减少。航空业的特点就是间接固定成本极高，而且不管飞机飞不飞都会产生，其中包括飞机的时间折旧成本、利息费用、飞行员连续培训的成本、地面人员的成本以及总部人员的日常管理费。因此，大陆航空公司发现，只要运行一个航班能收回飞行的变动成本加上直接固定成本，这个航班就是盈利的。

分析一个航班能否运行的过程如下：首先，管理人员要研究大多数的计划航班情况，以便确定满足这个基本飞行计划的折旧、日常管理费和保险支出，然后再考虑安排增加航班的可能性，依据就是它们对公司净利润的影响。如果一个航班的收益超过了实际变动成本加上直接固定成本，那么此航班就应该增加。这些相关成本是由每个运营部门所要求的投入要素决定的，它们准确地说明了因增加航班飞行而发生的增加支出。例如，如果为增加航班提供服务的地面人员已经在工作，那么在实际的运营成本中就不包括这个服务的成本。与此相反，如果为此航班服务必须支付加班费，那么直接固定成本将随运营此航班的决策而变化，而且应该包括在其成本之中。

这种增量贡献分析的另一个例子是大陆航空公司从科罗拉多的斯普林斯到丹佛的夜间航班和清晨的返回航班。尽管这个航班经常没有一个旅客，货物也很少，但其运营成本要低于飞机在科罗拉多斯皮尔斯过夜的成本，因此航班被保留，没有取消。

在进行这种增量贡献分析时，必须强调两点：第一，某些管理人员必须具有协调权力，要在面对仅以增量分析为基础的决策之前，确保整体目标的实现。就大陆航空公司来说，由飞行计划副总裁承担此任务。第二，必须进行种种合理的努力来确定与特定决策相关联的实际的增量成本和增量收益。一旦确定了这个信息，在分析厂商面对的各种各样决策问题时，增量分析就成了一种有用且有力的工具。

### 14.4.3  互联网上的定价

互联网企业为减少配送成本、降低平均零售利润以及提供高效的差异化定价提供了新的思路。办公用品和家居装饰工业正在利用消费者的 IP 地址定位来寻找潜在利润来源。史泰博公司已经开始为那些在 OfficeMax 或者 Office Depot20 公里内的线上客户降低 9% 的价格。Lowe's 家居装饰公司也已经通过邮政编码来差别定价。这些只是汽油和家装电子零售方面的普通实践，而互联网正在触发其他行业的零售革命。

互联网企业也会碰到网上交易独有的问题。首先就是通常只能根据一个网址来确认的买主和卖主的匿名问题。提供购买（和出售）的东西被拒绝了，应收账款永远收不到，递送的商品可能不是买主原先想买的。在虚拟销售环境中发生的这些事件会更多。结果，给价更高，出价更低，其实要价价差扩大就是为了收回欺骗保险的成本。

互联网强调的第二个问题就是无法通过亲手检验来证实各种产品质量。表 14-5 列出的原油、钢板、新闻纸等大宗商品的网上定价常常采取一种低成本战略。买主和卖主对于能够按照大宗商品的可预计价格迅速转售而感到放心，互联网定价的出价 - 要价价差很窄证明是非常有效率的。不过，随着人们向表 14-5 的右边移动，要在销售地点发现产品质量就变得越来越难。像亚马逊和 CDNow 这样的厂商都力求用品牌产权解决顾客不能检查商品的问题。

**表 14-5  各种产品的网上定价战略**

| 大宗产品 | 准大宗产品 | 能看能摸的搜寻商品 | 不同质量的经验商品 |
|---|---|---|---|
| 原油 | 书籍 | 服装 | 个人电脑 |
| 新闻纸 | CD | 房屋 | 农产品 |
| 钢板 | 音像产品 | 新汽车 | 轮胎 |
| 曲别针 | | 玩具 | 木材 |
| 低成本、低价格战略 | 在可靠送货与额外服务方面进行差异化 | 根据品牌和时尚周期的流行时间采用差别定价 | 定制化和按照带有低价和高价排列等级的订单生产 |

对于玩具、服装、房屋和新汽车来说，消费者通过"看和摸"寻找他们愿意付钱的东西。品牌在证实质量的过程中再次起到重要作用，但在此情况下，起作用的是产品品牌（比如 Game Boy、Hart Schaffner Marx、Harris Tweed）而不是网址品牌。顾客要依靠与投资于产品品牌名称的沉没成本相联系的抵押品来建立可信性。最后，由于在轮胎、个人电脑、农产品和木材等商品上唯一的强制保险、第三方保管账户、更换保证或大幅度折扣的高度变动性质，能够取代有助于在非虚拟环境中出售这些经验产品的声誉效应。

互联网上的卖主通过定制销售或像戴尔计算机那样（由戴尔公司完成订单，与制造商无关）向顾客直销，才能在这些市场中增加价值和减少某些交易成本。为此网上服务迅速增长。2002 年旅游业本身占全部网上销售的 35%。表 14-6 表明服务的增长率远远超过在线消费品的增长。互联网消费者增长越来越快的一个领域就是电子图书。

## 案例　亚马逊做电子书定价的先锋

2008 年电子书销售 7 800 万美元，2015 年预计会达到 36 亿美元。实物图书销量迅速下降，从 2008 年的 180 亿美元下降到 2015 年的 138 亿美元。在某些类别的图书上，印数下降了 25%，但出版商在建立电子书业务时必须保持原有的成本。

亚马逊以其 Kindle 电子书阅读器开创了新的销售渠道，在 2009 年的电子书阅读器市场占有 90% 的份额。亚马逊绕过了图书出版商设定的批发价，直接从出版商那里购买内容，并以 9.99 美元的价格转售给消费者。这个价格超过亚马逊的可变成本，但几乎没有覆盖它的服务器农场和其他资本设备。观察家们得出结论，亚马逊正在以亏本销售的方式销售书籍，以推动 Kindle 和 Kindle Fire 的销售。

当史蒂夫·乔布斯在 2010 年 1 月推出苹果 iPad，他给出版商一个完全不同的代理定价模式——通过 iBooks 来分发他们的内容。五大出版商西蒙和舒斯特、阿歇特、企鹅、麦克米兰和哈珀柯林斯接受他的提议，制定自己的产品价格的同时支付苹果 30%。在出版商的压力下，亚马逊采取了新的代理定价模式。正如预期的那样，电子书价格迅速上涨到 12.99 美元。3.90 美元给零售商，作者版税 2.27 美元，再支付 0.90 美元的费用，12.99 美元的电子书将有 5.92 美元的净利润为出版公司所有，而 26 美元的纸质书，所得仅为 5.85 美元，净利润率、零售利润、作者版税和管理费用都较高。

新的代理模式是否促进价格合谋是一个备受争议的反垄断问题。司法部起诉苹果停止其代理定价模式；苹果拒绝。一些出版商解决了，其他案件悬而未决。

企业对企业（B2B）交易的定价要比企业对消费者（B2C）的交易更复杂。在 B2B 中，多种因素都会在价格协商中起作用。B2B 客户会在运货时间、送货成本、保修服务的时间和地点、送货可靠性以及更换保证等方面讨价还价。这些因素的增加通常意味着定价是一个两步或三步过程中的一部分。首先，客户用其非协商性要求与厂商的特质相比较，该厂商将成为合格订单的供应商。然后，再根据低价点上的需求对其他特质进行谈判。在互联网泡沫的全盛期中，B2B 互联网销售增长了 24 倍，从 1997 年的 80 亿美元增加到 2002 年的 1 830 亿美元，参见表 14-6。

**动态定价**（dynamic pricing）：一种根据供求平衡随时间而改变的价格，通常与网上售卖相关联。

在这种 B2B 环境中，互联网定价要求有一个对订单认证资格的匹配过程，然后用一种**动态定价**方法权衡其余的特质。这种 B2B 交易中的信息技术复杂性源于顾客是异质的，使一个厂商有资格向一群顾客供货的特质可能与其他顾客的要求不匹配。另外，正如我们在附录 14A 所看到的，送货的可靠性（即缺货与延期交货）是一种连续变量，应该用收益管理解决方法进行优化，而不是在一种加成可大可小的交易中用一种简单的时有时无的方法答应或拒绝潜在的顾客。

| 表 14-6　在线销售的增长 | | （单位：亿美元） |
|---|---|---|
| | **互联网泡沫年代** | **按复利方法计算的年增长率** |
| | 1997 | 2002 | |
| **消费服务** | | | |
| 旅游 | 6.54 | 74 | 83% |
| 活动门票 | 0.79 | 20 | 124% |
| 金融服务 | 12 | 50 | 43% |
| **消费产品** | | | |
| 服装 | 0.92 | 5.14 | 53% |
| 书籍/CD | 1.56 | 11 | 63% |
| 个人电脑 | 8.63 | 38 | 45% |
| B2B | 80 | 1830 | 119% |

资料来源：*Business Week*（June 22，1998），pp. 122-126，Forrester Research.

## 小　结

- 所有的定价决策都应该是一种事前的、经过系统分析的和基于价值的，而非事后反应的、特别的和基于成本的。

- 实行有效的差别定价需要两个条件：一是人们一定要能够细分市场并防止产品（或服务）从一个细分市场向另一个细分市场的转移；二是在两个细分市场之间某一价格上需求弹性的差别一定是可辨别的。

- 厂商要通过采用差别定价而使利润最大，就必须按照使不同细分市场的边际收益相等的方法来分配产量。

- 实行差别定价常常通过不同时间定价或送货地点定价来直接细分市场。

- 支持差别定价的间接市场细分常常通过两部收费来完成。最优的两部收费价格包括一次性入门费和使用费，后者等于或超过边际成本并随消费数量而变化。

- 优惠券是另一种方式的价格歧视，尽管是向不同的顾客索取相同的价格。有些顾客对价格高度敏感，将会兑现奖券，而其他顾客不会。

- 捆绑定价是第三种定价机制，间接细分的顾客对于多种产品具有负相关的需求。

- 价格歧视是在相同时间以不同价格向不同顾客出售由某一既定分销渠道生产的相同商品或服务的行动。

- 一种商品的定价战略在整个产品或服务的生命周期中是不同的。通常的方式有目标定价，然后是渗透定价、撇脂定价、基于价值的定价、限制定价，最后是利基定价。

- 全部成本定价和目标定价与经济理论中的边际定价规则不一致。增量贡献分析是一种被广泛应用的经济分析方法，它可以帮助定价经理达到效率和盈利更高的经营水平。

- 互联网上的定价遭遇匿名和缺少信誉效应问题，不同商品的质量在购买之前也难以证实。这种复杂性要求对搜寻商品和经验商品采取极其不同的定价方式。

- 互联网上的 **B2B** 定价要求有一个两步的多属性匹配过程，以认证供应商的资格，然后用一种动态定价方法来交换额外的特征和功能，以降低价格点的使用价值的来源选择。

## 练 习

1. 在美国出售的一种教科书的需求价格弹性估计为 $-2.0$，而在海外出售这种教科书的需求价格弹性为 $-3.0$。美国市场出售精装本的边际成本为 40 美元，海外市场一般提供用新闻纸印刷的简装本，边际成本只有 15 美元。计算每个市场中的利润最大化价格。

$$\left[\text{提示}: MR = P\left(1 + \frac{1}{ED}\right)\right]$$

2. 空中旅行需求的价格弹性从头等舱（$-1.3$）到无限制经济舱（$-1.4$）和有限制打折经济舱（$-1.9$）的差别很大。对于增量变动成本（边际成本）等于 1 美元的一次跨国旅行的最优价格（机票）来说，上述不同的弹性意味着什么？

3. 美国进出口运输公司（American Export-Import Shipping Company）提供从纽约到西欧几个港口之间的一般货物运输服务。它主要运输两类货物：制成品和半成品原材料，这两类物品的需求函数为：

$$P_1 = 100 - 2Q_1$$
$$P_2 = 80 - Q_2$$

式中，$Q_1$ 为运输货物的吨数，此公司的总成本函数为

$$TC = 20 + 4(Q_1 + Q_2)$$

a. 确定此公司的总利润函数。

b. 两类货物的利润最大化价格和产量水平是多少？

c. 在此产量水平上，计算每个市场的边际收益。

d. 如果此公司能有效地在两个市场索取不同价格，那么总利润是多少？

e. 如果法律要求此公司对所有用户收取相同的平均运费，计算新的利润最大化价格和产量水平，此时的利润是多少？

f. 说明在采取差异化定价和统一定价两种情况下利润水平的差别。（提示：首先计算在采取统一价格-产量方案时需求的点价格弹性。）

4. 把以下商品分成可用两部收费定价的商品、只收用户使用费的商品和只收一次性入门费的商品：有线电视上的付费观看电影、付费电话、Netflix、iTunes、乡村俱乐部会员、自动售货机中的汽水、自助洗衣店、移动电话、有座位权的季票持有人。

5. 菲利普斯实业公司（Phillips Industries）制造某种商品，可以直接卖给零售渠道，也可卖给超级公司，该公司进一步加工，最终以一种完全不同的商品出售。每个市场的需求函数为

$$零售渠道: P_1 = 60 - 2Q_1$$
$$超级公司: P_2 = 40 - Q_2$$

式中，$P_1$ 和 $P_2$ 为索取的价格；$Q_1$ 和 $Q_2$ 为相关市场中的销售量。菲利普斯实业公司制造此产品的总成本函数为

$$TC = 10 + 8(Q_1 + Q_2)$$

a. 确定菲利普斯实业公司的总利润函数

b. 此产品在两个市场中的利润最大化价格与产量水平是多少？

c. 在此产量水平上，计算每个市场的边际收益。

d. 如果菲利普斯实业公司能够有效地在两个市场中索取不同的价格，那么它的总利润是多少？

e. 如果要求菲利普斯实业公司在各个市场中索取相同的单位价格，计算利润最大化的价格与产量水平。在此条件下菲利普斯公司的利润是多少？

6. 美国的很多学院和大学（包括公立和私立）都面对稳定（或下降）的入学人数和不断增加的成本，结果发现自己处于越来越严重的财务两难境地，因此需要对高等学府所使用的定价方法进行进一步的研究。经济发展委员会（CED）和其他人提出了一项建议，就是在高等教育中采用更接近于全部成本的定价法，此外政府要向学生提供充足的贷款基金，否则这些学生在私人

市场中将得不到合理的贷款。这些建议的倡导者认为，学生投资者的私人收益率很高，即使学费更高，也足以形成教育需求的社会最优水平。其他人认为本科教育并不存在很大的外部效益，以保证目前高水平的公众支持。

对于目前大学的定价方法，全部成本定价法的支持者一般认为，应对所有学生收取一种标准费用（虽然比现在更高）。该建议没有考虑到大学中不同活动之间的相对成本和需求的差别。

a. 讨论向不同的学科课程索取不同价格的几种可能理由。

b. 向所有学生索取相同费用的定价方法的收入 – 分配效应是什么？

c. 如果大学对各种课程采用一个全部成本（或边际成本）定价系统，你认为在大学内对资源配置效率的影响是什么？

d. 如果由研究生讲授的大课价格明显低于由著名学者开设的小班研讨课，你的抱怨是否少一些？

e. 在采取这样一种定价方法的大学里，你会看到出现什么问题？

7. 通用医疗公司（General Medical）为医院和医生供应该公司制造的一次性注射器。该公司使用成本加成定价，目前索取的价格是平均变动成本的150%。该公司了解到有机会向国防部销售300 000只注射器，条件是能在3个月内供货，每只价格不超过1美元。通用医疗公司正常销售这种注射器是每只1.20美元。

如果该公司接受国防部的订单，将不得不放弃在此期间向常规顾客销售100 000只注射器，尽管减少这个销量预期不会影响未来的销售。

a. 通用医疗公司是否应该接受国防部的订单？

b. 如果因为一些失去的顾客没有回来，预期年底销量减少50 000只，此订单是否应该接受？（无须考虑1年以后的影响。）

8. 派尔电脑公司（Pear Computer Company）刚刚开发出一种全新的个人电脑，它估计竞争者至少需要两年才能生产出相同产品。对此电脑的需求函数估计为

$$P = 2\,500 - 0.000\,5Q$$

生产此电脑的边际（和平均变动）成本为900美元

a. 假定派尔公司像一个垄断者那样行动，计算利润最大化价格与产量水平。

b. 根据 a 题答案确定对利润和固定成本的总贡献。

派尔公司正在考虑采用另外一种撇脂定价战略。它计划确定在今后两年内价格下表所示。

| 时期 | 价格（美元） | 销售量 |
|---|---|---|
| 1 | 2 400 | 200 000 |
| 2 | 2 200 | 200 000 |
| 3 | 2 000 | 200 000 |
| 4 | 1 800 | 200 000 |
| 5 | 1 700 | 200 000 |
| 6 | 1 600 | 200 000 |
| 7 | 1 500 | 200 000 |
| 8 | 1 400 | 200 000 |
| 9 | 1 300 | 200 000 |
| 10 | 1 200 | 200 000 |

c. 计算10个时期中每个时期对利润和间接费用的贡献，计算价格是多少。

d. 对 b 和 c 的结果进行比较。

e. 说明撇脂定价作为一种定价战略的主要优点与缺点。

### 分割雪佛兰的价格

在头三年内，2012 款雪佛兰（厂商建议零售价42 021 美元 – 首次购买折扣7 500 美元 = 34 521 美元）在 2015 年降价62% 到 12 997 美元。2012 款尼桑 Leaf（厂商建议零售价36 643 美元 –

首次购买折扣 7 500 美元 = 29 143 美元）降价 66% 到 10 220 美元。平均 -22% 每年，而传统汽油车在头三年里贬值 -51%，分别是 -24%、-15% 和 -12%；平均每年 -17%。的确如此，以个别例子为例，Honda Accord 在三年后只是原价的 64%（平均每年贬值 -12%）。很明显，在 2014 年汽油车的急剧贬值直接导致了电动车更明显的贬值。但是，混合动力汽车例如 Nissan Leaf 和雪佛兰 Volt 以及纯电动汽车例如雪佛兰 Bolt，还面临其他问题吗？

## 讨论题

1. 到第五年，电动汽车生命周期成本的哪个阶段会受到关注？如果这个问题影响到第五年的再销售价值，会影响到预期的使用价值吗？请详细述说。

2. 近年来雪佛兰通过采取 Volt 电池十年维修的做法减轻了这个问题。在不产生更多的电池成本的情况下，雪佛兰可以通过封闭式租赁的方式使电池组产生高固定剩余价值吗？为什么这个决定会成为电池寿命以及其他相关系统耐用性的重要因素？

3. 在通勤部门，雪佛兰应该捆绑维修合同到购买价格里吗？为什么？紧急道路救援呢？

4. 像维修合同、紧急道路救援等附加条款可以捆绑到购买价格里，而不是被拆分（如 BMW 的维修合同），但是即使被强制购买，它们也能被拆分（例如亚马逊的运费和机场的停车费）。在以下情境中，这个划分很恰当：①当额外支出是琐碎支出时（亚马逊的运费）；②当销售人员没有强制收费时（机场的停车费）；③当基础产品和服务受支配于激烈的比价购物时；④当附加条款与消费者重要利益不相关时。在强调这些点以后，针对电动汽车的紧急道路救援应该被划分到通勤的消费支出里吗？

# 收益管理的实践 <sup>⊖</sup>

差异化定价有时会因在了解需求之前就必须进行生产能力的选择而变得复杂。以一家航空公司、印刷出版经营商或某外科诊所为例，它们必须在知道上午 11 时航班、下周四快报和第二天有关手术的相应需求之前，安排生产能力。如果有空座的航班起飞、印刷机任务不足或外科手术室空置使计划安排不能实现收益，随机顾客的到来就会迫使拥有固定生产能力的厂商在过多生产能力被闲置和因**缺货**拒绝向正常顾客服务这两者之间进行选择。

因过剩生产能力造成的**损坏**和因没有保留生产能力使高利润重复性顾客的**漏出**都是可能影响厂商获得财务成功乃至影响其生存的严重问题。在图 14A-1 中，生产能力从 $Q^{d1}$ 减少到恰好刚能满足 $P_0$ 价格上平均需求的水平，使低需求事件（$Q^{d2}$）的"损坏"从 $AB$ 减少到 $CD$，但造成了高需求事件（$Q^{d1}$）的"漏出"（即 $Q^{d2}$）。收益或产量管理（YM）就是一套综合性的管理经济技术，旨在解决固定生产能力和随机需求条件下的定价和生产能力分配问题。

**缺货**（stockouts）：需求超出了现有的生产能力。

**损坏**（spoilage）：没有售出的易坏产品。

**漏出**（spill）：已确认的订单无法满足。

---

## 实例 | 奥波米耶运动品公司的漏出与损坏

时装零售的销售期是短暂的（不会持续超过几个月），而产品线层次上的顾客需求是多变和难以预测的。因此，像马库斯百货、布鲁明戴尔百货（Bloomingdale's）、萨克斯第五大道百货（Saks Fifth Avenue）、理查斯百货（Rich's）和梅西百货等零售商的买主们都必须在实际销售很早之前下订单，所以实际上并不知道哪种时装趋势将卖得好，哪种卖得不好。奥波米耶运动品公司（Sport Obermeyer）的滑雪服装销售就存在这个问题。在某一特定滑雪季节内，"潘多拉"滑雪衫可能会成为一种流行款式并很快脱销。如果延期交货，造成顾客的不满意，此商店将失去顾客信誉和未来销量。另外，奥波米耶公司每次因"漏出"一

⊖ 资料来源：Based on M. Fisher et al., "Making Supply Meet Demand in an Uncertain World," *Harvard Business Review*, (May/June 1994), pp. 83-93.

个这样的顾客而损失的零售毛利为 15 美元。

与此相反，"潘多拉"系列滑雪衫也可能在此卖季中不被看好，最终成为"损坏"（即未卖出的冬季服装形成大量库存）。此时商家将因商品卖不出去而发生亏损，也失去了销售

另一种冠军牌圆领运动衫，占据滑雪衫货架的机会。奥波米耶公司可以使用收益管理的工具来平衡这种漏出和损坏的成本，从而决定订多少滑雪衫，给滑雪衫和圆领运动衫安排多大的货架面积。

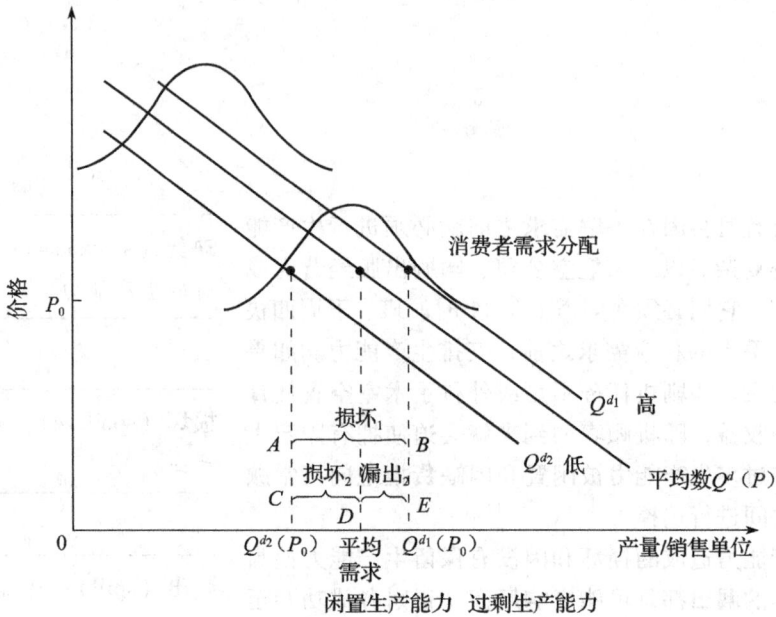

图 14A-1　随机需求和固定价格下的漏出与损坏

## 14A.1　跨职能系统管理过程

厂商会在存在生产能力限制的条件下对未曾预料的需求波动做出反应，方法就是简单地把它们的稀缺产品拍卖给最高出价者或在库存积压时进行批量清仓销售。很多百货公司零售商主要考虑它们的损失而采取一种近似的营销观点，即标低价格就可以卖出产品。追求时尚的顾客会到多家商店购物以便"赢得"流行商品，他们这样做并不具备重复购买的忠诚度。其他人都习惯于等待必然出现的大打折扣的销售。百货商店通过按清场销售价格进行交易所赚收益的比例从 1970 年的 8% 升至 2001 年的 55%。即便是大型百货公司的常规顾客，以折扣价格购物（46%）也几乎与按正常价格购物（54%）一样普遍。百货公司零售利润率的下降是确定无疑的，吸收合并已经把一些最有名的零售商逐出经营。这些商店还能有什么不同做法吗？

一种方案就是为零售商的供应商建立一个灵活制造系统（FMSs），使之能够更快地对需求波动做出反应。如果在时尚季节内再次订货周期增加几次，商人们就可以少准备存货，减少缺货情况。

解决高利润漏出问题的另一种方案就是拥有更大的生产能力。当然，任何一家公司都不能无限地增加生产能力。总量生产能力规划包括对资本预算问题的详细财务分析，确定任何经营活动最优的固定生产能力。一种更好的方案就是把这个最优的固定生产能力留给那些迟到的高利润顾客，在送货时间临近时保留生产能力不应被解释为"过剩的生产能力"，而是能够提供一种持续

收益机会的闲置能力，这是来自于收益管理分析的一种观点。

每家公司都有一些应该拒绝的订单。**收益管理**（RM）也常常叫作产量管理，它基本上就是一种接受或拒绝订单的过程，这个过程把相关创造需求的营销决策和定价连接起来。这个定价涉及对生产安排的经营决策和对生产能力规划的财务决策。目标就是决定在特定价格上接受哪个订单，拒绝哪个订单。图 14A-2 用一个会计管理、预测和计划安排决策的跨职能三角形来说明这些关系。产量

> **收益管理**（revenue management）：一种跨职能的接受和拒绝订单程序。

管理的实践者认为，可持续溢价的来源就位于这些跨职能系统管理过程之中。根据这个观点，创新性产品和成功的广告宣传都在被别人迅速地进行"反向工程"并容易地加以模仿。因此，广告宣传和产品设计并不能提供持续的竞争优势，相反，生产过程优势证明是竞争者更难以模仿的。

## 14A.2　持续溢价的来源

收益管理过程增加了明显的有形价值，为此顾客愿意支付更高的价格。大多数情况下，增加值是通过客户和订单管理的定制化和最优化产生的。例如，在航空业中，某顾客希望预订机票时有多方面的灵活性，允许起飞和到达时间的频繁变动。如果一家航空公司拥有提供这种服务的运营能力和信息技术，那么有不定期会议安排的商务旅客将会提供更高的溢价以便应对这种临时变动。再举一例，迪士尼向能按照约定及时提供高质量礼品的供应商支付相当高的溢价。当订货人员提出一份需要在正常的 30 日重新订货周期内

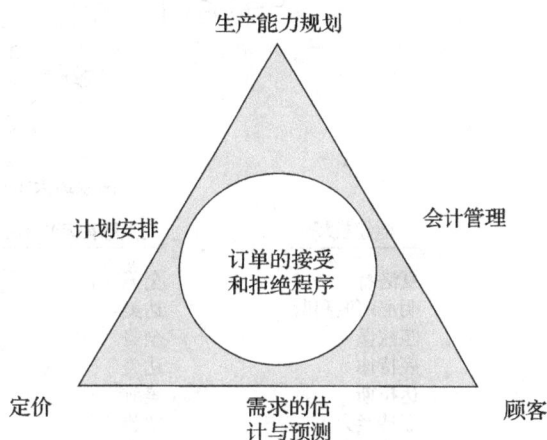

图 14A-2　跨职能收益管理

改正错误的要求时，迪士尼甚至愿意多付款。这种对收益的补充只有那些拥有系统管理程序、能处理特殊订货变动要求的厂商才能得到。

除了订货过程，厂商还会在其他方面进行竞争。某些顾客（例如，无仓库的即时零售商）希望缩短计划延迟时间；其他人（比如，企业主管外出参加股东会议）希望有高度的送货可靠性，缺货时不太可能被拒绝提供服务。还有人注重与产品或服务规格的一致性。比如，对于要求送货时间敏感的器官移植来说，良好及时的服务记录会保证人们支付价格很高的机票，备选方案将是更加昂贵的包机服务。制造商和服务厂商都可以以这些相同的订货过程特点（包括改变订单的反应快慢、最短的计划延迟、送货的可靠性以及与规格的一致性等）为基础形成持续的溢价。

持续溢价的所有这些来源在要塞枢纽（一家航空公司控制一个机场起飞的 65% 以上）的航空公司服务中表现非常明显。图 14A-3 显示出美国大陆主要的枢纽机场，并提供了前两位航空公司的定价及市场份额数据。在每个城市的枢纽机场，支配性厂商具有足够的运营能力和提供高质量服务的系统控制能力。例如，在达拉斯—福特沃斯，美国航空公司的计划安排相当方便，起飞非常接近于一位以 DFW 为出发点的旅客的偏好。同样，在此机场，美航还提供了非常高的运送可靠性、计划安排与预期的一致性和改变预订的灵活反应。旅客（特别是商务旅客）因这些高水平服务质量愿意支付明显的溢价，因为这种飞行在自身的商务活动中创造了附加值。当预测到会有晚到旅客时，YM 系统就会保存闲置能力以满足这些高价值需求；YM 系统还会"保留"较少的座位，把更多的座位转给要求大幅度打折的闲暇旅客细分市场。总的来讲，在亚特兰大这样的

"要塞枢纽机场"（达美航空公司占79%的份额），单位旅客英里收益的机票要比奥兰多高出84%，达美公司在奥兰多也是领先的承运商，但只占市场的32%。

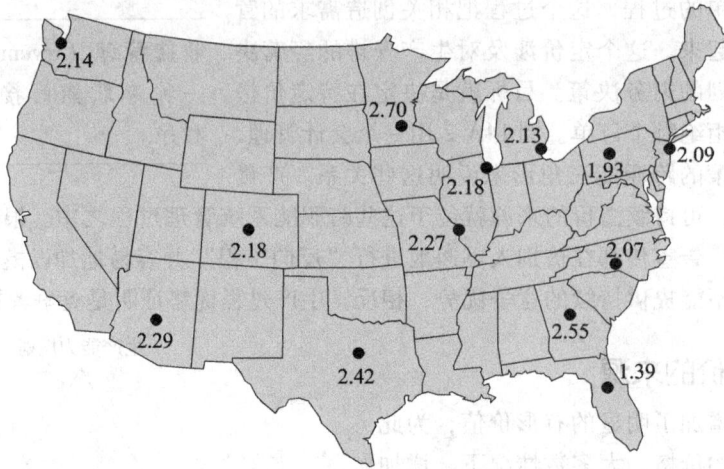

两家最大承运商的市场份额

| 枢纽机场 | 最大承运商 | （%） | 第二大承运商 | （%） | 总量（%） |
|---|---|---|---|---|---|
| 夏洛特 | 全美 | 93 | 达美 | 3 | 96 |
| 明尼阿波利斯 | 达美 | 84 | 美联 | 4 | 88 |
| 匹兹堡 | 全美 | 81 | 西南 | 4 | 84 |
| 底特律 | 达美 | 80 | 美航 | 3 | 84 |
| 达拉斯 | 美航 | 65 | 达美 | 19 | 64 |
| 亚特兰大 | 达美 | 79 | 西南 | 9 | 88 |
| 圣路易斯 | 环球 | 69 | 西南 | 14 | 83 |
| 芝加哥 | 美联 | 47 | 美航 | 34 | 81 |
| 丹佛 | 美联 | 69 | 达美 | 5 | 74 |
| 菲尼克斯 | 美西 | 39 | 西南 | 27 | 68 |
| 纽瓦克 | 美联 | 62 | 美航 | 8 | 70 |
| 西雅图 | 阿拉斯加 | 31 | 美联 | 16 | 47 |
| 奥兰多 | 达美 | 32 | 美联 | 18 | 50 |

图 14A-3 枢纽机场中商务舱和经济舱票价的比例与机场市场份额

资料来源：美国交通部。

## 14A.3 收益管理决策，扩充材料

收益管理（RM）可分为三个决策：①事前定价和总量生产能力规划决策；②存货或生产能力再分配决策和③超额预定决策。图 14A-4 把这些决策放在一个 RM 理论框架之中，显示为收益管理过程的流程图。三个决策的共同之处就是策略重点都取决于预期的竞争反应，取决于一种整合营销、运营和财务的系统管理哲学，最后取决于能连续不断确定厂商所提供产品的多产品导向。下面说明每一种 RM 决策的管理经济学基础。

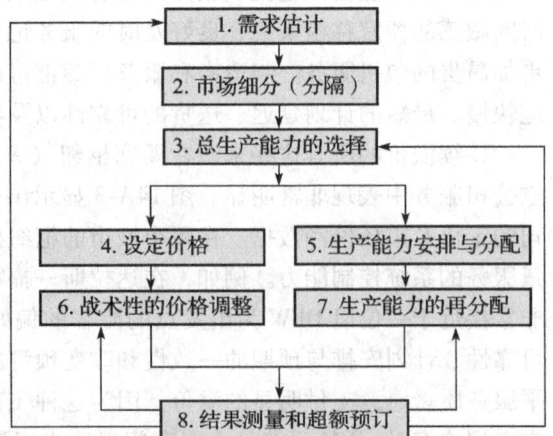

图 14A-4 收益管理流程图

### 14A.3.1 事前价格歧视

事前价格歧视涉及根据预期晚到的需求和竞争厂商的反应来谋求利润最大。原则上讲，计算机决策支持系统（DSS）在每次新顾客进入机票预订系统时能够再次"拍卖"一个航班的剩余座位和印刷报纸的剩余版面。可以想到，每位顾客此时都会遇到一级价格歧视，支付一种反映送货时间、服务成本和价格弹性的独特价格。采取这种出价系统的收益管理的实施者不多，大多数都采用人们熟悉的边际分析方法来确定价格和最初分配生产能力。我们在前面的章节中讨论过，通过差别化机票在周四上午 11 点从达拉斯起飞到洛杉矶的航班中商务和非商务旅客之间分配座位。

### 14A.3.2 生产能力的重新配置

收益管理的第二步是根据事先销售和已确认的订票情况，按发送时间重新配置生产能力或库存。假设事先预测到周四从达拉斯到洛杉矶的商务舱的销售量，它符合用半对数形式进行估计的指数函数（购买的机票 $= aB^t$），为

$$\ln(\text{tickets}) = \ln a + \ln B(t) = \alpha + \beta t \tag{14A-1}$$

式中，$t$ 是一个简单的时间趋势变量。同样，假如用一个销售渗透函数

$$\text{机票购买量} = e^{k_1 - k_2(1/t)} \tag{14A-2}$$

估计所有的非商务旅行，结果为

$$\ln(\text{tickets}) = k_1 - k_2(1/t) \tag{14A-3}$$

式中，$k_1$ 和 $k_2$ 为常数，定义为整个事先销售期内的销售增长率。这些预测的商务和非商务"预订曲线"画在图 14A-5 之中。可以看到，这些曲线分别反映出非商务市场和商务市场需求的早到和晚到特点。

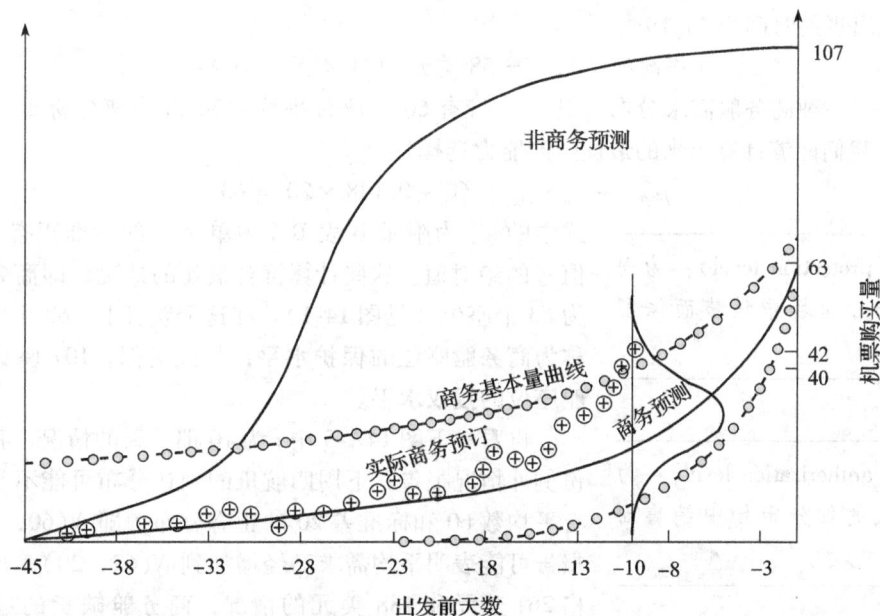

图 14A-5 事先销售预测曲线、预订曲线和基本量曲线

预测的预订曲线反映出新需求的到达和取消，在此意义上就是净预订数。如果这种预定需要有用于事先销售的不可偿还的大量存储资金，那么它们反映的是已经实现的收益，而不仅是潜在销量。对于上午 11 时飞往洛杉矶的航班来说，图 14A-5 中的最终需求目标是 63 个商务旅客和

107 个非商务旅客。这个最初的总能力分配在顾客起飞之前的 180 天、120 天、60 天或本例中的 45 天就可以预订机票的情况下是适用的。收益经理会对此加以调整（事实上常常会被改变）。

**基本销量曲线**（threshold sales curve）：引发生产能力重新配置的事先销售水平。

基于不同需求到达分布的置信区间，此时被用来确定何时实际的预定有一定程度的背离，对此要有一份例外报告。例如，商务旅行似乎比 $t$ 为 10 天的预测机票销量高出一个统计量。这条**基本销量曲线**的背离提出了一个问题：是否停止非商务舱机票的销售，非商务舱的贡献毛利（$P_{非商务} - MC = 188$ 美元 $- 130$ 美元 $= 58$ 美元），明显地低于商务舱细分市场，因为（$p_{商务} - MC$）$= (261$ 美元 $- 130$ 美元）$= 131$ 美元。

这个生产能力重新配置问题的答案依赖于应用统计学和对初始利润最大化生产能力的选择。只要预期的增量收益减去边际成本（即对固定成本的预期增加贡献），超过增加生产能力的增量成本，边际生产能力的扩展就是合理的。在生产能力的重新配置过程中，扩大商务舱生产能力的成本是一种机会成本，也就是在非商务舱中少卖一个座位所放弃的贡献。在边际水平上，只要向商务旅客再分配一个座位的预期贡献毛利超过了因拒绝一个非商务舱旅客登机而造成的贡献毛利损失，就要重新配置生产能力。这就是说，

$$（P_{商务} - VC）（短缺概率_{商务}）=（P_{非商务} - VC）$$
$$131 \text{ 美元}（短缺概率_{商务}）= 58 \text{ 美元} \tag{14A-4}$$

式中的短缺概率$_{商务}$就是事实上商务舱将客满的可能性，也就是增加商务舱的座位将实现其 113 美元边际贡献的概率。[⊖]

事先宣布的价格和由此带来的贡献毛利 58 美元和 131 美元（采用式（14A-4）），表明高收益的漏出应该出现的时间为 44.1%。

$$（短缺概率）_{商务} = 58 \text{ 美元} / 131 \text{ 美元} = 0.441$$

对于任何一种商务舱需求分布（比如，带有 60 个座位平均数和 20 个座位标准差的正态分布）来说，我们能够计算出来的最优生产能力选择是

$$\mu_{座位} + Z_\alpha \sigma_{座位} = 60 + 0.148 \times 20 = 63 \tag{14A-5}$$

**保护水平**（protection level）：为向更高利润细分市场中销售而保留的生产能力。

式中的 $Z_\alpha$ 为附录 B 表 B-1 中单尾 $\alpha$ 的标准正态临界值（$Z$ 值）的绝对值。这些计算符合最初的情况，即商务舱能力定为 63 个座位（见图 14-1）。在这个航班上，63 个座位常常被称为商务舱座位的**保护水平**；与此类似，107 座就是非商务舱座位的**授权水平**。

**授权水平**（anthorization level）：为在利润更低的细分市场中销售而授权的生产能力。

再看一下图 14A-5 中 $t$ 为 10 那一天的情况，我们收到一份例外情况报告：下周四航班的到达分布可能不是正常的带有平均数 60 和标准差 20 的正态分布，即 $N(60, 20)$。例外报告可能表明平均需求已经增加到 $N(62, 20)$。再次使用价格 261 美元和 188 美元的情况，商务舱缺货的最优概率为 0.441，我们就可以用式（14A-5）计算新的最优生产能力配置方案，即 62 座 $+0.148 \times 20$ 座 $= 65$ 座。这个结果意味着最多销售 105 个座位的政策应该适用于非商务旅行的订票系统，两个座位

---

⊖ 很有可能在式（14A-4）的两边都有一个正值的缺货概率，不过我们在此假设，在达拉斯—福特沃斯—洛杉矶航线上，188 美元的低票价会造成非商务细分市场中的无限需求。也就是说，假定右边缺货的可能性为 1.0。

---

（107 – 105）应该重新分配给商务舱。相对于预测基本量，连续地监督机票预定情况会导致这些座位又回到非商务舱或者进一步向商务旅客分配座位的情况。

当一个运动衣制造商或一家定制纸制品制造商必须决定接受哪些订货、拒绝哪些订货（即如何分配固定的总生产能力）时，相同的生产能力分配问题与分析都可应用于从装配到订货的制造过程。随着收益管理走出服务部门（如航空公司、饭店、租车公司、广告代理公司、医院和专业服务），进入制造业，这些管理经济技术将变得越来越重要。<sup>⊖</sup>

## 案例　奥波米耶运动品公司缺货的最优概率

前面讲过，奥波米耶运动品公司必须在"潘多拉"滑雪衫和冠军牌圆领运动衫之间分配其固定的零售货架和展示架空间。奥波米耶运动品公司每一次"漏出"一个"潘多拉"滑雪衫顾客而损失的零售贡献毛利是 15 美元，损失一件冠军牌圆领运动衫的零售贡献毛利是 4 美元。在了解了这些具体货架空间的盈利情况和相对销售效果之后，奥波米耶运动品公司

就可以使用收益管理工具来平衡损坏和漏出的成本，以便决定"潘多拉"滑雪衫缺货的最优发生率。该公司用式（14-16）计算出"潘多拉"滑雪衫缺货的时间为 27%，即短缺概率$_{滑雪衫}$ = 0.27，奥波米耶运动品公司利用需求分布数据还可以计算出其短缺概率为 4 美元/15 美元 = 0.27，需要在每个商店中存货 85 件 8 码的滑雪衫。

### 14A.3.3　最优的超额预订量

第三个、也是最后一个收益管理决策是**最优超额预订量**决策。航空公司授权订票人员出售的座位多于每个航班现有的座位数量，以便从"未出现"旅客身上争取损失的收益。当然，很多打折机票都要提前购买，但某些商务舱机票要到办理登机手续之前才会有人购买。这就是说，一张确认过的售出机票在起飞之前并没有实现收益。在某些行业中，订单可以被取消或拒绝出货。有时航空公司在某些城际市场中会碰到高达 35% 的"未出现"旅客。

最优的超额预订量决策以实践说明了边际分析。每家航空公司都力求使损坏与漏出的总成本降到最低。在图 14A-6 中，由于商务旅客的预期需求接近于计划生产能力，预期负荷因素接近 100%，所以"损坏"的总成本（即未售出座位×贡献$_{商务}$）下降为零。与此相反，由于预期的负荷因素趋近于 100%，所以高收益"漏出"的成本将因

**最优超额预订量**（optimal overbooking）：对闲置生产能力（损坏）的成本针对未服务需求（漏出）的机会成本进行平衡的一种边际分析方法。

三个原因而上升。第一，超售代表损失的贡献，因为它本来可以由其他服务（如后面的航班）所获得；也就是说，某些顾客将被"漏掉"并转向竞争对手。第二，超售肯定需要现金支出来补偿那些业已登机、随后自愿放弃其座位的旅客。第三，超售和由此产生的缺货会牺牲顾客商誉和品牌忠诚，从而造成未来销量的损失。这种高收益漏出的总成本上升情况也在图 14A-6 中显示出来。

只要超售不断上升的成本超出由损坏的下降成本的抵消作用，那么总和成本就会因负荷因素上升而降低。在负荷因素低于 92% ~ 97% 时，不断下降的损坏成本会大于非商务旅行不断上升的超售

---

⊖ See F. Harris and J. Pinder," A Revenue Management Approach to Order Booking and Demand Management in Assemble-to-Order Manufacturing," *Journal of Operations Management*（December 1995）, pp. 299-309.

成本。超过97%后，损坏成本的下降速度低于超售成本增加的速度。比较$MC_{非商务超售}$和减少损坏的边际效益$MB_{损坏减少}$，这个关系可在图14A-6中的下图中看到。$MB_{损坏减少}$就是由计划一个更高的负荷因素而避免的未售出座位的$MC$。对于非商务舱来说，最优计划负荷因素出现在97%的水平上。与此不同，在商务舱中，随着负荷因素的增加，$MC_{商务超售}$非常高，以至于造成最优的规划负荷因素达到更高质量的94%。

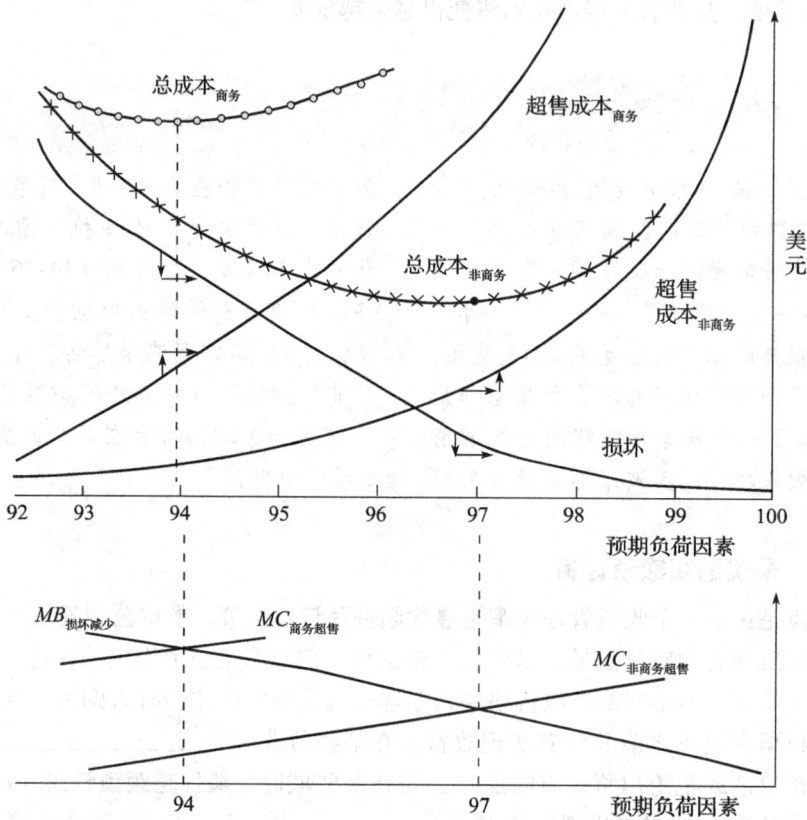

图 14A-6　能使损坏和漏出总成本最低的超额预订量决策

　　这两个决策都被称为超额预订量决策，因为现在分配给非商务旅客的105个座位的预期负荷因素为97%，所以在"未出现"旅客平均为20%时，实际的预订量不一定是$0.97 \times 105 = 102$个座位，而是127个座位［$127 \times (1 - 0.2) = 102$］。同样，商务舱的最优超额预订量可能意味着已确认的预订数量在大量（35%）存在"未出现"旅客期间内不是61个座位，而是94个（$94 \times 0.65 = 61$）。一般情况下，周四上午11时飞往洛杉矶的航班将有102个非商务旅客和61个商务旅客搭乘。当然，这163个旅客的预期总量仅仅是实际旅客量的一个平均数，可能会因为大量的损坏和严重的超售使具体航班在起飞时发生变化。

---

| 实例 | 美国航空公司惊人的预订座位准确性

　　美国航空公司从芝加哥到凤凰城下午5：30航班（F2015）的票价差别很大，往返航班的票价从238美元到1 404美元不等。美航公司不断地根据由预测得出的事先销售数据在7个

票价等级中调整座位的分配。在起飞前四周，美航已经按超省票价格售出了 125 个座位中的 69 个。起飞前三周，低于 300 美元的所有三种机票都达到了最高授权水平并结束机票预定。在出发前一天，这个 125 个座位的航班有 130 个旅客预订了机票，但美航仍然授权增加 5 个经济舱座位的预订。收益管理电脑预计取消和

"未出现"旅客可能高达 10 位。转天 F2015 航班满载起飞，没有一人被拒绝登机。收益管理的系统管理目标就是"在正确的时间以正确的价格向正确的顾客出售正确的座位"（Sabre 解决方案）。RM 系统的这个结果是美航在 1995～2010 年期间的一个关键成功因素，当时美国机票指数只上升了 8%。

---

### 实例 | 棒球的收益管理：巴尔的摩金莺队

收益管理最新的应用已经把旅行服务中的技术带到私人付费的选择性手术、广播和电视广告、歌剧和交响音乐会、法律事务所、咨询公司、高尔夫球场以及现在提到的棒球中。与航空公司一样，所有这些经营活动都有固定的生产能力，带有易损的库存。一旦五局比赛的最后一局开始，空座位就不会提供实际价值。虽然季票持有者在规划职业运动专营活动时起到主要作用，但一次和三次比赛套票一直是重要的收益来源。不稳定的需求给这些更小的细分市场的销售预测形成挑战，也使准确预测成为可能会大笔赚钱的过程，尤其是棒球比赛。

大多数职业队都会庆祝赛场爆满，但随着比赛时间的临近，没卖出的空座位就成了一个很大的收益机会。允许打折套票，通过促销吸引最后一分钟到来的顾客常常会牺牲高利润的重复性购票生意。与此同时，职业棒球的整个

观众一直低于 20 世纪 80 年代的最高水平，很多球队的比赛场上只有一半的观众。巴尔的摩金莺队的收益经理力图对这种观众不足和观众过多的问题加以平衡。事先购买的一次比赛座位能以折扣价格买到。

但是，大量的好位置座位要保留给那些后到的、支付意愿高的和比赛当天的观众。要跟踪提前售票的情况，就要了解相对于原先销售历史中主场针对同样竞争对手的偏差。随着比赛日期的临近，要逐渐调整发售打折票的授权水平，以反应高利润细分市场中脱销的可能性。最理想的情况是，在比赛当日，由各种各样细分市场中的球迷占据了大约 93% 的座位，他们支付各种不同的差别价格，各自反映出位置、顾客反应程度、可靠性、及时性以及特定顾客偏好的其他售票服务特点，从而增加最大的价值。

---

随着对事先销售数据的掌握，收益管理会连续地重新配置生产能力和调整超额预订的权限。从有效收益管理中得到的增量收益是可观的。例如，美国航空公司最近计算它从解决上述问题而增加的收益每年达 4.67 亿美元。万豪国际公司估计收益管理每年对其收益流量的贡献高达 2 亿美元。加拿大广播公司在采用了收益管理技术之后的前两周内就实现了 200 万美元的收益。

---

## 小 结

- 收益管理（YM 或 RM）包括定价和生产能力配置技术，可用于具有固定生产能力并带有易损库存与随机需求的制造商。

- 灵活制造系统与采用准时制送货的订单生产很少能完全解决由 RM 提出的漏出和损坏问题。

- RM 提供了一种最优的接受和拒绝订单程

序，带有一个涉及账目管理、需求预测和计划安排决策的跨职能的解决方案。

■ 事先的价格歧视要使不同目标细分市场中的边际收益相等，这样做采用的是通过基于不同价值的价格，它们反映了送货的可靠性、改变订单的反应程度、计划的方便性与预期的一致性以及这些服务质量特点对具体顾客群的价值（即三级价格歧视）。

■ RM 按照 $(P - MC)_a$（短缺概率）$_a = (P -$

$MC)_b$ 的条件重新安排库存或服务能力。这个程序为高利润细分市场、账户和顾客确定了最优的保护水平，为向低利润细分市场、账户和顾客提供的生产能力确定了最优的授权水平。

■ 最优的超额预订量决策要求随着负荷因素或生产能力使用水平的提高而不断下降的损坏的边际成本与不断上升的漏出（即超售）的边际成本相等。

## 练 习

1. 使用图 14-1、表 14-2 和式（14A-5），说明事先销售数据对生产能力重新配置的影响，这些数据表明在旅游淡季每周对商务舱的平均需求为 55 而不是 60。

2. 假设"飞行常客计划"使高收益漏出的成本提高了两倍，原因是目前被拒绝登机的商务顾客把未来几次旅行的生意给了其他航空公司，而不仅仅是目前这一次。再分析一下在此情况下图 14-13 中的超额预订决策。商务舱服务的超额预订将会增加还是减少？

3. 一架飞机有 100 个座位，向旅客提供两种机票：全价票（550 美元）和打折票（250 美元）。增加顾客的边际成本为 50 美元。打折票的需求为无限大，全价票的需求在 10～30 个座位之间平均分布，应该为全价票旅客保留多少个座位？有多少个座位不应放到 250 美元的打折细分市场中？

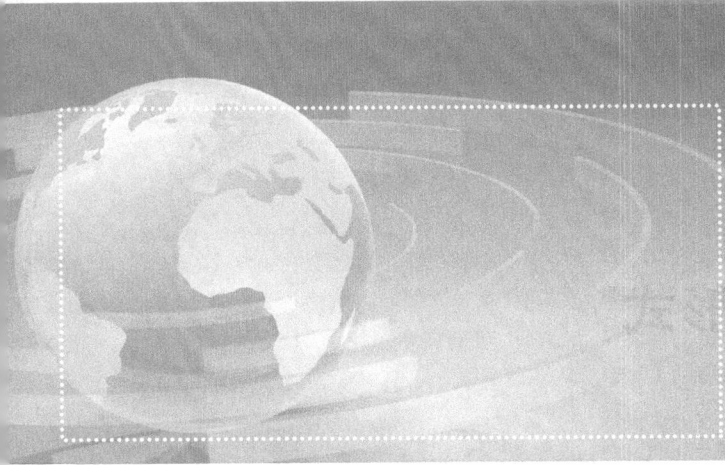

**Part5** | 第五部分

# 组织架构与管制

第五部分说明了新制度经济学的组织架构和企业管制问题，主要理论包括激励性契约、组织形式的选择（比如通过垂直整合来重新划定厂商的边界）以及管制与解除管制的争论。第 15 章讨论了企业契约理论、管理激励性契约、委托－代理问题、公司治理、贸易秘密许可证、合伙组织的解散以及垂直一体化。附录 15A 探讨了拍卖中的最优机制设计与合资经营的激励相容性。随后第 16 章说明了对企业的经济管制，包括反垄断、专利和许可证，以及通过管制和私有市场方法来控制外部性。第 17 章讨论了资本预算方法，它们可用于收购、合并和分立活动，以便改变厂商的组织边界。

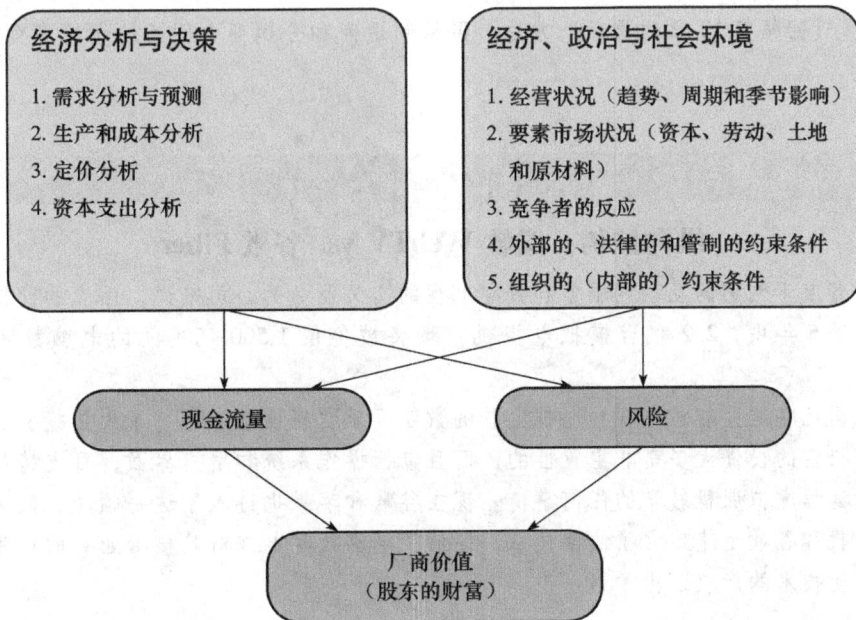

| 经济分析与决策 | 经济、政治与社会环境 |
|---|---|
| 1. 需求分析与预测 | 1. 经营状况（趋势、周期和季节影响） |
| 2. 生产和成本分析 | 2. 要素市场状况（资本、劳动、土地和原材料） |
| 3. 定价分析 | 3. 竞争者的反应 |
| 4. 资本支出分析 | 4. 外部的、法律的和管制的约束条件 |
| | 5. 组织的（内部的）约束条件 |

现金流量     风险

厂商价值
（股东的财富）

# 契约、治理与组织形式

## 本章预览

本章探讨的是每个企业组织面对的协调与控制问题，以及旨在以最低成本方式解决这些问题的制度机制。最重要的组织架构决策就是确定厂商的边界（即层级控制的幅度）。每个厂商在与外部供应商、外包伙伴、内部的事业部、授权的分销商、特许专营者和许可证接受者打交道时，必须决定内部组织的边界划定在哪里，市场交易发生在哪里。

企业组织之间的契约为界定这些关系提供了一个事前框架，不过所有的契约自身都是不完全的。因此，每个厂商都必须搞清经营伙伴做出事后机会主义行为的可能，然后设计出治理机制来减少这些契约风险。微软公司应该制造还是购买电脑芯片和节目内容来支撑其互联网电视服务？佳能公司是应该把它的数字相机技术通过许可证让威瑞森公司在网上分销，还是应该与其共同投资形成一种战略伙伴关系？苹果公司是否应该通过购买网络电视对其媒体提供设备进行垂直整合？红帽公司（Red Hat）是否应该继续采取公开资源结构并允许其许可证获得者复制、修改和转销其基于 Linux 的软件而不收费？

我们先通过回顾第 13 章的博弈论方法，再从制造商和分销商之间的协调博弈角度来说明上述问题。

## 管理挑战

### 纵向控制：微软 WebTV vs. 谷歌 Fiber

对于经营基于网络的互联网服务和数字电视的交叉业务的公司来说，巨大的商机已初见端倪。在今后的 5 年中，2.2 亿台模拟电视机市场将被价值 1 500 亿美元的电脑数字电视市场所代替。

微软公司已在这些智能电视和电视电脑的数字娱乐程序设计上进行了大量投资。它对技术诀窍和贸易秘密的投资大多是非重置性的，而且包括操作系统和用户界面，可支持从交互式博物馆游览到远程虚拟课程教学的任何事情。现在谷歌和苹果也进入了这一领域。数字电视制造商索尼与微软和谷歌迅速建立了伙伴关系，评估了电脑数字电视对其核心业务的风险性，向着获取这项新生技术的产权迈出了第一步。

微软随后决定实行纵向整合，用 4.25 亿美元率先收购了 WebTV。微软打算把它的单一数字娱乐资产与 WebTV 的技术相结合，为智能电话和手持电脑生产数字消费产品。微软决定通过对 AT&T、Telewest、康卡斯特（Comcast）和三家欧洲有线电视公司的股权投资 100 多亿美元，力求成为互联网电视的有线电视工业标准。

拥有 HBO、特纳广播和华纳兄弟的内容提供商时代华纳通过 HBO 与苹果和 Cablevision 建立合作伙伴关系，从而进入这个领域。去年来自付费频道的 Dish Comcast 和 DIRECTV 购买了 650 万美元的苹果互联网电视。HBO 发现允许消费者观看类似于《黑道家族》《权力的游戏》和《欲望都市》会夺走他们的付费电视生意。

**讨论题**

■ 请对以下问题做一次头脑风暴。为什么类似于微软和谷歌等软件巨头或者说内容提供商，必须通过在技术端控制利益的方式来将它们的内容传递给终端用户？

■ 苹果是一家紧紧控制产品设计、生产和销售的公司。这是否意味着苹果公司的设计以及软件资产比其提供销售的产品或者在当前看来非常有价值的产品更容易被置换成其他资产？

■ 为什么内容提供商 HBO 想阻止下游公司对其电影和热门演出涨价？

## 15.1  导论

组织形式与制度安排在引发效率行为的过程中起着广泛的作用。激励性契约能够激励管理者 – 代理人追求所有者 – 委托人的利益激励一相容的显露机制能够增加合资企业（如诺基亚和西门子）的市场价值。另外，允许一家电力公司向另一家电力公司自由购电，对美国联合铁路（Conrail）、英国电信、日本航空、墨西哥电信和法国兴业银行（Société Générale）等公司的私有化，都使这些原先高傲的公用事业垄断者提高谋求资本最大化的积极性。

制度选择还包括公司采取的组织形式。例如，某些制造商（如固特异轮胎公司）建立专营经销关系，而其他制造商（如米其林）偏爱与独立零售商签订垂直要求契约。也许这些概念的最重要的应用出现在确定厂商的边界上：是应该像埃克森公司那样对整个供应链实行垂直整合，还是应该像戴尔公司那样实行外包？

## 15.2  契约在合作博弈中的作用

我们在第 13 章中看到，一旦制造商承诺更新产品，分销商有时会发现其最佳反应就是继续提供广泛的销售活动和售后服务。如果是这样的话，制造商和分销商行动的必要协调可以通过一种自动实施的信赖关系来实现。不过在其他时间收益的情况是：协调所要求的东西多于我们研究过的最佳反应。再分析一下图 15-1 中的决策，其中的行动和收益与前面制造商—分销商 Ⅱ 博弈中完全相同（见图 13-4）。

在前面的子博弈精炼均衡 ｛更新，停止，做广告｝中，零售分销商充分地了解到制造商的最佳反应就是在任何情况下都要做广告，所以停止某些推销工作情况会更好。查看图 15-1 方框中带星号的结果。这个奇怪的行动组合在决策树中所有能满足各参与者和各个适当子博弈节点上最佳反应条件的其他顺序行动方式中占据支配地位。不过，销售量将下降，所以制造商的情况要比分销商继续所有推销工作时明显变坏。在此事件中，制造商将实现 300 000 美元或 350 000 美元的收益，而更新和做广告防止分销商减少推销工作造成销量下降的结果使制造商的收益只有 280 000 美元。

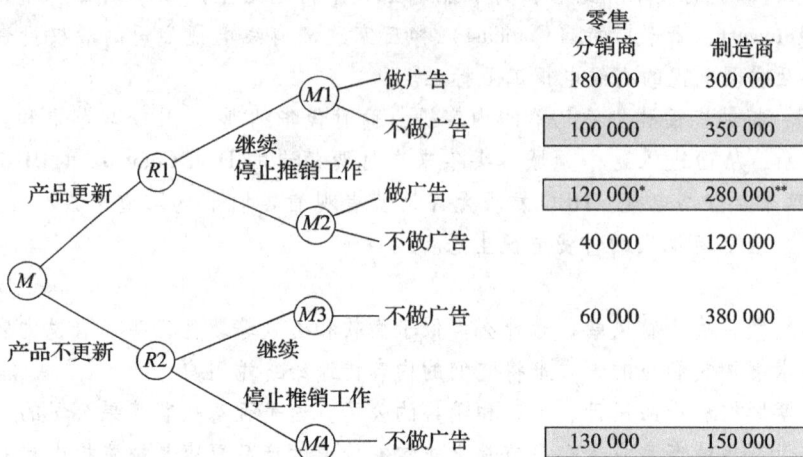

图 15-1 实现最大价值所需要的垂直要求契约（收益单位：美元）

还有，造成零售分销商定期出现违约的制度安排并不能使产品的价值最大化。子博弈精炼均衡 {更新，停止，做广告} 创造的总价值是 120 000 + 280 000 = 400 000 美元。{更新，继续，不做广告} 产生 450 000 美元的总收益，{更新，继续，做广告} 形成 480 000 美元的总收益。此时人们会期望利用某种组织形式来实现这个增加值。一种方案就是垂直一体化。制造商通过（用比零售分销商 120 000 美元的贴现值稍高一点的价格）购买分销厂商，就能够实施价值最大化行动，并用合并企业中的内部监测和激励系统来解决协调和控制问题。

制造商也可以延缓向零售分销商的供货并频繁地一家又一家地改变分销商，搞乱对此关系的预期，以此寻求一种"停止"战略。因为分销渠道的不稳定造成了大量的初始成本，制造商会改为实行一种包括可信承诺和转移支付（即一种关系契约）的合作博弈。

## 15.2.1 垂直要求契约

**契约**就是旨在促使延迟交易的、有约束力的、第三方可实施的协议。受承诺方完成某些有成本的行动（也许进行转移支付），来换取和依靠承诺方对随后绩效的保证。这里的制造商更新产品，依靠零售分销商随后完成售前推销工作。制造商此时要决定制造商出资的广告是否需要零售经销商的协调。当然，分销商可能表现为答应一件事，然后提供另一件事，垂直要求契约就是建立这种承诺可信性的一种方法。

**契约**（contracts）：旨在促使延迟交易的第三方可实施的协议。

**垂直要求契约**（vertical requirements contracts）：在产品价值链的生产阶段之间签订的第三方可实施协议。

对于图 15-1 中的契约问题，一份**垂直要求契约**会向分销商提供多于 120 000 美元的非合作性均衡行动。合作盈余是 480 000（第一行）− 400 000（第三行）= 80 000 美元，它是在制造商更新产品并对产品做广告时致使零售分销商提供全面推销服务所形成的。因此，制造商可能会提供分销商的威胁点（由违约造成的 120 000 美元的收益），加上由完成承诺而形成的增加值的一半（即另一个 40 000 美元）。这样的一种协议将造成使制造商的收益从 280 000 美元增至 320 000 美元

（480 000 –（120 000 + 40 000））的行动。假定还有其他的分销商，这个契约将被现在的分销商所接受，参与双方将比不使用第三方可实施契约的子博弈精炼均衡 ｛更新，停止，做广告｝的情况更好。<sup>⊖</sup>

还有，可信的承诺是关键。制造商面对决策的时间安排，可能会答应做广告，但随后没有做。由于这个第二个事后机会主义的可能性，零售分销商会附带要求合作性广告。或者，如果制造商在分销商付出全部努力销售一种更新产品后违背做广告的诺言，契约双方就可以规定一个 51 000美元的损失惩罚条款。在此情况下，图 15-1 中的制造商做广告就有 300 000 美元，不做广告就是 350 000 – 51 000 = 299 000 美元。零售分销商继续努力推销（100 000 美元 + 51 000 美元）要比停止其推销活动（120 000 美元）的情况更好。此时我们可以预期能带来最大利润收益值（180 000 + 300 000 = 480 000 美元）的价值最大化结果是 ｛更新，继续，做广告｝。

谈判地位最终会把某些合作剩余以专营费的形式重新分配给制造商。例如，在一项带有对制造商违约不做广告将处以 51 000 美元惩罚条款的利润分享专营契约中，开始要求分销商支付每期专营费 50 000 美元。结果是随后分销商将得到更新产品，180 000 美元经营利润，减去 50 000 美元的专营费，加上一个有关制造商资助的合作广告的规定损失协议。制造商将得到的是分销商的继续全面推销工作，300 000 美元的经营利润，加上 50 000 美元的专营费。

## 15.2.2 商业契约的功能

形成这个契约所提供的抵押品超出了仅仅由有声望的分销商所能提供的声誉资产。在交换一项同意的条款时，被承诺方得到了一个可信的承诺。承诺方履行承诺是可信的，这是因为对契约解释与执行的法律规则确保了由双方讲明的预期结果将得到实现。虽然法院很少命令违反契约者明确地按照承诺去做，但很快就会判定使双方不会比契约条件下预期情况更坏的**预期损失**。因此标准的契约补救措施为承诺方的有效防范提供了激励，也不会使被承诺方对承诺有更多的有效依赖。

> **预期损失**（expectation damage）：对违约的补救，旨在引发对承诺的有效防范和有效依赖。

---

| 实例 | 机器轴送货延误造成工厂关闭

契约补救措施作为激励因素的作用可由一个历史案例来说明，这就是"哈德利诉伯灵顿"，经济法庭 1854，9 Exch341 一案。一位工厂主为其折断的机器轴在一家机械厂订购了一件替换品，后者同意对此设备按标准进行修理并运回。设备的运回因路况不好而延迟，结果造成工厂关闭，工厂主因损失利润而提出诉讼。法院驳回了对此特殊损失的索赔，因为机械厂已经采取了惯常性的运输防范措施，而且如果该工厂主事先规定由进一步延误而产生的特别损失，预期机械厂还会做得更好（也许会安排用直达车快速送货）。

换言之，机械厂有权预期到此工厂主不会如此过分地依赖三天修理的承诺，除非被明确告知。如果工厂主随后即刻安排对时间敏感的经营活动，而且不用暂时的替代机器轴，那么

---

⊖ 这里的垂直要求契约的构建有可能围绕一个提出的利润百分比。通过对最终产品价值的不确定性的承认，制造商和分销商会同意分担这个风险。具体讲，若一个垂直要求契约提出把总和利润的 33%（480 000 美元中的 160 000 美元）给予授权的分销商，以交换对一种不更新制造商广告产品的充分推销努力和售后服务，那么该契约将使这个商务机会的价值最大化。

这正是工厂主的责任，显示了那些可能具有毁灭性的特殊事件，从而形成不同水平的防范措施。因此，工厂主的依赖是过分和无效的，其损失的利润法院不予支持。[⊖]

合同法中这种规定程序对于充分预见到的事件的作用格外明显，不过，修订后的合同法规则（表15-1下半部分总结了几条）减少了未预见事件发生时再次协商和签约的交易成本。比如以一辆通用卡车为例，从对设计和生产一种只以乙醇为燃料的新型卡车的生产设施进行投资到6个月之后对这种卡车进行促销和销售，该卡车可实现的市场价格会发生很大的变化，假设在此期间市场价格因竞争对手引进改进的混合燃料卡车而大幅下降。

**表 15-1 制造商与分销商之间不同的契约环境范围**

| | 现货市场交易 | 垂直要求契约 | 关系契约 |
|---|---|---|---|
| 时间 | 即时的，一次性的 | 延迟交易；对未来绩效即时因素的承诺 | 重复性经营 |
| 参与者 | 匿名的买主/卖主 | 契约伙伴 | 熟悉的经销商/代理人 |
| 实施 | 易货交易或就事论事 | 第三方公平实施 | 自动实施；最佳反应 |
| 信息 | 完全（完整与确定）信息＋竞争导致有效市场 | 有目的的不完全契约具有模糊性；治理机制 | 声誉；信号传递/虚张声势的博弈 |

**合同法的一些条款**

契约通过说明不确定的绩效结果（不完全契约问题）推动延迟交易，确保绩效过程中观察不到的努力（道德风险）以及再次签约成本（要挟问题）

| 契约的基本功能 | 契约条款说明 |
|---|---|
| 1. 为有效防范和有效依赖提供激励 | 1. 对期望损失的补偿 |
| 2. 鼓励发现不对称信息 | 2. 要求披露破坏性而非建设性事实 |
| 3. 提供风险分摊机制 | 3. 目的受挫原则 |
| 4. 降低交易成本 | 4. 期货销售合同中的不免除义务 |

**目的受挫原则**（frustration of purpose doctrine）：合同法中的一种缺席规则，能够导致合同约定的免除。

如果最初的卡车制造商和分销商在6个月前达成一项固定价格的合同，那么制造商就会因分销商承担该风险而得到约定的收益。另外，如果在6个月内管制环境发生变化，致使出售这种乙醇燃料型卡车为非法，那么统一商法（UCC）中的**目的受挫原则**将免除分销商承担合同义务。

合同有利于延迟的交易。合同法的条款主要体现在普通法中，但也收入UCC的法典之中，对于降低交易成本提供了可预见的结果。比如我们在前面看到的，法庭几乎总是给予违背其契约承诺的各方一种预期损失的责任。因为环境发生变化，预期损失常常要比强迫承诺方履行合同更有效率。在此情况下，预期损失的成本通常低于采取合同规定行动的成本。

在某些情况下，合同承诺被一起免除。这种免除分为两类：极其稀少的免除和更为常见的绩效免除。如果我卖给你一架受损的利尔喷气机，而没有说明飞机的损坏，你（买主）就可以要求免除契约。另外，若一架受损飞机的精明买主认识到通过廉价的修理而增加价值的可能性，就可以从他的不对称信息中获利，而不用考虑法院随后是否会撤销销售合同并把飞机归还给最初的所

---

⊖ 把契约补救措施当作激励因素而对有效依赖和有效防范的著名广泛讨论见于 R. Cooter and T. Ulen，*Law and Economics*，5th ed.（Reading, MA：Addison-Wesley, 2008）.

有者。合同法支持了这个精巧的平衡，既要求披露破坏性事实，又不降低形成提高价值的非对称信息的积极性（即建设性事实）。

---

**实例** 合同承诺的执行与免除：特殊的"9·11"案例

在一个典型的绩效免除中，诸如管制限制的变化等权变事件可能会使一个合同的目的受挫。如果美国 FDA 撤销了对某种药品声称的安全及有效性的批准，那么默克公司就能够免除它与发明人达成的转让许可证和销售此药的合同协议。

契约还会因为未预见到的自然灾害或战争行动而免除。2001 年 9 月 11 日上午，纽约银行有义务处理大约 84 000 笔政府证券交易并提供现金结算。像摩根大通等客户厂商与纽约银行有大量的实时连线数据输入和精准的电信联系，可是当天下曼哈顿区的三个银行建筑物因恐怖攻击或者已经损坏，或者被迫关闭。此时

因银行的经营设施混乱，不能授权进行最终清算，纽约银行在结算上对花旗和摩根各欠 3 000 万美元。

在其他情况下，上述结算推迟一天将造成纽约银行的预期损失是每份合同每天大约（1/365）×3%×3 000 万美元 = 2 465 美元。由于这些处理和结算业务的利润微薄，这样的损失很快就会耗尽所有盈利。不过，在不可预见的"9·11"环境下，战争行动已经限制了清算和处理合同的绩效，纽约银行有权获得绩效免除。

资料来源：Based in part on "Little Changes at Bank of New York," Wall Street Journal（March 8，2002），p. C11.

---

**现货市场交易**存在的信息和激励问题最少。例如，不按小时购电但按小时供电可以避免定价风险和机会主义行为的可能性。完全和肯定的信息加上竞争性地进出有效率的市场意味着均衡市场价格将反映所有的相关信息。这就使目前的价格成为未来价格的最佳预测。不过，简单商品交易即时交付的可得性并没有解决大多数经营合同中产生的一些问题。

> **现货市场交易**（spot market transactions）：匿名的买主和卖主之间对典型标准化产品进行的仅有一次的即时交换。

我们分析一项未来期货销售承诺的目前因素的递延变化。假设卡车制造商和分销商签订了一项有关将要使用的发动机燃料的**期货销售合同**，作为加强分销商推销工作的一种促进因素，随后发动机燃料的价格上涨了两倍，那么将会如何？

> **期货销售合同**（forward sale contracts）：一种交换商品的共同协议，按今天的现金计算，在未来供货，不存在绩效免除的可能性。

UCC 为期货销售合同制定的缺席规则就是一种非常明确和很少遇到的免除。如果卡车制造商在 2016 年 6 月向分销商按每加仑 2.33 美元的价格出售 100 000 加仑燃料的期货，作为在 2016 年 12 月供货的卡车促销措施，如果 12 月燃料的现货市场价格升到 4 美元，那么制造商就要承担履行合同时成本上升的风险。制造商提出如约供货将在财务上毁灭的托词将毫无用处，它必须在 12 月提供 100 000 加仑燃料，否则就要面对法院立即的判决，赔偿分销商（4−2.33）×100 000 = 167 000 美元。每一份商业合同都必须要么规定这种风险的分摊，要么合同的运行服从于这些旨在提高预见性，从而降低期货经营契约交易成本的缺席规则。

表 15-1 总结了制造商和分销商（可能包括为发动机汽油促销的期货销售合同）之间的现货

市场交易、基于声誉的关系以及垂直要求契约的其他几个特点上的差别。制造商和分销商是决定采用现货市场交易、关系契约、固定利润－分享专营契约，还是采用垂直整合，取决于在各种契约条件下对相对交易成本的协调和控制。

## 15. 2. 3　不完全信息、不完全契约和事后机会主义

实际上所有的交换，不管是产品、金融债权还是劳工服务，都是在不完全信息条件下进行的。一方面，决策者的行动结果常常面对随机干扰，这种**不完全信息**通常按照保险市场中分散风险的例行方法来处理。保险市场把偶然性风险集中起来，从而降低了任何单个企业或单个家庭的损失暴露。一条消费电子产品装配线上随机发生的伤害很少与一家厂商的送货卡车的损坏或一家厂商的运输设备受到严重天气的破坏相一致。结果，适度的保险金就可以收回包括多种风险事件预期要求的成本。

**不完全信息**（incomplete information）：对收益、选择和其他因素不确切的了解。

不过，有关间接风险的存在和可能性的不完全信息（即可能出现的结果）常常限制涉险各方签订保险契约。我们分析**充分权变要求契约**：你在做器官移植手术之前，需要和你的外科医生签订这种契约。两家制药公司在一方向另一方转让生产某种怀孕药品许可证之前也需要签订这种契约。要得到签订一份包括在未来所有可能的权变条件下潜在损失和充分补偿的协议所需要的全部准确的信息，其费用肯定是非常高的，结果，没有几个器官移植病人和企业伙伴会力求协商签订这种充分权变要求契约。费用极其高昂的信息成本说明了为何契约的设计常常是不完全的。

**充分权变要求契约**（full contingent claims contract）：包括未来所有可能事件的协议。

不完全契约的一个直接结果就是出现未被契约所具体禁止的**事后机会主义行为**的可能。接受在职培训（OJT）的员工可能带着新学到的技能到其他地方兼职，管理人员可能按照一项劳动合同的特许，以其正在雇用的员工没有预料到的方式进行资产重组，棒球运动员也会力图在世界系列大赛之前续约时进行要挟。如果事先了解到这种倾向，公司就会提供更少的 OJT，工人不会同意在工资上的让步，球队老板会培养更多的棒球替补球员。因此，契约的不完全性导致了低效率的行为，这是高成本和不完全信息的必然结果。公司为了减少这种低效率，采取强制仲裁协议等治理机制来帮助解决签订契约之后的纠纷。

**事后机会主义行为**（post-contractual opportunistic behavior）：利用契约伙伴的脆弱性，且没有在契约条款中明确禁止的行动。

## 15. 3　公司治理与道德风险问题

**治理机制**（governance mechanisms）：发现、解决和减少事后机会主义的过程。

2009 年诺贝尔经济学奖得主奥利弗·威廉森（Oliver Williamson）强调契约形成了事前框架，但**治理机制**提供了谋求最大价值的事后实施。

商业契约的双方对自己是其中一部分的契约关系的性质是理解的，包括对潜在契约风险的了解。不过，因为复杂契约的不完全是不可避免的，即为所有事先可能的权变条件规定条款是不可能的或是成本巨大的，

所以多数的相关契约活动都是由事后治理机制来承担的。<sup>⊖</sup>

　　因此，由于事后机会主义行为，图 15-1 中制造商和分销商之间的任何垂直要求契约都将仅仅是其协议的开始。另外，厂商还将需要解决一个核心的协调和控制问题：零售分销商一方的推销工作具有内在的不可观察性。实现契约承诺过程中无法观察到的工作努力表明了一种困难但也是标准的企业经营合同中的**道德风险问题**。所有的契约各方在达到它们中意的条款之后，必须以不明显的、难以发现但有可能搞坏的方法留心逃避协议的可能。

**道德风险问题**（moral hazard prob-lem）：由不能证实和无法观察的契约绩效所产生的事后机会主义问题。

　　我们在下一节将把道德风险的思想应用于管理契约过程，但我们首先分析商业贷方的道德风险问题，因为它在选择安全的运营资本项目时会遇到无法观察到的借方行为。一位已知可靠的借款人会带着一种随机发生的清偿危机与出借人打交道，这种危机必定构成其银行信用额度的扩大。<sup>⊜</sup>此时出借人提供继续贷款的条件，即利率、本金数量、附带要求和借贷条件。这种情况如图 15-2 所示，如果借款人决定接受，就授予扩大的信用额度。此时，随机过程的干扰表现为对借款人的几种不确定的商务机会。如同上一章，我们在决策树的一个节点上表示不确定性的作用，用大写字母 N 表示自然选择。可能的商务机会是一个"光谱"，从延期交货期内相对安全的存货投资到公司允许顾客在 90 天之内支付（而不是在购买地点用现金支付）的应收账款政策。因为产品销售对信用条件（如把 90 天视为与现金相同）可能是敏感的，所以运行资本的后一种使用具有更高的期望收益，但风险也很大，因为无法收回的顾客账款会直线上升。最后，借款人会使用新的信用额度进行海外扩展，伴随这种行动的是失败和违约的巨大风险。

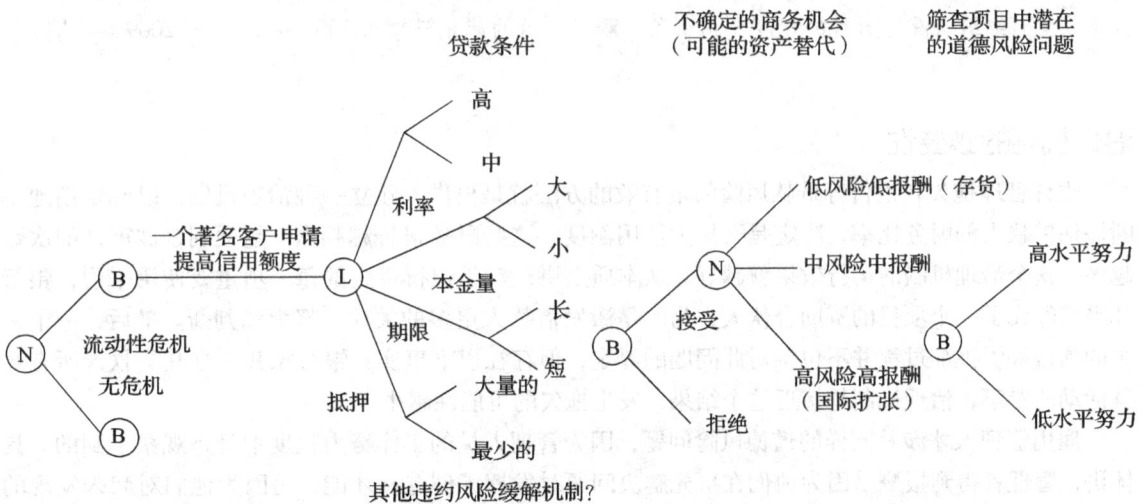

图 15-2　贷款信用额度中的道德风险问题：博弈理论模型练习

　　出借人的道德风险问题此时受到鼓励。商业银行希望借款人在选择项目时格外小心、高度努力并做出良好判断，因为要把从信用额度扩大中新获得的资本用在这些项目上。不过，银行在选

⊖　Oliver Williamson，"Economics and Organization：A Primer," *California Management Review*，（Winter 1996），p. 136. See also Williamson's *The Mechanisms of Governance*，（New York：Oxford University press，1996）.

⊜　在这里研究的情况下，我们把逆向选择的隐蔽信息问题抽象掉（假定借款者是出借机构非常了解的顾客），把重点集中在商业借款中的隐蔽行动的道德风险问题上。

择贷款条件以引发这种大量的**隐蔽行动**时必须小心行动。要记住，银行事先并不知道借款人将要面对什么样的商务机会。这并非一个项目的筹资情况：商业银行可以参加评估公司的资本预算建议并直接监督其 ROI 和附带风险。银行所做的是提供资金，然后一定要促使借款人努力工作，恰当地甄选出那些随机表现为可能投资的项目。

出借人应该提出什么样的贷款条件？偿还期较长的大额贷款是借款者最希望得到的，为的是面对其当时的清算危机获得最大的筹资灵活性。具有更多的资金和时间来纠正一项有偏差的经营计划是最理想的，但这些条件是否或多或少地

---

**隐蔽行动**（hidden action）：商业伙伴或者客户未被观察到的选择行为。

---

形成甄选项目的努力以防止或控制亏损？使人吃惊的是，更高的利率反映更高的违约风险并不是问题的答案。高利率迫使可靠的借款人寻找风险更大的运营资本项目，以便获得更高的预期收益并因此处于偿还贷款的地位。由证券的大量连带抵押所支持的中等利率似乎推动可靠的借款人更努力地寻找更安全的项目。[⊖]

---

|对与错| 通过测验和展期请求来预测大衰退

每个季度，美联储主席和前 20 大银行的总裁都会进行一次会晤，来共同商讨宏观经济环境和商业周期预测。2007 年 3 月，在座的几乎每一个银行家都对美联储主席本·伯南克说贷款需求真正以他们组织从没经历过的速度急剧下跌。测验和展期请求也到达历史极值。美联储忽视了这些在商业周期里暗示大衰退的指标，取而代之的是等到 2007 年 8 月才开始放开货币政策以及减轻信贷紧张状况。国家经济研究院认为大衰退的起止日期为 2007 年 12 月到 2009 年 7 月。

---

## 治理机制的必要性

也许管理拖欠和拒付等贷款风险的最有效的方法就是出借人建立一种治理机制，以此定期地不断评估借款人的财务比率，决定是否扩大信用额度。这些财务报告越频繁、越便利，被审计的次数越多，这个治理机制的运行效果就越好。从本质上讲，对于银行资金的每一项重要使用来说，银行几乎已经成了一个项目的资助合伙人，为的是激发借款人更多的关注、努力和判断。最后，一个一个的项目筹资批准过程并不包括对此问题的界定，但存在以下事实：银行家并不是其贷款人所有经营活动的专家，治理机制越接近这个结果，发生拖欠的可能性越小。

雇用管理人才涉及同样的道德风险问题，因为管理人员的工作努力程度本身是观察不到的。具体讲，管理者得到报酬是因为他们在事先解决问题时发挥了创造性才能，是因为他们对尚未发现的问题进行了苦思冥想。因此，管理人员很容易逃避其责任，把他们的创造性才能投入到与其工作无关的活动上去（所谓的精神兼职）。因为不能直接观察到管理

---

**精神兼职**（mental moonlighting）：管理契约中道德风险问题的一个征兆。

---

人员的努力程度，我们有时会错误地责备管理者，把不良绩效归咎于运气不好，我们有时也不能认可管理上的优点，而是错误地认为是好运气带来了好绩效。我们在下一节将分析带有最

---

⊖ 在其他环境下，出借人将面对一个逆向选择问题，要发现未知的借款人是来自于贷款申请人中的欺骗一族还是可靠一族。此时提供的贷款条件将影响贷款的接受和拒绝，由此决定了各集团提出的贷款组合中的比例。在这种情况下，中等利率和高额抵押意味着允许借款人表明其可靠的偿还意向。

低工资保障和绩效奖金的"激励性契约"，这可能是在签订管理人员雇用合同时对道德风险的一种有效解决办法。

不过，与管理者契约的不完全性相联系的另一个问题与契约延期有关。当主管人员掌握了公司专有的独特知识和技能，得到了不能安排给其他人的退休和离职补偿，就能在与董事会薪酬委员会的协商中处于有利地位。主管人员的组织记忆至少是不可代替的，因此，高层主管在延续其契约时通常会进行"要挟"。

表明这种要挟存在的例证很多：大量的主管人员"债务"常常被宽免，不良绩效造成的激励薪酬损失常常通过被敌意收购形成的"金色降落伞"所恢复或取代。期权的协议价格常常要重新确定以降低跌市的水平。下大力气努力雇用有经验的高级管理人员绝对可以使价值最大化，但董事会的薪酬委员会必须是个独立机构，能够在契约延期时进行必要的行为监督、基准测试和问题揭发。除了要挟，完全的欺诈也是一个常见问题。例如，把授予股票期权的日期倒签到行权的日期就是明显的犯罪事件，SEC 就是这样处理的。表 15-2 列出了可用来解决这种要挟问题的公司治理实施机制。

**表 15-2　公司治理的实施机制**

- 独立董事会内部监督委员会
- 大债权人的内部/外部监督
- 大型股票所有者的内部/外部监控
- 审计与方差分析
- 内部标杆管理
- 企业伦理责任文化
- 员工士气高涨，支持告密者

## 对与错　安然和世界通信公司的道德风险与要挟

世界通信（WorldCom）公司把短期经营费用在会计上错误地当成长期资本投资，结果需要在财政年度 2000 年重申经营利润为比之前低一点的 38 亿美元。安然（Emron）公司的主管用光了养老金储备账户，同时在退休规划中宣传员工股票期权计划的吸引力。2007~2009 年金融危机期间，一个接一个的商业丑闻极其明确地说明了治理机制的必要性，但人们仍然会问："到底为何需要治理机制？"为什么债券持有人的债务契约，高级主管人员用来安排其家庭生活的个人贷款契约以及使业主和经理利益相一致的基于绩效的激励契约都不能防止这些弊端呢？仅仅是从薪酬委员会那里拿走了过多的不合理报酬吗？仅仅是宽免了过多的主管人员债务吗？仅仅是在股价下跌时，新确定了过多的递延股票期权以降低协议价格吗？也就是说，在所有这些激励性契约中的刺激措施都失败了吗？答案肯定是"不"。最根本的问题是不完全契约造成了事后机会主义行为，因而即使存在很强的激励也需要健全的公司治理机制。

## 15.4　委托-代理模型

各种各样的业主-委托人雇用经理-代理人去代理并完成其经营事务。母公司与子公司建立委托-代理关系。制造商委托人要雇用零售分销商和广告代理商。最重要的是，产权所有人要用管理激励契约雇用主管人员，在这种委托-代理关系中，所有者的目标就是向管理人员提供激励，使之放弃其他的就业机会，代表所有者-委托人以追求价值最大化的方式来行动。

### 15.4.1　不同雇用安排的效率

雇用管理人员的合同可以采用几种纯粹或混合形式，包括单纯的薪金、工资率或利润分享。

在单纯的薪金合同中，管理人员和厂商就一项总体薪酬方案和具体的雇用条件达成一致。在其他情况下，比如咨询业中，管理顾问可以得到一种小时工资率，它等于此人所从事的咨询服务类竞争劳务市场中可选的最好就业机会。在图 15-3 中，管理顾问是以工资率 $W_a$ 雇用的，比如说每周工作 50 小时。$D_t$ 是厂商的投入要素需求，是这种劳务的边际产量收益，即增加劳动的边际产量乘以出售增加产量所得到的边际收益。因为在这些管理咨询服务的劳务市场中每个厂商都是很小的，所以在现行的市场工资水平上，任何既定雇主面对的都是具有完全弹性的供给 $S_t$。超过 50 小时，下降的 $D_t$ 不再超过沿 $S_t$ 的增量投入要素成本。

管理人员也可以按照一个纯粹的利润分享合同谋求就业。像纯粹基于佣金的推销员或制造商的贸易代表一样，管理人员也可以接受一个替代工资或薪金收入、直接导致其工作努力程度的收入百分比（比如说 40%）。大公司或联邦政府有时会向节约成本的建议者提供一定比例的发明费。再看一下图 15-3，可以用射线代表这个第三种可选的雇用安排，其中管理人员得到业主愿意为每小时管理服务支付报酬的 40%。这个利润分享方案开始时将超出工资率方案。例如，在先前 22 小时的工作期间内，利润分享合同将给予超额的薪酬，由面积 $ADJ$（阴影面积 O）表示。在这之后利润分享下降到管理人员的每小时市场工资率之下。

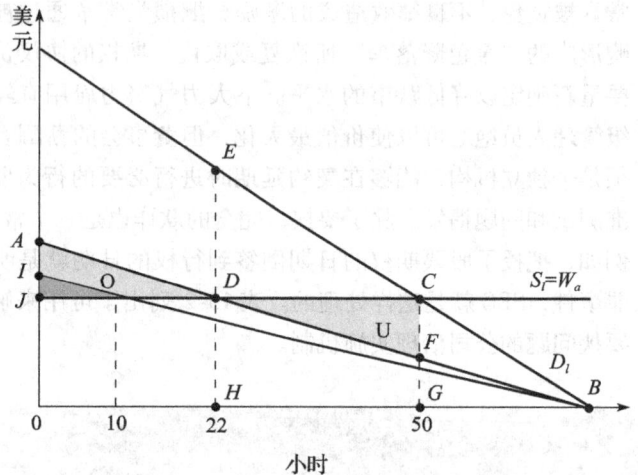

图 15-3　各种不同的管理人员劳动契约

如果 40% 证明是一种均衡的利润分享，那么超额薪酬（标为 O 的阴影面积 $ADJ$ 将正好等于后面 28 小时工作薪酬小时不足的部分（标为 U 的 $DCF$ 阴影面积）。这个水平使业主和管理人员在这种雇用安排和以工资率 $W_a$ 计算的每周工作 50 小时的方案之间没有差别。如果利润分享减少，比如减少到 35%（用射线 $IB$ 表示），以深色阴影表示的前 10 个小时的超额薪酬数额将不能抵消从 10 小时到 50 小时工作的薪酬不足部分。管理人员此时将拒绝利润分享合同，而赞同按工资率付酬方案。通过提高利润分享，回到 40% 的水平，厂商似乎就能够恢复每个合同的吸引力，至少对于某些工人来说是如此。正如我们将看到的，现实中雇用管理人才的实际情况通常是很不一样的。

## 15.4.2　经理人契约中的工作努力、创造才能和道德风险问题

纯粹的利润分享契约包含着自我毁灭的种子。假设几个人参与药品销售活动，利润分享者对团队生产贡献的投入基本上是无法观察的。没有一个时间卡能够成功地监测投入，原因或许就是实际需要的是对工作努力的衡量，而不是对工作小时的衡量。此时理性的员工会考虑其他选择。只要利润分享薪酬超过其他方案的工资率，他就会对这项工作投入观察不到的工作努力。但在工作努力超过 22 小时后，员工就可以通过按其他选择方案的工资率 $W_a$ 为其他人工作，从而赚取更多的收入。因此，不忠诚（但是理性）的贸易代表就会对工作偷工减料，还会兼营第二职业。这种可预知的反应就是道德风险问题的另一个方面。只有对雇主有一种职业道德意识，才能防止这个问题成为企业经营的真正风险。

雇主预料到这种行为，就会决定撤销纯粹的利润分享契约。我们来看为什么。如果在 28 小时范围内不努力工作，那么雇主所节省的利润分享支付等于图 15-3 中 DFGH 的面积，但失去产出价值为更大的 ECGH，因此相对于每小时内含工资率为 $W_a$、仅对工作 50 小时支付计件工资的一份工资契约来说，超出了净值 [ECGH – DFGH – ADJ（表示前 22 小时工作的超额支付面积）等于 EDC 面积]。工作的努力程度大多是观察不到的，这个事实使得纯粹的利润分享契约相对于计件工资契约来说，对雇主是没有吸引力的。

情况也并非总是如此。例如，在为停车场雇用管理员时，计时钟和顾客投诉（如鸣号和损坏的停车场大门）是对必要投入的很好监督。在一份把工作时间作为一个雇用条件的雇用合同中，解雇政策对于必要的投入起到激励作用。同样，在雇用佃农和零售店售货员时，同样采用工作时间约束条件和产量定额。在这些例子中，厂商及其员工已经想出了种种办法来解决道德风险问题。诺贝尔奖得主罗纳德·科斯（Ronald Coase）强调过，委托人和代理人之间的私人自愿协商议价时，常常会找到方法达成解决这些问题的契约。<sup>⊖</sup>

只要一个员工的行动（如工作努力程度）要花费巨额成本才能观察到，就会出现道德风险问题。再次分析医药销售代表的情况：通过检查预约记录和随机的跟踪监测并不能发现他们为从医生客户那里得到订单而必须付出的推销努力。人们可以尾随销售代表，在他完成推销访问之后询问每一位医生，以求发现销售代表表现出来的工作才能和坚持不懈的努力。但显而易见，这种监测做法的费用是极其高昂的。面对真正的"隐藏行动"，医药公司更有可能采用某些以绩效为基础、包括**标杆基准**的激励契约，而不是纯粹的利润分享契约。

> **标杆基准**（benchmarking）：对相似的工作、厂商、工厂、事业部所形成的绩效进行比较。

在一个标杆基准期间，雇主把先前生产率低的销售区域重新分给绩效在平均水平之上的贸易代表，看他们的工作努力能否改变每次销售访谈的成功率。果真如此，雇主就会得出结论：是由于先前的销售代表工作不努力造成了销售量低。经过几轮这样的标杆基准过程之后，雇主就能够确定哪些销售代表是可留任的，哪些是要辞退的。重要的一点是：要允许这些留下的员工保留他们形成的所有生产记录。

不过对于管理工作来说，解决道德风险问题的难度更高。高层管理者贡献给团队生产的投入不是办公工作时间，而是我们称之为创造才能的东西，即创造性地阐明和解决甚至尚未发生的问题。支付经理人薪金是让他们去思考，而不是堆砌文件。难点是要发现这种创造才能何时被应用于雇主的经营业务之中，而不是经理人进行精神兼职的其他业务上。当然，这个差别最终将在绩效中显现出来，但是时间会有多长？差别会有多大？在一个高层管理人员对其职责偷懒，有损于股东价值，直到最终被解雇，这些问题都是很难得到满意答案的。

更大的问题是，偷懒的经理人可能永远不会被解雇，而努力工作的经理人可能永远得不到奖酬。如果随机干扰因素影响了公司的绩效，那么即使把无法观察到的偷懒行为与负面的随机干扰因素区别开来，上述问题仍然很难解决。此时业主如何才能知道在什么时候因公司绩效下降而责备高层管理者？何时因公司绩效好转而给予他们信任？通常用来分析这些变量的一种治理机制就是**公司审计**。经理人要按照公认的会计准则（GAAP）汇报资金的来源和运用，此时独立的审计师要对不

> **公司审计**（company audit）：一种治理机制，把随机干扰因素与观察不到的工作努力的变化分开。

⊖ See J. Farrell, "Information and the Coase Theorem," *Journal of Economic Perspectives* (Fall 1987), PP. 113-129.

同时期的偏差进行评估与核实。⊖尽管付出了努力，审计师还是很少能把公司绩效中的管理决策结果与随机干扰因素分开。这就是说，当大多数厂商面对绩效的不确定性时，道德风险问题会更难以解决。

有些公司通过以一个经理人为标杆基准衡量另一个经理人（比如说，在有可比性的工厂或地区事业部）来解决经理人的兼职问题。他们希望在工厂或事业部之间，商业周期因素和随机时间序列的干扰是高度相关的，因此经理人的工作努力和创造才能将与工厂或事业部的差别绩效相对应。遗憾的是，他们的想法通常是错误的。所以，日本公司依靠高度的敬业精神、同级人员的压力和终生雇用合同（在一定的试用期之后）来减少精神兼职和其他形式的偷懒行为。

分开来看，隐藏的工作努力（不可观察性）和绩效的不确定性都不会给业主–委托人雇用经理，即代理人带来任何具体的困难。由经理人投入的不可观察性产生的道德风险本身是可以解决的，方法就是给予经理人滞后的剩余收入索取权（即递延的股票期权或限制性股票）。在经理人有时间用其所有的工作努力和聪明才智去影响绩效之后，与管理人员进行事后的清算了结将形成更为有效的基于绩效的激励结果。

### |实例| Adobe、戴尔和思科公司的指数化股票期权

为使对经理人的激励与产权所有者的利益相一致，大多数公司都定期赠予经理人延期的股票期权作为报酬。这种基于绩效的奖金使持有人有权按目前价值的稍低折扣价格购买公司股票。如果厂商的绩效随后得以改善，市值上升，那么股东和经理人都会获益。经理人一般要等待3~5年才能行使其期权，但有时能实现50%、80%或更多的收益。2009年《财富》500强公司中CEO的薪酬平均为700万美元，其中71%为涉及卓越绩效的延期股票或期权报酬。

为了得到延期薪酬计划中的这种股票，一些公司通过发行新股稀释股权，另一些公司是在公开市场中回购股票。为了降低这个"回购"成本，特别是在一个上升的市场中，像Adobe、戴尔和思科等公司按所在行业的平均股票价格对其递延期权的履约价格进行指数化。当所有的相关公司都经营良好时，期权价值上升，履约价格也会上升。结果，经理人不会在该结合点上行使其期权，而是受到激励在好的时候和坏的时候都努力使经营绩效超过同行。

同样，绩效的不确定性本身所形成的风险分摊问题可以很容易地用保险来解决。经理人与所有者相比，多样化投资的能力多少要差一些，因为管理人员常常把具体的人力资本投资于与其公司雇主的长期关系上。这种情况导致了同为规避风险的所有者和经理人常常签订某种风险共担协议，比如一种有保证的基本底薪加上一种基于绩效的奖金。

### |实例| 宝洁公司给广告主管人员的报酬是以绩效为基础

宝洁公司（P&G）每年要通过Saatchi&Saatchi、Leo Burnett和其他广告代理商在广告上花费30多亿美元。过去代理商按客户广告支出的15%赚取固定费率。20世纪90年代，

---

⊖ 本章末尾第一个案例练习对此审计机制进行了更为深入的探讨。

福特、高露洁和宝洁公司打破了这种固定费率传统，开始按基本固定费加绩效奖金的方法支付薪酬。现在如果广告宣传创造的作用不大，宝洁公司的销售平平，那么客户经理只能获取固定的薪金。相反，如果广告宣传造成了宝洁公司的销量增长，那么一次巨大成功的广告宣传就可以赚取几百万美元的奖金。客户、广告代理业主和客户经理此时是在分摊消费者反应多变的风险，但在随机性灾难出现时，基本薪金提供了一种安全保险。

### 15.4.3 委托－代理问题的界定

当经理人创造性才能的不可观察性和绩效的不确定性同时存在时，签订经理人契约过程中的真正困难就出现了。这些问题的同时存在构成了大多数厂商面对的所谓**委托－代理问题**与管理团队进行事后清算，此时就不再形成预期的激励。一些经理人运气不好，受到了本不应受到的责备，而另一些经理人运气好，得到了本不应得到的信任。

委托－代理问题可以被界定为一个面对双重约束条件的最优化问题。委托人选择一个利润分享比例和经理人的薪金，二者保证使规避风险的业主－委托人的利润的预期效用最大化，这里的利润取决于经理－代理人的努力，取决于管理激励契约的成本，取决于随机干扰因素。此时，一种**激励相容性约束条件**把经理人根据所提供的利润分享和薪金而选择的工作努力与业主－委托人使预期效用最大化的努力统一起来。这就是说，一个激励相容的利润分享和薪金会促使经理人发挥出实现所有者价值最大化所必需的管理努力和创造才能。第三点也是最后一点，**参与约束条件**确保经理人将拒绝他的次优的备选就业方案。

> **委托－代理问题**（principal-agent problem）：在决策职权授权过程中存在的一种激励冲突。

> **激励相容性约束条件**（incentive compatibility constraint）：对激励统一性的一种保证。

> **参与约束条件**（participation constraint）：对持续参与的一种保证。

我们在下一节中用一种可以解决委托－代理问题的线性最优激励契约说明上述三点内容的含义。不过要知道，说明一个最优的经理人激励契约要比实现更加容易。[注] 参考本章最后的案例练习，尝试一下如何平衡所有相互竞争的目标。

### 15.4.4 用最优激励契约甄选管理人才

所有的雇用决策中都存在非对称信息，它们在经理人雇用决策中常常起到极其突出的作用。求职者了解所有的信息，而潜在的雇主只能掌握求职者在简历上提供的信息。因此，人事部门希望了解的或许是 19 项简历内容，而求职者仅披露 14 项。让我们看一下如何使用线性分享契约以某种未披露的特点（如经理人的风险规避态度）为基础挑选管理人才。

假设一家大银行有两个空缺职位，希望由两个具有不同风险规避态度的经理来担任。一个职位是负责某城市商业建筑贷款的助理副总裁，该城市的写字楼开发过多，故空置率非常高。另一个职位是管理风险资本组合贷款的助理副总裁，要与新开办企业的业主们进行交往，还要在该城

---

⊖ 甚至我们说明的解决方法也要受到工作努力和货币收入的不同作用的限制。存在规避风险的业主和经理的一般性委托－代理问题有多种解决方法，需要用非线性激励契约把薪金和利润分享与公司的绩效联系起来。参见 J. Tirole, *The Theory of Industry Organization* (Cambridge, MA: MIT Press, 1988), pp. 35-54; and D. Kreps, *A Course in Microeconomic Theory* (Princeton, NJ: Princeton University Press, 1990), Chapter 16.

市的企业家俱乐部中代表银行。正如你所想象的，此银行把两个内心态度完全不同的人作为这两个空缺职位的理想候选人。在商业建筑领域，银行寻求一位天生谨慎并具备安全意识的经理人，他将抓住每一个机会来降低这部分银行业务中已经存在的巨大拖欠风险。简单列出了两个助理副总裁职位的工作，没有提供更详细的内容。

---

**| 对与错 |　微软公司为何用限制股票赠予代替主管人员的股票期权**

在 1999 年到达峰值以后，执行股票期权占据了长期激励的 78%。到 2015 年，股票期权减少到 25%，并且几乎被限制股票赠予代替。1995~2015 年，CEO 薪酬中采用的限制股从 18% 增加到 35%。例如，微软公司赎回 300 亿美元股票，作为一种基于绩效的奖金赠送给超过 10 000 名员工。但是为什么自从股价上升 1/3 后，期权会是同等规模限制股票的两倍价值呢？

这种变化的背后有几个原因。第一，如果主管人员离开公司，限制股票是不能卖掉的。与此相反，股票期权一旦授予，通常都会被卖出。在 20 世纪 90 年代末，信息经济高涨的全盛期，微软的期权在微软公司高层管理者中毫不夸张地创造出几千个百万富翁。太多的这种高价值人力资源简单地选择了提前退休或改为其他追求，有一位前主管改行为专业保龄球运动员。另一位高管保罗·艾伦（Paul Allen）买了一个篮球队，建了一座吉他博物馆。因此，与授予期权相比，薪酬契约改为以限制股票为主可望帮助公司留住核心员工。

董事会愿意采用限制股票的第二个原因是，高层管理者通常能够协商确定不利于最优激励契约的期权内容。例如，期权预购价格的确定很少参照行业集团或战略竞争者，所以当某一行业中所有股价一起上升时，股票期权的报酬处于一般水平。

第三，很多高管的期权都是"再加载"的。一旦授予了期权（在 2~5 年内）并被行使，高层管理者就会协商用新的预购价格和旧的终止日期（一般为 10 年）发行新的期权。这个条款能使主管人员从对其股价造成的波动中获利。只要赚钱的期权能在短期内转换为现金，然后用在最初日期到期的新的期权来代替，主管人员当然会积极地用高风险项目"打全垒打"。

最后，没有哪个股票期权契约会以任何方式限制主管人员通过对冲期权造成的风险，"减弱"其风险显露的能力。既然基于绩效报酬的目标是使经理人的激励与股东的利益相一致，那么把经理人的财富与股东财富联结在一起的一项长期期权被卖空是完全不合理的。但 2010 年 4 月高盛的对冲基金丑闻表明，这种对消费者头寸的卖空的确出现在华尔街。

限制股票没有上述缺点。股票期权的上行和下行风险已经被降低，更少的股东价值被稀释，并且经理得到一个更简单、更加确定的绩效激励。

---

两位具有必备培训和经验的候选人申请该银行的职位。二人的简历相似，但银行所不了解的是：其中一人驾驶一辆没有车损险的旧保时捷汽车，跳伞是他没有披露的以往爱好。此人（让我们称他为"冲刺先生"）现在又迷上了蹦极跳，他认为在申请一个银行工作职位时列出这些爱好是不恰当的。另一人（你猜对了，她叫"平稳小姐"）驾驶的是一辆专供经纪人使用的兰德罗弗越野车，她为该车买了最高的汽车保险。尽管她从未出过城，但在任何时间都保持四轮驱动行驶，以保证动力充足。在一次出席由少数密友参加的正式鸡尾酒会上，"平稳小姐"表露出她将圣诞节奖金花在了"当然是更保险"的地方。她认为这些细节对银行没有任何实际意义，所以在

工作申请表中省略了这些信息。

银行的问题就是挑选出非常称职的这两种人，根据他们不同的风险规避态度安排适当的工作。图 15-4 中画出了保底基本薪金和利润分享比率，这是**线性激励契约**的两个组成部分。横轴为不同的百分比，代表作为利润分享协议的结果而造成对个人支付的增加或减少。一个较高的分享比例开始会引发更多的工作努力和创造才能，并且导致由经理人活动产生的对预期利润的更大贡献。最后，在更高的分享比例上，利润贡献实际在下降。图 15-4 中的两条山状曲线代表预期利润分享的支付额，该支付额将使厂商对这两个经理人支付的激励性报酬正好得以盈亏平衡。较低的预期利润曲线对应的是商业建筑贷款工作，较高的曲线对应的是风险资本贷款工作。

让我们假设该公司的预期销售额为 1 亿美元，净现金流量为销售额的 12%。这样，所有者和经理人从分销得到的预期利润有 1 200 万美元。银行首先为其助理副总裁工作提供两份初步合同，看他们的反应。合同 A 提供 48 000 美元的薪金加上或减去净现金流量的 0.1% 或 12 000 美元，这就意味着可能的收入范围是 36 000 ~ 60 000 美元。合同 B 提供 96 000 美元的薪金加上或减去 0.2% 的净现金流量，收入范围 72 000 ~ 120 000 美元。合同 A 和合同 B 的吸引力是不同的。一个合同优于另一个，因为合同 B 的最低结果超过合同 A 的最高结果。

> **线性激励契约**（linear incentives contract）：旨在统一激励因素的薪金和利润分享的一个线性组合。
>
> **共享均衡**（pooling equilibrium）：引发无差别行为的决策环境。

由于风险仅从 0.1% 稍微地增加到 0.2%，所以这两位有希望的雇员都可能选择合同 B，因此可以说合同 B 形成了一种共享均衡。图 15-4 说明了这种结果，"平稳小姐"（$I_s$）和"冲刺先生"（$I_D$）两人的无差异曲线表明两位求职者都偏好合同 B。

银行要按照两位求职者的风险规避态度对他们加以区分，就要收回合同 B，引进一个更能说明问题的风险报酬权衡方案。我们先在图 15-4 中注明更加规避风险的"平稳小姐"的无差异曲线（$I_s$），在偏好程度高于 A 的左上方的合同和偏好程度低于 A 的右下方的合同之间建立一条分界线。银行要显示出"平稳小姐"和"冲刺先生"二人风险规避程度的差别，此时提供了 A、C 两个合同。合同 C 有一个比例更高的利润分享（0.4%），但仅付 55 000 美元的预期基本薪金，正好比合同 A 高出 7 000 美元。"平稳小姐"对合同 C 的偏好程度大大低于最初的合同 A，所以立即答应原来的合同。相反，风险规避程度不高的"冲刺先生"非常接近于风险中性者（即对预期薪金和利润分享之间的无差异曲线几乎是平的），那么他可能更偏好合同 C。

在这个分离均衡中，"平稳小姐"通过喜欢 A、拒绝 C 而显示出她更强的风险规避态度，而"冲刺先生"的表现正好相反。这个**分离均衡**实现了雇主的几个目标。首先，这些利润分享契约是激励相容的，因为它们引发了两位经理人适当的工作努力和创造才能，同时使股东的价值最大化。其次，这些利润分享契约选出

> **分离均衡**（separating equilibrium）：引发可区别行为的决策环境。

了"冲刺先生"作为负责风险资本银行小组的经理，选出"平稳小姐"作为商业建设小组的经理。如果没有规避风险和工作种类的匹配，用于补偿每个经理人的预期利润的减少将会更大。

然而，最优激励契约还有一个方面没有说明。参与约束条件尚未被满足。另一位雇主可以提供合同，此合同以更多的预期薪金和更低的利润风险吸引"平稳小姐"，同时还保留了（A，C）合同组合的各自特点。只要风险和收益的这种改进是可能的，"平稳小姐"将会继续辞职和调动，

只有（A，E）合同组合能够同时满足激励相容性和参与约束。"冲刺先生"选择合同 E 而"平稳小姐"选择合同 A，两人都被银行雇用。除了解决管理人才的挑选问题，如果这个线性激励契约促使两位经理人付出适度的努力并防止他们被其他雇用机会挖走的话，就构成了签订经理人雇用契约过程中一种解决委托－代理问题的方法。

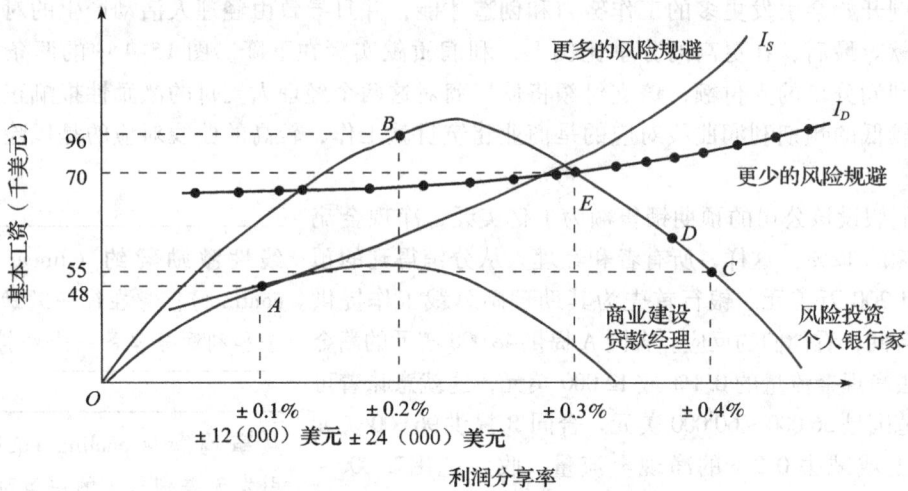

图 15-4  用线性分享契约挑选经理人

## 15.5  选择有效的组织形式

**非重置性专有资产**（non-redeploy-able，specific assets）：替代成本的价值大大高于其清算价值的资产。

组织形式（比如现货市场交易、关系型契约、特许专营利润分享或垂直一体化）的选择最终取决于什么最适于相关资产所有者的治理需要。资产可以是在次优使用方案中具有很少价值或没有价值的**非重置性专有资产**，比如地处遥远的工厂和在制过程中的存货，也可以是能够完全重置的非专用投资，比如公司的喷气飞机、受欢迎的制成品库存和国库中的现金。此外，某些资产要依靠独有的互补性投资（比如专门设计的电脑硬件和封闭结构的软件），而其他资产就没有依赖性（比如一个可用天然气、煤炭或生物燃料运行的灵活发电厂）。应用这些资产特点对资产进行分类的一个传统例子就是属于像共和钢铁和美国钢铁公司的热轧制钢厂所需要的鼓风炉、转炉、还原炉和轧钢设备。因为熔化矿石和钢锭需要大量能源，所以把这些工厂都安排在各自旁边，消除二次加热费用。不过，组织形式问题并非决定生产运营是否要在实物上整合或在地点上靠近，而是决定它们的所有与管理是共同的还是分开的。

在另一端，现货市场的再次签约对于不依赖于其他互补性资产、可完全重置的耐用资产来说是有效率的。汽车租赁提供一个良好例证，说明了这些资产可以通过不损失效率的现货市场进行配置，如表 15-3 左上角所列。不过，这种组织形式的局限性就是在现货市场合同的频繁更新过程中内含被"要挟"的可能性。如果一方具有非重置性资产〈如一钢厂的鼓风炉或一个比赛专营权中的体育场），现货市场的再次签约会为那独特的工程师或明星运动员提供太多的机会，使之能在任何商业关系中占有剩余价值。非重置性资产的所有者要避免这种要挟风险，就要寻求长期的供给合同。

**依赖资产**是必须在交易呆滞的市场中转售的非重置性资产，其价值低于首次最佳使用的价值。这些资产对于其目前的使用来说，具有高度专有性，因为在收购、分销或促销过程中形成大量的无法收回的沉没成本投资。处于遥远地点的专用设备（比如一个铝矿）是最常见的依赖资产。当依赖资产为了实现附加值而依靠独有的互补品（如铝厂）时，人们在现货市场的再次签约过程中就存在被要挟的最大可能性。除了由当时情况产生的所有的议价成本，这些"所有鸡蛋放一个篮子里"的事情通常会造成相对最优结果的投资不足。

**依赖资产**（reliant assets）：至少部分非重置性耐用资产是依赖资产。

资产之间的这种依靠关系既可能是单向的，也可能是双边的。拥有独立分销商的制造商就是包含依赖资产的双边依靠关系的良好实例。在通用重型卡车公司的制造商/分销商关系中，每一方都同样依靠对方，在此情况下，独立的经销商常常倾向于带有固定利润分享的垂直要求契约，如表 15-3 右下角所列。

**表 15-3  有效率的组织形式取决于资产特点**

|  | 完全可重置的耐用资产 | 非重置性依赖资产 |
| --- | --- | --- |
| 不依靠独特互补品 | 现货市场的再次签约 | 长期供给合同 + 风险管理 |
| 单向可依靠资产 | 关系契约（联盟） | 垂直一体化 |
| 双边可依靠资产 | 关系契约（合资） | 固定的利润分享契约 |

## |实例| 施文和喜万年公司的经销商拥有专属销售地区

施文（Schwinn）公司和喜万年（Sylvania）公司通过授权经销商销售其自行车和电视机，同时禁止经销商向未授权的自行车商店和电子产品商店转销产品。尽管经销商可以代理其他产品线，但转销限制为经销商提供了一个专属销售区域。美国司法部的检察官认为这种纵向地区限制是反竞争的，这个交易也不是一种减少交易成本的治理机制替代契约方案，治理机制对保护施文公司和喜万年公司的品牌资本是必要的。

在大陆电视机公司等诉 GTE 喜万年公司的 433 U. S. 36（1977）一案中，喜万年公司是幸运的，最高法院有不同意见。在此案中，法院明确地指出品牌资本是一种专有的非重置资产，如果允许第三方经销商按未授权的营销计划出售喜万年公司的产品，就要危及上述资产。因此排他性地区限制成了一种推理分析规则，来权衡一家合法制造商售前推销和售后服务中的利益，反对限制制造商降低其建议零售价格的非法企图。可以把喜万年公司带有专属销售地区的、与其经销商固定分享利润契约视为一种有效而合法的组织形式。

资料来源：See Dutta, J. Heide, and M. Bergen, "Vertical Territorial Restrictions and Public Policy," *Journal of Marketing* 63（October 19），PP. 121-134.

当资产依靠独特的互补品，但由于其明显的可重置性又不能依赖时，契约双方常常采用基于长期绩效的**关系契约**。可重置的公司喷气机和飞行员提供了很好的说明。飞行员不必拥有飞机，也不必为开飞机而谋求签订固定的利润分享合同。的确，正如表 15-3 所列，一家喷气客机租赁公司的有效组织形式通常是一种与备用飞行员的

**关系契约**（relational contracts）：在高度相关依赖资产的所有者中协调绩效的约定协议。

长期关系契约，飞行员要对逐项任务做出简短报告。这种联盟关系运行良好，飞行员和飞机所有者都了解这种关系的长期性及可靠性要比现货市场中的再次签约价值更高。

百事可乐与星巴克结成联盟，通过饮料机出售冷冻星冰乐产品。星巴克在此联盟中的资产是可重置的，但单向依靠几家拥有上万台饮料机的公司，因此，正如表15-3所列，这个星巴克－百事可乐联盟就是有效率的组织形式。举一个相关例子，基因泰克公司的生物技术是完全可重置的资产，但单向依靠辉瑞或葛兰素等巨型销售伙伴，结果，基因泰克公司与大型制药商建立了10个营销伙伴关系，签订了20个许可证协议，组成了大量的产品开发联盟。与此相反，可口可乐和雀巢刚刚解散了一个用于销售雀巢咖啡的饮料机联盟。不管一个公司是独立于另一个公司还是每家有其他合作伙伴去提供茶饮和零售分配。

与此相反，我们分析个人电脑装配商和芯片供应商之间的一种关系契约的双向依靠。因为没有摩托罗拉专门设计的电脑芯片，苹果的 iMac 就没有什么价值，而没有苹果的 iMac，摩托罗拉的芯片也没有什么价值。而且，各制造商进行的依赖性投资都是其他伙伴的设计决策所专用的。因此，如表15-3左下格所列，合资经营是有效率的组织形式。合资经营一词通常用来指建立一种独立的公司合法实体的双向关系。附录15A说明了用来从合资经营伙伴那里得到不对称成本信息的激励相容显露机制。

最后，当依赖资产单向依靠独特的互补性资源时，最有效率的组织形式就是垂直一体化。遥远的铝厂单方依靠附近的铝矾土矿，但由于铝矾土可运到任何地方，所以矿主并不依靠当地的铝厂。双方的资产都需要大量的沉没成本投资，但只有遥远的铝厂是非重置性耐用资产（即如果得不到附近的铝矿资源，它对于其他公司就没有什么价值）。在这种情况下，就需要由铝厂进行上游垂直一体化，才能防止被铝矾土矿主进行机会主义的要挟。

有时厂商的市值单向依靠独一无二的一家下游互补厂商。eBay 巨大的成功就是把一件物品的卖主吸引到拍卖网上时，买主必须要有一个电子支付平台。贝宝（Paypal）在 2002 年抓住了这个市场，签订了 1 200 万个家庭和 300 万家企业（一天有 28 000 个新用户），它们希望授权信用卡付费，除了交换一个电子邮件地址和一个付费数量，不会有更多的麻烦。一度，贝宝 3 000 万用户的 61% 由 eBay1.5 亿的交易形成。结果，eBay 在 2002 年 7 月花 14 亿美元收购贝宝，成为非重置性 eBay 资产，如表15-3所示，垂直一体化是有效的组织形式。

## 对与错 | 有线联盟拒绝采用微软的 WebTV 作为行业标准

酒店和机场休息室对于能够上网冲浪、网上购物、互动运动和收发电子邮件的交互式电视的需求在迅速增长，但在其他地方增长缓慢。AT&T 和时代华纳等有线公司似乎最有可能通过其向居民用户租赁机顶控制盒而促成家庭采用这种智能电视。微软在 1997 年花了 4.25 亿美元得到 WebTV（现在重命名为 MSN TV）之后，转而采用一种联盟战略，力求有线电视运营商采用它的复杂软件。微软的交互式 Web 产品叫作"最终电视"（UltirmteTV），

对于相互竞争的有线服务公司来说，它是完全可重置的，有线服务公司寻求在交互式电视软件供应商中保留完全的可重置性。因为微软/UltimateTV 单向依靠有线供应商，但有线公司却拥有无须微软的多种其他价值创造方式，所以联盟就是具有这种特点的资产的有效组织形式。

微软提供的产品要求复杂的软件基础架构 Windows CE，标准的机顶控制盒的微处理器并不具备足够的内存和速度来支持微软的操作系

统。因此，微软投资了 100 多亿美元，与全世界的 7 家有线公司（AT&T：50 亿美元，英国的 Telewest Comm：26 亿美元，Comcast：10 亿美元，还有加拿大和欧洲的 Rogers，NTL 和 UPC 的 12 亿美元）共同设计数字娱乐网和新的机顶控制盒。作为回报，AT&T 广播公司及其子公司答应签订一个总额 1 000 万美元的机顶控制盒期货销售合同，该机顶盒是在摩托罗拉制造的一个装置 DCT5000 中使用微软的 CE 软件。今天，首先生产出来的 250 000 台 DCT5000 堆在西雅图的仓库中，因为微软的软件太复杂，成本太高，而且推出的时间太晚。

微软 DCT5000 有线网的全部安装成本高达一个家庭控制盒 500 美元，可是营销研究表明，有线用户为了得到这些强化功能，对其每月的有线费用只愿意增加 5 美元。持续的延宕致使欧洲最大的有线公司 UPC 从微软的竞争对手 Liberate 公司订购机顶盒数字娱乐软件。随后 AT&T 宣布它目前没有计划配置交互式 WebTV 软件，而且微软将只为在线滚动电视指南开发替代品。

如果有线公司允许微软/WebTV 成为一种行业标准，那么全规模的纵向一体化就有了保证。微软的数字娱乐资产届时将单向依靠有线服务供应商，后者的资产将不再具有可重置性。当比尔·盖茨曾经提出"最终电视"作为一种可能的行业标准时，一家有线公司的总裁布莱恩·罗伯茨（Brian Roberts）半开玩笑地建议微软购买整个有线行业。[⊖]

---

## 国际透视 | 芯片制造的规模经济与国际合资经营

美国、欧洲和日本大约有十几家大型电子公司曾经涉足存储芯片的生产。每种产品的前期成本都高得惊人。例如，设计和生产 64 兆存储芯片技术的开发成本估计为 6 亿~10 亿美元。一旦决定开发，还需要对一个"fab"增加投资 6 亿~7.5 亿美元，fab 就是一个月产高达 1 000 万个芯片的封装工厂。

由于在这种成本结构中存在的资产特点和明显的规模经济，所以很多参与这些研究和开发工作的半导体公司都进行国际合资经营，以分担巨大的固定成本和涉及的风险。一些合伙的例子如下所示。

这些合资经营最初采取多种形式。比如，AT&T 和 NEC 同意交换基本的芯片制造技术。其可重置的贸易秘密因合资伙伴拥有相对独立的互补性知识而得到加强，正好与表 15-3 相一致。同样，德州仪器和日立公司同意开发一种共同的设计和制造程序，然后一起进行少量生产，各自保留完成大批量生产和营销。共同营销对对方公司来说，不是可重置的，但确定需要有一个固定的利润分享协议来协调。这一点也与表 15-3 相一致。

最后，摩托罗拉和东芝的一家合资企业，每月联合生产几百万个芯片，在互相依靠和完全重置的外包中，巨大的规模经济的可能性得以实现。

| 美国公司 | 外国合伙方 |
|---------|-----------|
| AT&T | NEC（日本） |
| 德州仪器 | 日立（日本） |
| 摩托罗拉 | 东芝（日本） |
| IBM | 西门子（德国） |

资料来源：Based on "The Costly Race Chipmakers Cannot Afford to lose," *Business Week*（December 10, 1990），pp. 185-187；and "Two Makers Microchips Broaden Ties," *Wall Street Journal*（November 21, 1991），p. 84.

---

⊖ Based on "Microsoft's Blank Screen," The Economist（September 16, 2），p. 74；and "Set-Top Setback：Microsoft Miscues," *Wall Street Journal*（June 14, 2002），p. A1.

## 15.6 前景理论推动了全线产品促销

有时管理层级控制的范围（即厂商的边界）是由最有效的营销活动决定的。社会心理学家很久以前便发现，人们既购买彩票，又购买伤残保险。丹尼尔·卡尼曼（Daniel Kahneman）和阿莫斯·特沃斯基（Amos Tversky）假设，人们在低于其目前社会经济地位的财富水平上是风险偏好的，在高于其目前社会经济地位的财富水平之上是风险规避的（见图 15-5），也就是说，他们损失的效用绝对值被认为高于获得的相同货币值的效用，而且通常会高出很多。

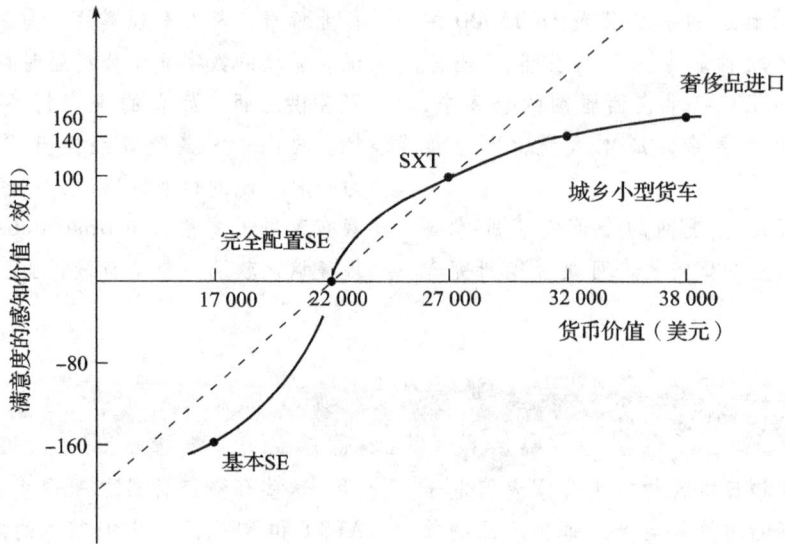

图 15-5　全线产品促销

他们对诸如微型旅行车这类产品的观察是，一个家庭打算花 22 000 美元购买一辆全配置卡拉万（Caravan）SE 型汽车，他们会认为若花 17 000 美元改购卡拉万基本型而使满意程度的下降，要比再多花 5 000 美元购买一辆 27 000 美元的卡拉万 LX 型或 SXT 型而提高的满意程度多出很多。

---

**前景理论**（prospect theory）：一种假设条件的基础，即由避免损失得到的满意超过等值预期的利得。

---

认知损失超出等值预期利得的事实表明了**前景理论**的一个定理，对于厂商的最优边界有多种启示。

首先，市场营销人员都被建议如此分销试验产品（"现在试用，以后付款"），因为消费者全部退还商品的效用损失将大于用省下的钱增加预期消费而得到的效用。

其次，管理人员应该要求顾客放弃为其产品预期支付的东西（比如预计的年终奖金、税收返回或飞行常客奖励等）。还有，因放弃未来增加消费而得到的支付，与放弃目前消费得到的一笔等值现金支出相比更为理想。

最后，拥有良好质量家庭品牌的厂商应该鼓励渠道中的溢价品牌，拥有溢价品牌的厂商应该鼓励超级溢价品牌的引进。如果没有这样的渠道安排可以追求，那么理论启示就是，出售中等价位品牌的厂商应该购买溢价品牌，如果都不存在，厂商就应该开发自己的品牌并努力使之进入渠道。恒适（Hanes Hosiery）公司利用 L'Eggs 和 Hanes 私有标识实行一种"良好，更好，最好"的产品战略，万豪集团开发出自己的仙境客栈（Failfield Inn）、万豪庭院、万豪胜地、国际酒店以及现在的丽思－卡尔顿酒店。Gap 公司不仅向低档品牌"Old Navy"开战，还走出去收购了高档

品牌 "Banana Republic"。

让我们回到图 15-5，具体分析一下为何全线产品推销会起作用。汽车经销商面对一种极其困难的竞争环境：流动的顾客，无数的替代车型与型号，通过网上搜索引擎可以实时比较竞争经销商的价格折扣。沿着一个从基本型到豪华型的产品品种序列，推出"以顾客为生命"的重复购买是汽车经销行业中获利的一个关键举措，另一个关键就是避免只销售基本型汽车。

在图 15-5 中，顾客的选择从全配置 SE 型微型旅行车向下降到基本型，可节省 5 000 美元，但牺牲了微型旅行车产品线中认知价值的 50%（总值 320 减少了 160）。再花 5 000 美元上升到 SXT 或 LX 豪华型所增加的认知价值只有产品线的 30%（+100/320）。尽管经销商的销量没有变，仅仅 LX 和 SXT 型产品的存在就能推动这样的顾客去合理地支出 5 000 美元，以避免购买基本型所带来的更大的负效用，同时祝贺自己没有再花 5 000 美元得到相对较小的满意增量。

经销商在几年内对全配置 SE 型汽车提供高质量（和高利润）的服务和维修之后，期待看到相同的顾客回到汽车陈列室察看 SXT 型汽车。此时对全线产品的推销会促进"升级销售" 27 000 美元的 SXT 型车。因继续购买全配置 SE 型汽车而省下 5 000 美元会导致 30% 的负效用（-100/320），而在图 15-5 中再多花 5 000 美元购买城乡型汽车将仅使满意程度提高 40 个效用或 12.5%。小心谨慎的买主在比较了边际效益和边际成本之后，决定购买 SXT 型汽车，经销商当然高兴。

## 实例｜Walgreens 和 CVS 对书写笔、阿司匹林和多样维生素的全线产品促销

零售市场份额被全线产品销售的实践而改变，这或许是前景理论最让人吃惊的一个扩展运用。Walgreen 和 CVS 完全控制着各自药店的分销渠道策略。除了全国品牌产品外，还可以出售内部商店品牌产品。假设 CVS 公司的阿司匹林（解热镇痛药）80 毫克 100 片卖 2.89 美元，力求占有 30% 的市场份额，而一种通用阿司匹林产品，80 毫克 100 片只卖 1.50 美元。CVS 公司能够把增加的货架空间分配给非商店品牌的止痛药，并在 2.70 美元的拜耳阿司匹林和 4.29 美元的泰勒诺（Tylenol）阿司匹林之间进行选择。毫无疑问，如果市场中出现了更便宜的拜尔产品，那么 CVS 公司的阿司匹林市场份额就会下降。使人吃惊并一再出现的情况是，泰勒诺产品的进入使 CVS 公司阿司匹林销售的市场份额提高到 40%，使通用阿司匹林的市场份额从 70% 降到 40%，使泰勒诺产品的市场份额提高到 20%。

因为一些人服用阿司匹林有副作用，但泰勒诺产品没有，所以更公平的比较也许是对绝对相同的多样维生素进行相同的试验。CVS 公司的多样维生素 100 片卖 3.29 美元，可能会再次占有 30% 的市场，相对于通用多样维生素卖 1.99 美元，占有 70% 的市场份额。以 5.19 美元在渠道中引进"一天一片"（One-A-Day）品牌的多样维生素，实际上将会提高 CVS 公司产品的市场份额。也就是说，利用良好—更好—最好的产品战略，市场份额可能分布如下：通用产品占 40%，CVS 公司产品占 40%，"一天一片"占 20%。失去认知消费中的负效用会超过得到的同值效用。这个发现出现在 CVS 公司的各个销售商品中，从多样维生素到书写笔。

## 15.7　垂直一体化

当厂商的内部转移、监督和激励系统代替了必须由外部供应商和独立分销商直接进行的现货市场签约和再签约过程时，寻找、议价和要挟成本都会降低。正如所见，诺贝尔奖得主罗纳德·

科斯和奥利弗·威廉森认为，这些因素说明了为何厂商会作为一种组织形式而出现，尽管更宽的管理控制幅度会带来不经济。[注]一家制造商对供应商实行上游垂直一体化或对零售分销商实行下游垂直一体化的另一动力涉及接续性垄断化的低效率（即在一个以上的生产阶段上存在影响价格的市场力量）。例如，迪士尼影城把下游产权向皮克斯（Pixar）（上游的数字娱乐内容供应商）的转移就是皮克斯实行上游价格限制，但不损害下游市场的事先承诺方法。我们现在用一个袜子行业中垂直一体化的详细研究来进一步说明上述思想。

---

**| 实例 |** 通用电气与普惠收购配件供应商

当零部件供应商将产量分配给最终产品制造商时，降低了供应链上的销售量，最终降低下游企业的总利润。这种双重边际化只发生在专有零部件供应商身上。在一个竞争的供应链中，零部件供应商没有市场力量来设定价格，涨价只是收回销售成本。通用电气的燃气轮机和普惠的喷气引擎有很多的专利技术，导致独家交易安排与供应商超过 8 000 个专有部件。

通用电气花费 300 亿美元在至少包含一些专有技术的零部件上。因此，通用电气和普惠公司正在收购零部件供应商，以减少双重边际化。然后，这些子公司将与其他渠道合作伙伴就其母公司和普惠利润的份额进行讨价还价。通过不标注成本，转而以成本价销售，更多的吞吐量流向下游的通用电气和普惠的最终产品客户，这两家母公司计算利润分别将分别增长 10 亿美元和 15 亿美元。因此，通用电气目前正在考虑收购 Metem 公司，以减少双重边缘化的采集。

资料来源：Based on GE, UTC Are Acquiring Suppliers To Cut Costs, *Wall Street Journal* (December 24, 2015), p. B1.

首先考虑在一个竞争性的中间产品市场中，一家纱线供应商在上游经营，一家袜子制造商在下游经营，后者享有使裤袜的批发价格高于其边际成本的市场力量。图 15-6 说明了在把纱线投入要素以固定比例与劳动力和机器相结合生产袜子时各厂商面对的情况。外部的需求曲线及其边际收益曲线确定了袜子制造商在裤袜产品批发市场中的收益机会。给定袜子生产的边际成本（$MC_h$）和纱线的竞争价格（$P_y = MC_y$），制造商把袜子生产和投入要素纱线的边际成本加在一起（$MC_h + MC_y$），使之等于 $Q^*$ 产量水平上袜子的边际收益（$MR_h$）。这个共同利润最大化的产量决策通过使纱线的边际成本等于纱线供应商的净边际产量收益而使袜子生产的利润最大。所以，从下游的边际收益（$MR_h$）减去下游的边际成本（$MC_h$），留下的是上游纱线供应商可得到的净收益机会，即（$MR_h - MC_h$）。使这个派生的纱线投入要素需求等于

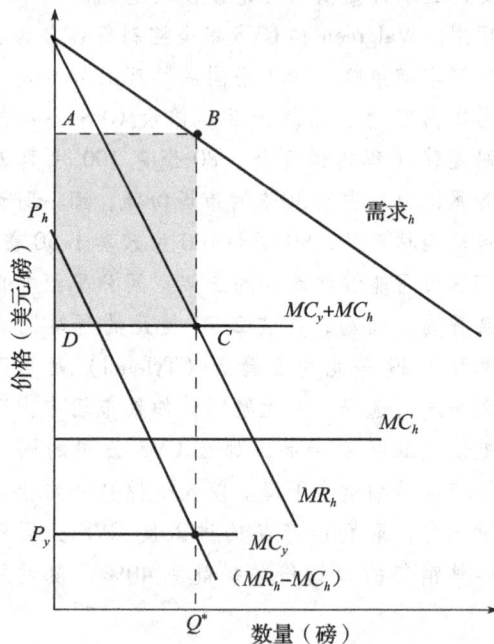

图 15-6 存在上游竞争者的袜子生产一体化分析

[注] 对此课题的更多的讨论，参见 S. Hamilton and K Stiegert, "Vertical Coordination" *Journal of Law and Economics* (April 2000).

上游的边际成本($MC_y$)，即可确定 $Q^*$ 为纱线供应商的期望产量和袜子制造商的期望产量。这样，确定纱线价格以便正好收回边际成本的上游供应商对于下游的袜子生产经营并没有构成产量限制。

如果图 15-6 中的袜子制造商对上游的纱线供应商实行一体化经营，那么它将既不会改变纱线投入要素的价格，也不会改变批发产量价格和生产数量。因此，垂直一体化只能导致与管理控制幅度加宽相联系的劣势。要使利润保持不变，这个劣势就需要通过诸如降低交易成本等其他因素来抵消。一般地，其他因素不存在，我们将得出图 15-6 中的结论：袜子制造商并不存在利润动力向竞争性的纱线供应经营实行后向一体化。

不过以下情况会相反，纱线供应商拥有一个独特的独资生产过程，因此可使袜子制造过程本身明显增值。在图 15-7 中，对纱线投入要素的派生需求仍是 $MR_h - MC_h$，有关袜子生产的其他因素都与图 15-6 相同，除了此时上游厂商具有市场力量，可对自己的边际成本（$MC_y$）进行加成。此时对收益进行第二次边际计算，减去袜子生产成本，并使 $MMR_h - MC_h = MC_y$，通过选择产量 $Q'$ 上的价格 $P'_y$，使纱线供应商的上游利润 $EFGH$ 最大化。如果 $P'_y$ 超过了上游的边际成本 $MC_y$，袜子制造商面对的总和边际成本此时更高，结果使预期的产量从 $Q^*$ 下降到 $Q'$。虽然袜子价格上升到 $P'_h$，但袜子生产的高成本和低产量造成了下游厂商（制造商）的利润下降（即图 15-7 中的 $IJKL <$ 图 15-6 中的 $AB$-$CD$）。这就是说，上游利润的存在导致了一种使下游利润率明显降低的产量限制。⊖

袜子制造商的后向垂直一体化能够通过使纱线的内部转移价格 $P_y = MC_y$，挤掉上游的利

图 15-7　存在上游市场力量的袜子一体化分析

润。这个变化将使最优总产量回到 $Q^*$，即纱线和袜子联合经营的利润最大化水平。这就是说，即使在下游的袜子制造商为获得对纱线厂商的控制权而付出了上游利润 $EFGH$ 以后，它的净利润（$ABCD - EFGH$）还是高于独立经营时的利润 IJKL。因此，我们预期这两家厂商会通过一家合资企业或一个包括其自身零售分销的垂直一体化厂商来协调其经营活动。

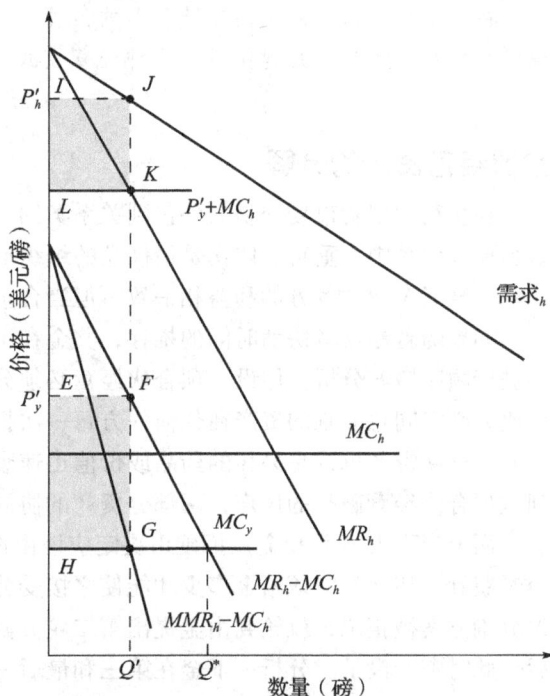

---

**| 对与错 |** 戴尔用虚拟一体化代替垂直一体化

信息技术的新发展，比如企业资源计划系统 SAP，已经拓宽了层级控制的有效范围。　SAP 并非使垂直一体化的公司更大，而是实现虚拟的一体化。戴尔公司几乎没有个人电脑零

---

⊖　此结论的成立无须证实，因为这里是固定比例的生产，即尽管产量减少，但有效率的投入要素组合保持不变；在变动比例条件下，垂直一体化是否存在推动力，取决于投入要素的替代程度与可能的成本节约。

件制造的经营活动,而是把它需要的东西外包给几百家供应商伙伴,利用互联网把它们在一个实时监测、调整和控制系统中连成一体。戴尔的这种获有专利的"根据订单生产"的经营模式必须对极其复杂的准时零件流进行有效的处理,才能支持一条最终产品的装配线,直接向顾客运送多达 10 000 种的可能产品配置。

在对这种虚拟一体化供应链管理的治理机制中,信息技术起着关键作用。这种经营模式成功之时,工厂和设备要求减少,存货减少,经营利润大幅度增加。由于比垂直一体化竞争对手的固定资本投资少,所以对投资资本的收益相应提高。戴尔的股票在前 15 年经营中升值了 300 倍。

资料来源:Based on "Identity Crisis," *Wall Street Journal* (October 10, 2000), p. C1; "Direct Hit," The Economist (January 9, 1999), pp. 55-58; and J. Margretta, "The Power of Virtual Integration," *Harvard Business Review* (March/April 1998), pp. 72-85.

## 合伙经营资产的分解

在从利用现货市场交易的外包到关系契约、垂直要求契约,再扩展到联盟与合资经营的这个组织形式谱系中,垂直一体化是最极端的组织形式。我们在附录 15A 中会看到精细的制度安排能使一个合资企业中各方的利益相一致。但当合资或合伙经营必定要解散时,会出现什么情况?

如果随着参与者协商时间的推移,奖金在不断地递减,那么公平分割的最优机制设计就有必要进行顺序博弈分析。假设一项合伙经营必须分割 300 万美元的资产。唯一的限制条件就是两个合伙人必定同意分割的资产在任何一方每一次拒绝拟议分割办法时,资产的价值都会下降 100 万美元。这项资产也许是易坏的药品或价值迅速衰减的知识产权。或者也有可能,资本市场一旦得到这项合伙经营破裂的风声,两部分资产的协同价值将迅速消失。

两个当事人(乔和金)掷硬币决定应该由谁首先决定如何分割这 300 万美元。假设乔在掷硬币时获胜,那么乔应该给金多少才能使之接受分割方案并放弃首次拒绝的权利?如果这个首次拟议分割方案被拒绝,就轮到由金提出第二轮分割方案。要注意此问题的最终博弈出现在第三轮之后,此时资产没了。分析一下金在第三和最后一轮愿意接受的最低限度是多少?金能否在第二轮要求的比这个数量更多?因此,为使对方在第一轮中接受,乔需要提出的最大值是多少?此博弈是否存在先行者优势?第二轮行动是否比在第三轮和最后一轮做出反应更好?

上述问题可用之前谈过的顺序博弈方法来说明。在图 15-8 中,乔在最右边做出最终方案,你会觉得,在一定意义上是金的拒绝权利控制了这个博弈。因为 100 000 美元优于 0,所以金的最佳反应是接受方案分割最后的 100 万美元,乔分 90 万美元,金分 10 万美元。这个分析表明在上一轮(第二轮)中,金可以给乔 100 万美元(即比乔的最终博弈结果多 10 万美元),而且乔的最佳反应是接受。再次逆向推理一轮,这个第二轮分析表明,如果乔在第一轮给金 110 万美元(即比第二轮结果多 10 万美元),金将接受。注意我们是省略了威胁和沟通方式,只是简单地从提出方案开始。还要看到,我们假设各方都认为对方力求绝对获益最大,不考虑相对的分配状况。在此环境下,提出首次和末次建议似乎是乔的优势所在。

此问题的机制设计特点包括轮流提出方案和拒绝权利,缺乏对目标的沟通与可信的威胁,以及通过掷硬币来决定谁先提出方案。这些条件都可以改变,结果会大不相同。比如,假设金的声誉是他追求相对财富而非绝对财富。在此事件中,金的结果(0 美元,0 美元)明显地优于其合伙人乔在结果(900 000 美元,100 000 美元)上多 800 000 美元的方案。即使平均分割最后 100 万美元(500 000 美元,500 000 美元)也不会优于(0 美元,0 美元)的方案。所以,只有有利于金的不对称分配（比如说，标有阴影的 400 000 美元，600 000 美元）才能使之接受方案。

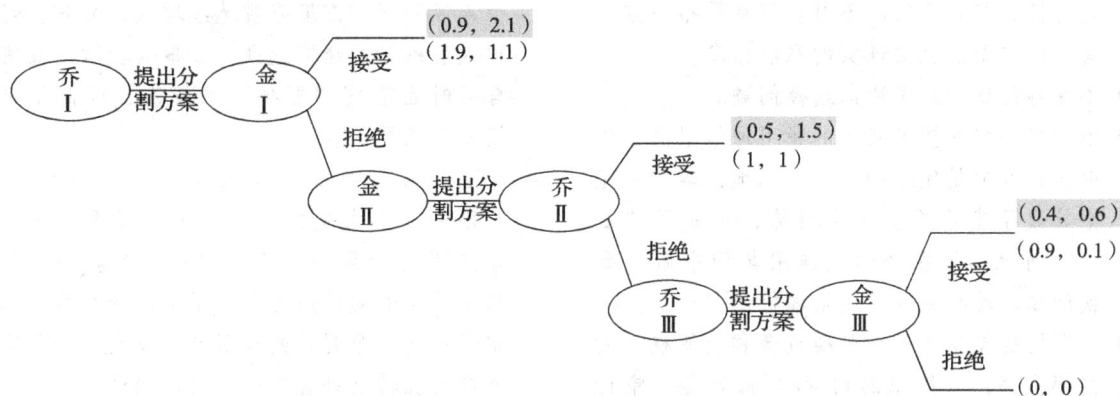

图 15-8　一项合伙经营中的资产分解

注：所列收益顺序为（乔的收益，金的收益），单位为百万美元。

假设条件：除提出分割方案外没有其他沟通，各方追求的目标是绝对获益最大化，或者说如果金追求相对获益最大，那么阴影中的收益出现，最低增量为 10 万美元。

在早先一轮中，乔此刻知道他一定要增加有利于金的不平等分配结果，才能使之接受方案，但金知道同样的情况对乔来说并不成立。给定最低增量为 100 000 美元，金从第三轮（400 000 美元，600 000 美元）的结果逆向推理，最少提供（500 000 美元，1 500 000 美元）才能使乔在第二轮中接受。最后，由于相对获益推理推动了金，这个中间结果表明，乔一定要通过在第一轮提出（900 000 美元，2 100 000 美元）分割方案才能使金在谈判开始就接受方案。比较第一轮中的阴影方案，不管是机制设计允许沟通使金积极谋求使相对（不是绝对）获益最大，还是机制设计带有由中间人做出反应的未知沉默伙伴，差别都是 100 万美元。制度程序或组织架构的微小变化通常在战术性遭遇中造成很大的差别。

## 小　结

- 企业要对组织形式做出选择，以确定层级控制的范围，它的一极是垂直一体化的石油公司；另一极是像戴尔这样的虚拟制造商，后者把所有的制造和装配都外包给供应商伙伴。
- 所有的外部和内部企业关系都要求解决协调和控制这两个问题。外部企业关系可以通过现货市场交易、长期契约或关系契约中的声誉效应来组织。这些组织形式在时间、参与者、实施与信息结构上存在差别。
- 长期垂直要求契约为解决制造商、供应商和分销商之间的协调与控制问题提供了一种事先的架构。因为所有的契约都肯定是不完全的，所以事后机会主义行为需要有治理机制

来降低几种契约风险。道德风险问题的产生是因为对契约绩效工作的努力程度的不可观察性，称为"要挟"的事后机会主义行为是另一种常见的契约风险。

- 激励契约可以通过使一类人和另一类人的利益相一致来减小道德风险问题。在借贷契约中，这些激励一致性条款包括担保抵押品、利率、偿还期以及资本规模。这些激励契约条款由后合同监督和政府机制补充，包括审计、贷款契约、错开提取与分期付款、资产负债表改变的具体种类的禁止与监管、应收账款政策限制等。

- 不完全信息条件下的交易和不对称信息条件下的交易是不同的。不完全信息是指实际上

保险市场中所有交易和动力中普遍存在的不确定性。与此不同，不对称信息是指一方占有、对方无法独立证实的私有信息。

- 不对称信息导致了逆向选择问题。
- 由于充分权变要求契约的费用通常很高，所以契约很少是完全的。有意识地使契约不完全导致了事后机会主义行为，造成了"要挟"情况。要在经理人雇用契约中解决要挟问题，就必须要采用治理机制。
- 治理机制包括董事会分委员会和大债权人的内部监督，大股东的内部/外部监督，审计和差异分析，标杆基准比较，包含伦理责任的公司文化以及告密揭发等。
- 经理人的雇用有几种方法，比如单纯的薪金、工资率或利润分享。不过，纯粹的利润分享会导致兼职行为，因为经理人的投入（工作努力和创新才能）基本上是无法观察的。观察不到的工作努力程度造成了道德风险问题，此问题可以通过事后的实际清算来解决（如延期的股票期权）。
- 厂商绩效中的随机干扰因素加上无法观察的经理人工作努力程度提出了一个更难解决的委托－代理问题。业主－委托人不知何时因不良绩效而责备经理－代理人或因良好绩效而给予信任。包括一定的保证薪金和利润分享奖金的最优激励契约在理论上可以解决委托－代理问题。
- 薪金和利润分享的线性组合也可用于引发有

关经理人偏好的不对称信息，根据其自身的个人风险规避态度来挑选经理人，并防止经理人雇用时的逆向选择。董事会在续约高管合同时面临被"要挟"的境况，因此治理机制是必要的。

- 采取什么组织形式（比如现货市场交易、长期垂直要求契约、关系契约或垂直一体化）取决于需要避免的契约风险。企业关系中产生的契约风险取决于资产的特点，固定资产的可重置性或专用性，以及那些固定资产对独特互补资产的相对依赖性。
- 认知效用损失（绝对值）常常大于同价值效用的利得，表明由前景理论提出的一种综合效用函数。
- 前景理论意味着卖主应该分销试验产品，收取支付的前景收入，以及推行全线产品促销。
- 当资产单向依靠互补性资产并且基本上不可重置时，垂直一体化就是一种最优的组织形式。
- 最优机制设计是要推动价值最大化行为，同时降低交易成本。
- 机制设计的特点，比如合伙资产分解过程中的率先提出方案、首先拒绝的权力、缺乏沟通以及可信的威胁等，都可作为一种顺序博弈来分析。
- 制度程序的微小变化常常使收益的结果和分配产生很大的差异。

## 练 习

1. 假设分销商与制造商共享其上级对市场目前趋势的现场信息，那么合作性广告宣传的效果就会加强。说明以下各条将如何影响信息共享目标。
   a. 同意把合伙广告宣传的所有细节都写在特许专营合同之中。
   b. 制造商和零售分销商独立进行广告宣传。
   c. 在特许专营费之外，合作广告的补贴要返还给分销商。

2. 如果契约的承诺不因战争行动而豁免，那么纽约银行的清算客户是否会改变其行为？如果改变，将如何改变？依赖行为是否被认为是有效率的？什么样的依赖行为将被视为过度？

3. 在练习和转滚法的博弈理论模型中（如图15-2），确认使道德风险问题严重的贷款条件的具体结果。

4. 通过对资产类型（由借款人在他的资产负

债表中订立）的了解，贷款人怎么才能抵消因贷款扩张而带来的债务问题？

5. 如果煤炭外运的费用便宜，但相对于其他用途来说，邻近的烧煤发电厂是不可重置的，那么发电厂所有者将采取什么样的组织形式？为什么？

6. 仓库经营者是否要坚持拥有自己的卡车公司？为什么？这些公司将会遇到什么样的协调和控制问题以及契约风险？

7. 仓库经营者和卡车公司将采取何种组织形式？

8. 在销售代表相互进行标杆基准比较时，把高于平均水平的贸易代表连续地重新安排到原先生产率不高的销售地区会产生什么问题？

9. 如果不太规避风险的银行经理（图 15-4 中的"冲刺先生"）形成了较低的预期利润（即更低的山状曲线），说明最优激励契约将有何不同。

10. 在一个衰减经营的分割博弈中，如果博弈开始的资产是 400 万美元，而不是 300 万美元，那么你应该提供什么分割方案？此时是否存在先行者优势，还是次动者优势？为什么？

11. 分析制造商－分销商协调博弈中的纯粹纳什均衡与混合均衡战略（见下表）。你建议如何构建此博弈，制造商才能获取更高的期望利润？

（单位：万美元）

| | | 制造商 | |
|---|---|---|---|
| | | 产品升级/更高的 MSRP | 无升级/相同 MSRP |
| 分销商 | 停止特殊销售服务 | 100　　　　0 | 400　　　　200 |
| | 继续特殊销售服务 | 200　　600 | 0　　　　0 |

## 案例练习

### 鲍德斯与亚马逊决定一起经营

连锁书店的主要零售商鲍德斯图书公司（Borders Books）与网上零售商亚马逊达成协议，在 Borders.com 网址上完成网上订货。根据表 15-3 和以下问题，你预计这个经营关系将采取什么组织形式？

1. 对于其他产品来说，亚马逊的仓库、网页和一键销售法是完全可重置的吗？如果是，举出一些这样的产品；如果不是，说明原因。

2. 鲍德斯公司的固定资产是完全可重置的吗？如果是，说明为什么；如果不是，也说明为什么。

3. 鲍德斯是否依靠亚马逊这个独一无二的互补品？也就是说，亚马逊是能够为鲍德斯处理网上订货的唯一可能的公司吗？

4. 亚马逊是否依靠鲍德斯这个提名人，还是它必须拥有自己的网上订货流量？

5. 你的答案是否与鲍德斯与亚马逊之间多年的服务费契约（亚马逊根据这个契约处理订单、运输图书、记录销售并向鲍德斯支付提名费）相一致？鲍德斯的一个主管把它描述为一种"低风险－低收益"的网上销售方法，同时又使鲍德斯持续关注其书店经营的核心宗旨。

### 设计一份管理激励合同

根据第 1 章的案例练习，非凡电力公司请你为其新 CEO 实行一份按绩效支付报酬的激励契约。利用你有关委托－代理问题的更多知识，再次为此 CEO 实行一份按绩效支付报酬的激励契约。

## 某财团投资银行收费的分割

5家投资银行组成一个财团，你是其中的主要担保人，还有1个联席经理和3个财团成员。财团发现了一笔1亿美元的收费，你一定要提交一份有关如何分割这笔收费的建议，然后财团根据多数原则进行投票。

财团是理性和民主的，即这笔收费的分割要以这笔交易的绝对获益最大化为基础，财团成员在未来交易中还存在声誉原因（排位低的成员希望实现更大的影响并得到更高的排位）来遵守多数决策。

如果你的建议被财团投票否决，你的主要担保人的位置和制定分割方案的权力一起被联席经理所取代，由他来向其余4人提出建议。如果他的建议也被否定，他也会离开，由第3个成员向3家剩下的企业做建议，以此类推。

### 问题

1. 你作为主要担保人应该提出什么方案，向谁提出方案？（提示：采用顺序博弈推理的方法，从最终博弈开始逆向分析。）

2. 这个财团分割费用问题中有什么与众不同的东西？

3. 为什么某个投资银行会自愿成为此财团的联席经理？

# 拍卖设计与信息经济学

我们在本附录中讨论拍卖和其他制度程序的最优机制设计。价格线（price line）出售机票和音乐会入场券的方法可以是带有既定旅行日期、保证购买的征求密封报价，而 eBay 的做法是公布逐渐上升的价格附带修订和取消条款，这都是不同的拍卖机制设计的例子。这种机制设计选择的目的通常就是导致不对称信息的显露，而这种信息在谋求拍卖买方或卖方的股东价值最大化过程中是必需的。

机制设计还可以说明合资与合伙经营中的协调与控制问题。具体讲，一项激励相容的契约（IC 契约）能够促使合作伙伴相互显示其对初步成本预测的私人专有信息。在一项 IC 契约中，各方将要承受自己的信息向对方显露的净成本效应。因此，IC 契约通过互相显示真实和完全的成本信息而为追求自利的各方合伙人分享利润提供一种机制设计，这个激励相容的显示机制提供了一种有独特能力的有力工具。

## 15A. 1 最优机制设计

### 排队服务规则

**最优机制设计**概念的一个简单的企业应用就是排队服务规则，向那些等候购买的顾客供应订货。传统的先来先服务的程序会形成一种低效率的顾客到达方式（比如得到一个音乐会的座位）。如果售票处上午 9 点开门，可能有少数顾客提前两小时甚至半夜到达，其他人要排队两个小时，更多的人会在售票处开门时露面来排队购票。

**最优机制设计**（optimal mechanism design）：为促使理想的行为结果发生而创造激励因素的有效程序。

顾客对购票的支付意愿确实会受到这种不方便等候的影响，一部分顾客的时间机会成本较低（因此会到达最早，等待最久，买到票的可能性也最大），他们可能不是购票支付意愿最高的人。正是出于这个原因，很多售票机构并不反对有钱的顾客花钱让时间机会成本低的人去排队购票，再以票面价值转给支付意愿高的顾客。⊖在任何情况下，所有的等候时间都是浪费的时间，而时间就是金钱。因此，如果采用其他更有效率的排队服务规则，更多的顾客支付意愿就会被音乐会的举办者或运动队所获取。

---

⊖ 倒卖票证者当然还会索取更高的价格，但要注意这种灰色市场向售票机构表明那些不愿意出现在售票窗口等待买票的人实际上是愿意支付的，这个信息有助于售票机构制定一个最优价格。

## 15A.2　"先来先服务"与"后来先服务"

作为一种暂时方案，可考虑后来的先服务。在这种排队服务规则条件下，顾客没有积极性去排队等候。的确，不管何时，只要出现排队，所有站在最后到达之人前面的人都会主动离开去干其他事情，在可能出现的人更少时再回来。"后来先服务"的机制设计在本质上消除了由"先来先服务"人为造成的低效率行为。顾客不会内心愿意早到，造成需求高峰。实际上，正是非最优化排队服务规则人为地造成了人们早到、排队和等候的积极性。

与此相反，后来者得到先服务的顾客会积极地把他们的到达分散于售票口的整个正常营业时间内。一种顾客到达在全天接近均匀分布的状况一旦形成，售票机构就可以调整其能力，并确定其服务速度，以处理这种到达后无须或很少等候就能购票的稳定客流。

几乎没有哪种售票业务采取"后来先服务"的排队服务规则，为什么？在"后来先服务"的条件下，不管何时，只要后到者最后进入队伍就能占据优先地位，那么任何顾客都应该离开队伍，但顾客不希望多次重返售票窗口，还有，时间就是金钱，所以，排在队伍前面的顾客有可能向后到者提供转移支付，促使他们离开。可以预料到，那些时间机会成本最高的人最终将贿赂那些具有较低的时间机会成本的人离开并返回。

问题是这种转移支付系统再次减少了售票机构的收入，因为在多种方式下它仅仅是用频繁到达、离开和返回的低效率代替了早到和等待的低效率。转移支付接受者的情况不会变糟，因为他们是自行决定离开与随后返回的，但那些提供转移支付的人此时转向售票窗口，肯定会比不这样做支付的要少。售票机构的机制设计怎样才能解决这个微妙的复杂问题呢？

### 案例　海陆/马士基航运公司的集装箱运输

远洋运输费率历史上曾受到严格的管制，管制的基础是货物的种类（如纸张、胶片、冷冻鱼）和运输航线（如从鹿特丹到纽约，从利物浦到杰克逊维尔，从首尔到旧金山）。远洋运输公司联合会为"先来先服务"的顾客宣布共同的承运人航运费率。全世界一半以上的货物仍然根据公开宣布的远洋运输契约，按这些统一的航运费率来运输。由于无力调整价格，所以销售人员会使货物量达到最大。唯一的好船就是满负荷的船只，因为一条集装箱船上的空位作为一种收益机会会在开船那一刻毁掉，由于像马士基女王号这样的一条集装箱船，在甲板上有放置700多个集装箱的空间，所以发运人会让大量的货物排队，等待每条船的出发。在这种机制设计中，顾客的等待时间就成为一种重要的内隐成本，一天的总量可高达几百万美元，否则可以成为发运人的增量收益。

今天，管制解除正在迅速降临于远洋运输行业，集装箱船中的运输空间的现货市场拍卖已经出现。直接的结果就是优先程度低的货物运输（如新闻纸）从一个航班被推迟到下一班，这样对高费率的货物（如易损药品）更为有利。作为对这种新的经营环境的反应，海陆/马士基航运公司在全世界范围内实现了集装箱运输安排的最优化。每个货运终点上的每个空集装箱都在运输沿线各个地点或其他潜在地点上安排一个预测的净收益机会。等待时间较少的承运人可以索取更高的运费。"后来先服务"的政策在某些高利润的货物运输中正在实行。

#### 音乐会的分层抽签

抽签和在线拍卖可能为售票者抓住了有效机制设计的关键。如果顾客得到一张网上机票或传真机票，从而节省了售票代理商的邮寄费，那么在线销售要比电话销售更便宜，因为它们不用话务员，也没有在线收费。10 种娱乐活动的票中只有 3 种是在线销售的，但这个渠道的增长比整个行业销售的增长快得多。假设不是事先宣布顾客排队中的什么位置将首先得到服务，而是由售票机构随机选择位置，实际上这正是通过抽签来确定购票权的方法。顾客在销售日之前的任何时间都可停下来在互联网地址上选取一个抽签号码。

因为那些拥有低支付意愿的顾客与拥有高支付愿意的人同样有可能得到获胜的抽签号码，所以"票务大师"和其他公司都采取一种**分层抽签**的方法。购买高价座位的权利放在一项抽签活动中，中价座位放在另一项抽签中，低价座位放在第三项抽签中。在一个指定日期，获胜号码被随机选中，

> **分层抽签**（stratified lottery）：一种在细分需求中分配稀缺能力的随机机制。

在网址和公众都能看到的电视频道中公布。只有那些持有获胜抽签号码的顾客才来购票，由于保证能获得座位，顾客就没有理由提早到达、排队和等待。这种抽签机制设计确实减少了等候时间，同时允许售票机构对每个等级的座位索取更高的统一价格。

---

**实例** 票务大师的在线拍卖和分层抽签

采取网上拍卖将与"票务大师"的传统业务产生利益冲突，因为通过邮寄和在音乐商店分销电脑售票要加上 3～5 美元的方便费。"票务大师"作为一家排他性票务代理机构售票 7 000 万张，价值 30 亿美元，谨防高于票面价值的倒卖。运动队、音乐厅和发起人此时会怀疑"票务大师"为索取两次（不是一次）方便费而低价出售原票。"票务大师"当然可以简单地听从由活动场所和发起人确定票面价值价格，但还有更好的方案。

"票务大师"与 StubHub.com 都为各种运动队进行"官方"网上拍卖。去年，纽约喷气机队以季票持有人的名义在拍卖票务销售中赚了差不多 1 亿美元，大多数的交易都高于票面价格的 30%。运动队大约拿走了增量收益的 10%，剩下的归季票持有人。但"票务大师"应该设计哪种拍卖呢？

## 15A.3 拍卖

### 15A.3.1 拍卖的种类

从"周一夜场足球"到采矿权、森林土地、飞机票、二手设备和电磁频谱，每一件东西都是通过拍卖把它们配置在最高价值的用途上。如表 15A-1 所列，拍卖设计的选择有很多种。竞标出价可以随着再次出价机会顺序进行，比如 eBay 和大多数的房地产拍卖；也可以同时进行，比如价格线和新发行政府债券的密封报价拍卖。出价可以是连续的，也可以受到最小分段提价的限制。纽约股票交易所最近从实行 1/8 密度最小分段提价的限制改为采用连续的十进位拍卖价格。出价可以是密封的，由公开喊价披露，也可以像 eBay 那样匿名张贴。竞标出价可以仅有一次，也可以是动态的，多轮重复，允许取消和修正前一轮的出价（所谓的公开竞价）。最后，所有者可以确定一个最低保留价格（reserve），低于这个价格商品将不出售，也可以允许无最低价的拍卖。

**表 15A-1 拍卖机制设计的选择比较**

| eBay | 价格线 |
|---|---|
| 相继的 | 同时 |
| 最低出价的改进 | 连续 |
| 发布价格 | 张贴购买（反向拍卖） |
| 多轮 | 只有卖方一次击中 |
| 公开招标 | 信用卡立即授权 |
| 储备 | 没有储备 |
| 最高的胜利和付出 | 所有接受投标支付 |
| 第一（最高）价格 | 不管出价是多少 |
| 英式拍卖增价 | 荷兰歧视性降价 |
| 综合反馈 | 卖方匿名 |

在主要的拍卖形式中，也许最重要的设计差别是谁支付、支付多少和如何确定赢家。在某些由出价人支付一切的拍卖中（比如在 priceline.com 上），信用卡信息必须伴随所有的出价。如果价格被接受，卖主能够收集所有出价者的信息。当然，大多数的拍卖都采取最高者获胜并支付的分配规则。赢家的支付（不管是他自己的最高出价还是有时的次高出价）和拍卖商如何得到获胜出价会有差别。英国式拍卖采用公开喊价或张贴出价，价格会越来越高，直至最后一名出价人的出价超过其他所有人的出价，才被宣布为赢家。

**荷兰式拍卖**（Dutch auctions）：一种降价拍卖。

**荷兰式拍卖**的运作方向正好相反，在拍卖商宣布不断下降的要价过程中，确定第一个出价者来登记接受。荷兰花卉批发市场的运作方式就是这样，因此叫"荷兰式拍卖"。在升价拍卖中，获胜者通吃；但在降价拍卖中，获胜者常常被赋予低于总销售能力的购买机会，然后拍卖继续降价。

在上述的和其他的拍卖设计中，哪一种将使卖主的收益最大，哪一种能把资源配置在它们的最高价值用途上，是重要的经营问题和公共政策问题。由机制设计理论得出的一个很容易理解的观点就是：不对称信息将导致升价拍卖中出价谨慎，因为存在着"赢者的诅咒"。我们以下列拍卖情况说明赢者的诅咒，你正在为一项资产制定一个竞标出价战略，该资产对卖主的价值是一个在 0～100 美元间均匀分布的随机变量。卖主知道这个价值并希望交易的利润能收回拍卖费用，但没有对此拍卖设定最低保留价格。你预计一位理性的卖主会拒绝低于其个人价值的所有出价。这项资产可能是一位棒球运动员的劳动合同，也可能是蕴藏丰富石油地区的一套地下地质构造图。由于存在不同的互补性资产和技术，你确定的价值肯定要高于卖主个人资产价值的 50%，你应该出价多少？

### 15A.3.2 非对称信息竞标博弈中的"赢者的诅咒"

如果双方都不知道开发用地或专利权的真实价值，只知道价值的分配，则 50 美元的期望值加一个小额溢价（即 51 美元）开始似乎是一个将被接受的合理出价。不过，如果卖主知道真实价值，那么要考虑怎样的合理出价将被接受，怎样的合理出价将被拒绝。为使分析简化，假设只有 3 种出价：0、51 美元和 101 美元，3 种可能实现的卖主估值为 0 美元、50 美元和 100 美元。在图 15A-1 中，我们看到，如果真实价值为零，只有对此资产的过多支付的出价才将被接受。如果买方提供 51 美元，则只有当资产价值为 0 时，卖方才会接受此出价。当买家提供 100 美元时，卖家只有在资产价值为 0 或 50 美元时才会接受。也就是说，只接受资产超额支付的提议。这个收益列在决策树右边的阴影方框中。

如果所有三个结果0、50美元和100美元是同等可能的，那么在卖方的最佳反应条件下，游戏树中间分支中的投标人的预期价值为：

$$\frac{1}{3} \times (-51) + \frac{1}{3} \times (0) + \frac{1}{3} \times (0) = -17 \text{ 美元}$$

同样，在游戏树的最低分支中，投标人的期望值为：

$$\frac{1}{3} \times (-101) + \frac{1}{3} \times (-26) + \frac{1}{3} \times (0) = -42 \text{ 美元}$$

总之，因为所有合理的报价可以让投标人和卖方都获利，所以任何投标都会令买方懊悔。换句话说，如果你赢得这样的拍卖，你就会因为多支付而被诅咒。欢迎**赢者的诅咒**！总之，你应该什么都不付。

> **赢者的诅咒**（winners curse）：对一次拍卖中作为最高出价者支付过多的担心。

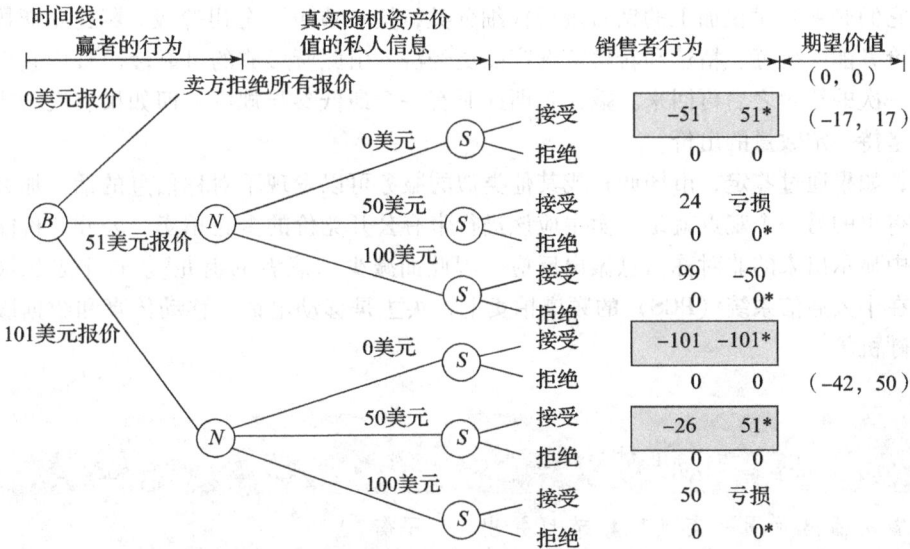

图 15A-1 非对称信息竞价博弈中的"赢者的诅咒"
注：所列收益的顺序是（竞价者，卖主）（收益的单位为美元），带星号的收益为最佳反应。

表 15A-2 列出了对沿海油田区域和 FCC 频谱权的几种拍卖价格顺序。获胜出价和次高出价之间的巨大差距说明"赢者的诅咒"是存在的。圣巴巴拉海峡沿海油田的获胜竞价者比次高出价多付了 1 140 万美元。同样，无线公司对达拉斯都市地区移动电话频谱许可证的出价比 GTE 多付了 1 220 万美元。专业运动项目中对明星运动员的竞价顺序与此非常相似。

表 15A-2 对沿海油田区域和 FCC 频谱权的竞价

| 沿海油田[①] | | FCC 频谱[②] | | |
|---|---|---|---|---|
| 圣巴巴拉海峡 | 阿拉斯加北坡 | 迈阿密都市地区 | 达拉斯都市地区 | 竞价者 |
| 43.5 | 10.5 | 131.7 | 84.2 | 无线公司 |
| 32.1 | 5.2 | 126.0 | 72.0 | GTE 公司 |
| 18.1 | 2.1 | 125.5 | 68.7 | 无线公司 |
| 10.2 | 1.4 | 119.4 | | |
| 6.3 | 0.5 | 119.3 | | |

（续）

| 沿海油田[①] | | FCC 频谱[②] | | |
|---|---|---|---|---|
| 圣巴巴拉海峡 | 阿拉斯加北坡 | 迈阿密都市地区 | 达拉斯都市地区 | 竞价者 |
| | 0.4 | 113.8 | | |
| | | 113.7 | | |
| | | 108.4 | | |

① 百万美元，1969 年美元。
② 百万美元，1995 年美元。
资料来源：Adapted from Tables II and IV in R. Weber, "Making More for Less," *Journal of Economics and Management Strategy*, 6, no. 3 (Fall 1997), pp. 529-548.

　　机制设计理论显示出有关这种不对称信息竞价博弈的几种观点。首先，大多数的出价者都将在一个类似表 15A-2 的拍卖设计中计算出"赢者的诅咒"，因此即使参与竞价，出价也是非常小心的。[⊖]为了在重复性多轮形式的不对称信息博弈竞标中形成更大胆的出价，像戴比尔斯这样的卖主发现它们必须要对粗加工的钻石进行仔细分类，按"成色"分出等级。戴比尔斯按成色分等级要比竞价者能够挑拣、精选和转售落选产品更经济，由此所形成的可靠性声誉使它们的买主们在一次又一次的拍卖之后再回来。戴比尔斯此时有一个最低参与规则，即如果有人希望返回叫价的话，会坚持一定数量的出价。

　　其次，如果通过鉴定、市场调查或其他类似的服务可以发现不对称信息的话，那么从拍卖设计理论中得出的另一个观点就是，卖主应该进行带有公开竞价的多轮拍卖。公开竞价能使出价人对前一轮中显示出来的非对称信息做出反应，因此而减少"赢者的诅咒"。这个思想被联邦通信委员会用在个人通信系统（PCS）的频谱拍卖上，买主是移动电话、移动传真和数据服务以及语音邮件传呼机等。

## 实例 ESPN 的赢者诅咒

　　ABC 首次播出《周一夜足球》节目并出售了 30 年的广告时段，但每年要多支付差不多 1.5 亿美元。1998～2005 年 8 年内对此节目的电视播放权竞价到 40 亿美元时，NBC 认为获胜者将会因为亏损而受到诅咒，因此决定放弃竞标出价。ABC 继续竞价最终赢得 44 亿美元的"大奖"（每年 5.5 亿美元）。迪士尼的另一个媒体事业部 ESPN 同意在 2006～2011 年的下一个 8 年内支付差不多两倍的费用（每年 11 亿美元）。ESPN 希望从它向康卡斯特公司和时代华纳公司索取的有线用户费以及从传统的广告时段中获得足够的收益，以求盈亏平衡。

　　自 20 世纪 80 年代初职业足球达到高峰以来，观众总数下降了 33%，达到 2 600 万个家庭。虽然新的电视播放权确实能有更多的电视节目休息时间来出售商业广告，但 3 小时比赛被分成 84 个 15 秒的时段（每小时 28 个），每个时段需要 600 000 美元才能刚好盈亏平衡。比较一下，奥斯卡颁奖典礼中 15 秒时段卖到 84 万美元，观众达到 4 000 万至 5 000 万，有 9 000 万观众的超级碗比赛卖到 125 万美元。

　　职业足球能够提高其他主要时段的收视率，CBS 的做法是成功地把星期日的《NFL 每

⊖ 注意：同样的结论适用于连续出价方式的拍卖，尽管试验数据表明大多数的初次参与者会对卖主拒绝权利的不对称信息性质有误解并错误地出价 50～75 美元。See C. Camerer, "Progress in Behavioral Game Theory," *Journal of Economic Perspectives* 11, no. 4 (Fall 1997), pp. 167-188.

周赛场》的观众移到它们收视率最高的栏目《60 分钟》上。当福克斯广播网赢得周日 NFL 比赛的转播权后，《60 分钟》的观众份额从 30% 下降到 22%。尽管如此，我们还是同意 ABC 最近对赢者的诅咒的评定。ESPN 可能很

快就要面对收回其投资的巨大压力。

资料来源：Based on "Thrown for a Loss by the NFL," *Time* (January 26, 1998), p. 52; "A Ball ESPN Couldn't Afford to Drop," *Business Week* (May 2, 2005), p. 42; and "Marketers Rely on Oscar," *Wall Street Journal* (February 2), 2006, p. B3.

### 15A.3.3 共同价值拍卖中的信息显露

为了说明公开竞价的这个作用，我们分析两个 PCS 竞价者：一家是无线公司，是由斯普林特公司和几家大型有线电视公司结成的联盟，它花了 21 亿美元赢得了在 29 个都市服务区内向 1.45 亿个顾客提供服务的权利；另一家是 PCS 普赖姆公司（PCS PrimeCo），它是三家地区性贝尔公司的联盟，它花了 11 亿美元赢得了在 11 个都市服务区内向 5 700 万个顾客提供服务的权利。例如，无线公司花了 1 317 万美元赢得了迈阿密服务区，367 万美元赢得了肯塔基路易斯维尔服务区，如表 15A-2 所示。那么，无线公司是如何决定出什么价来赢得路易斯维尔服务区的呢？

假设两个竞价者都知道在路易斯维尔地区 PCS 服务播送权的净现值是一个随机变量，在 1 000 万~6 000 万美元之间均匀分布，有 6 个可能的离散值，如 1 000 万、2 000 万、3 000 万、4 000 万、5 000 万和 6 000 万美元。还要（暂时）假定双方赋予此项资产的价值相同，即所谓的**共同价值拍卖**。从竞价者的观点来看，此时的问题就是要从市场环境和其他竞价者的出价中得到足够的信息，来正确地评定价值并确保利润（即不会对此资产支付过多）。每家公司都要事前进行市场研究试验来缩小可能的结果，从而更好地为自己的出价提供信息。假设无线公司的市场调查结果无法排除

**共同价值拍卖**（common value auction）：信息完整时出价者具有相同估值的拍卖。

可能价值均匀分布的双尾数字（即 1 000 万和 6 000 万美元），但可以肯定地排除 2 000 万、3 000 万和 5 000 万美元。无线公司持有此信息，就可以把它的概率评估缩小到 1 000 万、4 000 万和 6 000 万美元。

对每个结果的相同加权计算形成以下 3 670 万美元的出价期望值

$$\frac{1}{3} \times 1\,000\,万美元 + \frac{1}{3} \times 4\,000\,万美元 + \frac{1}{3} \times 6\,000\,万美元 = 3\,670\,万美元$$

同样，PCS 普赖姆公司也进行自己的市场研究，假定排除 1 000 万、3 000 万和 5 000 万美元是路易斯维尔服务区的可能结果，也就是说，PCS 普赖姆公司得到的具体信息使之计算出一个不同的期望出价值⊖

⊖ 相同权数的概率 1/3 实际上是每一个可能剩余值的贝叶斯概率，它以一个完全准确的预测为基础，这个预测已经把 1 000 万、3 000 万和 5 000 万美元（在一系列可能资产值中的主要数字）排除掉了。如果我们把市场研究看成是在 1 和 6 之间（乘上 1 000 万美元）确定"主要数字"和"非主要数字"的过程将是有帮助的。然后，贝叶斯概率（2 000 万美元/非主要数字的完美预测）=（0.167 × 1.0）/[0.167 + (0.833 × 0.4)] = 0.33，其中 0.167 是进行市场研究之前的原概率，2 000 万美元将是实现的资产价值。数字 1.0 是预测工具的精确度。例如，若 2 000 万美元为真实值时的条件概率，从市场研究中得到的结论将说明该值为"非主要"，意味着"不是 1 和 6 之间的主要数字"。数字 0.833 为资产价值将不是 2 000 万美元的原概率。最后，数字 0.4 是当 2 000 万美元以外的某个数值是真实资产价值时的概率，完全准确的预测工具结果仍将是"非主要"。它可能是 4 000 万和 6 000 万美元（即五个可能性中的两个）。

这里的分析很容易加以修订，成为由市场研究得到的不太完美的预测，它是有帮助的，因为不完美的预测才是经营活动的现实。See E. rasmussen, *Games and Information*, 3rd ed. (Cambridge: Basil Blackwell, 2001), Chapter 13, section 5.

$$\frac{1}{3} \times 2\,000\,\text{万美元} + \frac{1}{3} \times 4\,000\,\text{万美元} + \frac{1}{3} \times 6\,000\,\text{万美元} = 4\,000\,\text{万美元}$$

这些共同价值的最优估计值是以两家厂商得到的不对称信息为基础的，因此在一个同时密封报价拍卖中，卖主可能最希望实现的就是4 000万美元。由于是密封报价，所以没有信息传达给竞争者，因此最优竞价战略就是简单地根据你自己的信息，把你的出价稍微低于贝叶斯期望值。因此，PCS普赖姆公司的出价仅低于4 000万美元（也许是3 960万美元），赢得了路易斯维尔服务区的频谱权。

### 15A. 3. 4　带有公开出价设计的贝叶斯战略

不过要注意，从卖主事后（在得到密封报价之后）的观点来看，双方的共同信息集表明普赖姆公司支付不足。研究一下发现，两种市场研究结果合在一起排除了1 000万、2 000万、3 000万和5 000万美元。换句话说，联合的市场研究结果把路易斯维尔服务区价值的可能结果缩小到4 000万和6 000万美元。哪一家厂商都没有得到这个更多的信息，每家知道的都只是所有可以得到的市场研究信息的一个子集，但是作为这样一个信息集中的卖主，FCC希望形成对所有不对称信息的充分显露，因为它会影响获胜的出价。如果4 000万和6 000万美元同样可能，出价者能够多少识别出这个信息，那么路易斯维尔服务区的价值正好在5 000万美元以下，而不是普赖姆公司正好低于4 000万美元的出价。

把所有不对称信息带到行动中的一种方法就是采取一种顺序公开出价的拍卖设计，其中随机选出的每家公司公布自己的出价（先在第一轮，然后在第二轮、第三轮……中按随机顺序再重新进行公布程序）。[注]此时不管哪个公司先出价，其他公司将推导第一个出价者的其他市场研究结果，并根据得到的更完整的信息着手提高其出价。例如，如果PCS普赖姆公司先出价，根据自己的不对称信息出4 000万美元，无线公司此时所处的地位就是要推导普赖姆公司的市场研究结果，排除1 000万、3 000万和5 000万美元作为可能的价值。在对一项具有从1 000万到6 000万美元均匀分布并只有这6种可能结果的同时密封报价拍卖中，这是与4 000万美元出价相一致的唯一信息。无线公司从自己的市场营销研究中知道2 000万、3 000万和5 000万美元也已被排除，就会立即决定一个正好低于5 000万美元的获胜出价：

$$\frac{1}{3} \times 4\,000 + \frac{1}{3} \times 6\,000 = 5\,000\,\text{万美元}$$

如果存在多于两个的出价者和其他服务区，而且要求无线公司首先出价，PCS普赖姆公司轮到第二个出价，那么这个顺序公开出价拍卖设计将运行良好。获胜出价将提高到反映所有可得信息的贝叶斯期望资产值，最高价值的用户将得到此项资产。

---

### 实例 | PCS 频谱权的同时公开竞价拍卖

30家厂商最终参加了宽带频谱的拍卖，FCC为51个都市服务区中的每一个地区专门确定了两个30-MHz波段，这些都市服务区的一个突出特点就是在向相邻服务区提供服务时具有很强的相互依赖性，因此促使竞价者随着拍卖的进程会把许可证进行有效的组合和再组合。

---

[注] 对多轮拍卖角色转换存在一个非随机性结构顺序的公开竞价，允许竞价者互相传递信号并给予惩罚（即"以牙还牙"），因此增加了默契共谋的可能性。

结果 FCC 采取公开竞价的多轮同时拍卖方式来分配频谱权。每个竞价者都被告知有若干轮的出价，每一轮中的所有出价都要宣布，允许每个竞价者在一轮一轮的出价中取消或修改出价。只要任何一个服务区的竞价活动在继续，那么在每一个都市区的所有出价都要保持公开。此次拍卖持续了 112 轮，耗时 4 个多月。FCC 使用这种拍卖设计，筹集了 77 亿美元。AT&T 付出 4 930 万美元，无线公司为争夺路易斯维尔的 A、B 两段频谱权支付了 4 660 万美元。

资料来源：Based on "Market Design and the Spectrum Auction," *Journal of Economics and Management Strategy*, 6 no. 3 (Fall 197); and "Sale of Wireless Frequencies," *Wall Street Journal* (March 25, 1998), p. A3.

### 15A.3.5　私有价值拍卖中的战略性低报价<sup>⊖</sup>

英国式公开叫喊拍卖的一个严重缺点就是出价者表现出来的战略性沉默（低报价的趋势）。如果出价者拥有共同信息但具有不同的评估值（即所谓的**私有价值拍卖**），那么支付意愿高的人会积极避免大胆的出价，力求刚好超过具有次高估值的参与者的出价。例如，在 FCC 的频谱拍卖中，某个都市地区内业已设立的移动电话公司会比其他竞价者具有更高的估值。在这种对私人价值进行公开竞价拍卖的前几轮中，高出价者最终会犹豫退缩。对 FCC 数据的分析表明，最初几轮竞价过后，最终获胜者中只有 53% 是高出价者，卖主担心这种战略性沉默会抑制全部拍卖的整体出价水平，并可能明显减少最终的收益。

> **私有价值拍卖**（private-value auction）：信息完整时出价者具有不同估值的拍卖。

假设两个竞价者各自对一项服务或一笔资产的估值为 0～1 000 万美元，不知道有关实际净现值的信息，也就是说，得不到不对称的或其他形式的共同价值信息，在这个纯粹的私有价值拍卖中，拍卖只持续一轮，出价是密封的，最高出价获胜。你的估价是 600 万美元，你应该如何出价？

由于存在两个竞价者，因此各自必须假定对方所提供的将小于自己的私人价值，比如说 $k \times v$，$k$ 是一个比例，$v$ 是私人价值。<sup>⊜</sup>艾丽斯的出价（$P_a$）若大于 $k$ 乘以鲍勃的价值（$v_b$）就会获胜。也就是说，无论何时，只要艾丽斯的价值 $v_a = P_a/k > v_b$，就会赢得拍卖，实现的利润是（$v_a - P_a$）。在统一密度条件下，鲍勃的价值为 0～1 000 万美元之间任意给定数的概率为 1/1 000 万。还有，当此值在 0 和 $P_a/k$ 美元之间时，艾丽斯获胜。因此，艾丽斯获胜的累积概率是 $P_a/k$ 事件，每个事件具有 1/1 000 万的边际概率，也就是说，艾丽斯获胜的累积概率为 $P_a/(k \times 1 000$ 万美元）。

艾丽斯从拍卖获得的期望利润因此可写成

$$E(利润_a) = (v_a - P_a) \frac{P_a}{k \times 10\,000\,000} \tag{15A-1}$$

式（15A-1）对 $P_a$ 微分，并使导数等于零，当

$$(v_a - 2P_a) \frac{1}{k \times 10\,000\,000} = 0 \tag{15A-2}$$

即当 $P_a = v_a/2$ 时，艾丽斯参与拍卖获得的预期利润最大，条件是鲍勃选择了一种竞价规则，方法是选择使其自己的私人价值减少 1/2。由于艾丽斯和鲍勃在此竞价博弈中的境况是不对称的，所

---

⊖　关于这一主题及下一主题的两项出色的论述是 J. McMillan," Bidding in Competition," *Games, Strategies, and Managers* (New York：Oxford University Press, 1992), Chapter. 11 and E. Rasmussen," Auctions," *Games and Information*, 2nd ed. (Cambridge, MA：Basil Blackwell, 1993), Chap. 12.

⊜　这一例子出自 McMillan, op. cit., pp. 138, 208-209.

以鲍勃也应该使其私人价值减少1/2。当 $k = 1/2$ 时，参与者处于一种纳什均衡。每个人都使自身的利益最大，条件就是其他参与者的出价为 $v/2$，方法是按自己私人价值的一半出价。在一个双人同时、最高价格获胜并支付的密封报价拍卖中，理性的低报价是完全报价的50%！

很容易说明，在有5个竞价者的情况下，一个理性的竞价者应该把真实的私有价值降到1/5；如果有 $n$ 个竞价者，就要降到 $1/n$。⊖因此非常明显，竞价者越多，理性的低报价越小。参见图15A-2。卖主了解这个道理，因此提供分类服务（戴比尔斯的情况）、漂亮的商品目录和生动的展览（佳士得的情况）来吸引竞价者进入拍卖过程。牛津大学的 Paul Klemperer 描述了这种基本观点是如何决定英国频谱拍卖中多种拍卖设计决策的。13家不同的公司参加竞价，形成了所有欧洲和亚洲3G拍卖中所筹集的最高人均收益。

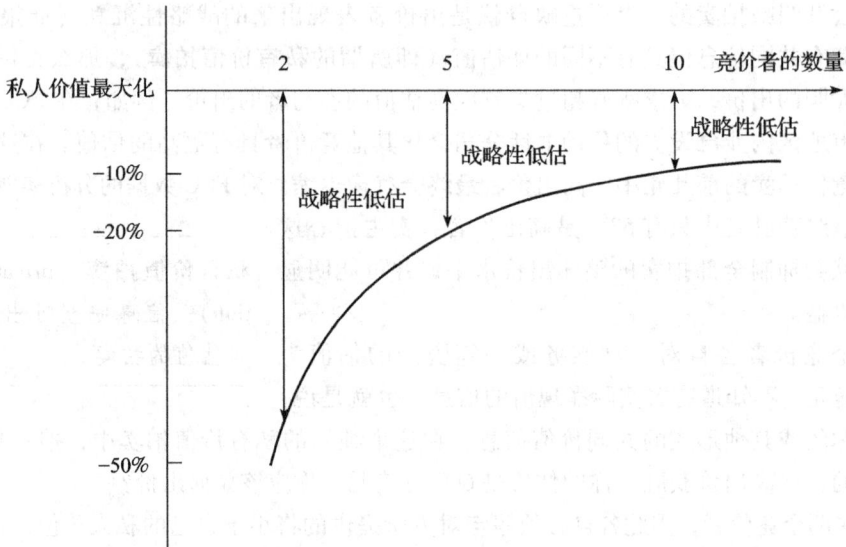

图 15A-2　随着竞价者进入私有价值拍卖，战略性低报价的下降与卖主收益的上升

---

　**Exponential Valley 公司拍卖一个芯片专利**

Exponential Valley 公司是硅谷的一家新建微处理器厂商，它决定把它的45项已发表的和正在审理的专利打包拍卖而不是付诸生产。这项电脑芯片专利所包含的特性能使竞争者赶上行业领导者英特尔公司即将推出的芯片产品。英特尔通常会起诉那些"克隆"其芯片的公司，而且在用此战略阻止厂商进入方面一直是行之有效的。Exponential Valley 公司的专利似乎提供了一个机会，能防止英特尔的违反

专利指控。Exponential Valley 公司还花了大笔费用编了一大本说明书，其中有针对可能竞价者的技术和报价信息：这些公司包括 AMD 公司、Chromatic 研究公司和德州仪器公司。Exponential Valley 公司这样做是因为竞价者的数量越多，战略性低报价就会越少。

资料来源：Based on "An Auction of Chip Patents May Ignite Bidding War," *Wall Street Journal*（August 1, 1997），p. B5.

---

⊖　Rasmussen, op. cit., p. 296；and p. Klemperer, "Spectrum Auctions," *European Economic Review*46（2002），pp. 829-845.

如果卖主花费足够的资源来增加竞价投标者，在极端情况下，卖主可以实现 $(n-1)/n$ 的最大私人价值 $(v_{max})$。5 个竞价者就意味着实现 $v_{max}$ 的 80%。10 个竞价者意味着实现 $v_{max}$ 的 90%，20 个竞价者意味着实现 $v_{max}$ 的 95%。竞价者的数量从 2 个增至 5 个使价值增加 30%，竞价者的数量从 5 个到 10 个增加一倍的结果是价值增加 10%，再增加一倍的结果是价值只增加 5%，卖主增加竞价者数量的努力结果是收益递减，表明战略性低报价的基本问题将被缩小，但绝不会被消除。

当然，如果出价者能够肯定在最后一轮中获胜，那么在私有价值拍卖中的低报价就是理性的。减少私有价值拍卖中战略性低报价的一种方法就是通过密封报价来减少有关其他估值的信息。一种不太极端的方法就是经过最初的几轮竞标之后，在不通知的情况下结束拍卖，从而实际上对密封报价是无法预见的。当然，正如上节所见，导致所有不对称信息的显露符合卖主的利益。事实上，前面讲过，卖主常常会为了减少赢者的诅咒而积极地事先宣布专家对价值的鉴定（如佳士得和索斯比拍卖行所做的）。

这个因素在拍卖设计中是重要的，但并不总是可控的，原因在于某些被不对称持有的信息若被显露的话就会降低理性的出价（见本附录末第一个案例练习）。所以，密封报价就成了这样的一种设计方案：私人价值的变动越大，有关投标者之间评估的信息越对称，此设计方案的吸引力越大。很明显，只要有利的信息被卖主知道，公开出价或事先宣布鉴定就会更有吸引力。不过，即使卖主不了解，公开出价对卖主也具有正值的期望值，因为共同价值信息的交换总会减少赢者的诅咒。

### 15A.3.6 次高密封报价拍卖：一种显露机制

当然，若卖主正在从所有的拍卖参与者中收集投标收益的话，那么战略性低报价会特别麻烦。"卖主"可能会力求评估买主的支付意愿是否能证实对一个新的设施（如一个球场、一个游泳池、一个网球场或一个俱乐部）的投资是合理的。如果打算兴建新设施，就要询问每一个潜在用户的支付意愿。如果足够的需求存在，设施管理者才会兴建这个设施，并从每个"出价者"那里收集高度多样化和差别化的价格。这种评估的关键就是设计一种激励相容的显露机制，这一点在私有价值拍卖设计中也是成立的。如果某人作为一个拍卖设计者，可以消除低报价的动力，同时防止赢者的诅咒，人们可以使激励因素与价值的真实显露相一致。分析下面设计精巧的激励相容拍卖机制的例子，这个机制使威廉·维克瑞（William Vickrey）获得了诺贝尔奖！[注]

**激励相容的显露机制**（incentive-compatible revelation mechanism）：一种引发私人持有信息的真实显露的程序，这些信息的持有者具有竞争利益。

维克瑞认为，不要求获胜的竞价者支付高出价，如果拍卖机制设计事先规定最高出价获胜，但胜者仅支付等于次高出价的一个减少额将会怎么样？要考虑这个激进思想的后果。根据定义和最高支付次高价格密封报价拍卖的规则，由竞价者自己真正的私有价值所引发的支付不能超过下一个最优的销售价格。使用一种可证实的第二选择和退出选择来支持竞价者防止遭遇赢者的诅咒是威廉·维克瑞激励相容机制设计的重要观点。通过一种精细的机制设计，最大支付意愿的真实显露证明是与竞价者避免赢者的诅咒的希望兼容的。

---

[注] 每一本博弈论和机制设计理论书都对维克瑞拍卖做了说明，它也被称为次高密封报价拍卖，或统一价格拍卖。维克瑞最初的文章也是有启示作用和有见地的。参见 W. Vickery," Counterspeculation, Auctions, and Competitive Sealed Tenders," *Journal of Finance*, 16, no. (8), 1961, P. 37.

**维克瑞拍卖**（Vickrey auction）：一种激励相容显露机制，形成的密封报价等于私有价值。

综上所述，**维克瑞拍卖**中的竞价者都没有积极性低报价。把你的出价降到你的私有价值以下对于（如果你赢）所应该的支付并没有影响。如果你是支付意愿最高的参与者，在次高密封报价拍卖中出低价就会增加失去拍卖资产的可能性，该资产将有可能以低于你认为的价值而被获取。如果其他人对此资产的估价比你高，那么通过高于你自己私有价值的出价将不会引发支付。因此，在所有可能的情况下，私人价值的真实显露作为一种竞价战略胜于低报价。因为出价是密封的，拍卖仅持续一轮，所以策略性出价、虚假手段或信号传递都不能对拍卖中的其他参与者有任何影响。因此，出低价对所有的竞价者都不是一种支配战略均衡。⊖

当然，实现的收益仍要减少一个最高和次高估值之间的全部差额，但卖主至少知道拍卖资产的真实价值。

## 实例　次高密封报价拍卖：美国国库券

证券市场中的拍卖设计决策将选择能为发行人筹集最多收入的程序。当前全世界对此问题的辩论对财政部新发行国库券的最优拍卖设计表示不满。丹麦和瑞典采取完全相反的设计，瑞典人以差别的荷兰式拍卖价格出售政府的票据和债券；丹麦人以一种统一的次高密封价格出售。针对专家意见和实践的这种差异，美联储授权纽约联邦储备银行对 2 年和 5 年期两种债券的设计进行试验。美国（以及全世界）的大多数财政部拍卖都是差别性降价（荷兰式）拍卖：买主沿着一条由各出价者提交的需求表支付它们对不同数量国库券的出价。如果市场出清价格表明收益为 5.03%，一个典型的出价者就会以其提交的最高价格得到价值 500 万美元的国库券，收益为 5.00%。以一个低价获得价值 700 万美元的国库券，收益为 5.02%。也许还会以市场出清价格（最低价）得到另一个 1 000 万美元的国库券，收益为 5.03%。

统一价格的次高密封报价拍卖是不一样的，在这种维克瑞拍卖中的每个出价者都可能支付统一的、稍高的价格，相关收益为 5.02%。财政部筹集债务资本的边际成本将从 5.03% 降到 5.02%。不过，某些更高价格的交易不再发生，其他的低价交易也不再发生。因此，财政部收益的情况会无法分析清楚，它取决于对国库券需求的利率弹性。

这个结果说明的观点是，次高密封报价维克瑞拍卖的主要优点不是提高卖主收入，而是使战略性低报价最少、显露真实的私人估值和减少少数出价者之间的共谋出价。与此相反，对于愿意向这些国库券和国库券资产支付一个共同价值的大量潜在买主来说，证券市场是高效率的。因此，次高密封报价机制设计更适于谷歌 IPO 中采用的私人配售 IPO 市场。总之，把拍卖设计的管理视角与经营项目细节的认真分析相结合是十分重要的。

资料来源：Based on "Bidding up Debt Auctions," *Business Week*（September 8, 1997），P. 26；and S. Nandi, "Treasury Auctions: What Do the Recent Models and Results Tell Us?" *Federal Reserve Bank of Atlanta Economic Review*（Fourth Quarter 1997）.

---

⊖　竞价者避风险的程度与此结果无关，但是规避风险程度更高的竞价者确实保证在赢者通吃的首次密封报价拍卖中不会损失，因为相对于次高密封报价拍卖的卖主收益来说，增加了他们的出价。我们在下一节进一步讨论规避风险的作用。

### 15A.3.7 不同拍卖形式的收益等值<sup>⊖</sup>

在特定环境下，四种最简单的拍卖（英国式升价拍卖、荷兰式降价统一价格拍卖、第一价格密封报价拍卖和最高支付次高价格密封报价拍卖）对卖主－拍卖者会产生等值收益。例如，如果报价证明是获胜的市场出清价格的话，那么第一价格密封报价拍卖的参与者与荷兰式降价统一价格拍卖的参与者都必须按其出价支付，另外，这两类参与者都不掌握比他们自己估值更少的出价者的信息。因此，荷兰式或第一价格密封报价拍卖中的最优出价战略是等同的，因此获胜的出价也是等同的（见表15A-3）。

表15A-3 不同拍卖形式的卖主预期收益

| 私有价值拍卖（专利许可证、销售地区、不动产和古董） | | | |
|---|---|---|---|
| 风险中立者 | 荷兰人 = 统一价格 | 第一价格 = 密封拍卖 | 英国式 = 第二高价格密封拍卖 |
| 风险厌恶者 | 荷兰人 = 统一价格 | 第一价格 > 密封拍卖 | 英国式 = 第二高价格密封拍卖 |
| 共同价值拍卖（矿藏租赁、森林砍伐权、飞机） | | | |
| 风险中立者 | 英国式 > | 第二高价格 > 密封拍卖 | 荷兰式 = 统一价格 第一价格密封拍卖 |
| 风险厌恶者 | 英国式 > | 第二高价格 ≧ 密封拍卖 | 荷兰式 = 统一价格 第一价格密封拍卖 |

同样，对于私有价值拍卖来说，由于英国式升价拍卖的参与者在出价过程中知道越来越多的其他出价者的独立估值信息，所以具有最高估值的人将最终给出一个刚好超过次高出价者的数量。正如我们所见，次高价格密封报价拍卖会导致所有出价者价值的真实显露，但赢者支付的数量也正好等于次高出价者，因此，英国式升价拍卖和次高价格密封报价拍卖在以私有价值拍卖中为卖主形成基本相同的预期收益。的确，对于风险中性出价者和私有价值来说，所有四种简单的拍卖形式都导致相同的预期收益（即数量正好等于最高值减去与次高出价的全部差额）。从卖主的角度来看，这个收益等值理论（RET）是一种使人郁闷的结果，人们会希望得到更好的结果。

在某些情况下，一种拍卖形式确实会比另一种筹集更多的预期收益。这些最优机制设计的差别取决于出价者的风险偏好和被拍卖物品的共同价值或私人价值的性质。首先继续分析私有价值拍卖。如果出价者是个风险规避者，在缺乏荷兰式或第一价格密封报价拍卖设计的信息条件下经营，他们将寻求降低当其估价为最高时失去此物品的可能性。结果，相对于英国式或次高价格密封报价拍卖的情况（获胜的出价者基本上按次高出价支付），规避风险的荷兰式或第一价格密封报价拍卖的参与者会为了降低因第二估值被别人赢得竞价的可能性而提高自己的出价。为避免赢者诅咒的战略性低报价仍然存在，但被风险规避所缓和。所以，当出价者规避风险、因进行荷兰式或第一价格密封报价拍卖使价值成为独立和私有的时候，卖主－拍卖者一般能够筹集更多的收益。像专利许可证、销售地区、古董和美术作品等物品的私有价值拍卖的结果列在了表15A-3的上半部分中。

诸如原油、矿藏租赁、森林砍伐权、产权和债务等证券、易于重置的剩余设备（如商用送货汽车和公司喷气飞机）等具有大量转售市场的物品的共同价值拍卖，其估值的不确定性来源于一种估计风险。每一个出价者都知道转售的真实价值对于所有参与者都是相同的。这个真实价值是个未知数，而石油仍在地下，木材仍在森林，IPO尚未发布，等等。因此每一个出价者必须在荷兰式统一价格或第一价格密封报价拍卖中根据自己的预测信息，根据可在英国式拍卖顺序出价中搜集的更多信息来评估这个真实价值。因此在英国式拍卖的顺序过程中，对最初估计（"先验"）

---

⊖ 对此问题的深入讨论，参见 A. Dixit, D. Reiley and S. Skeath, *Games of Strategy*, 3rd ed（New York: Norton, 2009），Chapter15; and E. Rasmussen, op. cit., Chapter 12.

的贝叶斯更新过程一般会形成一个出价者的信息共享，在英国式拍卖中的获胜出价将趋向于预测样本的平均估计值。什么是可获得的资源的真正共同价值？有助于了解这个共同价值的最佳无偏估计值的机制就是为避免赢者的诅咒而减少战略性低报价。

因此，如表15A-3下半部分所列，在销售共同价值物品时，一个卖主–拍卖者利用英国式升价拍卖可以筹集到最多的收益。正如上一节所见，次高密封报价设计在这共同价值拍卖中也能明显地减少赢者的诅咒，筹集到卖主的预期收益。对于荷兰式统一价格拍卖和第一价格密封报价拍卖，出价者要降低其估计风险是很困难的。⊖

## 实例 网上拍卖设计成了一次电子商务大辩论：eBay 和 Priceline

网上拍卖经历了一次真正爆炸性的互联网站大发展并吸引了无数投资者的关注。1998年7月有8个网站存在，1999年7月有400个，到2000年7月已超过了3 000个。某些网站公开发布了市场占有率和已实现的巨额产权市场价值。eBay公司的点击量在2005年已达到1.5亿次。价格线（Priceline）在首次公开发行（IPO）后不久，就超过了主要航空公司（美航、达美、联航）的总共市值，它为这些航空公司的最后一分钟未售出机票提供清算。

在信息经济中，在线拍卖是一种重要的商务模式，可以取代两个传统的定价程序：①一对一的协商（议价）；②由卖主提供一份固定的报价菜单。企业对企业（B2B）的交易能够就有关"交易"的时间、质量、可得性和送货内容等继续要求一对一的协商，但在企业对消费者的交易中，拍卖价格本身就确定了一笔"交易"的大多数要求。

不过，2000~2002年，价格线的股价下降了90%。很简单，价格线没能为其反向拍卖设计获取一个广义的专利，表明价格线得不到保护，不会免受随后模仿者的影响。价格线采用一种递升公布价格、最高者获胜并支付的拍卖机制设计。匿名公布出价是为了减少共谋，连续公布是为了减少与私人信息拍卖相伴的战略性低报价（即赢者的诅咒）。出价的支付必须用信用卡做保证并在买主出价的时间上进行；如果出价被接受，那么就不能取消，而且自动实施。

eBay拥有更透明的升价拍卖设计，宣布获胜者的原则是"出价最高者获胜并支付"，不像价格线那样，允许卖主在决定"找到"一个价格线买主的公布出价之前保持匿名，eBay要汇总有关卖主过去的绩效并链接到竞价网址上。还有一个与价格线不同的地方，eBay允许公开竞价（即多轮的重复出价，先前的出价可以取消或修改）。如果公开竞价对于机票、汽车和机械的拍卖来说被证明是最优的，那么将能兴旺繁荣的是eBay，而不是价格线。

资料来源：Based on "The Heyday of the Auction," The Economist（July 24, 1999）, pp. 67-68；"Redesigning Business：Priceline," Harvard Business Review（November/December 1999）, pp. 19-21；"Dotty about dot. commerce?" The Economist（February 26, 2000）, p. 24；"Going, Going, Gone, Sucker!" Business Week（March 20, 2000）, pp. 124-125；and "Inside：Is Priceline Vulnerable?" Harvard Business Review（December 3, 1999）, pp. 19-21.

还有一个更大的拍卖设计问题：是继续传统的升价（英国式）拍卖，还是采取降价（荷兰

---

⊖ 风险规避对先前的分析加进了同样的启示，即荷兰式统一价格和第一价格密封报价拍卖参与者提高了其出价，以降低把一种拍卖物品输给相差无几的第二位竞争者的可能性。还有，信息共享的好处一般有利于私有价值拍卖的英国式或次高价格密封报价设计。

式）拍卖程序。Basement. com 和 OutletZoo. com 以高价开始，逐级下降，直至所有的销售量都有了需求。显然，卖主通过向早先出价者索取不同的高价，就可以在差别性荷兰式拍卖中实现比确定一种市场出清价格的统一价格荷兰式拍卖或英国式拍卖更多的收益。当然，老练的机构和产业买主也清楚这一点，这个细分市场将会更偏好像 Grainger. com 这样的传统的非拍卖网站，卖主在这里首先公布最好的商品，然后把重点放在商品的可得性、送货、安装、技术支持和其他售后服务上。在"全部提供物品"中建立这些额外的使用价值可以证明与卖主向 B2B 顾客提供各种保修和更换保证一样重要。[⊖]

### 15A. 3. 8　用契约方法解决网上拍卖中的不对称信息问题

Priceline. com 在某些方面好像没有品牌名称的优惠券，它向价格敏感的顾客细分市场提供了一种价格歧视的方法而又没有损害自己的品牌形象。也许这一点说明了为何达美航空公司在价格线占有大量的股权。达美能够清算其存货而无须减少更高票价的销售。但匿名的卖主在价格线上提供无法证实的产品或服务时，如果他们希望吸引高于最低价格的任何东西，就一定要可信地承诺提供质量更高的产品。如前所见，抵押品或关联机制是可信承诺的关键。

（1）**评估机制**。首先，卖主可以投资于**评估**并加以广泛宣传，力求把他们的拍卖物与欺诈宣传的产品区别开来。独立的认证评估（比如回购保证）在提供销售的产品价值中确定了一个底线。也许有一块待开发土地或一项专利租赁中的

> **评估**（appraisals）：由独立专家所做的价值估计。

知识产权要进行竞价，卖主就可以按照一份有关价值范围的评估进行支付，通常是在转销市场中对具有相似特点的土地或知识产权资产支付的价值。不过，有两个缺点限制了这种方式的广泛采用：有认证资格的评估费用高昂，而且评估很少能确定最高的或独特的资产价值。

（2）**担保和更换保证**。卖主可以为其拍卖声明建立可信性而采取的第二种契约方法就是通过提供各种担保和更换保证而就其相关质量发出信号指示。这些信号指示表明产品提供的特点是买主在销售地点可以观察到的，而且与观察不到的相关产品或服务质量高度相关。汽车轮胎制造商若缩短包裹钢丝的轮胎外胎的硫化时间，就会降低轮胎的耐磨系数，也不能保证降低爆胎风险。因此买主可以向有大量担保条件的轮胎多支付，坚信轮胎质量会高于那些没有担保条件的供应商的产品。鼓励买主以此方式甄别不同的供应商，因此实现了对欺诈供应商与可靠供应商的一种分离均衡，而不需要对每一条轮胎进行费用更高的独立评估。

（3）**固定残值限额租赁**。卖主可信地承诺提供高质量耐用品的另一方法就是提供出租而非出售产品，然后接受带有高残值的租赁条件。租赁的这个特点形成一种优于购买的净优势，因为拥有信息优势的卖主将通过租赁中的产品收回条款而可信地承诺期货价值。如果一个卖主说，你可以租赁，4 年末的残值为 60%，另一种租赁报价是 4 年末的残值为 40%，其他条件都一样，租赁支付将收回的折旧只是 60% 残值租赁中的 2/3。在此情况下，买主会非常愿意租赁一种高质量/高价格的产品。当然，如果卖主预见到存在明显的过时报废风险，这样的一种建立可信性的方式就不会被采纳。因此，高残值很少会单独出现，通常其他租赁条款（比如财务费用、初始资产价格和租赁结束费等）会向上调整，以便在残值增加时用价格来反映卖主的额外风险。

（4）**权变支付机制**。最后，卖主可以同意接受**权变支付**，也就是说，卖主的收益取决于买主

---

⊖　See A. Kambil and E. van Heck, Making Markets（Boston：HBS Press, 2002）; J. Anderson and J. Narus, *Business Market Management*（New York：Prentice Hall, 1999）; and R. Oliva," Sold on Reverse Auctions," *Marketing Management*（March/April 2003）, p. 45.

**权变支付**（contingent payments）: 随着未来不确定事件的结果而变化的支付安排。

体验到的产品绩效。假设在一项资产销售中确定清晰价值所要求付出的努力费用极高。如果一块待开发土地中埋藏着卖主不知道的燃料罐，而且必须进行环境恢复，那么这个土地卖主就可以事先同意为土地的恢复支付费用。如果这块土地证明被破坏，那么通过卖主对恢复土地的可信承诺，就对权变风险进行了保险。同样，如果林地出售或油田租赁证明生产力极高，那么与实际的林木收获或打出的石油令人失望时相比，买卖双方都会同意支付更多的货币。

这些权变支付契约可以按照累进支付来安排，从而使买主和卖主采取连续的小步骤，同时保持欠款。保持要纠正的建筑问题清单常常引发新房主及其建筑商之间的最终小额支付。有时公司使用权变支付，同时在一项资产销售中交换抵押品，方法是要求卖主在买主的子公司中取出一笔财务资金（也许把15%的现金流交给产权所有者）去管理新的资产。如果产权所有者优先顺序低，应该宣布破产和需要清算，权变支付会提高卖主显露隐藏特点的积极性，这些隐藏的特点决定了可从资产中实现的真正现金流量。

## 15A.4 激励相容的显露机制

弄清私人持有不对称信息的最有力的机制设计工具也许就是威廉·维克瑞的自我实施显露机制。后来，爱德华·克拉克（Edward Clarke）和泰德·格鲁夫斯（Ted Groves）在集体决策中增加了多重代理的思想，致使机制设计目标成了一个合伙项目中必须与所有各方的激励兼容的需求和成本显露：一种激励相容的（IC）显露机制。

---

### |实例| 英特尔与 Analog 合伙公司开发 DSP 芯片⊖

英特尔公司十多年来一直在电脑微处理器的半导体芯片制造中占据支配地位，由于 AMD 和西门子开始威胁到这个传统市场，英特尔在 1999 年与 Analog 设备公司新建了一家合资企业，挺进诸如蜂窝电话、传呼机和无线耳机等通信设备的芯片市场。英特尔和 Analog 共同开发了一种新的数字信号处理器（DSP）芯片产品线。芯片接收声音、图片形象和音像等模拟信号，并把它们转换为能利用无线系统进行传输的数字信号。面对无线通信的巨大增长，英特尔-Analog 芯片的新的信号压缩与加密能力预期能够与竞争对手 DSP 供应商（德州仪器公司和卢森特技术公司）进行有效竞争。芯片还可以用在调制解调器和其他提供高

速上网的网络装置上。用于机控装置的语音识别系统是一种补充增值技术。到 2010 年，把一个图钉大小的芯片安装在一个手表大小的装置中，DSP 芯片就可以提供一台笔记本电脑的全部功能。DSP 芯片的销量增长率最近达到每年 30%，总销售额达到 57 亿美元。

英特尔和 Analog 的工程师将集体合作设计芯片的核心结构，然后两家公司分别开发和销售以此设计为基础的产品。因此，各公司的权变收益将部分取决于其合作设计的成功，部分取决于各自的产品开发与营销努力。这项合资契约为继续合作经营提供的推动力远远超出了一项简单的利润分享协议，但它仍然保留了各家公司的选择权以追求各自的某些商业计划。

---

⊖ 资料来源：Based on Intel Corporation and Analog Design Inc. Joint press releases（February 3, 1999）；and "TI Lays Out DSP Plans until 2010," *Hardware Review and News* on the The-View.com（December 6 1999）.

### 15A. 4.1 合资与合伙中的成本显露

当这种合伙中的关键信息被私人持有而且第一方的确认又不可行或不理想时，合伙人就会谋求采用某种程序来确保这种不对称信息的真实显露。考虑由一家个人电脑设计制造商（如苹果电脑公司）和一家电脑芯片的主要供应商（如摩托罗拉）之间为开发新型个人电脑产品而建立的一个合资企业。苹果公司的操作系统依靠摩托罗拉芯片的能力，生产这种芯片就是预期满足此操作系统的要求。合伙人相信通过联合开发新产品可以使它们在这项飞速发展的技术中更好地保持竞争优势。在合资企业收回开发和生产成本之后，双方同意平分利润。

合资企业中的各方都拥有关于成本的私有信息，这些信息都是对方所不掌握的。例如，苹果公司在开发 iPad 时，了解其操作系统的开发成本，摩托罗拉知道其电脑芯片的设计和生产成本。虽然双方都不能独自地证实对方合伙人的不对称信息，但合资企业的成功常常取决于每个合伙人创造足够的经营利润以便收回这些开发成本的能力。随着合伙达到项目的预期目标，确定潜在利润需要真实成本的准确显露。让我们来分析为什么要实现这个目标以及如何做才能达到这个目标。

对激励相容显露机制的研究可以提供一些答案。每个合伙人都会面对其成本因素的随机干扰。[⊖]有时软件开发会因程序设计中不明显但会使程序功能减弱的故障而延迟，这会使成本增加，比如说从 0.8 亿美元增至 1.2 亿美元。同样，有时芯片的开发和生产必须要重新设计（比如英特尔奔腾芯片存在的问题），也会使成本增加，比如从 0.5 亿美元增至 0.7 亿美元。哪一个合伙人都不希望事先发现并全部改正这些问题。但每个合伙人都可以发现成本超支的早期预警信号，并且（如有必要）取消其合资企业的这个内容。

### 15A. 4.2 带有简单利润分享的合伙经营的成本超支[⊖]

当合伙双方同时发生成本超支，那么合资企业就应该停业，因为进行大规模生产的开发成本（1.2 亿美元 + 0.7 亿美元）将超过预计可得到的收益（比如 1.8 亿美元）。预计的经营利润和亏损显示在表 15A-4 之中。如果苹果公司的成本为 1.2 亿美元（标在高成本一列上），无论何时，只要摩托罗拉也出现 0.7 亿美元的高成本（标在高成本一行上），那么这个合伙项目将被取消，因为经营下去将导致 0.1 亿美元的亏损。同样的道理，在只有一方合伙人的成本高或双方合伙人的成本都不高的时候，合资企业应该继续并分别实现 0.3 亿、0.1 亿和 0.5 亿美元的利润。只有正确的生产和停业决策才能使合资企业产生最大价值。

激励问题就是每个合伙人开始都会积极地夸大真实成本，以便从合资企业收益中得到更多的补偿。例如在表 15A-4 中，如果苹果公司显示的真实成本是 0.8 亿美元，而摩托罗拉声称其成本为 0.7 亿美元，而事实上它的真实成本为 0.5 亿美元，那么摩托罗拉的合资利润份额将下降 0.1 亿美元，即从 0.5 亿美元（左上单元格）的一半减少到 0.3 亿美元（左下单元格）的一半。但由于摩托罗拉因夸大其成本而得到 0.2 亿美元的额外补偿，最终会得到（1/2）0.3 亿美元 + 0.2 亿美元，比 0.5 亿美元的一半超出 0.1 亿美元。同样，如果苹果公司夸大其成本，则苹果公司的利润份额从 0.25 亿美元下降到 0.05 亿美元，但是这个下降将多于 0.4 亿美元额外补偿所抵消的，因为是把 0.8 亿美元的实际成本夸大为 1.2 亿美元。

---

⊖ 本节的总体结构依据于 A. Dixit and B. Nalebuff, Thinking Strategically (New York：Norton , 1991 ), pp. 306-319. 这里的例子取自" Apple wants Other PC Makers Build computers to Use Macintosh software," *Wall Street Journal* (November 8，1994), p. B5. and " IBM, Apple in PC Design Accord," Wall Street Journal (November 8，1994), p. B5.

⊖ 对于有关需求中随机干扰的不对称信息也可提出类似观点。

表 15A-4　一个收益为 1.8 亿美元的简单利润分享合伙项目的共同利润

（单位：百万美元）

| | | 苹果公司 | |
| --- | --- | --- | --- |
| | | 低成本（80） | 高成本（120） |
| 摩托罗拉公司 | 低成本（50） | 50 | 10 |
| | 高成本（70） | 30 | −10 |

如果低成本和成本超支对摩托罗拉是同样可能的，而且如果苹果公司出现成本超支的概率是 0.3，那么摩托罗拉的预期成本是 0.6 亿美元，苹果公司的预期成本是 0.92 亿美元。若成本真实显露，那么从合资企业得到的预期净利润是 $0.5\times0.7\times0.5$ 亿美元 $+0.5\times0.3,\ 0.1$ 亿美元 $+0.5\times0.7\times0.3$ 亿美元 $+0.5\times0.3\times0$ 美元 $=0.295$ 亿美元，即每个合伙人获得 0.1475 亿美元。

然而，如果有一方或双方合伙人都夸大成本，表 15A-4 中左下和右上单元格中的混合成本的项目也将被取消，合资企业经营的预期净利润就会下降。例如，如果苹果公司在存在 0.8 亿美元低成本时虚假地显示为 1.2 亿美元，那么只要摩托罗拉出现 0.7 亿美元成本，该联合开发项目就要被取消。取消该项目导致合伙人放弃左下单元格中混合成本项目的 0.3 亿美元利润，并把合资企业的预期价值减少为 0.19 亿美元（即各方 950 万美元）。面对不对称信息，谋求价值最大化的管理人员会寻求某种显示机制，这个机制将提供适当的刺激来促使真正成本的显露，从而保留并获取全部的 1 475 万美元，这是每个合伙人对低成本和混合成本项目的预期价值。

### 15A.4.3　克拉克 – 格鲁夫斯的激励相容显露机制

有一种这样的显露机制被称为克拉克税收机制。爱德华·克拉克的开创性想法就是要在一种合伙关系中为不对称的成本（或需求）显露提供适当的激励，合伙各方的显露应该引发其他合伙人对预期成本的接受（以及承受放弃的利润机会损失）。用这种方法，可以使信息不对称的合伙各方的最大激励得以兼容。以个人电脑产品开发为例，表 15A-5 表明在克拉克税收机制条件下各合伙人将得到的收益份额。以行表示的参与者摩托罗拉得到的收益标在每个单元格的对角线之下；以列表示的参与者苹果公司得到的收益标在每个单元格的对角线之上。

表 15A-5　合伙人成本净值的个人收益份额　（单位：百万美元）

| | | 苹果公司 | |
| --- | --- | --- | --- |
| | | 低$_a$（50） | 高$_a$（70） |
| 摩托罗拉公司 | 低$_m$（50） | 130 / 100 | 130 / 60 |
| | 高$_m$（70） | 110 / 100 | 0 / 0 |

$P（低_a）=0.7$　　$P（高_a）=0.3$　　$P（低_m）=0.5$　　$P（高_m）=0.5$

注：对角线之上的数额是以列表示的参与者的收益，对角线之下的数额是以行表示的参与者的收益。

在对方的预期成本收回之后，各方合伙人的收益就是计算由自身成本显示所引发的、从所有未被取消的项目中得到的剩余或净收益份额。如果摩托罗拉显示为低$_m$成本，那么不管苹果公司的成本如何，当前项目都将着手进行，而且摩托罗拉将实现 0.88 亿美元的利润，就是 1.8 亿美元的合伙总收益减去苹果公司的 0.92 亿美元的预期成本，即摩托罗拉低成本的预期净收益份额：

$$1.8 亿美元 -[(0.7\times0.8 亿美元)+0.3\times1.2 亿美元)]=0.88 亿美元$$

这个数字出现在表 15A-6 的第三列数字中。但是如果摩托罗拉宣布是高$_m$成本，那么只要苹果公司发现自己的成本是高$_a$的早期预警信号，该项目就被取消。因此，如果摩托罗拉在存在低成本时决定显示高成本，其净收益就会从 0.88 亿美元下降到 0.7 亿美元（1.8 亿美元 − 0.8 亿美元 + 0.0 × 1.8 亿美元 − 1.2 亿美元）= 0.7 亿美元，此数字也列在表 15A-6 第三列（净收益份额）之中。摩托罗拉的净收益份额下降就是因为实现表 15A-5 右上单元格中实现 0.6 亿美元收益份额的概率为零。摩托罗拉错误地高估成本导致该项目被取消，并使各方亏损。在克拉克税收机制条件下，不仅是行为，而且信息显露本身都会有结果。正如我们将看到的，用这些结果建立一个偿还机制可以导致合伙成本的真实显露。

**表 15A-6　最优激励契约条件下带有真实成本显露的预期净利润份额**

| | 苹果公司 | | | |
| --- | --- | --- | --- | --- |
| | 可能性 | 净收益份额 | 预计成本 | 净收益份额 |
| 低$_a$ | 0.7 | 120 | 80 | 28 |
| 高$_a$ | 0.3 | 65 | 60 | 1.5 |
| 期望价值 | | 103.5 | 74 | 29.5 |

| | 摩托罗拉公司 | | | |
| --- | --- | --- | --- | --- |
| | 可能性 | 净收益份额 | 预计成本 | 净收益份额 |
| 低$_m$ | 0.5 | 88 | 50 | 19 |
| 高$_m$ | 0.5 | 70 | 49 | 10.5 |
| 期望价值 | | 79 | 49.5 | 29.5 |

　　发现这种激励相容显露机制的重要性怎样强调也不过分。它们已在私人部门和公共政策方面有了很多开创性的应用。克拉克首先在真实需求显露的内容上发展了这个理论，在为一个共同消费的公园、游泳池或体育场筹资的消费合伙中就需要这种真实的需求显露。在评估一个消费合伙项目中最优用户纳税份额时的需求显露问题，与评估一个商业合伙项目中最优利润份额时的成本显露问题相似。

**国际透视｜存储芯片的合资经营：IBM、西门子和东芝公司**

　　IBM 曾与西门子和东芝公司达成共同生产电脑存储芯片的协议。与此同时，AMD 和英特尔宣布分别与富士通和夏普公司进行类似的开发闪存芯片的合资经营。闪存芯片在断电时能保存重新启动电脑操作系统所需要的信息。在所有这三个合资案例中，日本厂商将提供其优良的制造能力，美国和德国的厂商则发挥其产品设计和创新研究的能力。

　　这种合资经营的关键问题就是当日本伙伴交换很少的不对称信息时，西方公司是否会轻易地出让其技术知识。为了确保更加公平的伙伴关系，合资经营伙伴通过显示和分析各种市场条件下生产成本信息对日本的制造技术诀窍进行解剖研究。

　　资料来源：Based on "Pragmatism Wins as Rivals Start to Cooperate on Memory Chips," *Wall Street Journal*（July 14, 1993），p. B1

### 15A. 4. 4　最优激励契约

　　按照克拉克－格鲁夫斯显露机制组织一个合资企业或合伙经营，通常要实施一种所谓的**最优激励契约**。各方事先同意与一种显露机制产生的预期收益相关联的一系列合伙净收

**最优激励契约**（optimal incentives contract）：一种创造适当激励的收益和惩罚的协议。

益份额（见表 15A-7 第三栏数字）。应该了解的重要问题就是独立证实不对称信息的问题仍然存在。力求实施契约的第二方（如美国的地方法院）在证实此契约产生的成本偿付要求时所遇到的麻烦，与契约各方力图证实自己伙伴的成本时的麻烦同样多。达成一项合伙激励契约并不能摆脱不对称信息问题，相反，显示机制为合伙人之间的一种**自动实施的依赖关系**提供了激励，这种关系与我们在第 15 章中讲过的激励相容约束条件没有什么不同，反映出业主 – 委托人和经理 – 代理人之间的最优激励契约的特点。

**自动实施的依赖关系**（self-enforcing reliance relationship）：一种非契约的互利协议。

表 15A-6 表示的激励结构完全能够使合伙各方显示出其真实成本，如果不这样做，情况会更坏。我们已经看到摩托罗拉夸大其成本将如何使其情况变得更糟。同样，如果苹果公司夸大其成本，表 15A-5 中左下单元格中可盈利的项目将被取消。苹果公司不会因发生低成本的好运而实现 $0.5 \times 1.3$ 亿美元 $+ 0.5 \times 1.1$ 亿美元 $= 1.2$ 亿美元的收益，而是仅仅实现 $0.5 \times 1.3$ 亿美元 $= 0.65$ 亿美元收益，该收益不能收回自己 0.8 亿美元的低成本。另外，这种对成本的虚假夸大和左下单元格中可盈利项目的取消，会使苹果公司合伙经营的预期收益正好减少到 $0.5 \times 0.7 \times 1.3$ 亿美元 $+ 0.5 \times 0.3 \times 1.3$ 亿美元 $= 0.65$ 亿美元。在真实显露下，它实现的收益是 1.035 亿美元 $= 0.5 \times 0.7 \times 1.3$ 亿美元 $+ 0.5 \times 0.7 \times 1.1$ 亿美元 $+ 0.5 \times 0.3 \times 1.3$ 亿美元 $= 0.7 \times 1.2$ 亿美元 $+ 0.3 \times 0.65$ 亿美元。对于合伙双方来说，说实话都优于虚假显示。

我们现在还可以说明为什么苹果公司和摩托罗拉公司双方都将采用一个最优激励契约，向各个合伙方可信地承诺真实显露不对称的成本信息。苹果公司通过真实显露而实现的预期净利润是 1.035 亿美元预期收入减去 0.74 亿美元的预期成本（即 0.295 亿美元），列在表 15A-6 的最后一栏中。同样，摩托罗拉实现的预期净利润是 0.79 亿美元的预期收入减去 0.495 亿美元的预期成本（即 0.295 亿美元）。每一种数额都等于表 15A-4 中以最初的简单利润分享契约得到的潜在共同利润 0.295 亿美元。不过，前面讲过，各方事先都知道对方将掌握有关成本超支的私有信息。因此，各方都会预计到这种简单的利润分享合伙经营将导致成本夸大、混合成本项目的取消和价值的损失。这种事前的推理过程表明，只有表 15A-4 中的相互低成本的结果才能避免项目取消并实际产生利润。因此，简单的利润分享契约所保证的仅仅是一个更小的预期利润，即 $0.5 \times 0.7 \times 0.5$ 亿美元 $= 0.175$ 亿美元。选择合伙经营契约的理性合伙人会拿这个从简单利润分享中得到的更小利润与从一个最优激励契约得到的 0.295 亿美元的预期净利润相比较。

激励相容显露机制和最优激励契约的应用已经形成许多令人兴奋的新型不对称信息合伙经营。同样的原则也构成了合同法经济学中有效终止契约理论的基础。当一个合伙人违反一种契约关系时，合法的补救要考虑没有违约合伙人丧失的机会和预期损失的成本。这些理论已经成为不对称信息条件下小厂商和大公司取得合伙经营或合资企业成功的关键。

### 15A.4.5　激励相容契约的实施

激励相容契约的实施要利用权变要求契约，这是解决复杂企业关系的一种标准形式的工具。各方商定各种水平成本的预期概率，通过合伙而得到的可以审计的共同经营利润以及在每一种权变情况下各方无法观察到的可收回成本。这些协议构成了合同的期望，并定义了合同的损害赔偿，因为不可预见的事件导致任何一方进行所谓的**效率违约**。

**效率违约合同**（efficient contract breach）：违约诉讼中期待损害赔偿的激励相容程序。

成本信息显露导致决策的直接取消或继续进行，当然，更为一般的是，项目取消以外的结果会产生于一方合伙人的信息显露。显露的信息能够造成其他合伙人对研发、产品原型开发和市场调查等工作的扩大或收缩。每次错误信息的显露都无法使双方事先商定的目标最大化，这个目标就是每一种权变情况下的最优行动过程，正是这些预期的机会损失使克拉克税收机制此时要扣除共同利润，以寻求激励相容契约的收入。当然，这个过程可以证明要比前面的例子更为复杂，它对公司代理人的谈判团队构成一个巨大的挑战。

另外，你可能已经发现了另一个问题。在表 15A-6 每一个项目继续进行的单元格中，单个净收益份额之和都大于 1.8 亿美元，这是合伙形成的预期经营利润。因此，IC 显露机制通常不能盈亏平衡，而是会"突破预算"。具体讲，如果双方都声明高成本，各方都有一个 IC 支出（摩托罗拉是 1 亿美元，苹果是 1.3 亿美元），加在一起就突破了预算。为了强调这个结果的通用性，已经构建了特定实例来说明除了取消项目以外的每一权变事件中的"预算突破"情况。更为典型的情况是，一些单元格将表现为盈余，其他单元格将表现为赤字。还有，赤字单元格可能会先出现。这样的合伙将怎么办？什么样的实施程序能够解决这种赤字预算问题？

前面讲过，合伙双方在 IC 契约条件下拥有的净利润份额（2 950 万美元）明显大于一个简单利润分享协议的预期利润（1 750 万美元）。引发真实信息显露的确是有价值的，因此双方都将愿意对收回这种赤字进行事前承诺。表 15A-6 第三列列出苹果公司的预期净收益份额是 1.035 亿美元，而摩托罗拉是 0.79 亿美元。因此，作为一项实施 IC 契约程序的保证约定，每期必须安排 1.825 亿美元 – 1.8 亿美元 = 0.025 亿美元（也许是以 250 万美元/0.05 = 5 万美元作为收回永久预期赤字的一个资本总额）。还将要求各个合伙人对 IC 契约的合伙关系建立可信的承诺，方法是事先投资 2 500 万美元以实现每期预期利润增加 1 200 万美元（2 950 万美元 – 1 750 万美元）。这些 IC 契约虽然复杂一些，但对于追求价值最大化的管理人员来说具有明确的意义。

## 国际透视　惠尔浦的家电合资企业胜过美泰克买断胡佛

有时合资经营的目的是为了提高资产的价值，这个资产是通过合伙关系分阶段销售的，而不是立即销售的。作为飞利浦欧洲家电事业部的一个潜在买主，惠尔浦（Whirlpool）力求掌握的私有信息要比其并购代理人通过勤奋工作所能得到的更多。飞利浦拥有 9 种家电品牌的消费者特许专营权和一个泛欧零售经销商网络，其市场占有率仅次于伊莱克斯（Electrolux），居第二位。但是，与其他无形资产（如核心的人力资源和技术诀窍）一样，品牌和分销关系很难估价是众所周知的。在一个新的公司组织和企业文化中，没有飞利浦在欧洲电子产品上的极高信誉，飞利浦的品牌能起作用吗？飞利浦的名字一旦被惠尔浦所替代，那些分散网络中的独立经销商还将保持它们的忠诚吗？最重要的是，为实现规模经济，对惠尔浦和飞利浦的零部件的所有设计、采购和生产活动进行全球统一安排，能够达到怎样的成本节约呢？

这些问题可由飞利浦与惠尔浦的一家合资企业提供最好的答案，飞利浦保留了 47% 的所有权，惠尔浦用 3.81 亿美元换取了管理控制权。在双方三年共享成本和需求信息并对潜在价值进行了充分评估之后，合资企业的余额以 6.1 亿美元卖给惠尔浦公司。

与此不同，美泰克（Maytag）对其进入欧洲市场的战略计划很满意，方法是买断芝加哥太平洋公司，该公司的胡佛家电事业部在英国拥有一个大规模零售经销网络。但是，美泰克基本上不了解靠近英国购物中心的超市连锁店的零售能力正在增长，对于英国家庭的市场营销调研也很少。结果，美泰克犯了一个又一个的促销错误，最终以亏损 1.3 亿美元的代价卖掉了胡佛欧洲子公司。也就是说，一个包含认真设计的激励机制的合资企业，能够显露有价值的不对称信息，能使美泰克在欧洲的最初行动获得更大的成功。

## 小 结

- "先来先服务"是一种用于排队服务的机制设计，它会因可预见的拥挤程度和预期等候时间而减少卖主的收益。"后来先服务"引进了"离开并返回"的交易成本，因此也会减少卖主收益。

- 分层抽签和拍卖可以减轻排队的拥挤程度，降低交易成本，提高卖主收益。

- 拍卖设计选择涉及多方面内容，但在最简单的层次上总是包括谁支付、支付多少以及如何确定获胜者的问题。简单类型的拍卖有英国式升价拍卖、荷兰式降价拍卖、第一价格密封报价拍卖和次高密封报价拍卖。

- 在参与者可得到的转售机会上，拍卖也会有所不同。共同价值拍卖具有大的转售市场，其中的物品可以容易地以一种双方都认为公平的市场价值进行转售。私有价值拍卖物品不具备共同的转售价值，拍卖参与者对涉及的资产具有不同的估值。

- 当卖主或其他买主对于一项共同价值拍卖具有不对称的有利信息时，赢者的诅咒意味着战略性低报价是理性的。

- 公开竞价是一种具有取消和修改权力的多轮公布出价程序，它促使拍卖参与者共享有关价值估计的信息。公开竞价减少了赢者的诅咒，提高了共同价值拍卖中的预期拍卖收益。

- 哪种简单的拍卖形式为卖主－拍卖者筹集到最大期望收益取决于被拍卖物品的共同价值或私有价值的性质，取决于拍卖参与者对风险的规避。

- 荷兰式拍卖和第一价格密封报价拍卖具有相同的信息结构和出价战略，因此给卖主带来相同的预期收益。

- 相对于荷兰式或第一价格密封报价拍卖来说，英国式升价拍卖和次高价格密封报价拍卖在为原油、森林砍伐权和飞机等物品的共同价值拍卖中提高了卖主的期望收益，因为它们鼓励最大限度地共享竞价者的信息。在私有价值拍卖中，规避风险的出价者提供更高的出价，因此在荷兰式和第一价格密封报价拍卖中形成更多的拍卖者－卖主收益。

- 为避免逆向选择和引发高质拍卖商品，必须通过某种联结机制导致买主和卖主之间的自动实施的依赖关系。担保书、独立的评估、带有高残值的租赁、抵押品、不能取消的货币返还保证、权变的支付和品牌名称都向买主提供了保证：卖主不会假报产品品质。这样的抵押机制支持了不对称信息条件下的交易。

- 合资企业与合伙经营在补偿各成员时会面对一种不对称信息问题，因为私人掌握的成本是无法证实的。在为公共产品筹集资金时的需求显露问题与合伙经营中的成本显露问题中，各成员开始都会积极地虚假显示（夸大）其私有的（成本）信息。

- 低报需求和夸大成本都会导致可盈利合伙项目的取消。但对每个成员来说，夸大成本补偿要比简单的利润分享情况更好。保持合伙经营的最大价值需要一种激励相容的显露机制。

- 在一种激励相容（IC）机制下，使成本显露的伙伴引发了由其他伙伴强加的预期成本，使其他合伙者放弃机会成本。各方都认为，不只是行动，而且信息显露本身都会对利润分享支付产生影响。但由于不对称信息问题并没有消失，这样的一个治理机制必须是自动实施的。法院在这种激励契约条件下确定补偿要求时所遇到的麻烦正好与最初的简单利润分享契约情况一样。

- 激励相容显露机制确实会推动合伙人显示其真实的成本预测。

■ IC 显露机制是通过权变要求契约实施的，通常要求事先公布合同以解决突破预算的问题。此时需要准线性偏好来确保一个独特和有效的克拉克 – 格鲁夫显露机制。

## 练习

1. 何种拍卖设计的特点是减少赢者的诅咒，从而减少战略性低报价？

2. 当航空公司与连锁饭店在 Priceline.com 虚拟市场中公布销售的座位与床位时，为何不担心自己更高价格的直销会造成自我毁灭性的互相残杀？

3. eBay 的公开出价向卖主提供了什么优势？为什么？

4. 下面哪两种物品是最明显的共同价值拍卖物品：Viper 跑车、电、专利许可证、国库券，还是古董和美术作品？

5. 如果某油田租赁的一些拍卖参与者估计地下石油的价值确定为 120 万美元、130 万美元或 150 万美元，另一些拍卖参与者对同一油田租赁的价值估计确定为 110 万美元、130 万美元或 150 万美元，第三组拍卖参与者对同一油田租赁价值的估计确定为 110 万美元、120 万美元或 130 万美元。所有三种预测都包含真正的共同价值，这个共同价值是多少？你作为一个拍卖者 – 卖主，将如何设计一种能够减少战略性低报价并实现这个真正价值的拍卖方式？

6. 区分共同价值拍卖和私有价值拍卖，各举一例。区分降价（荷兰式）拍卖和升价（英国式）拍卖，各举一例。

7. 你正在为一个卖主认为价值在 100 万 ~ 500 万美元的油田设计一个升价密封报价拍卖竞价战略，因为你的开采成本更低，所以你的价值要比卖主的价值高出 20%。卖主面对完成销售的交易成本，因此若出价不超过其个人价值就不会接受报价。你应该出价多少？

8. 一个次高密封报价升价拍卖设计如何消除"赢者的诅咒"，并在带有密封报价的典型最高者获胜并支付的升价拍卖中减少战略性低报价？

9. 一些新发行的国库券是以荷兰式拍卖中的差别价格进行拍卖的，而其他新发行的国库券是以次高密封升价拍卖方式的统一价格进行拍卖的。哪一种拍卖设计更有可能是公司新发行债券和 IPO 股票的私人安排？哪一种拍卖设计更有可能增加卖主收益？

10. Fast Second 公司和 Speedo 公司正在研究决定如何为一项蜂窝电话许可证拍卖出价，新许可证的可能价值是 1 000 万美元、2 000 万美元、3 000 万美元、4 000 万美元、5 000 万美元和 6 000 万美元，具有相同的可能性。拍卖是单轮顺序进行的，双方对于此项资产具有完全相同的价值，但都不知道其真实价值的可能分布（即所谓的共同价值拍卖），Fast second 在 Speedo 之后出价。

各公司都对许可证价值的市场调研进行了投资，许可证价值可能以两种方式出现：一种可能是 2 000 万美元、3 000 万美元或 5 000 万美元；另一种可能是 2 000 万美元、4 000 万美元或 6 000 万美元。无论哪一种结果出现都可以百分百地掌握（即许可证的价值肯定是三个确认数量中的一个）。Speedo 公司以出价 3 300 万美元开始。Fast Second 公司的市场调研认为许可证的价值是 2 000 万美元、4 000 万美元或 6 000 万美元，它应该出价多少？

为 Fast Second 公司的 BAYES PROB（4 000 万美元价值/Speedo 出价 3 300 万美元的预测值）建立贝叶斯概率规则。

11. 说明在摩托罗拉和苹果公司的合资企业中，说真话不仅比夸大成本，也比低报成本更具优势。

12. 如果苹果公司的成本夸大得与摩托罗拉一样，那么在类似表 15A-6 的最优激励契约条件下，将要求什么样的收益？

13. 附录 15A 中假定竞价者的估值是独立的，

但假定它们是有关联的；也就是说，假定你希望在 eBay 上与那些认为披头士乐队相册很有价值的人建立联系，而且这会影响你自己的个人估值。从独立估值到关联估值的这种变化将如何影响 eBay 上的竞价战略？你在网站上是否看到过这种行为？

## 案例练习

### 频 谱 拍 卖

继续分析附录中的广播频谱权拍卖，假设两个出价者都知道在路易斯维尔传送 PCS 服务权的净现值是一个 1 000 万 ~6 000 万美元的均匀分布的随机变量，带有 6 个可能的离散值，即 1 000 万、2 000 万、3 000 万、4 000 万、5 000 万和 6 000 万美元。还假定双方的资产估值相同，使之成为一个共同价值拍卖。每家公司都事先进行了市场研究试验以便缩小可能的结果，从而更好地确定自己的出价。假设无线公司的市场调研结果不包括可能价值均衡分布的双尾（即 1 000 万和 6 000 万美元），也不包括 4 000 万美元。同样，PCS 普赖姆公司也进行了自己的市场调研，不包括路易斯维尔服务区可能结果中的 1 000 万、3 000 万和 5 000 万美元。

**问题**

1. 无线公司在一项单轮密封报价共同价值拍卖中应该出价多少？PCS 普赖姆公司在同一拍卖中应出价多少？
2. 如果后面有多轮报价，无线公司在顺序公布价格拍卖中首先报价，那么 PCS 普赖姆公司在第二轮中应如何反应？在第 3 轮中无线公司是否希望修订它前面的报价？为什么？
3. 何种拍卖设计将符合卖主的最大利益，是一轮密封报价还是多轮公开出价？
4. 确定能够影响最优拍卖设计的其他因素。

### 调试电脑软件：英特尔

软件调试在电脑行业中从一开始就是一种生存方式。实际上，调试"去除臭虫"（debugging）一词源于每天从 ENIAC（第一台电子计算机）的上千只电子管上清除死蛾的过程。每一个推出的电脑硬件或软件都可能存在逻辑错误。即使最受欢迎的软件程序，在它的第一代产品实际上也包含几千个已知的"臭虫"（缺陷）。1994 年，奔腾 I 电芯片中浮点分配计算器的调试工作不彻底，造成了大的产品召回，使英特尔公司花费了 4.75 亿美元。

为何电脑零件制造商会推出带有已知缺陷的产品呢？一个明显的答案就是：延迟推出产品会使竞争对手用新技术率先占领市场，而新技术会使自己的产品过时。另一个重要答案就是管理经济学中的一个核心观点：每一件值得做的事情并不一定值得很好地去做。电脑设计和制造厂商面对的情况是：用 $\beta$ 测试程序纠正几千个缺陷的边际成本在不断上升，各厂商都必须在某个点上让因产品召回造成的销售损失和替换成本与因持续调试而完善设计的不断提高的成本达到平衡。

不过，多少使人吃惊的第三个答案可能是关键：在下一代软件中消除缺陷就能售出升级产品。早期微软产品中有一个能使程序毁坏的危险缺陷，以一条无望的出错信息结束——"unrecoverable application。微软消除了这个缺陷，随后卖出了几百万个升级版的拷贝。程序中的缺陷限制了它的耐用程度，在技术型企业中，出售升级产品是经营计划的一部分。谷歌的总经济师哈尔·瓦里安（Hal Varian）把这种做法称为"版本管理"。

**问题**

1. 讨论把出售升级产品作为一种机制设计的做法。
2. 当一种突破性的新产品并没有包括所有的已知附加值特点，要达到的双重目标是什么？
3. 产品的版本管理如何说明一个耐用品垄断者的问题，即它必要与其处于良好工作秩序的二手打折产品相竞争？

# 政 府 管 制

| 本章预览 |

　　旨在谋求股东财富最大化的管理决策要面对多种约束条件，有些来自于企业的道德社会责任，另一些则采取法律或其他法律义务的形式。各种各样的政府管制是限制性的（如禁止价格固定共谋），但在其他情况下是推动性的（如保护交易秘密）。管理人员为了制定价值最大化的决策，就必须全面了解其所处的管制环境。本章探讨如下几种管制问题：反托拉斯、经营许可、许可证和专利，以及基于市场的限量交易环境管制法。

| 管理挑战 |

## 限量交易、解除管制与科斯定理

　　芝加哥大学法学院的罗纳德·科斯（Ronald Coase）教授因其对产权、交易成本和政府作用之间关系的研究而获诺贝尔经济学奖。流行的观点认为，诸如水、空气和噪声污染等经济外部性只能通过政府行动来解决，科斯教授对此提出了挑战。科斯声称通常不应把外部性视为一方对另一方施加的伤害，而是相互施加负面影响。例如，一家钢铁装配工厂会利用周围的工厂建筑吸收来自其生产过程的噪声，邻近旧工厂的所有者也会拆除工厂，为一个露天剧场清理土地，以便减少噪声，吸引更多的观众。

　　科斯定理宣称，如果达成私人自愿谈判解决方案的交易成本保持在低水平上，那么没有政府的干预，这种相互的外部性也可以被解决。他认为这是一个产权的恰当界定和安排的问题。例如，降落于波士顿罗根机场的飞机可能需要避免破坏机场周围温斯罗普（Winthrop）和里维尔（Revere）两地产权所有者应得的可感知分贝水平，否则就会产生损害赔偿要求，给予货币补偿或提供其他噪声防护解决办法。

　　在控制空气污染的过程中，科斯的这种分配"污染权"方法现已被全世界所采用。在美国《清洁空气法》的条件下，环境保护署（EPA）授权发电厂排放大约 50% 的二氧化硫，然后国会授权污染者在它们之间进行污染权交易。如果有一家厂商的排污水平已经达到 EPA 的限定范围之内，它就可以出售多余的污染权。没有满足排污标准的其他厂商，既可以选择按市场价格购买污染权，也可以安装必要的控制污染设备——这取决于哪一种选择更便宜。芝加哥贸易委员会迅速创造了一个积极交易这种"污染权"的市场。可以从以下网址了解硫化物（酸雨的组成部分）污染权的拍卖价格：http://www.epa.gov/airmarkets。

人们对所谓的限量交易法的兴趣持续增加，即允许市场力量在一个受约束的环境中起作用，而不是依靠命令和控制来管制污染。美国在20世纪90年代成功地实施了二氧化硫排放权交易之后，欧盟在2005年也引进了一个二氧化碳排放交易系统。卖空行为和不透明的薄弱交易起初导致1吨烧煤排放权的成本上升，几乎与煤本身的成本一样高。因为大多数基本电力都来自于烧煤电厂，所以电价直线上涨后上下波动，直到管制机构采取稳定措施后才停止。一种理想的结果是天然气成了发电厂的优先燃料，因为它（每1000BTU）的成本稍高于煤，但对于环境的污染只是$CO_2$排放的一半。如果美国也采纳这个系统，能源信息署预测$CO_2$排放所增加的成本会使2012~2030年工业产出量降低1%~3%，GDP下降0.5%~1%。

今天，加利福尼亚和欧洲的碳排放配额为每吨11.50美元（见下图）。最优碳税估计为每加仑汽油0.12美元（价格上涨4%美元），或每桶原油增加3~45美元（价格上涨7%），每千瓦时电增长0.008~0.12美元（价格上涨7%），或每吨煤炭增长14~70美元（价格上涨20%），以及每立方英尺天然气增长0.41~3美元（价格上涨14%）。据估计，典型的美国家庭将缴纳的碳税从226美元到726美元不等。

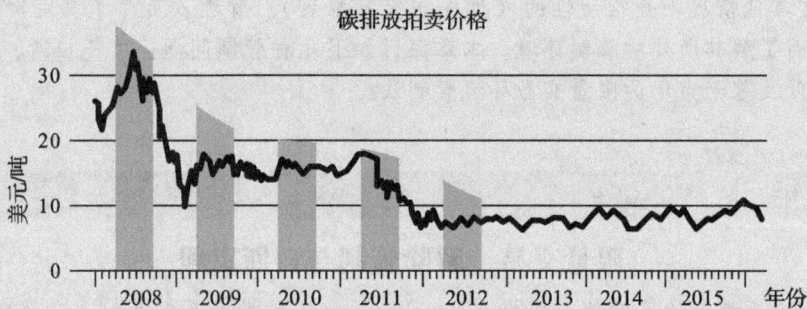

碳排放拍卖价格

鉴于这些碳税过高以及它们的采纳需要经议会上2/3票数通过，加利福尼亚州制定了限额和贸易替代办法。自2006年成立以来，已从津贴出售中提取了27亿美元用于基建项目。

**讨论题**

- 对美国和欧盟实施的排放权限量交易进行比较。
- 因为能在资产负债表上获得新的资产，电力公司支持限额和贸易立法。然而，联邦限额和贸易立法在美国众议院却停滞不前。为什么？
- 为了减少温室气体的排放，你愿意支付4%的汽油费和7%的电费吗？（关于碳排放量的更多内容，请参见第17章中的案例练习）

资料来源："Cumulative Impact of House Cap-and-Trade Bill," *The Economist*, August 15, 2009, p. 24.

## 16.1  对市场结构与市场行为的管制

反托拉斯管制的目的是加强竞争，方法就是消除垄断一个行业的企图，反对那些一贯被认为有损于竞争的某种形式的非法行为，比如价格固定和排他性契约等。

### 16.1.1 市场绩效

社会对商品和劳务的生产者所最终希望的是一个多方面的绩效概念，包括以下内容：

（1）资源应以一种高效方式加以配置，有时叫作静态效率；

（2）生产者应该是技术上进步的，也就是说，它们应该努力开发并迅速采用那些能降低成本、提高质量、使产品种类更多的新技术；

（3）生产者的经营方式应促进包括人力资源在内的生产性资源得到充分利用。

### 16.1.2 市场行为

图 16-1 所示为一个影响市场绩效各种因素的结构－行为－绩效模型。市场绩效取决于厂商的行为，包括它们的：

（1）定价行为；

（2）产品政策；

（3）促销和广告政策；

（4）研究、开发和革新战略；

| 基本的市场和环境条件 | |
| --- | --- |
| 供给 | 需求 |
| 1.原材料的位置和所有权<br>2.产品耐用程度<br>3.技术<br>4.劳工组织<br>5.管制 | 1.价格弹性<br>2.交叉弹性<br>3.增长前景<br>4.产品种类<br>5.购买方法 |

| 市场结构 | 市场行为 | 市场绩效 |
| --- | --- | --- |
| 1.卖方和买主的集中程度<br>2.实际的或认知的产品差异<br>3.进入市场条件<br>4.垂直一体化<br>5.多样化或企业集图<br>6.可竞争性 | 1.定价行为<br>2.产品政策<br>3.促销和广告战略<br>4.研究、开发和创新战略 | 1.资源的高效配置<br>2.技术进步<br>3.充分就业<br>4.平等的收入分配<br>5.资源保护<br>6.满意的产品功能与安全特性 |

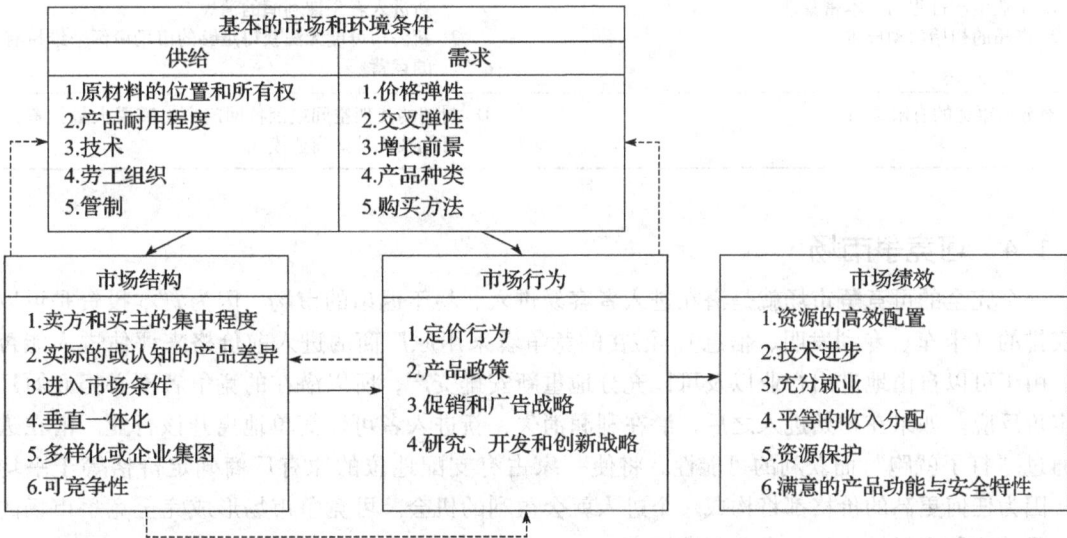

图 16-1 市场结构－行为－绩效的理论模型

### 16.1.3 市场结构

市场绩效与市场行为都取决于特定市场的结构。市场结构的概念是指以下三个主要特征。

（1）市场中卖主和买主的集中程度以及这些卖主或买主的规模分布：在卖主一方，集中程度决定了一个行业是否属于垄断、寡头、纯粹竞争或这些种类的变异形式。买主的集中程度也很重要，因为买主讨价还价的力量会影响卖主可以赚到的总利润。

（2）竞争厂商的产品或劳务之间客观或认知的差异化程度：当买主认为一家厂商的产品不同于另一家厂商时，这些买主的偏好将会给予卖主一定程度的市场力量，最终影响卖主的市场行为与市场绩效。

（3）与进入和退出市场有关的各种条件：当存在很高的进入壁垒时，竞争可能不再是对现有厂商的惩戒力量，使绩效低于竞争的理想状态。退出壁垒消除了由潜在（而不是实际）竞争者带来的竞争性惩戒。进入壁垒可使原有卖主把价格提高到生产和分销的最低平均成本之上，也不会促使新的卖主进入行业。进入壁垒可分为四类：产品差异化、绝对成本优势、规模经济和限制进入分销渠道。一般形式的进入壁垒、产生壁垒的原因及其后果都列在表16-1之中。

表 16-1  进入壁垒的种类与结果

| 种类 | 新加入者的后果 |
|---|---|
| A. 产品差异化壁垒产生<br>　1. 买方偏好，以广告为条件，以确定品牌名称<br>　2. 现有公司对高级产品设计的专利控制<br>　3. 拥有或控制优惠分销系统（例如，独家汽车经销商） | A. 1. 新加入者不能像现有公司那样以高的价格出售其产品<br>　2. 新加入者的促销成本可能令人望而却步<br>　3. 新加入者可能无法筹集足够的资金来建立一个有竞争力的分销系统 |
| B. 已建立的公司生产和分销的绝对成本优势来自<br>　1. 专利、保密控制先进生产技术<br>　2. 高级自然资源矿床的专属所有权<br>　3. 新公司无法获得必要的生产要素（管理、劳动、设备）<br>　4. 以更低的成本获得财务资源 | B. 1. 新进入者的成本高于现有公司，因此即使现有公司可能收取高于正常利润的价格，新进入者也可能无法以该价格实现正常利润 |
| C. 大规模生产和分销（或促销）的经济来源于<br>　1. 工业生产过程的资本密集性<br>　2. 高昂的初始启动成本 | C. 1. 新进入公司足够大的规模会导致行业价格下降和新进入者预期利润的消失<br>　2. 新公司可能无法获得足够的市场份额来维持有效的运营 |
| D. 对分销渠道的有限访问 | D. 封闭的货架空间或因特网门户将需要大量投资，并可能禁止某些商业模式 |

## 16.1.4 可竞争市场

一个完全的可竞争市场就是潜在进入者容易进入、易于退出的市场，因为资本投资是可以重新安排的（卡车、专利发明、信息）。潜在的竞争者采用原厂商的进入前价格来评估进入能否盈利。由于可以自由地进出行业以及可以充分地重新安排资产，所以潜在的竞争者不必担心原厂商的定价反应。如果在初始进入之后，潜在利润消失，新进入者可以简单地离开该行业。潜在进入者通过"打了就跑"而获利的可能性，将使一家占有支配地位的原有厂商确定价格等于平均成本，因为任何更高的价格都将构成一个进入就会盈利的机会。可竞争市场形成完全竞争市场的绩效，虽然这种市场结构只包含两三家厂商。

### 实例 | 为何双城航线不是可竞争市场

飞机似乎是传统的可以重新配置的资产，把一架飞机放到二手市场，几周之内应该能够接近实现该资产的重置价值。不过，民航经营的几个特点却不能满足可竞争市场的条件。首先，对空港枢纽的投资是沉没成本，通常不能重新配置在其他航线结构之中。其次，从一条航线改为另一条航线的转换成本，通常会因飞行常客规划、飞行计划和限制航线内部转换的机票促销方案而提高。最后，原有航空公司在一两天之内两次或三次改变价格，针对竞争威胁的调整要比"打了就跑"的进入者进入或退出双城航线市场的行动快得多。因此，可以把卡车运输视为一个可竞争市场的例子，而航线不是可竞争市场。

## 16.2 反托拉斯管制状况及其实施

美国自 1890 年以来已经通过了一系列的联邦反托拉斯法 (antitrust laws)，目的就是防止垄断并保持美国产业中的竞争。这些法律最初指向诸如标准石油、美国烟草和几家煤矿及铁路托拉斯这样的大型股东托拉斯组织。根据托拉斯协议，对一些直接竞争厂商股份的表决权都会转到一个合法的托拉斯手中，然后由托拉斯集中管理厂商，从而实现利润的最大化，但也造成了高价格并限制了产量。我们在本节中将对最重要的反托拉斯法及其对企业决策的影响做一概括介绍。

### 16.2.1 《谢尔曼法》(1890)

《谢尔曼法》的主要条款很简单，但范围很广。它宣布"任何以托拉斯或其他形式的契约、联合，或限制几个州之间或与外国之间商务活动的共谋"为非法，"（而且）任何人将要垄断或企图垄断，与他人联合或共谋，以便对几个州之间或与外国之间的贸易或商务活动的任何部分进行垄断，都将被认为是犯罪"。

### 16.2.2 《克莱顿法》(1914)

《克莱顿法》禁止以下 4 种反竞争的企业做法：

（1）批发经营中的价格歧视是非法的，但以销售商品的等级、质量和数量为基础的除外。

（2）第 3 条禁止卖主租赁、"销售或签订商品销售合同，条件是承租人或购买者将不使用或交易竞争者的商品"。对"排他性交易和搭售合同"的禁止不是绝对的，它适用于阻止顾客达成他们所希望的购买协议的做法。

（3）第 7 条反合并条款禁止任何从事商业活动的公司收购竞争厂商的股份（或资产），禁止购买两家或多家竞争厂商的股票，这对竞争的明显损害是可以证明的。

（4）连锁董事的定义是同一人担任两家或多家厂商董事会成员的情况，如果他们致力于消除本该竞争的各方间的竞争，那就是非法的。

---

### 实例 | 为何在墨西哥难以发现美乐啤酒

墨西哥是世界第八大啤酒市场。自 1994 年有了《北美自由贸易协定》以来，科罗娜 (Corona) 和莫德罗 (Modelo) 啤酒的出口增长了 5 倍，占到美国市场的 11%。安海斯 - 布希拥有莫德罗啤酒公司非控制利润的 50%。美乐啤酒公司力求在墨西哥国内市场中达到同样的渗透程度，却没有获得真正的成功。莫德罗及其竞争对手 FEMSA 占有 99% 的市场。一个原因是：FEMSA 在墨西哥拥有大量的便利店销售渠道，而美乐自己的货架没有存货。此外，酒吧因只与莫德罗做生意而获益。结果，6 罐装的莫德罗特装在墨西哥的成本是 4.60 美元，而巴西最畅销产品是 1.80 美元，智利最畅销产品是 2.20 美元。这种限制莫德罗的顾客与竞争者做生意的排他性交易契约在美国是被禁止的。

资料来源：Based on "Why Corona Is Big Here," *Wall Street Journal* (January 17, 2003), p. B1.

作为占主导地位的公司，英特尔微处理器在 2000 年和 2010 年分别占据 81% 和 82% 的市场份额。英特尔在营销和销售方面受到限制，这威胁到惠普、苹果和戴尔等希望从 AMD 购买竞争产品的客户的报复行为。欧盟在 2010 年处罚英特尔 14 亿 5 000 万美元，由于联邦贸易委员会不能处以罚款，英特尔在美国与 AMD 公司达成了另一项 12 亿 5 000 万美元的协议。

占排汗防水面料市场 70% 份额的制造商 Gore-Tex，涉嫌威胁拒绝许可其产品售予运动服制造商，那些从竞争对手 Outdry 技术公司（现在由哥伦比亚公司所有）和通用电气的 eVent 购买竞争性织物。哥伦比亚和 REI 也在联邦贸易委员会调查 Gore 取消了哥伦比亚的排汗面料生意中成为了原告。

资料来源：Based on Intel Slapped in Antitrust Case, *Wall Street Journal*（August 25, 2010）, p. B1；and Gore-Tex Runs into Antitrust Probes, *Wall Street Journal*（June 22, 2011）, p. B1.

### 16.2.3 《罗宾逊-帕特曼法》（1936）

《罗宾逊-帕特曼法》可总结如下。

（1）第 2 条（a）规定以下情况为非法：在出售的商品具有"相同等级和质量"，其影响可能是"大大减弱竞争"时采取批发价格歧视。被指控价格歧视的卖主有两条辩护理由列在第 2 条（b）中。首先，"成本理由"允许价格差别的存在，而价格差别"仅仅是由于制造、销售或送货成本中的差别而形成的折让造成的"。其次，法案允许在一个细分市场中索取低价以达到与"竞争对手相同的低价"。

（2）第 2 条（d）和（e）禁止卖主因买主向卖主提供交易服务而向买主提供折扣，除非向所有的买主提供相同的折扣。禁止秘密回扣。例如，Liz Claiborne 不能向 Gap 提供 15% 的回扣，而不向梅西百货等百货商店提供相同交易。还有，广告或促销折让必须使所有买主都能得到，而不仅仅是少数有关的大厂商。

### 16.2.4 《哈特-斯科特-罗迪诺反托拉斯改进法》（1976）

《哈特-斯科特-罗迪诺反托拉斯改进法》要求具有 1 亿美元以上资产的大公司要向司法部（DOJ）的反垄断局和联邦贸易委员会（FTC）提供有关拟议合并的申报和信息。在一个 30 天的等待期内，DOJ 和 FTC 要研究合并建议对竞争的影响，随后或者由联邦法院反对拟议合并，或者允许完成合并，可能附带某些修改意见。公司可以对 FTC 的裁决提出申诉，私人原告可以向联邦法院提出反托拉斯诉讼。州的首席检察官也可以提起联邦的反托拉斯诉讼。

2003 年 1 月，美国华盛顿地区法院发现，微软通过采取反竞争做法垄断了 92% 的台式电脑操作系统软件市场。在两年半之后的 2005 年，被告勉强接受了加利福尼亚首席 检察官代表 1 300 万个人和企业提起的这项集体诉讼。微软同意向每个在 1995～2001 年购买了 Windows95 或 Windows98 的加利福尼亚买主支付 5～29 美元折价券，作为对多收费的补偿。此券可用于购买笔记本电脑、台式电脑或单片机，以及来自任何电脑公司的软件。如果 5 100 万张购物券都被兑现的话，微软要损失 11 亿美元。虽然看起来这个数字巨大，但微软在 2005 年拥有 610 亿美元的现金和短期投资。

政府机构可以使用不同的方法来实施反垄断法，大多数反垄断判例都是通过公司与实施官员两方协商的协议判决来解决。根据某种协议判决书，公司同意采取某些行动（或停止其他行动），作为政府同意不在法庭上施行更多惩罚的回报。在由反垄断机构对公司提出的诉讼案子中，法院会发出禁令，要求（或禁止）公司采取某种行动。法院也可以实施罚款和在一定情况下判处监禁。

在涉及垄断指控的案子中，法院会要求公司剥离某些资产。例如，2002 年美国联邦调查局和交通部以及欧盟的反垄断委员会坚持要求，如果英国航空公司与美国航空公司希望合并的话，英国航空公司必须撤出它在伦敦希斯罗机场中的 353 次降落通道。英国航空公司决定继续与美国航空公司相竞争，因为它不想失去众多的最有价值的资产。

## 16.3 对某些企业决策的反垄断限制

### 16.3.1 共谋：价格固定

根据《谢尔曼法》，竞争者之间为固定价格达成的明确协议和其他公开形式的共谋（如市场份额协议）都是非法的。也就是说，法院一般都会裁定这样的协议为非法，而不管它们是否对竞争造成明显的伤害。2010 年百代（EMI）集团、索尼 BMG 音乐公司、贝塔斯曼公司、Vivendi SA 的环球音乐集团和华纳音乐集团表示创建合资经营（占有 85% 市场），协力提高和保持数字音乐的价格。被诉方认为需要合作才能对付双重麻烦：盗版音乐下载（Napster 及其后继者）和苹果利用它广受欢迎的 iTunes 占有在线歌曲市场的 72%。在一些诉讼案中，比如食糖业和海运业的厂商已经得到反垄断法的豁免，并被合法地允许联合确定价格和分配产量。

欧盟在起诉卡特尔方面是相当具有侵略性的。在 2005～2011 年间，欧盟竞争委员会对 10 个行业固定价格共谋的制造装配企业征收了巨额罚款，分别是电梯业 14.7 亿美元、NG 开关 11.1 亿美元、合成橡胶 7 680 万美元、过氧化氢 5 740 万美元、丙烯气体 5 110 万美元、紧固件 4 850 万美元、铜配件 4 660 万美元、洗衣粉 4 520 万美元和工业包装设备 4 310 万美元。⊖

### 实例 | 电子书的价格制定者要当心

2012 年 9 月，三大图书出版商（Hachette、Simon&Schuster、Harper Collins）与联邦调查局达成协议，同意结束它们和苹果电子书的竞价合同。为了换取 30% 的零售销售收益，苹果允许出版商根据标题分类制定零售价格作为电子书的价格。从 2010 年 iTablet 的介绍开始，这个代理价格模型取代了批发价格，尽管出版商授权给亚马逊、Barnes、Noble、沃尔玛和百货商店的价格大约是零售价格的一半，然后书店可以根据自己的喜好随机加价。

⊖ Based on "Europe's Antitrust Chief Defies Critics and Microsoft," *Wall Street Journal* (February 25, 2008), p. A1.

新定价政策的实施，导致电子畅销书的最终产品价格从 9.99 美元上涨到 12.99 和 14.99 美元。电子书的边际成本平均是 5.92 美元/12.99 美元＝46%，精装书的边际平均是 5.85 美元/26 美元＝22%（如图 16-2 所示）。2011 年电子书的销售仍然翻倍，2012 年 4 月 DOJ 反托拉斯联盟起诉苹果和五大出版商的时候，这个行业仍然持续指数式增长。

联邦起诉书认为苹果的合同包含了所谓的最惠国待遇，阻止出版商以比给苹果的电子书更低的价格销售相同的图书头衔给其他分销商。两大出版商（Penguin 和 Macmillan）和苹果认为 4 500 万美元的罚款是因为它们的实践打破了亚马逊 90% 的电子书市场垄断份额，那么它们将对裁定的解决方式继续上诉。

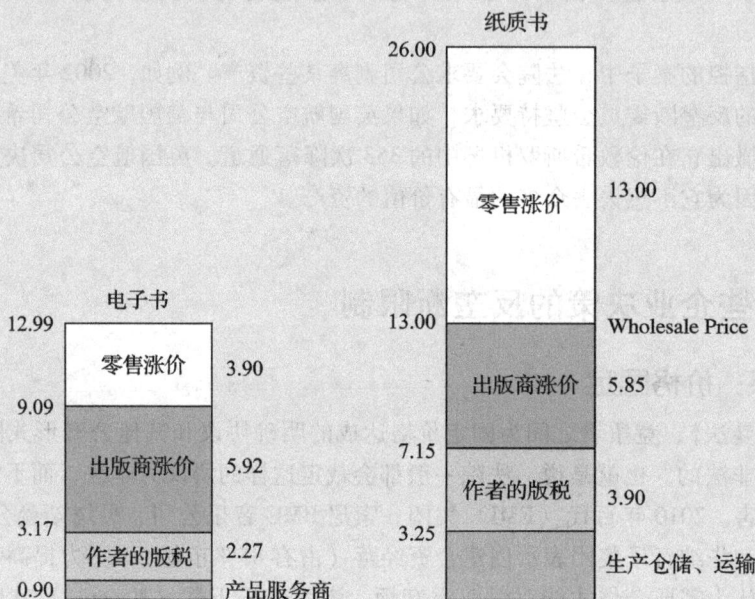

图 16-2 销售商和出版商在畅销书上的涨价

## 16.3.2 明显削弱竞争的合并

**市场集中率**（market concentration ratio）：4 家、8 家、20 家或 50 家最大厂商的生产量占全行业产量的百分比。

当行业的销量、资产或对增加值的贡献集中在少数厂商时，市场行为和绩效的竞争性质就可能会减弱。一个广泛使用的市场集中指数就是**市场集中率**，它可定义为 4 家、8 家、20 家或 50 家最大公司占全行业总产出量（以销售量、就业量、增加值或出货价值为衡量指标）的百分数。

从美国人口调查局的《制造调查》（*Census of Manufacturers*）中可以定期得到有关市场集中率的数据。调查局是按照 SIC 产品种类来界定行业的。SIC 系统是由多达 7 位数字的分类编码构成的，位数越高，行业和产品的明确程度随数字的增加而提高。比如，所有的制造业由一位数字规定，食品及相关产品用一个两位数规定，糖果和其他相关产品用一个四位数分类，糖衣或巧克力包的坚果用一个五位数字来分类。

表 16-2 提供了某些行业的集中率。诸如早餐麦片、涡轮发电机、铝和灯泡等行业都变得高度集中，诸如袜子、混凝土构件和砖瓦以及运动产品等行业在全国层次上是高度分散的。结构－行为－绩效理论范式的一个假设就是在集中率较低市场中的绩效将更具竞争性。这个假设并不总是

成立的，比如枢纽机场中的航空公司，其行业有时是非常集中的，但由于这些市场中存在的可竞争性，所以是高度竞争的。

**表 16-2　有关行业的集中率与赫芬达尔 - 赫希曼指数**

| SIC | 产业名称 | 在每个制造业，4、8 和 20 大公司所占的增值份额 | | | |
|-----|---------|------------|------------|-------------|------------------|
|     |         | 前 4 公司比率 | 前 8 公司比率 | 前 20 公司比率 | 赫芬达尔 - 赫希曼指数 |
| 301010 | 食品和主食零售业 | 74 | 94 | 100 | 3 047 |
| 31123 | 早餐麦片 | 82 | 93 | 100 | 3 000 |
| 311511 | 液体奶 | 46 | 57 | 71 | 1 012 |
| 31511 | 袜 | 35 | 45 | 64 | 318 |
| 32561 | 肥皂和洗涤剂 | 49 | 62 | 72 | 949 |
| 32411 | 石油炼制 | 47 | 67 | 92 | 809 |
| 32721 | 平板玻璃 | 76 | 98 | 100 | 1 677 |
| 327331 | 混凝土切块 | 24 | 32 | 44 | 206 |
| 331315 | 铝板、薄板、铝箔 | 75 | 89 | 98 | 2 286 |
| 333611 | 涡轮机和发电机机组 | 88 | 91 | 96 | 2 403 |
| 33511 | 电灯泡 | 90 | 94 | 98 | 2 848 |
| 32992 | 体育用品 | 24 | 32 | 46 | 199 |
| 33991 | 珠宝和银制品 | 18 | 26 | 39 | 142 |

另一个重要的市场集中程度衡量指标是**赫芬达尔 - 赫希曼指数**，或 *HHI*

$$HHI = \sum_{i=1}^{N} S_i^2$$

式中，$S_i$ 是第 $i$ 家厂商的市场份额，$N$ 是行业中的厂商数量。例如，在一个只由三家厂商构成的婴儿食品相关市场中（嘉宝、比纳和亨氏三家厂商的市场占有率分别为 70%、16% 和

**赫芬达尔 - 赫希曼指数**（Herdindahl-Hirschman Index）：市场集中程度的衡量指标，它等于某一既定行业中所有厂商的市场份额的平方和。

14%），*HHI* 为 $70^2 + 16^2 + 14^2$，等于 5 352。*HHI* 的最大值为 10 000，*HHI* 的值随着厂商数量（$N$）的增加而下降。*HHI* 衡量的是市场集中程度，但强调了具有极高市场份额的领先厂商的潜在影响。有关行业的 *HHI* 值也列于表 16-2 之中。

## 16.3.3　合并指南（2010）

FTC 和司法部（DOJ）的反垄断局于 2010 年发布了新的合并指南，用于确定是否要否定一项拟议合并。

（1）对于 *HHI* 高于 2 500 的市场，政府有可能否定一项使此指数提高 100 点到 200 点或 200 点以上的合并。

（2）对于 *HHI* 在 1 500 ~ 2 500 的市场，政府不会否定合并，除非此指数增加 200 点或 200 点以上。实际上，近几年 87% 的由 FTC 和 DOJ 挑战的合并的 *HHI* 值高于 2 400。

（3）对于 *HHI* 低于 1 500 的市场，政府不会否定合并。

一项合并使 *HHI* 的增加量达到申请合并厂商市场份额乘积的 2 倍，因此，当比纳（16% 市场份额）和亨氏婴儿食品事业部（14% 市场份额）希望合并时并没有被批准，因为 5 352 点的 *HHI* 的变化如下

$$合并前的 HHI: S_{嘉宝}^2 + S_{比纳}^2 + S_{亨氏}^2 = 5\,352$$

$$合并后的 HII: S_{嘉宝}^2 + (S_{比纳} + S_{亨氏})^2 = S_{嘉宝}^2 + (S_{比纳}^2 + S_{亨氏}^2 + 2S_{比纳}S_{亨氏})$$

$$= 70^2 + (16^2 + 14^2 + 2 \times 16 \times 14)$$

$$= 5352 + \Delta HHI = 5\,352 + 448 = 5\,800$$

2010 版合并指南强调了在以自然实验和以经验为基础的直接比较时，集中度的计算应该减弱。市场定义是在确认一系列产品的基础上决定的，这一系列产品可以相互交换，就如 SSNIP（小但重要，并且价格是非暂时性增长）所示。在规则分析中应当考虑的其他因素包括，被接收的公司如果没有合并会导致公司破产的概率，合并公司可能获得的有效性和创新性的收益，历史上竞争者通过合并能进入这个行业的容易性。

在 2015 年，DOJ 阻止了一起 Sysco Foods 和 U. S. Foods 之间的拟议合并。如果合并成立，那么将控制饭店、旅馆和学校 75% 的食物服务分销业务。

## 16.3.4　垄断

正如前文所述，厂商与其他公司进行公开形式的共谋会被别人依据《谢尔曼法》成功起诉，单独行动的公司也会被指控为非法企图垄断市场或从事垄断行为。不过，要证明这种违法行为常常是非常困难的。在 1998 年微软案出现之前，由美国反垄断官员提出的最后一项大规模垄断案导致了 1984 年 AT&T 公司的分拆。

---

**|实例|　垄断终结者再现：DISH 网络-DIRECTV 的合并未被批准**

2007 年，FTC 阻止了全食食品公司与野生燕麦市场（Wild Oats Markets）的合并，二者都是优质天然和有机食品超市中的竞争者。同样，欧洲反垄断当局阻止了通用电气和霍尼威尔（Honeywell）以市场集中为基础的 410 亿美元的合并案，这两家公司控制了地区性公司喷气发动机市场。在一个只有两三家厂商的行业中禁止形成更高程度的集中。

2000 年，FTC 阻止了亨氏和比纳的拟议合并，二者分别占有婴儿食品市场的 16% 和 14%。理由就是婴儿食品市场的赫芬达尔 – 赫希曼指数（HHI）为 5 352，相对于 1 800 的预定标准引起了关注。巨无霸企业嘉宝占了市场份额的 70%，它本身构成了 HHI 5 352 点中的 4 900 点。FTC 没有接受亨氏与比纳的观点：它们两家厂商在一起可以实现规模经济、降低分销和研发成本，进而能与支配厂商进行更有效的竞争。

最后，Charlie Ergen 私人持有的 Echostar（DISH 网络）在 2007 年出价 260 亿美元收购休斯电子的子公司直播电视（DIRECTV）。DISH 网络和直播电视是美国最大的两家卫星电视提供者。Ergen 认为相关市场包括有线电视系统，整个行业的市场份额分配如下表所示

| | |
|---|---|
| Comcast | 33% |
| DIRECTV | 17 |
| Time Warner | 17 |
| DISH Network | 13 |
| Charter Comm. | 10 |
| Cox Comm. | 10 |
| HHI | 2 036 |

FTC 和反垄断局持不同意见，把相关市场仅仅界定为卫星电视，并且禁止合并。

按照 2012 年新合并指南，Echostar 是被允许购买 Hughes Communications 的。两家公司将通过移除过剩的市场和制造成本来实现成本效率。然而，更重要的是，即使工业聚集度增加了很多，13.5 亿美元的合并者将允许 DISH 网络提供基于网络的程序与 DIRECTV 竞争，而

后者早已与时代华纳和其他无线公司组成合作伙伴关系。2015 年，处于流媒体电视与电影之间的扩张时代的时代华纳公司购买了 DIRECTV。

正如 FTC 所预测的，他们拒绝 Dish Network-DirectTV 的合并，支持 EchoStar-Hughes 的合并，能够加强基于卫星的娱乐方式的竞争。

## 16.3.5 批发价格歧视

如果一家大公司作为制造商或分销商在两个（或多个）不同地区（或产品）市场中经营，在一个市场中削减批发价格，在其他市场中不降价，就会依据《罗宾逊－帕特曼法》，被指控为实行非法的价格歧视。直接向最终产品顾客索取差别价格是允许的（常常以"市场承受力"为基础），但中间产品转售者（批发商、分销商等）不可以这样定价。

例如，在证实出版商企鹅给巴诺书店和鲍德斯大量的折扣以及与此服务成本无关的其他贸易促销条件之后，企鹅受到独立书商们的极大谴责。同样，6 家售卖机公司控告菲利浦·莫里斯公司，声称其他分销商和零售商接受回扣、回购和促销折让，旨在降低成本，使受偏袒的分销商把抱怨者逐出经营。这种批发贸易中的偏袒行为正是《罗宾逊－帕特曼法》所禁止的。

---

**|实例|** **潜在的反竞争做法：微软的搭售协议**

网景公司认为占有支配地位的软件制造商微软公司利用它在计算机操作系统市场中的领导地位，在应用软件市场（如微软的 IE 和媒体播放器）中获得一种反竞争的优势。微软把它的浏览器（IE）与 Windows 95 的销售非法地捆绑在一起，而 Windows 95 为 92% 的美国个人电脑提供了操作系统。微软在对康柏和戴尔电脑公司每一个 Windows 95 软件中都免费提供 IE，不带 IE 的 Windows 95 定价更高。微软还威胁康柏，如果在康柏运出的 PC 机上事先安装的浏览器不是 IE，就要取消原先授予的 Windows 95 许可证。

在 1996 年年末和 1997 年的四个多季度内，微软在浏览器市场中的份额从 20% 增至 39%。到 1999 年，网景的市场份额从高高的 84% 下降到 47%，微软的产品凭借据称的反竞争做法取得了 53% 的市场占有率。网景今天在 IE 支配的市场中只占有 8% 的市场份额。这是"明显地有损于竞争"的证据，还是仅仅明显地有损于一个特定竞争者的证据？

通过搭售协议把支配厂商在一个市场中的垄断力扩展到另一个不同产品和相关市场本身就是非法的。因为微软的这种销售做法阻碍了网景公司出售它的浏览器，所以根据一项和解协议，要求微软把这两种产品分开，并改变其定价做法。尽管如此，1998 年 5 月，司法部和 20 个州的首席检察官提出指控，宣布搭售协议和其他垄断做法为非法。微软被发现是有违法犯罪行为的。

2004 年，欧洲法院否决了微软的申诉，太阳微系统首先指控微软把它的媒体播放器与 Windows 非法捆绑，不带媒体播放器的 Windows 定价更高。因为微软一家支配厂商垄断了个人电脑操作系统市场，市场占有率在 1997 年至 2005 年从 86% 增长到 93%。欧洲法院判决微软必须解除对其媒体播放器的捆绑，提供的功能减少的 Windows 版本要比功能加强的版本更便宜。法院罚款 4.97 亿欧元，2006 年又征收一笔 2.81 亿欧元必须服从的罚款。最后，微软在 2009 年最终上诉失败，支付了 14 亿欧元的罚款（包括利息）。

在 2009 年签署的同意法令中，直到 2014 年微软同意给个人电脑提供选择界面，欧盟的使用者可以选择火狐而不是 IE 作为浏览器。当 Windows 7 的 150 万张安装盘没有选择界面时，欧盟给予微软另一个 7 320 万美元的罚款以示警告。很明显，这个数量意味着确保遵守反托拉斯政策对股东财富最大化管理者是一个优先选择权。2014 年，即使微软存在反竞争事实，但谷歌 Chrome 的欧洲市场份额是 38%，火狐是 30%，而 IE 却只有 25%。

## 16.3.6　拒绝交易

一般情况下，制造商可以拒绝与任何零售分销商进行交易，只要它们没有遵循基于合法经营理由的公司政策。不过，这种职权存在两个限制条件：第一，如果在（并且只有在）制造商的行动与有意见的经销商无关，后者以更高价格点上的销售因竞争程度提高而处境不利时，就可以拒绝违约折扣商的订单（美国诉 GM，1996）；第二，一项理由充分的明确政策必须事先存在，制造商无法对各个经销商施加压力，以停止运送新"热销"产品来威胁，或者在违约折扣商同意提高其价格时提供重新安排（FTC 诉 Stride Rite，1996）。

最后，制造商不能通过拒绝向独立服务组织（ISO）提供零件来锁定耐用产品的买主，特别是 ISO 的价格大大低于制造商的服务价格的时候。在柯达公司诉 Image 技术服务公司（1992）的案子中，美国最高法院认为，顾客应该能够选择独立的服务提供者和由选择对象提供的非保证性维修。柯达的辩护理由是没有证据证明 ISO 的维护和维修不能满足柯达的质量标准。

## 16.3.7　维持转售价格协议

制造商常常希望限制其零售商发起价格折扣的灵活性。维持转售价格（RPM）协议禁止零售商把它们转售商品的价格降到制造商建议的零售价格（MSRP）之下。大多数这样的限制是不合法的，特别是那些相互竞争的经销商希望减少价格竞争的时候。例如，雪佛兰在洛杉矶的经销商曾经接触过通用汽车公司，想利用 RPM 协议来制裁加利福尼亚橘县一家"进行报复"的经销商的深度打折行为，后者的大幅度削价已经影响到每一个经销商的可能利润水平。在美国诉 GM（1966）一案中，最高法院声明这种反竞争的做法本身是非法的，因为它是由减少竞争的明确意愿所推动的。

在丽晶创新产品（Leegin Creative Products）公司和 PSKS 公司，DBA Kay's Kloset，551，美国（2007）一案中，最高法院通过允许给最低价格 RPM 的使用而制定的规则来否定自己先前的裁决。被告人 Dallas，Texas 丽晶高档皮革配件类似于 Coach 的皮革产品。Kay's Klosat 为了通过一个独立的零售渠道来运输丽晶的产品，制定了标准形式的制造零售合同。当 Kay's Kloset 坚持将他的皮革配件打折到 MSRP 以下，丽晶切断了皮革供应。

在几个相互竞争的下级法庭判决后，美国高院有史以来第一次接受了这样一项论点：即制造企业的商业模式可以依赖于高档定位，即合理规则应适用于最低转售价格维持协议。换句话说，这样的制造商可以合法拒绝独立零售商，因为这个零售商违反了制造商的最低转售价格维持协议。这种做法曾被裁定为违反反托拉斯法——尤其是反竞争贸易。但是在丽晶，高院判定奢侈品的第三档折扣会严重损害一个产品的形象，以及通过切断违背信用的折扣商店的全价分销商来阻止高档服务，或许在法律上能合法反应制造商的利益。在本章末我们继续讨论这个标志性判罚。

## 实例　最低价格 RPM 在新泰莱和丽晶创新产品的应用

20 世纪 90 年代末，任天堂（Nintendo）、新平衡运动品（New Balance Athletic）公司和新泰来（Stride Rite）公司都支付了几百万美元的罚款，以解决制造商削减那些拒绝完全按照 MSRP 来要价的零售渠道出货的指控。在新泰莱的案子中，如果主要的零售商拒绝以 45 美元未打折的 MSRP 价格出售 6 种类型的女式科迪斯（鞋），就会被完全取消售货资格。虽然新泰莱坚持它会中止与那些违背其公司营销政策和程序的零售商的契约关系，但还是拒绝只与那些对科迪斯（鞋）打折的特定经销商打交道。法院判决新泰莱在反竞争经营做法上有罪，是因为被中止销售的经销商受到了提价的压力。经销商与制造商之间转售价格以外事务的垂直要求契约是普遍存在和完全合法的。

不过有时制造商或分销商可以在管制或行业标准中表现出"制造商合法权益"，这个标准确定了其产品的最低转售价格（如一个稀有书籍分销商）。当这些特殊例外情况的某一种出现而且 RPM 协议允许时，需要仔细研究反托拉斯法的新要求。

这样的一个事件出现在 2007 年 6 月。丽晶公司达拉斯创新皮革产品部门停止向 Kay's Kloset 提供高端手袋、手持钱包和钥匙夹，Kay's Kloset 是一家独立的经销商，它拒绝停止对丽晶的产品打折。丽晶公司认为，它与 Coach 和 Gucci 竞争的商业模式是依赖于它的品牌产权形成一系列的精华皮革附件，这个品牌产权的失色是无法用打折来补救的。根据这个理由，强化（丽晶和 Coach）内部品牌竞争的限制性定价协议是可以允许的，即使它们减弱品牌之间的竞争（丽晶的分销商之间）。美国高等法院部分同意判决 RPM 应该属于一种"合理原则"而本身并非非法。丽晶公司拒绝向违背 MSRP 的经销商供货的政策现在与联邦反托拉斯法一致，但在几个州（如堪萨斯州、纽约州和加利福尼亚州）仍然非法。终审裁定即将到来，并将得到更多的关注。

## 16.4 命令和控制管制限制：经济分析

参与管制工商企业的是联邦政府、州政府和地方政府，表 16-3 中包含部分联邦政府管制机构和部门，除了前面讨论过的联邦贸易委员会和司法部反托拉斯局外，还有很多其他机构对企业经营决策实施管制。州政府管制的活动范围很宽，包括对公用事业公司的管制，对各种商务活动（如健康保健机构）和很多专门行业（如法律和会计）发放许可证。地方政府通常要制定和实施地方法律和建筑标准。管制限制可以以一视同仁的方式施加于任何同样的商务活动。例如，欧盟禁止直接针对顾客的处方药广告。这些限制条件可以影响厂商的经营成本（包括固定成本和变动成本）以及资本成本和收益。

**表 16-3 联邦政府的部分管制机构**

| 部门／机构 | 目标 |
| --- | --- |
| 环境保护署（EPA） | 对空气、水和土地的污染进行管制 |
| 消费产品安全委员会（CPSC） | 对与消费品有关的不合理伤害风险进行保护 |
| 平等就业机会委员会（EEOC） | 实施针对种族、宗教和性别等就业歧视的法律限制 |
| 劳工：就业标准管理局 | 实施最低工资和加班的法律 |
| 劳工：职业安全与健康管理局（OSHA） | 对工作场所的安全和健康条件加以管制 |
| 劳工：全国劳工关系委员会（NLRB） | 对雇主与雇员（及其工会）间的劳资关系进行管制 |
| 州际商业委员会（ICC） | 对州际陆上运输进行管制 |
| 核管制委员会（NRC） | 对民用核能进行管制 |
| 证券交易委员会（SEC） | 对新证券的发行和已有证券的交易进行管制 |
| 联邦通信委员会（FCC） | 对广播电视和州际电话服务进行管制 |
| 联邦储备系统 | 对商业银行及银行持股公司进行管制 |

（续）

| 部门/机构 | 目标 |
|---|---|
| 农业：食品安全检查服务局 | 对肉禽行业的安全和准确标识进行管制 |
| 健康与人类服务：食品与药品管理局（FDA） | 对食品、药品和化学品的安全进行管制 |
| 能源：联邦能源管制委员会（FERC） | 对天然气的州际运输与销售、电力输送与销售进行管制 |
| 运输：联邦航空管理局（FAA） | 对飞机、机场和航空公司运营的安全进行管制 |
| 运输：全国高速公路交通安全管理（NHTSA） | 对汽车车辆和轮胎的安全进行管制 |
| 劳工：矿井安全与健康管理局 | 对矿井的安全与健康进行管制 |
| 财政：货币审计办公室 | 对全国银行进行管制 |
| 财政：酒精、烟草和军火管理局（BATF） | 对含酒精饮料、烟草、炸药和军火的制造与销售进行管制 |

## 解除管制运动

实现理想的经济目标要更少地依赖政府管制和更多地依靠市场，这种企业环境的变化始于20世纪70年代末，一直持续到21世纪前10年。比如，1998年的《远洋运输改革法》对于从亚洲到美国运输服装、消费电子产品、汽车和矿石，以及把电脑软件、森林产品和谷物运回亚洲的40英尺集装箱的运费解除了管制。一个装有6 000件成衣的集装箱单程成本从3 500美元迅速降到1 500美元，其他成功地解除管制的例子是航空公司、铁路、电信和天然气管道。不过，管制监管的减少有时证明是有问题的。几家大型投资银行、商业银行和保险公司（如贝尔斯登、雷曼兄弟、美联银行和AIG）在2007～2009年金融危机中破产或需要解救，此时过度的杠杆交易使这些厂商遭受巨大的违约风险。2003年金融服务业的解除管制至少应承担一定责任。

### 对与错　需要一个受管制的交易结算所来控制 AIG 的对方风险

美国国际集团（AIG）向诸如美国银行、富国银行、美联银行等所有的全美商业银行出售了价值2万亿美元的应对房贷延期风险的损失保护。AIG通过把这些衍生合同称为信贷违约掉期（CDS），规避了保险行业的管制。当2007年优级房贷市场中的按揭拖欠率从历史平均水平的0.5%提高到2%，次级房贷市场中的2%提高到13%时，AIG立刻破产，因为它的负债超过了未来现金流和其他资产的现值。由于拥有的资本不足1 000亿美元，欠银行的衍生头寸有2万亿美元，所以AIG成了一个大比例的破产方。在AIG事先承诺向全美的银行补偿房贷损失的CDS未定权益合约中，大约20份中只有1份是能够兑付的。鉴于对整个银行体系所产生的系统性风险，美联储在2008年9月拯救AIG，担保所有AIG的亏损都能得到支付。

在对银行和保险公司的管制过程中，这种违反资本充足要求的情况是如何发生的？全部答案是十分复杂的，但关键的一点就是在AIG的风险恶化时缺少一个中央的清算所交易方及其相应的请求保证金。在一个典型的衍生证券交易过程中，要求投资者要在其经纪账户中保持托管资本以抵消可能的损失，因为他们买卖期货或期权合约的指定证券价格的变动会与他们的决策相反。具体讲，处理芝加哥贸易委员会或其他交易衍生品结算的结算所会对经纪人的托管账户提出所谓的"请求保证金"的要求。经纪人此时转而要求其客户增加其托管存款。但为何AIG不是这个情况？为什么不是？一个原因就是脆弱的CDS市场，其42万亿美元的总量是美国整个GDP规模的3倍。

像 CDS 这样的抵押贷款衍生证券不是通过一个受管制的证券交易所或清算所交易的。2003 年美国国会接受了当时美联储主席格林斯潘提出的对抵押贷款衍生证券免除这个程序的建议。格林斯潘证明这种证券进行直接交易（OTC）是可靠的，无须证券交易所或清算所的监管。但是，这个建议所缺失的恰恰是关键的保证金要求，这本来应该是证券交易所或清算所对 AIG 所要求的。现在的情况是，AIG 只是简单地与商业银行签订 OTC 私人合约，由后者分担其房贷延期支付风险。由于其资本与亏损风险杠杆高达 20:1，所以对于美国银行体系来说，AIG 变得太大，以至于无法允许其失败。所以，银行继续向 AIG 购买存在延期支付风险的房贷产品，即便其结果都很清楚：如果房地产市场转冷，房贷持有者将会大量地拖欠违约，从而造成的负债大大超过 AIG 所能支付的数额。

由于商业银行交易方签订了数千个 CDS 抵押损失保护合同，在加利福尼亚和佛罗里达的房地产贬值 20%、30%，最终达 40% 时，AIG 通常会被要求增加托管资本数量。根据这些资产的价值，抵押贷款者发现其不动产的价值大大低于其抵押负债，从而引发了巨额的贷款违约拖欠。如果有一个受管制的清算所，就会要求 AIG 筹集更多的资本来弥补即将发生的亏损，然而却允许该公司简单地卖出更多的房贷损失保护合约。2010 年的金融改革法案提出要纠正 2003 年的错误决策，即允许直接交易抵押贷款衍生品而没有什么监管。

资料来源：Based on G. Gensler, "The Derivatives Debate," *Wall Street Journal* (April 21, 2010), p. A21; and L. Ausbel and P. Cramton, "Auction Design Critical for Rescue Plan," *The Economist's Voice*, Berkeley Electronic Press (September 2009).

## 16.5 外部性的管制

在正常的企业经营过程中，每个厂商面对的决策都会对第三方施加外溢成本。当今对空气污染、碳足迹以及为防止灾难性的全球变暖而减少温室气体的辩论都是最为激烈的。社会要为控制外部性而实施各种补救措施，管理者和公众都会对最低成本的实施过程感兴趣。

当第三方从消费或生产活动中得到效益或承担成本，而市场体系又不能使之得到充分的支付时就会存在**外部性**。例如，卡车运输造成的污染副产品与一定的空气条件共同形成烟雾。在诸如洛杉矶这样的地方，这种烟雾会对有哮喘病的居民和旅游公司等造成明显的成本。简单地说，外部性的产

> **外部性**（externality）：一种生产或效用函数的效益或成本外溢到另一种生产或效用函数。

生就是因家庭效用函数或厂商生产函数的相互影响但又没有在市场价格中反映出来。

只有价格体系反映不出来的外部性才会导致低效率。当疯牛病造成人们对肉的偏好从牛肉转向鸡肉时，牛肉的价格下降，鸡肉的价格上升，进而使得牛肉生产者和鸡肉消费者的境况变坏，鸡肉生产者和牛肉消费者的境况变好。但所有这些所谓的**金钱的外部性**都是通过市场价格体系运行的，因此它们不会造成低效率。

> **金钱的外部性**（pecuniary externality）：能在价格上反映出来因而不会造成低效率的外溢影响。

在 Spur 实业公司诉 Del Webb 发展公司一案中（S. C. 亚利桑那，1972（108 Ariz. 178，494 P. 2d 700）），"带来损害"的法律规定说明了为何金钱的外部性不会造成低效率。如果一家开发商为开发郊区而购买的土地位于一个养牛场旁边，对每英亩⊖土地支付的价格将会反映养牛场散发的臭味。土地价格的下降

---

⊖ 1 英亩 = 4 046.856 平方米；1 亩合 666.6 平方米。

将使外溢效应内部化。在此之后，如果郊区的居民抱怨臭味，养牛场显示出一种公共损害，那么开发商可能不得不花钱重新安置养牛场。还有，当外部效应的确在价格上反映出来时，受影响的所有各方都会直接参与交易，所以不存在低效率。

不过在存在非金钱外部性的时候，可能会出现资源配置不当的情况。如果生产者或消费者对于产生的全部效益得不到充分的补偿，他们就不大可能从事对社会福利有贡献的活动。负外部性的情况也是一样，如果部分成本被转移给他人，那么生产者或消费者就有可能对一些生产和消费活动的资源配置过度。

一般情况下，应该把外部成本降低到因进一步减少行动而节省的边际外溢成本正好等于产生外部性活动的边际损失利润的水平。同样，产生外部效益的活动应该扩大到因活动扩大给全社会带来的边际效益正好等于边际成本的水平。

## 16.5.1 对相互外部性的科斯式议价协商

在很多情况下，外部性是由空气、土地或水资源的使用不兼容造成的。例如，联邦快递公司喷气飞机的深夜起降会打扰机场周围住户的睡眠，在一个小饲养场中喂养几千头牲畜会给邻近地区带来不好的气味，从农田流出的富养分水会对在下游取水的瓶装水厂产生不利影响。如果两方中有一方不存在，就不会发生负面结果。

罗纳德·科斯的著名论文《社会成本问题》（*The Problem of Social Cost*）说明了铁路与农场之间存在的**相互外部性**。火车在铁路上通过会产生火花，农民在铁路沿线种有易燃的农田庄稼。科斯既聪明又使人感兴趣的观点就是，在涉及充分信息和交易成本低的条件下，对于"由谁负责？因而应该由谁支付损失"问题的答案对双方资源配置的决策没有影响。具体说，若铁路对沿线产生火花拥有产权，火车按时通过铁路及沿线种植面积与铁路有义务减少火花引起的损失这两种情况的结果是完全相同的。

**相互外部性**（reciprocal externality）：由争夺不兼容使用而产生的外溢影响。

**科斯定理**（Coase theorem）：对低交易成本的相互外部性中是否出现私人自愿议价协商的预言。

**科斯定理**认为，不管最初的义务安排如何，相互外部性的产生者和接受者都将选择有效的活动水平。它没有说明逆转一项义务安排方向的分配结果。很明显，让铁路在一种情况下承担义务，与要求农民在另一种情况下承担田地燃烧带给自己的庄稼损失，会形成完全不同的净利润结果。不过，科斯定理真正主张的是：在只有少数受影响各方的相互外部性条件下，有关产生和接受外部性的活动水平的资源配置将与最初的义务安排完全无关。铁路将安排一列火车通过，农民将种植 10 英亩庄稼。

---

**实例** | 科斯的铁路

要了解如何通过科斯式议价过程形成明显的结果，先分析表 16-4 中的收益。如果铁路拥有产权，即表 16-4a，沿铁路每过一列火车损坏 10 英亩农民庄稼的价值为 600 美元。铁路开始没有考虑这个外溢成本，选择能使自己

利润最大的火车通过水平，即表 16-5a 最下边一行的两列火车。农民将在铁路沿线种植 10 英亩庄稼，而不是 20 英亩，为的是赚 300 美元，避免损失 800 美元（右下单元格）。如果双方的议价协商存在很大的障碍，那么在没有

管制的市场环境中将不会发生进一步的行动。不过，此时存在着可使双方获益的私人自愿议价机会。

具体说，如果铁路减少到仅通过一列火车，农民的利润将从 300 美元增至 900 美元，而铁路的利润下降 500 美元（从 1 500 美元降至 1 000 美元）。因此，有效贿赂最少要达到 501 美元，才能使火车通过水平降低，减少庄稼损坏的节约额是 600 美元。这样，科斯预计到，如果双方议价协商没有什么障碍，那么农民会拿出一笔足以减少火车通过次数（第二列）及其火花风险的转移支付，因为第二列火车（对铁路）的价值小于使农民的庄稼遭受的增量损失。农民将支付多少，铁路最低多少能接受并没有说明，但有一件事情是清楚的：由交易得到的潜在利得肯定会促成双方的议价协商，把铁路的活动从通过两列火车减至一列，农民在铁路沿线种植的庄稼从 20 英亩减到 10 英亩。

现在分析的情况是：铁路有义务减少由火花引起的庄稼损失。开始，农民准备在铁路沿线种植 20 英亩庄稼，因为这个活动水平将使其独立利润最大（1 600 美元）。但是种植这么大的面积，铁路就不能获利了，因为通过一列火车，10 英亩土地的损失是 600 美元（总共 1 200 美元），铁路通过一列火车的总利润是 1 000 美元；铁路通过两列火车时的总利润是 1 500 美元，造成的损失是 2 400 美元。此时铁路给农民的补偿不仅是庄稼损失，还有农民少种庄稼的利润损失。具体说，铁路可以给农民 101 美元，让农民种 10 英亩，而不是 20 英亩庄稼，因为农民的总利润之差只有 100 美元（即 1 500 美元和 1 600 美元）。如果此时铁路还要对通过一列火车、10 英亩庄稼的损失向农民补偿 600 美元的话，那么铁路损失 701 美元，赚取总利润 1 000 美元。

表 16-4b 列出了庄稼损失被补偿之前的总利润。表 16-4b 的中间一行显示：铁路给农民的补偿要超过 100 美元（也许是 101 美元），才能使农民从种植 20 英亩降至 10 英亩，农民种 20 英亩庄稼的总利润是 1 600 美元，种 10 英亩庄稼的总利润是 1 500 美元。重新安排这个活动使铁路损失减少 600 美元。再次说明，科斯式议价导致双方同意开一列火车、种 10 英亩庄稼。

**表 16-4　科斯式议价**

a) 总利润（铁路拥有产权）（单位：美元）

| 铁路（列/日） | 农民（种植英亩数） 0 | 10 | 20 |
|---|---|---|---|
| 0 | 0 / 0 | 1 500 / 0 | 1 600 / 0 |
| 1 | 0 / 1 000 | 900 / 1 000 | 400 / 1 000 |
| 2 | 0 / 1 500 | 300 / 1 500 | -800 / 1 500 |

b) 总利润（铁路拥有义务）（单位：美元）

| 铁路（列/日） | 农民（种植英亩数） 0 | 10 | 20 |
|---|---|---|---|
| 0 | 0 / 0 | 1 500 / 0 | 1 600 / 0 |
| 1 | 0 / 1 000 | 1500 / 400 | 1 600 / -200 |
| 2 | 0 / 1 500 | 1500 / 300 | 1 600 / -900 |

资料来源：Adapted from R. Coase, "The Problem of Social Cost," *Journal of Law and Economics* 2（October 1960），pp. 1-44.

### 16.5.2　科斯定理的限定条件

有一些限制条件是恰当的，其中很多是科斯本人提出的。第一，寻找和确认负责的所有者和受影响的双方，保护人们的产权不受侵犯，以及在一群提出要求者内部协商转移支付的技术交易成本都必须保持在低水平上，如果义务安排方向被逆转，它们也不会受影响。第二，双方都不能在纯粹竞争市场中经营，因为届时转移支付所要求的利润将不存在。第三，也许最重要的，只有在表 16-4 中有关收益的信息对双方来说都是完整、确定和已知的时候，一方向另一方迅速提供的才正好是另一方意接受的。

当信息不完全时，私人自愿的议价不一定导致不随义务安排方向改变的资源配置。即使产权界定充分，安排彻底，实施成本低或者没有成本，对科斯定理的这个限定条件仍然存在。在涉及不对称已知成本信息的所有不兼容使用的情况下，原告和被告的预防行动都要承担一定的义务安排。例如在科斯所举铁路的例子中，只要减少庄稼损失的效益超过成本，双方就会通过使用减少火花的装置或土地护栏来部分地避免承担义务。但是，不对称信息所产生的问题是：预防行动的某些方面本身是无法看到或不能证实的（比如对减少风险的模糊信号的注意力），而其他方面可看到，但以不确定的方式影响事故的避免（比如，性能优良的刹车装置能在下雨湿滑的路上发挥作用，而不太有效的刹车装置无法做到）。不可观察性和随机干扰一起造成了道德风险问题，这是第 15 章讨论过的问题。

没有哪个激励相容的机制既能保持科斯式议价的自愿性质，又能引发对观察不到的损失的真实显露。因此，与对科斯定理的传统理解不同，在相互外部性冲突中的争议者可能不是仅仅参与私人自愿的议价，而是要把损失评估和回收问题授权给第三方的法院系统来解决。可以把一个公正法庭系统中的民事程序规则视为一种可信的承诺机制，通过这种机制，潜在的争议者服从促使有效避免事故的义务安排和财富转移措施，尽管不对称信息是经常存在的。因此，科斯定理的启示是成立的：对不兼容使用有争议的各方将用契约方法形成有效的资源配置，除非很高的交易成本阻碍了必要的议价协商。

### 16.5.3 议价过程的障碍

---

**集体诉讼**（class action suits）：降低受理控告过程中寻找和通知成本的一种法律程序。

---

**战略性坚持**（strategic holdout）：在一致同意过程最后提出不合理要求的协商者。

---

不过，由于议价存在障碍，所以管制将继续起作用。法律体系确认了几种障碍。在石油泄漏和其他影响众多原告的大规模外部性案例中，证明**集体诉讼**合理的就是高得惊人的通知和寻找成本（确定缺席的所有人和通知所有受影响的各方）。有关不兼容使用的自愿私人议价还可能受阻于必须持续监测无法核实的议价，比如把自己的深海捕鱼限制在一个最高的持久捕获量之内的协议。

最后，在大量的外部性案例中最明显的议价障碍就是**战略性坚持**或免费搭车。当法院对污染者的经营活动发布指令时，指令的免除需要污染者得到所有受影响各方的一致放弃。如果很多原告都被认证具有这种放弃的权力，那么每个原告都会积极地坚持要求获得比恢复其损失所需要的更多补偿。这种战略性坚持的预期存在简化了科斯的私人自愿议价假设。在此情况下，法院会采用其他机制，比如安排对永久损害进行支付的责任。

---

**实例** Boomer 诉大西洋水泥公司一案 26 N. Y. 2d 219

一家价值几乎达 2 亿美元的大型水泥工厂向纽约阿尔伯尼的邻近地区定期排放水泥粉尘，一些受影响的家庭无法继续经营其洗衣店；微小的粉尘使人们要频繁地清洗汽车和粉刷房屋。哮喘病人面临更多的健康问题。法院宣布大西洋水泥公司是一个公共利益的损害者，法院选择了三种命令：①停止经营直至空气污染减少；②停止经营直至从每个受影响家庭中都能找到一个放弃原先意见者；③发布命令宣布水泥厂承担 740 000 美元的永久性损失，并要求停止经管直至由法院确定的损失得到支付。

由于第一项命令与不成熟的技术有关，第二项会形成战略性坚持，所以纽约上诉法院实际上允许大西洋水泥公司在一次性交付740 000美元（按2006年美元计算）之后继续

排尘。旨在减少水泥粉尘的私人自愿议价协商并没有克服战略性搭便车/战略性坚持的问题。另外，由于工厂所有者必须支付法院决定的损失，所以在建立新工厂时确实开始把水泥生产的社会成本实行了内部化。

---

| 实例 | **强制性汽车检验**

汽车检验是一个用管制性指令解决外部性的好例子。车辆设备维修不良会造成严重的汽车事故，政府认识到减少这种事故可获得明显的外部效益，就不会让消费者选择拒绝对刹车、车灯和

其他安全设备的定期检查和维修，而是要求所有的车辆进行强制性检查和修理。油中致癌的铝添加剂和破坏臭氧层的制冷气体（CFC）的排放也是通过这种管制性指令而大大减少（见图16-3）。

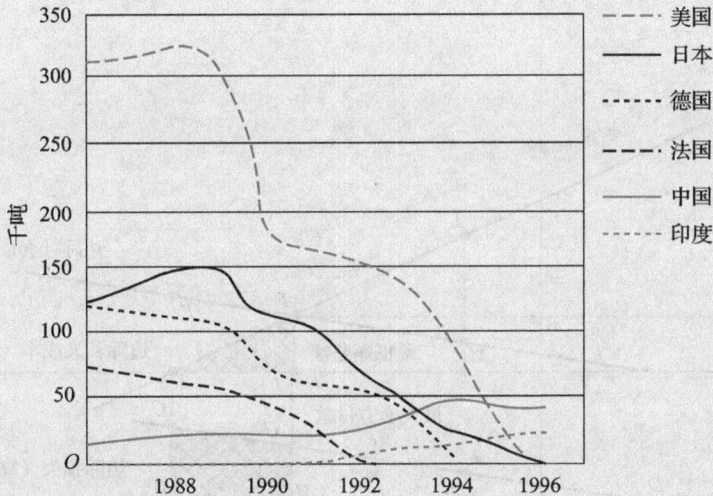

图 16-3　CFC 生产

资料来源：*Tomorrow's Markets*，*Global Trends and Their Implications for Business*，World Resources Institute (2002)，p. 27.

## 16.5.4　用管制性指令解决外部性

解决外部性问题的另一种方法就是禁止产生外部影响的活动。不过，这种简单方法在大多数情况下是次优的，而且通常是不现实的。如果禁止汽车，那么汽车排放问题可削减至零，但这种做法的经济影响至少在短期内对所有的发达经济都将是灾难性的。此外，一种最优的解决办法很少是要求完全消除外部性，一项严格的零污染政策常常造成过度的减污成本。

不过，要发布的管制性指令很少是完全清楚透明的。当多种污染源存在时，确定一个整体的排放标准就会有问题，比如美国中西部烧煤电厂造成的东部森林的酸雨问题在命令和控制管制条件下，每一个污染实体（各个点源）一定要按照指令行动。简单地向各个工厂按比例分配"污染权"，就是没有考虑到不同工厂之间减排成本的巨大差别。最优化应使各个污染者花在减排上最后1美元的边际效益都相等，因此，对一个低成本点源的管制性指令应该比高成本点源要求更多地减少排放量，可是这种详细的点源管制很少能达到。

### 16.5.5　利用税收和补贴方法解决外部性

另一种解决外部性问题的潜在有效方法就是向那些其活动会产生巨大外部效益的人提供补贴（以现金或税收减免的形式），向那些其活动造成外部成本的人征税。不过这种税收和补贴计划要求有大量的信息才能实施有效的管理。

我们分析图 16-4 中的单位污染税 $T^*$。每辆卡车的需求就是对整个洛杉矶地区卡车送货的私人自愿支付（$WTP$）。卡车公司通过让边际私人成本（$MPC$）等于私人的 $WTP$，决定一辆普通送货卡车一年跑 50 000 英里，管理人员不会超出这个送货里程，因为增加的顾客愿意对送货支付的价格低于卡车运营的 $MPC$。问题是卡车运输会产生造成烟雾的副产品二氧化氮（$NO_2$）。通过认真的环境科学研究，企业（比如旅游公司）和洛杉矶患哮喘的市民估计，空气污染会造成失去旅游生意，对眼睛、鼻子、喉咙产生刺激等损失，大小如 $BCD$ 面积。结果，尽管在私人市场均衡点 $A$ 上，边际效益（$P_0$）等于 $MPC$，但构成 $NO_2$ 外部性所增加的成本（即 50 000 英里上的 $CB$），这表明全部成本会更高：在点 $E$ 上，$MPC(AB) + ME_xC(CB) > P_0$。

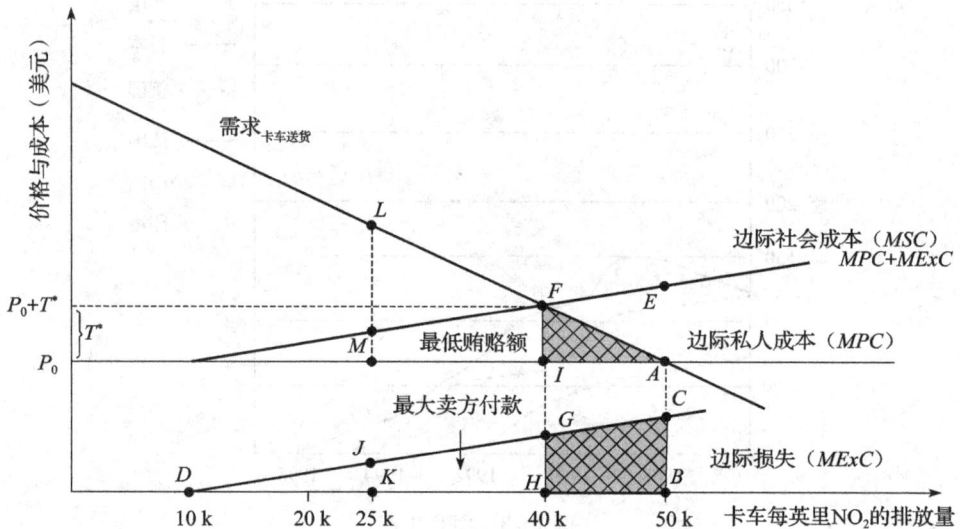

图 16-4　最优的单位污染税

当卡车送货里程为 50 000 英里时，私人成本加外部成本超过了边际效益，生产出来的关联产品卡车送货/$NO_2$ 超出了它的最优水平。每年 50 000 英里的卡车送货太多了。不过问题总会回到：卡车送货里程和相关污染量要减少多少才是最优的。

在图 16-4 中，卡车送货里程减少到 $F$ 点上的 40 000 英里，即达到边际社会成本（$MSC$）（$MPC$ 与 $ME_xC$ 之和）正好等于对卡车送货的边际自愿支付的水平。显然，烟雾受害人的损失（面积 $GHBC$）大到足以补偿卡车公司因减少 10 000 英里送货里程而失去的利润（面积 $FIA$）。烟雾受害人对再减少 10 000 英里（从 40K 到 25K）送货里程而将愿意提供的最大转移支付（面积 $JKHG$）小于卡车公司愿意接受的最低有效贿赂（面积 $LMIF$）。

但是，把 40 000 英里（而不是 35 000、38 000、42 000 和 45 000）作为最优送货里程的零位确定过程是很困难的，因为难以获得准确的边际外部成本信息。向送货卡车里程征收的一个最优单位税收 $T^*$ 将使卡车公司的送货里程选择从 50 000 英里减少到 40 000 英里，方法是向用户索取反映关联产品（卡车送货/$NO_2$）边际社会成本的 $P_0 + T^*$。但 $T^*$ 是要大胆地假定管制者知道 40 000

英里就是最优送货里程。

实际上，一笔税收或排放费是按厂商的污染物计算的，比如一辆送货卡车或一个发电厂烟囱所排放的具体物质的数量。一家厂商在支付了单位税收后可以继续排污，或者发现购买控制污染设备更便宜。如果在一段合理时间之后，社区仍然认为空气中的特定物质含量过高，向每单位污染物质征收的税收将阶梯式增加，直到社会对结果达到满意为止。单位税收的解决方法避免了管制指令方法"要么全有，要么全无"的不灵活性，但要计算水污染或空气污染的最优排放税的准确数值是极其困难的。

### 16.5.6 用出售污染权的方法解决外部性：限量交易

另一种日益普遍的解决污染问题的方法就是出售可转让的污染权。实际上，出售许可证就是给予许可证持有者在特定时期和某些具体界限内污染的权利。采用这种方法的根据是1990年的《清洁空气法》。美国环境保护署（EPA）确定可在一个地区内安全排放某些污染物的最高水平，然后联邦政府以拍卖方式向单个厂商出售许可证，给予它们在具体数量范围内排污的权利。许可证可以自由交易，允许其价格随市场需求和减排技术的创新而波动。因为这种方法的本质是市场导向的，所以导致单个厂商在制定价格和生产决策时内部承认污染成本。

**实例｜ 扩大工厂需要购买公开市场中的污染权**

美国和欧盟有一个活跃的二氧化硫和碳氢污染权市场。这些市场允许电力公司、卡车公司和制造厂商以连续拍卖方式买卖污染分。另外还存在一个私人安置市场，其中某些州和经纪人在两类公司之间安排污染分的用户合同，一类公司是有多余的污染权要出售，另一类公司则是需要污染权来满足环境管制。例如，时代镜报公司（Times Mirror Company）在购买了每年向空气中多排放150吨碳氢物质的排放权之后，才能完成在俄勒冈波特兰投资1.2亿美元扩建一个造纸厂的计划。污染权是花了50 000美元从两家持有多余排放权的企业业主处获得的，一家是已经退出经营的化工厂，一家是采用了无污染清洗液的干洗厂。

## 16.6 政府对企业的保护

除了对企业进行管制外，也有不少政府项目和政府政策通过限制竞争者的进入来保护企业。

### 16.6.1 许可与准入

当政府要求并发放一种允许某些人从事特定的经营、职业或贸易的许可证时，就是根据界定范围限制另一些竞争者的进入。许可制一般用来保护公众免受欺骗或防止不称职者，因为在此情况下的潜在伤害是很严重的。尽管如此，政府许可限制产量还是会形成许可证持有人的垄断权力。

2003年美国北卡罗来纳州夏洛特周围的麦克兰伯格县看到它作为地区运输枢纽的作用受到威胁，原因是得不到由北卡环境委员会授予的烟雾排放许可证。北卡州的管制机构阻止了货运卡车终端的扩建，除非把某些产生烟尘的设施关掉。如果不再增加授权的许可证，那么原先拥有许可证的企业就变得更有价值了。

### 16.6.2  专利

**专利**（patent）：一种政府合法授予的垄断权力，防止他人制造或销售一种专利物品。

根据定义，**专利**就是由政府合法授予的垄断权力，专利持有人可以防止他人制造或销售某种专利产品或专利生产过程。专利持有人可以授予一种许可证，允许他人有限地使用专利，以换取支付的专利使用费。但是，专利形成的垄断不是绝对的。第一，专利的使用限制在 17 年之内，一种政府合法授予的垄断而且允许延续的情况不多。一个更短的专利垄断期可能会对发明活动提供有效的激励。例如，已经提出认真的建议，把电脑软件的专利期缩短到只有 4 年。

第二，并不禁止竞争性厂商围绕现有专利进行工程研究，推出紧密竞争的替代设计。这最终导致了争夺专利权的"军备竞赛"。2011 年谷歌花费 125 亿美元去收购著名的移动工程公司摩托罗拉移动，为了更好地保护谷歌的安卓智能手机，防止被苹果、微软和 Oracle 侵权。第三，很多专利都受到竞争对手的成功挑战，特别在欧盟中，专利应用是保密的。美国专利局已经积压了 550 000 个专利申请，在 2016 的审核时间平均延迟 26 个月。欧盟虽然更快，但是因为透明度，更不可能保护侵权。

第四，先驱者受制于哥伦布效应，他们深信：第一渐进式发现通常只会开辟一个微不足道的新市场，尽管哥伦布矢口否认加勒比海不是去印度的航线。开拓者往往忽视了大众市场成功所需的适应性，因此错过了快速成立第二家公司所产生的巨大回报。现代的例子比比皆是，施乐的笨重的图形用户界面，摩托罗拉的基于卫星的手机和黑莓的智能手机没有触摸屏。当新技术创造价值链时，坚持不懈的创新至关重要。专利（尤其是首创专利）不是摆脱持续创新压力的灵丹妙药。

## 16.7  最优部署决策：许可还是不许可

最后，我们将讨论是否向竞争对手授权专利和商业秘密的决定，比如苹果的源代码的图形用户界面，辉瑞的药品自动发现技术和迪士尼的电影和人物。50 年前，美国的非金融企业资产的 78% 为有形资产（房地产、存货和设备）。如今，这一数字仅为 47%；专利、版权和商誉等无形资产已几乎成为资产负债表的主宰。

2006 年，有 10 家厂商超过了托马斯·爱迪生获得的 1 093 个专利的纪录（见表 16-5）。IBM 获得 2 972 个专利，佳能获得了 1 837 个，惠普获得 1 801个。IBM 公司寻求专利保护，每个工作日申请的专利达到令人吃惊的 10 个。AT&T 每天提出 7 个，总共 30 000 个授予专利，包括第一电信晶体管、第一激光器、第一传真机、第一颗人造卫星手机、通信卫星的卫星和第一张图片的手机。1984 在 AT&T 解体时，这一专利组合价值达 47 亿美元。到 2012 年年底，这一数字已升至 310 亿美元。

其中某些行动是战略性的技术组合专利，公司并不希望立即制造出一种新装置，而希望能够

表 16-5　2006 年获专利最多的前 10 家公司

| | |
|---|---|
| IBM | 2 972 |
| 佳能 | 1 837 |
| 惠普 | 1 801 |
| 松下 | 1 701 |
| 三星 | 1 645 |
| Micron 技术 | 1 561 |
| 英特尔 | 1 551 |
| 日立 | 1 293 |
| 东芝 | 1 149 |
| 通用电气 | 906 |

资料来源：*The Economist*（May 10，2008），p. 75.

真实地表明它们将如何制造它、此装置用来干什么以及创意的新奇性。这些都是获取一项专利的明确要求。

不只是电子装置、遗传工程和电脑软件，经营程序方法也成为目前专利活动的"热点"领域。戴尔获批了一个有关直接面对顾客经营模式的专利。对企业经营过程的专利申请文件在2007年首次超过了10项专利，一位代理人认为，如果ATM机、飞行常客计划甚至信用卡是在今天发明的话，也可以作为企业经营程序成为专利。

金融市场明确地把这种"知识资本"进行了资本化，成为拥有专利、商业秘密和独有诀窍的公司的产权市场价值。陶氏化学公司220亿美元市值中的几乎一半，以及默克公司1 400亿美元市值的1/3以上都来自于无形资产（大多数是知识产权）的贴现现金流量。亚马逊110亿美元市值中多半产生于对其经营方式专利的授权许可费。在1994~1999年，IBM从其知识产权转让获得的年收益增加了200%以上，从5亿美元增加到16亿美元。消费产品也是如此，锐步（Reebok）公司最近支付了2 500万美元特许使用费，获得了一项10年的排他许可证，销售棒球大联盟（NFL）品牌的运动服、帽子和装备，并可以把它的商标放在所有NFL运动员的服装上。因此，通过特许转让可得到大量的收益，当然，许可证也能使竞争对手更有力地争夺厂商自己的常规顾客。

## 对与错 | 安万特公司产品的延期发布

下表列出了2000、2006年和2010年十大专利药品，表中反映出来的不稳定性是非常惊人的。一种药品一旦失去专利（如2001年的百忧解和2004年的Zocor），销量迅速消失。通用药品已占美国处方药市场的46%。通用药品通常以60%~75%的折扣价进入市场，最终的售价会低到原专利药品价格的20%。蓝十字和蓝盾协会估计这种价差平均到每个处方是84美元。2011年失去专利的专利药品的价值是以往任何一年的两倍多。

当礼来公司的百忧解专利到期后，此厂商销量的70%在一个月之内丢给了通用竞争者。总的来看，美国专利过期药品的销量第一年丢掉了85%。为了防止这种对巨额固定研发成本回收的破坏性冲击，一些制药公司都例行公事地申请延长专利权，简单地改变药品糖衣或服用方式（如从片剂改为液体）。当prilosec（一种治疗胃灼热的药品）在2005年退出专利后，阿利斯康公司引进了模仿的处方药Nexium。同样引起人们关注的是，安万特（Aventis）公司（一家法德制药集团，总部在法国）被控向美国通用药品生产商Andrix公司行贿9 000万美元，要求后者延迟引进更便宜的脏病替代药品，这样的金额数量恰恰说明了专利药品的垄断加成必然是非常高的。

### 2000年最畅销专利药

| 药品 | 专利所有者 | 治疗 | 药品 | 专利所有者 | 治疗 |
|---|---|---|---|---|---|
| 1. Losec | 阿斯利康 | 溃疡 | 6. Prozac | 礼来 | 抑郁症 |
| 2. Lipitor | 辉瑞 | 胆固醇 | 7. Celebrex | 辉瑞 | 关节炎 |
| 3. Zocor | 默克 | 胆固醇 | 8. Seroxat | 葛兰素 | 抑郁症 |
| 4. Norvasc | 辉瑞 | 高血压 | 9. Claritin | 先灵葆雅 | 过敏症 |
| 5. Orgastro | 雅培实验室 | 溃疡 | 10. Zyprexa | 礼来 | 精神分裂症 |

**2006 年最畅销专利药**

| 药品 | 专利所有者 | 治疗 | 药品 | 专利所有者 | 治疗 |
|---|---|---|---|---|---|
| 1. Lipitor | 辉瑞 | 胆固醇 | 6. Enbel | 安元惠氏 | 关节炎 |
| 2. Nexium | 阿斯利康 | 酸回流 | 7. Effexor | 惠氏 | 抑郁症 |
| 3. Plavix | 默克 | 血小板凝聚 | 8. Orgastro | 雅培实验室 | 溃疡 |
| 4. Serentide | 葛兰素 | 过敏症 | 9. Zyprexa | 礼来 | 精神分裂症 |
| 5. Norvasc | 辉瑞 | 高血压 | 10. Singulair | 沙因 | 过敏症 |

**2011 年最畅销专利药**

| 药品 | 专利所有者 | 治疗 | 药品 | 专利所有者 | 治疗 |
|---|---|---|---|---|---|
| 1. Lipitor | 立普妥 | 胆固醇 | 6. Seroquel | 思瑞康 | 抑郁 |
| 2. Plavix | 波立维 | 血小板聚集 | 7. Singulair | 顺尔宁 | 过敏 |
| 3. Nexium | 艾美拉唑 | 胃酸反流 | 8. Crestor | 瑞舒伐他汀 | 胆固醇 |
| 4. Abilify | 阿立哌唑 | 抑郁 | 9. Cymbalta | 欣百达 | 抑郁 |
| 5. Advantix | 拜宠爽 | 哮喘 | 10. Humira | 阿达木单抗 | 抗炎 |

## 16.7.1 对专利保护和商业秘密特许转让的正反意见

有关专利和商业秘密的保护是否能促进率先行动公司的创新，抑制快速次动公司的技术研究的很多争论仍在持续。模仿者常常在一种新技术的某些方面明显领先，但必须获得原专利的特许转让，否则就使自己面对违反专利法的风险。亚马逊的杰夫·贝佐斯建议把电脑软件和经营方法的 20 年专利保护减少到只有 3～5 年。美国以外的专利保护已经减少。在欧洲，专利申请引来法律挑战是因为它们被公开了，而且大多数的最初专利都被推翻。欧盟还决定不发布电脑软件或经营方法的专利。在此环境下，商业秘密、独有诀窍和内部经营实践更为重要。

---

| 实例 | 塞莱拉基因公司的竞争经营计划与人类基因科学

基因学掀起了药物发明与开发的革命，一些相关产业分析家预言，所有的药物发现工作不久都会以基因学为基础。塞莱拉基因（Celera Genomics）公司在 2000 年完成了人类基因顺序的破解，预期会出售信息，以高达 1 年 9 000 万美元的价格特许转让给基因数据库。人们希望通过对各种疾病中哪些基因快速演变，哪些基因保持退化的比较，使药物科学家找到新的开创性治疗方法，尽早发现药品的有害副作用。不过，在分子层上对生物治疗机制的深入了解还是个关键，因此，人类基因科学（HGS）已经决定把自己定位于药品制造者，力求取得药物开发程序专利，而不只是把基因信息特许转让给传统的制药公司。HGS 的第一个产品是一种加速创伤愈合的基因治疗物。

---

是"埋葬"商业秘密，还是公开宣布其存在并向竞争对手特许转让，这是一项有关厂商契约和治理机制的重大战略决策。至于是内部开发诀窍，还是从竞争者那里获得独有诀窍的特许转让的决策也并非不重要。很多主管人员认为制造经理和研发专家应该持续地相互作用，以便形成一个难以复制的内在知识库。如果继续实施特许转让，那么交易秘密的双向特许转让就代表了抵押品的交换，这是博弈理论为建议可信的长期依赖关系而建议的（见关于可信承诺的第 13 章第 7 节）。

**对与错** 技术特许转让让奔迈公司失去 PDA 的领先地位

1996 年，奔迈公司（Dalm）独自创造了个人数字助理（PDA）的狂潮。与苹果公司后来的 iPhone 和 RIM 的黑莓一样，奔迈公司开发了自己的软件和硬件，其操作系统一度在所有能够上网的手持产品中占有3/4。奔迈的 Pre 和 Pixi 装置分别为 150 美元和 80 美元，比苹果 iPhone 便宜得多，但其应用量大约是 1 000 个，而苹果 iPhone 有 300 000 个。与苹果不同，奔迈公司决定把它的 OS 技术特许转让给竞争制造商恒基伟业（Handspring）和索尼。在短短的两年内，恒基伟业公司通过提供扩展槽和耳机、音乐播放器等外部设备而在制造和销售 PDA 上超过了奔迈公司。

特许转让总会涉及这样的风险，但奔迈公司在这个问题上确实没有什么选择。蜂窝电话巨人诺基亚把它的 60 系列移动电话软件特许转让给西门子和松下。这三家厂商共同控制了全球蜂窝电话市场的47%。60 系列技术能使蜂窝电话发送和接收数字相机图片和电子邮件，最重要的是能上网浏览。奔迈知道，如果诺基亚成功地使其 OS 被采用为一种手持网游的行业标准，那么就会开始一个报酬递增的良性循环。最近奔迈与恒基伟业合并为 PalmOne 公司，以期实现更大的顾客使用基数，因为全世界的奔迈份额已经大大缩小，不到诺基亚市场占有率的 10%。

在表 16-6 中，摩托罗拉和朗讯技术（AT&T 贝尔实验室的"分立公司"）正在力求决定在电信工程和软件上是通过内部开发还是通过特许转让获取独有的商业秘密。由于朗讯在此领域内具有长期经验，如果摩托罗拉开发出程序和装置并获得专利，朗讯预期作为一个模仿者可成功获利 90 亿美元。如果通过特许转让获得一些独有诀窍被证明是必要的，那么朗讯认为有一个不太昂贵的有限许可证就足够了。结果，摩托罗拉（在此环境下）将无法全部收回其分摊的研发成本，并且因此而亏损（即左下单元格中的收益 −10 亿美元）。与此相反，如果朗讯对需要的程序进行开发并获得专利，其先行者优势将从摩托罗拉获得大量的特许转让费，摩托罗拉将通过商业秘密特许转让获得独有知识。因此，说明这种情况的收益就是在右上单元格中的 40 亿美元/30 亿美元。

表 16-6　授权或开发内部专门知识　（单位：亿美元）

| | 摩托罗拉 | |
|---|---|---|
| | 开发/专利 | 模仿/特许转让 |
| 朗讯 开发/专利 | 50 ＼ 10 | 40 ＼ 30 |
| 朗讯 模仿/特许转让 | 90 ＼ −10 | 0 ＼ 0 |

现在完整地说明这个收益矩阵，假定两家厂商都不开发此程序，那么双方都不会有利润。如果它们在专利赛跑中面对面地竞争，我们假定开发成本将上升，致使总利润从 70 亿美元降到 60 亿美元，在技术领先者朗讯和跟随者摩托罗拉两者之间按 50 亿美元和 10 亿美元来划分。朗讯应该如何去做？

如果朗讯能够肯定摩托罗拉正在着手进行开发，朗讯最好是等待并以"快速次动者"的方式行动。相对于左上单元格中的 50 亿美元来说，左下单元格中的 90 亿美元肯定更具吸引力。不过，可以预期摩托罗拉会避免开发费用并寻求等待、模仿和按照要求获取许可证，以填补自身在商业秘密和独有诀窍方面的差距。的确，摩托罗拉有一个支配战略：等待、模仿和特许转让。

因此，朗讯预期右上单元格中的收益（40 亿美元/30 亿美元）将作为一种反复支配均衡而出现。前面讲过，反复支配均衡战略就是由卢森特做出的使自身利益最大化的行动，与摩托罗拉的支配战略反应相一致。在右上单元格（40 亿美元/30 亿美元）中双方都不希望引发另一种行动，因此（开发$_{朗讯}$，特许转让$_{摩托罗拉}$）是一种纳什均衡战略，是表 16-6 中唯一的纳什均衡。

尽管表 16-6 中的数字仅仅是个例子，但利用博弈理论的分析思考在预估竞争对手对公司行动的反应和对应反应时常常会提供有用的见解。在此例中，表 16-6 的分析明确表明，特许转让方案要比摩托罗拉实际追求的内部开发方案更有优势。

## 对与错 ｜ 摩托罗拉：它的无知害了自己

摩托罗拉公司是通信工程领域的先驱，收音机、电视和军事信号处理上的很多早期同类装置都是它开发出来的。最近摩托罗拉开发并成功地推出第一台手持蜂窝电话，并在采用铱星（一个全球蜂窝网络项目）的卫星无线通信上占有领先地位。摩托罗拉雄心勃勃的未来项目还包括为公司客户提供的高速度、高安全性的卫星视像会议网，为陆基（Land-based）蜂窝电话公司提供的跨洲和跨洋卫星通信。

不过，在摩托罗拉坚持缓慢地开发自己独有的数字无线技术，而不是从朗讯或高通公司特许转让必要的商业秘密和专利时，网络的可靠性问题开始出现。摩托罗拉在数字开关、计算设备和通信软件方面没有多少专长，但在努力整合卫星系统和陆基蜂窝电话的过程中，这些领域中的独有知识被证明是至关重要的。为此，摩托罗拉建立了一个蜂窝电话系统，其软件基本上阻止了其他用户通过相同的蜂窝发射塔和接收站进行同时联系。实际上，这个装置会随时损坏正在使用的地方蜂窝网络。

高通公司和先前是 AT&T 一个事业部的朗讯公司遇到的麻烦比摩托罗拉少，这种情况也许并不使人惊讶。前者是把无线技术中的诀窍与它在无线电信网络中的长期经验相结合，而摩托罗拉是力求把数字开关和通信软件中的诀窍加到它在模拟无线硬件的长期专长上。

## 16.7.2　有关特许转让的结论

特许转让决策部分地取决于递增报酬的可得性以及成本降低带来的公司竞争优势的持续性。在欧洲，信息技术产品只出现少数的行业标准，专利常常被成功挑战，先行者厂商向竞争对手转让许可证，而不是简单地看着自己的商业秘密和独有诀窍被模仿者稳步地侵蚀掉。结果就是竞争加剧，消费者支付的价格下降和采用技术的速度更快。例如，欧洲某些数字电视零件（如数字音像广播芯片）的价格一直在下降，数字技术正在快速融入相关产品之中，比如移动电话、寻呼机和用于公司会议的安全视像商务网络。

在美国，红帽子（Red Hat）公司使用一个通用的公开许可证，用它基于 Linux 的软件尽快地渗透到操作系统市场之中，旨在与 Windows NT、最终与 Windows 本身进行竞争。红帽公司允许其供应商和顾客免费复制、修改和再次分销红帽子的软件，只要它们也不收费。这种公开来源的软件战略就是力求达到递增报酬的拐点，这是包括苹果公司在内的微软的竞争对手所从未达到的。苹果电脑追求的是相反的非特许战略，结果 Mac 的采用率明显降低，输给了 IBM 和微软。今天的谷歌正在为其新的智能电话（安卓电话）追求红帽子的公开操作系统源码战略。

特许转让的最后一个策略优势来自减少再次签约的风险。很多工作站制造商在从数字设备公司（现在是惠普公司的一个事业部）购买高端 Alpha 芯片时，都担心签约之后应对被"要挟"的情况。在契约更新时，一旦其设计达到了 Alpha 技术的最优水平，制造商们就会无力应对这具有唯一供应来源的芯片的价格大幅提高的局面。数字设备公司能够可信地承诺更稳定的价格，从而通过向 AMD 和英特尔特许转让许可证来提高其产品的采用率。数字设备公司通过特许转让和允许顾客有双重来源获得 Alpha 芯片技术，就是在可信地承诺在更新其供给契约时不会进行价格欺诈。

## 小 结

- 市场绩效是指在厂商内部和厂商之间配置资源的效率、厂商的技术进步、厂商充分使用资源的趋势以及对资源公平分配的影响。
- 市场行为是指定价行为、产品策略、促销和广告策略、研究、开发和创新战略，以及一家或多家厂商所使用的法律策略。
- 市场结构是指一个市场中卖主和买主的集中程度，在相互竞争的生产者提供的产品或服务之间实际或想象的产品差异程度，以及有关进入市场的各种条件。
- 可竞争市场假定潜在竞争者具有进入和退出的自由，缓慢形成的在位厂商，消费者的转换成本低。在一个完全的可竞争市场中，所形成的价格和产量趋近于完全竞争条件下的预期情况。
- 市场集中程度的衡量指标包括：①市场集中率，定义为由 4 家、8 家、20 家或 50 家最大公司所占全行业产量的百分比；②赫芬达尔－赫希曼指数（HHI），它等于一个行业中所有厂商市场份额的平方和。
- 为了在美国产业中防止垄断和鼓励竞争，美国已经通过了一系列的反托拉斯法律，这些法律中最重要的有 1890 年的《谢尔曼法》，1914 年的《联邦贸易委员会法》和《克莱顿法》，1936 年的《罗宾逊－帕特曼法》，1976 年的《哈特－斯科特－罗迪诺反托拉斯法》以及 2010 年的合并指南。
- 联邦政府、州政府和地方政府都对工商企业实行管制，管制约束会影响厂商的经营成本

（固定的和变动的）、资本成本和收益。
- 目前的政治和经济环境有利于明显减少政府管制的数量和对私人经济部门运营活动的干扰。最近解除管制的行业包括银行、运输、天然气管道、电力和电信等。
- 一些管制政策旨在限制竞争，比如特许转让和颁布专利。
- 外部性存在于第三方从一项它不是直接参与者的经济交易中得到好处或承担成本的时候。在正常的市场定价和资源配置机制之外可以感觉到外部性的影响。
- 金钱的外部性不会导致低效率，它是在市场定价机制中反映出来的外溢效应。
- 罗纳德·科斯证明，在存在少量的外部性时，通过外部性的创造者和接受者之间的契约性议价协商，一般可以实现资源的有效配置。
- 私人自愿议价协商的障碍包括高额的寻找成本和告知成本，众多的受影响各方之间的内部协商成本，高额的监测成本以及不存在进行转移支付所要求的剩余等因素。
- 外部性问题存在多种可能的解决方法，包括自愿转移支付、政府禁止、管制指令、实施污染税或补贴、出售产生外部性的权利以及遵循上限交易市场的合并等方法。
- 是开发技术和特许转让许可证，还是等待并模仿，是一种组织形式的决策，涉及专利提供的保护，独有技术诀窍的相对重要性，行业标准的可得性，技术锁定，增强价值的互补品以及报酬递增的其他来源等。

## 练 习

1. 如果苹果的 iPod 只播放 iTunes，而且 iTunes 只能在苹果 iPod 上收听，那么苹果能否在技术上捆绑它希望采取的任何方式来定价？如果其他的电子音乐能在 iPod 上播放，那么什么因素决定是否对 iPod 和 iTunes 的捆绑定价存在限制？是什么限制？

2. 在一个行业中，厂商 1 控制了市场的 70%，厂商 2 控制了市场的 15%，厂商 3 控制了市场的 5%，还有大约 20 家同样规模的厂商瓜分余下 10% 的市场。计算在厂商 2 和厂商 3 合并前后的赫芬达尔－赫希曼指数（假定二者合并后市场份额为 20%）。你认为厂商 2 与厂商 3 的合并是促进竞争还是反对竞争？说明原因。

3. 假设一个行业由 8 家厂商构成，其市场占有率如表所示：

| A | 30% | E | 8% |
|---|-----|---|-----|
| B | 25 | F | 5 |
| C | 15 | G | 4 |
| D | 10 | H | 3 |

根据（2010 年修订的）合并指南，反垄断局是否有可能否定以下拟议合并？

a. 厂商 C 和厂商 D（假定总共的市场份额为 25%）

b. 厂商 F 和厂商 G（假定总共的市场份额为 9%）

4. 如果没有专利保护，与竞争市场中的厂商相比，对一家垄断厂商革新的激励因素是什么？

5. 你是否认为具有部分所有权的喷气机出租行业（NetJets、FlexJets 等）是一个可竞争市场？为什么？

6. 发泡塑料行业的需求函数为 $P = 800 - 20Q$。式中 Q 代表塑料的数量，单位为百万磅。该行业的总成本函数（不包括投资资本的要求收益）为

$$TC = 300 + 500Q + 10Q^2$$

式中，Q 代表塑料的数量，单位为百万磅。

a. 如果此行业像一个垄断者那样决定价格和产量，计算利润最大化水平上的价格和产量水平。

b. 这个价格和产量水平上的总利润是多少？

c. 假设此行业由很多（500 个）小厂商构成，任何一家厂商面对的需求函数为 $P = 620$ 美元。

　　计算在此条件下利润最大化水平上的价格和产量（行业的总成本函数保持不变）。

d. 根据 c 题的答案，总利润是多少？

e. 由于此行业存在风险，投资者对此行业投资，要求一个 15% 的投资收益率，行业投资总量为 20 亿美元。如果市场通行垄断的解决方法，如同 a 和 b 的计算结果，如何说明该行业的利润状况？

f. 如果竞争解决办法能最准确地说明这个行业，那么该行业的经营是否处于均衡状况？为什么？你认为会出现何种情况？

g. 清洁用水联盟（Clean Water Coalition）为此行业提出了污染控制标准，使行业成本曲线变为 $TC = 400 + 560Q + 10Q^2$，这个变化对垄断解决办法下的价格、产量和总利润有何影响？

h. 假定仅仅得克萨斯州提出这些标准，该州有 500 个生产者中的 50 个，你预期新标准对该州的厂商有何影响？对行业中的其余厂商呢？

7. 从外部性角度讨论机场周围飞机噪声问题，并提出一种可能的解决方法，条件是：机场地区房屋位于机场之前；房屋是在机场兴建之后在机场邻近地区建造的。

8. 一个牧场主把牧场地下的采矿权租给一家石油公司，他害怕油田的开采会污染其地下水资源，因此在采矿权合同中要求：如果发生水污染情况，牧场主与石油公司将就此问题达成相互同意的解决办法，如果

协商无法形成双方都能接受的结论，采矿权的租赁将自动中止，牧场主要向石油公司返还一部分租赁收益，必须返还给石油公司的这部分租赁收益将通过一个有约束力的仲裁过程来决定。对此问题产生的可能结果进行讨论。

9. 布兰汀公司（BrandingIrom Products）是一家特殊钢生产厂商，它在得克萨斯的西星市有一家工厂。该市因为当地最近发现石油和天然气而发展迅速。很多新的居民都对布兰汀公司的排污（主要是空气中的微粒物质和城市河流中的废水）表示关切，为解决此问题提出了三个建议：

   a. 按照该厂商排放的微粒物质和废水的数量征税；

   b. 禁止该厂商排污；

   c. 对该厂商治理其生产过程提供税收激励。

   从经济效率、公平和对厂商的长期可能影响评估这三个方案。

10. 某行业以不变的边际成本 50 美元生产其产品 Scruffs，对此产品的需求等于

$$Q = 75\,000 - 600P$$

   a. 如果某垄断者能够开发出一种生产 Scruffs 的专利程序，成本只有 45 美元，那么它对此垄断者的价值是多少？

   b. 如果生产 Scruffs 的行业是纯粹竞争，如果一人发明一种生产程序，使生产 Scruffs 的单位成本减少 5 美元，那么此发明人把他的发明特许转让给此行业中的厂商，预期得到的最大效益是多少？

11. 如果表 16-6 中的开发和转让、等待和模仿决策是朗讯和摩托罗拉公司之间对每一种新技术所做的一个同时行动重复博弈，如果左下单元格中摩托罗拉的收益为正的 20 亿美元，将会发生什么情况？在这个修订后的转让博弈中，摩托罗拉应该如何行动？朗讯应该如何行动？

## 案例练习

### 奢侈品制造商是否对最低转售价格保持合法权益？：丽晶和 Kay's Kloset

就最近的反垄断案件进行一次课堂辩论，并决定是否正确。案例就是 Leegin Creative Products, Inc. v. PSKS, Inc., DBA Kay's Kloset, 551, U.S.（2007）。被告人 Dallas, Texas 丽晶高档皮革配件类似于 Coach 的皮革产品。Kay's Klosat 为了通过一个独立的零售渠道来运输丽晶的产品，制定了标准形式的制造零售合同。当 Kay's Kloset 坚持将其皮革配件打折到 MSRP 以下，丽晶切断了皮革供应。在几个相互竞争的下级法庭判决后，美国高院有史以来第一次接受了这样一个论点：即制造企业的商业模式可以依赖于高档定位，即合理规则应适用于最低转售价格维持协议。换句话说，这样的制造商可以合法拒绝独立零售商，因为这个零售商违反了制造商的最低转售价格维持协议。这种做法曾被裁定为违反反托拉斯法，尤其是反竞争贸易。

讨论

1. 被告丽晶有资格去侵蚀和取代主导企业吗？例如采取由最低零售价格约束支撑的高档商业模式的 Coach。

   **是的**（这里有一些最初的论点让你开始）：这种行为伤害了竞争对手，没有竞争；丽晶占领的市场份额是因为它有更好的产品、品牌、管理，能降低成本并带来好运；这种做法降低了品牌内竞争而增加了品牌间的竞争。

   **不是的**（这里有一些最初的论点让你开始）：最小的 RPM 是在证明意图限制贸易垄断的尝试；消费者选择赎回是贸易限制。

2. 丽晶和 Kay's Kloset 是在达成一个非法的协议吗？

   **不是**。纵向约束在制造商-分销商关系中是适当的；高档定位需要整个分销渠道的协调；该协议是由制造商发起的，没有其

他丽晶经销商寻求 Kay's Kloset 的价格折扣的保护；没有最低 RPM 的合同协议的证据。**是的**。最低价格 RPM 与 19%～27% 的价格增长高度相关。独立的零售商应该激励提供分配的效率，而不是保护成本较低的出口；数量折扣店像梅西将能够以更低的价格与丽晶讨价还价。

3. 当被告丽晶威胁并拒绝处理 Kay's Kloset，这是否构成了违反《谢尔曼法案》禁止的反竞争行为？

**不是的**。合理的规则应适用；合法厂家的利益考虑的目标客户、品牌和产品定位在奢侈品；销售点的增值服务被过低的折扣阻止；如果免费搭便车猖獗，高端零售服务就没有动力了。

**是的**。最低价格的客运合同约束零售贸易；价格最低的 RPM 使那些因为库存超支而去寻找折扣购物体验的人失去抵押品赎回权；合理的制造商对提高高档零售服务的兴趣可以通过其他方式实现，而不降低价格竞争；如果本身的禁令被合理的规则所取代，这种做法不会孤立于奢侈品。

## 微软的搭售协议

1. 以下哪一条违反了美国的反托拉斯法？为什么？（a）微软垄断了个人电脑操作系统市场，市场份额达到 92%；（b）微软力图用反竞争策略（搭售协议、拒绝交易等）垄断互联网门户网站市场；（c）微软出售的 Windows 加上微软 IE 的价格低于没有安装 IE 作为默认浏览器的 Windows 价格；（d）微软向个人使用者免费赠送 IE，其变动成本估计为 0.006 7 美元；（e）微软威胁康柏和戴尔取消特许转让，除非在用户界面上去掉网景的网上浏览器，否则它们不能在运出的个人电脑上事先安装 Windows 软件。

2. 如果 IE 是 Windows 中的一个功能性集成部件，那么会对搭售协议造成什么不同？如果把它与汽车上的收音机和方向盘连锁装置相比，它更像什么？

3. 微软是否应该在已经包括互联网门户的新的无线通信装置中提供长途电话服务？

## 音乐唱片行业的合并受阻

面对以下市场份额的分配（如右表），美国反托拉斯局阻止了 2001 年 BMG 和 EMI 的合并。欧洲委员会阻止了 2000 年时代华纳音乐事业部与 EMI 的合并。分析这些决策并提出正反两方面的观点。

这种合并政策还应涉及什么其他因素？

| 美国市场份额（%） | | 世界市场份额（%） | |
|---|---|---|---|
| 维旺迪环球 | 20 | 维旺迪环球 | 21 |
| 索尼 | 20 | 索尼 | 19 |
| BMG | 15 | EMI | 13 |
| 时代华纳 | 13 | 时代华纳 | 12 |
| EMI | 11 | BMG | 12 |

# 长期投资分析

投资分析（资本预算）就是购买资产的规划过程，这些资产的收益（现金流量）预期会持续到 1 年以上。厂商的管理人员制定资本预算决策就是把厂商的资源用于扩大其生产能力，提高其成本效率，或使其资产基础多样化。上述每一种决策都会影响厂商预期形成的未来现金流以及这些现金流量的风险。资本支出是短期价格和产量决策与长期战略决策之间的一座桥梁，这些决策都是追求财富最大化的管理人员为保持竞争力而必须制定的。公共部门和非营利组织的管理者在分析这种长期资源配置决策时会使用成本 – 效益分析和成本 – 效果分析，本章也介绍了这些方法。

## 美国工业复兴：GE 家电的内包

几家知名的工业企业开始将外包给中国生产的家电产品内包回美国。惠而浦将厨房搅拌器内包回俄亥俄州，奥的斯将家用电梯内包回南卡罗来纳州，最令人印象深刻的是通用电气将外包给中国生产的众多家电内包回肯塔基州。

1973 年，GE 的家电园区在 6 个工厂里雇用 23 000 工会工人，负责每周生产 60 000 件电器，从洗碗机到热水器。到 2010 年，除了一家工厂关门外，工厂的就业人数下降到 1 864 人。在过去的 18 个月，通用电气已决定投资 8 亿美元在路易斯维尔重启其美国本土的家电生产部门。首席执行官杰夫·伊梅尔特（Jeff Immelt）表示，他认为资本预算分析表明，公司可以在路易斯维尔比在中国赚更多的钱。那怎么可能呢？

首先，时髦的前装 GE 洗衣机和烘干机计划在 1 号厂房使用的新装配线，需要每两到三年重新设计和增加新功能。家用电器产品的生命周期从 7 年急剧下降到 3 年。曾经有美国的设计工程师和中国的工厂经理及员工说着不同的语言，来回飞越太平洋进行缓慢的、渐进式的产品创新，产品周期更新变得艰难。计算机技术引发了需要突破性的特点，可以在新的住宅建筑和家电更换市场中吸引公众的想象力。设计工程师、制造工程师、一线工人和市场销售人员都需要在一个地方实现一个持续协商改进的制造环境。

　　一个热水器被安置在厂房 2 进行组装提供了一个很好的例子。GeoSpring 比不典型热水器耗电少 60%。产品的关键技术就是顶部的一个小型热泵从周围的环境中提取热量。在中国因为这个机器有一个复杂的机油管，焊缝非常困难，会引发出无数的质量管控问题。而在美国彻底的重新设计将装配时间从十小时缩短到两小时，将物料成本降低了 10%，缩短了生产时间。产品从工厂到 Lowe's 家装和家得宝仓库，时间从六个星期到五天不等。中国制造的 GeoSpring 热水器的售价为 1 599 美元，而在路易斯维尔生产的 GeoSpring 零售价仅为 1 299 美元。

　　在路易斯维尔家电园区，正在普遍采用一种新的双层工资结构，工会工资起价 13.50 美元而不是 21.35 美元每小时。相反，在 GE 的中国工厂，工资从 2000 年的 0.52 美元上升到 3 美元每小时，虽然不太引人注目，但值得注意的是工资成本增加了 18%，直接导致中国 GE 资本预算的增加。但同样，在美国生产也会涉及精益制造技术，将带来设计创新和美国家电市场的市场优势。

　　50 万美国工人的工作岗位在 2011～2012 年间流回美国，与此同时，在 2000～2010 年间外包的 600 万个工作岗位流失了。然而，生产内包，恢复美国的顶级公司的工业基地，似乎是一个日益增长的趋势。原因是，它们的资本预算分析表明，在国内生产比在国外具有较高的净现值（NPV）。

**讨论题**

- 作为 GE 家电器园区资本支出的贴现率，你认为需要多少资本成本？
- GE 为什么期望工资在中国继续每四年翻一番？在 18% 的增长率下，中国装配线的工资成本是否会在 20 年的资本预算项目中达到美国的工资成本？
- 解释精益生产技术。以这样的方式生产在中国很难执行吗？
- 需要至少 250 万美元升级装配线时，GE 做出了一个资产剥离决策，将电气园区卖给伊莱克斯。在 GE 的长期资产分析中，250 万美元扮演着一个怎样的角色？

　　资料来源：Based on C. Fisherman, The Insourcing Boom, *The Atlantic Monthly*（December 2012），pp. 1 10；Outsourcing and Offshoring；Here，There and Everywhere，A Supplement to *The Economist*（January 17，2013），pp. 1 22；and GE Spending $250 million, bizjournal. com（April 23，2015）.

## 17.1　资本支出决策的性质

　　前面各章主要研究了可帮助管理人员最有效率地使用现有资源的分析工具和决策模型，本章研究的是更新或扩大厂商资本投资支出的决策。根据定义，资本支出的影响是长期的，因为它确定了将要生产的产品、将要进入的市场、工厂和生产设施的选址以及采用技术的类型（以及相应的成本）。需要对资本支出进行仔细认真的分析，是因为制定决策的成本很高，而且逆转决策的成本通常会更高。

**资本支出**（capital expenditure）：在超过一年的时间周期内形成未来现金效益流量的现金支出。

**资本预算**（capital budgeting）：规划和评估资本支出的过程。

　　**资本支出**就是预期能在一年以上的时间内形成未来现金效益流量的一笔现金支出。它不同于正常的经营支出，后者是预期在未来一年之内形成现金效益的支出。**资本预算**就是规划和评估资本支出的过程。除了资产更新和扩展决策外，可运用资本预算技术进行分析的其他种类的决策包括研究与开发支出、员工教育和培训的投资、租赁－购买决策以及合并和收购决策等。

## 17.2 资本预算的基本框架

图17-1 所示为一个基本的资本预算决策框架。假设某公司正在考虑9个投资项目，标为A，B，C，…，I。模型假定所有的项目都具有相同的风险。这个项目图通常被称为投资机会曲线。比如，项目A要求投资200万美元，预期形成24%的收益率；项目B将耗费100万美元（在横轴上用300万美元减去200万美元），产生22%的收益率，以此类推。从图17-1上看，项目按收益率递减的顺序来排列，表明哪个厂商也不会拥有无数个都能产生高收益的新产品。随着新产品的生产，新市场的进入，节约成本技术的采用，高利润投资项目的数量会趋于下降。

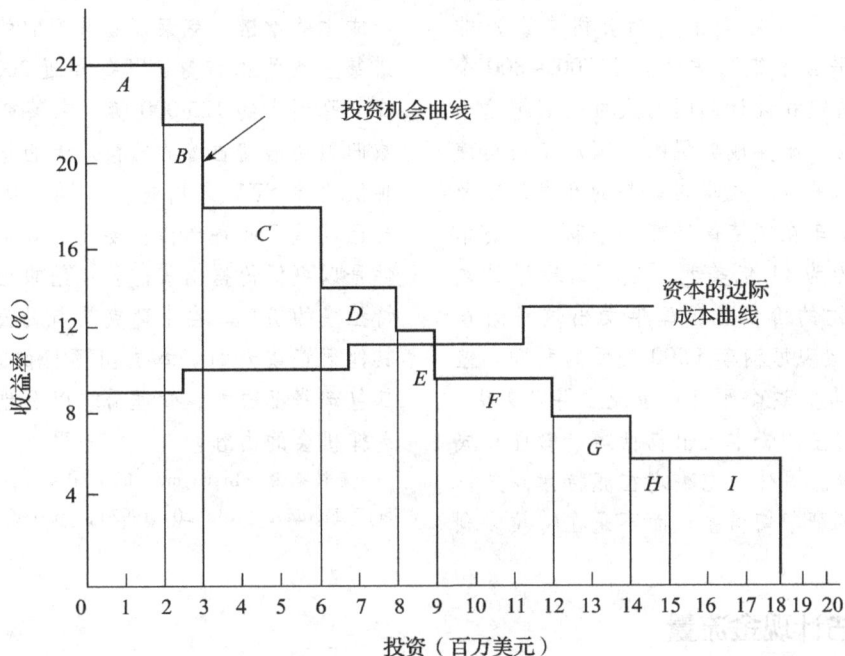

图 17-1 简化的资本预算模型

资本的边际成本曲线代表厂商资本的边际成本，也就是在资本市场中多筹集1元钱投资资本的成本。利用这个基本模型进行分析，此厂商应该实施项目A、B、C、D和E，因为它们的收益都超过了厂商资本的边际成本。

## 17.3 资本预算过程

选择资本投资项目的过程包括以下重要步骤：
（1）提出不同的资本投资项目的建议方案；
（2）估算每个项目建议方案的现金流量；
（3）评估并选择要实施的投资项目；
（4）对业已实施的投资项目进行评估，以确保假设条件是准确的，否则就应该按照类似未来项目的要求修订假设条件。

## 17.3.1 提出资本投资项目

新的资本投资的想法可能来自厂商内外的多种来源。组织中的各个层次，从工厂工人一直到董事会，都可以提出投资建议。绝大多数大中型厂商内都有负责寻找并分析资本支出项目的部门，这些部门包括成本会计、工业工程、营销调查、研究与开发以及公司规划等。

---

**|实例|** 克莱斯勒公司的资本支出——豪华切诺基

克莱斯勒公司在开发它的豪华切诺基 SUV 时，采用了一种（对克莱斯勒公司来说）非比寻常的"平台小组"方式。由 700~800 个工程、市场研究和设计部门的人员一起把这个新车推向市场，比其他典型的美国汽车公司速度更快，成本更低。豪华切诺基的开发，以及为生产这款新车在底特律兴建一个新厂，资本支出总共大约为 11 亿美元。克莱斯勒原计划在 32 000 美元的价位上，每年卖出这种新车 175 000 辆，实现每辆车 5 500 美元的利润。差不多用了 20 年，这个预计现金流才得以实现。

豪华切诺基的资本支出包括需求管理和成本降低两部分。另外，它决定在底特律高效率的新厂中生产豪华切诺基，而不是在特拉多利

用率不高的旧厂生产，反映出它要保持最低生产成本的承诺。克莱斯勒看到它的旧款小型切诺基吉普的销售量已从每年近 200 000 辆的高峰下降到大约 125 000 辆，克莱斯勒就打算削减旧型切诺基吉普的价格，大胆地把它作为一种低成本 SUV 来出售。这样，克莱斯勒就为自己创造了两种选择：要么保留旧车型，但条件是以更低价格出售；要么结束旧车型，关闭特拉多的工厂。在上述克莱斯勒公司的项目和其他很多重大的资本支出项目的评估过程中，都包含降低成本、管理需求以及创造相关实际选择机会的内容。

资料来源：Based on "Iacocca's Last Stand at Chrysler," *Fortune*, (April 20, 1992), pp. 63ff.

---

## 17.3.2 估计现金流量

一些基本的指导方针有助于估算现金流量。第一，现金流量应以增量基础来衡量。换句话说，项目的现金流量应该代表厂商采纳投资项目和不采纳投资项目的现金流量之差。第二，现金流量应按税后基础来衡量，采用厂商的边际税率。第三，投资项目对整个厂商所有的间接效应都应包括在现金流量计算之中。如果厂商的某个部门或事业部正在考虑的一项资本投资将改变其他部门或事业部的收益或成本，那么这种外部效应就应该包括在现金流量估算之中。第四，评估项目时不应考虑沉没成本，沉没成本是已经发生（或承诺发生）的支出。因为沉没成本无法避免，所以在决定接受或拒绝某个项目时不应考虑。第五，项目中所使用资源的价值应按其机会成本来衡量。第 8 章中讲过，机会成本就是一种资源用于次优方案时的价值。

对于一个典型的投资项目来说，初始投资是在 0 年进行的，它会在该项目寿命期（$n$）内形成一系列年度净现金流量。一个项目的净投资（*NINV*）的定义就是 0 年的初始净现金支出，它包括任何新资产的获取成本加上安装、运输成本和税款。<sup>⊖</sup>

---

⊖ 当新资产替代一项现有资产时，在净投资计算过程中还必须包括出售现有资产的净收入和与销售相关的税款。参见 R. Charles Moyer, James R. McGuigan, and William J. Kretlow, *Contemporary Financial Management*, 11th ed. (Cincinnati: South-Western, 2010), pp. 306-308. 在此书中讨论了更新决策的现金流量的计算方法。

某一特定投资项目的增量的、税后净现金流量（*NCF*）等于现金流入量减去现金流出量。项目寿命周期内任何一年的税后净现金流量可定义为有无此项目的税后净收入之差（Δ*NIAT*）加上折旧之差（Δ*D*）

$$NCF = \Delta NIAT + \Delta D \qquad (17\text{-}1)$$

Δ*NIAT* 等于税前净收入之差（Δ*NIBT*）乘上（1 – *T*），这里的 *T* 为公司的（边际）所得税率

$$\Delta NIAT = \Delta NIBT(1 - T) \qquad (17\text{-}2)$$

Δ*NIBT* 可定义为收益之差（Δ*R*）减去经营成本（Δ*C*）之差和折旧（Δ*D*）之差

$$\Delta NIBT = \Delta R - \Delta C - \Delta D \qquad (17\text{-}3)$$

把式（17-3）代入式（17-2），得到

$$\Delta NIAT = (\Delta R - \Delta C - \Delta D)(1 - T) \qquad (17\text{-}4)$$

再把此式代入式（17-1），就形成了净现金流量的以下定义

$$NCF = (\Delta R - \Delta C - \Delta D)(1 - T) + \Delta D \qquad (17\text{-}5)$$

---

**|实例|　现金流量估算：哈米尔顿·比奇/普罗克特·希莱克斯公司**⊖

可以用下例说明现金流量的计算方法：假设有人向小型电器制造商哈米尔顿·比奇/普罗克特-希莱克斯公司（Hamilton Beach/Proctor-Silex,, Inc.）提出一项合同，要它向一家地区性商贸公司提供一种食品搅拌器，产品要以这家零售公司的私有品牌出售。该公司的会计师估算生产这种搅拌器所需新设备的初始投资是 100 万美元。（用直线法计算）该设备将在 5 年内折旧完毕，估计在 5 年合同期末设备残值为零。会计师依据合同条款，估算每年的增量收益（增加销售额）为 80 万美元。如果接受合同，每年的增量成本为 45 万美元，包括用于直接人工和材料、运输、公用事业、建筑物租金和增加的间接费用等现金支付，该厂商的边际所得税率为 40%。

根据上述信息，可以计算出此项目的 *NINV* 和 *NCF*。净投资（*NINV*）等于新设备的初始支出 100 万美元。有无此项目的收益之差（Δ*R*）等于每年 80 万美元，每年的经营成本之差（Δ*C*）等于 45 万美元，折旧之差（Δ*D*）等于初始支出（100 万美元）除以 5，即每年 20 万美元，*t* = 0.40。把这些数值代入式（17-5），得到

$$\begin{aligned}
NCF &= (800\,000 - 450\,000 \\
&\quad - 200\,000)(1 - 0.40) \\
&\quad + 200\,000 \\
&= 290\,000 \text{ 美元}
\end{aligned}$$

该公司必须决定是否想现在投资 100 万美元，然后在今后 5 年内每年得到 29 万美元的净现金流量。下一节说明用于评估投资方案的两个准则。

## 17.3.3　评估和选择准备实施的投资项目

一个资本支出项目一旦被确认而且估算了现金流量，就要决定是接受还是拒绝这个项目。接受这个项目将会形成厂商的现金流量，即在未来的若干年内形成一系列的现金流入量和流出量。一般情况下，一个项目先形成一个初始（第一年）的流出量（投资），随后在以后若干年份中形成一系列现金流入量（收益）。

---

⊖ 本例所述折旧方法仅仅是可以使用的几种方法中的一种。参见 Moyer, McGuigan, and Kretlow, *op. cit.*, pp. 319-322. 在此讨论了不同的折旧方法。

可以采用不同的准则来评估投资项目的理想性。本节主要介绍两种广泛采用的贴现现金流量方法。[⊖]

（1）内部收益率（$r$）

（2）净现值（$NPV$）。

### 1. 内部收益率

**内部收益率**（internal rate of return，IRR）：使某个项目的净现金流量的现值与该项目的净投资相等的贴现率。

**内部收益率**的定义是使投资项目的净现金流量的现值与净投资相等的贴现率。可以用下面的公式确定内部收益率：

$$\sum_{t=1}^{n} \frac{NCF_t}{(1+r)^t} = NINV \tag{17-6}$$

式中，$n$ 为投资寿命期；$r$ 为内部收益率。

如果一个投资项目的投资收益率大于或等于厂商所要求的收益率（资本成本），就应该接受该项目，否则就不应该接受。

---

**实例** 计算内部收益率

哈米尔顿·比奇/普罗克特－希莱克斯公司投资项目的内部收益率计算如下：

$$\sum_{t=1}^{5} \frac{290\,000}{(1+r)^t} = 1\,000\,000$$

$$\sum_{t=1}^{5} \frac{1}{(1+r)^t} = \frac{1\,000\,000}{290\,000} = 3.448\,3$$

$\left[\sum_{t=1}^{5} 1/(1+r)^t\right]$ 表示按 $r\%$ 贴现、5 年期的 1 美元年金的现值等于 3.448 3。在附录 B 表 A-4 中第 5 期那一行上查找 3.448 3，它落在 3.517 2 和 3.433 1 之间，相应的贴现率分别为 13% 和 14%。用插值法可求出内部收益率为

$$r = 0.13 + \frac{3.517\,2 - 3.448\,3}{3.517\,2 - 3.433\,1} \times (0.14 - 0.13)$$

$$= 0.138\,2$$

或 13.8%。

如果哈米尔顿·比奇/普罗克特－希莱克斯公司要求此类项目的收益率为 12%，那么上述投资项目就应该接受，因为预期收益（13.8%）超过了所要求的收益（12%）。本章后面将研究如何确定厂商要求的收益（即厂商的资本成本）。

---

### 2. 净现值

**净现值**（net present value，NPV）：把一个项目产生的净现金流量按要求的收益率（资本成本）贴现为现值，再减去该项目的净投资。

一项投资的**净现值**的定义是把项目的净现金流量按照厂商所要求的收益率（资本成本）进行贴现，从得到的现值中减去该项目的净投资。净现值的代数式为

$$NPV = \sum_{t=1}^{n} \frac{NCF_t}{(1+k)^t} - NINV \tag{17-7}$$

式中，$n$ 为项目的预期寿命；$k$ 为厂商要求的收益率（资本成本）。

如果一个投资项目的净现值大于或等于零，此项目就应该接受；如果净现值小于零，就应该

---

⊖ 对于不太熟悉贴现（现值）方法的读者，本书末的附录 A 对这些概念做了介绍。

拒绝。其原因在于正值的净现值可直接使股票价格上升，股东财富增加。

## 实例 净现值计算：好时食品公司

好时食品（Hershey Foods）公司正在考虑对一种新型的"KISS"糖果包装机进行投资。这种机器的初始成本（净投资）为 250 万美元，使用此机器预期可因减少人力而节约成本，并且能增加收益，因为它提高了可靠性和生产率。在 5 年的预期经济寿命期内，这种新型"KISS"包装机可望产生如下表所示的净现金流量（$NCF_t$）。

**"KISS" 包装机的净现金流量**

| 年份（$t$） | 净现金流量（$NCF_t$）（美元） |
|---|---|
| 1 | 600 000 |
| 2 | 800 000 |
| 3 | 800 000 |
| 4 | 600 000 |
| 5 | 250 000 |

如果好时食品公司对此类项目要求 15% 的收益率（$k$），那么是否应该进行这项投资？

好时公司要解决此问题可以计算此项目现金流的净现值（使用式（17-7）），计算结果如下表所示。

**此项目现金流的净现值**

| 年份<br>(1) | 现金流量<br>（美元）<br>(2) | 15%的现值<br>利息因子①<br>(3) | 现值（美元）<br>(4)=(2)×(3) |
|---|---|---|---|
| 0 | (2 500 000) | 1. 000 00 | (2 500 000) |
| 1 | 600 000 | 0. 869 57 | 521 742 |
| 2 | 800 000 | 0. 756 14 | 604 912 |
| 3 | 800 000 | 0. 657 52 | 526 016 |
| 4 | 600 000 | 0. 571 75 | 343 050 |
| 5 | 250 000 | 0. 497 18 | 124 295 |
| | | | (379 985) |

①附录 A 表 A-4。

因为此项目具有负的净现值，它不能对股东财富最大化的目标做出贡献，因此应该予以拒绝。

### 3. 净现值与内部收率

净现值和内部收益率两种方法会形成一致的决策：对于某个项目要么接受，要么拒绝。这是因为只有内部收益率大于（小于）所要求的收益率 $k$ 时，净现值才会大于（小于）零。对于相互排斥的项目（即，接受一个项目选择就不能接受另外一个或几个项目选择），这两种计算方法可能会产生矛盾的结果，一个项目的内部收益率比另一个项目高，但同时净现值低。

比如，表 17-1 中的 X 和 Y 为相互排斥项目，两者都需要 1 000 美元的净投资。根据内部收益率，项目 X 优于项目 Y，因为项目 X 的内部收益率为 21.5%，而项目 Y 的内部收益率是 18.3%。根据按 5% 贴现率计算出来的净现值，项目 Y（270 美元）优于项目 X（240 美元）。因此在这种情况下必须确定使用哪个准则是正确的，结果取决于决策者为每个项目产生的净现金流量的内含再投资率选择什么假设条件。净现值法假设现金流量要按照厂商的资本成本进行再投资，

**表 17-1 相互投资项目的净现值与 IRR**

| | 项目 X | 项目 Y |
|---|---|---|
| 净投资 | 1 000 美元 | 1 000 美元 |
| 净现值流量 | | |
| 第一年 | 667 | 0 |
| 第二年 | 667 | 1 400 |
| 5%的净现值 | 240 美元 | 270 美元 |
| 内部收益率 | 21.5% | 18.3% |

而内部收益率法假设这些现金流量要以计算出来的内部收益率进行再投资。人们一般认为，与计算出来的内部收益率相比，资本成本是一个更为现实的再投资率，因为它是下一个（边际）投资

项目假定赚取的比率。在图 17-1 中，项目 E 是最后一个投资项目，它提供的收益率几乎等于该厂商的资本的边际成本。因此，在选择相互排斥的投资项目时，净现值法通常优于内部收益率法。表 17-2 对这两种方法进行了总结。

表 17-2　资本预算决策准则总结

| 标准 | 项目验收决策规则 | 收益 | 弱点 |
| --- | --- | --- | --- |
| 净现值方法 | 如果项目具有正或零 NPV，则接受项目；也就是说，如果净现金流量的现值，根据公司的资本成本进行评估，等于或超过所需的净投资额 | 认为现金流量的定时提供了一个客观的、基于回报的接受或拒绝标准；大多数概念上精确的方法 | 解读 NPV 计算意义的难点 |
| 内部收益率（IRR）法 | 如果 IRR 等于或超过公司的资本成本，接受项目 | 很容易理解 IRR 的含义，认为现金流的时间为接受或拒绝提供了一个客观的、基于回报的标准 | 有时会产生与 NPV 冲突的决策；多重收益率问题[①] |

① 参见 Moyer，McGuigan，and Kretlow，*op. cit.*，p.334. 此书讨论了多元内部收益率的问题。

## 17.4　估算厂商的资本成本

**资本成本**涉及厂商必须对资本（即债务、优先股、保留盈余和普通股）的支付，用来资助新的投资项目，也可被视为投资者对厂商证券所要求的收益率。因此，厂商的资本成本是由资本市场决定的，是与新的投资、现有资产和厂商的资本结构等因素包含的风险程度密切相关的。一般地，在投资者看来，厂商的风险越大，投资者所要求的收益就会越高，资本成本也会越高。

**资本成本**（cost of capital）：提供给厂商的资金的成本。资本成本就是厂商进行新投资所必须赚取的最低收益率。

资本成本也可被视为新投资所要求的最低收益率。如果一项新投资赚取的内部收益率大于资本成本，厂商的价值就会增加。反之，如果一项新投资赚取的收益小于厂商的资本成本，厂商的价值就会减少。

下面的讨论集中在大多数厂商的两个主要资金来源上：债务和普通股权，每一种资金来源都有成本。

### 17.4.1　债务资本的成本

厂商债务资本的税前成本就是投资者所要求的收益率。对于债务问题来说，这个收益率 $k_d$ 使所有预期未来收入（利息 $I$ 和本金返还 $M$）的现值与债务证券的报价 $V_0$ 相等

$$V_0 = \sum_{t=1}^{n} \frac{I}{(1+k_d)^t} + \frac{M}{(1+k_d)^n} \tag{17-8}$$

使用附录 A 中讨论的寻找贴现率（即到期收益）的方法就可找到债务成本 $k_d$。

由公司发行的（以债券形式的）大多数新的长期债务都是按票面值或接近票面值出售的（通常每股 1 000 美元），按照投资者要求的利率确定票面利率。债务按面值发行时，债务的税前成本 $k_d$ 等于票面利率，不过，支付给投资者的利息要从厂商的应税收入中扣除。因此，计算债务的税后成本的方法就是用税前成本乘上 1 减去厂商的边际税率 $T$

$$k_i = k_d(1-T) \tag{17-9}$$

**│实例│ 债务资本的成本：AT&T**

为了说明债务成本的计算，假设 AT&T 公司按票面值出售 1 亿美元的 8.5% 的初次抵押债券。如果公司的边际税率为 40%，那么税后

债务成本计算如下

$$k_i = k_d(1 - T) = 8.5 \times (1 - 0.40)$$
$$= 5.1\%$$

## 17.4.2 内部股权资本的成本

与债务资本的成本相同，厂商的股权资本的成本就是该厂商的普通股投资者所要求的均衡收益率。

厂商从两个渠道筹集股权资本：①内部，通过保留盈余；②外部，通过销售新的普通股票。因为新股的销售需要支付发行成本，所以厂商内部股权的成本低于新的普通股的成本。

内部股权（或一般简称为"股权"）成本概念的建立可以采用不同方法，包括红利估价模型。

**红利估价模型**

第 1 章把股东财富定义为按股东要求的收益率 $k_e$ 对厂商形成的预期未来收益进行贴现后的现值（见式（1-1））。对于一般厂商来说，这些未来收益可采取两种形式：支付给股东的红利或厂商股票市场价值的增加（资本增值）。对于那些计划永久持有股票的股东来说，厂商的价值（根据红利估价模型，股东财富）为

$$V_0 = \sum_{t=1}^{\infty} \frac{D_t}{(1 + k_e)^t} \qquad (17\text{-}10)$$

式中，$D_t$ 为厂商在第 $t$ 期支付的红利。[⊖] 如果股东选择在 $n$ 年后卖出股票，其财富（$V_0$）为

$$V_o = \sum_{t=1}^{n} \frac{D_t}{(1 + k_e)^t} + \frac{V_n}{(1 + k_e)^n} \qquad (17\text{-}11)$$

式中，$V_n$ 为股东在 $n$ 期持有股票的市场价值。式（17-11）与式（17-10）是等同的，因为厂商在 $n$ 期的价值是以厂商在 $n+1$，$n+2$，……期未来收益（红利）为基础的。[⊖]

**红利估价模型**（dividend valuation model）：一种模型（或公式），它说明厂商的价值（即股东的财富）等于该厂商的未来红利支付额按股东要求的收益率进行贴现后的现值，它提供的方法用来估算厂商股权资本的成本。

如果厂商的红利预期以每年不变的复利利率 $g$ 永久地增长，那么厂商的价值（式（17-10））就可表示为

$$V_0 = \frac{D_1}{k_e - g} \qquad (17\text{-}12)$$

式中，$D_1$ 为预期第 1 期支付的红利；$V_0$ 为厂商的市场价值。如果 $D_1$ 为第 1 期支付的每股红利（不是总红利），那么 $V_0$ 就代表每股普通股票的市场价格，求解式（17-12）中的 $k_e$，得到

$$k_e = \frac{D_1}{V_0} + g \qquad (17\text{-}13)$$

---

⊖ 一家盈利厂商把它的全部盈余进行再投资，并且从不分配任何红利，对股东来说仍具有正值的价值，这是因为其市场价值将不断增加，股东可以出售其股份，获得投资于该厂商的资本增值。

⊖ 厂商在 $n$ 期的价值为：$V_n = \sum_{t=n+1}^{n} \frac{D_t}{(1 + k_e)^{t-n}}$。此式代入式（17-11）后，即可得到式（17-10）。

下例说明了如何应用式（17-13）来估算股权资本的成本。

假设福莱斯诺公司（Fresno Company）普通股票的当前价格（$V_0$）为 32 美元，该厂商下一年的每股红利预期为 2.14 美元。在过去的 10 年中，红利一直以每年7%的平均复利利率增长，而且这个增长率预期还将持续到可预见的未来。根据这个信息，股权资本的成本估算为

$$k_e = \frac{2.14}{32} + 0.07 = 0.137$$

或 13.7%。

### 17.4.3 外部股权资本的成本

外部股权的成本会因以下原因大于内部股权的成本。

（1）与新股相关的发行成本通常较高，以至于实际不能被忽略。

（2）向公众出售新股的价格必须小于宣布新股之前的股票市场价格，否则股票可能不会出售。一种股票的当前市场价格在公布之前通常代表一种供求的均衡，如果供给增加（所有的其他条件均同），那么新的均衡价格将会下降。

当厂商的未来红利支付预期永远以一个固定的每期比率 $g$ 增长时，外部股权的成本 $k_e'$ 可定义为

$$k_e' = \frac{D_1}{V_净} + g \tag{17-14}$$

式中，$V_净$ 为厂商的每股净得。

|实例| 外部股权资本的成本：福莱斯诺公司

仍以讨论内部股权成本时使用的福莱斯诺公司的例子来说明，$V_0 = 32$ 美元，$D_1 = 2.14$ 美元，$g = 0.07$，$k_e = 13.7\%$。假设新的普通股票能以 31 美元卖出，公司扣除发行成本后净得 30 美元，用式（17-14）计算 $k_e'$ 如下

$$k_e' = \frac{2.14}{30} + 0.07 = 0.14 \text{ 或 } 14.1\%$$

由于发行新股的成本相对较高，不少公司都力图避免用这种方式来筹集资本。厂商是否应该用发行新的普通股来筹集资本的问题将取决于该厂商的投资机会。

### 17.4.4 加权的资本成本

厂商计算其资本成本是为了确定在评估拟议资本支出项目时采用的贴现率。资本支出分析的目的就是确定厂商应该实施哪个拟议项目，因此，符合逻辑的做法是：只有那些成本业已衡量并与拟议项目的预期效益进行比较的资本，才应该是厂商筹集的下一个或边际资本。一般地，公司

⊖ 可用于估算股权资本成本的另一种方法是资本资产定价模型。参见 Moyer，McGuigan'，and Kretlow，*op. cit.*，Chap. 6 and 12. 这里更详细地讨论了 CAPM 理论以及它在股权资本成本计算的应用。

要把每一种资本成分的成本都估算为它们在未来时期预期必须支付这些资金的成本。[负]

此外，由于厂商对拟议资本支出项目进行了评估，所以一般并不具体规定为每一个项目所筹集的债务和股权比例，而是假定每个项目都按照公司目标资本结构中包含的相同债务和股权比例来筹集。

因此，用于资本预算的适当资本成本数字不仅要以筹集的下一笔资本为基础，还要根据厂商长期目标资本结构中资本成分的比例来加权，这个数字就叫作加权的或整体的资本成本。

计算加权的资本成本的一般公式如下

$$k_a = 资本结构中的股权部分 \times 股权成本 + 资本结构中的债务部分 \times 债务成本$$

$$= \left[\frac{E}{D+E}\right](k_e) + \left[\frac{D}{D+E}\right](k_i) \tag{17-15}$$

式中，$D$ 为目标资本结构中债务的数量；$E$ 为股权的数量。[负]

---

**| 实例 |　加权的资本成本：哥伦比亚煤气公司**

为便于说明，假设哥伦比亚煤气（Columbia Gas）公司当前的（和目标的）资本结构是 75% 的股权和 25% 的债务（债务与股权的比例应该是厂商打算在未来筹集资金的比例）。对一个没有计划改变其目标资本结构的厂商来说，这个比例应该构成当前每一种资本成分（债务和普通股权）的市场价值权数的基础。公司计划用 7 500 万美元保留盈余（$k_e = 12\%$）

和 2 500 万美元长期负债（$k_d = 8\%$）来资助下一年的预算。假定边际税率为 40%，使用上述数字和式（17-15）计算为资助下一年度的资本预算而筹集的加权的资本成本为：

$$k_d = 0.75 \times 12.0 + 0.25 \times 8.0 \times (1 - 0.40)$$
$$= 10.2\%$$

这就是在评估具有平均程度风险的项目时应该采用的贴现率。

---

# 17.5　成本 – 效益分析

本章余下部分将研究一些分析方法，用它们可以协助公共部门和非营利部门制定资源配置决策。虽然也要探讨成本 – 效果研究，但探讨的主要分析模型是成本 – 效益分析。

**成本 – 效益分析**用于评估规划和投资，基于对其效益和成本的比较。与前面讨论过的资本预算方法相对应，成本 – 效益分析符合公共部门的逻辑。

## 17.5.1　接受 – 反对决策

成本 – 效益分析可用于确定一笔具体支出在经济上是否合理。例如，人们可能研究一项旨在根除结核病的规划，就

> **成本 – 效益分析**（cost-benefit analysis）：一种可用于公共和非营利部门组织的资源配置模型，它根据经过贴现的效益和成本的大小来对规划或投资进行评估。

---

[负]　或者说，厂商在前一期所要求的资本成本（资本的历史成本）并不作为决定下一年资本支出的贴现率。

[负]　如果目标资本结构包含优先股，那么在式（17-15）中就要加上优先股一项。此时式（17-15）就变成

$$k_a = \left(\frac{E}{E+D+P}\right)(k_e) + \left(\frac{D}{E+D+P}\right)(k_i) + \left(\frac{P}{E+D+P}\right)(k_p)$$

式中，$P$ 为目标资本结构中优先股的数量；$k_p$ 为优先股这部分资本的成本。

要考虑能被一笔具体的资金支出所免除疾病的当前成本。效益（免除的成本）可分为四类。

（1）医疗护理的支出，包括医生和护士的费用、药品成本、医院和设备费。

（2）患病期间总盈余损失。

（3）由于此病带来的社会耻辱使就业机会减少，进而使总盈余减少。

（4）与患病相联系的痛苦和不快。

---

**社会贴现率**（social discount rate）：在评估公共部门投资的效益和成本时所采用的贴现率。

---

假设一项旨在根除结核疾病的具体规划需要一次性支出 2.5 亿美元（见表 17-3），这个 1 年规划的总效益（免除的疾病成本）预期在 5 年时间内发生。如果人们认为此时适当的**社会贴现率**为 15%，那么就可以按照资本预算讨论中提出的净现值分析框架来对此规划进行评估。决策规则是：若（贴现的）效益大于或等于（贴现的）成本，项目就可接受。因为此规划计算后有一个正值的净贴现效益，即 8 183 万美元，所以是一个可接受的项目。

表 17-3　净成本 – 效益分析

| 年末 | 实际的货币效益（成本）（百万美元） | 15% 的现值利息因子[①] | 经过贴现的效益和成本（百万美元） |
|---|---|---|---|
| (1) | (2) | (3) | (4) = (2) × (3) |
| 0 | (250) | 1.000 | (250.00) |
| 1 | 150 | 0.870 | 130.50 |
| 2 | 125 | 0.756 | 94.50 |
| 3 | 100 | 0.658 | 65.80 |
| 4 | 50 | 0.572 | 28.60 |
| 5 | 25 | 0.497 | 12.43 |
| | | | 净收益：81.83 |

①附录 B，表 B-4。

---

**效益 – 成本比**（benefit-cost ratio）：一个项目或规划的效益（按社会贴现率贴现）的现值与（经过同样贴现的）成本的现值之比。

---

其他的决策准则包括内部收益率和效益 – 成本比率。根据内部收益率准则，若上一个项目的 IRR 大于或等于适当的社会贴现率，就可以接受该项目。就根除结核疾病的规划来说，表 17-5 中列出的效益和成本的 IRR 为 32.4%。因为它超过了 15% 的社会贴现率，所以此项目是可接受的。根据效益 – 成本比准则，若效益 – 成本比大于或等于 1.0，项目即可接受。**效益 – 成本比**等于（经过社会贴现率贴现的）效益的现值除以（经过同样贴现的）成本的现值。对于根除结核疾病规划来说，效益 – 成本比等于

$$效益 – 成本比 = \frac{130.50 + 94.50 + 65.80 + 28.60 + 12.43}{250} = 1.33$$

因为此比率大于 1.0，所以根据这个准则，可以接受此项目。所有这三种决策会得出一致的决策：接受还是拒绝一个项目。

## 17.5.2　规划 – 水平分析

成本 – 效益分析除了用于评估一个完整的规划在经济上是否合理以外，还可用于确定一个现有规划的规模是否应该增加（或减少），如果应该的话应增减多少，要做出这类决定可以使用前面讲过的传统的边际分析方法。

　　再回到控制结核病规划上，假设由于美国医疗协会强有力的院外活动，正在研究超出原先拟议 2.5 亿美元的一些开支水平。表 17-4 列出这些拟议规划及其预期效益（单位：百万美元）。如果仅仅分析这些拟议规划的一个支出水平，得到的结论是任何一个规划水平都是值得的，因为每一项建议都能产生正值的预期净规划效益。

　　但是如果把这些规划水平作为一组来分析，那么这些规划水平明确地表明用于结核病控制的基金支出在经济合理性上存在限制。表 17-5 列出必要的分析过程（单位：百万美元）。3 亿美元的支出水平是最佳的，因为它产生了 1.641 7 亿美元的增量（边际）效益，但边际规划成本（与 2.5 亿美元规划水平相比）只有 5 000 万美元。把此规划增加到 3.5 亿美元将达不到预期目标，因为增加 5 000 万美元支出所产生的效益只有 4 400 万美元（边际成本超过边际效益）。

表 17-4　不同成本水平的规划效益表

| 规划成本 | 经贴现的规划效益 | 净规划效益 |
| --- | --- | --- |
| 250 | 331.83 | 81.83 |
| 300 | 496.00 | 196.00 |
| 350 | 540.00 | 190.00 |
| 400 | 565.00 | 165.00 |

表 17-5　效益和成本的边际分析

| 规划成本 | 边际成本 | 经贴现的边际效益 |
| --- | --- | --- |
| 0 | — | — |
| 250 | 250 | 331.83 |
| 300 | 50 | 164.17 |
| 350 | 50 | 44.00 |
| 400 | 50 | 25.00 |

## 17.6　成本－效益分析的步骤

　　成本－效益分析的一般原则可归纳为对以下问题的答案：

　　（1）要实现最大化的目标函数是什么？

　　（2）赋予此分析的约束条件是什么？

　　（3）应包括哪些成本和效益，如何对其评价？

　　（4）应采用什么投资评估准则？

　　（5）适当的贴现率是多少？

　　成本－效益分析的决策过程可按图 17-2 中的流程图进行。规划的目标是由公众通过其政治代表确定的。根据系统中可能起作用的约束条件列出不同的方案并进行分析和修订，然后对上述不同方案进行比较，方法是对采取现值结构形式的规划效益和成本进行计算和评估。在对贴现效益与贴现成本进行比较时，还要考虑到某些无形因素，才可能对一种或几种不同规划的优点提出建议。

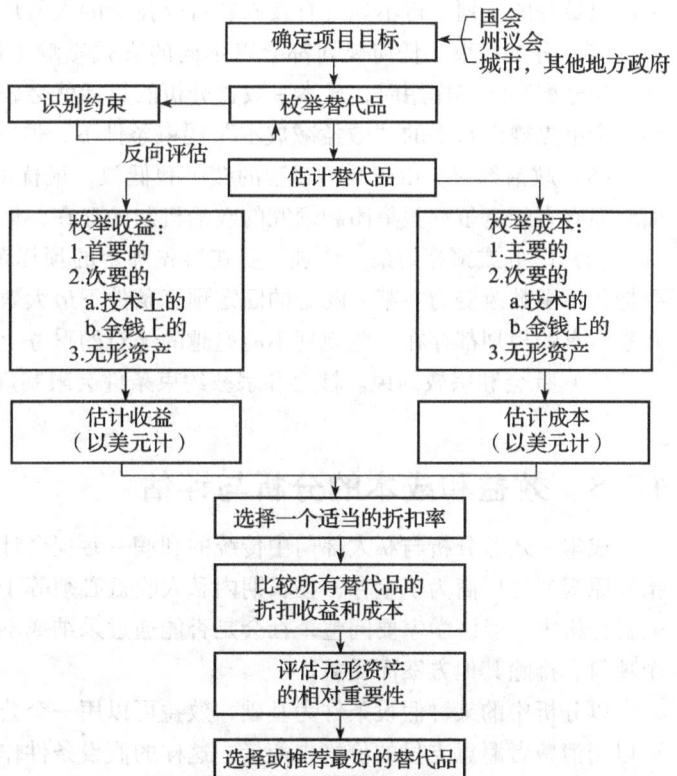

图 17-2　成本－效益分析过程图

## 17.7　成本 – 效益分析的目标与约束条件

成本 – 效益分析仅仅是评估决策中不同方案选择的一种方法，因此需要根据福利经济学家在评价不同方案的重要性时提出的若干准则对它进行研究。帕累托最优就是这样一个准则。如果一种变化至少使一个人的状况变得更好（以其自身判断），而且没有人变坏（以其自身判断），就说这个变化是令人满意的或符合帕累托最优。

成本 – 效益分析与一种较弱的社会改进主张相联系，这种主张有时被称为卡尔多 – 希克斯（Kaldor-Hicks）准则，或仅仅是一种"潜在的"帕累托改进。根据这个准则，如果一种变化（或一个经济规划）产生足够的可分配的获益，这个获益足以使社区中所有人与变化之前相比至少能变得更好，那么这个变化就是可取的。获益者可能实际上没有补偿受损者，这个事实并不是成本 – 效益分析所直接考虑的，但一个规划的收入分配影响却是一个极端重要的连带问题。

由于以下原因，并非效益超过成本的所有项目都一定被采纳，认识到这一点十分重要。

（1）物质约束。正在考虑的规划方案的种类最终要受到目前可达到的技术状况的限制，也要受到由物质投入和产出之间关系所形成的生产可能性的限制。例如，预防癌症尚不可能，因此研究的重点必须放在早期检查和治疗上。

（2）法律约束。一定要考虑有关产权的国内法律和国际法律、主要的管辖权力、预定程序，以及对特定代理人活动的机构限制等因素。

（3）行政约束。有效的规划需要能够得到或能够雇用和培训人员，以便实现规划目标。即使是设想最好的规划，得不到具有技术和行政技能的人员形成适当的人员组合也是毫无价值的。

（4）分配约束。任何规划都会以不同的方式影响不同的团体，因为获益者与受损者完全不同。当分配影响起作用时，成本 – 效益分析的目标就会表现出来，其形式就是在某一特定团体达到一个事先规定水平的"效益减成本"约束条件下，追求总效益和总成本之差的最大化。

（5）政治约束。由于政治过程的缓慢和低效，最优的东西可能是不可行的。在很多情况下，面对强有力的竞争利益集团和烦冗的政治机制的存在，最佳方案要让位于可能方案。

（6）财务或预算约束。代理人要在事先确定的预算范围内工作，这是通常的情况。换言之，要把目标函数改变为在某一既定的固定预算条件下最大效益的次优形式。尽管社会效益重要，但几乎所有的规划都存在一些规划不能逾越的绝对的财务上限。

（7）社会和宗教约束。社会和宗教约束条件会限制规划方案可行范围。

## 17.8　效益和成本的分析与评估

成本 – 效益分析与私人部门中传统的利润 – 亏损会计方法十分相似。在私人部门中，厂商的指导原则就是厂商为了生存，在长期内私人收益必须等于或超过私人成本。与此相比，在成本 – 效益分析中，经济学家要问整个社会是否能通过采纳或不采纳某一个具体项目，或者通过接受一个项目、排除其他方案而受益。

以分析中的某种假设条件为基础，效益可以用一个公共规划产出结果的市场价格来衡量，也可以用消费者愿意支付的价格来衡量。这样的假设条件作用明显，分析人员应该考虑一个合理范围内的假设值。另外，由于建议对任何假设都是敏感的，所以必须把假设条件报告给决策制定者。敏感性分析一般总是伴有效益 – 成本建议。

### 17.8.1　直接效益

效益和成本可按几种方法进行分类，一个项目的主要或直接效益包括与不实施此项目相比，实施此项目所产生的产品或劳务的价值。一个灌溉工程项目的主要效益就是得到灌溉的土地多生产的农作物的价值减去生产这些农作物所需要的种子、劳动和设备的成本。一所大学教育的主要效益可以考虑是毕业生的总收入中比没有大学学位所赚收入的增加部分。

### 17.8.2　直接成本

直接或主要成本一般要比直接效益容易衡量，它们包括完成该项目所必需的资本成本，在项目寿命期内发生的运营和维护成本以及人员开支。要记住的是，在使用其他活动领域中的生产要素时，要衡量的成本是机会成本或放弃的社会价值。如果一个拟议项目将从失业队伍中吸收20%的劳动力，那么这些工人提供劳务的市场成本（工资支付）将大于真正的社会成本。同样的结论也适用于闲置土地的使用。由于没有其他用途，使用闲置土地的机会成本为零（只要不存在生产性的备选使用方案），而不管政府实际支付给土地所有者的补偿是多少。给所有者的这种补偿只能影响由土地使用所产生效益的分配。

### 17.8.3　间接成本或间接效益与无形因素

除了项目的主要影响外，政府投资也必然产生次级或间接效益。次级成本和次级效益可以分为两种：实际效应和货币效应。实际的次级效益可能包括其他政府项目必要支出的减少，比如一个早期白内障检查计划减少了将要失明的人数，从而减少了未来政府对残疾人的转移支付。同样，一座用于灌溉的水坝可以减少洪水，并形成一个娱乐区域，这些次级效益应在成本－效益研究中加以考虑。同样的结论适用于次级成本的会计计算。比如，由于对潮汐沼泽地的影响，得克萨斯的威利斯威尔水坝对盐水渔业每年造成了超过500 000美元的损失，这个实际的次级成本应该计算在威利斯威尔项目的成本－效益分析之中。

货币效益一般不应该包括在一项研究的"可计量"效益范围内。它一般以降低投入要素成本或项目造成的土地价值改变等形式出现。例如，一条经过改进的高速公路会使沿途的加油站、礼品店和餐馆的业务量增加，利润率提高，以及更高的地价和由此产生的更高的土地租金，这样的效益中很多具有纯粹的分配性质，因为一旦新路完工，其他道路沿线厂商的业务将被吸引过来。

最后一类规划效益和规划成本是无形的，对于这些可以识别出来的项目影响，要计算其货币值是极其困难的，或是不可能的。无形因素可以包括生活质量和美学的贡献（或伤害）。无形因素可以用对有形因素进行权衡取舍的方法进行分析。比如，让一个项目无形改进的增量成本与该项目放弃的有形效益进行比较。

### 17.8.4　适当的贴现率

当一个规划的效益或成本超出1年的时间限制，为了比较就必须把它们进行贴现，返回到某个共同的时点上。绝大多数人都宁愿要目前的消费，也不要未来的消费，所以社会贴现率就是用来调整这种偏好的。⊖正如我们在本章管理挑战中所看到的，选择适当的贴现率来评估公共投资对于任何成本－效益分析的结论来说都是至关重要的。被一个低贴现率（比如5%）证实为合理

---

⊖　附录A提供了有关贴现和现值的介绍。

的项目采用一个高贴现率（比如15%），可能会造成整体资源的配置不当。贴现率的选择可能对于要被接受的项目种类有很大的影响。低贴现率有利于长寿命的投资，大多数此类项目属于耐久的"砖瓦沙石"型；而高贴现率对那初始投资之后很快就能见到效益的项目有利。

因为贴现率起到在公共部门和私人部门之间分配资源的作用，所以应该选择一个适当的贴现率来正确地表明资源应该何时从一个部门转向另一部门。简而言之，如果资源在私人部门可获利10%，那么就不应该把它们转到公共部门，除非它们可以获得大于10%的投资收益。评估一个政府项目的正确的贴现率就是把资源改为私人部门使用后所提供的收益百分比。

---

**|实例|| 一家丰田汽车厂在肯塔基的成本和效益**

丰田汽车公司在靠近肯塔基州莱克星顿的地方建了一家装配厂，它每年能生产汽车200 000辆。肯塔基州为了让丰田公司把工厂建于该州，同意在20年内投资大约3.25亿美元。

这些支出包括下列内容：

| | |
|---|---|
| • 土地和场地准备 | 3 300 万美元 |
| • 地方高速公路建设 | 4 700 万美元 |
| • 员工培训中心和工人教育 | 6 500 万美元 |
| • 对日本工人和家属的教育 | 500 万美元 |
| • 经济开发债券的利息 | 1.67 亿美元 |

从中，该州20年的收入估计为6.32亿美元，包括从丰田、丰田的供应商以及相关业务得到的所得税、销售税和工薪税。

肯塔基大学一个研究小组认为这些数字形成一个25%的内部收益率。因为该州的经济资源有限，必须考虑这些资源是否应该投资于能产生更高收益率的其他项目上。不过，该大学的企业和经济研究中心主任布林顿·米尔沃德（Brinton Milward）解释说："你能把这些资金用于改善教育和运输并得到一个更好的效益－成本比吗？我想不能。制造业具有很高的乘数作用。"（就工作和销售形式的货币重复周转率来看。）

---

## 17.9　成本－效果分析

**成本－效果分析**（cost-effectiveess analysis）：一种旨在帮助公共决策者制定资源配置决策的分析工具，此时效益不能按货币值容易地衡量，但成本能够按货币值量化。

虽然成本－效益分析可应用于广泛的领域范围，但由于规划产出价值的衡量问题，它在政府的多种活动中是不可行的。例如，在国防、健康与安全和收入再分配等领域的规划分析中，**成本－效果分析**的使用要比成本－效益分析更频繁。开始进行成本－效果分析的前提是，一些业已确认的规划产出是有用的，而且它着手探求：①如何最有效率地实现这些产出；或者②实现不同水平的事先规定的产出要什么成本。

成本－效果分析被广泛用于国防部的规划研究。大多数国防活动的效益可视为提供一定水平的阻遏外侵作用，比如，多年来战略核弹威力针对首次核攻击提供了一种不可能量化的威慑效益。

### 17.9.1　最低－成本研究

最为常见的成本－效果分析是最低－成本研究，顾名思义，这种研究强调的是确定能产生一定数量产出的最低支出方法。例如，一个城市可能决定在它的司法权限条件下，希望把每年发生的入户抢劫案减少20%，一种方法就是扩大警力规模，增加巡逻警察的数量和增加某一时间街上巡逻车的数量；另一种可能性是要求居民在所有新居的窗户上安装安全栅栏，向现有房主提供现金或税收鼓励来改善他们的个人安全系统；第三个方案可能是由社区推动支持的运营识别计划，每个人要在自己的财产上安上一个永久性标识，使得赃物买卖更加困难。上述几种方案的综合实施也是可能的，每一项方案都按照实现预期目标（减少20%的入户抢劫犯罪）所要求的支出来进行评估。

## 17.9.2　目标－水平研究

第二种成本－效果分析是目标－水平研究。这些研究力求对实现几种不同绩效水平的相同目标的成本进行估算，可以用减少汽车排放量水平的例子来说明。虽然表17-6中的估计值对于一台往返式内燃发动机车是真实的，但如果采用油电混合动力发动机等其他技术，这些数字也可能会大大高于实际成本。

表17-6确实说明了随着实现目标水平的提高，相应的成本通常会以更快的速度增加。这个信息将有助于决策者制定更合理的决策。例如，把汽车排放量减少到2008年水平的20%，所需要的25亿美元支出是合理的，不太清楚的是，使排放量再减少19%（从20%到1%）是否值得增加支出1 375亿美元（1 400－25）。

**表17-6　实现不同水平的汽车减排的成本（假设数据）**

| 2008年排放水平（%） | 成本（包括燃料消费、更频繁的维修和增加新车的成本，百万美元） |
| --- | --- |
| 90 | 200 |
| 70 | 250 |
| 40 | 500 |
| 20 | 2 500 |
| 10 | 7 500 |
| 5 | 38 000 |
| 1 | 140 000 |

## 小　结

- 资本支出就是预期提供一个未来效益现金流量的一笔现期支付的资金。
- 资本支出决策过程应该包括以下步骤：提出不同的投资建议，估算现金流量，评估并选择要实施的项目以及项目实施之后的评估。
- 内部收益率（IRR）就是使某项目的净现金流量的现值与净投资相等的贴现率。如果一个投资项目的内部收益率大于或等于（小于）厂商所要求的收益率（即资本成本），就应该接受（拒绝）此项目。
- 一项投资的净现值（NPV）就是该项目的净现金流量，经厂商所要求的收益率（即资本成本）贴现之后的现值减去该项目的净投资。如果它的净现值大于或等于（小于）零，那么此投资项目就应该接受（拒绝）。
- 资本成本就是提供给厂商的资金的成本，它

受到厂商风险的影响，表现在资本结构及其投资战略上。
- （平价发行的）负债的税后成本等于票面利率乘以1与厂商的边际税率之差。
- 股权成本的估算可以使用不同方法，包括红利估价模型和资本资产定价模型。
- 计算加权的资本成本就是对资金具体来源（如负债和股权）的成本，根据厂商长期目标资本结构中每一种资本成分所占比例进行加权。
- 成本－效益分析就是把用于资源配置决策的资本预算方法应用在公共部门。
- 成本－效益分析包括以下步骤。
  （1）确定规划目标。
  （2）面对限制行动范围的法律、政治、技术、预算及其他约束条件，列出实现

目标的不同方法。

(3) 对每种方案的主要的、次要的和无形的效益和成本进行评估。

(4) 使用一种社会贴现率对效益和成本进行贴现，以便对每种方案的预期效果（比如，效益－成本比率）进行全面的衡量。

(5) 根据对预期效果和不可量化的无形因素的相对大小的全面衡量以及敏感性分析，选择（或推荐）最佳方案。

■ 由于很多公共规划项目的无形影响和经济外部性会产生衡量问题，所以成本－效益分析在比较具有相似目标、无形因素和外部性相似的项目时是最有用的。

■ 在无法对规划项目的最终产出赋予货币值时，可以采用成本－效果分析。成本－效果分析对值得实现的规划目标设定一个先后顺序，研究重点是实现规划目标的最低成本方法。

## 练习

1. 某厂商有机会投资于一个项目，初始支出为 20 000 美元，预期 5 年内每年（折旧与纳税之前）的净现金流量为 5 000 美元。该厂商使用直线折旧法，残值为零，（边际）所得税率为 40%，此厂商的资本成本为 12%。

   a. 计算内部收益率和净现值。

   b. 厂商应该接受还是拒绝此项目？

2. 一台成本为 12 000 美元的机器预期可运行 10 年，估算第 10 年年末的残值为零，预期这台机器每年可为公司节约 2 331 美元（折旧和纳税之前）。公司的资产以直线法折旧，边际税率为 40%，厂商的资本成本为 14%，根据内部收益率准则，是否应该购买这台机器？

3. 某公司计划对一个人员培训规划项目投资 75 000 美元（税前），这 75 000 美元将作为费用由厂商在本年（第 0 年）支付。此规划的估计收益表现为生产率提高和员工流动率降低，具体如下（以税后为基础）。

   第 1 ~ 10 年：每年 7 500 美元
   第 11 ~ 20 年：每年 22 500 美元

   此公司的资本成本估计为 15%，假设全部 75 000 美元在零期（规划开始）支付，边际税率为 40%。

   根据净现值准则，此厂商是否应该实施这个培训规划？

4. 联盟制造公司（Alliance Manufacturing Company）正在考虑购买一种新型的自动钻机以取代旧机器。正在使用的机器的账面价值为零，残值为零，但在良好的工作条件下，预计还有 10 年寿命。新钻机比现有机器效率高，如果安装新机器，每年（在劳动力、原材料和维修方面）将节约成本 6 000 美元，新机器的送货与安装成本为 25 000 美元，估计使用寿命为 10 年，期末残值为 1 000 美元。此厂商的资本成本为 14%，边际税率为 40%，采用直线折旧法。

   a. 零年的净现金流（即初始支出）是多少？

   b. 今后 10 年内每年的税后净现金流量是多少？

   c. 这项投资的净现值是多少？

   d. 联盟制造公司是否应更新现有钻机？

5. 查洛特·鲍勃凯茨（Charlotte Bobcats）是一个专业篮球队，这个球队有机会从另一个球队购买一位年龄较大的超级明星队员，鲍勃凯茨的总经理想把这项交易当作一个资本预算问题来分析。鲍勃凯茨要得到这个明星，就必须向另一个球队支付 80 万美元，由于年龄较大，预期队员只能再打 4 年篮球。总经理认为如果得到该明星队员，观众和收益将会大幅度增加，他估算出随后 4 年内的增量收益（增加的门票收益减去此超级明星的薪金）如下表所示。

| 年份 | 增量收益（美元） |
|---|---|
| 1 | 450 000 |
| 2 | 350 000 |
| 3 | 275 000 |
| 4 | 200 000 |

球队老板告诉这位总经理，任何资本支出都必须至少形成12%的税后收益，该球队的（边际）所得税率为40%，还有，税收管制检查表明该球队可以在4年时间内对80万美元的初始支出进行折旧。

a. 计算内部收益率和净现值，确定这项投资的理想程度。

b. 鲍勃凯茨篮球队是否应签约购买这位超级明星？

6. 潘汉多实业公司（Panhandle Industries, Inc.）目前每年派发的普通股红利为每股2.20美元。该公司的红利在过去10年内一直以每年8%的速度稳定增长，这个增长趋势预期可以持续到可预见的未来。该公司现在的分红支出预期也会继续为40%。此外，股票现在按当期盈余的8倍出售（即，其"倍数"为8）。

使用红利资本化模型方法计算该公司的股权资本成本。

7. 高登公司（Gordon Company）现在支付的普通股年利为每股4.00美元，一直以每年6%的速度稳定增长，而且这个增长率预期会持续到可预见的未来。高登公司的普通股票目前的售价为每股65.25美元，该公司还能在扣除发行成本后以每股60.50美元的净价格增售普通股票。根据红利资本化模型确定以下成本。

a. 内部股权（保留盈余）成本。

b. 外部股权（新的普通股）成本。

8. 威廉姆斯公司现在的资本结构（该公司认为是最优的）为30%的长期债务和70%的普通股权。该公司计划用增加长期债务和保留盈余的方式为下一年的资本预算筹集资金，新的债务可按10%的票面利率发行，保留盈余（内部股权）的成本估计为15%，该公司的边际税率为40%。计算该公司来年加权的资本成本。

9. G州本年的预算中有1亿美元余额，除了给予该州民众一次性的税收返还，对这笔基金的支出还有两个建议。

第一个拟议项目是投资兴建一座新的电厂，成本为1亿美元，预期使用寿命为20年。此项目预计产生的效益如下表所示。

| 年份 | 每年效益（百万美元） |
|---|---|
| 1～5 | 0 |
| 6～20 | 20 |

第二个方案是实施一个工作再培训规划，成本也是1亿美元，产生如下的效益。

| 年份 | 每年效益（百万美元） |
|---|---|
| 1～5 | 20 |
| 6～10 | 14 |
| 11～20 | 4 |

该州电力部门认为，在评估此项目时应采用5%的贴现因子，因为这是政府的借款利率，而人力资源部门提出采用12%的利率，因为12%更接近于社会真实的机会利率。

a. 不同部门希望使用不同的贴现率意味着什么？

b. 分别采用5%和12%的利率对此项目进行评估。

c. 你认为哪个利率更合适？

d. 在此项目与税后返还方案之间做出选择。说明你为何要这样选择。

10. 运输部希望在两个预防事故的规划方案中做出选择。已经确定了从这些规划得到的三种效益：

（1）减少财产损失，包括事故中涉及的车辆和其他财产（如事故现场可能受损坏的不动产）。

（2）减少伤残。

（3）减少死亡。

该部的专家们愿意对实施任何规划所避免的财产损失估算货币值，但他们只能估算可能避免的伤残和死亡数量。

第一个规划的成本为中等水平，集中于大城市，包括更新交通信号、改善道路标志以及重修一些坑洼道路。由于城市中财产集中和价值因素，预期减少的财产损失相当可观。同样，与交通事故相关的死亡和伤残也能得到中等程度的避免。

第二个规划更具进取性，它涉及把长距离的危险乡村道路取直，安装改进的防护栏。尽管相对于总成本而言预期避免的财产损失不大，但与交通事故相关的死亡与伤残的减少是明显的。

表列出了两个规划的预期成本和收入。

| 年份 | 1 | 2 | 3 | 4 | 合计 |
|---|---|---|---|---|---|
| 方案1 | | | | | |
| 成本（千美元） | 200 | 200 | 100 | 50 | 550 |
| 减少的财产损失（千美元） | 50 | 100 | 250 | 100 | 500 |
| 挽救的生命 | 60 | 40 | 35 | 25 | 160 |
| 防止的伤残 | 500 | 425 | 300 | 150 | 1 375 |
| 方案2 | | | | | |
| 成本（千美元） | 700 | 1 800 | 1 100 | 700 | 4 300 |
| 减少的财产损失（千美元） | 150 | 225 | 475 | 300 | 1 150 |
| 挽救的生命 | 50 | 75 | 100 | 125 | 350 |
| 防止的伤残 | 800 | 850 | 900 | 900 | 3 450 |

假定评估政府规划项目，用10%贴现率是恰当的。

a. 计算两个规划方案的净现值成本。

b. 做一张表，用于选择这两个规划。

c. 你能从这两个方案做出明确的选择吗？什么因素可能影响最终的选择？

## 案例练习

### 工业开发的税额减免和刺激措施

寻求高工资产业工作岗位的各州之间进行减税竞争，威胁到对任何可能的净效益的过度支付。1993年，亚拉巴马州在高速公路、铁路、下水道和其他基础设施上投资了3亿多美元，为的是得到一个有1 500个工作岗位的3亿美元的梅赛德斯工厂。2006～2009年，北卡罗来纳州用1.3亿美元建造了一条新的机场跑道，又花了1.423亿美元用于提供培训和税收减免，为的是得到一个3亿美元的联邦快递分拣中心。

**问题**

1. 对于这样的工厂或中心的效益进行评估，应该如何分析？

2. 给工业开发委员会的报告会采取什么形式？简要说明必要的组成部分。

### 臭氧层空洞和温室气体的世代影响

氢氯氟碳化合物（HCFC）的排放、燃烧矿物燃料产生的$CO_2$和其他温室气体造成了臭氧层空洞，其长期影响是有争议的。环境科学家坚持认为，HCFC的释放使提供太阳紫外（UV）射线保护的臭氧层出现了一个空洞。最近一些科学家认为，温室气体的日益集中提高了全球的温度。环境问题对人类的健康和财富有巨大影响，人们对此看法争议不大。日益增加的皮肤癌、不断融化的极地冰盖、持续上升的海平面都在表明无比巨大的有形损失——也许每年达几十亿美元。其中有些损失是立即可见的，但其他损失也许在100年后显现。

效益-成本分析研究的项目通常不会超出20～30年，采用的贴现率为2%～8%。对于类似臭氧层空洞和温室气体造成的这种不确定的长远未来，应该如何进行贴现？假定一个固定的贴现率等于政府长期债券的收益率（5.43%），要找出100年后预计效益或可避免损失的现值，应该采用的贴现因子将是（1/ $1.057^{100}$ ）= 0.003 913，或者说未来 100 年可避免损失 10 亿美元的现值是 3 913 780 美元。不过要注意，如果适当的贴现率在 2% ~ 8% 之间变化，那么结果会是什么。此时 100 年的贴现因子将从（1/ $1.02^{100}$ ）= 0.138 03 至（1/ $1.08^{100}$ ）= 0.000 454 之间变化，或者说，10 亿美元的现值在高达 138 033 000 美元（2%）和低到 454 959 美元（8%）之间变化。

较低贴现率的可能性表明，为避免 100 年后发生损失 10 亿美元，今天应该至少支出 1.38 亿美元！当然，采用更高的 8% 贴现率表明只需支出不到 50 万美元即可避免未来 1 000 亿美元的损失。这个从 1.38 亿美元到 454 595 美元的现值估计值的变化范围超出了任何分析人员进行敏感性分析的能力。一位效益-成本分析者应该得出什么结论？高尔夫球场和主题公园等娱乐公司的现金流都依赖于"阳光中的快乐"，纽约和上海商务区以及海滨旅馆的实物资产建筑都接近海平面，这样的企业应该如何确定对减缓或扭转全球气候变暖而支出的合理资本？

一种观点是，正如一个池子的平均深度不能决定不会游泳的人的风险一样，2% 和 8% 之间的平均贴现率（5%）此时也不是问题的答案。实际情况是，可采用的最低贴现率在很大程度上决定了超长期现金流量的现值，因为 7% 或 8% 这样较高的贴现率肯定会使 100 年后的现值差不多缩减到零。

马丁·韦茨曼（MartinWeitzman）在假定贴现率开始为 4%，随后随机采用较高和较低同样可能的贴现率，标准误差为 3% 的情况下计算了贴现率 2%；结果使之建议，对于 25 ~ 75 年的现金流量，采用一个持续下滑的贴现率 2%，对于 76 ~ 300 年的现金流量，采用 1% 的贴现率。当涉及极其长远的效益时，较低的贴现率对于现值具有如此之大的非对称影响，这个事实意味着减少 $CO_2$ 排放和其他温室气体的现值会大大高于人们原先的想象。

当全世界的决策者们在考虑减少温室气体（$CO_2$、甲烷和一氧化二氮等）的选择时，一个明显的事实迅速出现。美国能源信息署估计美国产生的全部 $CO_2$ 排放的 31% 来自于发电，而 83% 的发电来自于烧煤（见图 17-3）。因此，美国所有 $CO_2$ 排放量的 25%（0.31 × 0.82）来自于燃煤电厂。毫无疑问，防止全球

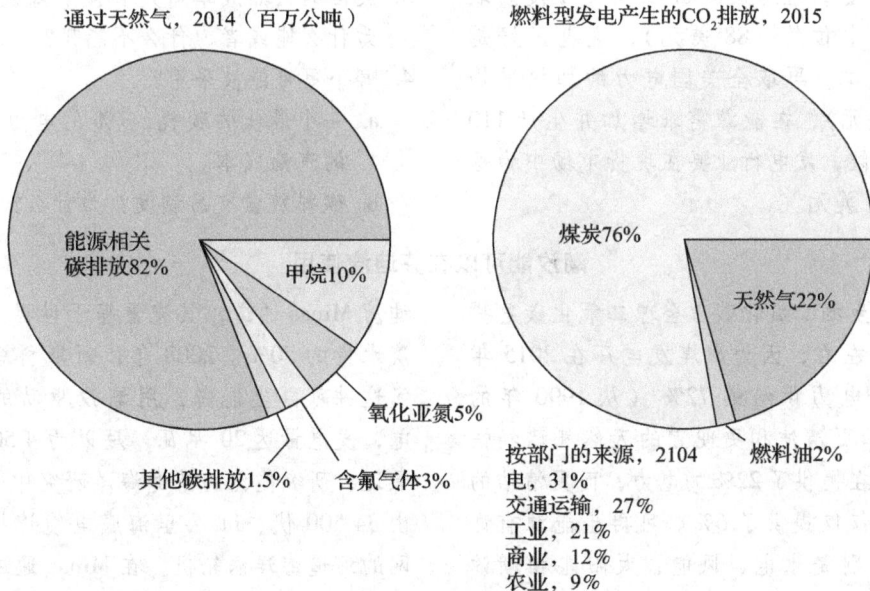

通过天然气，2014（百万公吨）

能源相关碳排放82%　甲烷10%　氧化亚氮5%　其他碳排放1.5%　含氟气体3%

燃料型发电产生的 $CO_2$ 排放，2015

煤炭76%　天然气22%　燃料油2%

按部门的来源，2104
电，31%
交通运输，27%
工业，21%
商业，12%
农业，9%

图 17-3　美国的温室气体排放

变暖的更多关注因而集中在不同的发电方法上。众所周知的不等式 RE < C 就是指为家庭和工作地提供的可再生能源的来源可能比煤炭（C）更便宜。

电力的不同来源究竟是什么？风力、太阳能、生物质、水力发电、生物燃料、地热和海洋潮汐都对美国具有一些吸引人的共同特点。它们是可再生的资源，具有无限的地区供给和低碳特点。目前只有 6% 的发电量来自于上述来源，而不是来自于燃煤（70%）、天然气（22%）和微不足道的燃料油（2%）。

今天每个 BTU（British thermal unit，英热单位）天然气比煤炭更便宜，但它的碳排放量（虽然比煤炭清洁 80%）仍然是很明显的。造成这种情况的部分原因是美国人目前每天要花近 10 亿美元把外国原油转变为净财富，而且煤是美国最丰富的资源。的确，按照目前的消费速度，美国拥有的已知煤炭资源（100 年）和天然气（110 年）多于沙特阿拉伯的已知石油储量（85 年）。

但是，1 吨煤生产 1 兆瓦电，加上 1 吨副产品 $CO_2$。2007～2012 年运煤成本从每吨 45 美元到 82 美元不等，电的价值从华盛顿州的 0.06 美元 1 度到纽约州的 0.12 美元 1 度。取煤炭成本的中位数（88 美元），这也正好是 2013 年的成本，再取全美国电力的加权平均值（0.11 美元），在能源需求增加并生产 110 美元电的时候，发电行业要在现货市场中为每吨煤支付 80 美元。

问题是，加上 1 吨副产品 $CO_2$ 的市场成本，采用欧盟 $CO_2$ 排放交易合同中的长期平均价格 10 美元，美国一家标准的公共事业厂商必须从余下的 12 美元/兆瓦小时经营利润中收回其所有的资本成本。因此，在限量贸易碳排放交易制度下，即使一个生产 500 兆瓦电力的巨型电厂，其计划现金流只有每小时 6 000 美元，或许一天 20 小时或一天 120 000 美元来收回资本设备成本和赚取利润。每年的总额为 4 200 万美元，足够在 5% CoC 只产生 8 亿 4 000 万美元的净现金流量的现值与 9 亿美元净投资一个 500 兆瓦的燃煤电厂加烟囱净化器，即使持续 50 年的现金流量。

未来美国的天然气将爆炸性生产，致使其均衡价格下降 84%，至每 BTU 煤炭成本的一半。

## 讨论题

1. 以 93 折的速度，每年需要多少现金才能使 500 兆瓦的发电厂盈利？用煤的一半成本使用 NG 怎么样？
2. 你认为二氧化碳排放量交易津贴从 20 美元回到 39 美元每吨，对 2008 年的峰值价格有何影响？
3. 美国的天然气革命是否使燃煤发电厂盈利？为什么能或者为什么不能呢？
4. 哪个更可能被采用？
   a. 一个最佳的碳税，7% 的电力成本和 2% 的汽油成本。
   b. 碳排放量交易制度？为什么？

## 潮汐能可以在芬迪湾使用

发电产生的二氧化碳占全球二氧化碳总排放量的 40% 左右，因为燃煤发电厂在 2015 年仍然占全部电力供给的 72%（从 1990 年的 90% 下降）。更清洁和更便宜的天然气已经快速增长，现在提供了 22% 的电力，而更清洁的可再生能源仅仅提供了 6%。可再生能源有许多形式，分别是水电、风能、太阳能和潮汐能，是地球上最强大的力量之一。

每一天，280 亿吨的水通过东加拿大的芬迪湾 Minas 通道，其流量等于世界上所有河流淡水量的 70%。2008 年，新斯科舍电力利用了这种可再生能源，用潮汐驱动的涡轮机发电，发电量达 20 兆瓦，足以为 4 500 户供电。最近，研究能源的芬迪海洋研究中心开始尝试由 34 500 伏、11 公里海底电缆连接到大陆电网的河道海洋涡轮机。在 Minas 通道，10 节洪潮流深 40 英尺，宽 4 英里，一天两次。这一惊人的动能来源可以创造多达 64 兆瓦的涡轮机发电，并提供给 14 400 个家庭。

通常来看，1 兆瓦的风力涡轮机需要 20 ~ 25 英里每小时的风力提供动力源，这要比化石燃料发电厂更便宜。但由于水的密度比空气大 800 倍，水轮机不需要旋转得跟风力涡轮机一样快；一个 5 节电流就可以。为了提高动力试验项目的正确性，必须将 64 台涡轮机和电缆的净资本投资与目前几十年来用于电网的净现金流量的现值进行比较，并且这种折现率适用于受管制的公用事业。潮汐能的净现金流需要两个非标准的调整：①与浅流海洋业务有关的巨灾风险保险的持续费用；②减少 $CO_2$ 在涡轮机设备寿命期间的抵消值。

每兆瓦的燃煤发电需要一吨低质量/低成本的煤，而大量的煤每小时排放一吨二氧化碳的副产品。量化碳储蓄在欧洲的碳交易体系的平衡拍卖价格（2015 ~ 2020 年价格预期每吨 10.67 欧元和 2021 ~ 2030 年每吨 16.70 欧元）是比较容易的部分。更难的问题是，这些碳储蓄的贴现率是多少，其中一些可能持续 100 年或更长时间。当然，先前关于温室气体的案例讨论解决了这个问题。

**讨论题**

1. 从科学角度来说，全球变暖在哪些方面建立得很好，哪些不是？

2. 为什么几十年来，煤作为 24/7/365 发电的燃料来源占主导地位？

3. 每吨煤中的一吨二氧化碳副产物是否应该引起我们长期投资分析的注意？为什么是或者为什么不呢？

4. 新斯科舍有 15 万户人家需要电力。为什么要认真地追求 15 000 户人家的潮汐能替代呢？考虑图 10-6 中增量功率可变成本的阶跃函数。

# 货币的时间价值

## A.1 导论

很多经济决策都包括预期在未来不同时点上发生的效益和成本。例如，兴建一座新写字楼会要求立即支付一笔现金，并在未来好多年内形成一个预期的现金流入量（效益）。要确定预期的未来现金流入量能否足以收回初始支出，必须用一种方法来比较不同时点上出现的现金流量。另外，第1章中讲过，厂商的价值等于所有预期收益的贴现值（或现值）。这些未来收益是以某一个收益率进行贴现的，这个收益率与预期未来收益的风险相一致。当所有的其他条件不变时，未来的收益越肯定，所使用的贴现率就越低，形成的厂商现值越高。相反，当所有的其他条件不变时，未来收益的风险越大或越不确定，就要以更高的比率进行贴现，由此形成的厂商现值越低。

要明确地解决比较经济交易活动在不同时点上发生的效益和成本的问题，需要回答以下问题：从今天开始一年以后得到的1美元是不是不如今天手中的1美元值钱？如果是的话，为什么不值钱？相差多少？

对上述问题的回答取决于货币在这一年之内不同的使用方式。假定货币可投资于一项有保证的储蓄账户，此账户支付的年收益率（利息率）为6%。今天投资1美元，一年后的收益为1美元×1.06＝1.06美元。如果一年后正好得到1美元，那么今天只需在账户上投资1美元/1.06＝0.943美元。如果给定6%收益率的投资机会，那么一年后得到的1美元的确不如今天手中的1美元值钱，因为只值0.943美元。因此，如果存在着以正值收益率投资货币的机会，就会使未来任何时点上得到的1美元都不如今天手中的1美元值钱。这就是货币的时间价值的含义。投资者要求的收益率就叫作贴现率。

## A.2 一次支付的价值

我们可以对任何未来现金流量和任一利息率的结果加以概括。假定存在着按年复利利率 $r\%$ 进行投资的机会，那么，$n$ 年末得到的1美元，按 $r\%$ 进行贴现后的现值（今天的价值）为

$$PV_0 = \frac{1}{(1+r)^n} \qquad \text{(A-1)}$$

$1/(1+r)^n$ 这一项通常称为现值利息因子或 $PVIF_{r,n}$，附录 A 的表 A-3 中有未来 $n$ 期不同利率 $r$ 条件下的 $PVIF$ 值。

---

| 实例 | 现值

如果有机会按 12% 的复利收益率进行投资，那么从今天开始 4 年后得到 1 美元的现值为

$$PV_0 = \frac{1}{(1+0.12)^4} = (PVIF_{12\%,4})$$
$$= 1 \text{ 美元} \times 0.635\,5 = 0.635\,5 \text{ 美元}$$

正如在表 A-1 中所看到的，今天按每年 12% 的利率投资 0.635 5 美元，将在 4 年后得到 1 美元。

也可以利用表 A-3 中的 $PVIF$ 因子找到在 12% 利率（$r = 12\%$）条件下，预期 4 年后（$n = 4$）得到 1 美元的现值，这就是

$$PV_0 = 1 \text{ 美元} \times PVIF_{12\%,4}$$
$$= 1 \text{ 美元} \times 0.635\,52$$
$$= 0.635\,5 \text{ 美元}$$

表 A-1  4 年后得到的 1 美元的现值

| 年份 | 年末得到的收益（美元） | 年末投资价值（美元） | |
| --- | --- | --- | --- |
| 0（现在） | — | 0.633 5 | ←初始投资额 |
| 1 | 0.635 5(0.12) = 0.076 2 | 0.635 5 + 0.076 2 = 0.711 7 | |
| 2 | 0.711 7(0.12) = 0.085 4 | 0.711 7 + 0.085 4 = 0.797 1 | |
| 3 | 0.797 1(0.12) = 0.095 7 | 0.797 1 + 0.095 7 = 0.892 8 | |
| 4 | 0.892 8(0.12) = 0.107 2 | 0.892 8 + 0.107 2 = 1.000 0 | |

---

| 例子 | 一笔延期遗赠的现值

如果你的大学得到一笔 200 万美元的延期遗赠，遗赠物的预期剩余寿命是 8 年，学校用 9% 的利率评估这类礼物，那么这笔预期遗赠的现值是多少？

$$PV_0 = 2\,000\,000 \text{ 美元} \times PVIF_{9\%,8}$$

$$= 2\,000\,000 \text{ 美元} \times 0.50187$$
$$= 1\,003\,740 \text{ 美元}$$

你的大学今天得到 1 003 740 美元与 8 年后得到 200 万美元是一样。

---

## 求解利息率或增长率

现值利息因子（PVIF）也可用于求解利息率。假如你希望现在从一个协会借入 5 000 美元。如果你答应在 4 年后偿还 6 802 美元，该协会才愿意借钱给你。此协会索取的复利利息率可计算如下

$$PV_0 = 6\,802 \text{ 美元} \times PVIF_{r,4}$$
$$5\,000 \text{ 美元} = 6\,802 \text{ 美元} \times PVIF_{r,4}$$
$$PVIF_{r,4} = 5\,000 \text{ 美元} / 6\,802 \text{ 美元} = 0.735$$

在表 A-3 中 4 年那一行上找到 8% 一列中的 0.735（简化为 3 位小数）。因此，这笔贷款的有效年复利利息率是 8%。

表 A-3 中 PVIF 因子的另一个普遍应用就是计算一个盈余流量或红利流量的复利增长率。例如，Hanamaker 造纸公司 2001 年每股盈余为 2.56 美元，证券分析人士预测到 2006 年每股盈利为 6.37 美元。该造纸公司每股盈利的预期年复利增长率是多少？我们可以用表 A-3 中的 PVIF 因子来求解这个问题

$$2.56 \text{ 美元} = 6.37 \text{ 美元} \times PVIF_{r,5}$$
$$PVIF_{r,5} = 0.401\,88$$

在表 A-3 中找到 5 年那一行，就会发现在20%那一列中 PVIF 等于 0.401 88。因此，Hanamaker 造纸公司盈余的年复利增长率是 20%。（可用内插法找出表中两个数字之间的 PVIF 值。实际中通常是用财务计算器来完成这类计算。）

## A.3　系列等额支付（年金）的现值

在今后 $n$ 年内每年年末都收到一笔等额的 1 美元支付（年金），经过 $r\%$ 比率贴现之后的现值为

$$PV_0 = \frac{1}{(1+r)^1} + \frac{1}{(1+r)^2} + \cdots\cdots + \frac{1}{(1+r)^n}$$

$$PV_0 = \sum_{t=1}^{n} \frac{1}{(1+r)^t} \tag{A-2}$$

例如，在今后 4 年内每年年末得到 1 美元，经过 12% 贴现的现值为

$$PV_0 = \sum_{t=1}^{4} \frac{1}{(1+0.12)^t} = \frac{1}{(1+0.12)^1} + \frac{1}{(1+0.12)^2} + \frac{1}{(1+0.12)^3} + \frac{1}{(1+0.12)^4}$$
$$= 0.892\,86 + 0.797\,19 + 0.711\,78 + 0.635\,52 = 3.037\,4 \text{ 美元}$$

如表 A-2 所示，今天按 12% 比率投资 3.037 4 美元将在今后 4 年内每年年末正好得到 1 美元，到第 4 年年末账户上一分也不剩。另外，我们不进行现值计算（式（A-2）），也可以从表中查出需要的现值。表 A-4 列有在不同时期内每年年末得到的 1 美元按不同利率计算的现值。表 A-4 中的数值叫作年金的现值利息因子，或 $PVIFA_{r,n}$，其中的 $r$ 为每期利率，$n$ 为期数（一般为年）。

表 A-2　后 4 年每年年末得到的 1 美元现值

| 年份 | 年末得到的收益（美元） | 年末回收额（美元） | 年末投资价值（美元） | |
| --- | --- | --- | --- | --- |
| 0（现在） | — | — | 3.0374 | ←初始投资额 |
| 1 | $3.037\,4 \times 0.12 = 0.364\,5$ | 1.00 | $3.037\,4 + 0.364\,5 - 1.00 = 2.401\,9$ | |
| 2 | $2.401\,9 \times 0.12 = 0.288\,2$ | 1.00 | $2.401\,9 + 0.288\,2 - 1.00 = 1.690\,1$ | |
| 3 | $1.690\,1 \times 0.12 = 0.202\,8$ | 1.00 | $1.690\,1 + 0.202\,8 - 1.00 = 0.892\,9$ | |
| 4 | $0.892\,9 \times 0.12 = 0.107\,1$ | 1.00 | $0.892\,9 + 0.107\,1 - 1.00 = 0.000\,0$ | |

使用表 A-4 中的 PVIFA 因子，一笔年金（$PVAN_0$）的现值可计算如下

$$PVAN_0 = PMT(PVIFA_{r,n}) \tag{A-3}$$

式中，PMT 为每期得到的年金额。

| 实例 | 一笔年金的现值

你最近在佛罗里达购买彩票赢了 3 000 万美元，因此将在今后 10 年内每年年末得到等额的 300 万美元（$PMT$）。用 8% 利息率计算，你的奖金今天值多少？可以利用表 A-4 中的 $PVIFA$ 因子求解此题。

$$PVAN_0 = 3\,000\,000 \text{ 美元} \times PVIFA_{8\%,10}$$
$$= 3\,000\,000 \text{ 美元} \times 6.710\,1$$
$$= 20\,130\,300 \text{ 美元}$$

因此，你的奖金 3 000 万美元今天仅值 20 130 300 美元。

### 求解利息率

$PVIFA$ 因子的现值也可用来求解一项投资的预期收益率。这个收益率通常叫作一项投资的内部收益率。假设大春工具公司（Big Spring Tool Company）购买了一台价值 100 000 美元的机器。这台机器预期在今后 5 年内每年给企业带来 23 740 美元的现金流量。这项投资的预期收益率是多少？利用式（A-3）就可以确定此例的预期收益率。

$$PVAN_0 = PMT(PVIFA_{r,5})$$
$$100\,000 \text{ 美元} = 23\,740 \text{ 美元} \times PVIFA_{r,5}$$
$$PVIFA_{r,5} = 4.212\,3$$

在表 A-4 中 5 年那一行上可以看到 4.212 3 的 $PVIFA$ 出现在 6% 那一列中。因此，这项投资提供了 6% 的预期（内部）收益率。

## A.4　不等额系列支付的现值

在今后 $n$ 年内每年年末得到的不等额系列支付（$PMT_t$，$t=1$，…，$n$），按 $r\%$ 比率进行贴现，其现值为

$$PV_0 = \sum_{t=1}^{n} \frac{PMT_t}{(1+r)^t} = \sum_{t=1}^{n} PMT_t(PVIF_{r,t}) \tag{A-4}$$

$PVIF_{r,t}$ 的值就是表 A-3 中的利息因子。因此，不等额系列支付的现值等于单个支付额的现值之和。

| 实例 | 英特尔的项目评估

英特尔公司正在对一项新的芯片制造设施进行投资评估。该设施预期有 5 年的使用寿命，在初始投资支出后产生以下的现金流量。

| 年末（$t$） | 现金流量（$PMT_t$）（美元） |
|------|------|
| 1 | +1 000 000 |
| 2 | +1 500 000 |
| 3 | −500 000 |
| 4 | +2 000 000 |
| 5 | +1 000 000 |

第 3 年出现负值是因为预期届时需要安装控制污染设备。使用表 A-3 中的 $PVIF$ 因子可以计算这个不等系列支付的现值，假定此投资的（要求）利率为 10%

$$PV = 1\,000\,000 \text{ 美元} \times PVIF_{(10\%,1)}$$
$$+ 1\,500\,000 \text{ 美元} \times PVIF_{(10\%,2)}$$
$$- 500\,000 \text{ 美元} \times PVIF_{(10\%,3)}$$
$$+ 2\,000\,000 \text{ 美元} \times PVIF_{(10\%,4)}$$
$$+ 1\,000\,000 \text{ 美元} \times PVIF_{(10\%,5)}$$

$$= 1\,000\,000\ \text{美元} \times 0.\,909\,09$$
$$+ 1\,500\,000\ \text{美元} \times 0.\,826\,45$$
$$- 500\,000\ \text{美元} \times 0.\,751\,31$$
$$+ 2\,000\,000\ \text{美元} \times 0.\,683\,01$$
$$+ 1\,000\,000\ \text{美元} \times 0.\,620\,92$$

$$= 3\,760\,050\ \text{美元}$$

这些现金流量的现值（3 760 050 美元）应与必要的初始现金支出相比较，从而决定是否对新的制造设施进行投资。

### 表 A-3　1 美元的现值

| 时期 | 1% | 2% | 3% | 4% | 5% | 6% | 7% | 8% | 9% | 10% | 时期 |
|---|---|---|---|---|---|---|---|---|---|---|---|
| 01 | 0.990 10 | 0.980 39 | 0.970 07 | 0.961 54 | 0.952 33 | 0.943 40 | 0.934 58 | 0.925 93 | 0.917 43 | 0.909 09 | 01 |
| 02 | 0.980 30 | 0.961 17 | 0.942 60 | 0.924 56 | 0.907 03 | 0.890 00 | 0.873 44 | 0.857 34 | 0.841 68 | 0.826 45 | 02 |
| 03 | 0.970 59 | 0.942 32 | 0.915 14 | 0.889 00 | 0.863 84 | 0.839 62 | 0.816 39 | 0.793 83 | 0.772 28 | 0.751 31 | 03 |
| 04 | 0.960 98 | 0.923 85 | 0.888 49 | 0.854 80 | 0.822 70 | 0.792 09 | 0.762 90 | 0.735 03 | 0.708 83 | 0.683 01 | 04 |
| 05 | 0.951 47 | 0.905 73 | 0.862 61 | 0.821 93 | 0.783 53 | 0.747 26 | 0.712 99 | 0.680 58 | 0.649 93 | 0.620 92 | 05 |
| 06 | 0.942 04 | 0.887 97 | 0.837 48 | 0.790 31 | 0.746 22 | 0.704 96 | 0.666 34 | 0.630 17 | 0.596 27 | 0.564 47 | 06 |
| 07 | 0.932 72 | 0.870 56 | 0.813 09 | 0.759 92 | 0.710 63 | 0.665 06 | 0.622 75 | 0.583 49 | 0.547 05 | 0.513 16 | 07 |
| 08 | 0.923 48 | 0.853 49 | 0.789 41 | 0.730 69 | 0.676 84 | 0.627 41 | 0.582 01 | 0.540 27 | 0.501 89 | 0.466 51 | 08 |
| 09 | 0.914 34 | 0.836 75 | 0.766 42 | 0.702 59 | 0.644 61 | 0.591 90 | 0.543 93 | 0.500 25 | 0.460 43 | 0.424 10 | 09 |
| 10 | 0.905 29 | 0.820 35 | 0.744 09 | 0.675 56 | 0.613 91 | 0.558 39 | 0.508 35 | 0.463 19 | 0.422 41 | 0.385 54 | 10 |
| 11 | 0.896 32 | 0.804 26 | 0.722 42 | 0.649 58 | 0.584 68 | 0.526 79 | 0.475 09 | 0.428 88 | 0.387 53 | 0.350 49 | 11 |
| 12 | 0.887 45 | 0.788 49 | 0.701 38 | 0.624 60 | 0.556 84 | 0.496 97 | 0.444 01 | 0.397 11 | 0.355 53 | 0.316 83 | 12 |
| 13 | 0.878 66 | 0.773 03 | 0.680 95 | 0.600 57 | 0.530 32 | 0.468 84 | 0.414 96 | 0.367 70 | 0.326 18 | 0.289 66 | 13 |
| 14 | 0.869 96 | 0.757 87 | 0.661 12 | 0.577 47 | 0.505 07 | 0.442 30 | 0.387 82 | 0.340 46 | 0.299 25 | 0.263 33 | 14 |
| 15 | 0.861 35 | 0.743 01 | 0.641 86 | 0.555 26 | 0.481 02 | 0.417 26 | 0.362 45 | 0.315 24 | 0.274 54 | 0.239 39 | 15 |
| 16 | 0.852 82 | 0.728 45 | 0.623 17 | 0.533 91 | 0.458 11 | 0.393 65 | 0.338 73 | 0.291 89 | 0.251 87 | 0.217 63 | 16 |
| 17 | 0.844 36 | 0.714 16 | 0.605 02 | 0.513 37 | 0.436 30 | 0.371 36 | 0.316 57 | 0.270 27 | 0.231 07 | 0.197 84 | 17 |
| 18 | 0.836 02 | 0.700 16 | 0.587 39 | 0.493 63 | 0.415 52 | 0.350 34 | 0.295 86 | 0.250 25 | 0.211 99 | 0.179 86 | 18 |
| 19 | 0.827 74 | 0.686 43 | 0.570 29 | 0.474 64 | 0.395 73 | 0.330 51 | 0.276 51 | 0.231 71 | 0.194 49 | 0.163 54 | 19 |
| 20 | 0.819 54 | 0.672 97 | 0.553 67 | 0.456 39 | 0.376 89 | 0.311 80 | 0.258 42 | 0.214 55 | 0.178 43 | 0.148 64 | 20 |
| 21 | 0.811 43 | 0.659 78 | 0.537 55 | 0.448 83 | 0.358 94 | 0.294 15 | 0.241 51 | 0.198 66 | 0.163 70 | 0.135 13 | 21 |
| 22 | 0.803 40 | 0.646 84 | 0.521 89 | 0.421 95 | 0.341 85 | 0.277 50 | 0.225 71 | 0.183 94 | 0.150 18 | 0.122 85 | 22 |
| 23 | 0.795 44 | 0.634 14 | 0.506 69 | 0.405 73 | 0.325 57 | 0.261 80 | 0.210 95 | 0.170 31 | 0.137 78 | 0.111 68 | 23 |
| 24 | 0.787 57 | 0.621 72 | 0.491 93 | 0.390 12 | 0.310 07 | 0.246 98 | 0.197 15 | 0.157 70 | 0.126 40 | 0.101 53 | 24 |
| 25 | 0.779 77 | 0.609 53 | 0.477 60 | 0.375 12 | 0.295 30 | 0.233 00 | 0.184 25 | 0.146 02 | 0.115 97 | 0.092 30 | 25 |
| 时期 | 11% | 12% | 13% | 14% | 15% | 16% | 17% | 18% | 19% | 20% | 时期 |
| 01 | 0.900 90 | 0.892 86 | 0.884 96 | 0.877 19 | 0.869 57 | 0.862 07 | 0.854 70 | 0.847 46 | 0.840 43 | 0.833 33 | 01 |
| 02 | 0.811 62 | 0.797 19 | 0.783 15 | 0.769 47 | 0.756 14 | 0.743 16 | 0.730 51 | 0.718 18 | 0.706 16 | 0.694 44 | 02 |
| 03 | 0.731 19 | 0.711 78 | 0.693 05 | 0.674 97 | 0.657 52 | 0.640 66 | 0.624 37 | 0.608 63 | 0.593 42 | 0.578 70 | 03 |
| 04 | 0.658 73 | 0.635 52 | 0.613 32 | 0.592 08 | 0.571 75 | 0.552 29 | 0.533 65 | 0.515 79 | 0.498 67 | 0.482 25 | 04 |
| 05 | 0.593 45 | 0.567 43 | 0.542 76 | 0.519 37 | 0.497 18 | 0.476 11 | 0.456 11 | 0.437 11 | 0.419 05 | 0.401 88 | 05 |
| 06 | 0.534 64 | 0.506 63 | 0.480 32 | 0.455 59 | 0.432 33 | 0.410 44 | 0.389 84 | 0.370 43 | 0.352 14 | 0.334 90 | 06 |
| 07 | 0.481 66 | 0.452 35 | 0.425 06 | 0.399 64 | 0.375 94 | 0.353 83 | 0.333 20 | 0.313 92 | 0.295 92 | 0.279 08 | 07 |
| 08 | 0.433 93 | 0.403 88 | 0.376 16 | 0.350 56 | 0.326 90 | 0.305 03 | 0.284 78 | 0.266 04 | 0.248 67 | 0.232 57 | 08 |
| 09 | 0.390 92 | 0.360 61 | 0.332 88 | 0.307 51 | 0.284 26 | 0.262 95 | 0.243 40 | 0.225 46 | 0.208 97 | 0.193 81 | 09 |
| 10 | 0.352 18 | 0.321 97 | 0.294 59 | 0.269 74 | 0.247 18 | 0.226 68 | 0.208 04 | 0.191 06 | 0.175 60 | 0.161 51 | 10 |

（续）

| 时期 | 11% | 12% | 13% | 14% | 15% | 16% | 17% | 18% | 19% | 20% | 时期 |
|---|---|---|---|---|---|---|---|---|---|---|---|
| 11 | 0.317 28 | 0.287 48 | 0.260 70 | 0.236 62 | 0.214 94 | 0.195 42 | 0.177 81 | 0.161 92 | 0.147 56 | 0.134 59 | 11 |
| 12 | 0.285 84 | 0.256 67 | 0.230 71 | 0.207 56 | 0.186 91 | 0.168 46 | 0.151 97 | 0.137 22 | 0.124 00 | 0.112 16 | 12 |
| 13 | 0.257 51 | 0.229 17 | 0.204 16 | 0.182 07 | 0.162 53 | 0.145 23 | 0.129 89 | 0.116 29 | 0.104 20 | 0.093 46 | 13 |
| 14 | 0.231 99 | 0.204 62 | 0.180 68 | 0.159 71 | 0.141 33 | 0.125 20 | 0.111 02 | 0.098 55 | 0.087 57 | 0.077 89 | 14 |
| 15 | 0.209 00 | 0.182 70 | 0.159 89 | 0.140 10 | 0.122 89 | 0.107 93 | 0.094 89 | 0.083 52 | 0.073 59 | 0.064 91 | 15 |
| 16 | 0.188 29 | 0.163 12 | 0.141 50 | 0.122 89 | 0.106 86 | 0.093 04 | 0.081 10 | 0.070 73 | 0.061 84 | 0.054 09 | 16 |
| 17 | 0.169 63 | 0.145 64 | 0.125 22 | 0.107 80 | 0.092 93 | 0.080 21 | 0.069 32 | 0.059 98 | 0.051 96 | 0.045 07 | 17 |
| 18 | 0.152 82 | 0.130 04 | 0.110 81 | 0.094 56 | 0.080 80 | 0.069 14 | 0.059 25 | 0.050 83 | 0.043 67 | 0.037 56 | 18 |
| 19 | 0.137 68 | 0.116 11 | 0.098 06 | 0.082 95 | 0.070 26 | 0.059 61 | 0.050 64 | 0.043 08 | 0.036 69 | 0.031 30 | 19 |
| 20 | 0.124 03 | 0.103 67 | 0.086 78 | 0.072 76 | 0.061 10 | 0.051 39 | 0.043 28 | 0.036 51 | 0.030 84 | 0.026 08 | 20 |
| 21 | 0.111 74 | 0.092 56 | 0.076 80 | 0.063 83 | 0.053 13 | 0.044 30 | 0.036 99 | 0.030 94 | 0.025 91 | 0.021 74 | 21 |
| 22 | 0.100 67 | 0.082 64 | 0.067 96 | 0.055 99 | 0.046 20 | 0.038 19 | 0.031 62 | 0.026 22 | 0.021 78 | 0.018 11 | 22 |
| 23 | 0.090 69 | 0.073 79 | 0.060 14 | 0.049 11 | 0.040 17 | 0.032 92 | 0.027 02 | 0.022 22 | 0.018 30 | 0.015 09 | 23 |
| 24 | 0.081 70 | 0.065 88 | 0.053 22 | 0.043 08 | 0.034 93 | 0.028 38 | 0.023 10 | 0.018 83 | 0.015 38 | 0.012 58 | 24 |
| 25 | 0.073 61 | 0.058 82 | 0.047 10 | 0.037 79 | 0.030 38 | 0.024 47 | 0.019 74 | 0.015 96 | 0.012 92 | 0.010 48 | 25 |

表 A-4　1 美元年金的现值（PVIFA）

| 时期 | 1% | 2% | 3% | 4% | 5% | 6% | 7% | 8% | 9% | 10% | 时期 |
|---|---|---|---|---|---|---|---|---|---|---|---|
| 01 | 0.990 1 | 0.980 4 | 0.970 9 | 0.961 5 | 0.952 4 | 0.943 4 | 0.934 6 | 0.925 9 | 0.917 4 | 0.909 1 | 01 |
| 02 | 1.970 4 | 1.941 6 | 1.913 5 | 1.886 1 | 1.859 4 | 1.833 4 | 1.808 0 | 1.783 3 | 1.759 1 | 1.735 5 | 02 |
| 03 | 2.941 0 | 2.883 9 | 2.828 6 | 2.775 1 | 2.723 3 | 2.673 0 | 2.624 3 | 2.577 1 | 2.531 3 | 2.486 8 | 03 |
| 04 | 3.902 0 | 3.807 7 | 3.717 1 | 3.629 9 | 3.545 9 | 3.465 1 | 3.387 2 | 3.312 1 | 3.239 7 | 3.169 9 | 04 |
| 05 | 4.853 5 | 4.713 4 | 4.579 7 | 4.451 8 | 4.329 5 | 4.212 3 | 4.100 2 | 3.992 7 | 3.889 6 | 3.790 8 | 05 |
| 06 | 5.795 5 | 5.601 4 | 5.417 2 | 5.242 1 | 5.075 7 | 4.917 3 | 4.766 5 | 4.622 9 | 4.485 9 | 4.355 3 | 06 |
| 07 | 6.728 2 | 6.472 0 | 6.230 2 | 6.002 0 | 5.786 3 | 5.582 4 | 5.389 3 | 5.206 4 | 5.032 9 | 4.868 4 | 07 |
| 08 | 7.651 7 | 7.325 4 | 7.019 6 | 6.732 7 | 6.463 2 | 6.209 3 | 5.971 3 | 5.746 6 | 5.534 8 | 5.334 9 | 08 |
| 09 | 8.566 1 | 8.162 2 | 7.786 1 | 7.435 3 | 7.107 8 | 6.801 7 | 6.515 2 | 6.246 9 | 5.985 2 | 5.759 0 | 09 |
| 10 | 9.471 4 | 8.982 5 | 8.730 2 | 8.110 9 | 7.721 7 | 7.360 1 | 7.023 6 | 6.710 1 | 6.417 6 | 6.144 6 | 10 |
| 11 | 10.367 7 | 9.786 8 | 9.252 6 | 8.760 4 | 8.306 4 | 7.886 8 | 7.498 7 | 7.138 9 | 6.805 2 | 6.495 1 | 11 |
| 12 | 11.255 2 | 10.575 3 | 9.958 9 | 9.385 0 | 8.863 2 | 8.383 8 | 7.942 7 | 7.536 1 | 7.160 1 | 6.813 7 | 12 |
| 13 | 12.133 8 | 11.348 3 | 10.634 9 | 9.985 6 | 9.393 5 | 8.852 7 | 8.357 6 | 7.903 8 | 7.486 9 | 7.103 4 | 13 |
| 14 | 13.008 8 | 12.106 2 | 11.296 0 | 10.563 1 | 9.898 6 | 9.295 0 | 8.745 4 | 8.244 2 | 7.786 0 | 7.366 7 | 14 |
| 15 | 13.865 1 | 12.849 2 | 11.937 9 | 11.118 3 | 10.379 6 | 9.712 2 | 9.107 9 | 8.559 5 | 8.060 7 | 7.606 1 | 15 |
| 16 | 14.718 0 | 13.577 7 | 12.561 0 | 11.652 2 | 10.837 7 | 10.105 9 | 9.446 6 | 8.851 4 | 8.312 6 | 7.823 7 | 16 |
| 17 | 15.562 4 | 14.291 8 | 13.166 0 | 12.165 6 | 11.274 0 | 10.477 2 | 9.763 2 | 9.121 6 | 8.543 5 | 8.021 5 | 17 |
| 18 | 16.398 4 | 14.992 0 | 13.753 4 | 12.659 2 | 11.689 5 | 10.827 6 | 10.059 1 | 9.371 9 | 8.755 6 | 8.201 4 | 18 |
| 19 | 17.220 1 | 15.268 4 | 14.323 7 | 13.133 9 | 12.085 3 | 11.158 1 | 10.335 6 | 9.603 6 | 8.950 1 | 8.364 9 | 19 |
| 20 | 18.045 7 | 16.351 4 | 14.877 4 | 13.590 3 | 12.462 2 | 11.469 9 | 10.594 0 | 9.818 1 | 9.128 5 | 8.513 6 | 20 |
| 21 | 18.857 1 | 17.011 1 | 15.414 9 | 14.029 1 | 12.821 1 | 11.764 0 | 10.835 5 | 10.016 8 | 9.292 2 | 8.648 7 | 21 |
| 22 | 19.660 5 | 17.658 1 | 15.936 8 | 14.451 1 | 13.163 0 | 12.041 6 | 11.061 2 | 10.200 7 | 9.442 4 | 8.771 5 | 22 |
| 23 | 20.455 9 | 18.292 1 | 16.443 5 | 14.856 8 | 13.488 5 | 12.303 3 | 11.272 2 | 10.371 0 | 9.580 2 | 8.883 2 | 23 |
| 24 | 21.243 5 | 18.913 9 | 16.935 5 | 15.246 9 | 13.798 6 | 12.550 3 | 11.469 3 | 10.528 7 | 9.706 6 | 8.984 7 | 24 |
| 25 | 22.023 3 | 19.523 4 | 17.418 1 | 15.622 0 | 14.903 9 | 12.783 3 | 11.653 6 | 10.674 8 | 9.822 6 | 9.077 0 | 25 |

（续）

| 时期 | 11% | 12% | 13% | 14% | 15% | 16% | 17% | 18% | 19% | 20% | 时期 |
|---|---|---|---|---|---|---|---|---|---|---|---|
| 01 | 0.900 9 | 0.892 9 | 0.885 0 | 0.877 2 | 0.869 6 | 0.862 1 | 0.854 7 | 0.847 5 | 0.840 3 | 0.833 3 | 01 |
| 02 | 1.712 5 | 1.690 1 | 1.668 1 | 1.646 7 | 1.625 7 | 1.605 2 | 1.585 2 | 1.565 6 | 1.546 5 | 1.527 8 | 02 |
| 03 | 2.443 7 | 2.401 8 | 2.361 2 | 2.321 6 | 2.283 2 | 2.245 9 | 2.209 6 | 2.174 3 | 2.139 9 | 2.106 5 | 03 |
| 04 | 3.102 4 | 3.037 3 | 2.974 5 | 2.913 7 | 2.855 0 | 2.798 2 | 2.743 2 | 2.690 1 | 2.638 6 | 2.588 7 | 04 |
| 05 | 3.695 9 | 3.604 8 | 3.517 2 | 3.433 1 | 3.352 2 | 3.274 3 | 3.199 3 | 3.127 2 | 3.057 6 | 2.990 6 | 05 |
| 06 | 4.230 5 | 4.111 4 | 3.997 6 | 3.888 7 | 3.784 5 | 3.684 7 | 3.589 2 | 3.497 6 | 3.409 8 | 3.325 5 | 06 |
| 07 | 4.712 2 | 4.563 8 | 4.422 6 | 4.288 3 | 4.160 4 | 4.038 6 | 3.922 4 | 3.811 5 | 3.705 7 | 3.604 6 | 07 |
| 08 | 5.146 1 | 4.967 6 | 4.798 8 | 4.638 9 | 4.487 3 | 4.343 6 | 4.207 2 | 4.077 6 | 3.954 4 | 3.837 2 | 08 |
| 09 | 5.537 0 | 5.328 2 | 5.131 7 | 4.946 4 | 4.771 6 | 4.606 5 | 4.450 6 | 4.303 0 | 4.163 3 | 4.031 0 | 09 |
| 10 | 5.889 2 | 5.650 2 | 5.426 2 | 5.216 1 | 5.018 8 | 4.833 2 | 4.658 6 | 4.494 1 | 4.338 9 | 4.192 5 | 10 |
| 11 | 6.206 5 | 5.937 7 | 5.686 9 | 5.452 7 | 5.233 7 | 5.028 6 | 4.836 4 | 4.656 0 | 4.486 5 | 4.327 1 | 11 |
| 12 | 6.492 4 | 6.194 4 | 5.917 6 | 5.660 3 | 5.420 6 | 5.197 1 | 4.988 4 | 4.793 2 | 4.610 5 | 4.439 2 | 12 |
| 13 | 6.749 9 | 6.423 5 | 6.121 8 | 5.842 4 | 5.583 1 | 5.342 3 | 5.118 3 | 4.909 5 | 4.714 7 | 4.532 7 | 13 |
| 14 | 6.981 9 | 6.628 2 | 6.302 5 | 6.002 1 | 5.724 5 | 5.467 5 | 5.229 3 | 5.008 1 | 4.802 3 | 4.610 6 | 14 |
| 15 | 7.190 9 | 6.810 9 | 6.462 4 | 6.142 2 | 5.847 4 | 5.575 5 | 5.324 2 | 5.091 6 | 4.875 9 | 4.675 5 | 15 |
| 16 | 7.379 2 | 6.974 0 | 6.603 9 | 6.265 1 | 5.954 2 | 5.668 5 | 5.405 3 | 5.162 4 | 4.937 7 | 4.729 6 | 16 |
| 17 | 7.548 8 | 7.119 6 | 6.729 1 | 6.372 9 | 6.047 2 | 5.748 7 | 5.474 6 | 5.222 3 | 4.989 7 | 4.774 6 | 17 |
| 18 | 7.701 6 | 7.249 7 | 6.838 9 | 6.467 4 | 6.128 0 | 5.817 8 | 5.533 9 | 5.273 2 | 5.033 3 | 4.812 2 | 18 |
| 19 | 7.839 3 | 7.365 0 | 6.938 0 | 6.550 4 | 6.198 2 | 5.877 5 | 5.584 5 | 5.317 6 | 5.070 0 | 4.843 5 | 19 |
| 20 | 7.963 3 | 7.469 4 | 7.024 8 | 6.623 1 | 6.259 3 | 5.928 8 | 5.627 8 | 5.352 7 | 5.100 9 | 4.869 6 | 20 |
| 21 | 8.075 1 | 7.562 0 | 7.101 6 | 6.687 0 | 6.312 5 | 5.973 1 | 5.664 8 | 5.383 7 | 5.126 8 | 4.891 3 | 21 |
| 22 | 8.175 7 | 7.644 6 | 7.169 5 | 6.742 9 | 6.358 7 | 6.011 3 | 5.696 4 | 5.409 9 | 5.148 6 | 4.909 4 | 22 |
| 23 | 8.266 4 | 7.718 4 | 7.229 7 | 6.792 1 | 6.398 8 | 6.044 2 | 5.723 4 | 5.432 1 | 5.166 8 | 4.924 5 | 23 |
| 24 | 8.348 1 | 7.784 3 | 7.282 9 | 6.835 1 | 6.433 8 | 6.072 6 | 5.746 5 | 5.450 9 | 5.182 2 | 4.937 1 | 24 |
| 25 | 8.421 7 | 7.843 1 | 7.330 0 | 6.872 9 | 6.464 1 | 6.097 1 | 5.766 2 | 5.466 9 | 5.195 1 | 4.947 6 | 25 |

# 微分法在管理中的应用

决策分析涉及确定实现某一既定目的或目标的最优行动，这就意味着寻找能使目标函数值最优化（即最大化或最小化）的行动。例如，我们可能希望确定能使利润最大的产量水平。在一个生产问题中，目标可能是寻求能使生产预期产量水平的成本最低的投入要素组合。在资本预算问题中，目标可能是选择那些能使被选投资的净现值最大的方案。解决类似最优化问题的方法很多。本附录重点说明微分法的使用。

---

**管理挑战** | **隐形轰炸机结构的一个秘密**

美国空军把最新的远程战略轰炸机 B-2 或"隐形"轰炸机公之于众。这个飞机的特点是旨在躲避敌方雷达侦察的独特飞行翼设计。该飞机因其高成本而一直存在争议，但是人们不大知道的一个争议与其基本设计有关。

飞行翼的设计源于一项秘密研究的结论：如果把全部容积包含在机翼中，就能实现一架飞机的最大航程，这项研究附带了一个复杂的数学附录。

然而，工程学教授约瑟夫·福阿（Joseph Foa）发现最初的报告犯了一个根本性错误。

最初的研究人员对一个复杂方程求一阶导数，并发现它有两个解。他们错误地得出结论，机翼设计是最大航程，而事实上它是最小航程。

在本附录中我们介绍了一些与应用于隐形轰炸机项目相同的最优化方法。我们提出旨在实现利润最大或成本最低的工具。幸运的是，我们在本章及全书中所遇到的数学函数比起那些最初的"飞行翼"工程师们所遇到的要容易得多。我们还介绍了一些方法，可用于检查一个函数（如利润函数或成本函数）在某一特定产量水平上是被最小化还是最大化。

## B.1 边际分析和微分法之间的关系

第 2 章把边际分析作为微观经济决策的一个基本概念进行了介绍。在边际分析框架内，要通过比较一种活动水平的拟议变化所带来的边际效益和这个变化的边际成本，来制定资源配置决策。只要边际效益超过边际成本，就应实施这种拟议变化。遵循这个基本原则，资源就能得以高效率的配置，利润或股东财富目标就能实现最大化。

首先假设我们追求优化的目标 $Y$ 能用代数式表示为一个决策变量 $X$ 的函数

$$Y = f(X) \tag{B-1}$$

前面讲过，边际利润的定义是由一个单位产量的变化所产生的利润变化。一般地，任一变量 $Y$ 作为另一变量 $X$ 的函数，它的边际值的定义就是由 $X$ 的一个单位变化所引起的 $Y$ 值的变化。$Y$ 的边际值 $M_y$ 可以由 $X$ 的某一既定变化 $\Delta X$ 而引发的 $Y$ 的变化 $\Delta Y$ 计算出来

$$M_y = \frac{\Delta Y}{\Delta X} \tag{B-2}$$

用此式计算可以得到 $\Delta Y$ 的不同估算值，这要取决于计算时所采用的 $X$ 的增量变化的大小。当 $\Delta X$ 取值尽可能小时，一个函数的真正边际值可用式（B-2）得到。如果把 $\Delta X$ 视为可取小数值的一个连续（而不是离散）变量，那么在用式（B-2）计算 $M_y$ 时，就可以让 $\Delta X$ 趋近于 0。在理论上，这就是微分采用的方法。一个函数的**导数**，或者更确切地说，一个函数的一阶导数 $\mathrm{d}Y/\mathrm{d}X$ 的定义是当 $\Delta X$ 趋近于 0 时，比率 $\Delta Y/\Delta X$ 的极限，即

**导数**（derivative）：一个变量的变化对函数值的边际效应的度量。从图形上看，它表示函数在给定点上的斜率。

$$\frac{\mathrm{d}Y}{\mathrm{d}X} = \lim_{\Delta x \to 0} \frac{\Delta Y}{\Delta X} \tag{B-3}$$

用图形表示，一个函数的一阶导数就是在曲线上某一既定点上曲线的斜率。图 B-1a 说明了导数的定义，即当 $\Delta X$ 趋近于 0 时，$Y$ 的变化（即 $\Delta Y$）的极限。

假设我们想求函数 $Y = f(X)$ 在点 $X_0$ 上的导数。导数 $\mathrm{d}Y/\mathrm{d}X$ 衡量的是切线 $ECD$ 的斜率。此斜率的粗略估算值可以通过计算从 $X_0$ 到 $X_2$ 内 $Y$ 的边际值而得到。利用式（B-2），可以得到直线 $CA$ 的斜率值。

$$M_y' = \frac{\Delta Y}{\Delta X} = \frac{Y_2 - Y_0}{X_2 - X_0}$$

现在让我们用一个更小的区间，比如从 $X_0$ 到 $X_1$，来计算 $Y$ 的边际值。直线 $CB$ 的斜率等于

$$M_y'' = \frac{\Delta Y}{\Delta X} = \frac{Y_1 - Y_0}{X_1 - X_0}$$

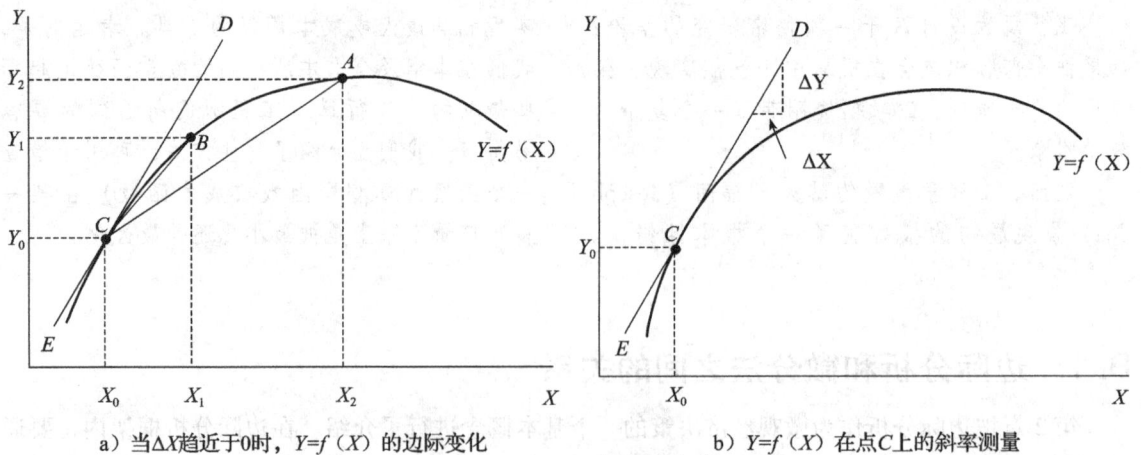

a）当 $\Delta X$ 趋近于 0 时，$Y = f(X)$ 的边际变化　　　　b）$Y = f(X)$ 在点 $C$ 上的斜率测量

图 B-1　函数的一阶导数

## B.1.1　微分过程

微分过程就是求一个函数的导数的过程，涉及确定当 $\Delta X$ 趋近于零时比率 $\Delta Y/\Delta X$ 的极限值。

我们在提供求导的一般规则之前，用一个例子来说明在没有这些一般规则的帮助时求导的代数过程。下一节将提出简化这个过程的具体规则。

---

| 实例 | 微分的过程：伊利诺伊发电厂的利润最大化

假设伊利诺伊发电厂的利润 $\pi$ 可用下式表示为产量水平 $Q$ 的一个函数

$$\pi = -40 + 140Q - 10Q^2 \qquad (\text{B-4})$$

我们要确定 $d\pi/dQ$，首先要找出边际利润的表达式 $\Delta\pi/\Delta Q$，然后在 $\Delta Q$ 趋近于零时取此式的极限。让我们先确定由产量增加到 $(Q+\Delta Q)$ 所引起的新的利润水平 $(\pi+\Delta\pi)$。从式（B-4）知道

$$\pi + \Delta\pi = -40 + 140(Q + \Delta Q) - 10(Q + \Delta Q)^2 \qquad (\text{B-5})$$

扩展此式，然后进行一些代数简化，得到

$$
\begin{aligned}
\pi + \Delta\pi = {} & -40 + 140Q + 140\Delta Q \\
& - 10\left[Q^2 + 2Q\Delta Q + (\Delta Q)^2\right] \\
= {} & -40 + 140Q - 10Q^2 + 140\Delta Q \\
& - 20Q\Delta Q - 10(\Delta Q)^2
\end{aligned}
$$
$$(\text{B-6})$$

从式（B-6）中减去式（B-4），得到

$$\Delta\pi = 140\Delta Q - 20Q\Delta Q - 10(\Delta Q)^2 \qquad (\text{B-7})$$

写成边际利润比率 $\Delta\pi/\Delta Q$ 的形式，并做一些加减运算，得到

$$
\begin{aligned}
\frac{\Delta\pi}{\Delta Q} &= \frac{140\Delta Q - 20Q\Delta Q - 10(\Delta Q)^2}{\Delta Q} \\
&= 140 - 20Q - 10\Delta Q \qquad (\text{B-8})
\end{aligned}
$$

当 $\Delta Q$ 趋近于零时，取式（B-8）的极限，就得到伊利诺伊发电厂的利润函数（式（B-4））的导数表达式

$$
\begin{aligned}
\frac{d\pi}{dQ} &= \lim_{\Delta Q \to 0}\left[140 - 20Q - 10\Delta Q\right] \\
&= 140 - 20Q \qquad (\text{B-9})
\end{aligned}
$$

如果我们想求此利润函数在某一具体 $Q$ 值上的导数，可用式（B-9）来计算。例如，假设我们想知道 $Q = 3$ 个单位时的边际利润或利润函数的斜率，将 $Q = 3$ 代入式（B-9），得到

$$
\begin{aligned}
\text{边际利润} = \frac{d\pi}{dQ} &= 140 - 20 \times 3 \\
&= 80 \text{ 美元/单位}
\end{aligned}
$$

---

## B.1.2 微分规则

幸运的是，我们不必在每次想求一个函数的导数时都要通过这一冗长的过程。按照与刚才说明的过程相似的方式推导出来的一系列通用规则，适用于各种不同函数的微分。

### 1. 常用函数

一个常数函数可以表示为

$$Y = a \qquad (\text{B-10})$$

式中，$a$ 是一个常数（即 $Y$ 与 $X$ 无关）。一个常数函数的导数等于零

$$\frac{dY}{dX} = 0 \qquad (\text{B-11})$$

例如，假设常数函数

$$Y = 4$$

它被画在图 B-2a 中。如前所述，一个函数的一阶导数（$dY/dX$）衡量的是此函数的斜率。因为这个常数函数就是具有零斜率的一条水平线，所以它的导数（$dY/dX$）等于零。

### 2. 幂函数

一个幂函数的形式为

$$Y = aX^b \tag{B-12}$$

式中，$a$ 和 $b$ 是常数。一个幂函数的导数等于 $b$ 乘以 $a$，再乘以 $X$ 的 $(b-1)$ 次方

$$\frac{\mathrm{d}Y}{\mathrm{d}X} = b \cdot a \cdot X^{b-1} \tag{B-13}$$

可用一些例子来说明这一规则的应用。首先，考虑函数

$$Y = 2X$$

它被画在图 B-2b 中。注意此函数的斜率等于 2，而且在 $X$ 的整个值域内是不变的。将幂函数规则用于此例，其中 $a=2$，$b=1$ 得到

$$\frac{\mathrm{d}Y}{\mathrm{d}X} = 1 \cdot 2 \cdot X^{1-1} = 2X^0 = 2$$

注意，任意具有零次幂的变量，如 $X^0$，都等于 1。

接下来，考虑函数

$$Y = X^2$$

它被画在图 B-2c 中。注意，此函数的斜率随 $X$ 值而变化。将幂函数规则用于此例得到（$a=1$，$b=2$）

$$\frac{\mathrm{d}Y}{\mathrm{d}X} = 2 \cdot 1 \cdot X^{2-1} = 2X$$

正如所见，当 $X<0$ 时，此导数区数（或斜率）为负；当 $X=0$ 时，它为零；当 $X>0$ 时，它为正。

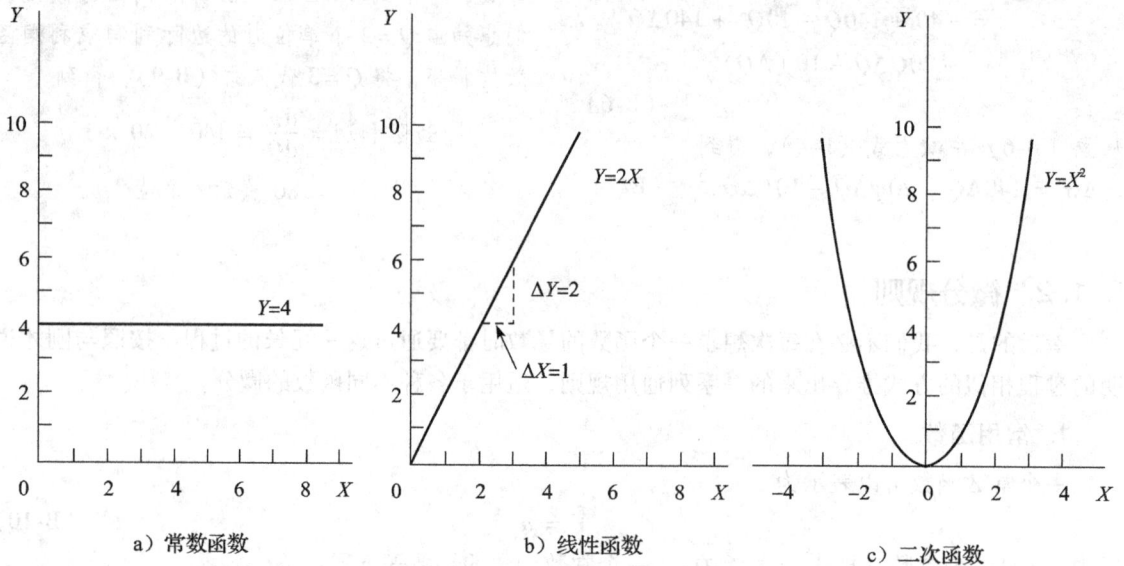

a）常数函数    b）线性函数    c）二次函数

图 B-2 常数、线性、二次函数

### 3. 函数的和

假设函数 $Y=f(X)$ 表示两个（或多个）独立函数 $f_1(X)$、$f_2(X)$ 之和，即

$$Y = f_1(X) + f_2(X) \tag{B-14}$$

对每一个独立函数微分，再将结果相加，就得到 $Y$ 对 $X$ 的导数

$$\frac{\mathrm{d}Y}{\mathrm{d}X} = \frac{\mathrm{d}f_1(X)}{\mathrm{d}X} + \frac{\mathrm{d}f_2(X)}{\mathrm{d}X} \tag{B-15}$$

此结果可扩展到求任意个函数和的导数。

**实例**　微分规则：伊利诺伊发电厂的利润最大化（续）

作为应用上述规则的一个例子，再次分析前面由式（B-4）给出的伊利诺伊发电厂的利润函数：

$$\pi = -40 + 140Q - 10Q^2$$

此例中 $Q$ 代表变量 $X$，$\pi$ 代表变量 $Y$，即 $\pi = f(Q)$。函数 $f(Q)$ 是三个独立函数之和——一个常数函数 $f_1(Q) = -40$ 和两个幂函数 $f_2(Q) = 140Q$ 及 $f_3(Q) = -10Q^2$。因此应用

微分规则得出

$$\begin{aligned}
\frac{\mathrm{d}\pi}{\mathrm{d}Q} &= \frac{\mathrm{d}f_1(Q)}{\mathrm{d}Q} + \frac{\mathrm{d}f_2(Q)}{\mathrm{d}Q} + \frac{\mathrm{d}f_3(Q)}{\mathrm{d}Q} \\
&= 0 + 1 \cdot 140 \cdot Q^{1-1} \\
&\quad + 2 \cdot (-10) \cdot Q^{2-1} \\
&= 140 - 20Q
\end{aligned}$$

此结果与通过微分过程式（B-9）得到的结果相同。

### 4. 两个函数的积

假设变量等于两个独立函数 $f_1(X)$ 和 $f_2(X)$ 的乘积

$$Y = f_1(X)f_2(X) \tag{B-16}$$

在此情况下，$Y$ 对 $X$ 的导数等于第一个函数乘以第二个函数的导数加上第二个函数乘以第一个函数的导数

$$\frac{\mathrm{d}Y}{\mathrm{d}X} = f_1(X) \cdot \frac{\mathrm{d}f_2(X)}{\mathrm{d}X} + f_2(X) \cdot \frac{\mathrm{d}f_1(X)}{\mathrm{d}X} \tag{B-17}$$

例如，假设我们想求下式的导数

$$Y = X^2(2X - 3)$$

令 $f_1(X) = X^2$，$f_2(X) = (2X - 3)$。按上面的规则（以及前面的常数函数和幂函数的微分规则），我们得到

$$\begin{aligned}
\frac{\mathrm{d}Y}{\mathrm{d}X} &= X^2 \cdot \frac{\mathrm{d}Y}{\mathrm{d}X}[(2X - 3)] + (2X - 3) \cdot \frac{\mathrm{d}Y}{\mathrm{d}X}[X^2] = X^2 \cdot (2 - 0) + (2X - 3) \cdot (2X) \\
&= 2X^2 + 4X^2 - 6X = 6X^2 - 6X = 6X(X - 1)
\end{aligned}$$

### 5. 两个函数的商

假设变量 $Y$ 等于两个独立函数 $f_1(X)$ 和 $f_2(X)$ 的商

$$Y = \frac{f_1(X)}{f_2(X)} \tag{B-18}$$

对于这样的一种关系，$Y$ 对 $X$ 求导得到

$$\frac{\mathrm{d}Y}{\mathrm{d}X} = \frac{f_2(X) \cdot \dfrac{\mathrm{d}f_1(X)}{\mathrm{d}X} - f_1(X) \cdot \dfrac{\mathrm{d}f_2(X)}{\mathrm{d}X}}{[f_2(X)]^2} \tag{B-19}$$

举个例子，考虑求下式的导数

$$Y = \frac{10X^2}{5X - 1}$$

令 $f_1(X) = 10X^2$，$f_2(X) = 5X - 1$，我们有

$$\frac{\mathrm{d}Y}{\mathrm{d}X} = \frac{(5X - 1) \cdot 20X - 10X^2 \cdot 5}{(5X - 1)^2} = \frac{100X^2 - 20X - 50X^2}{(5X - 1)^2} = \frac{50X^2 - 20X}{(5X - 1)^2} = \frac{10X(5X - 2)}{(5X - 1)^2}$$

### 6. 函数的函数（链式法则）

假设 $Y$ 是变量 $Z$ 的函数，$Y = f_1(Z)$；$Z$ 又是变量 $X$ 的函数，$Z = f_2(X)$，先求出 $\mathrm{d}Y/\mathrm{d}Z$ 和 $\mathrm{d}Z/\mathrm{d}X$，再将两者相乘就可以确定 $Y$ 对 $X$ 的导数。

$$\frac{\mathrm{d}Y}{\mathrm{d}X} = \frac{\mathrm{d}Y}{\mathrm{d}Z} \cdot \frac{\mathrm{d}Z}{\mathrm{d}X} = \frac{\mathrm{d}f_1(Z)}{\mathrm{d}Z} \cdot \frac{\mathrm{d}f_2(X)}{\mathrm{d}X} \tag{B-20}$$

为了说明这一规则的应用，假设我们要求解下列函数（对 $X$）的导数

$$Y = 10Z - 2Z^2 - 3$$

其中，$Z$ 与 $X$ 的关系如下

$$Z = 2X^2 - 1$$

首先，我们（按前面的微分规则）发现

$$\frac{\mathrm{d}Y}{\mathrm{d}Z} = 10 - 4Z$$

$$\frac{\mathrm{d}Z}{\mathrm{d}X} = 4X$$

然后

$$\frac{\mathrm{d}Y}{\mathrm{d}X} = (10 - 4Z) \cdot 4X$$

把用 $X$ 表示的 $Z$ 代入此式，得到

$$\frac{\mathrm{d}Y}{\mathrm{d}X} = [10 - 4(2X^2 - 1)] \cdot 4X = (10 - 8X^2 + 4) \cdot 4X = 40X - 32X^3 + 16X$$

$$= 56X - 32X^3 = 8X(7 - 4X^2)$$

表 B-1 对这些函数微分规则进行了总结。

表 B-1 函数微分规则的总结

| 函数 | 导数 |
| --- | --- |
| 1. 常数函数<br>$Y = a$ | $\dfrac{\mathrm{d}Y}{\mathrm{d}X} = 0$ |
| 2. 幂函数<br>$Y = aX^b$ | $\dfrac{\mathrm{d}Y}{\mathrm{d}X} = b \cdot a \cdot X^{b-1}$ |
| 3. 函数之和<br>$Y = f_1(X) + f_2(X)$ | $\dfrac{\mathrm{d}Y}{\mathrm{d}X} = \dfrac{\mathrm{d}f_1(X)}{\mathrm{d}X} + \dfrac{\mathrm{d}f_2(X)}{\mathrm{d}X}$ |
| 4. 两个函数之积<br>$Y = f_1(X) \cdot f_2(X)$ | $\dfrac{\mathrm{d}Y}{\mathrm{d}X} = f_1(X) \cdot \dfrac{\mathrm{d}f_2(X)}{\mathrm{d}X} + f_2(X) \cdot \dfrac{\mathrm{d}f_1(X)}{\mathrm{d}X}$ |
| 5. 两个函数之商<br>$Y = \dfrac{f_1(X)}{f_2(X)}$ | $\dfrac{\mathrm{d}Y}{\mathrm{d}X} = \dfrac{f_2(X) \cdot \dfrac{\mathrm{d}f_1(X)}{\mathrm{d}X} - f_1(X) \cdot \dfrac{\mathrm{d}f_2(X)}{\mathrm{d}X}}{[f_2(X)]^2}$ |
| 6. 函数的函数<br>$Y = f_1(Z)$，其中 $Z = f_2(X)$ | $\dfrac{\mathrm{d}Y}{\mathrm{d}X} = \dfrac{\mathrm{d}Y}{\mathrm{d}Z} \cdot \dfrac{\mathrm{d}Z}{\mathrm{d}X}$ |

## B.2 微分法在最优化问题中的应用

研究微分过程及函数微分规则的原因就是可以用这些方法找到管理经济学中多种最大化和最小化问题的最优解。

## B. 2. 1 最大化问题

回忆一下边际分析的讨论，寻找一条曲线上最大点（如最大利润）的一个必要（但非充分）的条件就是曲线在此点上的边际值或斜率必须等于零。现在我们在微分理论结构中表示这个条件。因为一个函数的导数所衡量的就是任一给定点上的斜率或边际值，所以求一个函数 $Y = f(X)$ 最大值的一个等同的必要条件就是此点上的导数 d 必须等于零，这个要求就是确定一个代数函数的一个或多个最大点或最小点的**一阶条件**。

**一阶条件**（first- order condition）：对确定一个代数函数的一个或多个最大点或最小点的检验。

---

### 实例 | 一阶条件：伊利诺伊发电厂的利润最大化（续）

利用前面讨论过的利润函数（式（B-4））

$$\pi = -40 + 140Q - 10Q^2$$

我们可以说明如何借助于这个条件找到利润最大的产量水平 $Q$。令此函数的一阶导数（前面已经计算过）为零，我们得到

$$\frac{d\pi}{dQ} = 140 - 20Q$$

$$0 = 140 - 20Q$$

求解此方程中的 $Q$，得出 $Q^* = 7$ 个单位，即利润最大化的产量水平。利润函数、一阶导数函数以及最优解显示在图 B-3 之中。正如所见，利润在函数既不增加也不减少，或者说在斜率（或一阶导数）等于零那一点上实现最大化。

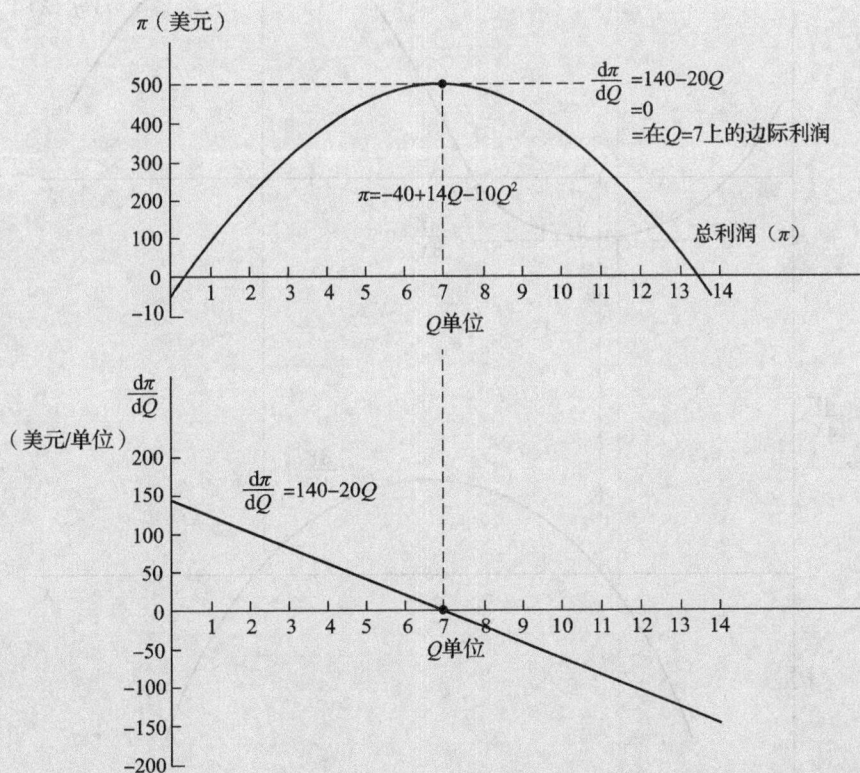

图 B-3 利润和一阶导数

### B.2.2　二阶导数和二阶条件

令一个函数的导数等于零并求解方程的决策变量值，并不能保证此函数在该点上取其最大值（回忆一下前面隐形轰炸机的例子）。U 状函数的斜率在其最低点上也等于零，因此函数在此点取其最小值。换句话说，令导数为零仅仅是求区数最大值的一个必要条件而非充分条件。需要有被称为**二阶条件**的另一个条件来决定由一阶条件确定的点是代数函数的最大值还是最小值。

**二阶条件**（second-order condition）：对于已经由一阶条件确定的点，再确定是否为代数函数的最大点或最小点的检验。

图 B-4 说明了这种情况。在 $A$、$B$ 两点上，函数的斜率（一阶导数，$dY/dX$）都等于零；然而只有在 $B$ 点上，函数才取其最大值。我们在图 B-4 中看到，在函数 $Y = f(X)$ 最大值点（$B$ 点）的邻域上，边际值（斜率）连续递减。先是在达到 $dY/dX = 0$ 这一点之前，斜率为正值，随后斜率变为负值。因此我们必须确定斜率的边际值（斜率的斜率）是否在下降。检验边际值是否递减就要对边际值求导，并确定在该函数的既定点上是否为负值。实际上，我们需要求出导数的导数。即一个函数的二阶导数，然后检验它是否小于零。函数 $Y = f(X)$ 的二阶导数可按规定写为 $d^2Y/dX^2$，利用前面说明的一阶导数微分规则就可求出它。如果二阶导数为负值，即 $d^2Y/dX^2 < 0$，就得到一个最大点。

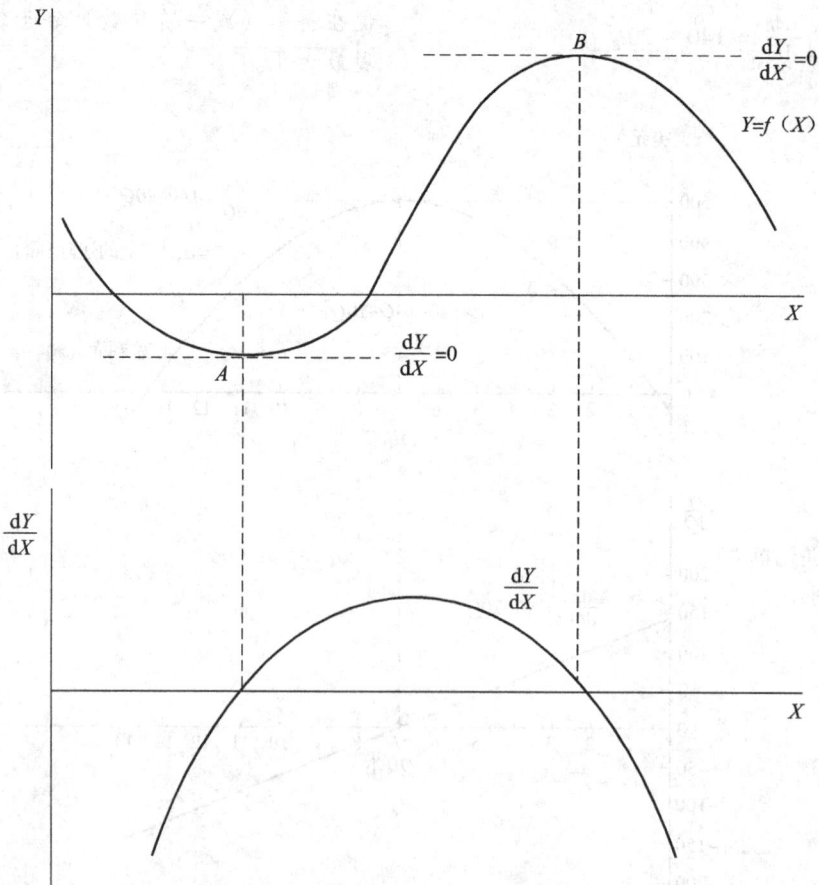

图 B-4　函数的最大值和最小值

要得到一个函数取最小值的点，条件正好相反。再次分析图 B-4，在函数 $Y = f(X)$ 的最小值（点）的邻域上，边际值（斜率）在连续递增。首先，在达到 $dY/dX = 0$ 那一点之前，斜率都是负值，随后斜率变为正值。因此，我们要检验一下在既定点上的 $d^2Y/dX^2$ 是否大于零。如果二阶导数为正值，即 $d^2Y/dX^2 > 0$，就得到一个最小点。

### B.2.3 最小化问题

在某些决策情况下，目标会是成本最低化。与利润最大化问题一样，可以利用微分法确定最优点。

---

**|实例|　成本最低：基斯潘能源公司**

假设我们想确定基斯潘能源公司（KeySpan Energy）平均总成本最低时的产量水平，其中平均总成本函数可能近似为以下关系（$Q$ 代表产量）

$$C = 15 - 0.040Q + 0.000\,080Q^2$$

$C$ 对 $Q$ 微分得到

$$\frac{dC}{dQ} = -0.040 + 0.000\,160Q$$

令此导数等于零，解出 $Q$ 得

$$0 = -0.040 + 0.000\,160Q$$
$$Q^* = 250$$

取二阶导数，我们得到

$$\frac{d^2C}{dQ^2} = +0.000\,160$$

因为二阶导数为正，所以产量水平 $Q = 250$ 的确是使平均总成本最低的值。

---

综上所述，我们看到利用微分法确定一个函数的最大值或最小值所要求具备的两个条件：一阶条件确定一阶导数 $dY/dX$ 等于零的点。在已经得到一个或几个点之后，使用二阶条件来确定函数在既定点上所取的是最大值还是最小值。二阶导数 $d^2Y/dX^2$ 表明一个既定点是该函数的最大值（$d^2Y/dX^2 < 0$）还是最小值（$d^2Y/dX^2 > 0$）。

## B.3　偏导法与多元最优化

本附录到目前一直是将分析限于一个标准变量 $Y$，它可以表示为一个决策变量 $X$ 的函数。不过许多通常使用的经济关系都包含两个或多个决策变量。例如，一个需求函数将一种产品或服务的销量与诸如价格、广告、促销费用、替代品价格和收入等变量联系起来。

### B.3.1　偏导数

考虑一个标准变量 $Y$，它是两个决策变量 $X_1$ 和 $X_2$ 之和的函数。⊖

$$Y = f(X_1, X_2) \tag{B-21}$$

我们现在研究 $X_1$ 或 $X_2$ 的既定变化所引起的 $Y$ 的变化。为了区分出 $X_1$ 的某一既定变化对 $Y$ 的边际影响（即 $\Delta Y/\Delta X_1$），必须让 $X_2$ 保持不变。同样，如果我们希望区分出 $X_2$ 的既定变化对 $Y$ 的边际影响（即 $\Delta Y/\Delta X_2$），变量 $X_1$ 必须保持不变。在函数关系中所有其他变量保持不变的条件下，

---

⊖ 下面的分析不限于两个决策变量，在此框架之内，包含任意数量的变量关系都可进行分析。

**偏导数**（*partial derivative*）：其他变量保持不变，一个变量的变化对一个多元函数值的边际影响的衡量指标。

衡量任一变量的变化对 $Y$ 的变化的边际影响，可以通过该函数的**偏导数**获得。$Y$ 对 $X_1$ 的偏导数写作 $\dfrac{\partial Y}{\partial X_1}$，把变量 $X_2$ 作为一个常数，将前面讲过的微分规则用于函数 $Y = f(X_1, X_2)$ 就可以求出偏导数。同样，$Y$ 对 $X_2$ 的偏导数写作 $\dfrac{\partial Y}{\partial X_2}$，把变量 $X_1$ 看作一个常数，应用微分规则就可以求出这个偏导数。

---

**｜实例｜ 偏导数：印第安纳石油公司**

为了说明求偏导数的程序，让我们分析以下关系，其中利润变量 $\pi$ 是两种产品（取暖油和汽油）产量水平 $Q_1$ 和 $Q_2$ 的函数

$$\pi = -60 + 140Q_1 + 100Q_2 - 10Q_1^2$$
$$- 8Q_2^2 - 6Q_1Q_2 \qquad \text{(B-22)}$$

将 $Q_2$ 视为一个常数，求 $\pi$ 对 $Q_1$ 的偏导数，得到

$$\frac{\partial \pi}{\partial Q_1} = 0 + 140 + 0 + 2 \cdot (-10) \cdot Q_1 - 0 - 6Q_2$$
$$= 140 - 20Q_1 - 6Q_2 \qquad \text{(B-23)}$$

同样，将 $Q_1$ 视为一个常数，$\pi$ 对 $Q_2$ 的偏导数等于

$$\frac{\partial \pi}{\partial Q_2} = 0 + 0 + 100 - 0 + 2 \cdot (-8) \cdot Q_2 - 6Q_1$$
$$= 100 - 16Q_2 - 6Q_1 \qquad \text{(B-24)}$$

---

**｜实例｜ 偏导数：护齿牙膏的需求函数**

偏导数在需求分析中，尤其在定量研究中是很有用的。假设对护齿牙膏的每年需求量估计如下

$$Q = 14.6 + 2.2P + 7.4A$$

式中，$Q$ 为销售量；$P$ 为销售价格；$A$ 为广告支出。$Q$ 对 $P$ 和 $A$ 的偏导数为

$$\frac{\partial Q}{\partial A} = -2.2 \quad \text{和} \quad \frac{\partial Q}{\partial A} = 7.4$$

再举一个例子，多元指数需求函数为

$$Q = 3.0P^{-0.50}A^{0.25}$$

求 $Q$ 对 $P$ 的偏导数

$$\frac{\partial Q}{\partial P} = 3.0A^{0.25}(-0.50P^{-0.50-1}) = -1.5P^{-1.50}A^{0.25}$$

同样，$Q$ 对 $A$ 的偏导数为

$$\frac{\partial Q}{\partial A} = 3.0P^{-0.50}(0.25A^{0.25-1}) = 0.75P^{-0.50}A^{-0.75}$$

## B.3.2 最大化问题

偏导数可以用来确定包含两个或多个 X 变量的最大化或最小化问题的最优解。与前面讨论过的一个变量情况下的一阶条件相似，让每一个偏导数都等于零，解联立方程就得到最优的 X 值。

---

**｜实例｜ 利润最大化：印第安纳石油公司（续）**

假设我们想确定能使式（B-22）中的公司利润最大的 $Q_1$ 和 $Q_2$ 的值，此时可令两个偏

导函数（式（B-23）和式（B-24））都等于零

$$0 = 140 - 20Q_1 - 6Q_2$$

$$0 = 100 - 16Q_2 - 6Q_1$$

解出这个方程组就可以得到能使利润最大的 $Q_1$ 值和 $Q_2$ 值。最优值是 $Q_1^* = 5.77$ 单位，$Q_2^* = 4.08$ 单位。最优总利润等于：

$$\pi^* = -60 + 140 \times 5.77 + 100 \times 4.08$$
$$+ 10 \times 5.77^2 - 8 \times 4.08^2$$
$$- 6 \times 5.77 \times 4.08$$
$$= 548.45$$

## 小　结

- 边际分析在制定扩大或缩小某一经济活动的决策中是很有用的。
- 微分法与边际分析有密切联系，只要决策变量和目标（或标准）变量之间可以用一种代数关系来说明，就可以应用微分法。
- 一阶导数衡量的是一个函数在某一给定点上的斜率或变化率，它等于在越来越小的区间（即区间趋近于零）内计算边际值时边际函数的极限值。
- 具体类型函数的求导可用不同的规则（见表 B-1）。

- 要确定一个函数的最大点或最小点，一个必要但非充分的条件就是一阶导数等于零，这就叫作一阶条件。
- 需要用二阶条件来确定某一既定点是最大还是最小。二阶导数表明：如果一阶导数小于零，既定点最大；如果一阶导数大于零，既定点最小。
- 多元函数的偏导数衡量的是在所有其他变量保持不变时，一个变量的变化对函数值的边际影响。

## 练　习

1. 把 $Q$ 定义为生产和销售的产量水平，假设厂商的总收益（$TR$）和总成本（$TC$）函数可用下表表示。

| 产量 ($Q$) | 总收益 ($TR$) | 总成本 ($TC$) | 产量 ($Q$) | 总收益 ($TR$) | 总成本 ($TC$) |
| --- | --- | --- | --- | --- | --- |
| 0 | 0 | 20 | 11 | 264 | 196 |
| 1 | 34 | 26 | 12 | 276 | 224 |
| 2 | 66 | 34 | 13 | 286 | 254 |
| 3 | 96 | 44 | 14 | 294 | 286 |
| 4 | 124 | 56 | 15 | 300 | 320 |
| 5 | 150 | 70 | 16 | 304 | 356 |
| 6 | 174 | 86 | 17 | 306 | 394 |
| 7 | 196 | 104 | 18 | 306 | 434 |
| 8 | 216 | 124 | 19 | 304 | 476 |
| 9 | 234 | 146 | 20 | 300 | 520 |
| 10 | 250 | 170 | | | |

a. 计算边际收益函数和平均收益函数。

b. 计算边际成本函数和平均成本函数。

c. 在一张图上画出总收益、总成本、边际收益和边际成本函数。

d. 通过找出边际收益等于边际成本的点，在图上确定使利润（即，利润＝总收益－总成本）最大的产量水平。

e. 通过在表中找出 a 和 b 确定的同样满足边际收益等于边际成本条件的产量水平，检验 d 中的结果。

2. 分析上一题以表格形式表示的总收益函数和总成本函数。

a. 计算总利润、边际利润和平均利润函数。

b. 在一张图上画出总利润函数和边际利润函数。

c. 确定图和表中总利润函数取其最大值的产量。

d. 用此练习 c 的结果与前面练习 d 的结果进行比较，有何不同？

e. 确定利润最大产量水平上的总利润。

3. 对以下函数进行微分

a. $TC = 50 + 100Q - 6Q^2 + 0.5Q^3$

b. $ATC = 50/Q + 100 - 6Q + 0.5Q^2$

c. $MC = 100 - 12Q + 1.5Q^2$

d. $Q = 50 - 0.75P$

e. $Q = 0.40X^{1.50}$

4. 对以下函数进行微分

a. $Y = 2X^3/(4X^2 - 1)$

b. $Y = 2X/(4X^2 - 1)$

c. $Y = 8Z^2 - 4Z + 1$，式中的 $Z = 2X^2 - 1$（$\Delta Y$ 对 $X$ 的微分）

5. 把 $Q$ 定义为生产和销售的产量水平，假设厂商的成本函数为下列关系

$$TC = 20 + 5Q + Q^2$$

再假设该厂商产量的需求是价格 $P$ 的函数，关系为

$$Q = 25 - P$$

a. 把总利润定义为总收益和总成本之差，用 $Q$ 表示该厂商的总利润函数。（注意：总收益等于单位价格乘以销售。）

b. 确定总利润最大时的产量水平。

c. 计算利润最大产量水平上的总利润和销售价格。

d. 如果总成本关系中固定成本从 20 美元增加到 25 美元，确定这一增长对利润最大化产量水平和总利润的影响。

6. 使用练习 5 中的成本函数和需求函数。

a. 确定边际收益和边际成本函数。

b. 说明上一练习 b 中确定的利润最大化产量水平上边际收益等于边际成本，说明在边际收益等于边际成本的产量水平上利润最大的经济原则。

7. 确定以下函数中所有变量的偏导数

a. $TC = 50 + 5Q_1 + 10Q_2 + 0.5Q_1Q_2$

b. $Q = 1.5L^{0.60}K^{0.5}$

c. $Q_A = 2.5P_A^{-1.30}Y^{0.20}P_B^{0.40}$

8. 邦兹公司（Bounds Inc.）通过回归分析决定其销量（$S$）是在两种不同媒体上刊登广告数（用单位衡量）的函数，这个关系表示为以下等式（$X$ 为报纸，$Y$ 为杂志）

$$S(X, Y) = 200X + 100Y - 10X^2 - 20Y^2 + 20XY$$

a. 找出使该厂商销量最大的报纸和杂志广告。

b. 计算该厂商在 a 确定的报纸和杂志广告最优值上的销量。

9. Santa Fe 饼干厂正在考虑把它的雪松饼干业务扩展到其他城市。此厂商的所有人缺少自己扩大经营所必需的资金，所以正在考虑对新网点采取一种特许专营安排。该公司每出售 1 磅饼干所发生的变动成本为 6 美元，经营一个一般销售网点的固定成本估计为每年 300 美元。每个零售网点面对的需求函数估计为

$$P = 50 \text{ 美元} - 0.001Q$$

式中，$P$ 是每磅饼干的价格，$Q$ 是出售的饼干数量。[注意：总收益等于价格（$P$）乘上销售量（$Q$）]

a. 每个特许专营网点要使利润最大，价格、产量、总收益、总成本和总利润是多少？

b. 假定母公司向每个特许专营网点索取的特许专营费等于总收益的 5%，重新计算 a 中的数值。

c. 该饼干厂正在考虑一种综合的固定/变动特许专营费结构。在此安排下，每个特许专营网点将要支付母公司 25 美元，再加上总收益的 1%。重新计算 a 中的数值。

d. 你认为该饼干厂应采取哪种特许专营费协议？每种计划的优点和缺点是什么？

10. 说明印第安纳石油公司例子中联立方程的最优解是 $Q_1^* = 5.77$ 和 $Q_2^* = 4.08$。

表 C-1　标准正态分布的值

| Z | 0 | 1 | 2 | 3 | 4 | 5 | 6 | 7 | 8 | 9 |
|---|---|---|---|---|---|---|---|---|---|---|
| −3.0 | 0.001 3 | 0.001 0 | 0.000 7 | 0.000 5 | 0.000 3 | 0.000 2 | 0.000 2 | 0.000 1 | 0.000 1 | 0.000 0 |
| −2.9 | 0.001 9 | 0.001 8 | 0.001 7 | 0.001 7 | 0.001 6 | 0.001 6 | 0.001 5 | 0.001 5 | 0.001 4 | 0.001 4 |
| −2.8 | 0.002 6 | 0.002 5 | 0.002 4 | 0.002 3 | 0.002 3 | 0.002 2 | 0.002 1 | 0.002 1 | 0.002 0 | 0.001 9 |
| −2.7 | 0.003 5 | 0.003 4 | 0.003 3 | 0.003 2 | 0.003 1 | 0.003 0 | 0.002 9 | 0.002 8 | 0.002 7 | 0.002 6 |
| −2.6 | 0.004 7 | 0.004 5 | 0.004 4 | 0.004 3 | 0.004 1 | 0.004 0 | 0.003 9 | 0.003 8 | 0.003 7 | 0.003 6 |
| −2.5 | 0.006 2 | 0.006 0 | 0.005 9 | 0.005 7 | 0.005 5 | 0.005 4 | 0.005 2 | 0.005 1 | 0.004 9 | 0.004 8 |
| −2.4 | 0.008 2 | 0.008 0 | 0.007 8 | 0.007 5 | 0.007 3 | 0.007 1 | 0.006 9 | 0.006 8 | 0.006 6 | 0.006 4 |
| −2.3 | 0.010 7 | 0.010 4 | 0.010 2 | 0.009 9 | 0.009 6 | 0.009 4 | 0.009 1 | 0.008 9 | 0.008 7 | 0.008 4 |
| −2.2 | 0.013 9 | 0.013 6 | 0.013 2 | 0.012 9 | 0.012 6 | 0.012 2 | 0.011 9 | 0.011 6 | 0.011 3 | 0.011 0 |
| −2.1 | 0.017 9 | 0.017 4 | 0.017 0 | 0.016 6 | 0.016 2 | 0.015 8 | 0.015 4 | 0.015 0 | 0.074 6 | 0.014 3 |
| −2.0 | 0.022 8 | 0.022 2 | 0.021 7 | 0.021 2 | 0.020 7 | 0.020 2 | 0.019 7 | 0.079 2 | 0.018 8 | 0.018 3 |
| −1.9 | 0.028 7 | 0.028 7 | 0.021 4 | 0.026 8 | 0.026 2 | 0.025 6 | 0.025 0 | 0.024 4 | 0.023 8 | 0.023 3 |
| −1.8 | 0.035 9 | 0.035 2 | 0.034 4 | 0.033 6 | 0.032 9 | 0.032 2 | 0.031 4 | 0.030 7 | 0.030 0 | 0.029 4 |
| −1.7 | 0.044 6 | 0.043 6 | 0.042 7 | 0.041 8 | 0.040 9 | 0.040 1 | 0.039 2 | 0.038 4 | 0.037 5 | 0.036 7 |
| −1.6 | 0.054 8 | 0.053 7 | 0.052 6 | 0.051 6 | 0.050 5 | 0.049 5 | 0.048 5 | 0.047 5 | 0.046 5 | 0.045 5 |
| −1.5 | 0.066 8 | 0.065 5 | 0.064 3 | 0.063 0 | 0.061 8 | 0.060 6 | 0.059 4 | 0.058 2 | 0.057 0 | 0.055 9 |
| −1.4 | 0.080 8 | 0.079 3 | 0.077 8 | 0.076 4 | 0.074 9 | 0.073 5 | 0.072 2 | 0.070 8 | 0.069 4 | 0.068 1 |
| −1.3 | 0.098 8 | 0.095 1 | 0.093 4 | 0.091 8 | 0.090 1 | 0.088 5 | 0.086 9 | 0.085 3 | 0.083 8 | 0.082 3 |
| −1.2 | 0.115 1 | 0.113 1 | 0.111 2 | 0.109 3 | 0.107 5 | 0.105 6 | 0.103 8 | 0.102 0 | 0.100 3 | 0.098 5 |
| −1.1 | 0.135 7 | 0.133 5 | 0.131 4 | 0.129 2 | 0.127 1 | 0.125 1 | 0.123 0 | 0.121 0 | 0.119 0 | 0.117 0 |
| −1.0 | 0.158 7 | 0.156 2 | 0.153 9 | 0.151 5 | 0.149 2 | 0.146 9 | 0.144 6 | 0.142 3 | 0.140 1 | 0.137 9 |
| −.9 | 0.184 7 | 0.181 4 | 0.178 8 | 0.776 2 | 0.173 6 | 0.171 1 | 0.168 5 | 0.166 0 | 0.163 5 | 0.161 1 |
| −.8 | 0.277 9 | 0.209 0 | 0.206 1 | 0.203 3 | 0.200 5 | 0.197 7 | 0.194 9 | 0.192 2 | 0.189 4 | 0.186 7 |
| −.7 | 0.242 0 | 0.238 9 | 0.235 8 | 0.232 7 | 0.229 7 | 0.226 6 | 0.223 6 | 0.220 6 | 0.217 7 | 0.214 8 |
| −.6 | 0.274 3 | 0.270 9 | 0.267 6 | 0.264 3 | 0.261 1 | 0.257 8 | 0.254 6 | 0.251 4 | 0.248 3 | 0.245 1 |
| −.5 | 0.308 5 | 0.305 0 | 0.301 5 | 0.298 1 | 0.294 6 | 0.291 2 | 0.287 7 | 0.284 3 | 0.287 0 | 0.277 6 |
| −.4 | 0.344 6 | 0.340 9 | 0.337 2 | 0.333 6 | 0.330 0 | 0.326 4 | 0.322 8 | 0.319 2 | 0.315 6 | 0.312 1 |
| −.3 | 0.382 1 | 0.378 3 | 0.374 5 | 0.370 7 | 0.366 9 | 0.363 2 | 0.359 4 | 0.355 7 | 0.352 0 | 0.348 3 |
| −.2 | 0.420 7 | 0.416 8 | 0.412 9 | 0.409 0 | 0.405 2 | 0.407 3 | 0.397 4 | 0.393 6 | 0.389 7 | 0.385 9 |
| −.1 | 0.460 2 | 0.456 2 | 0.452 2 | 0.448 3 | 0.444 3 | 0.440 4 | 0.436 4 | 0.432 5 | 0.428 6 | 0.424 7 |
| −.0 | 0.500 0 | 0.496 0 | 0.492 0 | 0.488 0 | 0.484 0 | 0.480 7 | 0.476 1 | 0.472 1 | 0.468 1 | 0.464 1 |

（续）

| Z | 0 | 1 | 2 | 3 | 4 | 5 | 6 | 7 | 8 | 9 |
|---|---|---|---|---|---|---|---|---|---|---|
| .0 | 0.500 0 | 0.504 0 | 0.508 0 | 0.512 0 | 0.516 0 | 0.519 9 | 0.523 9 | 0.527 9 | 0.531 9 | 0.535 9 |
| .1 | 0.539 8 | 0.543 8 | 0.547 8 | 0.551 7 | 0.555 7 | 0.559 6 | 0.563 6 | 0.567 5 | 0.571 4 | 0.575 3 |
| .2 | 0.579 3 | 0.583 2 | 0.587 1 | 0.591 0 | 0.594 8 | 0.598 7 | 0.602 6 | 0.606 4 | 0.610 3 | 0.614 1 |
| .3 | 0.617 9 | 0.621 7 | 0.625 5 | 0.629 3 | 0.633 1 | 0.636 8 | 0.640 6 | 0.644 3 | 0.648 0 | 0.651 7 |
| .4 | 0.655 4 | 0.659 1 | 0.662 8 | 0.666 4 | 0.670 0 | 0.673 6 | 0.677 2 | 0.680 8 | 0.684 4 | 0.687 9 |
| .5 | 0.691 5 | 0.695 0 | 0.698 5 | 0.701 9 | 0.705 4 | 0.708 8 | 0.712 3 | 0.715 7 | 0.719 0 | 0.722 4 |
| .6 | 0.725 7 | 0.729 1 | 0.732 4 | 0.735 7 | 0.738 9 | 0.742 2 | 0.745 4 | 0.748 6 | 0.751 7 | 0.754 9 |
| .7 | 0.758 0 | 0.761 1 | 0.764 2 | 0.767 3 | 0.770 3 | 0.773 4 | 0.776 4 | 0.779 4 | 0.782 3 | 0.785 2 |
| .8 | 0.788 1 | 0.791 0 | 0.793 9 | 0.796 7 | 0.799 5 | 0.802 3 | 0.805 1 | 0.807 8 | 0.810 6 | 0.813 3 |
| .9 | 0.815 9 | 0.818 6 | 0.821 2 | 0.823 8 | 0.826 4 | 0.828 9 | 0.831 5 | 0.834 0 | 0.836 5 | 0.838 9 |
| 1.0 | 0.841 3 | 0.843 8 | 0.846 1 | 0.848 5 | 0.850 8 | 0.853 1 | 0.855 4 | 0.857 7 | 0.859 9 | 0.862 1 |
| 1.1 | 0.864 3 | 0.866 5 | 0.868 6 | 0.870 8 | 0.872 9 | 0.874 9 | 0.877 0 | 0.879 0 | 0.881 0 | 0.883 0 |
| 1.2 | 0.884 9 | 0.886 9 | 0.888 8 | 0.890 7 | 0.892 5 | 0.894 4 | 0.896 2 | 0.898 0 | 0.899 7 | 0.901 5 |
| 1.3 | 0.903 2 | 0.904 9 | 0.906 6 | 0.908 2 | 0.909 9 | 0.911 5 | 0.913 1 | 0.914 7 | 0.916 2 | 0.917 7 |
| 1.4 | 0.919 2 | 0.920 7 | 0.922 2 | 0.923 6 | 0.925 1 | 0.926 5 | 0.927 8 | 0.929 2 | 0.930 6 | 0.931 9 |
| 1.5 | 0.933 2 | 0.934 5 | 0.935 7 | 0.937 0 | 0.938 2 | 0.939 4 | 0.940 6 | 0.941 8 | 0.943 0 | 0.944 1 |
| 1.6 | 0.945 2 | 0.946 3 | 0.947 4 | 0.948 4 | 0.949 5 | 0.950 5 | 0.951 5 | 0.952 5 | 0.953 5 | 0.954 5 |
| 1.7 | 0.955 4 | 0.956 4 | 0.957 3 | 0.958 2 | 0.959 1 | 0.959 9 | 0.960 8 | 0.961 6 | 0.962 5 | 0.963 3 |
| 1.8 | 0.964 1 | 0.964 8 | 0.965 6 | 0.966 4 | 0.967 1 | 0.967 8 | 0.968 6 | 0.969 3 | 0.970 0 | 0.970 6 |
| 1.9 | 0.971 3 | 0.971 9 | 0.972 6 | 0.973 2 | 0.973 8 | 0.974 4 | 0.975 0 | 0.975 6 | 0.976 2 | 0.976 7 |
| 2.0 | 0.977 2 | 0.977 8 | 0.978 3 | 0.978 8 | 0.979 3 | 0.979 8 | 0.980 3 | 0.980 8 | 0.981 2 | 0.981 7 |
| 2.1 | 0.982 1 | 0.982 6 | 0.983 0 | 0.983 4 | 0.983 8 | 0.984 2 | 0.984 6 | 0.985 0 | 0.985 4 | 0.985 7 |
| 2.2 | 0.986 1 | 0.986 4 | 0.986 8 | 0.987 1 | 0.987 4 | 0.987 8 | 0.988 1 | 0.988 4 | 0.988 7 | 0.989 0 |
| 2.3 | 0.989 3 | 0.989 6 | 0.989 8 | 0.990 1 | 0.990 4 | 0.990 6 | 0.990 9 | 0.991 1 | 0.991 3 | 0.991 6 |
| 2.4 | 0.991 8 | 0.992 0 | 0.992 2 | 0.992 5 | 0.992 7 | 0.992 9 | 0.993 1 | 0.993 2 | 0.993 4 | 0.993 6 |
| 2.5 | 0.993 8 | 0.994 0 | 0.994 1 | 0.994 3 | 0.994 5 | 0.994 6 | 0.994 8 | 0.994 9 | 0.995 1 | 0.995 2 |
| 2.6 | 0.995 3 | 0.995 5 | 0.995 6 | 0.995 7 | 0.995 9 | 0.996 0 | 0.996 1 | 0.996 2 | 0.996 3 | 0.996 4 |
| 2.7 | 0.996 5 | 0.996 6 | 0.996 7 | 0.996 8 | 0.996 9 | 0.997 0 | 0.997 1 | 0.997 2 | 0.997 3 | 0.997 4 |
| 2.8 | 0.997 4 | 0.997 5 | 0.997 6 | 0.997 7 | 0.997 7 | 0.997 8 | 0.997 9 | 0.997 9 | 0.998 0 | 0.998 1 |
| 2.9 | 0.998 1 | 0.998 2 | 0.998 2 | 0.998 3 | 0.998 4 | 0.998 4 | 0.998 5 | 0.998 5 | 0.998 6 | 0.998 6 |
| 3. | 0.998 7 | 0.999 0 | 0.999 3 | 0.999 5 | 0.999 7 | 0.999 8 | 0.999 8 | 0.999 9 | 0.999 9 | 1.000 0 |

注：表中数值提供了某个数值的概率，它出现在平均值小于 z 标准差的地方。

注1：如果1个随机变量不是"标准的"，那么其数值必须标准化，$z = (X - \mu)/\delta$ 即

$$P(X \leq x) = N\left(\frac{X - \mu}{\sigma}\right)$$

注2：$z \leq -4$ 时，$N(z) = 0 \sim 4$ 个小数位；$z \geq -4$ 时，$N(z) = 1 \sim 4$ 个小数位

资料来源：From CHOU, STATISTICAL ANALYSIS@, 1E. © 1969 Cengage Learning.

表 C-2　F 分布——上限 5%断点

| $\delta_2$ \ $\delta_1$ | 1 | 2 | 3 | 4 | 5 | 6 | 7 | 8 | 9 | 10 | 12 | 15 | 20 | 24 | 30 | 40 | 60 | 120 | ∞ |
|---|---|---|---|---|---|---|---|---|---|---|---|---|---|---|---|---|---|---|---|
| 1 | 161.4 | 199.5 | 215.7 | 224.6 | 230.2 | 234.0 | 236.8 | 238.9 | 240.5 | 241.9 | 243.9 | 245.9 | 248.0 | 249.1 | 250.1 | 251.1 | 252.2 | 253.3 | 254.3 |
| 2 | 18.57 | 19.00 | 19.16 | 19.25 | 19.30 | 19.33 | 19.35 | 19.37 | 19.38 | 19.40 | 19.41 | 19.43 | 19.45 | 19.45 | 19.46 | 19.47 | 19.48 | 19.49 | 19.50 |
| 3 | 10.13 | 9.55 | 9.28 | 9.12 | 9.01 | 8.94 | 8.89 | 8.85 | 8.81 | 8.79 | 8.74 | 8.70 | 8.66 | 8.64 | 8.62 | 8.59 | 8.57 | 8.55 | 8.53 |
| 4 | 7.71 | 6.94 | 6.59 | 6.39 | 6.26 | 6.16 | 6.09 | 6.04 | 6.00 | 5.96 | 5.91 | 5.86 | 5.80 | 5.77 | 5.75 | 5.72 | 5.69 | 5.66 | 5.63 |
| 5 | 6.61 | 5.79 | 5.41 | 5.19 | 5.05 | 4.95 | 4.88 | 4.82 | 4.77 | 4.74 | 4.68 | 4.62 | 4.56 | 4.53 | 4.50 | 4.46 | 4.43 | 4.40 | 4.36 |
| 6 | 5.99 | 5.14 | 4.76 | 4.53 | 4.39 | 4.28 | 4.21 | 4.15 | 4.10 | 4.06 | 4.00 | 3.94 | 3.87 | 3.84 | 3.81 | 3.77 | 3.74 | 3.70 | 3.67 |
| 7 | 5.59 | 4.74 | 4.35 | 4.12 | 3.97 | 3.87 | 3.79 | 3.73 | 3.68 | 3.64 | 3.57 | 3.51 | 3.44 | 3.41 | 3.38 | 3.34 | 3.30 | 3.27 | 3.23 |
| 8 | 5.32 | 4.46 | 4.07 | 3.84 | 3.69 | 3.58 | 3.50 | 3.44 | 3.39 | 3.35 | 3.28 | 3.22 | 3.15 | 3.12 | 3.08 | 3.04 | 3.01 | 2.97 | 2.93 |
| 9 | 5.12 | 4.26 | 3.86 | 3.63 | 3.48 | 3.37 | 3.29 | 3.23 | 3.18 | 3.14 | 3.07 | 3.01 | 2.94 | 2.90 | 2.86 | 2.83 | 2.79 | 2.75 | 2.71 |
| 10 | 4.96 | 4.10 | 3.71 | 3.48 | 3.33 | 3.22 | 3.14 | 3.07 | 3.02 | 2.98 | 2.91 | 2.85 | 2.77 | 2.74 | 2.70 | 2.66 | 2.62 | 2.58 | 2.54 |
| 11 | 4.84 | 3.98 | 3.59 | 3.36 | 3.20 | 3.09 | 3.01 | 2.95 | 2.90 | 2.85 | 2.79 | 2.72 | 2.65 | 2.61 | 2.57 | 2.53 | 2.49 | 2.45 | 2.40 |
| 12 | 4.75 | 3.89 | 3.49 | 3.26 | 3.11 | 3.00 | 2.91 | 2.85 | 2.80 | 2.75 | 2.69 | 2.62 | 2.54 | 2.51 | 2.47 | 2.43 | 2.38 | 2.34 | 2.30 |
| 13 | 4.67 | 3.81 | 3.41 | 3.18 | 3.03 | 2.92 | 2.83 | 2.77 | 2.71 | 2.67 | 2.60 | 2.53 | 2.46 | 2.42 | 2.38 | 2.34 | 2.30 | 2.25 | 2.21 |
| 14 | 4.60 | 3.74 | 3.34 | 3.11 | 2.96 | 2.85 | 2.76 | 2.70 | 2.65 | 2.60 | 2.53 | 2.46 | 2.39 | 2.35 | 2.31 | 2.27 | 2.22 | 2.18 | 2.13 |
| 15 | 4.54 | 3.68 | 3.29 | 3.06 | 2.90 | 2.79 | 2.71 | 2.64 | 2.59 | 2.54 | 2.48 | 2.40 | 2.33 | 2.29 | 2.25 | 2.20 | 2.16 | 2.11 | 2.07 |
| 16 | 4.49 | 3.63 | 3.24 | 3.01 | 2.85 | 2.74 | 2.66 | 2.59 | 2.54 | 2.49 | 2.42 | 2.35 | 2.28 | 2.24 | 2.19 | 2.15 | 2.11 | 2.06 | 2.01 |
| 17 | 4.45 | 3.59 | 3.20 | 2.96 | 2.81 | 2.70 | 2.61 | 2.55 | 2.49 | 2.45 | 2.38 | 2.31 | 2.23 | 2.19 | 2.15 | 2.10 | 2.06 | 2.01 | 1.96 |
| 18 | 4.41 | 3.55 | 3.16 | 2.93 | 2.77 | 2.66 | 2.58 | 2.51 | 2.46 | 2.41 | 2.34 | 2.27 | 2.19 | 2.15 | 2.11 | 2.06 | 2.02 | 1.97 | 1.92 |
| 19 | 4.38 | 3.52 | 3.13 | 2.90 | 2.74 | 2.63 | 2.54 | 2.48 | 2.42 | 2.38 | 2.31 | 2.23 | 2.16 | 2.11 | 2.07 | 2.03 | 1.98 | 1.93 | 1.88 |
| 20 | 4.35 | 3.49 | 3.10 | 2.87 | 2.71 | 2.60 | 2.51 | 2.45 | 2.39 | 2.35 | 2.28 | 2.20 | 2.12 | 2.08 | 2.04 | 1.99 | 1.95 | 1.90 | 1.84 |
| 21 | 4.32 | 3.47 | 3.07 | 2.84 | 2.68 | 2.57 | 2.49 | 2.42 | 2.37 | 2.32 | 2.25 | 2.18 | 2.10 | 2.05 | 2.01 | 1.96 | 1.92 | 1.87 | 1.81 |
| 22 | 4.30 | 3.44 | 3.05 | 2.82 | 2.66 | 2.55 | 2.46 | 2.40 | 2.34 | 2.30 | 2.23 | 2.15 | 2.07 | 2.03 | 1.98 | 1.94 | 1.89 | 1.84 | 1.78 |
| 23 | 4.28 | 3.42 | 3.03 | 2.80 | 2.64 | 2.53 | 2.44 | 2.37 | 2.32 | 2.27 | 2.20 | 2.13 | 2.05 | 2.01 | 1.96 | 1.91 | 1.86 | 1.81 | 1.76 |
| 24 | 4.26 | 3.40 | 3.01 | 2.78 | 2.62 | 2.51 | 2.42 | 2.36 | 2.30 | 2.25 | 2.18 | 2.11 | 2.03 | 1.98 | 1.94 | 1.89 | 1.84 | 1.79 | 1.73 |
| 25 | 4.24 | 3.39 | 2.99 | 2.76 | 2.60 | 2.49 | 2.40 | 2.34 | 2.28 | 2.24 | 2.16 | 2.09 | 2.01 | 1.96 | 1.92 | 1.87 | 1.82 | 1.77 | 1.71 |
| 26 | 4.23 | 3.37 | 2.98 | 2.74 | 2.59 | 2.47 | 2.39 | 2.32 | 2.27 | 2.22 | 2.15 | 2.07 | 1.99 | 1.95 | 1.90 | 1.85 | 1.80 | 1.75 | 1.69 |
| 27 | 4.21 | 3.35 | 2.96 | 2.73 | 2.57 | 2.46 | 2.37 | 2.31 | 2.25 | 2.20 | 2.13 | 2.06 | 1.97 | 1.93 | 1.88 | 1.84 | 1.79 | 1.73 | 1.67 |
| 28 | 4.20 | 3.34 | 2.95 | 2.71 | 2.56 | 2.45 | 2.36 | 2.29 | 2.24 | 2.19 | 2.12 | 2.04 | 1.96 | 1.91 | 1.87 | 1.82 | 1.77 | 1.71 | 1.65 |
| 29 | 4.18 | 3.33 | 2.93 | 2.70 | 2.55 | 2.43 | 2.35 | 2.28 | 2.22 | 2.18 | 2.10 | 2.03 | 1.94 | 1.90 | 1.85 | 1.81 | 1.75 | 1.70 | 1.64 |
| 30 | 4.17 | 3.32 | 2.92 | 2.69 | 2.53 | 2.42 | 2.33 | 2.27 | 2.21 | 2.16 | 2.09 | 2.01 | 1.93 | 1.89 | 1.84 | 1.79 | 1.74 | 1.68 | 1.62 |
| 40 | 4.08 | 3.23 | 2.84 | 2.61 | 2.45 | 2.34 | 2.25 | 2.18 | 2.12 | 2.08 | 2.00 | 1.92 | 1.84 | 1.79 | 1.74 | 1.69 | 1.64 | 1.58 | 1.51 |
| 60 | 4.00 | 3.15 | 2.76 | 2.53 | 2.37 | 2.25 | 2.17 | 2.10 | 2.04 | 1.99 | 1.92 | 1.84 | 1.75 | 1.70 | 1.65 | 1.59 | 1.53 | 1.47 | 1.39 |
| 120 | 3.92 | 3.07 | 2.68 | 2.45 | 2.29 | 2.17 | 2.09 | 2.02 | 1.96 | 1.91 | 1.83 | 1.75 | 1.66 | 1.61 | 1.55 | 1.50 | 1.43 | 1.35 | 1.25 |
| ∞ | 3.84 | 3.00 | 2.60 | 2.37 | 2.21 | 2.10 | 2.01 | 1.94 | 1.88 | 1.83 | 1.75 | 1.67 | 1.57 | 1.52 | 1.46 | 1.39 | 1.32 | 1.22 | 1.00 |

（续）

| $\delta_2$ \ $\delta_1$ | 1 | 2 | 3 | 4 | 5 | 6 | 7 | 8 | 9 | 10 | 12 | 15 | 20 | 24 | 30 | 40 | 60 | 120 | ∞ |
|---|---|---|---|---|---|---|---|---|---|---|---|---|---|---|---|---|---|---|---|
| 1 | 405 2 | 499 9.5 | 540 3 | 562 5 | 576 4 | 585 9 | 592 8 | 598 2 | 602 2 | 605 6 | 610 6 | 615 7 | 620 9 | 623 5 | 626 1 | 628 7 | 631 3 | 633 9 | 636 6 |
| 2 | 98.50 | 99.00 | 99.17 | 99.25 | 99.30 | 99.33 | 99.36 | 99.37 | 99.39 | 99.40 | 99.42 | 99.43 | 99.45 | 99.46 | 99.47 | 99.47 | 99.48 | 99.49 | 99.50 |
| 3 | 34.12 | 30.82 | 29.46 | 28.71 | 28.24 | 27.91 | 27.67 | 27.49 | 27.35 | 27.23 | 27.05 | 26.87 | 26.69 | 26.60 | 26.50 | 26.41 | 26.32 | 26.22 | 26.13 |
| 4 | 21.20 | 18.00 | 16.69 | 15.98 | 15.52 | 15.21 | 14.98 | 14.80 | 14.66 | 14.55 | 14.37 | 14.20 | 14.02 | 13.93 | 13.84 | 13.75 | 13.65 | 13.56 | 13.46 |
| 5 | 16.26 | 13.27 | 12.06 | 11.39 | 10.97 | 10.67 | 10.46 | 10.29 | 10.16 | 10.05 | 9.89 | 9.72 | 9.55 | 9.47 | 9.38 | 9.29 | 9.20 | 9.11 | 9.02 |
| 6 | 13.75 | 10.92 | 9.78 | 9.15 | 8.75 | 8.47 | 8.26 | 8.10 | 7.98 | 7.87 | 7.72 | 7.56 | 7.40 | 7.31 | 7.23 | 7.14 | 7.06 | 6.97 | 6.88 |
| 7 | 12.25 | 9.55 | 8.45 | 7.85 | 7.46 | 7.19 | 6.99 | 6.84 | 6.72 | 6.62 | 6.47 | 6.31 | 6.16 | 6.07 | 5.99 | 5.91 | 5.82 | 5.74 | 5.65 |
| 8 | 11.26 | 8.65 | 7.59 | 7.01 | 6.63 | 6.37 | 6.18 | 6.03 | 5.91 | 5.81 | 5.67 | 5.52 | 5.36 | 5.28 | 5.20 | 5.12 | 5.03 | 4.95 | 4.86 |
| 9 | 10.56 | 8.02 | 6.99 | 6.42 | 6.06 | 5.80 | 5.61 | 5.47 | 5.35 | 5.26 | 5.11 | 4.96 | 4.81 | 4.73 | 4.65 | 4.57 | 4.48 | 4.40 | 4.31 |
| 10 | 10.04 | 7.56 | 6.55 | 5.99 | 5.64 | 5.39 | 5.20 | 5.06 | 4.94 | 4.85 | 4.71 | 4.56 | 4.41 | 4.33 | 4.25 | 4.17 | 4.08 | 4.00 | 3.91 |
| 11 | 9.65 | 7.21 | 6.22 | 5.67 | 5.32 | 5.07 | 4.89 | 4.74 | 4.63 | 4.54 | 4.40 | 4.25 | 4.10 | 4.02 | 3.94 | 3.86 | 3.78 | 3.69 | 3.60 |
| 12 | 9.33 | 6.93 | 5.95 | 5.41 | 5.06 | 4.82 | 4.64 | 4.50 | 4.39 | 4.30 | 4.16 | 4.01 | 3.86 | 3.78 | 3.70 | 3.62 | 3.54 | 3.45 | 3.36 |
| 13 | 9.07 | 6.70 | 5.74 | 5.21 | 4.86 | 4.62 | 4.44 | 4.30 | 4.19 | 4.10 | 3.96 | 3.82 | 3.66 | 3.59 | 3.51 | 3.43 | 3.34 | 3.25 | 3.17 |
| 14 | 8.86 | 6.51 | 5.56 | 5.04 | 4.69 | 4.46 | 4.28 | 4.14 | 4.03 | 3.94 | 3.80 | 3.66 | 3.51 | 3.43 | 3.35 | 3.27 | 3.18 | 3.09 | 3.00 |
| 15 | 8.68 | 6.36 | 5.42 | 4.89 | 4.56 | 4.32 | 4.14 | 4.00 | 3.89 | 3.80 | 3.67 | 3.52 | 3.37 | 3.29 | 3.21 | 3.13 | 3.05 | 2.96 | 2.87 |
| 16 | 8.53 | 6.23 | 5.29 | 4.77 | 4.44 | 4.20 | 4.03 | 3.89 | 3.78 | 3.69 | 3.55 | 3.41 | 3.26 | 3.18 | 3.10 | 3.02 | 2.93 | 2.84 | 2.75 |
| 17 | 8.40 | 6.11 | 5.18 | 4.67 | 4.34 | 4.10 | 3.93 | 3.79 | 3.68 | 3.59 | 3.46 | 3.31 | 3.16 | 3.08 | 3.00 | 2.92 | 2.83 | 2.75 | 2.65 |
| 18 | 8.29 | 6.01 | 5.09 | 4.58 | 4.25 | 4.01 | 3.84 | 3.71 | 3.60 | 3.51 | 3.37 | 3.23 | 3.08 | 3.00 | 2.92 | 2.84 | 2.75 | 2.66 | 2.57 |
| 19 | 8.18 | 5.93 | 5.01 | 4.50 | 4.17 | 3.94 | 3.77 | 3.63 | 3.52 | 3.43 | 3.30 | 3.15 | 3.00 | 2.92 | 2.84 | 2.76 | 2.67 | 2.58 | 2.49 |
| 20 | 8.10 | 5.85 | 4.94 | 4.43 | 4.10 | 3.87 | 3.70 | 3.56 | 3.46 | 3.37 | 3.23 | 3.09 | 2.94 | 2.86 | 2.78 | 2.69 | 2.61 | 2.52 | 2.42 |
| 21 | 8.02 | 5.78 | 4.87 | 4.37 | 4.04 | 3.81 | 3.64 | 3.51 | 3.40 | 3.31 | 3.17 | 3.03 | 2.88 | 2.80 | 2.72 | 2.64 | 2.55 | 2.46 | 2.36 |
| 22 | 7.95 | 5.72 | 4.82 | 4.31 | 3.99 | 3.76 | 3.59 | 3.45 | 3.35 | 3.26 | 3.12 | 2.98 | 2.83 | 2.75 | 2.67 | 2.58 | 2.50 | 2.40 | 2.31 |
| 23 | 7.88 | 5.66 | 4.76 | 4.26 | 3.94 | 3.71 | 3.54 | 3.41 | 3.30 | 3.21 | 3.07 | 2.93 | 2.78 | 2.70 | 2.62 | 2.54 | 2.45 | 2.35 | 2.26 |
| 24 | 7.82 | 5.61 | 4.72 | 4.22 | 3.90 | 3.67 | 3.50 | 3.36 | 3.26 | 3.17 | 3.03 | 2.89 | 2.74 | 2.66 | 2.58 | 2.49 | 2.40 | 2.31 | 2.21 |
| 25 | 7.77 | 5.57 | 4.68 | 4.18 | 3.85 | 3.63 | 3.46 | 3.32 | 3.22 | 3.13 | 2.99 | 2.85 | 2.70 | 2.62 | 2.54 | 2.45 | 2.36 | 2.27 | 2.17 |
| 26 | 7.72 | 5.53 | 4.64 | 4.14 | 3.82 | 3.59 | 3.42 | 3.29 | 3.18 | 3.09 | 2.96 | 2.81 | 2.66 | 2.58 | 2.50 | 2.42 | 2.33 | 2.23 | 2.13 |
| 27 | 7.68 | 5.49 | 4.60 | 4.11 | 3.78 | 3.56 | 3.39 | 3.26 | 3.15 | 3.06 | 2.93 | 2.78 | 2.63 | 2.55 | 2.47 | 2.38 | 2.29 | 2.20 | 2.10 |
| 28 | 7.64 | 5.45 | 4.57 | 4.07 | 3.75 | 3.53 | 3.36 | 3.23 | 3.12 | 3.03 | 2.90 | 2.75 | 2.60 | 2.52 | 2.44 | 2.35 | 2.26 | 2.17 | 2.06 |
| 29 | 7.60 | 5.42 | 4.54 | 4.04 | 3.73 | 3.50 | 3.33 | 3.20 | 3.09 | 3.00 | 2.87 | 2.73 | 2.57 | 2.49 | 2.41 | 2.33 | 2.23 | 2.14 | 2.03 |
| 30 | 7.56 | 5.39 | 4.51 | 4.02 | 3.70 | 3.47 | 3.30 | 3.17 | 3.07 | 2.98 | 2.84 | 2.70 | 2.55 | 2.47 | 2.39 | 2.30 | 2.21 | 2.11 | 2.01 |
| 40 | 7.31 | 5.18 | 4.31 | 3.83 | 3.51 | 3.29 | 3.12 | 2.99 | 2.89 | 2.80 | 2.66 | 2.52 | 2.37 | 2.29 | 2.20 | 2.11 | 2.02 | 1.92 | 1.80 |
| 60 | 7.08 | 4.98 | 4.13 | 3.65 | 3.34 | 3.12 | 2.95 | 2.82 | 2.72 | 2.63 | 2.50 | 2.35 | 2.20 | 2.12 | 2.03 | 1.94 | 1.84 | 1.73 | 1.60 |
| 120 | 6.85 | 4.79 | 3.95 | 3.48 | 3.17 | 2.96 | 2.79 | 2.66 | 2.56 | 2.47 | 2.34 | 2.19 | 2.03 | 1.95 | 1.86 | 1.76 | 1.66 | 1.53 | 1.38 |
| ∞ | 6.63 | 4.61 | 3.78 | 3.32 | 3.02 | 2.80 | 2.64 | 2.51 | 2.41 | 2.32 | 2.18 | 2.04 | 1.88 | 1.79 | 1.70 | 1.59 | 1.47 | 1.32 | 1.00 |

资料来源：E. S. Pearson and H. O. Hartley，*Biometrika Tables for Statisticians*, Vol. 1，Table 18.

# 部分练习参考答案

**第 1 章**

**案例练习：设计一份管理人员激励合同**

1. 2.4 亿美元

7. 1.67 亿美元

8. 2.05 亿美元

**第 2 章**

3. 支出 = 8.75 亿美元

5. c. $v = 0.067$

**第 3 章**

2. 44%

5. $P = 90$ 美元

6. a. $E_D = -0.59$

8. a. $E_X = 1.34$

9. $Q_{2006} = 5\ 169$

  $Q_{2007} = 3\ 953$

**第 4 章**

3. d. $r^2 = 0.885$

9. a. $Y' = -14.735\ 1 + 3.921\ 4$ 面积 $+ 3.585\ 1$ 房间 $- 0.118\ 1$ 年龄 $- 2.831\ 7$ 车库

**案例练习：软饮料需求估计**

2. $E_D = -3.38$

**附录 4A**

2. a. $Y' = 1.210 + 0.838$ 销售支出，$r^2 = 0.93$

4. a. (i) $S' = 247.644 + 0.392\ 6$ 广告 $- 0.733\ 9$ 价格

  (ii) $\mathrm{Log}(S')\ 2.448\ 2 + 0.729\ 6\ \mathrm{Log}$ 广告 $- 0.240\ 6\ \mathrm{Log}$ 价格

**第 5 章**

3. b. （实际的/预测的）之和/6 = 636.6%/6 = 106.1%，因此 +6%

4. b. $GNP = C + I + G = 635 + 120 + 200 = 955$

7. b. $Y'_{2007} = 259.03$

8. a. 2007 年 12 月 = 468

## 第 6 章

1. 都增加

3. 海外外包并购买国外资产

6. 下降 50%。相对购买力平价

## 第 7 章

3. b. 10 或 11 人

5. c. $AP_X = 6X - 0.4X^2$

7. a. 4.88%

**案例练习：威尔逊公司的生产函数**

4. $E_K = 0.415$, $E_L = 1.078$

## 第 8 章

2. b. （90 000 美元）

**案例练习：成本分析**

1. 4.55 美元

## 第 9 章

2. a. $Q^* = 5.740\,8$ 亿美元

5. a. 30 000 000 美元

**案例练习：成本函数**

5. $Q^* = 1\,675$

**案例练习：包机经营决策**

3. 间接固定成本 = 23 900 美元

## 第 10 章

8. b. $P^* = 1\,220$ 美元

9. b. 900 000 美元用于广告

## 第 11 章

2. c. $Q^* = 125$

3. e. $\pi^* = 263\,625$ 美元

4. b. $P^* = 60$ 美元

8. a. $ROI = 14.2\%$

9. a. $ROI = 12.98\%$

## 第 12 章

2. a. $P^* = 145$ 美元；$Q_A^* = 30$

5. a. $P^* = 9\,666.70$ 美元，$Q^* = 666.7$

6. c. $P^* = 125$ 美元，$Q^* = 50$

## 第 13 章

3. b. AMC 的支配战略是"不遵守协议"

5. {50 美元，对应}，不起作用

6. "最低"应该通过。"较高"应该总是攻击"最高"，"最高"了解这一点后，应该总是攻击"较高"。如果它们通过，"最低"将得到第二次机会来攻击曾经是更强，但现在变弱

的对手。

8. ｛迟到，迟到｝是两个纯粹纳什均衡中的一个。

## 第 14 章

1. $P_{美国} = 80$ 美元，$P_{海外} = 22.50$ 美元

3. a. $\pi = -20 + 96Q_1 + 76Q_2 - 2Q_2^1 - Q_2^2$

### 附录 14A

3. 22 个座位

## 第 15 章

3. 高利率，大额本金，长期，不安全的。

5. 如果电厂依靠这种煤，则要进行垂直一体化，否则签订长期供应协议。

**案例练习：某财团投资银行收费的分割**

1. 主要担保人 = 9 700 万美元

联席经理 = 0

财团成员 3 = 100 万美元

财团成员 4 = 0

财团成员 5 = 200 万美元

### 附录 15A

4. 电，国库券

5. 130 万美元。采用公开竞价、多轮、最高者获胜并支付的拍卖。

11. 苹果的预期利润是从低报价中减去 150 万美元。

## 第 16 章

3. 合并之前的 $HHI = 1\,964$，所以一般情况下会否定，虽然只要 1 984 点与 1 800 点标准相比较，抵消效率的理由会起作用。

6. b. $\pi^* = 4.50$ 亿美元

11. 协调于合资企业中的纳什均衡（卢森特模仿，摩托罗拉开发），对摩托罗拉的补偿至少为 10 亿美元。

## 第 17 章

2. $IRR = 9.1\%$，所以厂商不应该购买这台机器。

4. b. $NCF_{10} = 5\,560$ 美元

5. a. $IRR = 14.94\%$，$NPV = 45\,176$ 美元

6. $k_e = 13.4\%$

7. b. $k'_e = 13\%$

8. $k_a = 12.3\%$

9. b. 电厂：$NPV_{@12\%} = -2\,271$ 万美元，$NPV_{@5\%} = -6\,265$ 万美元

**案例练习：成本－效益分析**

1. B/C 比率 = 1.90

# 华章教材经典译丛（清明上河图）系列

| 课程名称 | 书号 | 书名、作者及出版时间 | 定价 |
|---|---|---|---|
| 财务会计 | 即将出版 | 财务会计：概念、方法与应用（第14版）（威尔）（2015年） | 95 |
| 财务会计 | 978-7-111-39244-6 | 财务会计教程（第10版）（亨格瑞）（2012年） | 79 |
| 财务管理（公司理财）学习指导 | 978-7-111-32466-9 | 公司理财（第8版）习题集（汉森）（2010年） | 42 |
| 财务管理（公司理财） | 978-7-111-36751-2 | 公司理财（第9版）（罗斯）（2012年） | 88 |
| 财务管理（公司理财） | 978-7-111-47887-4 | 公司理财（精要版）（第10版）（罗斯）（2014年） | 75 |
| 电子商务 | 978-7-111-45187-7 | 电子商务：管理与社会网络的视角（第7版）（特班）（2014年） | 79 |
| 战略管理 | 978-7-111-39138-8 | 战略管理：概念与案例（第8版）（希尔）（2012年） | 69 |
| 战略管理 | 978-7-111-43844-1 | 战略管理：获取持续的竞争优势（第4版）（巴尼）（2013年） | 69 |
| 商业伦理学 | 978-7-111-37513-5 | 企业伦理学（第7版）（乔治）（2012年） | 79 |
| 领导学 | 978-7-111-47356-5 | 领导学（全球版·第8版）（尤克尔）（2014年） | 65 |
| 管理学 | 978-7-111-46255-2 | 管理学（诺里亚）（2014年） | 69 |
| 管理学 | 978-7-111-41449-0 | 管理学：原理与实践（第8版）（罗宾斯）（2013年） | 59 |
| 管理学 | 即将出版 | 管理学：原理与实践（第9版）（罗宾斯）（2015年） | 59 |
| 管理技能 | 978-7-111-37591-3 | 管理技能开发（第8版）（惠顿）（2012年） | 98 |
| 创业管理 | 即将出版 | 百森创业教学法：基于实践的视角（奈克）（2015年） | 49 |
| 创业管理 | 978-7-111-40258-9 | 公司创新与创业（第3版）（库拉特科）（2012年） | 49 |
| 项目管理 | 978-7-111-39774-8 | 项目管理：基于团队的方法（布朗）（2012年） | 49 |
| 数据、模型与决策 | 978-7-111-49612-0 | 数据、模型与决策：基于电子表格的建模和案例研究方法（第5版）（希利尔）（2015年） | 89 |
| 管理会计 | 978-7-111-39512-6 | 管理会计教程（第15版）（亨格瑞）（2012年） | 88 |
| 投资银行学 | 978-7-111-41476-6 | 投资银行、对冲基金和私募股权投资（斯托尔茨）（2013年） | 99 |
| 金融中介学 | 978-7-111-43694-2 | 金融市场与金融机构（第7版）（米什金）（2013年） | 99 |
| 金融学（货币银行学）指导或案例 | 978-7-111-44311-7 | 货币金融学（第2版）学习指导（米什金）（2013年） | 45 |
| 金融学（货币银行学） | 978-7-111-34261-8 | 货币金融学（第2版）（米什金）（2011年） | 75 |
| 金融市场学 | 978-7-111-26674-7 | 金融市场学（第10版）（罗斯）（2009年） | 79 |
| 金融工程学习指导 | 978-7-111-30014-4 | 期权、期货及其他衍生产品习题集（第7版）（赫尔）（2010年） | 42 |
| 金融工程 | 978-7-111-48437-0 | 期权、期货及其他衍生产品（第9版）（赫尔）（2014年） | 109 |
| （证券）投资学学习指导 | 978-7-111-42662-2 | 投资学习题集（第9版）（博迪）（2013年） | 49 |
| （证券）投资学 | 978-7-111-39028-2 | 投资学（第9版）（博迪）（2012年） | 98 |
| （证券）投资学 | 978-7-111-44485-5 | 投资学（第9版）（专业版）（博迪）（2013年） | 199 |
| 中级宏观经济学 | 978-7-111-43155-8 | 宏观经济学（第5版）（布兰查查德）（2013年） | 75 |
| 西方经济学学习指导 | 978-7-111-33099-8 | 哈伯德《经济学》学习指南（第3版）（斯卡希尔）（2011年） | 45 |
| 西方经济学学习指导 | 978-7-111-31352-6 | 经济学精要（精要版）（第4版）学习指南（拉什）（2010年） | 39 |
| 西方经济学（微观） | 978-7-111-32767-7 | 经济学（微观）（第3版）（哈伯德）（2011年） | 59 |
| 西方经济学（微观） | 978-7-111-42810-7 | 经济学（微观部分）（第2版）（斯通）（2013年） | 55 |
| 西方经济学（宏观） | 978-7-111-32768-4 | 经济学（宏观）（第3版）（哈伯德）（2011年） | 49 |
| 西方经济学（宏观） | 978-7-111-42849-7 | 经济学（宏观部分）（第2版）（斯通）（2013年） | 49 |
| 西方经济学 | 978-7-111-28088-0 | 经济学：私人与公共选择（第12版）（格瓦特尼）（2009年） | 78 |
| 西方经济学 | 978-7-111-27481-0 | 经济学原理（精要版）（第4版）（帕金）（2009年） | 62 |
| 商务与经济统计 | 978-7-111-37641-5 | 商务与经济统计（第11版）（安德森）（2012年） | 108 |
| 商务与经济统计 | 即将出版 | 商务与经济统计（第12版）（安德森）（2015年） | 109 |
| 财政学 | 即将出版 | 财政学（第4版）（格鲁伯）（2015年） | 79 |
| 组织行为学 | 978-7-111-44814-3 | 组织行为学精要（第12版）（罗宾斯）（2014年） | 45 |
| 人力资源管理 | 978-7-111-40189-6 | 人力资源管理（亚洲版·第2版）（德斯勒）（2012年） | 65 |
| 消费者行为学 | 978-7-111-47509-5 | 消费者行为学（第12版）（霍金斯）（2014年） | 79 |
| 市场营销学（营销管理） | 978-7-111-43017-9 | 市场营销学（第11版）（阿姆斯特朗、科特勒）（2013年） | 75 |
| 市场营销学（营销管理） | 978-7-111-43202-9 | 市场营销原理（亚洲版·第3版）（科特勒）（2013年） | 79 |
| 服务营销学 | 978-7-111-48495-0 | 服务营销（第6版）（泽丝曼尔）（2014年） | 75 |
| 供应链（物流）管理 | 978-7-111-45565-3 | 供应链物流管理（第4版）（鲍尔索克斯）（2014年） | 59 |
| 管理信息系统 | 978-7-111-34151-2 | 管理信息系统（第11版）（劳顿）（2011年） | 55 |